KB128332

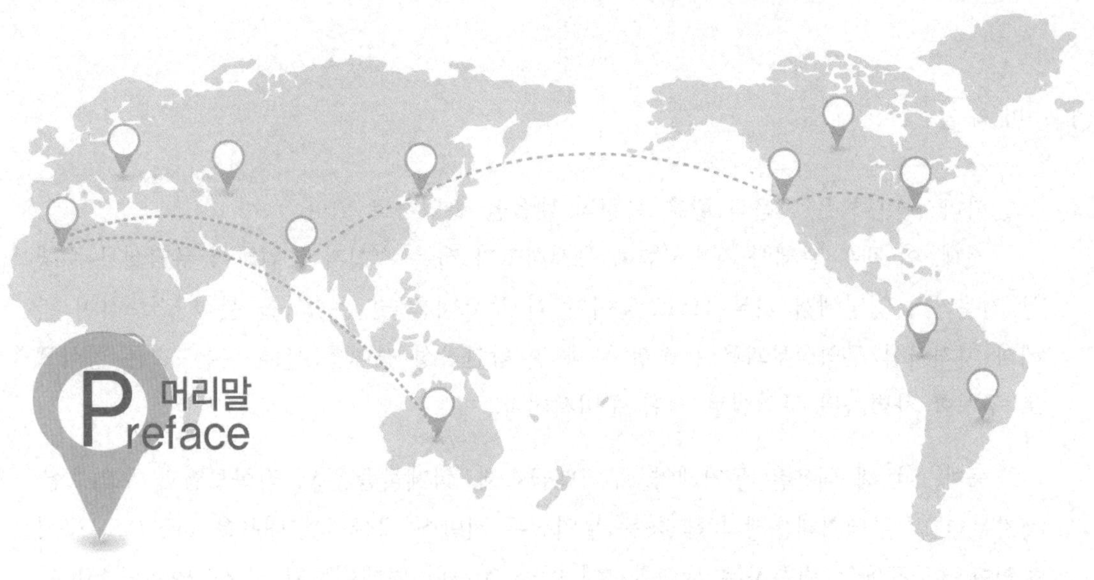

최근 주요 무역상대국들과의 자유무역협정(FTA) 체결 등으로 인하여 관세사의 전문적 활동영역 확대와 관세사 직무가치에 대한 관심이 증대되고 있다. 특히 무역 분야에서의 가장 선호하는 전문자격증이라면 관세사 자격이라고 할 수 있을 것이다. 한국에서는 전통적으로 무역 및 통관관련 분야에 전문지식을 가진 자에게 국가자격시험을 통하여 관세사 자격을 부여하여 무역업무의 능률을 향상시키고 있다.

관세사 전문자격을 취득하는데 있어 소정의 시험과목 중 비교적 학습 분량이 많고 무역거래 관련 규범 등 전문적인 지식과 종합적인 이해가 요구되는 것이 무역실무 논술형 과목이다.

그러나 관세사 자격시험 대비를 위한 무역실무 과목의 논술형 문제 및 모범답안 작성에 대한 수험 준비서가 꼭 필요하지만 아직까지 이에 부응할 수 있는 종합적인 책이 거의 없었다.

관세사 자격시험 무역실무 논술형 평가는 주어진 문제에 대하여 수험자가 제시한 견해가 논리적으로 구성되고 그 내용에 대한 논거가 구체적으로 명확하게 제시되었는지 여부를 평가자가 파악하는 것이다.

이와 같은 요구에 부응하기 위하여 저자는 관세사 국가자격시험 무역실무 과목의 출제경향을 분석하고 대학에서 중요하게 다루는 이슈들을 면밀히 검토하여 "관세사 무역실무 논술연습" – 논술형 문제 및 답안작성 사례 – 형식의 책을 집필하게 되었다.

따라서 이 책은 다음과 같은 특징적 내용을 반영하고 있다.

첫째, 이 책은 관세사 자격시험에 응시하고자 하는 수험자를 위하여 무역실무 수행상 전문가적 입장에서 기본적으로 알아야 할 주요내용 및 논점들을 분석·검토하여 관세사 자격시험 무역실무과목 논술형 문제 및 답안작성 사례를 서론·본론·결론 형식으로 구성한 차별화된 무역실무 시험 준비서이다.

둘째, 이 책 내용은 무역계약, 무역대금결제, 국제물품운송, 적화보험과 무역보험, 전자무역 및 무역거래분쟁의 해결 등 무역실무 전반에 대한 핵심내용을 14장으로 구성하였다. 이 책에는 변화하는 무역환경에 따라 2013년 업데이트된 국제상업회의소(ICC)의 국제표준은행관행(ISBP 745) 및 2013년부터 발효된 ICC 포페이팅통일규칙(URF 800) 등 최신 관행 등 무역거래 관련 규범들을 반영하였다. 특히 무역계약편에서는 국제물품매매계약에 관한 유엔 협약(CISG)의 규범을 상세히 반영하고 매매당사자의 의무 등 핵심내용에 대하여 면밀히 검토하였다.

셋째, 각 장에는 주요 쟁점사항을 선정하여 전문성 및 객관성에 바탕을 두어 엄선된 주요 문제 및 모범답안의 서술내용을 제시하였고 각 장마다 관세사 자격시험 기출문제 및 유제 등 추가 연구문제를 추록으로 편성하였다.

넷째, 대외무역법과 외국환거래법의 답안작성 연습은 무역실무 일반에서 다루는 논술성격과 다소 다르고 정책적·경제적 여건에 따라 수시 개정되는 문제점이 있어 수험자가 별도로 실시간 웹에서 제공되는 "법제처 국가법령정보센터"(www.law.go.kr)를 이용할 경우 최신의 법령정보를 다양한 방법(3단 법령검색 등)으로 검색 및 내용파악이 용이한 점과 법규서 참고 등을 고려하여 이 책에서 제외시켰다.

그러나 이 책 부록에는 대외무역법 및 외국환거래법 기출문제 및 연구문제를 수록하여 위의 정보 등을 활용하여 학습에 병행할 수 있도록 하였다.

다섯째, 특히 답안작성 및 서술내용에는 답안작성 소요시간 및 지면 등을 고려해야 할 필요성이 있어 다소 긴 답안은 논점을 정리할 수 있도록 본문에 밑줄로 표시하여 핵심내용을 정리할 수 있도록 하였다.

여섯째, 이 책은 관세사 국가자격시험 응시자뿐만이 아니라 공무원 시험, 국제무역사, 무역영어 국가검정시험 중 무역실무 과목 응시자나 대학 등에서 무역실무(국제상무; 무역상무)에 대한 주요이슈를 총 정리하는데 병행하여 활용될 수 있도록 하였다.

아무쪼록 이 책이 관세사 국가자격시험 및 기타 시험을 준비하는 분들에게 도움이 되어 합격과 성취의 결실로 화답되기를 진심으로 기원한다.

끝으로 이 책 출간에 많은 도움을 주신 박영사 안상준 상무님, 기획·마케팅부 최준규 차장님 그리고 편집부 한두희님께 깊은 감사를 드린다.

2015년 7월 16일

저 자

PART 01 무역계약 [논술문제와 답안]

PART 04 적화보험과 무역보험 [논술문제와 답안]

PART 05 전자무역 [논술문제와 답안]

PART 06 무역거래분쟁의 해결 [논술문제와 답안]

PART 01

[논술문제와 답안] 무역계약

Chapter 01

무역계약의 성립

제1절 무역계약의 성립요건

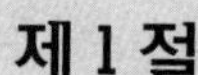

문제 1-01 무역계약의 성립요건에 대하여 영미법, CISG 및 한국법을 비교하여 설명하시오.

답안 1-01

〈목차 구성〉1)

Ⅰ. 서 론	3. CISG에서의 계약성립
Ⅱ. 무역계약의 성립 요건	4. 한국법 등 대륙법에서의 계약성립
1. 매매당사자간의 합의	Ⅲ. 계약의 법적 구속력 요건
2. 영미법에서의 계약성립	Ⅳ. 결 론

Ⅰ. 서 론

무역은 상이한 국가간에 물품(goods)을 대상으로 이루어지는 상거래로 물품매매 역시 계약에 의하여 이루어진다. 무역계약은 "무역물품의 매매계약"을 약칭한 것이며 무역계약 가운데서도 가장 전형적인 것이 물품매매계약이다.2)

1) 목차 구성은 실제 답안지 상단에 별도로 명시할 필요는 없다. 그러나 예시와 같은 목차 구성 소제목은 답안란에 반드시 기재하여 서술하여야 한다(이하 모든 문답란에도 공통적으로 적용된다).

무역계약의 성립은 청약(offer)과 승낙(acceptance)에 의하여 이루어진다. 국제매매에서 청약자와 피청약자 당사자간의 의사표시의 합치에 의하여 계약이 성립되는 것은 협상이 얼마나 성공적이냐 여부에 달려 있다. 특히 중요한 계약이 협상될 때 그러하다.

영미법에서는 계약을 약속(promise)으로 보고 있다.[3] 영미법상 법적으로 강제할 수 있는 계약이 성립되기 위해서는 양당사자의 약속 사이에 "대가의 상호교환", 즉 약인(consideration)이 있어야 한다. 이와 같이 약인의 존재를 계약성립의 근거로 삼고 있는 점은 대륙법상의 계약성립 요건과 커다란 차이점이라고 할 수 있다.

한편 국제물품매매 계약에 관한 유엔 협약(United Nations Convention on Contracts for the International Sale of Goods: CISG)[4]에서 청약은 일정한 계약을 성립시킬 목적으로 청약자가 피청약자에게 계약체결의 구속력 있는 의사표시를 나타내고, 피청약자가 이를 승낙하는 경우에 일정한 구속력을 갖게 하는 의사표시로 보고 있으며(협약 제14조의 취지), 계약은 청약에 대한 승낙의 효력발생시에 성립한다고 규정하고 있다(협약 제23조).

이와 같이 무역계약에서도 유효한 계약(valid contract)이 성립되기 위한 요건을 이해하는 것은 매우 중요하다 할 수 있다.

이하에서는 무역계약의 성립의 요건을 영미법, CISG 및 한국법 등으로 구분하여 검토하고 무역계약의 법적 구속력 요건에 대하여 살펴보기로 한다.

Ⅱ. 무역계약의 성립 요건

1. 매매당사자간의 합의

매매계약이 유효한 계약으로 성립되기 위해서는 기본적으로 계약당사자간의 "합의"(agreement)가 있어야 한다. 계약성립을 위한 계약당사자의 의사표시는 내용적으로 일치할 뿐만 아니라 그 일치하는 바에 따라 통일적 법률효과를 발생하게 된다. 매매계약에서의 합의는 보통 청약(offer)과 승낙(acceptance)에 의하여 이루어진다.

---

2) "물품매매계약이란 매도인이 대금이라는 금전의 대가를 받고 매수인에게 물품의 소유권을 이전하거나 또는 이전하기로 약정하는 계약을 말한다"[영국 물품매매법(Sale of Goods Act: SGA) 1979, §2(1)]; "매매는 금전의 대가를 받고 매도인으로부터 매수인에게 권리를 이전하는 것이다"[미국 통일상법전(Uniform Commercial Code: UCC), §2-106(1)]; "매매는 당사자 일방의 재산권을 상대방에게 이전할 것을 약정하고 상대방이 그 대금을 지급할 것을 약정함으로써 그 효력이 생긴다"(한국 민법 제563조).

3) A. G. Guest, *Anson's Law of Contract*, 26th ed., Oxford University Press, 1984, p. 21.

4) 이하 CISG 또는 협약이라고 약칭한다.

2. 영미법에서의 계약성립

1) 약인의 필요성

영미법상 법적으로 강제할 수 있는(enforceable) 계약이 성립되기 위해서는 양당사자의 약속 사이에 대가관계가 있어야 하는데 이러한 대가관계를 약인(consideration)이라 한다.

약인은 약속자(promisor)와 수약자(promisee)가 계약을 체결함에 있어 약속의 대가로 제공되는 행위(act), 즉 "대가의 상호교환"(bargained for exchange)을 말한다. 대가의 상호교환은 약속과 교환하여 약속자가 받는 권리, 이익, 이윤, 편의 또는 수약자가 부담하는 부작위, 불이익, 손실, 의무와 같은 약속을 가리킨다.

전통적인 영미 계약법이론상 계약이 성립되기 위해서는 청약과 승낙에 의한 상호합의(mutual assent) 외에도 약인이 필요한 것으로 보고 있다. 요식계약(formal contract) 이외의 단순계약(simple contract)은 당사자간의 합의 이외에 약인이 있음으로써 비로소 유효한 계약성립의 근거로 간주한다.[5)] 날인증서(sealed deed)라도 약인이 없으면 구속력이 불인정 된다.

계약에서 강제집행이 가능하기 위해서는 상호간에 거래(약인의 거래적 요소) 되어야 하고, 또한 충분한 법적 가치(약인의 가치적 요소)를 가져야 한다는 것이다.

2) 약인의 요건

첫째, 약인은 계약의 당사자 중 일방에게만 요구되는 것이 아니라 쌍무계약에서와 같이 쌍방 모두가 반드시 상호교환을 충족해야 한다. 이를 채무의 상호성의 원칙(mutuality of obligation doctrine)이라고 한다.

둘째, 교환되는 대가는 반드시 경제적, 금전적으로 대등하고 공평한 가치를 가질 것이 요구되지 아니한다. 일방에게는 이익(benefit)이 되지만 상대방에는 부작위(forbearance)나 손해(detriment), 책임 등이 될 수 있는 것이다.

셋째, 약인은 적법한(legally adequate) 것이어야 한다. 불법적인 약인에 의하여 이루어진 약속은 모두 무효이다.

넷째, 약인을 제공한 자만이 그 계약에 의한 소송을 제기할 수 있다.

유효한 약인이 되기 위해서는 약인 없는 약속(promises without consideration), 즉 약인의 결여[6)]가 되지 아니하여야 한다.

---

5) UCC, §3-303.

6) 약인의 결여에 해당되는 것들은 다음과 같다; ① 무상의 약속(gratuitous/gift promises)으로 이는 증

3) 약인이론의 완화

(1) 약속에 의한 금반언(禁反言)

수약자가 약속자의 청약을 신뢰하고 행동할 것이라는 것을 예견하여 행한 약속은 금반언의원칙(principle of estoppel)[7]에 따라 상대방의 약인의 제공 없이 집행이 가능하다.

(2) 서면계약

미국의 캘리포니아주 등 수개 주에서는 제정법에 의하여 날인증서의 법리를 수정하여 서면으로 되어 있는 경우 약인 없이도 약인이 있는 것으로 추정하는 입장을 취하고 있다.

(3) 국제계약에서의 약인이론

약인이론은 영국 및 미국이 채용하고 있지만 역사적, 전통적인 의미로 간주하고 점차 완화하는 추세이다. 보통계약서 안에 다음과 같은 문구를 넣음으로써 약인문제가 해결된 것으로 보는 경우도 많다. "In consideration of mutual covenants and promises herein set forth, it is agreed as follows:"

그러나 약인이론은 대륙법에서는 볼 수 없는 영미법상의 독특한 제도이고, 오늘날 국제거래관계에서 영미법이 강세를 보이고 있기는 하여도 약인이론이 국제거래에 등장하여 그에 의하여 강제이행될 가능성이 있는 계약이 무효화되는 일은 드물 것이다. 그러나 영국이나 미국에서 강제로 이행되어야 할 가능성이 있는 계약은 약인요건이 충족되어 있는지 여부를 미리 검토할 필요성은 있다고 본다.[8]

여나 선물과 같은 것으로 한쪽에서 대가없이 그냥 주는 것이기 때문에 약인이 부족하다. 증여약속은 증여자가 일방적으로 손해를 보고 수증자가 이익만 얻으므로 대가의 상호교환요건을 충족시키지 못한다. 따라서 이는 법적 구속력이 없으며 법원에서 강제이행을 시킬 수 없다. ② 과거의 약인(past consideration)으로 이는 이미 행하여 졌거나 완료되어 버린 약인이므로 교환적 대가가 없어 거래적 요소가 결하고 있어 강제집행이 불가능하므로 약인이 성립될 수 없다[그러나 어음행위에 있어서는 과거의 채무도 유효한 약인이 된다; Bills of Exchange Act 1882, §27(1)]. ③ 도덕적 약속(moral obligation)으로 이는 수약자가 이미 한 행위에 대해서 약속자가 도덕적 의무감으로 인하여 약속을 하는 경우로 유효한 약인으로 인정되지 아니한다. ④ 환형약속(illusory promise)으로 약속처럼 보이지만 약속이 아닌 경우, 즉 계약의 성립 또는 철회여부가 일방 당사자의 자의적인 선택에 달려 있는 경우로 이는 상호의무의 원칙이 충족되지 아니하므로 유효한 약인으로 인정되지 아니한다. ⑤ 명목적 약인(nominal consideration)으로 실질적으로는 증여약속에 해당되는 것으로 형식적으로는 대가의 상호교환이라는 외관을 부여하려고 하나 이는 유효한 약인으로 인정하지 아니한다; http://blog.naver.com/jihan220/140189291603(visited May 27, 2015)

7) 금반언의 원칙이란 행위자가 일단 특정한 표시(언동)를 한 이상 나중에 자신의 표시를 부정하거나 모순되는 행위를 하여서는 아니 된다는 원칙을 말한다. 약속을 신뢰한 자를 보호하지 못하면 형평성에 위배되기 때문이다.

8) 이태희, 「국제계약법」, 법문사, 2001, 53~55면.

3. CISG에서의 계약성립

CISG 규정은 대체로 계약법상 일반원칙을 충실히 반영하고 있기 때문에 이해하는데 별다른 어려움은 야기하지 않으나, 영미법에서 철회불능인 청약이 유효하기 위해서는 약인(consideration)이 요구되는데 대하여 CISG는 청약자의 명시 또는 묵시의 의사표시만으로 충분하다고 함으로써[9] 약인의 존부에 관한 분쟁의 소지를 없앤 점이 특기할 만하다.[10]

CISG 제2편은 계약의 성립에 대한 규칙들을 반영하고 있다. 협약 제55조에서는 계약이 유효하게 체결되었으나 대금을 명시적 또는 묵시적으로 결정하지 아니하거나, 또는 이를 결정하기 위한 조항을 두고 있지 아니한 경우를 인정하고 있다.[11]

제의(proposal)는 청약을 구성하기 위해 충분히 확정적(sufficiently definite)이어야 한다.

확정성의 요건(definiteness requirement)은 특정인을 상대로 한 계약체결의 제의는 구속력이 있는 명확한 의사가 있을 경우 제의상에 ① 물품의 표시, ② 명시적 또는 묵시적으로 수량 또는 가격결정 조항이 있거나, ③ 결정을 위한 조항이 있을 경우에 충족 된다.[12]

청약자가 매도·매수하려는 의도 여부와 같이 제의의 내용을 결정함에 있어 당사자의 진술이나 행위의 해석(협약 제8조) 및 관습과 관행의 구속력(협약 제9조)을 고려해야 한다.

CISG에서는 계약의 성립시기에 대하여 계약은 청약에 대한 승낙이 이 협약의 규정에 따라 효력을 발생할 때에 성립된다고 규정하고 있다.[13]

현대의 계약관행은 실제 계약당사자가 자신들의 계약상의 의무를 명시하고 계약적 의도로 커버되지 않았던 계약서의 결함을 메우기 위해 그들 계약서를 세부적으로 작성해야했던 이전의 관행에 비해 훨씬 간편해졌다. 실제로 계약서의 결함들은 표준형식 또는 표준조항을 포함하고 있는 이전의 원칙이나 규칙들을 명시적으로 참조함으로써 커버될 수 있다. 실제 그러하다면 적어도 그러한 참조는 계약상의 의도로 커버된다. 그러나 이에 추가하여 소위 묵시적 방법을 사용함으로써 기존의 원칙이나 규칙을 참조한다는 아무런 명시가 없는 경우라 할지라도 그러한 결함을 메우는 것이 필요할 것이다.

---

9) CISG 1980, Articles 14(1) and 16(1)(b).

10) 이기수·신창섭, 「국제거래법」, 제6판, 세창출판사, 2015, 24면.

11) UNCITRAL, *Digest of Case Law on the United Nations Convention onContracts for the International Sale of Goods*, 2008, p. 53.

12) Larry A. DiMatteo, "Critical Issues in the Formation of Contracts under the CISG", *Belgrade Law Review* LIX, University of Belgrade, 2011, p. 72.

13) CISG 1980, Article 23.

4. 한국법 등 대륙법에서의 계약성립

한국을 포함한 대륙법계에서는 계약의 성립에는 서로 대립하는 수개의 의사표시의 합치, 즉 합의가 있어야 함을 그 요건으로 하고 있다. 한국 민법은 청약자의 의사표시나 관습에 의하여 승낙의 통지가 필요하지 아니한 경우에는 의사실현에 의한 계약성립[14)]을 인정하고 또한 교차청약의 경우에도 계약이 성립된다고 규정하고 있다.[15)]

Ⅲ. 계약의 법적 구속력 요건

국제물품매매계약은 보통 청약과 승낙에 의하여 성립되지만 계약이 법적 구속력을 갖기 위해서는 당사자의 행위능력(capacity)이 있어야 하고, 거래 목적물이나 거래방법이 적법하여야 하며, 허위계약이 아니어야 하고, 사기(fraud), 강박(duress)에 의한 거래가 아니어야 하며 착오(mistake)에 의한 의사표시가 아니어야 한다.

계약이 비확정적(indefinite)이거나 불법적(illegal)인 경우 무효가 되며, 사기·강박·착오에 의한 경우에는 취소할 수 있다. 또한 일정한 계약은 사기방지법(statute of frauds)에 의하여 반드시 문서로 작성하여야 하는바 그러하지 아니한 계약은 취소할 수 있다.[16)]

Ⅳ. 결 론

무역계약은 상이한 국가간에 이루어지는 특수성이 있고 청약과 승낙에 의하여 의사표시의 합치점에서 계약이 성립된다. 영미의 약인이론은 점차 완화하는 추세에 있으나 영국이나 미국에서 강제로 이행가능성이 있는 계약은 이 약인요건이 충족되어 있는지의 여부를 미리 검토할 필요가 있다. 특히 기술도입계약서나 합작투자계약서 등과 같은 국제계약에서는 전통적인 영미의 독특한 계약법의 원리가 적용되는 점에 대하여 고려할 필요가 있다.

또한 무역계약은 보통 청약과 승낙에 의하여 성립되지만 계약이 법적 구속력을 갖기 위한 요건이 전제되어야 한다. CISG의 제9조 제2항에 규정된 국제상관행의 구속력은 비록 실제 계약당사자는 그 존재에 관해 알지 못했다 하더라도 묵시적으로 적용된다.

---

14) 한국 민법 제532조.

15) 한국 민법 제533조.

16) 사기방지법은 영국의 1677년 사기방지법을 모태로 하여 미국의 개별 주에서 주법으로 채택되고 있다; 이상윤, 「영미법」, 박영사, 1997, 288~289면.

당사자가 국제무역에서 널리 알려져 있고 그들에 의해 통상적으로 준수되는 관습은 이를 당사자간의 계약 또는 그 성립에 묵시적으로 적용하는 것으로 본다. CISG는 계약의 묵시적 의도로 상관행의 삽입을 근거로 하는 묵시적 관행에 기초하고 있다.

청약이 승낙됨으로써 계약은 성립하지만, 이를 위해서 승낙은 절대적이고, 청약의 조건과 엄밀하게 일치하여야만 한다. 승낙은 청약과 함께 계약성립이라는 하나의 법률행위의 구성요소이며 승낙에 의하여 계약이 성립한다.

동의의 표시가 청약자가 확정한 기간 내에 또는 기간이 확정되지 아니한 경우, 청약자가 사용한 통신수단의 신속성을 포함하여 거래의 상황이 충분히 고려된 합리적인 기간 내에 청약자에게 도달하지 아니한다면, 승낙은 효력을 발생하지 아니한다. 그러나 청약의 성격에 의하여 또는 당사자 간에 이미 확립된 관행이나 관습의 결과로서 피청약자가 청약자에게 통지 없이 물품의 발송이나 대금지급과 같은 행위를 함으로써 동의를 표시할 경우 승낙은 이러한 행위가 이행된 때 발생한다.

실제 무역거래에서 청약과 승낙의 합치된 의사표시로서 교환된 문서나 전신 또는 청약서(offer sheet)상에 양당사자가 서명하는 것만으로는 완전한 계약서라고 할 수 없다. 왜냐하면 그 합의 내용이 단순하여 만일 후일에 분쟁이 야기될 경우에는 매매당사자의 책임소재를 명확하게 구분하기가 어렵기 때문이다.

이에 대비하기 위해서는 청약과 승낙에 의하여 법적으로 계약이 성립되었다고 하더라도 이와는 별도로 매도인과 매수인 사이에 구체적인 거래조건이 망라된 서면으로 작성된 계약서(contract sheet)를 교부하여 각각 1부씩 보관하여 둘 필요가 있다.

제 2 절 청약과 승낙

문제 1-02 청약의 종류를 청약의 주체, 발행지 및 확정력을 기준으로 설명하시오.

답안 1-02

〈목차 구성〉

Ⅰ. 서 론

Ⅱ. 청약의 주체와 발행지

Ⅲ. 청약의 확정력기준

1. 확정청약

2. 불확정청약

3. 반대청약

Ⅰ. 서 론

청약(offer)은 청약자가 청약에서 언급한 조건으로 계약을 체결하고자 하는 의사를 피청약자에게 표시하는 것이다. 청약은 피청약자에게 청약이 유효한 동안에 이를 승낙(acceptance)하여 계약을 체결할 수 있는 권한을 부여하고 청약자에게 이에 상응하는 의무를 부과한다.

청약이 유효하기 위해서는 청약자가 계약을 체결하려고 한다는 합리적인 기대(resonable expectation)를 피청약자에게 주어야 한다. 단순한 청약의 권유나 미래에 계약을 체결하겠다는 의사표시와는 구별해야 한다. 또한 청약조건은 확정적이고 명확하게 표시되어야 하며 피청약자가 청약을 승낙하여 계약을 체결할 수 있도록 하기 위하여 청약이 피청약자에게 통지되어야 한다.[17] 청약은 피청약자에게 도달하였을 때 비로소 그 효력이 발생된다. 청약은 피청약자에게 유효한 기간 내에 승낙하여 계약을 성립할 수 있는 권한을 부여하는 것이므로 청약의 종류에 따라 그 확정력이 다를 수 있다.

실제 국제매매에서 청약의 종류는 다양하므로 청약조건을 구성하는 문언에 특히 유의하여 청약하여야 한다. 이하에서는 청약의 주체, 청약의 발행지, 청약의 확정력을 기준으로 청약의 종류에 대하여 살펴보기로 한다.[18]

Ⅱ. 청약의 주체와 발행지

1) 청약의 주체기준

(1) 매도청약(selling offer)

매매계약에서 청약은 매도인 또는 매수인의 입장에서도 할 수 있다. 청약의 주체가 매도인이라면 매도청약이 되며 무역거래에서의 일반적인 청약은 매도청약이다.

(2) 매수청약(buying offer)

청약의 주체가 매수인이라면 매수청약이 되며 보통 매입주문서(purchase order: P/O)와 같은 형식으로 이루어진다.

---

17) 서철원, 「미국비즈니스법」, 법원사, 2000, 17면.
18) 강원진, 「무역계약론」, 제4판(수정판), 박영사, 2013, 13~14면의 내용 일부를 보완하였다.

2) 청약의 발행지기준

(1) 국내발행청약

청약의 주체가 거래상대국의 물품공급업자 및 본사를 대리하여 국내에서 오퍼(offer)를 발행하거나 또는 의사표시한 매도청약을 말한다.

이와 관련하여 무역거래자로서의 대리업자는 외국의 수입자 또는 수출자에게서 위임을 받은 자 및 수출과 수입을 위임하는 자라고 대외무역법에서 규정하고 있다. 대리업자, 즉 대리인(agent)이라 함은 본인(principal)으로부터 일정한 권한을 위임받아 제3자에 대해 본인을 대표하거나 본인을 대신하여 특정업무를 수행하는 자를 말한다. 따라서 대리인은 대리행위에 대한 대가로 본인으로부터 수수료를 받는다. 한국민법(제114조 1항)에서는 "대리인이 그 권한 내에서 본인을 위한 것임을 표시한 의사표시는 직접 본인에게 대하여 효력이 생긴다"고 규정하고 있다.

한국에서는 수입물품 오퍼발행 대리업자(offer agent)를 흔히 오퍼상이라고 부르고 있지만 의미상으로는 오퍼발행 대리업자라고 할 수 있다. 이는 외국의 수출자가 국내로 물품을 수출하고자 하는 자의 위임을 받은 자 또는 외국 수출자의 국내지점 또는 대리점이 국내에서 외국 수출자를 대리하여 물품매도확약서(offer sheet)의 발행을 주된 업으로 하는 자를 말한다. 이 오퍼발행 대리업자는 오퍼발행 금액에 대하여 약정된 수수료(commission)를 외국의 수출자(물품공급자)인 위임자로부터 받게 된다. 오퍼발행 대리업자라고 하여 병행하여 무역업을 못할 이유가 없으므로 경우에 따라 겸업도 할 수 있다.

(2) 국외발행청약

청약의 주체가 거래상대국의 물품공급업자나 제3자가 국외에서 오퍼를 발행하거나 또는 의사표시한 매도청약을 말한다.

Ⅲ. 청약의 확정력기준

1. 확정청약(firm offer)

청약자가 청약내용에 대하여 승낙회답의 유효기간(validity of offer)을 지정하고 그 기간 내에 승낙하면 계약이 성립되는 청약이다. 또한 유효기간을 정하지 아니한 경우라도 그 청약이 확정적(firm) 또는 취소불능(irrevocable)이라는 표시(CISG 제16조)가 있거나, 승낙·회답의 유효기간과 확정적 또는 취소불능이라는 표시가 동시에 있는 청약도 확정청약이 된다.

확정청약(firm offer)의 예문을 보면 다음과 같다.

"We offer you firm subject to your reply reaching here by September 15 as follows:"

2. 불확정청약(free offer)

청약자가 청약시에 승낙·회답의 유효기간이나 확정적(firm)이라는 표시를 하지 아니한 청약이다. 불확정청약의 경우 상대방이 승낙을 받기 전까지는 청약자가 청약내용을 일방적으로 철회하거나 변경할 수 있다.

불확정청약(free offer)의 예문을 보면 다음과 같다.

"We have the pleasure in offering you the following items:"

3. 반대청약(counter offer)

청약자의 청약에 대하여 피청약자가 수량, 가격, 선적, 결제 등 청약내용을 일부 추가, 제한 및 변경 등 새로운 조건을 제의해 오는 청약을 말한다(CISG 제19조 제1항). 반대청약은 원청약(original offer)에 대한 거절이 되고 동시에 새로운 청약이 된다. 따라서 원청약은 반대청약에 의하여 소멸된다.

반대청약(counter offer)의 예문을 보면 다음과 같다.

"Your prices seem too high. May we suggest that you make some allowance on your quoted prices?"

4. 교차청약(cross offer)

청약자와 피청약자 상호간에 동일한 내용의 청약이 상호 교차되는 청약을 말한다. 즉 우연히 각 당사자가 상호 청약을 하였는데 그 청약내용이 완전히 일치하고 있을 경우에 동일내용에 대해 쌍방이 동시에 의사표시가 교차하여 행해지는 것이다.

이러한 경우에는 청약과 승낙을 구분하기란 어렵지만 계약이 성립된다는 데에는 의심의 여지가 없다. 한국 민법 제533조에서는 "당사자간에 동일한 내용의 청약이 상호 교차된 경우에는 양청약이 상대방에 도달한 때에 계약이 성립한다"고 규정하고 있다.

5. 조건부청약(conditional offer)

청약자의 청약내용에 단서가 있는 청약으로 피청약자의 승낙만으로는 계약이 성립되지 아니하고 다시 청약자의 최종확인(final confirmation)이 있어야만 계약이 성립된다. 조건부청약은 형식상으로는 불확정청약(free offer)의 범주이지만 엄밀한 의미에서는 청약이 아니고 예비적 교섭, 즉 청약의 유인의 하나에 지나지 않는다.

재고가 한정된 물품의 경우 이를 간과하여 재고를 신속히 처분하고자 하는 조바심에서 불특정 다수에게 firm offer를 하였는데 다수의 상대방(피청약자)이 승낙(acceptance)하였다면 계약이 성립되는 것이므로 이들 모두에게 동 물품을 매도(공급)하여야 한다. 그러나 재고는 한 사람에게만 공급될 수 있는 물량이기 때문에 그 외의 사람에게는 공급할 수 없는 난관에 봉착하게 된다.

이 경우 피청약자는 확정청약에 대하여 승낙을 하면 당연히 계약이 성립되고 계약을 이행하리라 믿어 수입 준비를 위하여 이에 따른 비용과 시간 등이 투입되었다면 계약위반을 이유로 청약자에게 손해배상을 청구할 수도 있다. 따라서 재고가 한정된 물품이나 계절적인 물품을 공급할 경우에는 반드시 조건부청약(conditional offer)[19]을 하여야 한다.

Ⅳ. 결　론

청약은 계약을 체결할 목적으로 행하는 의사표시이므로 청약의 종류에 따라 그 유효성을 달리 할 수 있다. 따라서 청약은 기본적으로 청약조건 및 내용이 명확하여야 한다. 청약자의 청약에 대하여 피청약자가 승낙하여 계약이 성립되기 위해서는 청약이 피청약자에게 통지되어야 한다. 왜냐하면 청약내용을 알고 있는 자만이 승낙할 수 있기 때문이다.

청약의 유효기간을 두지 아니한 청약, 즉 불확정청약은 피청약자가 승낙하기 전 언제라도 취소할 수 있으므로 유효기간이나 취소불능 또는 확정적인 의사표시를 한 확정청약을 하는 것이 피청약자에게 도움을 줄 수 있다.

그러나 재고가 한정되어 있거나 계절적인 물품의 경우에는 확정청약을 하는 것은 청약자에게 향후 계약이행이 불가능하거나 무리가 따르므로 "subject to our final confirmation"과 같은 확정청약이면서도 조건부청약의 문언을 별도로 추가하여 조건부청약을 하는 것이 청약자에게는 이와 같은 문제점을 해결할 수 있고 청약자가 확정적 의사표시의 최종 선택권을 부여받을 수 있다.

---

19) 가장 많이 활용되는 조건부청약(conditional offer)의 예문을 보면 다음과 같다; "offer subject to our final confirmation"; "offer subject to prior sale"; "offer subject to market fluctuation"

문제 1-03 무역계약에서 청약의 효력발생과 소멸에 대하여 논하시오.

답안 1-03

〈목차 구성〉

Ⅰ. 서　론

무역계약은 청약자의 청약(offer)과 피청약자의 승낙(acceptance)에 의하여 성립된다. 무역거래에서의 청약은 계약을 기대하고 행하는 청약자의 의사표시이기 때문에 청약의 내용과 유형에 따라 그 효력 또한 달라진다. 무역거래에서 청약자는 보통 상대방으로부터 조회(inquiry)가 있거나 또는 청약자의 자의에 의하여 상대방에게 청약을 하게 되는데, 이 경우 청약자의 청약은 어느 시기에 효력이 발생되며 언제까지 유효하고 또한 어떠한 경우에 그 효력이 소멸되는지 여부가 문제시된다.

왜냐하면 무역계약 성립단계에서 그 기본이 되는 청약과 승낙에 관한 각국의 법제가 상이하고 또한 국제상거래에서 무역계약을 지배하는 통일적이고 강행적인 법규가 없기 때문에 당사자의 자유의사에 의하여 무역계약이 성립되기 때문이다.

이하에서는 무역계약의 성립요건으로서의 청약의 본질을 고찰하고 청약의 효력발생과 소멸에 관하여 영미법, 대륙법 및 국제물품매매계약에 관한 유엔 협약을 비교 검토하고자 한다.[20)]

20) 이 글은 강원진, "무역계약에서의 청약의 효력발생과 소멸", 「경영·경제연구」, 제13권, 부산대학교, 1994, 167~179면을 재정리한 것이다.
이 책의 본문에 밑줄로 표시한 부분은 답안작성 소요시간 및 지면 등을 고려하여 다소 긴 답안은 본문의 핵심내용을 함축하여 정리할 수 있도록 한 것이다. 이 경우 답안의 서론과 결론에는 편의상 별도의 밑줄 표시를 하지 아니하였으나 본문의 핵심내용과 함께 익혀두어야 할 사항들이다(이하 이 책에 밑줄이 포함된 답안은 전부 같은 취지임).

Ⅱ. 무역계약과 청약

1. 무역계약의 성립요건

무역계약이 유효한 계약으로 성립되기 위해서는 기본적으로 계약당사자간의 합의(agreement)가 있어야 한다.[21] 무역계약에서의 합의는 보통 청약(offer)과 승낙(acceptance)에 의해서 이루어진다. 따라서 무역계약은 계약당사자의 의사표시가 합치하는 바에 따라 합의에 대한 통일적 법률효과를 발생하게 된다.

영미법상 유효한 계약이 되기 위해서는 그 합의가 법정방식에 의해 행하여졌거나 약인(consideration)[22]이 수반된 것이어야 한다. 날인계약(contract under seal)은 날인증서작성이라는 요인성에 계약성립의 근거를 두고 있는 반면에, 단순계약(simple contract)은 당사자간의 합의 이외에 약인의 존재를 계약성립의 근거로 삼고 있다.

이러한 약인의 요건은 첫째, 약속과 동등한 가치를 지닐 필요는 없으나 법률상으로 보아 가치가 있는 것, 즉 실제적인 것이어야 한다. 둘째, 계약성립시를 기준으로 하여 볼 때 현재의 작위(act) 또는 부작위(forbearance)이든 장래의 작위 또는 부작위의 약속이든 상관없으나 과거의 약인은 약인이 될 수 없다.[23] 왜냐하면 과거의 작위나 부작위는 약인과 교환된 것이라고는 볼 수 없기 때문이다. 셋째, 약인은 적법한 것이어야 한다. 따라서 불법적인 약인에 의해서 이루어진 약속은 모두 무효이다. 넷째, 약인은 수약자에 의해서 제공된 것이어야 한다. 따라서 약인을 제공한 자만이 그 계약에 의하여 소송을 제기할 수 있다. 이러한 약인이론은 영국과 마찬가지로 미국도 채용하고는 있으나 역사적·전통적인 의미로 간주하고 점차 완화하는 추세에 있다.[24] 그러나 영국이나 미국에서 강제로 이행해야 할 가능성이 있는 계약은 이 약인 요건이 충족되어 있는지의 여부를 미리 검토할 필요가 있다.

무역계약은 매매당사자의 합의에 의하여 성립되었다 하더라도 계약내용이 확정되

---

21) Ronald A. Anderson, *Business Law*, 11th ed., South-Western Publishing Co., 1980, p. 111.

22) 약인이란 약속과 교환하여 약속자(promiser)가 받는 권리·이익·이윤·편의 또는 약속을 받은 자, 즉 수약자(promisee)가 부담하는 부작위·불이익·손실·의무 또는 이러한 것들의 약속이라고 정의할 수 있다. 예컨대, 물품매매계약에서 대금지급이나 그 약속 또는 대금지급에 대한 물품인도나 그 약속과 같이 계약상 약속의 대가로 제공되는 행위, 즉 대가의 상호교환(bargained for exchange)을 말한다.

23) 그러나 어음행위에 있어서는 과거의 채무도 유효한 약인이 된다: Bills of Exchange Act, 1882, §27(1).

24) 영국이나 미국과 무역계약을 체결할 경우에는 약인문제를 고려하여 계약서상에 "In consideration of mutual covenants and promises herein set forth, it is agreed as follows"와 같은 문구를 기재하는 관습이 있다; 이태희, 전게서, 55면.

어 있거나 확정할 수 있어야 하고 그 계약내용은 가능한 것이어야 한다. 무역계약의 효력이 발생되기 위해서는 매매당사자의 법률적 행위능력(legal capacity of parties)이 있어야 하며, 계약내용이 적법성(legality)이 있고 사회적으로 타당성이 있어야 한다. 따라서 밀수품(smuggled goods)이나 공서양속에 반하는 물품에 대한 매매계약은 무효가 된다. 또한 하자(defects)있는 계약이 아니어야 한다. 즉 사기(fraud), 착오(mistake), 부실표시(misre-presentation), 강박(duress)과 부당위압(undue influence)에 의한 계약은 무효가 되는 것이다.

2. 청약과 청약의 유인

1) 청약의 의의

청약(offer)이란 일반적으로 청약자(offeror)가 피청약자(offeree)에게 계약을 체결하고자 하는 의사표시를 말한다. 즉 청약은 매매관계에 있는 당사자의 일방이 그 상대방의 승낙(acceptance)과 아울러 일정조건의 매매계약을 기대하고 행하는 의사표시이다.[25] 청약이 될 수 있는 기본적 조건은 명확성과 구속되는 의사의 존재이다.

영미법에서의 계약성립은 약인에 근거를 두기 때문에 청약은 청약자가 행하는 방법대로 수행할 것이라는 약속으로 보며, 이에 대해 수약자로부터 약인이 제공되어 계약이 성립하는 것으로 보고 있다.

한편, 대륙법계인 독일 및 일본의 법리는 매도인의 청약에 대하여 매수인이 이를 승낙하면 계약이 성립하는 것으로 보기 때문에 청약은 계약성립의 기능을 매수인에게 주는 행위, 다시 말하면 계약성립을 전제로 한 계약상의 행위로 보고 있다.

한국의 민법에서는 청약에 대한 정의는 없지만 그 성질상 청약은 하나의 의사표시이며, 상대방은 특정인이나 불특정 다수인에 대해서도 유효하며, 계약내용을 결정할 수 있는 정도의 사항이 포함되어야 하는 취지로 보고 있다.[26]

CISG라고 일컫는 국제물품매매계약에 관한 유엔 협약(United Nations Convention on Contracts for International Sale of Goods: CISG)에서는 청약의 정의는 내리지 않고 있으나, 1인 이상의 특정한 자에 대한 계약체결의 제의는 그 내용이 충분히 확정적이고, 승낙이 있는 경우에는 구속된다고 하는 청약자의 의사표시가 있는 때에는 청약으로 보고 있다.[27] 그러나 1인 이상의 특정한 자 이외의 자에 대한 그 제의를 한 자가 반대의 의사표시를

25) American Law Institute, *Restatement of the Law, Second, Contract*, 2nd ed., St. Paul 1981, §24; A. G. Guest, *Anson's Law of Contract*, 26th ed., Oxford University Press, 1984, p. 25.

26) 곽윤직, 「채권각론」, 박영사, 1982, 46~47면.

27) CISG, 1980, Article 14(1).

명확히 한 경우를 제외하고는 단순히 청약의 유인으로 본다고 규정하고 있다.[28] 이는 청약을 할 경우에 청약상대방을 특정시켜야 하며, 청약내용이 충분히 확정되어야 함을 의미하는 것이다.

2) 청약의 유인

청약의 유인(invitation to treat; invitation to offer)이란 타인을 유혹하여 자기에게 청약하도록 하는 행위로 청약과는 구별된다. 결국 이로 인하여 유혹된 자가 의사표시를 하여도 계약은 성립되지 않으며 다시 유인한 측으로부터 승낙의 표시가 있어야 비로소 계약은 성립되는 것이다.[29] 따라서 청약의 유인과 청약을 구별하는 것은 개별적 상황에 따라 결정지어야 한다. 예를 들면, 확인조건부청약(offer subject to confirmation; sub-con offer)과 상대방이 특정되지 아니하고 신문이나 텔레비전 또는 방송에 의한 광고(advertisement), 견적서(quotation), 가격표(price list), 물품목록(catalog) 등의 배포를 통하여 불특정의 1인 또는 그 이상의 일반대중을 상대로 하고 있는 경우와 경매(auction) 및 입찰(bid; tender)과 같은 것들은 단지 청약의 유인에 불과한 것으로 본다.

그러나 입찰안내장을 보내면서 입찰에 붙인 자가 최고가격[30] 또는 최저가격을 정하고 기타 계약조건을 구체적으로 명시하거나 또는 최저가격으로 입찰에 참가한 신청인에게 계약할 것임을 표명한 경우의 입찰안내장은 청약으로 본다. 또한 불특정인에 대한 경우라도 제의자가 그 제의(proposal)에 대하여 승낙이 있으면 곧 계약으로 보겠다는 등의 의사를 표명하였을 경우에는 그러한 제의는 단순한 청약의 유인이 아니라 이를 청약으로 본다.[31]

무역거래에서 청약의 유인으로 볼 수 있는 예와 그 법률적 의미를 살펴보면 다음과 같다.

예를 들면, 청약자가 피청약자에게 ① "We offer you subject to our final confirmation"이라고 의사를 표시한데 대하여 피청약자가 청약자에게 ② "We accept your offer"라고 하였다. 이에 대하여 청약자가 피청약자에게 ③ "We confirm your acceptance"라고 하였다면 ①은 청약이 아니고 청약의 유인, 즉 예비적 교섭(preliminary negotiation)이며, ②는 청약에 따른 승낙이 아니고 청약의 유인에 대한 사실상의 청약으로 보아야 하며, ③은 ②에 대한 승낙으로 보아야 한다. 따라서 이와 같은 청약의 유인에 따른 매매계약은

---

28) CISG, 1980, Article 14(2).
29) 末川 博, 「契約法」, 法經出版社, 1985, 49面.
30) 보통 가격에 제한 없이(without reserve)라는 말은 사용한다.
31) CISG, 1980, Article 14(2).

[그림 1-1]과 같이 "청약자의 예비적 교섭→피청약자의 청약→청약자의 승낙"에 의하여 성립된다고 할 수 있다.32)

그림 1-1 청약의 유인의 법적 의미

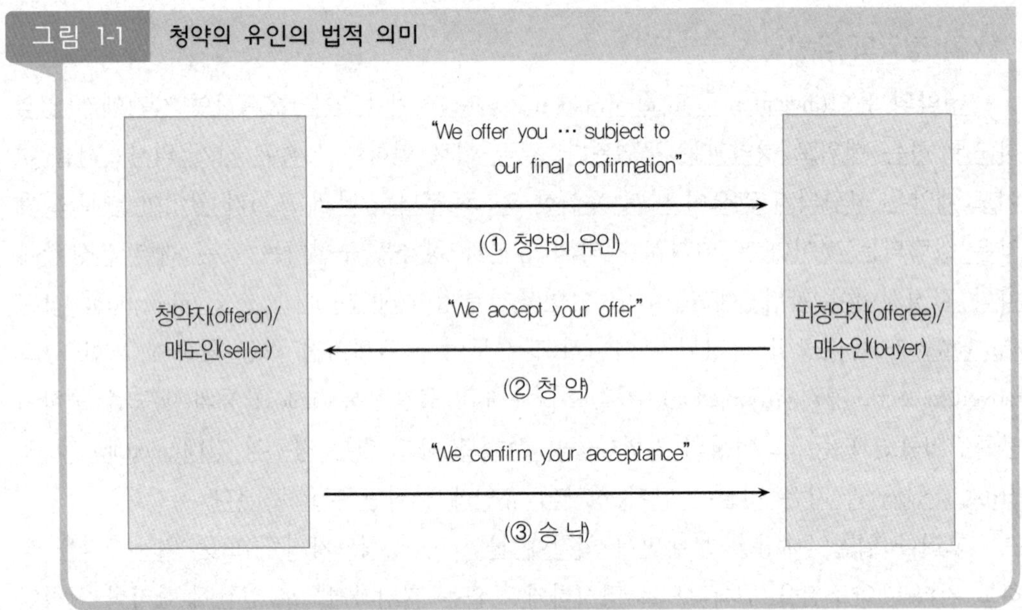

3. 청약의 유형과 효력

청약의 유형(types of offer)은 청약의 주체에 따라 매도청약(selling offer)과 매수청약(buying offer), 발행지에 따라 국내발행청약33)과 국외발행청약, 확정력에 따라 확정청약(firm offer), 불확정청약(free offer), 반대청약(counter offer), 교차청약(cross offer) 및 조건부청약(conditional offer)으로 구분할 수 있다.

이 중에서 특히 확정청약은 청약자가 청약내용에 대하여 승낙회답의 유효기간(validity of offer)을 지정하고 그 기간 내에 승낙하면 계약이 성립되는 청약이다. 유효기간을 정하지 아니한 경우라도 그 청약이 확정적(firm) 또는 취소불능(irrevocable)34)이라는 표시가 있

32) 강원진, 「국제무역상무론」, 법문사, 1993, 56면; 강원진, 전게서, 12~13면.

33) 한국에서는 흔히 오퍼상이라고 부르고 있지만 의미상으로는 오퍼발행 대리업자라고 할 수 있다. 이는 외국의 수출자가 국내로 물품을 수출하고자 하는 자의 위임을 받은 자 또는 외국 수출자의 국내지점 또는 대리점이 국내에서 외국 수출자를 대리하여 물품매도확약서(offer sheet)의 발행을 주된 업으로 하는 자를 말한다. 이 오퍼발행 대리업자는 오퍼발행 금액에 대하여 약정된 수수료(commission)를 외국의 수출자(물품공급자)인 위임자로부터 받게 된다.

34) CISG, 1980, Article 16에서는 취소불능청약(irrevocable offer)이라고 하고 있다.

거나, 유효기간, 확정적 또는 취소불능이라는 표시가 동시에 있는 청약도 확정청약이 된다. 따라서 이와 같은 표시가 없는 청약은 불확정청약이다. 불확정청약은 상대방이 승낙하기 전까지는 청약자가 청약내용을 일방적으로 철회하거나 변경할 수 있다.

또한 반대청약은 청약자의 청약에 대하여 피청약자가 수량·가격·선적·결제 등 청약내용을 일부 추가, 제한 및 변경 등 새로운 조건을 제의해 오는 청약을 말한다.[35] 반대청약은 원청약(original offer)에 대한 거절이 되고 동시에 새로운 청약이 된다. 따라서 원래의 청약은 반대청약에 의하여 소멸된다.

교차청약은 청약자와 피청약자 상호간에 동일한 내용의 청약이 상호 교차되는 청약으로 청약과 승낙을 나눌 수는 없지만 양청약이 도달한 때에 계약이 성립된다.[36]

한편 조건부 청약은 청약내용에 단서가 있는 청약으로 피청약자의 승낙만으로는 계약이 성립되지 않고 청약자의 최종확인(final confirmation)이 있어야만 계약이 성립된다.[37]

Ⅲ. 청약의 효력발생

1. 청약의 효력발생시기

일반적으로 청약은 피청약자에게 도달하였을 때에 비로소 그 효력이 발생한다. 왜냐하면 청약은 피청약자에게 도달하지 않으면 청약자의 청약내용을 상대방이 인지할 수 없기 때문이다. 청약의 효력발생시기에 대하여 영미법에서는 대체로 청약이 피청약자에게 도달하여야 한다는 도달주의 입장을 취하고 있다.[38] 또한 CISG에서도 청약은 피청약자에게 도달하는 때에 효력이 생긴다[39]라고 규정하고 있으며, 한국 민법도 상대방에 대한 의사표시는 그 통지가 상대방에게 도달한 때로부터 그 효력이 생긴다[40]라고 하고 있어 청약의 효력발생은 도달주의 원칙이 준수되고 있다.

35) CISG, 1980, Article 19(1).

36) 한국 민법 제533조에서는 "당사자간에 동일한 내용의 청약이 상호 교차된 경우에는 양청약이 상대방에 도달한 때에 계약이 성립 한다"고 규정하고 있다. 그러나 영미법에서는 교차청약에 의해서는 계약이 성립되지 않는 것으로 보고 있다; A. G. Guest, op. cit., p. 31.

37) 조건부 청약은 형식상으로는 불확정청약(free offer)의 범주이지만 엄밀한 의미에서는 청약이 아니고 예비적 교섭의 하나에 지나지 않는다. 조건부 청약의 예로는 "offer subject to our final confirmation", "offer subject to prior sale", "offer subject to being unsold"와 같은 조건의 문언이 청약시에 명시된다.

38) A. G. Guest, *op. cit.*, p. 30.

39) CISG, 1980, Article 15(1).

40) 한국 민법 제111조 제1항.

교차청약(cross offer)의 경우 한국에서는 양청약이 상대방에 도달할 때 계약이 성립하는 것으로 규정하고 있으며,[41] 일본에서도 교차청약의 경우 계약이 성립하는 설이 유력시되고 있다. 그러나 영미법은 의사표시의 상호관련을 중시하기 때문에 교차청약은 계약이 성립하지 않는 것으로 보고 있다.

영국의 Tinn v. Hoffman & Co. 사건[42]에서 피고는 1871년 11월 28일에 철 800톤을 톤당 69실링에 매도청약 하였는데, 같은 날에 원고도 동일한 내용의 서신이 우편을 이용하여 교차되었다. 계약성립여부에 대하여 이 사건의 판결은 청약에 대한 승낙의 관계를 구성하고 있지 않기 때문에 계약이 성립되지 않는다고 판시하였다. 이처럼 교차청약에 관하여 대립되는 견해를 갖는 이유는 대륙법에 있어서는 행위자의 "의사"를 중심으로 고찰하는데 반하여, 영미법에 있어서는 청약과 승낙의 "관계"를 중심으로 고찰하려고 하는 경향이 강하기 때문이다.[43]

2. 청약의 유효기간

확정청약(firm offer)의 경우에는 청약의 유효기간(validity of offer)이 명시되는 것이 일반적이다. 그러나 유효기간이 명시되어 있더라도 그 기간 내에 승낙의 의사표시가 청약자에게 도달되어야 할 것인지 아니면 발신만으로 효력이 있는지를 미리 명확히 하여 둘 필요가 있다.[44]

불확정청약(free offer)의 경우에는 합리적인 기간을 청약의 유효기간으로 한다. 합리적인 기간은 주변의 상황이나 거래관행을 고려한 사실의 문제로 결정되어야 한다.

이처럼 청약은 그것에 대한 승낙만 있으면 계약을 성립하게 하는 효력, 즉 승낙을 받을 수 있는 효력을 가지고 있다. 이와 같은 효력을 승낙적격 또는 승낙능력이라고 한다. 승낙은 청약이 효력이 발생된 때로부터 그것이 소멸할 때까지 하여야만 계약을 성립시킬 수 있다. 따라서 승낙적격은 결국 청약의 존속기간이 된다.

따라서 피청약자의 승낙적격은 피청약자의 거절 또는 반대청약, 시간의 경과, 청약자의 철회, 청약자나 피청약자의 사망 또는 능력상실의 사유로 종료할 수 있다.[45] 그러나 선택계약(option contract)에 있어서의 승낙적격은 거절이나 반대청약, 청약철회 또는

---

41) 한국 민법 제533조.

42) [1873] 29 L.T. 271, at pp. 275, 277, 278, 279.

43) 中村 弘, 「貿易契約の基礎」, 東洋經濟新報社, 1983, pp. 107~108; A.G. Guest, *op. cit.*, p. 31.

44) 유효기간에 대해서는 "We offer you firm subject to your acceptance reaching us by May 10" 또는 "Validity of offer: Until May 10 our time"과 같이 청약내용에 명시한다.

45) American Law Institute, *op. cit.*, §36.

청약자의 사망 또는 능력상실로 인하여 종료하지 않는다.[46)]

3. 청약의 확정성

일반원칙으로 청약은 승낙하기 전에는 철회가 가능하고, 일단 청약자의 청약이 피청약자에 의해 승낙되면 철회가 불가능하다.

전통적으로 영미법계에서는 청약이 날인증서(covenant)로 되어 있거나 피청약자가 약인을 제공한 경우에는 청약을 철회할 수 없도록 하고 있다. 청약이 피청약자에 의하여 일단 승낙되고 나면 철회불능이 된다는 원칙은 1873년 영국의 Great Northern Railway Co. v. Witham 사건[47)]에서 1871년 11월 1일부터 1872년 10월 31일 사이에 철강제품 공급과 관련하여 수시로 매수인의 주문에 의해 물품을 공급하여 주는 조건으로 청약하였지만, 결국에 가서는 이와 같은 청약조건이행을 거절한 사례에서 유래되고 있다. 이 사건에서 법정은 청약자에게 계약불이행의 책임이 있는 것으로 판시하였다. 이는 청약을 피청약자가 승낙하고 난 다음에는 철회할 수 없다는 원칙을 뒷받침하는 사례이다.

또한 미국 통일상법전[48)]에 따르면 확정청약의 실질적 요건으로서 ① 청약은 서명된 문서로서 발행되고, ② 상인이 발행하고, ③ 청약의 유효기간은 3개월을 초과하지 않을 것이며 만일 3개월을 초과하는 경우에는 피청약자가 청약자에게 대가를 지급하여야 하며, ④ 피청약자로부터 제공된 서식에 유효기간이 있는 경우에는 청약자가 별도 서명할 것을 규정하고 있다.

그런데 유효기간이 명시되어 있지 아니한 경우의 청약에 대하여는 언제까지 그 효력이 있는지 문제된다. 청약의 유효기간이 확정되지 않는 이른바 불확정청약(free offer)이라 하여 그 청약이 무한정 유효하다고는 볼 수 없다. 다수국의 법에서는 “합리적인 기간” 또는 “상당한 기간” 이내에 승낙을 하면 계약이 유효하게 성립된다고 규정하고 있다.[49)] 그러나 사실의 문제(question of fact)로서 합리적 기간 또는 상당한 기간의 결정에는 어려운 점이 많다.

한편 CISG[50)]에서는 ① 청약이 승낙기간을 명시하고 있거나 또는 기타의 방법으로 청약이 취소불능임을 표시하고 있는 경우, ② 피청약자가 청약을 취소불능이라고 신뢰하는 것이 합리적이거나 또는 피청약자가 그 청약을 신뢰하여 행동하였을 경우에는 청

---

46) *Ibid.*, §37.

47) [1873] L.R. 9 C. p. 16.

48) UCC, §2-205.

49) UCC, §2-206; CISG, 1980, Article 18(2); 독일 민법 제147조; 일본 민법 제542조; 한국 민법 제529조.

50) CISG, 1980, Article 16(2).

약은 취소될 수 없는 것으로 규정하고 있다.

그리고 독일, 일본 등 대륙법계의 취지와 마찬가지로 한국의 민법에서도 "승낙의 기간을 정한 계약의 청약은 청약자가 그 기간내에 승낙의 통지를 받지 못한 때에는 그 효력을 잃는다"[51]고 규정하여, 확정청약의 경우에 청약자는 그 유효기간 내에 일방적으로 철회할 수 없는 것으로 하고 있다.

Ⅳ. 청약의 효력소멸

1. 청약의 철회

청약의 철회(withdrawal)란 청약으로서의 효력이 아직 발생하기 이전의 상태에서 청약자가 임의로 청약의 효력을 소멸시키려고 하는 의사표시로 취소(revocation)와 구별된다.[52]

CISG에서는 청약은 취소불능이라도 그 철회가 청약의 도달 전 또는 그와 동시에 피청약자에게 도달하는 경우에 이를 철회할 수 있다.[53] 청약은 의사표시가 상대방에게 도달할 때 효력이 발생되는 것이 일반원칙이므로 도달 전의 청약에 대한 취소는 당연하다고 할 수 있다.

영국법에서는 날인증서가 첨부된 청약이나 제정법이 규정을 하고 있는 경우를 제외하고 청약은 승낙 전에 철회가 가능하나 승낙되면 철회불능으로 된다. 이는 비록 유효기간을 정한 확정청약의 경우에도 동일한 원칙이 적용된다.[54] 영국법에서는 청약철회의 효력이 발생되기 위해서는 상대방에게 철회의 사실을 통지하여야 하고, 그 철회는 상대방이 승낙하기 이전에 도달되어야 하는 것이 원칙이지만 반드시 청약자가 상대방에게 철회의 의사표시를 하지 않았더라도 상대방이 어떠한 방법으로 철회의 사실을 알게 되어도 무방한 것으로 보고 있다.[55]

2. 승낙통지 이전의 청약의 취소

청약의 취소(revocation)는 청약이 상대방에게 일단 도착하여 효력을 발생시킨 후 승낙의 통지를 보내기 전에 취소시킬 수 있는 요인에 의하여 청약이 소멸하게 되는 것을

51) 한국 민법 제528조.

52) 취소란 일정한 원인에 의하여 의사표시 또는 법률행위의 효력을 소급하여 소멸시키는 것을 말한다.

53) CISG, 1980, Article 15(2).

54) A. G. Guest, *op. cit.*, p. 46.

55) [1876] 2 Ch. D. 463, Dickinson v. Dodds; 中村 弘, 前揭書, 11面.

말한다. 청약은 승낙이 이루어지기 전에는 언제나 취소할 수 있다.[56] CISG에서는 청약은 계약이 체결될 때까지 피청약자가 승낙의 통지를 발송하기 전에 취소의 통지의 통지가 피청약자에게 도달하는 경우에는 이를 취소할 수 있다[57]고 하여 청약이 승낙될 때까지 취소가능하며, 또한 청약은 승낙기간을 정하고 있거나 또는 취소불능임을 나타내고 있는 경우 또는 피청약자가 청약을 취소불능으로 만든 것이 합리적이고 피청약자가 그 청약을 신뢰하여 행동한 경우에는 취소될 수 없다[58]고 규정하고 있다.

미국 통일상법전에서도 확정청약의 경우에는 유효기간 동안 청약을 취소하지 못하고 그 기간은 3개월을 넘지 못하도록 규정하고 있다.[59]

그러나 영국법에 의하면 청약은 날인증서에 의한 청약 및 제정법의 규정에 따른 청약의 경우를 제외하고 약인이 없으면 확정청약이라 하더라도 승낙 이전에는 언제나 철회는 물론 취소할 수 있는 것으로 하고 있다.[60]

청약의 취소는 상대방이 그 청약이 취소된다는 통지를 받는 시점부터 유효하다.

실제 무역거래에서는 CISG의 규정과 같이 확정청약의 경우에는 그 유효기간까지는 취소될 수 없는 것이 일반적이므로 청약의 종류를 선택하는데 신중을 기하여야 한다.

3. 피청약자의 청약거절

청약의 거절(rejection)이란 청약자의 청약에 대하여 승낙하지 않는다는 의사표시를 말한다. 따라서 청약은 피청약자에 의하여 거절되면 효력이 소멸된다.

CISG에서는 청약은 취소불능이라도 거절이 청약자에게 도달하는 때에 그 효력을 잃게 된다[61]고 규정하고 있는데 현재 대부분의 법제의 취지와 거의 같다.[62]

그러나 한국 상법에서는 상인이 상시 거래관계에 있는 자로부터 그 영업부류에 속한 계약의 청약을 받을 때에는 지체 없이 승낙의 통지를 발송하여야 하며, 이를 해태한 때에는 승낙한 것으로 본다[63]고 규정하고 있지만 무역거래에서는 CISG의 취지를 받아

56) A.G. Guest, *Benjamin's Sale of Goods*, 3rd ed., Sweet & Maxwell, 1987, p. 99.

57) CISG, 1980, Article 16(1).

58) *Ibid.*, Article 16(2).

59) UCC, §2-205.

60) A. G. Guest, *Anson's Law of Contract*, 26th ed., Oxford University Press, 1984, pp. 46~49.

61) CISG, 1980, Article 17.

62) John O. Honnold, Uniform Law for International Sales under the 1980 United Nations Convention, Kluwer Law and Taxation Publishers, 1982, p. 178; 독일 민법 제146조; 일본 민법 제528조.

63) 한국 상법 제53조; 그러나 CISG(제18조 1항)에서는 침묵(silence) 또는 무행위(inactivity) 그 자체는 승낙이 될 수 없다고 하고 있다. 무역거래에서는 피청약자가 승낙회신을 하지 않는 승낙의 침묵으로는 계약이 성립되지 않는다.

들이고 있는 것이 일반적이다.

또한 반대청약(counter offer)도 일종의 원청약에 대한 청약의 거절에 해당된다.

한국 민법에서도 승낙자가 청약에 대하여 조건을 붙이거나 변경을 가하여 승낙한 때에는 그 청약의 거절과 동시에 새로 청약한 것으로 본다[64]고 하여 반대청약은 청약의 거절로 간주하고 있다.

청약의 거절은 그 통지가 청약자에게 도달하여야 효력을 갖는다. 청약거절의 통지는 청약철회의 통지와 같이 도달주의를 취하고 있다.[65]

4. 시간의 경과

승낙기간이 정해져 있는 청약에 대하여 그 기간 내에 승낙의 통지가 청약자에게 도달하지 않을 때에는 청약은 효력을 잃게 된다. 다시 말하면 청약은 시간의 경과(passing of time)하게 되면 실효(lapse)된다.[66]

CISG에는 명시규정이 없으나, 영미법이나 독일 및 일본 등 대륙법계의 경우에는 시간의 경과로 청약이 실효된다는 것을 인정하고 있으며,[67] 한국 민법에서도 승낙기간을 정한 계약의 청약은 청약자가 그 기간 내에 승낙의 통지를 받지 못한 때에는 그 효력을 잃으며,[68] 또한 승낙기간을 정하지 아니한 계약의 청약도 청약자가 상당한 기간 내에 승낙의 통지를 받지 못한 때에는 그 효력을 잃는다[69]라고 규정하고 있다.

이와 같이 확정청약(firm offer)의 경우는 시간의 경과여부를 판단하는 것이 어려움이 없으나 유효기간이 명시되지 아니한 불확정청약(free offer)의 경우에는 상당한 기간(reasonable period)의 경과로 실효한다고 할 때 상당한 기간의 해석이 문제시된다. 이에 관하여 영국의 판례는 청약에 사용한 언어, 청약자가 사용한 통지방법, 시장조건, 당사자간의 경험을 고려하여 판단하여야 한다고 하고 있으며, 미국에서는 모든 상황에 따라 결정되어야 할 사실의 문제(question of fact)라고 하고 있다.[70]

---

64) 한국 민법 제534조.

65) A. G. Guest, *op. cit.*, p. 30; 中村 弘, 前揭書, p. 120.

66) *Ibid.*, p. 52; 실효(lapse)란 말은 권리를 행사하지 않든지 또는 그 갱신을 청구하지 않으면 권리가 됨을 말한다; 中村 弘, 上揭書, 122面; 이하에서 살펴보면 시간의 경과, 당사자의 사망, 후발적 위법과 같이 당사자의 의사표시에 의하지 아니한 청약의 효력소멸사유는 모두 실효에 속한다.

67) American Law Institute, *op cit.*, §41(1); 독일 민법 제146조; 일본 민법 제521(2)조 및 제524조.

68) 한국 민법 제528조 제1항.

69) 한국 민법 제529조; 그러나 한국 상법 제51조에서는 대화자간의 계약의 청약은 상대방이 즉시 승낙하지 아니한 때에 그 효력을 잃는다고 규정하고 있다.

70) American Law Institute, *op cit.*, §41(2).

5. 청약당사자의 사망

청약자가 청약이 승낙되기 전에 사망(death or disability)하면 피청약자가 청약자의 사망을 알거나 모르거나를 막론하고 청약의 효력은 당연히 소멸된다. 그러나 청약이 승낙된 후에 청약자가 사망한 경우에는 청약은 승낙에 의해서 합의가 성립되었으므로 청약의 효력에는 아무런 영향을 주지 않는다.[71)]

CISG는 이에 관한 명시규정이 없지만 영국법에서는 당사자가 사망하는 경우,[72)] 미국법에서는 피청약자나 청약자가 사망하거나 계약체결을 할 수 있는 법적 능력을 박탈당하였을 경우에 소멸한다[73)]고 규정하고 있다.

그러나 대륙법에서는 계약의 성립을 당사자의 의사가 관행 또는 거래의 성질로부터 반대의 결론이 나오지 않는 한 승낙 전 일방당사자의 사망이나 능력상실로 영향을 받지 않는다는 취지이다. 한국 민법도 청약의 의사표시를 발신한 후 그것이 상대방에게 도달하기 전에 청약자가 사망하거나 혹은 행위능력을 상실하더라도 청약의 효력에는 영향이 없는 것으로 보고 있다.[74)]

무역거래는 주로 상사간에 이루어지고 있어서 사망이나 능력상실문제는 거래의 편의에 의하여 적절히 대응하여야 한다.

6. 후발적 위법

청약 이후에 매매계약이행이 위법이 된, 이른바 후발적 위법(subsequent illegality)일 경우에는 청약의 효력은 소멸된다.

예컨대 청약자가 피청약자에게 어떤 물품을 매도청약한 후 청약을 승낙하기 이전에 수출금지 또는 수출제한 조치의 법률이 제정되어 시행되었다면 청약의 효력은 소멸된다.[75)] 또한 계약이 성립한 후에 전쟁의 발발과 같은 후발적인 위법인 이행불능, 즉 계약목적의 좌절(frustration)도 계약을 자동 소멸시킨다.

그러나 전쟁발발에 의한 프러스트레이션 성립은 전쟁 그 자체가 아닌 전쟁발발로 인한 개개의 사건의 상황에 따라 결정될 문제이다. 즉 단순한 간접적인 영향을 주는 전쟁발발이나 대체이행 수단이 존재하거나 매매당사자에게 선택권이 있을 경우에는 프러

71) 서희원, 「영미법강의」, 박영사, 1990, 257면.

72) A. G. Guest and Others, *Chitty on Contracts*, 26th ed., Sweet & Maxwell, 1989, §102-104.

73) American Law Institute, *op. cit.*, §48.

74) 한국 민법 제111조.

75) [1920] 2 K. B. 287, Ralli Brothers v. Compania Naviera Sota Y Aznar.

스트레이션으로 인정되지 않기 때문에 후발적 위법에 해당되지 않을 수 있다.[76)]

V. 결 론

지금까지 청약의 본질을 고찰하고 청약의 효력발생과 소멸에 관한 각국의 법제와 무역계약체결시의 실무적 관행을 검토한 결과 다음과 같은 사항을 발견할 수 있다.

첫째, 청약과 청약의 유인에 따른 법률적 효과는 그 발생단계가 상이하다.

둘째, 교차청약의 경우 한국과 일본의 법제나 관행은 청약이 도달할 때 계약이 성립되지만, 영국과 미국에서는 받아들여지지 않고 있다.

셋째, 유효기간이 명시되지 아니한 청약을 사실상의 문제로만 해답을 구하는 것은 매우 모호할 뿐만 아니라 자의적인 주장으로 당사자간에 악용할 소지가 있다.

넷째, 청약의 철회나 취소, 피청약자의 청약거절, 시간의 경과, 당사자의 사망 및 후발적 위법시에는 청약의 효력의 소멸되는 것이 일반적이다. 특히 당사자의 사망과 관련하여 대륙법계에서는 청약이 승낙된 후에도 청약의 효력은 유효한데 비하여, 영미법계에서는 당사자가 사망한 경우나 법적 능력을 박탈당했을 경우에는 소멸하는 것으로 보고 있어 그 견해가 대립되고 있다.

따라서 무역계약체결을 위하여 청약을 할 경우에는 위와 같은 사항을 고려하여 다음과 같이 대응하여야 한다.

첫째, 청약의 유인에 따른 무역계약의 성립은 피청약자가 승낙한다는 의사표시로 계약이 성립되지 않고 또 다시 청약자가 승낙함으로써 계약이 성립되기 때문에, 청약과 청약의 유인에 따른 계약성립의 효력발생시기에 대해서는 개별적 상황을 고려하여 결정 지워야 한다.

둘째, 청약을 할 경우에는 청약의 상대방을 특정시키고 청약내용이 확정되도록 하여야 한다. 예컨대 "We offer you firm subject to your acceptance reaching us by E-mail until December 31, 20xx as follows …"와 같이 하여 청약의 확정적(firm)임과, 승낙에 대한 의사표시 방법을 E-mail로 하여 그 승낙의 방법, 즉 통신수단을 지정하고, 유효기간 내에 피청약자의 의사표시가 도달주의 원칙이 적용되는 것으로 하여 청약내용을 명확히 구성하여야 한다.

셋째, 청약은 그 유형에 따라 효력발생과 소멸이 될 수 있으므로 재고가 한정되어

---

76) [1940] 2 K. B. 517, Hindley & Co., Ltd. v. General Fibre Co., Ltd.; [1954] 1 Q.B. 88, Atlantic Maritime Co., Inc. v. Gibbon; [1959] 1 Lloyd's Rep. 223, Walton (Grain and Shipping) Ltd. v. British Italian Trading Co., Ltd.

있거나, 계절적으로 시가 변동폭이 클 것으로 예상되는 물품에 대해서는 조건부청약(conditional offer)을 사용하고 청약의 종류를 신중하면서도 적절하게 선택하여야 한다.

넷째, 매매당사자는 청약과 승낙에 관련된 각국의 법제와 관행이 상이하다는 점을 유의하여 무역계약을 체결할 경우 청약의 의사표시를 보다 명확하고 구체적으로 하여 무역계약성립과 관련된 분쟁을 예방하여야 한다.

문제 1-04 **다음 상황 및 작성자료를 참조하여 인터넷을 이용한 Offer to Sell을 작성하시오. (단, 답안지에는 진하게 표시된 청약조건 란의 밑줄 친 부분 10곳에 적합한 표현을 기재함)**

[상　　황]

미국의 수입자 New York Co., Inc.는 홈페이지의 광고를 보고 한국의 수출자 Seoul Co., Ltd.에게 여행용 가방 5,000개에 대한 구매의사를 밝히면서 offer를 요청하였다. 이에 수출자는 인터넷을 이용하여 offer하고자 한다.

[작성자료]

① 품목: ST-S37 Travel Bags
② 수량: 5,000개
③ 단가: 개당 미화 50 달러
④ 가격조건: Incoterms® 2010에 의한 뉴욕까지 운송비·보험료 지급인도
⑤ 결제조건: Seoul Co., Ltd.를 수익자로 하여 발행된 일람출급 취소불능신용장
⑥ 선적조건: 계약서 체결 이후 90일 이내
⑦ 보험조건: 송장금액에 110%를 가산하여 협회적화약관(B)로 부보
⑧ 포장: 수출표준포장
⑨ 검사조건: 매도인 검사를 최종으로 함
⑩ 원산지: 대한민국
⑪ 청약유효기일: 2015년 9월 30일까지 당사에 전자우편으로 도착하는 조건
⑫ 수입자 및 주소: Richard C. Davis, Import Manager
New York Co., Inc.
356 Fifth Avenue, New York, NY10018, U. S. A.
⑬ 수출자 및 주소: Min-ho Kim, Export Manager
Seoul Co., Ltd.
100, Sogong-ro, Joong-gu, Seoul 04532, Korea

⑭ 작성일: 2015년 9월 10일
* 단, 언급되지 아니한 사항은 임의로 작성함.

답안 1-04

OFFER TO SELL BY INTERNET

From: Min-ho Kim 〈selco@hanmail.net〉
To: nyinc@hotmail.com
Subject: Offer for Travel Bags
Date: Thu. Sep. 10, 2015 16:04:27

....

Richard C. Davis, Import Mananger
New York Co., Inc.
356 Fifth Avenue, New York, NY10018, U. S. A.

Gentlemen:
We offer you the following goods on the terms and conditions as belows:
Commodity: ST-S37 Travel Bags
Quantity: 5,000 PCS.
Price: @US$50 per pc. CIP New York Incoterms® 2010
Payment: Under irrevocable L/C at sight to be issued in favor of Seoul Co., Ltd.
Shipment: Within 90 days after the date of formal contract.
Insurance: Covering ICC(B) for 110% of the Invoice value.
Packing: Export standard packing.
Inspection: Seller's inspection to be final.
Origin: The Republic of Korea
Validity of Offer: Until September 30, 2015 subject to your reply reaching us by E-mail.

Very truly yours,

Seoul Co., Ltd.

MinhoKim

Min-ho Kim
Export Manager

문제 1-05 국제물품매매계약에서 승낙의 효력과 승낙의 유형에 대하여 논하시오.

답안 1-05

〈목차 구성〉

Ⅰ. 서 론
Ⅱ. 승낙의 본질
  1. 승낙의 의의
  2. 경상의 원칙적용에 대한 논의
  3. 승낙적격과 승낙의 요건
Ⅲ. 승낙의 효력발생
  1. 승낙의 효력발생시기
  2. 승낙의 방법과 수단
  3. 승낙의 효력소멸
Ⅳ. 승낙의 유형과 효력
  1. 반대청약과 승낙의 권능
  2. 부가조건부 승낙과 실질적 변경
  3. 지연승낙
  4. 승낙의 침묵 또는 무행위
  5. 모호한 승낙
Ⅴ. 승낙과 관련된 물품매매계약상의 문제와 대응
  1. 문제점
  2. 대응책
Ⅵ. 결 론

Ⅰ. 서 론

국제물품매매는 매매당사자간의 계약에서 비롯된다. 계약은 복수당사자간의 의사표시의 합치에서 성립되는 법률행위이기 때문에 계약이 성립되기 위해서는 청약자와 승낙자간의 합의가 필요하다. 따라서 국제물품매매에서는 일방의 청약(offer)에 대하여 상대방의 승낙(acceptance)에 의하여 계약이 성립된다. 이와 같이 청약자(offeror)의 청약에 따른 피청약자(offeree)의 승낙은 계약성립의 본질적 요건이 되기 때문에 승낙의 의사표시는 무역거래에서 매매당사자간에 법률적으로 매우 중요한 의미를 갖는다.

승낙의 효력에 관해서는 각국의 법제가 상이하고 무역계약에서도 공통되는 강행법이 없기 때문에 계약자유의 원칙에 따라 물품매매를 위하여 무역계약을 체결하는 경우에는 어떠한 법제에 근거를 둘 것인가 아니면 당사자간의 특약에 따를 것인가 등 승낙과 관련하여 발생될 수 있는 문제를 예견하여 이에 대응하는 것이 요구된다.

따라서 국제물품매매계약에서 계약은 언제 성립되며 어느 시점에 효력이 발생되며 승낙의 형태에 따라 어떻게 승낙의 효력이 매매당사자간에 미치는가에 대한 문제들을 파악할 필요가 있다.

이하에서는 계약성립의 요건인 승낙의 본질을 규명하고 승낙의 효력과 관련하여 영미법, 대륙법 및 국제물품매매계약에 관한 유엔 협약상의 법리를 비교하여 검토하고자 한다.[77]

---

77) 이 글은 강원진, "국제물품매매계약에서의 승낙의 효력", 「무역학회지」, 제19권, 제2호, 한국무역학

Ⅱ. 승낙의 본질

1. 승낙의 의의

청약(offer)에 대한 승낙(acceptance)은 계약성립을 완성시키는 행위이며[78] 승낙은 피청약자가 청약자에 대하여 청약에 응하여 계약을 성립시키는 것을 목적으로 행하는 의사표시이다. 청약이 승낙된 경우에는 상호의 동의가 성립하는 것이므로, 그 동의에의 의사표시가 곧 승낙이다. 승낙은 동의를 표시하는 피청약자의 진술이나 기타 행위에 의하여 효력이 발생된다. 표시(indicating)나 동의(assent)라는 말은 계약성립에서 두 개의 중요한 의사표시(communication)와 합의(agreement)를 요약한 표현이다.[79] 모든 매매계약은 청약자의 청약에 대하여 피청약자의 승낙이 있어야 유효하게 성립되는 것이다.

영국의 앤슨(Anson)의 계약법에서는 청약에 대한 승낙은 청약자가 정하거나 지시하는 방법에 따라 청약조건에 대한 동의를 말(words) 또는 행위(conduct)로 동의를 표시하는 것이고 승낙은 절대적이며 청약의 조건과 일치하여야 한다[80]고 정의하고 있다. 또한 미국의 제2차 계약법 리스테이트먼트(Restatement)에서는 청약에 대한 승낙은 청약에서 요구하는 방법에 따라 피청약자가 청약조건에 동의를 표시(manifestation of assent)하는 것이다[81]라고 하고 있다. 동의에 대한 의사표시에 관하여 국제물품매매계약에 관한 유엔협약(United Nations Convention on Contracts for the International Sale of Goods: CISG)[82]에서는 청약의 성격상 또는 청약자와 피청약자 당사자 사이에 이미 확립되어 있는 관행이나 관습의 결과로서 피청약자가 청약자에 아무런 통지 없이 물품의 발송이나 대금지급 등과 같은 행위를 함으로써 동의의 의사표시를 하는 경우에는 승낙은 그 행위가 행하여짐과 동시에 효력이 발생 한다[83]고 하여 청약의 성격상 또는 이미 확립된 관습이 있는 경우에는 승낙으로서의 효력이 있음을 인정하고 있다.

회, 1994, 405~422면을 정리한 것이다.

78) P. S. Atiyah, *The Law of Contract*, Fourth ed., Clarendon Press, 1989, p. 70.

78) John O. Honnold, *Uniform Law for International Sales under the 1980 United Nations Convention*, Kluwer Law and Taxation Publishers, 1982, pp. 180~181.

80) A. G. Guest, Anson's *Law of Contract*, 26th ed, Oxford Universty Press, 1984, p. 32.

81) American Law Institute, *Restatement of the Law*, Second, Contract, 2nd ed., St. Paul, 1981, §50(1).

82) 이하 CISG라고 칭한다.

83) CISG, 1980, Article 18(3).

2. 경상의 원칙적용에 대한 논의

보통법(common law)하에서 유효한 승낙은 무조건적으로(unconditionally) 또한 완전하게(entirely) 청약을 승낙하여야 한다. 청약과 승낙은 거울에 비치는 모습처럼 완전히 동일하지 않으면 아니 된다는 뜻으로 이른바 경상의 원칙(mirror image rule), 즉 완전일치의 원칙이 적용된다.[84] 승낙은 절대적(absolute)이며 무조건적(unqualified)으로 청약의 조건과 반드시 일치하여야 한다.[85] 그러나 이러한 승낙은 거절이나 반대청약, 변경이나 조건부가에 따른 승낙 또는 모호한 승낙 등을 명확하게 승낙으로 결정지우는 데는 어려움이 발생하게 된다.

CISG에서는 청약에 대한 승낙의 취지가 있는 응답이라도 청약에 대한 부가(additions), 제한(limitations) 또는 기타의 변경(other modifications)이 포함되어 있는 경우에는 이는 청약거절이 되며 반대청약(counter offer)이 된다[86]고 하여 이 경우에는 경상의 원칙이 수정될 수 있는 여지를 설정하고 있다.

또한 미국 통일상법전(Uniform Commercial Code: UCC)에서도 승낙은 합리적인 기간내에 발송된 명확하고 적절한 시기의 승낙 또는 확인서에 부가조항 또는 다른 조항을 진술하고 있어도 승낙으로서의 효력이 발생된다[87]고 하여 보통법상 경상의 원칙적용을 배제시키고 있다.

이러한 취지는 서식분쟁(battle of forms)에 따라 원래의 청약내용에 대하여 피청약자인 승낙자가 다른 내용을 부가하는 승낙이 과연 계약의 효력이 발생되는지 아니면 그러한 승낙은 청약 자체를 거절하는 것인지에 관하여 해석방법이 문제가 될 수 있으며 청약과 승낙의 당사자간에 소송문제를 야기 시킬 수 있다는 비판도 있다.[88]

청약에 대하여 승낙시에 부가 또는 수정조항이 있어도 반대청약으로 취급하지 않고 승낙으로 간주할 수 있다는 것은 어디까지나 계약실무상 청약내용에 대하여 본질적으로 "실질적 변경"(materially alteration)을 가하는 승낙이 아니라면 사소한 부가나 변경내용은 계약의 일부로 인정하는 취지로 보아야 할 것이다.

---

84) Brain Robert D., *Contracts*, 5th ed., West Group, 1998, p. 57.

85) Clive M. Schmitthoff, *Export Trade*, 10th ed., Stevens & Sons, 2000, p. 54.

86) CISG, 1980, Article 19(1).

87) UCC, §2-207.

88) P. S. Atiyah, *The Law of Contract*, 4th ed., Clarendon Press, 1989, p. 72; [1979] 1 WLR 401; James J. White and Robert S. Summers, *Uniform Commercial Code*, 3 rd ed., West Publishing Co. 1988, pp. 29~31.; Autonumerics, Inc. v. Bayer Industries, Inc., 144 Ariz. 181, 696 p. 2d 1330, 39 UCC 802, 808-09(App. 1984).

3. 승낙적격과 승낙의 요건

청약은 그것에 대한 승낙만 있으면 계약을 성립하게 하는 효력, 즉 승낙을 받을 수 있는 효력을 가지고 있다고 할 수 있다. 이 효력을 청약의 승낙적격 또는 승낙능력이라고 부른다.[89] 승낙은 청약이 효력을 발생한 때로부터 그것이 소멸할 때까지의 사이에 하여야만 계약을 성립시킬 수가 있다. 따라서 승낙적격은 결국 청약의 존속기간이라는 결과가 된다.

따라서 한국 민법에서는 승낙의 기간을 정한 계약의 청약은 청약자가 그 기간 내에 승낙의 통지를 받지 못한 때에는 그 효력을 잃고, 승낙의 기간을 정하지 아니한 계약의 청약은 청약자가 상당한 기간 내에 승낙의 통지를 받지 못한 때에는 그 효력을 잃는다고 규정하고 있다.[90]

Chorlery 경은 승낙에 관한 여섯 가지 원칙을 다음과 같이 제시하고 있다.[91]

첫째, 승낙은 약정된 기간 또는 합리적 기간 내에 이루어져야 한다.[92]

둘째, 청약이 특정인 앞으로 되었다면 승낙도 그 사람에 의해서만 되어야 한다.

셋째, 승낙은 절대적, 무조건적이어야 한다.

넷째, 피청약자가 청약자에게 승낙을 전달하여야 한다.

다섯째, 승낙자는 실제 철회되었다 하더라도 청약이 철회된 사실을 몰라야 한다.

여섯째, 승낙은 계약을 체결하는 것이어야 한다. 일단 승낙이 도달되면 승낙은 철회불능이 된다.

이 밖에 승낙의 요건으로서 승낙은 특정의 청약에 대하여 행하여지는 것이다. 청약과 달리 불특정다수인에 대한 승낙은 있을 수 없다. 따라서 승낙은 특정의 청약자에 대하여 청약의 상대방이 계약을 성립시킬 의사를 가지고 행하여야 한다.[93] 또한 승낙은 청약의 내용과 일치하여야 한다.[94] 객관적으로 합치하지 않는 승낙, 즉 청약에 조건을 붙이거나 또는 변경을 가한 승낙은 청약을 거절하고 새로운 청약을 한 것으로 본다. 청약의 수령자가 승낙을 하느냐 않느냐는 계약자유의 원칙에 따라 원칙적으로 자유이고 특별한 사정이 없는 한 승낙의무를 부담하지는 않는다.[95]

---

89) 末川 博, 「契約法」, 法經出版社, 1985, 54面.

90) 한국 민법 제528조 및 제529조

91) Chorlery & Giles, *Slater's Mercantile Law*, 17th ed., Pitman Publishing Ltd., 1978. p. 15.

92) 청약의 승낙적격 존속 중에 하여야 함을 의미한다.

93) 주관적 합치라고 한다.

94) 객관적 합치라고 한다.

95) 곽윤직, 「채권각론」, 박영사, 1992, 63~64면.

그러나 한국 상법에서는 상인이 상시 거래관계에 있는 자로부터 그 영업부류에 속한 계약의 청약을 받는 때에는 지체 없이 낙부의 통지를 발송하여야 하며 이를 해태한 때에는 승낙한 것으로 본다[96]고 규정하고 있다. 이는 계속적으로 거래하는 상거래관계의 신뢰성을 도모하고자 하는 취지로 볼 수 있다.

Ⅲ. 승낙의 효력발생

1. 승낙의 효력발생시기

청약자의 승낙을 피청약자가 승낙하므로 계약은 성립하지만, 청약자와 피청약자는 공간적으로 떨어져 있기 때문에 엄밀히 말해서 승낙의 의사표시가 피청약자로부터 발송되어 청약자에게 도달될 때까지의 어느 시점에서 계약이 성립하는가라는 문제가 생긴다.

승낙의 효력발생시기에 관해서 이론적으로는 피청약자가 승낙의 의사표시를 발신할 때에 계약이 성립한다고 하는 발신주의(dispatch theory; mail－box rule), 피청약자의 승낙의 의사표시가 청약자에게 도달된 때에 계약의 성립으로 보는 도달주의(receipt theory) 그리고 단지 물리적으로 승낙의 의사표시가 청약자에게 도달될 뿐 아니라 현실적으로 청약자가 그 내용을 알았을 때에 계약의 성립으로 보는 요지주의(acknowledge theory)[97]가 있다. 승낙의 효력발생시기를 보면 영미법은 물론 대륙법 계통에서도 승낙의 의사표시에 관한 일반원칙으로 도달주의를 채택하고 있다.[98]

그러나 승낙의 의사표시에서 대화자간이나 격지자간에는 도달주의 또는 발신주의를 채택하는 국가들이 있다. CISG에서는 청약에 대한 승낙은 동의의 의사표시가 청약자가 정한 기간 내에 도달하지 아니하거나 또는 기간이 정함이 없는 경우에 있어서 동의의 의사표시가 청약자가 사용한 통신수단의 신속성도 포함하여 거래의 상황을 충분히 고려하여 합리적인 기간 내에 도달하지 아니하는 때에는 승낙은 효력이 발생되지 아니한다고 규정하여 대화자나 격지자간 구분 없이 도달주의의 입장을 취하고 있다.[99]

여기에서 청약을 포함하여 승낙의 선언 또는 기타의 의사표시가 상대방에게 도달한 때라 함은 그 의사표시가 구두(orally)로 또는 기타의 방법으로 직접 상대방에게 전달되었을 때, 또는 상대방의 영업소(place of business)나 우편주소(mailing address)로 전달되

96) 한국 상법 제53조.

97) 요지주의는 이탈리아, 이집트 등에서 채택되고 있다.

98) 新堀 聰, 前揭書, 34面.

99) CISG, 1980, Article 18(2).

었을 때, 또는 상대방의 영업소나 우편주소가 없는 경우에는 상대방의 상주적인 거소로 전달되었을 때로 한다.[100] 이 취지는 통신이 수신인(addressee)의 영업장소나 우편주소에 인도될 때 수신인에게 도착된 것으로 보는 것인데 구체적으로 말하면 적절한 장소에 인도, 즉 우편투입구(mail slot) 내에 혹은 수신인이 고용한 수임자에게 점유이전(transfer of possession)이 되는 것으로 한다.[101]

한국 민법은 의사표시의 효력발생시기에 대하여 상대방 있는 의사표시는 그 통지가 상대방에 도달한 때로부터 그 효력이 생긴다[102]고 하여 도달주의를 취하고 있으나 격지자간의 계약성립시기에 대하여는, 즉 격지자간의 계약은 승낙의 통지를 발송한 때에 성립한다[103]고 하여 발신주의를 취하고 있다. 특히 발신주의를 적용하는 우편이나 전보에 의한 승낙의 의사표시는 그러한 통신기관을 이용하는 것이 합리적이어야 한다.[104]

미국법의 경우에도 영국법과 같이 대화자간에는 도달주의를, 격지자간에는 발신주의를 취하고 있으나 판례를 통하여 볼 때 내화자의 범주인 전화와 텔렉스에 의한 승낙은 발신주의를 택한 사례도 있다.[105] 주요 법제에서 승낙의 의사표시에 대한 효력발생시기를 종합하여 정리하여 보면 다음의 [표 1-1]과 같다.

표 1-1 승낙의 의사표시에 대한 효력발생시기

통신수단 \ 준거법			한국법	일본법	영국법	미국법	독일법	CISG
의사표시에 관한 일반원칙			도달주의	도달주의	도달주의	도달주의	도달주의	도달주의
승낙의 의사 표시	대화자간[106]	대면	도달주의	도달주의	도달주의	도달주의	도달주의	도달주의
		전화	도달주의	도달주의	도달주의	도달주의	도달주의	도달주의
		텔렉스	도달주의	도달주의	도달주의	도달주의	도달주의	도달주의
		우편	발신주의	발신주의	발신주의	발신주의	도달주의	도달주의
	격지자간	전보	발신주의	발신주의	발신주의	발신주의	도달주의	도달주의

100) CISG, 1980, Article 24.
101) John O. Honnold, *op. cit.*, p. 206.
102) 한국 민법 제111조 제1항.
103) 한국 민법 제531조.
104) A. G. Guest and Others, Chitty on Contracts, 25th ed., Stevens & Sons, 1986, p. 48.
105) 新堀 聰, 前揭書, 35~38面, 43面; American Law Institute, *op. cit.*, §63-64.
106) 팩시밀리(facsimile)나 전자문서교환방식(electronic data interchange: EDI)은 대화자간의 범주에 속한다고 할 수 있다.

무역거래에서는 매매당사자가 어느 국가 또는 어느 지역이 도달주의 또는 발신주의를 채택하고 있는지 일일이 파악한다는 것은 사실상 번잡하고 어려운 일이다. 그러므로 무역계약을 체결하기 위하여 청약(offer)을 할 경우에는 다음의 예와 같이 승낙의 효력발생시기를 명확히 지정하는 것이 매우 중요하다.[107)]

"We offer you firm the following items subject to your reply reaching us by E-mail within September 30, 20xx, Seoul Time."

2. 승낙의 방법과 수단

승낙(acceptance)에 대하여 어떠한 방법 또는 수단으로 하여야 할 것인가를 청약서상에 미리 지정하였을 경우에는 그 지정된 방법에 의하여야 한다. 이를테면 우편(post), 전보(telegram), 텔렉스(telex), 팩시밀리(facsimile), 전자우편(E-mail) 등으로 지정되어 있다면 그것에 따라야 한다. 청약의 승낙방법에 대해 어떠한 지정이 되어 있지 않는 경우에는 합리적인 방법과 수단에 의하여야 한다.[108)] 즉 청약이 전보로 된 경우에는 전보로, 텔렉스로 된 경우에는 텔렉스로, E-mail로 된 경우에는 그에 상응하는 수단에 의해 승낙의 통지를 하면 될 것이다.

이처럼 승낙의 방법은 원칙적으로 자유이지만 특약으로 승낙방법이 정하여져 있을 경우에는 그 방법에 따르지 않으면 아니 된다. 더구나 승낙방법에 대하여 지역적으로 혹은 거래상 특별한 관습이 행해져 있을 경우에는 청약자가 반대의사를 표시하고 있지 않는 한 이에 따라야 할 것이다.

3. 승낙의 효력소멸

일반적으로 승낙은 청약자에게 의사표시를 할 때까지는 완전하지는 않기 때문에 승낙의 의사가 도달되기 전에는 물론 철회될 수 있다.[109)]

승낙은 그 의사표시가 청약자에게 도달하여 일단 승낙으로 효력이 발생된 이후에는 원칙적으로 이를 소멸시킬 수 없다. 왜냐하면 승낙과 동시에 계약 그 자체가 성립되기 때문이다. 승낙의 효력이 발생된 이후에 그 효력을 소멸시키는 것은 계약 자체의 취

107) 이태릭체 부분은 승낙의 효력발생시기를 도달주의로 지정한 청약조건이다.

108) American Law Institute, op. cit., §30(2); A. G. *Guest, Anson's Law of Contract*, 26 th ed., Oxford University Press, 1984. p. 43.

109) A. G. Guest, op. cit., p. 44.

소 또는 해제에 해당하는 것이다.[110] 따라서 승낙의 효력소멸을 위한 승낙의 철회(revocation of acceptance)에 대한 문제는 계약성립을 위한 의사표시의 효력발생시기를 발신주의로 하느냐 아니면 도달주의로 하느냐에 따라 달리 처리되는 것이지만 이는 도달주의 입장을 취하는 경우에 논의의 대상이 될 것이다.

CISG에 의하면 승낙은 승낙의 효력이 발생하기 이전에 또는 그와 동시에 그 취소통지가 청약자에게 도달하는 경우에 철회될 수 있음을 규정하고 있다.[111] 또한 영국에서는 일반원칙으로 승낙은 도달주의의 입장을 취하고 있기 때문에 승낙의 도달에 의하여 계약이 성립되기 이전이라면, 승낙은 언제든지 철회가능하다.[112]

무역거래에서의 승낙의 의사표시를 철회하고자 할 경우에는 당초의 승낙의 의사표시보다 철회의 의사가 먼저 청약자에게 도달될 수 있도록 하여야 할 것이며 만일 승낙에 의하여 효력이 발생된 경우에는 계약의 취소 또는 해제사유를 들어 계약을 해제토록 하여야 한다.

Ⅳ. 승낙의 유형과 효력

1. 반대청약과 승낙의 권능

반대청약(counter offer)은 청약의 승낙으로 보지 않는다. 그것은 원청약(original offer)의 거절이고 원청약을 소멸시켜서, 반대청약 자체가 새로운 청약이 된다.

CISG에서는 승낙을 의도한 청약에 대한 응답으로서 청약에 내용을 부가, 삭제 또는 기타의 변경을 가하고 있는 것은 청약의 거절이면서 반대청약을 한 것으로 한다[113]고 규정하고 있다.

미국의 제2차 계약법 리스테이트먼트에서는 반대청약이란 피청약자가 청약자에 대해서 원청약에 제기된 내용과는 다른 것을 제기해서 행한 청약이고, 청약자가 반대의 의사를 표시하지 않는 한, 또는 반대청약이 피청약자의 반대의사를 표시하지 않는 한, 피청약자의 승낙의 권능은 그가 반대청약을 함으로써 소멸되는 것으로 규정하고 있다.[114]

---

110) 이균성, "국제매매계약의 성립", 「국제물품매매계약에 관한 UN협약상의 제문제」, 삼지원, 1991, 106면.

111) CISG, 1980 Article 22.

112) 독일 민법 제130조 제1항에서도 같은 취지로 규정하고 있다. 그러나 한국 민법의 경우에는 이에 대한 구체적 규정이 없다.

113) CISG, 1980, Article 19(1).

114) American Law Institute, op. cit., §39.

또한 한국 민법도 승낙자가 청약에 대해서 조건을 붙이거나 변경을 가하여 승낙한 때에는 그 청약의 거절과 동시에 새로이 청약한 것으로 본다[115]고 하고 있어 CISG에 규정한 내용과 같은 취지이다.

CISG는 또 승낙을 의도한 청약에 대한 응답으로서 청약에 부가조건 또는 상이한 조건을 가한 때에도, 청약 중의 조건을 실질적으로 변경하지 아니하는 경우에는 그 응답은 승낙으로 하고 청약자가 지체 없이 구두로 그 상위에 이의를 말하거나 또는 그 취지로 통지를 발송한 때에는 그러하지 않고 청약자가 이의를 제기하지 아니하는 경우에는 승낙 중의 조건에 의하여 변경된 내용의 청약조건이 계약조건이 된다[116]라고 규정하고 있다. 이러한 취지는 경상의 원칙(mirror image rule)의 엄격성을 무역실무상의 관행을 고려하여 청약조건의 내용을 실질적으로 변경하지 않은 청약에 대한 응답은 승낙이 될 수 있는 것으로 보아야 할 것이다.[117]

2. 부가조건부 승낙과 실질적 변경

청약자의 청약조건을 피청약자가 부가하여 승낙하는 이른바 부가조건부 승낙(additional acceptance)은 반대청약이 되어 계약은 성립하지 않는다. CISG에서는 특히 가격조건, 대금지급조건, 물품의 품질 및 수량조건, 인도장소와 시기, 당사자의 책임범위 또는 분쟁해결에 관한 부가조건 및 상이한 조건은 청약조건을 실질적으로 변경한 것으로 본다[118]고 규정하고 있어 이는 곧 청약에 대한 거절이면서 반대청약이 되는 것이다.[119]

영국에서는 청약에 포함되어 있지 않은 조건을 부가해서 청약을 승낙하는 경우 원칙적으로 계약은 성립하지 않는 것으로 하고 있다. 왜냐하면 피청약자는 사실상 원청약을 거절해서 반대청약을 행한 것이 되기 때문이다.

이러한 예로 소위 서식분쟁(battle of forms)[120]이 무역계약시에 종종 발생된다. 어떤 매수인이 매도인에 대해서 매수인의 표준거래조건을 넣은 서식에 근거해 어떤 물품을 사고 싶다고 하는 주문을 보냈다. 매도인은 그 주문을 자사의 표준거래조건을 넣은 서

115) 한국 민법 제534조.

116) CISG, 1980, Article 19(2).

117) 그러나 부분승낙(partical acceptance)은 반대청약의 범주에 속하여 CISG에서 규정하고있는 실질적 변경에 해당되므로 계약은 성립되지 않는다.

118) CISG, 1980, Article 19(3).

119) 그러나 청약조건을 실질적으로 변경하지 아니한 경우에는 청약자가 반대하지 않는 한 승낙이 된다고 하고 있다; CISG, 1980, Article 19(2).

120) A. G. Guest, op. cit., pp. 33~34.

식에 근거하여 승낙하였다. 양자 서식의 내용은 실제 차이가 있을 것이다. 어느 쪽 서식이 우선할 것인가. 이러한 문제의 해결방법 중의 하나는 매도인이 매수인의 청약을 승낙함으로써 자기의 승낙조건을 포기하여 계약은 매수인의 조건에 따라 체결된 것으로 하는 것이다.

Butler Machine Tools Co., Ltd. v. Ex-cell-o Corporation(England), Ltd.사건[121]에서는 매도인의 청약상에 기계의 가격에 대해서 가격상승조항(price escalation clause)을 두었는데 매수인의 승낙서에는 가격상승조항이 없는 것으로 보내와 이를 간과하여 주문확인이 되었던 것인데 공소원판결에서는 매도인의 주문확인서는 반대청약이 되며 이 반대청약은 매수인측의 어떤 행위에 의해서 승낙된 것으로 할 수 있다고 하였다. 표준서식이라 해서 원칙적으로 이미 성립된 계약조건을 유효하게 변경하는 것은 아니다. 그러나 계약이 계속적 성질을 가지는 경우, 합의가 비공식 또는 잠정적으로 행해지고, 그 합의를 확인하고 보충하기 위한 문서가 필요로 하는 경우에는 유효하게 되는 경우가 있다. 이 경우에는 새로운 조건에 대해서 적절한 통지가 행해지고, 표준서식을 수령하는 당사자가 행위에 의해서 그 것을 승낙할 것이 입증되어야 한다.[122] 만약 승낙이 매매계약서 작성을 조건으로 하는 경우에는 정식의 계약서에 매매당사자가 서명하지 않으면 계약은 성립되지 아니한다.[123]

3. 지연승낙

CISG에 의하면, 지연된 승낙의 경우에는 청약자가 유효하다는 취지를 피청약자에게 구두로 알리거나 그러한 취지의 통지를 발송하였을 경우에는 승낙으로서 효력을 갖게 된다. 지연승낙(late acceptance)이 표시되어 있는 서한이나 기타 문서가 통상적으로 전달된 경우라면 서한이나 기타 문서가 적기에 청약자에게 도달할 수 있었을 그러한 상황하에서 발송되었음을 입증할 경우 지체 없이 청약자가 자신의 청약이 실효된 것으로 간주한다는 취지를 피청약자에게 구두로 통지하거나 그러한 취지의 통지를 피청약자에게 발송하지 않는 한, 지연된 승낙의 경우라도 승낙으로서의 효력을 갖게 됨을 규정하고 있다.[124] 따라서 당사자는 계약에 구속된다.

영국에서는 이 경우 철저한 발신주의를 취하기 때문에 지연 또는 도중에서의 분실

---

121) [1979] 1 W.L.R. 401; *Ibid.*

122) A. G. Guest. op. cit., pp. 32~34; 中村 弘, 「貿易契約の基礎」, 東洋經濟新報社, 1983, 133~134面.

123) Chilling Worth v. Esche, [1924] 1 Ch. 97; Eccles v. Bryant, [1948] Ch. 93.

124) CISG, 1980, Article 21.

의 위험은 모두 청약자가 부담하게 된다.

미국의 경우에도 청약에서 요청한 방법과 전달수단에 의하여 행하여진 승낙은, 청약자에게 도달여부에 관계없이 피청약자의 점유를 이탈한 즉시 상호 동의의 표시를 완성시켜 승낙은 유효하게 되기 때문에[125] 영국의 경우와 마찬가지로 이론의 여지는 없을 것이다. 그러나 제2차 계약법 리스테이트먼트[126]에서는 지연 또는 기타의 하자있는 승낙은 원청약자에 대하여 새로운 청약으로서 유효할 수 있다. 피청약자가 청약에 대해서 회신을 하지 않는 경우, 그 침묵 또는 무행위는 승낙의 침묵 또는 무행위에 대하여 상당한 이유가 있는 등 예외적인 경우에는 승낙의 효과를 가지지만, 기타의 여하한 경우에도 효력을 발생하지 않는다.[127]

한국 민법에서는 승낙의 통지가 승낙기간 후에 도달한 경우에 보통 그 기간 내에 도달할 수 있는 발송인 때에는 청약자는 지체 없이 상대방에게 그 연착의 통지를 하여야 하며, 그러나 승낙통지가 도달하기 전에 지연의 통지를 발송한 경우에는 연착통지의 필요성이 없다. 만일 청약자가 연착의 통지를 하지 아니한 때에는 승낙의 통지는 연착되지 아니한 것으로 보아 계약은 성립된 것으로 본다고 규정하고 있다.[128]

따라서 한국, 일본, 독일의 규정은 청약자에게 지연통지의무를 부과하고 있는데 대해서 CISG의 규정은 지연된 승낙을 유효로 하든지, 실효로 하는가에 대해서 청약자에게 선택권을 부여하고 있는 것이 특징이다.

4. 승낙의 침묵 또는 무행위

무역거래상 흔히 상대방의 청약에 대하여 하등의 회신을 하지 않는 경우가 있다. 이러한 침묵은 승낙이 되는가 거절이 되는가에 대한 의문이 발생한다.

CISG에서는 청약에 대한 동의를 나타내는 뜻을 표시한 피청약자의 진술 기타의 행위는 승낙으로 간주하지만 침묵(silence) 또는 무행위(inactivity) 그 자체는 승낙이 될 수 없는 것으로 규정하고 있다.[129]

미국의 제2차 계약법 리스테이트먼트에는 피청약자가 청약에 대해서 회신을 하지 않는 경우, 그 침묵 또는 무행위는 다음의 경우[130]에는 승낙으로서의 효과를 가지지만,

125) American Law Institute, op. cit., §63-1.

126) *Ibid.*, §69-70.

127) 中村 弘, 前掲書, 171面.

128) 한국 민법 제528조.

129) CISG, 1980, Aritcle 18(1).

130) American Law Institute, op. cit., §69; Felthouse v. Bindely [1862], 11 C. B., N.S. 869, affirmed

기타의 여하한 경우에도 효과를 발생시키지 않는다.

첫째, 거절할 수 있는 합리적 기회가 있는데도 피청약자가 제공된 서비스로부터 이익을 얻었고 당해 서비스가 보상을 받을 기대하에 제공되었음을 알 수 있었을 경우

둘째, 청약자가 동의는 침묵 또는 무행위로 표시할 수 있다고 말하였거나 피청약자로 하여금 그렇게 알 수 있도록 하였고, 피청약자가 청약을 승낙할 의도로 침묵을 지켰거나 그대로 있는 경우

셋째, 종래의 거래 또는 기타 이유에 의해서 피청약자가 승낙의 의사가 없으면, 그 취지를 청약자에게 통지하는 것이 합리적인 것으로 되는 경우이다.

또한 청약물품에 대해서 청약자의 소유권과 모순되는 행위를 한 피청약자는 분명히 불합리한 경우를 제외하고는 청약조건에 의하여 구속된다. 그러나 그 행위가 청약자에 대해서 부당한 것인 때에는 청약자가 추인한 경우에만 승낙이 된다.

침묵의 유효성에 대하여 한국 민법은 원칙적으로 승낙으로 인정하지 않고 있으며 한국 상법 및 일본 상법에서는 상인이 항상의 거래관계에 있는 자로부터 계약의 청약을 받은 경우에 지체 없이 그 회신을 하여야 하고, 만약 이를 해태한 경우에는 승낙으로 간주되고 있다.[131)]

그러나 실제 무역거래에서는 청약에 대해서 피청약자가 승낙회신을 하지 않는 승낙의 침묵에는 계약이 성립되지 않는다.

5. 모호한 승낙

모호한 승낙(equivocal acceptance)에 대하여 CISG상에는 명시적 규정이 없다.

영국에서는 계약에서 모든 중요한 조건이 합의되지 않으면 구속력이 있는 계약은 성립되지 않고 장래의 합의를 위한 합의는 계약이 아니라고 하고 있다.[132)] 따라서 만약 중요한 조건이 하나라도 결정되어 있지 않으면, 또 법에 의해 묵시되어 있지 않고, 그것을 확실히 하기 위해서 서류 중에 없는 경우에는 계약이 성립하지 않는다. 물품매매계약에서 매매당사자가 계약의 줄거리만을 정해두고 중요한 사항을 합의하여 두지 않는 경우가 간혹 있다.

영국 물품매매법(Sale of Goods Act: SGA)에서는 매매계약에서 대금이 결정되지 아니할 경우에는 매수인은 상당한 대금을 지급하여야 한다. 무엇이 상당한 대금인지는 개개

[1863], 7 L. T. 835.

131) 한국 민법 제528조, 제529조; 한국 상법 제53조; 일본 상법 제50조.

132) A. G. Guest., op. cit., p. 54.

의 경우의 상황에 의하여 결정될 사실의 문제(question of fact)라고 규정하고 있다.[133]

또한 미국의 제2차 계약법 리스테이트먼트에서는 모호한 승낙의 효력에 대하여 약속에 의한 승낙에 있어서 통지가 필수적인 경우에는 청약자는 그것이 합리적으로 승낙이라고 이해하지 않는 한 모호한 조건으로 행해진 승낙에는 구속되지 않는다고 규정하고 있다.[134]

만일 중요한 조건이 당사자의 장래의 합의로 위임되어져 있다면, 계약은 그 시점에서 불완전하기 때문에 성립되지 않는다. 승낙은 청약조건에 대하여 모호하지 않게(unequivocally) 조건 없이(without qualification) 동의를 하여야 한다. 예컨대, "귀사의 주문은 당사의 관심을 끌고 있다"와 같은 의사표시는 승낙이라고 하기에는 너무 모호하다고 할 수 있다. 이러한 승낙은 계약을 준비하는 참조사항으로 또는 아직 협상의 여지가 있는 조건에 대한 참조사항으로 간주될 뿐이다. 이러한 경우에 합의(agreement)는 불완전한 것이며 계약에 구속되지 않는다.[135]

따라서 중요한 조건에 대하여 합의를 하지 않는 모호한 승낙에 대해서는 유효한 계약이 성립될 수 없는 것이다.

Ⅴ. 승낙과 관련된 물품매매계약상의 문제와 대응

1. 문 제 점

전술한 바와 같이 승낙은 무조건적으로 청약에 대한 동의의 의사표시가 있어야 계약이 성립될 수 있으며, 또한 승낙의 유형에 따라서 그 효력 또한 다르다. 실제 승낙과 관련하여 물품매매계약상 발생되는 몇 가지 문제점은 다음과 같다.

첫째, 승낙에 대한 의사표시방법을 정하지 아니한 청약에 대하여 승낙의 효력발생시기는 언제로 볼 것인가 하는 문제이다. 특히 격지자간 승낙의 의사표시는 영국이나 미국과 같이 발신주의를 택하는 국가, 독일과 같이 도달주의를 택하는 국가가 있기 때문에 국제물품매매계약에서 승낙에 대한 의사표시방법을 지정하지 아니하였을 경우에는 그 기준이 모호하여 분쟁이 야기될 수 있다.

둘째, 경상의 원칙 적용관습의 완화에 따라 승낙시 부가조건이 청약조건의 실질적 변경내용에 해당되는가 여부를 명확히 파악하기가 어렵다. CISG나 미국 통일상법전상에

133) SGA, 1979, §8(2).

134) 中村 弘, 前揭書, 142-143面; American Law Institute, op. cit., §57.

135) A.G.Guest., op. cit., p.34.

는 영국의 전통적인 경상의 원칙, 즉 완전일치의 원칙 적용관습을 배제시킬 수 있도록 하고 있다. 특히 물품매매계약의 실무적 관행을 고려하여 CISG상에 부가적, 상이한 조건으로서 가격, 대금지급조건, 품질 및 수량조건, 인도장소와 시기, 상대방에 대한 일방당사자의 책임의 범위(extent of one party's liability) 또는 분쟁해결에 관한 것은 실질적 변경에 해당되며 그 외의 것은 부가나 조건변경이 가능함을 의미하고 있으나 실질적 변경에 해당되는 내용 중에서 "상대방에 대한 일방당사자의 책임범위"라는 표현은 매우 추상적이고 구체성이 결여된 규정이라고 할 수 있다.

셋째, 승낙과 관련된 실제적인 문제로 서식분쟁(battle of forms)의 결과 실질적 변경내용이나 그러하지 아니한 부수적 변경에 이르기까지 자기의 서식을 이용하여 승낙할 경우 이른바 "마지막으로 총을 쏜 자"(the man who fired the last shot)가 우선할 것인가 인데 이에 대해서는 다른 계약조항과 당사자간의 후속적인 행위를 분석하여야 하겠지만 이를 판단하는데 한계성이 있다. 또한 최근의 정보통신산업 발전에 따라 무역거래에 전자문서교환방식(Electronic Data Interchange: EDI) 사용이 증대되고 물품매매계약을 전자문서교환방식으로 체결할 경우에는 표준화된 전자문서나 약정서만으로 다양한 계약 내용을 약정하는데 한계성이 있으므로, 이른바 서식분쟁이 야기될 가능성은 많다고 볼 수 있다.

2. 대 응 책

승낙과 관련된 문제점을 고려하여 물품매매계약을 잘 체결하기 위해서는 다음과 같은 점에 유의하여야 할 것이다.

첫째, 청약을 할 경우에는 승낙의 의사표시방법을 명시하여야 한다. 청약자의 입장에서는 도달주의가, 피청약자인 승낙자의 입장에서는 발신주의가 편리할 것이나 승낙은 청약이 있어야 되기 때문에 청약자가 정하고 있는 것이 일반적이다. CISG처럼 승낙의 의사표시를 대화자 및 격지자간에 모두 도달주의로 지정하는 것이 편리할 것이다. 이 경우에는 도달주의의 선택과 승낙에 관련된 통신수단에 대해서도 지정하는 것이 좋다.

둘째, 부가조건부 승낙시 CISG상 실질적 변경내용에 해당되는가 여부에 대한 문제를 고려하여 승낙 자체만으로 유효한 것으로 미루지 말고 이를 부연하여 정식의 계약서에 모든 거래조건을 망라하여 당사자의 책임소재를 분명히 하도록 한다.

셋째, 서식분쟁이 야기되는 문제를 고려하여 부수적인 조항이라 하더라도 항상 상대방의 확인(confirmation)이나 승인이 있을 경우에만 유효한 것으로 하되 계약서상에는 완전합의조항(entire agreement clause)을 설정하여 기존의 서면, 구두에 의한 합의, 교섭, 의사표시 등은 모두 본 계약에 흡수 통합되고 최종문서가 우선 적용되는 것으로 약정하도록 한다. 특히 계약성립이 전자문서교환방식(EDI)에 의하여 이루어 질 경우에는 동 방식 이용에 따른 협정서도 함께 교부하여 당사자의 귀책문제에 대해서도 대비하여야 할 것이다.

넷째, 지연승낙이 피청약자인 승낙자의 귀책사유가 아닐 경우에는 동 사유에 기인한 지연사유를 통지하고 이를 입증시켜 계약이 유효하게 성립될 수 있도록 하여야 한다.

Ⅵ. 결 론

국제물품매매계약은 청약자의 청약에 대하여 피청약자가 승낙함으로써 성립된다. 승낙은 절대적, 무조건적으로 적극적인 의사표시에 의하여 계약이 유효하게 성립될 수 있다. 그러나 CISG나 미국 통일상법전상에서는 청약내용에 대하여 실질적 변경을 가하는 승낙이 아니면 실무적으로 사소한 내용의 변경승낙은 능률적인 계약을 성립시킬 수 있도록 경상의 원칙(mirrior image rule), 즉 완전일치의 원칙이 배제될 수 있음을 규정하고 있다.

승낙의 효력은 승낙의 의사표시가 청약자에게 도달할 때에 발생하는 도달주의와 단순히 승낙의 의사를 발신함으로써 발생하는 발신주의로 양분되어 있고 승낙은 동의의 의사표시가 청약에 정한기간 내에 즉 승낙적격기간 내에 이루어져야 유효한 것이기 때문에 계약성립에 대한 시점이 문제시 되고 있다.

승낙의 유형에서 반대청약과 실질적 조건변경에 따른 부가조건부 승낙은 승낙으로 보지 않기 때문에 반대청약 자체가 새로운 청약이 된다. 지연된 승낙은 청약자가 유효하다는 취지는 피청약자에게 통지할 경우에는 효력을 갖게되지만 대부분은 청약자의 선택권에 속한다. 승낙의 침묵은 계약이 성립되지 않고 모호한 승낙의 경우의 효력은 개개의 상황에 따라 결정될 문제이다.

따라서 실무적으로 무역계약을 체결할 때에 청약에 대한 승낙의 의사표시는 도달주의 또는 발신주의 중 어느 방법으로 할 것인가를 약정하여야 한다. 또한 승낙은 승낙적격기간 이내에 하여야 함은 물론, CISG의 규정 등을 참조하여 과연 유효한 계약이 성립될 수 있는가를 검토하여야 한다. 그리고 청약에 따른 조건부 승낙이 실질적 변경에 해당되어 승낙이 실효되는가 여부를 고려하여 항상 정식의 정형화된 계약서에 주요거래조건과 일반적 거래조건에서 완전합의조항의 설정 등 구체적이면서 명확하게 약정하여 두는 것이 중요하다.

특히 최근의 정보통신산업의 발전에 따라 전자문서교환방식을 이용하여 매매계약을 체결할 경우에는 당사자간 서식분쟁이 야기될 가능성이 많기 때문에 표준서식 이용에 따른 별도의 협정서 활용 등 보완장치가 요구된다. 국제매매당사자간에는 이해관계가 상반되는 것이 일반적이기 때문에 불명확한 사항에 대해서는 경미한 사항이라도 항상 상대방에게 서로 확인하여 명확하고 상세하게 무역계약을 체결하여 후일의 분쟁에 대비하여야 할 것이다.

제 3 절 서식분쟁

문제 1-06 국제매매계약에서 당사자간의 서식분쟁에 따른 계약성립상의 서식적용 기준을 영미법, 대륙법, 국제상사계약에 관한 UNIDROIT 원칙 및 CISG상의 기준과 비교하여 설명하시오.

답안 1-06

〈목차 구성〉

Ⅰ. 서 론

20세기의 대량생산 및 대규모기업의 증가는 물품매매에 있어 보다 능률적인 표준화된 계약서식을 교환하도록 유도했다. 실제 국제물품매매에서 청약에 대한 응답 그 자체로 승낙을 확정하나 청약의 조건과 불일치한 조항이 포함되어 있는 경우 계약성립과 관련하여 "서식분쟁"(battle of forms)문제가 발생하고 있다. 서식분쟁이란 쌍방의 표준거래조건 사용과 반대청약의 상호교환에 따른 서식내용(조건)의 불일치를 의미하는 것이다.[136)]

136) A. G. Guest, *op. cit.*, 1981 p.75; Schmittoff는 이를 "조건전쟁"(The battle of condition)이라 부르고

국제물품매매에서는 기본적 조건 즉, 품질, 수량, 가격, 결제, 선적(인도) 등에 관하여 직접 협상하고 거래의 세부사항은 일반거래조건을 설정하여 협상과정에서 교환되는 이면의 서식, 예를 들면, 책임제한, 중재조항 등을 참조하는 것이 일반적이다.

대개의 경우 청약에 대하여 반대청약이 이루어지고 있으며, 이러한 반대청약에 대하여 또다시 수정을 가한 승낙, 즉 반대청약이 이루어지는 등 여러 번의 의사표시 과정을 거쳐 계약이 성립된 후 거래가 이루어지고 있다. 그러나 실제 계약성립 후 물품인도와 대금지급이 이루어졌으나 이후 계약조건 상충으로 매매당사자 간에 분쟁이 발생한 경우 약정된 계약조건 중 어느 서식이 우선하는가 하는 문제가 발생하게 된다.

특히 이면에 인쇄된 양식을 사용하는 청약과 승낙은 거래가 이루어진다 해도 특수한 경우를 제외하고 반대청약에 의한 거래가 이루어질 수밖에 없는 현실에서 서식분쟁이 야기될 가능성은 상존하고 있다.

이하에서는 이와 같은 서식분쟁에 따른 계약성립상의 서식적용 기준에 대하여 영미법, 대륙법, 국제상사계약에 관한 UNIDROIT 원칙 및 국제물품매매계약에 관한 유엔협약(CISG)상의 기준을 비교하여 검토하고자 한다.

Ⅱ. 영미보통법에서의 접근

1. 경상의 원칙(mirror image rule)

영미보통법에 의하면 "승낙은 청약의 내용과 완전히 일치해야 하며, 승낙의 내용이 조금이라도 청약의 내용과 다를 경우 반대청약이 되어 승낙이라 말할 수 없고 계약은 성립하지 아니한다"는 계약성립의 대원칙인 "경상의 원칙"(mirror image rule), "완전일치의 원칙"을 고수하여 왔다.[137)]

영미보통법하에서 반대청약은 묵시적인 거절로 취급하여 피청약자의 승낙권한은 종료된다. 승낙이 유효하기 위해서는 경상의 원칙의 요건에 따라 반드시 청약의 내용과 일치하여야 한다. 청약에 대한 부가, 제한 또는 기타의 변경이 포함되어 있는 승낙은 반대청약으로 취급하여 청약거절이 된다. 승낙의 대안으로 금반언을 들 수 있다. 이는 매매된 물품에 관한 매수인의 점유권행사와 같은 한 당사자의 이행은 청약자가 피청약자

있다; C. M. Schmittoff, *Export Trade*, 9th ed, Stevens & Sons, London, 1990, p. 64; "battle of forms"에 대하여 필자에 따라 "서식전쟁", "서식교전"이라고도 호칭하고 있으나 이 책에서는 "서식분쟁"으로 용어를 통일하여 사용하기로 한다.

137) 오세창·강원진 공저, 「국제상거래론」, 삼영사, 2003, 55면.

의 이행을 근거로 하여 계약의 존재를 부인하지 못하도록 하는 금반언설에 따라 승낙으로서 간주한다.

경상의 원칙의 본질을 살펴보는 자는 자신의 조건대로 청약한 원청약자는 그가 제시한 조건 이외의 조건에 따른다는 것을 기대할 수 없다는 사실에 기초하고 있다. 가격, 수량, 그리고 교환된 제품의 특징에 관한 주요 요소만이 아니라 계약의 각 요소들은 그들의 원청약에 삽입했던 청약자에게는 가치가 있는 것이다. 보통법원칙이 청약에 대한 모든 변경이 반드시 계약의 파기를 초래한다고 여기지 않는다 해도 청약자는 계약의 유효성을 판단하기 위하여 계약의 모든 변경사항을 검토하고자 할 것이다. 경상의 원칙은 청약에 대한 부가 또는 변경은 그 청약을 무효한 것으로 간주하며 그러한 변경들은 반대청약이 또는 최종 서식이 된다고 주장한다.

2. 최후 발송서식 우선의 원칙(the last shot doctrine)

영미보통법상의 경상의 원칙만으로는 현실의 서식분쟁을 대비하는 데는 한계가 있다. 대개 실무자들은 상세한 조항의 완전합의에 도달하지 아니하였음에도 불구하고 주요한 조건이 합의되면 계약이 성립된 것으로 여기고 계약의 이행을 시작하는 것이 일반적이다. 즉, 계약을 이행하기 위해 세부적인 조항까지 합의하여 이행하는 것이 바람직한 일이지만 지금까지의 거래를 통해 완전합의 없이 이행을 한 경우에도 특별히 문제가 제기되지 아니한 경우를 연상하고 최후까지 세부적인 사항 특히 이면약관의 내용까지 상세히 읽고 합의하지 아니한 상태에서 전면의 주요조건의 합의만으로 계약이행을 하는 것이 일반적이다.

이러한 서식분쟁하에서 법률적인 문제점에 대한 해결방안으로 영국에서는 매도인 또는 매수인이 상대방의 반대청약(새로운 청약)에 대해 행위에 의하여 자신의 의무를 이행한 경우 이를 승낙으로 간주하는 일종의 의제(fiction)[138]적인 경상의 원칙을 개발하였는데, 이것이 "최후 발송서식 우선의 원칙"이다.[139] 이 원칙에는 침묵에 의한 최후 발송서식 우선의 원칙과 묵시적 승낙에 의한 최후 발송서식 우선의 원칙으로 나눌 수 있다.

이 원칙은 서식분쟁하에서 이행이 이루어지고 나중에 분쟁이 생긴 경우, 최후에 서류를 발송한 자의 서류를 청약(반대청약)으로 보고 이에 대한 타방의 이행을 행위에 의한 무조건 승낙으로 하여, 즉 전통적인 경상의 원칙이 이루어진 것으로 하여 분쟁발생시 최후에 발송한 서류의 내용을 우선시한다는 것이다.

---

138) P. S Atiyah, *An Introduction to the Law of Contract*, 4th ed., Pitman, London, 1985, p. 74.

139) G. H. Treitel. *op. cit.*, 1989; A. G. Guest *op. cit.*, p. 34; 新掘 聰, 國際統一賣買法, 同文館, 1991, 34面.

이 원칙에 의하면 매도인과 매수인 가운데 최후에 문서를 발송해서 의사표시를 한 자가 우선시되는 것으로 매도인의 서식이 최후인 경우 매수인의 물품수령이 행위에 의한 승낙이 되어 매도인의 서식에 따라 계약이 성립하고, 매수인의 서식이 최후인 경우 매도인의 물품선적이 행위에 의한 승낙이 되어 매수인의 서식에 따라 계약이 성립하게 된다.[140)]

Ⅲ. 미국 통일상법전에서의 접근

최후발송서식 우선의 원칙에 대한 미국인의 불만으로 미국은 그 대안으로 미국의 보통법적 접근을 대신하는 미국 통일상법전(UCC)의 접근 방식을 채택하고 있다. UCC의 제2-207조는 다음과 같이 규정하고 있다.

(1) 합리적인 기간 내에 발송된 명확하고 적절한 시기의 승낙 또는 확인서의 표현은 비록 청약 또는 합의된 조항에 대한 부가조항 또는 다른 조항을 진술하고 있어도 승낙으로서의 효력을 발생한다.[141)]

(2) 부가조항은 계약에 대한 부가적인 제의로 해석된다. 상인간에 이러한 조항은 다음의 경우를 제외하고는 계약의 일부로 된다.

(a) 청약이 승낙을 청약의 조건대로 할 것을 명시적으로 제한하고 있는 경우

(b) 부가조항이 계약을 실질적으로 변경하는 경우

(c) 부가조항에 대한 거절의 통지가 이미 이루어졌거나 또는 그러한 통지를 수리한 후 합리적인 기간 내에 행해진 경우

(3) 계약의 존재를 인정하는 양당사자의 행위는 당사자의 문서가 없다면 계약을 성립시키지 못한다 할지라도 매매계약을 성립시키기에 충분하다. 그러한 경우 계약의 특정조항은 당사자가 합의한 문서상의 조건과 일치하고 있는 조항과 함께 본법의 다른 규정하에서 삽입된 모든 보충조항으로 구성된다.

이러한 접근방식하에서, 주문확인서는 비록 원청약과 완전히 일치하지는 않더라도 그러한 조건에 대하여 특별한 조건부 승낙이 아니라면, 청약에 대한 승낙으로 간주된다.

---

140) 그러나 Schmittoff는 최종발송자의 조건이 적용되는지 아니면 최초발송자의 조건이 적용되는지를 확정하기 위해 계약의 기타 조건과 계약 후의 행동 등을 분석해야 한다고 주장하고 있다; C. M. Schmittoff, *op. cit.*, p.65; 오세창·강원진, 전게서, 56면.

141) 경상의 원칙적용이 배제될 수 있는 여지를 두고 있는 것이다. 그러나 이는 어디까지나 계약 실무상 청약에 대한 실질적 변경을 가하는 승낙이 아니라면 사소한 변경내용은 계약의 일부로 인정하여 계약을 성립시킬 수 있도록 하는 취지로 보아야 할 것이다.

그러므로, 제(1)항은 전통적인 청약과 승낙이 발생하지 않았더라도 계약의 존재를 배제시키지 않는다. 그 결과, "구매자와 공급자 어느 누구도 그들이 계약을 체결한 시점에 어느 일방에게 경제적 중요성이 없는 표준계약조항으로 체결함으로써 이후의 계약이행을 거절할 수 없다." 이는 원청약인 구매자의 서식은 공급자의 주문확인서가 있을 때 계약으로 성립하기 때문에 전형적으로 구매자에게 유리하다.

제(2)항은 상인간에 부가조항이 계약조건을 실질적으로 변경하는 것이 아닌 한 계약의 일부로 간주된다는 것을 의미한다. 이는 실질적인 변경이 아닌 한 공급자의 조항에 포함하도록 하는 제(1)항의 원칙으로부터 매수인이 얻을 수 있는 이점을 일부 완화하는 것으로 여겨진다. 그러나 실제로 통상의 관습이나 거래과정의 결과 그러한 조항들이 계약의 뜻으로 해석되지 않는 한, 법원은 거의 항상 주문확인서의 조항들이 "실질적"이라는 사실을 발견한다.

제(3)항은 당사자들의 서식교환이 계약의 성립을 증명하지는 못하더라도 이행으로써 계약의 존재를 나타낼 수 있는 경우를 다루고 있다. 이러한 상황에서 계약은 당사자들의 서식이 합의한 조건들과 나머지 조항들을 제공하는 UCC에서 결함이 있거나 또는 누락된 서로 다른 표준조항으로부터 충돌되는 조건들과 함께 구성된다고 말할 수 있다.

비록 UCC 제2-207조 제(2)항이 형식적인 "first shot rule"을 만든 것 같지만, 법원은 그것을 마치 당사자들이 침묵하고 UCC의 규정이 적용되었을 때처럼 불일치한 조건들이 무산되는 경우 "충돌조항제거원칙"(knockout rule)으로 보충적 해석을 하여왔다. 이는 마치 이행에 의한 계약의 범위를 넘어선 상황에 적용함으로써 법원이 UCC 제2-207조 제(3)항을 남용하는 것처럼 보이지만, 당사자의 의도를 존중하기 위하여 UCC 제2-207조 제(2)항의 다소 형식적이고 강행적인 용어에 대한 수정으로써 보충되어져 온 것이다.

UCC의 접근방식하에서 매수인과 매도인은 첫 번째 가상의 상황에서 계약을 체결할 의도를 나타내었다. 매도인의 판매 주문확인서는 매수인의 구매주문서에 대한 승낙으로 간주될 것이다. 매도인의 책임제한에 대한 규정은 아마도 계약의 일부가 되지 못할 것이다. 이유는 그것이 UCC 제2-207조 제(2)항하에서의 "실질적"인 사항으로 간주되기 때문이다. "상이한"것은 아니지만 "부가"조항이 아닌 중재조항 역시 같은 이유로 거절될 수 있다.

두 번째 상황의 이행에 의한 계약의 경우는 UCC 제2-207조 제(3)항이 적용된다. 계약의 조건은 당사자들이 합의한 대로 하고 분쟁의 소지가 있는 모든 조건들은 폐지함으로써 "knockout rule"이 적용될 것이다.[142)]

142) Charles Sukurs, "Harmonizing the Battle of the Forms:A Comparison of the United States, Canada,

Ⅳ. 대륙법에서의 접근

한국 민법 제534조와 일본 민법 제528조에 의하면 "승낙자가 청약에 대하여 조건을 붙이거나 변경을 가하여 승낙한 때에는 그 청약의 거절과 동시에 새로 청약한 것으로 본다"라고 규정되어 있고, 한국 민법 제532조와 일본 민법 제526조에 의하면 "청약자의 의사표시나 관습에 의하여 승낙의 표시가 필요하지 아니할 경우에는 계약을 승낙의 의사표시로 인정되는 사실이 있는 때 성립한다"라고 규정되어 있다.

따라서 대륙법은 영미의 경상의 원칙을 그대로 고수하고 있다고 할 수 있다.[143)]

Ⅴ. 국제상사계약에 관한 UNIDROIT 원칙에서의 접근

국제상사계약에 관한 UNIDROIT 원칙(Principles of International Commercial Contracts: PICC 2010) 2.1.22조에 의하면 양당사자들이 각자의 표준거래조건을 사용하고 있으면서 이러한 표준거래조건을 제외하고 합의한 경우, 계약은 합의한 조건과 양당사자들의 표준거래조건 가운데 사실상 공통적인 표준거래조건에 근거하여 체결된다. 단, 일방이 이러한 계약에 의해 구속되지 아니함을 타방에게 사전에 또는 사후에 분명히 표시하고 지체 없이 통지한 경우에는 그러하지 아니하다.

PICC는 CISG와 미국 UCC와는 달리 완전합의부분에 따라 계약이 체결됨을 전제하고, 그럼에도 불구하고 이러한 상태의 계약에 구속될 의사가 없음을 사전 또는 사후에 표시하고 통지한 경우 미합의 부분까지 완전합의가 되지 않으면 계약은 성립하지 아니함을 단서로 하고 있다.[144)]

PICC는 CISG의 규정처럼 일반적인 청약 및 승낙에 관한 규정[145)]과 서식분쟁(battle of forms)이라는 표제하에 표준약관(standard terms)을 주고받은 경우를 구분하고 있다.[146)] 먼저 일반적인 청약 및 승낙의 경우에는 CISG와 동일한 입장을 취하고 있다. 즉, 원칙적으로 청약에 추가나 제한 또는 기타 변경을 가한 경우에는 청약에 대한 거절이 되고 새로운 청약을 구성한다고 규정한다.[147)] 청약에 부가 혹은 상이한 조건을 가한 것이 청

---

and the United Nations Convention on Contracts for the International Sale of Goods", 34 *Vanderbilt Journal of Transnational Law*, 2001, pp. 1488~1492.

143) 오세창·강원진, 전게서, 58면.

144) 상게서.

145) PICC 2010, Art. 2.1.1~Art. 2.1.22.

146) PICC 2010, Art. 2.1.22.

147) PICC 2010, Art. 2.1.11.

약을 중대하게(materially) 변경하지 아니하는 때에는 청약자가 부당한 지체 없이 반대하지 아니하는 경우에 그 변경된 승낙이 계약의 내용으로 된다[148]는 점은 CISG와 동일하다.

그러나 PICC의 경우에는 CISG와 같이 중대한 변경사항에 대한 예시적인 열거를 하고 있지 않다. PICC는 일반적인 청약과 승낙의 경우 CISG의 "last shot doctrine"과 동일한 입장을 취하고 있다. 양당사자가 표준약관을 사용하는 거래에서 그들의 표준약관을 제외하고 합의에 도달한 경우에는 계약은 합의된 조건과 그들 표준약관 사이에 공통된 것들을 내용으로 하여 성립하게 된다고 규정하고 있다.[149]

다만, 이 때 일방이 사전에 또는 부당한 지체 없이 사후에 그러한 계약에 구속될 의사가 없다는 것을 명확하게 밝히면 계약은 성립되지 않는다. 그러므로 표준서식을 사용한 경우 PICC는 UCC의 경우처럼 "knock out doctrine"을 취하고 있는 것이다.[150] 그러므로 PICC는 표준약관(standard terms) 상의 충돌과 일반적인 청약 및 승낙에서 조건의 충돌을 구별하여 UCC의 "knock-out rule" 입장과 CISG의 "last shot doctrine" 입장을 달리 취하고 있다. 다만, 차이점이라면 PICC는 "중대한 변경"이 무엇인가에 대해서는 침묵하고 있다는 점이다.[151]

Ⅵ. 국제물품매매계약에 관한 유엔 협약에서의 접근

1. 일반원칙

CISG 제19조 제1항은 청약이 의도하는 내용을 추가, 제한하거나 기타 수정을 가하는 승낙은 청약의 거절임과 동시에 반대청약을 구성한다는 영미보통법과 대륙법의 전통적인 경상의 원칙을 반영하고 있다. 이러한 사실은 계약상의 의무는 상호 명시적인 합의로부터 일어난다는 전통적인 법이론을 반영한 것이다. 따라서 승낙은 청약에 정확하게 일치해야 한다. 만약 승낙이 청약에 일치하게 동의하지 아니한다면 승낙은 존재하지 아니하나 계약성립을 위해 타방의 승낙이 필요한 반대청약이 있게 된다.

148) PICC 2010, Art. 2.1.12.

149) PICC 2010, Art. 2.1.22.

150) 김선국, "비교계약법적 관점에서 본 CISG: 앞으로의 과제-Battle of Forms와 몇 가지 점을 중심으로", 「국제거래법연구」, 18집 1호 (2009), 36면.

151) 정홍식, "개정 미국통일상법전(UCC) 제2편(물품매매)의 비교법적 고찰-서식전쟁(Battle of Forms) 부분을 중심으로-", 「비교사법」 제17권 제2호(통권 제49호), 한국비교사법학회, 2010. 6, 247~276면.

그러나 승낙에 사용된 용어가 상이하여도 당사자들의 의미를 변경하지 아니하는 한 청약에 사용된 용어와 정확하게 똑같은 용어를 승낙이 사용할 필요는 없다. 주의를 요하는 것으로 회답, 즉 승낙이 조회를 하거나 추가내용의 가능성을 제의하거나 조회를 하고 있다하여도 그 회답은 협약 제19조 제1항에 의한 승낙이 되지 아니할 수 있다.

반면에 이러한 회답이 최초청약의 최종 승낙의 가능성을 남겨둔 채 상이한 내용의 승낙 가능성에 대해 청약인의 의중을 타진하기 위한 독립된 통신일 수 있다.[152]

이러한 사실은 청약이 취소불능이라도 거절의 통지가 청약자에게 도착한 때 청약은 그 효력을 상실한다는 협약 제17조에 비추어 볼 때 특별히 중요하다. 본 규정은 광범위하게 인정되고 있는 계약성격의 입장을 지지하는데 있다 하여도, 피청약자가 청약의 내용에 전반적으로 동의하였거나 청약상의 특정분야에 관해 협상을 원하는 흔히 있을 수 있는 실질적인 상황을 이 원칙에 반영하고 있다고 볼 수 있다.

2. 실질적인 변경이 아닌 승낙의 효력

협약 제19조 제1항의 일반원칙에 대한 예외는 협약 제19조 제2항에서 규정하고 있다. 동 규정에 의하면 청약에 대한 회답이 추가 혹은 상이한 내용을 두고 있다고 하더라도 청약의 내용을 실질적으로 변경하지 아니한다면 그 회답은 승낙을 구성하며, 협약 제23조의 규정에 따라 계약은 승낙의 수령시에 체결되고, 계약의 내용은 승낙상에 명시된 변경사항을 추가한 청약의 내용이 된다.[153]

그러나 추가 혹은 상이한 내용이 청약의 내용을 실질적으로 변경하지 아니한다 하더라도 청약자는 이를 거절할 수 있다. 이런 경우 피청약자의 회답은 승낙이라기보다 청약의 거절임과 동시에 하나의 반대청약이 되며, 전통적인 영미보통법의 경상의 원칙이 그대로 적용된다.

3. 실질적인 변경을 한 승낙의 효력

협약 제19조 제3항은 청약의 내용을 실질적으로 변경하는 추가 혹은 상이한 내용의 예로서 "특히 대금지급, 품질과 수량, 인도장소와 시기, 상대방에 대한 일방의 책임범위 또는 분쟁해결[154]"을 들고 있는데, 청약의 회답이 이러한 내용을 변경하고 있다면

152) 이런 경우 회답은 최초의 청약의 효력을 근거한 그대로 둔 상태에서 청약에 근거한 일종의 반대청약으로 새로운 청약의 성격을 지닌다.

153) 이 경우 "the last shot doctrine"이 적용된다.

154) 책임담보조항(warranty clause), 면책조항(disclaimer clause), 불가항력조항(force majeure clause), 구제제한조항(limitation of remedies clause), 중재조항(arbitration clause) 등이 있다.

"실질적인 변경"[155]이 되고, 동 회답은 승낙을 구성하지 못하며, 영미보통법의 경상의 원칙이 그대로 적용되는 반대청약을 구성하게 된다. 그러나 이러한 사실에도 불구하고 최초의 청약자가 물품의 발송이나 대금의 지급을 통해 실질적인 변경을 시도한 회답에 답하면 계약은 선적이나 대금지급사실[156]을 최초의 피청약자에게 통지함으로써 실질적으로 성립되며, 이런 경우 계약의 내용은 실질적인 변경인 추가 또는 상이한 내용을 포함한 반대청약의 내용이 되며 현실성을 감안한 경상의 원칙인 최후 서식발송자 승리의 원칙이 그대로 적용된다.

CISG의 이론은 서식 이면에 있는 대부분의 조건이 중요하다는 것이다. 따라서 이면조건이 다르다면 그러한 계약이 존재해서는 아니 된다는 입장이어서 협약은 주관적인 접근방법을 피하려 하고 있다.[157]

당사자들이 불일치한 서식의 교환에 근거하여 거래가 이루어질 경우 당사자들이 합의한 것을 결정하기 위한 만족스런 방법을 발견하고 있지 아니하다는 인식에서 출발한 미국 UCC 제2-207조와 달리 CISG는 영미보통법의 경상의 원칙과 유사한 원칙을 채택하였다. 따라서 협약하에서는 "최후 발송서식 우선의 원칙"을 적용한다는 것이라고 할 수 있을 것이다.[158]

Ⅶ. 결 론

서식분쟁은 아직 미해결된 상거래법의 한 분야이다. 미국 통일상법전에서는 당사자의 의도를 알아보고 비록 당사자들이 완전한 동의를 나타내지 않았더라도 계약이 성립된 것으로 보는 접근법에 압도적으로 의존하고 있다. 대륙법은 영미의 경상의 원칙을 그대로 고수하고 있다. PICC는 표준약관(standard terms)상의 충돌과 일반적인 청약 및 승낙에서 조건의 충돌을 구별하여 UCC의 "knock-out rule" 입장과 CISG의 "last shot doctrine" 입장을 달리 취하고 있다.

CISG는 경상의 원칙을 따르고 있으나 본질적인 변경사항이 아닌 한 부가 또는 상

155) 실질적이지 아니한 변경을 규정에 삽입하기란 힘들다. 왜냐하면 청약자에게 중요하지 아니한 것으로 간주되는 변경이 피청약자에게 중요할 수 있으며, 그 반대도 마찬가지이기 때문이다.

156) 대금지급이 이루어지지 아니해도 매수인이 물품을 수리하였다면, 승낙으로 생각해도 좋다; P. S. Atiyah, *op. cit.*, p.75.

157) J. O. Honnold, *Uniform Law for International Sales*, 2nd ed., Kluwer Law & Taxation Publishers, 1991, p. 168.

158) A. H. Kritzer, *Guide to Practical Applications of the CISG*, Kluwer, 1994, p. 184.

이한 조건은 계약의 일부가 된다고 보아 국제물품매매의 특성을 반영하여 경상의 원칙을 보다 완화하려는 시도를 보이고 있다.

서식분쟁에 대한 CISG의 대응은 협약 제19조 제1항을 통해 승낙에 관한 영미보통법의 대원칙인 경상의 원칙을 기본원칙으로 채용하고, 협약 제19조 제3항을 통해 실질적인 변경을 가져오는 조항을 사실상 대부분의 계약조항으로 하므로 수정조항을 포함한 회답이 반대청약이 되는 확률을 높이고 있기 때문에 최후에 서식을 발송한 자가 승리한다는 원칙을 인정하는 입장이다. CISG가 국제물품매매의 통일법이라는 협약의 특성에 비추어 CISG 자체 규정에서 중대한 원칙들을 발견하려는 노력을 통해 CISG의 해석의 통일성을 증가시키는 것이 요구된다.

따라서 국제상거래에서 당사자간의 서식분쟁의 불완전한 요인을 제거하기 위하여 매매계약서상에 완전합의조항(entire agreement clause)을 설정하여 기존에 당사자간에 교신된 모든 언질이나 의사표시는 본 계약서 및 본 계약조건 내용이 최종 서식이 됨을 강조하여 명시적으로 약정하는 것이 중요하다.

Chapter 02

국제상관습과 Incoterms® 2010

제 1 절 국제상관습과 정형거래규칙

문제 1-07 무역거래에서 국제상관습의 기능과 정형거래규칙에 대하여 논하시오.

답안 1-07

〈목차 구성〉

Ⅰ. 서　　론

격지간 무역거래에서 매매계약의 성립 및 이행되는 과정에 국제거래를 규제하는 공통된 법은 존재하지 않고 있다. 그러나 무역거래에서는 이를 뒷받침해 주고 있는 것이 국제상관습이다.

실제 Incoterms® 2010 규칙, 화환신용장통일규칙(UCP 600) 및 국제상사계약에 관한 UNIDROIT 원칙과 같은 국제상관습은 이미 성문화되고 업데이트되어 왔다. 사적자치의 원칙에 따라 합의된 관습과 확립된 관행은 법적 확신을 통하여 이른바 국제상관습법으로 발전되어 매매계약이나 결제계약에서 이를 채택하게 될 경우 거래당사자들을 구속한다.

여기에서는 국제상관습의 기능과 국제상관습법의 구속력을 검토하고 국제상업회의소와 미국 등의 정형거래규칙에 대하여 고찰하기로 한다.

Ⅱ. 국제상관습의 의의

관습(custom)이란 사회 내부에 역사적으로 발생하여 계속 반복됨으로써, 널리 승인되어 있는 사실적인 행위양식을 말한다. 또한 관습이 사회의 법적 확신에 의해서 지지되어 일종의 법적 규범력을 가지게 되면 관습법(customary law)이 된다. 관습 중에서 상업계에 확립되어 온 상거래 행위양식을 상관습(mercantile custom)이라 하고, 또한 국제무역거래에 관용되고 있는 상관습을 국제상관습(international mercantile custom)이라고 한다.

국제상관습은 국제상거래 행위를 지역관습, 특정업종 또는 매매관습을 망라한 광의의 개념이며, 물품매매를 대상으로 한 국제매매관습은 협의의 개념이다.

국제상관습으로서 공인되려면 일반적으로 무역거래에서 관행 또는 관례상의 행위가 계약당사자간에 관습적으로 국제매매에서 당연히 적용되는 상태에까지 일반화되거나 보편화되어야만 한다.

Ⅲ. 국제상관습의 기능

1. 국제상관습의 기능

1) 계약내용의 보완적 기능

매매계약은 본질적으로 청약과 승낙이라고 하는 당사자의 의사표시의 합치에 의하여 성립된다. 매매계약의 내용 또는 조항은 명시조항(express terms)과 묵시조항(implied terms)으로 구성된다. 명시조항은 당사자가 서로 합의하여 계약에 삽입한 조항인데 반하여, 묵시조항은 계약시에 명시하지는 않았으나 법 또는 관습에 의하여 당사자가 당연히 따를 것으로 생각하는 것으로 계약내용의 일부가 되는 것이다.

개개의 매매계약은 거래물품의 종류 또는 성질에 따라 약간의 차이가 있으나, 물품매매계약이라는 점에서 당사자가 반드시 합의한 후 계약에 포함시키지 않으면 안 될 몇 개의 기본적 조항으로 구성되어 있다. 예컨대 품질·수량·가격·선적·결제 등에 관한 것이다.

이러한 내용은 극히 간결한 형태로 표현되고 있음에도 불구하고 대량의 물품이 격지간 운송을 통하여 무역거래가 신속하고 안전하게 행하여질 수 있는 것은 주로 국제상관습에 바탕을 두어 묵시조항에 의하여 무역계약조항의 보완적 기능을 담당하고 있기 때문이다.

2. 계약내용의 해석기준으로서의 기능

국제상관습은 매매계약 당사자의 약정내용을 해석하는데 문제가 발생할 경우에 해석기준이 되고 계약법에서의 주요한 법원의 하나로서의 기능을 하게 된다.[1)]

한국 상법 제1조(상사적용법규)에서도 "상사에 관하여 본법에 규정이 없으면 상관습법에 의하고 상관습법이 없으면 민법의 규정에 의한다"고 규정하여 국제상관습법의 법원성을 인정하고 있다.

무역거래는 상이한 국가간에 이루어지므로 계약불이행시에 국내법과 외국법이 충돌하고, 분쟁발생시 어느 나라의 법률을 적용할 것인가에 대한 법적인 불확실성의 문제와 또한 어떤 나라에서 행하여진 판정이 다른 나라에서는 승인되지 아니할 수 있는 문제가 발생하게 된다.

오늘날 무역거래시에 강행적으로 누구에게나 적용되는 통일된 법은 없지만 국제상업회의소(International Chamber of Commerce: ICC)에서 제정한 Incoterms® 2010 규칙과 같은 정형거래규칙을 국제물품매매시 당사자간에 거래규칙으로 채택하여 사용하게 될 경우 이러한 정형화된 국제상관습은 법적효력이 발생하게 되는 것이다.

이와 같이 계약 내용에 대한 통일된 해석기준은 국제무역거래에서 오는 해석상 또는 준거법상의 불안을 최소화시킬 수 있다.

---

1) 이태희, 「국제계약법」, 법문사, 2001, 12~13면.

Ⅳ. 국제상관습의 구속력

1. 국제상관습법

상관습이 법적 규범력을 가지게 되면 국제상관습법(Lex Mercatoria)으로 발전하게 된다. 국제상관습법이란 통일된 정의는 없으나 특정국가의 법체계를 가리키는 것이 아닌 국제거래의 틀을 위해 마련되고 자발적으로 적용되는 일반원칙이나 관습법적 규칙들을 말한다.

Lex Mercatoria의 구체적인 내용은 다양하지만 예를 들면 다음과 같다.

1) 적용이 당사자의 임의에 맡겨지는 국제거래계약 규제규범: 예를 들면 ICC의 인코텀즈(Incoterms® 2010)와 신용장통일규칙(UCP 600)과 같은 이른바 원용가능한 통일규칙 및 각 단체와 국제연합 유럽경제위원회(ECE)가 작성한 표준계약조건(General Conditions)

2) 국가법을 초월한 차원에서 존재하는 국제거래를 대상으로 한 준칙

3) 국제물품매매계약에 관한 유엔 협약(CISG)과 같은 국제거래를 대상으로 한 협약

국제매매계약의 결함을 보충(gap-filling)하는 것은 이른바 Lex Mercatoria를 적용함으로써 달성할 수 있다. 상관습법은 국제무역계약의 성립 및 이행에 의하여 국제상거래계약의 일부가 될 수 있다.

Lex Mecatoria는 국제거래가 확장됨에 따라 계속적으로 그 내용이 보충되고 있으며 현재도 형성 중에 있는 동적인 존재라 할 수 있다. 특히 1994년의 국제상사계약에 관한 UNIDROIT 원칙의 제정(2010년 재기술)과 1995년의 유럽계약법원칙(Principles of European Contract Law)의 채택으로 Lex Mecatoria의 주요 원칙들을 성문화하고 그 내용을 구체화하고 객관화하고 있다.[2)]

국제매매에서 국제상관습법은 사적자치의 원칙을 기초로 하기 때문에 매매당사자가 계약상에 이를 적용한다는 조항을 구체화시킬 때에만 적용된다.

2. CISG 제9조 관습과 관례의 구속력

1) CISG 제9조

국제물품매매계약에 관한 유엔 협약(United Nations Convention on Contracts for the International Sale of Goods: CISG) 제9조에서는 국제관습과 관례의 효력에 대하여 "(1) 당

2) 강원진·이양기, 「최신 국제상거래론」, 박영사, 2014, 43~44면.

사자는 그들이 합의한 모든 관습(usage)과 당사자 사이에 확립되어 있는 모든 관례(practice)에 구속된다. (2) 당사자는 별도로 합의한 경우를 제외하고 당사자가 알았거나 또는 알았어야 하는 관습으로서 특수무역에 관련되는 형태의 계약당사자에게 국제무역에 널리 알려져 있고 통상적으로 준수되고 있는 관습은 이를 당사자가간의 계약 또는 계약성립 목적으로 적용하는 것으로 본다"라고 규정하고 있다.

이 규정은 합의된 관습과 당사자간 확립된 관례에 당사자들을 구속하며, 합의된 관습이 없는 경우에는 비교적 엄격한 요건을 충족하는 일반적인 관습만이 당사자간에 묵시적으로 적용되는 것으로 의제된다. 이것은 계약뿐만 아니라 그 성립시에도 적용된다. 결국, 이러한 관습과 관례는 계약을 보충하는 역할을 하며 CISG의 규정에 앞서 적용된다. 그러나 관습의 유효성 문제는 제4조 a호에 의하므로 CISG와는 별도로 국내법에 의해 판단될 것이다.

예컨대, 국제거래에 적용되는 지역적 관습은 그 지역의 법에 의하고, 국제적 관습이라면 국제사법이 지정하는 준거법에 의할 것이다. 그 결과 관행이 외국환거래법 또는 대외무역법 등에 위반하여 무효가 되는 경우가 생길 수도 있을 것이다.

2) 관습과 관례의 구속력(제1항)

관습이나 관례란 무엇인가에 대해 CISG에 언급은 없으나 CISG 독자적으로 정해야 할 것이다. 흔히 관습이란 일정한 분야 또는 일정한 장소에서 관련된 거래자들에 의해 일반적으로 준수되는 거래행태를 말한다. 여기에는 국제적인 관습만이 아니라 국내적이거나 지역적인 관습도 포함된다. 이에 반해, 관례란 일반적이 아니라 오로지 당사자들 사이에만 규칙적으로 준수되는 행태양식을 말한다.

먼저, 합의된 관습은 당사자들을 구속한다. 이때 합의는 명시적일 수 있지만 묵시적인 합의도 인정된다. 여기서의 관습은 합의될 것을 요구하며 제2항의 소위 규범적 관습처럼 엄격한 요건을 충족시킬 필요는 없다. 또 Incoterms®나 신용장통일규칙처럼 성문화된 규정체계는 그것을 관습으로 보든 보지 않든 적용을 합의하는 경우에는 여기에 포함될 수도 있을 것이다.

3) 규범적 관습(제2항)

합의되지 않은 관습은 다음 두 가지 요건을 충족시켜야 비로소 당사자들을 구속하는 효력을 갖는다.

첫째, 객관적 요건으로서 국제거래에서 당해 거래와 같은 종류의 계약을 하는 자에게 널리 알려져 있고 또한 통상적으로 준수되고 있는 관습이어야 한다.

따라서 국내거래상의 관습은 배제된다. 그러나 국제거래상의 관습이라면 특정지역의 장소적 관습이더라도 상관없다. 예컨대, 어떤 상품거래소나 항구, 박람회장에서 통용되는 국제거래상의 관습이면 된다.

둘째, 주관적 요건으로서 그러한 관습을 당사자가 알았거나 알 수 있었어야 한다.

규범적 관습의 예로는 국제거래상 사용되는 FOB, CIF 규칙이 Incoterms®상의 그것이라는 언급이 없는 경우에도 보통 Incoterms®상의 의미로 이해되는 것을 들 수 있다.[3)]

Ⅴ. 정형거래규칙

1. 정형거래규칙의 의의

무역계약은 쌍무계약(bilateral contract)으로 매도인과 매수인 사이에는 각자 부담해야 할 여러 가지 의무(obligation)가 있다. 이러한 매매당사자간의 의무는 다양하기 때문에 계약시마다 일일이 열거한다는 것은 계약체결 실무상 번거롭고 비효율적이다. 무역거래에서는 상관습과 제도가 다른 국가간에 이루어지므로 불충분한 지식 또는 오해 등으로 인하여 일방에게 불리한 조건으로 계약을 체결할 가능성도 얼마든지 있다.

따라서 국제상관습의 다양성에서 오는 무역거래규칙에 대한 매매관습의 정형화와 통일화의 필요성에 따라 FOB나 CIF처럼 간단한 정형을 무역거래에 이용할 수 있게 되었다. 이와 같이 정형화 및 표준화된 거래규칙을 정형거래규칙(typical trade rules)이라고 한다.[4)]

매도인과 매수인 사이의 정형거래규칙도 국가나 지역에 따라 각기 다른 상관습과 실정법 체계 때문에 통일성이 결여된다면 상거래 분쟁은 도처에서 발생할 것이다. 따라서 국제상업회의소를 비롯하여 국제단체 및 기관에서는 계약자유의 원칙에 따라 매매당사자가 임의로 모든 지역에서도 통일적으로 사용할 수 있는 정형거래규칙을 제정하게 되었다.

2. ICC와 미국 등의 정형거래규칙

매매관습의 정형화를 위하여 범세계적 주요 기관들과 미국 등에서 제공되고 있는 정형거래규칙을 보면 다음과 같다.

3) 최홍섭, 국제물품매매계약에 관한 유엔협약해설, 법무부, 2005, 33~34면: 단 이곳에서 “관행”이라는 표현은 “관습”으로 통일하였다.

4) 강원진, 「무역계약론」, 제4판(수정판), 박영사, 2013, 85면.

첫째, 정형거래규칙의 보편화작업에 선도적 역할을 수행하고 있는 국제민간단체인 국제상업회의소는 1936년 "Incoterms"(현재 Incoterms® 2010 Rule)를 제정하여 현재 EXW, FCA, CPT, CIP, DAT, DAP, FAS, FOB, CFR, CIF 규칙 등 11가지 정형거래규칙을 제공하고 있다.

둘째, 미국은 1919년(현재 1990년 개정) 전미국무역협회가 광활한 대륙의 특성 및 기타 지역과의 거래관습을 반영하여 "개정미국무역정의"(Revised American Foreign Trade Definition)에서 EXW, FOB, FAS, CFR, CIF, DEQ Delivered 등 6가지의 정형거래조건을 마련하였고 또한 미국법률협회(American Law Institute)와 통일주법위원회 전국회의에서 성문화된 법전인 "통일상법전"(Uniform Commercial Code)상의 제2편 매매(Sales)편에 현행 FOB, FAS, CIF, C&F, Ex-Ship 등 5가지 기본조건을 규정하여 독자적인 정형거래조건을 제공하고 있다.

셋째, 국제법협회(International Law Association: ILA)는 오래전 해상매매 중심시대의 대표적인 매매관습인 "CIF계약에 관한 와르소·옥스포드 규칙"(Warsaw-Oxford Rules for CIF Contract 1932)을 제정하였다.

ICC 및 미국 등에서 마련된 정형거래규칙들은 운송수단의 발달과 운송기술의 진보, 정보통신수단의 발달 등 국제무역환경의 변화에 부응하기 위하여 끊임없이 변화·발전되고 있으며, 특히 대표적인 매매관습인 Incoterms® 2010 Rule은 1936년 제정된 이래 2010년도에 이르기까지 7차에 걸쳐 개정 및 수정보완을 거듭해 오늘에 이르게 되었다.

국제상관습의 정형화는 오늘날의 국제무역거래를 보다 원활하게 수행할 수 있는 역할을 담당하고 있다.

Ⅵ. 결 론

무역거래는 상이한 국가간에 이루어지므로 계약불이행시에 국내법과 외국법이 충돌하고, 분쟁 발생 시에 어느 나라의 법률을 적용할 것인가에 대한 법적인 불확실성의 문제가 존재한다.

무역거래시 강행적으로 누구에게나 적용되는 통일된 법은 없지만 Incoterms® 2010과 같은 정형거래규칙을 국제물품매매계약시에 당사자가 사적자치원칙에 따라 이를 채택하여 사용하게 된다면, 이러한 정형화된 국제상관습은 법적인 효력을 발생하는 동시에 무역계약의 통일된 해석기준에 의하여 무역거래에서 오는 해석상 또는 준거법상의 불안을 최소화시킬 수 있다.

상관습법(Lex Mercatoria)은 법의 일반원칙과 국제거래의 일반관습으로 구성된다. 이들은 초국적 대상을 가지는 규칙들로서 그 연원은 관습적이고, 그 적용에 있어서 국가의 관여가 없는 임의적인 성격을 가지는 것에 한정된다.

CISG에서는 국제관습과 관례의 효력에 있어 매매당사자는 합의한 모든 관습과 확립되어 있는 모든 관례에 구속된다. 무역거래에 널리 알려져 있고 통상적으로 준수되고 있는 관습은 당사자간의 계약이나 계약성립의 목적으로 적용되는 것으로 보고 있다.

특히 Incoterms® 2010 Rule과 같은 국제상관습의 정형화는 오늘날의 국제무역거래를 보다 원활히 수행할 수 있는 역할을 담당하게 된다.

따라서 무역공동체의 예견가능성을 증가시키기 위해 무역거래에서의 다양한 형태의 국제통일규칙(international uniform rule)과 표준을 현대의 국제거래관행에 부응할 수 있도록 지속적으로 통일화하고 업데이트 시키는 노력이 필요하다.

제 2 절 Incoterms® 2010

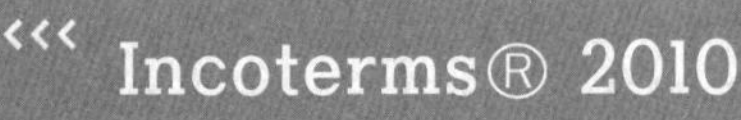

문제 1-08 Incoterms® 규칙의 의의와 적용범위에 대하여 설명하시오.

답안 1-08

〈목차 구성〉

- Ⅰ. 서 론
- Ⅱ. Incoterms의 의의
- Ⅱ. Incoterms의 제정과 개정
- Ⅲ. Incoterms의 적용범위
  1. 적용대상: 인코텀즈 규칙이 제공될 수 있는 것
  2. 비적용 대상: 인코텀즈 규칙이 제공될 수 없는 것
- Ⅳ. 결 론

Ⅰ. 서 론

Incoterms® 2010 규칙은 "국내 및 국제무역거래조건의 사용에 관한 국제상업회의소(ICC) 규칙"을 의미하는 ICC의 등록상표로 선택된 인코텀즈 규칙은 무역거래규칙이 된다. 인코텀즈 규칙이 주로 국제매매를 목적으로 함에도 불구하고, 국내 계약에도 적용될 수 있다.

인코텀즈 규칙은 국제매매계약의 중요한 요소로 매도인이 매수인에게 물품인도 위험이전, 수출입 통관 등과 매매당사자들에게 무엇을 제공할 것인가를 설명하고 있다.

상인들은 매도인으로부터 매수인에게 물품의 이전과 관련하여 비용 및 위험 분담을 명확히 하기 위하여 FOB와 CIF 같은 간단한 약어(정형)를 사용하는 경향이 있다. 그러나 이 같은 약어에 대한 해석과 관련하여 오해가 자주 발생한다.

무역계약은 쌍무계약(bilateral contract)이므로 매도인과 매수인 사이에는 각자 부담해야 할 여러 가지 의무(obligations)가 있다. 따라서 이러한 무역계약 당사자간의 의무를 매 계약시마다 일일이 열거하여 합의하는 것은 계약체결 실무상 번거롭고 비효율적이다.

무역거래에서는 상관습과 제도가 다른 국가간에 이루어지는 특성과 불충분한 지식 등으로 인하여 불리한 조건으로 무역계약을 체결할 가능성도 얼마든지 있다. 따라서 국제상관습의 다양성에서 오는 무역거래규칙에 대한 매매관습의 필요성이 대두되어 표준화내지 통일화 작업이 이루어졌고, FOB나 CIF처럼 간단한 정형을 무역거래에 이용할 수 있도록 Incoterms®와 같은 정형거래규칙이 제공하게 되었다.

이하에서는 인코텀즈 규칙이 당사자들의 매매계약에서 무엇을 제공하고 반면에 무엇을 제공하지 않는지에 대하여 주목하여 검토하고자 한다.

Ⅱ. Incoterms의 의의

Incoterms라는 말은 1936년 국제상업회의소가 제정 당시 "International Commercial Terms"의 첫문자 조합에서 따온 말로 종전에는 "무역거래조건의 해석에 관한 국제규칙"(International Rules for the Interpretation of Trade Terms)으로 칭하였다.

그러나 2010년 제7차 개정 Incoterms® 2010부터는 "국내 및 국제무역거래조건의 사용에 관한 국제상업회의소 규칙"(ICC rules for the use of domestic and international trade terms)이라는 표현을 사용하여 적용범위를 국내거래까지 확대시키고 있다.

파리(Paris)에 본부를 두고 있는 국제상업회의소의 무역거래조건위원회(Trade Terms Committee)[5]가 중심이 되어 제정한 인코텀즈는 외국과의 무역에서 가장 일반적으로 사용되는 무역거래규칙의 해석에 관하여 일련의 국제규칙을 제공하자는 데에 목적이 있다.

5) 현재는 상거래 법률 및 관습위원회(Commission on Commercial Law and Practice)이다.

Ⅱ. Incoterms의 제정과 개정

무역계약의 당사자들은 각국의 무역관행이 서로 다르다는 것을 인식하지 못하는 경우가 흔히 있다. 이는 오해(misunderstanding)와 분쟁(dispute)과 소송(litigation)을 야기할 수 있고 그 결과 많은 시간과 금전상의 낭비를 초래하게 한다. 이와 같은 문제를 해소하기 위하여 국제상업회의소는 1923년 및 1929년 각국 국내위원회의를 통한 “Trade Terms” 사용실태 조사보고서를 기초로 1936년 무역거래조건의 해석에 관한 일련의 국제규칙을 최초로 제정하고 “Incoterms 1936”으로 간행하였다. 그 후 1953년, 1967년, 1976년, 1980년, 1990년, 2000년 그리고 2010년에 동 국제규칙은 국제무역관행의 변화에 부응할 수 있도록 개정하여 2011년 1월 1일부터 현재의 11가지 정형거래규칙을 사용하게 되었다.

Incoterms® 2010은 국제상업회의소의 등록상표로 정형거래 규칙을 표기할 경우 이를 반드시 병행 표기 하도록 하고 있다.

Ⅲ. Incoterms의 적용범위

1. 적용대상: 인코텀즈 규칙이 제공될 수 있는 것

인코텀즈 규칙은 매매당사자가 임의로 무역계약시 채택할 수 있도록 최소한의 의무에 대한 해석기준을 통일하여 제공하는 데 지나지 않으며 운송계약이나 보험계약 내용까지 전부 포괄 적용되는 것은 아니다. 인코텀즈는 매도인의 물품을 매수인의 임의 처분상태로 두거나 또는 운송을 위하여 이를 교부하거나 또는 목적지에서 이를 인도할 의무 등 당사자들에게 부과되는 다수의 특정된 의무 및 당사자들간의 위험분담을 다루고 있다.

나아가 인코텀즈는 물품의 수출과 수입, 통관의 의무, 물품의 포장, 매수인의 인도수령 의무뿐만 아니라 증거서류제공 의무, 안전관련 정보제공 의무 등을 다루고 있다.

2. 비적용 대상: 인코텀즈 규칙이 제공될 수 없는 것

매매계약의 이행을 위하여 매우 중요한 것임에도 불구하고, 계약에서 발생 할 수 있는 매우 많은 문제들, 예컨대 소유권이전(transfer of property)과 기타 재산권 이전, 계약위반(breach of contract)과 그러한 위반으로부터 야기되는 결과뿐만 아니라, 권리구제(relief) 및 일정한 사정에서의 의무면제(exemptions from liability) 등은 전혀 다루어지지 아니하고 있다.

따라서 계약위반의 결과와 다양한 장애요인에 기인되는 문제들은 매매계약상의 다른 규정과 준거법에 의하여 해결되어야 한다.

특히 많은 재판에서, 물품의 소유권이전은 당사자가, 물품의 처분을 통제할 수 있는 해상선화증권과 같은 서류이전을 통하여 직·간접적으로 물품에 대한 점유권을 가지고 있어야 함을 요구하고 있다. 그러나 몇몇 재판에서는, 소위 권리이전이라고 부르는 물품에 대한 소유권은 오직 계약 당사자들의 의도에 의존된다고 할 수 있다.

빈번히 매매계약은 매수인이 물품의 소유자가 되는지 여부를 결정하게 된다. 몇 가지 사례에서 매수인은 소위 권리유보조항(retention of title clause)하에 매도인이 대금지급을 받을 때까지 물품에 대한 권리를 유보할 수 있도록 결정할 수 있었다. 준거법은 그러한 조항이 매도인이 물품에 대한 소유권을 매수인에게 이전할 때 매도인을 보호하는데 어느 범위까지 효력이 있는지를 결정할 것이다.[6)]

인코텀즈 규칙을 적용함에 있어 특정거래나 당시의 사정 또는 개별적 편의에 적합하도록 특정내용을 변경하는 것은 바람직하지 않으나 필요할 경우 매매계약서에 분명하게 명시하여야 한다. 또한 인코텀즈 규칙은 강행규정이 아닌, 임의규정으로 매매계약시 계약당사자가 Incoterms® 2010 규칙을 적용하기로 합의하여야만 비로소 구속력을 가지게 된다.

Ⅳ. 결 론

매매당사자는 인코텀즈 규칙의 채택을 통하여 서로 다른 국가간에 이들 거래규칙들에 대한 상이한 해석으로 인한 불확실성을 제거하거나 상당한 정도로 감소시킬 수 있다.

다른 국제무역규칙도 마찬가지이지만 인코텀즈 규칙은 매매당사자가 임의로 무역계약시 채택할 수 있도록 최소한의 의무에 대한 해석기준을 통일하여 제공하는데 지나지 않으며 운송계약, 보험계약 및 결제계약의 내용까지 전부 포괄하여 적용되는 것은 아니다. 인코텀즈 규칙의 적용은 특정거래나 당시의 사정 또는 개별적 편의에 적합하도록 특정내용을 변경하거나 추가할 수도 있다. 이 경우 매매당사자 사이에 체결된 개별계약의 특별규정은 인코텀즈 규칙에 우선하여 적용된다.

6) Jan Ramberg, *ICC Guide to Incoterms® 2010*, Publication No. 720E, ICC Services Publications, 2011, pp. 17~18.

인코텀즈 규칙은 당사자들에게 무엇을 하여야 하는지에 대하여 말하고 있지만, 그렇게 하지 않은 경우 무슨 일이 일어나는지에 대해서는 설명하고 있지 않다. 무역계약 체결시 인도조건(가격조건)을 약정할 경우에는 인코텀즈 규칙과 같은 정형거래규칙에 대한 이해 및 검토가 선행되어야 하며 당사자들은 계약에 Incoterms® 2010 규칙 적용을 명시하거나 또는 보충적으로 표준양식의 계약을 사용하는 것이 필요하다.

문제 1-09 Incoterms® 2010의 사용방법 및 특징에 대하여 설명하시오.

답안 1-09

〈목차 구성〉

Ⅰ. 서　　론

인코텀즈(Incoterms) 규칙에 대한 이해를 높이기 위하여 2010 버전은 단일 또는 복수의 모든 운송방식에 사용되는 규칙과 해상 및 내수로 운송에 사용될 수 있는 규칙을 두 가지의 유형으로 구분하여 보여주는데서 출발한다. 그럼에도 불구하고, 무역거래에서 국제매매관습에 대한 이해가 부족할 경우 물품이 인도되는 장소와 양륙되는 장소에 부응하는 운송형태 및 위험이전, 비용분담 등을 고려한 최적의 정형거래규칙 선택에 있어 실패할 가능성이 많다.

즉 전통적인 해상운송에 계속 초점을 맞추게 될 것이고 복합운송에 부응한 새로운 거래조건을 사용할지는 지켜봐야 할 일이다. 컨테이너화와 관련된 무역거래에서는 후자의 관습에 따르는 일련의 무역거래규칙을 요구하고 있다.

자주 발생되는 다른 오해는 바로 인코텀즈 규칙의 목적과 관련 있다. 다양한 인도장소, 위험과 비용의 이전과 관련하여 매도인과 매수인의 주요한 의무를 결정하는 것이 요구됨에도 불구하고 사용되는 거래조건은 인코텀즈 규칙의 새로운 관행의 취지를 간과함으로써 예기치 못한 값비싼 대가를 치르게 된다.

그러기 위해서는 우선 인코텀즈 규칙을 어떻게 사용하고 그 내용과 특징들은 무엇인지에 대하여 개괄적으로 이해할 필요가 있다. 이하에서는 Incoterms® 2010 규칙의 서문에 설명하고 있는 사용방법 및 주요 특징을 중심으로 살펴보고자 한다.

Ⅱ. Incoterms® 2010의 사용방법

Incoterms® 2010 규칙[7]은 물품매매계약에서 거래실무를 반영하는 일련의 3개 문자의 무역거래조건을 설명하고 있다. 인코텀즈 규칙은 매도인이 매수인에게 물품인도에 포함되는 주요 의무, 비용 및 위험들을 설명하고 있다.[8]

1. 매매계약에 Incoterms® 2010 규칙 명시

Incoterms® 2010 규칙을 계약에 적용시키고자 하는 경우, Incoterms® 2010(지정장소를 포함하는 선택된 인코텀즈)과 같은 어구를 계약서에 명시하여야 한다.

예를 들면, 매매계약서의 가격조건 또는 인도조건에서 "Terms of Price: FOB Busan Incoterms® 2010" 또는 "Terms of Delivery: FOB Busan Incoterms® 2010"과 같이 명시하여야 한다.

2. 적절한 인코텀즈 규칙을 선택

선택된 인코텀즈 규칙은 물품, 운송수단에 적절하여야 하며 또한 무엇보다도 당사자가 예컨대 운송 또는 보험계약을 체결하는 의무와 같은 추가적인 의무를 매도인 또는 매수인 중에 누가 부담하는 것으로 의도하는지에 대하여 적절하여야 한다.

각 인코텀즈 규칙에 대한 안내요지(guidance note)는 인코텀즈 규칙을 선택할 경우

---

7) Incoterms® 2010에서 "Incoterms®"는 ICC의 고유한 등록상표로 보고 "Incoterms® 2010 rules"라는 표현을 사용하고 있다. 이러한 취지를 고려하여 Incoterms® 2010에서는 동 규칙 사용시, 예를 들면 "FOB 조건"은 "FOB 규칙"이라는 표현으로 사용되고 있다. 그러나 이 책에서는 Incoterms® 2010 적용시에는 "규칙"으로 표현하되, 다만 종전 관행 및 미국의 법제에서는 "조건"(예를 들면, FOB 조건)으로 표현하고자 한다.

8) ICC, Incoterms® 2010 ICC rules for the use of domestic and international trade terms, ICC Publication No. 715E, ICC Services Publications, 2010, Introduction; 강원진, 전게서, 100~106면.

특별히 도움이 되는 정보를 포함한다. 어떠한 인코텀즈 규칙이 선택되더라도 당사자는 사용되어지는 항구 또는 장소의 특정 관습에 의하여 계약에 대한 해석이 영향을 미칠 수 있다는 점을 알아야 한다. 왜냐하면 인코텀즈 규칙은 상이한 지역 또는 다양한 거래에서 사용되기 때문에 당사자의 의무에 대하여 완벽하게 규정할 수가 없다. 따라서 당사자는 어느 정도 항구 또는 장소의 특정관습, 또는 당사자의 합의나 이미 확립된 관습에 의하여 의무를 수행할 필요가 있다.

3. 장소 또는 항구를 가능한 한 정확하게 명시

선택된 인코텀즈 규칙은 당사자가 장소 또는 항구를 지정하는 경우에만 비로소 작용할 수 있으며 또한 당사자가 장소 또는 항구를 가능한 한 정확하게 명시하는 경우, 가장 잘 작용할 수 있다. 이와 같은 정확성에 대한 훌륭한 예는 다음과 같다:

"FCA 38 Cours Albert 1er, Paris, France Incoterms® 2010."

11개의 인코텀즈 규칙 중 공장인도(EXW), 운송인인도(FCA), 터미널인도(DAT), 목적지인도(DAP), 관세지급인도(DDP), 선측인도(FAS) 및 본선인도(FOB)에서 지정장소는 인도가 이루어지는 장소이며, 위험이 매도인으로부터 매수인에게 이전하는 장소이다. 이에 대하여 운송비지급인도(CPT), 운송비·보험료지급인도(CIP), 운임포함인도(CFR) 및 운임·보험료포함인도(CIF)에서 지정장소는 인도장소와 다르다. 이와 같은 4개의 인코텀즈 규칙에서 지정장소는 운송비가 지급되는 목적지이다. 장소 또는 목적지에 관한 표시는 의문 또는 논쟁을 피하기 위하여 그와 같은 장소 또는 목적지에서 정확한 지점을 명시함으로써 훨씬 도움이 되고 구체화될 수 있다.

4. 인코텀즈 규칙은 완전한 매매계약을 제공하지 아니함

인코텀즈 규칙은 매매계약의 어느 당사자가 운송계약 또는 보험계약 체결 의무를 부담하는지, 언제 매도인이 매수인에게 물품을 인도하는지 그리고 각 당사자가 어떠한 비용을 부담할 책임이 있는지에 대하여 설명하고 있다.

그러나 인코텀즈 규칙은 지급되어야 하는 금액 또는 지급방법에 대하여 설명하지 아니한다. 또한 동 규칙은 물품의 소유권이전(transfer of property), 예기치 못한 또는 예상할 수 없는 사건의 경우 의무에 대한 구제(relief) 및 의무면제(exemptions from liability), 계약위반(breach of contract)의 결과에 대하여 전혀 다루지 아니하고 있다.

이러한 문제들은 보통 매매계약의 명시조건 또는 준거법에 의하여 다루어진다. 당사자는 선택된 인코텀즈 규칙을 포함하여 매매계약의 어느 측면보다 강행적인 국내법이 우선할 수 있다는 점을 알아야 한다.

Ⅲ. Incoterms® 2010 규칙의 주요 특징

1. DAT 및 DAP가 인코텀즈 2000 규칙인 DAF, DES, DEQ 및 DDU를 대체함

인코텀즈 규칙의 수는 종전의 13개에서 11개로 감소되었다. 이는 합의된 운송방식에 관계없이 사용되어지는 두 개의 새로운 규칙, 즉 DAT 및 DAP가 인코텀즈 2000 규칙의 DAF, DES, DEQ 및 DDU를 대체하기 때문이다.

인도가 지정목적지에서 이루어지는 두 개의 새로운 규칙하의 DAT에서는(종래의 DEQ 규칙과 같이) 도착된 차량으로부터 양화되어 매수인의 임의처분상태에서, DAP에서는(종래의 DAF, DES 및 DDU 규칙과 마찬가지로) 양화하지 아니하고 매수인의 임의처분상태에서 인도가 지정목적지에서 이루어진다.

이 새로운 규칙은 인코텀즈 2000 규칙의 DES와 DEQ를 불필요하게 만들고 있다. DAT에서 지정된 터미널은 항구에 있을 수 있다. 그러므로 DAT는 인코텀즈 2000 규칙의 DEQ가 사용되었던 경우와 같이 아무런 문제없이 사용될 수 있다. 마찬가지로 DAP하에서 도착 "차량"은 선박일 수 있고 또한 지정된 목적지는 항구일 수 있다. 따라서 DAP는 인코텀즈 2000의 DES가 사용되었던 경우와 같이 아무런 문제없이 사용될 수 있다. 종래의 규칙과 같이 이와 같은 새로운 규칙은 물품을 지정목적지까지 운송하는데 포함된 모든 비용(적용 가능한 경우, 수입통관과 관련된 비용을 제외하고) 및 위험을 매도인이 부담하는 "도착지인도"이다.

2. Incoterms® 2010 규칙 11개의 분류

Incoterms® 2010 규칙 11개는 두 개의 구별되는 분류로 제시되고 있다.

1) 단일 또는 복수의 모든 운송방식을 위한 규칙(Rules for Any Mode or Modes of Transport)

공장인도 EXW Ex Works

운송인인도 FCA Free Carrier

운송비지급인도 CPT Carriage Paid To

운송비·보험료지급인도 CIP Carriage and Insurance Paid to

터미널인도 DAT Delivered At Terminal

목적지인도 DAP Delivered At Place

관세지급인도 DDP Delivered Duty Paid

2) 해상 및 내수로 운송을 위한 규칙(Rules for Sea and Inland Waterway Transport)

선측인도 FAS Free Alongside Ship

본선인도 FOB Free On Board

운임포함인도 CFR Cost and Freight

운임·보험료포함인도 CIF Cost, Insurance and Freight

첫 번째 분류는 선택된 운송방식에 관계없이 또한 하나 또는 그 이상의 운송방식이 이용 되는가 여부에 관계없이 사용될 수 있는 Incoterms® 2010 규칙 7개를 포함한다. EXW, FCA, CPT, CIP, DAT, DAP 및 DDP가 이 분류에 속한다. 이들은 해상운송이 전혀 포함하지 아니한 경우에도 사용될 수 있다. 이들 규칙은 선박이 일부구간 운송에 사용되는 경우에도 사용될 수 있다는 사실을 명심하여야 한다.

Incoterms® 2010 규칙의 두 번째 분류에서, 인도지점 및 물품이 매수인에게 운송되는 장소는 모두 항구가 된다. 이는 "해상 및 내수로 운송" 규칙으로 호칭된 사실과 맥을 같이한다. FAS, FOB, CFR 및 CIF가 이 분류에 속한다. 인코텀즈 2000의 FOB, CFR 및 CIF에서 인도지점으로서의 선박의 난간(ship's rail)이라는 모든 언급은 물품이 선박(본선)의 갑판상(on board the vessel)에 인도될 때가 더 선호되어 삭제되었다. 이것은 현대 상거래의 현실을 더 밀접하게 반영한 것으로 위험이 가상의 수직선을 통과하여 앞뒤로 오간다는 구시대의 인상을 탈피할 수 있게 하였다.

3. 국내 및 국제 무역을 위한 규칙(Rules for domestic and international trade)

인코텀즈 규칙은 전통적으로 물품이 국경을 통과하는 국제매매계약에 사용되어 왔다.

그러나 세계의 다양한 지역에서 유럽연합(European Union)과 같은 무역권(trade blocs)은 상이한 국가간에 국경에서의 수속절차가 더 이상 중요하지 않게 만들었다. 따라서 Incoterms® 2010 규칙의 부제에는 이 규칙이 국내 및 국제 매매계약에 모두 적용하기 위하여 사용가능함을 공식적으로 인정하고 있다. 그 결과 Incoterms® 2010 규칙에서는 적용 가능한 경우에만 수출/수입 수속절차에 따를 의무가 있음을 여러 곳에서 분명하게 명시하고 있다.

다음과 같은 두 가지의 진전된 사항들이 이러한 개정방향의 움직임이 시의적절하다고 ICC를 설득하여 왔다. 첫째, 무역업자들이 보통 순수한 국내매매계약에 인코텀즈 규칙을 사용하고 있다는 점. 둘째, 미국에서 과거 통일상법전의 선적 및 인도 조건보다도 국내거래에 인코텀즈 규칙을 사용하고자 하는 의지가 더 크기 때문이다.

4. 안내요지(guidance note)

Incoterms® 2010 규칙의 각 앞부분에서는 안내요지를 볼 수 있다. 안내요지는 언제 사용되어야 하며, 언제 위험이 이전되고 또한 매매당사자간에 어떻게 비용의 분담이 되는지 등 각 인코텀즈 규칙의 기본적인 사항들을 설명하고 있다.

안내요지는 실제 Incoterms® 2010 규칙의 일부가 아니고, 단지 사용자가 특정 거래에서 적절한 인코텀즈 규칙을 정확하게 또한 효율적으로 사용할 수 있도록 도움을 주기 위한 것이다.

5. 전자통신(electronic communication)

종전 버전(version)의 인코텀즈 규칙에서는 전자문서교환 메시지(EDI message)로 대체될 수 있는 서류들을 명시하고 있었다. 그러나 Incoterms® 2010 규칙의 A1/B1에서는 당사자들이 합의하는 한 또는 관습에 따라 전자통신에 대하여 서면통신에서와 같이 동등한 효력을 부여하고 있다. 이러한 규정은 Incoterms® 2010 규칙이 사용되는 기간에 새로운 전자적 절차의 발전을 촉진시킨다.

6. 보험부보(insurance cover)

Incoterms® 2010 규칙은 협회적화약관(Institute Cargo Clauses: ICC) 개정약관을 고려하였다. 1982년부터 도입되었던 신협회적화약관은 20여 년간 사용되어 오면서 그동안 테러행위(terrorism)등의 새로운 위험이 등장하고 운송 및 보험 환경의 변화 등에 부응하기 위하여 런던국제보험업자협회(International Underwriting Association of London: IUA)는 로이즈보험시장협회(Lloyd's Market Association: LMA)와 합동적화위원회를 구성하여 1982년 ICC를 개정하여 2009년 1월 1일부터 신약관을 사용할 수 있도록 하였다.

Incoterms® 2010 규칙은 운송 및 보험계약을 다루고 있는 A3/B3에서 보험 관련 정보제공 의무를 설정하고 있다. 이들 규정은 인코텀즈 2000 규칙의 A10/B10에 규정된 일반적인 조항에서 옮겨 왔다. 이러한 관점에서 A3/B3에서 보험과 관련된 표현은 당사자들의 의무를 명확하게 하기 위하여 수정되었다.

7. 안전[9] 관련 통관(security-related clearances)과 이에 요구되는 정보

최근 물품의 이동에서 안전에 대한 관심이 높아지고 있어, 물품이 고유의 성질 이외의 이유로 생명 또는 재산에 위협을 가하지 아니한다는 취지의 확인이 요구되고 있다. 따라서 Incoterms® 2010은 각 인코텀즈 규칙의 A2/B2 및 A10/B10에서 매매당사자간 물품보관사슬(chain-of-custody)[10]정보와 같은 안전 관련 통관허가를 받음에 있어 허가를 받거나 협조를 제공할 의무를 분담시키고 있다.

8. 터미널 취급수수료(terminal handing charges)

인코텀즈 규칙 CPT, CIP, CFR, CIF, DAT, DAP 및 DDP 하에서 매도인은 합의된 목적지까지의 물품운송 계약을 체결하여야 한다. 운임은 매도인이 지급하지만 보통 매도인에 의하여 총 판매가격에 포함되므로, 실제로는 매수인에 의하여 지급되는 것이다. 운송비용은 통상적으로 항구 또는 컨테이너 터미널시설 내에서 물품을 취급하고 운반하는 비용이 포함되며 운송인 또는 터미널 운영자는 물품을 수령하는 매수인에게 이러한 비용을 청구하기도 한다. 이런 사정으로 매수인은 한 번은 매도인에게 총판매가격의 일부로서 그리고 한 번은 이와는 별도로 운송인 또는 터미널 운영자에게 동일한 서비스에 대하여 이중으로 지급하는 것을 회피하려고 할 것이다.

Incoterms® 2010 규칙은 관련된 인코텀즈 규칙의 A6/B6에서 이와 같은 비용을 명확하게 분담함으로써 이중지급상황의 발생을 회피할 수 있도록 하고 있다.

9. 연속판매(string sales)

제조물품의 매매와는 대조적으로 상품매매에 있어서 물품은 흔히 운송과정에 연속적으로 여러 번 판매된다. 이러한 경우 최초의 매도인은 이미 물품을 선적하였기 때문

9) security를 "보안"으로 번역하기도 하나, 이 책에서는 "안전"으로 표현하기로 한다.

10) "chain-of-custody"라 함은 물리적 또는 전자적 재료의 취득(acquisition), 이전(transfer), 취급(handling) 및 처분(disposition)의 전체 과정을 보여주는 문서(documentation)로 "물품보관사슬" 또는 "물품보관관리이력"이라고 할 수 있다. 이는 소유자를 포함하여 어떻게 증거가 다루어지고, 유지되고, 전달 및 수정되었는지를 상세하게 나타내는 기록문서를 지칭하는 것으로 증거의 무결성을 다루는 방법으로 이용되고 있다; http://en.wiktionary.org/wiki/chain_of_custody.

에 중간에 판매한 매도인은 물품을 "선적"하지 않는다. 그러므로 연속판매 중간에 있는 매도인은 그 다음의 매수인에게 물품선적 의무를 이행하는 것이 아니라 이미 선적된 물품을 "조달"(procure)함으로써 이행하는 것이다. 이를 명확히 하기 위하여 Incoterms® 2010 규칙은 관련 인코텀즈 규칙에서 "선적된 물품조달" 의무를 물품선적 의무의 대안으로서 포함시키고 있다.

Ⅵ. 결 론

인코텀즈 규칙의 목적은 현실적인 무역관행을 반영하고, 당사자들에게 거래의 상황과 밀접한 관련이 있는 무역거래규칙을 선택적으로 사용하기 위한 것이다. 매도인의 의무를 기준으로 할 때, 매도인의 최소의무를 나타내는 EXW, 최대의무를 나타내는 DDP 사이의 정형거래규칙들이 존재한다.

매도인과 매수인은 개별계약시에 Incoterms® 2010 규칙에 반영된 FCA, FOB 등과 같은 11가지 정형거래규칙의 사용방법 및 특징을 고려하여 당사자들의 비즈니스 전략에 따라 거래규칙 선택을 결정지어야 한다.

대부분의 해상운송과 관련된 무역거래규칙의 선택은 물품의 종류에 따라 물품의 인도장소가 선적항 본선상인지 매도인의 구내 등 지정장소인지 위험이전과 비용분담은 어떻게 할 것인지 등을 고려하여 당사자의 의도에 따라 결정되는 것이다.

따라서 이러한 결정과정에서 당사자들은 인코텀즈에 제공되고 있는 정형거래규칙 중 어떤 규칙이 적절한지 주의 깊게 고려하여야 하며, 만약에 특정 거래규칙을 약정하게 된다면 그 규칙에 대한 해석상 일어날 수 있는 오해가 없도록 계약에서 변형된 부가조항을 두거나 특약에 의하여 명확히 하여야 한다.

무역계약을 체결할 경우 준거법 조항과 별도로 가격조건(또는 인도조건)으로서 FOB, CIF 규칙 등과 같은 인코텀즈에 의한 정형거래규칙을 사용하고자 한다면 "Trade Rules: The trade rules used under this contract shall be governed and interpreted by the provisions of Incoterms® 2010"과 같이 Incoterms® 2010을 적용하는 것으로 계약서상에 정형거래규칙 사용에 대한 준거규정을 명시적으로 약정하여야 한다.

문제 1-10 Incoterms® 2010 규칙에 규정된 매매당사자의 의무는 어떤 것들이 있으며 동 규칙을 계약의 준거규정으로 사용하게 되면 무역계약상의 모든 의무는 충족되는지 여부에 대하여 설명하시오.

답안 1-10

〈목차 구성〉

Ⅰ. 서 론

Incoterms® 2010 규칙은 매도인과 매수인의 의무에 대하여 대칭적으로 규정하고 있다. 이러한 의무는 매도인 또는 매수인 또는 가끔 특정 목적을 위하여 운송인, 운송주선인, 매도인 또는 매수인이 지정한 제3자를 통하여 계약상의 조건 또는 적용법에 따라 개별적으로 이행되어 질 수 있다.

여러 의무들 중에서도 인코텀즈 규칙에서는 매매당사자, 즉 매도인과 매수인간의 주요 의무에 한하여 설정되고 있으므로 매매계약의 성립과 이행을 위하여 별도의 추가적인 의무 등을 약정하여야 한다.

이하에서는 어떠한 의무가 인코텀즈 규칙에 규정되고 있는지에 대하여 살펴보고 매매계약시 유의할 사항에 대하여 살펴보고자 한다.

Ⅱ. Incoterms® 2010 규칙에 반영된 매매당사자의 의무

1. 매매당사자의 10가지 의무에 한정

Incoterms® 2010 규칙에서는 매 거래조건별로 매도인과 매수인의 10가지 의무에 대하여 다음과 같은 표제어(headings)를 부여하여 대칭(A1 : B1)되게 규정하고 있다.

그러나 인코텀즈 규칙에 규정된 정형거래규칙에서는 당사자의 모든 의무를 규정하는 것이 아니고 다음과 같이 매도인과 매수인의 의무에만 한정되기 때문에 기타의 의무들에 대해서는 무역계약시에 별도로 약정하여야 한다. 매도인과 매수인 간의 의무는 Incoterms® 2010 규칙에서 규정하고 있는 매매당사자의 10가지 의무에 한정된다.

Incoterms® 2010 규칙의 본문은 자체 설명형식으로 되어 있다.

2. 매매당사자의 세부의무

인코텀즈 규칙에 반영하고 있는 매매당사자의 세부의무는 다음과 같다.

1) 매도인의 의무(The seller's obligations)

A1. 매도인의 일반적인 의무(General obligations of the seller)

A2. 허가, 승인, 안전통관 및 기타 수속절차(Licences, authorizations, security clearances and other formalities)

A3. 운송 및 보험계약(Contracts of carriage and insurance)

A4. 인도(Delivery)

A5. 위험의 이전(Transfer of risk)

A6. 비용의 분담(Allocation of costs)

A7. 매수인에 대한 통지(Notice to the buyer)

A8. 인도서류(Delivery Document)

A9. 점검, 포장, 화인(Checking-packaging-marking)

A10. 정보제공에 대한 협조 및 관련 비용(Assistance with information and related costs)

2) 매수인의 의무(The buyer's obligations)

B1. 매수인의 일반적인 의무(General obligations of the seller)

B2. 허가, 승인, 안전통관 및 기타 수속절차(Licences, authorizations, security clearances and other formalities)

B3. 운송 및 보험계약(Contracts of carriage and insurance)

B4. 인도의 수령(Taking delivery)

B5. 위험의 이전(Transfer of risks)

B6. 비용의 분담(Allocation of costs)

B7. 매도인에 대한 통지(Notice to the seller)

B8. 인도서류(Delivery Document)

B9. 물품검사(Inspection of goods)

B10. 정보제공에 대한 협조 및 관련 비용(Assistance with information and related costs)

Ⅲ. Incoterms® 2010 규칙에 반영되지 아니한 매매당사자의 의무

1. 매매계약에서의 약정조건

실제 매매계약에서는 계약물품에 관하여 품질, 수량, 가격, 선적, 결제, 보험, 포장 등에 대한 기본 조건을 약정하고, 분쟁해결 등을 위하여, 클레임, 권리침해, 완전합의, 불가항력, 이행곤란, 권리구제, 중재, 재판관할, 준거법 조항 등을 일반거래조건으로 약정하는 것이 일반적이다.

매매계약에서 무역거래조건을 예컨대 "Terms of Price(or Delivery): CIF New York Incoterms® 2010"과 같이 약정하고, 무역거래규칙에 대한 준거규정을 예컨대 "Trade Rules: The trade rules used under this contract shall be governed and interpreted by the provisions of Incoterms® 2010 rule"과 같이 Incoterms® 2010 규칙에 따르는 것으로 약정될 지라도 매매계약을 완성하는 것은 아니다.

2. 계약이행을 위한 운송, 보험, 결제계약

무역거래에서는 주 계약인 매매계약뿐만 아니라 주계약을 이행하기 위한 부종(종속)계약인, 운송, 보험, 결제와 관련하여 매매계약과는 별도의 추가적인 계약이 요구된다. 매도인은 계약성립 후 이에 따른 물품인도, 계약에 적합한 물품제공, 서류의 제공, 위험 및 소유권이전을 행하여야 한다.

우선 매매계약을 이행하기 위하여 매도인은 특정장소에서 매수인에게 물품을 인도하여야 한다. 물품운송을 위하여 매도인은 운송인과 운송계약을 매매계약과는 별도로 체결한다. 이는 매도인, 매수인 그리고 운송인 등 3당사자가 관련된다는 것을 의미한다.

인코텀즈 규칙은 매도인과 매수인 양당사자 사이에 한하여 매매계약에서 사용되는 것이다. 즉 매도인인 송화인(shipper)과 운송인(carrier)간의 운송계약과 관계되는 것으로 혼동하여서는 아니 된다.

인코텀즈 규칙 "C"와 "D" 그룹에서 운송인과 운송계약(contract of carriage)을 체결해야 하는 것은 매도인이다. 반대로 "E"와 "F" 그룹에서 운송계약체결은 매수인 자신이 행한다. "C"와 "D" 그룹하에서는 매도인이 운송인과 운송계약을 체결하고 물품인도 후 매수인이 목적지에서 운송인으로부터 물품을 수령할 수 있는 무사고 운송서류를 제공하여야 한다.

매도인이 물품을 인도하더라도 물품이 운송되는 동안 물품의 멸실 또는 손상에 대한 위험을 피하고 싶은 것이 일반적이다. 매매당사자는 적화보험(cargo insurance)에 의해 보호받을 수 있도록 CIF 또는 CIP 규칙하에서는 보통 일차적으로 매도인을 피보험자로 하여 보험계약이 체결된 후 보험서류를 교부받아 배서에 의하여 피보험이익을 전가시킨다. 궁극적으로는 매수인이 멸실 또는 손상에 대한 피보험이익을 갖게 된다.

따라서 인코텀즈 규칙에서 CIF 또는 CIP 규칙에서만 매도인이 적화보험계약 의무가 있으므로 최소담보조건으로 보험을 부보하고 보험자와 별도의 보험계약을 체결한다. 그러나 매수인은 자신의 비용부담으로 추가담보를 요구할 수 있다.

또한 매수인의 대금지급의무와 관련하여 대금결제조건에 대한 약정을 별도로 하여야 한다. 신용장 방식으로 행할 경우 매수인은 자신의 거래은행과 결제계약(수출거래약정)을 체결하고 신용장을 발행하도록 한다. 매도인(수익자)은 지급을 받기 위하여 신용장 조건과 일치되는 서류를 제공하고 이에 대하여 매수인이 대금지급을 이행함으로 계약이 이행된다.

Ⅳ. 결 론

이상에서 살펴본 바와 같이 인코텀즈 규칙에 반영된 매매당사자의 세부의무는 당사자간 이행하여야 할 모든 의무가 규정된 것이 아니다. 인코텀즈 규칙을 적용하는 것을 계약시의 준거규정으로 사용하게 되더라도 무역계약상의 모든 의무는 충족되는 것이 아니다. 이는 매도인과 매수인의 주요의무 10가지에 한정되는 것이기 때문에 기타의 의무들에 대해서는 매매당사자가 계약에서 별도의 약정을 하여야 한다.

따라서 매매계약의 이행을 위한, 운송계약, 적화보험계약, 결제계약 이 외에도 분쟁이 야기될 때를 대비하여 중재에 의하여 분쟁을 해결하기로 할 경우 매매당사자는 별도의 중재계약(중재합의)을 하여야 하며 또한 불가항력에 다른 면책관계, 준거법 조항의 설정, 재판관할, 권리구제 방법 등에 대하여도 별도의 약정을 하여야 한다.

문제 1-11 Incoterms® 2010 규칙에 기초하여 "터미널 취급수수료"(Terminal Handling Charges: THC)의 부담자에 대하여 논하시오.

답안 1-11

〈목차 구성〉

Ⅰ. 서 론

인코텀즈 규칙 CPT, CIP, CFR, CIF, DAT, DAP 및 DDP 하에서 매도인은 합의된 목적지까지의 물품운송 계약을 체결하여야 한다. 운임은 매도인이 지급하지만 운임은 보통 매도인에 의하여 총 판매가격에 포함되므로, 실제로는 매수인에 의하여 지급되는 것이다.

운송비는 통상적으로 항구 또는 컨테이너 터미널 내에서 물품을 수령하는 매수인에게 "터미널 취급수수료"(Terminal Handling Charges: THC)로서 청구하기도 한다.

이런 사정으로 매수인은 한 번은 매도인에게 총 판매가격의 일부로서 그리고 한 번은 이와는 별도로 운송인 또는 터미널 운영자에게 동일한 서비스에 대하여 이중으로 지급하는 것을 회피하려고 할 것이다.

THC 부담에 대해서는 실제 적재지 및 양륙지에서 THC의 중복지급 여부는 항구의 관습 등으로 인하여 THC 부담자 문제를 명확히 해결하지 못하고 있다.

Incoterms® 2010 rule에서 규정하고 있는 정형거래규칙의 선택, 계약조건 및 항구의 관습 여하에 따라 부담자의 귀속여부에 대한 분쟁이 문제시 된다.

이하에서는 터미널 취급수수료의 의의 및 터미널 취급수수료의 부담자에 대하여 검토하고자 한다.

Ⅱ. 터미널 취급수수료 부담자에 대한 논의

1. 터미널 취급수수료의 의의

터미널 취급수수료(Terminal Handling Charges: THC)는 선사가 화주로부터 선적항 또는 목적항에서 컨테이너의 적재(loading) 및 양화(unloading)를 위하여 컨테이너 터미널에 지급하는 수수료(charges) 또는 선사가 부과하는 기타 관련 비용(costs)을 말한다. THC는 선사에 의하여 부과되는 부수적인 수수료(ancillary charges)이지 할증료(surcharges)는 아니다.[11] THC는 컨테이너 운송과 관련하여 추가적인 비용증가 요인이 되고 있다.

THC는 컨테이너가 출현하기 이전에는 존재하지 않았던 비용이며, 운임의 일부를 구성하는 것이지만, 선사는 화물운임과는 다른 항목으로 징수하여 조금이라도 이익을 증대시키려고 한다.

예전에는 선사가 해상운임에 포함하여 징수하였으나 유럽(극동)운임동맹(Far Eastern Freight Confernce)이 1990년 2월부터 도입한 NT 90(New Tariff 90)이라고 하는 새로운 운임률표에 의하여 종래 해상운임에 포함되어 있던 THC를 별도로 부과함으로써 현실화 되었다. NT90에서는 THC에 대하여 화주가 지급하여야 할 비용을 다음과 같이 규정하고 있다.[12]

1) 수출 FCL 컨테이너를 터미널에서 인수, 취급 및 선적을 위한 행위에 소요되는 비용
2) 수업 FCL 컨테이너를 본선으로부터 인수, 터미널에서 이를 처리하여 화주에게 인도하는데 소요되는 비용
3) 관련 서류의 취득에 소요되는 비용

또한 FEFC의 운임율표 NT 90에 의하면, THC는 운송인이 화물을 인수한 순간 발생한 것으로 간주되며, 매도인과 매수인 사이의 거래조건에 관계없이 지급되어야 한다. 즉

1) 수출화물에 대한 THC는 선적지의 선적항에서 선화증권[13]이 발행되기 전에 납부되어야 하며, 해상운임 및 이와 관련한 목적지 비용이 후지급(collect)이냐의 여부와는 관련이 없다.
2) 수입화물에 대한 THC는 화물이 인도되기 전에 지급되어야 한다.
3) THC는 운임률표에 나타난 통화 이외에 자유로운 송금이 가능한 통화로 영수할 수 있어야 한다.

---

11) European Commission, Terminal handling charges during and after the liner conference era, COMPETITION REPORTS, Brussels, 2009, p. 4.

12) 윤일현, "터미널 화물처리비에 관한 Incoterms 적용상의 문제점", 무역학회지, 제26권 제3호, 2001년 6월, 30~31면.

13) 이 책의 무역용어 사용에서 하(荷)는 화(貨)로 통일하여 표기하였다. 예를 들면, 선하증권 → 선화증권, 적하보험 → 적화보험, 송하인 → 송화인, 양하 → 양화, 수하물 → 수화물 등이다.

2. 인코텀즈 2000 버전

인코텀즈 2000 버전은 서문 제11항에 소위 "터미널 취급수수료"(Terminal Handling Charge; THC)의 문제를 다음과 같이 언급한 바 있다.

일부의 경우에는 매도인과 매수인의 정기선 조건(liner terms)과 용선계약(charter party) 거래의 상관습을 참조하고 있다. 이러한 사정에서는 운송계약에 따른 당사자의 의무와 매매계약에 따른 각 상대방에 대한 이들의 의무를 명확히 구별하는 것이 필요하다. 이러한 거래조건하에서 비용의 분담은 장소에 따라 달라질 수 있고 시간에 따라 변경될 수 있다. 당사자는 이와 같은 비용을 어떻게 분담할 것인지를 매매계약상에 명확히 하도록 권고하고 있다.

3. Incoterms® 2010 규칙

Incoterms® 2010 규칙에서는 "C" 그룹 및 "D" 그룹에 속하는 정형거래규칙하에서는 매도인의 총 판매가격에 운송비가 포함된다. 이는 매수인의 수입가격에 반영된 것이므로 이후 청구를 하지 않도록 하여야 함을 서문에서 전제하고, 인코텀즈 규칙 A6/B6에서는 이와 같은 비용분담 등에 대하여 포괄적으로 규정하고 있다.

THC에 대하여 운송계약에 포함되어 있는지 여부에 따라 당사자의 매매계약상의 의무에 영향을 미치게 된다. 물품이 컨테이너 운송에 인도되고 양화되는 경우 인코텀즈 규칙의 거래규칙별 THC 부담자에 대하여 분석해보면 다음과 같다.

1) FCA 및 FOB 규칙

FCA 규칙에서는 매도인이 운송인에게 수출통관 및 물품인도 이후 모든 비용은 매수인이 부담하여야 하므로, 물품인도 이후에 발생하는 THC는 매수인이 부담하여야 한다.

한편, FOB 규칙을 사용하면서도 컨테이너에 의한 운송이 이루어지는 경우를 실무에서 많이 볼 수 있다. 이 경우에 FOB 규칙에서는 이론적으로 매도인이 본선상에 물품을 적재할 때까지 제비용을 부담하기 때문에 그때까지 발생하는 적재지에서의 THC는 당연히 매도인이 부담하고 양화지에서의 THC는 매수인이 부담한다.

그러나 선적항에서 THC가 운송계약상 매수인 부담이 아니고 운송계약에서 분리되어 청구되는 경우 지급의무에 대하여 당사자간 분쟁이 야기될 수 있다. 따라서 THC의 부담자를 매매계약에서 명확하게 약정하여야 한다.

2) CFR, CIF, CPT 및 CIP 규칙

인코텀즈 규칙에서 CFR이나 CIF 규칙을 사용할 경우에는 이 규칙 바로 뒤에 지정 목적항(named port of destination)을, CPT나 CIP의 경우에는 지정목적지(named place of destination)를 기재하게 되어 있다. 따라서 인코텀즈 규칙에서 규정된 매도인이 부담하는 운송비 포함 범위는 CFR이나 CIF 규칙의 경우에는 지정 목적항까지, CPT나 CIP 규칙의 경우에는 지정 목적지까지 이다. 따라서 CFR이나 CIF 계약의 경우 적재지에서 THC는 당연히 매도인이 부담하고 양화지의 THC도 운송계약에 포함되어 있는 경우에는 매도인이 부담한다.

CPT와 CIP 규칙에서는 매도인이 운송계약을 체결하고 운송계약으로부터 발생하는 운임, 기타 일체의 비용을 부담하여야 하므로 THC는 운송계약상 매도인이 부담하게 되는 것이다.[14)]

양화지에서의 THC가 운송계약에 포함되시 않은 경우에는 매수인의 부담이 될 수 밖에 없다. 운송인이 THC를 별도 부담하도록 요청하는 문제를 해결하려면 적재지와 영화지에서 매매당사자 중 누가 부담해야 할 것인가를 매매계약에서 명확하게 약정하여야 한다.

Ⅲ. ICC 전문가의 견해

1. Incoterms® 2010 규칙하에서의 THC 부담자

Incoterms® 2010 규칙하에서 누가 THC를 부담하는지 여부에 대한 질의에서 ICC 전문가는 다음과 같은 견해를 밝히고 있다:

인코텀즈 규칙하에서 매도인과 매수인간의 비용분담(allocation of costs)은 A6/B6에 명시되어 있다. 이는 매매계약과 운송계약간의 관계를 분명하게 하고 있는 것이다. THC는 넓은 범주의 수수료이다. 관련 인코텀즈 규칙의 A4하에서 수수료가 인도(delivery) 이전 또는 이후에 발생하는지 또는 규칙에서 구체적으로 취급된, 예컨대 A2/B2에서 규정된 것과 같은 수출입 통관비용, 의무들을 확인하기 위하여 분석할 필요가 있다.[15)]

THC에 대하여 인코텀즈 규칙은 직접적으로는 운송계약상의 문제이며, 매매계약의 문제가 아니라는 입장을 취하고 있다. 그러나 운송계약에 포함되어 있는지 여부에 따라

14) https://www.jetro.go.jp/world/ga/04A-000A48.html(visited June 27, 2015).

15) Incoterms® 2010 Q&A, ICC Publication No. 744E, ICC Services, 2013, p. 47.

당사자의 매매계약상의 의무에 영향을 미칠 수 있다.

2. FCA 규칙하에서의 THC 부담자

FCA 규칙에서 누가 수출국의 터미널 취급수수료를 부담하여야 하는지 여부에 대한 질의에서 ICC Incoterms® 전문가의 견해는 다음과 같다:

물품매매계약에서 또는 Incoterms® 규칙에 추가적인 특별한 약정에서 적재비, 양화비 및 터미널 취급수수료(THC)의 분담에 관하여 명시되어야 한다. 만약 THC가 전적으로 운송인이 아닌 운송인과 송화인간 분할할 경우, THC는 인도가 완전히 이루어지기 위해 필요로 하는 곳이라면 송화인 부담이라고 하는 것이 정확할지 모른다.

그러나 이러한 질문에 대한 답은 계약상의 명시적 규정, 수출 또는 무역관습에 따른다는 표현이 없으므로 Incoterms® 규칙 자체에서는 찾을 수 없다.

특히 전문가들은 때로는 컨테이너 취급수수료(Container Handling Charge: CHC) 또는 목적지 인도수수료(Destination Delivery Charge: DDC)로 알려진 THC의 가능성 있는 분할 분석에 대한 시도를 피했다.

컨테이너 운송은 수출물품의 취급을 위해 보편화되었기 때문에, 항구에서 물품을 인도하는데 기반을 둔 무역관습은 컨테이너 운송터미널에서 인도하는 관습으로 대체되어야만 했다.

이러한 관례는 일부 터미널들의 성장기반이 되어 왔고, 터미널은 실제 운송인이 소유하는 경우도 있었고, 터미널 내에서 발생된 비용을 분할하기 위해, 수수료 중 어떤 것은 송화인(일반적으로 수출자)의 부담으로 하였고, 그 외의 수수료는 수화인(일반적으로 수입자)에게 분담시켰다.[16]

Ⅳ. 결　론

인코텀즈 규칙에는 물품의 적재비용 및 운송계약에 따른 양화비 부담의무에 대하여 포괄적인 규정을 두고 있다. 특히 CIF나 CIP 규칙 등 “C” 그룹에서는 매도인이 지급하는 총 원가에는 운송비가 포함된 것이 일반적이다.

이런 경우 THC 역시 매수인은 한 번은 매도인에게 총 판매가격의 일부로서 그리고 한 번은 이와는 별도로 운송인 또는 터미널 운영자에게 동일한 서비스에 대하여 이중으로 지급하는 것을 회피하려고 하는 것은 당연하다고 할 것이다.

---

16) *Ibid.*, pp. 89~90.

그러나 실제 THC는 운임에서 분리되어 별도로 부과되므로 운송인의 항구 또는 컨테이너 터미널 내에서의 관습에 따라 매수인 또는 매도인에게 청구할 가능성이 상존한다.

특히 양화지에서의 THC는 운송계약에 포함되지 않은 경우에는 매수인 부담이 되는 경우가 있으므로 이에 따른 분쟁이 야기될 소지가 있다.

따라서 이와 같은 문제를 예방하려면 적재지와 양화지에서 매매당사자간 THC 등 관련 부대비용 부담자를 계약시에 명확하게 약정하여야 한다. 한편 매매당사자는 계약을 이행하기 위하여 이와 같은 주계약에 기초하여 별도로 운송인과 운송계약에 반영될 수 있도록 하여야 할 것이다.

문제 1-12 Incoterms® 2010에 규정된 FCA 규칙에서 매매당사자의 주요의무와 이 규칙 사용에 따른 유용성에 대하여 논하시오.

답안 1-12

〈목차 구성〉

Ⅰ. 서 론

FCA는 Free Carrier의 약칭으로 "운송인인도"를 말한다. 운송인인도(Free Carrier)란 매도인이 물품을 지정된 장소에서 매수인에 의하여 지정된 운송인 또는 기타의 자에게 인도하는 것을 의미한다. 운송인인도는 선택된 운송방식에 관계없이 사용될 수 있으며 또한 하나 이상의 운송방식인 경우에도 사용될 수 있다.

전통적으로 FOB 규칙이 항구간 해상운송에 사용되는 거래규칙으로 정착하여 왔으나 컨테이너 복합운송의 발전에 따라 이에 부응시키기 위한 FCA 규칙이 1980 버전에 처음으로 소개되었다.

FCA 규칙이 제정된 지 상당히 오랜 세월이 지나고 있지만 현재까지도 컨테이너 복합운송에 의한 물품의 경우 FCA 규칙 사용시 유용성이 많음에도 불구하고 FOB 규칙을 사용하고 있는 경우도 많이 있다.

이하에서는 FCA 규칙에서의 매매당사자의 의무를 살펴보고 및 FCA 규칙을 사용할 경우의 유용성은 어떠한 점들이 있는지를 검토하고자 한다.

Ⅱ. FCA 규칙하에서 매매당사자의 주요의무

1. 위험의 이전과 물품인도

FCA 규칙에서 위험의 이전(transfer of risks)은 매도인이 계약물품을 합의된 일자 또는 기간 내에 합의된 지점 또는 지정된 장소에서 매수인에 의하여 지정된 운송인 또는 기타의 자에게 인도할 때가 분기점이 된다.

또한 위험의 이전 시점은 매도인이 적출지에서 다음과 같이 운송인에게 물품인도가 완료되는 때가 된다.

첫째, 지정된 장소가 매도인 구내인 경우에는 물품이 매수인에 의하여 제공된 운송수단상에 적재된 때 인도가 완료되는 것이며, 이때 위험도 매도인으로부터 매수인에게 이전된다.

둘째, 그 밖의 경우로, 물품이 매도인의 운송수단상에서 양화되지 아니하고 매수인에 의하여 지정된 운송인 또는 기타의 자의 임의처분상태로 둘 때 인도가 완료되는 것이며, 이때 위험도 매도인으로부터 매수인에게 이전된다.

따라서 FCA 규칙에서 매수인은 계약 내용대로 특정된 물품에 대하여 지정된 운송인 또는 기타의 자에게 인도된 이후에 발생하는 모든 위험을 부담하여야 한다.

당사자가 매도인의 구내(premises)에서 물품을 인도하고자 하는 경우에는 당사자는 지정인도장소로서 그 구내의 주소를 특정하여야 하고, 반면에 당사자가 그 밖의 장소에서 물품을 인도하고자 하는 경우에는 다른 구체적인 인도장소를 특정하여야 한다.

FCA 규칙에서는 매도인은 자신의 구내 또는 특정 장소와 관계없이 운송수단에 적재할 의무가 있다.

FCA 규칙에서 물품의 인도장소는 매수인이 지정하는 것이 원칙이지만 그렇지 않았다면 매도인이 적합한 장소를 선택할 수 있다. 구체적인 예는 철도터미널(railway terminal), 화물터미널(cargo terminal), 컨테이너터미널(container terminal), 내륙컨테이너기지(Inland

Container Depot: ICD), 매도인의 작업장 구내(premises) 등이 될 수 있다.

2. 비용의 분담

비용의 분담(allocation of costs)은 위험이전의 분기점을 기준으로 하여 매도인은 지정된 장소에서 매수인에 의하여 지정된 운송인 또는 기타의 자에게 인도할 때까지의 제비용을 부담한다. 즉 물품을 직접 제조하거나 구매·조달하는데 따른 기본원가(basic costs), 포장비(packing costs), 품질·용적·중량·수량의 물품점검업무비용(costs of checking operations) 및 매수인이 지급하는 비용을 제외한 기타 비용을 부담하여야 한다.

또한 인도지점까지의 내륙운송비(inland freight), 물품인도완료에 따른 통지비용과 물품인도증거서류 취득비용을 부담하여야 한다. 적용 가능한 경우(where applicable) 매도인은 수출승인이나 기타 정부승인을 얻는데 소요되는 비용, 수출에 수반되어 부과되는 관세(export duties)와 조세 또는 기타 부과금 및 세관수속절차(customs formalities)에 소요되는 일체의 비용을 부담하여야 한다.

한편 매수인은 매도인이 물품인도의무를 완료한 이후 일체의 비용을 부담하여야 한다. 즉 운송비, 적화보험료, 적용 가능한 경우 수입시 지급되는 모든 관세(all duties), 조세(taxes) 및 기타 부과금(other charges)을 포함한 통관비용(customs clearance charges) 등 인도된 이후의 제비용이다.

3. 매도인의 제공서류

FCA 규칙에서 매도인은 일반적인 의무로 매매계약과 일치하는 상업송장(Commercial Invoice) 및 계약에서 요구하는 일치증명(evidence of conformity)을 제공하여야 한다. 이와 같은 모든 서류는 이에 상응한 전자기록 또는 절차(electronic record or procedure)도 인정된다.

매도인은 인도서류(delivery document)로서 운송인 또는 기타의 자에게 물품인도가 완료되었다는 관례적인 증거(usual proof)를 제공하여야 한다. 이러한 증거가 운송서류가 아닐 경우 매수인의 요청으로 매수인의 위험과 비용부담으로 운송서류를 취득하는데 따른 협조를 제공하여야 한다.

보통 매도인은 선택된 운송방식에 따라 다음과 같은 운송서류(transport document)를 매수인에게 제공하여야 한다. 즉 복합운송서류(multimodal transport document), 해상선화증권(marine bill of lading), 내수로 운송서류(inland waterway document), 항공화물운송장(air waybill), 철도화물수탁서(rail consignment note), 도로화물수탁서(road consignment note) 등

이다.

한편 매수인의 요청에 따라 매수인의 비용과 위험으로 포장명세서(Packing List), 원산지증명서(Certificate of Origin), 품질 및 수량증명서(Certificate of Quality and Quantity), 중량 및 용적증명서(Certificate of Weight and Measurement), 영사송장(Consular Invoice) 그리고 보험부보를 위한 정보 등 임의서류를 제공할 수 있다.

4. 기타 의무와 정보제공을 위한 협조 및 관련 비용

매도인은 매수인에게 계약과 일치하는 물품을 제공하고, 적용 가능한 경우, 자신의 위험 및 비용부담으로 수출허가 또는 공적인 승인 및 수출통관 수속절차를 이행하여야 한다. 또한 매수인이 요구하는 경우 상관습에 반하지 않는 경우 매수인의 위험 및 비용부담으로 운송계약을 체결하여야 하며, 운송인이 약정된 기간에 물품을 인수하지 않은 때에는 이를 매수인에게 통지하여야 한다.

적용 가능한 경우(where applicable) 매도인은 매수인의 요청과 위험 및 비용부담으로 모든 서류 및 안전관련 정보(security-related information)를 제공하여야 하며, 필요한 제서류의 취득을 위한 협조를 제공하여야 한다. 또한 계약물품을 매수인이 인도가능 하도록 필요한 모든 통지를 하여야 하고, 포장이 필요한 물품의 경우에는 적절한 화인(marking)을 하여야 한다.

한편 매수인은 계약에 정한 바에 따라 대금지급(payment of price)을 하여야 하며, 수입승인과 수입통관수속절차를 이행하여야 하고, 지정된 장소에서 매수인에 의하여 지정된 운송인 또는 기타의 자에게 인도하는 장소에서 물품인도의 수령(taking delivery)을 행하며, 운송계약을 체결하고 운송비를 부담하여야 한다. 또한 매도인에게 운송을 위하여 지정된 운송인 명칭 또는 기타의 자의 명칭, 필요한 경우 인도를 위하여 선택된 시기, 운송방식 그리고 인도의 수령 지점을 통지하여야 한다. 매도인의 요청에 따른 정보 등의 협조를 제공하고 매수인의 요청으로 서류 또는 정보제공에 따라 발생한 모든 비용과 수수료를 매도인에게 지급하여야 한다. 그리고 검사가 수출국 당국에 의하여 강행적으로 이루어지는 경우를 제외하고 선적전검사(pre-shipment inspection: PSI)비용을 부담하여야 한다.[17)]

17) 강원진, 전게서, 111~114면.

Ⅲ. FCA 규칙 사용상의 유용성

1. 효율적인 위험관리

FCA 규칙에서 매도인은 지정 인도장소가 매도인의 구내인 경우(즉 FCL의 경우)에는 물품이 매수인에 의하여 제공된 운송수단상에 적재될 때까지 멸실 또는 손상의 모든 위험을 부담한다. 또한 기타의 경우(즉 LCL의 경우)에는 매도인의 운송수단 상에서 매수인에 의해 지정된 운송인 또는 기타의 자의 임의처분하에 둘 때까지 모든 위험을 부담한다.

따라서 FCA 규칙은 물품에 대한 위험은 FOB 규칙의 선적항 본선 갑판상에 물품을 둘 때까지 매도인이 모든 위험을 부담하는데 비하여 훨씬 빨리 매수인에게 이전된다. 이와 같이 매도인의 위험관리측면에서 보면 FOB 규칙 보다 FCA 규칙을 사용하는 것이 유용성이 있다.

2. 물품 인도장소의 편리성 및 인도책임의 조기완료

FOB 규칙에서 매도인의 물품인도장소는 선적항 본선 갑판상에 물품을 두는 때이다. 그러나 FCA 규칙에서 매도인은 지정 인도장소가 매도인의 구내인 경우(즉 FCL의 경우)에는 물품이 매수인에 의하여 제공된 운송수단상에 적재될 때 인도가 완료되고 기타의 경우(즉 LCL의 경우)에는 매도인의 운송수단 상에서 매수인에 의해 지정된 운송인 또는 기타의 자의 임의처분하에 둘 때 인도가 완료된다.

따라서 FCA 규칙에서 인도장소는 FCL의 경우(Door to Door) 매도인의 구내에서 제공된 운송수단상에 적재되는 장소이며, LCL의 경우에는 매수인의 임의처분 장소(컨테이너 터미널 등)로 2원화 된다. 실제로 FCA 규칙 사용시는 FOB 규칙 보다 더 편리하고 시간적으로 빠른 장소에서 물품인도 책임이 종료될 수 있다.

3. 물품의 일관운송에 의한 안전성·신속성·경제성 도모

FOB 규칙은 해상 및 내수로 운송에, FCA 규칙은 복합운송에 부응하기 위하여 탄생된 것이다. 따라서 FCA 규칙 사용은 “Door to Door”, “FCL/FCL(CY/CY)” 방식이나 LCL의 경우에도 같은 목적지로 향하는 컨테이너에 혼재되어 운송되므로 컨테이너에 의한 복합운송이 이루어지게 된다.

FCA 규칙에서는 매도인(송화인)의 구내(또는 터미널 등 지정장소)에서 매수인의 문전

(또는 지정 장소)까지 일관된 운송서비스를 제공받을 수 있는 규칙이므로 물품의 안전성과 신속성을 도모할 수 있고 매수인의 운송비를 절감할 수 있는 경제성이 있다.

4. 인도서류(운송서류) 교부시기의 단축

FOB 규칙에서는 인도서류로 관습적인 운송서류인 해상선화증권(또는 내수로운송서류)이 제공된다. 이는 선적항 본선상에 적재되어야만 발행되는 것이다. 그러나 FCA 규칙에서는 매도인의 문전, 즉 구내에서 인도될 경우에는 인도당일, 터미널 등 지정장소에 둘 때에는 같은 일자에 물품이 수탁(taking in charge)됨을 나타내는, 이른바 복합운송서류(multimodal transport document)가 교부된다. 또한 운송비를 매수인의 부담하는 항공운송의 경우에는 FCA 규칙이 필연적으로 사용되며 물품이 매도인의 출고되는(발송일) 일자에 항공운송서류(air waybill)가 교부된다.

FCA 규칙의 경우에는 결과적으로 매도인의 물품인도 당일 운송서류가 교부되어 FOB 규칙에 비하여 매도인이 빠르게 인도서류를 교부받을 수 있고, 매수인도 통지를 수령하여 적화보험부보, 수입통관, 물품보관 창고수배 및 판로준비 등에 대비할 수 있다.

5. 조기 수출환어음(서류) 매입에 의한 자금운용

FOB 규칙의 경우에는 선적항 본선에 물품 적재 후 본선적재(또는 선적)선화증권을 교부받은 후 매도인이 기타 요구서류를 준비하여 수출환어음(서류) 매입을 신청할 수 있으나, FCA 규칙의 경우에는 물품이 매도인의 구내 또는 특정장소에 인도되는 일자에 복합운송서류 또는 항공화물운송장을 교부받을 수 있으므로 인도 당일에 기타 요구서류를 준비하여 수출환어음(서류) 매입을 신청할 수 있다.

따라서 FCA 규칙의 경우에는 수출환어음(서류) 매입을 물품인도 당일 할 수 있으므로 매도인의 입장에서는 매입시기를 앞당길 수 있어 자금운용 면에서 유리하다.

Ⅳ. FCA 규칙 사용을 위한 매매계약시의 약정

FCA 규칙은 FOB 규칙의 경우보다 유용성이 많으므로 매매계약시 이 규칙 사용에 대한 약정을 명확하게 하여야 한다.

매매계약을 체결할 때 가격조건(price terms) 또는 인도조건(delivery terms)을 인코텀즈의 FCA 규칙으로 약정하고자 할 경우에는, 다음의 예와 같이 표기하여야 한다. 특히 FCA 규칙에서 당사자가 매도인의 구내(premises)에서 물품을 인도하기로 약정할 경우에는 다음 복합운송의 경우에서와 같이 Incoterms® 2010 규칙에 따라 매도인의 주소를 FCA 다음에 명시하여야 한다. 다음은 매도인이 한국에서 수출하는 경우의 예이다.[18)]

* 표기 기준: "FCA 지정인도장소 삽입 Incoterms® 2010"

복합운송의 경우: "FCA 30, Yangjae-dong, Seocho-gu, Seoul, Korea Incoterms® 2010"

항공운송의 경우: "FCA Incheon Airport Incoterms® 2010"

해상운송의 경우: "FCA Yongdang Container Terminal Incoterms® 2010"

철도운송의 경우: "FCA Gwangmyung Station Incoterms® 2010"

도로운송의 경우: "FCA Seocho Cargo Terminal Incoterms® 2010"

Ⅴ. 결 론

계약물품을 매도인의 구내 또는 화물터미널에서 컨테이너 복합운송인에게 인도하는 경우 당초 매매계약시에 가격(인도) 조건으로 FCA 규칙을 사용하는 것으로 약정되게 되면 매도인은 자신의 구내 또는 특정장소에서 위험이전 및 인도책임이 종료되고 자금운용 등 여러 면에서 유용성의 혜택을 누릴 수 있다.

FCA 규칙은 매수인의 경우에도 물품인도 후 일관된 복합운송 서비스를 통하여 물품의 안정성과 물품 수탁 후 전구간에 대하여 보험자의 담보책임을 통하여 위험관리 측면에서도 유용성이 있다.

실제로 매도인이 물품을 선적항 본선상에 인도하지 않고 자신의 구내 또는 컨테이너 터미널에서 운송인에게 인도할 경우 FOB를 사용하는 것보다 많은 유용성이 있다는 점을 무역거래자가 잘 알고 있는 지는 회의적이다. 살물(bulk cargo) 운송의 경우 외에 컨테이너에 의한 일반물품 운송의 경우, FOB 규칙 사용이 많은 문제점이 내재되고 적절치 못하다는 것을 깨닫기까지 상당한 시간이 소요되는 것으로 보인다.

FOB 규칙은 CFR 및 CIF 규칙과 마찬가지로 매도인(송화인)이 물품선적을 컨테이너 복합운송이 아닌 항구간 운송을 위하여 고안된 것으로 선적항 본선상에 인도할 때에만 적절하다.

따라서 매매당사자는 컨테이너에 의한 물품운송, 즉 복합운송이 이루어지는 경우에는 매매계약시의 가격(인도)조건을 Incoterms® 2010의 FCA 규칙에 의하는 것으로 약정하여야 할 것이다.

---

18) 상게서, 114면.

문제 1-13 Incoterms® 2010에 규정된 CIP 규칙 사용의 유용성 및 컨테이너 복합운송이 이루어지는 국제물품매매에서 CIP 규칙 대신 CIF 규칙을 사용하는 것으로 약정하였을 때의 문제점에 대하여 논하시오.

답안 1-13

〈목차 구성〉

Ⅰ. 서 론

국제물품매매에서 정형거래규칙은 전통적으로 FOB 규칙 및 CIF 규칙을 중심으로 사용하여 왔다. 이 중 CIF 규칙은 해상운송을 중심으로 제정된 규칙이므로 복합운송 또는 항공운송에 의한 물품매매에는 그대로 적용할 수는 없다. 이와 같은 문제를 해결하기 위하여 1980년 탄생된 규칙이 CIP 규칙이다.

CIP는 Carriage and Insurance Paid to의 약칭으로 "운송비·보험료지급인도"를 말한다. CIP란 합의된 장소에서 매도인이 지정한 운송인 또는 기타의 자에게 물품을 인도하고, 지정 목적지까지 물품 운송에 필요한 운송계약을 체결하고 운송비를 지급하여야 하는 것을 의미한다. CIP 규칙은 선택된 운송방식에 관계없이 사용될 수 있으며 또한 하나 이상의 운송방식인 경우에도 사용될 수 있다.

오늘날 무역거래에서 가장 널리 이용되고 있는 CIF 규칙은 재래선에 의한 해상운송방식을 이용하기 위하여 오래 전에 생성되어 발전된 상관습이지만, 현행의 일반물품의 경우에도 여전히 사용되고 있다.

그러나 CIF 규칙은 해상운송구간만을 그 대상으로 하고 있는 해상매매규칙이기 때문에, 내륙 및 항공운송에까지 그 적용을 확대하여 적용하면 여러 가지 문제가 발생하게 된다.

이하에서는 Incoterms® 2010에 규정된 CIP 규칙 사용의 유용성을 검토하고 컨테이너 복합운송이 이루어지는 무역거래에서 CIP 규칙 대신 CIF 규칙 사용으로 약정하였을 때의 문제점에 대하여 검토하고자 한다.

Ⅱ. CIP 규칙하에서 매매당사자의 주요의무

1. 위험의 이전과 물품인도

위험의 이전(transfer of risks)은 매도인이 물품을 합의된 일자 또는 기간 내에 계약된 운송인에게 인도할 때까지 물품의 멸실 또는 손상에 대한 위험을 부담한 때가 분기점이 된다.

여기서 물품의 인도는 합의된 일자 또는 기간 내에 지정 목적지까지의 운송을 위하여 운송계약이 체결된 운송인에게 계약물품을 인도함으로써 이루어진다. 보통 "door to door(FCL/FCL)" 서비스가 이루어질 경우에는 매도인의 공장이나 구내에서 최초의 운송인인 컨테이너 복합운송인에게 물품을 컨테이너에 적재·인도함으로써 인도가 이루어지고 위험도 이전된다.

인도장소는 구체적으로 적출지의 매도인의 구내(premise), 컨테이너 터미널의 컨테이너 화물조작장(container freight station: CFS)이나 컨테이너 야적장(container yard: CY), 철도역이나 화물터미널, 공항이나 선적항 또는 내수로 항구, 기타 운송터미널 또는 창고 등이 될 수 있고, 경우에 따라서 철도화차내 또는 본선내 또는 부선내도 될 수 있다.

2. 비용의 분담

CIP 규칙은 물품인도장소 및 물품에 대한 위험이전 분기점을 보통 적출지인 수출국 내로 하면서도, 운송비(carriage) 및 적화보험료(cargo insurance premium)는 수입국 지정목적지까지 매도인이 부담하도록 함으로써 물품인도장소 및 위험이전과 비용의 분담(allocation of costs)에 대한 분기점을 상이하게 분리하고 있다.

CIP 규칙에서 매도인은 물품을 직접 제조하거나 구매·조달하는데 따른 기본원가(basic costs), 포장비(packing costs), 품질·용적·중량·수량의 물품점검업무비용(costs of checking operations) 및 매수인이 지급하는 비용을 제외한 기타 비용을 부담하여야 한다.

또한 인도 지점까지의 내륙운송비(inland freight), 약정된 목적지까지의 운임(freight) 및 적화보험료, 물품인도완료에 따른 통지비용과 물품인도증거서류 취득비용을 부담하여야 한다. 적용 가능한 경우 수출승인이나 기타 정부승인을 얻는데 소요되는 비용, 수출에 수반되어 부과되는 관세(export duties)와 조세 또는 기타 부과금 및 세관수속절차(customs formalities)에 소요되는 일체의 비용을 부담하여야 한다.

한편 매수인은 적용 가능한 경우(where applicable), 수입시 지급되는 모든 관세(all duties), 조세(taxes) 및 기타 부과금(other charges)을 포함한 통관비용(customs clearance charges) 등 인도된 이후의 제비용을 부담하여야 한다. 또한 매수인이 물품발송의 시기와 목적지를 매도인에게 통지하지 않음으로써 매도인의 물품인도 장애요인을 야기시킨 경우 이로 인하여 발생된 추가비용, 선적전검사(pre-shipment inspection: PSI)비용을 부담하여야 한다.

3. 매도인의 제공서류

CIP 규칙에서 매도인은 일반적인 의무로 매매계약과 일치하는 상업송장(Commercial Invoice) 및 계약에서 요구하는 일치증명(evidence of conformity)을 제공하여야 한다. 이와 같은 모든 서류는 이에 상응한 전자기록 또는 절차(electronic record or procedure)도 인정된다.

또한 매도인은 인도서류(delivery document)로서 운송계약에 따른 운송서류(transport document)를 제공하여야 한다. 운송서류는 유통 가능한 형식(negotiable form)으로 수통의 원본이 발행된 경우 원본 전통(full set)을 매수인에게 제시하여야 한다. 이와 같은 운송서류로는 복합운송서류(multimodal transport document), 해상선화증권(marine bill of lading), 내수로운송서류(inland waterway document), 항공화물운송장(air waybill), 철도화물수탁서(rail consignment note), 도로화물수탁서(road consignment note) 등이다.

그리고 LMA/IUA가 제정한 협회적화약관(Institute Cargo Clauses)의 C약관과 같은 최소담보조건으로 부보(minimum cover)되고 계약에서 약정된 금액에 10%를 가산한 금액으로 부보된 보험증권(insurance policy) 또는 그 밖의 보험부보 증거(evidence of insurance cover)를 제공하여야 한다.

한편 매수인의 요청에 따라 매수인의 비용과 위험으로 포장명세서(Packing List), 원산지증명서(Certificate of Origin), 품질 및 수량증명서(Certificate of Quality and Quantity), 중량 및 용적증명서(Certificate of Weight and Measurement), 영사송장(Consular Invoice) 그리고 보험부보를 위한 정보 등 임의서류를 제공할 수 있다.

4. 기타 의무와 정보제공을 위한 협조 및 관련 비용

매도인은 매수인에게 계약과 일치하는 물품을 제공하고, 적용 가능한 경우 매도인은 자신의 위험 및 비용부담으로 수출허가 또는 공적인 승인 및 수출통관수속절차를 이행하여야 한다. 또한 매도인의 위험 및 비용부담으로 운송계약을 체결하고 목적지까지의 운송비(carriage)를 부담하여야 한다.

또한 물품인도지점으로부터 적어도 지정목적지까지 담보될 수 있도록 보험자와 적화보험계약을 체결하고 보험료를 부담하여야 한다. 적용 가능한 경우, 매도인은 매수인의 요청과 위험 및 비용부담으로 모든 서류 및 안전관련 정보(security-related information)를 제공하여야 하며, 필요한 제서류의 취득을 위한 협조를 제공하여야 한다.

그리고 물품이 인도되었다는 사실 및 매수인이 인수가능하도록 필요한 모든 통지를 행하여야 하고, 포장이 필요한 물품의 경우에는 적절한 화인(marking)을 하여야 한다.

한편 매수인은 계약에 정한 바에 따라 대금지급(payment of price)을 하여야 하며, 수입승인과 수입통관수속절차를 이행하여야 하고, 지정목적지에서 물품 인도의 수령(taking delivery)을 행하여야 한다. 또한 매도인의 요청에 따른 정보 등의 협조를 제공하고 매수인의 요청으로 서류 또는 정보제공에 따라 발생한 모든 비용과 수수료를 매도인에게 지급하여야 한다. 검사가 수출국 당국에 의하여 강행적으로 이루어지는 경우를 제외하고 선적전검사(pre-shipment inspection: PSI)비용을 부담하여야 한다.[19)]

표 1-2 CIF 규칙과 CIP 규칙의 비교

구 분		CIF 규칙	CIP 규칙
공 통 점		① 적출지 매매 ② 복합가격으로 구성 ③ 매도인의 지정 목적항(목적지)까지 운송비와 보험료 지급의무 ④ 매도인의 적화보험부보 및 보험서류 제공의무 ⑤ 매도인의 수출통관 및 수속절차 의무	
차 이 점	위험이전	본선 갑판상	최초의 운송인에게 인도시
	물품 인도장소	본선 갑판상	최초의 운송인
	비용분담(분기점)	지정 목적항	지정 목적지
	운송형태	해상운송 또는 내수로운송	운송형태 제한 없음(복합운송)
	인도서류 제공	해상선화증권	복합운송서류(항공운송서류, 수탁서)

19) 상게서, 119~121면.

Ⅲ. 매매계약에서 CIP 규칙 약정 및 사용상의 유용성

1. 효율적인 위험관리

CIP 규칙에서 매도인은 자신이 지정한 운송인 또는 기타의 자에게 물품을 인도할 때까지 멸실 또는 손상의 모든 위험을 부담한다.

위험은 CIF 규칙이 선적항 본선 갑판상에 물품을 둘 때까지 매도인이 모든 위험을 부담하는 시기에 비하여 CIP 규칙은 훨씬 빨리 매수인에게 이전된다. 이와 같이 위험관리 면에서 매도인은 CIF 규칙 사용보다 CIP 규칙을 사용하는 것이 유용성이 있다.

2. 물품 인도장소의 편리성 및 인도책임의 조기완료

CIF 규칙에서 매도인의 물품 인도장소는 선적항 본선 갑판상에 물품을 두는 때이다. 그러나 CIP 규칙에서 매도인은 자신이 지정한 운송인 또는 기타의 자에게 물품을 인도할 때이다.

따라서 CIP 규칙에서 인도장소는 FOB 규칙의 본선상에 비하여 시간적으로 빠른 장소에서 물품인도 책임이 종료될 수 있다.

3. 물품의 일관운송에 의한 안전성·신속성·경제성 도모

CIF 규칙은 해상 및 내수로 운송에 CIP 규칙은 복합운송에 부응하기 위하여 탄생된 것이다. 따라서 CIP 규칙 사용은 "Door to Door", "FCL/FCL(CY/CY)" 방식이나 LCL의 경우에도 같은 목적지로 향하는 컨테이너에 혼재되어 운송되므로 컨테이너에 의한 복합운송이 이루어지게 된다.

CIP 규칙에서는 매도인(송화인)이 지정한 운송인 또는 기타의 자에서부터 매수인의 문전(또는 지정 장소)까지 일관된 운송서비스를 제공받을 수 있는 규칙이므로 물품의 안전성과 신속성·경제성을 도모할 수 있다.

4. 인도서류(운송서류) 교부시기의 단축

CIF 규칙에서는 인도서류로 관습적인 운송서류인 해상선화증권(또는 내수로운송서류)이 제공된다. 이는 선적항 본선상에 적재되어야만 발행되는 것이다. 그러나 CIP 규칙에서는 매도인 자신이 지정한 운송인에게 인도되는 일자에 물품이 수탁(taking in charge)됨을 나타내는, 이른바 복합운송서류(multimodal transport document)가 교부된다. 또한 항공운송의 경우에는 CIP 규칙이 필연적으로 사용되며 물품이 출고되는(발송일) 일자에 항공운송서류(air waybill)가 교부된다.

CIP 규칙의 경우에는 결과적으로 매도인의 물품인도 당일 운송서류가 교부되어 CIF 규칙에 비하여 매도인은 매우 빠르게 인도서류를 교부받을 수 있어 교부시기를 단축할 수 있다.

한편 매수인도 통지를 수령하여, 수입통관, 물품보관 창고수배 및 판로준비 등에 대비할 수 있다.

5. 조기 수출환어음(서류) 매입에 의한 자금운용

CIF 규칙의 경우에는 선적항 본선에 물품 적재 후 본선적재(또는 선적)선화증권을 교부받은 후 매도인이 기타 요구서류를 준비하여 수출환어음(서류)을 매입(negotiation) 신청할 수 있다. 그러나 CIP 규칙의 경우에는 매도인은 자신이 지정한 운송인 또는 기타의 자에게 물품을 인도하는 일자에 복합운송서류 또는 항공화물운송장을 교부받을 수 있으므로 인도 당일에 기타 요구서류를 준비하여 수출환어음(서류) 매입을 신청할 수 있다.

따라서 CIP 규칙의 경우에는 수출환어음(서류)을 매입을 물품인도 당일 할 수 있으므로 매도인의 입장에서는 매입 시기를 앞당길 수 있어 자금운용 면에서 유리하다.

Ⅳ. 매매계약에서 CIP 규칙 대신 CIF 규칙 약정시의 문제점

1. 보험자의 담보시기 및 담보구간의 상이에 따른 위험공백의 존재

복합운송이 이루어지는 경우 보험자의 담보책임은 일반적으로 운송개시의 시점에서 보험계약에 명시된 최종목적지의 지정장소까지 부담한다. 따라서 CIP 매매계약에서는 매도인의 구내에서 물품이 인도되는(FCL) 경우에는 이 시점부터 담보책임이 개시되고 보험자가 최종목적지 지정장소까지의 전 구간에 대한 운송물의 멸실 또는 손상에 대한 위험을 담보한다.

그러나 CIF 매매계약에서는 물품이 본선에 적재된 때로부터 보험자의 담보책임이 개시되어 목적항에서 양륙시점까지, 즉 해상운송구간에 담보가 된다. CIF 규칙은 해상운송구간을 전제로 하고 있다. 복합운송에 CIF 규칙을 적용하면 매도인의 구내에서 본선에 적재하는 구간 및 목적항에서 내륙의 지정지점까지의 구간에 대한 위험은 보험자가 담보하지 않는다.

따라서 보험자가 추가담보할 수 있도록 특약하지 않는 한, 이 구간은 위험공백 구간이 존재되는 문제가 발생하게 된다.

2. 본선적재 장소까지 물품통제 및 관리의 불가능

CIP 규칙에서는 물품 인도장소 및 위험이전 분기는 보통 매도인의 구내 또는 화물터미널에서 최초의 운송인에게 인도되는 장소이다. 그러나 CIF 규칙에서의 물품인도장소 및 위험이전 분기는 본선의 갑판상이다. 실제 복합운송이 이루어지는 경우 CIF 규칙을 적용하면 매도인의 구내에서 본선적재 장소까지 그리고 터미널에서 본선적재 장소까지 물품을 통제 또는 관리할 수 없게 된다.

3. 해상선화증권 제공에 따른 복합운송서류의 기능 불충족

CIP 규칙에서 매도인은 인도서류로 통상의 운송서류를 매수인에게 제공하여야 한다. 이는 곧 복합운송서류를 지칭하는 것이다. 그러나 CIF 규칙에서 매도인은 인도서류로 통상의 운송서류인 유통성 해상선화증권을 제공하여야 한다.

실제 복합운송이 이루어지는 경우의 운송서류는 본선적재 또는 발송 또는 수탁을 나타내는 운송서류로 본선적재가 이루어지기 이전에 발송이나 수탁의 형식으로 발행되는 것이 일반적이다. 이 경우 CIF 규칙에서의 본선적재 해상선화증권 또는 선적선화증권으로는 이와 같은 기능을 수행할 수 없게 되어 환어음(서류) 매입시기의 단축이나 편리성을 도모할 수 없다.

4. 수출환어음(서류) 매입시기의 지연

CIP 규칙의 경우 매도인은 인도서류로 운송인으로부터 복합운송서류 또는 항공화물운송장을 등을 교부받아 바로 수출환어음(서류) 매입을 신청할 수 있다. 그러나 CIF 규칙의 경우에는 반드시 물품이 본선상에 적재되어야만 해상선화증권이 교부된다. 복합운송에 CIF 규칙을 적용하면 물품이 본선적재하기까지는 선화증권을 발급받을 수 없으므로 수출환어음(서류) 매입시기가 그 기간만큼 지연될 수 있다.

Ⅴ. CIP 규칙 사용을 위한 매매계약시의 약정

CIP 규칙은 CIF 규칙의 경우보다 유용성이 많으므로 매매계약시 이 규칙 사용에 대한 약정을 명확하게 하여야 한다.

매매계약을 체결할 때 가격조건(price terms) 또는 인도조건(delivery terms)을 인코텀즈의 CIP 규칙으로 약정하고자 할 경우에는 다음의 예와 같이 표기한다. 다음은 매도인이 한국에서 수출하는 경우의 예이다.[20)]

* 표기 기준: "CIP 지정목적지 삽입 Incoterms® 2010"

복합운송의 경우: "CIP Abc Warehouse, Chicago Incoterms® 2010"

항공운송의 경우: "CIP New York Airport Incoterms® 2010"

해상운송의 경우: "CIP New York Incoterms® 2010"

철도운송의 경우: "CIP Chicago Station Incoterms® 2010"

도로운송의 경우: "CIP Abc Cargo Terminal, Chicago Incoterms® 2010"

Ⅵ. 결 론

CIP 규칙 사용은 선택된 운송방식에 관계없이 사용가능하고 CIF 규칙보다 유용성이 많음에도 불구하고 매매당사자간 이해 부족으로 실무계에 정착되지 못하고 있는 실정이다. 매매계약에서 CIF 규칙을 사용하고자 할 경우에는 해상운송 및 내수로운송의 경우에만 사용하고, 복합운송에 의한 매매에서는 CIP 규칙을 사용하여야 한다.

CIP 매매계약에서 당사자는 매도인으로부터 매수인에게 이전되는 인도장소와, 매도인이 운송계약을 체결하여야 하는 지정목적지에 관하여 계약에서 가능한 한 분명하게 확인하는 것이 바람직하다.

합의된 목적지까지 운송을 위하여 다수의 운송인이 사용된 경우 및 당사자가 특정한 인도지점에 관하여 합의하지 아니한 경우, 위험이전의 기본적인 장소는 물품이 전적으로 매도인이 선택하에 최초의 운송인에게 인도되는 시점이다.

또한 살물(bulk cargo) 이외의 일반화물에 대한 매매에서 불가피하게 CIF 규칙을 사용하는 것으로 약정하는 경우에는 인코텀즈상의 매매당사자의 10가지 기본적 의무 이외에 부가조건 등을 특약으로 반영하여 거래규칙상의 불충분한 점을 보완하는 것이 필요하다.

20) 상게서, 122면.

문제 1-14 Incoterms® 2010의 목적지인도와 관련하여 DAT 규칙과 DAP 규칙의 차이점을 비교하여 설명하시오.

답안 1-14

〈목차 구성〉

Ⅰ. 서 론

Incoterms® 2010 규칙에서의 목적지인도에는 DAT, DAP 및 DDP의 3개의 규칙이 제시되고 있다. 이 중 터미널인도(Delivered at terminal: DAT)와 목적지인도(Delivered at Place: DAP) 규칙은 종전의 DAF, DES, DEQ 규칙을 삭제하면서 신설된 규칙이다. DAT 및 DAP 규칙은 운송방식에 관계없이 사용될 수 있으며, 또한 하나 이상의 운송방식인 경우에도 사용될 수 있다.

DAT는 지정 목적항 또는 지정 목적지에 있는 지정터미널에서 도착한 운송수단에서 일단 양화한 물품을 매수인의 임의처분 상태로 둘 때 매도인이 인도하는 것을 의미한다. 터미널은 덮개 유무와 관계없이 부두, 창고, 컨테이너 야드 또는 도로, 철도 또는 항공화물 터미널을 포함한다. 매도인은 지정 목적항 또는 지정 목적지에 있는 지정터미널까지의 물품운송 및 양화에 따른 모든 위험을 부담한다.

한편 DAP는 지정 목적지에서 양화를 위하여 준비된 도착 운송수단상에서 물품을 매수인의 임의처분 상태로 둘 때 매도인이 인도하는 것을 의미한다. 매도인은 지정 장소까지의 물품운송에 포함된 모든 위험을 부담한다.

이하에서는 이들 두 규칙에 대한 위험의 이전과 물품의 인도장소, 비용의 분담, 매도인의 제공서류 및 기타 의무 등을 비교하여 검토하고자 한다.

Ⅱ. DAT 및 DAP 규칙하에서 매매당사자의 주요의무 비교

1. 위험의 이전 및 물품의 인도장소

DAT 규칙에서의 위험의 이전(transfer of risks)은 매도인이 합의된 일자 또는 기간 내에 목적지의 항구 또는 장소의 지정터미널에서 도착한 운송수단으로부터 양화한 물품을 매수인의 임의처분 상태로 두어 인도 완료할 때까지의 멸실 또는 손상에 대한 위험을 부담할 때가 분기점이 된다.

그러나 DAP 규칙에서는 매도인이 목적지의 합의된 지점에서 양화를 위하여 준비된 도착 운송수단상에서 물품을 매수인의 임의처분 상태로 두어 인도 완료할 때가 위험부담의 분기점이 된다.

이와 같이 위험이전 및 인도장소의 차이점은 도착된 물품이 양화되었으면 DAT, 양화를 위하여 준비된 운송수단상에 있으면 DAP 규칙이 되는 것이다.

2. 비용의 분담

DAT나 DAP 규칙에서 비용의 분담(allocation of costs)에 대한 분기점은 앞에서 서술된 위험의 이전 시점과 일치된다. 매도인은 물품을 직접 제조하거나 구매·조달하는데 따른 기본원가(basic costs), 포장비(packing costs), 품질·용적·중량·수량의 물품점검업무비용(costs of checking operations) 및 기타 잡비를 부담하여야 한다.

또한 DAT 규칙에서 매도인은 합의된 목적지 항구 또는 장소에 있는 지정터미널까지 양화비(unloading charges)를 포함한 물품운송비를 부담한다. DAT 규칙하에서 매도인은 적재비용과 양륙비용을 모두 부담하여야 하기 때문에 이들 비용이 모두 포함된 정기선조건이 편리할 수 있다.[21)]

그러나 DAP 규칙에서는 준비된 도착 물품이 매수인의 임의처분 상태로 인도완료할 때까지의 물품운송비를 부담한다. DAT와 DAP 규칙에서는 매도인의 의무는 아닐지라도 자신을 위하여 적화보험을 부보하였다면, 당연히 적화보험료도 부담하여야 하는 것이다.

그리고 매도인은 적용 가능한 경우, 자신의 위험과 비용으로 모든 수출허가 기타 공적인 승인 및 물품수출을 위하여 모든 세관수속절차(customs formalities)를 이행하고,

---

21) 전순환, “Incoterms 2010의 운송계약조항에 관한 연구”, 「무역학회지」, 제37권 제2호, 한국무역학회, 2012, 329면.

인도 이전 모든 국가에서 물품수출을 위하여 필요한 세관수속절차 및 운송을 위하여 소요되는 일체의 비용을 부담하여야 한다.

한편 매수인은 적용 가능한 경우, 자신의 위험과 비용으로 모든 수입허가 기타 공적인 승인 및 물품수입을 위하여 모든 세관수속절차를 이행하여야 한다. 따라서 매수인은 물품수입과 관련된 모든 관세(all duties), 조세(taxes) 및 기타 부과금(other charges)을 포함한 통관비용(customs clearance charges)을 포함하여 인도된 이후의 제비용을 부담하여야 한다.

또한 인도와 관련한 세부사항들을 매수인이 매도인에게 인도 가능하도록 필요한 모든 통지를 행하지 않으면 매수인은 인도와 관련하여 발생한 모든 추가적인 비용을 지급하여야 한다.[22)]

3. 매도인의 제공서류

DAT 규칙에서 매도인은 일반적인 의무로 매매계약과 일치하는 상업송장(Commercial Invoice) 및 계약에서 요구하는 일치증명(evidence of conformity)을 제공하여야 한다. 이와 같은 모든 서류는 이에 상응한 전자기록 또는 절차(electronic record or procedure)도 인정된다.

또한 매도인은 매수인이 목적지의 항구 또는 장소의 지정터미널에서 도착한 운송수단으로부터 양화한 물품의 인도의 수령이 가능한 인도서류(delivery document)를 제공하여야 한다. DAT 규칙에서는 예컨대, 화물인도지시서(Delivery Order: D/O)나 창고증권(warehouse warrant)이 될 수 있고 또는 터미널에서 화물을 집화하는 수화인이 서명한 운임선지급 운송서류도 될 수 있다.[23)]

그러나 DAP 규칙에서는 물품이 "양화를 위한 준비"(ready for unloading) 상태에서 인도가 이루어지기 때문에 인도서류는 통상적으로 도착지 수화인이 서명한 운임선지급 운송서류가 된다.[24)]

한편 매수인은 제공된 인도서류를 인수하여야 한다.

4. 기타 의무와 정보제공을 위한 협조 및 관련 비용

매도인은 매수인에게 계약과 일치하는 물품을 제공하고, 적용 가능한 경우 매도인

22) ICC, Incoterms® 2010 Q&A, 2013, p. 80.

23) *Ibid.*, p. 188.

24) *Ibid.*, p. 190.

은 자신의 위험 및 비용부담으로 수출허가 또는 공적인 승인 및 수출통관수속절차를 이행하여야 한다. 또한 매도인의 위험 및 비용부담으로 운송계약을 체결하고 목적지까지의 운송비(carriage)를 부담하여야 한다. 또한 매도인은 매수인을 위하여 적화보험부보의무는 없으나 매수인의 요청이 있을 경우 매수인의 위험과 비용으로 매수인이 보험부보를 할 수 있는 정보를 제공하여야 한다.

적용 가능한 경우, 매수인의 요청과 위험 및 비용부담으로 모든 서류 및 안전 관련 정보(security-related information)를 제공하여야 하며, 필요한 제서류의 취득을 위한 협조를 제공하여야 한다. 또한 물품이 인도되었다는 사실 및 매수인이 인도 가능하도록 필요한 모든 통지를 행하여야 하고, 포장이 필요한 물품의 경우에는 적절한 화인(marking)을 하여야 한다.

한편 매수인은 계약에 정한 바에 따라 대금지급(payment of price)을 하여야 하며, 수입승인과 수입통관수속절차를 이행하여야 하고, 목적지 지정디미널에서 불품 인도의 수령(taking delivery)을 행하여야 한다. 또한 매도인의 요청에 따른 정보 등의 협조를 제공하고 매수인의 요청으로 서류 또는 정보제공에 따라 발생한 모든 비용과 수수료를 매도인에게 지급하여야 한다. 검사가 수출국 당국에 의하여 강행적으로 이루어지는 경우를 제외하고 선적전검사(pre-shipment inspection: PSI)비용을 부담하여야 한다.[25]

Ⅲ. 거래규칙 표기에 대한 약정

1. DAT 규칙의 표기

무역계약을 체결할 때 가격조건(price terms) 또는 인도조건(delivery terms)을 인코텀즈의 터미널인도(DAT) 규칙으로 약정하고자 할 경우에는 다음의 예와 같이 표기한다.

* 표기 기준: "DAT 목적지 항구 또는 장소의 지정터미널 삽입 Incoterms® 2010"

복합운송의 경우: "DAT Abc Terminal, Chicago Incoterms® 2010"

항공운송의 경우: "DAT Abc Aircargo Terminal, New York Airport Incoterms® 2010"

해상운송의 경우: "DAT Abc Terminal, New York Incoterms® 2010"

철도운송의 경우: "DAT Abc Terminal, Chicago Station Incoterms® 2010"

도로운송의 경우: "DAT Abc Cargo Terminal, Chicago Incoterms® 2010"

---

25) 강원진, 전게서, 122~131면.

2. DAP 규칙의 표기

그러나 목적지인도(DAP) 규칙으로 약정하고자 할 경우에는 다음의 예와 같이 표기한다.

* 표기 기준: "DAP 지정목적지 삽입 Incoterms® 2010"
복합운송의 경우: "DAP Abc Warehouse, Chicago Incoterms® 2010"
항공운송의 경우: "DAP New York Airport Incoterms® 2010"
해상운송의 경우: "DAP New York Incoterms® 2010"
철도운송의 경우: "DAP Chicago Station Incoterms® 2010"
도로운송의 경우: "DAP Abc Cargo Terminal, Chicago Incoterms® 2010"

Ⅳ. 결 론

목적지인도 규칙 사용과 관련하여 DAT 규칙에서 당사자는 매도인이 그 지점까지의 위험을 부담하여야 하는 합의된 항구 또는 목적지의 터미널 내의 특정지점을 가능한 한 분명하게 명시하도록 하여야 한다. 매도인은 그러한 선택에 정확하게 일치하는 운송계약을 체결하여야 한다. 또한 당사자가 터미널에서 다른 장소로 물품을 운송 및 취급하는데 따른 위험 및 비용을 매도인이 부담하기로 하는 경우에는 DAP나 DDP 규칙이 사용되어야 한다.

DAT는 적용 가능한 경우(where applicable), 매도인에게 물품에 대한 수출통관을 요구하고 있다. 그러나 매도인은 물품의 수입통관을 할 의무와 모든 수입관세의 지급의무 또는 수입통관수속절차를 이행할 의무가 없다.

한편 DAP 규칙에서 당사자는 매도인이 그 지점까지의 위험을 부담하여야 하는 합의된 목적지 내의 특정지점을 가능한 한 분명하게 명시하도록 하여야 한다. 매도인은 그러한 선택에 정확하게 일치하는 운송계약을 체결하여야 한다. 매도인이 운송계약에 따라 지정목적지에서 양화와 관련된 비용을 지급하는 경우, 매도인은 당사자간에 별도 합의가 없는 한 매수인으로부터 그러한 비용을 보상받을 수 없다.

문제 1-15 Incoterms® 2010에 규정된 DDP 규칙에서 매매당사자의 주요의무에 대하여 설명하시오.

답안 1-15

〈목차 구성〉

Ⅰ. 서 론

관세지급인도(Delivered Duty Paid: DDP)란 지정 목적지에서 양화를 위하여 준비된 도착 운송수단상에서 수입 통관된 물품을 매수인의 임의처분 상태로 둘 때 매도인이 인도하는 것을 의미한다. 매도인은 목적지까지의 물품운송에 포함된 모든 비용 및 위험을 부담하며, 물품의 수출통관뿐만이 아니라 수입통관 의무를 부담하며, 또한 수출 및 수입에 대한 모든 관세를 지급하고 모든 통관수속절차를 이행할 의무가 있다.

DDP는 선택된 운송방식에 관계없이 사용될 수 있으며, 또한 둘 이상의 운송방식이 채택된 경우에도 사용될 수 있다. DDP는 매도인의 최대의무(maximum obligation)를 나타낸다.

이하에서는 DDP 규칙에서 매매당사자의 주요의무에 대하여 검토하고자 한다.

Ⅱ. DDP 규칙하에서 매매당사자의 주요의무

1. 위험의 이전과 물품인도

위험의 이전(transfer of risks)은 매도인이 합의된 일자 또는 기간 내에 지정 목적지에서 양화를 위하여 준비된 도착 운송수단상에서 수입 통관된 물품을 매수인의 임의처분 상태로 두어 인도를 완료할 때까지의 멸실 또는 손상에 대한 위험을 부담할 때가 분기점이 된다.

2. 비용의 분담

DDP 규칙에서 비용의 분담(allocation of costs)에 대한 분기점과 위험의 이전시점은 일치된다. 매도인은 물품을 직접 제조하거나 구매·조달하는데 따른 기본원가(basic costs), 포장비(packing costs), 품질·용적·중량·수량의 물품점검업무비용(costs of checking operations) 및 기타 잡비를 부담하여야 한다. 또한 목적지의 합의된 지점에서 양화하지 아니한 상태로 준비된 도착 운송수단상에서 물품을 매수인의 임의처분 상태로 두어 인도 완료할 때까지의 물품운송비를 부담한다(그리고 운송계약에 따라 매도인이 부담한 목적지의 모든 양화비는 매도인이 부담한다).[26]

또한 매도인의 의무는 아닐지라도 자신을 위하여 적화보험을 부보하였다면, 당연히 적화보험료도 부담하여야 하는 것이다. 매도인은 적용 가능한 경우(where applicable), 자신의 위험과 비용으로 모든 수출입허가, 기타 공적인 승인 및 물품수출입을 위하여 모든 세관수속절차(customs formalities)를 이행하고, 인도 이전 모든 국가에서 물품수출입을 위하여 필요한 세관수속절차(customs formalities) 및 운송을 위하여 소요되는 일체의 비용을 부담하여야 한다.

한편 매수인은 적용 가능한 경우, 매도인의 위험과 비용으로 모든 수입허가 기타 공적인 승인 및 물품수입을 위하여 모든 세관수속절차에 대하여 매도인에게 협조를 제공하여야 한다. 또한 양화비가 운송계약에 따라 매도인이 부담하지 아니하였을 경우, 매수인은 지정 목적지에서 도착 운송수단으로부터 물품인도 수령을 위하여 필요한 모든 양화비를 지급하여야 한다.[27]

3. 매도인의 제공서류

DDP 규칙에서 매도인은 일반적인 의무로 매매계약과 일치하는 상업송장(Commercial Invoice) 및 계약에서 요구하는 일치증명(evidence of conformity)을 제공하여야 한다. 이와 같은 모든 서류는 이에 상응한 전자기록 또는 절차(electronic record or procedure)도 인정된다.

또한 매도인은 매수인이 목적지의 합의된 지점에서 양화를 위하여 준비된 도착 운송수단상에서 물품을 매수인의 임의처분 상태로 두어 인도의 수령이 가능한 인도서류(delivery document)를 제공하여야 한다. DDP 규칙에서는 물품이 "양화를 위한 준비"(ready for unloading) 상태에서 인도가 이루어지기 때문에 인도서류는 통상적으로 도착지 수화인이 서명한 운임선지급 운송서류가 된다.[28]

---

26) Incoterms® 2010, DDP, A6-b).

27) Incoterms® 2010, DDP, B6-b).

28) ICC, Incoterms® 2010 Q&A, 2013, p. 193.

한편 매수인의 요청에 따라 매수인의 비용과 위험으로 포장명세서(Packing List), 원산지증명서(Certificate of Origin), 품질 및 수량증명서(Certificate of Quality and Quantity), 중량 및 용적증명서(Certificate of Weight and Measurement), 영사송장(Consular Invoice) 그리고 보험부보를 위한 정보 등 임의서류를 제공할 수 있다.

4. 기타 의무와 정보제공을 위한 협조 및 관련 비용

매도인은 매수인에게 계약과 일치하는 물품을 제공하고, 적용 가능한 경우 매도인은 자신의 위험 및 비용부담으로 수출입허가 또는 공적인 승인 및 수출입통관 수속절차를 이행하여야 한다. 또한 매도인의 위험 및 비용부담으로 운송계약을 체결하고 지정 목적지까지의 운송비(carriage)를 부담하여야 한다. 매도인은 매수인을 위하여 적화보험 부보의무는 없으나 매수인의 요청이 있을 경우 매수인의 위험과 비용으로 매수인이 보험부보를 할 수 있는 정보를 제공하여야 한다.

적용 가능한 경우, 매수인의 요청과 위험 및 비용부담으로 모든 서류 및 인전관련 정보(security-related information)를 제공하여야 하며, 필요한 제서류의 취득을 위한 협조를 제공하여야 한다. 또한 물품이 인도되었다는 사실 및 매수인이 인도 가능하도록 필요한 모든 통지를 행하여야 하고, 포장이 필요한 물품의 경우에는 적절한 화인(marking)을 하여야 한다.

한편 매수인은 계약에 정한 바에 따라 대금지급(payment of price)을 하여야 하며, 수입승인과 수입통관수속절차를 이행하여야 하고, 지정 목적지에서 물품 인도의 수령(taking delivery)을 행하여야 한다. 적용 가능한 경우, 매도인의 요청에 따른 정보 등의 협조를 제공하고 매수인의 요청으로 서류 또는 정보제공에 따라 발생한 모든 비용과 수수료를 매도인에게 지급하여야 한다. 그러나 매수인은 매도인에 대하여 수출 또는 수입국가의 당국에 의하여 강제된 모든 강제적인 선적전검사(pre-shipment inspection: PSI)비용을 부담하지 아니한다.[29]

Ⅲ. 거래규칙 표기에 대한 약정

무역계약을 체결할 때 가격조건(price terms) 또는 인도조건(delivery terms)을 인코텀즈의 관세지급인도(DDP) 규칙으로 약정하고자 할 경우에는 다음의 예와 같이 표기한다.

29) 강원진, 전게서, 129~131면.

* 표기 기준: "DDP 지정목적지 삽입 Incoterms® 2010"
복합운송의 경우: "DDP Abc Warehouse, Chicago Incoterms® 2010"
항공운송의 경우: "DDP New York Airport Incoterms® 2010"
해상운송의 경우: "DDP New York Incoterms® 2010"
철도운송의 경우: "DDP Chicago Station Incoterms® 2010"
도로운송의 경우: "DDP Abc Cargo Terminal, Chicago Incoterms® 2010"

Ⅳ. 결 론

DDP 규칙은 인코텀즈 규칙에서 유일하게 매도인이 수입통관과 수입국 정부에서 실시하는 선적전검사에 대하여 의무를 부과하는 규칙이다. 만약 매도인이 도착지 국가에 영업소를 가지고 있지 않다면 매도인이 이러한 의무를 이행하는 것이 불가능할 수도 있다.

당사자는 합의된 목적지 내의 지점을 가능한 한 명확하게 확인하는 것이 바람직하다. 왜냐하면 그 지점까지 비용 및 위험 부담은 매도인이 하기 때문이다. 매도인은 그러한 선택에 명확하게 일치하는 운송계약을 체결하여야 한다. 매도인이 자신의 운송계약에 따라 지정된 목적지에서 양화와 관련된 비용을 부담하는 경우, 매도인은 당사자간에 별도 합의가 없는 한 매수인으로부터 그러한 비용을 보상받을 권한이 없다.

매도인이 직접적으로 또는 간접적으로 수입통관을 할 수 없는 경우, 당사자는 DDP를 사용하지 아니하는 것이 바람직하다. 당사자가 매수인이 수입통관에 따른 모든 위험 및 비용 부담하는 것을 원할 경우, DAP 규칙이 사용되어야 한다.

매매계약에서 별도의 명시적 합의가 없는 한, 수입시에 지급되는 모든 부가가치세 또는 기타 조세는 매도인이 부담한다.

문제 1-16 국제상관습 및 법제에 기초한 FOB매매계약의 해석에 대하여 논하시오.

답안 1-16

〈목차 구성〉

Ⅰ. 서 론
Ⅱ. FOB매매계약의 본질
  1. FOB매매계약의 의의
  2. FOB매매계약의 특성
Ⅲ. FOB매매계약의 유형
  1. 영국의 FOB 관습
  2. 미국의 FOB 관습과 법제
Ⅳ. FOB매매계약에서의 물품인도

Ⅰ. 서 론

FOB매매계약은 CIF매매계약과 마찬가지로 오늘날 국제무역거래에 대표적으로 가장 널리 사용되고 있는 거래규칙이다.

해양국가인 영국은 FOB매매계약도 국내거래에서 비롯되어 해상매매계약 조건으로 형성되었다. 매도인의 의무는 매수인이 지정한 선박에 적재하면 되는 것으로 보았다. 그러나 영국류의 엄격한 의미에서의 FOB매매계약도 점차 이탈하여 매수인의 의무를 매도인의 의무에 추가하는 이른바 추가의무부 FOB계약으로 변형되었다.

광활한 내륙영토를 가진 미국은 주 또는 접경국간 상거래가 이뤄지는 특수성 때문에 전통적인 영국의 관습을 확장시켜 해상·내수로·육상·항공운송 등 어느 것에도 병용할 수 있도록 해석하여야 할 필요가 생겼다.

따라서 선적을 조건으로 하는 "free on board"라는 용어도 영국에서는 고유한 의미 그대로 "free on board vessel"로 이해되고 있음에 반하여, 미국에서는 "free on board vessel, car or other vehicle"과 같은 광의의 의미로 해석을 하고 있다.

이처럼 FOB매매계약은 인코텀즈 규칙과 영국의 관습 및 미국의 관습과 법제 등 매우 다양한 형태를 취하고 있다. 이하에서는 국제상관습 및 법제에 기초하여 포괄적인 FOB매매계약의 해석론에 대하여 고찰하고자 한다.[30)]

Ⅱ. FOB매매계약의 본질

1. FOB매매계약의 의의

FOB매매계약은 CIF매매계약과 마찬가지로 오늘날 국제무역거래에 대표적으로 가장 널리 사용되고 있는 거래규칙이다. FOB매매계약에 관한 최초의 판례는 1812년 영국의 것을 찾아볼 수 있다. 따라서 FOB매매는 18세기 말과 19세기 초 영국에서 해상무역의 거래조건으로 사용되었음을 추정할 수 있다.[31)]

---

30) 강원진, 「무역계약론」, 제4판 수정판, 2013, 151~167면.

31) Wackerbarth v. Masson [1812] 3 Camp 270; Caven v. Ryder [1816] 6 Taunt, 433; Ruck v. Hatfield

FOB는 본선인도(Free on Board)를 말하며 일반적으로 계약물품을 합의된 선적항에서 매수인이 지정한 본선에 인도할 때까지의 제비용과 위험을 매도인이 부담하는 규칙이다. "Free on Board"라는 뜻은 계약물품을 지정된 선적항에서 매수인측의 선박에 인도하면 그 때부터 매도인의 비용부담과 위험부담의 책임으로부터 해방 또는 면책(free) 된다는 것을 의미한다.

Schmitthoff는 FOB매매계약에서 매도인은 본선갑판상에 계약물품을 인도할 때까지 소요되는 제비용을 부담하고, 매수인은 그 이후의 제비용, 예컨대 본선갑판내 또는 갑판상에서 물품의 적부비용(stowage), 목적항에 도착할 때까지의 해상운임, 해상보험료, 수입관세, 영사사증료 및 기타 발생되는 비용을 부담하는 조건이라고 하고 있다.[32]

2. FOB매매계약의 특성

1) 선적지매매

FOB매매계약의 본질적 성격은 매도인은 자신의 비용으로 매수인에 의하여 지정 또는 위임된 선박의 본선상에 계약물품을 적재하여야 하는 선적지매매이다.[33] 따라서 FOB매매계약에서는 매도인이 본선에 계약물품을 적재하는데 따른 비용과 책임을 져야 한다. 그런데 여기서 선적(shipment)이라는 말은 원칙적으로 "본선에 현실적으로 적재한다"(to be actually taken on board the vessel)는 것을 뜻한다. 이것은 영국은 고유의미의 해석이지만 대륙국인 미국의 관습으로는 계약물품의 선적조건에 따라 육상운송수단에의 적재까지도 확대 해석하고 있다. 또한 보험이나 결제상의 관습도 일정하지는 않다.

매매계약에서 선적지매매이냐 양륙지매매이냐의 구분은 물품의 인도제공되는 장소에서 소유권 및 위험이 이전되는가, 그리고 이 장소에서 물품이동의 개시장소인가 종료장소인가에 따른 구분으로 보아야 한다.[34] 따라서 FOB매매계약에서 "FOB Busan"이라고 표시되었다면 "Busan"이 계약물품에 대한 매매당사자의 비용과 위험의 분기점이 되는 선적지 또는 선적항이며, 소유권이 이전되는 장소라고 할 수 있다. 따라서 FOB매매계약은 선적지에서 매매가 이행되는 선적지 또는 수출지 매매라고 할 수 있다.

[1822] 5 B&Ald. 632; David M. Sassoon and H. Orren Merren, CIF and FOB Contracts, 3rd ed., Stevens & Sons, 1984, p. 325.

32) Clive M. Schmitthoff, *Export Trade*, Tenth ed., Stevens & Sons, 2000, p. 15.

33) A. G. Gust, *Benjamin's Sale of Goods*, 3rd ed., Sweet & Maxwell, 1987, p. 1158.

34) 朝岡良平,「貿易売買と商慣習」, 布井出版, 1982, 150面.

2) 본선인도

FOB매매계약에서는 선적지의 본선상에서 인도가 이루어지는데 구체적인 인도장소는 인코텀즈 규칙에 의하면 매수인이 지정한 본선상으로 규정하고 있다. 이에 대하여 浜谷源藏은 "선창내 또는 갑판상에 놓였을 때(placed the goods in hold or deck)로 해야 한다"고 주장하였다.[35)]

물품이 지면을 떠났지만 본선상에 적재 전에 손상을 입었다면 그 손실은 보통 매도인이 부담한다. 예를 들어 기중기 조작자가 물품을 들어 올리다가 운전 부주의로 이를 떨어뜨렸다든가 물 속에 빠뜨렸다면 그 손실은 매도인 부담이 된다. 그러나 물품이 난간을 통과했지만 안전하게 적부되기 이전에는 매수인이 그 손실을 부담하여야 한다.

한편 1990년 개정미국무역정의의 "FOB Vessel"조건에서는 "ship's rail"이라는 용어 대신에 "물품이 본선에 적재될 때까지"(until goods have been placed on board the vessel)라는 명확한 표현을 사용하고 있어 위와 같은 논란을 배제시키고 있다.

3) 현실적 인도

FOB매매계약은 현실적 인도(actual delivery)로 매도인은 매수인이 지정하는 운송인에게 현실적으로 물품의 점유를 이전시켜 계약을 이행한다. FOB매매계약에서 매도인은 보통 운송인에게 물품을 인도하게 되는데 이 경우 운송인은 매도인과의 관계에서 보면 매수인의 이행보조자이다. 그러므로 매수인이 선박의 지정을 게을리 하거나 또는 그 이행보조자인 운송인의 귀책사유에 의하여 선적이 불가능한 경우에는 매수인이 이에 대하여 책임을 지지 않으면 안 된다.

FOB매매계약에서는 선적과 동시에 인도가 완료되기 때문에 이에 대하여 매수인은 대금을 지급하여야 한다. 즉 당사자간에 특약이 없는 한 물품의 인도와 대금의 지급은 동시이행조건이다. 따라서 매수인의 물품검사권 또는 물품인수 거절권과 관계없이 매수인은 물품을 수령할 때 대금지급 의무가 발생한다. 이와 같은 견해는 미국의 통일상법전에서도 같은 취지를 표명하고 있다.[36)]

이와 같이 FOB매매계약은 서류인도에 의한 상징적 인도조건인 CIF매매계약과는 달리 현실적 인도를 본질로 하고 있지만, 대부분의 경우 대금지급에 관한 특약조건으로 매도인이 선화증권을 취득하여 화환어음을 취결하는 방식, 예컨대 화환신용장방식을 쓰고 있어 이에 대한 혼돈이 있을 수 있다.

---

35) 浜谷源藏,「貿易賣買の硏究」, 同文館, 1964, 9~10면.

36) UCC, §2-401(2).

왜냐하면 이럴 경우에 외관상으로 서류에 의한 상징적 인도방식을 쓰는 CIF매매계약과 거의 차이가 없고, 다만 FOB매매계약에서는 운임 후지급의 선화증권(freight collect B/L)이 발행되고 해상보험증권이 첨부되지 않는다는 점만 다를 뿐이다.

4) 인도조건과 가격조건으로서의 역할

FOB매매계약은 학자들이 매매당사자간의 계약에 따른 법리적인 측면에서 인도조건에 중점을 두어 소유권의 이전 및 비용부담, 위험부담의 문제를 주로 다루어 왔다.

그러나 국제상관습에서는 인도라는 용어 외에도 실제로 매매당사자가 관심을 갖는 것은 바로 가격조건(price terms)이다. 왜냐하면 이윤추구와 영리에 기초를 두는 상거래에서 볼 때 가격조건은 계약의 다른 구성요소, 즉 품질, 수량, 선적, 결제조건 등과 함께 거래관계의 결정적 요건이 된다. 따라서 매매당사자는 이러한 요건들을 충분히 고려한 후 가격을 견적하여 청약(offer)을 하고 이에 대한 승낙(acceptance)에 의하여 계약을 체결하므로 인도조건을 기초로 한 가격조건은 실제로 FOB매매계약의 근간을 이루고 있다.

그러나 FOB매매계약이 가격조건을 중시한 조건이라고 해도 가격채산의 근거는 인도조건에 있다. 인도조건은 약정된 장소에서 약정된 물품의 점유가 완전하게 이전되는가의 여부를 결정해주며, 인도의 이행·불이행, 소유권의 이전, 매도인과 매수인의 위험부담의 한계 등을 결정해주는 중요한 역할을 한다. FOB매매계약에서는 인도의 분기점과 가격채산의 분기점이 일치하기 때문에 CIF매매계약과는 달리 인도조건과 가격조건과의 사이에 인과관계가 있다고 보는 것이다.

Ⅲ. FOB매매계약의 유형

1. 영국의 FOB관습

1) 고유의미의 FOB

FOB매매계약은 18세기 말과 19세기 초에 가장 적합한 해상무역거래조건(terms of the seaborne trade)이었다. 당시에는 정기선이 운항되지 않았고 운송서류가 운송물품의 상징으로 받아들여지지 않았으며, 현대적인 전신, 우편 등이 개발되지 않아 오늘날의 무역매매관행과 전혀 달랐다.

상인들은 보통 선박을 용선(charter)하여 물품구매를 위하여 도처의 항구를 돌아다녔다. 상인 또는 그 대리인은 직접 승선하여 전항해를 통하여 모험을 감행하였고 적절한 물품을 발견하면 그 곳에서 주문하여 선박에 인도하도록 하여 최종검사를 실시하였다. 이 때 물품이 당초 보았던 견본과 일치하게 되면 대금이나 대가를 지급하였다. FOB 매매계약은 이와 같은 환경에서 탄생하게 된 것이다.[37] 당시의 FOB매매계약에서는 매수인이 선상에서 물품인수와 동시에 대금을 지급하는 현물인도, 즉 현실적 인도에 의하였고 매수인은 선박의 소유자이거나 운영자의 입장으로서 현지에서 물품을 구매하였다.

영국의 판례를 중심으로 발전된 고유의미의 FOB매매계약(Classic FOB Contract)에서는 매도인은 본선지정의 의무가 없고 오직 매수인이 지정한 본선상에 적재만 하면 되었다. 즉 고유의미에서는 매도인은 수출의무가 아닌 인도의무만 부담하는 것이며, 수출자와 송화인(shipper)은 매도인이 아닌 매수인이다.

따라서 고유의미의 FOB매매계약은 국내매매를 전제로 한 것이다. 1951년 영국의 수출협회(The Institute of Export)에서[38] 정한 고유의미의 FOB매매계약에 관한 매매당사자의 의무에서 매도인은 물품이 본선의 난간을 통과할 때까지의 모든 비용을 부담하고 매수인은 필요한 선복을 획득하여 본선명을 매도인에게 통지하여야 하며, 동시에 매수인이 수출허가를 취득하고, 수출통관수속을 행하고 이에 수반하는 수출세, 통관수수료 등의 비용을 부담하여야 한다고 하였다.

이 경우 매도인은 물품이 본선에 현실적 인도가 완료되었음을 증빙하는 본선수취증(Mate's Receipt: M/R)을 제공하면 되고 매수인은 본선수취증에 근거하여 선박회사로부터 선화증권을 취득하게 된다. 따라서 매수인은 송화인(수출자)의 역할을 수행하게 되는 것이다.

2) 국내FOB매매계약과 수출FOB매매계약

영국의 FOB매매계약은 물품의 수출계약과 마찬가지로 국내계약에서도 볼 수 있다. 국내계약에서는 물품은 국내제조업자에 의하여 국내상인에게 판매되는 것이고 수출계약에서는 외국의 매수인에게 즉시 재매각(resale)을 위하여 FOB매매계약으로 판매하는 것이다.[39]

FOB매매계약이라도 수출국의 제조업자와 수출자간에 체결된 FOB매매계약과 수출자와 해외의 매수인 사이에 체결되는 FOB매매계약이 있다. 즉 국내의 공급거래(domestic supply transactions)와 수출거래(export transactions)로 나누어진다.

국내거래로서의 FOB매매계약, 즉 국내 FOB매매계약의 경우, 매도인인 제조업자와 매수인인 수출자는 같은 국내에 있고 제조업자가 매수인의 해외전매처를 알고 있어도 물품의 인도장소로서의 본선은 제조업자에게 있어서는 다른 국내시장의 인도장소와 실

37) David M. Sassoon and H. Orren Merren, *op. cit.*, p. 325.
38) The Institute of Export, "Proposed Definition of the Term FOB", 14 Export, 1951, p. 221.
39) David M. Sassoon and H. Orren Merren, *op. cit.*, p. 358~359.

질적으로 차이는 없다고 할 수 있다.

제조업자는 물품을 단지 본선이라는 국내시장의 한 장소에서 인도할 의무를 지는 것은 틀림없지만 수출을 하기 위하여 수출허가를 취득한다든지 통관수속을 하는 것은 수출자가 해외의 매수인과 체결한 별개의 FOB매매계약, 즉 수출 FOB매매계약이다. 따라서 국내 FOB매매계약은 고유의미의 FOB매매계약의 내용을 그대로 적용할 수가 있고 선적지인도가 아닌 양륙지인도로 볼 수 있다.

이와 같이 수출 FOB매매계약은 고유의미의 FOB매매계약 내용에 수정이 가해진 것으로 볼 수 있다.

2. 미국의 FOB관습과 법제

1) 개정미국무역정의상의 FOB Vessel

개정미국무역정의의 FOB매매계약서는 지정선적항에서의 본선적재인도(FOB Vessel … named port of shipment)가 인코텀즈상의 FOB조건과 유사하여 대미무역에 사용되는 경우가 있다. 따라서 이 조건 아래서는 매도인은 지정선적항에서 매수인이 직접 수배하였거나 또는 매수인을 위하여 수배된 외항선에 물품을 인도할 때까지 발생하는 일체의 비용을 포함한 가격을 산정한다.

(1) 매도인의 의무

이 가격산정방법 아래서 매도인은 다음과 같은 의무가 있다.

첫째, 매도인은 정하여진 일자 또는 기간 이내에 매수인이 직접 또는 매수인을 위하여 지정·제공된 본선상에 물품을 현실적으로 적재하는데 발생하는 일체의 비용을 지급하여야 한다.[40)]

둘째, 매도인은 무사고 본선수령증 또는 본선적재 선화증권을 제공하여야 한다.[41)]

셋째, 매도인은 물품이 정하여진 일자 또는 기간 이내에 본선상에 적재될 때까지의 일체의 멸실·손상에 대하여 책임을 져야 한다.[42)]

넷째, 매도인은 매수인이 수출을 위하여 또는 도착지에서 수입하기 위하여 원산국, 선적국 또는 그 양국에서 발급된 서류를 필요로 하는 경우에 매도인은 매수인의 요청과 비용으로 그 서류를 취득하는데 협조하여야 한다.[43)]

---

40) RAFTD, 1990, (Ⅱ-E) FOB Vessel, Seller's Liability(1).

41) *Ibid.*, (2).

42) *Ibid.*, (3).

43) RAFTD, op. cit., (4).

(2) 매수인의 의무

이 가격산정방법 아래서 매수인은 다음과 같은 의무가 있다.

첫째, 매수인은 매도인에게 본선명칭, 출항일, 선적을 위한 정박장소 및 본선에의 인도일자에 대하여 적기에 통지하여야 한다.[44)]

둘째, 매수인이 지정한 본선이 지정된 기간 내에 도착하지 아니하거나 또는 물품을 적재하지 못하는 경우에 매수인은 물품을 매수인의 임의처분에 맡겼을 때부터 그 물품에 관하여 발생한 추가비용 및 일체의 위험을 부담하여야 한다.[45)]

셋째, 매수인은 목적지까지 그 후의 모든 물품운송을 담당하여야 한다. 즉 보험계약을 체결하고 또 보험료를 지급하여야 하며, 해상 및 기타 운송계약을 체결하고 또 운송비를 지급하여야 한다.[46)]

인코텀즈 규칙에는 특히 이러한 규정을 두고 있지 않다. 개정미국무역정의가 이 의무를 특별히 규정한 것은 선적으로부터 외국도착지까지의 운송과 보험에 관한 의무부담자에 관하여 원칙과 특약의 혼동으로 인하여 가끔 분쟁이 야기되는데 기인한 것으로 생각된다.[47)]

넷째, 매수인은 수출세 또는 수출로 인하여 부과되는 수수료 및 비용이 있으면, 이를 지급하여야 한다.[48)]

이와 같은 의무는 본선인도에 관한 원칙적으로 당연히 매수인의 부담으로 해석된다. 인코텀즈 규칙은 이 점을 규정하지 아니하고, 매도인의 의무 가운데 수출허가와 정부승인은 매도인의 당연한 의무로 보고 있는데, 이것은 이러한 수속은 수출지에 있는 수출자가 이행하는 것이 편리하기 때문이다.

다섯째, 매수인은 물품이 본선상에 적재된 이후에 발생한 일체의 멸실, 손상에 대하여 책임을 져야 한다.[49)]

여섯째, 매수인은 원산국, 선적국 또는 그 양국에서 발행되는 무사고 본선수령증 또는 선화증권 이외의 서류를 수출하기 위하여 또는 목적지에서 수입하기 위하여 필요로 하는 경우에는 이 서류를 취득하는데 발생하는 일체의 요금 및 비용을 지급하여야 한다.[50)]

---

44) RAFTD, 1990, (Ⅱ-E) FOB Vessel, Buyer's Liability(1).
45) RAFTD, op. cit., (2).
46) RAFTD, op. cit., (3).
47) 上坂西三, 「貿易契約」, 東洋経済新報社, 1970, 194~195面.
48) RAFTD, op. cit., (4).
49) RAFTD, op. cit., (5).
50) RAFTD, op. cit., (6).

2) 미국 통일상법전상의 FOB조건

미국 통일상법전은 FOB매매계약을 세가지 유형으로 구분하여 다음과 같이 규정하고 있다.

첫째, 다른 합의가 없는 한, 지정장소에 있어서의 FOB("free on board"를 의미 한다) 조건은 비록 기재된 가격에 관해서만 사용되고 있는 경우라 하더라도 인도조건이다. 그리고 이 조건 아래서 매매당사자는 다음과 같은 의무가 있다.51)

(a) 조건이 "FOB the place of shipment"인 경우에는 매도인은 그 장소에서 본편(제2-504조)에 규정된 방법에 따라 물품을 선적하고, 또한 물품의 점유를 운송인에게 이전할 때까지의 비용과 위험을 부담하여야 한다.

(b) 조건이 "FOB the place of destination"인 경우에는 매도인은 자기의 비용과 위험으로 물품을 그 장소까지 운송하고, 또 그 곳에서 본편(제2-503조)에 규정된 방법에 따라 물품의 인도를 제공하여야 한다.

(c) (a) 또는 (b)에 있어서 조건이 "FOB Vessel, Car or other vehicle"로 되어 있는 경우에는 매도인은 (a) 또는 (b)에 규정되어 있는 의무를 부담하는 이외에, 자기의 비용과 위험으로 물품을 적재하여야 한다.

만약 조건이 "FOB Vessel"인 경우 매수인은 본선을 지정하여야 하며 또한 매도인은 필요한 경우 선화증권의 형식에 관한 본편의 규정(제2-323조)에 따르지 않으면 안 된다.

둘째, 다른 합의가 없는 한, 통일상법전 제2-319조 제1항 (a) 또는 (c) 또는 제2항에 해당되는 경우 매수인은 적절한 때에 인도를 위하여 필요한 지시를 하여야 한다.

이러한 지시에는 조건이 FAS 또는 FOB인 경우 본선의 정박위치, 또한 필요한 경우에는 본선명 및 출항예정일이 포함된다. 필요한 지시가 없으면, 매도인은 본편의 규정(제2-311조)에 의한 협력을 얻지 못한 것으로 다룰 수 있다. 또한 매도인은 자기의 선택에 따라 인도 또는 선적에 앞서 합리적인 방법으로 물품을 이동시킬 수 있다.52)

셋째, "FOB Vessel" 또는 FAS조건 아래서는 다른 합의가 없는 한, 매수인은 필요서류의 제공과 상환으로 대금을 지급하여야 한다.

또한 매도인은 서류 대신에 물품을 제공할 수 없으며, 또 매수인은 서류 대신에 물품의 인도를 요구할 수 없다.53)

---

51) UCC §2-319. FOB and FAS Terms.

52) UCC, §2-319(3).

53) UCC, §2-319(4).

Ⅳ. FOB매매계약에서의 물품인도

FOB매매계약에서는 계약물품을 약정된 기간 내에 본선에 인도완료 하여야 하는 것이 FOB 조건의 본질이다. 여기서 말하는 물품의 인도란 점유의 자의적 이전(voluntary transfer of possession)[54]을 의미한다.

인코텀즈 규칙에서도 매도인은 합의된 일자 또는 합의된 기간 내에 그리고 항구의 관습적인 방법에 따라 매수인이 지정한 본선의 갑판상에 물품을 인도(인도된 물품을 조달하여 인도하는 것을 포함)하여야 하는 것으로 규정하고 있다.[55] 이와 같이 매매당사자는 물품을 갑판상에 인도하기 위하여 고려되어야 하는 실제 기준은 항구의 관례에 따라야 할 것이다.

보통 이와 같은 업무는 화물취급 회사에 의하여 수행되는 것이며, 실제적인 문제는 화물취급 회사의 서비스비용을 누가 부담하느냐를 결정하는 것에 의한다. 물품을 본선상에 인도하여야 하는 매도인의 의무는 FOB에다가, 예컨대 “FOB stowed” 또는 “FOB stowed and trimmed”라는 문구를 추가함으로써 의무가 확장될 수 있다.

Ⅴ. FOB매매계약에서의 본선인도비용 부담

당사자간의 분쟁의 원인이 되기 쉬운 FOB매매계약에 있어서 매도인은 물품을 본선상에 물리적 인도와 이에 따라 수반되는 제비용을 부담할 의무가 있기 때문에 본선인도비용(loading charges)을 부담한다. 그러나 현실적으로 FOB매매계약이라도 매도인이 인도비용을 부담하지 않는 경우가 있다. 그것은 본선이 정기선(liner)으로서 운임 가운데 인도비용이 포함되어 있는 경우이다.

운임을 부담하는 것은 매수인이기 때문에 결국 원래 매도인이 부담해야 할 인도비용을 매수인이 부담하게 된다. 이 경우는 FOB매매계약의 내용, 즉 인도비용의 부담의무가 상관습에 따라 매도인으로부터 매수인에게 이전된 것이다.

따라서 FOB매매계약에서는 매수인은 인도비용을 포함한 운임을 지급한 후에 인도비용은 매도인부담원칙이라는 이유에서 그것을 매도인에게 청구할 수 있다. 보통 무역실무상 부정기선(tramper)이라도 정기선과 같이 운임에 인도비용을 포함하는 경우가 있기 때문에, 후일의 분쟁을 피하는 의미에서 계약을 체결할 때에는 가격에 본선인도비용

54) SGA 1979, §62.

55) Incoterms 2010, FOB, A4.

의 포함여부를 명시하여 매수인으로 하여금 이것에 맞는 운임을 운송인과 약정할 필요가 있다.

해상운임부담조건을 "berth terms" 또는 "liner terms"로 하였을 경우에는 인도비용은 운임에 포함되므로 매도인은 FOB계약이라도 본선인도비용을 부담하지 않는다.[56)]

Ⅵ. FOB매매계약에서의 위험이전과 소유권이전

1. 위험이전

FOB매매계약에서 위험의 이전(transfer of risks)은 매도인이 지정 선적항에서 매수인이 지명한 본선상에 물품을 인도하거나 또는 이미 인도된 물품을 조달할 때가 분기점이 된다. 이는 "Incoterms 2000"까지는 본선의 난간(ship's rail)을 분기점으로 하던 관습이 "Incoterms 2010"부터 변경된 것이다.

한편 영국 물품매매법(SGA)에 있어서는 위험이전의 기본원칙으로 당사자간에 다른 약정이 없는 한, 물품의 소유권이 매수인에게 이전하기까지는 그 물품에 관한 위험은 매도인이 부담한다고 하여 위험은 소유권에 수반됨을 규정하고 있다. 따라서 "위험은 소유권에 따른다"(risk follows property)[57)]라고 할 수 있다.

그러나 소유권이 매수인에게 이전한 때에는 인도의 유무에 불문하고 물품의 위험은 매수인에게 있다. 다만 당사자 중의 일방이 물품의 인도를 지체하게 한 때에는 그러한 과실이 없었다면 발생하지 않았을지도 모르는 손실은 과실 있는 당사자가 부담한다. 그리고 당사자간에 특약이 없고 물품이 원격지로 송부되는 경우 운송 중의 품질손상 위험은 매수인이 부담한다. 다만 본 조항은 당사자 쌍방이 상대방의 수탁인으로서 부담하여야 할 의무 또는 책임에 영향을 미치지 아니한다고 규정하고 있다.[58)] 그러므로 물품매매법은 위험부담에 관하여 소유자주의를 채택하고 있다고 추정된다.

또한 미국 통일상법전(UCC)의 경우에는[59)] 위험의 이전에 관하여 다음과 같이 규정하고 있다.

계약위반이 없을 경우에 물품의 이동을 수반하는 경우는 목적지에서 물품의 인도를 요구하지 않는 한 선적 전이라도 운송인에게 인도한 때에 매수인에게 이전하며, 목

56) 新堀 聰, 「貿易賣買入門」, 同文館, 1971, 160~162面.

57) A. G. Guest, *op. cit.*, p. 245.

58) SGA, 1979, §20.

59) UCC, §2-509, 510.

적지에 인도할 의무가 있으면 물품이 그 곳에서 매수인에게 제공된 때에 이전한다. 물품 이동을 수반하지 않고 인도를 위하여 물품을 수탁인이 소지한 경우에는 유통가능권리증권(negotiable document of title)을 인도한 때에 매수인에게 이전하며 수탁인이 점유를 매수인에게 통지한 때에 매수인에게 이전한다.

그 이외의 경우에는 매도인이 상인인 때는 매수인이 물품을 수령한 때에 이전하며, 상인이 아닌 경우에는 매수인에게 인도한 때에 이전한다. 별도의 합의가 있으면 그 합의에 따르도록 하고 있다.

한편 계약위반이 있을 경우나 물품의 인도가 계약에 일치하지 않는 경우에는 승낙이 있을 때까지는 이전하지 않는다. 또한 매수인이 합법적으로 타당하게 승낙을 거절할 경우에는 위험은 이전하지 않는다. 미국 통일상법전은 소유자주의를 포기하고 계약이행 방식에 따라 위험의 이전을 개별적으로 정하고 있다.

2. 소유권이전

인코텀즈 규칙에는 소유권이전에 대하여 아무런 규정이 없다. FOB매매계약에서는 소유권 이전시기를 다음과 같이 추정하여 볼 수 있다.

FOB매매계약이나 CIF매매계약 모두 물품의 위험은 본선 적재시 이전되며 소유권의 이전도 매수인이 환어음대금을 지급하거나 또는 인수할 때까지 유보할 수 있다는 점에서도 같다. 그러나 FOB매매계약은 이처럼 지급조건에 관한 특약이 있을 경우에도 현실적 인도조건의 성격은 변하지 않는 것으로 보아야 한다.

유통선화증권 첨부를 조건으로 하는 FOB매매계약은 서류의 첨부로 인하여 현실적 인도가 상징적 인도의 성격으로 변했다고 보는 견해도 있다.[60] 그러나 FOB매매계약은 어디까지나 현실적 인도로서 선화증권이 적법하게 배서되어 매도인으로부터 매수인에게 송달되었다고 하더라도 현실적 인도가 완료되지 않았으면 소유권은 이전되지 아니한다고 보아야 할 것이다.

Ⅶ. 결　　론

FOB매매계약은 CIF와 더불어 해상매매계약의 중심을 이루는 매매관습으로 발전되

60) 中村 弘, "荷爲替決濟とF.O.B. 契約", 「貿易クレームと仲裁」, 5~7月號, 國際商事仲裁協會 1969; 中村 弘, "美國統一商法典における FOB Vessel條件について", 「JCA シーナル」, 國際商事仲裁協會 7月號, 1975.

어져 왔다. FOB매매계약에서는 계약체결시 물품의 인도장소, 비용분담, 선박지정, 운송비 이외의 부가 비용의 범위, 화물의 형태 등을 고려하여 결정된다.

"C" 그룹 규칙 보다 "F" 그룹 규칙들 사이에서의 선택은 매도인과 매수인이 가장 유리한 운송계약을 할 수 있는지에 달려있다. 매수인이 해상운송이 유리하거나 자국적 선박을 사용하도록 권유받는 국가에서는 매수인은 FOB 규칙을 선택하고자 할 것이다.

그러나 현대의 무역거래관행을 고려할 때 매매계약에서 FOB 규칙이 가격조건(인도조건)으로 선택되는 경우는 일반적인 살물(bulk cargo)의 경우나 액체 화물로서 관이나 호스를 통해서 선박에 공급되는 경우에 한정하여야 한다.

이 이외의 모든 경우에는 FOB 규칙이 사용되어서는 아니 되며 대신에 FCA 규칙이 사용되어야 한다.

미국에서의 FOB는 인도장소에 따라 개정미국무역정의에서는 무려 여섯 가지 유형으로, 미국 통일상법전 제2편 매매편에서는 세 가지 유형으로 규정하여 사용형태가 매우 다양하다.

따라서 매매계약체결시에는 정형거래규칙 사용에 대한 준거규정을 반드시 명시적으로 약정할 필요가 있다.

문제 1-17 국제상관습 및 법제에 기초한 CIF매매계약의 해석에 대하여 논하시오.

답안 1-17

〈목차 구성〉

Ⅰ. 서　　론
Ⅱ. CIF매매계약의 의의
Ⅲ. CIF매매계약의 특성
　1. 서류에 의한 상징적 인도
　2. 선적지인도
　3. 복합가격으로의 구성
　4. 해상 및 내수로 운송에 의한 매매
Ⅳ. CIF매매계약에서의 연속매매
　1. 매도인과 송화인
　2. 연속매매에서의 거래자
Ⅴ. CIF매매계약에서의 소유권이전
　1. 소유권이전에 관한 기준
　2. 선화증권의 발행 및 배서방식에 의한 소유권의 이전시기
Ⅵ. CIF매매계약에서의 위험의 이전
　1. Incoterms® 2010
　2. SGA
　3. UCC
　4. CISG
Ⅶ. CIF매매계약과 서류제공
　1. 운송서류
　2. 보험서류
　3. 상업송장
Ⅷ. 결　　론

Ⅰ. 서 론

CIF매매계약은 물품매매계약을 체결하는데 있어 매우 잘 알려져 FOB매매계약과 더불어 해상운송에 의한 매매의 중심을 차지하고 있다.

CIF매매계약은 상인간의 상관습의 소산으로 15세기에 있어서 상인들은 선화증권을 사용하기 시작하였으나, 이 증권이 18세기에 이르러서야 권리증권(documents of title)으로서의 구실을 하였으며, 19세기에는 이를 기초로 하여 매도인과 매수인과의 책임을 특색있게 구별한 CIF거래를 창출하게 되었다.

CIF매매계약은 FOB매매계약보다 매도인에게 더 많은 책임을 부과한다. CIF에 의하여 산정된 가격은 매도인이 부담하는 것으로서 운임과 보험료를 포함하는 것이다. 이는 매도인이 장래의 물품인도 가격을 견적할 때, 매도인은 선적 전에 발생하는 운임과 보험요율이 미래에 상승하거나 하락하는 통상위험을 부담한다. 그러므로 부가된 의무는 미래의 손실과 이득에 대한 기회를 부여할 수 있다. CIF매매계약에서 매도인이 필수적인 서류제시에 대해 지급을 요구할 수 있다고 볼 때, CIF매매계약이 대다수의 견해는 매도인의 이행이 서류라는 매개체로 상징적인 인도를 통하여 일어나는 진정한 매매계약이라는 것이다.

CIF매매계약을 이행하기 위하여 매도인은 매매당사자간의 CIF거래조건에 따른 매매계약을 주계약으로 하고 선박회사와 해상운송계약, 보험회사와 해상보험계약 등 두 개의 종속계약을 별도로 체결하여야 한다.

CIF매매계약은 인코텀즈 규칙과 CIF계약에 관한 와르소·옥스포드규칙 및 미국의 관습과 법제 등 다양한 배경을 가지고 있다. 여기에서는 국제상관습 및 법제에 기초하여 포괄적인 CIF매매계약의 해석론에 대하여 고찰하고자 한다.[61]

Ⅱ. CIF매매계약의 의의

CIF라는 용어는 선적원가(cost), 보험료(insurance), 운임(freight)의 머리글자로 구성된 운임·보험료포함인도(cost, insurance and freight)를 말한다. 영국에서 CIF매매계약에 관한 최초의 판례는 1862년의 것을 볼 수 있다.[62] 여기서는 “cost, freight and insurance”라는 문언이 사용되었으며 이러한 어순은 오랫동안 사용되었다. 그 후 모음을 그 중간에 넣

61) 강원진, 전게서, 167~183면.

62) Treglles v. Sewell [1862], 7H.&N.574.(delivered at Harburgh, cost, freight and insurance).

는 편이 발음하기가 쉽다는 단순한 이유만으로 현재와 같이 CIF라는 순서로 바뀌어진 것이다.

Lord Sumner는 Biddel Brothers v. E. mement Horst Company 사건[63]에서 CIF매매계약에서 발생하는 매도인의 책임에 관하여, 첫째, 선적항에서 계약에서 표시한 물품을 선적하여야 하고, 둘째, 계약에서 정해진 목적항에서 인도될 수 있도록 운송계약을 체결하여야 하며, 셋째, 매수인의 수혜에 제공하기 위하여 보험을 부보하여야 하고, 넷째, 계약과 일치되는 선화증권, 상업송장 및 보험증권을 제공함으로써 매수인이 대금지급을 할 수 있도록 하여야 한다고 판시하였다.

이는 매도인이 선적항에서의 물품인도, 운송계약, 보험계약과 같은 주요의무 이행과 서류제공의 필요성을 강조한 것으로 CIF매매계약의 본질을 함축적으로 표현하고 있다 할 것이다.

Ⅲ. CIF매매계약의 특성

1. 서류에 의한 상징적 인도

CIF매매계약의 본질은 "서류인도조건부로 이행되는 물품매매"[64]라는 것이 영국의 통설이다. CIF매매계약에서 매수인의 목적은 물품에 대한 처분권을 획득하여 이를 재판매하거나 은행으로부터 금융상의 편의를 받을 수 있을 뿐만이 아니라 물품의 운송중 멸실 또는 손상이 있을 경우에는 운송인 또는 보험자로부터 손해배상을 받고자 함에 있다.

매도인은 매수인의 편의를 위하여 운송서류와 보험서류를 제공함으로써 그 자신의 상업상의 이익을 확보하게 되는데 일반적으로 대금지급에 의하여 처분권이 부여되지만 운송중의 멸실 또는 손상에 대한 책임을 부담하지 않는다. 따라서 CIF매매계약 당사자의 상업상의 목적은 매수인이 물품에 관련된 서류와 상환으로 약정된 방법에 의하여 물품대금을 지급함으로써 달성되는 것이며 서류인도는 상업상의 관점에서 물품인도와 동일시되고 있는 것이다.

이와 같이 CIF매매계약은 선적지매매조건이며 물품인도가 약정품을 대신하는 권리증권에 의하여 이루어지는 까닭에 상징적 인도(symbolic delivery)가 된다. 즉 물품을 상징

---

63) [1911] 1K.B. 220; David M. Sassoon and H. Orren Merren, *CIF and FOB Contracts*, 3rd ed., Stevens & Sons, 1984, p. 8.

64) 上坂酉三, 前揭書, 246面.

(symbol)하는 서류인도에 의하여 매매가 이루어진다는 것이다. 그러므로 CIF매매계약에서 매도인은 서류를 제공할 의무가 있으며 매도인도 이를 근거로 환어음을 매입의뢰할 수 있게 되는 것이다.

CIF매매계약은 서류매매계약이라는 특성으로 서류에 의한 상징적인 인도방식에 의해 소유권을 이전시키므로 매도인의 서류제공에 따른 매수인의 대금지급을 기본요건으로 하고 있다.

2. 선적지인도

CIF매매계약은 서류매매가 아닌 물품매매, 서류인도에 의하여 이행되는 물품매매계약 또는 물품을 나타내는 서류매매계약이라고 볼 때 선적지매매로 보아야 할지 아니면 양륙지매매로 보아야 할지 의문시된다.[65] CIF매매를 물품의 매매로 볼 때에는 선적지인도로 볼 수 있으나, 서류의 매매로 볼 때에는 매매계약에서 계약의 이행장소를 지정하지 않는 한, 서류를 제공하는 장소, 즉 매수인의 영업소나 거주지가 계약의 이행지가 되어 오히려 양륙지인도가 된다. 매도인의 선적의무가 제1차적 의무라고 볼 때 계약물품을 선적함으로써 특정되며, 물품에 대한 위험도 매수인에게 이전된다. 따라서 CIF매매계약에서 이행지는 선적지이므로 이 계약은 선적지인도로 보는 것이 타당하다.[66]

실무상 "CIF New York Incoterms® 2010"이라고 가격조건(인도조건)을 약정하였을 경우에 New York항이 매매계약의 이행지로 봐서 양륙지인도로 오해하기 쉽다. 이는 오직 매도인이 선적원가에 보험료와 운임을 목적지인 New York항까지 부담하는 가격구성, 즉 비용부담의 연장선이 되는 것으로 이해하여야 한다.

3. 복합가격으로의 구성

매도인은 물품의 가격으로 기본원가에 목적항까지 해상운임, 보험료와 같은 비용을 포함해서 수출가격을 산출한다. 따라서 CIF매매가격은 곧 선적항까지의 선적원가(Cost)[67]에 목적항까지의 해상보험료(Insurance) 및 해상운임(Freight)으로 구성된 복합가격(integrated price)[68]이다. 따라서 "CIF=C+I+F=FOB(선적항)원가+I+F" 같은 등식이 성

65) A. G. Guest, *op. cit.*, p. 1025.

66) 上坂酉三, 前揭書, 247面.

67) 선적원가(cost)의 구성은 기본원가인 물품의 제조 또는 구매원가에 매도인의 예상이익을 가산하고 수출지에서 발생되는 포장비, 검사비, 내륙운송비, 통관비 및 선적비용이 포함되는데 일반적으로 "고유의미의 FOB(선적항)"가격과 유사하다.

68) 이 밖에 복합가격의 예는 CFR, CPT, CIP나 CIF가격을 변형시켜 수수료(commission)가 포함된

립된다고 할 수 있다.[69)]

CIF매매계약은 "CIF New York Incoterms® 2010"과 같이 목적항인 뉴욕항까지 매도인이 위의 요소비용을 부담하지만 특히 목적항에서 양화비(unloading charge)부담은 정기선(liner)운송에서는 운임에 포함되는 것이 일반적이나 그밖의 경우에는 수입자가 부담하여야 하는 경우도 있고 적재 및 양화비 또는 항만사용료(port dues) 등은 항구의 관습에 따라 그 부담자가 일정하지 않을 수도 있다.

복합가격으로 구성된 CIF매매계약은 매수인의 입장에서는 목적항까지 도착되는 가격으로 채산되기 때문에 운송비나 보험료 등을 별도로 계산하지 않고 매도인으로부터 목적항까지의 가격을 여러 청약자(offeror)로부터 제시받아 수입원가를 비교하여 볼 수 있는 장점이 있으나, 매도인은 해상운임 및 적화보험료 등의 요소비용을 정확하게 산출하여 자신의 수출가격에 반영하여야 하므로 복합가격 분석상에 다소 번거로울 수 있다.

4. 해상 및 내수로 운송에 의한 매매

CIF매매계약은 해상물품운송(carriage of goods by sea)을 의도한 계약이다. 따라서 매도인은 계약에 약정된 기간 내에 약정된 목적항으로 향하는 본선에 인도하여야 한다. CIF매매계약은 물품매매의 입장에서 볼 때는 선적지 매매계약으로 선적항에서 해상운송을 전제로하는 매매계약이다.

이러한 취지는 Incoterms® 2010의 FOB 및 CIF거래규칙의 안내요지에서도 해상 및 내수로운송에만 사용될 수 있는 것으로 볼 때 FOB매매계약은 물론 CIF매매계약도 해상 및 내수로 물품운송을 위한 계약이라고 할 수 있다.

Ⅳ. CIF매매계약에서의 연속매매

1. 매도인과 송화인

제조물품의 매매와는 대조적으로 상품매매에 있어서 물품은 흔히 운송과정에 연속적으로 여러 번 판매된다. 이러한 경우 최초의 매도인은 이미 물품을 선적하였기 때문에 중간에 판매한 매도인은 물품을 "선적"하지 않는다. 그러므로 연속매매(string sales) 중간에 있는 매도인은 그 다음의 매수인에게 물품선적 의무를 이행하는 것이 아니라 이

CIF&C, 환비용(cost of exchange)이 포함된 CIF&E, 이자(interest)가 포함된 CIF&I 등이 있다.

69) 따라서 FOB선적원가+F=CFR가격, CFR+I=CIF가격 관계가 성립된다.

미 선적된 물품을 "조달"(procure)함으로써 이행하는 것이다. 이를 명확히 하기 위하여 Incoterms® 2010 규칙은 관련 인코텀즈 규칙에서 "선적된 물품조달" 의무를 물품선적 의무의 대안으로서 포함시키고 있다.[70)]

물품선적과 관련하여 일반적인 관행 외에도 송화인(shipper)이 매매계약을 체결할 경우 CIF매매계약 대상물품이 이미 선상에 있는 것은 흔한 일이다. 이런 일은 송화인이 선주에게 공화운임(dead-freight charge)을 회피하기 위하여 다른 할당되지 않은 화물을 선박에 채우는 경우 일어날 수도 있다. 유사하게도 예를 들면, FOB 규칙에서 물품을 구매하는 자는 물품이 이미 선적되고 난 후에 CIF 규칙으로 매수인에게 매매하기로 합의할 수 있다.

또는 물품이 이미 선상에 있지만 CIF매매계약에서 매도인이 아닌 제3자가 송화인인 경우가 있다. 그러나 상품매매에서 매도인이 선적 전에 CIF매매계약을 체결하지만 직접 선적을 이행하지 않는 것이다. 이러한 방법으로 계약이행을 행하여야 하는 CIF매매계약상의 매도인은 선적기간이 만료에 따른 계약위반 문제에 직면할 수도 있다. 이러한 문제는 매도인이 제3자에 의해 선적되는 물품의 충당(appropriation)에 대하여 적절한 시기에 통지를 하지 못할 때 발생된다. 언제 이러한 지점에 이르렀는지를 결정하는 것은 어려운 문제이다.

2. 연속매매에서의 거래자

선적하지 아니하는 매도인은 연속매매관행에서 공통된 특징이다. 살물(bulk commodities)의 경우 단일의 화물은 종종 복수의 쌍무거래의 대상이 된다. 비록 동일한 항구 또는 항구 범위로부터 그리고 동일한 선적기간 내에 선적되는 동일한 형태의 물품과 관련되지만, 초기에는 이러한 계약과 관련되는 것은 아무것도 없다.

그러나 선박에 선적되고 그 화물에 대해 선화증권이 발행되고 특정화물이 계약에 충당될 때 연속매매가 이루어지고 다양한 계약을 연결시킨다. 연속매매 최종 매수인만이 화물이 양화될 때 화물의 물리적 점유(physical possession)를 하게 된다. 나머지는 서류만을 취급하며 최종 매수인에게 일부 생략된 서류인도가 있다 해도 물품은 볼 수조차 없을 수 있다.

계약과 함께 연속매매 되는 주문은 매도인으로부터 매수인 및 부차적 매수인(sub-buyer) 등에게 충당 또는 유사한 의사표시의 전달에 의존하게 된다.[71)] 이와 같이 연속매

70) ICC, Incoterms® 2010, ICC Publication No., 715E, 2010, Introduction.

71) Michael Bridge, *The international sale of Goods*, Second Ed., Oxford University Press, 2007. pp.

매는 동일한 화물이 다자계약으로 특정될 때 존재하게 되는 것이다.

Ⅴ. CIF매매계약에서의 소유권이전

1. 소유권이전에 관한 기준

소유권(property; ownership)이란 물품에 대한 완전지배권을 의미하며 재산권과 동의어로 사용된다. 무역계약에서 일반적으로 사용되고 있는 CIF나 FOB는 인코텀즈 규칙에 준거하고 있다. 그러나 이와 같은 인코텀즈 규칙상에는 소유권이전에 관한 규정이 없다. 따라서 CIF매매계약에서는 영국의 물품매매법(Sale of Goods Act: SGA, 1893, 개정 1979)상의 소유권이전에 관한 법제와 국제법협회(ILA)가 제정한 "CIF계약에 관한 와르소·옥스포드 규칙"(Warsaw-Oxford Rules for CIF Contract, 1932)에 규정한 소유권이전에 관한 기준 및 계약당시의 관행과 법제에 기초하여 소유권이전 문제를 참조하고 있다.

또한 언제 어떠한 방법으로 소유권이 이전되는가는 CIF가 서류인도라는 특수성에 비추어 권리증권인 선화증권의 발행 및 배서(교부)방식에 따라 결정되고 있는 것이 무역실무계의 관행이다.

2. 선화증권의 발행 및 배서방식에 의한 소유권의 이전시기

"CIF계약에 관한 와르소·옥스포드 규칙"에서 물품에 대한 소유권의 이전시기는 법적으로 부여받은 유치권(right of lien), 운송정지권(stoppage in transit)의 경우를 제외하고는 매도인이 제반서류를 매수인에게 인도한 시점이다라고 규정하고 있다.[72] 이와 같이 CIF매매계약에서 물품의 소유권은 매수인에게 운송증권 인도를 정지조건(condition precedent)으로 하여 물품이 선적된 시점으로 소급하여 매도인으로부터 매수인에게 이전된다.

CIF매매계약에 있어서는 언제 소유권이 이전하는가의 문제를 고찰할 때에는 실무적으로 선화증권의 발행이 계약이행상 통상적인 계기가 된다는 점에 유의할 필요가 있다. 즉 선화증권의 발행형식이 ① 매도인지시식(to the order of seller), ② 은행지시식(to the order of bank), ③ 매수인지시식(to the order of buyer), ④ 매수인기명식(to the buyer)인가에 따라 소유권의 이전행태가 달라질 수 있는 것이다.

128~129.

72) Warsaw Oxford Rules for CIF Contract, 1932, Rule 6.

1) 매도인지시식 선화증권인 경우

매도인이 선화증권을 매도인지시식으로 하는 이유는 매수인이 계약대로 대금을 지급하지 아니할 경우에 선화증권에 의해 물품을 되찾기 위한, 요컨대 매수인이 대금을 지급할 때까지 물품상의 담보권을 확보하기 위한 것이다. 그러나 이와 같이 매도인이 선화증권을 자신의 지시식으로 하여 대금지급이 있을 때까지 전소유권을 유보하는 것으로 단정하는 것은 무리가 있다. 왜냐하면 이때 매도인이 유보하는 것은 단지 매수인이 대금을 지급하지 않는 경우에 한하여 물품을 처분할 권리의 유보에 지나지 않는다고 보아야 할 것이다.

하지만 매도인지시식의 선화증권 발행은 매도인에게 물품처분권을 부여해 줌과 동시에 소유권유보에 대한 권리도 부여해 주는 것은 사실이다. 이같은 사실은 Arnold Karberg & Co. v. Blythe, Green, Jourdain & Co. 사건[73]에서 분명해졌다. 여기에서 매도인지시식의 선화증권인도의 효과는 계약상 물품을 유보할 수 있으며, 계약상의 조건이 해제되었을 경우, 즉 물품대금이 지급된 경우에는 조건이 성취된 것이므로 이 때 전소유권이 이전된다고 해석하고 있다.

결국 매도인이 자신의 지시식으로 선화증권을 취득했다는 것은 매도인의 담보권 유보의사를 명확히 표시했다고 해석되므로 이때의 소유권 이전시기는 대금지급시점이 된다.

2) 은행지시식 선화증권인 경우

대금추심을 의뢰하는 은행의 지시식으로 발행된 선화증권을 취득하는 경우, 매도인은 선적할 때에 담보권을 유보한다고 하는 자신의 의사가 표명된 것으로 해석된다. 따라서 소유권이전시점은 엄밀히 말해 선적시라고 볼 수 없으며, 대금지급시에 매도인의 담보권이 소멸하므로 이때 완전한 소유권이 이전된다고 본다.

매매당사자간 은행이 개입되는 경우에는 매도인지시식 또는 은행지시식을 불문하고 다음과 같이 소유권이 이전된다.[74]

첫째, 선적지의 매입은행이 매도인의 환어음을 매입했을 경우이다. 이 경우 수익이익은 선적과 동시에 매도인으로부터 매수인에게 이전되지만 매도인은 자신 앞으로의 지

---

73) [1915] 2.K.B.379.

74) 대부분의 신용장거래에서는 발행은행지시식으로 선화증권이 발행된다. 은행지시식으로 발행되는 이유는 신용장발행은행이 수입대금에 대한 지급확약을 하고 있기 때문에 수입자가 대금지급을 하지 않을 경우에는 물품에 대한 담보권을 유보하기 위함이다.

시식 선화증권으로 담보이익을 유보한다. 선적지의 매입은행이 환어음을 매입할 때 매도인에게 선화증권의 수화인(consignee)을 매입은행지시(to the order of negotiating bank)로 하든지 또는 단순지시시식에 따라 백지배서(blank endorsement)를 하도록 요구하기 때문에 담보이익은 매입과 동시에 매입은행에 이전된다.

그 후 매입은행은 매입한 환어음과 서류를 추심지의 발행은행에 송부하여 발행은행이 지급하면 담보이익은 선적지의 매입은행에서 발행은행으로 이전한다. 마지막으로 매수인이 그 발행은행으로부터 환어음과 서류를 인도받고 인수·지급하면 담보이익은 소멸하고 매수인은 완전한 소유권을 취득한다. 만약 매수인이 환어음의 인수·지급에 응하지 않으면 담보권의 발동문제가 일어난다. 즉 은행이 어음법상 상환청구권을 가지는 경우에는 매도인에게 상환을 청구하고 매도인은 다시 환어음금액을 상환하는 것이 보통이며 상환청구에 응한 매도인은 되돌려 받은 선화증권에 의거 물품을 타인에게 전매하게 된다.

둘째, 선적지의 추심의뢰은행이 매도인의 환어음을 매입하지 않고 단순한 추심에만 개입하는 경우이다. 이 경우 선적과 동시에 수익이익은 매수인에게 이전하지만 매도인은 매도인지시식의 선화증권을 취득하므로 담보이익은 매도인에게 있다. 매수인이 추심은행의 추심에 따라 환어음의 인수 또는 지급을 하면 매도인의 담보이익은 소멸하고 매수인은 완전한 소유권을 취득하게 된다.

3) 매수인지시식 선화증권인 경우

매수인지시식의 선화증권을 매도인이 소유하고 있는가 또는 매수인에게 인도했는가에 따라 소유권 이전의 시기가 달라지게 된다. 매수인지시식 선화증권이 아직 매도인의 손에 있다면 이는 물품대금의 담보로써 선화증권을 유보하고 있는 것이 확실하므로 매수인이 물품대금을 지급할 때까지는 소유권이 이전되지 않는다.

왜냐하면 이 경우 매수인과 그 피배서인 이외에는 선화증권에 근거해서 선박회사로부터 물품을 수령할 수 없다 할지라도, 매도인이 선화증권을 유보하고 있는 한 매수인이 매도인에게 대금을 지급하지 않는다면 선화증권을 인도받을 수 없기 때문에 선화증권의 점유가 담보권을 유보하는 역할을 하게 된다.[75]

이에 반해 매수인지시식 선화증권을 대금지급 받기도 전에 매수인에게 임의로 인도했을 경우 매도인은 담보권유보의 의사가 없는 것으로 해석되며 물품의 선적시에 소유권도 이전하는 것으로 본다.

---

75) David M. Sassoon and H. Orren Merren, *op. cit.*, pp. 131~132.

4) 매수인기명식 선화증권인 경우

매도인이 매수인기명식의 선화증권을 선박회사로부터 취득한 경우, 매도인은 물품대금의 담보로서 이를 유보할 의사가 없는 것으로 간주된다. 대개 이 경우 매수인은 선화증권을 제시하지 않고도 선화증권상에 기재된 수입자가 틀림없다는 것이 확인되면 선박회사로부터 물품을 인도받을 수 있다. 이러한 이유 때문에 기명식선화증권을 비유통선화증권(non-nogotiable B/L)이라고 하며 무역거래에서는 본지사간 거래 또는 특수한 경우를 제외하고는 거의 사용되고 있지 않다.

Ⅵ. CIF매매계약에서의 위험의 이전

1. Incoterms® 2010

Incoterms® 2010 규칙의 매도인의 의무(A5)에서는 본선의 갑판상에 물품을 두거나 그렇게 인도된 물품을 조달함으로써 물품을 인도함에 따라 인도될 때까지 물품에 대한 멸실 또는 손상의 모든 위험을 부담하는 것으로 규정하고 있다.

CIF매매계약에서는 매도인이 선적의무를 부담하며, 물품의 인도장소를 본선상으로 한다. 따라서 위험은 본선에 물품을 선적할 때에 매도인으로부터 매수인에게 이전된다고 하는 것이 무역거래시의 관행이다.

2. SGA

영국 물품매매법(SGA) 제20조의 이른바 소유자주의에 따르면 소유권과 위험의 소재는 일치하며, 소유권이 매도인으로부터 매수인에게 이전하면 동시에 위험도 이전한다고 보았다. 그런데 매도인이 자기지시식의 선화증권을 취득하여 그것에 대한 양도배서를 하지 않고 그대로 보유하고 있다면 물품의 소유권이 이전되지 않으므로 위험도 이전되지 않는 결과가 되어 영미법상의 소유자주의와 상반된다.

그러나 영국 물품매매법 제20조 규정은 "달리 약정이 없는 한"(unless otherwise agreed)이라는 단서가 있는 임의규정이라는 점에서 볼 때, 당사자의 의사에 따라 물품의 선적과 동시에 위험도 이전한다고 볼 수 있다. 결국 위험은 소유권에 수반한다는 영국 물품매매법의 규정은 추정규정이므로 반대해석을 할 만한 근거가 있을 때에는 그 추정은 번복될 수 있다.

따라서 이 규정은 매도인이 오직 물품대금의 지급을 받기 위해서 소유권을 유보하고 있는 경우, 즉 물품을 선적한 후 매도인지시식의 선화증권을 발행받은 경우에는 이 규정은 적용되지 아니한다.[76)]

3. UCC

미국 통일상법전(UCC) 제2-509조에서는 위험이전은 당사자간의 약정을 최우선적으로 존중하고 있다.

계약물품을 운송인에게 운송계약을 체결한 경우에는 위험은 운송인에게 적절하게 인도되었을 때 이전하며 만일 수탁자(bailee)가 보관 중인 물품에 대해서는 권리증권을 매수인이 수령한 때 또는 매수인의 소유권을 수탁자가 승인한 때에 위험은 매수인에게 이전하여 그 외의 경우에는 인도제공시 또는 매수인이 목적물을 수령한 때 이전한다고 규정하고 있다.

4. CISG

국제물품매매계약에 관한 유엔 협약(CISG) 제67조~69조에서는 위험은 계약물품을 최초의 운송인(first carrier)에게 인도된 때에 이전되며 운송 중 매매된 물품에 대해서는 계약체결시에 매수인에게 이전된다. 특정한 장소에서 물품을 인도할 경우에는 매수인이 물품을 수령한 때 또는 매수인의 임의처분에 맡겨지거나 물품이 특정될 때라고 규정하고 있다.

일반적으로 CIF매매계약에서의 위험은 선적과 동시에 이전된다. 따라서 선적 후에 물품이 멸실·손상된다면 이 손해는 당연히 매수인이 부담하게 된다. 그리고 이러한 사고가 선적 후 서류의 제공 전에 일어나도 매수인은 서류를 수령하고 대금을 지급하여야 할 것이다.

그러나 우연한 사고에 의해서 물품이 손상되는 위험과 운송 중에 물품고유의 성질상 품질이 악화되는 위험(risk of deterioration of the goods)과는 혼돈하지 말아야 할 것이다.

CIF매매계약에 있어서 물품의 품질을 보장할 것을 계약상 묵시조건(implied condition)으로 했을 경우, 매도인은 선적 때부터 도착시까지 뿐만 아니라 상당한 기간(reasonable time)이 경과한 후에도 그 물품의 품질을 보장하여야 할 것이다. 그러나 이것은 운송 또는 물품의 처분이 매도인의 과실이 아닌 부당한 지연에 의한 경우에는 적용되지 않는다.[77)]

---

76) Stock v. Inglis [1884] 12 Q.B.D. 564.

77) Broome v. Pardess Co-operative Society [1939] 3 All E. R. 978. 985.

Ⅶ. CIF매매계약과 서류제공

매매계약에 있어서 반대의 규정이나 상관습이 없는 경우, CIF매매계약에서의 매도인은 선화증권(bill of lading), 보험증권(insurance policy) 및 상업송장(commercial invoice)과 같은 세 가지 서류제공의무를 부담한다. 매매당사자는 CIF매매계약의 성격을 해치지 않는 이상 일정한 범위 내에서 다른 서류를 대체하거나[78] 또는 추가서류를 요구할 수 있다.

1. 운송서류

CIF매매계약에서 매도인은 운송서류로서 선적선화증권(shipped bill of lading)이나 본선적재선화증권(on board bill of lading)을 매수인에게 제공하여야 한다. 선적선화증권은 운송화물을 본선에 적재한 후에 발행한 선화증권이다. 선적선화증권상의 발행일자(date of issue)는 곧 본선적재일자가 된다. 선적선화증권은 선화증권의 성질이나 법적 요건이 모두 갖추어진 운송서류이다.

본선적재 해상선화증권에서 본선적재부기(on board notation)의 요건은 본선적재의 뜻, 본선적재일자, 운송인 또는 그 대리인, 즉 증권발행자의 서명이 있어야 한다.

또한 매도인은 무사고선화증권(clean B/L) 원본전통(full set of original)을 제공할 의무가 있다.

선화증권은 발행방식에 대하여 약정한 대로 지시식 또는 기명식 등으로 발행 및 제공하여야 한다. 지시식 선화증권(order B/L)이란 신용장상의 운송서류 요구조항에 선화증권의 수화인(consignee)으로는 ① "to order", ② "to the order of A" 또는 ③ "to the order of X Bank"로 표시하여 발행되도록 요구되는 선화증권을 말한다. ①과 ②의 경우에는 대개는 무기명배서(blank endorsement; endorsed in blank)의 요구가 있는데 선화증권원본 이면에 송화인인 수출자가 배서를 하고 권리를 양도한다. 이 경우 선화증권소지자가 화물에 대한 담보권을 취득하게 된다.

기명식 선화증권(straight B/L)은 화물의 수취인인 매수인의 명칭과 주소가 수화인(consignee)란에 기재된 선화증권으로 화물의 소유권은 특정인에게 귀속되므로 송금환방식(remittance basis)이나 선대신용장(red clause L/C)에 의한 거래가 아니면 수화인을 매수인으로 기재된 비유통 기명식 선화증권을 발행하지 않는 것이 매도인에게 안전하다.

---

78) CIF매매계약에서 인도지시서(Delivery Order: D/O)와 상환으로 대금지급을 약정하는 경우 매도인은 선화증권 대신에 인도지시서와 같은 인도서류(delivery document)로 대체하여 매수인에게 제공할 수 있다.

2. 보험서류

CIF와 CIP매매계약에서는 매도인이 적화보험을 부보하고, 이에 대한 보험서류를 매수인에게 제공할 의무가 있다. 신용장거래에서는 해상적화보험의 성립을 증명하는 서류를 총칭하여 보험서류라고 하는데, 이에는 보험증권(insurance policy: I/P), 보험증명서(insurance certificate) 및 통지서(declaration)가 있다.

보험증권은 보험계약 성립의 증거로 보험자가 보험계약자의 청구에 의해 교부되며 이는 유가증권이 아닌 단지 증거증권으로 보통 배서(endorsement) 또는 인도에 의하여 양도된다. 신용장통일규칙에 의하면 보험서류는 보험회사(insurance company)나 보험인수업자(underwriters) 또는 이들의 대리인(agents) 및 대리행위자(proxies)에 의해 발행되어야 하며,[79] 중개업자가 발행한 보험승낙서(cover note)는 신용장상에 별도 허용하지 않는 한 은행이 수리하지 않는다.[80]

보험부보일자는 곧 보험서류의 발행일자가 되므로 본선적재(loading on board)를 나타내는 선화증권(bill of lading)의 경우에는 적재일, 발송(dispatch)을 나타내는 항공화물운송장 등의 운송서류일 때는 발송일, 수탁(taking in charge)을 나타내는 복합운송증권의 경우에는 그 수탁일과 최소한 같거나 그 이전이어야 한다. 그러나 본문의 약관 중에 "소급약관"(lost or not lost clause)이 있는 경우 및 "창고간 약관"(warehouse to warehouse clause)이 있는 보험증권의 경우에는 화물이 창고에서 적재될 때부터 부보된다는 것을 표시하고 있는 것이므로 부보일자가 선적일자보다 늦어도 무방하다.

CIF 또는 CIP매매계약에서는 매도인이 보험계약의무를 "최소보험조건은 약정가격에 10%를 합한 금액(즉 110%)을 담보해야 하며 계약통화로 부보되어야 한다"[81]고 규정하고 있다. 이 취지는 신용장통일규칙에서도 같이 적용되고 있다.[82]

보험부보조건은 화물의 종류와 성질을 고려하여 협회적화약관의 ICC(A), ICC(B), ICC(C) 중에서 어느 조건으로 부보할 것이며 과연 동 조건으로 위험이 담보되는지를 검토하여야 한다. 인코텀즈 규칙에서는 매도인은 자신의 비용으로 적어도 협회적화약관(LMA/IUA)의 (C)조건을 최소담보조건으로 하는 적화보험을 부보하도록 하고 있다.[83]

---

79) UCP 600, Article 28-a.

80) UCP 600, Article 28-c.

81) Incoterms® 2010, CIF, CIP, A3(b).

82) UCP 600, Article 28-f.

83) Incoterms® 2010, CIF, CIP, A3(b).

3. 상업송장

상업송장(commercial invoice)은 대금청구서의 기능 외에도 매매계약상 매도인의 의무이행 사실을 입증하기 위하여 제시하여야 하는 중요한 서류이다. Incoterms® 2010은 각 거래조건별 매도인의 의무조항(A1)에서 매도인은 매매계약조건에 일치하는 물품과 상업송장을 제공하여야 하는 것으로 규정하고 있다. 이는 상업송장이 일치증명(evidence of conformity)으로서의 주요한 기능을 수행하기 때문이다.

Ⅷ. 결 론

CIF 매매계약은 매도인이 대상 물품에 대하여 운임과 보험료를 포함하여 판매하는 것이므로 정형거래규칙 중에서 비교적 복합적인 분석이 요구된다.

매도인의 CIF매매계약 이행에서 물품은 선적항 본선상에 인도되거나 연속매매를 위하여 선상에서 조달된 물품을 인도함으로써 또한 상업상의 관점에서 물품인도가 약정 물품을 대신하는 권리증권과 같은 서류인도에 의하여 이루어지는 상징적 인도에 의하여 이루어지는 특성이 있다.

CIF매매계약을 이행하기 위하여 매도인은 매매당사자간의 CIF거래규칙에 따른 매매계약을 주계약으로 하고 선박회사와 해상운송계약, 보험회사와 해상보험계약 등 두 개의 부종계약을 별도로 체결하여야 한다.

CIF매매계약은 해상운송 또는 내수로 운송의 경우에만 이용할 수 있음에도 불구하고 컨테이너화가 이루어지는 복합운송의 경우에도 사용빈도가 높은 것은 매매당사자간 잠재적인 분쟁요인을 안고 있다.

CIF 규칙을 보다 광범위하게 이용할 수 있는 거래규칙으로 발전시키기 위하여 기존의 관습에 변화를 주는 것보다는, CIF 규칙은 항구간 거래, 즉 해상운송에 한하여 이용하여야 한다. 현대의 컨테이너 복합운송에 의한 물품매매에 있어서는 이러한 환경에 부응하는 인코텀즈 규칙에 반영된 CIP 규칙을 사용하는 것으로 매매계약이 체결되어야 할 것이다.

CIF매매계약은 인코텀즈 규칙, CIF계약에 관한 와르소·옥스포드규칙, 미국의 개정 무역정의 및 통일상법전의 규정 등이 다양하기 때문에 매매계약시 무역거래규칙 사용에 대한 준거규정을 명시적으로 약정하여야 한다.

제 3 절 CIF계약에 관한 와르소·옥스포드규칙

문제 1-18 CIF계약에 관한 와르소·옥스포드규칙의 의의, 적용범위 및 이 규칙에 반영된 주요 내용을 설명하시오.

답안 1-18

〈목차 구성〉

Ⅰ. 서 론

1932년 국제법협회(International Law Association: ILA)[84]가 전통적인 해상매매에서 서류에 의한 상징적 인도 중심의 CIF 계약이 보편화되면서 CIF계약에 관한 와르소·옥스포드규칙(Warsaw-Oxford Rules for CIF Contract)이 제정되었다. 그 후 이 규칙은 개정된 바가 없어 국제거래관습의 변화를 시의성 있게 반영하지 못하고 있는 이유 등으로 현재의 무역계약에서는 거의 사용되지 않고 있다.

그러나 이 규칙은 선적에 대한 매도인의 의무, 선적의 증명, 위험의 이전, 소유권의 이전, 선화증권에 관한 매도인의 의무, 선적의 통지, 수출·수입의 허가·원산지증명, 물품의 품질증명, 서류의 제공, 선적 후의 물품의 멸실·손상, 매수인의 대금지급의무, 물품의 검사에 관한 매수인의 권리, 매매계약상의 권리 및 구제, 통지의 방법 등에 대하여 21개 규칙으로 비교적 상세하게 규정하고 있다.

이 규칙에 의하면 매도인은 자신의 비용을 가지고 운송계약과 운송중인 물품의 위험에 대한 보험계약을 체결하고 물품을 선적한 후에 서류를 매수인에게 제공하고 매수인은 대금을 지급하여야 한다. 물품에 대한 위험은 선적에 의해 매수인으로 이전하고

84) 1873년 런던에서 설립된 민간기관으로, 국제공법과 국제사법의 연구·해명·진흥·법률충돌의 해결에 관한 제안과 법률의 통일화 및 국제이해와 친선촉진사업 활동을 하고 있다. 이 협회의 주요한 성과는 공동해손의 정산에 관한 "1974년 요크·엔트워프규칙"(the York-Antwerp Rules 1974) 및 "1924년 선화증권통일조약"(International Convention for the Unification of Certain Rules Relating to Bills of Lading 1924)에 대하여 원안을 기초한 것이다.

소유권은 매수인이 서류를 점유하였을 때 이전하는 것으로 되어 있어 매매계약에서 사적자치 원칙을 적용하는데 있어 주목하여야 할 점이 있다.

이하에서는 이 규칙의 의의, 적용범위 및 구성내용을 중심으로 검토하고자 한다.

Ⅱ. CIF계약에 관한 와르소·옥스포드규칙의 의의

국제법협회(International Law Association: ILA)가 해상무역에 있어서 매매관습의 국제적 통일을 위한 규칙을 제정하기로 결의한 것은 1926년 개최된 동 협회의 빈(Wien)회의였다. 이 회의의 결의에 따라 CIF계약에 관한 통일규칙을 기초할 위원을 선임하였으며, 초안이 1928년 와르소(Warsaw)회의에 상정되어 "와르소규칙"(Warsaw Rules 1928)으로 채택되었다.

이 규칙은 영국의 CIF관습과 이에 관한 판례를 토대로 작성되었다. 국제상업회의소의 무역거래조건위원회는 와르소규칙에 관심을 표시하고, 이에 대한 각국 국내위원회의 의견을 구하였다. 특히 미국과 독일로부터 수정안이 제출되고 1930년에 개최된 국제법협회의 뉴욕회의에서 이 규칙을 개정하기로 결정하였다. 특히 국제상업회의소의 강력한 지원에 의해 1931년 10월 와르소규칙 개정초안이 작성되었으며, 이것이 1932년 옥스퍼드에서 개최된 국제법협회에서 상정·토의를 거쳐 "1932년 와르소·옥스퍼드규칙"(Warsaw-Oxford Rules for CIF Contract 1932)을 채택하게 되었다.

Ⅲ. CIF계약에 관한 와르소·옥스포드규칙의 적용범위

와르소·옥스포드규칙은 CIF계약을 체결하고자 하는 당사자에게 임의로 채택할 수 있는 통일적 해석기준을 제공하고 있는 것이다.

따라서 인코텀즈나 개정미국무역정의와 마찬가지로 계약당사자의 합의에 의하여 이 규칙에 따라 해석한다는 취지의 조항을 계약서에 명시적으로 규정하는 경우에 한하여 CIF 매매계약당사자의 권리·의무에 대하여 적용시킬 수 있다. 따라서 이 규칙은 임의규범으로 매매당사자간의 계약에서 사적자치에 따라 적용 여부가 성립된다.

이 규칙은 당사자가 규칙의 규정에 명시적으로 수정, 변경을 가하였을 때는 수정, 변경된 내용에 의한다. 이 규칙의 규정과 계약의 문언이 다를 때는 계약의 문언을 우선 적용한다.

Ⅳ. CIF계약에 관한 와르소·옥스포드규칙의 구성내용

이 규칙은 서문(preamble)과 21개 규칙(Rules)으로 구성되어 있다. 이 규칙에서 규정하고 있는 기준은 다음과 같다.

① 규칙의 개요, ② 선적에 관한 매도인의 의무, ③ 선적시기 및 선적일의 증명, ④ 면책, ⑤ 위험, ⑥ 소유권, ⑦ 선화증권에 관한 매도인의 의무, ⑧ 특정선박-선박의 종류, ⑨ 도착지 지급운임, ⑩ 수입세 및 기타의 비용, ⑪ 물품의 상태에 관한 매도인의 의무, ⑫ 보험에 관한 매도인의 의무, ⑬ 선적통지, ⑭ 수입·수출허가서, 원산지증명서, 기타, ⑮ 품질증명서, 기타, ⑯ 서류의 제공, ⑰ 선적 후의 멸실 또는 손상, ⑱ 대금지급에 관한 매수인의 의무, ⑲ 물품검사에 관한 매수인의 권리, ⑳ 매매계약에 관한 권리와 구제, 21 통지.

특히 이 규칙에서는 인코텀즈에 반영되지 아니한 면책, 소유권 및 매매계약에 관한 권리구제에 대한 규칙이 마련되고 있는 점이 특이하다.

규칙 제6에서 "물품에 대한 소유권이전(passing of property) 시기는 매도인이 매수인의 점유(possession)하에 서류를 인도할 때"라고 규정하고 있다.

Ⅴ. 결　론

실제 국제물품매매계약에서는 이 규칙은 현재 거의 이용되고 있지 않고 있다. 그 이유는 매매당사자 대부분이 Incoterms® 2010에 규정된 CIF 규칙을 사용하고 있기 때문이다.

그러나 인코텀즈 규칙에 반영되지 아니한 면책, 소유권 및 매매계약에 관한 권리구제 문제를 계약조항에 반영하기 위하여 매매당사자가 별도합의로 "CIF계약에 관한 와르소·옥스포드규칙"을 원용할 수 있다.

따라서 특히 계약당사자가 CIF로 매매계약을 체결할 경우 소유권이전 시기를 "CIF계약에 관한 와르소·옥스포드규칙"의 제6을 적용하고자 할 경우 이러한 취지의 문언을 계약서에 명시적인 합의로 사용할 수 있을 것이다.

제 4 절 개정미국무역정의와 미국 통일상법전상의 거래조건

문제 1-19 1990년 개정미국무역정의의 내용과 적용에 대하여 설명하시오.

답안 1-19

〈목차 구성〉

Ⅰ. 서 론

FOB매매관습은 섬나라인 영국을 중심으로 해상매매를 위하여 비롯되었으나, 미국과 같은 대륙국가에 전해지면서 운송수단이 선박뿐만이 아니라 철도화차, 부선, 화물자동차 등으로 확대되었고, 일반 운송인에게 화물을 인도하거나 또는 지정운송용구에 적입함으로써 매도인의 인도·제공이 이루어지는 매매에까지 이 용어가 사용되게 되었다.

예컨대 “FOB Chicago”, “FOB Mill Pittsburgh”와 같이 내륙의 출화지나 매도인의 공장 적출지를 나타내는 사용이 일반화되었다. 또한 “FOB Car New York”과 같이 약정품을 적재할 화차가 지정항구에 도착할 때까지의 위험과 비용을 매도인이 부담하고 그 지정장소에 도착한 화차에 적재된 상태에서 약정품을 매수인에게 인도한다고 하는 내용의 화차인도조건도 생겨났다. 이처럼 FOB 내용이 다양하게 사용됨으로써 미국상인과의 무역거래에서 용어의 사용법이나 해석에 관한 분쟁이 종종 발생하였다.

이하에서는 미국매매관습인 개정미국무역정의의 내용과 적용범위에 대하여 고찰하기로 한다.

Ⅱ. 개정미국무역정의의 채택과 개정내용

1. 1919년 채택 및 정의 내용

무역매매에 사용되는 용어에 대한 통일을 기하기 위하여 1919년 12월에 미국 전미국무역협회(National Foreign Trade Council) 회의에서 "수출가격조건의 정의"(Definitions of Export Quotations)가 채택되었다. 이 정의를 채택한 회의가 New York의 India House에서 개최되었기 때문에 일명 "FOB에 관한 India House규칙"(India House Rules for FOB)이라고도 부른다.

이 정의에서는 ① FOB, ② FAS, ③ CIF, ④ C&F의 4종의 표준정의를 규정하였는데, 특히 FOB는 이를 다시 7종으로 세분하여 다음과 같은 표준해석을 제시하였다.

1919년 당초의 미국무역정의의 FOB조건은 다음과 같이 7가지로 세분하였다.

① FOB(named point), ② FOB(named point), Freight Prepaid(named point on the sea-board), ③ FOB(named point) Freight Allowed to(named point on the seaboard), ④ FOB Cars(named point on seaboard), ⑤ FOB Cars(named port) LCL, ⑥ FOB Cars(named port) Lighterage Free, ⑦ FOB Vesse1(named port).

1919년의 정의는 수출가격의 채산조건에 대하여 수출업자단체에 의하여 작성되었던 것으로 그 내용이 매도인에게 유리한 방향의 해석기준이라는 불만이 수입업자측으로부터 제기되었다. 또한 그 후 미국은 실제로 세계무역을 주도하는 입장에 서게 되었으며 이에 따라 무역거래관습에도 큰 변화가 발생하게 되었다.

2. 1941년 개정내용

이러한 이유로 전미국무역협회(National Foreign Trade Council), 전미국수입업자협회(National Council of American Importers) 및 미국상업회의소(Chamber of Commerce of the United)의 합동위원회에서 미국무역정의에 대한 개정작업이 이루어져, 그 결과 1941년의 전미국무역회의에서 "개정미국무역정의"(Revised American Foreign Trade Definitions 1941)가 채택되었다. 이 정의는 앞의 India House Rule에다 Ex(Point of origin) 및 Ex Dock의 2종을 추가하여 ① Ex(Point of Origin), ② FOB, ③ FAS, ④ C&F, ⑤ CIF, ⑥ Ex Dock의 6종으로 늘어났다.

Ⅲ. 1990년 개정미국무역정의 내용

1. 거래조건의 유형 및 FOB 조건의 세분화

그러나 1941년 개정무역정의가 공표된 이후 무역관행의 변화에 부응하기 위하여 특히 인코텀즈를 참조, 제2차 개정 "1990년 개정미국무역정의"(Revised American Foreign Trade Definition 1990)를 공표하게 되었다. 이 정의에서는 ① EXW(Ex Works-named place), ② FOB, ③ FAS, ④ CFR, ⑤ CIF, ⑥ DEQ Delivered의 6조건을 규정하고 종전과 같이 FOB는 미국적인 특성을 감안하여 그 적용 유형을 6가지로 세분하고 있다.

1990년 개정무역정의에서 거래조건 표기는 Ex(Point of origin) → EXW(Ex Works-named place), C&F → CFR, Ex Dock → DEQ Delivered로 각각 바뀌었다. 또한 FAS는 종전의 "Free Alongside Ship"이라는 풀이를 "Free Along Side"로 하였다.

1990년 개정미국무역정의에서 규정하고 있는 거래조건은 다음과 같다.[85]

(1) EXW

① EXW(Ex Works-named place)(지정장소 공장인도)

(2) FOB

① FOB(named inland carrier at named inland point of departure)(지정국내 적출지에서 지정국내 운송인에의 인도)[86]

② FOB(named inland carrier at named inland point of departure) Freight Prepaid to(named point of exportation)(지정국내 적출지에서 지정국내 운송인에의 인도, 단 지정 수출지까지의 운임지급)[87]

③ FOB(named inland carrier at named inland point of departure) Freight Allowed to(named point)(지정국내 적출지에서 지정국내 운송인에의 인도, 단 지정지점까지의 운임 공제)[88]

④ F0B(named inland carrier at named point of exportation)(지정국내 수출지에서 지정국내 운송인에의 인도)[89]

---

85) 강원진, 전게서, 146~149면.
86) 거래조건 표기의 예는 FOB Car Chicago or FOB Air Chicago와 같다.
87) 거래조건 표기의 예는 FOB Car Chicago, Freight prepaid to New York과 같다.
88) 거래조건 표기의 예는 FOB Car Chicago, Freight Allowed to New York과 같다.
89) 거래조건 표기의 예는 FOB Car New York과 같다.

⑤ FOB Vessel(named port of shipment)(지정선적항에서 본선적재인도)[90)]

⑥ F0B(named inland point of in the country of importation)(수입국지정 내륙지점까지의 반입인도)[91)]

(3) FAS

① FAS Vessel(named port of shipment)(지정선적항 선측인도)

(4) CFR

① CFR(named point of destination)(지정목적지까지의 운임포함인도)

(5) CIF

① CIF(named point of destination)(지정목적지까지의 운임·보험료포함인도)

(6) DEQ Delivered

① Ex Quay(Duty paid)(관세지급 부두인도)

2. FOB Vessel

1) FOB Vessel의 의의

이 중 특히 FOB Vessel에서는 매매당사자의 의무를 규정하는 서두에서 “매도인은 지정된 선적항에서 매수인에 의하여 또는 매수인을 위하여 제공된 항해선박(overseas vessel)에 물품을 인도할 때까지 발생하는 모든 비용을 포함하여 가격을 산정한다”라고 하여 매매당사자의 가격산정의무에 대하여 규정하고 있다.

또한 “매도인은 매수인에 의하거나 매수인을 위하여 지정되고 제공된 본선의 갑판상에 실제로 물품을 적재하는데(in placing goods actually on board vessel) 발생하는 모든 비용을 부담하여야 한다”고 개정미국무역정의 [Ⅱ-E(1)]에서 규정하고 있다.[92)] FOB의 6개 유형 중 FOB Vessel은 인코텀즈의 FOB 규칙상의 인도장소와 유사하다. 그러나 개정미국무역정의는 인코텀즈의 인도측면(A4)의 비하여 가격산정 측면을 중시하고 있다.

2) FOB Vessel에서의 매매당사자의 의무

(1) 매도인의 의무

이 가격산정방법 아래서 매도인은 다음과 같은 의무를 부담한다.

첫째, 매도인은 정하여진 일자 또는 기간 이내에 매수인이 직접 또는 매수인을 위

90) 거래조건 표기의 예는 FOB Vessel New York과 같다. 이 조건은 Incoterms® 2010의 FOB 규칙과 가장 유사하다.

91) 거래조건 표기의 예는 FOB Busan or FOB Seoul과 같다.

92) Revised American Foreign Trade Definitions 1990.

하여 지정·제공된 본선상에 물품을 현실적으로 적재하는데 발생하는 일체의 비용을 지급하여야 한다.[93] 무역용어를 특히 가격산정조건으로 채택하고 있으므로 매도인의 첫째 의무에 있어서도 그 가격구성요소 가운데 본선인도에 필요한 비용을 매도인의 부담으로 명시하고 있다.

둘째, 매도인은 무사고 본선수령증 또는 본선적재 선화증권을 제공하여야 한다.[94]

셋째, 매도인은 물품이 정하여진 일자 또는 기간 이내에 본선상에 적재될 때까지의 일체의 멸실·손상에 대하여 책임을 부담하여야 한다.[95]

종래 FOB조건이 갑판인도라고도 불리어졌기 때문에, 이 조항의 "placed on board the vessel"을 "본선갑판상에 인도"의 의미로 보는 견해도 있다. 그러나 본선의 상층갑판은 적화장소가 아니며, 이른바 갑판적화물(deck cargo)은 선창 내에 적재하는 것이 불가능하거나 또는 곤란한 사정이 있는 경우에 특약이 있는 때에만 인정된다. 또한 사실의 문제로서도 본선의 양화기가 선외로부터 화물을 집어, 그대로 선창에 반입하는 것이지 일단 갑판상에 두는 것은 아니므로 "placed on board the vessel"은 화물의 "본신에의 반입" 그 자체를 의미한다.

이와 같이 화물이 선외로부터 현실적으로 본선에 반입된 사실에 의하여 본선은 그 화물을 수취하게 되며, 여기에 본선수령증 또는 이와 동종의 서류가 발급됨으로써 본선의 인도가 입증된다.[96]

넷째, 매도인은 매수인이 수출을 위하여 또는 도착지에서 수입하기 위하여 원산국, 선적국 또는 그 양국에서 발급된 서류를 필요로 하는 경우에 매도인은 매수인의 요청과 비용으로 그 서류를 취득하는데 협조하여야 한다.[97]

(2) **매수인의 의무**

이 가격산정방법 아래서 매수인은 다음과 같은 의무를 부담한다.

첫째, 매수인은 매도인에게 본선명칭, 출항일, 선적을 위한 정박장소 및 본선에의 인도일자에 대하여 적기에 통지하여야 한다.[98]

둘째, 매수인이 지정한 본선이 지정된 기간 내에 도착하지 아니하거나 또는 물품을 적재하지 못하는 경우에 매수인은 물품을 매수인의 임의처분에 맡겼을 때부터 그 물품

93) RAFTD, 1990, (Ⅱ-E)FOB Vessel, Seller's Liability(1).
94) *Ibid.*, (2).
95) *Ibid.*, (3).
96) 上坂酉三, 前揭書, 193面.
97) RAFTD, op. cit., (4).
98) RAFTD, 1990, (Ⅱ-E)FOB Vessel, Buyer's Liability(1).

에 관하여 발생한 추가비용 및 일체의 위험을 부담하여야 한다.[99)]

셋째, 매수인은 목적지까지 그 후의 모든 물품운송을 담당하여야 한다. 즉 보험계약을 체결하고 또 보험료를 지급하여야 하며, 해상 및 기타 운송계약을 체결하고 또 운송비를 지급하여야 한다.[100)]

인코텀즈에는 특히 이러한 규정을 두고 있지 않다. 개정미국무역정의가 이 의무를 특히 규정한 것은 선적으로부터 외국도착지까지의 운송과 보험에 관한 의무의 부담자에 관하여 원칙과 특약의 혼동으로 인하여 가끔 분쟁이 야기되는데 기인한 것으로 생각된다.[101)]

넷째, 매수인은 수출세 또는 수출로 인하여 부과되는 수수료 및 비용이 있으면, 이것을 지급하여야 한다.[102)]

이와 같은 의무는 본선인도에 관한 원칙적으로 당연히 매수인의 부담으로 해석된다. 인코텀즈는 이 점을 규정하지 아니하고, 매도인의 의무 가운데 수출허가와 정부승인은 매도인의 당연한 의무로 보고 있는데, 이것은 이러한 수속은 수출지에 있는 수출자가 이행하는 것이 편리하기 때문이다.

다섯째, 매수인은 물품이 본선상에 적재된 이후에 발생한 일체의 멸실, 손상에 대하여 책임을 부담하여야 한다.[103)]

이는 앞에서 말한 매도인의 셋째 의무에 상응한 것이다. 다만, 매도인의 셋째 의무에서는 "본선에 둘 때까지"(until … placed on board) 물품은 매도인의 위험아래에 있는 것으로 규정하고 있는데 반하여, 여기서는 "본선에 적재된 이후부터"(after … loaded on board) 물품은 매수인의 위험 아래에 있는 것으로 규정하고 있다. 이것은 매도인측은 물품의 인도라는 능동적 입장에 있는데 반하여, 매수인 측은 물품의 수령이라는 수동적 입장에 있는데서부터 생기는 자구상의 차이에 지나지 아니한다.

여섯째, 매수인은 원산국, 선적국 또는 그 양국에서 발행되는 무사고 본선수령증 또는 선화증권 이외의 서류를 수출하기 위하여 또는 목적지에서 수입하기 위하여 필요로 하는 경우에는 이 서류를 취득하는데 발생하는 일체의 요금 및 비용을 지급하여야 한다.[104)]

---

99) RAFTD, op. cit., (2).
100) RAFTD, *op. cit.*, (3).
101) 上坂酉三, 前揭書, 194~195面.
102) RAFTD, op. cit., (4).
103) RAFTD, op. cit., (5).
104) RAFTD, *op. cit.*, (6).

Ⅳ. 개정무역정의의 적용범위

"개정미국무역정의"(Revised American Foreign Trade Definition)는 FOB나 CIF 등 6가지 조건을 반영하여 매매계약을 체결하고자 하는 당사자에게 임의로 채택할 수 있는 해석기준을 제공하고 있다.

따라서 "인코텀즈"나 "CIF계약에 관한 와르소·옥스포드규칙"과 마찬가지로 계약당사자의 합의에 의하여 무역용어를 이 정의에 따르는 것으로 계약서에 명시적으로 규정하는 경우에 한하여 적용될 수 있다. 따라서 이 규칙은 임의규범으로 매매당사자간의 계약에서 사적자치에 따라 적용 여부가 성립된다.

이 규칙도 당사자가 정의에 명시적으로 수정, 변경을 가하였을 때는 수정, 변경된 내용에 의한다.

이와 같이 개정미국무역정의도 "인코텀즈"나 "와르소·옥스포드 규칙"처럼 무역거래관습의 해석기준에 불과하다. 이 개정 정의는 특별법으로 규세를 하거나 또는 법정의 판결로 확인되지 않는 한 법적지위를 갖지 않는다. 그러므로 매매당사자가 개정미국무역정의를 매매계약의 일부로서 받아들이는데 동의할 경우에 한하여 법적 구속력이 있게 된다.

Ⅴ. 결 론

미국의 매매관습은 광활한 영토의 지리적 특성과 거래형태를 고려하여 국내거래 및 무역거래에 다양한 형태로도 사용할 수 있도록 하였다. 미국은 특이하게 FOB조건을 6가지로 구분하고 있다. 이는 미국의 독자적인 관습에 의한 것이지만 적재수단뿐만이 아니라 인도장소도 인코텀즈의 "D" 그룹에 속하는 규칙과 같이 양륙지까지 확장하는 형태로 다양하다.

이와 같이 미국은 실제로 FOB조건은 인코텀즈의 그것과 다르게 이해되고 있으며 FOB는 어느 곳이든 가능할 수 있다. 인코텀즈의 FOB 규칙과 일치시켜 무역거래조건을 사용할 경우 FOB뒤에 "Vessel"란 단어를 추가하는 것이 필요하다.

개정미국무역정의는 인코텀즈의 인도측면(A4)의 비하여 가격산정 측면을 중시하고 있는 점은 경영적 사고를 중시한 미국 관습의 특성을 반영된 점이라고 할 수 있다.

실제 매매계약에서 개정미국무역정의는 잘 사용되지는 않고 있다. 그러나 미국의 매매관습을 가진 기업들과 FOB계약을 체결할 경우 또는 그 밖의 거래조건을 사용할 경우에는 이와 같은 미국의 관습이나 법제(통일상법전 제2편 매매)를 검토할 필요가 있다.

따라서 국제매매계약을 체결할 경우에는 국제상관습으로 정착된 Incoterms® 2010 규칙이 적용된다는 준거규정(applicable provision)을 계약시에 명시적으로 약정하는 것이 매우 중요하다.

문제 1-20 미국 통일상법전상의 정형거래조건중 FOB매매계약에 대하여 설명하시오.

답안 1-20

〈목차 구성〉

Ⅰ. 서　　론
Ⅱ. FOB매매계약 유형별 당사자의 의무
　1. FOB place of shipment
　2. FOB place of destination
　3. FOB Vessel, car or other vehicle
Ⅲ. FOB매매계약의 다양성 비교
Ⅳ. 결　　론

Ⅰ. 서　　론

미국 통일상법전(Uniform Commercial Code)은 제2편에는 매매(sales)에 관하여 규정하고 있다. 그 중에서 정형거래조건으로는 FOB, FAS, CIF, C&F 및 Ex-ship을 반영하고 있다. 특히 미국의 광활한 지역적 특성을 고려하여 통일상법전상의 FOB는 인도장소를 중심으로 3가지 유형의 FOB로 구분하고 있다.

즉 FOB 선적지 인도(FOB the place of shipment), FOB 목적지 인도(FOB the place of destination) 및 FOB 선박, 자동차, 기타 운송차량 인도(FOB Vessel, Car or other vehicle) 등의 FOB조건이다.

이하에서는 FOB매매계약에 따른 거래조건 유형별 당사자의 의무 및 FOB매매계약의 다양성 비교를 중심으로 살펴보기로 한다.

Ⅱ. FOB매매계약 유형별 당사자의 의무

미국 통일상법전에서는 당사자간에 다른 합의가 없는 한 FOB는 단순한 가격표시의 기호가 아니라 당사자의 권리와 의무를 정하는 물품인도조건(delivery term)으로 보고 있다. 미국 통일상법전에 있어서의 3가지 유형의 FOB매매계약에서 매도인과 매수인의 의무를 살펴보면 다음과 같다.

1. FOB place of shipment

이 계약에 있어서는 매도인은 물품의 점유를 운송인에게 이전할 때까지의 비용과 위험을 부담하여야 한다. "물품의 점유를 운송인에게 이전한다"(… putting them into possession of the carrier)라 함은 반드시 물품을 운송수단에 적재하는 경우만을 의미하지 아니하고, 운송인의 창고, 화물적치장 및 부두 등에 적재를 위하여 인도한 경우도 포함한다. 매도인은 물품을 현실적으로 적재할 의무는 있으나, 그 적재비용과 위험은 매수인이 부담하여야 한다.[105]

또한 매도인은 제2-504조의 규정에 따라 다음과 같은 의무를 부담하여야 한다.[106]

첫째, 물품의 점유를 운송인에게 이전하고, 또한 물품의 성질 및 기타의 상황에 비추어 합리적인 운송계약을 체결한다.

둘째, 매수인이 물품의 점유를 취득할 수 있도록 필요한 서류 또는 계약상·무역관습상 필요한 서류를 취득하여 매수인에게 제공하여야 한다.

셋째, 매수인에게 신속히 적재의 통지를 하여야 한다.

만약, 매도인이 매수인에게 통지를 하지 아니하거나 또는 적절한 운송계약을 체결하지 아니한 때에는 매수인은 중대한 지연 또는 손실이 발생한 때에 한하여 물품의 인수를 거절할 수 있다.

따라서 매도인은 운송인과 운송계약을 체결하여야 할 의무 및 선화증권 등의 운송증권을 취득하여 매수인에게 제공할 의무를 부담한다.

2. FOB place of destination

이 계약에서는 매도인은 자기의 비용과 위험부담으로 물품을 지정목적지까지 운송하여 미국 통일상법전 제2-503조에 규정된 방법으로 물품의 인도를 제공하여야 한다.[107] 여기서 인도의 제공이란 매도인이 계약조건에 일치하는 물품을 매수인이 처분할 수 있는 상태에 두고, 또 매수인이 인도를 받는데 합리적으로 필요한 통지를 하는 것을 말한다. 따라서 매도인은 물품을 목적지까지 운송한 후, 매수인에게 그 뜻을 통지하고, 물품을 언제든지 매수인에게 인도할 수 있는 상태에 두면 된다.

---

105) 新堀 聰, 「貿易取引入門」, 日本經濟新聞社, 1992, 194面.

106) UCC, §2-504.

107) UCC, §2-503.

3. FOB Vessel, car or other vehicle

운송수단의 종류가 부기되어 있는 경우에는 매도인은 자신의 비용과 위험으로 지정된 운송수단에 물품을 적재할 의무를 부담한다. 특히 조건이 "FOB Vessel"인 경우에는 매수인은 본선을 지정할 의무를 부담하며, 또 매도인은 선화증권의 형식에 관하여 미국 통일상법전 제2-323조의 규정에 따르지 않으면 안 된다. 동조[108])에 의하면, "FOB Vessel" 조건의 매도인은 다른 합의가 없는한, "물품이 적재되었다는 뜻이 기재된 유통선화증권"(a negotiable bill of lading stating that the goods have been loaded on board)을 취득하지 않으면 안 된다.

이 규정은 미국 통일상법전상의 CIF 또는 C&F조건에서는 매도인에 대하여 다른 합의가 없는 한, 수취선화증권의 취득도 인정하고 있는데 반하여 "FOB Vessel" 조건은 매도인에게는 반드시 선적선화증권을 취득하도록 하고 있다. 왜냐하면 "FOB Vessel" 조건에 있어서는 본선선적이 절대적인 요건으로 하고 있기 때문이다.[109)]

또한 매수인은 매도인에 대하여 물품을 인도하는데 필요한 지시, 예컨대 본선명, 출항일 및 본선의 정박위치 등에 관한 통지를 하여야 할 의무가 있는 것으로 규정하고 있다. 이것은 매수인이 매도인에게 계약의 이행을 요구할 수 있는 전제조건이다.

만약, 매수인이 이러한 통지를 하지 아니하였기 때문에 매도인이 물품을 인도할 수 없는 경우에는, 제2-311조에 의하여 매도인은 매수인의 불협력을 이유로 ① 자기의 계약이행이 지연되더라도 면책이 되며, ② 인도의 제공을 한 후, 매수인의 물품 수령거절에 의한 계약위반으로 다룰 수 있다.[110)]

"FOB Vessel" 매매계약에 있어서는 매수인은 매도인이 제공하는 필요서류와 상환으로 대금을 지급하지 않으면 안 된다는 것과 서류 대신에 현품의 인도를 청구할 수 없다는 것을 규정하고 있다.

한편 매도인은 서류 대신에 현품을 제공할 수 없다. 또한 매도인에게 선화증권의 취득·제공의무를 부과하는 동시에 매수인은 선화증권과 상환으로 대금을 지급하도록 규정하고 있다.

---

108) UCC, §2-323.

109) 新堀 聰, 前揭書, 195面.

110) UCC, §2-311.

Ⅲ. FOB매매계약의 다양성 비교

특히 미국 통일상법전상의 FOB는 다음과 같이 3가지 유형의 FOB로 구분하고 있다.

① FOB(place of shipment)는 선적지(적출지)매매로 이는 개정미국무역정의의 A), B), C)가 이에 속하여, ② FOB(place of destination)는 양륙지매매로 이는 역시 D), F)가 속하고 그리고 ③ FOB(vessel, car or other vehicle)는 적출지매매로 이는 E)가 여기에 속한다고 할 수 있다.

표 1-3 FOB매매관습과 법제의 비교[111)]

Incoterms® 2010	Revised American ForeignTrade Definition 1990	Uniform Commercial CodeArticle 2
	A) FOB(named inland carrier at named inland point of departure) B) FOB(named inland carrier at named inland point of departure) Freight Prepaid to(named point of exportation) C) FOB(named inland carrier at named inland point of departure) Freight Allowed to(named point of exportation)	① FOB place of shipment
	D) FOB(named inland carrier at named point of exportation)	② FOB place of destination
① FOB(named port of shipment)	E) FOB Vessel(named port of shipment)	③ FOB Vessel, Car or other vehicle
	F) FOB(named inland point in country of importation)	② FOB place of destination
국제적으로 일반화된 관습	미국의 관습	미국의 법제

Ⅳ. 결 론

미국의 매매관습은 광활한 영토의 지리적 특성과 거래형태를 고려하여 개정미국무역정의에서와 같이 국내거래 및 무역거래에 다양한 형태로도 사용할 수 있도록 하였다.

그러나 미국 통일상법전에 규정되고 있는 FOB조건은 개정미국정의와는 달리 FOB조건을 인도장소를 기준으로 3가지로 구분하고 있다.

111) 강원진, 「국제무역상무론」, 법문사, 1993, 137면; 강원진, 「최신 국제상무론」, 두남, 2014, 172면.

Incoterms® 2010규칙의 FOB와 가장 유사한 조건은 "FOB Vessel"이다. 따라서 미국의 거래처와 매매계약을 체결할 경우 미국의 관습이나 법제(통일상법전 제2편 매매)를 검토할 필요가 있다.

이를 위해서는 국제매매계약을 체결할 경우에는 국제상관습으로 정착된 Incoterms® 2010 규칙이 적용된다는 준거규정(applicable provision)을 계약시에 명시적으로 약정하여 거래조건 사용과 해석상의 상충을 예방하여야 할 것이다.

Chapter 03

무역계약의 약정조건과 무역계약의 체결

제 1 절 계약물품에 관한 기본조건

문제 1-21 무역계약 체결시 물품에 대한 품질 및 수량조건에서 약정하여야 할 내용에 대하여 설명하시오.

답안 1-21

〈목차 구성〉

Ⅰ. 계약물품에 관한 기본조건
Ⅱ. 품질조건의 약정내용 및 검토사항
  1. 품질의 결정방법
  2. 품질의 결정시기
  3. 품질의 증명방법
Ⅲ. 수량조건의 약정내용 및 검토사항
  1. 수량의 단위
  2. 수량결정의 시기
  3. 과부족용인조건
Ⅳ. 결　론

Ⅰ. 서　론

물품의 품질(quality) 및 수량(quantity)에 관한 조건은 무역계약물품의 기본적인 조건이다. 특히 국제매매의 객체인 물품의 품질 및 수량은 당자간 중요한 관심사이기 때문에 이 문제로 인하여 상거래 분쟁이 야기되는 경우가 많다.

따라서 매매계약시에는 품질조건에서는 품질의 결정방법, 품질의 결정시기 및 품질의 증명방법 등을 명확히 하고 수량에 대한 관습이 나라에 따라 서로 다르기 때문에 수량의 단위, 수량결정의 시기 및 과부족의 용인 등에 대하여 명확하게 약정하여야 한다.

이하에서는 매매계약에서 품질조건 및 수량조건의 약정내용에 대하여 검토하기로 한다.[1)]

Ⅱ. 품질조건의 약정내용 및 검토사항

1. 품질의 결정방법

품질의 결정방법으로는 관습적으로 견본·상표·규격·명세서·표준품에 의한 방법을 이용하고 있다.

1) 견본에 의한 매매(sales by sample)

무역거래에서 가장 널리 이용되고 있는 방법으로 실제 매매될 물품의 품질을 매매당사자가 제시된 견본에 의하여 인도할 것을 약정하는 방법이다. 견본을 송부하는데 있어서는 매도인이 매수인에게 송부하는 매도인견본(seller's sample)과 매수인이 매도인에게 송부하는 매수인견본(buyer's sample)이 있는데 이는 품질의 기준을 약정하기 위한 원견본(original sample)이 된다.

매도인견본이나 매수인견본, 즉 원견본에 대해서 색상(color)이나 무늬(pattern) 등을 수정하여 매매당사자간 새로운 견본을 제시하게 되면 이 견본을 역견본(counter sample)이라고 한다. 역견본에 대하여 상대방이 승낙하게 되면 승인견본(approval sample)이 되며 이 품질을 기준으로 물품을 생산하게 된다. 만일 선적물품과 동일한 품질의 것임을 알기 위하여 매수인의 요청에 의하여 생산완료된 물품을 보내게 되면 이는 선적견본(shipping sample)이 된다.

견본은 만일 후일에 야기될지 모르는 분쟁에 대비하여 최소한 동일 견본을 2개 내지 3개를 만들어 교부 이후에도 상당한 기간 동안 보관하여 두어야 한다. 견본은 매도인 및 매수인이 각각 1개씩 보관하고 나머지 1개는 물품생산자가 제3자일 경우에 생산자가 보관하도록 한다.

매매계약시에 특히 주의해야 할 사항은 견본의 품질은 견본과 완전히 일치하는 것으로 표현하지 말고 대체로 견본과 비슷한 것이라고 하여 다소 융통성 있는 표현을 하

---

1) 강원진, 「무역계약론」, 제4판(수정판), 박영사, 2013, 40~47면; 강원진, 「최신 국제상무론」, 두남, 2014, 69~76면.

는 것이 좋다. 즉 "Quality to be fully equal to sample"이나 "Quality to be same as sample"보다는 "Quality to be considered as being about equal to sample"처럼 완곡하게 표현하여야 마켓클레임(market claim)을 예방할 수 있다.

2) 상표에 의한 매매(sales by mark or brand)

국제적으로 널리 알려진 물품에 대해서는 견본을 제시할 필요 없이 상표(trade mark)나 통명(brand)에 의하여 품질기준으로 삼는 거래를 말한다. 예를 들면, Nikon 카메라, Parker 만년필, Omega 손목시계 등과 같은 상표를 이용하는 방법이다.

3) 규격에 의한 매매(sales by type or grade)

물품의 규격이 국제적으로 통일되어 있거나 수출국의 공적 규격으로 특정되어 있는 경우에 이용되는 매매방법이다. 국제표준화기구, 즉 ISO(International Organization for Standardization), 영국의 BSS(British Standard Specification), 일본의 JIS(Japan Industrial Standard), 한국의 KS(Korean Industrial Standard) 등과 같은 규격을 이용하는 방법이다.

4) 명세서에 의한 매매(sales by specification)

명세서에 의한 매매란 거래대상물품의 소재, 구조, 성능 등에 대하여 상세한 명세서(specification)나 설명서(description), 설계도(plan) 등에 의하여 매매기준으로 삼는 방법이다. 예컨대, 선박, 철도차량, 의료용구, 중장비류 등이 해당된다.

5) 표준품에 의한 매매(sales by standard)

수확예정의 농산물, 어획예정의 수산물 또는 벌채예정의 원목 등은 매매계약시에 현품이 없고 견본제공이 곤란하다. 이러한 물품에 대해서는 그 표준품(standard)을 정하고 실제 인도된 물품과 표준품 사이에 차이가 있을 경우 대금을 증감하여 조정하는 매매방법이다. 따라서 품질의 차이에 대하여 견본 매매에서는 클레임 사유가 되지만 표준품매매에서는 사후 정산하면 된다. 표준품에 의한 품질의 결정방법에는 다음과 같은 것이 있다.

(1) 평균중등품질(Fair Average Quality: F.A.Q.)

주로 곡물류의 매매에 사용되는 품질조건으로 인도물품의 품질은 선적시, 선적장소에서 당해 계절의 선적물품의 평균중등품질(fair average quality of the season's shipments at the time and place of shipment)을 조건으로 하는 것을 의미한다. 이 조건은 물품의 선물거래(future transaction)에 많이 이용된다.

(2) **판매적격품질**(Good Merchantable Quality: G.M.Q.)

목재, 냉동어류와 같이 견본이용이 곤란하고 그 내부의 품질을 외관상으로 알 수 없는 거래에 이용되는 방법으로 매도인이 인도한 물품은 판매적격성(merchantability)을 지닌 것임을 보증하는 조건을 말한다.

(3) **보통품질**(Usual Standard Quality: U.S.Q.)

주로 원면거래에 이용되는 품질조건으로 공인검사기관 또는 공인표준기준에 의하여 보통품질을 표준품의 품질로 결정하는 조건을 말한다.

2. 품질의 결정시기

무역거래에서의 물품운송은 대부분이 장거리의 해상운송에 의하여 이루어지기 때문에 선적시점과 양륙시점에서의 품질 차이가 발생할 가능성이 크다. 따라서 후일의 분쟁을 피하기 위하여 계약시에 품질의 결정시기를 미리 선적시점으로 할 것인가 또는 양륙시점의 품질을 기준으로 할 것인가의 여부를 명확하게 약정하여 두는 것이 중요하다.

1) 일반물품의 품질결정시기

(1) **선적품질조건**(shipped quality terms)

인도물품의 품질이 약정한 품질과 일치하는가의 여부를 선적시의 품질에 의해 결정하는 방법으로 일반공산품 등에 널리 이용되고 있다. 매도인은 운송중에 변질된 물품에 대해서는 책임을 부담하지 않는 조건이다. 일반적으로 FCA, CFR, CIF, CPT, CIP 규칙은 선적품질조건이라고 할 수 있고, 표준품매매의 F.A.Q. 역시 선적품질조건이다.

(2) **양륙품질조건**(landed quality terms)

인도물품의 품질이 계약품질과 일치하는가의 여부를 도착지에서 양륙시의 품질에 의하여 결정하는 방법을 말한다. 매도인은 운송중 변질된 물품에 대하여 책임을 부담하여야 한다. 도착지 인도조건(delivered terms)인 DAT, DAP, DDP 규칙은 양륙품질조건으로 볼 수 있으며, 표준품매매의 G.M.Q. 역시 양륙품질조건이다.

2) 곡물의 품질결정시기

곡물류의 거래에 있어서는 선적시와 양륙시의 품질상이에 대하여 매매당사자 중 누가 책임을 부담하느냐에 대하여 관용되는 특수한 조건들이 있다.

(1) Tale Quale(T.Q.)

이 조건[2]은 선적품질조건(shipped quality terms)으로 매도인은 약정한 물품의 품질을

2) Tale Quale은 불어로 Tel Quel이라고도 하며 "Such as it is" 또는 "Just as they come"이라는 의미이다.

선적할 때까지만 책임을 부담하는 조건이다.

(2) Rye Terms(R.T.)

이 조건은 호밀(rye)거래에 사용되면서 물품도착시 손상되어 있는 경우에 그 손해에 대하여 매도인이 변상하는 관례에서 생긴 것으로 양륙품질조건(landed quality terms)이다.

(3) Sea Damaged(S.D.)

이 조건은 조건부선적품질조건이다. 즉 해상운송 중에 발생한 바닷물 등의 조유(潮濡) 또는 응고(condensation) 등에 기인하는 품질손해에 대하여 매도인이 부담하는 이른바 선적품질조건과 양륙품질조건을 절충한 조건이다.

3. 품질의 증명방법

물품의 품질에 대한 검사는 매매계약시 매매당사자간에 어느 편에서 할 것인가를 합의하게 되지만 원칙적으로 품질의 입증은 선적품질조건의 경우에는 매도인이, 양륙품질조건의 경우에는 매수인이 입증책임을 부담하여야 한다.

따라서 품질에 대한 입증은 객관적인 입장에서 검사, 감정, 증명 등을 전문적으로 하는 검정인(surveyor)[3]의 검정보고서(Surveyor's Report)에 의하여 손해배상을 청구할 수 있도록 계약시에 합의하여 두는 것이 좋다.

Ⅲ. 수량조건의 약정내용 및 검토사항

1. 수량의 단위

수량의 단위는 물품의 성질에 따라 중량(weight), 용적(measurement), 개수(piece), 포장(package), 길이(length), 면적(square) 등으로 구분하여 표시한다.

중량은 kg, lb(pound), ton을 단위로 하는데 이 중 ton의 경우에는 Long Ton(L/T), Short Ton(S/T), Metric Ton(M/T)[4] 가운데 어떤 ton으로 할 것인가를 명시하여야 한다. 영국계의 Long Ton(English Ton; Gross Ton)은 2,240lbs(1,016kgs), 미국계의 Short Ton (American Ton; Net Ton)은 2,000lbs(907kgs), 프랑스계의 Metric Ton(French Ton; Kilo Ton)은

3) 국제적으로 권위 있는 검정인으로는 Lloyd's Surveyor, Lloyd's Agent, 검사기관으로는 SGS(Societe Generale de Surveillance S.A.) 등이 있다.

4) M/T는 용적톤(measurement ton)으로 운송회사가 화물의 운임(freight)을 계산할 때 사용되기도 하는데 1M/T는 40cft(cubic feet), 즉 480S.F.(super foot)에 해당한다.

2,204lbs(1,000kgs)를 나타낸다.

용적의 단위로 목재에는 cubic meter(M^3; CBM), cubic feet(cft), super feet(S.F.),[5] 석유 등 액체에는 barrel, gallon, liter가, 곡물에는 bushel 등이 사용된다. 액체의 경우 영국의 1 English gallon(imperia1 gallon)은 4.546 liters이고, 미국의 1 American gallon(wine gallon)은 3.7853 liters이므로 어떠한 gallon인가를 확인하여 수량단위를 정하여야 한다.

개수는 보통 전자제품과 같은 일반물품의 경우는 piece, set, 연필·양말 등은 dozen (12개)으로, Pin이나 조화(artificial flower) 등 값싼 잡제품의 경우에는 gross(12×12=144개), small gross(12×10=120개) 또는 great gross(12×12×12=1,728개)를 단위로 한다.

포장단위로는 bale, bag, drum, case, can, bundle 등이 있으며 면화, 비료, 밀가루, 유류, 과자, 통조림 등의 거래시 사용된다. 길이의 단위로는 meter, yard, inch, foot 등이 있고 전선, 원단 등에 사용된다. 또한 면적의 단위로는 square foot(sft) 등이 있고 유리, 합판, 타일(tile) 등에 사용된다.

2. 수량결정의 시기

품질조건의 시기와 마찬가지로 수량조건에서도 수량결정의 시기는 선적수량조건 (shipped quantity terms)과 양륙수량조건(landed quantity terms)으로 구분할 수 있다.

선적수량조건은 선적시점에 검량한 수량이 계약에서 명시한 수량과 합치되면 운송 중에 감량이 되더라도 매도인은 이에 대하여 아무런 책임을 부담하지 않는 조건으로 선적시의 수량을 최종으로 하는 것이다. 일반적으로 FOB 규칙이나 CIF 규칙에 의한 거래는 선적지인도로 선적수량조건에 의한다.

양륙수량조건은 목적항에서 양륙하는 시점에서 검량하여 수량이 계약수량과 합치되어야 하는 조건이며 만일 운송 중 감량이 있는 경우에는 매도인이 책임을 부담하는 조건이다. DAT 규칙이나 DAP 규칙에 의한 거래는 도착지인도로 양륙수량조건이라고 할 수 있다.

3. 과부족용인조건(more or less clause: M/L clause)

유류와 같이 휘발성이 있거나 광물이나 곡물처럼 살물(撒物; bulk cargo)인 경우 운송도중 감량이 생길 우려가 있는 물품에 대하여 매매계약시 과부족 한도를 정해 두고 그 범위 내에서 물품인도가 이루어지면 수량부족에 대한 클레임을 제기하지 않기로 약정하는 수량표시방법을 과부족용인조건이라고 한다.

5) 1 S. F.는 square foot x 1 inch에 해당하는 부피이다.

1) 특약에 의한 과부족용인조항의 설정

물품의 성질에 따라 수량 과부족을 인정해야 할 경우에 얼마만큼 허용할 것인가와 과부족 선택권자를 누구로 할 것인가에 대하여 계약시에 명시해 두는 것이 좋다. 예를 들면, "Quantity shall be subject to a variation of 3% more or less at seller's option" 또는 "Seller shall have the option of shipment with a variation of more or less 3% of the quantity contracted, unless otherwise agreed"와 같이 약정하도록 한다.6)

2) 신용장거래시의 과부족용인

신용장방식에 의한 거래에서는 과부족이 생기기 쉬운 살물에 대하여는 신용장에 명시된 신용장금액 또는 물품의 수량(quantity)이나 단가(unit price) 앞에 "약"이라는 의미의 "about" 또는 "approximately" 등의 용어를 사용하여 10%를 초과하지 아니하는 과부족을 용인하는 것으로 하고 있다.7) 이와 같이 "about" 등과 같은 표현을 하여 과부족의 용인을 신축적으로 운용하는 것을 개신수량조건(approximate quantity term)이라고 한다.

그러나 신용장상에 물품수량과 과부족 용인문언의 명시가 없더라도 과부족 금지문언이 없는 한 환어음의 발행금액이 신용장금액을 초과하지 않는 범위 내에서 5%까지의 과부족이 용인된다.8) 여기에는 포장단위(packing unit)나 개개품목(individual item)에 따라 수량이 명시된 경우에는 적용되지 않는다. 이와 같이 살물의 거래에서는 그 성질상 신용장이 요구하는 대로 정확한 수량을 선적한다는 것은 사실상 불가능하기 때문에 과부족용인을 통하여 상거래분쟁을 예방하고자 하는 취지로 볼 수 있다.

살물을 대상으로 하는 무역계약의 경우 과부족을 용인하기위한 약정 예문은 다음과 같다.

[예] "More or less: Quantity shall be subject to a variation of 3% more or less at seller's option."

"More or less: Seller shall have the option of shipment with a variation of more or less 3% of the quantity contracted, unless otherwise agreed."

"More or less: Tiger Brand Cement about 1000 M/T."

---

6) 신용장거래방식 이외의 추심방식인 D/P·D/A 거래나 송금방식거래에서 과부족이 생기기 쉬운 Bulk Cargo에 대해서는 특별히 more or less 조항을 명시하여 두는 것이 중요하다. 수량조건을 약정하면서 최소인수가능수량(minimum quantity acceptable) 또는 최대인수가능수량(maximum quantity acceptable)의 경우처럼 막연한 표현보다는 명확한 수량을 표시하거나 개산수량조건(approximate quantity term)을 사용하는 것이 바람직하다.

7) UCP 600, Article 30-a.

8) UCP 600, Article 30-b.

Ⅳ. 결 론

무역계약에서 품질과 수량은 기본조건 중에서도 중요하다. 품질은 계약물품의 명세나 품질기준을 결정하는 것이며 수량은 계량단위에 맞는 정확한 수량이 인도되어야 하는 것이다. 따라서 매수인은 품질 및 수량의 계약적합성 여부를 판단하게 된다.

특히 물품에 대한 품질의 결정방법이나 시기, 품질의 증명방법, 수량의 단위와 결정시기 및 과부족이 생기기 쉬운 살물(bulk cargo)인 경우에는 과부족 용인조항을 설정하여 수량부족으로 인한 분쟁에 대비할 필요가 있다.

문제 1-22 무역계약 체결시 가격조건 및 대금결제 조건에서 약정하여야 할 내용에 대하여 설명하시오.

답안 1-22

〈목차 구성〉

Ⅰ. 서 론
Ⅱ. 가격조건의 약정내용 및 검토사항
  1. 매매가격의 산출근거
  2. 매매가격의 원가요소
  3. 매매가격의 표시통화
  4. 가격조건의 약정 예
Ⅲ. 대금결제조건의 약정내용 및 검토사항
  1. 신용장방식에 의한 결제
  2. 추심방식에 의한 결제
  3. 송금방식에 의한 결제
  4. 대금결제의 시기
  5. 결제통화
Ⅳ. 결 론

Ⅰ. 서 론

무역거래에서 매매당사자가 가장 관심을 두는 것은 무엇보다도 좋은 품질의 물품을 적정한 가격으로 계약을 체결하고 대금결제를 보장받고자 하는 것이다.

가격조건(price terms)은 적정한 매매가격을 채산(estimation)하는데 기본적인 조건이며 중요한 조건이다. 가격조건을 약정하는 데는 매매가격의 산출근거를 인코텀즈 규칙을 참조하여 매매가격의 원가요소 분석 및 전략적인 가격조건 선택에 대하여 검토하여야 한다.

또한 대금결제조건(payment terms)은 가장 일반적인 신용장방식이나 무신용장방식에 의한 추심방식 및 송금방식과 대금결제의 시기 등에 대한 약정 및 검토가 필요하다.

이하에서는 매매계약에서 가격조건 및 대금결제조건의 약정내용 및 검토사항에 대하여 살펴보고자 한다.

Ⅱ. 가격조건의 약정내용 및 검토사항

1. 매매가격의 산출근거

매매가격은 매도인과 매수인이 부담해야 할 여러 가지의 원가요소와 물품의 인도장소 등을 감안하여 정하여진다. 그러나 매매당사자가 이러한 점을 고려하여 매거래시마다 계약서상에 구체적으로 정한다는 것은 번잡하고 불편한 일이다. 따라서 실제거래에서는 국제적으로 보편화된 “Incoterms® 2010”에 규정된 정형거래규칙에 의하여 매매가격이 산출되고 있다. 이를테면 FOB나 CIF 규칙 등의 간단한 정형을 사용하는 것이다.

따라서 매매당사자는 계약자유의 원칙에 따라 어떠한 거래관습의 조건을 채택할 것인가를 계약시에 명시적으로 약정하는 것이 무엇보다도 중요하다. 왜냐하면 FOB, CIF 규칙이라도 미국의 관습과 국제상관습인 인코텀즈 규칙과 상이하여 상거래분쟁이 야기될 수 있기 때문이다.

2. 매매가격의 원가요소

물품의 수출 또는 수입가격은 여러 가지의 원가요소를 포함하여 결정하게 된다. 수출가격은 물품을 직접 제조하거나 타사에서 구매하는 물품원가(manufacturing or purchasing cost), 즉 기본원가와 수출자가 조직이 클 경우에는 소속 부서 외의, 즉 타 부문 간접비를 배분받은 간접원가에 부대비용, 예상이익을 포함하여 가격제시를 하여야 한다. 또한 수입가격은 매도인의 선적물품원가, 즉 기본원가와 수입자의 타 부문 간접비를 계상한 간접원가에 부대비용, 예상이익을 포함하여 수입가격의 원가로 삼는다.

[표 1-4]는 “Incoterms® 2010”의 정형거래규칙별 매매가격에 대한 원가구성요소를 나타낸 것이다.

표 1-4 "Incoterms® 2010"의 정형거래규칙별 원가구성요소

원가구성요소 / 정형거래규칙	기본원가	간접원가	예상이익	부대비용															
				수출지 발생									운송과정 발생		수입지 발생				
	물품제조·구매원가	사업부문별간접원가	이익	포장및화인비	물품점검비	수출지내륙운송비	최초운송인측인도비용	수출통관제비용	수출제세및부과금	선적항부선사용료	인도서류제공비용	선적항본선선적비용	해상운임	적화보험료	목적항양화비	목적지내륙운송비	수입관세	수입통관제비용	수입제세및부과금
1. EXW	○	○	○	○	○														
2. FCA	○	○	○	○	○	○	○	○	○	◎	○								
3. FAS	○	○	○	○	○	○	○	○	○	◎	○								
4. FOB	○	○	○	○	○	○	○	○	○	○	○	○							
5. CFR	○	○	○	○	○	○	○	○	○	○	○	○	○		◈				
6. CIF	○	○	○	○	○	○	○	○	○	○	○	○	○	○	◈				
7. CPT	○	○	○	○	○	○	○	○	○	○	○	○	○		○	△			
8. CIP	○	○	○	○	○	○	○	○	○	○	○	○	○	○	○	△			
9. DAT	○	○	○	○	○	○	○	○	○	○	○	○	○	○	○	△			
10. DAP	○	○	○	○	○	○	○	○	○	○	○	○	○	○	▲	△			
11. DDP	○	○	○	○	○	○	○	○	○	○	○	○	○	○	▲	△	○	○	○

주 1) ○표는 매도인 부담비용, 공란은 매수인 부담비용
2) ◎표는 선적항에서 부선이 사용될 경우 매도인 부담비용
3) ◈표는 정기선 운송시 운임에 양화비가 포함될 경우 매도인 부담비용
4) △표는 운송계약에 따라 지정목적지까지 내륙 운송될 경우 매도인 부담비용
5) ▲표는 지정목적지에서 양화를 위하여 준비된 도착 운송수단상에서 매수인의 임의처분 상태로 둘 경우 매도인 부담비용
6) 모든 운송방식을 위한 규칙: EXW, FCA, CPT, CIP, DAT, DAP, DDP
7) 해상 및 내수로 운송을 위한 규칙: FAS, FOB, CFR, CIF

3. 매매가격의 표시통화

통화(currency)는 국가마다 고유의 통화를 사용하고 있기 때문에 무역거래에서는 매매 당사자간에 어느 나라의 어떠한 통화를 사용할 것인지에 대하여 약정해 두어야 한다. 예컨대 달러(Dollar)라고만 표시하였다면 달러를 사용하는 나라가 미국을 포함하여

캐나다, 오스트레일리아, 싱가포르, 홍콩 등 여러 나라가 있고 그 대외가치도 서로 달라 대금결제시에 문제가 된다. 그러므로 미국 달러는 USD(또는 US$), 캐나다 달러는 CAD(또는 C$), 오스트레일리아 달러는 AUD(또는 A$), 싱가포르 달러는 SGD(또는 S$), 그리고 홍콩 달러는 HKD(또는 HK$)와 같이 국가별통화단위를 명확히 표시하여야 한다.

또한 무역거래에 사용되는 통화는 안정성(stability)과 교환성(convertibility) 및 유동성(liquidity)이 있는 통화를 고려하여야 한다.9)

4. 가격조건의 약정 예

무역계약을 체결할 때 가격조건(price terms)을 약정하고자 할 경우에는 다음의 예와 같이 인코텀즈 규칙에 규정된 가격조건 표기 방법에 따라 약정하여야 한다.

[FCA 규칙의 표기 기준] FCA(insert named place of delivery) Incoterms® 2010

항공운송의 경우: "FCA Incheon Airport Incoterms® 2010"

해상운송의 경우: "FCA Yongdang Container Terminal Incoterms® 2010"

철도운송의 경우: "FCA Gwangmyung Station Incoterms® 2010"

도로운송의 경우: "FCA Seocho Cargo Terminal Incoterms® 2010"

복합운송의 경우: "FCA 30, Yangjae-dong, Seocho-gu, Seoul, Korea Incoterms® 2010"

특히 FCA 규칙에서 당사자가 매도인의 구내(premises)에서 물품을 인도하기로 약정할 경우에는 Incoterms® 2010 Rules에 따라 위의 복합운송의 경우에서와 같이 지정 인도장소로서 매도인의 주소를 FCA 다음에 위의 예(복합운송의 경우)와 같이 명시하여야 한다.

[CIP 규칙의 표기 기준] CIP(insert named place of destination) Incoterms® 2010

항공운송의 경우: "CIP New York Airport Incoterms® 2010"

해상운송의 경우: "CIP New York Container Terminal Incoterms® 2010"

철도운송의 경우: "CIP Chicago Station Incoterms® 2010"

도로운송의 경우: "CIP New York Cargo Terminal Incoterms® 2010"

복합운송의 경우: "CIP New Jersey Eastern Warehouse Incoterms® 2010"

---

9) 강원진, 전게서, 47~50면, 77~79면.

[FOB 규칙의 표기 기준] FOB(insert named port of shipment) Incoterms® 2010
해상운송의 경우: "FOB Busan Incoterms® 2010"
내수로운송의 경우: "FOB Jamsil Incoterms® 2010"
(서울의 한강변 잠실을 내수로항으로 가정할 경우임)

[CIF 규칙의 표기 기준] CIF(insert named port of destination) Incoterms® 2010
해상운송의 경우: "CIF New York Incoterms® 2010"
내수로운송의 경우: "CIF Newburgh, New York Incoterms® 2010"

Ⅲ. 대금결제조건의 약정내용 및 검토사항

무역대금의 결제방식으로는 신용장방식(L/C basis)에 의한 결제, 추심방식(collection basis)에 의한 결제 및 송금방식(remittance basis)에 의한 결제로 크게 구분할 수 있다.

1. 신용장방식에 의한 결제

신용장이란 그 명칭이나 기술에 관계없이 일치하는 제시(complying presentation)를 인수·지급(honour)하기 위한 발행은행의 취소불능적인 그리고 분명한 확약을 구성하는 모든 약정을 말한다.[10] 이를 한마디로 표현하면 "은행의 조건부 지급확약"(conditional bank undertaking of payment)이라고 할 수 있다.[11]

신용장에 의한 결제는 추심방식이나 송금방식에 비하여 금융기능과 지급확약기능을 갖고 있어 금융적 불편이나 신용위험을 대폭 감소시킬 수 있는 편리성과 매매당사자에게 유용성이 있기 때문에 많이 이용되고 있다.

신용장을 결제수단으로 이용하고자 할 경우에는 다음의 예와 같이 약정한다.

"Payment Terms: Under irrevocable L/C at sight to be issued in favor of Seoul Co., Ltd., Seoul."

"Payment Terms: By an irrevocable L/C at 90 days after sight to be issued in our favor. Usance interest to be covered by buyer."

---

10) UCP 600, Article 2.

11) ICC, *Guide to Documentary Credit Operations*, ICC Publishing S.A., 1985, p. 6.

2. 추심방식에 의한 결제

추심방식에는 어음지급서류인도조건(Documents against Payment: D/P)과 어음인수서류인도조건(Documents against Acceptance: D/A)이 있다. D/P조건은 수출자가 수입자와의 매매계약에 따라 물품을 선적하고 준비된 서류에 일람출급환어음(sight bill of exchange)을 발행하여 수출자의 거래은행, 즉 추심의뢰은행(remitting bank)을 통하여 수입자의 거래은행인 추심은행(collecting bank) 또는 제시은행(presenting bank)이 수입자에게 제시하여 그 환어음금액을 일람출급 받는 거래방식을 말한다.

한편 D/A 조건은 D/P 거래와 추심경로는 같으나 다른 점은 일람 후 정기 또는 확정일부 환어음을 발행하고 수입자는 그 제시된 환어음을 일람출급함이 없이 인수만 함으로써 서류를 인도받은 후 만기일(maturity)에 대금을 지급하는 거래방식이다.

이처럼 D/P·D/A 거래방식은 은행이 대금지급에 대한 확약은 없이 오직 수입자의 신용만을 믿고 매매당사자간의 계약서만을 근거로 대금을 추심하는 방식이기 때문에 본·지사간 거래[12]나 신용있는 거래처 사이에만 이용하는 것이 결제상의 위험을 줄일 수 있다.[13] D/P·D/A 거래방식을 사용하기 위해서는 다음의 예와 같이 결제조건을 약정한다.

"Payment Terms: Under D/P in U.S. Dollars."

"Payment Terms: Under D/A at 120 days after sight in U.S. Dollars. Usance interest to be covered by buyer."

3. 송금방식에 의한 결제

송금방식은 수입자가 수출자 앞으로 물품대금을 송금하여 주는 방식으로 수출자의 입장에서는 수출대금의 회수불능과 같은 위험은 없어 좋은 조건이라고 할 수 있다. 그러나 수입자로서는 결제대금을 미리 준비해야하므로 자금운용측면에서 불리하고, 수출자가 물품을 선적이행하지 않거나 계약조건을 위반하게 되면 구제받는데 어려움을 겪을 수도 있다.

---

12) 해외지점이나 해외현지법인과의 거래를 포함한다.

13) 대금결제상의 위험을 감소하기 위하여 무역보험공사의 무역보험 중 "단기무역보험"에 부보하면 수출자의 귀책사유가 없을 때에는 어음금액의 일정범위 이내에서 보상받을 수 있다.

송금방식에는 송금수표(Demand Draft: D/D),[14] 우편송금환(Mail Transfer: M/T), 전신송금환(Telegraphic Transfer: T/T) 등 세 가지가 있다. 이와 같은 세 가지 송금방식을 단순송금방식이라고 한다.

이와 같은 송금환의 수취시기에서 보면 매도인이 물품선적(인도) 전에 송금환을 수취하는 경우에는 사전송금방식이 된다. 후술하는 CAD와 COD 방식은 서류 또는 물품과 상환하는 동시지급방식이지만 선적일자를 기준으로 보면 사후송금방식의 범주에 속한다.

송금수표는 일람출급송금환을 말하며 은행이 발행하는 수표를 수취인에게 송금인이 직접 보내기 때문에 우송사고의 위험성은 다소 있지만 소액 송금시 많이 사용된다. 수출자가 대금결제수단으로 수표를 받았을 경우에는 신용있는 은행이 발행한 이른바, 은행수표(banker's check)인지 회사나 개인자격으로 발행한 개인수표(personal check)인지를 잘 검토하고 개인수표는 공신력이 없으므로 가급적 은행수표를 이용하도록 하는 것이 좋다.

은행수표는 지급은행 앞으로 동 수표를 송부하여 지급요청을 해야 하기 때문에 외국환은행이 추심 전 매입시에는 표준우편일수만큼의 환가료(exchange commission)를 공제하는, 이른바 일람출급환어음매입률(at sight rate)을 적용한다.

우편송금환은 은행이 수취인에 대하여 일정한 금액지급을 위탁하는 지급지시서(payment order)를 우편에 의해 통지하는 방법으로 긴급을 요하지 않는 소액 송금시에 사용된다.

전신송금환은 우편송금환과 비슷하나 지급지시를 우편에 의하지 않고 전신으로 하는 점이 다르고 많은 금액을 긴급히 송금하고자 할 경우 이용된다. 외국환은행이 전신송금환을 매입할 경우의 환율적용은 매입당일의 대고객 전신환매입률(T/T buying rate)을 적용한다. 따라서 전신송금환은 수출자(수취인)의 입장에서는 환율적용면에서 송금환 방식 중 가장 유리하다.

송금방식으로 매매계약을 체결할 경우에 유의할 점은 송금방식이라고 하여 대금이 항상 사전에 송금한다는 보장이 없으므로 다음 예와 같이 계약체결 후 x일 이내에 송금하는 조건으로약정하여야 한다.

"Payment Terms: Under T/T basis in U.S. Dollars within ten days after date of contract."

"Payment Terms: Under Banker's Check basis in U.S. Dollars within ten days after date of contract."

---

14) 보통 송금환이라고도 한다.

4. 대금결제의 시기

1) 환어음의 지급기일

신용장방식과 추심결제방식인 D/P · D/A 조건은 보통 환어음(draft)에 의하여 결제가 이루어진다. 수출자는 계약물품을 선적한 후 대금결제를 위하여 요구하는 서류를 준비하고 환어음을 발행한다. 이때 발행되는 환어음은 일람출급환어음(sight draft; sight bill of exchange)과 기한부환어음(usance draft; usance bill of exchange)이 있다.

환어음의 지급기일(tenor of draft)은 일람출급 또는 기한부환어음에 의해 결정된다. 일람출급환어음이란 매도인이 발행한 어음이 어음지급인(drawee)에게 제시되면 이를 일람함과 동시에 환어음금액을 지급하는 것으로 무역거래에서 결제가 이루어지는 기간은 그 결제기간에 소요되는 우편일수(mail day) 이내이므로 신속히 이루어지게 된다. 일람출급환어음 요구문언은 보통 "… drafts drawn at sight …"와 같이 표현된다.

한편 기한부환어음은 매도인이 발행한 환어음이 어음지급인에게 제시되면 지급인이 그 환어음을 인수(acceptance)하여 일정기간 지급유예를 받고 만기일(maturity)에 지급하는 것으로 여기에는 "at 30 days after sight"와 같이 일람 후 30일 되는 날에 지급이 이루어지는 일람후정기출급, "at 30 days from date of B/L"과 같이 선화증권일자[15]로부터 만기일에 지급이 이루어지는 일자후정기출급, "on May 30, 20xx"처럼 특정일에 지급이 이루어지는 확정일출급(on a fixed date)이 있다.

매매계약시에 주의하여야 할 사항은 기한부환어음의 경우에 지급을 유예하여 주는 기간 동안의 이자(usance interest)는 매도인과 매수인 사이에 어느 편에서 부담하는가를 확인하는 일이다. 예컨대, "Usance interest(or Discount charge) to be covered by buyer"와 같이 약정하여야 수입자가 신용장발행을 의뢰할 때 동 기간의 이자부담자는 "applicant (buyer)"라고 신용장에 명시하도록 요청하게 된다.

2) 선지급(payment in advance)

선지급이란 물품이 선적 또는 인도되기 전에 미리 대금을 지급하는 조건이다. 선지급방식으로는 주문과 함께 송금수표(D/D)나 우편송금환(M/T) 또는 전신송금환(T/T) 등에 의해 송금되는 단순송금방식(remittance basis), 수출자가 신용장수령과 더불어 미리 대금을 결제 받을 수 있는 선대신용장(red clause L/C) 그리고 주문과 동시에 현금결제가 이루어지는 주문시지급(cash with order: CWO)이 있다. 이 경우 수출자는 대금을 미리 받고 물

---

15) 신용장에서 운송서류 발행일자의 해석기준은 UCP 600 제19조~제25조를 참조.

품을 선적하게 되므로 수출자에게는 매우 유리한 지급조건이다.[16)]

3) 동시지급(concurrent payment)

동시지급이란 물품을 인도받거나 물품을 화체한 서류를 인도받음과 동시에 대금지급이 이루어지는 방식이다. 이에는 매도인이 비용과 위험을 부담하고 수입지에서 현품과 교환하여 대금지급이 이루어지는 현품인도지급(cash on delivery: COD)과 선화증권을 포함한 기타 계약시 요구된 결제서류와 교환하여 수출지에서 대금지급이 이루어지는 서류상환지급(cash against documents: CAD)이 있다.[17)] COD방식은 보석 등 귀금속류와 같은 거래의 경우 거래의 특성상 현품을 본 후 수입지에서 결제되므로 결제상의 사기를 예방할 수 있는 등 매수인에게 유리하고, CAD는 물품선적 또는 인도 후 결제서류와 대금이 수출지에서 교환되므로 매도인이 담보권을 가진 상태이므로 대금지급의 안전성을 확보할 수 있는 등 매도인에게 유리한 방식이다.

이와 같이 동시지급이 이루어지기 위해서는 COD방식은 수입지에 매도인의 지점(branch)이나 대리인 또는 지정은행이 있어야 하고, CAD방식은 수출지에 매수인의 지점이나 대리인 또는 지정은행이 있어야 거래가 가능하기 때문에 계약시에 이와 같이 동시상환지급이 가능한지를 검토하여야 한다.

4) 연지급(deferred payment)

물품선적 또는 서류인도 후 일정한 기간이 경과된 이후에 대금지급이 이루어지는, 즉 외상거래방식이 연지급조건이다. 보통 기한부신용장(usance L/C)이나 D/A거래와 같이 1년 이내의 기간에 지급되는 것을 단기 연지급, 1년 이상의 거래를 중장기 연지급이라고 한다. 연지급의 대표적인 예는 외상판매(sales on credit), 위탁판매(sales on consignment) 및 청산계정(淸算計定; open account)[18)]등이 있다.

---

16) 선지급이라 하더라도 전액을 선지급 하지 않고 선지급과 후지급을 혼합하여, 이른바 혼합지급(mixed payment)방식으로 약정하기도 한다. 이에는 대금 일부를 선지급하고 나머지를 몇 차례 나누어 지급하는 누진지급(progressive payment)과 플랜트수출이나 선박매매에서와 같이 주문 또는 계약시 일정금액을 선지급 하고 그 이후 일정금액을 일정기간마다 후지급하는 할부지급(instalment payment)방식이 있다.

17) COD와 CAD를 대금교환도조건이라고도 한다. 지급시기를 보면현품 또는 서류와 상환되므로 동시지급방식이며, 송금방식의 범주에서 보면 물품선적 또는 물품인도 후 지급이 이루어지므로 사후지급방식이라고 할 수 있다.

18) open account란 거래관계가 빈번히 이루어지는 매매당사자간에 매거래시 대금을 결제하지 않고 장부상에서 상쇄하고 일정기간마다 그 차액만을 청산하는 방식을 말한다.

5. 결제통화

매매계약시에 매매가격의 산출시에 통화는 어느 국가의 통화로 할 것인가를 약정하여야 한다. 보통 품목(commodity), 수량(quantity), 단가(unit price), 금액(amount)이 명시될 경우에는 단가와 금액란에 "@US$5.30, US$53,000"과 같이 각각 표시하면 되지만, 결제조건(payment terms)을 언급할 때는 다음 예에서와 같이 결제통화를 명시하여야 한다.19)

"Payment Terms: Under T/T basis in U.S. Dollars within ten days after date of contract."

Ⅳ. 결 론

매매계약시 가격조건(price terms)의 약정에서는 "Incoterms® 2010 rule"을 준거규정으로 합의하고 이 규칙 11개의 정형거래규칙의 거래가격에 포함되는 당사자의 비용분담 등을 고려한 전략적인 선택이 요구된다.

매도인의 경우에는 FCA 규칙을, 매수인의 경우에는 CPT, CIP 규칙(또는 유럽지역 같은 경우에는 DAT, DAP, DDP 규칙사용)을 사용하기로 약정한다면 가격 채산면에서 편리하고 운송방식과 관계없이 사용될 수 있을 것이다. 이것은 어디까지나 물품인도장소, 운송계약 및 보험계약 등의 문제를 종합적으로 검토하여야 할 사안이다.

또한 대금결제조건(payment terms)의 선택은 매매당사자의 입장에서 보면 매도인은 선지급되는 송금방식이, 매수인은 후지급되는 D/A와 같은 추심방식이 선호될 수 있다. 이것은 곧 거래 상대방은 결제상의 안전성 면에서 불리할 수 있다는 점이다.

따라서 매매당사자의 어느 한편에 물품에 대한 시장 지배적 영향이 없는 일반적인 경우 및 대량거래에서는 매도인이나 매수인 양쪽에게 유용성이 있는 결제수단은 신용장방식이라 할 수 있다.

특히 대금지급시기에서 송금방식의 경우 물품선적 또는 물품인도전에 선지급이 계약체결 후 수일 이내 등 이루어져야 함을 강조할 필요가 있다. 그렇지 않으면 그 이후에 지급될 수도 있기 때문이다. 또한 D/A방식이나 신용장방식의 경우 기한부방식(usance base)으로 약정할 경우 대금지급이 유예되는 기간 동안의 이자부담자는 어느 편인가를 약정하여야 한다. 만약 이에 대하여 아무런 약정이 없으면 매도인이 부담하는 것이 관

19) 강원진, 전게서, 56~62면, 85~90면.

레이기 때문이다.

그러나 무역대금결제수단은 이 외에도 국제팩토링, 포페이팅 방식이 있으므로 위와 같은 여러 결제수단(지급수단)들 중에서 발생되는 비용부담문제, 결제의 안전성 등을 검토하여 적합한 결제수단을 선택한 후 매매계약에서 관습적인 방법으로 약정하여야 한다.

문제 1-23 무역계약 체결시 포장조건 및 선적조건에서 약정하여야 할 내용에 대하여 설명하시오.

답안 1-23

〈목차 구성〉

Ⅰ. 서　　론
Ⅱ. 포장조건의 약정내용 및 검토사항
　1. 포장의 방법
　2. 포장의 종류
　3. 화　　인
Ⅲ. 선적조건의 약정내용 및 검토사항
　1. 선적의 의의
　2. 선적시기의 약정
　3. 분할선적과 환적의 허용여부
　4. 선적지연에 따른 면책조항의 설정
　5. 선적일자의 해석기준
Ⅳ. 결　　론

Ⅰ. 서　　론

포장(packing)은 물품의 운송, 보관, 적재 및 양화 등을 하는데 있어 그 물품의 내용 및 외형을 보호하고 상품으로서의 가치를 유지한다. 수출포장은 원격지 운송물의 안전을 위하여 내항성(seaworthiness)이 있고 견고하면서도 경제성이 있으면서 취급하기가 용이하여야 한다.

매매계약에서 포장조건(packing terms)은 포장의 방법(packing method), 포장의 종류(kinds of package) 및 화인(shipping marks) 등에 관하여 약정하는 것이다.

한편 매매계약에서 선적조건(shipment terms)은 계약물품이 선적 또는 인도시기 분할선적과 환적의 허용여부, 선적지연에 따른 면책조항의 설정 및 선적일자의 해석기준 등에 대한 약정이 필요하다.

이하에서는 무역계약시 기본조건인 포장 및 선적조건에서 약정하여야 할 내용에 대하여 검토하고자 한다.

Ⅱ. 포장조건의 약정내용 및 검토사항

1. 포장의 방법

포장하는 방법은 소매(retail)의 단위가 되는 개품 또는 최소의 묶음을 개별적으로 하는 소포장인 개장(個裝; unitary packing)과 개장물품을 운송 또는 취급하기에 편리하도록 몇 개의 개장을 합하여 내부결속, 충진, 칸막이 등을 하는 내장(inner or interior packing), 그리고 한 개의 포장물의 외부용기에 대한 포장, 즉 용기의 종류에 따라 상자 또는 부대에 넣은 것과 같은 외장(outer packing)이 있다.

무역계약시에는 "inner packing"은 어떠한 방법으로 하고 모두 몇 개씩을 담아 "outer packing"을 하도록 할 것인가를 검토하여 약정하여야 한다.

2. 포장의 종류

수출품의 포장은 의류, 완구 등 가벼운 일반잡화인 경우에는 종이상자(carton)를 주로 이용하고 있다. 이처럼 포장의 종류에 따라 상자, 베일(bale), 부대(bag) 등 특수용기의 경우에는 용기포장을, 살물(bulk cargo)의 경우에는 무용기포장으로 하고 있다. 따라서 매매계약을 체결할 경우에는 물품에 따라 적당한 포장종류를 참조하여 약정하여야 한다.

3. 화 인

화인(shipping marks; cargo marks)이란 수출품 매포장의 외장에 특정의 기호, 포장번호, 목적항 등의 표시를 하여 포장 상호간 식별할 수 있도록 하는 것을 말한다. 무역계약을 체결할 경우에 화인은 보통 매수인이 요청하게 되는데 이 경우에는 그 지시대로 이행하여야 하지만, 매수인의 별도 요청이 없을 경우에는 매도인의 임의로 한다. 그러나 화인을 너무 복잡하게 하거나 너무 간결하게 표시하게 되면 오히려 불편할 수 있다.

실무상 화인과 관련하여 외장은 가급적 Main mark, Port Mark, Care Mark, Country of Origin Mark 정도로 표기하고 연속번호(running number)를 부여하는 것이 수출자에게 유리하다. 왜냐하면 중량을 외장에 표기할 때, 특히 섬유, 잡화 등의 경우 규격별로 혼합포장이 되게 되면 중량이 일정하지 않아 일일이 표기하는 것도 인건비가 추가 발생될 소지가 있기 때문이다.

또한 물품의 종류에 따라 주의표시(care mark)를 수출포장 발주시에 인쇄로 표기하여 사용하는 것도 좋다. 주의표시는 “HANDLE WITH CARE”, “KEEP DRY”, “USE NO HOOK”, “THIS SIDE UP”, “EXPLOSIVE”, “OPEN HERE” 등이 많이 사용된다.

무역계약시에 포장(packing)과 화인(shipping marks)에 대한 약정은 다음의 예와 같이 한다.[20)]

“Packing and Marking: Packing of the products shall be made in the manner usually effected by the seller in its export of such kind of the products. Each piece to be packed in a polyethylene bag, 20 pieces in an export carton box. Shipping marks shall be as follows: …”

Ⅲ. 선적조건의 약정내용 및 검토사항

1. 선적의 의의

선적(shipment)이라는 의미는 본선적재(loading on board), 발송(dispatch), 운송을 위한 인수(accepted for carriage), 비행일(flight date), 우편수령일(date of post receipt), 접수일(date of pick-up) 및 복합운송을 요구하거나 허용할 경우에는 수탁(taking in charge)의 뜻을 표현하는 것으로 광범위하게 이해되고 있다.[21)] 따라서 선적은 계약물품을 선적항의 지정 선박에 적재하는 것뿐만 아니라 복합운송이 이루어지는 경우 매도인의 공장 문전에서 운송인(carrier)에게 인도하는 것을 포함하는 개념으로 이해하여야 한다.

무역계약서에서의 선적과 유사하게 사용하는 인도(delivery)라는 용어에 대해서 영미법에는 물품의 인도는 특정인이 타인에게 임의적으로 점유이전(voluntary transfer of possession)을 하는 것이라 하고 있다.[22)] 계약물품을 수령하는 장소가 적재지인지 양륙지인지 오해의 여지가 있으므로 무역계약시에는 인도조건(delivery terms)보다 선적조건(shipment terms)으로 약정하는 것이 혼란을 예방할 수 있다.

매도인은 계약상 물품인도의 의무를 이행하는데 있어서는 인도장소 및 인도시기에 대한 약정이 필요하다. 인도장소는 인코텀즈 규칙을 고려하여 결정하고, 인도시기는 보통 적재지에서 선적되는 시기를 약정한다.

CISG에서는 물품의 인도시기[23)]에 대하여 (a) 일자가 계약에 의하여 확정되어 있거

20) 상게서, 64~66면, 92~94면.
21) UCP 400, Article 46-a; UCP 600, Article 19~25.
22) SGA 1979, §61(1)(b).
23) CISG 1988, Article 33.

나 또는 확정될 수 있는 경우에는 그 일자, (b) 기간이 계약에 의하여 확정되어 있거나, 또는 확정될 수 있는 경우에는 매수인이 일자를 선정하여야 하는 상황이 명시되어 있지 않는 한 그 기간 내의 임의의 일자, 또는 (c) 기타의 경우에는 계약체결 이후의 상당한 기간 내라고 규정하고 있다.

2. 선적시기의 약정

선적시기는 특정한 달(月) 또는 일정한 기간 내에 약정하는 방법이 일반적이다. 특정한 달로 거래할 경우에는 보통 단월(單月)로 "March Shipment" 또는 연월(連月)로 "Shipment shall be effected from March to April, 20xx"와 같이 명시한다. 3월 선적이란 3월 중(during March), 즉 3월 1일에서 3월 31일 사이에 편리한 날에 선적하여도 된다는 의미이며, 3~4월 선적조건으로 합의하면 3월에서 4월 사이에 선적이 이행되어야 함을 의미한다.

실무적으로 무역계약을 체결할 경우에는 보통 "Terms of Shipment: Within two months after receipt of L/C"라는 표현을 많이 쓰고 있는데, 이때 신용장을 수령한 후 2개월 기산기준이 통지은행의 실제 통지일자인지 수익자(beneficiary)가 통지된 신용장을 실제 수령한 일자를 기준으로 하는지 문제가 될 수 있으므로 "Terms of Shipment: Within sixty days from the date of this contract"와 같이 "이 계약체결일자로부터 60일 이내에 선적하는 조건"과 같이 표현하는 것이 명확하다. 또한 신용장은 계약체결 후, 예컨대 10일 이내에 정식전송신용장(full teletransmission credit)을 발행하는 것으로 합의해 두는 것이 좋다.

신용장거래시 선적기간을 결정하기 위하여 사용된 경우 "to", "until", "till", "from", "between"이라는 단어는 언급된 일자 및 일자들을 포함하며, before 및 after라는 단어는 언급된 일자를 제외한다.[24] 또한 "Shipment shall be effected during first half of March, 20xx"와 같이 어느 달의 전반(first half), 후반(second half)이라는 용어는 그 달의 1일부터 15일 그리고 16일부터 말일까지를 포함하는 것으로 하며[25] 만일 어느 달의 상순(beginning), 중순(middle) 또는 하순(end)이라는 용어가 사용되었다면 각기 그 달의 1일부터 10일, 11일부터 20일, 그리고 21일부터 말일까지를 포함하는 것으로 해석된다.[26]

특히 무역계약시 주의하여야 할 사항은 선적시기에 관하여 모호하게 "즉시 선적"이

---

24) UCP 600, Article 3.

25) *Ibid.*

26) *Ibid.*

라는 표현을 사용하지 말아야 한다. "즉시 선적"이란 선적시기를 특정 월이나 기간으로 명시하지 아니하고 "immediate shipment", "prompt shipment"처럼 막연하게 불특정일에 선적하도록 하는 것인데 이러한 표현은 매매당사자간에 분쟁이 야기되기 쉽다. 신용장 거래와 관련하여 "prompt", "immediately", "as soon as possible" 등과 같은 표현을 사용해서는 안 된다. 만일 그런 용어가 사용되었을 경우 은행은 이를 무시하는 것으로 규정하고 있다.[27)]

또한 신용장상의 선적시기에 관하여 융통성 있는 표현으로 "Shipment shall be effected on or about March 10, 20xx"과 같이 "on or about"란 표현과 이와 유사한 표현이 사용될 경우에는 선적이 지정일자인 3월 10일로부터 5일 전후까지의 기간 내에 선적이 이행되는 것으로 해석하며 전후 양쪽의 일자는 각각 포함되는 것으로 간주된다.[28)]

3. 분할선적과 환적의 허용여부

매매계약시에 분할선적(partial shipment)이나 환적(transshipment)[29)]을 허용하느냐의 여부는 보통 "Partial shipments are allowed(or prohibited)" 및 "Transshipment is allowed (or prohibited)" 등으로 약정하면 된다. 신용장에 분할선적을 금지하는 문언이 없을 경우에는 분할선적이 허용되는 것으로 간주된다.[30)] 그러나 분할선적이 허용되면서 "'March and April shipment equally divided"와 같이 할부선적(shipment by instalment)이 요구되고 있을 경우에는 수익자가 그 할부선적분 중 어느 부분에 대하여 소정의 기간 내에 선적을 이행하지 못하면 별도의 약정이 없는 한 그 불이행분은 물론이고 그 이후의 모든 할부분에 대하여도 무효가 된다.[31)]

또한 동일운송수단(same means of conveyance), 동일항해(same voyage)에 이루어진 수회의 선적에 대한 분할선적여부의 문제로 해상운송 또는 해상운송을 포함하는 두 가지 이상의 운송방식에 의한 각 선적은 본선적재를 표시하는 운송서류를 상이한 발행일자를 나타내거나 상이한 본선적재항을 표시하고 있을지라도 분할선적으로 간주하지 않는다.[32)]

---

27) *Ibid.*

28) *Ibid.*; 이 경우 선적이 허용되는 일자는 3/5, 3/6, 3/7, 3/8, 3/9, 3/10, 3/11, 3/12, 3/13,3/14, 3/15 모두 11일이 된다.

29) UCP 600, Article 20-b~c.

30) UCP 600, Article 31-a.

31) UCP 600, Article 32; 신용장상에 할부선적 1회분 내에서 분할선적(Partial shipment within an in-stalment)을 허용하고 있지 않으면 할부기간 내의 분할선적도 금지된다.

32) UCP 600, Article 31-b.

환적(transshipment)에 대한 문제는 신용장통일규칙[33]에서도 신용장상에 환적이 금지되지 않는 한 운송인이 환적할 권리를 유보한다는 문언이 기재되거나 복합운송이 이루어지는 경우 전항로를 단일 및 동일증권이 커버하고 있는 경우에는 환적된 운송서류를 수리하는 것으로 규정하고 있다.

4. 선적지연에 따른 면책조항의 설정

매도인이 고의, 과실 또는 태만으로 인하여 약정된 기간 내에 선적불이행이 되거나 선적지연(delayed shipment)이 되었을 경우에는 당연히 매도인의 책임이다. 그러나 선적지연의 원인이 천재지변(act of God)이나 전쟁(war) 등 기타 불가항력(force majeure)인 경우에는 수출지에 주재하는 상대방의 공관장이나 수출지 상업회의소 등 공공기관의 입증을 통하여 선적을 일시지연 또는 선적의무를 면제받을 수도 있다. 이와 같은 불가항력사태가 발생할 경우를 대비하여 매매계약서상에 불가항력조항(force majeure clause)을 설정하여 두는 것이 중요하다.

5. 선적일자의 해석기준

선적일자는 보통 운송서류(transport documents)의 일자를 기준으로 약정된 기간 내에 선적이행이 되었는지, 지연선적이 되었는지를 판단하게 된다. 운송서류 중 예컨대, 선적해상선화증권(on board marine bill of lading)의 경우에는 본선적재일(loading on board date)과 발행일(date of issue)이 동시에 기재되기 때문에 선적일자에 대한 증명과 해석기준이 문제가 된다. 따라서 무역계약시에는 이를 명확히 하기 위하여, 예컨대 UCP 600의 규정에 의한다고 다음과 같이 약정하도록 한다.

"Date of Shipment: The date of Bill of Lading(or transport document) shall be taken as the conclusive proof of the date of shipment and the date of issuance of transport document determined in accordance with UCP 600 shall be taken to be the date of shipment."

이처럼 선화증권(운송서류)상의 일자는 선적일자의 결정적 증거로 간주되고, 화환신용장통일규칙에 따라 운송서류별로 발행일자를 해석할 수 있다.

UCP 600에 의한 운송방식에 따라 요구되는 운송서류의 발행일자에 대한 해석기준은 다음과 같다.

---

33) UCP 600, Article 19-c.

① 해상/해양선화증권(Marine/Ocean Bill of Lading)의 경우에는 본선적재일(date of loading on board) 또는 선적일(date of shipment)[34]

② 비유통 해상화물운송장(Non-Negotiable Sea Waybill)의 경우에는 발행일(date of issuance) 또는 본선적재일(date of loading on board)[35]

③ 용선계약 선화증권(Charter Party Bill of Lading)의 경우에는 발행일(date of issuance) 또는 본선적재일(date of loading on board)[36]

④ 복합운송서류(Multimodal Transport Document)의 경우에는 발송일(date of dispatch), 수탁일(date of taking in charge), 본선적재일(date of loading on board)[37]

⑤ 항공운송서류(Air Transport Document)의 경우 신용장이 실제의 선적일에 관한 특정표기를 포함하지 아니한 경우 외에는 발행일(date of issuance)[38]

⑥ 도로·철도·내수로 운송서류(Road, Rail or Inland Waterway Transport Document)의 경우에는 운송서류가 물품수령스탬프가 되어 있으면 수령스탬프 일자(date of the reception stamp) 그렇지 않으면 발행일(date of issuance)[39]

⑦ 특사(Courier)를 이용할 경우에는 접수일(date of pick-up) 또는 수령일(date of receipt)[40]

⑧ 우편수령증(Post Receipt)의 경우에는 발송지에서의 스탬프 일자(date of stamp)[41]

한편 선적일의 증명에 관하여 "CIF계약에 관한 와르소·옥스포드 규칙"에서는 "운송계약의 증명으로 유효하게 제공된 선화증권이나 기타 서류에 기재된 선적일 또는 운송인에의 인도일은 그 날에 실제로 선적 또는 인도하였다는 추정적 증거가 된다"[42]고 규정하고 있다.

따라서 무역거래에서의 운송서류는 가격조건과 신용장의 운송서류와 상호보완적 관계를 갖게 된다.[43]

---

34) UCP 600, Article 20-a-ii.
35) UCP 600, Article 21-a-ii.
36) UCP 600, Article 22-a-ii.
37) UCP 600, Article 19-a-ii.
38) UCP 600, Article 23-a-iii.
39) UCP 600, Article 23-a-ii.
40) UCP 600, Article 25-a-ii.
41) UCP 600, Article 25-c.
42) ILA, Warsaw-Oxford Rules for C.I.F. Contracts, 1932, Rule 3.
43) 강원진, 전게서, 50~56면, 79~84면.

Ⅳ. 결 론

무역거래에서 포장은 물품의 종류 및 성질에 따라 포장의 종류와 방법이 선택된다. 포장은 원격지 운송에서 적재, 환적, 양화 등이 이루어질 때 내항성을 담보할 수 있는 포장이어야 한다. 즉 포장용기에 담는 중량이나 용적이 필요충분하고 적절하여야 한다.

예컨대 종이상자(carton box)로 외장을 포장할 경우 취급하기에 용이한 중량, 규격 및 용적, 포장비용, 안전성 등을 고려하여 계약에 적합한 포장으로 식별하기 쉬운 화인을 하여야 한다. 포장비를 아끼기 위하여 불안전한 포장은 설령 적화보험에 부보하더라도 포장불충분이나 부적합은 보험자의 면책위험으로 매도인의 책임을 지게 된다는 점에 유의하여야 한다.

한편 선적조건은 매매계약을 이행하기 위하여 지정선박에 선적(shipment) 또는 물품인도(delivery of goods)와 관련된 약정조건이다. 선적의 의미를 해상운송을 위하여 본선에 적재하는 것으로 이해하거나 인도를 수입국에서 매수인에게 물품을 교부하는 것으로 이해하여서도 아니 된다. 특히 선적은 해상운송의 경우 본선적재, 항공운송의 경우 발송, 복합운송의 경우 수탁의 개념을 모두 포함하는 개념이다. 이와 같이 무역계약에서 선적과 인도는 동의어라고 할 수 있다.

무역계약에서 선적시기는 "가능한 한 빠르게"(as soon as possible) 등과 같이 모호하게 약정하지 말고 계약체결 후 일정기간 이내임을 명확하게 약정하여야 한다. 따라서 지연선적(late shipment) 등으로 인하여 분쟁이 야기될 경우를 대비하여 선적일자의 해석은 신용장통일규칙(UCP 600)에 규정하고 있는 운송서류의 발행일자에 대한 해석기준에 따르는 것으로 약정하여 명확성을 기할 필요가 있다.

또한 선적지연 사유가 불가항력사태에 기인할 경우를 대비하여 매매계약서에 불가항력 조항을 설정하여 매도인이 면책될 수 있도록 하여야 한다.

문제 1-24 무역계약 체결시 보험조건에서 약정하여야 할 내용에 대하여 설명하시오.

답안 1-24

〈목차 구성〉

Ⅰ. 서 론	Ⅳ. 보험조건의 약정 예
Ⅱ. 보험부보금액의 약정	Ⅴ. 결 론
Ⅲ. 보상범위의 선택	

Ⅰ. 서 론

물품을 운송하는 과정에 선박의 좌초(stranding), 침몰(sinking), 충돌(collision) 등과 같은 해상고유의 위험(perils of the seas)이나 전쟁(war) 등과 같은 인위적 위험을 만날 가능성이 있다. 이러한 위험을 담보받기 위해서는 적화보험(cargo insurance)을 부보(cover)하여 만일의 손해발생에 대비하여야 한다.

Incoterms® 2010 규칙에 준거하여 CIF나 CIP 규칙을 채택하여 매매계약을 체결할 경우에는 매도인이 적화보험계약을 체결할 의무가 있고, FOB 및 CFR 규칙과 같은 거래규칙을 채택할 경우에는 매수인이 계약상의 의무는 아닐지라도 자기자신을 위하여 적화보험계약을 체결하여 보험부보를 하게 된다.

무역계약시 보험조건(insurance terms)을 약정할 경우에는 보험목적물인 물품에 대하여 보험부보금액과 보험을 부보하는 목적물의 성질에 따라 어떠한 담보조건으로 부보할 것인가, 즉 담보범위의 선택과 보험조건에 대한 약정이 중요하다.

이하에서는 무역계약체결시 보험조건의 약정내용에 대하여 검토하기로 한다.[44]

Ⅱ. 보험부보금액의 약정

적화보험을 부보하기 위해서는 보험금액(insured amount)을 얼마로 할 것인가를 고려하여야 한다. 보험금액이란 보험사고 또는 소정의 손해가 발생한 경우, 보험자(insurer; assurer)가 지급해야 하는 금액 또는 그 최고한도의 금액으로 보험계약의 체결에 있어 보험자와 피보험자(insured; assured)간에 약정된 금액을 말한다.

보험금액을 정하기 위해서는 매도인과 매수인 사이에 매매계약을 체결하면서 “the amount of invoice plus 10%” 또는 “115 percent of the CIF invoice value”와 같이 송장금액에 10%를 가산한 금액으로 부보할 것인가 또는 그 이상을 가산한 금액으로 부보할 것인가를 약정하여야 한다. 가산비율에 따라서 보험료(insurance premium)도 달라지기 때문에 부보금액을 약정할 때는 보통 최소부보금액으로 송장금액에 10%를 가산하여 부보하는 것이 일반적이다.

44) 상게서, 62~64면, 90~94면.

Ⅲ. 보상범위의 선택

적화보험에서의 담보범위는 계약에서 명시한 특정 원인에서 발생한 멸실(loss) 및 손상(damage)에 한정되어 있기 때문에 어떠한 멸실이나 손상이 발생되었다 하여도 약관상 특별히 제외되어 있는 경우에는 보상받지 못한다.

해상적화보험(marine cargo insurance)의 경우에는 런던보험업자협회(Institute of London Underwriters)가 "Lloyd's S.G. Policy"를 기초로 하여 만들어진, 이른바 구약관인 "협회적화약관"(Institute Cargo Clause: ICC)에서는 기본적인 약관으로 전위험담보조건(All Risk: A/R)인 ICC(A/R), 분손담보조건(With Average: WA)인 ICC(WA), 단독해손부담보조건(Free from Particular Average: FPA)인 ICC(FPA) 등 세 종류가 있었으나, 1978년에 개최된 제2회 UNCTAD총회에서 개정 필요성이 제기되어 협회적화약관의 개정결과 1982년 약관의 명칭을 ICC(A/R), ICC(WA), ICC(FPA)에서 ICC(A), ICC(B), ICC(C)로 변경함으로써 과거에 약관의 명칭만을 보고 담보위험을 판단하던 문제점을 해소시켰다.

그러나 1982년부터 도입되었던 신협회적화약관은 20여년 간 사용되어 오면서 그동안 테러행위(terrorism) 등의 새로운 위험이 등장하고 운송 및 보험 환경의 변화 등에 부응하기 위하여 런던국제보험업자협회(International Underwriting Association of London: IUA)는 로이즈보험시장협회(Lloyd`'s Market Association: LMA)와 합동적화위원회를 구성하여 1982년 ICC를 개정하여 2009년 1월 1일부터 신약관을 사용할 수 있도록 하였다. 2009년 신약관에서는 면책조항의 적용범위의 축소, 담보기간의 운송조항에서 보험기간의 확장, 테러행위의 위험에 대한 정의, 약관의 용어 중 "underwriters' 대신 "insurers", "servants" 대신에 "employees"와 같은 현대적 의미의 용어로 대체하였다.

2009년 협회적화약관도 ICC(A), ICC(B), ICC(C)체제를 유지하고 있다.

현재 ICC의 약관은 보험자의 담보위험과 면책위험이 명확하게 구분되어 있어 비교적 이해하기 쉽게 되어 있다. 매매당사자간에 보험조건을 약정할 경우에는 보험자의 담보위험과 면책위험을 검토하여야 한다.

무역거래에서 위험관리를 하기 위하여 적화보험을 부보할 경우 무조건 ICC(A)로 부보하는 것은 경제성이나 효율적인 측면에서 바람직하지는 않다. 그러나 ICC(B)나 ICC(C) 조건으로 부보할 경우 보험료는 절약되지만 물품의 종류와 성질에 따라 담보되지 않는 것도 있으므로, 보험목적물의 성질과 운송 상의 사정 등을 감안하여 담보범위를 선택하여 부보 하여야 한다. 예컨대, 유리그릇이나 도자기는 ICC(B)나 ICC(C) 조건으로 부보하더라도 파손(Breakage) 등과 같은 부가위험(extraneous risk)에 대해서는 추가로 부보하게 되면 보험료도 줄이고 소기의 위험도 담보될 수 있을 것이다.

Ⅳ. 보험조건의 약정 예

무역계약시에 해상적화보험부보와 관련한 보험조건을 약정할 경우에는 다음의 예와 같이 한다.

"Insurance Terms: All shipments shall be covered subject to ICC(C) for sum equal to the amount of the invoice plus 10(ten) percent. War risk and/or any other additional insurance required by buyer shall be covered at his own expenses. All policies shall be made out in U.S. Dollars and payable in New York."

Ⅴ. 결 론

인코텀즈 규칙은 CIF, CIP하에서 적화보험을 부보하여야 하는 매도인의 의무만을 다루고 있다. 다른 규칙하에서는 당사자가 보험을 부보하는 것은 자신이 적합하다고 생각하는 대로 보험계약을 체결하면 되는 것이다.

매도인이 적화보험을 부보한다고 하여 보험사고가 발생하였을 경우 피보험자가 보상을 받을 수 있다고 단정할 수는 없다. 적화보험은 인코텀즈 규칙에 의하면 매도인은 협회적화약관(ICC)의 (C) 약관 또는 이와 유사한 약관으로 최소한 계약금액에 10%를 가산한 금액(즉, 110%)을 부보하여야 하며 계약서의 통화로 되어야 한다.[45)]

적화보험조건에서 담보범위의 선택은 매도인이 최소담보조건으로 보험계약을 체결하고 보험서류 제공의무만 있으므로 당사자는 물품의 종류와 성질 및 ICC(A), ICC(B), ICC(C)약관을 비교하여 추가담보가 요구되는지를 검토하여야 한다.

특히 CIF매매계약에서 매도인의 위험분기점, 즉 선적항 본선상까지의 물품의 멸실과 손상에 대한 위험을 담보받기 위하여 매도인은 물품인도(선적)지점까지 별도의 운송보험이 요구되어진다.

적화물의 물품 고유의 하자·성질, 포장의 불완전 부적합 또는 지연 등에 의하여 야기된 멸실 손상 또는 비용에 대해서는 적화보험을 부보 하더라도 보험자가 담보하지 않는다. 또한 선박의 선주, 관리자, 용선자, 운항자의 지급불능 또는 채무불이행으로 야기되는 멸실, 손상 또는 비용손해도 보험자의 면책위험에 속한다는 점을 유의하여야 한다.

---

45) Incoterms® 2010 rule, CIF A3; CIP A3.

제 2 절

분쟁 및 권리구제 대비를 위한 일반조건

문제 1-25 무역계약체결시 일반조건에서 분쟁 및 권리구제에 대비하여 약정하여야 할 조건들에 대하여 설명하시오.

답안 1-25

〈목차 구성〉

Ⅰ. 서　론

무역계약을 체결할 때는 물품매매와 관련된 기본적인 조건 외에도 기본조건을 보완할 수 있는 조건과 향후 발생할지도 모르는 분쟁대비 및 구제에 관하여 일반조건을 약정하여 두는 것이 매우 중요하다. 이에 대해서는 적어도 클레임(claim), 권리침해(infringement), 완전합의(entire agreement), 불가항력(force majeure), 이행곤란(hardship), 중재(arbitration), 구제(remedy), 재판관할(jurisdiction), 준거법(governing law; applicable law) 및 무역거래규칙(trade rules) 등에 대하여 약정하여야 한다.

이하에서는 분쟁 및 권리구제 대비에 관련된 일반조건의 약정조건 내용 및 약정문언에 대하여 살펴보고자 한다.46)

Ⅱ. 약정조건 및 약정문언

1. 클레임조항

무역거래에서 클레임(claim)이란 매매당사자가 약정된 계약을 위반함으로써 상대

46) 강원진, 전게서, 66~70면, 95~103면.

방에게 단순한 불평을 넘어서 권리의 회복을 요구하거나 손해배상을 청구하는 것을 말한다.

클레임조건에서는 물품인도 또는 서류 도착 후 며칠 이내에 클레임제기를 할 것인지 클레임제기기간을 명시해야 한다. 클레임제기기간을 특약하지 않으면 장기간에 걸쳐 클레임을 제기할 수 있는 빌미를 제공하게 된다. 또한 클레임이 제기되었을 경우 정당성을 입증할 수 있는 공인된 검정인의 검정보고서(Surveyor's Report)를 첨부하도록 클레임제기기간 설정문언에 언급되어야 한다.

클레임제기기간 설정에 대한 약정은 다음 예와 같이 한다.

"Claim: No claim shall be entertained before the payment is made or draft is duly honored. Each claim shall be advised by E-mail to seller within fourteen(14) days after the arrival of the goods at destination specified in the relative Bill of Lading and shall be confirmed by registered airmail with surveyor's report within fifteen (15) days thereafter. No claims shall be entertained after the expiration of such fourteen days."

2. 권리침해조항

무역거래시 매수인이 제시한 규격, 디자인, 상표에 따라 매도인이 물품을 생산하여 매수인에게 인도한 후 특허권, 지적재산권을 침해하는 경우 이에 따른 책임은 매수인이 부담하고 매도인에게 아무런 피해를 주지 아니하기로 하는 조항을 권리침해조항(infringement clause)이라고 한다.

권리침해조항의 설정은 다음의 예와 같이 한다.

"Infringement: Seller shall not be liable for infringements of patents, designs, trademarks or copyrights involving the goods. If any dispute arises concerning patents, designs, trademarks or copyrights as the result of the sale of the goods by seller, buyer shall, at its own expense, take all such steps as may be necessary to protect itself."

3. 완전합의조항

계약서의 작성에 있어서 기존계약과의 관계를 검토하고 본 계약이 성립한 이상 기존의 서면 또는 구두에 의한 합의, 교섭, 언질 등은 모두 본 계약에 흡수되고 소멸하는 것을 명시하여 두는 것이 완전합의조항(entire agreement clause)이다. 이것은 새로운 계약과 기존 계약과의 관계를 명확히 함으로써 먼저 작성한 서식과 나중에 작성한 서식 중 어느 서식이 우선할 것인지에 대한 서식분쟁(battle of form)의 예방 및 해결에 크게 도움이 된다.

완전합의조항은 보통 다음 예와 같이 약정한다.

"Entire Agreement: This agreement constitutes the entire agreement between the parties, all prior representations having been merged herein, and may not be modified except by a writing signed by a duly authorized representatives of both parties."

4. 불가항력조항

불가항력(force majeure)이란 당사자의 통제를 넘어서는 모든 사건을 말한다. 특히 계약당사자는 계약체결시에 미리 예기하지 못한 사태로 인하여 이행지체나 이행불능이 되는 경우를 대비하여 계약조항 가운데 불가항력조항을 삽입하여 면책을 주장할 수 있도록 하는 것이 실무상 일반화되어 있다. 불가항력조항에는 불가항력사태가 발생하였을 경우 매도인이 그 사실을 매수인에게 지체 없이 통지하고 그 입증자료도 제시하도록 하여야 한다.

특히 유의하여야 할 점은 불가항력조항과 영미법상의 프러스트레이션(frustration)[47]의 법리와는 구별하여야 한다. 프러스트레이션의 법리는 당사자의 책임으로 돌릴 수 없는 사유에 의하여 사정이 현저하게 달라진 경우, 예컨대 전쟁의 발발, 법령의 개정과 폐지에 따른 후발적 위법시에 계약은 소멸된다는 점이다. 그러나 프러스트레이션의 성립 여부는 상황에 따라 결정된다.

따라서 당사자가 계약체결시에 미리 일정한 사유가 발생한 경우에 계약상의 책임을 면한다는 취지의 불가항력 조항을 구체적으로 설정하여 두는 것이 바람직하다.

불가항력조항은 다음의 예와 같이 약정한다.

"Force Majeure: The seller shall not be responsible for the delay of shipment due to force majeure, including mobilization, war, strike, riots, civil commotion, terrorism, hostilities, blockade, requisition of vessels, prohibition of export, fires, floods, earthquakes, tempests, and any other contingencies, which prevent shipment within the stipulated period. In the event of any of the aforesaid causes arising, documents

47) frustration이란 당사자 자신들의 고의나 과실이 없이 발생한 계약성립 후의 후발적 사정으로 인하여 계약이 해제됨으로써 당사자가 추구했던 "계약목적의 달성불능" 또는 "계약의 좌절"됨을 말한다.

proving its occurrence or existence, shall be sent by the seller to the buyer by registered airmail within seven days of occurrence. Immediately after the cause is removed, the affected party shall perform the obligations with all due speed unless the agreement is previously terminated."

5. 이행곤란조항

이행곤란(hardship)이란 경제적, 법적, 정치적 또는 기술적 요소 등이 변화하여 계약의 일방당사자에게 심각한 경제적 영향을 주는 사태라고 할 수 있다. 일반적으로 계약체결 후 계약의 이행과정에서 이러한 이행곤란이 발생하는 경우에 대비하여 계약에 삽입한 이행곤란조항은 직접 가격을 결정하거나 수정하는 조항은 아니고, 오히려 불가항력조항과 비슷한 것으로 사정변화에 의하여 당사자 의무의 당초의 균형이 근본적으로 변한 경우에 계약의 수정을 규정한 조항이다.

그러나 이 조항은 사정변경의 원칙을 명문화한 것에 지나지 않는다. 불가항력과의 차이점으로 이행곤란조항에서는 교섭이 재개될 수 있다는 것이다. 일반적으로 이행곤란조항은 불가항력조항과 함께 계약에 삽입되어 있는 경우가 보통인데, 이들 조항은 상호보완적인 역할을 한다.

이행곤란의 요건은 대체로 불가항력의 요건보다 엄격하지 않은 편이며, 다음과 같은 세 가지 요건이 충족되어야 한다.

첫째, 이행곤란이라는 장애를 일으키는 사건은 불가항력과 마찬가지로 당사자 통제불능의 사건이어야 한다.

둘째, 계약체결시에 양당사자가 예상할 수 없는 사건이어야 한다. 그러나 양당사자들이 전혀 고려하지 않은 사건일 필요는 없다.

셋째, 장애사건의 발생으로 계약의 균형이 근본적으로 변경되어 이행당사자에게 계약적 의무의 이행이 과중한 부담이 되어야 한다. 예컨대 당사자들이 통제 불능하고 예상할 수 없었던 어떠한 장애의 발생으로 처음에 예상하였던 것보다는 비싼 원자재로 대체하여야 하거나 또는 보다 먼 항로로 운송을 하여야만 하는 경우와 같이 이행당사자에게 보다 부담스러운 이행이 될 때에 이행곤란조항의 적용이 가능하다.

이행곤란조항은 특히 장기계약의 경우에 도움이 되는 경우가 많으며 이 조항에 따라 양당사자에게 계약을 재조정할 의무를 부과한다. 그러나 이는 재조정의 합의이지 양당사자에게 합의에 도달하여야 하는 책임을 부과하는 것은 아니다.

무역계약시에 이행곤란조항은 다음의 예와 같이 약정한다.

"Hardship: The party shall make a request for revision within a reasonable time from the moment it become inequitable due to factors beyond the control of the parties hereto, including substantial changes in economic circumstances of the present contract.

The request for revision does not of itself suspend performance of the contract. If the parties fail to agree on the revision of the contract within a time-limit of 60 days of the request, the contract remains in force in accordance with its original terms."

6. 중재조항

무역거래에서 계약과 관련하여 클레임이 제기되면 신속히 해결하는 노력이 필요하다. 클레임을 해결하는 단계로는 ① 매수인의 단순경고(warning), ② 매매당사자간의 타협(compromise) 및 화해(amicable settlement), ③ 제3자, 즉 조정인(mediator)이 개입한 조정(conciliation), ④ 중재(arbitration) 또는 소송(litigation)에 의할 수 있다.

분쟁해결은 매매당사자간의 타협 및 화해로 종결되는 것이 가장 바람직하다. 분쟁의 해결은 소송에 의하는 것보다는 중재에 회부하는 것이 더 좋으며 또한 중재보다는 조정이 그리고 조정보다는 분쟁의 예방이 계약당사자 모두에게 유리하다. 그러나 위의 3단계 이내에서 분쟁을 해결할 수 없을 경우에는 가장 신속하고 경제적인 해결방법으로 중재를 이용하는 것이 바람직하다.

중재란 사법상(私法上)의 분쟁을 법원의 판결에 의하지 아니하고, 당사자간의 합의로 사인인 제3자, 즉 중재인(arbitrator)에게 부탁하여 구속력 있는 판정을 구함으로써 최종적인 해결을 기하는 방법을 말한다.

따라서 중재조항이란 계약과 관련하여 분쟁이 발생되면 중재판정에 의하여 해결하기로 하는 당사자간의 합의를 기재한 조항이다. 대부분의 나라에서 중재조항이 있는 경우에는 소송이 제기되더라도 피고가 중재조항의 존재를 주장(중재의 항변)할 경우 직소금지의 효력에 의하여 소송이 각하되어 결국은 중재를 신청하여야 한다.

중재에 의하여 클레임을 해결하려면 반드시 양당사자의 중재합의(arbitration agreement)가 계약체결시나 또는 그 이후, 즉 분쟁이 야기되었을 경우에 있어야만 한다. 이러한 중재합의, 즉 중재계약이 없는 경우 일방이 거절하면 중재로 해결할 수 없다.

중재합의에는 중재인 또는 중재기관, 중재지, 중재절차, 준거법이 명시되어야 유효하다. 이와 같이 당사자간에 합의된 중재계약은 국내적으로나 국제적으로 그 효력이 인정되어 중재판정의 결과는 최종적이며 뉴욕협약에 따라 외국에서도 집행이 가능하다.

한국의 경우에는 중재기관으로 대한상사중재원이 설립되어 있으며, 다음과 같은 표준중재조항을 모든 계약서상에 삽입하여 분쟁발생시에 대비하도록 하고 있다.

"Arbitration: All disputes, controversies, or differences which may arise between the parties, out of or in relation to or in connection with this contract, or for the breach there of, shall be finally settled by arbitration in Seoul, Korea in accordance with the Commercial Arbitration Rules of the Korean Commercial Arbitration Board and under the Laws of Korea. The award rendered by the arbitrator(s) shall be final and binding upon both parties concerned."

7. 구제조항

구제(remedy)란 일정한 권리가 침해되는 경우에 그러한 침해를 방지하거나 보상하게 하는 것을 말한다. 구제의 방법은 계약위반에 대한 매수인의 구제(buyer's remedy)와 매도인의 구제(seller's remedy)로 구분할 수 있다. 구제방법에 대해서는 영미법, 대륙법 및 CISG 등에서 구제권의 종류를 여러 가지로 규정하고 있으나 계약위반에 대한 권리구제에서 손해를 배상해야 한다는 근본취지는 같다고 할 수 있다.

CISG는 영미법계와 대륙법계와의 조화를 시도하고 국제물품매매의 특성과 국제성을 고려하여 매매당사자의 의무에서 계약위반에 대한 구제방법에 대하여 규정하고 있다. CISG에서 매수인의 구제방법으로는 손해배상청구권,[48] 의무이행청구권,[49] 계약해제권,[50] 대금감액권[51]이 있고 매도인의 구제방법으로는 손해배상청구권,[52] 의무이행청구권,[53] 계약해제권[54]이 있다.

실제 무역계약에서는 물품을 매도인이 판매하는 것이어서 계약체결상 구제조항의 내용은 매수인의 계약위반에 대하여 매도인의 구제측면을 다소 강조하고 있다. 그러나

48) CISG, Article 45(1)(b).
49) CISG, Articles 46(1), (2), (3) and Article 47; 의무이행청구권에는 ① 특정이행청구권, ② 대체물인도청구권, ③ 하자 보수청구권, ④ 추가기간설정권이 있다.
50) CISG 1980, Article 46(1).
51) CISG 1980, Article 50.
52) CISG 1980, Article 61(1)(b).
53) CISG 1980, Article 62; 의무이행청구권은 계약의무, 즉 채무를 약속한 대로 이행할 것을 법원이 명령하는 구제방법이다.
54) CISG 1980, Article 64(2).

매매당사자는 대등한 입장에 있으므로 구제조항에서 CISG의 규정을 원용하는 것(예로는 아래의 준거법 조항 참조)으로 합의할 필요가있다.

구제조항에서는 매수인이 지급불능, 파산 또는 적시의 신용장발행을 포함하여 매도인에 대한 지급을 하지 않는 경우 매도인은 계약의 해제, 불이행 부분에 대한 계약해제 및 계약금액과 재매각가액과의 차액청구, 미선적분에 대한 계약해제 및 손해배상금 청구와 같은 권리를 행사할 수 있는 내용으로 구성한다.

무역계약시에 계약위반에 따른 구제조항은 다음의 예와 같이 약정한다.

"Remedy: Buyer shall, without limitation, be in default of this contract, if buyer shall become insolvent, bankrupt or fail to make any payment to seller including the issuance of the letter of credit within the due period. In the event of buyer's default, seller may without prior notice thereof to buyer exercise any of the following remedies among others :

(a) terminate this contract;

(b) terminate this contract as to the portion of the goods in default only and resell them and recover from buyer the difference between the price set forth in this contract and the price obtained upon resale, plus any incidental loss or expense; or

(c) terminate the contract as to any unshipped balance and recover from buyer as liquidated damages, a sum of five (5) percent of the price of the unshipped balance. Further, it is agreed that the rights and remedies herein reserved to seller shall be cumulative and in addition to any other or further rights and remedies available at law."

8. 재판관할조항

계약에서 중재조항을 규정하지 않은 경우에는 그 계약을 둘러싼 분쟁은 최종적으로 국가가 행하는 재판에 의하여 해결하게 된다. 또한 중재조항이 존재하더라도 중재에 붙일 범위 외의 사항에 대하여는 마찬가지로 재판에 의하게 된다.

그 경우에 소송을 제기할 법원을 당사자간에 미리 약정하여 놓은 것이 재판관할(jurisdiction)이다. 재판관할의 합의가 있는 경우에도 이러한 합의가 관계 당사국에서 유효한지, 선정된 법원이 외국인(또는 외국법인)의 제소권을 인정하는지 또는 선정된 법원은 판결의 집행을 처리하기에 적당한지 등을 검토할 필요가 있다.

한편 법원의 지정을 막연히 한국법원 또는 미국법원이라고 규정하는 것은 장래 한국 또는 미국의 어느 지역의 법원인지 문제가 생길 소지가 있으므로 서울, 뉴욕 등 특정지의 법원을 지정하여야 한다.

다음은 한국의 서울지방법원을 합의관할로 하는 재판관할조항의 예이다.

"Jurisdiction: Any and all disputes arising from this contract shall amicably be settled as promptly as possible upon consultation between the parties hereto. The parties hereto agree that, should either party has been in a position to resort to a lawsuit, injunction, attachment, or any other acts of litigation, the Seoul District Court shall have the jurisdiction."

9. 준거법조항

준거법(governing law; applicable law)은 계약의 성립, 이행 및 계약조항의 해석에 대하여 어느 나라 법률에 따라 행할 것인가를 지정하는 것이다. 예를 들면, 계약서상에 적용법률을 한국법, 미국법 등으로 지정하여 두는 것이 준거법조항이다. 준거법의 결정은 준거법에 대하여 당사자의 명시적인 약정이 있는 경우에는 지정된 준거법이 우선적으로 적용된다.

그러나 매매당사자간 준거법에 대한 약정이 없는 경우, 한국 국제사법(제26조)은 "준거법 결정시의 객관적 연결과 관련하여 당사자가 준거법을 선택하지 아니한 경우에 계약은 그 계약과 가장 밀접한 관련이 있는 국가의 법에 의한다"라고 규정하고 있다.

준거법 적용의 일반원칙은 계약당사자의 자유의사를 기준으로 하는 이른바 계약자유의 원칙(principle of party autonomy)을 최우선적으로 적용하는 주관주의(subjective view)와 계약과 가장 밀접한 현실적 관계를 갖는 법률을 준거법으로 적용하여야 한다는 객관주의(objective view)가 있다. 계약자유의 원칙에서 계약당사자의 자유의사에 맡기는 것을 저촉법적 지정이라 하고, 계약 자체를 지배하는 법은 따로 있고 계약의 일부 조건이나 내용을 지배하는 특정 법규나 국제규칙 등을 지정하는 것을 실질법적 지정이라고 한다. 실질법적 지정은 공서양속이나 강행규정에 위반되지 않는 범위내에서만 계약내용을 규율할 수 있다.

객관주의에서는 계약이 체결되는 예컨대, A국에서 계약의 전부 또는 일부가 이행되는 경우에 준거법을 계약체결지법(lex loci contratus)으로 적용하여야 한다는 원칙과, 계약이 비록 A국에서 체결되었다 하더라도 계약의 전부 또는 상당한 부분이 B국에서 이행된 경우에는 B국의 법률, 즉 이행지법(lex loci solutionis)[55]을 적용하여야 한다는 원칙

55) 이행지법을 행위지법이라고도 한다.

이 있다.

계약이 성립지에서 이행될 경우에는 그 계약의 성립지법이 적용되는 것으로 추정되지만, 계약의 성립지와 이행지가 다른 때에는 계약의 성립지가 아니라 이행지법이 당사자의 계약관계에 적용되는 것으로 추정된다. 이러한 추정은 어디까지나 단지 추정의 기준에 불과하며 얼마든지 계약내용 및 주변상황에 따라 배제될 수 있다.[56)]

일반적으로 국제매매계약에서는 중재합의가 있을 경우 당사자간에 분쟁이 발생하게 되면 특정 장소에서 특정 중재인 및 중재판정부의 지정법을 준거법으로 한다.[57)]

따라서 계약위반에 따른 구제와 법의 충돌문제를 고려하여 무역계약 당사자는 계약 내용과 조항에 적용할 준거법에 관하여 미리 명확하게 약정하여 두는 것이 중요하다.

국제매매계약시 준거법은 예(a, b)와 같이 약정하고, 특히 매매계약의 성립과 권리구제에 관해서는 국제물품매매계약에 관한 유엔 협약(CISG)에 의하는 것으로 추가하여 약정하는 것이 좋다.

"Applicable Law: "(a) This contract shall be governed, construed and performed by the laws of the Republic of Korea."

"(b) Unless otherwise stipulated in this contract, United Nations Convention on contracts for the International Sale of Goods 1980 applies to this contract between parties in case of formation of contract and remedies for breach of contract."

한편 준거법 조항에 추가하여 가격조건(또는 인도조건)으로서 FOB, CIF 규칙 등과 같은 정형거래규칙은 Incoterms® 2010 rule을 준거규정(applicable provision)으로 약정한다.

"Trade Rules: The trade rules used under this contract shall be governed and interpreted by the provisions of Incoterms® 2010 rule."

Ⅲ. 결 론

무역거래는 계약에서 비롯된다. 무역계약 조건과 내용이 충실하게 잘 작성되어야 계약이행과정이나 후일의 예기치 않은 분쟁에 대처할 수 있다.

---

56) Clive M. Schmitthoff, Export Trade, 9th ed., Stevens & Sons, 1990, p. 104.

57) The United Nations Convention on Recognition and Enforcement of Foreign Arbitral Awards, 1958, Articles 2(1), 5(1).

그러나 예견가능한 분쟁발생 요인들을 계약에 반영하지 않고 매매계약상의 기본조건 정도를 간단하게 합의하여 계약에 갈음하는 사례를 흔히 보게 된다. 이 결과 거래과정에 당사자간의 이해상충 등으로 문제를 해결하려고 하여도 계약에 명시되지 않았거나 명시되더라도 약정내용이 부실하여 결국에는 상거래분쟁으로 비화되어 시간과 경제적으로 값비싼 대가를 치르게 되는 것이다.

따라서 계약은 향후의 분쟁발생에 대비하여 약정조건을 최대한 반영하고 계약위반에 대한 권리구제 등을 포함하여 구체적으로 명확하게 작성되어야 한다.

계약물품에 대한 기본조건은 물론이고 클레임제기기간, 불가항력, 이행곤란, 완전합의, 중재, 구제, 재판관할, 무역거래규칙 및 준거법 등에 대한 조항을 일반조건에 포함시켜 약정하여야 한다.

무역거래에서 계약위반에 대하여 계약상대방이 입은 손해를 배상하는 것은 당연하다. 매매당사자는 대등한 입장에 있으므로 구제조항에서 CISG의 규정을 원용하도록 하면서 인코텀즈 규칙에 반영되지 아니한 당사자의 의무들을 추가적으로 보완하여 약정내용에 반영할 필요가 있다.

제 3 절 무역계약의 체결

문제 1-26 무역계약은 어떠한 형식으로 작성하는 것이 좋으며 어떠한 내용을 계약조건으로 약정해야 하는지를 설명하시오.

답안 1-26

〈목차 구성〉

Ⅰ. 서　론
Ⅱ. 무역계약서의 형식과 약정조건
　1. 정형무역계약서
　2. 영미법에 기초한 서술식 무역계약서
Ⅲ. 결　론

Ⅰ. 서　론

청약과 승낙에 의하여 계약은 성립될 수 있지만 실제 거래에서는 청약내용이 매우 간단하므로 상관습이 서로 다른 국가간에 이루어지는 무역거래에서는 매매당사자간 거래조건에 대하여 상세한 합의를 다시 하여야 하며 후일 야기될지 모르는 분쟁에 대비하여 구체적인 무역계약서를 작성하여 두어야 한다.

무역계약서는 매 건별로 거래가 이루어질 때마다 하나의 계약서가 작성되는 개별계약(case by case contract), 동일거래처와 어떠한 물품을 장기적으로 거래할 경우에 포괄적인 사항을 미리 약정하는 포괄계약(master contract) 그리고 일정한 물품의 수출입에 있어서 수출자는 수입국의 특정 수입자 이외에는 동일한 물품을 청약(offer)하지 않으며 수입자도 같은 물품을 수출국의 다른 수출자와 거래하지 않겠다는 조건으로 이루지는 독점계약(exclusive contract)이 있다.

이하에서는 개별계약을 중심으로 무역계약서의 형식을 정형무역계약서와 서술형식으로 작성하는 영미의 매매계약의 구성내용에 대하여 살펴보기로 한다.

Ⅱ. 무역계약서의 형식과 약정조건

1. 정형무역계약서

실제 거래에서 무역계약은 개별계약을 체결하는 경우가 가장 많다. 이 경우 매매당사자는 서술식으로 거래조건을 명시하면서 약정할 수 있으나 이보다 정형화된 표준양식의 무역계약서를 이용하는 것이 편리하고 약정조건이 누락되는 것도 방지할 수 있다.

1) 특정조건(specific conditions)

정형무역계약서 전면(face)에는 특정조건에 대하여 계약체결시마다 매매당사자간에 약정하는 것으로 보통 해당조건(제목)을 미리 작성하여 두었다가 여백에 실제 계약조건의 내용을 명시한다. 전면의 계약서상에는 "We as Seller confirm having sold to the Buyer the following goods by contract of sale made on the date below on the terms and conditions SET FORTH HEREUNDER AND THE REVERSE SIDE HEREOF"와 같이 계약서 이면약관이 전면내용과 함께 계약의 일부를 구성한다는 취지를 반드시(대문자 등으로 강조하여) 명시하여야 이면약관의 부지(negligence)를 이유로 무효주장에 대비할 수 있다.

특정조건은 매매계약에서 계약물품에 대한 주요 기본조건에 해당되는 것으로 다음과 같은 조건을 약정하여야 한다.

계약당사자명(identification of parties), 계약일자(date of contract) 등 일반사항 외에 (1) 물품명세(description of goods), (2) 수량(quantity), 단가(unit price), 금액(amount), (3) 대금지급조건(payment terms), (4) 가격조건(price terms), (5) 보험조건(insurance terms), (6) 선적

조건(shipment terms), (7) 포장조건(packing terms), (8) 물품검사(inspection), (9) 제공서류(documents)에 대하여 약정한다.

2) 일반조건(general terms and conditions)

정형무역계약서 이면(back)에는 전면에 특정하지 아니한 조건과 거래관련 분쟁해결 및 법적인 구제조항 등 일반거래조건을 망라하여 미리 작성된(또는 인쇄된 형식으로) 서식으로 전면의 기본조건을 보완하는 조건들을 다음과 같이 약정하게 된다.

전면의 기본조건에서는 비교적 간결하게 작성하는 관행에 따라 이면의 일반조건과 중복되는 조건이 있으나 이는 기본조건에서 약정되지 아니한 내용들을 보충하는 것이다.

(1) 거래의 기준(basis), (2) 수량과부족 허용(quantity), (3) 선적(shipment), (4) 결제(payment), (5) 보험(insurance), (6) 검사(inspection), (7) 포장(packing), (8) 운송인(carrier), (9) 통지(notice), (10) 채무불이행(default), (11) 물품의 처분(disposition of goods), (12) 조세(taxes and duties), (13) 권리침해(infringement), (14) 담보(warranty), (15) 권리 불포기(non-waver), (16) 클레임(claim), (17) 불가항력(force majeure), (18) 이행곤란(hardship), (19) 중재(arbitration), (20) 재판관할(jurisdiction), (21) 완전합의(entire agreement), (22) 구제(remedy), (23) 무역거래규칙 및 준거법(trade rules and applicable law)

2. 영미법에 기초한 서술식 무역계약서

영미법에 바탕을 둔 매매계약서는 보통 다음과 같이 구성된다.[58)]

1. 표 제(Title)

2. 전 문(Non-operative Part)

1) 일 자(date)
2) 당사자(parties)
3) 설명조항(recitals; whereas clause)

3. 본 문(Operative Part)

1) 정의조항(definition)
2) 주된 계약 내용에 관한 특정조건

58) 강원진, 「무역계약론」, 제4판(수정판), 박영사, 2013, 186면.

(1) 물품명세(description of goods)

(2) 수량(quantity), 단가(unit price), 금액(amount)

(3) 지급조건(payment)

(4) 가격조건(price)

(5) 보험조건(insurance)

(6) 선적조건(shipment)

(7) 포장조건(packing)

(8) 물품검사(inspection)

(9) 제공서류(documents)

3) 기타 계약상 일반조건

(1) 계약기간(period of agreement; duration; term)

(2) 계약의 종료(termination)

(3) 불가항력(force majeure)

(4) 계약의 양도(assignment)

(5) 중재(arbitration)

(6) 준거법(applicable law; governing law)

(7) 재판관할(jurisdiction)

(8) 완전합의(entire agreement)

(9) 계약의 수정, 변경(modification; amendment)

(10) 통 지(notice)

(11) 기타 조항(miscellaneous)

4. 결문(Final Part)

1) 말미문언(testimonium clauses)

2) 서명(signature)

3) 날인(seal)

Ⅲ. 결 론

무역계약서는 계약자유의 원칙에 따라 그 형식과 내용(조건)은 자유이다. 그러나 이는 필수적이고 필요한 약정조건을 생략하여 대충 작성하여도 된다는 의미는 아니다. 따라서 무역거래에서 관행적인 약정사항, 즉 매매계약 물품에 관한 기본조건 및 분쟁에 대비한 일반거래조건을 상세하면서도 명확하게 작성하여야 한다.

물품매매를 위한 무역계약을 체결할 경우 시간과 효율성 면에서는 서술형식의 계약서 보다는 정형무역계약서 형식을 이용하는 것이 비교적 장점이 있을 것이다. ICC에서는 이러한 점을 고려하여 표준매매계약서를 개발하여 국제매매에서 사용할 수 있도록 하고 있다.

특히 무역계약을 체결할 경우에는 계약물품에 대한 기본조건에 대한 구체적인 약정은 물론이고 당사자간에 클레임제기기간, 불가항력, 이행곤란, 완전합의, 중재, 구제, 재판관할, 무역거래규칙 및 준거법 등에 대한 조건들은 반드시 일반조건에 포함시켜 명확하게 약정할 필요가 있다. 이와 같은 조건들은 매매당사자의 분쟁예방 및 해결에 크게 기여하게 될 것이다.

제 4 절 무역거래의 과정

문제 1-27 무역거래의 과정을 수출절차와 수입절차로 구분하여 설명하시오.

답안 1-27

〈목차 구성〉

무역거래의 개요를 수출절차와 수입절차 단계별로 구분하여 설명하면 다음과 같다.[59)]

1) 수출절차의 개요

일반적으로 수출절차라 함은 매매당사자 사이에 무역계약을 체결하고 수출자가 신용장 등을 수령하여, 무역관계법규의 내용에 따라 수출승인단계에서부터 수출물품을 제조·가공하여 수출검사 및 통관수속을 마치고 운송인에게 인도 또는 운송수단에 적재한

59) 강원진, 「무역실무」, 제3판, 박영사, 2008, 13~23면.

후 수출환어음 매입 및 대금회수에 이르기까지의 일련의 행정절차를 의미한다. 여기에서는 가장 보편적 거래형태인 화환신용장(Documentary Letter of Credit)방식을 기준으로 하여 일반 수출절차를 단계별로 개괄적으로 살펴보고자 한다.

(1) **해외시장조사**

수출자가 해외시장을 개척하는데 있어서 제일 먼저 고려해야 할 사항은 해외시장조사(overseas market research)이다. 이는 수출하고자 하는 물품의 판매가능성과 정보 등을 조사·연구·분석하는 것으로 가장 좋은 여건을 갖춘 목적시장을 물색하기 위한 것이다. 해외시장을 효율적으로 조사하기 위해서는 수출마케팅(export marketing)에 대한 관심을 가지고 상품연구, 판매경로연구, 소비자 분석 등 시장분석(market analysis)과 함께 목적시장의 상관습 및 사정을 철저히 조사하여야 한다.

(2) **거래처 발굴**

목적시장이 선정되면 거래처를 물색하여야 하는데, 가장 경제적이며 손쉬운 방법으로는 인터넷의 관련 포털사이트 및 각국의 상공인명부(directory)를 많이 이용하고 있다. 또한 해외광고를 통하거나 현지에 직접출장 또는 박람회, 전시회 등 각종 행사(event)를 이용할 수도 있다. 한국에서는 대한무역투자진흥공사(Korea Trade and Investment Promotion Corporation: KOTRA), 대한상공회의소(The Korea Chamber of Commerce and Industry: KCCI), 재외공관, 은행 등을 이용하여 거래처를 발굴할 수 있다.

(3) **신용조회**

여러 경로를 통하여 거래처의 상호와 주소를 알게 되었더라도 일단 그 거래처에 대한 신용상태에 대하여 조회하여 보아야 상거래에 따른 위험을 예방할 수 있다. 신용조회는 당해업체의 성격(character), 자본(capital) 및 영업능력(capacity) 등에 대하여 현지업자를 통한 동업자조회(trade reference), 상대방의 거래은행을 활용할 수 있으나 국내에서 무역보험공사, 대한무역투자진흥공사, 신용보증기금을 등을 통하여 실시하는 것이 편리하다.

(4) **거래제의**

거래의 제의는 보통 거래제의 서신(letter of business proposal)을 이용하는데, 이는 미지의 거래처에게 자기회사를 소개하고 취급상품과 영업정보 등을 안내하여 거래를 제의하는 통신문이다. 거래제의 통신문을 작성할 경우에는 상대방을 알게 된 동기에서부터 맺음말까지 무역통신문의 구성요소에 알맞게 짜임새 있는 내용으로 적극적인 거래제의를 하도록 한다.

(5) 조회 및 조회에 대한 회신

거래제의를 받은 자가 그 물품에 대한 관심이나 구매의사가 있게 되면 여러 가지 거래조건에 대하여 문의해 오게 되는데, 이를 조회(inquiry)라고 하며, 조회장(inquiry letter)을 받았을 경우에는 신속하게 회신해 주어야 한다. 또한 조회를 하여 온 고객은 앞으로 거래관계를 성사시킬 수 있는 잠재적인 고객임을 인식하고 잘 관리하여야 한다.

(6) 청약과 승낙

청약(offer)이라 함은 청약자(offeror)가 피청약자(offeree)에게 매매계약성립을 기대하여 행하는 의사표시를 말하며, 승낙(acceptance)이라 함은 피청약자가 청약자에 대하여 그 청약에 응하여 계약을 성립시킬 목적으로 행하는 의사표시를 말한다.

청약에 대하여 승낙하게 되면 무역계약의 성립되기 때문에 청약을 할 경우에는 확정청약(firm offer) 또는 불확정청약(free offer) 또는 조건부 청약(conditional offer)으로 할 것인가 등을 검토하고, 청약과 승낙의 법적인 효과와 문제를 고려하여야 한다.

(7) 수출계약의 체결

이론적으로는 청약과 승낙에 의해 매매계약이 성립되지만 그 자체만을 가지고 상관습이 다른 국가와 무역거래를 한다는 것은 매우 위험한 일이다. 왜냐하면 당사자의 이해상충으로 인하여 후일 분쟁이 야기될 경우에는 당초 상세한 약정이 없어 예기치 못한 손실을 입게 될 수 있기 때문이다. 그러므로 무역거래에서는 매매계약서(sales contract sheet)를 반드시 구체적으로 작성하는 습관을 가져야 한다.

매매계약을 체결할 경우에는 당사자간에 특히 품질, 수량, 가격, 선적, 결제, 포장, 보험 등의 기본적인 조건을 확실히 약정하고 기타의 거래조건은 계약서의 이면약관(일반거래조건)을 활용하거나 "일반무역거래조건협정서"(Agreement on General Terms and Conditions of Business; Memorandum of Agreement) 등을 이용하는 것이 좋다. 특히 거래조건에 대한 준거법(governing law)이나 클레임(claim) 발생시 클레임을 제기할 수 있는 기간설정과 중재조항(arbitration clause) 및 불가항력 조항(force majeure clause) 등을 삽입하여야 한다.

(8) 수출신용장 수령

수출자는 수입자와 무역계약 체결시 대금결제수단으로 신용장(Letter of Credit: L/C) 방식을 이용하기로 약정한 경우 수입자의 거래은행에서 발행된 신용장을 통지은행(advising bank)을 통하여 수령하게 된다. 수출자는 신용장을 수령하였을 경우 우선 유효한 신용장인가를 점검하고 당초 당사자간 계약조건과 신용장조건간에 상이한 점이 있는

지 유무를 검토하여야 한다. 만일 상이하거나 일방에 불리한 문언이나 모호한 문언이 있다면, 즉시 신용장조건을 변경하여 줄 것을 수입자 앞으로 요청하여야 한다. 특히 발행은행이 대금결제상 위험이 있는 국가일 경우에는 수출자 소재지의 신뢰성이 있는 제3은행을 확인은행(confirming bank)으로 하여 신용장을 발행하여 줄 것을 미리 계약체결시에 합의하여야 한다.

(9) 수출승인

신용장을 수취한 수출자는 수출하고자 하는 물품이 수출입공고와 통합공고상에 수출이 허용되는 물품인지 여부를 검토하여야 한다. 만일 수출제한품목(Export Restricted Item)이나 통합공고에서 요건확인을 요하는 품목일 경우에는 제한내용이 모두 충족된 후 수출승인기관으로부터 수출승인(Export Licence: E/L)을 받아야 한다. 수출승인의 유효기간은 원칙적으로 1년이나 수출승인기관의 장이 인정하는 경우 1년 이내 혹은 최장 20년의 범위 안에서 기간을 단축 또는 초과하여 설정할 수 있다. 수출자는 동 유효기간 이내에 수출신고를 완료하여야 한다.

(10) 수출물품 확보

수출승인을 받은 다음에 수출물품을 확보하는 방법에는 자가공장에서 직접 생산하거나 임가공하청방식으로 타사공장을 이용하여 생산하거나 이미 타사에서 생산된 소위 완제품을 공급받는 방법이 있다. 수출자는 자가공장이나 타사측에 임가공하청방식에 의해 물품을 제조·가공할 경우에는 거기에 소요되는 원자재를 내국신용장(Local L/C)이나 구매확인서[60]를 이용하여 조달한다.

(11) 무역금융의 이용

수출물품을 제조·가공하는 데는 무역업체 자체의 자금에 의할 수도 있지만 대부분의 제조업체에서는 무역금융을 이용하게 된다. 무역금융은 수출증대를 목적으로 수출물품의 선적 또는 수출대금의 입금 전에 수출상이 필요한 자금을 원화로 지원하는 단기수출지원자금이다. 무역금융은 용도별로 수풀용원자재를 확보하여 수출품을 직접 제조·가공하는데 소요되는 생산자금, 수출용원자재를 수입하는데 소용되거나, 내국신용장에 의하여 국내에서 생산된 수출용원자재를 구매하는데 소용되는 원자재 자금, 국내에서 생산된 수출용 완제품을 내국신용장에 의하여 구매하는데 소요되는 완제품구매자금 그리고 일정규모 이하의 중소기업체에게 자금용도에 구분 없이 일괄해서 지원하는

60) 구매확인서란 국내에서 생산된 물품 등이나 수입된 물품을 외화획득용원료 또는 물품으로 사용하고자 하는 경우 외국환은행의 장이 내국신용장에 준하여 발급하는 증서를 말한다.

포괄금융이 있다. 그런데 무역금융은 과다금융의 방지와 적정융자를 위하여 업체별로 융자한도를 설정하여 운용함과 동시에 무역금융수혜이후 수출이행여부를 사후 관리하고 있다.

(12) **수출물품의 검사**

수출물품을 생산하면 수출자는 계약과 일치되는 물품을 인도하기 위하여 수량, 품질, 포장 등에 대한 물품검사를 행한다. 그러나 매매 계약시 수입자나 그 대리인이 선적전검사(pre-shipment inspection: PSI)를 하기로 약정하였을 경우에는 수출자의 물품검사와는 별도로 수입자 또는 수입자의 대리인이 물품검사를 행하게 된다.

(13) **물품운송계약 및 적화보험부보**

물품을 생산하고 포장을 완료하게 되면 수출자는 수출통관수속을 하는 한편, 선적을 위하여 운송인(carrier)과 미리 물품운송계약을 체결한다. 실무적으로는 선복요청서(Shipping Request: S/R)로 운항일정을 고려하여 운송편을 예약(booking)하고, 특히 운임(freight)은 동맹선사(conference line)와 비동맹선사(non-conference line)에 따라 적용운임이 상이하므로 적절한 운송회사를 선택하여야 한다.

한편 정형무역거래규칙이 CIF 규칙이나 CIP 규칙일 경우 수출자는 물품의 운송중 위험을 담보하기 위하여 보험회사와 적화보험계약을 체결하여야 한다. 적화보험부보시에는 물품의 성질에 따라 담보위험 및 면책위험 등을 고려하여 어떠한 조건으로 부보하여야 안전하고 경제적인가를 검토하여야 한다.

(14) **수출통관 및 선적**

수출물품을 생산하거나 구매한 수출자는 물품을 선적하기 전에 관세법이 정하는 바에 따라 수출통관수속을 하여야 한다. 수출통관이라 함은 내국물품을 외국으로 반출하는 것을 허용하는 세관장의 처분을 말한다. 세관장은 세관용 수출승인서(Export Licence: E/L), 상업송장(Commercial Invoice), 포장명세서(Packing List) 등을 갖추고 물품을 보세구역에 반입하거나 타소장치하여 통관업자인 관세사나 통관법인 명의로 세관에 수출신고를 하여야 한다. 수출신고는 대부분이 전자문서교환방식(Electronic Data Interchange: EDI)에 의해 진행되고 있다. 세관장은 EDI 방식에 의해 제출된 신고자료 또는 문서에 의해 제출된 서류를 검토·확인하고 수리한 후 문서제출의 경우에는 수출신고필증을 신고인에게 교부하고 EDI방식에 의한 제출의 경우에는 관세사 또는 화주가 날인한다. 수출신고인이 서류 없이 수출신고를 하고 세관장으로부터 신고수리의 사실을 전산 통보받은 경우에는 소정의 기간 내에 당해 서류를 세관장에게 제출하여야 한다. 이처럼 수출신고의 수리가 이루어져야 비로소 당해물품을 보세구역에서 반출하여 지정된 운송수단에 인도하거나 적재할 수 있다.

수출신용장이나 계약서상에 운송서류로서 복합운송선화증권(multimodal transport bill of lading)을 요구할 경우 수출자는 복합운송인에게 수출물품을 인도완료 후, 또는 해상선화증권(marine bill of lading)을 요구할 경우에는 지정선박에 적재완료한 후 물품을 대표하는 권리증권(document of title)으로서 적법한 선화증권을 운송회사로부터 발급받아야 한다.

(15) **수출환어음 매입**

수출통관과 선적이 완료되면 수출자는 신용장상에 요구하는 서류, 이를테면, 상업송장(Commercial Invoice), 포장명세서(Packing List), 선화증권(Bill of Lading), 적화보험증권(Marine Cargo Insurance Policy), 원산지증명서(Certificate of Origin) 등을 준비하고 환어음(Bill of Exchange: Draft)을 발행하여 거래 외국환은행에 수출환어음매입(negotiation)을 의뢰한다. 거래외국환은행은 서류를 심사하여 신용장조건에 일치하는 경우에는 매입당일의 환율을 적용하여 보통 추심 전 매입하여 대금을 수출자에게 지급하게 된다. 그리고 매입은행은 동 수출환어음을 서류와 함께 신용장 조건에 따라 발행은행 또는 지정은행 앞으로 송부하여 대금을 지급받게 된다.

(16) **관세환급 및 사후관리**

수출환어음을 매입완료 후 수출자는 운송수단에 적재확인필 수출신고필증 원본을 입수하여 관세환급을 받게 된다. 관세환급이라 함은 수출품제조에 소요된 원재료 수입시에 납부한 관세 등을 수출에 제공된 때에는 수출자에게 되돌려 주는 것을 의미한다. 수출자는 관세환급을 받아야 비로소 실제 당해 수출선적분에 대한 손익을 당초 예상손익과 비교하여 볼 수 있으므로 환급기간이 지정은행이나 경우에 따라 세관장 앞으로 환급을 신청하여야 한다.

환급금의 산출방법에는 개별환급[61]과 정액환급[62]제도가 운영되고 있다. 환급신청은 물품이 수출 등에 제공된 날로부터 2년 이내에 신청하여야 한다.

한편 수출입공고상 수입제한품목이나 통합공고에서 요건 확인 품목을 외화획득용 원료로 수입하거나 내국신용장 또는 구매확인서에 의하여 국내 구매한 경우에는 대응수

---

61) 개별환급이란 수출물품제조에 소요된 원재료의 품명·규격과 수량을 확인하고, 동원재료의 수입시 납부세액을 원재료별로 개별적으로 확인하여 환급금을 산출하는 방법이다.

62) 정액환급이란 정부가 정하는 일정한 금액을 소요원재료의 수입시 납부세액으로 보고 환급금을 산출하도록 하는 방법이다.

출을 이행하였는지 여부에 대한 사후관리를 받아야 한다. 사후관리대상물품을 수입한 자는 일정기간 내에 외화획득을 하고 사후관리은행에 외화획득이행신고(국내공급인 경우에는 공급이행신고)를 하여야 하며, 부득이한 사유로 대응수출이 불가능한 경우에는 외화획득용원료 사용목적변경승인을 받거나 상사간 양도승인을 받아야 한다. 그러나 성실하게 사후관리를 이행하는 업체로 일정한 요건에 부합하여 자율관리기업으로 지정될 경우에는 매건별 사후관리를 면제하도록 하고 있다. 이와 같이 사후관리대상품목에 대한 외화획득이행신고를 마지막으로 수출절차는 끝나게 된다. 또한 수출환어음 지급거절(unpaid)이나 수출물품 대한 클레임(claim)이 야기되었을 경우에는 능동적으로 대응하여 이를 신속하게 해결하도록 하여야 한다.

2) 수입절차의 개요

수입절차라 함은 무역거래자인 수입자가 국외로부터 물품을 수입하기 위하여 물품공급처를 선정하고 수입계약을 체결하여 수입승인 및 수입신용장등을 발급받은 후 국외의 수출자로부터 물품선적 관련서류 및 수입어음이 도착되면 수입대금을 지급하고 서류를 인도받아 수입통관절차를 거쳐 물품을 수령하는 일련의 절차를 의미한다.

여기에서는 가장 보편적 거래형태인 화환신용장방식을 기준으로 하여 일반수입절차를 단계별로 개괄적으로 살펴보고자 한다.

(1) 청약에 대한 승낙 및 수입계약체결

수입자가 필요한 물품을 수입하고자 할 경우에는 우선 해외시장조사(overseas market research) 및 조회(inquiry) 등을 통하여 신뢰성 있는 물품공급처를 물색하여 국외에서 직접 청약(offer) 받거나 또는 국내에서 오퍼발행 대리업자(offer agent)를 통하여 물품매도확약서를 제시받게 된다. 보통은 물품매도확약서를 청약자(offeror)와 승낙자(offeree)간에 교부하는데, 이 자체만으로 수입계약을 대신하지 말고 반드시 별도로 거래조건에 대하여 수입계약을 체결하여 후일에 야기될지 모르는 분쟁에 대비하여야 한다.

(2) 수입승인

수입계약을 체결하고 난 후 물품을 수입하려면 우선 수입하고자 하는 물품이 수출입공고상에서 수입제한품목이나 통합공고에서 요건확인을 요하는 품목일 경우 제한 내용이 모두 충족된 후 수입승인(추천)기관으로부터 수입승인(Import Licence: I/L)을 받아야 한다.

수입자는 매 건마다 수입물품의 명세, 선적항, 송화인, 대금결제방법 그리고 유효기간 등에 대해 소정양식인 수입승인신청서에 물품매도확약서를 첨부하여 수입승인을 신청한다. 수입승인의 유효기간은 원칙적으로 1년이나 수입승인기관의 장이 인정하는 경우 1년 이내 혹은 최장 20년의 범위 내에서 단축 또는 초과하여 설정할 수 있으며, 수입자는 동 유효기간 내에 수입물품의 인수행위를 완료하여야 한다.

(3) 수입신용장의 발행 및 통지

수입자는 수입승인서 및 물품매도확약서 또는 구매계약서의 내용을 참조하여 거래은행 소정양식인 수입신용장발행신청서(application for issuance of commercial letter of credit)에 신용장조건 등을 기재하여 발행은행(issuing bank)에 신용장발행을 의뢰한다. 신용장발행은행은 수수료 등을 징수하고 수익자(beneficiary) 소재지의 통지은행(advising bank) 앞으로 신용장을 전송(tele-transmission)하게 되고 이를 받은 통지은행은 수익자인 수출자에게 신용장도착을 통지하게 된다.

(4) 수입어음결제 및 도착서류수령

외국의 수출자는 계약물품을 선적 또는 인도완료한 후 신용장에서 요구하는 서류, 예컨대 상업송장, 포장명세서, 선화증권 등을 준비하고 환어음을 발행하여 거래은행에서 수출환어음매입(negotiation)을 하고 매입은행은 환어음 및 동 서류를 수입자의 거래은행인 신용장발행은행 앞으로 송부하게 된다. 발행은행은 신용장조건과 제시서류와의 일치여부를 심사하고 발행의뢰인인 수입자에게 수입어음결제와 도착된 수입서류를 수령하도록 통지한다. 이 때 서류원본이 물품보다 먼저 발행은행에 도착되었을 경우에는 수입자는 발행은행에서 수입어음을 결제하고 서류를 수령한다. 만약에 서류보다 수입물품이 먼저 도착되었으나 수입관련 서류원본이 아직 발행은행에 도착되지 않고 수입자가 수출자로부터 별도로 송부 받은 서류사본이 있을 경우 수입자는 거래은행인 발행은행으로부터 수입화물선취보증서(Letter of Guarantee: L/G)[63]를 발급받을 수 있다.

(5) 수입통관 및 물품반출

수입관계서류의 원본이나 수입화물선취보증서를 받은 수입자는 세관에서 소정의 통관수속을 거쳐 수입신고필증을 받아야 한다. 통관수속은 보통 관세사를 통하여 신고하게 되는데 우선 물품을 지정보세구역에 반입하거나 타소 장치하여 수입신고(Import Declaration: I/D)를 한다.

63) 수입화물선취보증서(L/G)는 수입자의 요청에 따라 신용장발행은행이 수입자와 연대하여 선박회사 앞으로 발행하는 것으로 운송서류 사본으로 선박회사가 미리 수입자에게 물품을 인도하여 주더라도 나중에 신용장발행은행에 도착되는 선화증권원본에 의해 이중으로 물품인도청구를 않겠다는 취지의 보증서이다. 이 경우에 수입자가 발행은행에 수입대금을 모두 결제하지 않았다면 수입자는 신용장발행은행 앞으로 수입물품을 신탁적으로 대여인도 받는 데 따른 수입화물대도(Trust Receipt: T/R)신청서를 함께 제출한다.

세관장은 세관용 수입승인서(Import Licence: I/L)와 수입서류를 검토하고 신고물품에 대한 수입검사를 한 후 과세가격의 결정과 세율을 확정하여 부과될 관세 등을 결정하고 관세납부고지를 한다. 수입자가 관세 등을 납부하게 되면 세관장은 수입신고를 수리하여 수입자에게 수입신고필증을 교부하여 준다. 이 때가 비로소 외국물품이 내국물품으로 인정됨은 물론 보세구역에서 반출이 가능하게 되어 수입자가 용도대로 사용할 수 있게 된다.

Chapter 04

CISG와 국제매매당사자의 의무

제 1 절 CISG의 적용범위 및 총칙

문제 1-28 국제물품매매계약에 관한 유엔 협약(CISG)의 적용범위에 대하여 설명하시오.

답안 1-28

〈목차 구성〉

Ⅰ. 서 론

국제물품매매계약에 관한 유엔협약(United Nations Convention on Contracts for the International Sale of Goods: CISG)[1]은 물품매매에 관한 일반적인 상거래 수행에서 통일법을 제정할 목적으로 만든 협약이다. 비엔나협약이라고 일컫는 CISG는 유엔 국제무역법위원회(UNCITRAL)에 의해 준비되어 1980년 3월 10일 비엔나에서 개최된 외교회의에서

1) 여기에서는 CISG 또는 협약으로 표현한다.

토의를 거쳐 1980년 4월 11일 정식 채택되었다. CISG는 1988년 1월 1일부터 발효되었고, 한국은 2004년 2월 17일 유엔 사무총장에게 협약 가입서를 기탁하여 2005년 3월 1일부터 발효되고 있다.

국제무역이 활성화되기 어려운 걸림돌 중의 하나는 국가간 법체계상의 규범이 상이하기 때문이다. 이로 인하여 당사자들 간에 소송이 발생하고 거래비용이 증대된다.

CISG는 각국법의 차이에 따른 불확실성을 극복하고 국제거래에만 적용되는 법을 협약의 형태로 제정하여 협약 가입국간의 거래에 적용하도록 하기 위하여 국제물품매매에 관한 통일법을 제공하여 국제무역의 발전을 촉진시키고자 하는 것이다. CISG는 물품의 국제매매를 규율하지만 모든 형태의 국제물품매매에 적용되는 것은 아니다.

이하에서는 협약의 적용범위에 초점을 맞추어 적용대상과 적용배제 대상을 중심으로 검토하기로 한다.

Ⅱ. CISG의 적용범위

1. 적용대상

1) 기본원칙

CISG의 적용범위는 제1조에서 "(1) 이 협약은 다음에 해당하는 경우 상이한 국가 내에 영업소가 있는 당사자간의 물품매매계약에 적용된다. (a) 그 국가들이 모두 체약국인 경우, 또는 (b) 국제사법의 원칙에 따라 어느 일방 협약국의 법률을 적용하게 되는 경우"라고 하여 CISG 적용의 기본원칙에 대하여 규정하고 있다.

협약의 적용범위는 국제물품매매계약으로 제한된다. 협약은 물품(goods)에 대한 정의를 하고 있지 않다. 그럼에도 불구하고 제7조 제1항에 따라 물품의 개념은 국내법에서 정의를 참조하는 것보다는 협약의 "국제적인 성격"과 "적용상의 통일성을 촉진할 필요성"에 비추어 자치적으로 해석되어야 한다.

판례법에 따르면 협약상 물품의 경우 인도될 때 그것이 고체, 중고품 또는 신상품, 무생물 또는 생물인지와는 관계없이 "동산과 유형재"(moveable and tangible goods)를 의미한다. 지적재산권, 유한책임 회사의 이익 및 채무와 같은 무형재는 협약상 물품의 개념에 포함되지 않는 것으로 고려되어 왔다.

컴퓨터 하드웨어 매매의 경우 명백하게 협약의 적용범위 안에 속하지만 소프트웨어일 때는 그것이 불분명하다. 일부 법원은 소프트웨어 기준을 오로지 협약상 물품으로 간주하였고 다른 법원은 주문품 소프트웨어를 포함한 어떠한 종류의 소프트웨어도 물품으로 간주되어야 한다고 판결하였다.[2)]

CISG가 적용되기 위해서는 매매당사자가 상이한 국가에 영업소를 갖고 있어야 한다. 이는 물품매매이라는 것을 매매당사자간의 정보와 인식을 바탕으로 국제성이 있어야 함을 전제하고 있다.

또한 CISG상 영업소의 정의는 없으나 복수의 영업소를 가지고 있는 경우에는 계약 및 그 이행과 가장 밀접한 관계가 있는 영업소로 하며, 한 당사자가 영업소가 없는 경우에는 상주하는 영업소로 보는 것이 기본이다(협약 제10조). 그러나 물품이 거래되는 장소나 협상이 진행되는 장소와는 관련이 없다. 법원은 연락사무소는(liaison office)는 협약상 영업소로 간주될 수 없다고 판결하였다.[3)] 당사자의 국적 또는 민사적, 상사적 성격은 CISG의 적용에서 고려되지 않는다.

2) 직접적용

계약당사자의 영업소가 있는 다른 두 국가가 모두 체약국인 경우에는 CISG가 직접 적용된다. 다시 말하면 자동적으로 적용된다.

그러나 CISG의 유보선언국은 체약국에 해당되지 않음을 유의하여야 한다. 특히 제92조에 의하면 체약국은 동 협약에 서명, 비준, 수락 또는 가입에 있어 그 국가가 동 협약 제3편의 규정(물품의 매매)에 구속되지 않는다는 취지의 선언을 할 수 있도록 하고 있다. 이와 같이 CISG의 적용을 유보한 국가에서는 계약당사자가 동 협약을 준거법으로 지정하였을 때에만 그 적용이 가능하다.

3) 간접적용

국제사법의 원칙에 의한 준거법이 체약국의 법률을 적용하는 경우에는 CISG가 간접적용된다.

국제사법의 원칙이 체약국법을 적용하도록 할 경우 CISG가 비체약국의 당사자들을 포함하는 계약으로 적용이 확장될 수 있다. 이 조항은 양당사자 중 일방이 이 사실을 인지하지 못했을 때조차 협약이 적용될 수 있다.[4)]

---

2) UNCITRAL, Digest of Case Law on the United Nations Convention on Contracts for the International Sale of Goods, 2008 Edition, p. 5; See CLOUT Case No. 122 [Oberlandesgericht Koln, Germany, 26 August 1994]; CLOUT case No. 131. [Landgericht Munchen, Germany, 8 February 1995].

3) *Ibid.*; See CLOUT Case No. 158 [Cour d'appel Paris, France, 22 April 1992].

4) 예를 들면, 만약 영국의 한 당사자와 그리스의 한 당사자간의 계약이 체결된다면 그 계약은 CISG

국제사법 관련 원칙은 법정지의 원칙이기 때문에 그것은 국제사법 국내원칙에서 당사자들이 준거법으로 채택하는지 여부, 법정지의 국제사법 원칙에 의해 지정된 국제사법 원칙을 고려하는지 여부 등에 달려있다.[5)]

3) 당사자의 합의에 의한 적용

법원과 중재재판소는 체약국과의 적절한 유대관계가 부재함에도 불구하고 협약의 규칙을 적용할 수 있는 몇 가지 다른 방법이 있다. 이러한 방법 중의 하나는 양당사자가 그들 계약의 준거규정으로 CISG를 적용할 경우에 이루어진다. 영국에서 그러한 적용은 협약의 원칙이 만약 계약의 조건으로써 설정된다면 적용될 수 있다는 것을 의미한다.[6)] 따라서 영국이 협약을 비준하지 않았다는 사실에도 불구하고, 협약을 적용하고자 하는 영국의 당사자는 제시된 방법으로 협약의 조항을 적용할 수 있다.

2. 적용배제

1) 적용배제 물품에 해당하는 매매

CISG에서는 다음과 같은 물품에는 적용하지 않고 있다(협약 제2조).

(a) 개인용, 가족용 또는 가사용으로 구입되는 물품의 매매

다만 매도인이 계약체결시 또는 그 이전 물품이 그러한 용도로 구입된 사실을 알지 못하였거나 또는 알 수 없었던 경우에는 제외한다.

소비자가 구입하는 것은 이것은 매수인의 물품의 실제사용보다는 계약체결 당시에 매수인의 의도와 관련이 있다. 따라서 개인적 사용을 위한 차량 또는 레크리에이션 트레일러의 구매는 협약의 적용범위 밖이다.[7)]

(b) 경매에 의한 매매

경매에 의한 매매는 사적 경매뿐만 아니라 법률에 기인한 경매를 포함한다. 상품교환매매는 배제범위에 속하지 않는데, 이는 단지 계약체결의 특정 방식을 구성하기 때문이다.

Article 1(1)(b)가 적용되어서 그리스의 국내법에 의해 규율 될 수 있다; See Robert G. Lee, "The UN Convention on Contract for the International Sale of Goods: Ok for the UK?", *Journal of Business Law*, 1993, pp. 131~148.

5) UNCITRAL, op. cit., p. 6.

6) Goode R, *Commercial Law, Ch. 33, The Vienna Convention on the International sales of Goods*, Second Edition, 1995, p. 929.

7) UNCITRAL, op. cit., p. 6.

(c) 강제집행 또는 기타 법률상의 권한에 의한 매매

이는 일반적으로 그러한 매매가 강제집행이 행해진 국가의 강행법에 의해 규율되기 때문이다.

(d) 주식, 지분, 투자증권, 유통증권 또는 화폐의 매매

이는 국내법 강행규정과의 충돌을 피하기 위한 의도를 가지고 있다. 서류매매는 이 배제범위에 속하지 않는다.

(e) 선박, 배, 수상익선, 또는 항공기의 매매

그러나 선박, 배, 항공기 및 비행선의 부품의 매매는(엔진과 같은 필수 구성요소를 포함) 협약에 의해 규율될 수 있는데 이는 협약의 적용범위로부터의 배제는 개별적으로 해석되어야 하기 때문이다.

(f) 전기의 매매

전기의 매매는 협약의 적용 범위에서 제외될지라도, 법원은 프로판가스의 매매는 협약에 적용하였다.[8)]

2) 서비스계약 등의 제외

(a) 제조 또는 생산된 물품 공급계약은 이를 매매로 간주한다. 다만, 물품 주문자가 그 제조 또는 생산에 필요한 재료의 실질적 부분을 공급하기로 약정한 경우에는 그러하지 않다.

(b) 물품을 공급하는 당사자의 의무 중 대부분이 노무 또는 기타 서비스의 공급으로 하는 계약의 경우에는 적용되지 않는다(협약 제3조).

여기에서 매수인이 "실질적인 부분"의 필요한 재료를 공급한 경우 결정을 위한 구체적인 기준을 제시하고 있지는 않다. 한 판결에서는 단지 양적 테스트를 사용하여 결정해야 하는 것으로 보고 있다.[9)]

3) 적용사항과 비적용사항

CISG의 적용사항은 매매계약의 성립과 그 계약으로부터 발생하는 매도인과 매수인의 권리와 의무에 대해서만 규율한다.

CISG에서 비적용사항은 협약에서 별도의 명시적인 규정이 있는 경우를 제외하고, 이 협약은 다음과 같은 사항에는 관여하지 아니하고 있다.

---

8) *Ibid.*, p. 13.

9) *Ibid.*, p. 15.

표 1-5 CISG와 Incoterms® 2010의 주요 적용사항 비교

적용사항	CISG 1980	Incoterms® 2010
매매당사자의 의무	있 음(O)	있 음(O)
계약성립의 요건	있 음(O)	없 음(×)
계약의 유효성	없 음(×)	없 음(×)
계약조항이나 관습의 효력	없 음(×)	없 음(×)
위험이전 시기	있 음(O)	있 음(O)
물품인도	있 음(O)	있 음(O)
소유권이전 시기와 효과	없 음(×)	없 음(×)
면책	있 음(O)	없 음(×)
계약위반에 대한 구제	있 음(O)	없 음(×)

(a) 계약조항이나 어떠한 관습의 효력

(b) 매매된 물품의 소유권에 대하여 계약이 미칠 수 있는 효력(협약 제4조).

따라서 위법성, 법적자격, 부실표시, 그리고 사기와 관련된 문제는 국내법에 의해 규제된다. 결과적으로 이러한 공백을 갖고 있는 협약의 범위는 제한적이다.

4) 제조물책임의 적용배제

매매의 목적물로 인한 사람의 사망 또는 상해에 대한 매도인의 책임에 대하여 적용하지 않는다(협약 제5조). 제조물 책임(product liability: P/L)에 관하여는 국제사법에 따라 정해질 수 있기 때문이다.

5) 당사자자치원칙에 의한 적용배제(제6조)

당사자는 이 협약의 적용을 배제하거나, 또는 협약 제12조(계약의 형식과 국내요건)에 따라 이 협약의 어떤 규정에 대하여 효력을 면하거나 변경시킬 수 있다.

이는 국제매매계약에 대한 규정의 주요한 원천이 당사자자치의 원칙임을 확고하게 하고 있는 것이다.

Ⅲ. 결 론

CISG는 당사자의 영업소가 있는 국가들이 모두 체약국인 경우 또는 국제사법의 원

칙에 따라 일방 체약국의 법을 적용하게 되는 경우에 적용된다. 또한 합의에 의한 적용을 명시적으로 금지하고 있지 않으므로 당사자간 합의에 의해서도 적용이 가능한 것으로 추정할 수 있다. 협약은 상의한 국가 내에 영업소가 소재하여야 하며 또한 물품매매가 국제적으로 이루어져야 하는 것이 기본적인 요건이다.

협약은 국제물품매매계약에 적용하지만 물품에 대한 구체적 정의가 없어 최근의 정보재 등 다양한 종류의 물품에 대하여 관련 조항에서 추론하는 것은 어려운 문제 중 하나이다.

협약의 적용상 배제되는 물품들은 소비자매매나 경매를 통한 매매나 또는 강제집행 등의 법률상의 권한에 의한 매매에서 몇 가지 예외사항을 포함한다. 협약은 제조물책임과 관련하여 다른 개인에 대해 물품에 의해 발생된 개인적인 상해나 사망에 대해서 매도인의 책임을 적용하지 않는다.

또한 협약은 매매계약의 성립 및 매매당사자의 권리와 의무에 관해서만 규율하고 있으며 계약의 효력과 소유권의 이전에 대해서는 적용되지 않는다.

매매당사자는 협약의 적용을 심지어 배제할 수 있을뿐 아니라 또한 조항의 어떤 부분의 효력을 축소 적용하거나 변경할 수 있다.

제 2 절 CISG에서의 매매계약의 성립

문제 1-29 국제물품매매계약에 관한 유엔 협약(CISG)을 중심으로 국제물품매매계약의 성립에 대하여 논하시오.

답안 1-29

〈목차 구성〉

Ⅰ. 서 론

국제물품매매계약에 관한 유엔 협약(United Nations Convention on Contract for the International Sales of Goods: CISG)[10] 제2편 계약의 성립은 제14조에서 제24조까지 규정되고 있으며, 계약성립을 규제하는 조항을 포함하고 있다. 이 모든 규정들은 단지 청약(offer)과 승낙(acceptance)이라는 수단에 의하여 당사자간 객관적인 합의(agreement)를 결정하는 체계를 설명한다.

CISG에서는 계약성립과 당사자의 권리의무에 대해서만 규율하므로(협약 제4조) 협약의 적용범위 밖의 또 다른 영역은 계약의 효력과 표준약관을 포함한 조건에 관한 것이다. 소유권이전을 포함하여 무효인 동의, 잘못된 설명, 사기, 법정자격의 결여 및 제약, 또는 불법, 제한된 법정능력 또는 결핍, 불법으로 인하여 계약이 무효가 되는지 여부, 특정 조건이 남용으로 간주될 수 있는지 여부는 모두 적용 가능한 국내법에 의해 해결하도록 남겨진 문제들이다.

역사적 이유에 기인하여 CISG는 두 가지 뚜렷한 의사표시인 청약(offer)과 승낙(acceptance)에 의해 계약이 성립되는 전통적인 19세기의 접근에 따르고 있다. 그러나 국제매매계약의 현실은 이와 같이 단순하지 않고 상황은 복잡하다.

협상은 보통 오랜 시간이 걸리며, 합의는 단계적으로 이루어진다. 이런 상황에서 당사자가 청약과 승낙과 같은 확실한 선언을 단순히 이끌어낼 수 없다. 그럼에도 불구하고 실제 합의의 핵심원칙이 적절한 해결책을 야기할 수 있다는 이유로, CISG는 여전히 계약의 성립과정에 적용되고 있다.

이하에서는 계약의 성립을 자세하게 다루고 있는 CISG의 규정을 중심으로 분석할 것이다.[11]

Ⅱ. 청 약

CISG에 의하면, "1인 또는 그 이상의 특정인을 상대로 한 계약체결의 제의는 그 제의가 충분히 확정적이고, 또한 승낙할 경우에 구속된다는 청약자의 의사(intention of the offeror)가 표시되어 있는 경우에 청약이 된다(협약 제14조 제1항)." 청약의 최소한의 조건

---

10) 여기에서는 CISG 또는 협약으로 표현한다.

11) Ingeborg Schwenzer and Florian Mohs, "Old Habits Die Hard: Traditional Contract Formation in a Modern World," Sellier, *Europian Law Publishers*, 2006, pp. 239~246.

은, 즉 충분히 확정적인 제의(sufficiently definite proposal)와 구속된다는 의사(the intention to be bound)로부터 이끌어낼 수 있다.

1. 제의의 확정성

제의(proposal)는 청약을 구성하기 위해 충분히 확정적(sufficiently definite)이어야 한다. CISG에 따르면, 제의는 "물품을 표시하고, 명시적 또는 묵시적으로 그 수량과 대금을 지정하거나, 그 결정을 위한 조항이 있어야 함"을 요구한다(협약 제14조 제1항). 그러나 물품의 수량, 대금, 명세는 당사자 중 한 명 또는 제3자에 의한 장래 결정을 위해 공백상태로 남겨둘 수 있다. 더욱이 모든 법률체계에 공통적인 협상의 근본요소는 CISG와 마찬가지로 청약이 필수요건이다. 예를 들면, 청약자가 매도·매수하려는 의도 여부와 같이 제의의 내용을 결정함에 있어 당사자의 진술이나 행위의 해석(협약 제8조) 및 관습과 관행의 구속력(협약 제9조)을 고려해야 한다.

불확정가격(open price) 계약에서 자주 거론되는 문제들은 협약에서 가격의 명확한 제시 없이 매매계약을 체결할 수 있는지 여부가 여전히 논쟁 대상이 되고 있다.

CISG에서는 가격을 결정하는 조항이 없는 청약의 가능성을 적어도 암묵적으로 배제하는 것으로 보인다(제14조 제1항). 대조적으로 CISG에서 대금이 불확정된 계약(협약 제55조)은 계약이 유효하게 체결되었으나 대금을 명시적 또는 묵시적으로 결정하지 아니하거나, 또는 이를 결정하기 위한 조항을 두고 있지 아니한 경우를 규정하고 있다. 이러한 경우, 별도의 반대표시가 없는 한 당사자는 계약체결 당시에 당해 무역거래와 유사한 상황하에서 매매된 것과 동종의 물품에 대하여 일반적으로 청구되는 대금을 묵시적으로 참조한 것으로 본다. CISG의 청약의 기준(협약 제14조)과 청약의 효력발생(협약 제55조) 사이의 분쟁을 해결하기 위해 여러 가지 접근이 이루어져왔다.[12)]

만약 가격이 모든 주변 상황을 참작하여 결정될 수 있다면, 청약이 유효하게 존재한다고 추정된다는 사실은 의심의 여지가 없다.

2. 구속된다는 의사

청약을 구성하는 제의의 선행 요건은 구속된다는 청약자의 의사를 표시하는 것이다. 이는 청약의 유인을 신청하는 단순한 유인(mere invitation)과 청약을 구별하여야 한다. 제일 먼저, 청약자(offeror)는 그 제의에 특정 구절, 예를 들면, "계약에 명시된 조건으로" 또는 "아무런 의무부담 없이"를 사용함으로써 구속된다는 의사를 협상할 수 있다.

12) For further references see Schlechtriem(see above fn. 2) Art. 14 para. 10.

대부분의 경우, 해석의 일반원칙에 구속된다.

CISG는 1인 또는 그 이상의 특정한 자를 상대로 하는 경우 이외의 문제를 다룬다. 일반적으로 이러한 제의는 "제의자에 의하여 반대의 의사가 명백히 표시되지 않았을 경우에는 단순히 청약의 유인에 불과한 것으로 본다(협약 제14조 제2항)." 광고(advertisements), 가격목록(price lists), 카탈로그(catalogues), 또는 웹사이트는 오직 청약의 유인에 해당된다. 웹사이트(websites)의 경우, "전자통신의 사용에 관한 유엔 협약" 제11조의 청약의 유인 조항이 이 해답을 확증하고 있다.

3. 표준약관의 삽입

매매계약하에 합의된 표준약관(standard terms)에 대하여 "국제상사계약에 관한 UNIDROIT 원칙"과 달리 CISG는 표준약관의 특정한 규칙을 포함하고 있지는 않다. 그러나 일반적인 원칙은 청약의 기준과 당사자의 진술이나 행위 사이의 상호작용으로부터 분리할 수 있다.

첫째, 표준약관은 피청약자가 합리적으로 접근할 수 있는 방법으로 이용 가능할 수 있게 만들어져야 한다. 청약자가 피청약자가 표준약관을 보내지 않고 단지 표준약관에 대해 참조만 한다는 것은 충분하지 않다는 것으로 판정한 독일 최고법원의 판례가 있다.[13] 하지만 이것은 "재래식 우편"(snail mail)만 유효하고 전자통신은 그렇지 않다. 표준약관은 전자우편(e-mail)에 부착된 것에 충분히 포함되어야 한다. 또는 웹사이트를 통해서 쉽게 검색되어야 한다. 청약이 웹사이트에 링크를 통해서 이용하거나, 청약에 포함되는 내용이 전자우편에 링크된 것이어야 한다. 환언하면, 피청약자는 청약자의 표준약관을 찾기 위하여 홈페이지나 적정한 언어의 표준약관을 찾기 위한 의무를 지지 않는다.

둘째, 표준약관 이외의 항목은 비록 그 조건이 계약의 일부가 될지라도 포함되지는 않는다. 특별한 문제는 수신인에게 외국 언어로 인쇄된 표준약관과 관련하여 나타난다. 일반적으로 표준약관은 계약된 언어 또는 언어로 인쇄된 계약만이 삽입되어진다. 더구나 그것은 수신인이 이해할 수 있거나 또는 세계적 언어, 예컨대 영어 등으로 제한되어 인쇄되어진 것이어야 한다.

4. 청약의 효력과 철회

모든 법적 시스템에서 공통적으로 CISG에서 청약의 효력발생(협약 제15조 제1항)은

13) Bundesgerichtshof, 31 October 2001, CISG-online 617; followed by Landgericht Neubrandenburg, 3 August 2005, CISG-online 1190.

청약이 상대방에게 도달한 때이다. 청약의 도달은 피청약자에게 구두로 통고된 때 또는 그 밖에 방법으로 전달된 때, 상대방이 영업소나 우편주소를 가지지 아니한 경우에는 그의 상거소에 전달된 때에 상대방에게 도달된 것으로 본다(협약 제24조). 청약의 효력이 발생하는 시점은 청약이 취소가능한지 불가능한지 하는 의문과 실질적인 관련이 있다.

협약은 청약의 철회(withdrawal)와 취소(revocation)를 조심스럽게 구분하고 있다. 청약철회의 통지가 피청약자에게 청약의 도달 전 또는 청약과 동시에 도달하는 경우에는 이를 철회할 수 있다(협약 제15조). 전자적 형태의 청약인 경우 기술적으로 단순한 서술로는 절대 철회가 불가능한데 이는 그것이 항상 정보체계에 입력되며 피청약자의 철회의 통지가 도착하기 전에 회수가 가능하고 또한 이러한 사실이 항상 추적가능하고 증명가능하기 때문이다. 이것은 협약의 근본적인 법해석과 부합하지 않는다. 철회는 피청약자가 철회정보를 청약정보보다 일찍 습득하는 한 반드시 가능해야 한다. 만약 청약을 토요일에 전자우편(e-mail)로 하고 일요일에 철회를 통지하였는데 피청약자가 이 두 메시지를 월요일 아침에 읽는다면 보호받지 못하게 된다. 따라서 그 메시지들은 피청약자에게 동시에 도달한 것으로 간주되어야 한다.

5. 청약의 취소

청약이 효력발생 이후에는 더 이상 취소(revocation)할 수 없다. 그러나 특정상황에서 청약이 취소될 수 있다. 이에 대해 CISG는 독일의 법제와 보통법체계와는 상반된다. 전자는 일반적으로 청약을 취소불가능한 것으로 간주하고 있는 반면, 후자는 계약체결 전에 언제든지 취소할 수 있는 것으로 보고 있다.

CISG는 피청약자가 승낙의 통지를 발송하기 전에 취소의 통지가 상대방에게 도달한다면 청약은 취소될 수 있다고 규정하고 있다(협약 제16조 제1항).

그러나 CISG는 두 가지 중요한 예외를 설정함으로써 일반적인 취소가능성의 최초 규정과 균형을 맞추고 있다(협약 제16조 제2항).

첫째, 청약이 승낙기간을 명시하고 있거나 또는 기타의 방법으로 청약이 취소불능임을 표시하고 있는 경우 취소될 수 없다.

둘째, 예외는 금반언 보통법 개념에 해당한다. 취소는 피청약자가 청약을 취소불능이라고 신뢰하는 것이 합리적이거나 또는 피청약자가 그 청약을 신뢰하여 행동하였을 경우에 배제된다.

6. 청약의 종료

협약은 명시적으로 오직 하나의 경우 즉, 청약의 거절(협약 제17조)에 의한 청약의 종료(termination of the offer)를 규정하고 있다. 청약이 승낙을 위해 설정된 시기가 만료된 이후 소멸하는지 여부는 협약에 명시적으로 다루어지지 않지만, 해결책은 CISG의 다른 규정으로부터 쉽게 도출할 수 있다. 종료에 대한 다른 근거(사망, 법적능력의 상실, 지급불능 등)가 CISG에 의해 다루어지는지, 아니면 국내 법률에 의해 해결되어야 하는지 여부는 학설상 다툼이 있다.[14)]

Ⅲ. 승　낙

1. 승낙의 선언

CISG는 피청약자의 진술(statement)이나 그 밖의 행위(conduct)에 의하여 승낙(acceptance)이 된다고 규정하고 있다(협약 제18조 제1항). 이점에서 상관습은 승낙에 대한 어떠한 행위의 취지에 영향력을 줄 수 있기 때문에 당사자의 진술이나 행위의 해석(협약 제8조) 및 관습과 관행의 구속력(협약 제9조) 규정은 중요하다.

미국 일리노이스 북부지구 지방법원은 오랜 교섭과 수정 의뢰 후 피청약자가 신용장을 발행함으로써 청약에 대한 승낙을 한 것으로 판결하였다.[15)] 그러한 선언적 행위의 다른 예로는 매수인의 물품에 대한 수령행위, 매도인의 안전자료 및 명세서 분석에 대한 송부행위, 매수인의 금융기관에 구매융자를 요청하기 위해 송장에 서명을 하는 행위, 매수인에게 송부하기 위한 물품의 포장행위, 물품의 송부, 대금결제 및 특정상황의 이행을 위한 준비행위가 있다.

대부분의 법적 제도에서와 같이 침묵과 부작위 그 자체는 승낙이 되지 아니한다(협약 제18조 제1항). 그러나 반대의미가 관행과 관습으로부터 파생될 수가 있다. 단순한 지속적인 거래관계의 존재로는 충분하지 못하다. 그러나 친밀한 관계의 당사자들이 그들의 교섭기간 동안 기타의 침묵이나 무행위로 승낙한다면 법원은 명확한 거절을 위하여 다른 한 당사자에 대한 의무가 있다고 판결할 것이다.[16)]

---

14) Schlechtriem, Art. 17 para. 6.

15) Magellan International Corp. v. Salzgitter Handel GmbH 76 E Supp. 2d 919(N.D. III. 1998), CISG-online 439.

16) Filanto S.p.A.(I. Chilewich International Corp. 789 E Supp. 2d 118(S.D.N.Y. 1997), CISG-online 45.

2. 승낙의 시기와 효력

승낙은 동의의 의사표시가 청약자에게 도달함과 동시에 효력이 발생한다(협약 제18조 제2항). 만약 청약의 미덕이나 관습 또는 관행의 결과로써 피청약자가 물품을 송부하거나 대금을 지급하는 행위로 동의의 의사표시를 한다면 이때 승낙은 이러한 행위가 행하여짐과 동시에 효력이 발생된다(협약 제18조 제3항). 매수인이 청약을 받자마자 매도인에게 즉시 물품인도를 요구하는 경우가 한 예이다.

그러나 승낙은 특정한 기간 내에만 효력이 발생할 수 있다. 무엇보다도 청약자는 피청약자가 승낙할 수 있는 기간을 정해주는 것이 관건이다. CISG는 그러한 기간의 시작시점을 규정하고 있다(협약 제20조 제1항). 당사자들이 외국의 공휴일을 인지하는 것을 기대하기 어렵지만 공휴일 또는 비영업일은 계산기간에 포함시키고 있다. 그러나 만약 승낙의 통지가 그 기간의 마지막 날에 청약자에게 도착하는 경우 청약자는 그 공휴일을 인지하고 있으므로 그 기산은 연장된다. 청약자가 승낙의 최종기한을 정해주지 않은 경우에는 합리적인 기간 내로 그 기간이 정하여진다. 합리적인 기간이란 청약자가 사용한 통신수단의 신속성을 포함하여 거래 상황에 의한다(협약 제20조 제2항).

일반적으로 지연승낙(late acceptance)은 효력이 없다(협약 제18조 제2항). 그러나 청약자는 피청약자에게 지연승낙이 유효한 승낙이라는 취지를 지체 없이 통지함으로써 승낙으로 간주될 수 있다(협약 제21조 제1항). 송부는 적시에 하였으나 통신상의 오류로 늦게 도착한 승낙의 경우에는 일반적으로 청약자가 무효의 승낙으로 간주하고 즉각적으로 피청약자에게 그 사실을 통보하지 않는 한 유효하다.

승낙은 청약의 철회와 동일한 필수조건으로 철회할 수 있다. 다시 말해 철회가 승낙의 효력이 발생하기 이전 또는 그와 동시에 청약자에게 도달하는 경우에 이를 철회할 수 있다(협약 제22조).

일단 승낙은 청약자에게 도달한 때 효력이 발생하고 계약이 성립된다(협약 제23조). 이점에서 CISG는 승낙이 발송된 때 계약이 성립된 것으로 간주하는 몇몇 국내법 체계 및 관습법과는 다르다. 반대로 CISG에서는 승낙의 송부는 오로지 청약의 취소로 종료된다. 일단 계약이 체결되면 후속의 의사표시는 계약변경의 제의로써 파악된다.

3. 청약과 승낙의 변경

사실 대부분의 판례법에서는 피청약자의 취지가 청약조건을 변경하는 승낙은 계약성립 과정에서 청약의 조건변경으로 본다. 영미보통법하에서 청약에 대한 승낙은 기본적으로 "경상의 원칙"(mirror image rule)을 따르고 있지만 오늘날 그 적용에 있어서는 상당히 제한적이다. CISG에 의하면 청약에 대한 응답에 부가, 제한, 기타의 변경을 포함하고 있다면 승낙을 구성하지는 않는다(협약 제19조 제1항).

그러나 승낙에 중요하지 않은 변경이 포함되어 있다면 최초의 청약자의 불일치에 대한 반대가 있지 않는 한 그것은 계약의 일부가 된다(협약 제19조 제2항). 그러므로 실질적인 변경과 실질적이지 않은 변경을 구분하는 것은 필수적이다.

CISG에서는 가격, 결제, 물품의 품질 및 수량, 인도의 장소 및 시기, 상대방에 대한 당사자 일방의 책임범위 또는 분쟁해결에 대한 변경은 "실질적인 변경"(materially alter)이라고 하고 있다(협약 제19조 제3항). 그러나 이와 같은 추정은 반박될 수 있다. 개별적인 상황의 경우 안전성의 요구, 계약상 손해변제의 제의 또는 벌칙규정, 철회권의 제의, 취소 또는 종료, 물품의 포장 또는 송부방법의 변경제의와 같은 기타의 변경은 실질적인 것으로 볼 수 있다.

독일의 매수인이 이탈리아 매도인으로부터 베이컨을 산 것에 대한 독일 지방법원의 판결은 좋은 예이다. 청약에서 매수인은 확실한 베이컨의 포장을 요구하였으나 승낙에서는 비포장된 베이컨의 취지를 명시하고 있었다. 매수인은 반대하지 않고 첫 번째 물품인도분을 인수하였다. 그 후 청약과 승낙이 완전일치의 적용여부에 대한 논란에서 법원은 청약과 승낙 사이에 실질적인 불일치로 보아 매도인은 매수인의 물품인도 수령의 승낙을 반대청약으로 판결하였다.[17] 표준약관이 실질적 변경과 관련되어 있는지 여부에 관계없이 표준약관이 실질적인 변경으로 간주되는 것은 논쟁의 여지가 있는 쟁점이다.

승낙과 청약의 차이는 거의 늘 표준약관의 결합 또는 결합의 시도의 결과로 나타난다. 모순되는 표준거래조건의 상황은 흔히 "서식분쟁"(battle of form)으로 불린다. 비엔나회의에서 이 문제를 다루고자 하는 시도는 성공적이지 못하였다. 이 문제를 다루기 위한 두 가지 다른 접근방식은 구별될 수 있다.

CISG 제19조 용어의 명백한 적용은 흔히 불리는 "최후 송부서식 우선원칙"(last shot doctrine)을 이끌어 낸다. 이것은 마지막으로 표준약관에 대해 문의한 한 당사자가 계약서에 그것은 삽입하는 것이다. CISG 제19조에 근거하여 피청약자 자신의 표준약관에 승낙을 의도하는 참조는 원청약에 대한 거절 그리고 동시에 반대청약으로 보아야만 한다. 이것은 계속적인 반대청약의 교환을 야기하고 그로써 마지막 1인이 다른 당사자의 행위에 대해 최종적으로 승낙하는 것이다. 그래서 "최후 송부서식 우선 원칙"은 그저 일치하

17) Schlechtriem, Art. 19 para. 9.

는 당사자들에게만 법원과 중재재판소가 예측할 수 있는 결과를 낼 수 있는 것을 제공한다.

현대적 관점에서는 "공통부분에 대하여 계약을 성립시키는 원칙", 즉 "knock out rule"을 제의한다. 국제거래에서 시발점은 종종 당사자들이 모순되는 표준약관에 그들 스스로 관여하지 않는 것이다. 대신에 그들은 단순히 그들의 계약이 유효하게 성립되었다고 간주하고 그들 각각의 상응하는 의무를 행한다. 바꿔 말하면 계약성립의 의문은 계약내용의 의문과는 구분되어야 한다는 것이다. 모순되는 조건은 CISG 규정이나 다른 적용 가능한 법으로 대체된다. 국제상사계약에 관한 UNIDROIT 원칙(제2.1.11조)뿐만 아니라 유럽계약법 원칙(제2:209조) 역시 해결책이 된다.

Ⅳ. 계약변경

계약성립을 둘러싸고 밀집하게 관련되어 있는 쟁점은 이미 존재하고 있는 계약의 변경(modification)에 대한 의문이다. 당사자들은 원계약(original contract)의 어떠한 조건도 변경 할 수 있다. 원계약의 무엇이든 합의될 수 있는 것은 변경방법으로 삽입될 수 있다.

국제무역에서는 종종 한 당사자가 이미 체결된 계약에 대해 이른바 "확인서"(letter of confirmation)를 구두로 송부함으로써 구두로 합의한 것을 신뢰하는 것과 분쟁해결조항과 같은 부가조건을 더하는 것을 재기술 할 수 있다. 의문이 발생할지라도 원계약 또는 부가조건과 확인서가 다르다면 그 범위가 계약의 부분이 된다. 그러나 이러한 관점은 오로지 당사자 사이에 그러한 관습이 확립되어 있거나 그러한 관행을 인정하거나 또는 확인서의 특별한 결과인 양 당사자 국가에서의 사업장이 무역관행으로 간주되어 진다면(협약 제9조 제2항) 국제무역에서 상용화될 수 있을 것이다.

당사자들은 명백하게 어떠한 변경을 요구하거나 최초 합의의 종료를 이른바 "구두변경 불가 조항"(no oral modification clause)을 포함하여 서면으로 행하게 할 수 있다. CISG에서 서면계약이 완전합의를 포함하고 있고 어떠한 당사자도 외부적인 표현을 신뢰하지 않는 것을 규정하고 있는 이른바 "완전합의조항" 또는 "합병조항"(entire contract or merger clauses)의 경우에도 적용될 수 있다는 것을 의미한다.

예외적인 경우 필수서면 변경조건이 존재함에도 불구하고 구두변경은 무효라고 신뢰하는 것이 부당하다면 여전히 효력을 가질 수 있다(협약 제29조 제2항). 그러한 방어수단을 확립하기 위하여 예를 들면, 한 당사자가 구두변경에 따른 계약의 부분이행 또는 구두로 변경된 명세서로 물품을 제조하는 것과 같이 다른 당사자가 변경의 유효성을 합리적으로 신뢰하여 따를 수 있도록 행하여야만 한다.

Ⅴ. 결 론

전체적으로 CISG의 계약성립의 조항은 협약이 초안될 때 그 당시 우세한 역사적 상황을 명백히 재현했다는 인상을 준다. 확정가능성, 청약의 일반 취소가능성 또는 취소불능성, 발신주의와 요구형식 등 순수한 이론상의 의문들은 여전히 논의의 중심에 있었다. CISG는 이 모든 쟁점들을 다룰 수 있는 실행가능하고 적절한 절충안을 만들었다.

그러나 CISG에서 제의되지 않은 오늘날의 계약성립 분야에 대한 많은 의문점들은 중요한 관심사이다. 표준약관과 같은 것은 아직 국제적 수준에서 실행할 준비가 되지 않은 것 같아 보였기 때문에 협약 초안시 이미 존재했던 의문들은 다루어지지 않았다. 반면에 모든 전자적 의사소통방식과 관련된 현대의 쟁점들은 여전히 존재한다.

그럼에도 불구하고 CISG는 모든 쟁점들을 유연하게 다룰 수 있다는 점이 충분하다고 입증되었다. 매매계약의 성립에서 불충분한 공백은 아마도 "국제상사계약에 관한 UNIDROIT 원칙" 또는 "국제계약에서 전자통신의 사용에 관한 유엔 협약"과 같이 CISG를 보충하는 기타의 국제적 규범에 의하여 해결해야 할 것이다.

제 3 절 매매당사자의 의무

문제 1-30 물품의 인도장소, 인도시기 및 인도에 수반하는 매도인의 의무에 대하여 논하시오.

답안 1-30

〈목차 구성〉

Ⅰ. 서 론
Ⅱ. 물품인도의 의의
Ⅲ. 물품의 인도장소
 1. CISG
 2. SGA
 3. UCC
 4. Incoterms® rule
 5. 한국 민법
Ⅳ. 물품의 인도시기
 1. CISG
 2. SGA
 3. UCC
 4. Incoterms® rule
 5. 한국 민법

Ⅰ. 서　　론

국제물품매매계약에 관한 유엔 협약(United Nations Convention on Contracts for the International Sale of Goods: CISG)[18]의 제2장 매도인의 의무 제30조부터 제33조까지는 물품인도에 관한 규정이 반영되고 있다.

무역거래에서 물품매매계약이 성립되면 매매당사자는 계약을 이행하여야 한다. 매매계약의 기본조건에서 매도인의 물품인도와 매수인의 대금지급은 당사자간 가장 본질적인 의무이다. 물품인도는 계약물품에 대한 점유이전, 위험이전, 소유권이전과 유기적인 연계성을 가진다.

국제물품매매계약 이행과 관련하여 CISG를 중심으로 영국 물품매매법(SGA)과 미국 통일상법전(UCC) 및 인코텀즈 규칙 등에 규정된 의미와 물품의 인도장소, 물품의 인도시기, 물품의 인도비용, 물품의 인도방식, 물품인도에 수반하는 의무에 대하여 검토하고자 한다.

Ⅱ. 물품인도의 의의

물품인도(delivery of goods)란 매도인이 매수인으로 하여금 계약목적물을 점유(possession)하게 하는 것을 말한다. 점유는 물품에 대한 사실상의 지배 또는 사실상의 물품보관(physical custody of goods)을 의미한다. 다시 말하면 물품이 사회 관념상 어떤 사람의 사실적 지배에 속한다고 보여지는 객관적 관계에 있는 것이라고 할 수 있다.[19] 점유의 법률상의 의미는 물품에 대한 현실적 지배로써 법적청구권(legal claim)을 수반하는 것이다.

물품매매계약에 관한 각국의 법률과 국제무역법규들은 모두 물품인도를 매도인의 의무로 규정하고 있다. 이와 같이 인도는 위험부담 또는 지급시기를 결정하는 기준이 된다.

국제물품매매계약에 관한 유엔 협약(CISG)에서는 인도의 정의규정을 두지 않고 있

18) 이하에서는 CISG 또는 협약으로 표현한다.
19) 한국 대법원 판례, 1974. 7. 16. 선고 73다923 판결.

지만 계약내용 및 제규정에 따라서 매도인이 물품을 매수인의 임의처분에 맡기는 것, 즉 특정(identification)을 통하여 인도의무를 이행하는 것으로 보고 있다. 이러한 원칙에 따라 CISG는 제31조에서 제34조까지 물품인도 의무를 규정하고 있다.[20] 즉 제31조는 물품인도 장소에 관하여, 제32조는 물품인도에 수반하는 제반의무에 관하여, 제33조는 물품인도 시기에 관하여 규정하고 있다.

CISG 제71조에서 정하고 있는 물품인도와 대금지급의 동시성에 관련하여 운송을 수반하는 계약에서 물품을 운송인에게 교부함으로써 인도는 이행되지만 협약 제72조에 따라 물품의 처분권은 계속적으로 매도인이 보유하게 되므로 모순되는 점이 있다. 또한 협약 제19조 제1항과 같이 물품의 계약적합성 여부를 기준으로 하여 인도의 이행유무를 판정한다면, 물품이 계속적으로 적합한 때에만 인도가 이행된 것이 되고 물품에 약간의 결함이 있을 경우 인도 자체가 이행되지 않은 것으로 간주될 수 있다.

영국물품매매법(SGA)에서는 인도란 일방이 상대방에게 "자의에 의하여 점유를 이전하는 것"(voluntary transfer of possession)으로 규정하고[21] 점유를 물품에 대한 사실상의 지배 또는 사실상의 물품보관으로 해석하고 있다.

미국통일상법전(UCC)에서는 증서(instrument), 권리증권(documents of title), 동산어음(chattle paper) 및 유가증권(securities)에 대한 인도는 SGA와 동일하게 규정하고 있으나, 물품에 대한 인도는 인도제공(tender of delivery)으로 표현하고 "적합한 물품을 매수인의 처분상태로 두는 것"이라고 규정하여 물품의 적합성을 인도의 사실적 요건으로 하고 있으며, 이와 아울러 매수인이 인수할 수 있도록 필요한 적절한 통지를 할 것까지도 인도제공에 포함시키고 있다.[22]

인코텀즈 규칙에서는 인도의 정의에 대하여 규정하지 않고 있으나 매매당사자의 10개의 세부의무에서 매도인의 의무(A4)에서 인도(Delivery)라는 표제하에 각 규칙별로 매도인의 인도의무를 규정하고 있다. 인도의 개념은 기본적으로 특정한 장소에서 점유이전하는 것으로 볼 수 있으나 정형거래규칙에 따라 "운송인에게 물품을 교부하는 것"(handing the goods over the carrier), "본선의 갑판상에 물품을 적재하는 것"(placing the goods on board the vessel), "매수인의 임의처분하에 물품을 두는 것"(placing the goods at the disposal of the buyer)과 같이 구별된다.

한국 민법은 제19조 제1항에 인도는 점유의 이전을 말하며 점유는 물품을 사실상

20) CISG상의 물품의 인도는 현실적 인도만을 의미한다.
21) SGA 1979, §61(1).
22) UCC, Articles 1-201(14) and 2-503(1).

지배하는 것을 의미한다고 규정하고, 인도를 동산물권변동의 공시방법으로 인정하고 있으며 현실의 인도 외에도 관념적 인도를 포함하는 것으로 정하고 있다.[23)]

실제의 무역거래에 있어서 인도라는 용어는 그 어의상 매매계약상의 물품을 인도하는 것을 의미하므로 FOB나 CIF 규칙과 같은 적출지매매의 경우에도 매수인은 인도가 수입지 도착을 의미하는 것으로 오해될 가능성이 있다. 그러므로 적출지매매에 있어서는 인도(delivery)라는 용어 대신에 선적(shipment), 수탁(taking in charge), 본선적재(loading on board) 또는 발송(dispatching)이라는 용어를 사용하는 것이 좋을 것이다.

이와 같이 신용장통일규칙(Uniform Customs and Practice for Documentary Credits: UCP)에서는 특약이 없는 한 일반적으로 선적이라는 용어를 광의의 개념으로 본선적재, 발송 및 수탁을 포함한다고 규정함으로써 당사자간에 인도라는 용어를 사용함으로써 야기될 수 있는 오해의 가능성을 회피하고 있다.[24)]

Ⅲ. 물품의 인도장소

1. CISG

CISG는 매도인이 물품을 다른 특정한 장소에서 인도할 의무가 없는 경우에 매도인의 인도의무는 다음과 같이 규정하고 있다(협약 제31조).

1) 매매계약이 물품운송을 포함하는 경우

먼저 계약에서 물품운송을 포함하는 경우[25)] 매도인이 매수인에게 전달하기 위하여 물품을 최초의 운송인(the first carrier)에게 교부(hand over)하는 곳이 인도장소가 된다. 이러한 규정은 위험이전에 관한 제67조 제1항의 내용과도 일치하며 실제의 무역관행을 반영한 것으로 볼 수 있다. 물론 운송 이후의 특정장소를 정하여 인도장소로 하는 경우도 있을 수 있으나 이러한 경우에는 지정장소가 인도장소가 된다. 여기서 운송인[26)]이란 당사자에 의하여 운영되는 운송설비는 제외된다.

23) 한국 민법 제19조 제1항.

24) UCP 600, Article 19~25.

25) CISG 1980, Article 31(a).

26) 운송인의 정의에 관하여 종전의 "인코텀즈 2000"에서는 운송계약을 이행하거나 주선하는 모든 사람을 의미한다고 규정하고 있다; ICC, Incoterms® 2000, FCA.

2) 매매계약이 물품운송을 포함하지 않는 경우

다음으로 물품운송을 포함하지 않는 경우[27] 계약이 특정물에 관련되거나 또는 특정한 재고품에서 추출되는 불특정물이나 제조 또는 생산되는 불특정물에 관련되어 있고, 양당사자가 계약체결시에 그 물품이 특정한 장소에 있거나 그 장소에서 제조 또는 생산되는 것을 매도인이 알고 있었던 경우에는 그 장소에서 물품을 매수인의 처분하에 두는 장소가 인도장소가 된다.

물품운송을 포함하지 않는 경우에는 다음과 같은 세 가지 요건이 충족되는 경우 적용된다.[28]

첫째, 계약상 인도가 물품운송이 수반되지 않아야 한다. 왜냐하면, 물품의 점유권을 가지는 것은 매수인의 일이기 때문이다.

둘째, 매매된 물품이 특정물, 특정한 재고품 또는 제조 또는 생산된 물품이어야 한다.

셋째, 양당사자는 계약체결시에 그 물품이 특정한 장소에 있거나 그 장소에서 제조 또는 생산되는 것을 알고 있어야 한다. 이러한 조건을 충족하는 경우, 매도인이 특정한 장소에서 매수인의 임의처분하에 두는 것을 요구하게 된다.

실제 재고품과 같은 특정물의 매매를 제외하고, 무역거래에서 매도인이 물품인도 장소까지 또는 그 이후 운송을 포함하지 않는 경우는 매수인이 물품을 직접 매도인의 구내에서 수령하기 위하여 사용되는 인코텀즈 규칙의 공장인도(EXW) 매매의 경우를 제외하고는 거의 없다고 할 수 있다.

3) 기타의 경우

기타의 경우[29] 매도인이 계약체결시에 영업소를 가지고 있던 장소에서 물품을 매수인의 처분하에 두는 장소가 인도장소가 된다.

2. SGA

물품의 인도장소에 관하여 영국 물품매매법(SGA)에서는 매매당사자간 명시적 또는 묵시적 합의가 없었을 경우에는 인도장소는 매도인의 영업소(seller's place of business)가

27) CISG 1980, Article 31(b).

28) UNCITRAL, Digest of Case Law on the United Nations Convention on Contracts for the International Sale of Goods, 2008 Edition, p. 95.

29) CISG 1980, Article 31(c).

되고 영업소가 없는 경우에는 매도인의 거소(seller's residence)가 인도장소가 된다. 다만 특정물의 매매계약의 경우에는 계약성립시에 그 특정물이 다른 장소에 있음을 당사자가 알았을 때에는 그 장소를 인도장소로 한다[30]고 규정하고 있다.

매도인은 매매계약의 내용에 따라 물품을 인도해야 하는 이행의무가 있는데, 이런 경우 매수인이 스스로 물품의 점유를 취득해야 하거나 또는 매도인이 물품을 매수인에게 송부해야 하는지의 여부는 각각의 경우에 있어서 당사자간의 명시적 또는 묵시적 계약에 의하여 정해지며, 이 합의에 따라서 인도장소가 결정된다(물품매매법 제27조).

3. UCC

물품의 인도장소에 관한 미국 통일상법전(UCC) 제2-308조(c)에서도 SGA와 동일하게 규정하고 있는데, 매매당사자간 명시적 또는 묵시적 합의가 없었을 경우에는 인도장소는 매도인의 영업소(seller's place of business)가 되고 영업소가 없는 경우에는 매도인의 거소(seller's residence)가 인도장소가 된다. 다만 특정물의 내내계약의 경우에는 계약의 성립시에 그 특정물이 다른 장소에 있음을 알았을 때에는 그 장소가 인도장소가 된다[31]고 규정하고 있다. 그리고 UCC 제2-308조(c)에 의하면 서류의 이전은 통상적인 은행경로에 따라 인도된다고 규정하고 있다. 이런 경우 물품을 매수인의 임의처분에 맡김으로 매도인의 인도의무는 종료되나 물품이 특정물이고 당사자가 계약시에 그 물품이 특정장소에 존재하는 것을 안 경우에는 물품의 존재하는 장소가 인도장소가 된다고 규정하고 있다.[32]

4. Incoterms® rule

인코텀즈 규칙에서는 정형거래규칙별로 인도장소를 규정하고 있다(A4). 원칙적으로는 매매계약에서 정한 지정된 장소를 인도장소로 하고 있다.

Incoterms® 2010 규칙에 규정된 물품의 인도장소를 보면 다음과 같다.

(1) EXW 규칙에서는 매도인의 작업장구내의 매수인의 임의처분상태로 두는 장소

(2) FCA 규칙에서는 지정장소가 매도인의 구내인 경우 매수인이 지정한 운송수단상, 그 외의 장소의 경우 매도인의 운송수단상에서 매수인이 지정한 운송인 또는 기타의 자의 임의처분상태로 두는 장소

30) SGA, 1979, Article 29(1).

31) SGA, 1979, §29(1).

32) UCC, §2-308(a), §2-308(b), §2-504(a).

(3) FAS 규칙에서는 매수인이 지정한 선측

(4) FOB·CFR·CIF 규칙에서는 선적항의 본선상

(5) CPT·CIP 규칙에서는 최초의 운송인

(6) DAT 규칙에서는 목적지의 항구 또는 터미널에서 매수인의 임의처분상태로 두는 장소

(7) DAP·DDP 규칙에서는 목적지 운송수단상

특히 복합운송의 경우, 예를 들면 운송인인도(FCA) 규칙에서도 철도터미널, 화물터미널, 컨테이너터미널, 컨테이너 내륙운송기지, 매도인의 작업장 구내 등 다양한 인도장소를 매수인이 지정할 수 있다. 물품의 인도장소는 계약에서 합의한 운송방식과 운송형태에 따라 달라지게 된다.

5. 한국 민법

한국 민법에서는 제공장소에 대하여 특약이 있으면 그에 따라야 하므로 지참채무인 경우는 매수인의 주소가 인도장소가 되며, 추심채무인 경우는 물품을 특정하여 놓은 장소가 인도장소가 된다. 제공장소에 대하여 특약이 없는 경우, 특정물의 인도채무는 채권성립 당시의 물품의 소재장소가 이행장소가 되며 특정물 인도 이외의 채무변제는 채권자의 현주소가 이행장소가 된다. 그러나 영업에 관한 채무의 변제는 채권자의 영업소에서 이행하여야 한다고 규정하고 있다.[33]

특정물의 경우에는 계약체결시점에서 물품이 존재하고 있는 장소가 인도장소가 되며, 불특정물의 경우에는 매수인의 영업소가 인도장소가 된다.

이와 같이 물품인도 장소에 대하여는 법과 관습에 따라 다양하다. 그러나 무역거래에서는 준거규정의 선택에 따라 정해지는 것이 원칙이지만, 오늘날 매매당사자 대부분은 인코텀즈 규칙을 사용하여 매매당사자가 합의한 정형거래규칙을 인도조건(가격조건)으로 사용하고 있다.

Ⅳ. 물품의 인도시기

1. CISG

물품의 인도시기에 관하여 CISG는 제33조에서 세 가지의 경우를 규정하고 있다.

---

33) 한국 민법 제467조.

첫째, 계약에서의 합의 또는 관행에 의하여 인도기일이 확정된 또는 확정가능한 경우

둘째, 인도에 대한 기간(period of time)이 약정되어 있고 매수인이 이 기간 이내에 인도시기를 결정할 수 있는 선택권을 가진 경우

셋째, 인도시기가 약정되지 않은 경우이다.

인도시기가 확정된 일자인 경우 매도인은 당해 일에 물품을 매수인에게 인도하여야 한다.

인도시기가 확정기간으로 정하여진 경우 매도인은 그 기간 내에서 임의일자를 정할 수 있다. 인도시기를 확정기간으로 정하는 이유는 통상적으로 매도인측의 수출통관 절차, 생산, 포장, 선박수배 등의 운송준비와 매수인측의 선박수배, 유리한 기회의 확보 등의 복합적인 사정을 감안한 것이다.

그러나 주위상황으로 보아 매수인이 인도기일의 선택권을 유보한 것으로 판명되는 경우에는 매도인은 매수인의 특정일자에 대한 선택을 기다려야 하나 매수인이 이러한 선택권을 행사할 때는 매도인이 물품을 인도하는데 지장이 없도록 충분한 시간적 여유를 둔 사전통지가 필요하며 적절한 통지를 이행하지 못함으로 인하여 인도가 지체된 때에는 매도인은 인도의 지연에 대하여 면책된다.

인도시기에 관하여 확정일자 또는 확정기간이 계약에서 약정되지 않은 경우, 매도인은 물품의 성질 또는 주위사정을 고려하여 계약체결 후 합리적인 기간 내에(within areasonable time) 물품을 인도하여야 한다. 여기에서 합리적인 기간이란 사실의 문제(question of fact)로서 각 경우에 따라서 결정하여야 할 문제이다.

인도시기가 지정되어 있음에도 인도시기 이전에 인도가 이루어지는 조기인도(early delivery)의 경우[34] 매수인은 이를 수령하여야 할 의무를 부담하지 않는다.[35]

그러나 매수인이 이러한 조기인도를 수령한다면 이는 원칙적으로 계약에 적합한 이행으로 간주된다. 또한 인도의 청구 또는 제공은 합리적인 시기에 하여야 한다. 예를 들면, 매수인이 컨테이너나 기타 운송수단을 제공하는 것과 같은 행위의 이행에 따라 인도하는 계약에 있어서 매도인은 매수인에 의하여 지정된 행위의 이행통지를 수령할 때까지 인도불이행에 대한 책임을 지지 않는다. 즉 매수인은 합리적인 기간 내에 인도의 청구를 하는 것이 필요하다. 그러나 매도인이 매수인에게 통지하지 않고 매수인의 청구지연을 이유로 하여 계약을 취소하는 경우가 일반적이다.

---

34) 조기인도가 이루어지는 경우에 매수인은 창고료 등의 관리비용의 추가부담 또는 매수인의 계정에서 자금이 조기에 빠져나가는 데 따른 자금운용상의 불이익이 발생될 수도 있다.

35) CISG 1980, Article 51(1).

2. SGA

SGA에서는 인도시기에 관하여 매매계약에서 매도인이 매수인에게 물품을 송부할 의무를 약정하고 있는 매매의 경우에는 송부시기에 관하여 별도의 약정이 없을 경우에 매도인은 합리적인 기간 이내에 물품을 송부하여야 한다고 규정하고 있다.[36)]

3. UCC

UCC에서는 매도인의 제공은 합리적인 시기(reasonable hour)에 하여야 하며 물품인 경우에는 매수인이 이를 점유하는데 필요한 상당기간을 두고 제공하여야 함을 규정하고 있다.[37)]

UCC에 의하면 매도인은 계약에 따라 권리를 이전하고 물품을 인도해야 하는 이행의무가 있다. 매도인의 물품제공은 당사자간에 합의한 특약에 따르거나 합리적인 기간에 하여야 하며 이 경우 매도인은 매수인이 물품을 점유하는데 필요한 합리적인 기간을 두고 제공하여야 한다.[38)]

여기서의 합리적인 기간이란 어떠한 행위를 취하기 위한 합리적 기간은 그러한 행위의 성격, 목적 및 사정에 따라 정해지면 물품의 제공에 관해서는 그 합리적 기간을 매수인이 물품을 점유할 수 있도록 입수 가능한 상태에 있는 기간으로 보고 있다.[39)]

4. Incoterms® rule

인코텀즈 규칙에서는 인도에 관한 규정(A4) 중에서 인도시기에 관하여는 합의된 일자 또는 합의된 기간 내에 그리고 항구의 관습적인 방법(on the date or within the agreed period and in the manner customary at the port)에 따라 인도하여야 한다고 간략하게 규정하고 있을 뿐이며 그 이외의 구체적인 규정은 하지 않고 계약조항에 위임하고 있다. 이러한 규정은 모든 정형거래규칙에 동일하게 반영되어 있다.

5. 한국 민법

한국 민법에는 물품의 인도시기에 관하여 아무런 규정이 없다.

---

36) SGA 1979, §29(3).

37) UCC, Article 2-503(1).

38) UCC, Article 2-503(1)(a).

39) UCC, Articles 1-204(2) and 2-503(1).

매매계약에서 물품의 인도시기는 매매계약을 체결할 때 기본조건을 보통 다음과 같이 약정하는 것이 관행이다. 즉 "Time of Shipment[40]: Within 60 days after date of this contract"와 같이 개별계약에서 약정하고 있다. 이는 곧 다양한 법제와 관습상의 해석기준을 통일하여 계약체결시 특정시킬 수 있는 방법이다.

Ⅴ. 물품의 인도비용

물품의 인도에 관련된 제반비용 부담에 관하여 CISG 및 UCC에는 어떠한 조항도 명시적으로 규정되어 있지 않다. 그러나 ULIS에서는 인도의 제공에 있어 물품을 특정하고 송부한 사실의 통지의무를 매도인에게 부담시키고 있는 점(제19조 제3항)이나 CISG에서도 역시 매도인에게 탁송통지, 운송계약체결, 보험부보 정보제공 등의 의무를 부담시키고 있는 점[41]으로 보아 인도제공의 비용은 당연히 매도인이 부담하여야 하는 것으로 추정된다.

UCC에서도 매도인이 물품을 매수인의 임의처분상태에 두어야 한다고 규정하고 있으며, 증권의 제공을 매도인의 의무로 규정하고 있는 점[42] 등으로 보아 CISG와 동일한 해석을 할 수 있다.

그러나 SGA에서는 별도의 합의가 없는 한, 물품을 인도가능한 상태로 하기 위한 비용 및 기타 부수되는 비용은 매도인의 부담이라고 명시적으로 규정하고 있다.[43]

인코텀즈 규칙에는 매도인과 매수인의 세부의무에서 비용분담(allocation of cost) 규정(A6, B6) 및 기타 의무와 정보제공에 대한 협조 및 관련 비용에 대한 의무규정(A10, B10)을 두어 당사자간의 물품인도와 관련된 비용 및 부대비용에 대한 분담기준을 설정하고 있다.

한국 민법에서는 운반비, 환비용 등 인도비용의 부담에 관하여 특약이 없는 한 채무자(매매계약에서의 매도인)가 부담한다고 규정하고 있다.[44] 이것은 이행에 있어서 필요비용의 지급은 이행의 일부로 볼 수 있기 때문이다. 그러나 채권자(매매계약에서의 매수인)의 주소이전 등으로 변제비용이 증가된 경우에는 동 조 단서에 따라 채권자가 부담

---

40) "Time of Delivery"는 인도시기를 의미하나 이는 적출지 인도가 아닌 양륙지 인도로 오해할 가능성이 있으므로 매매계약에서는 "Time of Shipment"로 약정하는 것이 오해를 방지할 수 있다.

41) CISG 1980, Article 32.

42) UCC, Article 2-503.

43) SGA 1979, §29(6).

44) 한국 민법 제473조.

하여야 한다.

Ⅵ. 물품의 인도방식

1. 현실적 인도와 상징적 인도

국제물품매매에서의 인도방식은 실제로 물품의 점유를 이전시켜 행해지는 현실적 인도(actual delivery), 약정품의 소유권이 그대로 점유이전으로 간주되는 추정적 인도(constructive delivery)[45] 그리고 물품을 선화증권이나 철도화물수탁서 등으로 대신하여 물권적 유가증권의 제공으로써 물품의 인도로 보는 상징적 인도(symbolic delivery)가 있다.

현실적 인도는 매도인으로부터 매수인 또는 매수인의 대리인에게 현실적으로 물품을 인도함으로써 이행되는 것으로 보는 것이다. Incoterms® 2010 규칙의 FOB 규칙은 일반적으로 매도인의 인도가 매수인이 지정한 선적항의 본선갑판상에 물품을 인도하는 거래관습상 현실적 인도로 본다.

추정적 인도란 실제로 물품의 수수를 행함이 없이 인도가 이루어지는 경우를 말한다. 매수인의 요청에 의하여 매도인의 물품을 매수인의 전매처(sub-purchaser)에 직접 인도하는 경우에도 매수인에게의 추정적 인도로 간주할 수 있다. 추정적 인도는 상징적 인도와 양도승인에 의한 인도[46]로 구분할 수 있다.

상징적 인도는 CIF규칙에서 보는 바와 같이 물품은 수탁자(bailee)의 점유하에 있고 매도인은 물품을 상징하는 선화증권(bill of lading)과 같은 권리증권(document of title)을 매수인에게 인도함으로써 매수인은 그것과 상환하여 대금을 지급하므로 매매계약이 이행되는 것이다. 이 경우 선화증권의 양도는 물품 그 자체의 인도와 동일한 효과를 갖는다.

2. 적출지인도와 양륙지인도

한편 매도인의 관점에서 계약물품을 인도하는 장소를 적출지인도와 양륙지인도로 구분할 수 있다.

이에 대하여 朝岡良平는 "매매계약이 적출지인도인가 또는 양륙지인도인가를 구분함에 있어 주의하여야 할 것은 약정품이 선박에 적재되어 제공되면 적출지매매이고 양

45) 해석적 인도라고도 한다.

46) 이에는 간이인도, 점유개정 및 목적물반환청구권의 양도가 있다.

륙되어 제공되면 양륙지매매가 아니라는 점이다. 즉, 물품의 적재와 양륙이라는 적양화 작업과는 관계가 없다. 매매계약상으로는 계약에 따라 물품이 이동하는 경우 인도제공되는 장소에서 소유권 및 위험이 이전되는가, 그리고 이 장소가 물품이동의 개시장소인가 종료장소인가에 따른 구분이다"[47]고 하고 있다.

그러나 적출지계약과 양륙지계약의 중요한 차이점에 대하여 Jan Ramberg는 다음과 같은 견해를 밝히고 있다.

도착지인도("D" 그룹)와 다른 규칙들은 매도인의 인도의무를 이행하는데 있어 중요한 차이가 있다. "D" 그룹의 경우(DAT, DAP, DDP)만 매도인의 인도의무는 목적지까지로 한다. 다른 규칙들하에서 매도인의 인도의무는 자국 내에서 행하는 것으로 하며, 매도인의 구내(premises)에서 매수인의 임의처분하에 물품을 두거나(EXW), 선적을 위하여 운송인에게 물품을 교부(handing over)함으로써 인도의무를 완료한다(FCA, FAS, FOB, CFR, CIF, CPT, CIP). "그룹"들의 이러한 차이점에 따라서 매매계약을 구분할 수 있다. 예를 들면, "D" 그룹의 매매계약은 양륙지계약(arrival contracts)이며 "F" 그룹규칙과 "C" 그룹규칙의 경우에는 적출지계약(shipment contracts)의 범주에 속한다.[48]

실제 무역계약의 기본조건으로 인도(선적)조건으로 인코텀즈 규칙 사용이 일반화된 현대의 무역거래관행에서 보면 양륙지인도인 인코텀즈 규칙 "D" 그룹을 제외하고 그 외의 그룹에 속하는 규칙들은 적출지인도 계약에 속한다 할 것이다.

Ⅶ. 물품인도에 수반하는 의무

CISG에서 매도인은 일반적인 계약에서 물품을 최초의 운송인에게 인도함으로써 그의 인도의무는 완료된다. 그러나 매도인은 물품인도 의무이행에 수반하는 선적물품의 특정(identification), 운송의 수배, 부보에 필요한 정보제공 등의 의무를 부담하는데 상관습은 이러한 의무에 관하여 명시적 합의가 없는 경우까지도 확장되어 적용되어 왔다.

CISG에서는 이러한 물품인도에 수반되는 의무를 다음과 같이 명문화하고 있다.[49]

첫째, 매도인은 합의된 수량 및 특수목적에 부합하는 물품을 공급하여야 한다. 무역거래의 대상이 되는 물품은 대개 불특정물이다. 이것은 계약이행 과정에서 지정 또는

47) 朝岡良平, 「貿易売買と商慣習」第3版, 東京布井出版, 1982, 150面.
48) Jan Ramberg, *ICC Guide to Incoterms 2000*, ICC Pub. No. 620, ICC Publishing S. A., 1999, p. 38.
49) CISG 1980, Article 32.

특정된다. 이 특정은 위험의 이전과 밀접한 관계가 있다.

가령 곡물 등의 동종물품을 다수의 매수인 앞으로 일괄하여 송부하여 물품 도착시까지 각 매수인별로 특정되지 아니하는 경우도 생길 수 있다. 이런 경우 매도인은 화인, 운송서류 또는 기타의 방법으로 물품을 특정하는 한편 이에 관한 탁송을 통지하여야 한다. 이것을 태만히 한때는 물품이 특정될 때까지 인도의 효과로서 물품의 멸실·손상위험은 이전되지 않는다. 그리고 특정 또는 통지의 해태는 계약위반을 구성한다.

둘째, 매도인이 물품의 발송을 주선해야 할 의무가 있을 때는 주선방식, 운송수단, 운송인과의 계약조건 등에 관하여 적절한 주선을 하여야 한다. SGA나 UCC에서도 같은 내용을 규정하고 있다.[50] 이러한 의무의 해태는 계약위반이 된다.

셋째, 매도인에게 운송보험의 부보의무가 없는 FAS, FOB와 같은 정형거래규칙을 사용하는 경우, 매도인은 매수인의 요청이 있으면 보험부보에 필요한 정보를 제공하여야 한다. 이것은 상관습에서 인정하고 있는 보험부보 협조의무를 반영한 것이다. 이것도 SGA 및 UCC에서도 같은 내용을 반영하고 있다.[51]

인코텀즈 규칙에서는 각 정형거래규칙별로 구체적인 내용의 차이는 있으나, 매수인에 대한 통지(A7) 중 물품의 인도와 관련하여 매수인에게 인도완료사실 등의 적절한 통지를 행할 것을 규정하고 있으며, 기타 의무와 정보제공에 대한 협조 및 관련 비용(A10)에서 매도인은 매수인의 요청이 있는 경우, 매수인의 위험과 비용으로 매수인이 물품을 수입하는데 요구되는, 보험계약을 체결하는데 필요한 정보의 제공을 포함한 모든 협조를 매수인에게 제공할 것을 규정하고 있다.

Ⅷ. 결　론

이상에서 살펴본 바와 같이 인도장소와 인도시기에 관한 각 법제상의 규정은 대동소이하다. 물품매매에 있어서 인도의 개념은 물품에 대한 사실상 지배, 곧 점유이전으로 이해되고 있으며, 인도는 물품에 대한 소유권의 이전, 위험의 이전 그리고 비용의 분기점을 결정하는 기본이 되고 있다.

물품의 인도장소에 대한 기준은 매매당사자간의 명시적 또는 묵시적 계약에 의하여 정하게 된다. 일반적으로 무역거래에서는 당사자간 인도장소에 관한 특약이 없는 경우, 물품의 소재지를 인도장소로 해석하고 매수인은 인도를 수령하는 것으로 한다. 이러

50) SGA 1979, §32(2); UCC, Article 2-504(a).
51) SGA 1979, §32(3); UCC, Article 2-311(3).

한 견해는 영미법제와 상관습과도 일치된다.

물품의 인도시기에 관한 약정은 매매계약의 기본조건이다. 물품의 인도장소, 인도시기 및 인도방법에 따라 소유권이전과 위험의 이전 및 대금결제에 영향을 미치게 되고 상호 연계성을 갖게 되는 것이다.

따라서 매매계약시에 인도와 관련된 장소, 시기 및 책임부담 등에 대하여 종합적인 검토가 선행되어야 하며 당사자간 이와 같은 조건에 대한 약정이 구체적이고 명확하게 이루어져야 한다.

문제 1-31 물품의 계약적합성(일치성)에 대하여 논하시오.

답안 1-31

〈목차 구성〉

Ⅰ. 서　론

계약에서 물품의 적합성(conformity of the goods)이란 계약과 일치되는 물품을 매도인의 의무로서 이 매수인에게 제공하였는지 여부를 판단하는 것이다. 국제물품매매계약에 관한 유엔 협약(United Nations Convention on Contracts for the International Sale of Goods: CISG)[52]에서는 물품의 품질에 대하여 매도인의 의무를 이행하는 다수의 기준을 제공하고 있다. 일반적으로 매도인은 계약에서 요구되는 수량, 품질 및 물품 명세 또한 계약에서 요구되는 방법에 따라 용기에 담거나, 또는 포장된 물품을 인도하여야 한다.

CISG는 매도인이 공업소유권, 기타 지적소유권에 기초를 두고 있는 제3자의 모든 권리나 손해배상으로부터 구속되지 않는 물품을 인도하여야 하는 매도인의 의무를 포함하고 있다.

협약은 제35조에서 제44조까지 물품의 적합성(일치성)에 대하여 규정하고 있다. 물품의 적합성에 관한 규정은 2가지로 분류될 수 있는데, 하나는 물품의 적합성을 물질적

52) 여기에서는 CISG 또는 협약으로 표현한다.

측면에서 고려한 물적 적합성이며 다른 하나는 물품의 적합성을 소유권이전이라는 측면에서 고려한 법적 적합성이다.

이하에서는 물적 적합성에서 수량, 품질 및 포장의 적합성을 검토하고 법적 적합성과 적합성의 결정시기에 대하여 검토하기로 한다.[53)]

Ⅱ. 물적 적합성

1. 수량에 대한 적합성

CISG에 의하면 매도인은 계약과 일치하는 수량의 물품을 인도하여야 하며, 계약과 다른 수량의 물품을 인도하면 물품의 적합성에 대한 계약위반이 된다고 규정하고 있다.[54)]

실제 무역거래에서 수량초과의 경우, 예기치 못한 문제가 야기될 수 있다. 만약 매수인이 초과된 수량을 수락하는 경우 특히 수입허가제 실시 국가에서는 관세법상 밀수품으로 취급되어 매수인의 불법행위로 간주될 수도 있으므로 이 경우 오히려 매수인에게 불리하다.

영국 물품매매법(SGA)은 수량에 대한 적합성에 관하여 부족한 수량의 물품인도와 초과된 수량의 물품인도로 나누고 있다.[55)] 원칙적으로 매도인은 정확한 수량의 물품을 매수인에게 인도하여야 하며, 매수인은 수량부족의 경우에는 이를 거절할 수 있으며 수량초과의 경우에는 약정수량만을 수령하고 잔량을 거절하거나 전량을 거절할 수 있다고 하여 매수인이 계약과 다른 수량의 물품인도를 거절할 수 있도록 하고 있다.

그러나 매수인이 수량의 과부족을 불문하고 계약과 다른 수량의 물품인도를 수령하기로 결정한 경우에는 약정수량의 비율에 따라 인도된 물품의 대금을 지급하여야 한다고 규정하여 수량의 과부족에 대하여 매수인에게 물품수령에 대한 선택권을 부여하고 있다.

또한 SGA에서는 수량의 과부족뿐만 아니라 혼합된 물품의 인도에 대하여도 규정하고 있다.[56)] 이에 따르면 매도인이 계약에서 약정한 물품과, 계약과 일치하지 않는 상이한 명세의 물품을 혼합해서 인도하는 경우에도 매수인은 계약과 일치하는 물품만을 수

53) 강원진, 「최신 국제상무론」, 두남, 2014, 186~193면.

54) CISG 1980, Article 35(1)에서는 수량부족을 물질적 하자로 취급하고 있으나, 한국 민법에서는 권리상의 하자로 다루고 있다.

55) SGA 1979, §30.

56) SGA 1979, §30(4).

령하고 잔량을 거절하거나 또는 전량을 거절할 수 있다. 따라서 매수인은 계약과 관계 없는 물품에 대하여 합리적인 대금을 지급하고 전량을 수령할 수도 있다. 이 규정은 매도인이 정확한 수량을 인도하였으나 인도된 물품의 일부만이 계약과 일치하는 경우에도 적용될 수 있을 것으로 보인다.

인코텀즈 규칙에서는 매도인의 일반적 의무(A1)에서 매도인은 매매계약과 일치하는 물품과 상업송장 및 그 밖에 계약에서 요구하는 모든 기타 일치증거를 제공하여야 하는 것으로 규정하고 있다.

매매계약에서 수량조건(quantity terms)은 당사자에게 있어서 가장 기본이 되는 조건 중의 하나이다. 매매계약의 수량조건에서는 수량을 특정하는 것이 일반적이지만 과부족 용인 한도를 정하는 방법도 있다. 전자는 계약물품이 개별포장단위로 매매되는 경우이며 후자는 계약물품이 광물이나 곡물과 같은 살물(bulk cargo) 형태로 매매되는 경우이다.

따라서 살물매매에서는 매매계약체결시 계약서상에 과부족용인조항(more or less clause: M/L clause)을 설정하여야 한다. 예를 들면, "10% more or less at seller's(buyer's) option"과 같이 전체수량에 대하여 10%를 과부족용인 한도로 정하는 것이다. 그러나 약품과 같은 특수한 물품의 경우에는 계약물품의 특성에 따라서 "3% on the whole"과 같이 정하는 방법도 있다.

신용장거래에서는 물품의 수량(단가 또는 금액) 앞에 "약"이라는 의미의 "about" 또는 "approximately"와 같은 용어가 사용되는 경우 10%를 초과하지 아니하는 과부족을 용인하고 있다. 또한 신용장상에 과부족용인조항의 명시가 없더라도 과부족금지문언이 없는 한 포장단위나 개개품목에 따라 수량이 명시된 경우를 제외하고 환어음발행금액이 신용장금액을 초과하지 않는 범위 내에서 5%의 과부족이 용인된다.[57] 이는 계약물품이 살물인 경우 물품의 성질상 신용장상에 요구된 정확한 수량을 선적하는 것이 불가능하기 때문이다.

따라서 물품의 수량에 대한 분쟁을 방지하기 위하여 계약체결시에 과부족이 생기기 쉬운 살물의 경우에는 반드시 과부족용인조항을 명시하여 두어야 하며, 기타의 물품에 대하여 수량 조건 약정시에는 최소인수가능수량(minimum quantity acceptable) 또는 최대인수가능수량(maximum quantity acceptable)과 같은 모호한 표현을 사용하지 말고 명확한 수량으로 약정하여야 한다.

---

57) UCP 600, Article 30-b.

2. 품질에 대한 적합성

CISG에서는 당사자가 별도로 합의한 경우를 제외하고 물품의 품질에 대한 적합성은 다음의 3가지 요건을 충족하여야 하는 것으로 규정하고 있다.

① 물품명세와 동일한 물품으로서 통상적으로 사용되는 목적에 적합하여야 한다.[58)]

② 계약체결 당시에 매도인에게 명시적 또는 묵시적으로 알려져 있는 특정목적에 적합하여야 한다. 다만, 상황으로 보아 매수인이 매도인의 기술 및 판단에 의존하고 있지 아니하거나 또는 의존하는 것이 불합리할 경우는 제외한다.[59)]

③ 매도인이 매수인에게 견본(sample) 또는 모형(model)으로서 제시한 물품의 품질을 구비하여야 한다.[60)]

①과 ②의 규정은 매도인이 제공하는 물품에 대하여 적상성(適商性; merchantability)[61)]의 담보책임을 진다는 의미로 해석할 수 있다. 그리고 ③의 규정은 매도인이 인도될 물품이 견본 또는 모형과 차이가 있음을 계약상에 명시하였다면 적용되지 않을 것이다.

이러한 규정들은 SGA와 UCC와 같은 영미법의 영향을 받은 것으로 보인다.

SGA에서는 계약체결 이전에 매수인이 인지하거나 발견되었어야 하는 하자를 제외하고 매도인이 영업 중에 물품을 매각한 경우에는 제공된 물품은 매매에 적합한 품질이어야 한다는 묵시조건(implied condition)이 존재함을 규정하고 있다. 이는 제3자를 대리인으로 행동하는 자의 매매에서도 같이 적용된다.

UCC에서도 묵시담보(implied warranties)로서의 물품의 적상성요건에 대하여 규정하고 있으나[62)] 한국의 민법과 상법에는 이러한 적상성이라는 개념이 규정되어 있지 않다.

무역거래에서는 당사자들에 의하여 계약체결시에 품질조건(quality terms)에서 계약물품의 품질을 결정하는 것이 대부분이다. 품질결정방법은 매수인이 현물을 검사하여 결정하는 경우와 매수인이 물품을 검사하지 않고 결정하는 경우로 대별할 수 있으며, 후자의 경우의 대표적인 방법으로는 견본매매(sale by sample)와 명세서매매(sale by specification)가 있다. 그 외의 방법으로는 상표매매(sale by mark or brand), 규격매매(sale

---

58) CISG 1980, Article 35(2)(a); SGA 1979, §14(2) & (6); UCC, Article 2-314(2)(c).

59) CISG 1980, Article 35(2)(b); SGA 1979, §14(3); UCC, Article 2-315.

60) CISG 1980, Article 35(2)(c); SGA 1979, §15; UCC, Article 2-313(1)(c).

61) 적상성이란 시장에서 행해지는 물품의 통상거래에서 매매될 수 있는 상태 또는 그러한 품질을 가지고 있는 것을 말하며 판매적격성이라고도 한다.

62) UCC, Article 2-314(2).

by type or grade) 및 표준품매매(sale by standard) 등으로 품질을 결정하고 있다. 매매물품의 품질결정방법에 관한 관행은 CISG 및 주요국의 법규에서도 견본매매와 명세서매매라는 두 가지 유형으로 대별하고 있다는 점에서 일치한다.[63)]

다만 한국 민법은 무역관행 및 법규상의 명세서매매를 종류매매라고 하고 있으며, 견본매매에 대한 별도의 규정은 없다. 학설이나 판례에서는 견본매매 및 명세서매매를 모두 불특정물매매의 경우로 통합하여 다루고 있다.

실제의 무역계약에서 품질에 대해서는 물품명세 또는 품질조건에서 약정하는 경우가 대부분이며 이러한 당사자들의 약정이 적합성을 판단하는 기준이 되고 있다.

CISG에서는 물품의 품질은 수량 또는 포장에 대한 규정에 비하여 비교적 상세하게 규정하고 있는 것으로 보아 무역거래에서 발생하는 클레임 중에서 품질에 관한 클레임이 대다수를 점하고 있다는 현실을 반영한 것으로 볼 수 있다.

3. 포장에 대한 적합성

CISG는 물품의 적합성 판단을 위한 요소로서 포장을 규정하고 있으며,[64)] 물품은 통상적인 방법으로, 또한 그러한 방법이 없는 경우에는 그 물품을 보존하거나 보호할 수 있는 적절한 방법으로 용기에 담거나 또는 포장되어 있어야 한다고 포장의 기준에 대하여 규정하고 있다.[65)] 이러한 규정은 포장에 대하여 극히 일반적인 사항만을 규정한 것이지만 포장을 매도인의 물품적합성에 대한 의무의 한 요소로서 명시적으로 규정하고 있다는 사실은 UCC의 영향을 받은 것으로 보인다.[66)]

포장방법은 통상적으로 사용되는 목적에 부합하고 또한 CISG의 일반적 해석원칙에 따라 합리적으로 기대되는 대로 실시하는 포장을 의미한다. 계약물품의 포장에 있어서 통상적인 방법이 없는 경우에는 그 물품의 보존 또는 보호에 적절한 방법으로 포장하면 된다.

그러나 포장에 관한 이러한 기준은 물품의 손해방지를 위한 내항성포장(seaworthy package)을 배제하는 것은 아니므로 매도인을 규제하는 조항으로 볼 것이 아니라 물품의 파손 등을 배려한 것으로 해석하여야 할 것이다.

인코텀즈 규칙에서는 특히 물품의 포장에 대한 적합성에 관하여 매도인의 의무에

---

63) CISG 1980, Article 35(1)(a) & (c); SGA 1979, §13, §15.

64) CISG 1980, Article 35(1).

65) CISG 1980, Article 35(2)(d).

66) UCC, Article 2-314(2)(e).

관한 규정(A9) 중에서 점검·포장·화인(checking-packaging-marking)이라는 표제하에 매도인은 자신의 비용으로 계약물품의 인도 또는 운송에 요구되는 포장을 행할 것을 규정하고 있으며, 추가적으로 포장은 적절히 화인되어야 한다고 규정하고 있다. 이는 정형거래규칙의 유형과는 관계없이 매도인이 부담하여야 하는 의무이다.

Ⅲ. 적합성의 결정시기

무역거래는 원격지간의 거래로 대부분 장거리의 해상운송에 의하여 이루어지므로 선적시점과 양륙시점에서의 품질차이가 발생할 가능성이 있으므로 품질에 관한 분쟁을 방지하기 위하여 품질의 결정시기의 약정은 중요하다. CISG에서는 물품의 적합성의 결정시기에 관하여 원칙적으로 매도인은 위험이 매수인에게 이전할 때 존재하는 부적합에 대하여 책임을 지는 것으로 규정하고 있다.67)

실제 무역거래에서는 대부분 정형거래규칙을 사용하여 무역계약을 체결하고 있으므로 물품의 품질결정시기는 계약에 사용되는 정형거래규칙의 위험이전시기에 따라서 결정된다고 할 수 있다. 통상적으로는 계약상의 정형거래규칙이 선적품질조건인지 양륙품질조건인지에 따라 품질의 결정시기는 달라지게 된다.

한편 위험의 이전시기와 물품의 부적합의 존재간에 야기될 수 있는 문제로서, 예를 들면 기계의 경우 통상적인 내구력과 생산력을 갖추고 있는지의 여부는 일정기간 그 기계를 사용한 후에야 알 수 있는 것이어서 일정한 성능상의 결함이 위험이전시에 존재하고 있었다 하여도 그러한 부적합은 그 이후에 발생하는 경우도 있을 수 있다. CISG에서는 이러한 곤란한 문제를 방지하기 위하여 물품의 부적합이 일정기간의 품질보증을 포함한 매도인의 계약위반에 의한 것인 경우에는 위험이전 후에 발생하였다 하더라도 매도인은 책임을 부담한다는 점을 명시적으로 규정하고 있다.68)

또한 매도인이 물품의 인도기일 이전에 물품을 인도한 경우에는 매도인은 그 인도시기가 경과되지 않는 범위 내에서 인도시기까지 그가 인도한 물품의 부적합을 보완할 수 있다. 다만 이러한 경우에 매수인에게 불합리한 비용지출과 불편을 부담하게 하여서는 안 된다.69)

---

67) CISG 1980, Article 36(1).

68) CISG 1980, Article 36(2).

69) CISG 1980, Article 37.

Ⅳ. 법적 적합성

CISG에서는 물품의 법적 적합성에 관한 매도인의 의무를 2가지 측면으로 반영하고 있다. 공업소유권(industrial property) 또는 기타의 지적소유권(other intellectual property) 이외의 제3자의 권리 또는 청구권에 구속되지 아니하는 물품을 매수인에게 인도하여야 하며(협약 제41조), 또한 제3자의 공업소유권 또는 기타의 지적소유권에 구속되지 아니하는 물품을 인도하여야 한다(협약 제42조)고 규정하고 있다.

이러한 규정들은 매매의 목적물인 물품 자체에 하자가 있는 것이 아니라 매매의 목적물인 물품의 권리에 하자가 있는 경우에 관한 것이다. 지적소유권에 관련한 제3자의 권리나 주장에 대해서 별도의 규정을 둔 것은 지적소유권에 따라 자유로운 물품인도가 가능하지 않을 수 있는 점에서 물품의 소유권과 근본적으로 다르다는 점을 고려하고 있기 때문이다. 제3자의 청구권에는 매도인이 영업소를 가진 국가의 국내법도 포함되는 것으로 보이므로 이러한 규정은 매수인에게 매우 불리할 수도 있다.

또한 CISG에서는 매수인이 제3자의 권리 등에 대한 침해사실을 알면서도 합리적인 기간 내에 매도인에게 통지하지 않았을 경우에는 매수인이 원용할 수 있는 권리가 상실됨을 명시적으로 규정하여[70] 악의의 매수인에게는 법적 적합성에 관한 권리가 배제됨을 명확히 하고 있다.

매도인의 법적 적합성의 의무는 매수인이 제공한 기술도면(drawing), 의장도안(design), 명세서(specification) 및 기타 지시에 매도인이 이행함으로 인하여 권리 또는 청구가 발생한 경우에는 적용되지 아니한다.

SGA에서는 매매계약에는 매수인이 물품의 소유권을 평온하게 향유할 수 있는 묵시담보가 있다[71]라고 하여 평온한 점유에 관한 묵시담보(implied warranty as to quiet possession)를 인정하고 있으며, 이러한 규정에 따르면 매도인이 법적 권리에 하자가 있는 물품, 예를 들면 제3자가 등록한 상표권을 침해한 물품을 매수인에게 인도한 결과로서 매수인이 인도된 물품에 대한 제3자의 정당한 손해배상청구로 인하여 금전적 손실을 입게 되는 경우에 매도인은 이러한 손해를 보상하여야 하는 것이다.[72]

70) CISG 1980, Article 43.

71) SGA 1979, §12(2)(b).

72) E. R. Hardy Ivamy, Casebook on Sale of Goods , 5th ed., Lloyd's of London Press Ltd., 1987, p. 8.

V. 결 론

매매계약에서 매도인은 매수인에게 계약과 일치되는 물품을 제공하여야 한다. 그러나 계약 이행시 물품의 수량, 품질 및 포장 등이 계약 내용과 부적합할 경우 매도인은 이에 대한 책임을 져야한다. 따라서 계약부적합의 경우에는 매도인이 제공하는 물품에 대하여 적상성의 담보책임을 지게 되며 이에 대하여 매수인은 구제권을 행사할 수 있다.

CISG는 물품에 대한 계약적합성의 판단기준을 비교적 상세하게 제시하고 있다. 매도인은 계약에 의하여 요구되는 수량, 품질 및 물품명세로 계약에 정한 방식으로 포장하여 인도하고 제3자의 권리 또는 청구의 목적이 되지 않는 물품을 인도하여야 한다.

SGA에서는 계약체결 이전의 하자를 제외하고 계약에 의하여 제공된 물품은 매매에 적합한 품질이어야 한다는 묵시조건(implied condition)이 존재함을 규정하고 있고, UCC에서도 묵시담보(implied warranties)로서의 물품의 적상성 요건을 상세하게 규정하고 있다.

이에 대하여 CISG는 UCC의 명시적 담보의무(협약 제35조 제1항)와 묵시적 담보의무(협약 제35조 제2항)를 수용한 것으로 보인다.

CISG에서 매도인은 공업소유권 또는 지적소유권에 기초한 제3자의 청구권과 관계없는 물품을 매수인에게 인도할 것을 규정하고 있다.

매매계약을 체결할 경우 당사자는 품질, 수량, 포장 등의 물적 적합성에 대하여 방법과 요건 및 시기 등에 대하여 구체적으로 약정하고, 상표나 지적소유권으로 인한 제3자로부터의 청구에 대비하여 권리침해조항(infringement clause)을 계약서상에 설정하는 것이 바람직하다.

문제 1-32 물품매매계약에서 위험이전시기를 CISG를 중심으로 Incoterms® 2010 규칙과 비교하여 논하시오.

답안 1-32

〈목차 구성〉

Ⅰ. 서 론
Ⅱ. 위험이전의 이론
  1. 계약체결시주의
  2. 소유권이전시주의
  3. 인도시주의
Ⅲ. 위험이전에 관한 법제
  1. CISG
  2. SGA
  3. UCC
Ⅳ. 위험이전에 관한 Incoterms® 2010 규칙
  1. Incoterms® rule 2010에서의 위험이전
  2. 위험의 조기이전

Ⅰ. 서 론

위험의 분담은 상거래의 과정과 결과에 영향을 미칠 수 있기 때문에, 국제매매계약에서 매도인과 매수인 모두에게 중요한 관심사이다. 위험이전에 관한 규정은 매수인이 우발적으로 발생한 멸실 또는 손상된 물품에 대한 대금도 지급하도록 강요되어지는지 또한 매도인이 그 대가를 청구할 권리가 있는지에 대한 물음에 답하고 있다. 규정이 때로는 해석상 모호하거나 불충분으로 인하여 매매당사자간 위험분담은 문제가 된다. 당사자들은 가능한 소송과 혼란을 피하기 위한 시도로 그들의 계약서상에 나타낸다.

각국의 법제와 국세무역규범상에는 위험이전시기가 다소 상이하게 규정되어 있다. 그러나 위험이전시기 문제는 물론 매매당사자간의 계약에서 이를 합의할 수 있으나 당사자들이 이에 대하여 합의를 하지 않은 경우에는 문제가 발생할 수 있다.

실제로 국제물품매매계약에 관한 유엔 협약(United Nations Convention on Contracts for the International Sale of Goods: CISG)[73]과 Incoterms® 2010 규칙의 위험이전 규정들은 국제매매계약에서 매우 유용한 통일법과 국제상관습이다.

이하에서는 다른 사법 체계에서 공식화되어진 위험이전 이론들을 검토하고 CISG와 인코텀즈 규칙하에서의 위험이전 규정에 초점을 맞추고자 한다. 이 결과 협약과 인코텀즈 규칙의 공통점과 차이점 등을 검토하고자 한다.

Ⅱ. 위험이전의 이론

위험(risk)이란 당사자에게 책임이 없는 물품의 우발적 멸실이나 손상(accidental loss or damage)을 의미한다. 물품의 멸실 또는 손상에 대한 위험부담은 누가하고 위험이전은 어느 시기에 이루어지는지에 대하여 각 국의 법제나 국제상관습에서 다르게 해석하고 있다.

계약체결 후 계약이행이 완료될 때까지 위험은 일정시점에서 상대방에게 이전되어야 하는데, 이러한 위험이전시기에 대한 입법주의로는 계약체결시주의, 소유권이전시주

73) 여기에서는 CISG 또는 협약으로 표현한다.

의, 인도시주의가 있다.[74]

위험이전은 로마법 이래로 거의 대부분의 사법체계에서 규범을 형성하는데 있어 해결하기 어려운 영역에 있다는 점은 사실이다. 법적구조, 사회적 상황 및 배경에 의존하면서 위험이전시기와 관련하여 세 가지 주된 이론이 발전되고 적용되어 왔다.[75]

1. 계약체결시주의

1) 의 의

계약체결시주의란 매매계약에서 계약체결과 동시에 위험이 이전되는 입법주의를 말한다. 즉 계약이 체결되면 위험은 매수인이 부담하여야 한다.

2) 평 가

이 이론은 위험의 이전시기를 매매계약의 체결시기와 연계하고 있다. 이 이론은 매우 현실적이지 못하다. 대부분의 경우, 특히 국제매매에서 계약이 체결되는 시점에도 물품은 여전히 매도인의 손 안에 있고 그의 관리하에 있다. 매도인이 물품을 관리하고 매수인이 위험을 부담해야만 하는 상황은 바람직하지 않다. 왜냐하면 매수인은 매도인이 상당한 주의의무를 행하지 않아 심각한 분쟁 및 소송을 항상 제기당할 수 있기 때문이다.[76]

2. 소유권이전시주의

1) 의 의

소유권이전시주의란 물품의 소유권이 이전될 때 위험도 이전되는 입법주의를 말한다. 즉 소유권이 매수인에게 이전되는 한 인도여부를 불문하고 물품의 위험은 매수인이 부담한다. 이러한 소유권이전시주의는 영국 SGA(제20조) 등에서 채택하고 있다.

2) 평 가

이 이론은 소유권이전에 위험이전을 연결시키고 있다. 소유권이 위험의 개념과 모두 연결되거나 관련되어 있는 것이 아니기 때문에 이 이론 역시 비현실적이다. 무엇보다 이 이론은 소유권의 유보에 있어 매수인이 물품을 소유하고 있더라도 매도인이 소유

---

74) 위험의 부담주체를 기준으로 하는 원칙에는 채무자주의, 채권자주의, 소유자주의가 있다.

75) Zoi Valioti, "Passing of Risk in International Sale Contracts: A Comparative Examination of the Rules on Risk under the United Nations Convention on Contracts for the International Sale of Goods(Vienna 1980) and INCOTERMS 2000", *Nordic Journal of Commercial Law* No. 2, 2004, p. 8.

76) *Ibid.*, pp. 8~9.

권을 보유하므로 물품매매의 최근 관행에 부합하지 않는다. 그것은 매수인의 관리하에 있는 물품의 위험을 매도인이 부담하는 것을 의미한다. 이 결과는 소송을 야기할 수 있으므로 바람직하지 않다.[77]

3. 인도시주의

1) 의 의

인도시주의란 물품의 점유가 매수인에게 이전될 때 위험이 이전되는 입법주의를 말한다. 즉 매수인이 현실적으로 물품을 점유하는 것으로, 위험이전시기의 기준이 상관습과 합리성에 바탕을 두고 있다. 이러한 인도시주의는 CISG(제69조 제1항), 미국 UCC(제2-509조), 독일 민법(제446조 제1항) 및 Incoterms® 2010 rule 등에서 채택하고 있다.

2) 평 가

이 이론은 위험의 이전과 물품의 인도시기를 관련지어 생각하고 있다. 이는 물품에 대하여 물리적 통제를 하는 당사자가 위험을 부담하게 됨을 의미한다. 이 이론은 매우 공평하고 합리적인 것으로 보인다. 왜냐하면 물품을 점유한 당사자가 물품에 대한 위험 발생을 방지하거나 물품의 안전에 대한 예방조치, 손상이 발생한 이후의 적절한 조치가 용이하기 때문이며 멸실 또는 손상을 면해 남아있는 물품확보와 부보된 물품에 대한 보상을 위하여 보험자에게 위탁하기가 용이하기 때문이다.[78]

Ⅲ. 위험이전에 관한 법제

1. CISG

CISG에서는 소유권의 이전에 관한 구체적인 규정이 없지만 매도인의 의무규정(협약 제30조)에서 매도인은 물품의 소유권을 이전하여야 한다(협약 제30조)는 선언적 명시를 하고 있는 반면, 위험이전에 관하여는 협약 제66조에서 제70조까지 물품의 멸실 손상이 매수인에게 이전되는 규정을 비교적 구체적으로 담고 있다.[79]

---

77) *Ibid.*, p. 9.

78) *Ibid.*

79) 위험부담의 일반원칙에서는 어떠한 위험이 매수인에게 이전된 후 매수인을 위한 결과를 제시하고 있다(협약 제66조). 또한 운송과 관련된 조항들(협약 제67-69조)은 위험이 매수인에게 이전되는 시점에 대한 규정을 설명하고 있다. 마지막 조항에서는 매도인의 본질적 계약위반시의 위험에 대하여 규정하고 있다(협약 제70조).

1) 위험이전의 일반원칙

위험의 이전 결과 매수인이 매매계약에 적합한 물품을 받았다면 그는 여전히 우발적으로 멸실 또는 손상된 물품의 대가를 지급할 의무가 있다. 그러나 멸실 또는 손상이 매도인의 작위 또는 부작위에 의한 것이라면, 매도인은 위험을 부담할 당사자가 될 것이며, 매수인은 대금을 지급할 의무가 없다(협약 제66조). 따라서 매수인은 손상된 물품의 인도를 거절할 수 있으며, 협약에 정한 구제를 청구할 수 있다.

CISG는 위험의 이전에 관하여 매매계약상 물품의 운송에 관한 약정을 한 경우, 운송 중에 있는 물품을 매매한 경우, 운송약정을 포함하지 아니하는 매매계약의 경우 및 매도인의 계약위반이 있는 경우 등으로 구분하여 규정하고 있다.

2) 운송약정을 포함한 매매계약

매도인과 매수인이 특정장소에서 물품을 교부받기(handed over)로 합의하지 않았다면, 위험은 계약에 따른 최초의 운송인(first carrier)에게 물품이 교부되었을 때 매수인에게 이전된다. 당사자들이 특정장소에서 운송인에게 물품을 교부할 것을 합의했다면, 물품이 특정장소에서 운송인에게 교부된 시점에 이전된다. 즉 CISG에서는 물품의 충당이 이루어질 때까지 위험은 매수인에게 이전되지 않는다고 하여 인도지향적이다.

여기에서 최초의 운송인은 예컨대, 매도인의 자가 운송차량이나 자신의 사용인에 불과한 차량으로 선적항까지 운송하고 이를 해상운송인에게 인도할 경우 그러한 육상운송인은 최초의 운송인이 아니고 그 물품을 수령한 해상운송인이 최초의 운송인이 된다.[80] 즉 최초의 운송인은 운송인으로서 책임을 부담하고 운송서류를 교부할 수 있는 등의 운송수행 역량이 있는 자여야만 한다. 이와 같이 매수인에게 위험을 이전하기 위해서는 운송이 독립운송인(independent carrier)에 의해서 이루어져야 한다.[81]

또한 매도인이 물품처분을 할 수 있는 서류를 보유하고 있더라도 위험이전에는 영향이 없다는 것을 강조하고 있다(협약 제67조 제1항). 이는 CISG가 위험이전을 소유권 이전과 연계시키고 있지 않다는 선언을 표시하는 것이다.

매수인에게 위험이전이 되기 위해서는 물품이 계약의 목적물로서 명확하게 특정(identification)될 것을 요구하고 있다(협약 제67조 제2항). 이 조항은 특히 밀이나 석유 그리고 일반적인 액체화물과 같은 살물(bulk cargo)이나 집단 위탁품에 적합하다. 물품의 특정은 조항에 따라 물품에 화인하거나 서류에 표시할 때 또는 매도인이 통지의 방법으

80) 이기수·신창섭, 「국제거래법」, 제6판, 세창출판사, 2015, 144면.

81) Zoi Valioti, *op. cit.*, p. 13.

로 행할 때 이루어진다. 통지를 통한 특정의 경우 위험은 통지가 발신된 시점에 이전되며 선적시점으로 소급하지 않는다.

3) 운송 중 물품의 매매

CISG는 운송 중에 있는 물품이 매매되는 경우의 위험은 당해 매매계약이 체결된 때로부터 매수인에게 이전하는 것으로 하고 있다. 다만 예외적으로 위험은 물품이 운송계약을 구현하는 서류를 발행한 운송인에게 물품을 교부한 때로부터 소급되어 이전되는 것을 인정하고 있다. 또한 매매계약체결시에 매도인이 물품이 이미 멸실 또는 손상된 사실을 알았거나, 또는 알 수 있었던 경우로서, 이를 매수인에게 알리지 아니하였을 때는 당해 멸실 또는 손상은 매도인의 위험부담으로 하는 것으로 규정하고 있다(협약 제68조).

운송 중 물품매매와 관련하여 Incoterms® 2010 규칙은 연속매매(string sales)의 경우를 새롭게 반영하여 중간에 있는 매도인은 그 다음의 매수인에게 물품선적 의무를 이행하는 것이 아니라 이미 선적된 물품을 "조달"(procure)함으로써 이행하는 것이므로 이를 명확히 하기 위하여 "선적된 물품조달" 의무를 물품선적 의무에 포함시키고 있다.[82] 연속매매는 운송 중 선적된 물품에 대하여 조달을 통한 운송서류가 발행되고 특정물품이 계약에 충당될 때 이루어지므로 위험이전도 그때 이루어진다 할 것이다.

4) 운송약정을 포함하지 아니하는 매매계약

운송약정을 포함하지 아니하는 매매계약은 인코텀즈 규칙의 공장인도(EXW)와 같이 매수인이 매도인의 구역 내에서 물품을 수령하기로 한 경우에 적용한다.[83] 위험은 매수인이 이미 그의 처분에 맡겨진 물품을 수령한 시점에 이전된다(협약 제69조 제1항). 물품은 매도인이 매수인에게 물품을 인도가능한 상태에 있게 하기 위하여 필요한 모든 행위를 끝냈을 때 매수인의 처분하에 있게 되는 것이다.

인도의 장소가 매도인의 영업소가 아닌 다른 곳일 경우(협약 제69조 제2조)에는 매수인의 영업소 또는 매수인이나 매수인이 지정한 운송인으로의 특정 장소 등이라고 할 수 있다. 이와 같은 경우 위험은 다음과 같이 세 가지 조건이 충족될 때 이전된다.[84]

첫째, 인도가 기간 이내에 반드시 이루어질 것;

82) ICC, Incoterms® 2010, ICC Publication No., 715E, 2010, Introduction.

83) 서헌재, 「국제거래법」, 법문사, 1996, 190면.

84) P. Schlechtriem, Commentary on the UN Convention on the International Sale of Goods(CISG) (Oxford: Clarendon Press, 2nd edition, 1998). [See chapters on Passing of Risk by G.Hager], art. 69, paragraphs 6~7; Zoi Valioti, *op. cit.*, p. 18.

둘째, 물품이 반드시 매수인의 임의 처분하에 있을 것;

셋째, 매수인은 물품이 그의 처분하에 있음을 알아야한다.

만약 당사자들이 처분의 시기를 합의하지 않았다면, 매도인은 매수인에게 통지해야 하며 수령시점부터 효력이 발생한다.

5) 매도인의 계약위반이 있는 경우

매도인이 본질적인 계약위반(fundamental breach of contract)을 하였을 경우 위험이전과 매수인의 구제 관계를 규정하고 있다. 이 조항에 따르면 운송약정을 포함한 매매계약(협약 제67조), 운송 중 물품의 매매(협약 제68조) 및 운송약정을 포함하지 아니하는 매매계약(협약 제69조)은 당해 계약위반을 이유로 매수인의 구제수단에 영향을 미치지 아니한다고 규정하고 있다(협약 제70조).

요약하면, CISG의 위험이전에 관한 규정은 일반적으로 물품인도와 연계성을 갖는다는 점이 명백하다고 할 수 있다.

2. SGA

영국 물품매매법(SGA)에서는 위험이전에 대한 대원칙으로 "위험은 언뜻 보아 소유권과 함께 이전한다"(Risk prima facie passes with property)라고 규정하여[85] 위험을 소유권에 수반하는 것으로 추정하고 있어 채권자 지향적이라 할 수 있다.[86] 영국법에서는 소유자주의를 원칙으로 하고 있으나 판례에서는 "위험은 소유권자가 부담한다"는 것을 절대적인 원칙으로 보지 않고 당사자의 명시적 또는 묵시적 의사표시에 따라 변경할 수 있다고 보고 그 예외를 인정함으로써 CIF계약시 목적물의 위험은 소유권이 이전되지 않음에도 불구하고 선적과 동시에 매수인에게 이전하는 것으로 보고 있다.

특히 해상보험법(Marine Insurance Act 1906)상에는 "피보험자는 보험계약을 체결할 때에 보험의 목적에 대하여 피보험이익을 가질 것을 요하지 않으며 또한 멸실여부 불문(lost or not lost)조건으로 부보한 때에는 선의의 피보험자는 손해가 발생한 뒤까지 피보험이익을 취득하지 않은 경우에도 담보를 받을 수 있다"라고 규정하여[87] FOB계약시에도 불특정물의 매매시 물품의 위험은 물품의 특정 전이라도 선적시에 이전될 수 있다는 특례까지 인정하고 있다.

---

85) SGA 1979, §20.

86) Benjamin은 "Risk follows property"라는 표현을 사용하고 있다; A. G. Guest, *op. cit.*, p. 397.

87) MIA 6(1).

3. UCC

미국 통일상법전(UCC)에서는 SGA를 따라 통일매매법(Uniform Sales Act 1906)[88]에서 소유자주의를 채택하였다가 UCC가 제정되면서 물품매매와 관련하여 손실위험에 대한 방지조치를 가장 잘 취할 수 있는 자에게 혹은 위험을 보험으로 대비할 수 있는 자에게 위험을 부담시킨다고 보고 소유권의 이전과 위험부담을 완전히 분리시키는 입법조치를 채택하여 소유자주의는 포기하고 기본적 손실의 위험만 규정하고 있다. UCC의 규정은 위험이 소유권에 수반한다는 종래의 사고방식을 완전히 포기하고 계약과정을 분석하여 위험이전시기를 결정한다는 새로운 분석에 접근하고 있다.

손실에 관한 위험부담절차를 보면 첫째, 당사자의 특약에 따른다. 둘째, 특약이 없는 한 원칙적으로 물품소유자가 부담한다. 셋째, 매매계약을 위반한 경우에는 위반한 당사자가 부담하며, 그 밖에는 상황에 따라 부담한다고 규정하여 소유권의 이전과 위험부담을 완전히 분리하고 있다. 그러므로 환어음의 결제에 따른 환위험 등의 위험을 회피하기 위해 소유권의 이전과 위험이전을 완전히 분리하여 소유권이 이전하지 않더라도 위험은 이전될 수 있음을 새롭게 인정한 것이라고 볼 수 있다.[89]

Ⅳ. 위험이전에 관한 인코텀즈 규칙

1. Incoterms® 2010 규칙에서의 위험이전

1) 위험이전의 원칙

Incoterms® 2010 규칙에는 매도인과 매수인의 의무에서 위험이전에 관한 조항(A5 및 B5)을 설정하고 거래규칙별로 물품이 우발적으로 멸실(loss) 또는 손상(damage)되는 경우의 위험에 대하여 매도인이 매수인에게 물품을 인도할 때 매수인에게 이전된다는 원칙을 제시하고 있다.

인도장소 및 인도시기의 정의는 A4와 B4조항에서 설정되고 있으며, 매도인에 의한 물품의 인도시점과 매수인에 의한 물품의 수령에 대해 규율하고 있다. 인코텀즈 규칙에

---

88) 미국 통일매매법은 각 주마다 다른 법제로 인한 혼란을 피하기 위한 통일된 매매법의 필요성에 의하여 영국의 물품매매법(SGA)을 도입하여 1906년에 제정된 것으로서 현재는 통일상법전에 완전히 흡수되었다.

89) UCC Article 2-509, §2-510; Schmitthoff는 UCC, Article 2-509는 위험이 물품의 인도시에 이전한다는 취지로 규정되었다는 주장을 지지하고 있다; Clive M. Schmitthoff, op. cit., p. 76.

따라 인도장소가 다양한 것과 같이 위험이전시기도 다양하다.

2) Incoterms® 2010 11개 규칙의 위험이전시기

매도인은 물품이 인코텀즈 규칙에서의 11개의 정형거래규칙별 인도장소 규정(A4)에 따라 인도될 때까지 물품에 대한 멸실 또는 손상의 모든 위험을 부담하여야 한다고 모든 규칙에서 규정하고 있다(A5).

Incoterms® 2010 규칙에 규정된 거래규칙별 매도인이 인도하는 물품에 대한 위험이전 시기, 즉 매매당사자간의 위험이전 분기점을 보면 다음과 같다.

EXW 규칙에서는 매도인의 작업장 구내의 매수인의 임의처분상태로 두는 장소에 인도될 때

FCA 규칙에서는 지정장소가 매도인의 구내인 경우 매수인이 지정한 운송수단상, 그 외의 장소의 경우 매도인의 운송수단상에서 매수인이 지정한 운송인 또는 기타의 자의 임의처분상태로 두는 장소에 인도될 때

FAS 규칙에서는 매수인이 지정한 선측에 인도될 때

FOB·CFR·CIF 규칙에서는 선적항의 본선상에 인도될 때

CPT·CIP 규칙에서는 최초의 운송인에게 인도될 때

DAT 규칙에서는 목적지의 항구 또는 터미널에서 매수인의 임의처분상태로 두는 장소에 인도될 때

DAP·DDP 규칙에서는 목적지 운송수단상에 인도될 때

이와 같이 해상운송에 사용되는 FOB와 CIF 규칙의 경우에는 공히 물품이 지정선적항 본선 갑판상에 적재될 때까지 물품의 멸실 또는 손상의 모든 위험을 부담하여야 한다. 복합운송에 주로 사용되는 FCA, CPT 및 CIP 규칙에서는 최초의 운송인에게 인도될 때에 위험은 매도인에게서 매수인에게 이전된다. 또한 매도인의 영업장 구내에서 인도되는 EXW에서는 매수인의 임의처분상태로 둘 때 그리고 목적지에서 인도되는 DAT, DAP, DDP 규칙의 경우에는 매수인에게 실제로 물품이 인도되어서 점유이전 될 때 매도인으로부터 매수인에게 위험이 이전된다.

이와 같이 Incoterms® 2010 규칙에서 매매 목적물품에 대한 위험이전은 물품의 인도와 동일시하고 있다 할 수 있다.

3) 연속매매 경우의 위험이전

Incoterms® 2010 규칙은 연속매매(string sales)의 경우 이미 선적된 물품을 "조달"(procure)함으로써 이행하는 것이라고 하여 "선적된 물품조달" 의무를 물품선적 의무

에 포함시키고 있다.[90)]

연속매매는 FOB, CFR, CIF 규칙의 해상매매계약에서와 같이 운송 중 매매를 할 경우에 적절하게 사용된다. 인코텀즈 규칙에서 "매도인은 본선의 갑판상에 물품을 인도하거나 또는 그렇게 인도된 물품을 조달하여야한다"(A4)고 하여 연속판매가 가능함을 명확히 하고 있다.[91)]

연속매매는 운송 중 선적된 물품에 대하여 조달을 통한 운송서류가 발행되고 물품이 계약에 충당될 때 이루어지므로 위험이전도 그 때 이루어진다고 볼 수 있다.

2. 위험의 조기이전

Incoterms® 2010 규칙에서 위험은 인도와 함께 이전된다. 그러나 이는 절대적인 것이 아니다. 위험은 매도인이 물품을 인도하기 전에 매수인에게 이전된다는, 이른바 "위험의 조기이전"(premature transfer of risk)과 같은 예외 규정이 있다. 즉, 매수인이 매도인이 인도의무를 이행하기 위해 행하여야 하는 것들을 하지 못 할 때 또는 매수인이 물품의 인도수령을 하지 못하는 경우이다.

매도인에 대한 통지의무(B7)에 따라 매수인은 인도와 관련한 정보를 매도인에게 충분히 통지를 하여야 한다. 또한 위험이전(B5)에서와 같이 위험이 인도가 이루어지기 전에 매수인에게 이전되기 위하여 물품은 계약에 정확히 충당(appropriation),[92)] 즉 계약물품으로서 명확히 구분되어 있거나 또는 다른 방법으로 특정되어져 있어야 한다. 물품의 충당은 물품에 화인을 넣거나 수신인을 기재하는 것으로 이루어질 수 있다. 그러나 물품의 화인이나 수신인 기재가 불가능한 살물(bulk goods)의 경우, 충당은 더욱더 복잡해진다. 이러한 경우에 위험은 유효한 충당이 이루어질 때까지 이전되지 않는다.[93)]

이와 같이 Incoterms® 2010 규칙은 매매당사자의 의무규정에는 위험이전(A5, B5)의 예외규정으로 위험의 조기이전이 되는 경우를 모든 규칙에서 반영하고 있다.

대표적인 예로, FOB 규칙(B5 위험의 이전)의 경우를 보면 다음과 같다:

매수인은 물품이 A4에 규정된 대로 인도된 때로부터 물품의 멸실 또는 손상의 모든 위험을 부담한다.

a) 매수인이 B7에 따라 본선의 지정을 통지하지 못한 경우; 또는

---

90) ICC, Incoterms® 2010, ICC Publication No., 715E, 2010, Introduction.

91) Jan Ramberg, ICC Guide to Incoterms® 2010, ICC Publication No., 720E, 2011, p. 31.

92) 충당이란 매매목적물을 다른 물품과 명백히 구분해 놓거나 기타의 방법으로 계약물품임을 확인할 수 있도록 하는 것으로 불특정물을 특정물이 되게 하는 것을 의미한다.

93) Zoi Valioti, *op. cit.*, p. 24~25.

b) 매수인에 의하여 지정된 본선이 A4의 규정에 따를 수 있도록 적기에 도착하지 아니하거나, 물품을 수령할 수 없거나, 또는 B7에 따라 통지된 때보다 조기에 화물을 마감한 경우에는, 그때 매수인은 다음과 같은 때부터 멸실 또는 손상에 대한 모든 위험을 부담한다:

(i) 합의된 일자로부터, 또는 합의된 일자가 없는 경우,

(ii) 합의된 기간 내에 A7에 따라 매도인에 의하여 통지된 일자로부터, 또는 그러한 일자가 통지되지 아니한 경우,

(iii) 모든 합의된 인도기간의 만료일자로부터. 단, 물품이 계약물품으로서 명확히 특정되어 있어야 한다.

Ⅴ. 위험이전시기에 대한 CISG와 Incoterms® 2010 규칙의 비교

1. 일반사항

당사자들이 매매계약서에서 Incoterms® 2010 규칙을 준거로 합의한다면 동 규칙이 적용되어 CISG 제66조에서 제70조까지의 위험이전 규정은 적용되지 못할 것이다. 이것은 CISG에서 당사자자치를 인정하고 있기 때문이다.

2. CISG와 Incoterms® 2010 규칙의 공통점과 유사점

CISG와 Incoterms® 2010 규칙에서 위험이전에 관한 규정들은 다음과 같은 몇 가지의 공통점과 유사점이 있다.

첫째, CISG와 인코텀즈 규칙에서는 대금위험만 언급하고 불이행에 의해 발생된 위험을 제외하고 있다.

둘째, CISG와 인코텀즈 규칙에서 인도는 위험이전과 연계되어 있다.

셋째, CISG와 인코텀즈 규칙에서는 소유권이전과 위험이전과 관련하여 구체적인 규정이 반영되어 있지 않다.

넷째, CISG(제69조 제1항)와 인코텀즈 규칙(A5, B5)은 위험의 조기위험이전과 관련된 예외규정을 반영하고 있다.

다섯째, CISG(제67조 제2항, 제69조 제3항)와 인코텀즈 규칙은 매수인에게 위험이전을 하기 위하여 약정물품에 대하여 사전 특정(identification) 조항을 포함하고 있다.

3. CISG와 Incoterms® 2010 규칙의 차이점

첫째, CISG에는 매도인의 작위 또는 부작위에 의한 물품이 멸실 또는 손상이 발생된 경우를 규정하고 있으나(협약 제66조) Incoterms® 2010 규칙에서는 반영되어 있지 않다.

둘째, CISG는 매수인의 계약위반시의 위험을 다루고 있으나(협약 제70조) 인코텀즈 규칙의 경우에는 관련 규정이 없다.

셋째, 살물거래는 매매계약서에서 일반적인 관행이지만 CISG는 살물에 대한 명확한 규정이 포함하지 않고 있다.

Ⅵ. 결 론

위험이전에 관한 CISG의 규정은 어떤 측면에서 보면 포괄적이다. 개념의 모호성과 포괄성으로 해석상의 혼란과 오해를 야기할 수 있다. 따라서 관련 규정의 내용과 해석 기준을 보다 단순화하고 명확히 하여야 한다. CISG는 컨테이너의 사용이 급증하였음에도 불구하고 컨테이너 복합운송에 부응할 수 있는 규정을 별도로 포함하고 있지 않고 있고 살물매매에서 위험이전에 관한 규정을 포함하고 있지 않고 있다.

CISG는 실정법으로서 Incoterms® 2010 규칙은 국제상관습으로서 조화롭게 공존하고 무역거래에서 위험분담의 문제에 관한 자기의 관점을 제공하여야 한다. 또한 국제매매의 특수성을 고려하여 CISG에도 Incoterms® 2010 규칙 및 미국의 정형거래조건 등을 참조하여 국제물품매매계약에서 일반적으로 사용가능한 정형거래규칙을 반영할 필요가 있다.

입법자는 위험분담으로 야기된 무역거래분쟁 그리고 모호한 법적 문제를 신중하고 효과적으로 해결하기 위하여 위험이전 문제에 주목하여야 한다. 매매계약에서 위험이전 문제는 거래의 결과에 중요한 영향을 미치기 때문에 매매당사자들은 이에 대한 관심을 가져야 한다.

실제 국제무역거래에서는 매매계약에서 Incoterms® 2010 규칙을 사용하는 것이 보편화되어 준거규정으로 약정할 경우 CISG의 위험이전 관련 규정들은 대부분 적용되지 않는다. 그러나 이에 대한 준거규정이 계약에 포함되지 않을 경우 위험이전에 대한 또 다른 해석상의 불확실성을 야기시킬 수 있다.

위험이전시기에 대한 문제는 매매계약시 Incoterms® 2010 규칙을 적용하는 준거규정의 설정 또는 거래의 특성을 고려한 특약조항을 이용하여 당사자가 해결하여야 할 것이다.

문제 1-33 국제매매계약에서 물품의 소유권이전에 대하여 논하시오.

답안 1-33

〈목차 구성〉

Ⅰ. 서 론

국제물품매매계약에 관한 유엔 협약(United Nations Convention on Contracts for the International Sale of Goods: CISG)[94]의 매도인의 의무에서는 물품을 인도하고, 관련서류를 인도하며 그리고 물품의 소유권을 이전하여야 하는 것으로 규정하고 있다.

이와 같이 CISG에서는 물품의 소유권 이전에 대한 기본적 의무를 언급만 하고 있을 뿐이지 구체적인 규정은 없다. 따라서 국제매매에서의 소유권이전 문제와 관련하여서는 각국의 법률이나 당사자가 적용하기로 하는 준거법에 따를 수밖에 없는 실정이다.

그러나 국제물품매매에서 매도인의 주요의무는 물품인도와 위험 및 소유권의 이전, 서류제공이라고 할 수 있다. 매매계약의 이행상에는 매도인과 매수인 사이에 물품인도와 위험의 이전 및 서류제공 등과 많은 연계성을 가지고 있다.

이하에서는 물품에 대한 소유권의 이전시기에 대하여 SGA, UCC 및 한국 민법상의 규정을 검토하고 처분권의 유보에 대하여 살펴보고자 한다.

Ⅱ. 소유권이전의 본질

1. 소유권의 의의

<u>소유권(property)이란 물품에 대한 완전지배권을 의미하는 것으로 이는 곧 물품을 사용·수익·처분할 수 있는 권리를 말한다.</u> 한국 민법에서는 "소유자는 법률의 범위 내

94) 여기에서는 CISG 또는 협약으로 표현한다.

에서 그 소유물을 사용, 수익, 처분할 권리가 있다(제211조)"고 소유권의 내용에 대하여 규정하고 있다. 소유권은 엄밀하게 말하자면, 물권, 채권, 무체재산권으로 구성된 재산권 중에서 물권만을 의미하는 것이나, 영미법이나 CISG 및 무역규범에서는 물품만을 그 적용대상으로 제한시키고 있기 때문에 통상적으로 소유권으로 칭하여 일반적 재산권(general property)과 동의어로 사용하고 있다.

2. 소유권이전에 관한 학설

소유권의 이전(passing of property)에 관한 학설은 크게 의사주의와 형식주의로 나눌 수 있다. 의사주의는 소유권의 이전을 위해서는 당사자의 의사표시가 결정적이라는 입장으로서 일본, 프랑스 및 영미법에서 채택되고 있다. 반면에 형식주의는 소유권의 이전을 위해서는 물품의 인도, 요식 또는 불요식적인 행위가 필요하다고 보는 입장으로서 로마법을 필두로 독일법에서 계승하였고, 한국 민법도 이를 채택하고 있다.[95]

Ⅲ. 소유권의 이전시기

1. CISG

CISG에서 매도인의 의무(협약 제30조) 규정에서는 CISG에 의해 규제되는 국제매매계약하에서 매도인의 의무에 관한 협약규정을 포괄적으로 제시하고 있다.

즉 "매도인은 계약과 이 협약이 요구하는 바에 따라 물품을 인도하고, 물품에 관련된 모든 서류를 교부하며, 또한 물품의 소유권을 이전하여야 한다"고 하여 이는 매도인의 의무를 총괄하는 기본적인 조항으로 볼 수 있다.

이 규정에서는 매도인이 이행하여야 할 주요의무를 요약하여 규정한 것이다. 매도인은 관습과 관행의 구속력(협약 제9조)에서 규정된 당사자간 관습과 관행에 의하여 강요되는 의무뿐 아니라, 계약서상 부여한 추가적 의무를 이행하여야 한다. 예를 들면, 추가적 의무는 매수인에게 독점적으로 인도하는 계약상 의무를 포함한다.

비록 협약이 매매된 물품의 소유권에 관한 효력과는 무관하지만, 매도인의 주요의무는 매수인에게 물품에 대한 소유권을 이전하는 것이다. 물품의 소유권이 사실상 매수인에게 이전되는지 여부는 협약에서 규율되는 사항이 아니며, 법정지의 국제사법에 의해 결정되어야 할 것이다. 또한 물품의 소유권에 관한 처분권유보조항(retention of title

95) SGA 1979, §17; UCC, Article 2-401(1); 한국 민법 제188조.

clause)의 효과는 이 협약에 의해 규율되지 않으나, 국제사법에 의하여 명시되게 된다. 그러나 처분권유보조항이 유효하게 합의되었는지 여부, 처분권유보가 계약위반을 구성하는지 여부는 협약상의 규정을 참조하여 법원이 결정하여야 할 사안으로 보고 있다.[96)]

2. SGA

영국 물품매매법(Sales Of Goods Act: SGA)에서는 소유권이전에 대해 의사주의를 채택하고 있다.[97)] SGA서는 계약물품의 성격에 따라서 계약목적물이 특정물(ascertained goods; specific goods)[98)]인 경우에는 매매당사자의 의사에 따라 계약체결시에 소유권이 이전되고, 계약의 목적물이 불특정물(unascertained goods)[99)]인 경우에는 물품에 대한 특정이 이루어진 때 당사자의 의사에 따라 소유권이 이전되는 것으로 보고 있다.

소유권이전의 대원칙으로 SGA에서는 매매계약의 본질을 소유권이전의 문제로 보아 불특정물과 특정물로 대별하여 규정하고 있다.

첫째, 불특정물의 매매계약에 있어서 물품이 특정되기까지 물품의 소유권은 이전하지 않는다.[100)]

둘째, 특정물의 매매계약에 있어서 물품의 소유권은 계약당사자가 그 이전을 의도한 때에 매수인에게 이전하며, 당사자의 의사를 확정할 때에는 계약의 조건, 당사자의 행위 및 경우의 상황을 고려하여야 한다.[101)]

SGA에서는 매매당사자간에 별도의 의사표시가 없는 한 물품의 소유권이 매수인에게 이전하는 시기에 관한 당사자의 의사표시 확정기준에 대하여 특정물의 매매 및 불특정물의 매매에 적용될 수 있는 의사표시 확정기준을 규정하고 있다.[102)]

---

96) UNCITRAL, Digest of Case Law on the United Nations Convention on Contracts for the International Sale of Goods, 2008 Edition, p. 92.

97) SGA 1979, §17.

98) 특정물이란 매매계약성립시 계약의 대상으로 확정하고 합의된 물품을 말하며 확정물이라고도 한다; SGA 1979, §61(1).

99) 불특정물이란 매매계약체결시 계약의 대상으로서는 확정하지 않은 것으로 당사자가 오직 참조할 수 있는 물품으로서 불확정물이라고도 말하며, 매도인에 의하여 제조·육성되고 있는 물품, 순수한 종류 전체를 나타내는 물품 그리고 특정물 전체 가운데 불확정 부분 등이 이에 속한다: P. S. Atiyah, *The Sale of Goods,* 6th ed., London, 1980, p. 337.

100) SGA 1979, §16.

101) SGA 1979, §17.

102) SGA 1979, §18; 불특정물(unascertained goods): 물품이 특정될 때까지 소유권은 이전하지 아니한다. 특정물품(specific goods): 물품이 특정되어 있는 경우 소유권은 당사자들의 의사에 따라 이전한다. 해석기준(소유권이전에 관한 당사자의 의사가 분명하지 아니한 경우) [제1기준] 매매의 목

3. UCC

미국 통일상법전(Uniform Commercial Code: UCC)에서는 SGA와 같이 불특정물인 경우에는 소유권은 이전하지 아니하고, 특정물인 경우에는 당사자의 의사에 의해 이전한다는 의사주의를 채택하고 있다.

매매는 대금을 획득하기 위하여 매도인이 매수인에게 권원(權原; title)[103]을 이전하는 것이라 정의하고 있다.[104] 또한 물품에 대한 소유권은 당사자간의 명백히 합의된 방법 및 조건에 따라 매도인으로부터 매수인에게 이전하는 것으로 보고 있다.

UCC에서는 매매 계약에 있어서 물품에 대한 권원(소유권)은 계약대상으로서 확정(identification) 되기까지는 이전하지 아니하고 당사자에 의해서 명백히 합의된 방법 및 조건에 따라 매도인으로부터 매수인에게 이전한다고 규정하고 있다.[105]

또한 UCC에서는 물품이 현실적으로 인도되는 경우와 그렇지 않은 경우로 구분하여 소유권이전의 시기를 규정하고 있다.[106] 매매계약상 현실적인 인도가 필요한 경우 매도인이 물품을 현실적으로 인도를 이행하여 그 이행이 종료한 시기와 장소에서 물품의 소유권이 이전된다. 또한 현실적 인도가 필요치 않은 경우 당사자간의 별도의 명시적인 합의가 없는 한 매도인이 권리증권을 교부한 시기에 소유권이 이전되고, 권리증권의 교부가 필요 없는 경우 계약체결시에 계약의 목적물이 특정되면 그 시기에 소유권이 이전된다.

4. 한국 민법

한국 민법은 동산의 소유권이전에 관하여 형식주의를 채택하고 있어[107] 당사자의

적물이 특정물로서 인도가능 상태에 있고, 매매계약이 무조건의 경우에는 매매계약 성립시에 이전한다. [제2기준] 매매의 목적물이 특정물로서 인도가능 상태로 하기 위하여 일정한 행위를 하고, 매수인이 그 통지를 받을 때 이전한다. [제3기준] 매매의 목적물이 특정물로서 인도가능 상태에 있고, 대금을 확정하기 위해 일정한 행위를 하고 매수인이 그 통지를 받은 때 이전한다. [제4기준] 승인조건부 또는 반환권유보부매매 기타 이와 유사한 조건부 거래인 경우 물품이 매수인에게 인도되고, 매수인이 일정한 행위를 한 때 이전한다. [제5기준] 불특정물매매의 경우에는 타방의 동의를 얻은 불특정물 또는 선물의 계약에의 무조건 충당 또는 인도에 의한 계약에의 무조건 충당이 이루어진 때 이전한다.

103) UCC에서는 "title"이라는 용어와 "property"라는 용어가 구분 없이 사용되는 것으로 설명하고 있다; Squillante and Fonseca(ed), *Willison on sales*(4th ed.), New York, 1974, vol. 3, p. 328.

104) UCC, Article 2-106(1).

105) UCC, Article 2-401(1).

106) UCC, Articles 2-401 and 2-402.

107) 한국 민법 제188조 및 제190조.

의사표시만으로는 효력이 발생하지 않고 인도를 하여야 비로소 그 효력이 발생하는 것으로 보고 있다.

5. 국제상관습

인코텀즈 규칙에는 소유권의 이전에 관하여 규정하고 있지 않기 때문에 기타의 규정, 즉 물품의 인도와 인도의 수령에 관한 규정, 대금지급에 관한 규정, 위험의 이전과 비용의 분담에 관한 규정 등을 참조하여 각 정형거래규칙별로 소유권이전에 관련한 사항들을 유추하여야 할 것이다. 대부분의 정형거래규칙들의 경우에는 물품인도시에 소유권이 이전되는 것으로 해석된다 할 것이다. 그러나 매매계약에서 완전한 소유권의 이전되기 위해서는 물품에 대한 대금지급이 이루어져야 하며 이 때 비로소 물품인도시부터 소급하여 소유권이 이전된 것으로 추정되는 것이다

CIF계약에 관한 와르소·옥스포드 규칙(Warsaw-Oxford Rules for CIF Contract 1932)에서는 매도인이 해상선화증권과 수령선화증권을 포함하는 계약상 요구되는 제반서류를 매수인에게 인도할 때 소유권은 이전한다고 규정하고 있어[108] 서류인도를 소유권이전과 연계시키고 있다.

Ⅳ. 처분권의 유보

1. SGA와 UCC

SGA에서는 특히 처분권의 유보(reservation of right of disposal)에 대하여 다음과 같이 규정하고 있다.[109]

① 특정물의 매매계약이 이루어지는 경우 또는 물품이 계약체결 후에 충당되는 경우에는 매도인은 계약의 내용 또는 충당(appropriation)[110]에 따라 일정한 조건이 충족될 때까지 물품의 처분권을 유보할 수 있다. 이러한 경우에는 매수인에게 송부할 목적으로

108) 해상무역에 있어서 매매관습의 국제적 통일을 위하여 1932년에 국제법협회(International Law Association: ILA)에 의하여 채택된 것으로서 서문과 21개조로 구성되어 있다.

109) SGA 1979, §19.

110) 충당(appropriation)이란 계약에 제공될 물품을 결정하는 것으로 불확정물(unascertained goods)을 확정물(ascertained goods)로 하는 것을 말한다. 충당에는 조건부충당(conditionalappropriation)과 무조건충당(unconditional appropriation)이 있다. 조건부충당의 경우에는 그 부가된 조건이 성취될 때까지 소유권은 이전되지 않고 조건성취에 의하여 비로소 이전하며, 무조건 충당의 경우에는 소유권도 동시에 이전된다는 의사가 있다고 추정하고 충당과 동시에 소유권도 이전된다.

물품이 매수인, 운송인 또는 기타의 수탁자 혹은 보관자에게 인도되더라도 그 조건이 충족되기까지는 물품의 소유권은 매수인에게 이전하지 아니한다.

② 물품이 선적되고 선화증권에 의해 매도인 또는 그 대리인의 지시하에 물품이 인도될 수 있는 경우에는 매도인은 처분권을 유보한 것으로 간주한다.

③ 물품의 매도인이 대금을 회수하기 위하여 매수인 앞으로 환어음을 발행하고 환어음의 인수 또는 지급을 확보하기 위하여 환어음과 선화증권에 대하여 지급하지 않으면 매수인은 선화증권을 반환하여야 한다. 매수인이 불법적으로 선화증권을 유보하는 경우에는 물품의 소유권은 매수인에게 이전하지 아니한다.

한편 UCC에서도 처분권의 유보에 대하여 마찬가지의 입장을 취하고 있다. 즉 대금지급을 확보하기 위하여 매도인은 물품의 담보이익의 유보에 의하여[111] 물품에 대한 지배를 유보할 수 있다.[112] 이 담보이익의 유보는 SGA처분권의 유보와 성질은 다르지만 목적은 동일한 것이다.

2. 처분권의 유보와 소유권 분할

소유권이전에 대하여 미국의 Williston과 Vold는 분할소유권이익이론(theory of divided property interests)을 주장하고 소유권을 수익이익(beneficial interest)과 담보이익(security interest)[113]으로 분할 가능한 것으로 보아 현실적 인도시에 수익이익은 매수인에게 이전하지만 추정적 인도가 있기까지는 담보이익은 직·간접적으로 매도인 측에 남는다는 견해를 취하고 있다.

한편 영국의 Schmitthoff는 소유권 유일이론을 주장하고 소유권의 본체는 일반적 소유권(general property)으로 보아 이것은 추정적 인도가 있기까지는 일관하여 매도인의 수중에 있고 선화증권이 은행의 수중에 있는 동안은 별도로 부가적으로 동산질권으로서의 담보이익이 은행측에 발생하고 대금지급이 있기까지는 추정적 인도(점유권)가 유보되어 있다는 견해를 취하고 있다.[114]

이와 같이 소유권의 내용 자체는 사용·수익·처분 등의 권리를 포함한 광범위한 것이므로 이 가운데 일부를 어떤 사람이 가지고 나머지 권리를 다른 사람이 가지는 경우

---

111) *Ibid.*

112) UCC, Article 2-401.

113) 담보이익이란 채권자가 갖고 있는 채권이 변제되지 않은 경우에는 물품을 처분할 수 있는 권리를 말하고, 수익이익이란 담보이익을 준 소유자가 갖는 권리, 즉 소유권으로부터 담보이익을 차감한 나머지 권리를 말한다.

114) 동산질권설이라 한다.

로 보아 소유권을 수익이익과 담보이익으로 나누어 검토할 경우 화환거래를 중심으로 하는 무역거래관행과도 상통된다고 할 수 있을 것이다.

3. CIF계약에서의 처분권 유보

CIF계약에서는 물품선적시 또는 충당의 통지에 의하여 소유권이 이전되지 아니하고 매도인은 서류가 환어음의 지급 또는 인수에 의하여 이전되지 않는 한 처분권을 유보하게 된다.115) 물품을 충당할 때 매도인의 일방적 행위에 의하여 처분권의 유보는 대부분 해상으로 운송되는 물품의 매매와 관련하여 발생되므로116) 매도인은 매수인의 지급불능이나 불이행에 대하여 자신을 보호할 수 있는 것이다.

4. 선화증권의 발행방식과 소유권이전시기

실제 무역거래에서 물품에 대한 소유권이전 관행은 가격조건(인도조건)과 대금결제조건을 연계하여 볼 때 CIF매매계약의 경우와 같이 선화증권의 발행방식, 즉 선화증권의 수화인(consignee) 기재방식에 따라 배서(endorsement) 또는 교부(delivery)에 의한 서류교부를 통하여 대금지급을 조건으로 하여 이루어지게 되는 것이다.

무역계약에 있어서 어느 시점에서 소유권이 이전하는가의 문제를 검토할 때, 실무적으로는 물품인도의 증거로서 선화증권의 발행이 계약이행의 계기가 된다. 선화증권의 수화인(consignee)을 지시식 또는 기명식 등 어떠한 방식으로 발행하는가에 따라 소유권의 이전시기가 달라질 수 있는 것이다. 소유권을 수익이익과 담보이익으로 나누어 소유권이전시기를 살펴보면 다음의 [표 1-6]과 같다.

표 1-6 선화증권의 발행방식과 소유권이전시기

선화증권의 발행방식	선적시	대금지급시
① A. 단순지시식(to order) B. 송화인(매도인)지시식(to the order of shipper)	수익이익만 이전	담보이익소멸(전소유권 매수인에게 이전)
② 제3자 지시식(to the order of third party; to theorder of bank or seller's agent)	수익이익만 이전	담보이익소멸(전소유권 매수인에게 이전)
③ 지참인식(to bearer)	수익이익만 이전	담보이익소멸(전소유권 매수인에게 이전)

115) A. G. Guest, *op, cit.*, p. 224.

116) Aluminium Industrie Vaassen B. V. v. Romalpa Aluminium Ltd, [1976] 1W.L.R. 676; Benjamin은 Romalpa Clause라고 하고 있다.

④ A. 매수인지시식+매도인의 증권점유 (to the order of buyer) B. 매수인지시식+매수인에게 증권인도 (to the order of buyer)	수익이익만 이전 전 소유권이전	담보이익소멸(전소유권 매수인에게 이전) -
⑤ 매수인기명식(to the buyer)	소유권이전	-

V. 결 론

국제물품매매에서 매도인의 의무 중에서 물품인도와 소유권이전은 대금결제를 확실히 하는데 있어 매우 중요하고 기본이 된다.

국제매매계약에서 준거규정으로 사용될 수 있는 것은 가장 일반적이고 보편성을 가진 CISG와 인코텀즈 규칙이라 할 수 있다. 그러나 이들 규범은 소유권이전에 관하여 침묵하고 있어 당사자는 개별적인 준거법 약정과 거래관습에 의존하고 있는 실정이다. 소유권의 이전에 대한 각국의 입법례가 상이하여 특정국의 법제를 당사자가 소유권이전의 준거로 사용하기로 특별히 약정하는 예는 흔치 않다.

이와 같은 상황에서 소유권이 선화증권과 같은 매도인의 제공하는 서류를 배서 또는 교부 방식에 의해 유통증권과 대금지급을 연계시킨 SGA나 UCC에 반영된 바와 같은 처분권 유보를 통하여 채무불이행에 대한 보호장치를 고려해보는 것이 중요하다.

이를 위해서는 소유권이전 문제를 각국의 입법에 맡기는 것보다 CISG와 같은 통일법이나 인코텀즈와 같은 국제상관습법에 반영하여 매매당사자의 본질적 의무를 완수할 수 있도록 하는 것도 한 가지 방안이다.

입법자는 소유권이전 문제로 야기된 무역거래분쟁 그리고 어려운 법적인 문제를 보다 쉽게 효과적으로 해결하기 위하여 소유권이전과 관련된 규범개발에 주목하여야 할 것이다. 또한 당사자는 매매계약시 소유권이전 및 처분권 유보와 관련된 문제를 고려하여 준거규정을 보다 명확하게 구체적으로 설정할 필요가 있다.

문제 1-34 국제매매계약에서 매수인의 의무를 CISG에 기초하여 논하시오.

답안 1-34

〈목차 구성〉

Ⅰ. 서 론

각국의 법률과 무역규범상 매수인의 의무에 관한 규정은 전적으로 일치하고 있지 않고 다소의 차이점이 존재하고 있다. 국제물품매매계약에 관한 유엔 협약(United Nations Convention on Contracts for the International Sale of Goods: CISG)[117]에서는 매수인의 의무를 제53조에서 제65조까지 규정하고 있다. 이를 기초로 보면 매수인은 매도인의 의무에 대응하여 대금지급의 의무와 물품수령의 의무라는 두 가지 의무를 부담하여야 한다. 또한 매수인의 의무에서 규정하고 있지는 않으나 두 가지 의무에 추가하여 매수인은 매도인의 물품의 적합성 의무와 관련하여 소위 간접의무로서 물품검사 및 통지의무를 부담하게 된다.

이하에서는 국제물품매매계약에서 매수인이 부담하는 대금지급의 의무, 물품인도의 수령의 의무, 물품의 검사의무 및 물품의 하자통지의무에 대하여 CISG의 규정을 중심으로 검토하되 기타의 관련 무역규범의 규정도 참조하여 살펴보기로 한다.[118]

Ⅱ. 대금지급

1. 대금지급의무에 관한 규정

1) CISG

물품매매계약의 이행은 매도인의 물품인도와 매수인의 대금지급에 의하여 이루어

117) 여기에서는 CISG 또는 협약으로 표현한다.
118) 강원진, 전게서, 203~214면.

진다.

CISG에서는 제53조부터 제59조까지 매수인의 대금지급의무를 규정하고 있으며, 제54조에서는 지급의무에 추가하여 지급을 위하여 계약 또는 법령에 의하여 요구되는 조치를 취하고 형식을 준수할 의무를 규정하여 이러한 대금지급 준비의무가 매수인의 대금지급의무의 일부임을 강조하고 있다. 이러한 의무는 국제거래를 통하여 일반적인 관행으로 인정되어온 의무로서 신의성실의 원칙에 따라서 매매계약의 목적을 달성하기 위한 당사자간의 협조의무라 할 수 있다.

그러나 CISG에는 지급방법에 관한 구체적인 명시규정을 두고 있지 아니하여 당사자자치의 원칙에 따라 다양한 당사자간의 계약에서의 약정과 무역거래관행에 의하여 대금결제가 이루어질 것을 예정하고 있다. 오늘날의 무역거래는 일반적으로 신용장(letter of credit)에 의한 대금결제가 이루어지고 있으므로 CISG에서도 역시 이러한 관습의 준수를 묵시적으로 인정하고 있는 것으로 해석된다.[119)]

2) SGA와 UCC

SGA는 매매계약의 내용에 따라 매도인은 물품을 인도할 의무를 부담하고, 매수인은 이를 수령하고 대금을 지급할 의무를 부담한다고 규정하여[120)] 매도인의 물품인도의무와 매수인의 대금지급의무가 서로 대가적인 관계에 있음을 명시적으로 규정하고 있다. 그리고 UCC도 동일한 취지를 규정하고 있다.[121)]

또한 한국 민법과 일본 민법에서도 매도인은 매수인에게 매매의 목적이 된 권리를 이전하여야 하고 매수인은 그 대금을 지급하여야 함을 규정하고 있어서[122)] 영미법계와 대륙법계 모두 대금지급의무를 매수인의 주요의무로 규정하고 있다고 볼 수 있다.

3) 인코텀즈 규칙

인코텀즈 규칙에서는 매수인의 의무에 관한 10가지의 항목 중 매수인의 일반적 의무(B1)에서 매매계약에 약정된 대로 물품대금을 지급하여야 한다고 규정하고 있어서 매수인의 의무 중에서 대금지급의무를 가장 주요한 의무로 취급하고 있음을 알 수 있다. 그러나 지급장소 및 지급시기 등의 대금지급과 관련한 구체적인 규정은 없으며 단지 매수인은 매매계약에 약정된 대로 대금을 지급하여야 한다고만 규정하여 구체적인 의무의

119) 이태희, "국제물품매매계약에 관한 UN협약상의 당사자의 의무", 「국제물품매매계약에 관한 UN협약상의 제문제」, 삼지원, 1991, 137면.

120) SGA 1979, §27.

121) UCC, Article 2-301.

122) 한국 민법 제568조; 일본 민법 제555조.

이행은 국제상관습 및 계약조항에 위임하고 있다.

2. 대금지급시기

매수인은 계약에서 정한 지급시기에 따라 대금을 지급하여야 한다. 그러나 계약에서 지급시기에 관한 약정을 하지 않은 경우에는 원칙적으로 대금지급은 물품인도와 동시이행되어야 하는 동시이행조건(concurrent condition)으로 간주하는 것이 일반적인 입장이다.

CISG에서는 매수인이 대금을 특정한 기일에 지급할 의무가 없는 경우 매수인은 매도인이 계약 및 협약에 정하는 바에 따라 물품 또는 물품을 처분할 수 있는 서류를 매수인의 처분에 맡겨진 때에 대금을 지급하여야 한다고 규정하고 있다(협약 제58조 제1항). 이는 물품인도와 대금지급이 완전한 동시이행 관계에 있는 것으로 규정한 것이라고 볼 수는 없으며 물품을 매수인의 처분가능상태에 둔 때에 대금이 지급되어야 하는 관계로 이해하여야 할 것이다.

CISG에서는 소유권이전시기에 관하여 규정하지 않음으로써 물품의 소유권과 대금지급의 동시이행이라는 구성을 포기하고 대신에 당사자의 이익을 가장 균형적으로 고려할 수 있는 방법으로 물품 또는 물품을 처분할 수 있는 서류의 제공과 대금의 지급을 동시에 이루어지도록 한 것이다. 그러나 매도인은 물품 또는 서류를 인도함에 있어 대금의 지급을 인도의 조건으로 할 수도 있다고 단서조항을 규정하고 있다.[123]

한편 계약이 물품운송을 수반하는 경우에는 매도인은 대금지급과 상환으로 물품 또는 서류를 인도한다는 조건을 부가하여 대금이 지급될 때까지 물품의 발송을 연기하든지, 또는 발송한 후에도 물품의 처분권을 유보하는 것이 가능하다.

그러나 CIF 규칙과 같이 국제매매계약에서 물품이 아닌 서류와 상환으로 지급한다는 취지의 약정을 한 경우에는 매수인은 물품을 검사할 기회를 가지지 못하지만 지급을 거절하거나 연기할 수 없다. 또한 매도인이 외상(on credit)으로 물품을 인도한 경우 매수인은 매도인 측으로부터 별도의 요구나 절차의 준수를 필요로 하지 않고 약정한 기일까지 대금을 지급하여야 한다고 규정하고 있다.[124] 이는 지급기일이 도래하면 매도인 측의 지급요구나 통지가 없더라도 자발적 및 자동적으로 대금을 지급하여야 한다는 의미이다. 매수인이 이 규정을 위반하면 매도인은 자동적으로 연체금액에 대한 이자와 손해배상금을 동시에 청구할 권리가 있다.

---

123) CISG 1980, Article 58(1).

124) CISG 1980, Article 59.

SGA는 물품의 인도와 대금의 지급은 동시이행조건이며 매도인은 대금과 상환으로 물품의 점유권을 매수인에게 이전하여야 하고 매수인은 물품의 점유와 상환으로 대금을 지급하여야 한다고 명시적으로 규정하고 있다.[125] 그러나 매수인이 물품을 검사할 기회를 가질 때까지는 대금지급의무가 없다고 하여 물품검사와 관련해서 동시이행 원칙이 제한되는 예외를 설정하고 있다.[126]

UCC에서는 지급은 매수인이 물품을 수령한 때에 행해져야 한다고 규정하고[127] 계약에서 권리증권(document of title)에 대하여 지급하기로 약정하는 경우 매수인은 대금지급 전에는 물품을 검사할 권한이 없다고 하여 SGA와 동일한 취지로 규정하고 있다.[128]

한국 민법에서도 매매당사자 일방에 대한 의무이행의 기한이 있는 때에는 상대방의 의무이행에 대하여도 동일한 기한이 있는 것으로 추정한다고 규정하여[129] 대가적인 관계에 있는 의무는 동시이행 되어야 함을 반영하고 있다.

3. 대금지급장소

무역거래에서는 일반적으로 외국환거래규제를 고려하여 당사자간에 지급장소를 약정하게 되면 지정된 지급장소에서 대금지급이 이루어져야 한다.

CISG에 의하면 그러나 계약에서 지급장소를 지정하지 않은 경우 대금지급은 매도인의 영업소가 지급장소가 된다. 또한 물품 또는 서류의 교부와 대금지급이 상환되는 조건일 때에는 물품 또는 서류가 교부되는 장소에서 대금을 지급하지 않으면 아니 된다.[130] 이는 무역관행을 반영하는 것으로서 신용장방식에서 환어음에 의한 결제가 이루어지는 경우가 그 전형적인 예이다.

SGA는 대금지급장소에 대한 명시적 규정이 없으나 물품인도와 대금지급을 동시이행조건으로 규정한 점이나 물품인도의 기준에 관한 규정으로부터 물품인도장소가 지급장소가 될 것이라고 유추해석할 수 있다.

UCC에서는 대금의 지급은 매수인이 물품을 수령한 때와 장소에서 하여야 하며, 발송지가 인도장소일 때도 동일하다고 지급장소와 지급시기를 일괄하여 정하고 있다.[131]

125) SGA 1979, §28.
126) CISG 1980, Article 58(3).
127) UCC, Article 2-310(a).
128) UCC Article 2-513(3)(b).
129) 한국 민법 제585조.
130) CISG 1980, Article 57(1).
131) UCC, Article 2-310(a).

한국민법은 지참채무를 원칙으로 정하고 있어[132]다른 법규와 동일한 취지를 규정하고 있다. 지급장소와 관련하여 매도인이 계약체결 후에 그 영업소를 변경하였기 때문에 지급비용이 증가하였으면 그 증가비용은 매도인 부담이 된다.

4. 대금미정시의 대금결정방법

일반적으로 매매계약에는 지급해야 할 금액 또는 금액의 계산방법이 명시적 또는 묵시적으로 표시되거나 계약내용이 불완전한 경우 계약은 유효하게 체결되지 않은 것으로 간주된다.

CISG에서는 계약에서 대금의 결정에 대하여 명시적 또는 묵시적으로 정하지 아니하였거나 또는 이를 결정하는 조항을 두고 있지 아니한 경우라도 계약은 유효하게 체결할 수 있다고 정하고 있다.[133] 대금미정계약(open price contract)의 경우 CISG는 대금을 결정하는 방법에 대하여 당사자가 묵시적으로 참조하기로 한 것으로 본다는 표현을 사용하고 있으며,[134] 대금의 결정을 위하여 참조할 시기는 별도의 사정이 없는 한 계약체결시가 되며 지급하여야 할 대금도 역시 별도의 사정이 없는 한 당해거래와 유사한 상황에서 매각된 것과 같은 동종물품에 대하여 일반적으로 청구되는 가격을 참조하여 대금을 결정하여야 할 것이다.

SGA는 매매계약에 있어서의 가격은 당사자간의 거래관습에 의하여서도 결정될 수 있다고 규정하고 있고,[135] 또한 UCC에서도 당사자는 그 의사에 따라서 대가를 정하지 아니하고 계약을 체결할 수도 있다고 규정하고 있어[136] 유사한 태도를 취하고 있다.

SGA는 대금미정계약에 대하여 매수인은 상당한 대금(reasonable price)을 지급하여야 한다고 하고 있으며,[137] UCC에서도 인도당시의 상당가격을 지급하여야 한다고 정하고 있는데, 이는 각각의 구체적인 상황에 의하여 결정될 사실의 문제란 단서를 달고 있어서 CISG와 동일한 개념으로 볼 수 있다. 다만 CISG에서는 계약시의 유사한 물품의 판매가격을 기준으로 하고 있는데 대하여 UCC에서는 인도시의 상당한 가격을 기준으로 하고 있다는 점에서 차이가 있다.

---

132) 한국 민법 제467조 2항.

133) CISG 1980, Article 55.

134) *Ibid.*

135) SGA 1979, §8(1).

136) UCC, Article 2-305(1).

137) SGA 1979, §58(2).

Ⅲ. 물품인도의 수령

매수인의 물품인도의 수령(taking delivery of goods)의무는 매도인의 물품인도의무와 대응하는 개념이기는 하나, 거의 모든 법제에서 매도인의 물품인도의무를 인정하고 있는데 비하여 매수인의 물품인도의 수령의무의 경우에는 의무로서 인정하는 법제도 있으나 아무런 규정도 없는 경우도 있다.

CISG는 매수인의 물품인도의 수령의무를 규정하고 있으며, 이 규정에는 매도인에 대한 협력과 물품수령의 두 가지 요소가 포함되어 있다.[138]

첫째, 매수인은 매도인을 통한 인도수령을 가능하게 하기 위하여 합리적으로 매수인으로부터 기대될 수 있는 모든 행위를 하여야 한다고 규정하고 있다. 예컨대 매수인은 필요한 수입승인을 얻고, 요구되는 준비를 하여야 하고, 주문한 물품을 조회하거나 특정하여야 한다는 것이다. 이러한 측면의 구체적인 내용은 각각의 인도방식에 따라서 차이가 있을 것이다.

둘째, 매수인이 물품을 수령하여야 할 것을 규정하고 있다. 인코텀즈에서와 같이 인도의 수령(taking delivery)이란 인도에 대응하는 개념으로서 물품을 점유 또는 지배하는 것을 의미하므로 그 물품의 소유자가 되는 것에 동의하는 수락과는 다르며 소유권의 이전과도 무관하다. 계약이 운송을 포함하는 경우에 수령의무는 반입인도조건보다는 반출인도조건에서 더욱 중요성을 가진다. 왜냐하면 매도인이 운송인과 운송계약을 체결하였으나 매수인이 물품을 수령하지 않는다면 매도인은 추가적으로 운임 및 체선료(demurrage)를 부담하여야 하기 때문이다.

그리고 계약에 운송이 포함되지 않는 경우로서 계약물품을 약정한 특정장소 또는 매도인의 영업소에서 매수인의 임의처분에 맡기도록 요구하는 경우에도 수령은 중요성을 가지는데, 이러한 경우에 위험은 통상적으로 매수인이 물품을 수령한 때에 이전하나, 매수인이 수령을 하지 않음으로써 계약을 위반한 경우에도 위험은 이전하므로 매수인은 자기의 임의처분에 맡겨진 장소로부터 물품을 물리적으로 이동시키지 않으면 안 된다.

SGA는 매수인은 물품을 수령할 의무를 부담한다고 규정하고 있으나[139] 매수인이 아직 검사하지 못한 물품을 제공받은 경우는 검사의 기회를 가질 때까지는 그 물품을 수령한 것으로 되지 않는다. 그러나 매수인이 물품을 검사할 상당한 기회를 가지는 것이 수령의 절대요건은 아니다.

---

138) CISG 1980, Article 60.

139) SGA 1979, §27.

UCC에서도 매수인의 물품수령의무를 규정하고 있으며,[140] 매수인의 수령과 수락을 구별하고 매수인의 의무로서 물품의 수락을 규정하고 이미 수락하였다 하더라도 이를 철회할 수도 있다.

이와는 달리 한국 민법은 채권자가 이행을 받을 수 없거나 받지 아니 하는 때는 이행의 제공이 있는 때로부터 지체의 책임이 있다고만 규정하고, 그 이외의 구체적인 규정은 하고 있지 않다. 채권자의 수령의무에 대하여 소수설은 관습 또는 특약이 있는 경우는 별도로 하고 채권자의 수령의무는 없으며, 민법의 수령지체책임은 신의칙에 의거한 법정책임이라고 하나 채권관계에 있어서 당사자는 공동목적의 달성에 협력할 공동체이기 때문에 채권자가 수령의무를 부담한다는 것이 다수설이다.[141]

인코텀즈 규칙에서는 매도인의 의무 중의 인도에 대한 대가적인 의무로서 매수인의 의무에 관한 항목에서 "taking delivery"라는 표제하에 매수인의 인도의 수령의무(B4)를 다루고 있다. 그러나 구체적인 인도의 수령에 관한 내용은 규정되어 있지 않고 다만 매수인은 매도인의 의무(A4), 즉 "매도인은 인도(A4) 및 매수인에 대한 통지(A7)의 규정에 따라서 물품의 인도를 수령하여야 한다"고만 정하여 매도인의 물품인도의 규정에 비하여 소극적인 규정을 하고 있다.

Ⅳ. 물품의 검사

CISG에서는 매수인에게 물품을 검사할 의무를 부담시키고 있다.[142] 검사란 인도된 물품의 물적 적합성만을 검사하는 것을 의미하며 법적 적합성은 물품의 검사로 알 수 있는 성질의 것이 아니므로 검사의 대상에서 제외된다.

여기에서는 물품의 검사의무를 검사시기, 검사장소, 검사비용으로 나누어 살펴보기로 한다.

1. 물품의 검사기기

물품의 검사시기의 경우 인도가 행하여지기 이전의 단계에서 매수인에게 검사하도록 하는 것은 불합리하기 때문에 검사는 인도의 시점을 기준으로 상황에 따라 실행가능한 단기간 내에 행해져야 한다고 규정하고 있으며, "상황에 따라 실행가능한 단기간내"

140) UCC, Article 2-301.
141) 한국 민법 제40조.
142) CISG 1980, Article 38.

라는 표현은 "지체 없이"라는 의미로 해석될 수 있으며, 구체적으로는 개별적인 거래의 내용과 물품의 성질, 거래의 관행, 검사의 장소·시설·능력, 당해 물품검사에 소요되는 통상적인 기간, 기타 모든 주위사정을 고려하여 객관적으로 결정하여야 할 것이다.

또한 운송을 수반한 대부분의 물품매매의 경우에는 물품의 검사는 물품이 목적지에 도착한 후까지 연기할 수 있다. 또한 검사의 시기와 관련하여 실제의 무역매매에서 자주 문제가 발생하는 경우로 매수인이 합리적인 검사의 기회를 가지지 않고 물품 그대로 재판매하는 경우가 있는데, 이러한 경우에 대하여 CISG에서는 운송 중에 목적지가 변경된 경우나 단순히 전송된 경우에도 매도인이 계약체결시에 그러한 변경 또는 운송의 가능성을 알았거나 또는 알았어야 하는 한 검사는 물품이 새로운 목적지에 도착한 후까지 연기할 수 있다고 하고 있다.

이 규정은 물품이 최종목적지에 도착하기 이전에 매수인이 검사를 위하여 개장하는 불편을 방지하고 매수인이 봉인된 컨테이너에 선적된 물품을 구매한 후 바로 환적하는 경우에도 목적지 도착시까지 검사를 연기할 수 있도록 함으로써 매수인에게 부적합을 발견할 수 있는 충분한 기회를 부여하고 있어서 현실의 국제물품매매에 적합한 규정이라 하겠다.

2. 물품의 검사장소

물품의 검사장소에 대하여 CISG상에는 명확한 규정은 없으나 검사시기의 경우와 같이 인도 이전에 매수인에게 검사하도록 하는 것은 불합리하므로 검사장소는 인도시점을 기준으로 매도인의 물품인도장소가 되어야 한다. 따라서 물품의 운송을 예정하고 있는 경우에는 그 운송의 목적지가 검사장소가 되어야 하며, 운송 중에 물품의 목적지가 변경되거나 전송되는 경우에는 새로운 도착지가 검사장소가 되어야 할 것이다. 다른 법규의 경우 SGA에서는 검사장소를 물품이 개장될 것으로 예상되는 장소로 규정하고 있으며, UCC에서는 물품의 도착지를 검사장소로 보고 있다.

3. 물품의 검사비용

물품의 검사비용에 관하여 CISG상에는 아무런 명시규정도 없으나 일반적으로 물품의 검사비용은 물품이 계약적합성을 가진 경우에는 매수인이 부담하며, 기타의 경우에는 매도인이 부담하는 것을 원칙으로 한다. UCC에서는 물품이 적합하지 않거나, 거절되는 경우를 제외하고 매수인이 검사비용을 부담한다고 규정하고 있다.[143)]

143) UCC, Article 2-513(2).

인코텀즈 규칙에서는 매수인의 의무(B9) 중에 물품검사(inspection of goods)를 다루고 있으나, 물품검사에 대한 구체적인 규정은 없다. 단지 매수인은 별도의 합의가 없는 한 수출국 당국에 의하여 요구되는 경우를 제외하고 선적전 검사비용(cost of pre-shipment inspection: PSI)을 지급하여야 한다고 규정하여 강제적인 선적전 검사비용의 부담자를 명시적으로 매수인으로 규정하고 있을 따름이며 그 이외의 물품검사 또는 그 검사비용에 대하여는 언급하지 않고 있다. 한편 물품점검과 관련하여 매도인의 의무(A9) 중의 점검·포장·화인에서 매도인에게도 점검의무를 부담시키고 있는데 매도인은 인도에 관한 규정에 따라 물품을 인도하기 위하여 필요한 물품검사를 수행하여야 하며, 그 비용은 매도인이 부담할 것을 규정하고 있다. 이는 인도를 위한 검사만을 언급하는 것이지 물품의 도착 후 계약물품과의 일치성을 판단하기 위한 검사를 의미하는 것은 아니다.

Ⅴ. 물품의 하자통지

CISG는 매수인이 매도인의 담보책임을 묻기 위한 하자통지의무를 규정하고 있는데, 매수인은 매도인에 대하여 부적합을 발견하거나 또는 그 부적합의 성질을 명확히 한 통지를 하지 않으면 그 물품의 부적합을 원용할 권리를 상실한다고 규정하고 있다.[144] 따라서 매수인이 이러한 통지의무를 해태하면 부적합을 원용할 권리를 상실하게 되어 손해배상의 청구나 계약의 해제 또는 대금의 감액 등을 청구할 수 없게 되는 것이다.

통지의 대상은 물품검사의 대상과는 달리 물품의 계약부적합을 대상으로 하며, 물품의 수량, 품질, 명세서, 포장의 물적 적합성뿐만 아니라 법적 부적합을 포함한다. 또한 서류상의 부적합의 경우에는 그에 관한 명문규정은 없으나 정확한 서류를 교부하는 것이 매도인의 의무 중의 하나로 규정되어 있으며,[145] 나아가 교부된 서류의 하자보완을 인정하고 있으므로 서류상의 하자도 통지의 대상이 되는 것으로 보인다.

다음으로 통지시기는 검사시기와 밀접한 관련을 가지는 것으로 매수인은 물품의 부적합을 발견하였거나 또는 발견할 수 있었을 때로부터 합리적 기간 내에 매도인에게 그 부적합을 통지하여야 한다고 규정하고 있다. 여기에서 문제가 될 수 있는 것은 통지의무의 제기기한으로서의 합리적인 기간의 해석인데, SGA에서는 "합리적인 기간이 어느 정도의 기간인가의 문제는 사실의 문제이다"라고 정하고 있으므로 각 경우의 상황과

144) CISG 1980, Article 39(1).
145) CISG 1980, Article 34.

사정에 따라 결정되어야 할 것이다.

CISG에서는 "여하한 경우에도 물품이 실제로 매수인에게 교부된 날로부터 늦어도 2년 이내에 매수인이 매도인에게 물품의 부적합에 대하여 통지하지 않은 경우에 매수인은 당해 물품의 부적합을 원용할 권리를 상실한다"라고 통지기간에 대하여 추가적으로 규정하고 있다.[146] 이 규정은 계약의 목적물에 즉시 발견할 수 없는 하자가 있는 경우에도 후일에 매수인이 하자를 발견하였다면 물품이 실제로 매수인에게 교부된 날로부터 2년 이내인 한 합리적인 기간 내에 매수인은 매도인에게 통지를 해야 한다는 것이다.

그러나 예외 규정으로서 당사자간에 2년보다 장기의 보증기간이 계약상으로 약정되어 있는 경우에는 협약상의 2년이라는 기간제한을 받지 않게 됨을 명시적으로 규정하고 있는데, 이는 당사자자치의 원칙을 배려한 것으로서 물품이 일정기간 일정한 특성이나 품질을 보유한다는 명시적 보증이 있는 경우 이러한 약정은 통지기간에 우선한다.[147]

통지기간에서 주의하여야 할 것은 CISG와는 별도로 제소기간이 규정되어 있다는 사실이다. 대표적인 것이 유엔 국제무역법위원회(UNCITRAL)에 의하여 작성된 "제소기간에 관한 협약"(Convention on the Limitation Period in the International Sale of Goods)으로 제8조에 제소기간을 통상적으로 매수인이 매도인에게 물품을 교부한 날로부터 또는 매수인이 이행의 제공을 거부한 날로부터 기산하여 4년으로 규정하고 있다. 또한 각국의 제정법에서는 영국의 경우에는 6년(제소기간법 제2조), 미국의 경우에는 4년(통일상법전 제2-725조), 한국에서는 수량부족의 경우에는 1년(민법 제574조), 목적물의 하자의 경우에는 6개월(민법 제582조)의 기간을 각각 규정하고 있다.

매수인의 통지의무에 대한 예외로서 CISG에서는 악의의 매도인은 매수인의 검사·통지의무 해태의 효과를 자기를 위하여 원용할 수 없다는 취지로 규정하고 있다.[148] 이는 신의성실의 원칙에 기초를 두는 것으로서 "형평을 구하는 자는 스스로 형평을 실천하여야 한다"(He who seeks equity must do equity)라는 법언(法諺)의 정신이 반영된 것으로 볼 수 있다.[149]

인코텀즈 규칙에서는 매도인에 대한 통지(notice to the seller)라는 표제의 규정(B7)이 있으나, 이는 매수인의 하자통지의무를 규정한 것이 아니고 단지 매수인이 물품의 운송과 관련하여 확정된 선적기간 중에서 특정한 선적시기를 결정할 선택권을 가지는 경우

146) CISG 1980, Article 39(2).

147) 고범준, 「국제물품매매계약에 관한 UN협약」, 대한상사중재원, 1983, 44면.

148) CISG 1980, Article 40.

149) 고범준, 전게서, 45면.

또는 매매계약체결시에 목적항을 결정하지 않고 체결 이후에 매수인이 결정할 선택권을 가지는 경우에는 매도인의 원활한 인도의무의 이행을 위하여 이에 대한 충분한 통지를 매도인에게 행하여야 함을 규정하고 있는 것이다.

Ⅵ. 결 론

물품매매계약에서 기본조건 중에서 가장 본질적인 의무는 매도인의 물품인도에 대한 매수인의 대금지급의무이다.

따라서 매수인은 계약 및 협약 또는 인코텀즈 규칙의 규정에 따라 물품대금을 지급하여야 하며, 인도된 물품을 수령하여야 한다.

이와 같이 협약에 의하여 계약서에는 매도인에게 물품의 대금지급과 수령이외의 의무를 부가할 수 있다. 예를 들면, 대금지급의 안정성을 제공하는 의무, 제조 또는 생산하는데 필요한 재료를 공급하는 의무 또는 물품의 형태, 용적 또는 기타의 특징을 지정하는 물품명세를 제시하는 의무 등이다.

매수인의 선적 전 또는 선적 후 검사가 이루어졌다 하더라도 물품부적합에 대한 통지기간을 물품이 매수인에게 교부된 날로부터 2년 이내로 설정한 CISG의 규정은 매도인에게 매우 불리한 규정이다.

이와 같은 매수인의 기본의무나 부가적인 의무는 CISG의 계약에 의한 효력면제나 적용배제(협약 제6조) 규정의 예와 같이 계약서에서 의무이행의 발생에 대하여 협약이나 기타 규정된 것과 별개의 방법으로 규정되는 경우에는 당사자의 합의가 우선 적용되는 점에 유의하여야 할 것이다

국제매매계약에서 가장 일반적이고 보편성을 가진 규범은 CISG와 인코텀즈 규칙이지만 당사자의 실익과 거래의 효율성 측면에서 규정의 틀에서 벗어나 검토된 준거규정을 특약조건으로 매매계약시에 반영하는 노력은 바람직스럽다.

제 4 절 매매당사자의 의무에 공통되는 규정

문제 1-35 이행기 전의 계약위반에 대하여 CISG를 기초하여 논하시오.

답안 1-35

〈목차 구성〉

Ⅰ. 서 론

국제물품매매계약에서는 계약성립 후 계약을 이행하기 까지는 많은 시간이 소요되고 당사자간에 예기치 못한 환경변화가 야기될 수 있다. 이는 매매당사자가 공통으로 겪게 될 수 있는 불확실성이다.

이러한 사정을 감안하여 국제물품매매계약에 관한 유엔 협약(United Nations Convention on Contracts for the International Sale of Goods: CISG)[150]에서는 다른 당사자가 이행기간 전에 명백히 본질적인 계약위반을 할 경우 매도인 또는 매수인이 계약을 취소할 수 있는 권리를 제공하고 있다. 그렇지만 만약 그 이행일자에 또는 그 후에, 당사자들이 이행에 실패했거나 또는 이행을 따르지 않아 결과적으로 본질적 위반이 될 때는 계약해제권이 있으나 계약이행기간 전에 계약이 취소되었음을 분명하게 선언하지 않았다면 계약은 취소 될 수 없는 문제가 발생한다.

또한 국제매매에서 당사자가 상대방의 중요한 부분은 이행하지 아니할 것이라는 것이 명백할 경우 당사자는 자기의 의무이행을 정지할 수 있는 권리가 있지만 이에 해당되는 사유에 대한 해석과 정당한 통지 및 분할인도여부에 대한 해석문제가 쟁점이 된다.

150) 여기에서는 CISG 또는 협약으로 표현한다.

따라서 이하에서는 이행기 전 계약위반(anticipatory breach of contract)에 대하여 CISG 제72조와 관련하여 계약위반 관련 규정의 취지와 성립요건을 검토하고 이행정지 또는 계약해제 및 통지의무와 관련되어 야기될 수 있는 해석상의 문제를 중심으로 검토하고자 한다.

Ⅱ. 이행기 전 계약위반의 의의

CISG 제72조상의 "이행기 전 계약위반"이란 계약 중에 정해진 이행기 이전에 채무자가 명백하고 무조건적으로 이행을 거절하는 것이다. 이 경우에는 이행기의 내도를 기다리지 않고, 거절의 의사가 상대방에게 통지된 때에 계약위반으로 본다. 또한 "현실적 계약위반"(present breach of contract)의 경우에는 이행거절의 의사가 명백하고 무조건적으로 상대방에게 통지된 때에 계약위반이 성립되고, 그 위반의 중요성에 따라 계약이 해제되거나 손해배상을 청구할 수 있다. 이행거절을 계약위반의 한 유형으로 인정하는 이유는 이행을 거절한 당사자에게 이행기까지 기다리거나 또는 자신의 변제를 제공하여야 하는 불합리한 낭비를 제거하고 계약당사자에게 예방적 보호를 제공하기 위해서이다.

Ⅲ. 이행의 정지

1. 이행정지권의 성립요건

계약 상대방이 의무의 실질적인 부분(substantial part)을 이행하지 않을 것이라는 사정의 존부는 위반의 정도와 불이행이 발생할 개연성의 정도라는 측면에서 검토될 수 있다.

위반의 정도는 의무불이행이 실제 발생한 경우에는 어느 정도 중요한가 하는 점이다. 당사자의 일방이 이행정지를 하여 상대방에게 손해를 줄 수 있는 예상되는 위반의 정도가 경미한 경우, 이행정지권은 인정되지 않는다.

매도인이 매수인에게 물품을 먼저 인도한 이후 매수인이 대금을 지급하는 것으로 매매계약을 체결하였으나 계약체결 후 매수인의 신용이 악화되어 물품을 인도하더라도 대금지급이 되지 않을 우려가 있을 수 있다. 이 경우 CISG는 당사자는 자기의 의무이행을 정지할 수 있는 권리를 부여하고 있다(협약 제71조 제1항). 이러한 사정의 발생 원인으로 상대방이 그 의무의 실질적인 부분을 이행하는 것이 어려울 것이라는 사정이 다음 중 하나의 이유로 계약을 체결한 후 밝혀진 경우이다.

첫째, 상대방의 이행능력 또는 상대방의 신뢰성의 현저한 실추

둘째, 계약이행을 준비하거나 또는 계약의 이행에 있어서 상대방의 행위이다.

그리고 이와 같은 사유가 명백해지기 이전에 물품을 이미 발송하였을 경우, 비록 매수인이 물품을 취득할 수 있는 서류를 보유하고 있을지라도 물품교부를 중지시킬 수 있다(협약 제71조 제2항).

이 경우에 이행을 정지한 당사자는 상대방에 대하여 이행중지 사실을 즉시 통지하여야 한다(협약 제71조 제3항). 이와 같은 통지의무 부여는 상대방에게 보증, 담보 제공 등의 대응책을 강구할 기회를 보장하고 상대방의 손해를 방지하거나 계약관계를 정상화하는 계기를 줄 수 있다.

2. 이행정지권의 효과

협약 제71조 제1항의 요건을 충족하는 경우 당사자 일방의 이행정지는 적법한 것이므로 계약위반에 따른 구제는 생기지 않는다. 한편, 이행정지는 자기를 방어하는 수단에 불과하기 때문에 예를 들면, 상대방에게 보장의 제공을 요구하거나 반대급부 또는 상환급부를 요구할 수 없다.

이행정지를 통지하였음에도 불구하고 상대방이 적절한 보장을 제공하는데 실패한 경우라면, 이행정지권자는 당해 계약의 해제권을 갖게 된다. 즉 적절한 보장의 제공 실패는 후술할 이행기 전의 중대한 계약위반을 구성하게 되므로 이행정지권자의 계약해제를 정당화 시킨다. 물론 적절한 보장을 제공하였다 하더라도, 그러한 보장을 받을 때까지 이행정지자가 입은 손해에 대해서는 상대방 당사자가 배상할 책임이 있다.[151)]

3. 운송정지권

만일 매수인이 자신의 의무 중 실질적인 부분을 불이행할 것임이 명백해지는 경우임에도 불구하고 매도인이 이미 물품을 발송하였다면, 매도인은 물품이 매수인에게 인도되지 못하도록 방지할 수 있다. 이는 매수인이 물품을 취득할 수 있는 권한을 부여 받은 서류를 소지하고 있더라도 행사 가능한 권리이다. 이를 운송정지권(right of stoppage in transitu)이라 한다.[152)]

---

151) Honnold J. O., *Uniform law for int' l sales under the 1980 united nations convention*, 3rd edition, Kluwer law international, 1999, pp. 427–428; 하강헌, "국제물품매매에서 이행기전계약위반에 대한 구제권 연구", 「무역상무연구」, 제39권, 2008. 9, 8면.

152) 상계논문, 5면.

운송정지권은 물품에 대한 판매자와 구매자 사이의 물품에 대한 권리에만 적용된다(협약 제71조 제2항). 따라서 운송인과 매수인·매도인과의 관계를 직접적으로 규정하고 있지는 않다.

Ⅳ. 계약해제권과 통지의무

1. 계약해제의 요건

CISG 제72조 제1항은 이행기 전의 계약해제를 위한 실체적 요건을 규정하고 있는데, 이에 의하면 유효한 계약해제는 귀책당사자가 이행기 전에 본질적 계약위반을 할 것이 명백할 것을 요건으로 한다. 그리고 제72조 제2항은 이행기 전 계약해제를 위한 형식적 요건을 규정하고 있으며, 이에 따르면 무책당사자는 시간이 허용하는 경우에 계약을 해제하려고 한다는 내용의 합리적인 통지를 하여야 한다. 또한 귀책당사자가 적절한 보장을 제공하지 않았을 경우 무책당사자는 당해 계약을 해제할 수 있다.

제72조 제1항의 시간적 적용범위는 제한되어 있다. 즉 동조는 본질적 계약위반의 발생이 명백하다는 점에 관한 인식이 이행기 전에 있을 것을 요한다. 귀책당사자가 그의 의무의 이행을 위한 적절한 보장을 제공한 때에는 제72조 제1항의 해제권은 소멸한다.[153]

해제권의 요건에 대한 입증책임은 책임 없는 당사자가 부담한다. 반면, 책임 있는 당사자는 그의 의무의 이행에 관한 적절한 보장을 하였음을 입증하여야 한다.

2. 해제권의 행사 및 효과

제72조 제1항의 요건이 구비되고 또 책임 있는 당사자가 이행에 관한 적절한 보장을 하지 아니하거나, 또는 이행을 거절하는 경우(협약 제72조 제3항), 그 상대방은 계약을 해제할 수 있다. 이때, 제49조나 제64조와 마찬가지로, 해제의 의사표시가 있어야 한다.

의사표시에 대하여는 특별규정이 존재하지 않으므로 제26조와 제27조(발신주의)가 적용된다. 또한 해제의 의사표시는 구속력이 있고 또 철회할 수 없다.[154]

계약이 해제되면 그 계약은 청산관계로 전환된다. 적법한 계약해제의 의사표시와 함께(제26조) 이행되지 아니한 계약상의 의무는 소멸하고, 기 이행된 것은 계약의무의

153) 김진우, "CISG 제72조에 따른 이행기 전의 계약위반", 「법학논고」, 제32집, 경북대학교 법학연구원, 2010. 2, 274면.

154) 따라서 이미 해제의 의사표시를 한 해제권자가 계약의 유지를 원하는 경우에는 상대방과의 사이에 그에 관한 합의가 있어야 한다. 김진우, 상게논문, 2010, 278면.

소멸과 반환청구(협약 제81조) 규정에 따라 반환되어야 한다.

제72조는 일부계약해제에 관하여는 명시적으로 규율하지 않고 있다. 계약해제를 최후의 구제수단으로 인정하는 동 협약의 기본적 태도에 비추어, 일부해제를 부정하여서는 안될 것이다. 다만, 이러한 일부해제를 위해서는 급부의 가분성(협약 제51조)이 있어야 한다.155)

3. 통지의무

책임이 없는 당사자는 시간이 허용하는 경우 그가 해제권을 행사하려고 한다는 점을 상대방에게 미리 통지하여야 한다(협약 제72조 제2항). 그 통지를 받은 상대방은 이행에 관한 적절한 보장을 통해 계약해제의 위기로부터 벗어날 수 있는 최후의 기회를 가지게 된다. 그로써 제72조 제2항은 법률관계의 명료성의 제고에 이바지하고, 또 무책당사자가 성급하게 계약적 구속으로부터 벗어나는 것을 억제하는 기능을 갖게 된다.156)

4. 이행에 관한 적절한 보장의 제공

책임 있는 상대방이 적절한 보장을 제공한다면 계약해제를 의도한 당사자는 이행정지에 대한 적절한 보장의 제공에서와 마찬가지로 자신의 계약적 의무를 계속 이행하여야 한다. 물론 이로 인한 손해에 대한 배상청구권은 피해당사자가 갖게 된다. 적절한 보장의 제공기간에 대하여 CISG에서는 규정을 두고 있지 않으나, 이행기 전 계약해제를 위한 통지이므로 늦어도 이행기일 전에는 제공되어야 할 것이다. 문제는 계약해제를 의도한 당사자가 적절한 보장을 수령할 때까지 중단되었던 의무이행 기간을 연장할 수 있는지의 여부이다. 입법취지로 보아, 이행기일 전의 이행정지 및 계약해제의 통지로 인한 기간만큼 의무이행기간이 연장될 수 있을 것으로 보여진다.157)

Ⅳ. 결 론

CISG 제72조는 이행기의 도래 전에 본질적인 계약위반 가능성이 명백한 경우, 이행의 정지 또는 계약해제 등의 수단을 통하여 대처할 수 있도록 하고 있다. 이는 추후의

155) 김진우, 전게논문, 278면.

156) 이와 같은 이행기 전의 계약해제를 위한 요건으로서의 사전통지의무는 PECL(유럽계약법원칙), 국제상사계약에 관한 UNIDROIT 원칙(PICC), 독일민법에서는 요구되지 않는 CISG 특유의 제도라고 할 수 있다; 김진우, 상게논문, 280면.

157) 하강헌, 전게논문, 15면.

본질적 계약위반에 대하여 계약에 충실한 당사자에게 예방적 보호를 제공하는데 그 취지가 있다.

이행기 전 계약위반을 주장하기 위해서는 계약이행기일 이전에 계약을 위반할 가능성을 의도하였다는 것과, 그러한 위반이 본질적인 것이었음이 입증되어야 한다.

또한 허용된 시간 전에 정당한 통지를 요구하며, 만약 다른 당사자가 이행하지 않는 것에 대한 통지는 면제된다. 대조적으로 협약 제71조는 제외 없이 즉각적인 정지의 통지를 요구한다.

협약에 규정된 이행정지가 성립되기 위한 상대방의 이행능력, 신뢰성, 행위 등의 사유는 매우 포괄적이고 모호하다고 할 수 있다. 계약 상대방이 의무의 실질적인 부분을 이행하지 않을 것이라는 사정의 존재여부는 위반의 정도와 불이행이 발생할 개연성 등을 고려하여야 한다.

이러한 요건은 책임 있는 당사자에게 현저한 잠재적 위험을 수반할 수 있기 때문에, 이행기 전 계약해제는 다른 경우의 계약해제와 마찬가지로 최후의 구제수단으로 인식되어야 할 것이다. 계약해제권은 그 행사기간에 관하여 특별한 제한은 없으나, 늦어도 이행기 전에는 행사되어야 하고 일방의 당사자가 본질적인 위반을 할 것이 이행기일 이전에 명백하여야 한다. 이때 완전한 확실성보다는 본질적인 위반이 있을 것이라는 가능성이 요구되는 것이다.

문제 1-36 계약위반에 따른 손해배상액 산정원칙과 계약해제시의 손해액 산정에 대하여 설명하시오.

답안 1-36

〈목차 구성〉

Ⅰ. 서 론

매도인과 매수인은 계약위반당사자로부터 권리구제방법 중의 하나로 손해배상을 청구할 권리를 가진다. 국제물품매매에서 계약위반에 대한 구제방법에 추가하여 매도인과 매수인의 의무에 공통되는 규정 중 손해배상액에 대한 권리는 CISG 제74조에서 제77조에 걸쳐 다루고 있다. 제74조는 손해배상액 산정의 일반 원칙을, 제75조는 대체거래에 있어서의 손해배상액에 대하여 각각 규정하고 있다. 또한 제76조는 시가에 기초한 손해배상액을, 제77조는 손해경감을 위한 합리적인 조치의무를 규정하고 있다.

실제로 다양한 법적 개념과 규칙에 근거하여 손해배상액을 산정문제를 해결하기란 매우 어렵다. 그러나 주요목적은 분명하다. 즉, 계약위반에 의해 손해를 입은 당사자의 기대되는 경제적 이익을 보호하여 경제적으로 계약이 올바로 이행된 경우에 그가 가질 수 있는 동일한 상황에 두는 것이다.

그러나 이러한 원칙은 보편적으로 수용되고 있으나 불행히도 각 사법권마다 다르게 적용되고 있다. 만약 계약이 올바르게 이행되었다면, 추정적으로 어떠한 문제가 구체적으로 실현되었을 것인지를 결정하는 어려운 문세를 해결해야 한다. 또한 계약위반에 수반하는 실제적인 상황과 관련하여 제시된 증거를 평가하고 고려해야하며 그 위반과 그로 인해 당사자에게 부과되는 불리한 입장간의 원인관계가 있는 지를 확인하여야 한다.

이하에서는 손해배상액 산정의 일반원칙을 살펴보고 계약해제시의 손해배상액 산정을 대체거래시의 손해배상액과 시가에 기초한 손해배상액으로 구분하여 검토하되 이에 따른 손해경감의무 등에 대하여도 검토하고자 한다.

Ⅱ. 손해배상액 산정의 일반원칙

1. 손해배상 범위

일방 당사자의 계약위반에 대한 손해배상액은 이익의 상실을 포함하여 당해 위반의 결과에 따라 상대방이 입은 손실과 동등한 금액으로 구성된다. 당해 손해배상액은 위반을 한 당사자가 계약의 체결당시에 알았거나 또는 알았어야 하였던 사실 및 사항을 비추어 계약위반의 결과에 따라 발생할 가능성이 있는 결과라는 것을 계약의 체결당시에 예견하였거나 또는 예견하였어야 하는 손실액을 초과할 수 없다(협약 제74조).

이 조에서는 피해당사자가 손실을 보상받을 수 있도록 권리를 가지게 되는 모든 사건에 적용할 수 있는 손해배상액 산정의 일반원칙을 규정하고 있다. 계약위반에 대한 손해배상액은 계약의 체결 당시에 위반하는 당사자에 의하여 예견할 수 있는 손실까지 포함하여 계약위반에 의한 이익의 상실과 동등한 금액으로 구성된다.

이와 같이 협약에서는 손해배상은 완전배상의 원칙과 예견가능한 책임제한 및 금전배상을 원칙으로 하고 있다.

2. 손해의 유형

피해당사자의 손해배상액은 이익의 상실을 포함하여 위반의 결과에 따라 상대방이 입은 손실과 동등한 금액으로 구성된다. 이익의 상실을 포함하는 것을 명확히 제외하고 협약 제74조에서는 손해를 별도로 분류하지 않고 있다. 판결은 가끔 국내법에 따라 손해의 분류를 참조한다.

계약위반으로 발생하는 일반적인 손해를 예견가능성(foreseeability)과 적용 및 배제되는 손해를 분류해보면 다음과 같다.

1) 예견 가능한 손해와 예견 불가능한 손해

(1) 예견 가능한 손해로는 일방당사자의 계약불이행으로 인한 직접적 손해인 실제적 손해(actual loss), 거절된 물품을 운송 또는 보관과정에 발생하는 경우와 같은 부수적 손해(incidental loss)가 있다.

(2) 예견불가능한 손해로는 매매당사자간의 계약에서 일방의 계약위반의 결과 타방이 제3자에 대한 책임을 지는 경우와 같은 결과손해(consequential loss)가 있다(협약 제74조).[158]

2) 적용 및 배제되는 손해

(1) 사망 또는 신체적인 상해로 인하여 야기된 손해는 협약의 적용범위에서 배제된다.

(2) 구매한 물품이 아닌 그 외의 재산에 대한 손해배상은 제외시키지 않는다.

(3) 비물질적인 이익에 대한 손해, 예를 들면 다른 당사자의 위반으로 인한 피해당사자의 명성(reputation)에 대한 손실을 포함한다.[159]

---

158) 오원석·윤영미·임성철, "국제물품매매계약에서 매도인의 계약위반에 대한 매수인의 손해배상청구권 행사의 문제점", 「무역상무연구」, 제58권, 2013, 8면.

159) UNCITRAL, Digest of Case Law on the United Nations Convention on Contracts for the International Sale of Goods, 2008 Edition, p. 225.

Ⅲ. 계약해제시의 손해배상액 산정

1. 대체거래시의 손해배상액

계약이 해제되고 계약해제 후 합리적인 방법으로, 합리적인 기간 내에 매수인이 대체품을 구매하거나 매도인이 물품을 재매각한 경우에, 손해배상을 청구하는 당사자는 계약대금과 대체거래대금과의 차액 및 그 외에 제74조에 따른 손해액을 배상받을 수 있다(협약 제75조).

이 규정에서 요구하는 두 가지 요건은, 우선 계약해제가 먼저 이루어져 하고, 또한 물품에 대한 대체거래가 있어야 한다. 대체거래란 물품을 인도받지 못한 매수인이 제3자로부터 대체품을 매수하거나, 매수인이 수령하지 않은 물품을 매도인이 제3자에게 재매각한 경우를 말한다. 매수인이 매매의 목적물을 스스로 생산한 것은 대체기래가 아니다.[160)]

물품이 계약에 적합하지 않을 때, 적합성의 결여가 본질적인 계약위반이 되는 경우 대체품인도를 청구할 수 있다(협약 제46조 2항). 원계약이 해제되거나 합리적인 방법과 해제 이후의 합리적인 기간 내 대체계약을 체결할 경우 계약금액과 대체거래금액의 차액에 대하여 손해배상청구권을 갖는다.

2. 시가에 기초한 손해배상액

계약이 해제되고 물품에 시가(current price)가 있는 경우에, 손해배상을 청구하는 당사자는 협약 제75조에 따라 구매 또는 재매각하지 아니하였다면 계약대금과 계약해제시의 시가와의 차액 및 그 외에 협약 제74조에 따른 손해액을 배상받을 수 있다. 다만, 손해배상을 청구하는 당사자가 물품을 수령한 후에 계약을 해제한 경우에는, 해제시의 시가에 갈음하여 물품 수령시의 시가를 적용한다(협약 제76조 제1항).

계약이 해제되고 또한 물품에 시가가 있는 경우로서 손해배상을 청구하는 당사자가 대체거래를 하지 아니하였을 때 이 조가 적용된다. 계약이 해제되지 않으면 협약 제76조는 적용하지 않는다. 이 규정은 시가가 있는 경우에만 적용한다. 시가는 시장에 있는 같은 종류의 물품의 가격이다.[161)]

---

160) 홍석모, 「국제물품매매계약(CISG)에 관한 UN협약: 해설 및 사례연구」, 신창출판, 2011, 175면.
161) UNCITRAL, *op. cit.*, p. 237.

3. 시가의 결정장소

시가는 물품이 인도되었어야 했던 장소에서의 지배적인 가격, 그 장소에 시가가 없는 경우에는 물품 운송비용의 차액을 적절히 고려하여 합리적으로 대체할 수 있는 다른 장소에서의 가격을 말한다(협약 제76조 제2항).

물품이 인도되었어야 하는 장소는 매수인에게 전달하기 위하여 최초의 운송인에게 인도할 장소를 의미한다(협약 제31조). 최초의 운송인에게 인도되는 장소의 가격을 기준으로 하면, 매수인의 이행거절 또는 계약위반을 하였기 때문에 물품의 선적을 하지 아니하게 된 경우에 매도인이 선적지의 시가를 용이하게 결정할 수 있으므로 매도인에게 편리하다.[162)]

4. 이익의 상실

협약 제75조와 제76조는 모두 "협약 제74조에 따라 회복가능한 기타의 모든 손해", 즉 "이익의 상실(loss of profit)을 포함하여 계약위반의 결과로서 상대방이 입은 손실"도 회복할 수 있다고 규정하고 있다.[163)] 상실된 이익의 액수를 결정하기 위해서는 계약의 정당한 이행이 있었더라면 이것이 피해당사자의 총경상비용에 기여했을 정도를 확정하기 위한 계산절차가 필요할 수 있다.

Ⅳ. 손해경감의무

계약위반을 주장하는 당사자는 이익의 상실을 포함하여 그 위반으로 인한 손실을 경감하기 위하여 그 상황에서 합리적인 조치를 취하여야 한다. 계약위반을 주장하는 당사자가 그 조치를 취하지 아니한 경우에는, 위반 당사자는 경감되었어야 했던 손실액만큼 손해배상액의 감액을 청구할 수 있다(협약 제77조).

손해경감의무는 계약상의 의무는 아니며 피해당사자가 자기의 이익을 위해 취해야 하는 법적 요구, 즉 간접의무에 지나지 않는다. 따라서 피해당사자가 손해경감의무를 위반했다 할지라도 손해배상책임을 지지 않으며, 경감될 수 있었을 손해부분의 배상을 요구할 수 있을 뿐이다. 이 조의 해석에서 주의할 것은 손실경감의무는 손해배상을 청구하는 당사자에게 자기의 손실을 경감시킬 것을 요구하는 것이지, 가장 저렴한 손해산정기준을 택하거나 또는 위반당사자에게 가장 유리한 구제수단을 선택할 것을 요구하는

162) 서헌재, 전게서, 194면.
163) John O. Honnold, 오원석 역, 전게서, 576면.

것은 아니라는 점이다.[164)]

V. 결 론

당사자가 계약 또는 협약에 있는 책임을 이행하지 못한다면 손실을 입은 매도인과 매수인은 각 협약 제74조 내지 제77조에서 규정된 손해배상을 청구할 수 있다. 손해배상액 산정의 원칙을 규정하고 있는 제74조에서는 피해당사자가 손실을 보상받을 수 있도록 권리를 가지게 되는 모든 사건에 적용할 수 있는 일반원칙을 다루고 있다. 즉 계약위반에 대한 손해배상액은 계약의 체결 당시에 위반하는 당사자에 의하여 예견할 수 있는 손실까지 포함하여 계약위반에 의한 이익손실과 동등한 금액으로 구성된다.

계약위반을 주장하는 당사자는 희망이익의 손실을 포함하여 그 위반에 따라 야기된 손실을 경감하기 위하여, 그러한 상황하에서 합리적인 조치를 취해야 한다는 손해경감의무와 연결하여 적용해야 한다. 계약이 해제된 경우에만 대체거래시의 손해배상액(협약 제75조)와 시가에 기초한 손해배상액(협약 제76조)이 적용된다.

한편 매도인은 손해배상금을 경감해야 한다. 매도인이 물품의 재매각을 통해 경감할 효과적인 방법이 없는 곳에서만 매수인은 특정이행을 하여야 한다. 손해배상은 당사자들 사이의 권리를 공평하게 하는 것과 함께 구제에 대한 각국의 사법과 관습법의 접근방법에 균형을 유지하는 것이다. 이행을 위한 추가적인 기간을 결정하고 이행이나 위반을 주장하는 당사자는 격지자간의 거래에서 좀더 명확한 구제방법을 매매계약에 반영하는 것이 필요하다.

문제 1-37 국제물품매매계약에서의 면책요건 및 면책범위에 대하여 CISG를 기초로 설명하시오.

답안 1-37

〈목차 구성〉

164) 이기수·신창섭, 전게서, 166면.

Ⅰ. 서 론

매매당사자간 계약이 성립되면 계약을 이행하여야 한다. 그러나 원격지 거래를 특성으로 하는 국제매매에서는 예기치 못한 사정이 발생할 경우 계약을 이행할 수 없는 상황이 발생한다.

국제물품매매계약에 관한 유엔 협약(United Nations Convention on Contracts for the International Sale of Goods: CISG)[165]에서는 이와 같은 예측 불가능한 사건에 대한 의무불이행이 자기의 통제할 수 없는 장애(impediment)에 기인한다는 입증을 통하여 면책을 인정하고 있다. 그러나 이와 같은 장애라는 용어의 정의도 내리고 있지 않아 해석상의 불확실성을 낳고 있다. 협약에서 이와 같은 면책의 인정은 매매계약에서의 사정변경의 원칙이 적용된다는 점을 반영한 것이다.

이하에서는 협약 제79조를 중심으로 면책의 내용과 요건, 장애발생의 통지 및 면책의 범위에 대하여 검토하기로 한다.

Ⅱ. 면책의 의의

면책(exemptions)이란 일정한 사유의 발생으로 계약의 목적을 달성하지 못함에 따라 발생한 손해에 대하여 손해를 입은 당사자가 그 배상청구를 할 수 없는 경우를 말한다. 일반적으로 계약의 목적을 달성할 수 없는 사태가 당사자의 귀책사유에 기인하였을 경우에는 계약해제, 손해배상청구 등 구제수단을 원용할 수 있다.

그러나 그러한 사유가 양당사자에게 책임을 돌릴 수 없는 사정에 의하여 초래된 경우에는 누구에게 그 손해를 귀속시킬 것인가 하는 문제가 발생한다. 이에 대하여 대륙법계에서는 불가항력(force majeure)이라고 하여, 이러한 사유가 발생해도 계약은 존속시키되, 단지 손해배상에 대한 면책만 인정하였다.

이에 비해 영미법계에서는 이를 "계약목적의 좌절"(frustration), "이행불능"(impracticability of performance)이라 하여 계약전체의 소멸사유로 취급하고 이미 이루어진 급부의 조정만을 하였다.

CISG는 이러한 영미법과 대륙법의 차이점을 감안하여 "force majeure"나 "frustration"과 같은 용어를 사용하지 않고 "exemptions"이라고 하여 중립적 입장을 취하고 있다.[166]

---

165) 여기에서는 CISG 또는 협약으로 표현한다.

166) 서헌재, 전게서, 197면.

Ⅲ. 면책의 내용 및 요건

1. 당사자의 입증요건

면책은 어느 당사자도 이를 주장할 수 있으며 또한 당사자의 모든 의무에 적용된다.

불이행에 대한 책임을 면하고자 하는 당사자가 입증해야 할 세 가지 요건은 다음과 같다.

첫째, 불이행이 그의 통제를 벗어난 장애(impediment)에 기인하였다는 점;

둘째, 계약체결시 이를 예견하는 것이 합리적으로 기대될 수 없었다는 점;

셋째, 계약체결 후 그러한 장애나 장애의 결과를 회피 또는 극복하는 것이 합리적으로 기대할 수 없었다는 점의 경우이다.[167)]

면책 대상을 매도인의 인도지체와 인도불이행에 한정하고 있는 미국 통일상법전(UCC)과는 달리, 면책의 주체와 대상에 관하여는 아무런 제한을 두지 않고 있다.[168)]

위의 첫 번째 통제불능장애란 물품인도 또는 대금지급과 같은 이행장애에 국한하며, 이행을 불가능하게 하는 객관적인 사정을 의미하는 것으로 전쟁, 천재지변, 법에 의한 수출금지 등을 예로 들 수 있다.

두 번째 예견불능장애란 장애가 예견할 수 없었던 것으로 계약체결시 고려해야 할 것으로 기대되는 경우에는 계약단계에서의 대응이 필요한 것이다. 계약체결시 이미 발생된 장애는 면책대상이 아니다.

세 번째 회피 또는 극복불능장애란 불이행당사자로서는 자기가 할 수 있는 모든 조치를 다 취해야 하고 방관해서는 안 된다는 취지이다. 이 요건은 피해당사자에게 인정되는 손실경감의무에 대응하는 것이다. 예를 들면, 해상운송경로에서 전쟁이 발생하면 해당 해역을 피해 우회하여 운송하는 것이 손실을 방지할 수 있는 것이다.

이때 주의할 것은 첫째 요건은 언제나 요구되나 둘째와 셋째 요건은 그 중 하나의 요건만 충족되면 되는 선택적 요건이다.[169)]

---

167) John O. Honnold(오원석 역), UN통일매매법, 제2판, 삼영사, 2004, 599면; CISG 1980, Article 79(1).

168) 서헌제, 전게서, 198면.

169) 이기수·신창섭, 전게서, 170면.

2. 장애발생의 통지

위의 통지의무 장애에 의해 불이행 당사자는 장애의 사실과 자신의 이행 능력에 대한 장애의 영향에 대해 합리적인 기간 내에 상대방에게 통지하여야 한다. 상대방이 합리적인 기간 내에 통지를 받지 않은 경우에는 통지를 받지 못하여 발생한 손해배상책임을 진다(협약 제79조 제4항).

여기에서 장애발생 통지는 도달주의를 채택하고 통지를 수령하지 못한 위험은 불이행당사자가 부담한다. 만일 통지의 해태로 인한 불이행당사자의 손해에 대한 책임은 계약불이행 자체로 인한 손해에 대한 책임과는 구별되어야 한다.

3. 제3자의 불이행에 대한 책임

CISG는 당사자가 계약의 일부 또는 전부의 이행을 위하여 이용한 제3자, 즉 이행보조자의 불이행에 기인하는 것일 경우 당사자는 다음의 경우에 한하여 면책된다(협약 제79조 제2항). 첫째, 불이행당사자가 협약 제79조 제1항에 의하여 면책되고 둘째, 불이행당사자가 사용한 제3자도 협약 제79조 제1항에 따라 면책되는 경우에 한하여 면책된다. 즉 양자 모두 면책요건을 충족하여야 면책되도록 한 것이다.

Ⅳ. 면책의 범위 및 효과

계약불이행에 대하여 면책요건이 충족된 경우 불이행당사자가 면책되는 것은 손해배상책임뿐이며, 예컨대 대금감액청구권이나 계약해제권 등 다른 구제수단에는 영향을 받지 않는다(협약 제79조 제5항).[170] 불가항력적 장애로 말미암아 불이행한 당사자에게 특정이행을 요구하는 것은 부당하므로 불가항력 장애가 존재하는 동안 구제수단으로 특정이행은 허용되지 않는다 할 것이다.

불가항력적 장애로 인한 불이행이 있는 경우, 불이행당사자가 그로 인한 손해로부터 완전히 면책되는 것은 아니고 그 장애가 존재하는 기간 동안만 면책되는 것으로(협약 제79조 제3항) 불이행당사자는 장애가 없어지면 이행을 계속하여야 한다.[171]

---

170) 제79조와 관련하여 CISG 제80조에서 "당사자가 자기의 작위 부작위의 결과에 따라 상대방의 불이행이 야기되었을 경우에 그 한도까지는 상대방의 불이행의 사실을 원용하여서는 안 된다"고 자신의 과실로 인하여 야기된 불이행에 대하여 추가적으로 규정하고 있다.

171) 이기수·신창섭, 전게서, 173면.

Ⅴ. 결 론

계약 이후 사정변경으로 인하여 이행이 불가능하였을 경우 당사자가 면책되는 경우는 계약이행 원칙의 예외이다. "계약은 이행되어야 한다"는 대원칙을 전제로 CISG가 규정되어 있기 때문에 협약 제79조는 이 원칙 아래에 있다. 따라서 협약 제79조를 적용하기 위한 요건은 엄격히 제한되어 있다 할 것이다.

불가항력적 장해로 기인된 이행불능은 이를 입증할 수 있다면 위반당사자는 손해배상책임을 면제한다. 그러나 장애발생 통지위반 당사자는 상당한 기간 내에 장애와 그 결과의 통지 불수령으로 인해 발생하는 위험에 대한 손해배상 책임을 진다.

계약불이행에 대해서도 실제로는 지속적인 거래관계를 전제로 계약당사자간에 협상에 의하여 해결되는 경우가 대부분이다. 매도인의 입장에서 보면, 불가항력적 장애의 주장에 따라 책임부담을 면할 수 있는 경우에도 향후의 영향에 대해 충분히 고려할 필요가 있을 것이다.

협약은 당사자자치를 합의에 우선적인 효력을 부여한다. 실제 계약이행에서 장애가 발생하는 상황은 무수하고 예견불가능의 정도 또한 천차만별이다. 이와 같이 당사자간의 계약에서 계약책임에 관한 문제를 해결하는 경우에도 계약시 불가항력조항을 설정하는 것이 약정의 기초가 되어야 한다.

따라서 국제매매계약에서 규정해야 할 조건들 중 불가항력적 장애의 내용과 범위, 입증, 통지의무 등을 계약서에 구체적으로 또한 명확히 하는 것은 실무적으로 매우 중요한 일이다.

제 5 절 국제상사계약에 관한 UNIDROIT 원칙과 CISG와의 관계

문제 1-38 국제상사계약에 관한 UNIDROIT 원칙의 적용범위와 특징 및 CISG와의 관계에 대하여 설명하시오.

답안 1-38

〈목차 구성〉

Ⅰ. 서 론

Ⅱ. UNIDROIT 원칙의 적용범위

Ⅰ. 서 론

국제상사계약에 관한 UNIDROIT 원칙(UNIDROIT Principles of International Commercial Contracts: PICC)은 사법통일국제협회(International Institute for the Unification of Private Law: UNIDROIT)에 의하여 1994년 처음 채택되었고[172] 그 후 2004년 및 2010년 개정되었다.

PICC는 국제상사계약에 관한 일반원칙을 정한 것으로 계약이 이 원칙에 의하여 규율된다고 당사자가 합의할 때 적용된다. 또한 이 원칙을 통하여 특정 국가의 법을 계약의 준거법으로 합의하지 못한 당사자들은 계약의 일반원칙, 국제거래 관습 및 관례에 의하여 규율되는 취지를 합의할 수 있도록 하고 있다. 국제물품매매계약에 관한 유엔협약(United Nations Convention on Contracts for the International Sale of Goods: CISG)[173] 및 국제상거래계약 관련 규범을 해석하거나 그 결함을 보충하기 위하여 PICC는 보완적 기능을 수행할 수 있다.

이와 같이 PICC는 많은 나라의 중재법에서 인정하고 있고 국제상거래계약에서 광범위하게 규율하는 법규범으로 큰 신뢰를 얻고 있다는 점에서 중요성이 점차 커지고 있다.

이하에서는 PICC의 적용범위와 특징 및 CISG와의 관계에 대하여 검토하고자 한다.

Ⅱ. UNIDROIT 원칙의 적용범위

PICC는 그 전문에서 "이 원칙은 국제상사계약에 관한 일반원칙을 규정 한다"라고 명시하고 있다. 따라서 이 원칙이 적용되기 위해서는 우선 계약이 "국제적"이어야 하고 다음으로는 "상사계약"이어야 한다.

Bonell은 이 원칙이 "국제계약"(international contract)으로만 제한하는 기본적 이유 2가지를 들고 있다,[174]

---

172) 한국은 1981년 1월 1일 회원국이 되었다.

173) 여기에서는 CISG 또는 협약으로 표현한다.

174) M. J. Bonell, *An International Restatement of contract Law, The UNIDROIT Principles of International Commercial Contracts*, Transnational Juris Pub., N.Y. 1994, p. 30.

첫째, 어떤 거래에 한 국가 이상이 관계될 때 각국의 법제 사이에서 모순이 발생한다. 이것은 국제적 입법이 없기 때문이기도 하지만 적용될 통일법의 의미가 애매하거나 문제에 관한 조항이 없을 때에도 마찬가지이다.

둘째, 각국은 정치·경제적 구조나 발달과정이 다르므로 각국의 계약법체계도 다를 수 있다. 따라서 각국은 자국의 국내법을 적용하기보다 계약당사자간에 규율하는 준거법을 자율적으로 선택하도록 허용하고 있다. 따라서 국제거래에서는 적용될 법규를 예상할 수 있고 그 결과 분쟁해결에 대한 예측성을 확보할 수 있다.

다음으로 이 원칙은 "상사계약"(commercial contracts)에만 적용되며, 소비자거래에 관해서는 그 적용을 배제하고 있다. 그 이유는 대부분의 국가가 소비자보호를 목적으로 하는 서로 다른 소비자보호법을 갖고 있으며 이들 법은 국제상사법과는 그 목적이 다르기 때문이다.175) CISG나 UCC도 같은 입장을 취하고 있다.176)

PICC는 "국제계약"과 "상사계약"에 관해 정의를 내리지 않고 있다. 그렇지만 이 원칙에서 국제적 계약을 가능한 넓은 의미로 해석하여 계약의 모든 관련 요소들이 단지 한 국가에 국한된 경우만을 배제하고 그렇지 않는 경우는 모두 포괄하여야 한다.177)

또한 이 원칙은 상사계약의 정의도 내리지 않고 있지만, 그 의미를 가능한 한 넓게 이해하여 재화와 용역의 공급이나 교환은 말할 것도 없고 투자, 양허협정(concession agreement) 및 전문적인 서비스계약과 같은 다른 형태의 경제적 거래도 포함하는 것으로 이해하여야 한다.

이러한 광의의 정의는 1985년 "유엔국제무역법위원회 국제상사중재에 관한 표준법"(UNCITRAL Model Law on International Commercial Arbitration)에서 "Commercial"에 관한 정의에 잘 나타나 있다. 즉, 여기에는 "재화와 용역의 공급 또는 교환, 판매점계약, 대리점계약, 팩토링 또는 리스계약, 투자, 재무, 금융, 건축, 상담, 보험, 개발계약, 합작투자, 운송" 등의 거래가 포함된다.178)

---

175) D. Tallon, International Encyclopediaof Comparative Law, vol. VIII, Specific Contracts, chap. 2, Civil and Commercial Law, 1983, p. 84.

176) CISG 1980, Article 1(3) and Article 2(a); UCC, §1-102(2)(a).

177) PICC 2010, Preamble Comment 1.

178) Model Law 제1조의 Footnote; 오원석, "국제상사계약에 관한 UNIDROIT 원칙에 관한 연구", 「국제상학」, 제13권 제1호, 한국국제상학회, 1999, 342~343면.

Ⅲ. UNIDROIT 원칙의 특징

1. 형식적 특징

법규범으로 PICC의 형식적인 특징은 대략 다음의 3가지로 정리할 수 있다.

첫째, PICC는 입법에 있어서 국가가 관여하지 않고, 그 결과 협약과는 다른, 구속력이 없는 비국가 법규범이다.

둘째, PICC는 전문(preamble) 및 9장(chapter) 210조(article)와 그에 대한 주석으로 구성되어 있다(PICC 2010). 또한 PICC는 인코텀즈 규칙 및 신용장통일규칙 등 지금까지 비국가 법규범과 비교하여 광범위한 분야를 그 규율 대상으로 하고 있는 점에 주목할 필요가 있다. 당사자에 의해 PICC의 지정이 없는 경우에도 적용될 가능성이 있음을 시사하고 있다.

셋째, PICC에는 강행 법규가 있다. 특히 PICC는 신의성실 및 공정거래에 관하여 "각 당사자는 국제 거래에서의 신의성실과 공정거래의 원칙에 따라 행동해야 하며 이러한 의무를 배제하거나 제한할 수 없다"(PICC 제1.7조)라고 규정하고 있고, 이 밖에 계약의 효과를 결정하는 PICC 제3장의 규정(단, 단순합의의 구속력 원시적 불능 및 착오에 관한 규정은 제외)과 가격결정에 대한 PICC 제5.1.7조 제2항 등에서 규정한 예는 강행 법규의 하나로 볼 수 있다.

또한 "이 원칙은 국제사법 원칙에 따라 적용되는 강행규정은 그 유래가 국내적, 국제 또는 초국가적인지에 관계없이 그 적용을 배제하지 않는다"(PICC 제1.4조)고 규정하여 당사자자치를 제한할 수 있도록 하고 있다.[179] 법체계로 강행법규를 가진다는 것은 PICC의 형식적인 특징이라고 할 수있다. 이를 통해 PICC 적용 당사자·판사 및 중재인은 예측가능성을 확보할 수 있다.

비국가 법규범이 정하는 규정의 대부분이 지금까지 국가의 강행법규에 저촉되지 아니하는 것이었기 때문에 이러한 논의는 규범을 형식적으로 파악하고, 그 위에 준거법 적격성을 판단하는 것이다. 그러나 PICC의 일부조항은 법규범으로 다소 미숙한 점이 있지만, 국가법보다 거래실태에 입각하여 볼 때 손색이 없다 할 것이다.[180]

---

179) 그러나 "당사자는 자유롭게 계약체결 내용을 결정할 수 있다"와 같이 계약자유의 원칙은 존중된다; PICC 2010, Article 1.1.

180) 中林啓一, "ユニドロワ国際商事契約原則と国際私法", 「立命館法学」, 293号, 2004, 114面.

2. 내용상의 특징

1) 계약의 대상

UNIDROIT 원칙은 국제거래에 있어서 상인간의 계약을 그 주요 대상으로 하면서(전문 제1문), 매매계약만을 대상으로 하지 아니하고 계약 일반을 널리 규정한다. 예컨대 운송계약, 보험계약 그리고 은행거래에 관한 계약에 까지도 이 원칙이 적용될 수 있다.[181] 또한 내용면에 있어서는 착오 등 계약의 유효요건까지도 다루고 있는 점에서, 매매계약만을 대상으로 하면서 계약의 유효성 등에 대하여는 명시적으로 언급을 피하고 있는 CISG와 구별된다.

그렇다고 하여 이 원칙이 유용한 제도로 알려지고 있는 여러 가지 제도를 난삽하게 조합해 놓은 것은 아니다. UNIDROIT 원칙의 각 규정은 전체적으로 기본적 원리하에 질서 있게 배열되어 있다. 그 기본적 원리 중에서도 계약자유의 원칙, 관습의 우선, 계약유지의 원칙(favor contractus), 신의성실 및 공정거래의 원칙 등을 들 수 있다.

2) 사용 용어의 명료성

UNIDROIT 원칙은 특정 법체계에 고유한 용어는 배제하였다. 이 원칙은 법률가가 아니더라도 보통의 교육을 받은 지식인이라면 쉽게 이해할 수 있도록 명료하고 단순한 언어로 구성되어 있다. 예컨대 사정변경과 관련하여 "impracticability", "frustration of purpose", 등 나라마다 그 명칭이 다르고, 개념도 조금씩 다르다. 그러나 UNIDROIT 원칙은 국제계약서에서는 흔히 "Hardship Clause"[182]를 두어 실무가들도 쉽게 이해할 수 있도록 하였다.[183]

그리고 무엇보다도 UNIDROIT 원칙은 단순·명료하여 누구든 쉽게 이해할 수 있도록 되어있다. 그 내용에 있어서도 전통적인 분야와 새로운 분야를 적절히 수용하여, 대부분의 법체계에 이미 존재하는 개념을 채택하였고 국제거래법이라는 특수한 상황하에

---

181) Alejandro M. Garro, "The Gap-Filling Role of the UNIDROIT Principles in International Sales Law: Some Comments on the Interplay between the principles and the CISG", in *Tulane Law Review*, vol. 69, 1995, p. 1155; 최준선, 전게논문, 236면.

182) 특히 플랜트 수출계약 중에는 경제적 의미에서 당사자의 계약이행을 곤란케하는 사정의 변경이 생긴 경우에 당사자 일방이 타방에 대하여 대가(계약금액)의 증감, 공기연장 등 계약조건의 변경을 요구할 수 있고, 타방은 반드시 교섭에 응하여야 한다는 뜻의 조항을 두는데, 이를 hardship clause라 한다. 교섭이 불발로 끝나면 최종결정은 중재에 맡기기로 하는 것이 보통이다; 최준선, 「국제거래법」, 삼영사, 1997, 258면.

183) PICC 2010, Articles 6.2.2~6.2.3.

서 문제해결에 필요한 것이라면 소수설이라 하더라도 과감히 반영하였다.

예컨대 계약불이행을 표현할 때 법학에서는 일반적으로 "breach of contract" 등의 용어를 사용하고 있으나, UNIDROIT 원칙은 이들을 모두 수용하는 용어로서 "non-performance"라는 표현을 사용하고 있다.[184] 또한 불가항력(force majeure)이라는 용어도 각국마다 그 개념과 인정범위에 있어 조금씩 차이가 나지만 이 개념의 정확한 의미는 UNIDROIT 원칙 자체 내에서 발견하여야 하며, 다른 어떤 국내법상의 개념에 의존하여서도 안 된다.[185]

3) 영미법과 대륙법과의 조화

UNIDROIT 원칙의 조문 중에는 단순히 말하여 대륙법과 영미법이 융합된 것이라고 평가할 수 있는 것이 상당수 있다. 예를 들면, "부당하고 현저한 불공정"(gross disparity) (PICC 제3.2.7조)은 미국법상의 비양심성(unconscionability) 및 부당한 위압(undue influence)의 법리와 대륙법의 불공정한 법률행위(민법 제104조) 내지는 신의성실의 법리를 융합한 것으로 볼 수 있다.[186]

Ⅳ. CISG와의 관계

1. 기능적 면에서 CISG와의 관계

이 원칙과 CISG와의 관계를 두 가지 기능적 측면에서 검토할 필요가 있다. 하나는 CISG의 적용범위에 속하는 문제를 해석하고 보충하는 기능으로써의 역할이며 다른 하나는 CISG의 적용범위에서 명시적으로 제외된 문제에 관한 보충기능이다.

전자의 기능에 관해서는 CISG 제7조 제2의 규정과 관계가 있다. 여기에는 "이 협약에서 명시적으로 해결되지 않는 문제는 이 협약이 기초한 일반원칙에 따라 해결하여야 하며, … "라고 규정하고 있다. 많은 문제에 관하여 CISG에서 명시적으로 규정하지 않은 것은 초안자의 의도라고 볼 수도 있지만 보다 현실적인 이유는 UNCITRAL에서 초안과정에 의견의 일치를 보지 못한 문제들이다.[187]

이러한 인식에서 보면 PICC는 CISG가 기초한 "일반원칙"[188]의 일부로 간주하는 것

184) PICC 2010, Chapter 7.

185) 최준선, 전게논문, 236~238면.

186) 상게논문, 238면.

187) Alejandro M. Garro, op. p.1156.

188) CISG가 기초한 일반원칙은 "금반언", "신의성실", "공정거래", "상대방에 대한 통지의무" 및 "손해

이 적절하다고 본다. 이 경우 이 원칙은 계약의 성립, 해석, 내용, 이행 및 해제에 관하여 CISG를 보충하는 기능을 한다. 물론 여기에는 매매당사자가 다른 보충을 선택하지 않았고 이 원칙이 강행 법규나 당사자의 의사 및 관행과 모순되지 말아야 한다는 전제가 따른다.

후자의 기능에 관하여, CISG는 명시적으로 제외된 많은 거래형태가 있다. 즉, 경매에 의한 매매, 강제집행에 의한 매매, 선박, 부선 또는 항공기의 매매 및 전기의 매매 등이다(협약 제2조). 또한 CISG는 소비자에 의한 매매, 서비스 거래, 계약이나 관행의 유효성 문제, 소유권에 대한 계약효과, 사망 또는 신체적인 상해(협약 제3조~제5조) 등에 대하여도 명시적으로 제외하고 있다. PICC도 국제상사계약의 권리이전에 관한 문제는 커버되지 않지만 계약의 유효성에 관한 문제는 제5장에 규정하고 있다.

이 문제에 관하여는 UNCITRAL의 경우 처음부터 적용범위에서 제외되었으나 PICC에서는 이를 포괄하는데 있어서 논쟁이 없었다. 그 이유는 PICC는 국제협약에 관한 각국의 서로 다른 법률을 통합하는 것을 목표로 하지 않기 때문에 각 법계간에 존재하는 불일치의 영향을 적게 받게 되고 그 결과 CISG에서 배제한 많은 문제들을 다룰 수 있었다. 계약의 유효성에 관하여 비록 CISG의 제7조 제1항에서 "일반원칙"이나 그것이 없을 경우 국제사법의 원칙에 따라 적용되는 국내법을 보충적으로 규정하고 있지만 판사나 중재인은 CISG를 보충하기 위하여 이 원칙을 적용할 수도 있을 것이다. 왜냐하면 특정국가의 국내법을 적용하게 되면 어느 한 당사자에게 부당하게 이익이 될 수도 있기 때문이다. 이 원칙을 적용하면 "적용상의 통일성의 증진"이라는 CISG의 목적과도 부합된다.

2. CISG와 유사점과 차이점

국제사법의 통일을 위하여 UNCITRAL이나 UNIDROIT는 많은 노력을 하여왔다. 그 결과 UNCITRAL은 1980년 CISG를 제정하였고 UNIDROIT는 1994년 PICC를 제정하였다. 물론 PICC는 CISG의 조항을 수정 없이 수용하기도 하였지만 창안이나 작업방법 및 적용범위에 관하여 큰 차이가 있다. 그 이유를 보면 다음과 같다.

첫째, PICC는 각국의 학자들에 의하여 초안되었기 때문에 그들의 의견이 소속국의 공적 견해가 아니다. 따라서 제정과정에서 외교적 해결이나 타협을 할 필요가 없었다.

둘째, PICC는 가입국내에서는 구속력을 갖는 국제협약의 형태를 취하지 않았다. 따

경감의무" 등이다; J. Hellner, "Gap-Filling by Analogy, art 7 of U.N. Sales Convention in its Historical Contest", Melanges Hjemer 219(1990).

라서 이 원칙이 적용되기 위해서는 계약서에 준거규정으로 채택하거나 판사나 중재인이 국제상사계약에서 이 원칙을 보충적으로 받아들여야 한다.

셋째, PICC의 적용범위가 CISG보다 넓지만 어떤 문제에 대하여 서로 다른 해결책을 제시하고 있다. 예를 들면 특정이행(specific performance)의 경우 CISG는 법원의 재량권을 인정하지만(협약 제28조), PICC는 법원이 예외의 경우를 제외하고는 반드시 특정이행을 명령하도록 하고 있다.

그럼에도 불구하고 CISG와 PICC는 서로 모순되기 보다는 상호보완적이다. 대표적인 공통점은 "선의의 원칙",[189] "당사자자치의 원칙"[190] 및 "통신의 도달주의 원칙"[191] 등이며, 이외에도 불이행당사자의 하자보완,[192] 계약유지의 원칙,[193] 금반언의 원칙,[194] 당사자간의 상호협조의무[195] 및 손해경감의 의무[196] 등이다.[197]

V. 결 론

PICC는 국제상사계약에 관한 일반원칙을 기술한 것으로 당사자자치의 원칙에 따라 적용된다. PICC는 CISG의 보완적 기능수행 및 국제상거래계약에서 광범위한 욕구를 충족하게 함으로써 국제매매당사자간의 계약 및 다수국의 중재판정부의 분쟁해결시 법률적 공백을 보충할 수 있다. 그러나 PICC는 법적인 안정성 면에서 결여되는 측면도 있으나 다양한 국제상거래계약 환경에 유연성 있게 대처할 수 있는 강점을 가지고 있다.

PICC에서의 신의성실 및 공정거래 등에서와 같은 강행규정은 거래당사자, 판사 및 중재인이 예측 가능성을 확보할 수 있다 할 것이다. 이와 같이 PICC는 CISG에서의 적용상의 공백을 보충하고 CISG와 상호보완적인 관계에 있어 불명확한 문언의 해석을 명확하게 한다. 따라서 PICC는 실제로 국제상거래에서 폭넓게 활용되어 중요한 역할을 담당할 것으로 기대된다.

---

189) CISG 1980, Article 7(1); PICC 2010, Article 1.7(1).
190) CISG 1980, Article 6; PICC 2010, Articles 1.1 and 1.5.
191) CISG 1980, Article 24; PICC 2010, Article 1.9.
192) CISG 1980, Articles 37 and 48; PICC 2010, Article 7.1.4.
193) CISG 1980, Article 19(2), Articles 25~26; PICC 2010, Articles 2.11(2) and 2.12.
194) CISG 1980, Articles 16(2) and 29(2); PICC 2010 Articles 2.4(2) and 2.18.
195) CISG 1980, Articles 32(30 and 48(2); PICC 2010, Articles 5.3 and 7.1.3.
196) CISG 1980, Articles 77 and 85~88; PICC 2010, Article 7.4.8.
197) 오원석, 전게논문, 347~349면.

우선 입법가들은 이 원칙이 광범위한 내용구성 및 기능적 해결방안을 통하여 국제상거래 관련 계약법이나 거래관계의 입법모델로서 새로운 소재를 제공받을 수 있을 것이다.

법원이나 중재판정부에는 CISG에서 해석할 수 없는 문제들에 대하여 PICC를 통하여 관련 규범을 해석하고 보충함으로써 법적판단에 도움이 될 것이다.

또한 국제상거래 당사자들에게는 쉽게 접근가능하고 구체적으로 제시된 일반원칙인 PICC 규범을 활용함으로써 법적 불확실성을 해결하거나 감소시킬 수 있을 것으로 기대된다.

Chapter 05

계약위반의 유형, CISG에서의 매매계약 위반과 구제

제1절 국제거래에서 계약위반의 유형

문제 1-39 국제거래에서 계약위반의 유형과 효과에 대하여 논하시오.

답안 1-39

〈목차 구성〉

Ⅰ. 서　　론

국제거래에서 계약위반(breach of contract)이란 매매당사자가 자신에게 귀책 되는 사유로 매매계약의 내용에 일치된 이행을 하지 아니하는 것을 말한다. 즉 계약내용의 불이행을 의미하는 것으로 이는 이행지체, 이행거절, 이행불능, 불완전 이행, 그리고 조건위반 및 담보위반 등을 비롯한 여러 가지 형태로 나타나며 그 발생시점 또한 다양하다.

사실상 동일한 환경하에서 국제매매계약의 성립과 이행이 이루어진다면 당사자 상호간에 별다른 문제가 발생하지 않는다. 그러나 국제매매계약은 기본적으로 상이한 국가 내에 영업소를 가지고 있는 당사자간에 이루어지기 때문에 이들을 규율하는 각국의 상업적·법적환경이 서로 다르다. 따라서 당사자의 매매계약 불이행이 발생된 경우 계약위반의 성립여부와 그 효과 역시 각국마다 차이가 있다.

국제거래에서는 매매계약 당사자들의 노력 여하에 따라 그러한 분쟁을 어느 정도 감소시킬 수는 있으나 완전한 예방은 불가능한 일이므로 분쟁발생 가능성에 대하여 계약위반의 유형과 그 효과를 인지하여 적절한 구제방법을 선택하고 분쟁을 합리적으로 해결하는 것이 최선의 방법이다. 그러므로 매매계약위반의 유형과 그 효과에 대한 차이를 이해하는 것이 계약당사자들에게는 중요하다 할 것이다.

이하에서는 주요국의 입법례를 통하여 계약위반의 다양한 유형을 살펴보고 영미법계와 대륙법계 및 국제물품매매계약에 관한 유엔 협약(United Nations Convention on Contracts for International Sale of Goods: CISG)상의 계약위반 유형과 효과를 종합적으로 검토하고자 한다.[1)]

Ⅱ. 계약위반에 대한 학설 및 입법례

계약위반 유형에 관한 학설 및 주요국의 입법례를 검토하면 다음과 같다.

첫째, Schmittoff와 Sarre는 이행기 도래 전의 채무의 이행거절, 채무자 자신의 고의에 의한 이행불능, 그리고 이행기 도래 후의 이행태만의 경우 계약위반이 발생한다고 주장하였다.[2)] 그리고 이러한 계약위반이 발생한 때에는 피해당사자는 상대방에 대하여 손해배상을 청구할 수 있고 또한 계약이 소멸된 것으로 인정할 수도 있다고 하였다. 다만 계약이 소멸된 것으로 인정하기 위해서는 계약의 본질에 해당하는 조건(condition) 위반이 있는 경우에 한함을 전제로 하고 있다.

둘째, 영국의 Anson의 계약법에서는 모든 계약위반이 계약의 소멸효과를 가져오는 것은 아니며 그 소멸효과를 가져오기 위해서는 계약에서 의무를 위반한 당사자에 의한 이행거절이 있어야 한다고 하며 이행거절을 다음의 세 가지 즉, 협의의 이행거절(refusal

---

1) 이 글은 강원진, "국제거래에서 매매계약위반의 유형과 효과에 관한 고찰", 「경영경제연구」 제27권 제1호, 부산대 경영경제연구소, 2008, 87-112면에서 판례 등을 제외하여 요약 정리한 것이다.

2) Clive M. Schmitthoff & D. A. G Sarre, *Charlesworth's Mercantile Law*, 14th ed., London, 1984, p. 152.

to perform; renunciation), 이행불능(impossibility to performance), 이행태만(failure to performance)으로 분류하고 있다.[3] 이러한 분류방식은 이행기의 도래 전후를 불문하고 일체의 계약위반을 넓은 의미의 이행거절로 간주하는 것이 특징이며 또한 협의의 이행거절에는 이행기 도래 전의 계약위반이 해당됨을 주장하였다.

셋째, 영국 물품매매법(Sales of Goods: SGA)에서는 계약위반의 유형으로 이행거절, 이행태만 및 이행불능으로 구분하고 있다. 그러나 동 법에서는 계약조항의 중요성 기준에 따라 다시 담보위반(breach of warranty)과 조건위반(breach of condition)으로 나누고 있으며 담보위반의 경우 피해자에게 손해배상청구권만을 발생시키나 조건위반의 경우 계약의 해제와 아울러 손해배상청구가 가능하도록 규정하고 있다.[4]

넷째, 미국의 제2차 계약법 리스테이트먼트(Restatement)에서는 계약상 의무의 이행기가 도래한 경우에 채무자에 의한 불이행은 그것이 어떠한 것이든 계약위반으로 간주된다[5]고 하여 계약위반을 포괄적으로 정의하고 있으며, 여러 가지 기준에 따라 그 유형을 분류하고 있다. 먼저 계약위반의 발생 원인에 따라 불이행에 의한 계약위반,[6] 이행거절에 의한 계약위반,[7] 불이행과 이행거절을 수반한 계약위반으로 분류하고 있다. 그리고 위반의 정도에 따라 전부위반(total breach)[8]과 일부위반(partial breach)[9]으로 분류한다.

또한 계약의 기본적인 전제조건의 불성취의 정도에 따라 중대한 이행태만[10](material failure of performance)과 경미한 이행태만(immaterial failure of performance)으로 구분하고

3) A. G. Guest, *Anson's Law of Contract*, 26th ed., Oxford University Press, 1984, pp. 470~483.
4) SGA, 1979, §53.
5) American Law Institute, *Restatement of the law*, Second, Contracts 2nd ed., St. Paul, Washington, 1981, §235.
6) *Ibid*., §235.
7) *Ibid*., §236.
8) *Ibid*., §236(1); "A claim for damages for total breach is one for damage based on all of the injured party's remaining rights to performance".
9) *Ibid*., §236(2); "A claim for damages for partial breach is one for damages on only part of the injured party's remaining rights to performance".
10) 리스테이트먼트 제237조에서는 "중대한 위반"(material breach)이라는 용어대신 "중대한 태만"(material failure)이라는 용어를 사용하고 있는데, 이는 위반(breach)을 포함하나 이에 한정하지 않는 보다 광의의 개념이라고 할 수 있다. 즉, 태만(failure)은 모든 불이행, 불완전한 이행, 이행지체 등이 되는 것으로 설명될 수 있다; Elbi J. van Vuuren, "Termination of International Commercial Contract for Breach of Contract: the Provision of the UNIDROIT Principles of International Commercial Contracts", *Arizona Journal of International and Comparative Law*, Vol. 15, Spring, 1998, p. 599.

있다.[11] 나아가 계약의 이행기를 중심으로 하여 이행기 전 위반(anticipatory breach)과 현실적 위반(present breach)으로 분류하고 있다. 이와 같이 리스테이트먼트는 계약위반을 여러 가지로 분류하고 있으나 계약위반의 핵심적인 분류는 이행기를 중심으로 한 이행기 전의 이행거절과 이행불능, 그리고 이행기 후의 이행태만으로 대별되며 이는 영국의 물품매매법상의 분류방법과 유사하다.

다섯째, 한국 민법 및 일본 민법은 계약위반을 채무불이행으로 취급하고 있으며 채무불이행의 유형으로 이행지체, 이행불능, 그리고 불완전이행[12]으로 구분하고 있다.[13] 이러한 분류는 앞서 언급한 계약위반의 분류와 유사하나 여타의 영미법상의 분류와는 달리 불완전이행을 독립적인 계약위반 내지 채무불이행의 유형으로 분류한 것이 특징이다.

여섯째, 국제상사계약에 관한 UNIDROIT 원칙에서는 계약의 위반이라는 용어를 사용하지 않고 대신 불이행(non-performance)이라는 용어를 채택하고 있다. 이러한 용어는 위반뿐만 아니라 당사자 일방의 과실에 기인하지 않는 상황으로 인해 이행이 불가능하게 된 경우와 같이 전통적으로 위반에 해당하지 않는 것으로 여겨왔던 기타의 상황들도 포함하고 있다. 동 원칙에서 위반이라 함은 "면책되지 않는 불이행"을 의미하며 "본질적 비면책 불이행"(fundamental non-excused non-performance)이 있는 경우에 한해 피해당사자는 계약을 해제하고 계약위반자로부터 손해배상을 청구할 수 있다.[14] 따라서 동 원칙에서는 하자있는 이행(positive performance)과 이행지체(delay), 그리고 이행기 전 불이행(anticipatory non-performance)을 포함하여 불이행의 의미를 정의하고 있으며,[15] 면책되지 않는 위반[16] 및 본질적 위반에 해당하는 가의 여부를 결정하기 위해 고려해야 할 사항들을 별도로 규정하고 있다.[17]

일곱째, 국제물품매매계약에 관한 유엔 협약(CISG)에서는 매도인의 계약위반과 매수인의 계약위반에 대한 구제를 총괄하여 규정[18]하고 있으며 부분적으로 이행기 전 계

11) *Ibid.*, §237.

12) 영미법의 경우 불완전이행을 "하자있는 이행"(defective performance)이라는 용어로 표현되며 이는 경우에 따라 "breach of warranty", "breach of condition", "total breach", "material failure of performance", "immaterial failure of performance" 등에 포함된다.

13) 한국 민법, 제535조; 일본 민법, 제415조, 제541조, 제542조.

14) Elbi J. van Vuuren, *op. cit.*, p. 621.

15) UNIDROIT Principle, Article 7.1.1.

16) UNIDROIT Principle, Article 7.1.2.에서 면책이 가능한 불이행에 대하여 명시적으로 규정함으로써 면책되지 않는 불이행에 대한 간접적인 접근을 취하고 있다.

17) UNIDROIT Principle, Article 7.3.1(2).

약위반을 포함한 이행거절로 구분하여 다루고 있어 영미법계와 대륙법계의 입장을 적절히 조화시키고 있다.

이상과 같이, 계약위반의 정의와 유형이 학설이나 법제의 분류기준에 따라 약간의 차이가 있으나 계약위반을 채무자의 귀책사유로 인하여 계약상 의무내용에 적합한 이행을 하지 않는 것으로 보는 점에서는 대체로 유사하다. 계약위반의 유형에 대한 가장 큰 특징으로 영미법계는 대륙법계와는 달리 이행거절을 계약위반의 한 유형으로 취급하고 있다는 점이다.[19] 따라서 영미법계에 있어서 계약위반의 유형에는 이행거절, 이행지체, 및 이행불능의 세 가지 유형으로 정리할 수 있으며 이에 반해, 대륙법계 국가에서는 채무불이행의 이행지체, 이행불능 및 불완전 이행으로 분류할 수 있다.

Ⅲ. 매매계약위반의 유형과 효과

1. 이행지체에 의한 계약위반과 효과

1) 이행지체에 의한 계약위반

이행지체란 채무자가 이행이 가능함에도 불구하고 이행기가 도래해도 채무를 이행하지 않고 지연하는 것을 말한다. 채무는 이행기에 이행되어야 하므로 이행지체는 계약위반이 된다. 이행지체의 요건으로는 첫째, 채무의 이행이 가능해야 하며 둘째, 이행기에 이행을 해태하여야 하며 셋째, 채무자에게 귀책사유가 있어야 하며 마지막으로, 채권자는 이행기에 채무가 이행되지 않았다는 사실을 입증해야 하고 채무자는 자기에게 귀책되는 사유가 없다는 사실을 입증하여야 한다.

영미법에 의하면, 이행지체에는 전부 이행지체와 일부 이행지체로 구별되는 경우가 있으며 또 쌍무계약에 있어서의 각 당사자의 채무가 서로 독립적인 것이냐 혹은 연관성이 있는 것이냐의 기준에 따라 가분계약(divisible contract)과 불가분 계약(indivisible contract)으로 나눌 수 있다. 만일 그것이 독립적인 것일 때에는 일방의 채무불이행이 있더라도 상대방은 채무이행을 하여야 하므로 채무자가 채무를 이행하지 않을 때에는 이행지체의 책임을 면치 못하게 된다. 이에 반해서 그것이 만일 관련성이 있는 것이라면 일방의 채무불이행시 상대방의 불이행도 용인되어야 한다.[20]

CISG상의 이행지체의 요건은 매도인의 경우 첫째, 매도인은 기일에 의하여 확정되

18) CISG 1980, Article 45~65.

19) 竝木俊守, 「アメリカ契約法」, 東洋經濟新報社, 1982, 151面.

20) 서희원, 「영미법강의」, 박영사, 1980, 300면.

어 있거나 또는 확정될 수 있는 경우에는 그 날, 기일이 계약에 의하여 정하여 지거나 또는 확정될 수 있는 경우에는 매수인이 기일을 산정 하여야 하는 상황이 명시되어 있지 않는 한 그 기간 내의 임의의 시기 또는 기타의 경우 계약체결 후 상당한 기간 내에 물품을 인도하여야 하며[21] 그 기일이나 기간을 경과함으로써 지체의 책임을 부담하게 된다. 둘째, 매도인이 물품에 관한 서류를 교부할 것을 요하는 경우에는 계약상 요구되는 시기에 이를 교부하여야 하며[22] 그 시기를 경과함으로써 지체의 책임을 부담하게 된다. 셋째, 매도인은 대금지급을 물품 또는 서류의 교부를 위한 조건으로 할 수 있는데[23] 이 경우, 매도인은 매수인이 대금지급을 완료한 때로부터 지체의 책임을 부담하게 된다.

또한 매수인의 경우에는 첫째, 매수인은 계약 및 동 협약에서 정한 날 또는 확정할 수 있는 날에 대금을 지급하여야 하며[24] 그 기일을 경과하면 지체의 책임을 부담하게 된다. 둘째, 대금지급시기에 대한 다른 약정이 없는 경우 매수인은 계약 및 동 협약의 규정에 따라 매도인이 물품 또는 물품을 처분할 수 있는 서류를 매수인의 처분에 맡겨진 경우에 대금을 지급하여야 하며[25] 이 경우, 시기를 경과하면 지체의 책임을 부담하게 된다. 셋째, 계약이 물품의 운송을 수반하는 경우 매도인은 대금의 지급과 동시에 교환하는 경우가 아니면 물품 또는 물품을 처분할 수 있는 서류를 매수인에게 교부하지 아니한다는 조건으로 물품을 송부할 수 있는데 이때 매도인이 물품 등을 매수인에게 제공하는 시점 이후 매수인은 지체의 책임을 부담하게 된다.

한국 민법에서는 이행기와 이행지체에 대하여 다음과 같이 규정하고 있다.

첫째, 확정기한부채무인 경우에는 그 기한이 도래한 때로부터 채무자가 지체책임을 부담한다.[26] 둘째, 불확정기한부채무인 경우 채무자는 그 기한이 도래하였음을 안 때로부터 지체책임을 부담한다.[27] 그러나 채무자가 기한의 도래를 알지 못하고 있더라도 채권자가 최고를 하면 그 때부터 채무자는 지체책임을 부담한다. 셋째, 채무의 이행에 관하여 기한의 정함이 없는 경우 채무자는 이행의 청구 즉, 채권자의 최고를 받은 때로부터 지체의 책임을 부담한다.[28]

---

21) CISG 1980, Article 33.
22) CISG 1980, Article 34.
23) CISG 1980, Article 58.
24) CISG 1980, Article 59.
25) CISG 1980, Article 58(1).
26) 한국 민법 제387조 1항.
27) 한국 민법 제387조 1항.
28) 한국 민법 제387조 2항.

한국 등 대륙법계에서는 이행지체에 채권자 지체를 포함하고 있는데, 채권자 지체라 함은 채무자가 이행기에 채무의 내용에 따른 이행을 제공하였음에도 불구하고 채권자가 이를 수령하지 아니하거나 필요한 협력을 하지 않음으로써 채무자가 이행을 완료할 수 없게 되는 경우를 말한다. 이러한 경우 채권자가 이행을 받을 수 없거나 받지 아니한 때에는 이행의 제공이 있는 때로부터 지체책임이 있으며,[29] 채무자는 고의 또는 중대한 과실에 대해서만 불이행책임을 부담한다.[30]

2) 이행지체의 효과

이행지체의 효과로는 피해당사자의 선택권 행사에 따라 다음의 세 가지로 분류된다.

첫째, 피해당사자는 이행지체 그 자체가 계약의 본질적 위반이 되거나 또는 일정한 부가기간을 정하여 이행을 최고하여도 채무자가 이행을 하지 않는 경우에는 계약을 해제(discharge of contract)[31]할 수 있다. 즉, 유효하게 성립된 계약의 효력이 소멸되고 계약이 없었던 상태로 만드는 것을 의미하며 계약의 해제는 곧 계약이 종료되는 것이라 말할 수 있다. 그러나 이와 관련하여 모든 이행지체가 계약의 종료 즉, 해제효과를 가져오는 것은 아니라는 점에 유의하여야 한다.

한편 미국의 계약법에 의하면 피해당사자는 그 기간이 계약의 본질적인(essential) 요소에 해당되는 경우에 계약을 해제할 수 있도록 하고 있으며 본질적인 요소가 되는 경우를 세 가지로 구분하고 있다. 먼저, 명시적인 규정(express stipulation)이 있는 경우이다.[32] 다음으로, 계약 또는 관련된 목적물로부터 그러한 효과에 대한 명백한 의사표시가 있는 경우,[33] 또는 계약의 본질 또는 기타 제반 상황에 의한 묵시적인 의사가 있는 경우이다.[34] 마지막으로, 계약당사자가 그 기간을 사후적(ex post facto)으로 정하는 경우이다. 즉, 합의된 기간이 없다 할지라도 당사자일방이 계약의 완료를 위한 합리적인 기

---

29) 한국 민법 제400조.

30) 한국 민법 제401조.

31) 일반적으로 매매계약의 해제의 사유로는 이행에 의한 해제(discharge by performance), 합의에 의한 해제(discharge by agreement), 계약위반에 의한 해제(discharge by breach of contract) 및 프러스트레이션에 의한 해제(discharge by frustration), 그리고 법률규정에 의한 해제(discharge by operation of law)가 있으며 계약위반에 의한 해제는 대부분의 국가에서 인정하고 있다; A.G. Guest, *op. cit.*, pp. 428-488.

32) *Brown v. Guarantee Trust & Safe Deposit Co.*, 128 U.S. 403, 413(1988); *Emerson v. Slater*, 63 U.S. 28, 36(1859); *Secombe v. Steele*, 61 U.S. 94, 104(1857); American Law Institute, *op. cit.*, §237 comment d.

33) *Brown v. Guarantee Trust & Safe Deposit Co.*, 128 U.S. 403, 413(1988).

34) *Secombe v. Steele*, 61 U.S. 94, 104(1857); American Law Institute, *op. cit.*, §242.

간을 정하고 그 기간 이내에 이행을 완료하지 아니한 경우 계약을 해제할 것이라는 의사를 상대방에게 통지함으로써 그 기간을 계약의 본질적인 요소로 만들 수 있다. 합리적인 기간의 여부는 각각의 사건에 따른 사실상의 문제이다.[35)]

국제상사계약에 관한 UNIDROIT원칙하에서도 이와 유사한 입장을 취하고 있는데 계약의 체결시 그 기간이 중요한 것이었음에도 불구하고 그 기간 내에 이행하지 않는 경우에만 계약을 해제할 수 있도록 하고 있다.[36)] 또한 피해당사자는 이행지체가 있는 경우 무조건적으로 계약을 해제하지 않고 최고통지 절차를 이용할 수 있도록 명시적인 규정을 두고 있으며 그 최고통지 기간이 경과할 때까지도 이행을 행하지 않는 경우에 계약은 자동적으로 종료되는 것으로 하고 있다.[37)]

둘째, 이행지체의 두 번째 효과로서 피해당사자는 특정 이행을 요구할 수 있다. 특정이행이라 함은 계약의 목적으로 되어있는 채무를 약속한 대로 이행할 것을 법원이 명령하는 것이다. 즉, 이행지체의 경우 이행불능과 달리 원래의 급부가 여전히 이행가능하므로 피해당사자는 채무자에게 현실의 이행을 강제할 수 있다.

CISG에서는 비록 동 협약의 규정에 따라 한 당사자가 상대방에게 의무의 이행을 요구할 수 있는 경우라도 법원은 이 협약이 적용되지 않는 유사한 매매계약에 대하여 국내법에 의해 특정이행을 명하는 판결을 내리게 될 만한 경우에 해당하는 경우에만 그러한 판결을 내리도록 한다고 규정[38)]하고 있으나 동 협약은 기타의 국내법[39)]보다 특정이행을 보다 광범위하게 이용가능 하도록 하고 있다.[40)] 동 협약에서는 매도인과 매수인으로 하여금 특정이행의 청구를 우선적으로 고려하도록 하고 있으며[41)] 또한 계약위반의 유형에 관계없이 거의 모든 계약위반의 경우 특정이행을 요구할 수 있도록 하고 있다.

셋째, 이행지체의 경우 피해당사자는 본래의 급부에 대한 특정이행의 요구와 함께

---

35) Elbi J. van Vuuren, *op. cit.*, p. 604.

36) UNUIROIT Principle, Article 7.3.1(3).

37) UNIDROIT Principle, Article 7.1.5(3).

38) CISG 1980, Article 28.

39) SGA 1979, §52; 법원은 "특정 또는 충당된 물품(specific or ascertained good)"인 경우에 한하여 특정이행 명령을 내릴 수 있음을 규정하고 있다; UCC 1995, §716; "물품이 특정"되어 있거나 또는 "또 다른 적절한 상황"에 있는 한 특정이행을 명령할 수 있도록 허용하고 있다.

40) Jianming Shen, "The Remedy of Requiring Performance under the CISG and the Relevance of Domestic Rules", *Arizona Journal of International and Comparative Law*, Vol. 13, Fall, 1996, p. 261.

41) CISG 1980, Article 46, 62.

그 지체로 인해 발생한 손해에 대해서도 배상을 청구할 수 있다.[42]

2. 이행거절에 의한 계약위반과 효과

1) 이행거절에 의한 계약위반

이행거절은 영미법상 독립적인 계약위반의 유형으로써 당사자의 일방이 계약의 이행기가 도래하여도 자신의 채무를 이행하지 않겠다는 것의 의사표시 또는 행위로 표명하는 것이다.[43] 즉, 이행거절은 계약당사자의 명시적인 의사표시뿐만 아니라 계약의 이행을 불가능하게 하는 채무자의 자발적이고 적극적인 행위[44]에 의하여도 성립됨을 의미한다.

특히 이행기 전 이행거절을 이행기 전 계약위반(anticipatory breach of contract)이라고 하는데 이는 계약 중에 정해진 이행기 이전에 채무자가 명확하고 무조건적으로 이행을 거절하는 것이다. 이 경우에는 피해당사자는 이행기의 내도를 기다릴 필요가 없으며[45] 또한 자신의 이행을 완료하거나 또는 손해배상청구권을 가지기 위해 이행을 제공할 필요도 없다.[46]

원칙적으로 계약의 이행거절이 성립되기 위한 요건으로는 이행거절당사자가 이행하지 않을 것 또는 이행이 불가능하다는 것이 합리적으로 이해될 정도로 당사자의 이행거절의 의사표시가 적극적이고 명확하며 또한 무조건적인 경우에 성립한다.[47] 따라서 비록 채무자가 계약위반을 하여 궁극적으로 이행거절을 할 것이라는 사실을 추정하는데 상당한 근거를 제공한다고 하더라도 채무자의 이행의사 또는 이행능력에 대한 단순한 의구심만으로는 이행거절이 성립되지 않는다. 그러나 이행거절에 대한 상당한 근거가 제공된 경우 이를 전적으로 무시한다면 당사자의 이익보호의 측면에 대한 모순점이 발생될 수도 있다. 왜냐하면 상대방이 계약위반을 할 것이라는 사실이 확실시됨에도 불구하고 자신의 계약상의 의무를 이행하여야만 하기 때문이다.

2) 이행거절의 효과

이행거절의 효과는 이행거절의 피해당사자의 선택권행사[48]에 따라 다음의 두 가지

42) CISG 1980, Article 45(2), 61(2); 한국민법 제551조.

43) M. P. Furmston, *Cheshire and Fifoot's Law of Contract*, 10th ed., London, 1981, p. 489.

44) 이는 묵시적인 행위로 당사자가 더 이상 계약을 이행하지 않을 것이라는 사실을 그의 행위로부터 합리적으로 추정할 수 있는 경우를 의미한다.

45) *Roehm v. Horst*, 178 U.S. 1, 19(1900); *Phillpotts v. Evans*, 5 M.&W. 151 Eng. Rep. 200(1893).

46) American Law Institute, *op. cit.*, §253(2).

47) American Law Institute, *op. cit.*, §250(a).

로 분류된다.

첫째, 이행거절의 피해당사자는 상대방의 이행거절을 계약위반으로 인정하고 이에 따른 계약의 해제 및 손해배상의 청구가 가능하다.[49] 일반적으로 피해당사자가 이행거절을 계약위반으로 인정한 사실은 피해당사자의 계약해제권의 행사와 이행거절자의 계약이행의무의 면제 및 즉각적인 손해배상청구권의 발생 등의 법률효과를 발생하게 한다.[50]

그러나 계약해제권의 행사와 관련하여 유의하여야 할 문제는 계약의 이행기의 도래 후에 이행거절이 발생되었을 경우이다. 이행기 전에 의사표시가 있는 경우에는 피해당사자는 이행기의 내도를 기다릴 필요 없이 바로 계약을 해제하고 손해배상을 청구할 수 있으므로 별 문제가 없다. 그러나 이행기 도래 후의 이행거절의 경우는 앞서 살펴본 이행지체의 경우와 같이 피해당사자가 이행거절을 이유로 계약해제와 이에 따른 손해배상청구를 행사하기 위해서는 상대방의 이행거절 자체가 전부위반 또는 조건위반과 같이 계약의 본질적 위반이 성립되어야 하기 때문이다. 따라서 피해당사자는 계약해제가 가능한 이행거절이 발생될 경우 즉시 계약을 해제하고 손해배상의 청구가 가능하다. 그러나 계약해제에 관한 선택권행사의 주체는 피해당사자이기 때문에 피해당사자는 계약해제의 결정을 지체 없이 이행거절자에게 통지하여야 하며, 일단 통지된 이후에는 철회가 불가능하다.[51] 따라서 이행거절을 계약위반으로 인정한 피해당사자가 그 사실을 이행거절자에게 통지한 시점 이후에만 계약이 소멸되며, 계약이 소급하여 소멸되지는 않는다.

둘째, 이행거절의 피해당사자는 상대방이 이행거절을 하였다고 하더라도 명시적 또는 묵시적인 의사표시나 행위에 의하여 이행거절을 계약위반으로 인정하지 않고, 상대방에게 계약의 이행을 요구할 수 있다. 즉, 이행거절의 피해당사자는 이행거절자에게 이행기 도래시까지 계약의 이행을 요구할 수 있는 것이다. 다만, 이행거절의 피해당사자는 이행기가 도래함에도 불구하고 여전히 계약의 이행되지 않은 경우에는 상대방에게 이행태만의 책임을 추궁할 수 있다.

48) 비록 계약당사자의 일방이 고의로 계약의 이행거절을 하거나 본질적인 계약위반을 한 경우라도 계약이 자동적으로 소멸되는 것은 아니며 계약당사자는 계약의 존속 및 소멸에 대한 선택권을 가진다는 점에 유의해야 한다; M. P. Furmston, *op. cit.*, p. 489.

49) 이행거절의 피해당사자는 손해배상청구의 소를 제기하거나 계약위반자에게 계약위반으로 취급하겠다는 의사를 통지함으로써 이행거절의 계약위반이 인정된다. 그러나 당사자가 계약위반을 단순히 묵인한 것만으로는 계약위반을 인정하였다고 할 수 없다; G. H. Treitel, *The Law of Contract*, 6th ed., London, 1983, p. 642.

50) G. H. Treitel, *An Outline of the Law of Contract,* 3rd ed., London, 1984, pp. 285-286.

51) M. P. Furmstom, *op. cit.*, p. 492.

마지막으로 이행거절의 효과와 관련된 이행거절의 철회문제를 살펴보면, 이행거절의 발생 후 피해당사자가 계약을 해제하거나 또는 기타의 이행거절이 확정적인 것으로 인정하는 의사를 표명하는 경우를 제외하고, 이행 거절자는 다음 이행기에 이를 때까지 자신의 이행거절을 철회할 수 있다.[52] 따라서 이행거절이 철회됨으로써 이행거절자의 계약상의 권리는 회복되며, 또한 피해당사자도 이행거절에 기인하여 야기된 지연에 대해 면책 및 허용을 받을 수 있다.

3. 이행불능에 의한 계약위반과 효과

1) 이행불능에 의한 계약위반

이행불능은 계약이 성립된 후에 채무자의 귀책사유로 인하여 계약의 이행을 불가능하게 만드는 것이며[53] 상대방의 잘못에 기인한 이행불능을 묵시적 이행거절이라고도 한다.[54] 이행불능은 프러스트레이션(frustration)[55]과는 구별된다. 즉, 프러스트레이션의 경우 비록 이행이 어렵다 할지라도 이행의 가능성은 여전히 존재하나 이행불능의 경우 이행은 완전히 불가능하다.[56]

이행불능은 채무자의 행위에 의해서 이행불능이 되는 경우 이외에 계약체결 후에 예상치 못한 사태가 발생하여 계약의 이행이 불가능하게 되는 경우가 있다. 전자의 경우, 이행기일 전의 이행불능과 이행기일 후의 이행불능으로 다시 구분할 수 있으며 전술한 이행기 전 계약위반에는 이행기일 전의 이행불능까지도 포함된다. 후자의 경우, 원시적 불능(initial impossibility)과 후발적 불능(supervening impossibility)[57]으로 구분할 수 있다.

원시적 불능인 경우에는 계약 체결시에 이미 급부가 불능인 경우이다. 즉, 계약체결시에 이미 이행불능이 된 경우와 이미 계약의 목적물이 소멸된 경우를 의미한다. 이러한 급부에 대해서는 법률행위를 하더라도 무효가 되므로 채권관계가 성립될 수 없다. 이에 반해 후발적 불능은 채권관계의 성립 후에 비로소 급부가 불능이 되는 경우로서 이러한 급부불능에 대해 채무자에게 귀책사유가 있는 경우에 이를 진정한 이행불능으로

52) UCC 1995, §2-611(1).

53) A.G. Guest, *op. cit.,* p. 475.

54) Elbi Janse van Vuuren, *op. cit.*, p. 607.

55) 프러스트레이션이란 용어는 계약목적의 달성불능, 계약의 좌절이라고도 하며 영국법에서 프러스트레이션은 당사자의 고의나 과실 없이 발생한 후발적 사정으로 계약이 해제됨으로써 당사자가 추구했던 계약목적이 좌절되는 법리를 말한다; 강원진, 「무역계약론」, 제4판(수정판), 박영사, 2013, 402-403면.

56) *Taylor v. Johnston,* 15 Cal. 3d 130, 539 p. 2d 425, (1975); American Law Institute, *op. cit.*, §250(2).

57) 프러스트레이션은 당사자의 귀책사유가 아닌 후발적 불능을 의미한다; 강원진, 전게서, 396면.

본다.

일반원칙에 의하면, 특히 후발적 불능에 있어서 이행불능이 채무자의 귀책사유에 의한 경우에는 계약위반이 성립되므로 계약상에 그와 관련된 여하한 규정이 없는 경우 계약의 불이행에 대해 면책되지 않는다.[58] 그러나 채무자의 귀책이 없는 사유로서 목적물이 멸실되어 계약이 이행불능하게 되는 경우 계약상의 채무를 면할 수가 있다.

2) 이행불능의 효과

첫째, 채무가 이행불능이 되고 이것이 계약의 본질적인 위반에 해당되는 경우, 피해당사자는 계약을 해제할 수 있다.[59] 일부불능인 경우 피해당사자는 원칙적으로 그 불능부분에 대해서만 계약을 해제할 수 있으며, 예외적으로 계약전체를 해제할 수도 있다.[60] 계약해제시 불능으로 인한 손해가 있으면 그 배상도 함께 청구할 수 있다. 한국 민법 역시 이와 같은 입장을 취하고 있다. 즉 이행 불능이 된 급부를 목적으로 한 계약은 해제하거나 해지하여야 한다고 규정[61]함으로써 계약해제권 행사를 인정하고 있으며, 해제권의 행사는 손해배상의 청구를 방해하지 아니 한다[62]고 명시적으로 규정하고 있다.

둘째, 채무자의 이행불능이 성립하면 피해당사자는 채무자에 대하여 계약위반으로 인한 손해배상을 청구할 수 있다. 이 경우의 손해배상은 그 성격상 전보배상이다. 즉, 급부가 불능하게 되면 본래의 급부를 목적으로 하는 청구권은 소멸하므로 피해당사자는 그에 갈음하는 배상액을 채무자에게 요구할 수 있다. 이러한 전보배상청구권은 본래의 급부청구권과 동일성을 가지므로 본래의 급부청구권에 붙어있던 모든 담보권 등을 그대로 물려받게 된다. 한국 민법에는 이행불능의 효과와 관련하여 위의 전보배상청구권에 추가하여 신뢰이익의 배상청구권도 함께 인정하고 있다.

마지막으로 이행지체 및 이행거절과는 달리 이행을 객관적으로 불가능하게 하는 사건이 발생한 경우 법원은 이행을 강제할 수 없다는 점이 특징적이다. 즉, 이행불능인 경우에 법원은 계약위반자로 하여금 특정이행 및 이행의 강제를 요구할 수 없으며 오히려 계약의 해제나 손해배상의 청구가 보다 적절한 방법에 해당된다.

---

58) *Day v. United States*, 245 U.S. 159(1917); *United States v. Gleason*, 175 U.S. 588(1900).

59) *Anvil Mining Co. v. Humble*, 153 U.S. 540, 552(1894); *Central Trust Co. v. Chicago Auditorium*, 240 U.S. 581, 589(1916); CISG, 1980, Article 49(1), 64(1).

60) CISG 1980, Article 51.

61) 한국 민법 제546조.

62) 한국 민법 제460조.

4. 불완전 이행에 의한 계약위반과 효과

1) 불완전 이행에 의한 계약위반

불완전 이행은 채무자가 이행은 하였으나 계약조건에 완전히 일치된 이행을 하지 않은 것을 말한다.[63] 즉 이행행위로서 일정한 행위가 행해졌으나 그 이행이 완전하지 못한 경우에 인정된다. 불완전 이행은 이행지체와 이행불능과 구별되는데 이 두 가지가 채무자의 이행행위가 없는 소극적인 형태에 의한 의무위반인데 반해, 불완전 이행은 이행행위가 있기는 있었으나 제대로 이루어지지 않는 적극적인 형태에 의한 의무위반이라는 점에서 다르다. 이와 같은 의미에서 영미법계에서는 대체로 불완전 이행이라는 용어 대신 적극적인 불이행(positive non-performance)이라는 표현을 사용하고 있다.[64]

한국 민법에는 채무불이행의 유형으로서 이행지체와 이행불능을 명문으로 규정하고 있지만 불완전 이행에 대해서는 그러한 명문규정을 두지 않고 있다. 그러나 민법 제390조에서 "채무의 내용에 좇은 이행을 하지 아니한 때에는 채권자는 손해배상을 청구할 수 있다"고 포괄적으로 규정하고 있으므로 불완전 이행을 법적으로 인정하는 데는 무리가 없을 것으로 보는 견해도 있다.[65]

불완전 이행의 형태는 크게 세 가지로 구분할 수 있는데 불량품을 급부한 경우와 같이 급부목적물에 하자가 있는 경우, 운송인의 운송방법이 난폭한 경우와 같이 급부행위, 즉 이행방법이 불완전한 경우, 그리고 이행과 관련하여 부수적인 주의의무를 태만한 경우이다.

불완전 이행의 요건으로는 이행행위가 있었으나[66] 불완전한 이행이었을 것, 그 불완전한 이행이 채무자의 귀책사유로 인한 것일 것, 그리고 불완전한 이행에 의해 채권자에게 손해가 발생했을 것이다. 여기서 불완전한 이행은 일단 급부의무가 아닌 부수적 주의의무와 보호의무의 불완전한 이행을 말한다. 급부의무의 불완전한 이행은 하자담보책임의 규정에 따라 우선적으로 규율되기 때문이다. 이때 채권자는 부수적 주의의무와 보호의무의 불완전한 이행사실 및 손해사실만 입증하면 되고, 채무자의 귀책사유는 추정되므로 귀책사유의 부존재는 채무자가 입증해야 한다.

CISG에서는 한국 민법과는 달리 특정물과 불특정물을 구분하여 규율하지 않으며

---

63) Elib Janse van Vuuren, *op. cit.*, p. 604.

64) *Ibid.*, pp. 604-607.

65) 김형배, 「민법학연구」, 박영사, 1986, 161-162면.

66) 이행행위가 전혀 없었을 때에는 이행지체나 이행불능이 되며 불완전 이행의 문제는 일어나지 않는다.

다만 매도인은 계약 및 동 협약에서 요구된 일정한 성질을 갖춘 물품을 인도할 의무가 있으므로 그렇지 못한 물품이 제공된다면 이는 계약, 즉 채무의 내용에 적합한 이행이라고 할 수 없게 되어 불완전 이행의 문제가 된다.

2) 불완전 이행의 효과

첫째, 채권자는 목적물을 수령하더라도 입은 손해의 배상을 청구할 수 있다.[67]

둘째, 채권자는 불완전 이행이 계약의 본질적인 위반으로 되는 경우에 한하여 물품의 수령을 거절하고 계약을 해제할 수 있다.[68] 또한 채권자는 대체물 인도를 청구할 수 있고, 그렇지 않은 경우 부적합에 대한 보완청구를 할 수도 있으며 지연에 대한 손해보상과 함께 청구할 수 있다.[69]

둘째, 불완전 이행은 채무의 내용에 맞는 이행이 아니므로 비록 채권자가 일단 그것을 수령하였더라도 그로 인하여 채권이 소멸하지는 않으며 채권자는 완전이행청구권을 행사할 수 있다.[70] 즉, 완전이행이 가능한 경우에는 채권자가 상당한 기간을 정하여 이행지체에 준한 최고(催告)를 할 수 있고 최고하여도 이행하지 않을 경우에는 계약을 해제 할 수 있다.[71]

5. 조건위반 및 담보위반에 의한 계약위반과 효과

1) 조건위반 및 담보위반에 의한 계약위반

일반적으로 계약위반의 정도와 유형에 따라 그 효과발생이 상이하기 때문에 계약상 또는 법률상 명확한 규정이 없는 경우 당사자간에 많은 분쟁이 초래된다. 따라서 계약위반에 따른 효과발생을 명확하게 결정하기 위하여 계약상 당사자의 본질적 의무와 부가적 의무 또는 조건과 담보[72] 상호간의 차이를 명확히 구별하여야 한다. 그러나 사

---

67) 한국 민법 제390조.

68) Elib Janse van Vuuren, *op. cit.*, p. 604; CISG, 1980, Article 49(1); 한국 민법 제544조-546조.

69) CISG 1980, Article 46(2), (3).

70) CISG 1980, Article 46, 62에 의하면 매매당사자는 이행을 하지 아니한 상대방에게 채무의 이행을 청구할 수 있다고 규정하고 있으며 여기서 의미하는 채무불이행에는 불완전 이행의 경우도 포함된다고 해석되므로 완전이행청구권은 협약상의 근거를 갖는다고 할 수 있다.

71) 中村 弘,「貿易契約の 基本」, 東洋經濟新報社, 1983, 316-317面.

72) 영국물품매매법은 계약조항을 조건과 담보로 구별하여 규정하고 있으나, 미국 통일상법전은 조건과 담보의 구분 없이 계약조항 전부를 "warrant"로 규정하고 있는 것이 특징이다. 이처럼 통일상법전이 계약조항을 조건과 담보로 구분하지 않는 본질적인 이유는 계약조항의 구별기준 자체가 추상적이기 때문에 실제로 어느 것이 조건이고 담보인지를 구분하는 것이 매우 어렵다고 보기 때문이다.

실상 계약조항(contractual terms)이 조건 또는 담보 중 어느 것에 해당되는지의 여부는 법률상의 문제로서 계약의 해석에 의존할 수밖에 없다.[73] 다만 이러한 구분의 이유는 계약조항을 일정한 기준에 의하여 분류함으로써 계약 위반시 그 효과발생의 기준을 설정하여 당사자 상호간의 분쟁을 미연에 방지하자는 데 있다.

조건(condition)이란 계약의 본질적인 조건을 구성하는 사실, 또는 약속의 진술로 정의되며,[74] 계약위반시에 피해당사자에게 손해배상청구권뿐만 아니라 계약의 해제권이 부여되는 계약조항이다. 즉, 당사자가 계약의 해석상 조건으로 인정되는 것을 위반한 경우 피해당사자는 손해배상청구권과 함께 계약해제권을 행사할 수 있음을 의미한다. 따라서 조건은 성격상 계약의 본질적 요소라 할 수 있다. 그러나 심지어 법률서류에 있어서도 조건이 종종 단순한 규정 또는 조항의 의미로 사용되어 그 의미가 충분하게 전달되지 못하는 경우도 있다는 사실에 유의하여야 한다.[75]

조건에는 당사자자치의 원칙에 따라 특정한 계약조항이 조건으로 작용할 것이라는 명시적 합의에 의한 조건과 명시적 합의가 없으나 계약조건에서 볼 때 계약조항이 조건이라는 것이 묵시된 경우에 의한 묵시적 조건으로 분류된다. 그러나 대체로 법원은 당사자의 명시적인 의사표시가 없는 한 계약조항을 조건으로 해석하지 않으려는 경향이 있다. 이는 조건위반에 의한 계약 소멸이 상거래행위를 저해한다고 여기기 때문이다. 그러므로 묵시적인 합의에 의한 조건이 성립되려면 계약조항은 형식면에서 일반적이고 불명확한 방법이 아닌 명확하고 한정된 방법으로 표시되어야 한다.[76]

한편, 계약당사자가 복잡한 조항과 약정을 매매계약에 삽입하는 관행이 형성되고 있는 상거래환경의 변화에 따라, 조건은 본질적인 계약조항이고 담보는 부수적인 계약조항이라고 하는 등 단순히 계약조항이 계약상 차지하는 비중에 따라 사전에 조건과 담보를 분류해오던 종래의 방식을 적용하기가 어렵게 되었다. 따라서 최근에 와서는 사전에 계약조항을 분류하는 방식에서 탈피하여 계약위반의 결과의 심각성 여부에 따라 계약조항을 분류한 조건이 형성되었다. 이를 조정조건(intermediate terms) 또는 무명조건(innominate terms)[77]이라 하는데 이는 사전에 그 의미의 정확한 규정이 곤란하지만 계약위반의 심각성 여부에 따라 조건과 담보의 성격을 내포한 계약조항을 의미한다.[78] 조정

73) J. W. Carter, *Breach of Contract*, London, 1984, p. 74.
74) A. G. Guest, *op. cit.,* p. 115.
75) *Ibid.,* p. 115.
76) *Bremer Handelsgesellschaft M. B. H v. Vanden Avenne-Izegem P.V.B.A.*, 2 Lloyd's Rep. 109(1978).
77) A. G. Guest, *op cit.*, p. 120.
78) J. W. Carter, *op. cit.*, p. 82.

조건은 그 위반시에 피해당사자에게 손해배상청구권이 발생하는 것은 당연하지만 계약해제권은 계약위반이 심각한 경우에만 인정하는 것을 말한다. 즉, 조정조건을 위반한 경우의 효과는 그 위반과 제반 사정의 심각성에 따라 피해당사자는 자신의 의무를 면제받을 수 있으며 계약을 해제할 수도 있다.[79]

2) 조건위반 및 담보위반의 효과

원칙적으로 조건은 계약 체결시에 당사자가 계약의 본질적 요소로 인정한 계약조항이므로 조건위반은 위반에 의한 실질적 결과의 심각성 여부에 관계없이 피해당사자에게 손해배상청구권뿐만 아니라 계약의 해제권을 부여한다. 법적인 관점에서 볼 때, 조건위반은 계약위반자에 의한 계약의 이행거절로 인정된다. 예컨대, 매매계약상 매수인은 매도인의 담보위반인 경우 약정품의 수령거절권이 아닌 손해배상청구권만을 가지게 되는 반면, 조건위반인 경우 약정품의 수령거절권을 행사할 수 있다.

다음으로 담보위반의 경우를 살펴보면, 담보(warranty)란 계약조항 중에서 중요하지 않는 조항으로서 그 위반시 피해당사자에게 손해배상청구권은 부여되지만 계약의 해제권은 인정되지 않는 계약조항을 말한다.[80] 따라서 담보책임의 위반이 발생한 경우 그 효과는 단순히 손해배상청구만이 가능하다. 그러나 담보위반이 발생한 경우일지라도 계약의 이행거절이 성립된다면 당사자는 계약을 해제할 수 있다. 다만 이러한 계약의 해제권은 담보위반보다는 오히려 이행거절의 효과로 볼 수 있다.

그러나 담보의 개념이 변화됨에 따라 담보가 항상 계약의 부수적인 요소만으로 되지 않는다는 사실에 유의하여야 한다. 즉, 최근 들어 담보의 의미는 계약의 구속력 있는 약정 또는 심지어 본질적인 계약조항으로 이용되기도 한다.[81] 예컨대, 해상보험계약의 경우 담보위반시에 피해당사자에게 계약의 해제권을 부여하기도 한다.[82] 이러한 담보의 변화 역시 상거래환경의 변화에 기인한 것이므로 이에 부합될 수 있도록 종래의 경직된 분류는 지양되어야 한다.

담보는 명시적 합의에 의한 담보와 묵시적 합의에 의한 담보로 분류된다.

먼저, 계약당사자는 특정의 계약조항을 담보책임으로 작용시키려는 의사를 가진 경우, 그러한 의사를 명확히 표시하였다면 명시적 합의에 의한 담보가 인정된다. 그러나 단순히 계약조항을 담보라고 기술하는 것만으로는 충분하지 못하다. 따라서 계약위반에

---

79) A. G. Guest, *op. cit.*, p. 123.
80) *Ibid.*, p. 119.
81) J. W. Carter, *op. cit.*, p. 80.
82) MIA, 1906, 33(1).

의한 당사자 상호간의 분쟁을 방지하기 위하여 담보로 인정되기 위해서는 담보로 해석되는 조항설정 및 이 조항에 따른 계약위반의 경우에도 계약해제권이 발생되지 아니함을 명확히 할 필요가 있다.

다음으로 명확한 담보가 성립될 수 있도록 당사자는 계약조항에 관하여 다양하고 제한적인 표현을 이용하나 사실상 그러한 제한된 표현의 사용은 계약조항의 의미를 변화시킬 가능성이 있으며 또한 당사자에게 불편을 초래하기도 한다. 따라서 담보는 당사자의 묵시적 합의에 의해 성립된다. 이러한 경우 묵시적 합의에 의한 담보는 계약조항의 어떠한 위반도 그 결과의 심각성 여부에 관계없이 피해당사자에게 계약해제권을 부여하지 않는다는 묵시적 합의가 있을 때 성립된다. 그러나 요즘 이러한 담보에 관한 의미는 극단적인 것으로 인정되기 때문에 법원은 이러한 의미의 적용을 거부하는 추세에 있다. 즉, 이러한 담보의 개념은 계약위반에 의한 결과의 심각성의 여부를 고려하지 않고 사전에 인정되었기 때문이다.

담보위반의 효과를 정리하면 매매계약에서 당사자는 물품 또는 대금의 수령을 거절할 권한은 없으며 단지 손해배상의 청구만이 가능하다.

Ⅳ. 결 론

국제거래에서는 서로 다른 이해관계를 가진 당사자가 개입되어 거래를 이행하게 되므로 당사자의 계약위반과 그에 따른 구제에 관한 분쟁은 불가피하다고 할 수 있다.

대체로 영미법계 국가에서는 이행거절을 계약위반의 독립적인 유형으로 보아 이행지체, 이행거절 및 이행불능으로 분류하며 대륙법계 국가에서는 불완전 이행을 독립적으로 분류하고 채권자지체를 포함한 이행지체, 이행불능 그리고 불완전 이행으로 분류하고 있다.

또한 CISG는 국제물품 매매당사자의 의무로서 매도인의 계약위반과 매수인의 계약위반으로만 구분하여 총괄적으로 규정하고 있으나 내용적으로는 인도불이행, 지연인도, 상이한 명세의 물품인도, 물품의 부적합 등과 같은 모든 불이행에 기초를 두어 매매계약의 특정과 국제성을 고려하여 영미법계와 대륙법계와의 조화를 기하려는 입장을 취하고 있다.

이를 종합하여 국제매매계약에서의 계약위반의 유형은 이행지체, 이행거절, 이행불능, 불완전 이행 그리고 조건위반과 담보위반으로 분류하고 이들 유형에 대한 효과 및 시사점을 다음과 같이 요약할 수 있다.

첫째, 이행지체, 이행거절, 이행불능, 불완전이행, 조건위반의 경우 피해당사자는 계약위반자에 대하여 계약해제권을 행사할 수 있다.

둘째, 이행지체, 이행거절, 이행불능, 불완전이행, 조건위반과 담보위반 등 모든 계약위반의 경우 피해당사자는 손해배상청구권을 가진다.

셋째, 이행지체, 이행거절, 불완전이행의 경우 피해당사자는 계약위반자에게 특정이행을 요구할 수 있다.

다수의 사례를 분석하여 볼 때, 계약위반에 대해서는 계약해제, 손해배상청구, 특정이행의 요구와 같은 세 가지 기본적인 효과가 부여된다. 다만 예외적으로 담보위반의 경우 계약해제의 효과가 없으며, 각각의 유형에서 부여하고 있는 계약해제권은 계약위반자의 행위가 본질적이고 중대한 위반인 경우에 한하여 이용하도록 제한하고 있다. 또한 손해배상청구는 계약해제권과 동시에 부여될 수 있다. 이상과 같이 계약위반의 유형과 그 효과를 검토해 볼 때 다소의 차이는 있으나 주요 국가가 부여하고 있는 계약위반의 기본 목적과 그 효과는 대체로 유사하다.

국제매매계약에서 당사자의 의무불이행으로 인한 계약위반이 발생한 경우 그 피해당사자는 관련행위가 어떠한 계약위반의 유형에 해당하는지 그리고 그에 따른 효과는 무엇인지를 파악하여 자신이 취할 수 있는 가장 적절한 구제방법을 선택하고 이를 적극적으로 활용하여 자신의 피해를 보상받거나 최소화시켜야 할 것이다.

제 2 절 CISG에서 매도인의 계약위반에 대한 매수인의 구제

문제 1-40 CISG상 매도인의 계약위반에 대한 매수인의 구제방법에 대하여 설명하시오.

답안 1-40

〈목차 구성〉

Ⅰ. 서 론

국제물품매매에서 이행기가 도래하여도 매도인이 약정물품을 인도하지 않거나, 매수인이 수령한 물품에 대하여 대금을 지급하지 않는 것은 가장 전형적인 계약위반(breach of contract)[83]이다. 이와 같이 계약위반이란 매매당사자가 자신에게 귀책되는 사유로 계약 내용에 일치된 이행을 하지 않는 것을 말한다. 다시 말하면 계약내용의 불이행(non-performance)을 의미하는 것이다.

이와 같이 매매당사자는 계약위반에 대하여 일정한 권리가 침해되는 경우에 그러한 침해를 방지하거나 보상하게 하는, 이른바 구제(救濟; remedy)수단을 이용하게 된다. 국제물품매매계약에서 계약을 위반한 경우에는 그 계약위반으로 인하여 계약상대방이 입은 손해를 배상하여야 하는 것은 당연하다.

CISG에서는 계약위반[84]에 대한 구제방법을 매도인의 계약위반과 매수인의 계약위반의 경우를 당사자별로 구분하여 규정하고, 계약의 특성과 국제성을 고려하여 영미법계와 대륙법계와의 조화를 시도하고 있다.

여기에서는 CISG에서 규정하고 있는 매도인의 계약위반에 대한 매수인의 구제(buyer's remedy)방법을 중심으로 검토하고자 한다.

Ⅱ. 매수인의 구제방법

1. 의무이행의 청구

CISG 제46조는 매수인이 계약상의 의무에 대한 이행을 매도인에게 요구할 수 있도록 규정하고 있다. 제2항과 제3항은 물품이 일치하지 않은 경우에 대하여 규정하고 있으며, 구체적인 구제에 관한 제한사항을 규정하고 있다. 계약이행을 요구할 권리는 제28조에 규정된 특정이행(specific performance)[85]과 관련되어 있다.[86]

---

83) 계약내용의 불이행과 관련하여 영미법과 CISG에서는 "계약위반"으로 한국을 포함한 대륙법은 "채무불이행"이라는 개념으로 표현되고 있다.

84) 계약위반의 유형에 대하여 영미법계에서는 이행지체(delay in performance), 이행거절(repudiation; renunciation), 이행불능(impossibility of performance)으로 구분하고 있으며, 한국 등 대륙법계에서는 채권자지체를 포함한 이행지체, 이행불능, 불완전 이행(incomplete performance)으로 구분하고 있다.

85) 특정이행(specific performance)은 금지명령과 더불어 모두 형평법상의 구제방법으로 보통법에 의하여 충분한 구제를 받을 수 없는 경우에 한하여 이것을 보완하기 위한 것으로 계약내용인 채무를 약속대로 적극적으로 이행할 것을 명령하는 구제방법이다; 강원진, 전게서, 398면.

86) UNCITRAL, Digest of Case Law on the United Nations Convention on Contracts for the International

매매계약이 전혀 이행되지 아니한 경우 매수인은 그 청구와 양립할 수 없는 구제의 경우[87]를 청구하는 경우를 제외하고는 매도인에게 본래의 계약상의 의무이행을 요구할 수 있다라고 규정하여(협약 제46조 제1항) 이행청구권을 매도인을 위한 최우선의 수단으로 인정하고 있다.

CISG에서는 채무불이행 또는 계약위반은 과실을 요구하지 않는다. 지체, 불능, 불완전 이행의 구별을 하지 않고, 주된 의무의 위반인지 부수적 의무의 위반인지의 구별도, 권리하자와 물건하자간의 구별도 하지 않으며, 원칙적으로 통일적인 구제수단을 인정한다. 다만, 본질적 의무의 위반인가 아닌가의 구별이 있고, 또한 예외적으로 제79조와 제80조에서 채무자의 면책을 허용하고 있을 뿐이다.[88]

2. 대체품인도청구

물품이 계약에 적합하지 아니한 경우로서 그 적합성의 결여가 "계약의 본질적 위반"(fundamental breach of contract)[89]이 되는 경우에 매수인은 대체품의 인도를 청구할 수 있다.[90] 즉, 물품이 계약과 일치하지 아니한 경우에 매수인은 대체품의 인도(delivery of substitute goods)를 청구할 수 있다는 의미이다.[91] 다만 대체품청구를 할 수 있기 위해서는 세 가지 전제가 요구되고 있다.

첫째, 매수인이 이미 인도한 물품이 계약에 부적합하다 하더라도 그 정도가 본질적 위반에 해당하는 경우이고,

둘째, 매수인이 검사의무와 하자통지의무를 이행한 경우이며,

셋째, 대체품의 청구가 그 후의 합리적인 기간 내에 이루어져야 한다는 것이다. CISG는 국제물품매매의 대부분을 차지하는 불특정 매매를 중심으로 규정하고 있으므로 대체품인도가 비교적 쉽다고 할 수 있다.

Sale of Goods, 2008 Edition, p. 153.

87) 예컨대, 계약해제권이나 대금감액권을 행사하는 경우에 이행청구는 불가능하다.

88) 최흥섭, 전게서, 112면.

89) CISG 제25조에 규정된 본질적 위반의 정의를 보면 다음과 같다; 당사자의 일방이 범한 계약위반은 그 계약에서 상대방이 기대할 권리가 있는 것을 실질적으로 박탈할 정도로 손해가 발생하는 경우에는 본질적인 위반이 된다. 다만, 위반한 당사자가 그런 결과를 예견하지 못하였고, 또한 동일 부류에 속하는 합리적인 자일지라도 동일한 상황하에서 그러한 결과를 능히 예견하지 못하였을 경우에는 그러하지 아니하다.

90) CISG, 1980, Article 46(2).

91) 김동석, "국제물품매매계약에 관한 UN협약상의 하자담보책임", 「국제물품매매계약에 관한 UN협약상의 제문제」, 삼지원, 1991, 233면.

3. 추가기간의 지정

매도인이 계약에 따른 이행을 하지 않은 경우 매수인은 매도인의 의무이행을 위하여 상당한 기간의 추가기간(fixing additional period of time)을 지정할 수 있다.[92] 매도인이 추가기간 내 이행하지 않겠다는 통지가 없는 한 매수인은 그 추가기간 중 계약위반에 대한 다른 구제를 구할 수 없으나 매수인이 매도인의 이행지체에 대한 손해배상을 청구하는 것은 무방하다.[93] 매도인이 그 기간 내에 이행을 완료하지 아니하면 매수인은 계약을 해제할 수 있다. 그러나 이러한 추가기간 부여는 매수인의 의무로서가 아니라 재량에 따라서 하는 것이며, 이 기간이 경과함으로써 의무불이행을 이유로 하는 계약의 해제가 용이해진다는 실무상의 이점이 있다.

4. 계약해제

CISG에 정한 매수인의 계약해제권을 보면 매수인은 매도인의 계약위반이 본질적 위반(fundamental breach of contract)[94]을 구성할 경우 매도인에 대한 통지로써 계약해제(avoidance of contract)를 할 수 있고, 매수인이 정한 추가기간 내에 매도인이 목적물을 인도하지 아니하거나, 그 기간 내에 그 의무를 이행하지 아니할 것을 밝힌 때에도 계약을 해제할 수 있다(협약 제49조 제1항).

또한 CISG에서 당사자는 계약체결 후 "이행기 전 계약위반"(anticipatory breach of contract)에 대하여 상대방에게 의무이행정지권[95]과 계약해제권[96]을 부여하고 있고 목적물을 분할하여 인도하는 계약에서 어느 분할부분에 관한 일방 당사자의 의무불이행이 그 분할부분에 대하여 중대한 계약위반이 되는 경우에는 상대방은 계약을 해제할 수 있다고 규정하고 있다(협약 제73조).

영미법계의 경우 영국 물품매매법(SGA)에서는 조건(condition)과 담보(warranty)를 구별하고 조건위반인 경우에는 그 물품의 수령을 거절할 수 있으나 담보위반인 경우에는 손해배상청구만 할 수 있도록 규정하고 있다.[97] 미국 통일상법전(UCC)은 완전이행제공

92) CISG 1980, Article 47(4).

93) CISG 1980, Article 47(2).

94) 본질적 계약위반 사유가 되기 위해서는 매도인이 매수인에게 물품을 인도하여야 하며, 인도한 물품이 계약목적에 부적합(non-conformity)하여야 하고, 그 가치를 실질적으로 박탈하는 결과를 초래하여야 하며, 이와 같은 결과를 예견할 수 있는 것이어야 한다.

95) CISG 1980, Article 71(1).

96) CISG 1980, Article 72.

원칙(perfect tender rule)에 따라 매수인의 거절권을 인정하면서 실질적 위반(substantial breach)여부의 기준을 보충적으로 채택하고 있다. 또한 계약위반이 전부위반이라고 법원에서 인정하게 되면 상대방은 계약을 해제하여 이후의 채무이행을 거절할 수 있는 것으로 보고 있다.

또한 한국 민법에서는 이행지체로 상당한 기간 최고(催告) 후 최고기간 안에 이행이 없으면 해제가 되거나,[98] 정기행위, 즉 계약의 성질상 또는 당사자의 의사표시에 의하여 일정한 이행기에 이행하지 않으면 계약이 해제되고,[99] 또한 이행불능[100] 외에 불완전이행, 채권자지체, 사정변경으로 인한 경우에도 계약이 해제될 수 있다고 하고 있다.

5. 대금감액

물품이 계약에 적합하지 아니하는 경우에는 대금이 지급되었느냐의 여부에 관계없이 매수인은 실제로 인도된 물품의 인도시의 가치와, 계약에 적합한 물품이었다면 인도시에 가질 수 있었던 가치에 대하여 가지는 비율에 따라 매수인은 대금을 감액(reduction of price)할 수 있다.[101] 그러나 매도인의 인도 기일 전 보완권 또는 인도 기일 후의 보완권의 이행을 승낙하여 매도인의 불이행을 보완하였거나 또는 매수인이 그런 매도인의 이행을 거절한 경우 매수인은 매도인의 대금을 감액할 수 없다. 즉, 매도인 보완권이 우선되며, 손해배상청구는 여전히 유효하다. 이러한 대금감액 청구권은 물품 일부 불일치의 경우에 수량의 부족 또는 불일치한 부분에만 적용된다. 대금의 감액은 매수인의 일방적 선언에 의하며 매도인의 동의도 법원의 확인도 필요로 하지 않는다.

대금감액의 결과로 매수인이 지급하는 금액은 다음과 같다.

$$\text{지급금액} = \frac{\text{인도시의 현물의 가치}}{\text{인도시 계약에 일치한 물품의 가치}} \times \text{계약가격}$$

매수인이 대금을 감액하는 권리에는 손해배상청구권에 적용되는 형태의 항변, 즉 예견성(foreseeability), 불가항력(force majeure) 등은 적용되지 않는다. 대금감액이 구제방법으로 가장 효과를 발휘하는 것은 매수인이 결함이 있는 물품을 수령하고 그럼에도 불

97) SGA 1979, §11.

98) 한국 민법 제544조; 보통의 이행지체를 말한다.

99) 한국 민법 제545조; 정기행위의 경우를 말한다.

100) 한국 민법 제546조.

101) CISG 1980, Article 50.

구하고 불가항력 등의 이유로 매도인이 손해배상책임을 부담하지 않는 비교적 경미한 경우에 한정되어진다. 손해배상은 매도인과의 교섭과 소송에 시간을 요하는 것에 반하여 대금의 감액은 선언만으로도 일방적으로 행할 수 있는 이점이 있다.

6. 손해배상의 청구

CISG는 위와 같은 구제수단 중 손해배상청구권은 다른 구제수단과 중복하여 행사할 수 있도록 명시적으로 규정하였다(협약 제45조 제2항).[102] 계약위반에 대한 손해배상액은 이익의 손실을 포함하여 그 위반의 결과로 입은 손실과 동등한 금액에 대해 손해배상을 청구할 수 있다.[103] 그러나 일방의 의무의 불이행이 자신의 통제를 벗어난 장애에 기인할 때 그는 손해배상책임을 면한다고 규정하고 있다.[104]

손해배상액에 관하여 매수인이 얻을 수 있었던 이익의 손실을 포함하여 당해 위반의 결과로 상대방이 입은 손실과 동등한 금액으로 산정하도록 하고 있다. 다만 당해 손해배상액은 계약위반으로부터 발생할 가능성이 있는 결과의 것임을 계약체결 당시에 예견하였거나 또는 예견하였어야 하는 손실액을 초과할 수 없다.[105] 손해배상의 예정에 대해서는 직접 규정하지 아니하고 국제계약당사자가 약정하면 되는 것으로 하고 있다.

Ⅲ. 결 론

CISG는 타법제에 비해 가장 포괄적이며 합리적으로 구제책을 규정하고 있다. CISG가 물론 완전한 것은 아니다. 대체적으로 매도인보다 매수인에게 다소 유리하게 되어있는 CISG규정은 매수인의 구제책으로 주어지는 권한임에도 불구하고 하자보완권의 경우는 매도인에게 오히려 유리한 규정이라 할 수 있다. 이 규정은 하자있는 물품이 인도된 경우, 매수인에게 바로 계약을 해제하도록 하지 않고, 오히려 그 하자를 매도인으로 하여금 이행기 전 또는 이행기 후에도 제거할 수 있는 기회를 다시 부여하고 있는 것이다. 이는 계약자유의 원칙을 존중하되 이미 성립된 계약은 끝까지 이행되도록 당사자에게 최대한의 기회를 부여하고, 가급적 계약이 그 목적을 달성하지 못한 채 소멸되는 것을 회피하고자 하기 때문이다.

---

102) 이기수·신창섭, 전게서, 141면.
103) CISG 1980, Article 74~77.
104) CISG 1980, Article 79.
105) CISG 1980, Article 74.

매도인의 계약위반에 대한 매수인의 구제수단 선택은 위에서 언급한 구제방법 중 어느 하나 또는 손해배상청구권을 여기에 포함하거나 제외할 수 있으므로 구제방법의 타당성과 합리성을 종합적으로 검토하여 최적화시킬 필요가 있다.

CISG가 국제물품매매에 있어 국가간 준거법 마찰을 줄이기 위한 통일법적 기능과 매수인의 효율적 구제기능을 갖추고 있음을 부인할 수는 없다. 따라서 매매계약시에 CISG를 준거법으로 채택하거나 그렇지 못할 경우 계약서상 별도의 구제방법에 대한 명시적인 약정을 통하여 계약위반에 대비하여야 할 것이다.

제 3 절 CISG에서 매수인의 계약위반에 대한 매도인의 구제

문제 1-41 CISG상 매수인의 계약위반에 대한 매도인의 구제방법에 대하여 설명하시오.

답안 1-41

〈목차 구성〉

Ⅰ. 서 론

CISG의 "매수인의 계약위반에 대한 구제"(협약 제61조~제65조)는 "매도인의 계약위반에 대한 구제"(협약 제45조~제52조)와 병행한다. 또한 이 조항들과 같이 기타 조항들과도 관련성이 있다.[106] CISG에서 매도인의 구제수단에 대한 규정은 매수인의 구제수단에 대한 규정보다 비교적 단순하다. 왜냐하면 매수인의 의무는 대금지급의무와 물품수령의무에 한정되기 때문이다.

국제물품매매에서 이행기가 도래하여도 매도인이 약정물품을 인도하지 않거나, 매

106) UNCITRAL, Digest of Case Law on the United Nations Convention on Contracts for the International Sale of Goods, 2008 Edition, p. 189.

수인이 수령한 물품에 대하여 대금을 지급하지 않는 것은 가장 전형적인 계약위반(breach of contract)이다. 이와 같이 계약위반이란 매매당사자가 자신에게 귀책되는 사유로 계약 내용에 일치된 이행을 하지 않는 것을 말한다. 다시 말하면 계약 내용의 불이행(non-performance)을 의미하는 것이다.

이와 같이 매매당사자는 계약위반에 대하여 일정한 권리가 침해되는 경우에 그러한 침해를 방지하거나 보상하게 하는, 이른바 구제(救濟; remedy)수단을 이용하게 된다. 국제물품매매계약에서 계약을 위반한 경우에는 그 계약위반으로 인하여 계약상대방이 입은 손해를 배상하여야 하는 것은 당연하다.

CISG에서는 계약위반[107]에 대한 구제방법을 매도인의 계약위반과 매수인의 계약위반의 경우를 당사자별로 구분하여 규정하고, 계약의 특성과 국제성을 고려하여 영미법계와 대륙법계와의 조화를 시도하고 있다.

이하에서는 CISG에서 규정하고 있는 매수인의 계약위반에 대한 매도인의 구제(seller's remedy)방법을 중심으로 의무이행청구, 추가기간의 지정, 계약해제, 물품명세의 확정 및 손해배상청구에 대하여 살펴보기로 한다.

Ⅱ. 매도인의 구제방법

1. 의무이행의 청구

CISG에서 매도인은 매수인에게 대금지급, 인도의 수령 또는 기타의 의무이행을 청구할 수 있다고 규정하고 있다(협약 제62조). 이 구제방법은 매수인의 의무이행청구권(협약 제46조)과 대응되는 조항이다.

협약 제62조는 매수인의 이행, 특히 물품을 수령하는 의무이행에 대하여 특정한 이익을 가지는 매도인을 위한 구제이다. 그러나 매수인이 물품수령을 거절하는 경우에 이 구제 방법을 사용하는 예는 많지 않다.[108] 반면, 매도인이 대금지급의 의무를 이행하지 않을 때 구제방법으로써 이 조항을 원용하는 예는 많다.

그러나 의무이행의 청구권은 두 가지 제한에 구속된다. 첫 번째 제한은 매도인이

---

107) 계약위반의 유형에 대하여 영미법계에서는 이행지체(delay in performance), 이행거절(repudiation; renunciation), 이행불능(impossibility of performance)으로 구분하고 있으며, 한국 등 대륙법계에서는 채권자지체를 포함한 이행지체, 이행불능, 불완전 이행(incomplete performance)으로 구분하고 있다.

108) see CLOUT case No. 133[Oberlandesgericht Munchen, Germany, 8 February 1995].

청구와 일치할 수 없는 구제를 구하고 있는 경우에는 그러하지 아니하다. 예를 들면, 매도인이 이미 계약을 해제한다고 하는 경우(협약 제64조) 또는 이행추가기간의 설정(협약 제63조)의 경우이다. 두 번째 제한은 이 협약의 제28조(특정이행과 국내법)에 따라 이 협약에 의해 구속되지 않는 부분에 대해 국내법에 의해 특정이행(specific performance)을 명하는 판결을 내리지 않는다면 제62조에 의해 특정이행을 해야 하더라도 법정은 그러한 판결을 내릴 의무가 없다는 것이다.[109)]

2. 추가기간의 지정

CISG에서 매도인은 매수인의 불이행에 대하여 이행을 위한 합리적인 추가기간을 정할 수 있다고 규정하고 있다(협약 제63조 제1항). 매도인이 부여하는 추가기간은 제47조 매도인의 불이행에 대하여 매수인이 부여하고 있는 추가기간 부여와 동등한 권리를 매도인에게도 부여하고 있는 것이다.

제63조에 따라 만약 이러한 경우를 당한 매도인은 매수인의 의무를 이행하도록 하기 위하여 상당한 추가기간을 정할 수 있으며 추가시간 내에 매수인이 의무이행을 못한다면 매수인의 이행 지연이 본질적인 계약위반을 입증할 필요 없이, 매도인은 계약을 해제할 수 있다(협약 제64조 제1항 b호). 그러므로 매수인의 지연이 본질적인 계약위반을 구성하는지 여부에 대한 판단은 어려움이 있는 사안으로 제63조는 도움이 될 수 있다.[110)]

3. 계약해제

매도인은 매수인의 본질적 계약위반시 그리고 매수인에게 이행을 위한 추가기간을 부여했음에도 불구하고 물품 수령이나 대금지급을 이행하지 아니하거나 이행하지 아니하겠다고 선언한 경우 계약을 해제할 수 있다.[111)] 매도인의 계약해제에 대한 사항은 매수인의 계약해제(협약 제49조)와 동일하다.

매수인은 협약 제63조 규정에 따라 매도인이 매수인의 의무이행을 하기 위하여 정하는 추가기간 내에 대금지급의무, 물품인도의 수령의무를 이행하지 아니하였거나 또는 매수인이 정하는 추가기간 내에 의무를 이행하지 않을 것이라고 표명한 경우 매도인은

109) UNCITRAL, Digest of Case Law on the United Nations Convention on Contracts for the International Sale of Goods, 2008 Edition, p. 192.

110) *Ibid.*, p. 193.

111) CISG 1980, Article 64(1)(a)(b).

계약을 해제할 수 있다.[112)]

이 조항은 매수인이 대금을 지급할 때까지 매도인의 계약 해제권은 기간제한에 구속되지 않는다고 것을 명확히 하고 있는 것이다. 그러나 대금을 지급한 경우는 매도인의 계약해제권은 일정한 시기 내에 행사하여야 한다. 매수인이 이행지연된 경우 매도인이 이행된 사실을 알기 이전에만 계약해제권이 상실되지 않는다. 매수인의 이행지연 이외의 위반인 경우, 매도인이 그 계약위반을 알 수 있었던 시기 이후[113)] 또는 제63조 제1항의 규정에 따라 매도인이 정한 추가기간이 경과한 시기 이후[114)]에 매도인의 계약해제권은 상실하게 된다.

4. 물품명세의 확정

계약상 매수인이 적절한 기간 내에 물품의 형태, 용적 또는 기타의 특징을 확정하기로 하는 경우 매수인이 매도인에게 물품명세(specification)에 대한 정보의 요구를 받은 후에 합의된 기일 또는 상당한 기간 내에 물품명세를 확정하지 아니할 때에 관련되는 것이다. 이 경우 매도인은 자신이 보유하고 있는 다른 모든 권리의 침해 없이 매도인이 알고 있는 매수인의 요구조건에 따라 스스로 물품명세를 작성할 수 있다(협약 제65조 제1항). 이와 같은 매도인의 물품명세확정권이 부여됨에도 불구하고 매도인은 물품명세를 작성을 할 의무가 없다. 이에 대해 매도인은 매수인이 계약위반을 이유로 구제권을 선택할 수도 있다.[115)]

그러나 매도인 자신이 물품명세를 작성하는 경우 매도인이 매수인에게 상세한 물품명세를 통지하여야 하며, 그리고 매수인이 그와 상이한 물품명세를 작성할 수 있는 상당한 기간을 설정하여야 한다. 매수인이 그러한 통지를 접수한 후 설정된 기간 내에 상이한 물품명세를 적성하지 아니하는 경우에는 매도인이 작성한 물품명세사항이 구속력을 가진다(협약 제65조 제2항).

5. 손해배상의 청구

매수인이 자신의 의무를 이행하지 않는 경우 매도인은 그로 인하여 발생한 손해배상을 청구할 수 있다. 이와 같은 손해배상청구는 다른 구제수단과 함께 행사할 수 있다(협약 제61조 제2항). 손해배상에 대해서는 청구권의 근거만 밝혀 주고 있으며 구체적인

112) CISG 1980, Article 64(1)(b).

113) CISG 1980, Article 64(2)(b)(i).

114) CISG 1980, Article 64(2)(b)(ii).

115) UNCITRAL, op. cit., p. 196.

내용은 제74조 내지 제77조에서 규율하고 있다(협약 제61조 제1항 b호).

또한 매도인이 계약위반에 대한 구제를 구하는 경우에 법원이나 중재판정부는 매수인에게 유예기간을 부여할 수 없다(협약 제61조 제3항). 법원이 독자적으로 또는 매수인의 요구에 따라 유예기간을 허용할 수는 없으나, 매도인이 스스로 추가기간을 부여할 수는 있다(협약 제63조). 따라서 이 규정은 강행규정이 아니라 임의규정이다.[116)]

Ⅲ. 결 론

CISG는 매매당사자의 계약위반에 대한 매도인의 구제와 매수인의 구제로 구분하여 통합시켜 상호 연관된 구제방법,[117)] 즉 의무이행청구권, 계약해제권, 물품명세확정권, 손해배상청구권 등을 규정하고 있어 구제방법의 선택에서 단순하고 이해하기 쉽다는 강점을 가지고 있다.

매수인의 계약위반에 대한 매도인의 구제방법과 관련하여 제정된 매도인의 의무이행청구권이나 계약해제권 조항들은 기타 조항들과 깊은 관련성을 가지고 있다. 따라서 매매당사자가 계약위반과 관련하여 구제권을 행사하기 구제방법을 선택할 경우 매도인의 구제권을 함께 사용하거나 제한되어 사용되는 점에 유의할 필요가 있다.

매매계약시 당사자는 계약위반시의 경우를 대비하여 자신에게 유리한 구제방법을 선택하고 계약내용에 당사자의 책임과 의무를 구체적으로 명시하여 CISG의 구제방법을 준거로 약정하는 관행이 요구된다.

---

116) 최홍섭, 전게서, 143면.

117) CISG상 매도인과 매수인의 구제방법 비교

매수인의 구제방법(제45조~제52조)			매도인의 구제방법(제61조~제65조)		
주된 구제 방법	제46조	의무이행청구권	주된 구제 방법	제62조	의무이행청구권
	제49조	계약해제권		제64조	계약해제권
	제45조 (1)항 (b)	손해배상청구권		제61조 (1)항 (b)	손해배상청구권
	제50조	대금감액권			
보조적 규정	제47조	추가기간설정권	보조적 규정	제63조	추가기간설정권
	제48조	인도기일 후의 보완		제65조	물품명세확정권
	제51조	부분 부적합			
	제52조	조기인도·초과인도			

출처: 이해일, "국제물품매매법상 매수인의 계약위반에 대한 구제", 「비교사법」, 제12권 2호, 한국비교사법학회, 2005. 798면에서 일부 수정.

제 1 편 무역계약(추록)

| 기출문제 |

01. INCOTERMS 1990의 이론적 배경, 개정 동기 및 형태를 약술하시오. (1996 관세사, 50점)

02. "We offer you firm subject to our final confirmation"이란 offer에 대하여 "We accepted your offer"라고 회신할 때 계약이 성립되었습니까? (1996 관세사, 10점)

03. "100,000M/T of California wheat 10% more or less"라는 수량문구를 설명 (1996 관세사, 10점)

04. DDP조건 (1997 관세사, 10점)

05. 무역계약상의 품질결정방법 (1998 관세사, 10점)

06. Force Majeure와 Frustration의 근본적인 차이점을 설명하고 Force Majeure Clause에 포함하여야 할 내용에 대하여 서술하시오. (2000 관세사, 10점)

07. 비엔나협약과 Incoterms 2000상에서 규정한 국제물품매매상의 위험이전의 원칙을 비교설명 하시오. (2000 관세사, 10점)

08. 한국의 수출상이 미국의 수입상과 "CIP Chicago"라는 조건으로 "Door to door service"방식으로 거래를 하고자한다. 이 경우 가장 적합한 운송형태, 매도인이 매수인에게 제공하여야 할 가장 적합한 제공서류 및 적하보험의 담보시기에 관하여 각각 설명하시오. (2001 관세사, 10점)

09. 승낙의 의의와 효력발생시기 및 승낙의 철회에 대하여 우리나라 민법, 영미법, 비엔나협약의 규정을 비교하여 설명하시오. (2001 관세사, 10점)

10. Incoterms 2000에서 C Terms와 D Terms의 본질적 차이를 선적지 계약과 도착지 계약 특성을 중심으로 논하시오. (2002 관세사, 50점)

11. Incoterms 2000상의 CIF조건에는 보험자의 자격 보험금액부보, 통화 및 담보의 범위 등 수출자의 부보조건을 각각 "평판이 좋은 보험자", 약정된 계약대금의 10%가산한 금액(즉, 110%), 협회적화약관, 또는 이와 유사한 약관의 최소 담보조건으로 규정하고 있다. 이러한 조건들이 수입자에게 초래하는 보험클레임의 효과에 대하여 설명하시오. (2003 관세사, 10점)

12. 일반적인 계약의 법적성질(4가지)을 기준으로 청약의 경우와 청약의 유인이 있는 경우에 있어서 무역계약의 성립을 예를 들어 도출하고 비엔나협약, 한국법 및 미국법의 경우 승낙의 법적 유효성문제(대화자간, 격지자간)를 각각 비교 설명하시오. (2005 관세사, 10점)
13. 2005년 3월 1일부터 국제물품매매계약에 관한 유엔협약(약칭 CISG)이 적용되고 있다. CISG의 적용범위를 설명하고, 국내법(민법과 상법)과의 차이점에 대하여 논하시오. (2005 관세사, 50점)
14. 국제물품매매계약에 관한 UN협약(CISG)상 계약에 적합한 물품을 인도해야 하는 매도인의 물품적합의무(의의, 내용, 기준시기, 위반효과 등)에 대해 설명하시오. (2007 관세사, 50점)
15. FOB 인천공항, FOB 코리아, FOB 컨테이너 운송 등의 문제점과 해결방안에 대해 설명하시오. (2008 관세사, 10점)
16. CISG상 매수인의 대금지급관련 대금지급시기, 장소에 대해 설명하시오. (2008 관세사, 10점)
17. Incoterms의 거래조건 중 목적항 본선상에서 인도가 이루어질 수 있는 거래조건의 위험과 비용의 분기점과 소유권이전에 대하여 설명하시오. (2009 관세사, 10점)
18. CISG에서 규정하고 있는 구제방안의 특징과 매도인의 의무위반에 대한 매수인의 구제권, 매수인의 의무위반에 대한 매도인의 구제권에 대하여 설명하시오. 또한 공통규정인 손해배상청구권에 있어서 손해배상의 원칙, 계약해제시 손해액의 산정방법, 손해방지경감의무에 대하여 설명하시오. (2009 관세사, 50점)
19. CISG상 운송 중 전매물품의 위험의 이전에 대하여 설명하시오. (2010 관세사, 10점)
20. 무역계약에 있어서 청약(Offer)과 청약의 유인(Invitation of offer)에 대한 각각의 개념과 양자를 구분할 수 있는 기준을 설명하시오. (2011 관세사, 10점)
21. Incoterms 2010의 개정 이유와 주요 특징에 대하여 설명하시오. (2011 관세사, 50점)
22. Incoterms 2010 DAT, DAP 규칙의 개념을 각각 설명한 후 두 규칙의 차이점을 설명하시오. (2012 관세사, 10점)
23. Incoterms® 2010의 E, F, C, D Terms별로 통관의무 및 통관관련비용 부담의 당사자를 설명하시오. (2013 관세사, 10점)
24. Incoterms® 2010의 CIF규칙을 설명하고, 동 규칙으로 매매계약체결시 소유권 이전과 관련된 문제점과 대응방안에 대하여 논하시오. (2013 관세사, 50점)
25. 무역계약의 수량조건 중 과부족용인조항(M/L Clause)의 개념과 그에 대한 신용장통일규칙(UCP600)상의 해석기준을 설명하시오. (2015 관세사, 10점)
26. 국제물품매매계약에서 비엔나협약(CISG)과 Incoterms® 2010의 위험의 이전에 관한 규정을 각각 설명하고, 양 규정의 유사점과 차이점을 논하시오. (2015 관세사, 50점)

| 연구문제 |

01. 국제매매계약의 법적 성격을 설명하고 이와 같은 성격에 비추어 특히 매매계약시 유의해야할 점은 무엇인지를 설명하시오.

02. 청약의 철회 가능한 경우를 영미법, 대륙법 및 CISG와 비교하여 설명하시오.

03. 승낙의 요건과 효력발생 시기에 대하여 CISG, 영미법 및 대륙법과 비교하여 설명하시오.

04. 무역계약에서 "frustration"의 성립과 효과에 대하여 설명하시오.

05. 무역계약에서 "Force Majeure", "Hardship" 및 "Frustration"의 차이점을 비교하여 설명하시오.

06. 국제물품매매계약에 관한 유엔 협약(CISG)의 적용제외 사항에 대하여 설명하시오.

07. Incoterms® 규칙과 관련하여 가장 일반적인 오해는 매매계약을 운송계약과 혼동하는데 있다. 이러한 관점에서 Liner terms, charter party terms의 차이점을 Incoterms® 2010에 기초하여 설명하시오.

08. Incoterms® 2010상 수출입 및 물품운송에 필요한 매매당사자의 보안(안전)관련 정보, 서류 및 협조 제공의무에 대하여 설명하시오.

09. Incoterms® 2010 규칙상 매매당사자의 정보제공 및 관련비용 의무에서 "security charge"의 부담자에 대하여 설명하시오.

10. 해상으로 운송하는 컨테이너화물 선적의 경우, Incoterms® 2010 A4 물품인도의무 및 A8 인도서류 의무와 관련하여 해상운송을 위한 Incoterms® 2010 규칙 CFR/CIF와 이에 상응하는 복합운송을 위한 규칙 CPT/CIP의 차이점을 비교하여 설명하시오.

11. EXW와 DDP 규칙을 비교하여 설명하고 이 규칙 사용상의 유의점과 매매매계약시 반영해야 할 사항들은 무엇인지에 대하여 설명하시오.

12. 한국 대전소재 수출자 A는 미국 Chicago소재 수입자 B에게 물품을 "Door to Door"서비스 방식으로 컨테이너운송에 의하여 수출하고자 한다. 이 경우 인코텀즈 규칙을 "FOB Busan Incoterms® 2010"으로 사용할 때의 문제점은 무엇이며, 이에 대한 대안을 구체적으로 설명하시오.

13. 특정물과 불특정물을 비교하여 설명하고 물품의 소유권이전과의 관계에 대하여 설명하시오.

14. 국제물품매매계약에서 물품인도와 소유권이전에 대하여 논하시오.

15. 물품에 대한 위험이전시기와 소유권이전시기를 SGA, CISG 및 Incoterms® 2010의 경우를 비교하여 논하시오.

16. 무역계약에서 조건과 담보를 비교하여 설명하고 조건과 담보위반시의 효과에 대하여 설명하시오.

17. CISG에서 매매당사자의 물품보관 및 매각권에 대하여 설명하시오.

18. 국제물품매매계약에서 준거법의 결정방법에 대하여 설명하시오.

19. 준거법의 결정방법에서 주관주의와 객관주의를 비교하여 설명하시오.

| 참고문헌 |

1. 한국문헌

강원진, "국제거래에서 매매계약위반의 유형과 효과에 관한 고찰", 「경영경제연구」, 제27권 제1호, 부산대 경영경제연구소, 2008.

______, 강원진, "국제물품매매계약에서의 승낙의 효력", 「무역학회지」, 제19권 제2호, 한국무역학회, 1994.

______, 「무역계약론」, 제4판(수정판), 박영사, 2013.

______, 「무역실무」, 제3판, 박영사, 2008.

______, 「무역실무 문답식 해설」, 두남, 2011.

______, 「최신 국제상무론」, 두남, 2013.

______ · 이양기, 「최신 국제상거래론」, 박영사, 2014.

강이수, "영법상의 FOB에 관한 연구", 「무역학회지」, 제4권, 한국무역학회, 1979.

곽윤직, 「채권각론」, 박영사, 1982, 1995.

곽윤직 · 김재형, 「민법총칙」, 박영사, 2013.

고범준, 「국제물품판매매계약에 관한 UN협약」, 대한상사중재원, 1983.

김동석, "국제물품매매계약에 관한 UN협약상의 하자담보책임", 「국제물품매매계약에 관한 UN협약상의 제문제」, 삼지원, 1991.

김선국, "비교계약법적 관점에서 본 CISG: 앞으로의 과제 – Battle of Forms와 몇 가지 점을 중심으로", 「국제거래법연구」, 18집 1호, 국제거래법학회, 2009.

김주수, 「민법개론」, 삼영사, 1995.

김진우, "CISG 제72조에 따른 이행기 전의 계약위반", 「법학논고」, 제32집, 경북대학교 법학연구원, 2010.

김철호, "무역매매계약에 있어서 소유권이전 시기에 관한 고찰", 「무역학회지」, 제21권 제2호, 한국무역학회, 1996.

김형배, 「민법학연구」, 박영사, 1986.

박남규, "해상매매에서의 소유권이전에 관한 연구", 성균관대학교 대학원, 1989.

______, "국제물품매매에 관한 UN협약상의 매도인의 의무에 관한 연구", 「무역학회지」, 제11권, 한국무역학회, 1986.

서헌재, 「국제거래법」, 법문사, 1996.

서희원, 「영미법강의」, 박영사, 1990.

석광현, 「국제사법과 국제소송」, 박영사, 2012.

양영환·서정두, 「국제무역법규」(제4판), 삼영사, 2003.

오원석, "국제물품매매계약에서 소유권이전시기에 관한 논쟁의 실익", 「중재」, 1994.

______, "국제물품매매에서 계약의 근본적 위반의 효과와 문제점", 「국제상학」, 제11권 제1호, 한국국제상학회, 1996.

______, "국제상사계약에 관한 UNIDROIT 원칙에 관한 연구", 「국제상학」, 제13권 제1호, 한국국제상학회, 1999,

______, 「무역관습론」, 동성사, 1990.

오원석 역, John O. Honnold UN 통일매매법, 제2판, 삼영사, 2004.

오원석·윤영미·임성철, "국제물품매매계약에서 매도인의 계약위반에 대한 매수인의 손해배상청구권 행사의 문제점", 「무역상무연구」, 제58권, 학국무역상무학회, 2013.

오세창, 「무역계약론」, 동성사, 1991.

______, "CIF계약에 관한 연구", 부산대학교 대학원, 1980.

옥선종, 「무역계약론」, 법문사, 1991.

이기수·신창섭, 「국제거래법」, 제5판, 세창출판사, 2013.

이상윤, 「영미법」, 박영사, 1997.

이용근, 「무역계약론」, 법문사, 2003.

이태희, 「국제계약법」, 법문사, 2001.

______, "국제물품매매계약에 관한 UN협약상의 당사자의 의무", 「국제물품매매계약에 관한 UN협약상의 제문제」, 삼지원, 1991.

이해일, "국제물품매매법상 매수인의 계약위반에 대한 구제", 「비교사법」, 제12권 제2호, 한국비교사법학회, 2005.

임홍근 외, 「국제물품매매계약에 관한 UN협약상의 제문제」, 삼지원, 1991.

전순환, 「대외무역법」, 한올, 2013.

______, "Incoterms 2010의 운송계약조항에 관한 연구", 「무역학회지」, 제37권 제2호, 한국무역학회, 2012.

정상직, "국제매매계약의 위반에 관한 연구", 박사학위논문, 성균관대학교 대학원, 1989.

정홍식, "개정 미국통일상법전(UCC) 제2편(물품매매)의 비교법적 고찰-서식전쟁(Battle of Forms) 부분을 중심으로-", 「비교사법」, 제17권 제2호(통권 제49호), 한국비교사법학회, 2010.

최명국, "1990년 인코텀즈에 따른 CIF조건의 활용상의 문제점", 「무역상무연구」, 제6권, 한국무역상무학회, 1993. 7.

최흥섭, 「국제물품매매계약에 관한 유엔협약해설」, 법무부, 1995.

하강헌, "국제물품매매에서 이행기 전 계약위반에 대한 구제권 연구", 「무역상무연구」, 제39권, 2008.

한국무역협회, 「수출입절차해설」, 제13판, 1990.

한상현, "복합운송발전에 따른 CIP무역거래관습에 관한 연구", 박사학위 논문, 건국대학교 대학원, 1996.

홍석모, 「국제물품매매계약(CISG)에 관한 UN협약 : 해설 및 사례연구」, 신창출판, 2011.

2. 일본문헌

末川 博, 「契約法」, 法經出版社, 1985.

木下 毅, 「英美契約法の理論」, 東京大學出版會, 1977.

上坂西三, 「貿易契約」, 東洋経済新報社, 1970.

新堀 聰, 「貿易取引入門」, 日本經濟新聞社, 1992.

朝岡良平, 「貿易売買と商慣習」, 布井出版, 1982.

中林啓一, "ユニドロワ国際商事契約原則と国際私法", 「立命館法学」, 293号, 2004.

原 猛雄, 「貿易契約の研究」, ミネルヴァ書房, 1958.

中村 弘, 「貿易契約の基礎」, 東洋經濟新報社, 1983.

3. 구미문헌

American Law Institute, *Restatement of the Law, Second, Contract*, 2nd ed., St. Paul, 1973, 1981.

Anderson, Ronald A., *Business Law*, 11th ed., South-Western Publishing Co., 1980.

Atiyah, P. S. *The Law of Contract*, 4th ed., Clarendon Press, 1989.

______, *The Sale of Goods*, 7th ed., Pitman Publishing, 1985.

Azzouni Hmad A., "The adoption of the 1980 Convention on the InternationalSale of Goods by the United Kingdom", *Matthew Bender & Company*, Inc., 2003.

BasedowJürgen, "Towards a Universal Doctrine of Breach of Contract: TheImpact of the CISG", *International Review of Law and Economics,International Review of Law and Economics*, Vol. 25, Max-Planck-Institute for Foreign Private and Private International Law, University of Hamburg, September 2005.

Bonell M. J., *AnInternational Restatement ofcontractLaw, The UNIDROIT Principlesof International Commercial Contracts*, Transnational Juris Pub., N.Y. 1994.

Brown Ian, "Acceptance in the Sale of Goods", *The Journal of Business Law*, Stevens & Sons Ltd., January, 1988.

Chorlery & Giles, *Slater's Mercantile Law*, 17th ed., Pitman Publishing, 1978.

Coetzee Juana, "The Interplay between Incoterms® and the CISG", *J. L. & Com.* Vol. 32, 2013-2014.

D'arcy Leo, "Frustration of Contract", *Schmitthoff's Export Trade*, 10th Ed., Sweet and Maxwell, 2000.

______, "Performance of Contract", *Schmitthoff's Export Trade*, 10th Ed., Sweet and Maxwell, 2000.

Day, D. M., *The Law of International Trade*, Butterworth, 1981.

Di Matteo Larry A., "Critical Issues in the Formation of Contracts under the CISG", *Belgrade Law Review* LIX, University of Belgrade, 2011.

Ersi, Gyula, "Comment: Apropos the 1980 Vienna Convention on Contracts for the International Sale of Goods", *The American Journal of Comparative Law*, vol. 31, 1983.

Felthan J. D., "The United Nations Convention on the Contracts for the International Sale of Goods; Contract Formation and the Battle of Forms", Columbia *Journal of Transnational Law*, 1983.

Gabriel Henry Deeb, "UNIDROIT Principles as a Source for Global Sales Law", *Villanova Law Review*. Vol. 58, 2013.

Guest, A. G., Anson's *Law of Contract*, 26th ed., Oxford University Press, 1984.

______, *Benjamin's Sale of Goods*, 3rd ed., Sweet & Maxwell,1987.

Guest, A. G. and Others, *Chitty on Contracts*, 26th ed., Sweet & Maxwell, *1989*.

Honnold John O., Uniform Law for International Sale under the 1980 United Nations Convention, Kluwer Law and Taxation Publishers, 1982.

Ivamy E. R. Hardy, *Casebook on Sale of Goods*, 5th ed., Lloyd's of LondonPress Ltd., 1987.

Gabriel Henry Deeb, UNIDROIT Principles as a Source for Global Sales Law, *Villanova Law Review*. Vol. 58, 2013.

Johan Erauw, "CISG Articles 66-70: The Risk of Loss and Passing It", *Journal of Law and Commerce*, 2005-2006.

Kazuaki Sono, "Formation of International Contracts under the Vienna Convention: A Shift above the Comparative Law", *International Sale of Goods*, Oceana Publications, Inc., 1986.

Lee Robert G., "The UN Convention on Contract for the International Sale of Goods: Ok for the UK?", *Journal of Business Law*, 1993,

Levin Brad A., "Applying the UCC's Supplementary Terms to Contracts Formed by Conduct Under Section 2-207(3)", *Uniform Commercial Code Law Journal*, Winter, 1992.

Mullis Alastair C.L., "Termination for Breach of Contract in C.I.F. Contracts Under the Vienna Convention and English Law; Is There a Substantial Difference?", Sweet & Maxwell, London, 1977.

Murray John E. Jr., "An Essay on the Formation of Contracts and Related Matters under the United Nations Convention on Contracts for the International Sale of Goods", *Journal of Law and Commerce*, Vol. 8, 1988.

Odeke–Ademuni, "Insurance of F.O.B. Contracts in Anglo–American and Common Law Jurisdictions Revisited: The Wider Picture", *Tulane Maritime Law Journal*, Summer 2007.

Ramberg Jan, *ICC Guide to Incoterms®* 2010, ICC Publication No. 720, 2011.

______, *Guide to INCOTERMS 1990*, ICC Pub, No 461/90, 1991.

______, *Guide to INCOTERMS 2000*, ICC Publishing S.A., 2000.

Sasson, D. M. & H Orren Merren, *CIF and FOB Contracts Third edition*, London, Stevens & Sons, 1984.

Schlechtriem Peter, "Uniform Sales Law–The UN–Convention on Contracts for the International Sale of Goods", *The Publishing House of Manz*, 1986.

Schmitthoff Clive M., *Export Trade*, 10th ed., Stevens & Sons, 2000.

Schwenzer Ingeborg and Mohs Florian, "Old Habits Die Hard: Traditional Contract Formation in a Modern World", *Sellier, Europian Law Publishers*, 2006.

Tilloston John, *Contract Law in Perspective*, Butterworths, 1981.

UNCITRAL, *Digest of Case Law on the United Nations Convention on Contracts for the International Sale of Goods*, 2008.

UNIDROIT, *Uniform Law on the Formation of Contract for the International Sale of Goods*, 1964.

Richard C. Crews, *Business Law Principles and Cases*, Kent Publishing Company, 1984.

Valioti Zoi, "Passing of Risk in International Sale Contracts: A Comparative Examination of the Rules on Risk under the United Nations Convention on Contracts for the International Sale of Goods(Vienna 1980) and INCOTERMS 2000", *Nordic Journal of Commercial Law* No. 2, 2004.

4. 국제무역계약규범

ICC, Incoterms® 2010 ICC rules for the use of domestic and international tradeterms, ICC Publication No. 7715E, ICC Services Publications, 2010.

______, International Rules for the Interpretation of Trade Terms 1990, 2000.

Revised American Foreign Trade Definitions 1941, 1990.

Sale of Goods Act 1979.

UNIDROIT Principles of International Commercial Contracts 2010.

Uniform Commercial Code 1952, 1988, 1995.

United Nations Convention on Agency to the International Sales of Goods, 1983.

United Nations Convention on Contracts for International Sale of Goods, 1980.

United Nations Convention on the Limitation Period in the International Sale of Goods(New York, 1974).

United Nations Convention on the Use of Electronic Communications in International Contracts, 2005.

Warsaw-Oxford Rules for CIF Contract, 1932.

| Incoterms® 2010 및 CISG 1980 |

1. 국내 및 국제무역거래조건의 사용에 관한 국제상업회의소 규칙(Incoterms® 2010)[1)]

ICC Rules for the Use of Domestic and International Trade Terms

Ⅰ. 서 문

Incoterms® 규칙[2)]은 물품매매계약에서 기업간 거래관례를 반영하는 일련의 3개 문자조합의 무역거래조건을 설명하고 있다. 인코텀즈 규칙은 주로 매도인이 매수인에게 물품인도에 포함되는 업무, 비용 및 위험들을 기술하고 있다.

Incoterms® 2010 규칙의 사용 방법

1. 매매계약에 Incoterms® 2010 규칙을 명시할 것

Incoterms® 2010 규칙을 계약에 적용시키고자 하는 경우, Incoterms® 2010(지정장소를 포함하는 선택된 인코텀즈)와 같은 어구를 계약서에 명시하여야 한다.

2. 적절한 인코텀즈 규칙을 선택할 것

선택된 인코텀즈 규칙은 물품, 운송수단에 적절하여야 하며, 또한 무엇보다도 당사자가 예컨대 운송 또는 보험 계약을 체결하는 의무와 같은 추가적인 의무를 매도인 또는 매수인 중에 누가 부담하는 것으로 의도하는지에 대해 적절하여야 한다.

3. 장소 또는 항구를 가능한 한 정확하게 명시할 것

선택된 인코텀즈 규칙은 당사자가 장소 또는 항구를 지정하는 경우에만 비로소 작용할 수 있으며 또한 당사자가 장소 또는 항구를 가능한 한 정확하게 명시하는 경우, 가장 잘 작용할 수 있다. 이와 같은 정확성에 대한 훌륭한 예는 다음과 같다:

"FCA 38 Cours Albert 1er, Paris, France Incoterms® 2010."

인코텀즈 규칙 공장인도(EXW), 운송인인도(FCA), 터미널인도(DAT), 목적지인도(DAP), 관세지급인도(DDP), 선측인도(FAS), 및 본선인도(FOB)에서 지정장소는 인도가 이루어지는 장소이며, 위험이 매도인으로부터 매수인에게 이전하는 장소이다. 인코텀즈 규칙 운송비지급인도(CPT), 운송비·보험료지급인도(CIP), 운임 포함인도(CFR), 및 운임·보험료포함인도(CIF)에서 지정장소는 인도장소와 다르다. 이와 같은 4개의 인코텀즈 규칙에서 지정장소는 운송비가 지급되는 목적지이다. 장소 또는 목적지에 관한 표시는 의문 또는 논쟁을 피하기 위하여 그와 같은 장소 또는 목

---

1) 강원진, 「무역계약론」, 제4판(수정판), 박영사, 2013, 440~565면; 관세사 기출문제 통계를 보면 무역결제, 무역계약 분야가 출제비중이 상대적으로 높다. 이 책에서는 관련 규범에 대한 연구를 병행할 수 있도록 중요한 국제규범 중에서 제1편에서는 "Incoterms® 2010"과 "CISG 1980"을 그리고 제2편에서는 "UCP 600"의 내용을 추록에 반영하였다.

2) "Incoterms®"는 국제상업회의소의 등록상표이다.

적지에서 정확한 지점을 명시함으로써 훨씬 도움이 되고 구체화 될 수 있다.

4. 인코텀즈 규칙은 완전한 매매계약을 제공하지 아니함을 명심할 것

인코텀즈 규칙은 매매계약의 어느 당사자가 운송계약 또는 보험계약 체결 의무를 부담하는지, 언제 매도인이 매수인에게 물품을 인도하는지 그리고 각 당사자가 어떠한 비용을 부담할 책임이 있는지에 대하여 설명하고 있다.

그러나 인코텀즈 규칙은 지급되어야 하는 금액 또는 지급방법에 대하여 설명하지 아니한다. 또한 동 규칙은 물품의 소유권이전, 계약위반의 결과에 대하여 전혀 다루지 아니하고 있다. 이러한 문제들은 보통 매매계약의 명시조건 또는 준거법에 의하여 다루어진다. 당사자는 선택된 인코텀즈 규칙을 포함하여 매매계약의 어느 측면보다 강행적인 국내법이 우선할 수 있다는 점을 알아야 한다.

Incoterms® 2010 규칙의 주요 특징

1. 두 개의 새로운 인코텀즈 규칙, 즉 DAT 및 DAP가 인코텀즈 2000 규칙인 DAF, DES, DEQ 및 DDU를 대체함

인코텀즈 규칙의 수는 종전의 13개에서 11개로 감소되었다.

이는 합의된 운송방식에 관계없이 사용되어지는 두 개의 새로운 규칙, 즉 DAT 및 DAP는 인코텀즈 2000 규칙의 DAF, DES, DEQ 및 DDU를 대체하게 된 것이다.

인도가 지정목적지에서 이루어지는 두 개의 새로운 규칙하의 DAT에서는 (종래의 DEQ 규칙과 같이) 도착된 차량으로부터 양화되어 매수인의 임의처분상태에서, DAP에서는 (종래의 DAF, DES 및 DDU 규칙과 마찬가지로) 양화하지 아니하고 매수인의 임의처분상태에서, 인도가 지정목적지에서 이루어진다.

이 새로운 규칙은 인코텀즈 2000 규칙의 DES와 DEQ를 불필요하게 만들고 있다. DAT에서 지정된 터미널은 항구에 있을 수 있다. 그러므로 DAT는 인코텀즈 2000 규칙의 DEQ가 사용되었던 경우와 같이 아무런 문제없이 사용될 수 있다. 마찬가지로 DAP하에서 도착 "차량"은 선박일 수 있고 또한 지정된 목적지는 항구일 수 있다. 따라서 DAP는 인코텀즈 2000의 DES가 사용되었던 경우와 같이 아무런 문제없이 사용될 수 있다. 종래의 4개규칙 계승자와 같이, 이와 같은 새로운 규칙은 물품을 지정목적지까지 운송하는데 포함된 모든 비용(적용 가능한 경우, 수입통관과 관련된 비용을 제외하고) 및 위험을 매도인이 부담하는 "도착지인도"이다.

2. Incoterms® 2010 규칙 11개의 분류

Incoterms® 2010 규칙 11개는 두 개의 구별되는 분류로 제시되고 있다.

단일 또는 복수의 모든 운송방식을 위한 규칙

EXW	공장인도
FCA	운송인인도
CPT	운송비지급인도
CIP	운송비·보험료지급인도
DAT	터미널인도
DAP	목적지인도
DDP	관세지급인도

해상 및 내수로 운송을 위한 규칙

FAS	선측인도
FOB	본선인도
CFR	운임포함인도
CIF	운임·보험료포함인도

첫 번째 분류는 선택된 운송방식에 관계없이 또한 하나 또는 그 이상의 운송방식이 이용되는가 여부에 관계없이 사용될 수 있는 Incoterms®

2010 규칙 7개를 포함한다. EXW, FCA, CPT, CIP, DAT, DAP 및 DDP가 이 분류에 속한다. 이들은 해상운송이 전혀 포함하지 아니한 경우에도 사용될 수 있다. 이들 규칙은 선박이 일부구간 운송에 사용되는 경우에도 사용될 수 있다는 사실을 명심하여야 한다.

Incoterms® 2010 규칙의 두 번째 분류에서, 인도지점 및 물품이 매수인에게 운송되는 장소가 모두 항구가 된다. 이는 "해상 및 내수로 운송" 규칙으로 호칭된 사실과 맥을 같이 한다. FAS, FOB, CFR 및 CIF가 이 분류에 속한다. 인코텀즈 2000의 FOB, CFR 및 CIF에서 인도지점으로서의 선박의 난간(ship's rail)이라는 모든 언급은 물품이 선박(본선)의 갑판상(on board the vessel)에 인도될 때가 더 선호되어 삭제되었다. 이것은 현대 상거래의 현실을 더 밀접하게 반영한 것으로 위험이 가상의 수직선을 통과하여 앞뒤로 오간다는 구시대의 인상을 탈피할 수 있다.

3. 국내 및 국제 무역을 위한 규칙

인코텀즈 규칙은 전통적으로 물품이 국경을 통과하는 국제매매계약에 사용되어 왔다. 그러나 세계의 다양한 지역에서 유럽연합(European Union)과 같은 무역권(trade blocs)은 상이한 국가간에 국경에서의 수속절차가 더 이상 중요하지 않게 만들었다. 따라서 Incoterms® 2010 규칙의 부제에는 이 규칙이 국내 및 국제 매매계약에 모두 적용하기 위하여 사용가능함을 공시적으로 인정하고 있다. 그 결과 Incoterms® 2010 규칙에서는 적용 가능한 경우에만 수출/수입 수속절차에 따를 의무가 있음을 여러 곳에서 분명하게 명시하고 있다.

다음과 같은 두 가지의 진전된 사항들이 이러한 개정방향의 움직임이 시의적절하다고 ICC를 설득하여 왔다. 첫째, 무역업자들이 보통 순수한 국내매매계약에 인코텀즈 규칙을 사용하고 있다는 점. 둘째 이유는, 미국에서 과거 통일상법전의 선적 및 인도 조건보다도 국내거래에 인코텀즈 규칙을 사용하고자 하는 의지가 더 크기 때문이다.

4. 안내요지

Incoterms® 2010 규칙의 각 앞부분에서는 안내요지를 볼 수 있다. 안내요지는 언제 사용되어야 하며, 언제 위험이 이전되고, 또한 매매당사자간에 어떻게 비용분담이 되는지 등, 각 인코텀즈 규칙의 기본적인 사항들을 설명하고 있다.

안내요지는 실제 Incoterms® 2010 규칙의 일부가 아니고, 단지 사용자가 특정 거래에서 적절한 인코텀즈 규칙을 정확하게 또한 효율적으로 사용할 수 있도록 도움을 주기 위한 것이다.

5. 전자통신

종전 버전(version)의 인코텀즈 규칙에서는 전자문서교환 메시지(EDI message)로 대체될 수 있는 서류들을 명시하고 있었다. 그러나 Incoterms® 2010 규칙의 A1/B1에서는 당사자들이 합의하는 한 또는 관습에 따라 전자통신에 대하여 서면통신에서와 같이 동등한 효력을 부여하고 있다. 이러한 규정은 Incoterms® 2010 규칙이 사용되는 기간에 새로운 전자적 절차의 발전을 촉진시킨다.

6. 보험부보

Incoterms® 2010 규칙은 협회적화약관(Institute Cargo Clauses: ICC) 개정 이래 인코텀즈 규칙의 최초 버전이므로 이와 같은 개정약관을 고려하였다. Incoterms® 2010 규칙은 운송 및 보험 계약을 다루고 있는 A3/B3에서 보험 관련 정보제공의무를 설정하고 있다. 이들 규정은 인코텀즈 2000 규칙의 A10/B10에 규정된 일반적인 조항에서 옮겨 왔다. 이러한 관점에서 A3/B3에서 보험과 관련된 표현은 당사자들의 의무를 명확하게 하기 위하여 또한 수정되었다.

7. 안전 관련 통관과 이에 요구되는 정보

최근 물품의 이동에서 안전에 대한 관심이 높아지고 있어, 물품이 고유의 성질 이외의 이유로 생명 또는 재산에 위협을 가하지 아니한다는 취지의 확인이 요구되고 있다. 따라서 Incoterms® 2010은 각 인코텀즈 규칙의 A2/B2 및 A10/B10에서 매매당사자간 물품보관사슬(chain-of-custody)정보와 같은 안전 관련 통관허가를 받음에 있어 허가를 받거나 협조를 제공할 의무를 분담시키고 있다.

8. 터미널 취급료

인코텀즈 규칙 CPT, CIP, CFR, CIF, DAT, DAP 및 DDP 하에서 매도인은 합의된 목적지까지의 물품운송 계약을 체결하여야 한다. 운임은 매도인이 지급하지만 운임은 보통 매도인에 의하여 총 판매가격에 포함되므로, 실제로 매수인에 의하여 지급되는 것이다. 운송비용은 통상적으로 항구 또는 컨테이너 터미널시설 내에서 물품을 취급하고 운반하는 비용이 포함되며 운송인 또는 터미널 운영자는 물품을 수령하는 매수인에게 이러한 비용을 청구하기도 한다. 이런 사정으로 매수인은 한 번은 매도인에게 총 판매가격의 일부로서 그리고 한 번은 이와는 별도로 운송인 또는 터미널 운영자에게 동일한 서비스에 대하여 이중으로 지급하는 것을 회피하려고 할 것이다.

Incoterms® 2010 규칙은 관련된 인코텀즈 규칙의 A6/B6에서 이와 같은 비용을 명확하게 분담함으로써 이중지급상황의 발생을 회피할 수 있도록 하고 있다.

9. 연속판매

제조물품의 매매와는 대조적으로 상품매매에 있어서 물품은 흔히 운송과정에 연속적으로 여러 번 판매된다. 이러한 경우 최초의 매도인은 이미 물품을 선적하였기 때문에 중간에 판매한 매도인은 물품을 "선적"하지 않는다. 그러므로 연속매매 중간에 있는 매도인은 그 다음의 매수인에게 물품선적 의무를 이행하는 것이 아니라 이미 선적된 물품을 "조달함"으로써 이행하는 것이다. 이를 명확히 하기 위하여 Incoterms® 2010 규칙은 관련 인코텀즈 규칙에서 "선적된 물품조달" 의무를 물품선적 의무의 대안으로서 포함시키고 있다.

인코텀즈 규칙의 변형

당사자는 가끔 인코텀즈 규칙을 변경하고 싶어 한다. Incoterms® 2010 규칙은 이와 같은 변경에 대하여 금지하지 않고 있으나 변경하는 것은 위험하다. 불필요한 논란을 방지하기 위하여 당사자는 이러한 변경에 관한 의도된 결과에 대하여 계약에 명시하여야 한다. 예컨대, 당사자는 Incoterms® 2010 규칙에서 비용분담이 계약에서 변경되어지는 경우, 당사자는 위험이 매도인으로부터 매수인에게 이전하는 지점도 변경하고자 의도하는지 여부 또한 분명하게 명시하여야 한다.

서문의 지위

이 서문은 Incoterms® 2010 규칙의 사용 및 해석에 대한 일반적인 정보일 뿐 이 규칙의 일부를 구성하지 않는다.

Incoterms® 2010 규칙에 사용된 용어의 설명

Incoterms 2000 규칙에서와 같이 매도인과 매수인의 의무는 A 항목에서는 매도인의 의무를, B 항목에서는 매수인의 의무를 반영하는 대칭적인 모습으로 제시되었다. 이러한 의무는 매도인 또는 매수인 또는 가끔 특정 목적을 위하여 운송인, 운송주선인, 매도인 또는 매수인이 지정한 제3자를 통하여 계약상의 조건 또는 적용법에 따라 개별적으로 이행되어질 수 있다.

Incoterms® 2010 규칙의 본문은 자체 설명형식으로 되어 있다. 그러나 사용자에게 도움을 주기 위하여 규칙 전반에서 사용되어진 선택된 용어의 의미에 관하여 다음과 같이 안내한다.

운송인(carrier): Incoterms® 2010 규칙의 목적을 위하여, 운송인은 운송계약을 체결하는 당사자를 말한다.

통관수속절차(customs formalities): 모든 적용 가능한 세관 규정에 부응하기 위하여 부합되어야 되는 요건으로 서류, 안전, 정보 또는 물리적 검사 의무가 포함될 수 있다.

인도(delivery): 이 개념은 무역법규와 관행에서 다양한 의미를 가지고 있지만, Incoterms® 2010 규칙에서는 물품에 대한 멸실 또는 손상에 관한 위험이 매도인으로부터 매수인에게 이전되는 경우를 나타내는데 사용되어진다.

인도서류(delivery document): 이 문구는 현재 A8의 표제로 사용된다. 이는 인도가 완료된 것을 증명하는데 사용되는 서류를 의미한다. Incoterms® 2010 규칙의 많은 곳에서 인도서류는 운송서류 또는 이와 상응한 전자기록이다. 그러나 EXW, FCA, FAS 및 FOB에서 인도서류는 단순하게 수령증(receipt)일 수도 있다. 인도서류는 예를 들어 결제방법의 일부분과 같이 또한 다른 기능을 가질 수 있다.

전자기록 또는 절차(electronic record or procedure): 이는 하나 또는 하나 이상의 전자메시지 및 적용 가능한 경우, 상응한 종이서류와 같은 기능적 동등성이 있는 것으로 구성된 일련의 정보를 말한다.

포장(packaging): 이 용어는 다음과 같이 다른 목적으로 사용된다.

① 매매계약의 모든 요건을 준수하기 위한 물품 포장

② 운송에 적합하기 위한 물품 포장

③ 컨테이너 또는 다른 운송수단 내에 포장된 물품의 적부

Incoterms® 2010 규칙에서 포장은 위에 첫 번째와 두 번째 것을 의미한다. Incoterms® 2010 규칙은 컨테이너 내의 적부의무에 대하여 당사자의 의무를 다루지 아니하는 경우, 당사자는 이에 대하여 매매계약에서 다루어져야 한다.

Ⅱ. Incoterms® 2010

단일 또는 복수의 모든 운송방식을 위한 규칙

1. EXW 공장인도

공장인도(지정 인도장소 삽입) Incoterms® 2010

안내요지

공장인도(Ex works)는 선택된 운송방식에 관계없이 사용될 수 있으며, 또한 하나 이상의 운송방식인 경우에도 사용될 수 있다. 이 규칙은 국내거래에 적합한 반면에 FCA는 보통 국제무역에 더 적합하다.

공장인도라 함은 매도인의 구내(premises) 또는 기타 지정된 장소(예컨대 작업장, 공장, 창고 등)에서 물품을 매수인의 임의처분상태로 둘 때 인도하는 것을 의미한다. 매도인은 물품을 어떤 집화차량(collecting vehicle)에 적재할 필요가 없으며, 수출통관이 필요한 경우에도 수출물품에 대하여 통관할 필요가 없다.

당사자는 지정된 인도장소 내의 지점(point)을 가능한 한 분명하게 명시하는 것이 바람직하다. 왜냐하면 그와 같은 지점까지의 비용과 위험은 매도인의 부담으로 하기 때문이다. 매수인은 지정된 인도장소가 있는 경우 합의된 지점으로부터 물품을 수령하는데 수반되는 모든 비용과 위험을 부담한다.

EXW는 매도인에 대한 최소의무를 나타내며, 다음과 같은 사항을 유의하여 사용되어야 한다.

a) 매도인이 비록 관례적으로 물품을 적재하는데 더 유리한 위치에 있다고 할지라도 매도인은 매수인에게 물품을 적재할 의무를 부담하지

아니한다. 매도인이 물품을 적재하는 경우, 그것은 매수인의 위험과 비용으로 행하는 것이다. 매도인이 물품을 적재하는데 더 유리한 위치에 있는 경우, 매도인에게 자신의 위험과 비용으로 적재를 행하도록 의무를 부여하는 FCA가 통상적으로 더 적절하다.

b) 매수인은 수출을 위하여 EXW에 기초하여 매도인으로부터 물품을 구매하는 경우, 매도인은 오직 매수인이 수출을 이행하는데 요구될 수 있는 어떠한 협조만을 제공할 의무를 부담한다는 사실을 인식할 필요가 있다. 즉, 매도인은 수출통관의무가 없다. 그러므로 매수인이 직접적으로 또는 간접적으로 수출통관을 행할 수 없을 경우, EXW를 사용하지 아니하는 것이 바람직하다.

c) 매수인은 매도인에게 물품 수출에 관한 모든 정보를 제공하는 의무는 제한되어 있다. 그러나 매도인은 예를 들어 조세 또는 보고를 목적으로 이러한 정보가 필요할 수 있다.

A. 매도인의 의무

A1 매도인의 일반적 의무

매도인은 매매계약과 일치하는 물품과 상업송장 및 그밖에 계약에서 요구되는 모든 기타 일치증거를 제공하여야 한다. A1-A10에 언급된 모든 서류는 당사자간에 합의하거나 관습적인 경우, 동등한 전자기록 또는 절차로 대체될 수 있다.

A2 허가, 승인, 안전통관 및 기타 수속절차

적용 가능한 경우, 매도인은 매수인의 요청과 위험 및 비용으로, 매수인에게 물품 수출에 필요한 수출허가 또는 기타 공적 승인을 취하는데 협조하여야 한다. 적용 가능한 경우, 매도인은 매수인의 요청과 위험 및 비용으로, 자신이 점유하고 있는 물품의 안전통관을 위하여 요구되는 정보를 제공하여야 한다.

A3 운송 및 보험계약

a) 운송계약

매도인은 매수인에 대하여 운송계약을 체결할 의무를 부담하지 아니한다.

b) 보험계약

매도인은 매수인에 대하여 보험계약을 체결할 의무를 부담하지 아니한다. 그러나 매도인은 매수인의 요청과 위험 및 비용(있는 경우)으로 매수인이 보험을 부보하는데 필요한 정보를 제공하여야 한다.

A4 인 도

매도인은 지정 인도장소에서, 합의된 지점(있는 경우)에서, 어떤 집화차량에 적재하지 아니한 상태로 매수인의 임의처분 하에 둠으로써 물품을 인도하여야 한다. 지정 인도장소 내에서 특정한 지점이 합의되지 아니한 경우 및 이용 가능한 여러 지점이 있는 경우, 매도인은 자신의 목적에 가장 적합한 지점을 선택할 수 있다. 매도인은 합의된 일자나 합의된 기간 내에 물품을 인도하여야 한다.

A5 위험의 이전

매도인은 B5에 기술된 상황에서의 멸실 또는 손상을 제외하고, 물품이 A4에 따라 인도될 때까지 물품에 대한 멸실 또는 손상의 모든 위험을 부담한다.

A6 비용의 분담

매도인은 B6의 규정에 따라 매수인이 지급하는 비용을 제외하고 물품이 A4에 따라 인도될 때까지 물품에 관련한 모든 비용을 지급하여야 한다.

A7 매수인에 대한 통지

매도인은 물품의 인도를 수령할 수 있도록 매수인에게 필요한 모든 통지를 하여야 한다.

A8 인도서류

매도인은 매수인에 대하여 의무를 부담하지 아니한다.

A9 점검·포장·화인

매도인은 A4에 따라 물품을 인도하기 위하여 필요한 물품점검업무(품질, 용적, 중량, 수량 점검과 같은)의 비용을 지급하여야 한다. 매도인은 특수무역에서 물품이 무포장 상태로 매매되어 운송하는 것이 통상적이지 아니한 경우, 매도인은 자신의 비용으로 물품을 포장하여야 한다. 매수인이 매매계약의 체결 이전에 특정한 포장 요건을 통지하지 아니한 경우, 매도인은 물품운송에 적절한 방법으로 물품을 포장할 수 있다. 포장은 적절하게 화인이 표시되어야 한다.

A10 정보제공에 대한 협조 및 관련비용

매도인은 적용 가능한 경우, 시의 적절한 방법으로, 매수인의 요청과 위험 및 비용으로 매수인이 물품수출 및/또는 수입 및/또는 최종목적지까지 물품운송에 필요한 안전 관련 정보를 포함하여 모든 서류 및 정보를 취득하는데 협조를 제공하거나 제시하여야 한다.

B. 매수인의 의무

B1 매수인의 일반적 의무

매수인은 매매계약에 약정된 대로 물품대금을 지급하여야 한다.

B1-B10에 언급된 모든 서류는 당사자간에 합의되었거나 관습적인 경우, 동등한 전자기록 또는 절차로 대체될 수 있다.

B2 허가, 승인, 안전통관 및 기타 수속절차

적용 가능한 경우, 매수인 자신의 위험과 비용으로 모든 수출과 수입허가 또는 기타 공적 승인을 취득하고 물품수출을 위하여 모든 통관수속절차를 이행하는 것은 매수인의 책임이다.

B3 운송 및 보험계약

a) 운송계약

매수인은 매도인에 대하여 운송계약을 체결할 의무를 부담하지 아니한다.

b) 보험계약

매수인은 매도인에 대하여 보험계약을 체결할 의무를 부담하지 아니한다.

B4 인도의 수령

매수인은 A4와 A7에서 규정된 대로 물품의 인도를 수령하여야 한다.

B5 위험의 이전

매수인은 물품이 A4의 규정에 따라 인도된 때로부터 물품의 멸실 또는 손상의 모든 위험을 부담한다.

매수인이 B7에 따른 통지를 행하지 못한 경우, 물품이 계약물품으로 분명히 특정되어 있다면 매수인은 합의된 일자 또는 합의된 인도기간의 만료일자로부터 물품의 멸실 또는 손상의 모든 위험을 부담하여야 한다.

B6 비용의 분담

매수인은 다음과 같이 행하여야 한다.

a) 물품이 A4의 규정에 따라 인도된 때로부터 물품에 관련한 모든 비용을 지급하야야 하고;

b) 물품이 자신의 임의처분하에 둘 때에 물품의 인도를 수령하지 아니하거나 물품이 계약물품으로 분명히 특정되어 있다면, B7에 따라 적절한 통지를 행하지 아니함으로써 발생되는 모든 추가비용을 지급하여야 하며;

c) 적용 가능한 경우, 수출시에 지급되는 모든 관세, 조세 및 기타 요금 및 통관수속절차 이행비용을 지급하여야 하고; 그리고

d) A2의 규정에 따라 매도인이 협조를 제공하는데 발생된 모든 비용 및 요금을 상환하여야 한다.

B7 매도인에 대한 통지

매수인은 합의된 인도기간 내의 시기 및/또는 지정인도장소 내의 인도수령 지점을 결정할 권한이 주어진 때에, 매도인에게 그에 관한 충분한 통지를 행하여야 한다.

B8 인도의 증거

매수인은 인도를 수령하였다는 적절한 증거를 제공하여야 한다.

B9 물품검사

매수인은 수출국가 당국에 의하여 강제된 검사를 포함하여 모든 강제적인 선적 전 검사비용을 지급하여야 한다.

B10 정보제공에 대한 협조 및 관련비용

매수인은 매도인이 A10의 규정을 따를 수 있도록, 시의적절한 방법으로, 매도인에게 모든 안전정보 필요사항을 통지하여야 한다. 매수인은 A10의 규정에 따라 서류 및 정보를 취득하는 데 협조를 제공 또는 제시하고 매도인에 의하여 발생된 모든 비용과 요금을 상환하여야 한다.

2. FCA 운송인인도

운송인인도(지정 인도장소 삽입) Incoterms® 2010

안내요지

운송인인도(Free Carrier)는 선택된 운송방식에 관계없이 사용될 수 있으며, 또한 둘 이상의 운송방식인 경우에도 사용될 수 있다.

운송인인도라 함은 매도인이 물품을 매도인의 구내(premises) 또는 기타의 지정된 장소에서 매수인에 의하여 지정된 운송인 또는 기타의 자에게 인도하는 것을 의미한다. 당사자는 지정된 인도장소 내의 지점(point)을 가능한 한 분명하게 명시하는 것이 바람직하다. 왜냐하면 그러한 지점에서 위험이 매수인에게 이전되기 때문이다.

당사자가 매도인의 구내에서 물품을 인도하고자 하는 경우, 당사자는 지정 인도장소로서 그 구내의 주소를 확인하여야 하고, 반면에 당사자가 그 밖의 장소에서 물품을 인도하고자 하는 경우, 다른 구체적인 인도장소를 확인하여야 한다.

FCA는 적용 가능한 경우, 매도인에게 물품에 대한 수출통관을 하도록 요구하고 있다. 그러나 매도인은 물품의 수입통관을 하거나, 어떠한 수입관세의 지급 또는 어떠한 수입통관수속절차를 이행할 의무도 부담하지 아니한다.

A. 매도인의 의무

A1 매도인의 일반적 의무

매도인은 매매계약과 일치하는 물품과 상업송장 및 그밖에 계약에서 요구되는 모든 기타 일치증거를 제공하여야 한다. A1-A10에 언급된 모든 서류는 당사자간에 합의하거나 관습적인 경우, 동등한 전자기록 또는 절차로 대체될 수 있다.

A2 허가, 승인, 안전통관 및 기타 수속절차

적용 가능한 경우, 매도인은 자신의 위험 및 비용으로, 모든 수출허가 또는 기타 공적 승인을 취득하여야 하며, 또한 물품의 수출을 위하여 필요한 모든 통관수속절차를 이행하여야 한다.

A3 운송 및 보험계약

a) 운송계약

매도인은 매수인에 대하여 운송계약을 체결할 의무를 부담하지 아니한다. 그러나 매수인이 요청한 경우 또는 상업적 관례가 있고 매수인이 적절한 때에 그 반대의 지시를 하지 아니한 경우, 매도인은 매수인의 위험과 비용으로 통상적인 조건의 운송계약을 할 수 있다. 매도인은 어느 경우에도 운송계약의 체결을 거절할 수 있으며 그렇게 하는 경우, 매수인에게 즉시 통지하여야 한다.

b) 보험계약

매도인은 매수인에 대하여 보험계약을 체결할

의무를 부담하지 아니한다. 그러나 매도인은 매수인의 요청과 위험 및 비용(있는 경우)으로 매수인이 보험을 부보하는데 필요한 정보를 제공하여야 한다.

A4 인 도

매도인은 지정 인도장소에서, 합의된 일자 또는 합의된 기간 내에 지정 장소의 합의된 지점(있을 경우)에서, 매수인에 의하여 지정된 운송인 또는 기타의 자에게 물품을 인도하여야 한다.

인도는 다음과 같은 때에 완료된다.

a) 지정 장소가 매도인의 구내인 경우에는, 물품이 매수인에 의하여 제공된 운송수단상에 적재된 때.

b) 기타 모든 경우에는, 물품이 양화준비가 된 매도인의 운송수단상에서 매도인에 의하여 지정된 운송인 또는 기타의 자의 임의처분하에 둘 때.

지정된 인도장소 내에서 특정한 지점이 B7-d에 따라 매수인이 통지하지 아니하였거나 여러 개의 이용 가능한 지점이 있는 경우에는, 매도인은 자신의 목적에 가장 적합한 지점을 선택할 수 있다.

매수인이 매도인에게 별도로 통지하지 아니한 경우, 매도인은 물품의 수량 및/또는 성질에 따라 요구될 수 있는 그와 같은 방법으로 운송물품을 인도할 수 있다.

A5 위험의 이전

매도인은 B5에 기술된 상황에서의 멸실 또는 손상을 제외하고, 물품이 A4에 따라 인도될 때까지 물품에 대한 멸실 또는 손상의 모든 위험을 부담한다.

A6 비용의 분담

매도인은 다음과 같은 비용을 지급하여야 한다.

a) B6에 규정된 대로 매수인이 지급하는 비용을 제외하고 물품이 A4에 따라 인도될 때까지 물품에 관련한 모든 비용, 그리고

b) 적용 가능한 경우, 수출시 지급될 수 있는 모든 관세, 조세 및 기타 요금뿐만이 아니라 수출에 필요한 통관절차수속비용.

A7 매수인에 대한 통지

매도인은 매수인의 위험과 비용으로 물품이 A4에 따라 인도되었다거나 또는 매수인에 의하여 지정된 운송인 또는 기타의 자가 합의된 시간 내에 물품을 수령하지 못하였다는 것에 관하여 매수인에게 충분한 통지를 하여야 한다.

A8 인도서류

매도인은 자신의 비용으로 물품이 A4에 따라 인도되었다는 통상적인 증거를 매수인에게 제공하여야 한다.

매도인은 매수인의 요청과 위험 및 비용으로 운송서류를 취득하는데 따른 협조를 매수인에게 제공하여야 한다.

A9 점검·포장·화인

매도인은 수출국가 당국에 의하여 강제된 모든 선적 전 검사비용뿐만이 아니라, A4에 따라 물품을 인도하기 위하여 필요한 물품점검업무(품질, 용적, 중량, 수량 점검과 같은)의 비용을 지급하여야 한다.

매도인은 특수무역에서 물품이 무포장 상태로 매매되어 운송하는 것이 통상적이지 아니한 경우, 매도인은 자신의 비용으로 물품을 포장하여야 한다.

매수인이 매매계약의 체결 이전에 특정한 포장 요건을 통지하지 아니한 경우, 매도인은 물품운송에 적절한 방법으로 물품을 포장할 수 있다. 포장은 적절하게 화인이 표시되어야 한다.

A10 정보제공에 대한 협조 및 관련비용

매도인은 적용 가능한 경우, 시의 적절한 방법으로, 매수인의 요청과 위험 및 비용으로 매수인이 물품수출 및/또는 수입 및/또는 최종목적

지까지 물품운송에 필요한 안전 관련 정보를 포함하여 모든 서류 및 정보를 취득하는데 협조를 제공하거나 제시하여야 한다.

매도인은 B10에 규정된 대로 서류 및 정보를 취득하는데 따른 협조를 제공 또는 제시하고 매수인에 의하여 발생된 모든 비용과 요금을 상환하여야 한다.

B. 매수인의 의무

B1 매수인의 일반적 의무

매수인은 매매계약에 약정된 대로 물품대금을 지급하여야 한다.

B1-B10에 언급된 모든 서류는 당사자간에 합의되었거나 관습적인 경우, 동등한 전자기록 또는 절차로 대체될 수 있다.

B2 허가, 승인, 안전통관 및 기타 수속절차

적용 가능한 경우, 매수인 자신의 위험과 비용으로 모든 수출과 수입허가 또는 기타 공적 승인을 취득하고 물품수입 및 어떠한 국가를 통과하는 운송을 위한 모든 통관수속절차를 이행하는 것은 매수인의 책임이다.

B3 운송 및 보험계약

a) 운송계약

매수인은 운송계약이 A3 a)에 규정된 대로 매도인에 의하여 체결된 경우를 제외하고, 매수인 자신의 비용으로 지정된 인도장소로부터 물품운송계약을 체결하여야 한다.

b) 보험계약

매수인은 매도인에 대하여 보험계약을 체결할 의무를 부담하지 아니한다.

B4 인도의 수령

매수인은 A4와 A7에 규정된 대로 물품의 인도를 수령하여야 한다.

B5 위험의 이전

매수인은 물품이 A4의 규정에 따라 인도된 때로부터 물품의 멸실 또는 손상의 모든 위험을 부담한다.

a) 매수인이 B7에 따라 A4에 규정된 대로 운송인 또는 기타의 자의 지정을 통지하지 못하거나 또는 통지를 행하지 아니한 경우, 또는

b) A4에 규정된 대로 운송인 또는 매수인에 의하여 지정된 자가 자신의 관리하에 물품을 수령하지 아니한 경우에는, 매수인은 다음과 같은 때부터 멸실 또는 손상에 대한 모든 위험을 부담한다.

(i) 합의된 일자로부터, 또는 합의된 일자가 없는 경우,

(ii) 합의된 기간 내에 A7에 따라 매도인에 의하여 통지된 일자로부터, 또는 그러한 일자가 통지되지 아니한 경우,

(iii) 모든 합의된 인도기간의 만료일자로부터 단, 물품이 계약물품으로서 명확히 특정되어 있어야 한다.

B6 비용의 분담

매수인은 다음과 같은 비용을 지급하여야 한다.

a) 물품이 A4에 규정된 대로 인도된 때로부터 물품에 관련한 모든 비용.

단, 적용 가능한 경우, A6 b)에 언급된 대로 수출시에 지급되는 모든 관세, 조세 및 기타 요금뿐만이 아니라 통관수속절차 비용도 지급하여야 하고;

b) 다음과 같은 원인으로 발생된 모든 추가적인 비용:

(i) 매수인이 A4에 규정된 대로 운송인 또는 기타의 자를 지정하지 못한 경우, 또는

(ii) A4에 규정된 대로 매수인에 의하여 지정된 운송인 또는 기타의 자가 자신의 관리 하에 물품을 수령하지 아니한 경우, 또는

(iii) B7에 따라 매수인이 적절한 통지를 행하지 아니한 경우, 다만 물품이 계약물품으로서 명

확히 특정되어 있어야 한다. 그리고

c) 적용 가능한 경우, 물품이 수입시에 지급되는 통관수속절차 비용뿐만이 아니라 모든 관세, 조세 및 기타 요금 및 어떠한 국가를 통과하는 운송을 위한 비용.

B7 매도인에 대한 통지

매수인은 다음 사항을 매도인에게 통지하여야 한다.

a) 매도인이 A4에 따라 물품을 인도할 수 있도록 충분한 시간 내에 A4에 규정된 대로 지정된 운송인 또는 기타 자의 명칭;

b) 필요한 경우, 운송인 또는 지정된 자가 물품을 수령하게 될 합의된 인도 기간 내의 선택된 시간;

c) 지정된 자에 의하여 사용되는 운송방식; 그리고

d) 지정된 장소 내의 인도수령 지점.

B8 인도의 증거

매수인은 A에 규정된 대로 제공된 인도의 증거를 인수하여야 한다.

B9 물품검사

매수인은 수출국가 당국에 의하여 강제된 검사를 제외하고, 모든 강제적인 선적 전 검사비용을 지급하여야 한다.

B10 정보제공에 대한 협조 및 관련비용

매수인은 매도인이 A10의 규정을 따를 수 있도록, 시의적절한 방법으로, 매도인에게 모든 안전정보 필요사항을 통지하여야 한다.

매수인은 A10의 규정에 따라 서류 및 정보를 취득하는데 협조를 제공 또는 제시하고 매도인에 의하여 발생된 모든 비용과 요금을 매도인에게 상환하여야 한다.

적용 가능한 경우, 매수인은 매도인의 요청과 위험 및 비용으로 매도인이 물품운송과 수출 및 어떠한 국가를 통과하는 물품운송에 필요한 안전관련 정보를 포함하여 모든 서류 및 정보를 취득하는데 따른 협조를 시의 적절한 방법으로 매도인에게 제공 또는 제시하여야 한다.

3. CPT 운송비지급인도

운송비지급인도(지정 목적지 삽입) Incoterms® 2010

안내요지

운송비지급인도(Carriage Paid To)는 선택된 운송방식에 관계없이 사용될 수 있으며, 또한 둘 이상의 운송방식이 채택된 경우에도 사용될 수 있다.

운송비지급인도라 함은 합의된 장소(당사자간 어떠한 이와 같은 장소가 합의된 경우)에서 매도인이 지정한 운송인 또는 기타의 자에게 물품을 인도하고, 지정 목적지까지 물품 운송에 필요한 운송계약을 체결하고 운송비를 지급하여야 하는 것을 의미한다.

CPT, CIP, CFR 또는 CIF가 사용되는 경우, 매도인이 인도에 대한 의무는 물품이 목적지에 도착될 때가 아닌 물품이 운송인에게 교부될 때에 완료된다.

이 규칙은 두 가지의 중요한 분기점이 있다. 왜냐하면 위험이 이전되고 비용이 이전되는 지점이 상이한 장소에서 이루어지기 때문이다. 당사자는 매도인으로부터 매수인에게 이전되는 인도장소와 매도인이 운송계약을 체결하여야 하는 지정목적지에 관하여 계약에서 가능한 한 분명하게 확인 하는 것이 바람직하다. 합의된 목적지까지 운송을 위하여 다수의 운송인이 사용된 경우 및 당사자가 특정한 인도지점에 관하여 합의하지 아니한 경우, 위험이전의 기본적인 장소는 물품이 전적으로 매도인이 선택하에 매수인의 통제를 벗어난 지점에서 최초의 운송인에게 인도되는 시점이다. 만약 당사자가 위험의 이전시점을 그 이후의 단계(예컨대, 해양항구 또는 공항에서)로 하고자 하는 경우에는, 이를 계약서에 명시할 필요가 있다.

또한 당사자는 합의된 목적지 내의 지점을 가능한 한 명확하게 확인하는 것이 바람직하다. 왜냐하면 그 지점까지 비용부담은 매도인이 하기 때문이다. 매도인은 그러한 선택에 명확하게 일치하는 운송계약을 취득하도록 하여야 한다. 매도인이 자신의 운송계약에 따라 지정 목적지에서 양화와 관련된 비용을 부담하는 경우, 매도인은 당사자간에 별도 합의가 없는 한 매수인으로부터 그러한 비용을 보상받을 권한이 없다.

CPT는 적용 가능한 경우, 매도인에게 물품에 대한 수출통관을 하도록 요구하고 있다. 그러나 매도인은 물품의 수입통관을 하거나, 어떠한 수입관세의 지급 또는 어떠한 수입통관수속절차를 이행할 의무도 부담하지 아니한다.

A. 매도인의 의무

A1 매도인의 일반적 의무

매도인은 매매계약과 일치하는 물품과 상업송장 및 그밖에 계약에서 요구되는 모든 기타 일치증거를 제공하여야 한다. A1-A10에 언급된 모든 서류는 당사자간에 합의하거나 관습적인 경우, 동등한 전자기록 또는 절차로 대체될 수 있다.

A2 허가, 승인, 안전통관 및 기타 수속절차

적용 가능한 경우, 매도인은 자신의 위험 및 비용으로, 모든 수출허가 또는 기타 공적 승인을 취득하여야 하며, 또한 물품의 수출 및 인도하기 이전의 어떠한 국가를 통과하는 운송에 필요한 모든 통관수속절차를 이행하여야 한다.

A3 운송 및 보험계약

a) 운송계약

매도인은 인도장소에서 합의된 인도지점(있을 경우)으로부터 지정 목적지 또는 그 장소의 어떠한 지점(합의된 경우)까지 물품운송에 대하여 계약체결 또는 주선하여야 한다. 운송계약은 매도인의 비용으로 통상적인 조건에 다라 체결되어야 하며, 또한 통상적인 경로와 관습적인 방법으로 운송을 제공하여야 한다. 특정한 지점이 합의되지 아니하거나 또는 관례에 따라 결정되지 아니한 경우, 매도인은 자신의 목적에 가장 적합한 인도지점 및 지정 목적지의 지점을 선택할 수 있다.

b) 보험계약

매도인은 매수인에 대하여 보험계약을 체결할 의무를 부담하지 아니한다. 그러나 매도인은 매수인의 요청과 위험 및 비용(있을 경우)으로 매수인이 보험을 부보하는데 필요한 정보를 제공하여야 한다.

A4 인 도

매도인은 합의된 일자 또는 합의된 기간 내에 A3에 따라 계약된 운송인에게 건네어 물품을 인도하여야 한다.

A5 위험의 이전

매도인은 B5에 기술된 상황에서의 멸실 또는 손상을 제외하고, 물품이 A4에 따라 인도될 때까지 물품에 대한 멸실 또는 손상의 모든 위험을 부담한다.

A6 비용의 분담

매도인은 다음과 같은 비용을 지급하여야 한다.

a) B6에 규정된 대로 매수인이 지급하는 비용을 제외하고 물품이 A4에 따라 인도될 때까지 물품에 관련한 모든 비용;

b) 물품의 적재비용 및 운송계약에 따라 매도인이 부담한 목적지의 모든 양화비를 포함하여, A3 a)의 결과로 발생하는 운임 및 모든 기타 비용; 그리고

c) 적용 가능한 경우, 수출시 지급될 수 있는

모든 관세, 조세 및 기타 요금뿐만이 아니라 수출에 필요한 통관절차수속비용 및 운송계약에 따라 매도인이 부담한 어떠한 국가를 통과하는 운송비용.

A7 매수인에 대한 통지

매도인은 물품이 A4에 따라 인도되었다는 것을 매수인에게 통지하여야 한다.

매도인은 매수인이 물품을 수령할 수 있도록 하기 위하여 정상적으로 필요한 조치를 취할 수 있도록 매수인에게 필요한 모든 통지를 하여야 한다.

A8 인도서류

관습적으로 또는 매수인의 요청이 있는 경우, 매도인은 자신의 비용으로 A3에 따라 계약 체결된 운송을 위한 통상의 운송서류를 매수인에게 제공하여야 한다.

이 운송서류는 계약물품을 표시하여야 하며, 또한 선적을 위한 합의된 기간 내에 일부 되어 있어야 한다. 합의되었거나 또는 관습적인 경우, 서류는 매수인이 지정 목적지에서 운송인으로부터 물품을 청구할 수 있는 것이어야 하며, 또한 매수인이 후속되는 매수인에게 서류의 양도에 의하거나 또는 운송인에게 통지함으로써 운송 중 물품을 매각할 수 있는 것이어야 한다.

그와 같은 운송서류가 유통 가능한 형식이면서 수통의 원본으로 발행되는 경우, 원본 전통이 매수인에게 제시되어야 한다.

A9 점검·포장·화인

매도인은 수출국가 당국에 의하여 강제된 모든 선적 전 검사비용뿐만이 아니라, A4에 따라 물품을 인도하기 위하여 필요한 물품점검업무(품질, 용적, 중량, 수량 점검과 같은)의 비용을 지급하여야 한다.

매도인은 특수무역에서 물품이 무포장 상태로 매매되어 운송하는 것이 통상적이지 아니한 경우, 매도인은 자신의 비용으로 물품을 포장하여야 한다.

매수인이 매매계약의 체결 이전에 특정한 포장 요건을 통지하지 아니한 경우, 매도인은 물품 운송에 적절한 방법으로 물품을 포장할 수 있다. 포장은 적절하게 화인이 표시되어야 한다.

A10 정보제공에 대한 협조 및 관련비용

매도인은 적용 가능한 경우, 시의 적절한 방법으로, 매수인의 요청과 위험 및 비용으로 매수인이 물품수입 및/또는 최종목적지까지 물품운송에 필요한 안전 관련 정보를 포함하여 모든 서류 및 정보를 취득하는데 협조를 제공하거나 제시하여야 한다.

매도인은 B10에 규정된 대로 서류 및 정보를 취득하는데 따른 협조를 제공 또는 제시하고 매수인에 의하여 발생된 모든 비용과 요금을 상환하여야 한다.

B. 매수인의 의무

B1 매수인의 일반적 의무

매수인은 매매계약에 약정된 대로 물품대금을 지급하여야 한다.

B1-B10에 언급된 모든 서류는 당사자간에 합의되었거나 관습적인 경우, 동등한 전자기록 또는 절차로 대체될 수 있다.

B2 허가, 승인, 안전통관 및 기타 수속절차

적용 가능한 경우, 매수인 자신의 위험과 비용으로 모든 수출과 수입허가 또는 기타 공적 승인을 취득하고 물품수입 및 어떠한 국가를 통과하는 운송을 위한 모든 통관수속절차를 이행하는 것은 매수인의 책임이다.

B3 운송 및 보험계약

a) 운송계약

매수인은 매도인에 대하여 운송계약을 체결할 의무를 부담하지 아니한다.

b) 보험계약

매수인은 매도인에 대하여 보험계약을 체결할 의무를 부담하지 아니한다. 그러나 매수인은 요청시 보험을 부보하는데 필요한 정보를 매도인에게 제공하여야 한다.

B4 인도의 수령

매수인은 A4에 규정된 대로 물품의 인도를 수령하여야 하며, 또한 지정 목적지에서 운송인으로부터 물품을 수령하여야 한다.

B5 위험의 이전

매수인은 물품이 A4의 규정에 따라 인도된 때로부터 물품의 멸실 또는 손상의 모든 위험을 부담한다.

메수인이 B7에 따라 통지를 못한 경우, 또는 매수인은 인도에 대한 합의된 일자 또는 합의된 기간의 만료일자로부터 물품의 멸실 또는 손상에 대한 모든 위험을 부담한다. 단, 그 물품은 계약물품으로서 명확히 특정되어 있어야 한다.

B6 비용의 분담

매수인은 A3 a)에 규정된 조건에 따라 다음과 같은 비용을 지급하여야 한다.

a) 물품이 A4에 규정된 대로 인도된 때로부터 물품에 관련한 모든 비용.

단, 적용 가능한 경우, A6 c)에 언급된 대로 수출시에 지급되는 모든 관세, 조세 및 기타 요금뿐만이 아니라 통관수속절차 비용은 제외한다;

b) 운송계약에서 이와 같은 비용 및 요금이 매도인 부담이 아닌 경우, 합의된 목적지에 도착할 때까지 운송 중 물품에 관련한 모든 비용 및 요금;

c) 운송계약에서 이와 같은 비용이 매도인 부담이 아닌 경우의 양화비용;

d) B7에 따라 매수인이 적절한 통지를 행하지 아니한 경우, 발송을 위하여 합의된 일자 또는 합의된 기간의 만료일자로부터 발생되는 모든 추가비용. 단, 물품이 계약물품으로서 명확히 특정되어 있어야 한다. 그리고

e) 적용 가능한 경우, 물품이 수입시에 지급되는 통관수속절차 비용뿐만이 아니라 모든 관세, 조세 및 기타 요금 및 운송계약 비용에 포함되지 아니한 어떠한 국가를 통과하는 운송을 위한 비용.

B7 매도인에 대한 통지

매수인은 물품발송을 위한 시기 및/또는 지정 목적지 또는 그 장소 내의 물품수령 지점을 결정할 권한이 주어진 때에, 매도인에게 그에 관한 충분한 통지를 행하여야 한다.

B8 인도의 증거

매수인은 운송서류가 계약과 일치할 경우 A8에 규정된 대로 제공된 운송서류를 인수하여야 한다.

B9 물품검사

매수인은 수출국가 당국에 의하여 강제된 검사를 제외하고, 모든 강제적인 선적 전 검사비용을 지급하여야 한다.

B10 정보제공에 대한 협조 및 관련비용

매수인은 매도인이 A10의 규정을 따를 수 있도록, 시의적절한 방법으로, 매도인에게 모든 안전정보 필요사항을 통지하여야 한다.

매수인은 A10의 규정에 따라 서류 및 정보를 취득하는데 협조를 제공 또는 제시하고 매도인에 의하여 발생된 모든 비용과 요금을 매도인에게 상환하여야 한다.

적용 가능한 경우, 매수인은 매도인의 요청과 위험 및 비용으로 매도인이 물품운송과 수출 및 어떠한 국가를 통과하는 물품운송에 필요한 안전관련 정보를 포함하여 모든 서류 및 정보를

취득하는데 따른 협조를 시의 적절한 방법으로 매도인에게 제공 또는 제시하여야 한다.

4. CIP 운송비·보험료지급인도

운송비·보험료지급인도(지정 목적지 삽입) Incoterms® 2010

안내요지

운송비·보험료지급인도(CIP: Carriage and Insurance Paid to)는 선택된 운송방식에 관계없이 사용될 수 있으며, 또한 둘 이상의 운송방식이 채택된 경우에도 사용될 수 있다.

운송비·보험료지급인도라 함은 합의된 장소(당사자간 어떠한 이와 같은 장소가 합의된 경우)에서 매도인이 지정한 운송인 또는 기타의 자에게 물품을 인도하고, 지정 목적지까지 물품운송에 필요한 운송계약을 체결하고 운송비를 지급하여야 하는 것을 의미한다.

또한 매도인은 운송 중 물품의 멸실 또는 손상에 대한 매수인의 위험에 대하여 보험부보계약을 체결한다. 매수인은 CIP하에서 매도인이 단지 최소담보로 보험을 부보하도록 요구되는 점을 주의하여야 한다. 매수인이 더 많은 보험담보를 원할 경우, 매도인과 그만큼 명시적으로 합의하거나 또는 매수인 자신이 추가보험계약을 체결할 필요가 있다.

CPT, CIP, CFR 또는 CIF가 사용되는 경우, 매도인이 인도에 대한 의무는 물품이 목적지에 도착될 때가 아닌 물품이 운송인에게 교부될 때에 완료된다.

이 규칙은 두 가지의 중요한 분기점이 있다. 왜냐하면 위험이 이전되고 비용이 이전되는 지점이 상이한 장소에서 이루어지기 때문이다. 당[illegible]는 인도장소와, 매도인이 운송계약을 체결하여야 하는 지정목적지에 관하여 계약에서 가능한 한 분명하게 확인 하는 것이 바람직하다. 합의된 목적지까지 운송을 위하여 다수의 운송인이 사용된 경우 및 당사자가 특정한 인도지점에 관하여 합의하지 아니한 경우, 위험이전의 기본적인 장소는 물품이 전적으로 매도인이 선택하에 매수인의 통제를 벗어난 지점에서 최초의 운송인에게 인도되는 시점이다. 만약 당사자가 위험의 이전 시점을 그 이후의 단계(예컨대, 해양항구 또는 공항에서)로 하고자 하는 경우에는, 이를 계약서에 명시할 필요가 있다.

또한 당사자는 합의된 목적지 내의 지점을 가능한 한 명확하게 확인하는 것이 바람직하다. 왜냐하면 그 지점까지 비용부담은 매도인이 하기 때문이다. 매도인은 그러한 선택에 명확하게 일치하는 운송계약을 취득하도록 하여야 한다. 매도인이 자신의 운송계약에 따라 지정 목적지에서 양화와 관련된 비용을 부담하는 경우, 매도인은 당사자간에 별도 합의가 없는 한 매수인으로부터 그러한 비용을 보상받을 권한이 없다.

CIP는 적용 가능한 경우, 매도인에게 물품에 대한 수출통관을 하도록 요구하고 있다. 그러나 매도인은 물품의 수입통관을 하거나, 어떠한 수입관세의 지급 또는 어떠한 수입통관수속절차를 이행할 의무도 부담하지 아니한다.

A. 매도인의 의무

A 1 매도인의 일반적 의무

매도인은 매매계약과 일치하는 물품과 상업송장 및 그밖에 계약에서 요구되는 모든 기타 일치증거를 제공하여야 한다. A1－A10에 언급된 모든 서류는 당사자간에 합의하거나 관습적인 경우, 동등한 전자기록 또는 절차로 대체될 수 있다.

A2 허가, 승인, 안전통관 및 기타 수속절차

적용 가능한 경우, 매도인은 자신의 위험 및 비용으로, 모든 수출허가 또는 기타 공적 승인을 취득하여야 하며, 또한 물품의 수출 및 인도하기 이전의 어떠한 국가를 통과하는 운송에 필요한 모든 통관수속절차를 이행하여야 한다.

A3 운송 및 보험계약

a) 운송계약

매도인은 인도장소에서 합의된 인도지점(있을 경우)으로부터 지정 목적지 또는 그 장소의 어떠한 지점(합의된 경우)까지 물품운송에 대하여 계약체결 또는 주선하여야 한다. 운송계약은 매도인의 비용으로 통상적인 조건에 따라 체결되어야 하며, 또한 통상적인 경로와 관습적인 방법으로 운송을 제공하여야 한다. 특정한 지점이 합의되지 아니하거나 또는 관례에 따라 결정되지 아니한 경우, 매도인은 자신의 목적에 가장 적합한 인도지점 및 지정 목적지의 지점을 선택할 수 있다.

b) 보험계약

매도인은 자신의 비용으로 적어도 협회적화약관(LMA/IUA)의 (C) 조건 또는 이와 유사한 약관으로 규정된 최소담보에 일치하는 적화보험을 부보하여야 한다. 보험은 평판이 좋은 보험인수업자 또는 보험회사와 계약되어야 하며, 또한 매수인 또는 물품의 피보험이익을 가지고 있는 모든 기타의 자에게 보험자로부터 직접 보험금을 청구할 수 있는 권한이 부여되어야 한다.

매수인이 요청이 있는 경우, 매도인은 자신이 요청한 모든 필요한 정보를 매수인에게 제공하는 조건으로 매수인의 비용으로 주선 가능한 경우, 모든 추가적인 담보, 협회적화약관(LMA/IUA)의 (A) 또는 (B) 조건 또는 모든 유사한 약관에 의하여 규정된 담보 및/또는 협회전쟁약관 및/또는 협회동맹파업약관(LMA/ IUA) 또는 모든 유사한 약관과 일치하는 담보를 제공하여야 한다.

보험은 최소한 계약금액에 10%를 가산한 금액(즉, 110%)을 부보하여야 하며 또한 계약서의 통화로 되어야 한다.

보험은 A4 및 A5에 규정된 인도지점으로부터 최소한 지정 목적지까지 물품을 담보하여야 한다.

매도인은 매수인에게 보험증권 또는 기타 보험부보증명서를 제공하여야 한다.

그밖에 매도인은 매수인의 요청과 위험 및 비용(있을 경우)으로 매수인이 모든 추가보험을 주선하는데 필요한 정보를 매수인에게 제공하여야 한다.

A4 인 도

매도인은 합의된 일자 또는 합의된 기간 내에 A3에 따라 계약된 운송인에게 건네어 물품을 인도하여야 한다.

A5 위험의 이전

매도인은 B5에 기술된 상황에서의 멸실 또는 손상을 제외하고, 물품이 A4에 따라 인도될 때까지 물품에 대한 멸실 또는 손상의 모든 위험을 부담한다.

A6 비용의 분담

매도인은 다음과 같은 비용을 지급하여야 한다.

a) B6에 규정된 대로 매수인이 지급하는 비용을 제외하고 물품이 A4에 따라 인도될 때까지 물품에 관련한 모든 비용;

b) 물품의 적재비용 및 운송계약에 따라 매도인이 부담한 목적지의 모든 양화비를 포함하여, A3 a)의 결과로 발생하는 운임 및 모든 기타 비용;

c) A3 a)의 결과로 발생하는 보험 비용; 그리고

d) 적용 가능한 경우, 수출시 지급될 수 있는 모든 관세, 조세 및 기타 요금뿐만이 아니라 수출에 필요한 통관절차수속비용 및 운송계약에 따라 매도인이 부담한 어떠한 국가를 통과하는 운송비용.

A7 매수인에 대한 통지

매도인은 물품이 A4에 따라 인도되었다는 것

을 매수인에게 통지하여야 한다.

매도인은 매수인이 물품을 수령할 수 있도록 하기 위하여 정상적으로 필요한 조치를 취할 수 있도록 매수인에게 필요한 모든 통지를 하여야 한다.

A8 인도서류

관습적으로 또는 매수인의 요청이 있는 경우, 매도인은 자신의 비용으로 A3에 따라 계약 체결된 운송을 위한 통상의 운송서류를 매수인에게 제공하여야 한다.

이 운송서류는 계약물품을 표시하여야 하며, 또한 선적을 위한 합의된 기간 내에 일부 되어 있어야 한다. 합의되었거나 또는 관습적인 경우, 서류는 매수인이 지정 목적지에서 운송인으로부터 물품을 청구할 수 있는 것이어야 하며, 또한 매수인이 후속되는 매수인에게 서류의 양도에 의하거나 또는 운송인에게 통지함으로써 운송 중 물품을 매각할 수 있는 것이어야 한다.

그와 같은 운송서류가 유통 가능한 형식이면서 수통의 원본으로 발행되는 경우, 원본 전통이 매수인에게 제시되어야 한다.

A9 점검·포장·화인

매도인은 수출국가 당국에 의하여 강제된 모든 선적 전 검사비용뿐만이 아니라, A4에 따라 물품을 인도하기 위하여 필요한 물품점검업무(품질, 용적, 중량, 수량 점검과 같은)의 비용을 지급하여야 한다.

매도인은 특수무역에서 물품이 무포장 상태로 매매되어 운송하는 것이 통상적이지 아니한 경우, 매도인은 자신의 비용으로 물품을 포장하여야 한다.

매수인이 매매계약의 체결 이전에 특정한 포장 요건을 통지하지 아니한 경우, 매도인은 물품운송에 적절한 방법으로 물품을 포장할 수 있다. 포장은 적절하게 화인이 표시되어야 한다.

A10 정보제공에 대한 협조 및 관련비용

매도인은 적용 가능한 경우, 시의 적절한 방법으로, 매수인의 요청과 위험 및 비용으로 매수인이 물품수입 및/또는 최종목적지까지 물품운송에 필요한 안전 관련 정보를 포함하여 모든 서류 및 정보를 취득하는데 협조를 제공하거나 제시하여야 한다.

매도인은 B10에 규정된 대로 서류 및 정보를 취득하는데 따른 협조를 제공 또는 제시하고 매수인에 의하여 발생된 모든 비용과 요금을 상환하여야 한다.

B. 매수인의 의무

B1 매수인의 일반적 의무

매수인은 매매계약에 약정된 대로 물품대금을 지급하여야 한다.

B1-B10에 언급된 모든 서류는 당사자간에 합의되었거나 관습적인 경우, 동등한 전자기록 또는 절차로 대체될 수 있다.

B2 허가, 승인, 안전통관 및 기타 수속절차

적용 가능한 경우, 매수인 자신의 위험과 비용으로 모든 수출과 수입허가 또는 기타 공적 승인을 취득하고 물품수입 및 어떠한 국가를 통과하는 운송을 위한 모든 통관수속절차를 이행하는 것은 매수인의 책임이다.

B3 운송 및 보험계약

a) 운송계약

매수인은 매도인에 대하여 운송계약을 체결할 의무를 부담하지 아니한다.

b) 보험계약

매수인은 매도인에 대하여 보험계약을 체결할 의무를 부담하지 아니한다. 그러나 매수인은 요청시 매도인이 A3 b)에 규정된 대로 매수인이 요청하는 모든 추가적인 보험을 주선하는데 필요한 모든 정보를 매도인에게 제공하여야 한다.

B4 인도의 수령

매수인은 A4와 A7에 규정된 대로 물품의 인도를 수령하여야 하며, 또한 지정 목적지에서 운송인으로부터 물품을 수령하여야 한다.

B5 위험의 이전

매수인은 물품이 A4의 규정에 따라 인도된 때로부터 물품의 멸실 또는 손상의 모든 위험을 부담한다.

매수인이 B7에 따라 통지를 못한 경우, 이에 매수인은 인도에 대한 합의된 일자 또는 합의된 기간의 만료일자로부터 물품의 멸실 또는 손상에 대한 모든 위험을 부담한다. 단, 그 물품은 계약물품으로서 명확히 특정되어 있어야 한다.

B6 비용의 분담

매수인은 다음과 같은 비용을 지급하여야 한다.

a) 물품이 A4에 규정된 대로 인도된 때로부터 물품에 관련한 모든 비용.

단, 적용 가능한 경우, A6 d)에 언급된 대로 수출시에 지급되는 모든 관세, 조세 및 기타 요금뿐만이 아니라 통관수속절차 비용은 제외한다;

b) 운송계약에서 이와 같은 비용이 매도인 부담이 아닌 경우, 합의된 목적지에 도착할 때까지 운송 중 물품에 관련한 모든 비용 및 요금;

c) 운송계약에서 이와 같은 비용이 매도인 부담이 아닌 경우의 양화비용;

d) B7에 따라 매수인이 적절한 통지를 행하지 아니한 경우,

발송을 위하여 합의된 일자 또는 합의된 기간의 만료일자로부터 발생되는 모든 추가비용. 단, 물품이 계약물품으로서 명확히 특정되어 있어야 한다;

e) 적용 가능한 경우, 물품이 수입시에 지급되는 모든 관세, 조세 및 기타 요금뿐만이 아니라 통관수속절차 비용 및 운송계약 비용에 포함되지 아니한 어떠한 국가를 통과하는 운송을 위한 비용, 그리고

f) A3 및 B3에 따라 매수인의 요청으로 주선된 모든 추가보험비용.

B7 매도인에 대한 통지

매수인은 물품발송을 위한 시기 및/또는 지정 목적지 또는 그 장소 내의 물품수령 지점을 결정할 권한이 주어진 때에, 매도인에게 그에 관한 충분한 통지를 행하여야 한다.

B8 인도의 증거

매수인은 운송서류가 계약과 일치할 경우 A8에 규정된 대로 제공된 운송서류를 인수하여야 한다.

B9 물품검사

매수인은 수출국가 당국에 의하여 강제된 검사를 제외하고, 모든 강제적인 선적 전 검사비용을 지급하여야 한다.

B10 정보제공에 대한 협조 및 관련비용

매수인은 매도인이 A10의 규정을 따를 수 있도록, 시의적절한 방법으로, 매도인에게 모든 안전정보 필요사항을 통지하여야 한다.

매수인은 A10의 규정에 따라 서류 및 정보를 취득하는데 협조를 제공 또는 제시하고 매도인에 의하여 발생된 모든 비용과 요금을 매도인에게 상환하여야 한다.

적용 가능한 경우, 매수인은 매도인의 요청과 위험 및 비용으로 매도인이 물품운송과 수출 및 어떠한 국가를 통과하는 물품운송에 필요한 안전관련 정보를 포함하여 모든 서류 및 정보를 취득하는데 따른 협조를 시의 적절한 방법으로 매도인에게 제공 또는 제시하여야 한다.

5. DAT 터미널인도

터미널인도(지정 터미널 또는 지정 목적지 삽입) Incoterms® 2010

안내요지

터미널인도(Delivered At Terminal)는 선택된 운송방식에 관계없이 사용될 수 있으며, 또한 둘 이상의 운송방식이 채택된 경우에도 사용될 수 있다.

터미널인도라 함은 물품이 지정 목적항 또는 지정 목적지에 있는 지정 터미널에서 도착한 운송수단에서 일단 양화되어 매수인의 임의처분 상태로 둘 때 매도인이 인도하는 것을 의미한다. 터미널은 덮개 유무와 관계없이 부두, 창고, 컨테이너 야적장 또는 도로, 철도 또는 항공화물 터미널을 포함한다. 매도인은 지정 목적항 또는 지정 목적지에 있는 지정터미널까지의 물품운송 및 양화에 따른 모든 위험을 부담한다.

당사자는 매도인이 그 지점까지의 위험을 부담하여야 하는 합의된 항구 또는 목적지의 터미널 내의 특정지점을 가능한 한 분명하게 명시하는 것이 바람직하다. 왜냐하면 그 지점까지 위험부담은 매도인이 하기 때문이다. 매도인은 그러한 선택에 명확하게 일치하는 운송계약을 취득하도록 하여야 한다.

더욱이 당사자가 터미널에서 다른 장소까지 물품을 운송하고 취급하는데 따른 위험 및 비용을 매도인이 부담하기로 의도하는 경우에는 DAP 또는 DDP 규칙이 사용되어야 한다.

DAT는 적용 가능한 경우, 매도인에게 물품에 대한 수출통관을 하도록 요구하고 있다. 그러나 매도인은 물품의 수입통관을 하거나, 어떠한 수입관세의 지급 또는 어떠한 수입통관수속절차를 이행할 의무도 부담하지 아니한다.

A. 매도인의 의무

A1 매도인의 일반적 의무

매도인은 매매계약과 일치하는 물품과 상업송장 및 그밖에 계약에서 요구되는 모든 기타 일치증거를 제공하여야 한다.

A1-A10에 언급된 모든 서류는 당사자간에 합의하거나 관습적인 경우, 동등한 전자기록 또는 절차로 대체될 수 있다.

A2 허가, 승인, 안전통관 및 기타 수속절차

적용 가능한 경우, 매도인은 자신의 위험 및 비용으로, 모든 수출허가 또는 기타 공적 승인을 취득하여야 하며, 또한 물품의 수출 및 인도하기 이전의 어떠한 국가를 통과하는 운송에 필요한 모든 통관수속절차를 이행하여야 한다.

A3 운송 및 보험계약

a) 운송계약

매도인은 자신의 비용으로 지정 목적항 또는 지정 터미널까지 물품운송계약을 체결하여야 한다. 특정한 터미널이 합의되지 아니하거나 또는 관례에 따라 결정되지 아니한 경우, 매도인은 자신의 목적에 가장 적합한 합의된 목적항 또는 목적지 터미널을 선택할 수 있다.

b) 보험계약

매도인은 매수인에 대하여 보험계약을 체결할 의무를 부담하지 아니한다. 그러나 매도인은 매수인의 요청과 위험 및 비용(있을 경우)으로 매수인이 보험을 부보하는데 필요한 정보를 매수인에게 제공하여야 한다.

A4 인 도

매도인은 도착하는 운송수단으로부터 물품을 양화하여야 하며 또한 매도인은 합의된 일자 또는 합의된 기간 내에 목적항 또는 장소의 A3 a)에 언급된 지정 터미널에서 물품을 매수인의 임의 처분하에 둠으로써 물품을 인도하여야 한다.

A5 위험의 이전

매도인은 B5에 기술된 상황에서의 멸실 또는 손상을 제외하고, 물품이 A4에 따라 인도될 때까지 물품에 대한 멸실 또는 손상의 모든 위험을 부담한다.

A6 비용의 분담

매도인은 다음과 같은 비용을 지급하여야 한다.

a) B6에 규정된 대로 매수인이 지급하는 비용을 제외하고 A3 a)의 결과로 발생하는 비용에 추가하여 물품이 A4에 따라 인도될 때까지 물품에 관련한 모든 비용; 그리고

b) 적용 가능한 경우, 수출시 지급될 수 있는 모든 관세, 조세 및 기타 요금뿐만이 아니라 수출에 필요한 통관절차수속비용 및 A4에 따라 인도하기 이전의 어떠한 국가를 통과하는 운송비용.

A7 매수인에 대한 통지

매도인은 매수인이 물품을 수령할 수 있도록 하기 위하여 정상적으로 필요한 조치를 취할 수 있도록 매수인에게 필요한 모든 통지를 하여야 한다.

A8 인도서류

매도인은 자신의 비용으로 A4에 규정된 대로 매수인이 물품인도를 수령할 수 있는 서류를 매수인에게 제공하여야 한다.

A9 점검·포장·화인

매도인은 수출국가 당국에 의하여 강제된 모든 선적 전 검사비용뿐만이 아니라, A4에 따라 물품을 인도하기 위하여 필요한 물품점검업무(품질, 용적, 중량, 수량 점검과 같은)의 비용을 지급하여야 한다.

매도인은 특수무역에서 물품이 무포장 상태로 매매되어 운송하는 것이 통상적이지 아니한 경우, 매도인은 자신의 비용으로 물품을 포장하여야 한다.

매수인이 매매계약의 체결 이전에 특정한 포장 요건을 통지하지 아니한 경우, 매도인은 물품운송에 적절한 방법으로 물품을 포장할 수 있다. 포장은 적절하게 화인이 표시되어야 한다.

A10 정보제공에 대한 협조 및 관련비용

매도인은 적용 가능한 경우, 시의 적절한 방법으로, 매수인의 요청과 위험 및 비용으로 매수인이 물품의 수입 및/또는 최종목적지까지 물품운송에 필요한 안전 관련 정보를 포함하여 모든 서류 및 정보를 취득하는데 협조를 제공하거나 제시하여야 한다.

매도인은 B10에 규정된 대로 서류 및 정보를 취득하는데 따른 협조를 제공 또는 제시하고 매수인에 의하여 발생된 모든 비용과 요금을 상환하여야 한다.

B. 매수인의 의무

B1 매수인의 일반적 의무

매수인은 매매계약에 약정된 대로 물품대금을 지급하여야 한다.

B1-B10에 언급된 모든 서류는 당사자간에 합의되었거나 관습적인 경우, 동등한 전자기록 또는 절차로 대체될 수 있다.

B2 허가, 승인, 안전통관 및 기타 수속절차

적용 가능한 경우, 매수인은 자신의 위험 및 비용으로 모든 수입허가 또는 기타 공적 승인을 취득하여야 하며, 또한 물품수입을 위한 모든 통관수속절차를 이행하여야 한다.

B3 운송 및 보험계약

a) 운송계약

매수인은 매도인에 대하여 운송계약을 체결할 의무를 부담하지 아니한다.

b) 보험계약

매수인은 매도인에 대하여 보험계약을 체결할 의무를 부담하지 아니한다. 그러나 매수인은 요청시 보험을 부보하는데 필요한 정보를 매도인에게 제공하여야 한다.

B4 인도의 수령

매수인은 물품이 A4에 규정된 대로 인도된 경

우 물품의 인도를 수령하여야 한다.

B5 위험의 이전

매수인은 물품이 A4에 규정된 대로 인도된 때로부터 물품의 멸실 또는 손상의 모든 위험을 부담한다.

a) 매수인이 B2에 따라 자신의 의무를 완수하지 못한 경우, 그때 매수인은 물품의 멸실 또는 손상에 대한 모든 결과적인 위험을 부담하며; 또는

b) 매수인이 B7에 따라 통지를 못한 경우, 이에 매수인은 인도에 대한 합의된 일자 또는 합의된 기간의 만료일자로부터 물품의 멸실 또는 손상에 대한 모든 위험을 부담한다. 단, 그 물품은 계약물품으로서 명확히 특정되어 있어야 한다.

B6 비용의 분담

매수인은 다음과 같은 비용을 지급하여야 한다.

a) 물품이 A4에 규정된 대로 인도된 때로부터 물품에 관련한 모든 비용;

b) B2에 따라 매수인이 자신의 의무를 완수하지 못하거나 또는 B7에 따라 통지를 하지 아니한 경우에 발생된 모든 추가비용. 단, 물품이 계약물품으로서 명확히 특정되어 있어야 한다. 그리고

c) 적용 가능한 경우, 물품이 수입시에 지급되는 모든 관세, 조세 및 기타 요금뿐만이 아니라 통관수속절차 비용.

B7 매도인에 대한 통지

매수인은 합의된 기간 내의 시기 및/또는 지정 터미널에서의 인도수령 지점을 결정할 권한이 주어진 때에, 매도인에게 그에 관한 충분한 통지를 하여야 한다.

B8 인도의 증거

매수인은 A8에 규정된 대로 제공된 인도서류를 인수하여야 한다.

B9 물품검사

매수인은 매도인에 대하여 수출국가의 당국에 의하여 강제된 그와 같은 검사의 경우를 제외하고, 모든 강제적인 선적 전 검사비용을 지급하여야 한다.

B10 정보제공에 대한 협조 및 관련비용

매수인은 매도인이 A10의 규정을 따를 수 있도록, 시의적절한 방법으로, 매도인에게 모든 안전정보 필요사항을 통지하여야 한다.

매수인은 A10의 규정에 따라 서류 및 정보를 취득하는데 협조를 제공 또는 제시하고 매도인에 의하여 발생된 모든 비용과 요금을 매도인에게 상환하여야 한다.

적용 가능한 경우, 매수인은 매도인의 요청과 위험 및 비용으로 매도인이 물품운송과 수출 및 어떠한 국가를 통과하는 물품운송에 필요한 안전관련 정보를 포함하여 모든 서류 및 정보를 취득하는데 따른 협조를 시의 적절한 방법으로 매도인에게 제공 또는 제시하여야 한다.

6. DAP 목적지인도

목적지인도(지정 목적지 삽입) Incoterms® 2010

안내요지

목적지인도(Delivered At Place)는 선택된 운송방식에 관계없이 사용될 수 있으며, 또한 둘 이상의 운송방식이 채택된 경우에도 사용될 수 있다.

목적지인도라 함은 지정 목적지에서 양화를 위하여 준비된 도착 운송수단 상에서 물품을 매수인의 임의처분 상태로 둘 때 매도인이 인도하는 것을 의미한다. 매도인은 지정 장소까지의 물품운송에 포함된 모든 위험을 부담한다.

또한 당사자는 합의된 목적지 내의 지점을 가능한 한 명확하게 확인하는 것이 바람직하다. 왜

냐하면 그 지점까지 위험부담은 매도인이 하기 때문이다. 매도인은 그러한 선택에 명확하게 일치하는 운송계약을 취득하도록 하여야 한다. 매도인이 자신의 운송계약에 따라 지정 목적지에서 양화와 관련된 비용을 부담하는 경우, 매도인은 당사자 간에 별도 합의가 없는 한 매수인으로부터 그러한 비용을 보상받을 권한이 없다.

DAP는 적용 가능한 경우, 매도인에게 물품에 대한 수출통관을 하도록 요구하고 있다. 그러나 매도인은 물품의 수입통관을 하거나, 어떠한 수입관세의 지급 또는 어떠한 수입통관수속절차를 이행할 의무도 부담하지 아니한다.

당사자가 매도인이 물품에 대한 수입통관을 하고 모든 수입관세의 지급 및 모든 수입통관수속절차를 이행하기를 원할 경우, DDP 규칙이 사용되어야 한다.

A. 매도인의 의무

A1 매도인의 일반적 의무

매도인은 매매계약과 일치하는 물품과 상업송장 및 그밖에 계약에서 요구되는 모든 기타 일치증거를 제공하여야 한다.

A1-A10에 언급된 모든 서류는 당사자간에 합의하거나 관습적인 경우, 동등한 전자기록 또는 절차로 대체될 수 있다.

A2 허가, 승인, 안전통관 및 기타 수속절차

적용 가능한 경우, 매도인은 자신의 위험 및 비용으로, 모든 수출허가 및 기타 공적 승인을 취득하여야 하며, 또한 물품의 수출 및 인도하기 이전의 어떠한 국가를 통과하는 운송에 필요한 모든 통관수속절차를 이행하여야 한다.

A3 운송 및 보험계약

a) 운송계약

매도인은 자신의 비용으로 지정 목적지까지 또는 지정 목적지의 합의된 지점까지 물품운송계약을 체결하여야 한다. 특정한 지점이 합의되지 아니하거나 또는 관례에 따라 결정되지 아니한 경우, 매도인은 자신의 목적에 가장 적합한 지정 목적지의 지점을 선택할 수 있다.

b) 보험계약

매도인은 매수인에 대하여 보험계약을 체결할 의무를 부담하지 아니한다. 그러나 매도인은 매수인의 요청과 위험 및 비용(있을 경우)으로 매수인이 보험을 부보하는데 필요한 정보를 매수인에게 제공하여야 한다.

A4 인 도

매도인은 합의된 일자 또는 합의된 기간 내에 지전된 목적지의 합의된 지점(있을 경우)에서 양화를 위하여 준비되어 도착하는 운송수단상에서 물품을 매수인의 임의 처분 하에 둠으로써 이를 인도하여야 한다.

A5 위험의 이전

매도인은 B5에 기술된 상황에서의 멸실 또는 손상을 제외하고, 물품이 A4에 따라 인도될 때까지 물품에 대한 멸실 또는 손상의 모든 위험을 부담한다.

A6 비용의 분담

매도인은 다음과 같은 비용을 지급하여야 한다.

a) B6에 규정된 대로 매수인이 지급하는 비용을 제외하고 A3 a)의 결과로 발생하는 비용에 추가하여 물품이 A4에 따라 인도될 때까지 물품에 관련한 모든 비용; 그리고

b) 운송계약에 따라 매도인이 부담한 목적지의 모든 양화비; 그리고

c) 적용 가능한 경우, 수출시 지급될 수 있는 모든 관세, 조세 및 기타 요금뿐만이 아니라 수출에 필요한 통관절차수속비용 및 A4에 따라 인도하기 이전의 어떠한 국가를 통과하는 운송비용.

A7 매수인에 대한 통지

매도인은 매수인이 물품을 수령할 수 있도록 하기 위하여 정상적으로 필요한 조치를 취할 수 있도록 매수인에게 필요한 모든 통지를 하여야 한다.

A8 인도서류

매도인은 자신의 비용으로 A4/B4에 규정된 대로 매수인이 물품인도를 수령할 수 있는 서류를 매수인에게 제공하여야 한다.

A9 점검·포장·화인

매도인은 수출국가 당국에 의하여 강제된 모든 선적 전 검사비용뿐만이 아니라, A4에 따라 물품을 인도하기 위하여 필요한 물품점검업무(품질, 용적, 중량, 수량 점검과 같은)의 비용을 지급하여야 한다.

매도인은 특수무역에서 물품이 무포장 상태로 매매되어 운송하는 것이 통상적이지 아니한 경우, 매도인은 자신의 비용으로 물품을 포장하여야 한다.

매수인이 매매계약의 체결 이전에 특정한 포장 요건을 통지하지 아니한 경우, 매도인은 물품 운송에 적절한 방법으로 물품을 포장할 수 있다. 포장은 적절하게 화인이 표시되어야 한다.

A10 정보제공에 대한 협조 및 관련비용

매도인은 적용 가능한 경우, 시의 적절한 방법으로, 매수인의 요청과 위험 및 비용으로 매수인이 물품의 수입 및/또는 최종목적지까지 물품 운송에 필요한 안전 관련 정보를 포함하여 모든 서류 및 정보를 취득하는데 협조를 제공하거나 제시하여야 한다.

매도인은 B10에 규정된 대로 서류 및 정보를 취득하는데 따른 협조를 제공 또는 제시하고 매수인에 의하여 발생된 모든 비용과 요금을 매수인에게 상환하여야 한다.

B. 매수인의 의무

B1 매수인의 일반적 의무

매수인은 매매계약에 약정된 대로 물품대금을 지급하여야 한다.

B1-B10에 언급된 모든 서류는 당사자간에 합의되었거나 관습적인 경우, 동등한 전자기록 또는 절차로 대체될 수 있다.

B2 허가, 승인, 안전통관 및 기타 수속절차

적용 가능한 경우, 매수인은 자신의 위험 및 비용으로 모든 수입허가 또는 기타 공적 승인을 취득하여야 하며, 또한 물품수입을 위한 모든 통관수속절차를 이행하여야 한다.

B3 운송 및 보험계약

a) 운송계약

매수인은 매도인에 대하여 운송계약을 체결할 의무를 부담하지 아니한다.

b) 보험계약

매수인은 매도인에 대하여 보험계약을 체결할 의무를 부담하지 아니한다. 그러나 매수인은 요청시 보험을 부보하는데 필요한 정보를 매도인에게 제공하여야 한다.

B4 인도의 수령

매수인은 물품이 A4에 규정된 대로 인도된 경우 물품의 인도를 수령하여야 한다.

B5 위험의 이전

매수인은 물품이 A4에 규정된 대로 인도된 때로부터 물품의 멸실 또는 손상의 모든 위험을 부담한다.

a) 매수인이 B2에 따라 자신의 의무를 완수하지 못한 경우, 그때 매수인은 물품의 멸실 또는 손상에 대한 모든 결과적인 위험을 부담하며; 또는

b) 매수인이 B7에 따라 통지를 못한 경우, 이에 매수인은 인도에 대한 합의된 일자 또는 합의된 기간의 만료일자로부터 물품의 멸실 또는

손상에 대한 모든 위험을 부담한다. 단, 그 물품은 계약물품으로서 명확히 특정되어 있어야 한다.

B6 비용의 분담

매수인은 다음과 같은 비용을 지급하여야 한다.

a) 물품이 A4에 규정된 대로 인도된 때로부터 물품에 관련한 모든 비용;

b) 운송계약에서 이와 같은 비용이 매도인 부담이 아닌 경우, 지정 목적지에 도착하는 운송수단으로부터 물품인도의 수령을 하는데 필요한 모든 양화비용;

c) B2에 따라 매수인이 자신의 의무를 완수하지 못하거나 또는 B7에 따라 통지를 하지 아니한 경우에 매도인에 의하여 발생된 모든 추가비용. 단, 물품이 계약물품으로서 명확히 특정되어 있어야 한다; 그리고

d) 적용 가능한 경우, 물품이 수입시에 지급되는 모든 관세, 조세 및 기타 요금뿐만이 아니라 통관수속절차 비용.

B7 매도인에 대한 통지

매수인은 합의된 기간 내의 시기 및/또는 지정 목적지 내의 인도수령 지점을 결정할 권한이 주어진 때에, 매도인에게 그에 관한 충분한 통지를 하여야 한다.

B8 인도의 증거

매수인은 A8에 규정된 대로 제공된 인도서류를 인수하여야 한다.

B9 물품검사

매수인은 매도인에 대하여 수출 또는 수입 국가의 당국에 의하여 강제된 모든 강제적인 선적전 검사비용을 지급할 의무를 부담하지 아니한다.

B10 정보제공에 대한 협조 및 관련비용

매수인은 매도인이 A10의 규정을 따를 수 있도록, 시의적절한 방법으로, 매도인에게 모든 안전정보 필요사항을 통지하여야 한다.

매수인은 A10의 규정된 대로 서류 및 정보를 취득하는데 협조를 제공 또는 제시하고 매도인에 의하여 발생된 모든 비용과 요금을 매도인에게 상환하여야 한다.

적용 가능한 경우, 매수인은 매도인의 요청과 위험 및 비용으로 매도인이 물품운송, 수출과 수입 및 어떠한 국가를 통과하는 물품운송에 필요한 안전관련 정보를 포함하여 모든 서류 및 정보를 취득하는데 따른 협조를 시의 적절한 방법으로 매도인에게 제공 또는 제시하여야 한다.

7. DDP 관세지급인도

관세지급인도(지정 목적지 삽입) Incoterms® 2010

안내요지

관세지급인도(DDP: Delivered Duty Paid)는 선택된 운송방식에 관계없이 사용될 수 있으며, 또한 둘 이상의 운송방식이 채택된 경우에도 사용될 수 있다.

관세지급인도라 함은 지정 목적지에서 양화를 위하여 준비된 도착 운송수단상에서 수입 통관된 물품을 매수인의 임의처분 상태로 둘 때 매도인이 인도하는 것을 의미한다. 매도인은 목적지까지의 물품운송에 포함된 모든 비용 및 위험을 부담하며, 물품의 수출통관뿐만이 아니라 수입통관 의무를 부담하며, 또한 수출 및 수입에 대한 모든 관세를 지급하고 모든 통관수속절차를 이행할 의무가 있다.

DDP는 매도인의 최대의무(maximum obligation)를 나타낸다.

당사자는 합의된 목적지 내의 지점을 가능한 한 명확하게 확인하는 것이 바람직하다. 왜냐하면 그 지점까지 비용 및 위험 부담은 매도인이 하기 때문이다. 매도인은 그러한 선택에 명확하게 일치하는 운송계약을 취득하도록 하여야 한다. 매도인이 자신의 운송계약에 따라 지정된 목

적지에서 양화와 관련된 비용을 부담하는 경우, 매도인은 당사자간에 별도 합의가 없는 한 매수인으로부터 그러한 비용을 보상받을 권한이 없다.

매도인이 직접적으로 또는 간접적으로 수입통관을 할 수 없는 경우, 당사자는 DDP를 사용하지 아니하는 것이 바람직하다. 당사자가 매수인이 수입통관에 따른 모든 위험 및 비용 부담하는 것을 원할 경우, DAP 규칙이 사용되어야 한다.

매매계약에서 별도의 명시적 합의가 없는 한, 수입시에 지급되는 모든 부가가치세 또는 기타 조세는 매도인이 부담한다.

A. 매도인의 의무

A1 매도인의 일반적 의무

매도인은 매매계약과 일치하는 물품과 상업송장 및 그밖에 계약에서 요구되는 모든 기타 일치증거를 제공하여야 한다. A1－A10에 언급된 모든 서류는 당사자간에 합의하거나 관습적인 경우, 동등한 전자기록 또는 절차로 대체될 수 있다.

A2 허가, 승인, 안전통관 및 기타 수속절차

적용 가능한 경우, 매도인은 자신의 위험 및 비용으로, 모든 수출 및 수입허가 또는 기타 공적 승인을 취득하여야 하며, 또한 물품의 수출 및 어떠한 국가를 통과하는 운송 및 수입에 필요한 모든 통관수속절차를 이행하여야 한다.

A3 운송 및 보험계약

a) 운송계약

매도인은 자신의 비용으로 지정 목적지까지 또는 지정 목적지의 합의된 지점까지(있을 경우) 물품운송계약을 체결하여야 한다. 특정한 지점이 합의되지 아니하거나 또는 관례에 따라 결정되지 아니한 경우, 매도인은 자신의 목적에 가장 적합한 지정 목적지의 지점을 선택할 수 있다.

b) 보험계약

매도인은 매수인에 대하여 보험계약을 체결할 의무를 부담하지 아니한다. 그러나 매도인은 매수인의 요청과 위험 및 비용(있을 경우)으로 매수인이 보험을 부보하는데 필요한 정보를 제공하여야 한다.

A4 인 도

매도인은 합의된 일자 또는 합의된 기간 내에 지전된 목적지의 합의된 지점(있을 경우)에서 양화를 위하여 준비되어 도착하는 운송수단상에서 물품을 매수인의 임의처분하에 둠으로써 이를 인도하여야 한다.

A5 위험의 이전

매도인은 B5에 기술된 상황에서의 멸실 또는 손상을 제외하고, 물품이 A4에 따라 인도될 때까지 물품에 대한 멸실 또는 손상의 모든 위험을 부담한다.

A6 비용의 분담

매도인은 다음과 같은 비용을 지급하여야 한다.

a) B6에 규정된 대로 매수인이 지급하는 비용을 제외하고 A3 a)의 결과로 발생하는 비용에 추가하여 물품이 A4에 따라 인도될 때까지 물품에 관련한 모든 비용;

b) 운송계약에 따라 매도인이 부담한 목적지의 모든 양화비; 그리고

c) 적용 가능한 경우, 물품 수출 및 수입시 지급될 수 있는 모든 관세, 조세 및 기타 요금뿐만이 아니라 수출에 필요한 통관절차수속비용 및 A4에 따라 인도하기 이전의 어떠한 국가를 통과하는 운송비용.

A7 매수인에 대한 통지

매도인은 매수인이 물품을 수령할 수 있도록 하기 위하여 정상적으로 필요한 조치를 취할 수 있도록 매수인에게 필요한 모든 통지를 하여야

한다.

A8 인도서류

매도인은 자신의 비용으로 A4/B4에 규정된 대로 매수인이 물품인도를 수령할 수 있는 서류를 매수인에게 제공하여야 한다.

A9 점검·포장·화인

매도인은 수출국가 당국에 의하여 강제된 모든 선적 전 검사비용뿐만이 아니라, A4에 따라 물품을 인도하기 위하여 필요한 물품점검업무(품질, 용적, 중량, 수량 점검과 같은)의 비용을 지급하여야 한다.

매도인은 특수무역에서 물품이 무포장 상태로 매매되어 운송하는 것이 통상적이지 아니한 경우, 매도인은 자신의 비용으로 물품을 포장하여야 한다.

매수인이 매매계약의 체결 이전에 특정한 포장 요건을 통지하지 아니한 경우, 매도인은 물품운송에 적절한 방법으로 물품을 포장할 수 있다. 포장은 적절하게 화인이 표시되어야 한다.

A10 정보제공에 대한 협조 및 관련비용

매도인은 적용 가능한 경우, 시의 적절한 방법으로, 매수인의 요청과 위험 및 비용으로 매수인이 지정 목적지로부터 적용 가능한 경우 최종 목적지까지 물품운송에 필요한 안전 관련 정보를 포함하여 모든 서류 및 정보를 취득하는데 협조를 제공하거나 제시하여야 한다.

매도인은 B10에 규정된 대로 서류 및 정보를 취득하는데 따른 협조를 제공 또는 제시하고 매수인에 의하여 발생된 모든 비용과 요금을 상환하여야 한다.

B. 매수인의 의무

B1 매수인의 일반적 의무

매수인은 매매계약에 약정된 대로 물품대금을 지급하여야 한다.

B1-B10에 언급된 모든 서류는 당사자간에 합의되었거나 관습적인 경우, 동등한 전자기록 또는 절차로 대체될 수 있다.

B2 허가, 승인, 안전통관 및 기타 수속절차

적용 가능한 경우, 매수인은 매도인의 요청과 위험 및 비용으로 모든 수입허가 또는 물품수입을 위한 기타 공적 승인을 취득하는데 따른 협조를 매도인에게 제공하여야 한다.

B3 운송 및 보험계약

a) 운송계약

매수인은 매도인에 대하여 운송계약을 체결할 의무를 부담하지 아니한다.

b) 보험계약

매수인은 매도인에 대하여 보험계약을 체결할 의무를 부담하지 아니한다. 그러나 매수인은 요청시 보험을 부보하는데 필요한 정보를 매도인에게 제공하여야 한다.

B4 인도의 수령

매수인은 A4에 규정된 대로 물품의 인도를 수령하여야 한다.

B5 위험의 이전

매수인은 물품이 A4에 규정된 대로 인도된 때로부터 물품의 멸실 또는 손상의 모든 위험을 부담한다.

a) 매수인이 B2에 따라 자신의 의무를 완수하지 못한 경우, 그때 매수인은 물품의 멸실 또는 손상에 대한 모든 결과적인 위험을 부담하며; 또는

b) 매수인이 B7에 따라 통지를 못한 경우, 이에 매수인은 인도에 대한 합의된 일자 또는 합의된 기간의 만료일자로부터 물품의 멸실 또는 손상에 대한 모든 위험을 부담한다. 단, 그 물품은 계약물품으로서 명확히 특정되어 있어야 한다.

B6 비용의 분담

매수인은 다음과 같은 비용을 지급하여야 한다.

a) 물품이 A4에 규정된 대로 인도된 때로부터 물품에 관련한 모든 비용;

b) 운송계약에서 이와 같은 비용이 매도인 부담이 아닌 경우, 지정 목적지에 도착하는 운송수단으로부터 물품인도의 수령을 하는데 필요한 양화비용; 그리고

c) B2에 따라 매수인이 자신의 의무를 완수하지 못하거나 또는 B7에 따라 통지를 하지 아니한 경우에 발생된 모든 추가비용. 단, 물품이 계약물품으로서 명확히 특정되어 있어야 한다.

B7 매도인에 대한 통지

매수인은 합의된 기간 내의 시기 및/또는 지정 목적지 내의 물품인도의 수령 지점을 결정할 권한이 주어진 때에, 매도인에게 그에 관한 충분한 통지를 하여야 한다.

B8 인도의 증거

매수인은 A8에 규정된 대로 제공된 인도서류를 인수하여야 한다.

B9 물품검사

매수인은 매도인에 대하여 수출 또는 수입 국가의 당국에 의하여 강제된 모든 강제적인 선적전 검사비용을 지급할 의무를 부담하지 아니한다.

B10 정보제공에 대한 협조 및 관련비용

매수인은 매도인이 A10의 규정을 따를 수 있도록, 시의적절한 방법으로, 매도인에게 모든 안전정보 필요사항을 통지하여야 한다.

매수인은 A10의 규정에 따라 서류 및 정보를 취득하는데 협조를 제공 또는 제시하고 매도인에 의하여 발생된 모든 비용과 요금을 매도인에게 상환하여야 한다.

적용 가능한 경우, 매수인은 매도인의 요청과 위험 및 비용으로 매도인이 물품운송, 수출과수입 및 어떠한 국가를 통과하는 물품운송에 필요한 안전관련 정보를 포함하여 모든 서류 및 정보를 취득하는데 따른 협조를 시의 적절한 방법으로 매도인에게 제공 또는 제시하여야 한다.

해상 및 내수로 운송을 위한 규칙

8. FAS 선측인도

선측인도(지정 선적항 삽입) Incoterms® 2010

안내요지

선측인도(Free Alongside Ship)는 해상운송 또는 내수로 운송에만 사용될 수 있다.

선측인도라 함은 물품이 지정 선적항에서 매수인이 지정한 본선의 선측(예컨대, 부두 또는 부선 상)에 둘 때 매도인이 인도하는 것을 의미한다. 물품의 멸실 또는 손상의 위험은 물품이 본선 선측에 둘 때 이전되며 매수인은 그 시점으로부터 모든 비용을 부담한다.

당사자는 지정 선적항의 적재 지점을 가능한 한 명확하게 명시하는 것이 바람직하다. 왜냐하면 그 지점까지의 비용 및 위험이 매도인이 부담하며, 또한 이러한 비용 및 관련되는 취급수수료는 항구의 관례에 따라 다를 수 있기 때문이다.

매도인은 선박의 선측에서 물품을 인도하거나 또는 선적을 위하여 이미 그와 같이 인도된 물품을 조달(procure)하여야 한다. 여기에서 "조달"이라는 언급은 상품무역에 있어서 흔히 발생하는 다수의 판매사슬("연속판매")에 부응하기 위한 것이다.

물품이 컨테이너에 적재되는 경우, 본선의 선측이 아닌 터미널에서 매도인이 운송인에게 물품을 교부하는 것이 전형적인 것이다. 이러한 경우 FAS 규칙은 부적절하며, FCA 규칙이 사용되어야 한다.

FAS는 적용 가능한 경우, 매도인에게 물품에 대한 수출통관을 하도록 요구하고 있다. 그러나 매도인은 물품의 수입통관을 하거나, 어떠한 수입관세의 지급 또는 어떠한 수입통관수속절차를

이행할 의무도 부담하지 아니한다.

A. 매도인의 의무

A1 매도인의 일반적 의무

매도인은 매매계약과 일치하는 물품과 상업송장 및 그밖에 계약에서 요구되는 모든 기타 일치증거를 제공하여야 한다.

A1－A10에 언급된 모든 서류는 당사자간에 합의하거나 관습적인 경우, 동등한 전자기록 또는 절차로 대체될 수 있다.

A2 허가, 승인, 안전통관 및 기타 수속절차

적용 가능한 경우, 매도인은 자신의 위험 및 비용으로, 모든 수출허가 또는 기타 공적 승인을 취득하여야 하며, 또한 물품수출에 필요한 모든 통관수속절차를 이행하여야 한다.

A3 운송 및 보험계약

a) 운송계약

매도인은 매수인에 대하여 운송계약을 체결할 의무를 부담하지 아니한다. 그러나 매수인이 요청한 경우 또는 상업적 관례가 있고 매수인이 적절한 때에 그 반대의 지시를 하지 아니한 경우, 매도인은 매수인의 위험과 비용으로 통상적인 조건의 운송계약을 할 수 있다. 매도인은 어느 경우에도 운송계약의 체결을 거절할 수 있으며 그렇게 하는 경우, 매수인에게 즉시 통지하여야 한다.

b) 보험계약

매도인은 매수인에 대하여 보험계약을 체결할 의무를 부담하지 아니한다. 그러나 매도인은 매수인의 요청과 위험 및 비용(있을 경우)으로 매수인이 보험을 부보하는데 필요한 정보를 제공하여야 한다.

A4 인 도

매도인은 지정 선적항에서 매수인에 의하여 지명된 적재지점(있을 경우)에서 매수인에 의하여 지정 선박의 선측에 물품을 두거나 또는 그렇게 인도된 물품을 조달함으로써 물품을 인도하여야 한다. 어느 경우에나, 매도인은 합의된 일자 또는 합의된 기간 내에 그리고 항구의 관습적인 방법에 따라 물품을 인도하여야 한다.

특정한 적재지점이 매수인에 의하여 지명되지 아니한 경우, 매도인은 지정 선적항 내에서 자신의 목적에 가장 적합한 지점을 선택할 수 있다. 당사자가 인도가 어느 기간 내에 이루어지는 것으로 합의된 경우, 매수인은 그와 같은 기간 내의 일자에 대한 선택권을 가진다.

A5 위험의 이전

매도인은 B5에 기술된 상황에서의 멸실 또는 손상을 제외하고, 물품이 A4에 따라 인도될 때까지 물품에 대한 멸실 또는 손상의 모든 위험을 부담한다.

A6 비용의 분담

매도인은 다음과 같은 비용을 지급하여야 한다.

a) B6에 규정된 대로 매수인이 지급하는 비용을 제외하고, 물품이 A4에 따라 인도될 때까지 물품에 관련한 모든 비용; 그리고

b) 적용 가능한 경우, 수출시 지급될 수 있는 모든 관세, 조세 및 기타 요금뿐만이 아니라 수출에 필요한 통관절차수속비용.

A7 매수인에 대한 통지

매도인은 매수인의 위험과 비용으로 물품이 A4에 따라 인도되었다거나 또는 본선이 합의된 시간 내에 물품을 수령하지 못하였다는 것에 관하여 매수인에게 충분한 통지를 하여야 한다.

A8 인도서류

매도인은 자신의 비용으로 물품이 A4에 따라 인도되었다는 통상적인 증거를 매수인에게 제공하여야 한다.

그와 같은 증거가 운송서류가 아닌 경우, 매

도인은 매수인의 요청과 위험 및 비용으로 운송서류를 취득하는데 따른 협조를 매수인에게 제공하여야 한다.

A9 점검·포장·화인

매도인은 수출국가 당국에 의하여 강제된 모든 선적 전 검사비용뿐만이 아니라, A4에 따라 물품을 인도하기 위하여 필요한 물품점검업무(품질, 용적, 중량, 수량 점검과 같은)의 비용을 지급하여야 한다.

매도인은 특수무역에서 물품이 무포장 상태로 매매되어 운송하는 것이 통상적이지 아니한 경우, 매도인은 자신의 비용으로 물품을 포장하여야 한다.

매수인이 매매계약의 체결 이전에 특정한 포장 요건을 통지하지 아니한 경우, 매도인은 물품운송에 적절한 방법으로 물품을 포장할 수 있다. 포장은 적절하게 화인이 표시되어야 한다.

A10 정보제공에 대한 협조 및 관련비용

매도인은 적용 가능한 경우, 시의적절한 방법으로, 매수인의 요청과 위험 및 비용으로 매수인이 물품수입 및/또는 최종목적지까지 물품운송에 필요한 안전 관련 정보를 포함하여 모든 서류 및 정보를 취득하는데 협조를 제공하거나 제시하여야 한다.

매도인은 B10에 규정된 대로 서류 및 정보를 취득하는데 따른 협조를 제공 또는 제시하고 매수인에 의하여 발생된 모든 비용과 요금을 상환하여야 한다.

B. 매수인의 의무

B1 매수인의 일반적 의무

매수인은 매매계약에 약정된 대로 물품대금을 지급하여야 한다.

B1-B10에 언급된 모든 서류는 당사자간에 합의되었거나 관습적인 경우, 동등한 전자기록 또는 절차로 대체될 수 있다.

B2 허가, 승인, 안전통관 및 기타 수속절차

적용 가능한 경우, 매수인 자신의 위험과 비용으로 모든 수입허가 또는 기타 공적 승인을 취득하고 물품수입 및 어떠한 국가를 통과하는 운송을 위한 모든 통관수속절차를 이행하는 것은 매수인의 책임이다.

B3 운송 및 보험계약

a) 운송계약

매수인은 운송계약이 A3 a)에 규정된 대로 매도인에 의하여 체결된 경우를 제외하고, 매수인 자신의 비용으로 지정 선적항으로부터 물품운송계약을 체결하여야 한다.

b) 보험계약

매수인은 매도인에 대하여 보험계약을 체결할 의무를 부담하지 아니한다.

B4 인도의 수령

매수인은 A4에 규정된 대로 인도된 경우, 물품의 인도를 수령하여야 한다.

B5 위험의 이전

매수인은 물품이 A4에 규정된 대로 인도된 때로부터 물품의 멸실 또는 손상의 모든 위험을 부담한다.

a) 매수인이 B7에 따라 본선의 지정을 통지하지 못한 경우; 또는

b) 매수인에 의하여 지정된 본선이 적기에 도착하지 아니하거나 또는 물품을 수령을 못하거나 또는 B7에 따라 통지된 때보다 조기에 화물을 마감한 경우;

그때 매수인은 인도를 위하여 합의된 일자 또는 합의된 기간의 만료일자로부터 물품의 멸실 또는 손상에 대한 모든 위험을 부담한다. 단, 물품이 계약물품으로서 명확히 특정되어 있어야 한다.

B6 비용의 분담

매수인은 다음과 같은 비용을 지급하여야 한다.

a) 물품이 A4에 규정된 대로 인도된 때로부터 물품에 관련한 모든 비용.

단, 적용 가능한 경우, A6 b)에 언급된 대로 수출시에 지급되는 모든 관세, 조세 및 기타 요금뿐만이 아니라 통관수속절차 비용은 제외한다;

b) 다음과 같은 원인으로 발생된 모든 추가적인 비용:

(i) B7에 따라 매수인이 적절한 통지를 행하지 못한 경우, 또는

(ii) 매수인에 의하여 지명된 본선이 적기에 도착되지 못하거나, 물품을 수령할 수 없거나, 또는 B7에 따라 통지된 때보다 조기에 화물을 마감한 경우. 단, 물품이 계약물품으로서 명확히 특정되어 있어야 한다; 그리고

c) 적용 가능한 경우, 물품이 수입시에 지급되는 통관수속절차 비용뿐만이 아니라 모든 관세, 조세 및 기타 요금 및 어떠한 국가를 통과하는 운송을 위한 비용.

B7 매도인에 대한 통지

매수인은 본선의 명칭, 적재지점 및 필요한 경우에 합의된 기간 내 선택된 인도시기에 관하여 충분한 통지를 하여야 한다.

B8 인도의 증거

매수인은 A8에 규정된 대로 제공된 인도의 증거를 인수하여야 한다.

B9 물품검사

매수인은 수출국가 당국에 의하여 강제된 검사를 제외하고, 모든 강제적인 선적 전 검사비용을 지급하여야 한다.

B10 정보제공에 대한 협조 및 관련비용

매수인은 매도인이 A10의 규정에 따를 수 있도록, 시의적절한 방법으로, 매도인에게 모든 안전정보 필요사항을 통지하여야 한다.

매수인은 A10의 규정된 대로 서류 및 정보를 취득하는데 협조를 제공 또는 제시하고 매도인에 의하여 발생된 모든 비용과 요금을 매도인에게 상환하여야 한다.

적용 가능한 경우, 매수인은 매도인의 요청과 위험 및 비용으로 매도인이 물품운송과 수출 및 어떠한 국가를 통과하는 물품운송에 필요한 안전관련 정보를 포함하여 모든 서류 및 정보를 취득하는데 따른 협조를 시의 적절한 방법으로 매도인에게 제공 또는 제시하여야 한다.

9. FOB 본선인도

본선인도(지정 선적항 삽입) Incoterms® 2010

안내요지

본선인도(Free On Board)는 해상운송 또는 내수로 운송에만 사용될 수 있다.

본선인도라 함은 매도인이 지정 선적항에서 매수인에 의하여 지정된 본선상에 물품을 인도하거나 또는 이미 그렇게 인도된 물품을 조달하는 것을 의미한다. 물품의 멸실 또는 손상의 위험은 물품이 본선의 갑판상에 적재된 때에 이전되며, 매수인은 그 시점으로부터 모든 비용을 부담한다.

매도인은 본선의 갑판상에 물품을 인도하거나 또는 선적을 위하여 이미 그와 같이 인도된 물품을 조달(procure)하여야 한다. 여기에서 "조달"이라는 언급은 상품무역에 있어서 흔히 발생하는 다수의 판매사슬("연속판매")에 부응하기 위한 것이다.

FOB는 물품이 본선의 갑판상에 적재되기 이전 운송인에게 물품이 교부되어지는 경우, 예컨대 전형적으로 터미널에서 인도되는 컨테이너 물품의 경우에는 적절하지 아니할 수 있다. 이러한 경우에는 FCA 규칙이 사용되어야 한다.

FOB는 적용 가능한 경우, 매도인에게 물품에

대한 수출통관을 하도록 요구하고 있다. 그러나 매도인은 물품의 수입통관을 하거나, 어떠한 수입관세의 지급 또는 어떠한 수입통관수속절차를 이행할 의무도 부담하지 아니한다.

A. 매도인의 의무

A1 매도인의 일반적 의무

매도인은 매매계약과 일치하는 물품과 상업송장 및 그밖에 계약에서 요구되는 모든 기타 일치증거를 제공하여야 한다.

A1-A10에 언급된 모든 서류는 당사자간에 합의하거나 관습적인 경우, 동등한 전자기록 또는 절차로 대체될 수 있다.

A2 허가, 승인, 안전통관 및 기타 수속절차

적용 가능한 경우, 매도인은 자신의 위험 및 비용으로, 모든 수출허가 또는 기타 공적 승인을 취득하여야 하며, 또한 물품수출에 필요한 모든 통관수속절차를 이행하여야 한다.

A3 운송 및 보험계약

a) 운송계약

매도인은 매수인에 대하여 운송계약을 체결할 의무를 부담하지 아니한다. 그러나 매수인이 요청한 경우 또는 상업적 관례가 있고 매수인이 적절한 때에 그 반대의 지시를 하지 아니한 경우, 매도인은 매수인의 위험과 비용으로 통상적인 조건의 운송계약을 할 수 있다. 매도인은 어느 경우에도 운송계약의 체결을 거절할 수 있으며 그렇게 하는 경우, 매수인에게 즉시 통지하여야 한다.

b) 보험계약

매도인은 매수인에 대하여 보험계약을 체결할 의무를 부담하지 아니한다. 그러나 매도인은 매수인의 요청과 위험 및 비용(있을 경우)으로 매수인이 보험을 부보하는데 필요한 정보를 제공하여야 한다.

A4 인 도

매도인은 지정 선적항에서 매수인에 의하여 지명된 적재지점(있을 경우)에서 매수인에 의하여 지정된 본선의 갑판상에 물품을 두거나 또는 그렇게 인도된 물품을 조달함으로써 물품을 인도하여야 한다. 어느 경우에나, 매도인은 합의된 일자 또는 합의된 기간 내에 그리고 항구의 관습적인 방법에 따라 물품을 인도하여야 한다.

특정한 적재지점이 매수인에 의하여 지명되지 아니한 경우, 매도인은 자신의 목적에 가장 적합한 지점을 선택할 수 있다.

A5 위험의 이전

매도인은 B5에 기술된 상황에서의 멸실 또는 손상을 제외하고, 물품이 A4에 따라 인도될 때까지 물품에 대한 멸실 또는 손상의 모든 위험을 부담한다.

A6 비용의 분담

매도인은 다음과 같은 비용을 지급하여야 한다.

a) B6에 규정된 대로 매수인이 지급하는 비용을 제외하고, 물품이 A4에 따라 인도될 때까지 물품에 관련한 모든 비용; 그리고

b) 적용 가능한 경우, 수출시 지급될 수 있는 모든 관세, 조세 및 기타 요금뿐만이 아니라 수출에 필요한 통관절차수속비용.

A7 매수인에 대한 통지

매도인은 매수인의 위험과 비용으로 물품이 A4에 따라 인도되었다거나 또는 본선이 합의된 시간 내에 물품을 수령하지 못하였다는 것에 관하여 매수인에게 충분한 통지를 하여야 한다.

A8 인도서류

매도인은 자신의 비용으로 물품이 A4에 따라 인도되었다는 통상적인 증거를 매수인에게 제공하여야 한다.

그와 같은 증거가 운송서류가 아닌 경우, 매

도인은 매수인의 요청과 위험 및 비용으로 운송 서류를 취득하는데 따른 협조를 매수인에게 제공하여야 한다.

A9 점검·포장·화인

매도인은 수출국가 당국에 의하여 강제된 모든 선적 전 검사비용뿐만이 아니라, A4에 따라 물품을 인도하기 위하여 필요한 물품점검업무(품질, 용적, 중량, 수량 점검과 같은)의 비용을 지급하여야 한다.

매도인은 특수무역에서 물품이 무포장 상태로 매매되어 운송하는 것이 통상적이지 아니한 경우, 매도인은 자신의 비용으로 물품을 포장하여야 한다.

매수인이 매매계약의 체결 이전에 특정한 포장 요건을 통지하지 아니한 경우, 매도인은 물품운송에 적절한 방법으로 물품을 포장할 수 있다. 포장은 적절하게 화인이 표시되어야 한다.

A10 정보제공에 대한 협조 및 관련비용

매도인은 적용 가능한 경우, 시의적절한 방법으로, 매수인의 요청과 위험 및 비용으로 매수인이 물품수입 및/또는 최종목적지까지 물품운송에 필요한 안전 관련 정보를 포함하여 모든 서류 및 정보를 취득하는데 협조를 제공하거나 제시하여야 한다.

매도인은 B10에 규정된 대로 서류 및 정보를 취득하는데 따른 협조를 제공 또는 제시하고 매수인에 의하여 발생된 모든 비용과 요금을 상환하여야 한다.

B. 매수인의 의무

B1 매수인의 일반적 의무

매수인은 매매계약에 약정된 대로 물품대금을 지급하여야 한다.

B1－B10에 언급된 모든 서류는 당사자간에 합의되었거나 관습적인 경우, 동등한 전자기록 또는 절차로 대체될 수 있다.

B2 허가, 승인, 안전통관 및 기타 수속절차

적용 가능한 경우, 매수인 자신의 위험과 비용으로 모든 수입허가 또는 기타 공적 승인을 취득하고 물품수입 및 어떠한 국가를 통과하는 운송을 위한 모든 통관수속절차를 이행하는 것은 매수인의 책임이다.

B3 운송 및 보험계약

a) 운송계약

매수인은 운송계약이 A3 a)에 규정된 대로 매도인에 의하여 체결된 경우를 제외하고, 매수인 자신의 비용으로 지정 선적항으로부터 물품운송계약을 체결하여야 한다.

b) 보험계약

매수인은 매도인에 대하여 보험계약을 체결할 의무를 부담하지 아니한다.

B4 인도의 수령

매수인은 A4와 A7에 규정된 대로 물품의 인도를 수령하여야 한다.

B5 위험의 이전

매수인은 물품이 A4에 규정된 대로 인도된 때로부터 물품의 멸실 또는 손상의 모든 위험을 부담한다.

a) 매수인이 B7에 따라 본선의 지정을 통지하지 못한 경우; 또는

b) 매수인에 의하여 지정된 본선이 A4에 규정에 따를 수 있도록 적기에 도착하지 아니하거나, 물품을 수령할 수 없거나, 또는 B7에 따라 통지된 때보다 조기에 화물을 마감한 경우에는, 그 때 매수인은 다음과 같은 때부터 멸실 또는 손상에 대한 모든 위험을 부담한다:

(i) 합의된 일자로부터, 또는 합의된 일자가 없는 경우,

(ii) 합의된 기간 내에 A7에 따라 매도인에 의하여 통지된 일자로부터, 또는 그러한 일자가 통

지되지 아니한 경우,

(iii) 모든 합의된 인도기간의 만료일자로부터. 단, 물품이 계약물품으로서 명확히 특정되어 있어야 한다.

B6 비용의 분담

매수인은 다음과 같은 비용을 지급하여야 한다.

a) 물품이 A4에 규정된 대로 인도된 때로부터 물품에 관련한 모든 비용.

단, 적용 가능한 경우, A6 b)에 언급된 대로 수출시에 지급되는 모든 관세, 조세 및 기타 요금뿐만이 아니라 통관수속절차 비용은 제외한다;

b) 다음과 같은 원인으로 발생된 모든 추가적인 비용:

(i) B7에 따라 매수인이 적절한 통지를 행하지 못한 경우, 또는

(ii) 매수인에 의하여 지명된 본선이 적기에 도착되지 못하거나, 물품을 수령할 수 없거나, 또는 B7에 따라 통지된 때보다 조기에 화물을 마감한 경우. 단, 물품이 계약물품으로서 명확히 특정되어 있어야 한다; 그리고

c) 적용 가능한 경우, 물품이 수입시에 지급되는 통관수속절차 비용뿐만이 아니라 모든 관세, 조세 및 기타 요금 및 어떠한 국가를 통과하는 운송을 위한 비용.

B7 매도인에 대한 통지

매수인은 본선의 명칭, 적재지점 및 필요한 경우에 합의된 기간 내 선택된 인도시기에 관하여 충분한 통지를 하여야 한다.

B8 인도의 증거

매수인은 A8에 규정된 대로 제공된 인도의 증거를 인수하여야 한다.

B9 물품검사

매수인은 수출국가 당국에 의하여 강제된 검사를 제외하고, 모든 강제적인 선적전 검사비용을 지급하여야 한다.

B10 정보제공에 대한 협조 및 관련비용

매수인은 매도인이 A10의 규정에 따를 수 있도록, 시의적절한 방법으로, 매도인에게 모든 안전정보 필요사항을 통지하여야 한다.

매수인은 A10의 규정된 대로 서류 및 정보를 취득하는데 협조를 제공 또는 제시하고 매도인에 의하여 발생된 모든 비용과 요금을 매도인에게 상환하여야 한다.

적용 가능한 경우, 매수인은 매도인의 요청과 위험 및 비용으로 매도인이 물품운송과 수출 및 어떠한 국가를 통과하는 물품운송에 필요한 안전관련 정보를 포함하여 모든 서류 및 정보를 취득하는데 따른 협조를 시의 적절한 방법으로 매도인에게 제공 또는 제시하여야 한다.

10. CFR 운임포함인도

운임포함인도(지정 목적항 삽입) Incoterms® 2010

안내요지

운임포함인도(Cost And Freight)는 해상운송 또는 내수로 운송에만 사용될 수 있다.

운임·보험료포함인도라 함은 매도인이 본선의 갑판상에 물품을 인도하거나 또는 이미 그렇게 인도된 물품을 조달하는 것을 의미한다. 물품의 멸실 또는 손상의 위험은 물품이 본선의 갑판상에 적재된 때에 이전된다. 매도인은 지정 목적항까지 물품을 운송하는데 필요한 운송계약을 체결하고 그 비용 및 운임을 지급하여야 한다.

CPT, CIP, CFR 또는 CIF가 사용되는 경우, 매도인이 인도에 대한 의무는 물품이 목적지에 도착될 때가 아닌 물품이 운송인에게 교부될 때에 완료된다.

이 규칙은 두 가지의 중요한 분기점이 있다, 즉 위험이 이전되고 비용이 이전되는 지점이 상이한 장소에서 이루어지기 때문이다. 보통 계약

서에는 목적항을 명시하는 반면에, 위험이 매수인에게 이전되는 선적항을 명시하지 아니할 수 있다. 선적항이 매수인에게 특별한 이해관계가 있는 경우, 당사자들이 가능한 한 계약서에 이를 명확하게 확인하는 것이 바람직하다.

당사자는 합의된 목적항의 지점을 가능한 한 명확하게 확인하는 것이 바람직하다. 왜냐하면 그 지점까지 비용부담은 매도인이 하기 때문이다. 매도인은 그러한 선택에 명확하게 일치하는 운송계약을 취득하도록 하여야 한다. 매도인이 자신의 운송계약에 따라 목적항의 명시된 지점에서 양화와 관련된 비용을 부담하는 경우, 매도인은 당사자간에 별도 합의가 없는 한 매수인으로부터 그러한 비용을 보상받을 권한이 없다.

매도인은 본선의 갑판상에 물품을 인도하거나 또는 선적을 위하여 이미 그와 같이 인도된 물품을 조달(procure)하여야 한다. 여기에서 "조달"이라는 언급은 상품무역에 있어서 흔히 발생하는 다수의 판매사슬("연속판매")에 부응하기 위한 것이다.

CFR은 물품이 본선의 갑판상에 적재되기 이전 운송인에게 물품이 교부되어지는 경우, 예컨대 전형적으로 터미널에서 인도되는 컨테이너 물품의 경우에는 적절하지 아니할 수 있다. 이러한 경우에는 CPT 규칙이 사용되어야 한다.

CFR은 적용 가능한 경우, 매도인에게 물품에 대한 수출통관을 하도록 요구하고 있다. 그러나 매도인은 물품의 수입통관을 하거나, 어떠한 수입관세의 지급 또는 어떠한 수입통관수속절차를 이행할 의무도 부담하지 아니한다.

A. 매도인의 의무

A1 매도인의 일반적 의무

매도인은 매매계약과 일치하는 물품과 상업송장 및 그밖에 계약에서 요구되는 모든 기타 일치증거를 제공하여야 한다.

A1-A10에 언급된 모든 서류는 당사자간에 합의하거나 관습적인 경우, 동등한 전자기록 또는 절차로 대체될 수 있다.

A2 허가, 승인, 안전통관 및 기타 수속절차

적용 가능한 경우, 매도인은 자신의 위험 및 비용으로, 모든 수출허가 또는 기타 공적 승인을 취득하여야 하며, 또한 물품수출에 필요한 모든 통관수속절차를 이행하여야 한다.

A3 운송 및 보험계약

a) 운송계약

매도인은 인도장소에서 합의된 인도지점(있을 경우)으로부터 지정 목적항 또는 그 항구의 어떠한 지점(합의된 경우)까지 물품운송에 대하여 계약체결 또는 주선하여야 한다. 운송계약은 매도인의 비용으로 통상적인 조건에 따라 체결되어야 하며, 또한 매각되는 물품유형의 운송에 일반적으로 사용되는 유형의 선박으로 통상적인 경로에 의한 운송을 제공하여야 한다.

b) 보험계약

매도인은 매수인에 대하여 보험계약을 체결할 의무를 부담하지 아니한다. 그러나 매도인은 매수인의 요청과 위험 및 비용(있을 경우)으로 매수인이 보험을 부보하는데 필요한 정보를 제공하여야 한다.

A4 인 도

매도인은 본선의 갑판상에 물품을 두거나 또는 그렇게 인도된 물품을 조달함으로써 물품을 인도하여야 한다. 어느 경우에나, 매도인은 합의된 일자 또는 합의된 기간 내에 그리고 항구의 관습적인 방법에 따라 물품을 인도하여야 한다.

A5 위험의 이전

매도인은 B5에 기술된 상황에서의 멸실 또는 손상을 제외하고, 물품이 A4에 따라 인도될 때까지 물품에 대한 멸실 또는 손상의 모든 위험을 부담한다.

A6 비용의 분담

매도인은 다음과 같은 비용을 지급하여야 한다.

a) B6에 규정된 대로 매수인이 지급하는 비용을 제외하고, 물품이 A4에 따라 인도될 때까지 물품에 관련한 모든 비용;

b) 갑판상에 물품의 적재비용 및 운송계약에 따라 매도인이 부담한 합의된 양륙항에서의 양화비를 포함하여, A3 a)의 결과로 발생하는 운임 및 모든 기타 비용; 그리고

c) 적용 가능한 경우, 수출시 지급될 수 있는 모든 관세, 조세 및 기타 요금뿐만이 아니라 수출에 필요한 통관절차수속비용 및 운송계약에 따라 매도인이 부담한 어떠한 국가를 통과하는 운송비용.

A7 매수인에 대한 통지

매도인은 매수인이 물품을 수령할 수 있도록 하기 위하여 정상적으로 필요한 조치를 취할 수 있도록 매수인에게 필요한 모든 통지를 하여야 한다.

A8 인도서류

매도인은 자신의 비용으로 합의된 목적항까지의 통상의 운송서류를 매수인에게 제공하여야 한다.

이 운송서류는 계약물품을 표시하여야 하며, 또한 선적을 위한 합의된 기간 내에 일부 되어 있어야 하고, 매수인이 목적항에서 운송인으로부터 물품을 청구할 수 있는 것이어야 하며, 또한 별도의 합의가 없는 경우, 매수인이 후속되는 매수인에게 서류의 양도에 의하거나 또는 운송인에게 통지에 의함으로써 운송 중 물품을 매각할 수 있는 것이어야 한다.

그와 같은 운송서류가 유통 가능한 형식이면서 수통의 원본으로 발행되는 경우, 원본 전통이 매수인에게 제시되어야 한다.

A9 점검·포장·화인

매도인은 수출국가 당국에 의하여 강제된 모든 선적 전 검사비용뿐만이 아니라, A4에 따라 물품을 인도하기 위하여 필요한 물품점검업무(품질, 용적, 중량, 수량 점검과 같은)의 비용을 지급하여야 한다.

매도인은 특수무역에서 물품이 무포장 상태로 매매되어 운송하는 것이 통상적이지 아니한 경우, 매도인은 자신의 비용으로 물품을 포장하여야 한다.

매수인이 매매계약의 체결 이전에 특정한 포장 요건을 통지하지 아니한 경우, 매도인은 물품운송에 적절한 방법으로 물품을 포장할 수 있다. 포장은 적절하게 화인이 표시되어야 한다.

A10 정보제공에 대한 협조 및 관련비용

매도인은 적용 가능한 경우, 시의적절한 방법으로, 매수인의 요청과 위험 및 비용으로 매수인이 물품수입 및/또는 최종목적지까지 물품운송에 필요한 안전 관련 정보를 포함하여 모든 서류 및 정보를 취득하는데 협조를 제공하거나 제시하여야 한다.

매도인은 B10에 규정된 대로 서류 및 정보를 취득하는데 따른 협조를 제공 또는 제시하고 매수인에 의하여 발생된 모든 비용과 요금을 상환하여야 한다.

B. 매수인의 의무

B1 매수인의 일반적 의무

매수인은 매매계약에 약정된 대로 물품대금을 지급하여야 한다.

B1-B10에 언급된 모든 서류는 당사자간에 합의되었거나 관습적인 경우, 동등한 전자기록 또는 절차로 대체될 수 있다.

B2 허가, 승인, 안전통관 및 기타 수속절차

적용 가능한 경우, 매수인 자신의 위험과 비

용으로 모든 수출과 수입허가 또는 기타 공적 승인을 취득하고 물품수입 및 어떠한 국가를 통과하는 운송을 위한 모든 통관수속절차를 이행하는 것은 매수인의 책임이다.

B3 운송 및 보험계약

a) 운송계약

매수인은 매도인에 대하여 운송계약을 체결할 의무를 부담하지 아니한다.

b) 보험계약

매수인은 매도인에 대하여 보험계약을 체결할 의무를 부담하지 아니한다. 그러나 매수인은 요청시 매도인이 A3 b)에 규정된 대로 매수인이 요청하는 모든 추가적인 보험을 주선하는데 필요한 모든 정보를 매도인에게 제공하여야 한다.

B4 인도의 수령

매수인은 A4에 규정된 대로 인도된 경우 물품의 인도를 수령하여야 하며, 또한 지정 목적항에서 운송인으로부터 물품을 수령하여야 한다.

B5 위험의 이전

매수인은 물품이 A4에 규정된 대로 인도된 때로부터 물품의 멸실 또는 손상의 모든 위험을 부담한다.

매수인이 B7에 따라 통지를 못한 경우, 이에 매수인은 인도에 대한 합의된 일자 또는 합의된 기간의 만료일자로부터 물품의 멸실 또는 손상에 대한 모든 위험을 부담한다. 단, 그 물품은 계약물품으로서 명확히 특정되어 있어야 한다.

B6 비용의 분담

매수인은 A3 a)의 규정을 조건으로, 다음과 같은 비용을 지급하여야 한다.

a) 물품이 A4에 규정된 대로 인도된 때로부터 물품에 관련한 모든 비용.

단, 적용 가능한 경우, A6 d)에 언급된 대로 수출시에 지급되는 모든 관세, 조세 및 기타 요금뿐만이 아니라 통관수속절차 비용은 제외한다;

b) 운송계약에서 이와 같은 비용 및 요금이 매도인 부담이 아닌 경우, 목적항에 도착할 때까지 운송 중 물품에 관련한 모든 비용 및 요금;

c) 운송계약에서 이와 같은 비용 및 요금이 매도인이 부담이 아닌 경우, 부선사용료 및 부두사용료를 포함한 양화비용;

d) B7에 따라 매수인이 통지를 못한 경우, 선적을 위하여 합의된 일자 또는 합의된 기간의 만료일자로부터 발생되는 모든 추가비용. 단, 물품이 계약물품으로서 명확히 특정되어 있어야 한다;

e) 적용 가능한 경우, 통관수속절차 비용뿐만이 아니라 물품이 수입시에 지급되는 모든 관세, 조세 및 기타 요금 및 운송계약 비용에 포함되지 아니한 어떠한 국가를 통과하는 운송비용; 그리고

f) A3 b) 및 B3 b)에 따라 매수인의 요청으로 주선된 모든 추가보험비용.

B7 매도인에 대한 통지

매수인은 물품발송을 위한 시기 및/또는 지정 목적지 또는 그 장소 내의 물품수령 지점을 결정할 권한이 주어진 때에, 매도인에게 그에 관한 충분한 통지를 행하여야 한다.

B8 인도의 증거

매수인은 운송서류가 계약과 일치할 경우 A8에 규정된 대로 제공된 운송서류를 인수하여야 한다.

B9 물품검사

매수인은 수출국가 당국에 의하여 강제된 검사를 제외하고, 모든 강제적인 선적 전 검사비용을 지급하여야 한다.

B10 정보제공에 대한 협조 및 관련비용

매수인은 매도인이 A10의 규정을 따를 수 있

도록, 시의적절한 방법으로, 매도인에게 모든 안전정보 필요사항을 통지하여야 한다.

매수인은 A10의 규정된 대로 서류 및 정보를 취득하는데 협조를 제공 또는 제시하고 매도인에 의하여 발생된 모든 비용과 요금을 매도인에게 상환하여야 한다.

적용 가능한 경우, 매수인은 매도인의 요청과 위험 및 비용으로 매도인이 물품운송과 수출 및 어떠한 국가를 통과하는 물품운송에 필요한 안전관련 정보를 포함하여 모든 서류 및 정보를 취득하는데 따른 협조를 시의 적절한 방법으로 매도인에게 제공 또는 제시하여야 한다.

11. CIF 운임·보험료포함인도

운임·보험료포함인도(지정 목적항 삽입) Incoterms® 2010

안내요지

운임·보험료포함인도(Cost, Insurance and Freight)는 해상운송 또는 내수로 운송에만 사용될 수 있다.

운임·보험료포함인도라 함은 매도인이 본선의 갑판상에 물품을 인도하거나 또는 이미 그렇게 인도된 물품을 조달하는 것을 의미한다. 물품의 멸실 또는 손상의 위험은 물품이 본선의 갑판상에 적재된 때에 이전된다. 매도인은 지정 목적항까지 물품을 운송하는데 필요한 운송계약을 체결하고 그 비용 및 운임을 지급하여야 한다.

또한 매도인은 운송 중 물품의 멸실 또는 손상에 대한 매수인의 위험에 대하여 보험부보계약을 체결한다. 매수인은 CIF하에서 매도인이 단지 최소담보로 보험을 부보하도록 요구되는 점을 주의하여야 한다. 매수인이 더 많은 보험담보를 원할 경우, 매도인과 그만큼 명시적으로 합의하거나 또는 매수인 자신이 추가보험계약을 체결할 필요가 있다.

CPT, CIP, CFR 또는 CIF가 사용되는 경우, 매도인이 인도에 대한 의무는 물품이 목적지에 도착될 때가 아닌 물품이 운송인에게 교부될 때에 완료된다.

이 규칙은 두 가지의 중요한 분기점이 있다. 즉 위험이 이전되고 비용이 이전되는 지점이 상이한 장소에서 이루어지기 때문이다. 보통 계약서에는 목적항을 명시하는 반면에, 위험이 매수인에게 이전되는 선적항을 명시하지 아니할 수 있다. 선적항이 매수인에게 특별한 이해관계가 있는 경우, 당사자들이 가능한 한 계약서에 이를 명확하게 확인하는 것이 바람직하다.

당사자는 합의된 목적항의 지점을 가능한 한 명확하게 확인하는 것이 바람직하다. 왜냐하면 그 지점까지 비용부담은 매도인이 하기 때문이다. 매도인은 그러한 선택에 명확하게 일치하는 운송계약을 취득하도록 하여야 한다. 매도인이 자신의 운송계약에 따라 목적항의 명시된 지점에서 양화와 관련된 비용을 부담하는 경우, 매도인은 당사자간에 별도 합의가 없는 한 매수인으로부터 그러한 비용을 보상받을 권한이 없다.

매도인은 본선의 갑판상에 물품을 인도하거나 또는 선적을 위하여 이미 그와 같이 인도된 물품을 조달(procure)하여야 한다. 여기에서 “조달”이라는 언급은 상품무역에 있어서 흔히 발생하는 다수의 판매사슬(“연속판매”)에 부응하기 위한 것이다.

CIF는 물품이 본선의 갑판상에 적재되기 이전 운송인에게 물품이 교부되어지는 경우, 예컨대 전형적으로 터미널에서 인도되는 컨테이너 물품의 경우에는 적절하지 아니할 수 있다. 이러한 경우에는 CIP 규칙이 사용되어야 한다.

CIF는 적용 가능한 경우, 매도인에게 물품에 대한 수출통관을 하도록 요구하고 있다. 그러나 매도인은 물품의 수입통관을 하거나, 어떠한 수입관세의 지급 또는 어떠한 수입통관수속절차를 이행할 의무도 부담하지 아니한다.

A. 매도인의 의무

A1 매도인의 일반적 의무

매도인은 매매계약과 일치하는 물품과 상업송장 및 그밖에 계약에서 요구되는 모든 기타 일치증거를 제공하여야 한다.

A1-A10에 언급된 모든 서류는 당사자간에 합의하거나 관습적인 경우, 동등한 전자기록 또는 절차로 대체될 수 있다.

A2 허가, 승인, 안전통관 및 기타 수속절차

적용 가능한 경우, 매도인은 자신의 위험 및 비용으로, 모든 수출허가 또는 기타 공적 승인을 취득하여야 하며, 또한 물품수출에 필요한 모든 통관수속절차를 이행하여야 한다.

A3 운송 및 보험계약

a) 운송계약

매도인은 인도장소에서 합의된 인도지점(있을 경우)으로부터 지정 목적항 또는 그 항구의 어떠한 지점(합의된 경우)까지 물품운송에 대하여 계약체결 또는 주선하여야 한다. 운송계약은 매도인의 비용으로 통상적인 조건에 따라 체결되어야 하며, 또한 매각되는 물품유형의 운송에 일반적으로 사용되는 유형의 선박으로 통상적인 경로에 의한 운송을 제공하여야 한다.

b) 보험계약

매도인은 자신의 비용으로 적어도 협회적화약관(LMA/IUA)의 (C) 조건 또는 이와 유사한 약관으로 규정된 최소담보에 일치하는 적화보험을 부보하여야 한다. 보험은 평판이 좋은 보험인수업자 또는 보험회사와 계약되어야 하며, 또한 매수인 또는 물품의 피보험이익을 가지고 있는 모든 기타의 자에게 보험자로부터 직접 보험금을 청구할 수 있는 권한이 부여되어야 한다.

매수인이 요청이 있는 경우, 매도인은 자신이 요청한 모든 필요한 정보를 매수인에게 제공하는 조건으로 매수인의 비용으로 주선 가능한 경우, 모든 추가적인 담보, 협회적화약관(LMA/IUA)의 (A) 또는 (B) 조건 또는 모든 유사한 약관에 의하여 규정된 담보 및/또는 협회전쟁약관 및/또는 협회동맹파업약관(LMA/IUA) 또는 모든 유사한 약관과 일치하는 담보를 제공하여야 한다.

보험은 최소한 계약금액에 10%를 가산한 금액(즉, 110%)을 부보하여야 하며 또한 계약서의 통화로 되어야 한다.

보험은 A4 및 A5에 규정된 인도지점으로부터 최소한 지정 목적지까지 물품을 담보하여야 한다.

매도인은 매수인에게 보험증권 또는 기타 보험부보증명서를 제공하여야 한다.

그밖에 매도인은 매수인의 요청과 위험 및 비용(있을 경우)으로 매수인이 모든 추가보험을 주선하는데 필요한 정보를 매수인에게 제공하여야 한다.

A4 인 도

매도인은 본선의 갑판상에 물품을 두거나 또는 그렇게 인도된 물품을 조달함으로써 물품을 인도하여야 한다. 어느 경우에나, 매도인은 합의된 일자 또는 합의된 기간 내에 그리고 항구의 관습적인 방법에 따라 물품을 인도하여야 한다.

A5 위험의 이전

매도인은 B5에 기술된 상황에서의 멸실 또는 손상을 제외하고, 물품이 A4에 따라 인도될 때까지 물품에 대한 멸실 또는 손상의 모든 위험을 부담한다.

A6 비용의 분담

매도인은 다음과 같은 비용을 지급하여야 한다.

a) B6에 규정된 대로 매수인이 지급하는 비용을 제외하고, 물품이 A4에 따라 인도될 때까지 물품에 관련한 모든 비용;

b) 갑판상에 물품의 적재비용 및 운송계약에 따라 매도인이 부담한 합의된 양륙항에서의 양화비를 포함하여, A3 a)의 결과로 발생하는 운임

및 모든 기타 비용;

c) A3 a)의 결과로 발생하는 보험 비용; 그리고

d) 적용 가능한 경우, 수출시 지급될 수 있는 모든 관세, 조세 및 기타 요금뿐만이 아니라 수출에 필요한 통관절차수속비용 및 운송계약에 따라 매도인이 부담한 어떠한 국가를 통과하는 운송비용.

A7 매수인에 대한 통지

매도인은 매수인이 물품을 수령할 수 있도록 하기 위하여 정상적으로 필요한 조치를 취할 수 있도록 매수인에게 필요한 모든 통지를 하여야 한다.

A8 인도서류

매도인은 자신의 비용으로 합의된 목적항까지의 통상의 운송서류를 매수인에게 제공하여야 한다.

이 운송서류는 계약물품을 표시하여야 하며, 또한 선적을 위한 합의된 기간 내에 일부 되어 있어야 하고, 매수인이 목적항에서 운송인으로부터 물품을 청구할 수 있는 것이어야 하며, 또한 별도의 합의가 없는 경우, 매수인이 후속되는 매수인에게 서류의 양도에 의하거나 또는 운송인에게 통지에 의함으로써 운송 중 물품을 매각할 수 있는 것이어야 한다.

그와 같은 운송서류가 유통 가능한 형식이면서 수통의 원본으로 발행되는 경우, 원본 전통이 매수인에게 제시되어야 한다.

A9 점검·포장·화인

매도인은 수출국가 당국에 의하여 강제된 모든 선적 전 검사비용뿐만이 아니라, A4에 따라 물품을 인도하기 위하여 필요한 물품점검업무(품질, 용적, 중량, 수량 점검과 같은)의 비용을 지급하여야 한다.

매도인은 특수무역에서 물품이 무포장 상태로 매매되어 운송하는 것이 통상적이지 아니한 경우, 매도인은 자신의 비용으로 물품을 포장하여야 한다.

매수인이 매매계약의 체결 이전에 특정한 포장 요건을 통지하지 아니한 경우, 매도인은 물품 운송에 적절한 방법으로 물품을 포장할 수 있다. 포장은 적절하게 화인이 표시되어야 한다.

A10 정보제공에 대한 협조 및 관련비용

매도인은 적용 가능한 경우, 시의적절한 방법으로, 매수인의 요청과 위험 및 비용으로 매수인이 물품수입 및/또는 최종목적지까지 물품운송에 필요한 안전 관련 정보를 포함하여 모든 서류 및 정보를 취득하는데 협조를 제공하거나 제시하여야 한다.

매도인은 B10에 규정된 대로 서류 및 정보를 취득하는데 따른 협조를 제공 또는 제시하고 매수인에 의하여 발생된 모든 비용과 요금을 상환하여야 한다.

B. 매수인의 의무

B1 매수인의 일반적 의무

매수인은 매매계약에 약정된 대로 물품대금을 지급하여야 한다.

B1－B10에 언급된 모든 서류는 당사자간에 합의되었거나 관습적인 경우, 동등한 전자기록 또는 절차로 대체될 수 있다.

B2 허가, 승인, 안전통관 및 기타 수속절차

적용 가능한 경우, 매수인 자신의 위험과 비용으로 모든 수출과 수입허가 또는 기타 공적 승인을 취득하고 물품수입 및 어떠한 국가를 통과하는 운송을 위한 모든 통관수속절차를 이행하는 것은 매수인의 책임이다.

B3 운송 및 보험계약

a) 운송계약

매수인은 매도인에 대하여 운송계약을 체결할 의무를 부담하지 아니한다.

b) 보험계약

매수인은 매도인에 대하여 보험계약을 체결할

의무를 부담하지 아니한다. 그러나 매수인은 요청시 매도인이 A3 b)에 규정된 대로 매수인이 요청하는 모든 추가적인 보험을 주선하는데 필요한 모든 정보를 매도인에게 제공하여야 한다.

B4 인도의 수령

매수인은 A4에 규정된 대로 인도된 경우 물품의 인도를 수령하여야 하며, 또한 지정 목적항에서 운송인으로부터 물품을 수령하여야 한다.

B5 위험의 이전

매수인은 물품이 A4에 규정된 대로 인도된 때로부터 물품의 멸실 또는 손상의 모든 위험을 부담한다.

매수인이 B7에 따라 통지를 못한 경우, 이에 매수인은 인도에 대한 합의된 일자 또는 합의된 기간의 만료일자로부터 물품의 멸실 또는 손상에 대한 모든 위험을 부담한다. 단, 그 물품은 계약물품으로서 명확히 특정되어 있어야 한다.

B6 비용의 분담

매수인은 A3 a)의 규정을 조건으로, 다음과 같은 비용을 지급하여야 한다.

a) 물품이 A4에 규정된 대로 인도된 때로부터 물품에 관련한 모든 비용.

단, 적용 가능한 경우, A6 d)에 언급된 대로 수출시에 지급되는 모든 관세, 조세 및 기타 요금뿐만이 아니라 통관수속절차 비용은 제외한다;

b) 운송계약에서 이와 같은 비용 및 요금이 매도인 부담이 아닌 경우, 목적항에 도착할 때까지 운송 중 물품에 관련한 모든 비용 및 요금;

c) 운송계약에서 이와 같은 비용 및 요금이 매도인이 부담이 아닌 경우, 부선사용료 및 부두사용료를 포함한 양화비용;

d) B7에 따라 매수인이 통지를 못한 경우, 선적을 위하여 합의된 일자 또는 합의된 기간의 만료일자로부터 발생되는 모든 추가비용. 단, 물품이 계약물품으로서 명확히 특정되어 있어야 한다;

e) 적용 가능한 경우, 통관수속절차 비용뿐만이 아니라 물품이 수입시에 지급되는 모든 관세, 조세 및 기타 요금 및 운송계약 비용에 포함되지 아니한 어떠한 국가를 통과하는 운송비용; 그리고

f) A3 b) 및 B3 b)에 따라 매수인의 요청으로 주선된 모든 추가보험비용.

B7 매도인에 대한 통지

매수인은 물품발송을 위한 시기 및/또는 지정 목적지 또는 그 장소 내의 물품수령 지점을 결정할 권한이 주어진 때에, 매도인에게 그에 관한 충분한 통지를 행하여야 한다.

B8 인도의 증거

매수인은 운송서류가 계약과 일치할 경우 A8에 규정된 대로 제공된 운송서류를 인수하여야 한다.

B9 물품검사

매수인은 수출국가 당국에 의하여 강제된 검사를 제외하고, 모든 강제적인 선적 전 검사비용을 지급하여야 한다.

B10 정보제공에 대한 협조 및 관련비용

매수인은 매도인이 A10의 규정을 따를 수 있도록, 시의적절한 방법으로, 매도인에게 모든 안전정보 필요사항을 통지하여야 한다.

매수인은 A10의 규정된 대로 서류 및 정보를 취득하는데 협조를 제공 또는 제시하고 매도인에 의하여 발생된 모든 비용과 요금을 매도인에게 상환하여야 한다.

적용 가능한 경우, 매수인은 매도인의 요청과 위험 및 비용으로 매도인이 물품운송과 수출 및 어떠한 국가를 통과하는 물품운송에 필요한 안전관련 정보를 포함하여 모든 서류 및 정보를 취득하는데 따른 협조를 시의 적절한 방법으로 매도인에게 제공 또는 제시하여야 한다.

2. 국제물품매매계약에 관한 유엔 협약(CISG 1980)

United Nations Convention on Contracts for the International Sale of Goods, 1980

이 협약의 당사국은, 국제연합총회의 제6차 특별회의에서 채택된 신국제경제질서의 확립에 관한 결의의 광범위한 목적을 유념하고, 평등과 상호이익을 기초로 한 국제무역의 발전이 국가간의 우호관계를 증진시키는 데 있어 중요한 요소임을 고려하여, 국제물품매매계약을 규율하고, 상이한 사회적, 경제적 및 법률적 제도를 고려하는 통일규칙의 채택이 국제무역에서의 법률적 장애를 제거하는데 공헌하며, 또한 국제무역의 발전을 증진할 것이라는 견해하에, 다음과 같이 합의하였다.

제 1 편 적용범위와 총칙

제 1 장 적용범위

제 1 조(적용의 기본원칙)1)

(1) 이 협약은 다음의 경우에, 영업소가 서로 다른 국가에 있는 당사자간의 물품매매계약에 적용된다.

(a) 해당 국가가 모두 체약국인 경우, 또는

(b) 국제사법 규칙에 의하여 체약국법이 적용되는 경우.

(2) 당사자가 서로 다른 국가에 영업소를 가지고 있다는 사실은, 계약으로부터 또는 계약체결 전이나 그 체결시에 당사자간의 거래나 당사자에 의하여 밝혀진 정보로부터 드러나지 아니하는 경우에는 고려되지 아니한다.

(3) 당사자의 국적 또는 당사자나 계약의 민사적·상사적 성격은 이 협약의 적용 여부를 결정하는 데에 고려되지 아니한다.

제 2 조(협약의 적용제외)

이 협약은 다음의 매매에는 적용되지 아니한다.

(a) 개인용·가족용 또는 가정용으로 구입된 물품의 매매.

다만, 매도인이 계약체결 전이나 그 체결시에 물품이 그와 같은 용도로 구입된 사실을 알지 못하였고, 알았어야 했던 것도 아닌 경우에는 그러하지 아니하다.

(b) 경매에 의한 매매,

(c) 강제집행 그 밖의 법령에 의한 매매,

(d) 주식, 지분, 투자증권, 유통증권 또는 통화의 매매,

(e) 선박, 소선(小船), 부선(浮船), 또는 항공기의 매매,

(f) 전기의 매매.

제 3 조(재료의 중요부분 공급계약 및 서비스계약의 제외)

(1) 물품을 제조 또는 생산하여 공급하는 계약은 이를 매매로 본다. 다만, 물품을 주문한 당사자가 그 제조 또는 생산에 필요한 재료의 중요한 부분을 공급하는 경우에는 그러하지 아니하다.

1) CISG 원문에는 조항별 제목명칭은 없으나 여기에서는 조항의 개념을 함축한 임의명칭을 괄호 속에 추가한 것이다; 최흥섭, 「국제물품매매계약에 관한 유엔협약해설」, 법무부, 1995; 홍석모, 「국제물품매매계약(CISG)에 관한 UN협약: 해설 및 사례연구」, 신창출판, 2011; 강원진, 「무역계약론」, 제4판(수정판), 박영사, 2013, 566~621면 등을 참조하였으나 규정 본문 중의 어구 중 무역거래에서 관용되지 아니하는 부분은 일부 수정하였다.

(2) 이 협약은 물품을 공급하는 당사자의 의무의 주된 부분이 노무 그 밖의 서비스의 공급에 있는 계약에는 적용되지 아니한다.

제 4 조(협약의 규율 대상과 대상 외)

이 협약은 매매계약의 성립 및 그 계약으로부터 발생하는 매도인과 매수인의 권리의무만을 규율한다. 이 협약에 별도의 명시규정이 있는 경우를 제외하고, 이 협약은 특히 다음과 관련이 없다.

(a) 계약이나 그 조항 또는 관행의 유효성,

(b) 매매된 물품의 소유권에 관하여 계약이 미치는 효력.

제 5 조(제조물책임의 인적책임 제외)

이 협약은 물품으로 인하여 발생한 사람의 사망 또는 상해에 대한 매도인의 책임에는 적용되지 아니한다.

제 6 조(당사자자치원칙에 의한 적용배제)

당사자는 이 협약의 적용을 배제할 수 있고, 제12조에 따를 것을 조건으로 하여 이 협약의 어떠한 규정에 대하여도 그 적용을 배제하거나 효과를 변경할 수 있다.

제2장 총 칙

제 7 조(협약의 해석원칙)

(1) 이 협약의 해석에는 그 국제적 성격 및 적용상의 통일과 국제거래상의 신의 준수를 증진할 필요성을 고려하여야 한다.

(2) 이 협약에 의하여 규율되는 사항으로서 협약에서 명시적으로 해결되지 아니하는 문제는, 이 협약이 기초하고 있는 일반원칙, 그 원칙이 없는 경우에는 국제사법 규칙에 의하여 적용되는 법에 따라 해결되어야 한다.

제 8 조(당사자의 진술 및 행위의 해석원칙)

(1) 이 협약의 적용상, 당사자의 진술 그 밖의 행위는 상대방이 그 당사자의 의도를 알았거나 모를 수 없었던 경우에는 그 의도에 따라 해석되어야 한다.

(2) 제1항이 적용되지 아니하는 경우에 당사자의 진술 그 밖의 행위는, 상대방과 동일한 부류의 합리적인 사람이 동일한 상황에서 이해하였을 바에 따라 해석되어야 한다.

(3) 당사자의 의도 또는 합리적인 사람이 이해하였을 바를 결정함에 있어서는 교섭, 당사자간에 확립된 관례, 관행 및 당사자의 후속 행위를 포함하여 관련된 모든 사항을 적절히 고려하여야 한다.

제 9 조(관행과 관례의 구속력)

(1) 당사자는 합의한 관행과 당사자간에 확립된 관례에 구속된다.

(2) 별도의 합의가 없는 한, 당사자가 알았거나 알 수 있었던 관행으로서 국제거래에서 당해 거래와 동종의 계약을 하는 사람에게 널리 알려져 있고 통상적으로 준수되고 있는 관행은 당사자의 계약 또는 그 성립에 묵시적으로 적용되는 것으로 본다.

제10조(영업소의 정의)

이 협약의 적용상,

(a) 당사자 일방이 둘 이상의 영업소를 가지고 있는 경우에는, 계약 체결 전이나 그 체결시에 당사자 쌍방에 알려지거나 예기된 상황을 고려하여 계약 및 그 이행과 가장 밀접한 관련이 있는 곳이 영업소로 된다.

(b) 당사자 일방이 영업소를 가지고 있지 아니한 경우에는 그의 상거소를 영업소로 본다.

제11조(계약의 방식)

매매계약은 서면에 의하여 체결되거나 입증될 필요가 없고, 방식에 관한 그 밖의 어떠한 요건도 요구되지 아니한다. 매매계약은 증인을 포함하여 어떠한 방법에 의하여도 입증될 수 있다.

제12조(계약방식의 유보)

매매계약, 합의에 의한 매매계약의 변경이나

종료, 청약·승낙 그 밖의 의사표시를 서면 이외의 방법으로 할 수 있도록 허용하는 이 협약 제11조, 제29조 또는 제2편은 당사자가 이 협약 제96조에 따라 유보선언을 한 체약국에 영업소를 가지고 있는 경우에는 적용되지 아니한다. 당사자는 이 조를 배제하거나 그 효과를 변경할 수 없다.

제13조(서면의 범위)

이 협약의 적용상 "서면"에는 전보와 텔렉스가 포함된다.

제 2 편 계약의 성립

제14조(청약의 요건)

(1) 1인 또는 그 이상의 특정인에 대한 계약체결의 제안은 충분히 확정적이고, 승낙시 그에 구속된다는 청약자의 의사가 표시되어 있는 경우에 청약이 된다. 제안이 물품을 표시하고, 명시적 또는 묵시적으로 수량과 대금을 지정하거나 그 결정을 위한 조항을 두고 있는 경우에, 그 제안은 충분히 확정적인 것으로 한다.

(2) 불특정 다수인에 대한 제안은 제안자가 반대 의사를 명확히 표시하지 아니하는 한, 단지 청약의 유인으로 본다.

제15조(청약의 효력발생 및 회수)

(1) 청약은 상대방에게 도달한 때에 효력이 발생한다.

(2) 청약은 취소불능한 것이라도, 회수의 의사표시가 청약의 도달 전 또는 그와 동시에 상대방에게 도달하는 경우에는 회수될 수 있다.

제16조(청약의 취소)

(1) 청약은 계약이 체결되기까지는 취소될 수 있다. 다만, 상대방이 승낙의 통지를 발송하기 전에 취소의 의사표시가 상대방에게 도달되어야 한다.

(2) 그러나 다음의 경우에는 청약은 취소될 수 없다.

(a) 승낙기간의 지정 그 밖의 방법으로 청약이 취소될 수 없음이 청약에 표시되어 있는 경우, 또는

(b) 상대방이 청약이 취소될 수 없음을 신뢰하는 것이 합리적이고, 상대방이 그 청약을 신뢰하여 행동한 경우.

제17조(청약의 거절)

청약은 취소불능이라 하더라도, 거절의 의사표시가 청약자에게 도달한 때에는 효력을 상실한다.

제18조(승낙의 방법 및 효력발생시기)

(1) 청약에 대한 동의를 표시하는 상대방의 진술 그 밖의 행위는 승낙이 된다. 침묵 또는 부작위는 그 자체만으로 승낙이 되지 아니한다.

(2) 청약에 대한 승낙은 동의의 의사표시가 청약자에게 도달하는 시점에 효력이 발생한다. 동의의 의사표시가 청약자가 지정한 기간 내에, 기간의 지정이 없는 경우에는 청약자가 사용한 통신수단의 신속성 등 거래의 상황을 적절히 고려하여 합리적인 기간 내에 도달하지 아니하는 때에는, 승낙은 효력이 발생하지 아니한다. 구두의 청약은 특별한 사정이 없는 한 즉시 승낙되어야 한다.

(3) 청약에 의하여 또는 당사자간에 확립된 관례나 관행의 결과로 상대방이 청약자에 대한 통지 없이, 물품의 발송이나 대금지급과 같은 행위를 함으로써 동의를 표시할 수 있는 경우에는, 승낙은 그 행위가 이루어진 시점에 효력이 발생한다. 다만, 그 행위는 제2항에서 정한 기간 내에 이루어져야 한다.

제19조(변경된 승낙의 효력)

(1) 승낙을 의도하고 있으나, 부가, 제한 그 밖의 변경을 포함하는 청약에 대한 응답은 청약에 대한 거절이면서 또한 새로운 청약이 된다.

(2) 승낙을 의도하고 있고, 청약의 조건을 실질적으로 변경하지 아니하는 부가적 조건 또는 상이한 조건을 포함하는 청약에 대한 응답은 승낙이 된다. 다만, 청약자가 부당한 지체 없이 그 상위(相違)에 구두로 이의를 제기하거나 그러한 취지의 통지를 발송하는 경우에는 그러하지 아니하다. 청약자가 이의를 제기하지 아니하는 경우에는 승낙에 포함된 변경이 가하여진 청약 조건이 계약 조건이 된다.

(3) 특히 대금, 대금지급, 물품의 품질과 수량, 인도의 장소와 시기, 당사자 일방의 상대방에 대한 책임범위 또는 분쟁해결에 관한 부가적 조건 또는 상이한 조건은 청약 조건을 실질적으로 변경하는 것으로 본다.

제20조(승낙기간의 산정)

(1) 청약자가 전보 또는 서신에서 지정한 승낙기간은 전보가 발송을 위하여 교부된 시점 또는 서신에 표시되어 있는 일자, 서신에 일자가 표시되지 아니한 경우에는 봉투에 표시된 일자로부터 기산한다. 청약자가 전화, 텔렉스 그 밖의 동시적(同時的) 통신수단에 의하여 지정한 승낙기간은 청약이 상대방에게 도달한 시점으로부터 기산한다.

(2) 승낙기간 중의 공휴일 또는 비영업일은 기간의 계산에 산입한다. 다만, 기간의 말일이 청약자의 영업소 소재지의 공휴일 또는 비영업일에 해당하여 승낙의 통지가 기간의 말일에 청약자에게 도달될 수 없는 경우에는, 기간은 그 다음의 최초 영업일까지 연장된다.

제21조(지연된 승낙)

(1) 지연된 승낙은 청약자가 상대방에게 지체 없이 승낙으로서 효력을 가진다는 취지를 구두로 통고하거나 그러한 취지의 통지를 발송하는 경우에는 승낙으로서의 효력이 있다.

(2) 지연된 승낙이 포함된 서신 그 밖의 서면에 의하여, 전달이 정상이었다면 기간 내에 청약자에게 도달되었을 상황에서 승낙이 발송되었다고 인정되는 경우에는, 그 지연된 승낙은 승낙으로서의 효력이 있다. 다만, 청약자가 상대방에게 지체 없이 청약이 실효되었다는 취지를 구두로 통고하거나 그러한 취지의 통지를 발송하는 경우에는 그러하지 아니하다.

제22조(승낙의 회수)

승낙은 그 효력이 발생하기 전 또는 그와 동시에 회수의 의사표시가 청약자에게 도달하는 경우에는 회수될 수 있다.

제23조(계약의 성립시기)

계약은 청약에 대한 승낙이 이 협약에 따라 효력을 발생하는 시점에 성립된다.

제24조(의사표시의 도달)

이 협약 제2편의 적용상, 청약, 승낙 그 밖의 의사표시는 상대방에게 구두로 통고된 때 또는 그 밖의 방법으로 상대방 본인, 상대방의 영업소나 우편주소에 전달된 때, 상대방이 영업소나 우편주소를 가지지 아니한 경우에는 그의 상거소에 전달된 때에 상대방에게 "도달"된다.

제3편 물품의 매매

제1장 총 칙

제25조(본질적 계약위반)

당사자 일방의 계약위반은, 그 계약에서 상대방이 기대할 수 있는 바를 실질적으로 박탈할 정도의 손실을 상대방에게 주는 경우에 본질적인 것으로 한다. 다만, 위반 당사자가 그러한 결과를 예견하지 못하였고, 동일한 부류의 합리적인 사람도 동일한 상황에서 그러한 결과를 예견하지 못하였을 경우에는 그러하지 아니하다.

제26조(계약해제의 통지)

계약해제의 의사표시는 상대방에 대한 통지로 행하여진 경우에만 효력이 있다.

제27조(통신의 지연이나 오류)

이 협약 제3편에 별도의 명시규정이 있는 경우를 제외하고, 당사자가 이 협약 제3편에 따라 상황에 맞는 적절한 방법으로 통지, 청구 그 밖의 통신을 한 경우에, 당사자는 통신의 전달 중에 지연이나 오류가 있거나 또는 통신이 도달되지 아니하더라도 그 통신을 주장할 권리를 상실하지 아니한다.

제28조(특정이행의 명령)

당사자 일방이 이 협약에 따라 상대방의 의무이행을 요구할 수 있는 경우에도, 법원은 이 협약이 적용되지 아니하는 유사한 매매계약에 관하여 자국법에 따라 특정이행을 명하는 판결을 하여야 하는 경우가 아닌 한, 특정이행을 명하는 판결을 할 의무가 없다.

제29조(계약의 변경 또는 종료)

(1) 계약은 당사자의 합의만으로 변경 또는 종료될 수 있다.

(2) 서면에 의한 계약에 합의에 의한 변경 또는 종료는 서면에 의하여야 한다는 규정이 있는 경우에, 다른 방법으로 합의 변경 또는 합의 종료될 수 없다. 다만, 당사자는 상대방이 자신의 행동을 신뢰한 한도까지는 그러한 규정을 원용할 수 없다.

제2장 매도인의 의무

제30조(매도인의 의무요약)

매도인은 계약과 이 협약에 따라 물품을 인도하고, 관련 서류를 교부하며 물품의 소유권을 이전하여야 한다.

제1절 물품의 인도 및 서류의 교부

제31조(인도의 장소)

매도인이 물품을 다른 특정한 장소에서 인도할 의무가 없는 경우에, 매도인의 인도의무는 다음과 같다.

(a) 매매계약에 물품의 운송이 포함된 경우에는, 매수인에게 전달하기 위하여 물품을 최초의 운송인에게 교부하는 것.

(b) 전항의 규정에 해당되지 아니하는 경우로서 계약이 특정물에 관련되거나 또는 특정한 재고품에서 인출되는 불특정물이나 제조 또는 생산되는 불특정물에 관련되어 있고, 당사자 쌍방이 계약체결시에 그 물품이 특정한 장소에 있거나 그 장소에서 제조 또는 생산되는 것을 알고 있었던 경우에는, 그 장소에서 물품을 매수인의 처분하에 두는 것.

(c) 그 밖의 경우에는, 계약체결시에 매도인이 영업소를 가지고 있던 장소에서 물품을 매수인의 처분하에 두는 것.

제32조(운송계약 및 보험부보 정보제공)

(1) 매도인이 계약 또는 이 협약에 따라 물품을 운송인에게 교부한 경우에, 물품이 화인(貨印), 선적서류 그 밖의 방법에 의하여 그 계약의 목적물로서 명확히 특정되어 있지 아니한 때에는, 매도인은 매수인에게 물품을 특정하는 탁송통지를 하여야 한다.

(2) 매도인이 물품의 운송을 주선하여야 하는 경우에, 매도인은 상황에 맞는 적절한 운송수단 및 그 운송에서의 통상의 조건으로, 지정된 장소까지 운송하는데 필요한 계약을 체결하여야 한다.

(3) 매도인이 물품의 운송과 관련하여 보험을 부보할 의무가 없는 경우에도, 매도인은 매수인의 요구가 있으면 매수인이 보험을 부보하는데 필요한 모든 가능한 정보를 매수인에게 제공하여야 한다.

제33조(인도의 시기)

매도인은 다음의 시기에 물품을 인도하여야 한다.

(a) 인도기일이 계약에 의하여 지정되어 있거나 확정될 수 있는 경우에는 그 기일,

(b) 인도기간이 계약에 의하여 지정되어 있거나 확정될 수 있는 경우에는 그 기간 내의 어느 시기. 다만, 매수인이 기일을 선택하여야 할 사정이 있는 경우에는 그러하지 아니하다.

(c) 그 밖의 경우에는 계약체결 후 합리적인 기간 내.

제34조(서류교부의무)

매도인이 물품에 관한 서류를 교부하여야 하는 경우에, 매도인은 계약에서 정한 시기, 장소 및 방식에 따라 이를 교부하여야 한다. 매도인이 교부하여야 할 시기 전에 서류를 교부한 경우에는, 매도인은 매수인에게 불합리한 불편 또는 비용을 초래하지 아니하는 한, 계약에서 정한 시기까지 서류상의 부적합을 치유할 수 있다. 다만, 매수인은 이 협약에서 정한 손해배상을 청구할 권리를 보유한다.

제 2 절 물품의 적합성과 제3자의 권리주장

제35조(물품의 계약적합성)

(1) 매도인은 계약에서 정한 수량, 품질 및 종류에 적합하고, 계약에서 정한 방법으로 용기에 담겨지거나 포장된 물품을 인도하여야 한다.

(2) 당사자가 달리 합의한 경우를 제외하고, 물품은 다음의 경우에 계약에 적합하지 아니한 것으로 한다.

(a) 동종 물품의 통상 사용목적에 맞지 아니한 경우,

(b) 계약체결시 매도인에게 명시적 또는 묵시적으로 알려진 특별한 목적에 맞지 아니한 경우. 다만, 그 상황에서 매수인이 매도인의 기술과 판단을 신뢰하지 아니하였거나 또는 신뢰하는 것이 불합리하였다고 인정되는 경우에는 그러하지 아니하다.

(c) 매도인이 견본 또는 모형으로 매수인에게 제시한 물품의 품질을 가지고 있지 아니한 경우,

(d) 그러한 물품에 대하여 통상의 방법으로, 통상의 방법이 없는 경우에는 그 물품을 보존하고 보호하는데 적절한 방법으로 용기에 담겨지거나 포장되어 있지 아니한 경우.

(3) 매수인이 계약체결시에 물품의 부적합을 알았거나 또는 모를 수 없었던 경우에는, 매도인은 그 부적합에 대하여 전항 제(a)호 내지 제(d)호에 따른 책임을 지지 아니한다.

제36조(물품부적합의 판단시기)

(1) 매도인은 위험이 매수인에게 이전하는 때에 존재하는 물품의 부적합에 대하여, 그 부적합이 위험이전 후에 판명된 경우라도, 계약과 이 협약에 따라 책임을 진다.

(2) 매도인은 전항에서 정한 때보다 후에 발생한 부적합이라도 매도인의 의무위반에 기인하는 경우에는 그 부적합에 대하여 책임을 진다. 이 의무위반에는 물품이 일정기간 통상의 목적이나 특별한 목적에 맞는 상태를 유지한다는 보증 또는 특정한 품질이나 특성을 유지한다는 보증에 위반한 경우도 포함된다.

제37조(인도기일전의 보완 및 치유)

매도인이 인도기일 전에 물품을 인도한 경우에는, 매수인에게 불합리한 불편 또는 비용을 초래하지 아니하는 한, 매도인은 그 기일까지 누락분을 인도하거나 부족한 수량을 보충하거나 부적합한 물품에 갈음하여 물품을 인도하거나 또는 물품의 부적합을 치유할 수 있다. 다만, 매수인은 이 협약에서 정한 손해배상을 청구할 권리를 보유한다.

제38조(물품의 검사기간)

(1) 매수인은 그 상황에서 실행 가능한 단기간 내에 물품을 검사하거나 검사하게 하여야 한다.

(2) 계약에 물품의 운송이 포함되는 경우에는, 검사는 물품이 목적지에 도착한 후까지 연기

될 수 있다.

(3) 매수인이 검사할 합리적인 기회를 가지지 못한 채 운송 중에 물품의 목적지를 변경하거나 물품을 전송(轉送)하고, 매도인이 계약체결시에 그 변경 또는 전송의 가능성을 알았거나 알 수 있었던 경우에는, 검사는 물품이 새로운 목적지에 도착한 후까지 연기될 수 있다.

제39조(물품부적합의 통지시한)

(1) 매수인이 물품의 부적합을 발견하였거나 발견할 수 있었던 때로부터 합리적인 기간 내에 매도인에게 그 부적합한 성질을 특정하여 통지하지 아니한 경우에는, 매수인은 물품의 부적합을 주장할 권리를 상실한다.

(2) 매수인은 물품이 매수인에게 현실로 교부된 날부터 늦어도 2년 내에 매도인에게 전항의 통지를 하지 아니한 경우에는, 물품의 부적합을 주장할 권리를 상실한다. 다만, 이 기간제한이 계약상의 보증기간과 양립하지 아니하는 경우에는 그러하지 아니하다.

제40조(부적합에 대한 매도인의 인지)

물품의 부적합이 매도인이 알았거나 모를 수 없었던 사실에 관한 것이고, 매도인이 매수인에게 이를 밝히지 아니한 경우에는, 매도인은 제38조와 제39조를 원용할 수 없다.

제41조(물품에 대한 제3자의 권리주장)

매수인이 제3자의 권리나 권리주장의 대상이 된 물품을 수령하는데 동의한 경우를 제외하고, 매도인은 제3자의 권리나 권리주장의 대상이 아닌 물품을 인도하여야 한다. 다만, 그러한 제3자의 권리나 권리주장이 공업소유권 그 밖의 지적재산권에 기초하는 경우에는, 매도인의 의무는 제42조에 의하여 규율된다.

제42조(제3자의 지적재산권 주장)

(1) 매도인은, 계약체결시에 자신이 알았거나 모를 수 없었던 공업소유권 그 밖의 지적재산권에 기초한 제3자의 권리나 권리주장의 대상이 아닌 물품을 인도하여야 한다. 다만, 제3자의 권리나 권리주장이 다음 국가의 법에 의한 공업소유권 그 밖의 지적재산권에 기초한 경우에 한한다.

(a) 당사자 쌍방이 계약체결시에 물품이 어느 국가에서 전매되거나 그 밖의 방법으로 사용될 것을 예상하였던 경우에는, 물품이 전매되거나 그 밖의 방법으로 사용될 국가의 법, 또는

(b) 그 밖의 경우에는 매수인이 영업소를 가지는 국가의 법.

(2) 제1항의 매도인의 의무는 다음의 경우에는 적용되지 아니한다.

(a) 매수인이 계약체결시에 그 권리나 권리주장을 알았거나 모를 수 없었던 경우, 또는

(b) 그 권리나 권리주장이 매수인에 의하여 제공된 기술설계, 디자인, 방식 또는 그 밖의 명세서에 매도인이 따른 결과로 발생한 경우.

제43조(제3자 권리주장에 대한 통지)

(1) 매수인이 제3자의 권리나 권리주장을 알았거나 알았어야 했던 때로부터 합리적인 기간 내에 매도인에게 제3자의 권리나 권리주장의 성질을 특정하여 통지하지 아니한 경우에는, 매수인은 제41조 또는 제42조를 원용할 권리를 상실한다.

(2) 매도인이 제3자의 권리나 권리주장 및 그 성질을 알고 있었던 경우에는 전항의 규정을 원용할 수 없다.

제44조(통지불이행의 합리적인 이유)

제39조 제1항과 제43조 제1항에도 불구하고, 매수인은 정하여진 통지를 하지 못한 데에 합리적인 이유가 있는 경우에는 제50조에 따라 대금을 감액하거나 이익의 상실을 제외한 손해배상을 청구할 수 있다.

제 3 절 매도인의 계약위반에 대한 구제

제45조(매수인의 구제방법)

(1) 매도인이 계약 또는 이 협약상의 의무를

이행하지 아니하는 경우에 매수인은 다음을 할 수 있다.

(a) 제46조 내지 제52조에서 정한 권리의 행사,

(b) 제74조 내지 제77조에서 정한 손해배상의 청구.

(2) 매수인이 손해배상을 청구하는 권리는 다른 구제를 구하는 권리를 행사함으로써 상실되지 아니한다.

(3) 매수인이 계약위반에 대한 구제를 구하는 경우에, 법원 또는 중재판정부는 매도인에게 유예기간을 부여할 수 없다.

제46조(매수인의 이행청구권)

(1) 매수인은 매도인에게 의무의 이행을 청구할 수 있다. 다만, 매수인이 그 청구와 양립하지 아니하는 구제를 구한 경우에는 그러하지 아니하다.

(2) 물품이 계약에 부적합한 경우에, 매수인은 대체물의 인도를 청구할 수 있다. 다만, 그 부적합이 본질적 계약위반을 구성하고, 그 청구가 제39조의 통지와 동시에 또는 그 후 합리적인 기간 내에 행하여진 경우에 한한다.

(3) 물품이 계약에 부적합한 경우에, 매수인은 모든 상황을 고려하여 불합리한 경우를 제외하고, 매도인에게 수리(修理)에 의한 부적합의 치유를 청구할 수 있다. 수리 청구는 제39조의 통지와 동시에 또는 그 후 합리적인 기간 내에 행하여져야 한다.

제47조(부가기간의 지정)

(1) 매수인은 매도인의 의무이행을 위하여 합리적인 부가기간을 정할 수 있다.

(2) 매도인으로부터 그 부가기간 내에 이행을 하지 아니하겠다는 통지를 수령한 경우를 제외하고, 매수인은 그 기간 중 계약위반에 대한 구제를 구할 수 없다. 다만, 매수인은 이행지체에 대한 손해배상을 청구할 권리를 상실하지 아니한다.

제48조(인도기일 이후의 치유)

(1) 제49조를 따를 것을 조건으로, 매도인은 인도기일 후에도 불합리하게 지체하지 아니하고 매수인에게 불합리한 불편 또는 매수인의 선급 비용을 매도인으로부터 상환받는데 대한 불안을 초래하지 아니하는 경우에는, 자신의 비용으로 의무의 불이행을 치유할 수 있다. 다만, 매수인은 이 협약에서 정한 손해배상을 청구할 권리를 보유한다.

(2) 매도인이 매수인에게 이행의 수령 여부를 알려 달라고 요구하였으나 매수인이 합리적인 기간 내에 그 요구에 응하지 아니한 경우에는, 매도인은 그 요구에서 정한 기간 내에 이행을 할 수 있다. 매수인은 그 기간 중에는 매도인의 이행과 양립하지 아니하는 구제를 구할수 없다.

(3) 특정한 기간 내에 이행을 하겠다는 매도인의 통지는 매수인이 그 결정을 알려야 한다는 전항의 요구를 포함하는 것으로 추정한다.

(4) 이 조 제2항 또는 제3항의 매도인의 요구 또는 통지는 매수인에 의하여 수령되지 아니하는 한 그 효력이 발생하지 아니한다.

제49조(매수인의 계약해제권)

(1) 매수인은 다음의 경우에 계약을 해제할 수 있다.

(a) 계약 또는 이 협약상 매도인의 의무 불이행이 본질적 계약위반으로 되는 경우, 또는

(b) 인도 불이행의 경우에는, 매도인이 제47조 제1항에 따라 매수인이 정한 부가기간 내에 물품을 인도하지 아니하거나 그 기간 내에 인도하지 아니하겠다고 선언한 경우.

(2) 그러나 매도인이 물품을 인도한 경우에는, 매수인은 다음의 기간 내에 계약을 해제하지 아니하는 한 계약해제권을 상실한다.

(a) 인도지체의 경우, 매수인이 인도가 이루어진 것을 안 후 합리적인 기간 내,

(b) 인도지체 이외의 위반의 경우, 다음의 시기로부터 합리적인 기간 내.

(i) 매수인이 그 위반을 알았거나 또는 알 수 있었던 때,

(ii) 매수인이 제47조 제1항에 따라 정한 부가기간이 경과한 때 또는 매도인이 그 부가기간 내에 의무를 이행하지 아니하겠다고 선언한 때, 또는

(iii) 매도인이 제48조 제2항에 따라 정한 부가기간이 경과한 때 또는 매수인이 이행을 수령하지 아니하겠다고 선언한 때.

제50조(대금감액)

물품이 계약에 부적합한 경우에, 대금의 지급 여부에 관계없이 매수인은 현실로 인도된 물품이 인도시에 가지고 있던 가액이 계약에 적합한 물품이 그때에 가지고 있었을 가액에 대하여 가지는 비율에 따라 대금을 감액할 수 있다. 다만, 매도인이 제37조나 제48조에 따라 의무의 불이행을 치유하거나 매수인이 동 조항에 따라 매도인의 이행 수령을 거절한 경우에는 대금을 감액할 수 없다.

제51조(물품일부의 부적합)

(1) 매도인이 물품의 일부만을 인도하거나 인도된 물품의 일부만이 계약에 적합한 경우에, 제46조 내지 제50조는 부족 또는 부적합한 부분에 적용된다.

(2) 매수인은 인도가 완전하게 또는 계약에 적합하게 이루어지지 아니한 것이 본질적 계약위반으로 되는 경우에 한하여 계약 전체를 해제할 수 있다.

제52조(이행기전의 인도 및 초과인도)

(1) 매도인이 이행기 전에 물품을 인도한 경우에, 매수인은 이를 수령하거나 거절할 수 있다.

(2) 매도인이 계약에서 정한 것보다 다량의 물품을 인도한 경우에, 매수인은 초과분을 수령하거나 이를 거절할 수 있다. 매수인이 초과분의 전부 또는 일부를 수령한 경우에는 계약대금의 비율에 따라 그 대금을 지급하여야 한다.

제3장 매수인의 의무

제53조(매수인의 의무요약)

매수인은 계약과 이 협약에 따라, 물품의 대금을 지급하고 물품의 인도를 수령하여야 한다.

제1절 대금의 지급

제54조(대금지급을 위한 조치)

매수인의 대금지급의무에는 그 지급을 위하여 계약 또는 법령에서 정한 조치를 취하고 절차를 따르는 것이 포함된다.

제55조(대금불확정 경우의 금액결정)

계약이 유효하게 성립되었으나 그 대금을 명시적 또는 묵시적으로 정하고 있지 아니하거나 이를 정하기 위한 조항을 두지 아니한 경우에는, 당사자는 반대의 표시가 없는 한, 계약체결 시에 당해거래와 유사한 상황에서 매도되는 그러한 종류의 물품에 대하여 일반적으로 청구되는 대금을 묵시적으로 정한 것으로 본다.

제56조(순중량에 의한 대금결정)

대금이 물품의 중량에 따라 정하여지는 경우에, 의심이 있는 때에는 순중량에 의하여 대금을 결정하는 것으로 한다.

제57조(대금지급 장소)

(1) 매수인이 다른 특정한 장소에서 대금을 지급할 의무가 없는 경우에는, 다음의 장소에서 매도인에게 이를 지급하여야 한다.

(a) 매도인의 영업소, 또는

(b) 대금이 물품 또는 서류의 교부와 상환하여 지급되어야 하는 경우에는 그 교부가 이루어지는 장소.

(2) 매도인은 계약체결 후에 자신의 영업소를

변경함으로써 발생하는 대금지급에 대한 부수 비용의 증가액을 부담하여야 한다.

제58조(대금지급 시기)

(1) 매수인이 다른 특정한 시기에 대금을 지급할 의무가 없는 경우에는, 매수인은 매도인이 계약과 이 협약에 따라 물품 또는 그 처분을 지배하는 서류를 매수인의 처분하에 두는 때에 대금을 지급하여야 한다. 매도인은 그 지급을 물품 또는 서류의 교부를 위한 조건으로 할 수 있다.

(2) 계약에 물품의 운송이 포함되는 경우에는, 매도인은 대금지급과 상환하여서만 물품 또는 그 처분을 지배하는 서류를 매수인에게 교부한다는 조건으로 물품을 발송할 수 있다.

(3) 매수인은 물품을 검사할 기회를 가질 때까지는 대금을 지급할 의무가 없다. 다만, 당사자간에 합의된 인도 또는 지급절차가 매수인이 검사기회를 가지는 것과 양립하지 아니하는 경우에는 그러하지 아니하다.

제59조(대금지급 기일)

매수인은 계약 또는 이 협약에서 지정되거나 확정될 수 있는 기일에 대금을 지급하여야 하며, 이 경우 매도인의 입장에서는 어떠한 요구를 하거나 절차를 따를 필요가 없다.

제2절 인도의 수령

제60조(매수인의 인도수령 의무)

매수인의 수령의무는 다음과 같다.

(a) 매도인의 인도를 가능하게 하기 위하여 매수인에게 합리적으로 기대될 수 있는 모든 행위를 하는 것, 및

(b) 물품을 수령하는 것.

제3절 매수인의 계약위반에 대한 구제

제61조 (매도인의 구제방법)

(1) 매수인이 계약 또는 이 협약상의 의무를 이행하지 아니하는 경우에 매도인은 다음을 할 수 있다.

(a) 제62조 내지 제65조에서 정한 권리의 행사,

(b) 제74조 내지 제77조에서 정한 손해배상의 청구.

(2) 매도인이 손해배상을 청구하는 권리는 다른 구제를 구하는 권리를 행사함으로써 상실되지 아니한다.

(3) 매도인이 계약위반에 대한 구제를 구하는 경우에, 법원 또는 중재판정부는 매수인에게 유예기간을 부여할 수 없다.

제62조(매도인의 이행청구권)

매도인은 매수인에게 대금의 지급, 인도의 수령 또는 그 밖의 의무이행을 청구할 수 있다. 다만, 매도인이 그 청구와 양립하지 아니하는 구제를 구한 경우에는 그러하지 아니하다.

제63조(부가기간의 지정)

(1) 매도인은 매수인의 의무이행을 위하여 합리적인 부가기간을 정할 수 있다.

(2) 매수인으로부터 그 부가기간 내에 이행을 하지 아니하겠다는 통지를 수령한 경우를 제외하고, 매도인은 그 기간 중 계약위반에 대한 구제를 구할 수 없다. 다만, 매도인은 이행지체에 대한 손해배상을 청구할 권리를 상실하지 아니한다.

제64조(매도인의 계약해제권)

(1) 매도인은 다음의 경우에 계약을 해제할 수 있다.

(a) 계약 또는 이 협약상 매수인의 의무 불이행이 본질적 계약위반으로 되는 경우, 또는

(b) 매수인이 제63조 제1항에 따라 매도인이 정한 부가기간 내에 대금지급 또는 물품수령 의무를 이행하지 아니하거나 그 기간 내에 그러한 의무를 이행하지 아니하겠다고 선언한 경우.

(2) 그러나 매수인이 대금을 지급한 경우에는, 매도인은 다음의 기간 내에 계약을 해제하지

아니하는 한 계약해제권을 상실한다.

(a) 매수인의 이행지체의 경우, 매도인이 이행이 이루어진 것을 알기 전, 또는

(b) 매수인의 이행지체 이외의 위반의 경우, 다음의 시기로부터 합리적인 기간 내.

(i) 매도인이 그 위반을 알았거나 또는 알 수 있었던 때, 또는

(ii) 매도인이 제63조 제1항에 따라 정한 부가기간이 경과한 때 또는 매수인이 그 부가기간 내에 의무를 이행하지 아니하겠다고 선언한 때.

제65조(물품명세의 지정권)

(1) 계약상 매수인이 물품의 형태, 규격 그 밖의 특징을 지정하여야 하는 경우에, 매수인이 합의된 기일 또는 매도인으로부터 요구를 수령한 후 합리적인 기간 내에 그 지정을 하지 아니한 경우에는, 매도인은 자신이 보유하는 다른 권리를 해함이 없이, 자신이 알고 있는 매수인의 필요에 따라 스스로 지정할 수 있다.

(2) 매도인은 스스로 지정하는 경우에 매수인에게 그 상세한 사정을 통고하고, 매수인이 그와 다른 지정을 할 수 있도록 합리적인 기간을 정하여야 한다. 매수인이 그 통지를 수령한 후 정하여진 기간 내에 다른 지정을 하지 아니하는 경우에는, 매도인의 지정이 구속력을 가진다.

제4장 위험의 이전

제66조(위험이전 후의 멸실)

위험이 매수인에게 이전된 후에 물품이 멸실 또는 훼손되더라도 매수인은 대금지급의무를 면하지 못한다. 다만, 그 멸실 또는 훼손이 매도인의 작위 또는 부작위로 인한 경우에는 그러하지 아니하다.

제67조(운송이 포함된 계약의 위험이전)

(1) 매매계약에 물품의 운송이 포함되어 있고, 매도인이 특정한 장소에서 이를 교부할 의무가 없는 경우에, 위험은 매매계약에 따라 매수인에게 전달하기 위하여 물품이 최초의 운송인에게 교부된 때에 매수인에게 이전한다. 매도인이 특정한 장소에서 물품을 운송인에게 교부하여야 하는 경우에는, 위험은 그 장소에서 물품이 운송인에게 교부될 때까지 매수인에게 이전하지 아니한다. 매도인이 물품의 처분을 지배하는 서류를 보유할 권한이 있다는 사실은 위험의 이전에 영향을 미치지 아니한다.

(2) 제1항에도 불구하고 위험은 물품이 화인(貨印), 선적서류, 매수인에 대한 통지 그 밖의 방법에 의하여 계약상 명확히 특정될 때까지 매수인에게 이전하지 아니한다.

제68조(운송 중 매매되는 물품의 위험이전)

운송 중에 매도된 물품에 관한 위험은 계약체결시에 매수인에게 이전한다. 다만, 특별한 사정이 있는 경우에는, 위험은 운송계약을 표창하는 서류를 발행한 운송인에게 물품이 교부된 때부터 매수인이 부담한다. 그럼에도 불구하고, 매도인이 매매계약의 체결시에 물품이 멸실 또는 훼손된 것을 알았거나 알았어야 했고, 매수인에게 이를 밝히지 아니한 경우에는, 그 멸실 또는 훼손은 매도인의 위험으로 한다.

제69조(운송을 포함하지 않은 경우의 위험이전)

(1) 제67조와 제68조가 적용되지 아니하는 경우에, 위험은 매수인이 물품을 수령한 때, 매수인이 적시에 이를 수령하지 아니한 경우에는 물품이 매수인의 처분하에 놓여지고 매수인이 이를 수령하지 아니하여 계약을 위반하는 때에 매수인에게 이전한다.

(2) 매수인이 매도인의 영업소 이외의 장소에서 물품을 수령하여야 하는 경우에는, 위험은 인도기일이 도래하고 물품이 그 장소에서 매수인의 처분하에 놓여진 것을 매수인이 안 때에 이전한다.

(3) 불특정물에 관한 계약의 경우에, 물품은

계약상 명확히 특정될 때까지 매수인의 처분 하에 놓여지지 아니한 것으로 본다.

제70조(매도인의 계약위반시의 위험이전)

매도인이 본질적 계약위반을 한 경우에는, 제67조, 제68조 및 제69조는 매수인이 그 위반을 이유로 구할 수 있는 구제를 방해하지 아니한다.

제 5 장 매도인과 매수인의 의무에 공통되는 규정

제 1 절 이행기일 전의 계약위반과 분할인도계약

제71조(이행기일 전의 계약위반)

(1) 당사자는 계약체결 후 다음의 사유로 상대방이 의무의 실질적 부분을 이행하지 아니할 것이 판명된 경우에는, 자신의 의무이행을 정지할 수 있다.

(a) 상대방의 이행능력 또는 신용도의 중대한 결함, 또는

(b) 계약의 이행 준비 또는 이행에 관한 상대방의 행위.

(2) 제1항의 사유가 명백하게 되기 전에 매도인이 물품을 발송한 경우에는, 매수인이 물품을 취득할 수 있는 증권을 소지하고 있더라도 매도인은 물품이 매수인에게 교부되는 것을 저지할 수 있다. 이 항은 매도인과 매수인간의 물품에 관한 권리에 대하여만 적용된다.

(3) 이행을 정지한 당사자는 물품의 발송 전후에 관계없이 즉시 상대방에게 그 정지를 통지하여야 하고, 상대방이 그 이행에 관하여 적절한 보장을 제공한 경우에는 이행을 계속하여야 한다.

제72조(이행기일 전의 계약해제)

(1) 계약의 이행기일 전에 당사자 일방이 본질적 계약위반을 할 것이 명백한 경우에는, 상대방은 계약을 해제할 수 있다.

(2) 시간이 허용하는 경우에는, 계약을 해제하려고 하는 당사자는 상대방이 이행에 관하여 적절한 보장을 제공할 수 있도록 상대방에게 합리적인 통지를 하여야 한다.

(3) 제2항의 요건은 상대방이 그 의무를 이행하지 아니하겠다고 선언한 경우에는 적용되지 아니한다.

제73조(분할인도계약의 해제)

(1) 물품을 분할하여 인도하는 계약에서 어느 분할부분에 관한 당사자 일방의 의무 불이행이 그 분할부분에 관하여 본질적 계약위반이 되는 경우에는, 상대방은 그 분할부분에 관하여 계약을 해제할 수 있다.

(2) 어느 분할부분에 관한 당사자 일방의 의무불이행이 장래의 분할부분에 대한 본질적 계약위반의 발생을 추단하는 데에 충분한 근거가 되는 경우에는, 상대방은 장래에 향하여 계약을 해제할 수 있다. 다만, 그 해제는 합리적인 기간 내에 이루어져야 한다.

(3) 어느 인도에 대하여 계약을 해제하는 매수인은, 이미 행하여진 인도 또는 장래의 인도가 그 인도와의 상호의존관계로 인하여 계약체결시에 당사자 쌍방이 예상했던 목적으로 사용될 수 없는 경우에는, 이미 행하여진 인도 또는 장래의 인도에 대하여도 동시에 계약을 해제할 수 있다.

제 2 절 손해배상액

제74조(손해배상의 범위)

당사자 일방의 계약위반으로 인한 손해배상액은 이익의 상실을 포함하여 그 위반의 결과 상대방이 입은 손실과 동등한 금액으로 한다. 그 손해배상액은 위반 당사자가 계약체결시에 알았거나 알 수 있었던 사실과 사정에 비추어, 계약위반의 가능한 결과로서 발생할 것을 예견하였거나 예견할 수 있었던 손실을 초과할 수 없다.

제75조(대체거래에 의한 손해액의 산정)

계약이 해제되고 계약해제 후 합리적인 방법으로, 합리적인 기간 내에 매수인이 대체물을 매수하거나 매도인이 물품을 재매각한 경우에, 손해배상을 청구하는 당사자는 계약대금과 대체거래대금과의 차액 및 그 외에 제74조에 따른 손해액을 배상받을 수 있다.

제76조(시가에 의한 손해액의 산정)

(1) 계약이 해제되고 물품에 시가가 있는 경우에, 손해배상을 청구하는 당사자는 제75조에 따라 구입 또는 재매각하지 아니하였다면 계약대금과 계약해제시의 시가와의 차액 및 그 외에 제74조에 따른 손해액을 배상받을 수 있다. 다만, 손해배상을 청구하는 당사자가 물품을 수령한 후에 계약을 해제한 경우에는, 해제시의 시가에 갈음하여 물품수령시의 시가를 적용한다.

(2) 제1항의 적용상, 시가는 물품이 인도되었어야 했던 장소에서의 지배적인 가격, 그 장소에 시가가 없는 경우에는 물품운송비용의 차액을 적절히 고려하여 합리적으로 대체할 수 있는 다른 장소에서의 가격을 말한다.

제77조(손해경감 의무)

계약위반을 주장하는 당사자는 이익의 상실을 포함하여 그 위반으로 인한 손실을 경감하기 위하여 그 상황에서 합리적인 조치를 취하여야 한다. 계약위반을 주장하는 당사자가 그 조치를 취하지 아니한 경우에는, 위반 당사자는 경감되었어야 했던 손실액만큼 손해배상액의 감액을 청구할 수 있다.

제3절 이 자

제78조(연체금액에 대한 이자청구권)

당사자가 대금 그 밖의 연체된 금액을 지급하지 아니하는 경우에, 상대방은 제74조에 따른 손해배상청구권을 해함이 없이, 그 금액에 대한 이자를 청구할 수 있다.

제4절 면 책

제79조(통제할 수 없는 장애로 인한 면책)

(1) 당사자는 그 의무의 불이행이 자신이 통제할 수 없는 장애에 기인하였다는 것과 계약체결시에 그 장애를 고려하거나 또는 그 장애나 그로 인한 결과를 회피하거나 극복하는 것이 합리적으로 기대될 수 없었다는 것을 증명하는 경우에는, 그 의무불이행에 대하여 책임이 없다.

(2) 당사자의 불이행이 계약의 전부 또는 일부의 이행을 위하여 사용한 제3자의 불이행으로 인한 경우에는, 그 당사자는 다음의 경우에 한하여 그 책임을 면한다.

(a) 당사자가 제1항의 규정에 의하여 면책되고, 또한

(b) 당사자가 사용한 제3자도 그에게 제1항이 적용된다면 면책되는 경우.

(3) 이 조에 규정된 면책은 장애가 존재하는 기간 동안에 효력을 가진다.

(4) 불이행 당사자는 장애가 존재한다는 것과 그 장애가 자신의 이행능력에 미치는 영향을 상대방에게 통지하여야 한다. 불이행 당사자가 장애를 알았거나 알았어야 했던 때로부터 합리적인 기간 내에 상대방이 그 통지를 수령하지 못한 경우에는, 불이행 당사자는 불수령으로 인한 손해에 대하여 책임이 있다.

(5) 이 조는 어느 당사자가 이 협약에 따라 손해배상 청구권 이외의 권리를 행사하는 것을 방해하지 아니한다.

제80조(일방의 귀책사유로 인한 상대방의 불이행)

당사자는 상대방의 불이행이 자신의 작위 또는 부작위에 기인하는 한, 상대방의 불이행을 주장할 수 없다.

제5절 해제의 효력

제81조(계약해제의 효과)

(1) 계약의 해제는 손해배상의무를 제외하고 당사자 쌍방을 계약상의 의무로부터 면하게 한다. 해제는 계약상의 분쟁해결조항 또는 해제의 결과 발생하는 당사자의 권리의무를 규율하는 그 밖의 계약조항에 영향을 미치지 아니한다.

(2) 계약의 전부 또는 일부를 이행한 당사자는 상대방에게 자신이 계약상 공급 또는 지급한 것의 반환을 청구할 수 있다. 당사자 쌍방이 반환하여야 하는 경우에는 동시에 반환하여야 한다.

제82조(물품반환의무 불능과 해제권 상실)

(1) 매수인이 물품을 수령한 상태와 실질적으로 동일한 상태로 그 물품을 반환할 수 없는 경우에는, 매수인은 계약을 해제하거나 매도인에게 대체물을 청구할 권리를 상실한다.

(2) 제1항은 다음의 경우에는 적용되지 아니한다.

(a) 물품을 반환할 수 없거나 수령한 상태와 실질적으로 동일한 상태로 반환할 수 없는 것이 매수인의 작위 또는 부작위에 기인하지 아니한 경우,

(b) 물품의 전부 또는 일부가 제38조에 따른 검사의 결과로 멸실 또는 훼손된 경우, 또는

(c) 매수인이 부적합을 발견하였거나 발견하였어야 했던 시점 전에, 물품의 전부 또는 일부가 정상적인 거래과정에서 매각되거나 통상의 용법에 따라 소비 또는 변형된 경우.

제83조(기타의 구제권 보유)

매수인은, 제82조에 따라 계약해제권 또는 대체물인도청구권을 상실한 경우에도, 계약과 이 협약에 따른 그 밖의 모든 구제권을 보유한다.

제84조(이자 및 이익의 반환)

(1) 매도인은 대금을 반환하여야 하는 경우에, 대금이 지급된 날부터 그에 대한 이자도 지급하여야 한다.

(2) 매수인은 다음의 경우에는 물품의 전부 또는 일부로부터 발생된 모든 이익을 매도인에게 지급하여야 한다.

(a) 매수인이 물품의 전부 또는 일부를 반환하여야 하는 경우, 또는

(b) 물품의 전부 또는 일부를 반환할 수 없거나 수령한 상태와 실질적으로 동일한 상태로 전부 또는 일부를 반환할 수 없음에도 불구하고, 매수인이 계약을 해제하거나 매도인에게 대체물의 인도를 청구한 경우.

제6절 물품의 보관

제85조(매도인의 보관의무)

매수인이 물품인도의 수령을 지체하거나 또는 대금지급과 물품 인도가 동시에 이루어져야 함에도 매수인이 대금을 지급하지 아니한 경우로서, 매도인이 물품을 점유하거나 그 밖의 방법으로 그 처분을 지배할 수 있는 경우에는, 매도인은 물품을 보관하기 위하여 그 상황에서 합리적인 조치를 취하여야 한다. 매도인은 매수인으로부터 합리적인 비용을 상환받을 때까지 그 물품을 보유할 수 있다.

제86조(매수인의 보관의무)

(1) 매수인이 물품을 수령한 후 그 물품을 거절하기 위하여 계약 또는 이 협약에 따른 권리를 행사하려고 하는 경우에는, 매수인은 물품을 보관하기 위하여 그 상황에서 합리적인 조치를 취하여야 한다. 매수인은 매도인으로부터 합리적인 비용을 상환 받을 때까지 그 물품을 보유할 수 있다.

(2) 매수인에게 발송된 물품이 목적지에서 매수인의 처분하에 놓여지고, 매수인이 그 물품을 거절하는 권리를 행사하는 경우에, 매수인은 매도인을 위하여 그 물품을 점유하여야 한다. 다만, 대금지급 및 불합리한 불편이나 경

비소요 없이 점유할 수 있는 경우에 한한다. 이 항은 매도인이나 그를 위하여 물품을 관리하는 자가 목적지에 있는 경우에는 적용되지 아니한다. 매수인이 이 항에 따라 물품을 점유하는 경우에는, 매수인의 권리와 의무에 대하여는 제1항이 적용된다.

제87조(창고에의 보관의무)

물품을 보관하기 위한 조치를 취하여야 하는 당사자는 그 비용이 불합리하지 아니하는 한, 상대방의 비용으로 물품을 제3자의 창고에 임치할 수 있다.

제88조(물품의 매각)

(1) 제85조 또는 제86조에 따라 물품을 보관하여야 하는 당사자는 상대방이 물품을 점유하거나 반환받거나 또는 대금이나 보관비용을 지급하는데 불합리하게 지체하는 경우에는, 상대방에게 매각의사를 합리적으로 통지하는 한, 적절한 방법으로 물품을 매각할 수 있다.

(2) 물품이 급속히 훼손되기 쉽거나 그 보관에 불합리한 경비를 요하는 경우에는, 제85조 또는 제86조에 따라 물품을 보관하여야 하는 당사자는 물품을 매각하기 위하여 합리적인 조치를 취하여야 한다. 이 경우에 가능한 한도에서 상대방에게 매각의사가 통지되어야 한다.

(3) 물품을 매각한 당사자는 매각대금에서 물품을 보관하고 매각하는데 소요된 합리적인 비용과 동일한 금액을 보유할 권리가 있다. 그 차액은 상대방에게 반환되어야 한다.

제 4 편 최종규정

제89조(협약의 수탁자)

국제연합 사무총장은 이 협약의 수탁자가 된다.

제90조(타 협정과의 관계)

이미 발효하였거나 또는 앞으로 발효하게 될 국제협정이 이 협약이 규율하는 사항에 관하여 규정을 두고 있는 경우에, 이 협약은 그러한 국제협정에 우선하지 아니한다. 다만, 당사자가 그 협정의 당사국에 영업소를 가지고 있는 경우에 한한다.

제91조(서명과 협약의 채택)

(1) 이 협약은 국제물품매매계약에 관한 국제연합회의의 최종일에 서명을 위하여 개방되고, 뉴욕의 국제연합 본부에서 1981년 9월 30일까지 모든 국가에 의한 서명을 위하여 개방된다.

(2) 이 협약은 서명국에 의하여 비준, 수락 또는 승인되어야 한다.

(3) 이 협약은 서명을 위하여 개방된 날부터 서명하지 아니한 모든 국가의 가입을 위하여 개방된다.

(4) 비준서, 수락서, 승인서 또는 가입서는 국제연합 사무총장에게 기탁되어야 한다.

제92조(일부규정의 채택선언)

(1) 체약국은 서명, 비준, 수락, 승인 또는 가입시에 이 협약 제2편 또는 제3편에 구속되지 아니한다는 취지의 선언을 할 수 있다.

(2) 제1항에 따라 이 협약 제2편 또는 제3편에 관하여 유보선언을 한 체약국은, 그 선언이 적용되는 편에 의하여 규율되는 사항에 관하여는 이 협약 제1조 제1항에서 말하는 체약국으로 보지 아니한다.

제93조(연방국가의 채택)

(1) 체약국이 그 헌법상 이 협약이 다루고 있는 사항에 관하여 각 영역마다 다른 법체계가 적용되는 2개 이상의 영역을 가지고 있는 경우에, 그 국가는 서명, 비준, 수락, 승인 또는 가입 시에 이 협약을 전체 영역 또는 일부 영역에만 적용한다는 취지의 선언을 할 수 있으며, 언제든지 새로운 선언을 함으로써 전의 선언을 수정할 수 있다.

(2) 제1항의 선언은 수탁자에게 통고하여야

하며, 이 협약이 적용되는 영역을 명시하여야 한다.

(3) 이 조의 선언에 의하여 이 협약이 체약국의 전체영역에 적용되지 아니하고 하나 또는 둘 이상의 영역에만 적용되며 또한 당사자의 영업소가 그 국가에 있는 경우에는, 그 영업소는 이 협약의 적용상 체약국에 있지 아니한 것으로 본다. 다만, 그 영업소가 이 협약이 적용되는 영역에 있는 경우에는 그러하지 아니하다.

(4) 체약국이 제1항의 선언을 하지 아니한 경우에 이 협약은 그 국가의 전체영역에 적용된다.

제94조(연방법령이 있는 국가의 채택)

(1) 이 협약이 규율하는 사항에 관하여 동일하거나 또는 밀접하게 관련된 법규를 가지는 둘 이상의 체약국은, 양당사자의 영업소가 그러한 국가에 있는 경우에 이 협약을 매매계약과 그 성립에 관하여 적용하지 아니한다는 취지의 선언을 언제든지 행할 수 있다. 그러한 선언은 공동으로 또는 상호간에 단독으로 할 수 있다.

(2) 이 협약이 규율하는 사항에 관하여 하나 또는 둘 이상의 비체약국과 동일하거나 또는 밀접하게 관련된 법규를 가지는 체약국은 양당사자의 영업소가 그러한 국가에 있는 경우에 이 협약을 매매계약과 그 성립에 대하여 적용하지 아니한다는 취지의 선언을 언제든지 행할 수 있다.

(3) 제2항에 의한 선언의 대상이 된 국가가 그 후 체약국이 된 경우에, 그 선언은 이 협약이 새로운 체약국에 대하여 효력이 발생하는 날부터 제1항의 선언으로서 효력을 가진다. 다만, 새로운 체약국이 그 선언에 가담하거나 또는 상호간에 단독으로 선언하는 경우에 한한다.

제95조(제1조 1항 b호의 배제)

어떤 국가든지 비준서, 수락서, 승인서 또는 가입서를 기탁할 때, 이 협약 제1조 제1항 (b)호에 구속되지 아니한다는 취지의 선언을 행할 수 있다.

제96조(계약형식요건의 유보)

그 국가의 법률상 매매계약의 체결 또는 입증에 서면을 요구하는 체약국은 제12조에 따라 매매계약, 합의에 의한 매매계약의 변경이나 종료, 청약, 승낙 기타의 의사표시를 서면 이외의 방법으로 하는 것을 허용하는 이 협약 제11조, 제29조 또는 제2편의 어떠한 규정도 당사자 일방이 그 국가에 영업소를 가지고 있는 경우에는 적용하지 아니한다는 취지의 선언을 언제든지 행할 수 있다.

제97조(합의에 관한 선언절차)

(1) 서명시에 이 협약에 따라 행한 선언은 비준, 수락 또는 승인시 다시 확인되어야 한다.

(2) 선언 및 선언의 확인은 서면으로 하여야 하고, 또한 정식으로 수탁자에게 통고하여야 한다.

(3) 선언은 이를 행한 국가에 대하여 이 협약이 발효함과 동시에 효력이 생긴다. 다만, 협약의 발효 후 수탁자가 정식으로 통고를 수령한 선언은 수탁자가 이를 수령한 날부터 6월이 경과된 다음 달의 1일에 효력이 발생한다. 제94조에 따른 상호간의 단독선언은 수탁자가 최후의 선언을 수령한 후 6월이 경과한 다음 달의 1일에 효력이 발생한다.

(4) 이 협약에 따라 선언을 행한 국가는 수탁자에게 서면에 의한 정식의 통고를 함으로써 언제든지 그 선언을 철회할 수 있다. 그러한 철회는 수탁자가 통고를 수령한 날부터 6월이 경과된 다음 달의 1일에 효력이 발생한다.

(5) 제94조에 따라 선언이 철회된 경우에는 그 철회의 효력이 발생하는 날부터 제94조에 따라 다른 국가가 행한 상호간의 선언의 효력이 상실된다.

제98조(유보의 금지)

이 협약에 의하여 명시적으로 인정된 경우를 제외하고는 어떠한 유보도 허용되지 아니한다.

제99조(협약의 발효)

(1) 이 협약은 제6항의 규정에 따를 것을 조건으로, 제92조의 선언을 포함하고 있는 문서를 포함하여 10번째의 비준서, 수락서, 승인서 또는 가입서가 기탁된 날부터 12월이 경과된 다음 달의 1일에 효력이 발생한다.

(2) 10번째의 비준서, 수락서, 승인서 또는 가입서가 기탁된 후에 어느 국가가 이 협약을 비준, 수락, 승인 또는 가입하는 경우에, 이 협약은 적용이 배제된 편을 제외하고 제6항에 따를 것을 조건으로 하여 그 국가의 비준서, 수락서, 승인서 또는 가입서가 기탁된 날부터 12월이 경과된 다음 달의 1일에 그 국가에 대하여 효력이 발생한다.

(3) 1964년 7월 1일 헤이그에서 작성된 "국제물품매매계약의 성립에 관한 통일법"(1964년 헤이그성립협약)과 "국제물품매매계약에 관한 통일법"(1964년 헤이그매매협약) 중의 하나 또는 모두의 당사국이 이 협약을 비준, 수락, 승인 또는 이에 가입하는 경우에는 네덜란드 정부에 통고함으로써 1964년 헤이그매매협약 및/또는 1964년 헤이그성립협약을 동시에 폐기하여야 한다.

(4) 1964년 헤이그매매협약의 당사국으로서 이 협약을 비준, 수락, 승인 또는 가입하는 국가가 제92조에 따라 이 협약 제2편에 구속되지 아니한다는 뜻을 선언하거나 또는 선언한 경우에, 그 국가는 이 협약의 비준, 수락, 승인 또는 가입시에 네덜란드 정부에 통고함으로써 1964년 헤이그매매협약을 폐기하여야 한다.

(5) 1964년 헤이그성립협약의 당사국으로서 이 협약을 비준, 수락, 승인 또는 가입하는 국가가 제92조에 따라 이 협약 제3편에 구속되지 아니한다는 뜻을 선언하거나 또는 선언한 경우에, 그 국가는 이 협약의 비준, 수락, 승인 또는 가입시 네덜란드 정부에 통고함으로써 1964년 헤이그성립협약을 폐기하여야 한다.

(6) 이 조의 적용상, 1964년 헤이그성립협약 또는 1964년 헤이그매매협약의 당사국에 의한 이 협약의 비준, 수락, 승인 또는 가입은 이들 두 협약에 관하여 당사국에게 요구되는 폐기의 통고가 효력을 발생하기까지 그 효력이 발생하지 아니한다. 이 협약의 수탁자는 이에 관한 필요한 상호조정을 확실히 하기 위하여 1964년 협약들의 수탁자인 네덜란드 정부와 협의하여야 한다.

제100조(협약의 적용일)

(1) 이 협약은 제1조 제1항 (a)호 또는 (b)호의 체약국에게 협약의 효력이 발생한 날 이후에 계약체결을 위한 제안이 이루어진 경우에 한하여 계약의 성립에 대하여 적용된다.

(2) 이 협약은 제1조 제1항 (a)호 또는 (b)호의 체약국에게 협약의 효력이 발생한 날 이후에 체결된 계약에 대하여만 적용된다.

제101조(협약의 폐기)

(1) 체약국은 수탁자에게 서면에 의한 정식의 통고를 함으로써 이 협약 또는 이 협약 제2편 또는 제3편을 폐기할 수 있다.

(2) 폐기는 수탁자가 통고를 수령한 후 12월이 경과한 다음 달의 1일에 효력이 발생한다. 통고에 폐기의 발효에 대하여 보다 장기간이 명시된 경우에 폐기는 수탁자가 통고를 수령한 후 그 기간이 경과되어야 효력이 발생한다.

1980년 4월 11일에 비엔나에서 동등하게 정본인 아랍어, 중국어, 영어, 프랑스어, 러시아어 및 스페인어로 각 1부가 작성되었다.

그 증거로서 각국의 전권대표들은 각국의 정부로부터 정당하게 위임을 받아 이 협약에 서명하였다.

PART 02

[논술문제와 답안] 무역대금결제

Chapter 06

신용장과 신용장통일규칙

제 1 절 신용장의 기본원리와 당사자의 법률관계

문제 2-01 신용장의 본질적 특성에 대하여 설명하시오.

답안 2-01

〈목차 구성〉

Ⅰ. 서　　론

신용장은 매매당사자간의 근거계약과 구별되는 독립된 약정으로 국제상관습인 신용장통일규칙이나 미국 통일상법전 제5편 신용장에 관한 법에 의하여 우선적으로 규율된다. 신용장의 본질적인 측면에서 그 특성을 보면 독립·추상성의 원칙, 완전성과 정확성의 원칙 및 서류거래의 원칙이 존중되고 있다. 이러한 원칙에 따라 신용장 발행은행은 국제표준은행관행에 따라 서류를 심사하고 신용장조건과 일치하는 제시에 의하여 지급이행 여부를 판단하게 된다.

이와 같은 신용장이 가지는 특성은 은행으로 하여금 보다 적극적인 신용장의 기능, 즉 지급기능과 금융기능을 수행하게 함으로써 원활한 신용장거래를 행할 수 있게 되는 것이다. 그러나 무역대금결제와 관련하여 이러한 신용장의 특성과 거래관행을 악용하여 사기행위를 하는 거래당사자도 있으므로 세심한 주의를 하여야 한다.

이하에서는 신용장거래에서의 독립·추상성의 원칙, 완전성과 정확성의 원칙 및 서류거래의 원칙을 중심으로 신용장의 본질적 특성에 대하여 살펴보고자 한다.[1]

Ⅱ. 독립·추상성의 원칙

1. 신용장의 독립성

무역거래에서는 매도인의 물품인도에 대하여 매수인은 대금지급 의무가 있다. 여기에서 당사자가 신용장을 결제수단으로 합의하더라도 당사자간의 신용장 관련 분쟁은 신용장의 독특한 상관습에 따라 신용장에 영향을 미치지 않는다. 이는 신용장의 본질적 특성에 기인되기 때문이다. 그 특성의 하나로 신용장의 독립성(independence)이다. 이는 신용장과 매매당사자간의 근거계약(underlying contract)이나 기타 계약과는 별개의 독립된 거래로 간주하는 것을 말한다. 신용장통일규칙(UCP 600)에서는 "신용장은 그 성질상 그것이 근거가 되는 매매계약 또는 기타 계약과는 별개의 거래이다. 은행은 그러한 계약에 관한 어떠한 참조사항이 신용장에 포함되어 있다 하더라도 그러한 계약과는 아무런 관계가 없으며 또한 구속되지 아니 한다"고 규정하고 있다.[2]

또한 미국 통일상법전(UCC)에서도 "발행인(issuer)은 근거계약, 거래약정 또는 거래의 이행 또는 불이행, 타인의 작위 또는 부작위에 대하여 아무런 책임이 없다"고 하여 UCP와 같은 취지의 규정을 두고 있다.[3]

이처럼 은행은 어떤 경우에도 매도인(seller)과 매수인(buyer) 사이의 매매계약 또는 기타 신용장발행에 근거가 되는 계약상의 이유에 의한 항변으로 권리침해를 당하거나 책임과 의무를 부담하지 아니한다. 즉, 매매계약으로부터 은행과 고객간의 신용장약정(credit agreement), 발행은행과 통지은행 사이의 환거래약정(correspondent agreement)과도 독립된 거래로 간주된다. 또한 신용장의 수익자도 발행의뢰인과 발행은행간에 존재하는

1) 강원진, 「무역결제론」, 제3판, 2015, 20~30면.
2) UCP 600, Article 4.
3) UCC, Article 5-108(f) Issuer's Rights and Obligations.

계약관계를 원용할 수 없다. 따라서 신용장문면에 만일 물품의 명세(description of goods)가 "as per Sales Contract No. … dated … " 등과 같이 매매계약서의 일자나 번호가 명시되어 있다 하더라도 은행은 실질적인 조사의무는 없으며 제시된 서류의 문면에 이와 같은 문언이 기재되어 있다면 족하다고 할 수 있다.

신용장의 독립성은 신용장의 본질을 규정하는 가장 중요한 조건으로 간주되고 있으며 신용장거래가 매매계약으로부터 독립성이 있기 때문에 은행은 제시된 서류를 발행한 운송인, 검사소, 수출자 등에 직접 가서 일일이 확인을 하지 않더라도 지급·인수 또는 매입에 의하여 신용장거래를 원활하게 처리할 수 있는 것이다.

2. 신용장의 추상성

신용장의 특성에서 또 하나는 신용장의 추상성(abstraction)이다. 이는 매매계약서에 언급된 물품이야 어떻든 또 실제로 매수인에게 도착된 물품이야 어떻게 되었든 간에 은행은 신용장에서 요구하는 서류로 대금지급 여부를 판단하여야 한다는 것이다. 신용장통일규칙에 의하면 "은행은 서류로 거래하는 것이지, 그 서류와 관련될 수 있는 물품, 서비스 또는 이행으로 거래하는 것이 아니다"라고 규정하고 있다.[4] 은행은 매매계약물품에 대해 요구되는 전문적인 지식이 사실상 부족하기 때문에 신용장내용과 서류상의 문면만을 기준으로 그 일치성 또는 정당성 여부를 판단하여 지급이행을 행한다는 것은 당연하고 합리적인 관행이라고 할 수 있다.

신용장거래시 독립·추상성의 보호를 가장 필요로 하는 자는 지급·인수·매입은행이다. 왜냐하면 수익자로부터 제시된 서류가 신용장조건과 일치된다 하더라도 매매계약위반을 이유로 발행은행으로 하여금 그 서류에 대한 인수·지급을 거절시킬 우려가 있는 경우 안심하고 은행들이 신용장거래를 행할 수 없기 때문이다.

Ⅲ. 완전성과 정확성의 원칙

신용장은 신용장발행의뢰인(매수인)의 요청에 의하여 발행은행이 신용장약정에 기초하여 발행한다. 신용장발행의뢰인은 일차적으로 신용장의 물품명세 등 신용장조건에 포함되어야 하는 내용을 발행신청서에 기재하여 발행의뢰한다. 이 경우 신용장의 완전성과 정확성의 원칙(doctrine of completeness and preciseness)을 준수하여야 한다. 이는 신용장발행을 위한 지시, 신용장 그 자체, 신용장에 대한 조건변경은 완전하고 정확하지

4) UCP 600, Article 5.

않으면 안 된다는 것을 말한다. UCP 600에서는 "발행은행은 신용장의 구성요소 부분으로서, 근거계약의 사본, 견적송장 및 기타 유사한 것을 포함시키고자 하는 모든 시도를 제지하여야 한다"[5)]라고 규정하고 있다. 따라서 신용장에 너무 지나치게 상세한 명세를 삽입하는 것은 혼란과 오해를 초래할 염려가 있으므로 신용장발행은행은 발행의뢰인을 설득하여 이를 억제하도록 하고 있다. 또한 신용장의 완전성을 해칠 우려가 있는 이미 발행된 신용장을 참조한다는, 이른바 유사신용장(similar credit) 발행도 제지하여야 하는 것이다.

신용장거래에서 발행의뢰인의 불명확하고 부정확한 지시로 인하여 발생하는 문제 중 특히 신용장조건상에 수익자가 제시하여야 할 서류를 구체적으로 명시하지 않아 발생되는 비서류적 조건(non-documentary conditions)의 신용장에 대하여 은행은 이를 심사하지 않고 무시하도록 하고 있으나 이와 관련된 신용장조건의 해석에서 문제가 야기되고 있다.

따라서 신용장발행의뢰서에 기재되는 신용장조건은 거래당사자에게 중요한 영향을 미칠 수 있기 때문에 특히 발행의뢰인의 신용장발행 요청에 따라 신용장을 발행하는 발행은행은 신용장의 구성요소에서 그 표현이 완전하면서도 또한 정확하여야 한다.

Ⅳ. 서류거래의 원칙

신용장거래의 대상은 물품이나 서비스 그 자체나 계약의 이행이 아니고 서류이다. 따라서 신용장통일규칙에서도 신용장거래에서 "은행은 서류로 거래하는 것이지 그러한 서류가 관련될 수 있는 물품, 서비스 또는 이행으로 거래하는 것이 아니다"라고 규정하고 있다.[6)]

은행이 신용장조건에 일치하는 서류와 상환으로 대금을 지급하여야 할 의무는 해당 물품이나 서비스 또는 계약이행이 실제 내용과 일치하지 않는다는 통지에도 아무런 영향을 받지 않는다. 또한 발행은행이 서류접수 후 그것이 문면상 신용장조건에 일치하지 않는 경우에 그러한 서류를 수리할 것인가 아니면 이를 거절하고 문면상 신용장의 조건과 일치하지 않는다는 클레임을 제기할 것인가의 여부는 서류만을 근거로 하여 결정하여야 한다.

서류의 수리 또는 거절여부를 결정하는 데 있어 "서류만을 근거로 하여"라는 말은

5) UCP 600, Article 4-b.

6) UCP 600, Article 5.

발행은행이 신용장발행의뢰인에게 그 불일치에 관한 권리포기 여부를 교섭할 수는 있으나 독자적으로 서류를 근거로 결정하여야 한다는 의미를 가진다.

은행은 서류가 일반적 상태성의 형식을 구비하고 있는지 또는 그 서류가 과연 법률상 완전 유효한 것이라든지 위조·변조가 없다는 것까지 보장할 수는 없다. 따라서 신용장거래에서 은행은 서류의 이면에 있는 물품을 알 수 없기 때문에 오직 서류의 문면만을 점검하고[7] 서류로 거래하는 것이다.

Ⅴ. 결　론

신용장거래는 본질적으로 매매계약 및 기타계약과는 별개의 독립된 거래이며 관계은행은 신용장내용과 서류상의 문면만을 통하여 지급여부를 결정하게 된다. 은행은 어떠한 경우에도 매매계약 또는 기타 신용장에 근거가 되는 계약상의 이유로 의한 항변으로 권리 침해를 당하거나 책임과 의무를 부담하지 않는다. 그러므로 신용장조건과 일치하여 지급, 인수, 매입한 은행은 발행은행으로부터 독립·추상성에 따른 보호를 받게 되며 수익자의 경우에도 신용장 조건에 일치하는 서류를 제시하여야만 신용장의 권리를 주장할 수 있다.

따라서 거래상의 내용이야 어떠하든 수익자는 신용장 내용에만 일치되는 서류를 위조 또는 변조하여 제시하였다 하더라도 이를 모르는 매입은행은 동 서류를 매입할 것이며 발행은행도 아무런 정보도 없고 선의로 행동하는 한 지급이행할 수 있다는 결론이 나온다. 이 결과 독립·추상성의 원칙 적용상의 한계성이 존재하게 된다.

신용장거래를 행하는 과정에 거래당사자간의 서류제시와 지급이행상에 독립·추상성의 원칙 적용은 신용장의 기본적 원리에서 가장 중요한 원칙이다.

신용장거래는 국제상관습으로 정착된 신용장통일규칙을 준거로 하는 것이 무역거래에 일반화되어 있으므로 신용장거래당사자는 신용장거래의 3가지 원칙에 대한 독특한 상관습이 신용장거래를 지배한다는 점에 유의하여야 할 것이다.

---

7) ICC, Case Studies on Documentary Credits, problems, queries, answers, ICC Publishing S.A. 1989, p. 60.

문제 2-02 신용장거래 당사자간의 법률관계에 대하여 설명하시오.

답안 2-02

〈목차 구성〉

Ⅰ. 서 론

신용장거래에 관계되는 자를 총칭하여 신용장의 당사자(parties) 또는 관계당사자(parties concerned)라고 한다. 신용장당사자는 모든 신용장에 일정하게 등장하는 것이 아니고 신용장의 확약방식이나 용도 및 유형에 따라 당사자가 달라진다.

여기에서는 신용장의 조건변경 또는 취소에 관계되는 기본당사자[8]와 기타 당사자로 구분하여 UCP 600 제2조에서 정의되고 있는 당사자 등에 대하여 살펴보기로 한다.

또한 신용장거래에서는 당사자간 화환신용장통일규칙에 따라 각자의 권리와 의무가 있다.

여기에서는 발행의뢰인과 수익자, 발행의뢰인과 발행은행, 발행은행과 수익자, 발행은행과 확인은행, 통지은행의 지위 및 매입은행의 지위 등을 중심으로 신용장당사자간의 법률관계에 대하여 검토하고자 한다.[9]

Ⅱ. 신용장의 당사자

1. 기본당사자

UCP 600에는 발행은행, 확인은행(있는 경우), 수익자만을 신용장조건변경 또는 취소할 수 있는 당사자로 규정하고 있다(규칙 제10조 a항). 변경 또는 취소당사자에서 발행의뢰인이 제외된 것 같지만 발행의뢰인의 요청에 따라 발행은행이 일단 신용장을 발행하게 되면 독립·추상성의 원칙에 따라 발행은행은 발행의뢰인의 의사가 통합(merge)되어

8) UCP 600, Article 10-a.
9) 강원진, 전게서, 68~95면.

있는 것으로 보아 이를 해석하여야 한다.

이와 같은 기본당사자로는 신용장발행의뢰인의 요청에 따라 또는 자기 자신을 위하여 신용장을 발행하는 은행인 발행은행(issuing bank),[10) 발행은행의 수권 또는 요청에 따라 신용장의 확인(confirmation)을 추가하는 은행인 확인은행(confirming bank), 신용장이 발행되어 수혜를 받는 당사자인 수익자(beneficiary)가 있다.

2. 기타 당사자

신용장의 기본당사자 이외의 기타 당사자로는 신용장이 발행되도록 요청하는 당사자인 발행의뢰인(applicant), 발행은행의 요청으로 신용장을 통지하는 은행인 통지은행(advising bank)이 있다. 통지은행은 보통 수익자 소재지에 있는 발행은행의 본·지점이나 환거래은행(correspondent bank)이 된다. 또한 일치하는 제시에 대한 환어음 또는 서류를 매입하는 은행인 매입은행(negotiating bank), 수익자가 발행한 환어음을 인수(acceptance)하고 만기일에 지급하도록 기한부환어음을 인수하는 은행인 인수은행(accepting bank), 발행은행의 자금운영 측면에서 제3국에 소재하는 은행 중 발행은행의 예치환거래은행을 이용하여 신용장 대금을 결제하는 은행인 결제은행(settling bank)이 있다. 또한 상환수권(reimbursement authorization)에 따라 매입은행의 상환청구에 대금을 상환하여 주는 은행인 상환은행(reimbursing bank)이 있는데, 보통 발행은행에 대한 결제은행이 매입은행에 대해서는 상환은행이 된다.

10) 미국 통일상법전(제5편 제102조 9항)에 규정된 바와 같이 미국에서는 은행 이외의 자도 신용장을 발행할 수 있으므로 UCC 적용과 관련된 신용장거래에서는 발행인(issuer)으로, 그 외 신용장통일규칙(UCP 600)이 적용되는 신용장거래에서는 은행이 신용장을 발행하는 관행을 고려하여 발행은행(issuing bank)으로 그 용어를 혼용하고자 한다. 아울러 저자는 신용장거래에서 개설은행(opening bank)이라는 표현은 발행은행(issuing bank)으로 하여야 현재의 관행에 부합된다고 본다. 왜냐하면 "opening bank"라는 용어는 구용어로 "1974년 제3차 개정 신용장통일규칙(UCP 290)" 때부터 "issuing bank"로 새롭게 사용하였다(General Provisions and Definitions (b) 및 A. Form and Notification of Credits Article 2 이하 UCP 전문에서 "issuing bank"로 사용). 그 이후 및 현행 UCP 600 용어의 정의(제2조)와 모든 UCP 조항에서 "issuing bank"라는 용어로 통일되고 있으며, eUCP에서도 "issuing bank"라는 용어로 사용되고 있기 때문이다. "issuing"이라는 단어가 "발행"이 아닌 "개설"로 번역하는 사전은 찾아보기 어렵다.

Ⅲ. 신용장당사자간의 법률관계

1. 발행의뢰인과 수익자

신용장발행의뢰인(applicant)인 수입자와 수익자(beneficiary), 즉 수출자와는 매매계약상의 매매당사자이지 신용장당사자로 간주할 수는 없지만, 매매계약시 대금결제수단을 신용장방식으로 하기로 하고 신용장발행을 약정하였을 경우에는 신용장거래와 관련된 법률관계가 성립된다.

이 경우 발행의뢰인은 매매계약의 조건에 따르는 신용장을 합의된 기간 내에 발행하여 수익자에게 송달될 수 있도록 조치해야 할 의무가 있다. 또한 발행의뢰인은 매매계약에서 신용장발행내용에 대한 명확한 약정을 하여야 한다. 별도약정이 없는 한 발행의뢰인은 신용장의 종류, 신용장통지시 전송(teletransmission) 또는 우편(mail) 등의 방법의 선택을 발행은행 측에 의뢰하여 수익자에게 통지할 수 있도록 하여야 한다.

수익자(beneficiary)는 발행의뢰인이 신용장을 발행할 수 있도록 계약에 약정된 협조를 제공하고 필요한 지시를 하여야 한다. 또한 신용장조건에 따라 일치되는 서류를 제시기간 내에 제시하여야 한다. 수익자가 신용장조건에 따른 자신의 의무를 위반한 경우에는 신용장에 관한 매매계약상의 모든 권리를 포기한 것으로 간주된다.

2. 발행의뢰인과 발행은행

발행의뢰인(applicant)은 발행은행에게 신용장발행을 의뢰하는데 있어 혼란이 발생되지 않도록 유효기간, 물품명세, 제시서류 등 신용장 지시내용이 완전하고 정확하여야 하며, 발행은행이 신용장조건에 일치된 서류에 대한 인수·지급을 행하였다면 발행의뢰인도 발행은행에 대해 서류를 인수하고 대금을 상환하여야 하며, 신용장발행에 따르는 수수료를 부담하여야 한다. 또한 발행은행의 요구에 따른 담보를 제공하여야 하며, 다른 은행 서비스 이용 및 외국의 법률과 관습에 따른 채무를 부담하여야 한다.

발행은행(issuing bank)은 발행의뢰인의 지시내용을 준수하여야 하며 신용장 지시내용에 지나치게 상세한 명세 및 조건삽입을 억제토록 해야 하며, 발행된 신용장을 통지은행을 통하여 수익자에게 통지할 의무가 있으며, 제시된 서류에 대해 신용장조건과의 엄격성과 서류상의 형식조사의무가 있고 제시된 서류가 신용장조건과 불일치하면 서류의 거절권을 갖는다. 또한 발행은행은 제시된 서류의 형식·법적 효력, 기재된 물품의 실질상태, 서류의 작성·발행자에 대하여 면책이 되고, 서류·통신의 송달 및 번역에 따른 면책, 불가항력 사유로 은행업무 중단에 따른 면책, 다른 은행의 지시불이행에 따른 면책이 인정된다.

3. 발행은행과 수익자

발행은행(issuing bank)은 신용장조건과 일치하는 서류제시에 대하여 인수·지급 의무가 있고 매매계약상의 이유로 수익자에 대해 항변할 수 없다. 또한 수익자에 대하여 신용장통지가 전달되도록 하여야 하며, 수익자의 동의 없이 일방적으로 신용장을 취소하거나 조건변경을 할 수 없으며, 원신용장을 통지할 때 이용하였던 동일은행을 통해 수익자에게 조건변경통지를 하여야 한다.

수익자(beneficiary)는 발행은행에 대하여 매매계약상의 대금결제에 대한 권리뿐만 아니라 매매계약으로부터 독립된 일방적 청구권을 보유하며, 신용장조건을 이행하고 조건부 청구권을 가지며, 신용장 및 조건변경에 대한 승낙 또는 거부의 선택권을 갖는다. 또한 수익자는 발행은행에 신용장조건에 일치하는 서류제시 의무가 있으며, 신용장문언의 준수의무가 있다.

4. 발행은행과 확인은행

발행은행(issuing bank)은 확인은행에 대하여 자기가 발행한 신용장에 대한 확인(confirmation)을 추가하도록 수권하거나 요청할 수 있다. 또한 발행은행은 확인된 신용장의 경우 신용장조건변경시에는 확인은행의 동의를 받아야 하며, 확인은행이 신용장조건과 일치하여 수익자에게 행한 인수·지급 및 매입에 대하여 상환의무를 부담한다.

확인은행(confirming bank)은 발행은행의 확인요청에 대한 거절권을 가지며 확인을 수락하더라도 확인수수료(confirming fee)를 지급받을 때까지 확인의 추가를 유보할 수 있다. 그러나 확인을 위한 준비가 되어 있지 않다면 즉시 동 사실을 발행은행에 통보하여야 한다. 또한 확인은행은 그 확인을 추가함이 없이 신용장을 수익자에게 통지할 수도 있다.

5. 통지은행의 지위

통지은행(advising bank)은 신용장당사자 중에서 중간은행의 입장에서 가장 가벼운 책임을 지고 있으며 보통은 발행은행과 환거래약정(correspondent agreement)을 맺고 있다. 발행은행의 요청에 따라 신용장의 통지은행, 확인은행 또는 지급은행 등의 역할도 겸할 수 있다. 통지은행은 발행은행(issuing bank)에 대해서 위임·대리관계가 존재하여 발행은행의 지시에 따라 신용장을 수익자에게 완전하고 정확하게 통지하여야 할 의무가 있다.

그러나 발행은행의 수권 없이 환어음매입을 할 경우에는 발행은행의 대리인이 아니라 통지은행의 위험과 계산으로 행하여져야 한다. 또한 발행된 환어음에 대한 지시내용을 임의로 변경하지 못한다. 통지은행은 수익자(beneficiary)에 대해서 통지하는 신용장의 진정성(authenticity)을 확인하기 위한 상당한 주의(reasonable care)를 기울여야 하며, 정확·신속하게 신용장을 통지해야 하고 신용장을 확인하는 경우에는 발행은행과 마찬가지로 수익자에 대하여 채무를 지게 된다. 통지은행은 수익자에게 신용장 및 조건변경을 통지하기 위하여 제2통지은행(second advising bank)의 서비스를 이용할 수 있다(UCP 600 제9조 d항).

6. 매입은행의 지위

매입은행(negotiating bank)은 수익자(beneficiary)에 대하여 어음법상 어음소지인(bonafide holder)의 권리를 취득하며, 환어음의 인수나 지급이 거절되면 수익자에게 상환청구권을 갖는다. 발행은행(issuing bank)에 대하여 환어음을 매입한 은행은 수익자가 발행은행에 갖는 신용장상의 권리를 취득하며, 발행은행은 매입은행에 대하여 신용장조건과 일치하면 무조건 상환의무를 지게 된다. 또한 매입제한신용장(restricted credit)의 경우에는 지정된 매입은행만이 발행은행에 대하여 청구권을 갖는다.

Ⅲ. 결 론

신용장당사자는 신용장의 사용가능성, 확약방식 등에 따라 달라진다. 신용장당사자 가운데서도 기본적 당사자는 발행은행, 확인은행(있을 경우), 수익자이다. 왜냐하면 이들 은행은 인수·지급 또는 매입[11] 등과 관련하여 매우 중요한 역할을 수행하며 신용장조건 변경이나 취소를 할 수 있는 기본당사자가 되기 때문이다. 그 외의 당사자도 신용장의 유형에 따라 등장하게 되는데 그 기능과 역할도 중요하다.

그러나 UCP 600상의 지정은행(nominated bank)에 대하여 "신용장이 사용가능한 은행 또는 모든 은행에서 사용가능한 신용장의 경우 모든 은행"이라고 정의되고 있는 것은 매우 포괄적이고 추상적이다. 따라서 신용장의 사용가능성에 따라 지급은행, 인수은행, 매입은행, 확인은행 또는 매입제한은행 등과 같이 특정하는 것이 바람직하다.

11) 그러나 발행은행은 매입을 행하지 아니한다.

또한 신용장거래에서는 발행의뢰인과 발행은행 또는 매입은행과 수익자의 신용장거래약정과 관련된 법률관계, 은행간에는 인수·지급 또는 매입에 관계되거나 환거래약정의 당사자가 되므로 이들 상호간의 권리의무 등 법률관계는 일차적으로 UCP 600 등 신용장거래관습에 따라야 하겠지만 한계가 있을 경우 사안에 따라 부차적으로 계약법에 기초하여 규명하여야 할 문제로 생각된다.

문제 2-03 신용장거래에서 Fraud Rule의 적용 요건과 문제점에 대하여 논하시오.

답안 2-03

〈목차 구성〉

Ⅰ. 서　　론

신용장거래는 본질적으로 매매계약이나 기타계약과 독립된 거래로 신용장의 제조건과 일치하는 서류제시에 근거하여 지급이행이 이루어지기 때문에 사기(fraud)의 위험이 따르게 된다.

신용장 사기는 신용장의 특성을 악용하여 수익자가 신용장조건과 문면상으로는 일치하나 사실과 다르게 작성된 서류를 제시하는 서류상의 사기와 계약과 일치하지 아니한 물품을 제공하는 거래상의 사기로 지급청구하는 경우가 대부분이다.

사기행위의 결과 발행은행과 매입은행간의 상환의무에 대한 분쟁 및 발행은행이 발행의뢰인에 대한 상환청구권과 관련된 분쟁의 소지가 많아진다. 무역대금결제에서 독립·추상성만을 고집하여 사기행위임에도 불구하고 신용장과 서류가 문면상 일치성을 주장하여 은행의 지급이행이 이루어진다면 오히려 비윤리적이고 파렴치한 수익자의 금융사기를 조장하게 되어 이를 확대 적용할 수 없는 문제에 봉착하게 된다.

그러나 신용장거래의 독립·추상성이라는 특성을 악용하여 부당하게 대금을 받아내는 악질적인 신용장수익자의 사기 내지 기망의 경우 은행에 취소불능의 책임을 지울 수 없도록 하는 거래상의 사기에 대하여 영미법에서 일찍부터 이른바 사기에 대한 예외적용 원칙(fraud rule)이 인정되어 왔다. 이 원칙에 의하면 발행은행의 지급거절은 서류가 신용장조건과 일치한다 하더라도 수익자의 사기행위에 의한 것임을 알고 있는 경우 대금지급거절이 될 수 있다는 점이다. 그러나 신용장통일규칙(Uniform Customs and Practice for Documentary Credits: UCP 600)상에는 사기에 대한 원칙이 반영되고 있지 않다.

이하에서는 신용장거래에서 독립·추상성의 원칙 예외 적용원칙인 fraud rule의 성립배경, 적용 요건과 제한 및 문제점을 중심으로 검토하고자 한다.[12)]

Ⅱ. Fraud Rule의 성립 배경과 적용

1. 미국의 판례

신용장거래는 본질적으로 독립·추상성의 원칙이 적용된다. UCP 600하에서 발행은행의 의무는 발행된 신용장의 근거계약 또는 기타계약 이행과 독립적으로 신용장의 제조건과 일치하는 제시 서류만을 기초로 인수·지급(honour)[13)]하는 것이다. 또한 UCC에서도 "발행인(issuer)[14)]은 근거계약, 거래약정 또는 거래의 이행 또는 불이행, 타인의 작위 또는 부작위 또는 표준관습 이외의 특수한 거래관행의 준수 또는 인식에 대하여 아무런 책임을 부담하지 아니한다"[15)]고 하여 UCP 600과 같은 취지의 규정을 두고 있다. 따라서 신용장은 수익자에 대한 대금지급의 확실성에 의존하기 때문에 발행인의 의무는 근거계약에서 당사자의 권리와 책임과는 독립적이다. 대금지급은 반드시 모든 담보의 위반 또는 불일치의 주장에 개의치 아니하고 이루어져야 한다.

---

12) 이 글은 강원진, "신용장거래에서 Fraud Rule의 적용 요건에 관한 고찰", 「국제상학」, 제25권 3호, 한국국제상학회, 2010. 9. 30, 237~254면에서 판례 등의 분석을 제외하고 간결하게 요약한 것이다.

13) UCP 600 제2조의 "honour"라는 용어는 "결제", "지급이행" 등 논자에 따라서 다양하게 해석하고 있으나 여기에서는 "인수·지급"이라고 표현하고자 한다. 또한 일람지급과 같이 인수가 없는 경우에는 "지급"의 의미로 보면 될 것이다. UCP 600에서 "honour" or "negotiate"와 같이 함께 사용하는 예에서와 같이 발행은행은 "인수·지급"(honour)은 할 수 있으나 "매입"(negotiate)은 할 수 없으므로 이를 구별할 필요가 있다.

14) 여기에서는 신용장 당사자로서 미국 통일상법전(UCC) 및 미국판례에서 사용되는 경우 은행 이외의 자도 신용장을 발행할 수 있으므로 발행인(issuer)으로, 그 외 신용장통일규칙(UCP) 등에서는 은행이 신용장을 발행하는 관행을 고려하여 발행은행(issuing bank)으로 그 용어를 혼용하기로 한다.

15) UCC Article 5-108(f).

그러나 신용장거래에 이와 같은 독립·추상성의 원칙적용은 부당한 결과를 초래할 수도 있다. 신용장의 독립·추상성을 악용하려는 당사자들의 사기 또는 기망이 있을 경우 영미법계에서는 fraud rule의 이론에 의하여, 대륙법계에 있어서는 신의칙 내지 권리남용의 이론에 의하여 뒷받침되고 있다.16)

미국의 *Sztejn v. J. Henry Schroder Banking Corporation*사건17)은 일반적인 fraud rule을 인정한 중요한 사례로 평가되고 있다. 이 사건에서는 "지급을 위하여 환어음과 서류가 발행은행에 제시되기 전에 매도인의 사기사실이 은행에 통지되었을 경우, 신용장발행은행의 책임에 관한 독립·추상성의 원칙이 이 같은 파렴치한 매도인을 보호하기 위하여 확대 적용될 수 없다"고 판시하였다. 이는 신용장거래에서 독립·추상성의 원칙이 배제된 사례로 신용장의 독립·추상성의 원칙은 해당 서류가 사기에 의하여 작성된 것임이 명백히 입증된 경우에는 예외적으로 그 적용이 인정되어야 한다는 것이다.

2. 미국 통일상법전

Sztejn 사건을 발단으로 당시 미국은 UCC 제5-114조가 명문화되고18) 그 후 이 규정을 보완하여 UCC 제5-109조에 사기 및 위조(fraud and forgery)라는 규정을 설정하여 오늘에 이르기까지 fraud rule이 인정되고 있다. 이 규정에서는 신용장발행의뢰인이 요구된 서류가 위조(forged) 또는 중대한 사기(materially fraudulent)가 있거나 또는 제시서류에 대한 지급이 수익자에 의하여 발행인 또는 발행의뢰인에게 중대한 사기를 조장할 경우에는 관할법원의 금지명령(injunction)을 통하여 법적 구제받을 수 있음을 분명히 하고 있다. 다시 말하면 신용장 서류상의 사기(fraud in the documents)와 신용장 거래상의 사기(fraud in the transactions)에 대하여 독립·추상성의 원칙 적용 예외를 인정하여 지급거절 권리를 부여하고 있는 것이다.19)

3. UCP 600, ISP98 및 독립적 보증서 및 보증신용장에 관한 유엔 협약

한편 국제상관습으로 정착된 UCP 600상에는 독립·추상성의 원칙을 명시하고 있으

16) 유중원, 「신용장-법과 관습(상)」, 청림출판, 2007, 334면.

17) 31 N. Y. Supp.(2d) 631, 634(1941); H. C. Gutteridge, and Maurice, Megrah, *The Law of Bankers' Commercial Credits*, 7th ed., Europa Publication Limited, 1984, pp. 186~187.

18) Michael, Stern, "The Independence Rule in Stand by Letters of Credit", *The University of Chicago Law Review*, Vol. 52, No. 1, Winter 1985, pp. 227~228; 현재의 UCC는 제5-109조(1995개정)에 Fraud Rule에 관련된 규정이 있다.

19) John F. Dolan, *The Law of Letters of Credit*, Wallen, Gorham & Lamont, 1996, p. 4.06[2][e].

나 위조 또는 사기에 대하여 은행의 면책임을 규정하고 있을 뿐 fraud rule을 인정하는 규정은 없다.

그러나 국제상업회의소(ICC)의 은행위원회(banking commission)에서 "위조된 것으로 판명된 선화증권을 송부한 매입은행은 서류의 유효성에 따른 면책규정에 의하여 보호는 받지만, 단 매입은행이 위조한 당사자이거나 서류의 제시 전에 위조된 것을 인지했거나 상당한 주의를 하지 않는 경우, 예컨대 서류의 문면상 위조된 것이 명확한 경우는 예외이다"[20]라고 한 견해는 구속력이 없으나 참조할 필요가 있다.

ICC가 1998년 채택한[21] "보증신용장통일규칙"(International Standby Practices; ISP98)[22]에서는 정당한 발행(due issuance) 및 사기적이거나 권리남용에 따른 지급청구(fraudulent or abusive drawing)와 관련된 문제에 대해서는 준거법에 따를 것을 규정하고 있다.[23] 즉, 보증신용장 발행에 있어서의 능력, 권한 또는 서명 등의 형식적 요건 및 수익자에 의한 사기, 권리남용 또는 유사한 사유로 인한 대금의 지급요구에 대한 항변 등에 관하여 배제함을 명시적으로 규정하고 있을 뿐이다.

이와 같이 ICC는 화환신용장이나 보증신용장 관련 통일규칙에서 fraud rule에 관하여 당해 규칙에 반영하지 아니하고 거래당사자의 준거법에 따라 국내법의 판단에 맡기고 있다고 할 수 있다.

한편 1995년 12월 11일 유엔 총회에서 채택된 "독립적 보증서 및 보증신용장에 관한 유엔 협약"(United Nations Convention on Independent Guarantees and Stand-by Letters of Credit: CIGSLC)[24]에서는 발행인의 지급의무에 대한 예외(exception to payment obligation)로서 서류가 진정하지 않거나 위조된(document is not genuine or has been falsified) 경우, 청구를 위하여 제시된 서류에서 주장된 근거에 의하여 지급이 정당하지 못한 경우 또는 약정의 형태와 목적에 의하여 판단할 때 청구가 상상할 수 없는 근거에 의한 경우에는 선의로 행동하는 발행인은 수익자에 대한 지급을 보류할 권한을 가진다고 규정하

---

20) ICC, *Documents 470/371, 470/373*, December 9, 1980.

21) 1999년 1월 1일부터 발효되고 있다. 보증신용장에 관한 규칙의 제정 작업은 애초에 ICC 차원이 아닌 미국내의 보증신용장 시장을 규율하기 위한 규칙 제정을 목표로 미국에 의하여 시작되었다. 이후 ISP98은 미국의 은행위원회(U.S. Council on International Banking)에 의하여 채택된 후 ICC의 승인을 받아 탄생되었다; Dr. Filip De Ly, "The UN Convention on Independent Guarantees and Stand-by Letters of Credit", *The International Lawyer*, Vol. 33, 1999, p. 838.

22) ICC Publication No. 590(1998).

23) ISP98, Rule 1.05.

24) 규정에 따라 5번째 국가인 Tunisia가 1998년 12월 8일 비준서를 기탁함으로써 동 협약은 2000년 1월 1일부터 그 효력이 발생하게 되었다.

고 있다.[25)]

이와 관련하여 잠정적 법원조치(provisional court measures)로 수익자에 의한 청구가 지급의무의 예외에 해당하는 경우 법원은 발행의뢰인의 신청에 의하여 수익자에 대한 지급을 보류하거나 수익자에게 지급된 대금을 동결하는 잠정적 명령(provisional order)을 내릴 수 있으며 잠정적 명령을 내리는 경우 그러한 명령을 요청한 자에게 적절한 담보 제공을 요구할 수 있다.[26)]

4. 한국의 판례

한국은 신용장에 관한 별도의 입법이 없으나 상법[27)]에서 국제상관습에 따르는 것을 기본으로 하고 있다. 한국의 판례[28)]를 검토하여 볼 때 신용장의 적법한 매입이 있은 후에 그와 같은 신용장 거래가 서류의 위조 등으로 인한 사기 거래로 밝혀진다고 하더라도, 매입은행은 그 신용장대금의 지급이나 매입 당시 그 은행 자신이 위조 등 사기행위의 당사자로서 관련이 되어 있거나 매입 당시 서류가 위조된 문서라는 등의 사기 사실을 알고 있었거나 또는 의심할만한 충분한 이유가 있다고 인정되지 아니하는 한 발행은행에 대하여 신용장대금의 상환을 구할 수 있다고 할 것이나,[29)] 만일 은행에 의한 신용장의 매입이 적법한 것이 아닌 경우에는 그 대가를 지급하였다고 하더라도 이는 신용장통일규칙상의 매입이 될 수 없는 것이고, 발행은행으로서는 그 신용장의 만기에 서류를 제시하는 위 은행에 대하여 수익자에게 대항할 수 있는 모든 사유로 대항할 수 있고, 따라서 신용장 거래에 있어 수익자의 사기 행위가 밝혀진 경우 발행은행은 이를 이유로 신용장대금의 지급을 거절할 수 있다. 따라서 한국의 법원도 fraud rule, 즉 독립·추상성의 원칙 적용의 예외를 인정하고 있다고 할 수 있다.

---

25) CIGSLC 1995, Article 19(1).

26) CIGSLC 1995, Article 20(1)~(2).

27) 상사에 관하여 본법에 규정이 없으면 상관습법에 의하고 상관습법이 없으면 민법의 규정에 의한다; 한국 상법 제1조(상사적용 법규).

28) 대법원 2003. 1. 24. 선고 2001다68266 판결.

29) 대법원 1997. 8. 29. 선고 96다43713 판결, 1997. 8. 29. 선고 96다37879 판결, 2002. 10. 11. 선고 2000다60296 판결 참조.

Ⅲ. Fraud Rule의 적용 요건과 제한

1. 서류의 위조 또는 중대한 사기

서류의 위조(forgery)란 타인을 기망하거나 타인에게 손해를 줄 의사표시로써 문서를 허위로 작성하거나 변조하는 행위를 말한다.30) UCC 제109조에는 사기(fraud) 및 위조(forgery)라는 조항에 신용장의 조건과 문면상 엄격히 일치하는 제시가 이루어졌다 하더라도 요구된 서류가 위조 또는 중대한 사기(material fraud)의 목적으로 작성되었거나, 또는 제시를 인수·지급하는 것이 발행인이나 발행의뢰인에 대한 수익자의 중대한 사기를 조장하게 될 경우에는 fraud rule이 적용될 수 있는 것으로 규정하고 있다.

여기에서 중대한 사기에 대한 정의는 없지만 공식주석에 의하면 법원이 중대성을 결정하여야 한다고 전제하고, 수익자에 의한 중대한 사기는 수익자가 지급을 기대할 수 있는 그럴듯한 권리를 가지고 있지 않은 경우 및 실제로 지급청구의 권리를 뒷받침할 수 있는 근거가 없는 경우라고 설명하고 있다.31) 보증신용장의 경우 수익자의 부당한 지급청구는 대부분 지급청구권의 근거의 문제와 직결되므로 이러한 요건은 보증신용장에 적합한 기준이라 할 수 있다.

서류가 위조 또는 사기인 경우, 또는 거래상의 사기가 있는 경우 이러한 일반 원칙에 대한 예외에 호소하게 된다.32) 이러한 경우 발행인은 그럼에도 불구하고 수익자가 ① 정당한 소지인(holder in due course),33) ② 소유권을 정히 매입한 자,34) 또는 ③ 증명된 증권의 선의의 매입인(bona fide purchaser)이라면 환어음을 반드시 인수·지급(honor)하여야 한다.35) 모든 다른 경우에서는, 발행인은 고객에 의해 사기, 위조, 또는 거래상의 사기를 통지받았더라도 신용장을 인수·지급 또는 거절할지의 선택권을 가진다. 그러나 이 경우 법원은 그러한 인수·지급을 명령할 수 있다.36)

---

30) Forgery and Counterfeiting Act 1981; 정찬형, 「영미어음·수표법」, 고려대학교출판부, 2001, p. 66.

31) American Law Institute, *UCC Revised Article 5 Letters of Credit*, 1995, Article 5-109, Official Comments 1.

32) UCC, Article 5-114(2).

33) UCC, Article 5-114(2)(a).

34) UCC, Article 7-502.

35) UCC, Article 8-302.

36) UCC, Article 5-114(2)(b); UCC, Article 5-114 Comment 2; John J. Krimm, Jr., "U.C.C.-LETTERS OF CREDIT AND FRAUD IN THE TRANSACTION", *Tulane Law Review*, Vol. 60, May, 1986, p. 1095.

2. 사기행위에 대한 입증

일반적으로 사기가 성립되기 위해서는 상대방을 속이려는 의도와 부진실 표시 및 중요한 사실에 대한 허위표시가 있어야 하며 피해를 입은 당사자가 허위사실을 인지하는 것을 전제로 하여 계약당사자가 실질적인 피해를 입어야 한다.[37)]

이와 같은 사기행위에 대하여 신용장법에서 증거(evidence) 및 입증책임(burden of proof)이 요구된다. 일반적으로 발행인 또는 발행의뢰인이 피고측 중 하나가 아니라면, 지급받기를 원하는 당사자가 스스로 자신이 소지인임을 증명할 필요는 없다. 그러나, 일단 발행의뢰인 또는 발행인이 사기임을 입증하거나 다른 피고들 중 하나가 입증한다면, 지급받기를 원하는 당사자는 정당한 법의 절차에 의한 소지인이라는 입증책임을 부담하게 된다.

3. 사기행위에 따른 지급금지명령의 요건과 제한

1) 금지명령의 의의

금지명령(injunction)[38)]이란 형평법의 구제수단으로 신청인의 신청에 의해서 수명자(enjoined party)에게 어떠한 행위의 이행을 요구하거나 또는 어떠한 행위를 하는 것을 금지하는 법원의 명령이다. 신용장 거래에서 지급금지명령은 수익자의 환어음 또는 지급청구를 인수·지급 하는 것을 발행은행에서 손실을 제한하려는 발행의뢰인을 위한 일반적인 구제방법이다.[39)] 금지명령의 적용 여부는 법원의 재량에 속하는 것으로서 금지명령이 비상구제수단으로서의 성격을 가지고 있다는 이유로 인하여 당연히 허용되는 것은 아니다.

2) 지급금지명령의 적용 요건

UCC 제5-109조 (b)항은 지급금지명령의 적용요건을 서류가 위조 또는 중대한 사기의 목적으로 작성된 경우와 제시에 대한 지급이 발행은행이나 발행의뢰인에 대한 수익자의 실질적인 사기를 조장하게 될 경우로 대별하여 규정하고 있다.

---

37) Edward L. Symons Jr., "Letters of Credit: Fraud, Good Faith and the Basis for Injunctive Relief", *Tulane Law Review*, Vol. 54, 1980, p. 345.

38) 국내에서 'injunction'이란 용어는 금지명령, 유지명령, 차지명령, 정지명령 등으로 다양하게 번역하고 있으나, 신용장거래에서 'injunction'의 궁극적인 목적은 수익자의 부당한 지급청구에 대한 발행은행의 지급이행을 금지하는 것이므로 여기에서는 지급금지명령이라고 번역하고 금지명령과 지급금지명령이라는 용어를 혼용한다.

39) John F. Dolan, *The Law of Letters of Credit*, Wallen, Gorham & Lamont, p. 9.03[4].

① 수익자의 사기에는 중대성(materiality)이 있어야 한다.

② 거래상의 사기에는 근거거래상의 사기가 포함된다.

③ 제3자에 의한 사기도 적용요건에 포함된다.

3) 지급금지명령의 적용 제한

UCC 제5-109조 (b)항에 의하면 상기의 적용요건에 해당하는 경우 무조건적으로 지급금지명령이 허용되는 것이 아니라 다음과 같은 요건을 충족시키는 경우에만 지급금지명령이 허용되도록 규정하여 그 적용에 제한을 두고 있다.

① 준거법[40]에서 지급금지명령을 금지하지 않아야 하며,

② 지급금지명령의 허용으로 인하여 수익자, 발행은행 또는 지정은행이 입을 수 있는 손실에 대한 적절한 보호를 받아야 하며,

③ 주법(state law)에 따라 당사자에게 구제의 권리를 부여하기 위한 모든 조건이 충족되어져야 하며,

④ 발행의뢰인은 법원에 위조 또는 중대한 사기에 대한 주장을 입증할 근거를 제시하여야 한다. 즉, 이러한 네 가지 요건이 모두 충족되지 않는 경우 법원은 발행의뢰인의 금지명령 신청에 대한 구제를 허용할 수 없다.

4. 구제 조치

구제(remedy)란 일정한 권리가 침해당하게 되는 경우에 그러한 침해를 방지하거나 시정하거나, 보상하게 하는 것을 말한다. UCC는 UCP에 반영되지 아니한 구제 조항을 설정하고 있다. UCC에 의하면 만일 발행인이 제시 이전에 신용장 금액의 지급 의무에 대하여 부당거절(wrongful dishonor)이나 이행거절(repudiation)이 있을 경우에 수익자, 승계자, 또는 지정인은 거절이나 이행거절과 관련된 금액을 발행인에게 청구할 수 있다. 만일 신용장에 의한 발행인의 의무가 금전지급이라면, 청구자는 발행인에게 자신의 선택에 따라 특정이행(specific performance)이나 이행 대가에 상응한 금액을 청구할 수 있다.[41]

일반적으로 신용장거래에서 발행은행의 부당한 거절에 대하여 수익자는 동 은행에 손해배상청구권을 갖게 되며 이와는 반대로 수익자의 부당 제시의 경우 발행은행은 지

---

40) 보증신용장에 준거법이 명시되지 않을 경우 보증신용장이 발행된 국가, 즉 발행은행의 소재국의 법을 준거법으로 보는 견해가 일반적이다: George P. Graham, "International Commercial Letters of Credit and Choice of Law: So Whose Law Should Apply Anyway?", *The Wayne Law Review*, Vol. 47, Spring, 2001, pp. 213~218.

41) UCC Article 5-111(a).

급거절을 통하여 구제를 받을 수 있다. 또한 신용장발행은행은 발행의뢰인이 신용장 발행약정에 따른 의무를 이행하지 아니하고 부당한 거절이 있을 경우 발행의뢰인에게 손해배상청구권을 행사할 수 있다.

Ⅳ. Fraud Rule 적용에 따른 문제점

1. 독립·추상성 원칙 적용의 딜레마

신용장거래에서는 신용장 조건과 제시된 서류가 일치되지만, 수익자의 사기행위 가능성을 주장하여 신용장대금을 지급하지 않는다면 신용장거래의 특성인 독립·추상성의 원칙이 침해되는 결과가 되어 궁극적으로는 신용장의 유용성은 상실되고 말 것이다.

한편 신용장거래의 독립·추상성만을 고집하여 사기행위임에도 불구하고 은행의 확약에 따른 인수·지급만을 강요한다면, 오히려 파렴치한 매도인의 사기를 조장하게 되어 이를 확대 적용할 수도 없는 문제에 봉착하게 된다. 발행은행의 입장에서도 제시된 서류가 사기에 의해 아무런 가치가 없음에도 불구하고 대금을 지급하게 되는 위험에 빠져 손실을 당할 우려가 있다. 이와 같이 fraud rule 적용상의 문제는 수익자가 사기를 행한 경우에 은행은 신용장거래의 본질인 독립·추상성 원칙 적용과 선의의 거래를 어떻게 조화시킬 것인가를 판단하는 가에 달려 있다할 것이다.

2. 중대한 사기의 인정범위와 근거계약상의 사기

중대한 사기의 범위에 대하여 특히 보증신용장에 의한 거래에서는 근거계약상의 사기도 포함되는 경우 독립·추상성의 원칙 적용상의 사기예외는 수익자의 어떠한 행위에까지 확장되어야 하는지 그 인정범위가 다소 모호하다.

보증신용장의 경우 근거거래의 불이행에 따라 지급청구가 행해지므로 수익자의 부당한 지급청구는 근거 계약상의 사기로 판단하는 것이 용이할 수 있으나, 화환신용장의 경우에는 특별한 정보가 미리 취득할 수 없는 상황에서는 독립·추상성의 원칙에 따라 근거계약상의 사기행위를 파악하는 데는 한계가 있다. 왜냐하면 보증신용장의 경우 준거규정도 UCP 600을 적용하는 예들이 있기 때문이다.

3. 사기행위에 대한 입증의 적시성

발행의뢰인 또는 발행은행이 사기임을 입증하거나 다른 피고들 중 하나가 입증한다면, 지급받기를 원하는 당사자는 정당한 법의 절차에 의한 입증책임을 부담하게 된다.[42] UCP 600에서는 발행은행은 제시가 일치하는지 여부를 결정하기 위하여 제시일의 다음날부터 최대 제5은행영업일을 가진다.

이와 같이 이 기간 내에 인수·지급여부를 판단하고 거절통지의 기간이 촉박한 상황에서 적기에 사기행위에 대한 입증을 한다는 것은 이에 대한 사전 정보가 충분하지 아니하는 한 입증의 적시성을 갖추기는 어려운 문제라고 할 수 있다.

4. 제3자의 사기에 따른 수익자의 담보책임문제

수익자는 발행은행에 대해서 신용장에 따른 지급청구를 위하여 환어음을 제시할 경우 신용장제조건에 일치하는 서류와 환어음을 제시한다는 것을 담보하여야 할 책임이 있다.

그러나 수익자가 제3자가 작성한 서류가 중대하게 변조되지 않았다는 것을 담보하기 위하여 그 서류의 유효성을 일일이 판단하는 것은 실무적으로 어려운 문제이다.

V. 결 론

신용장거래에서 독립·추상성의 원칙 적용은 국제무역결제의 원활화를 도모하기 위한 신용장거래관행이므로 그 유용성이 크다고 할 수 있다. 신용장거래에 대한 국제상관습은 UCP 600을 준거로 하는 것이 관례이나 사기 행위에 따른 독립·추상성의 원칙 예외 적용 기준, 즉 fraud rule에 대하여 UCP 600상에는 반영되어 있지 않다. 그러나 미국과 같이 사기 행위에 따른 독립·추상성의 원칙 예외 적용 법제나 판례법이 축적되어 있는 국가에서는 신용장거래상의 사기행위 문제를 예견 가능한 접근방식에 의하여 보다 적극적으로 해결할 수 있을 것이다.

앞에서 검토된 문제점 등을 고려하여 fraud rule의 적용 및 이에 대한 대책을 제시하면 다음과 같다.

첫째, UCC의 신용장 규정을 고려하여 UCP상에도 사기행위에 대한 독립·추상성의 원칙에 대한 예외 적용 기준을 신용장의 본질을 해하지 아니하는 범위 내에서 기술적으로 분리하여 반영시킬 필요가 있다.

이에 대한 가능한 모델은 "독립적 보증서 및 보증신용장에 관한 유엔 협약"에서 정한 규정 및 이에 더하여 거래당사자간 신의성실의 원칙(principal of good faith)에 기초한

42) John F. Dolan, *op. cit.*, 11.04[1].

fraud Rule을 새롭게 UCP상에 설정하는 것이다.

둘째, 수익자의 환어음발행을 제한하는 금지명령이 내려지기 위해서는 사기행위를 인수·지급 이전에 인지하기가 어렵다는 점이다. 따라서 발행의뢰인 또는 발행은행은 신용장거래시 사기발생가능성에 대한 정보를 미리 취득하기 위한 장치를 마련하는 일이 수반되어야 한다.

셋째, 지급금지명령의 적용에 있어서 법원은 대체적으로 소극적 입장을 보이고 있다. 지급청구서류의 무가치성으로 인하여 신용장대금을 달리 보전할 수 없는 신용장거래의 특성을 감안하여 법원은 지급금지명령의 적용에 있어서 보다 완화된 태도를 견지할 필요가 있다.

넷째, 신용장거래에서 근거계약상의 사기도 중대한 사기의 범주에 포함되어야 하는 사안은 사실상 보증신용장이 아닌 화환신용장의 경우 단시일 내에 특별한 근거계약상의 사기행위를 파악하여 입증하는 데에는 한계가 있다.

다섯째, 신용장발행의뢰인은 사기예방에 대한 지속적인 노력이 요구된다 할 것이다. 서류거래를 기본으로 하는 신용장거래에서 신용장발행의뢰인은 수익자에 대한 신용도 파악, 선적 전 물품검사(Pre-Shipment Inspection: PSI)제도의 활용, 선적사실 여부의 조회와 입증, 사기행위시 적기에 지급금지명령을 신청하는 등 발행은행과 협조하여 적절한 예방과 구제조치를 위한 지속적인 노력이 요구된다 할 것이다.

제 2 절 신용장의 종류

문제 2-04 지급신용장, 인수 및 매입신용장을 비교하여 설명하시오.

답안 2-04

〈목차 구성〉

Ⅰ. 서 론
Ⅱ. 지급신용장
  1. 일람지급신용장
  2. 연지급신용장
Ⅲ. 인수신용장
Ⅳ. 매입신용장
Ⅴ. 지급, 인수 및 매입신용장의 비교
Ⅵ. 결 론

Ⅰ. 서 론

UCP 600 제6조는 2007년 신설된 규정으로 신용장의 사용 가능성(availability)에 대한 원칙을 제공하고 있다. 먼저 신용장은 사용가능한 은행, 예를 들면 매입제한이 되어 있을 경우, 지정은행(nominated bank)을 반드시 명시하여야 하며, 반면 신용장이 모든 은행에서 사용 가능한 경우에도 이를 명시하여야 한다는 것을 강조하고 있다. 또한 지정은행에서 사용가능한 신용장은 발행은행에서도 사용가능하다고 하여 그 사용가능 범위를 확대하고 있다.

그 다음으로 신용장은 일람지급, 연지급, 인수 또는 매입 중 어느 방법(유형)으로 사용가능 한 것인지 또한 사용가능한 은행은 어떠한 은행인지를 반드시 함께 명시하여야 한다.

이하에서는 일람지급과 연지급에서 사용되는 지급신용장, 인수신용장 및 매입신용장의 해석과 이들 세 가지 신용장의 차이점을 중심으로 살펴보고자 한다.

Ⅱ. 지급신용장

지급신용장(payment credit)이란 신용장에 환어음 요구 없이 신용장조건과 일치하는 서류에 대하여 지급할 것을 확약한 신용장을 말한다. 지급은행은 통지은행 또는 발행은행 또는 기타 지정은행이 될 수 있다. 지급신용장은 지급방식에 따라 일람지급신용장(sight payment credit)과 연지급신용장(deferred payment credit)으로 구분된다.

1. 일람지급신용장

일람지급신용장은 신용장이 일람지급(sight payment)에 의하여 사용가능한 경우의 신용장을 말한다. 지급신용장에서는 연지급(BY DEFERRED PAYMENT)을 허용하는 문언이 없으면 일람지급(BY SIGHT PAYMENT)으로 볼 수 있을 것이다.

지급신용장의 경우에도 신용장에 의해 발행된 환어음 매입이 불가능한 것이 아니므로 수익자의 거래은행이 매입을 할 수는 있지만, 이 경우에는 수익자의 신용도에 따라 매입은행의 계산과 위험부담으로 매입이 이루어진다.

지급신용장의 특징은 대부분의 경우 수출지의 지급은행(통지은행)이 발행은행의 예치환거래은행일 때 사용되며, 영국과 같이 신용장발행시 환어음을 반드시 필요로 하는 나라 이외에는 환어음발행을 요구하지 않는다.

SWIFT 메시지에 의한 신용장에서 지급신용장의 예는 " : 41D available with by name, address: ADVISING BANK BY PAYMENT"와 같이 표기된다. 이는 통지은행에서 사용가능한 지급신용장이다.

2. 연지급신용장

연지급신용장(deferred payment credit)은 신용장이 연지급에 의하여 사용가능한 경우 연지급을 확약하고 만기일에 지급하는 신용장을 말한다. 독일 등 유럽국가에서 환어음 발행에 따른 인지세 발생 등 부대비용을 절감하기 위한 유럽은행들의 요구를 수용하여 1983년 UCP 400부터 환어음 없는 연지급신용장이 도입 되었다(UCP 400 제3조 a-i). 연지급신용장은 환어음의 인수에 상응하는 "연지급확약"(deferred payment undertaking)에 의하여 수익자에게 만기에 지급을 보장하여 인수신용장과는 달리 환어음발행이 없는 일종의 기한부지급방식이다. 연지급신용장에서는 수출자(수익자)가 수입자(발행의뢰인)의 신용을 믿고 물품대금지급을 일정기간 유예하여 지급하는 형태를 취한다. 이와 같이 연지급신용장은 플랜트(plant) 수출 등과 같이 할부방식에 의해 장기간에 걸쳐 분할로 결제하는 방식의 거래의 경우 신용장발행의뢰인에게 금융편의를 제공하기 위하고자 할 때에 유용한 수단이다.

연지급신용장은 환어음발행 없이 신용장에서 요구하는 서류제시에 대하여 발행은행이나 통지은행 또는 지정은행이 지급하는 신용장이지만 지급기일로 보면 기한부신용장이라고도 할 수 있다. 그런데 연지급신용장의 경우 신용장발행은행 자신이 직접 서류를 받은 후 일정 기간 경과 후 신용장대금을 지급하는 경우와 발행은행이 연지급을 이행할 연지급은행을 지정하고 이 은행이 서류가 제시되면 일정 기간 경과 후 신용장대금을 지급하는 경우로 나눌 수 있다.43)

SWIFT 메시지에 의한 MT700형식의 연지급신용장에서 연지급을 허용하는 예는 다음과 같다.

" : 41D available with by name, address: ADVISING BANK BY PAYMENT AT 90 DAYS AFTER B/L DATE AGAINST PRESENTATION OF THE DOCUMENTS REQUIRED"

Ⅲ. 인수신용장

환어음의 인수(acceptance)는 "환어음 발행인의 지급위탁에 대한 지급인의 동의의

43) 유중원, "연지급신용장에 대한 재검토", 저스티스 통권 97호, 2007, 223면.

의사표시"이다.[44] 즉 지급인이 발행인의 지급위탁에 동의하고 그 발행인이 지시하는 바에 따라 환어음에 기재된 환어음 금액을 수취인이나 그 이후의 피배서인에게 지급할 의무를 부담하겠다는 의사표시 절차가 인수이다.[45] 환어음의 인수는 "지급인 또는 그로부터 인수 또는 인수거절의 권한이 수권된 자"에게 하여야 한다.[46] ISBP에서도 "환어음은 필요하다면 신용장에 명시된 은행을 지급인으로 하여 발행되어야 한다"는 점을 강조하고 있다.[47]

신용장이 발행의뢰인을 지급인으로 하여 환어음이 사용가능하도록 하게 되면, 발행의뢰인을 신용장 결제 과정에 참여시키게 되고 발행은행의 인수·지급이 이루어지는 확약 시점 및 효력에 영향을 끼칠 수 있다.[48]

인수신용장(acceptance credit)이란 신용장이 인수(acceptance)에 의하여 사용가능한 경우 수익자가 발행한 환어음을 인수하고 만기일에 지급하는 신용장을 말한다. 즉 환어음 지급기일을 기한부환어음(usance draft)으로 발행할 수 있는 신용장을 말한다.

기한부신용장[49]은 환어음발행 및 지급확약방식에 따라 인수신용장과 연지급신용장으로 구분할 수도 있다.

인수신용장은 "BY ACCEPTANCE", 즉 인수방식으로 사용가능한 신용장으로서 기한부환어음발행을 지시하고 동 환어음을 인수하여 만기일에 지급하는 특성을 가지고 있다.[50]

SWIFT 메시지에 의한 MT700형식의 인수신용장에서 인수를 허용하고 기한부환어음 발행을 지시하는 예는 다음과 같다.

": 41D available with by name, address: ADVISING BANK BY ACCEPTANCE"

": 42C drafts at: 90 DAYS AFTER SIGHT"

이와 같이 인수신용장에서는 기한부환어음의 지급기일에 따라 일람후정기출급(at ××days after sight)·일부후정기출급(at ××days after date of draft)·확정일후정기출급(at ××days after date of B/L) 등으로 발행할 수 있다.

44) Bill of Exchange Act(BEA), §17(1).
45) 정창형, 「영미어음·수표법」, 고려대학교 출판부, 2001, 170면.
46) BEA, §41(1)(a).
47) ISBP 745, Para. B1-a.
48) ICC, *Commentary on UCP 600*, ICC Publication No. 680, 2007(이하 ICC Pub. 680이라고 약칭한다), p. 34.
49) UCP 500부터는 인수신용장에 의하여 기한부환어음 발행을 허용하고 있다.
50) 노동환, "신용장거래에서 기한부화환어음의 매입과 인수의 비교연구", 한국경상논총, 제20권 2호, 한국경상학회, 2002, 140면.

기한부신용장에 의한 거래는 위의 특정기간 동안의 대금결제에 따른 유예는 결과적으로 수입자인 발행의뢰인이 받을 수 있으므로 보통 수입자가 요청하게 된다. 따라서 무역계약시에 매매당사자는 기한부로 유예 받는 기간 동안의 이자(usance interest) 부담은 누가 할 것인가를 명시해 두어야 한다. 예컨대 "Usance interests(or Discount charges) are to be covered by applicant"와 같이 약정한다. 만약 언급이 없다면 매도인(수익자)부담이라는 점을 유의하여야 한다.

한편 기한부환어음의 인수형태는 "shipper's usance"와 "banker's usance"가 있다. "shipper's usance"는 usance 기간의 여신을 "shipper"가 공여하는 것으로[51] 발행은행을 지급인(drawee)으로 하고 발행은행에 수입환어음과 서류가 도착하면 동 인수사실 및 만기일(maturity)을 매입은행 앞으로 통지하고 발행은행이 만기일에 수입대금을 결제하는 방식이다.

"banker's usance"는 usance 기간의 여신을 환어음 인수은행이 공여하는 것으로[52] 발행은행의 예치환거래은행(depositary bank) 또는 발행은행의 지점을 환어음 지급은행으로 하여 환어음의 인수 및 만기일에 지급을 동 은행이 담당하도록 하는 방식이다. 보통은 해외의 매입은행이 인수은행(acceptance bank)이 되어 발행은행 앞으로 서류송부시 만기일, 인수수수료 또는 할인이자(discount charge) 등이 명시된 인수통지서(acceptance advice)를 첨부하여 보내온다.

"banker's usance"의 어음인수은행은 해외은행인수(overseas banker's acceptance)와 국내은행인수(domestic banker's acceptance)로 구분할 수 있다.[53] 해외은행인수신용장과 국내은행인수신용장은 은행이 수입자에게 신용을 공여할 뿐 수출자와는 전혀 관계가 없으므로 발행은행은 매입은행에 일람출급 매입(sight negotiation)을 지시한다. 반면에 무역인수신용장은 수출자가 신용을 공여하는 것이므로 발행은행은 매입은행에 만기에 대금을 지급할 것을 지시하게 된다.

인수신용장은 주로 발행은행이 예치환거래은행에서 인수편의(acceptance facility)[54]를 사용할 때 발행되며, 환어음이 발행되어 기한부신용장으로만 사용된다.

---

51) shipper's usance를 seller's usance라고도 한다.

52) banker's usance를 buyer's usance라고도 한다.

53) 강원진, 「신용장론」, 제5판, 박영사, 2007, 338면.

54) 인수편의란 수입자가 기한부수입을 하고자 하는 경우 해외에 있는 예치환거래은행이 발행은행을 위해서 신용장대금을 대신 지급하여 주고, 환어음의 만기에 대금을 발행은행으로부터 받는 신용공여형태를 말한다.

Ⅳ. 매입신용장

UCP 600 제2조 용어의 정의에 의하면 “매입(negotiation)이란 상환이 지정은행에 행하여져야 하는 은행영업일에 또는 그 이전 수익자에게 대금을 선지급(advance fund) 또는 선지급하기로 동의함으로써, 일치하는 제시에 대한 환어음 및/또는 서류를 지정은행이 매입(purchasing)하는 것”으로, 이것은 종전 UCP 500에서 매입에 대하여 정의되었던 “대가지급”(giving of value)이라는 개념에서 개선된 정의라고 볼 수 있다.

이와 같은 정의는 UCP 600의 제12조 c항의 규정과 일치하는 것으로, 서류 수령 또는 심사 및 발송이 “매입”을 구성하는 것은 아니라는 의미이다. 지정된 매입은행이 발행은행이나 확인은행에 상환을 청구하려면 반드시 선지급하거나 또는 선지급하기로 동의하여야 함을 의미한다. 선지급하기로 약정한 경우, 발행은행으로부터 대금을 받거나 수령하는 것은 이 정의하에서 ”매입“이 아니다. 따라서 매입을 지정받은 은행은 수익자의 환어음 및/또는 서류를 발행은행에 송부하여 발행은행으로부터 예정된 상환일 또는 그 이전에 일자를 정하여 대금을 지급받기 전에 선지급하거나 또는 선지급을 동의함으로써, 수익자에 대하여 선적 후 금융을 행하게 된다.

주의할 점은 발행은행은 매입을 하지 않는다는 것이다. 발행은행이 매입방법에 의하여 사용가능한 화환신용장을 발행하면, 지정에 의하여 행동하는 지정은행은 매입을 행하게 되는데, 이는 선지급 또는 선지급에 동의한다는 의미이다. 그러나 서류가 발행은행이 수령하였을 경우에는 지급 또는 인수 또는 연지급 확약을 하게 된다.[55)]

매입신용장(negotiation credit)이란 환어음이 매입(negotiation)되는 것을 예상하여 매입을 허용하고, 환어음의 발행인(drawer)뿐만이 아니라 환어음의 배서인(endorser), 환어음의 선의의 소지인(bona-fide holder)에 대해서도 지급을 확약하고 있는 신용장을 말한다. 매입신용장에서 특히 매입은행이 지정되면 매입제한신용장(restricted credit)이고, 지정되지 않으면 자유매입신용장(freely negotiable credit)이다.

매입신용장은 수출지의 매입은행이 발행은행의 무예치환거래은행인 경우에 사용되며, 서류매입의뢰시에 환어음을 제시하여야 한다. UCP 500부터 매입신용장은 일람출급으로 사용하도록 하는 취지가 반영되었으므로 기한부로 신용장을 발행하고자 할 경우에는 인수신용장을 사용하는 것이 바람직하다.

또한 매입신용장의 경우, 발행은행은 수익자 또는 매입은행에 의하여 제시된 환어음과 서류에 대한 상환(相換)으로 매입은행 등에게 어음법의 상환청구권을 행사하지 않

55) 강원진, 「UCP조항별 신용장분쟁사례」, 두남, 2013, 40면.

는(without recourse) 조건으로 신용장대금(또는 환어음금액)을 지급하여야 한다.[56)]

스위프트(SWIFT) 메시지에 의한 MT700형식의 신용장에서 매입신용장의 예는 다음과 같다.

":41D available with by name, address: ANY BANK BY NEGOTIATION"

이는 모든 은행에서 사용(매입)가능한 자유매입신용장이다.

V. 지급, 인수 및 매입신용장의 비교

UCP 600 제6조에는 [표 2-1]에서와 같이 신용장의 사용가능성(availability)에서 신용장은 일람지급(sight payment), 연지급(deferred payment), 인수(acceptance) 또는 매입(negotiation) 중 어느 유형으로 사용가능한지를 명시하도록 규정하고 있다. 이는 곧 발행은행의 확약(규칙 제7조) 및 확인은행의 확약(규칙 제8조)에서 지급·인수·매입신용장의 확약방식을 구체화하고 있다. 지급·인수·매입신용장은 일치하는 제시에 대하여 대금지급을 확약하는 것은 3가지 유형의 신용장에 공통적으로 적용된다.

그러나 지급·인수·매입에 대한 확약방식은 모두 다르다. 수익자가 신용장에 의한 제시는 지급신용장에서는 서류만을 매입신용장에서는 환어음 및 서류가 제시되어야 하는 것이 본질적인 상이점이다. 또한 매입신용장의 수익자는 일람출급 환어음의 경우 매입은행에 "매입"시키는 방법으로, 인수신용장의 수익자는 기한부환어음을 지정된 인수은행에 "인수"시키는 방법으로 사용되는 차이점이 있다.

표 2-1 지급, 인수 및 매입신용장의 비교[57)]

신용장 종류	확약방식	수익자 제시	환어음지급기일 (tenor)	은행지정 여부	수출지 상대은행
지급신용장	by sight payment by deferred payment	서류 서류	일람지급 연지급	지정 지정	예치환거래은행
인수신용장	by acceptance	환어음+서류	기 한 부	지정	예치환거래은행
매입신용장	by negotiation	환어음+서류	일람출급	지정(매입제한) 또는 비지정(자유매입)	무예치 환거래은행

56) 유중원, 전게논문, 220면.

57) 강원진, 「무역결제론」, 제3판, 박영사, 2015, 132면.

일람지급신용장이나 매입신용장에서는 결제기간이 모두 일람출급에 의하여 단기간에 대금결제가 이루어지나 연지급신용장이나 인수신용장에서는 일정기간동안 유예 후 만기에 완전한 결제가 이루어진다. 이와 같이 연지급신용장이나 인수신용장의 경우에는 발행의뢰인(수입자)에게 금융편의를 제공하게 되어 수입자에게 자금운용측면에서 매우 유리하다고 볼 수 있다. 또한 자유매입신용장을 제외하고는 통지은행 등 특정 은행이 지정되어 환어음이나 서류에 대한 선지급에 의하여 상환이 이루어진다.

Ⅵ. 결 론

신용장의 사용에 있어 확약방식은 지급·인수·매입 방식이 있으며 지급에 의한 확약은 일람지급과 연지급이 있다. 이와 같은 지급확약방식에 따른 신용장으로는 지급신용장, 인수신용장 및 매입신용장이 있다.

지급신용장은 신용장장조건과 일치하는 서류제시로 지급할 것을 확약한 신용장으로 환어음 제시가 불필요하다. 다만 지급신용장에 의한 매입이나 연지급신용장의 만기전에 대금을 지급한 은행이 신용장통일규칙상의 매입에 대한 은행의 지위를 가질 수 있는지 여부가 문제될 소지가 있다.

특히 부도반환에 따른 서류에 환어음이 없으므로 인한 어음법상의 상환청구권(소구권)이 용이할 것인지 여부이다. 이 경우 매입은행의 담보권 확보문제와 연결시켜야 되는 점을 고려하여야 할 것이다.

인수신용장은 제3국 소재 은행에서의 인수방식으로 사용하도록 한 신용장이 발행되는 경우 서류 송달상에 많은 시간이 소요되는 등 비효율적이다. 따라서 일람출급 매입신용장방식으로 신용장을 사용하지 아니할 경우 인수신용장에서는 비록 신용장통일규칙상으로 발행은행, 확인은행 등 지정은행을 포함하여 국내외 은행을 인수은행으로 지정할 수 있다 할지라도 수익자가 실질적으로 자기가 소재한 국가의 은행, 즉 통지은행을 인수은행으로 지정하는 것이 바람직하다.

제 3 절 화환신용장통일규칙 및 관례(UCP 600)

문제 2-05 통지은행의 지위, 의무 및 책임에 대하여 설명하시오.

답안 2-05

〈목차 구성〉

Ⅰ. 서 론

근거계약에 기초하여 신용장발행의뢰인은 약정된 기간 내에 자기의 거래은행인 발행은행에게 신용장발행을 의뢰하고 발행의뢰서에 명시된 수익자(beneficiary)에게 통지(advice)하여 줄 것을 요청하게 된다. 이에 따라 발행은행은 발행된 신용장을 직접 수익자에게 통지하는 방법도 있으나 이는 신용장의 진정성을 파악할 수 없기 때문에 위험한 통지방법이므로 보통은 수익자의 소재지의 자행의 본지점 또는 환거래은행(correspondent bank)을 통하여 수익자에게 신용장을 통지하는 것이 일반적이다. 이와 같이 신용장의 통지란 신용장을 발행한 은행이 신용장발행 내용을 수익자에게 알리는 것이며, 통지은행이란 발행은행의 요청으로 신용장을 통지하는 은행을 말한다(UCP 600 제2조).

언 듯 보아 통지은행은 신용장을 수익자에게 통지하는 단순한 은행으로 생각하는 경향이 있다. 그러나 신용장거래에서는 통지은행의 의무 및 책임이 수반된다는 점에 유의할 필요가 있다.

실제 통지은행은 신용장을 수익자에게 단순통지하기도 하고 발행은행과 예치환거래은행 관계일 경우에는 지급은행 또는 확인은행의 역할을 겸하는 지위에 서기도 한다.

이하에서는 통지은행의 지위를 통지은행과 발행은행, 수익자 및 발행의뢰인과의 관계를 중심으로 통지은행의 법적지위, 의무 및 책임에 대하여 검토하고자 한다.

Ⅱ. 통지은행의 지위

1. 발행은행과의 관계

발행은행이 발행한 신용장 및 모든 조건변경은 통지은행을 통하여 수익자에게 통지될 수 있다. 전통적인 신용장은 우편 및 전보를 이용하여 신용장을 통지하여 왔으나 현재의 신용장 통지는 SWIFT 시스템의 MT700 형식에 의하여 예비통지 없이 수익자가 바로 사용가능한 신용장발행 및 통지가 이루어지고 있다.[58)]

발행은행은 취소불능신용장이 발행되는 경우 발행의뢰인의 지시를 완전하고 정확하게 수익자에게 전달할 의무가 있다. 통지은행도 발행은행의 통지요청이 있는 경우 발행은행과 통지은행간에는 위임 내지 대리관계[59)]가 존재하기 때문에 통지은행도 수익자에게 신용장을 전달할 의무가 있다. 부연하자면 발행은행이 신용장통지를 수익자소재지에 있는 지점이나 기타 은행에게 지시한 경우 후자는 피지시인으로서 지시인인 발행은행이 지시한 대로의 신용장을 정확하게 수익자에게 통지할 의무가 있다.[60)]

통지은행이 수익자에게 잘못된 지시를 하였을 때에도 신용장은 그대로 유효하게 된다. 그 결과 수익자가 해당 신용장을 사용하게 되면 발행은행은 조건불일치를 이유로 지급확약에 대한 이행을 거절할 것이지만, 통지은행이 이와 같은 지시를 통지하였을 때에는 동 은행이 상당한 주의를 기울였다는 것을 증명하지 않는 한 부주의한 통지에 대한 책임을 면할 수 없다.

ITM Enterprises, Inc. v. Bank of New York 사건[61)]에서 통지은행은 UCC 제5-107(c)조에서 규정한 바와 같이 발행인과 수익자에 대하여는 발행인으로부터 수령한 신용장, 확인, 변경 또는 통지의 조건을 정확하게 통지할 의무를 부담해야 하나 이를 준수하지 아니한 통지은행은 보상책임이 있다고 판시하였다. 이는 통지은행의 부정확한 통지로 인해 발생한 손해에 대하여 통지은행의 책임이 있음을 판단한 것이다.

---

58) 발행은행이 통지은행 앞으로의 신용장 전송은 "full teletransmission"에 의한 방법과 "short teletransmission"에 의한 방법(신용장상에 보통 "Full details to follow"라는 문언이 명시됨)이 있다. 전자는 수익자가 사용할 수 있는 신용장이지만 후자는 신용장의 구성내용을 갖추지 아니한 단지 예비통지(preliminary advice)에 불과하므로 이후 상세하고 완전한 신용장이 도착되기 전까지는 수익자가 사용할 수 없는 신용장이다.

59) Sound of Market Street v. Continental Bank International, 819 F.2d 384(3d Cir. 1987).

60) John F. Dolan, *The Law of Letters of Credit Commercia1 and Standby Credits*, Warren, Gorham & Lamont, 1991, 1. 03.

61) Supreme Court, Appellate Division, Second Department, New York, 302 A.D.2d 361(2003); 753 N.Y.S.2d 896(Feb. 3, 2003).

만약 통지은행이 발행은행을 위하여 환어음의 지급 또는 인수를 하게 되면, 동 은행은 그러한 권한을 부여한 발행은행에 대해서 대금상환청구권을 가지게 된다. 그러나 통지은행이 자신의 이익을 위하여 자신이 통지한 신용장을 매입하였을 경우에는 이는 동 은행의 계산과 위험으로 행동한 것이기 때문에, 만약 통지은행이 매입한 서류가 신용장조건과 불일치한 경우 발행은행은 인수·지급을 거절할 수 있다.

2. 수익자와의 관계

통지은행은 수익자와의 관계에서 발행은행의 지시에 따라 수익자에게 신용장을 통지하는 것이기 때문에 수익자에 대하여 신용장상의 채무를 부담할 의무는 없다. 즉 통지은행이 신용장에 확인을 부가하지 아니하는 한 이에 응할 의무가 없는 것이다. 그러나 확인신용장에서 통지은행이 발행은행의 요청에 의해 확인은행을 겸하게 될 경우에는 통지은행은 지급, 인수 또는 매입을 확약하게 되고, 수익자는 발행은행과는 별도로 확인은행으로부터 인수·지급 또는 매입을 보장을 받게 된다.

통지은행은 수익자에게 신용장을 통지할 경우 수익자에게 전달하는 신용장의 내용에 관한 책임을 부담하지 않지만, 동 은행이 통지하는 신용장의 외관상의 진정성을 확인하기 위해서 상당한 주의를 다할 의무가 있다. 만약 통지은행이 상당한 주의를 기울이지 않아서 수익자가 잘못된 정보에 따라 제시한 서류가 발행은행에 의해 거절된다면, 수익자는 통지은행의 부주의에 대하여 손해배상을 청구할 수 있다.

3. 발행의뢰인과의 관계

통지은행은 발행의뢰인과는 직접적인 법률관계는 없지만, 발행의뢰인의 지시 그 자체와의 관계에서 보면 적어도 취소불능신용장에 대해서는 통지은행은 지시중개인이라고 할 수 있을 것이다. 따라서 통지은행은 발행은행으로부터 완전하고 정확한 신용장지시가 전달되고 또 이를 수익자에게 통지하도록 의뢰 내지 지시받기 때문에, 수임자 내지 대리인으로서 위임자 내지 본인인 발행은행에 대한 의무로서 신용장지시를 완전하고 정확하게 수익자에게 통지하여야 한다.

통지은행이 행하여야 할 통지내용은 신용장의 내용에 관해서 발행의뢰인간에 약정한 모든 사항을 포함한다. 즉 신용장상의 모든 조건을 통지할 것을 요한다. 따라서 신용장금액, 제시서류의 종류 및 내용, 서류와 상환으로 어음의 인수 또는 지급이 이루어지는 장소, 신용장의 유효기일, 신용장의 종류 등에 관하여 통지하여야 한다. 만일 은행이 취소불능 양도가능신용장을 발행하여야 할 것을 발행의뢰인과 약정하였음에도 불구하고 양도가능신용장을 매도인에게 통지하지 않았다면, 그 통지는 손해배상책임을 발생시키기에 충분한 과실이 있는 것으로 본 사례가 있다.[62)]

Ⅲ. 통지은행의 의무 및 책임

1. 외관상 진정성의 확인

UCP 600 제9조에서는 신용장이나 조건변경을 수익자에게 통지할 경우에는 반드시 통지은행을 통하도록 통지채널에 대하여 규정하고 있다(UCP 600 제9조 a항). 또한 확인은행이 아닌 통지은행은 인수·지급 또는 매입확약 없이 신용장 및 모든 조건변경을 통지하도록 하는 내용을 반영하고 있다.

통지은행이 신용장 또는 조건변경에 대한 통지는 그 자신이 신용장 또는 조건변경의 외관상의 진정성(apparent authenticity)에 관하여 스스로 충족하였다는 것을 의미하는 것이며, 또한 그 통지는 수령된 신용장 또는 조건변경의 제조건을 정확히 반영하고 있다는 것을 표명하는 것이다.

따라서 통지은행은 신용장에서 수익자를 위한 적절한 정보 및 신용장의 외관상 진정성에 대하여 확인할 책임이 있다.

2. 제2통지은행의 서비스 이용

UCP 600에서는 제2통지은행(second advising bank)의 서비스를 이용할 수 있도록 하여 제2통지은행에 관한 새로운 개념을 도입하고 있다. 통지은행은 수익자에게 신용장 및 모든 조건변경을 통지하기 위하여 다른 은행("제2통지은행")의 서비스를 이용할 수 있다(UCP 600 제9조 c항). 제2통지은행은 오랫동안 실무에 활용되어 왔으나 UCP에서는 그의 역할을 한 번도 인정하지 않았다. 제2통지은행은 그 자신이 통지은행에서 받았던 통지의 외관상의 진정성에 관하여 충족하였다는 것과 또한 그 통지는 수령된 신용장 또는 조건변경의 제조건을 정확히 반영하고 있다는 것을 표명하는 것이다. 따라서 제2통지은행은 통지은행과 동일한 역할을 수행한다.

신용장 통지를 위하여 통지은행이나 제2통지은행의 서비스를 이용하는 은행은 조건변경을 통지함에 있어 반드시 동일한 은행을 이용하여야 함을 강조하고 있다(UCP 600 제9조 d항).

62) 伊澤孝平, 「商業信用狀論」, 有斐閣, 1986, 291面.

3. 통지거절 결정시의 통고

은행이 신용장 또는 조건변경 통지를 요구받았으나 통지 않기로 결정한 경우, 은행은 신용장, 조건변경 통지를 송부하여 온 은행에게 지체 없이 통고하여야 한다(UCP 600 제9조 e항). 이러한 통고는 제2통지은행의 경우에도 마찬가지이다.

통지은행은 발행은행에 대해서는 신용장을 적시에 통지하여야 하는 의무를 지고 있다.[63] 왜냐하면 통지은행은 발행은행으로부터 통지사무의 처리를 위임받은 수임자로서 선량한 관리자의 주의로써 수익자에게 신용장을 통지할 의무를 부담하기 때문이다. 따라서 이 의무에 위반하여 부적절한 시기에 통지함으로써 발행은행에게 손해가 발생한다면, 통지은행은 채무불이행에 의한 손해배상의 책임을 지게 된다.

그러나 신용장의 독립·추상성에 따라 수익자는 발행은행과 통지은행과의 사이에 존재하는 위임관계를 원용할 수 없으므로(UCP 600 제4조 a항), 통지은행의 발행은행에 대한 의무위반을 이유로 통지은행의 책임을 추궁하는 것은 불가능하다. 그리고 통지은행이 발행은행에 대하여 이러한 의무를 지고 있는 결과 수익자가 적시의 통지를 받는 것이 가능하다고 하더라도 통지은행에 대한 수익자의 권리는 아니다.[64]

4. 진정성 불확신시의 통고

통지은행이나 제2통지은행은 신용장, 조건변경 또는 통지의 외관상 진정성에 관하여 확신하기가 어려울 경우 그 지시를 송부하여온 은행에게 지체 없이 통고하여야 하도록 규정하고 있다(UCP 600 제9조 f항). 그럼에도 불구하고 통지하기로 결정한 경우에는 수익자 또는 제2통지은행에게 외관상 진정성에 관하여 자체적으로 확신하기 어렵다는 사실을 통고하여야 한다.

Ⅵ. 결 론

통지은행은 신용장을 수익자에게 통지할 것을 선택한 경우에만 신용장의 진정성을 확인할 의무가 있고, 신용장, 조건변경 또는 통지의 외관상 진정성에 관하여 자체적으로 충족할 수 없는 경우 통지은행이 신용장을 통지하지 않기로 하였다면 지체 없이 발행은

63) 대법원 2007. 12. 13. 선고 2007다18959 판결.

64) 平野英則, "通知銀行の義務(その2)", 『銀行法務21』, No. 706, 2009. 9, 57~58面; 박석재, "UCP 600에서 통지은행의 의무 및 책임에 관한 연구", 「무역상무연구」, 제47권, 2010. 8, 120면.

행에 통지할 의무가 있다.

그럼에도 불구하고 수익자에게 그러한 신용장을 통지하기로 결정한 경우에는 수익자에게 통지해 주는 신용장의 외관상 진정성을 확인할 수 없다는 사실을 통지하여야 한다.

통지은행은 수익자에게 신용장을 통지할 경우 수익자에게 전달하는 신용장의 적용에 관한 책임을 부담하지 않지만, 동 은행이 통지하는 신용장의 외관상의 진정성을 확인하기 위해서 상당한 주의를 다할 의무가 있다.

만약 통지은행이 상당한 주의를 기울이지 않아 수익자가 잘못된 정보에 따라 제시한 서류가 발행은행에 의해 거절된다면, 수익자는 통지은행의 부주의에 대하여 손해배상을 청구할 수 있다는 점을 유념하여야 할 것이다.

문제 2-06 신용장확인의 특성과 확인수권 및 확인은행의 의무에 대하여 논하시오.

답안 2-06

〈목차 구성〉

Ⅰ. 서　론

신용장의 확인(confirmation)은 확인은행이 발행은행과는 별도로 신용장에 일치하는 제시를 인수·지급 또는 매입하겠다는 것을 확약하는 것으로 신용장문면에 이와 같은 확인문언이 있으면 확인신용장이 된다. 신용장확인은 발행은행의 신용상태가 좋지 않거나 발행은행 소재국의 정치·경제적 위험(country risk)이 있을 경우에 수익자의 요청에 따라 신용장발행의뢰인이 신용장발행을 의뢰할 때 신용상태가 양호한 제3은행의 확약을 추가할 것을 지시함으로써 이루어진다. 따라서 발행은행은 이 지시에 따라 자기의 환거래은행에게 자기가 발행한 신용장에 확인을 추가할 권한을 부여하거나 또는 확인을 요청한다. 확인은행은 발행은행의 수권 또는 요청에 따라 신용장에 확인을 추가하는 은행으로 확인은행이 수익자에 대하여 독립적인 채무를 지게 된다. 이는 기존의 채무인 발행은행의 채무를 확인은행이 인수한다는 것을 의미하기 때문에 병존적 채무인수라고 할 수 있다.

그러나 확인은행은 수익자에 대하여 연대보증하는 은행이 아니다.

이하에서는 확인의 특성, 확인의 수권·요청, 확인은행의 의무에 대하여 살펴보고자 한다.

Ⅱ. 신용장 확인의 의의 및 특성

1. 확인의 의의

신용장의 확인(confirmation)이란 UCP 600 제2조 정의에서와 같이 "발행은행의 확약에 추가하여 일치하는 제시를 인수·지급(honour) 또는 매입(negotiation)하겠다는 확인은행의 분명한 확약(undertaking)"을 말한다.

신용장의 확인은 확인은행이 수익자에 대하여 독립적인 채무를 부담하는 것을 말하는 것이기 때문에 발행은행에 인수·지급 여부를 조회한 후 이를 행하여서는 아니 되며 독자적인 판단으로 인수·지급 또는 매입을 행하여야 한다. 신용장확인은 일반적으로 수익자 소재지의 신용장통지은행이 확인하는 것이 보통이다. 이 경우 확인은행은 수익자가 소재하는 가까운 곳에 위치하고 또한 자기가 잘 알고 있는 은행이기 때문에 안심할 수 있다. 수익자는 확인은행으로부터 지급받은 자금의 반환 내지 환어음에 대한 상환청구를 받지 아니하는 매우 유리한 입장에 놓이게 되는 것이다.

2. 확인의 특성

신용장의 확인에는 다음과 같은 세 가지 특성이 있다.

첫째, 취소불능신용장에 대하여 제3의 은행(확인은행)이 독자적으로 지급·인수 또는 매입을 확약하는 것이다. 그러므로 반드시 취소불능신용장만이 확인의 대상이 된다.

둘째, 확인이란 제3의 은행에 의무와 책임을 부과하는 것이므로, 이것은 반드시 발행은행의 수권이나 요청에 따라 이루어진다.

셋째, 확인은행은 환어음발행인에 대하여 환어음거래상 인정되는 소구권을 행사하지 않고 환어음의 매입을 확약한다.

따라서 확인신용장은 발행은행과 확인은행이 공히 지급 등을 확약하게 되는 셈인데, 이들의 확약은 일차적인 것이므로 수익자에 대하여 별개의 직접적인 확약이 되며, 수익자로서는 발행은행과 확인은행으로부터 이중의 보호를 받게 되는 유리한 입장에 서게 된다. 확인은행은 발행은행과는 별도로 확약을 했기 때문에 만약 발행은행이 지급불능이 되었을 경우에도 환어음의 지급, 인수 또는 매입대금의 지급의무를 이행하여야 한다.

Ⅲ. 확인의 수권·요청 및 실행

1. 확인의 수권 및 요청

UCP 600 제8조의 확인은행의 확약에서는 확인은행에 의해 확인이 이루어짐을 명시하고 있는데, 확인은행은 "발행은행의 수권 또는 요청에 따라" 존재하게 된다. 확인에 대한 수권 또는 요청을 받지 못한 자는 UCP에서 확인은행이 될 수 없다.

신용장의 확인에 대한 요청은 일차적으로 발행은행이 발행의뢰인으로부터 받게 되며,[65] 발행의뢰인이 처음부터 취소불능확인신용장을 발행하는 경우에는 신용장발행 신청서상에 그 뜻을 명시하여야 한다.

1979년 개정 국제상업회의소의 신용장 신표준형식에서는 확인의뢰를 "We request you to notify the credit, □ without adding your confirmation, □ adding your confirmation, □ and authorize you to add confirmation"과 같이 세 가지 방법 중에서 하나를 선택하였다.

발행은행의 요청에 의하여 신용장을 확인하는 확인은행은 보통 수출국의 은행이 되는데, 통지 이전에 확인을 요청할 경우에는 미리 확인은행을 정해야 하며, 동 은행을 통하여 통지하는 경우에는 확인은행은 통지은행이 된다. 그러나 처음부터 확인은행을 수출지의 은행으로 하지 않고 수입지 또는 국제금융의 중심지 소재의 은행으로 할 것을 요청하는 경우에는 확인은행과 통지은행은 완전히 별개의 은행이 된다.

실무적으로 신용장의 확인을 요청할 때는 보통 "Please advise this credit to the beneficiary adding your confirmation"이라고 표시한다.

그러나 현대의 SWIFT 메시지 형식의 신용장에서는 비확인신용장의 경우에는 ": 49 confirmation instructions: WITHOUT"과 같이, 확인신용장의 경우에는 ": 49 confirmation

65) 확인수수료(confirming fee) 부담은 누가 할 것인가에 대하여도 매매계약을 체결할 때 당사자간에 미리 약정하여 두어야 한다.

instructions: WITH(CONFIRM)", "MAY ADD"와 같이 명시되고 있다.

확인은행이 발행은행으로부터 신용장확인을 수권 또는 요청 받았을 경우 그렇게 할 의사가 없을 때에는 확인거절의사를 즉시 발행은행에 통고하여야 한다.[66]

2. 비수권 확인

신용장의 확인과 관련하여 비수권 확인(silent confirmation)관행이 존재하고 있다. 이는 발행은행으로부터 수권 또는 요청을 받지 않은 은행이 수익자에게 발행은행의 확약을 확인해주는 것이다. 이러한 상황은 보통 발행은행이 자신의 외국환거래관련 또는 정치적 경제적 이유로 인하여 다른 은행에게 추가적인 의무를 부여하기에는 어려움이 있으나 수익자는 발행은행의 의무에 부가적으로 자국 내 은행에 확인의무를 부여하고자 하는 경우에 발생한다. 수익자의 이러한 필요에 대응하여 일부은행은 통상적으로 "비수권 확인"이라고 불리는 상품을 만들어냈다. 비록 이러한 관행이 통일화, 표준화되지는 않았지만 이중 일부는 서류의 제시로 인수·지급하는 신용장과 같은 확약을 부과하기도 한다.

"비수권 확인"을 해주는 은행은 자신의 위험으로 이러한 확약을 해주지만 동 은행은 신용장상의 확인은행으로서의 권리를 가지지는 않는다. 신용장이 UCP 600의 적용을 받고 적용을 받지 않는 경우라 하더라도 신용장조건과 유사한 서류상의 확약을 구성하는 경우라면 "그 명칭이나 기술과 관계없는" 그러한 확약은 요청 서류의 제시로 대금을 지급하겠다는 확약이 되며 그 결과, 대부분의 신용장 관련 국내법률 및 판례에 해당하는 별도의 확약을 구성하게 된다. 확약을 하는 은행이 신용장상에 명시되어 있는 경우라면 더 확실할 것이다.[67]

3. 확인의 실행

발행은행으로부터 확인요청을 받은 은행은 확인을 일종의 여신행위로 볼 수 있기 때문에 발행은행으로부터 현금예치 등의 충분한 담보를 제공받거나 환거래약정(correspondent agreement)에 의하여 신용장거래에 관한 약정이 포함되어 있지 않으면 은행은 신용장확인지시에 응하지 않게 된다.

일반적으로 발행은행과 확인은행간의 환거래약정 중에는 신용장의 확인에 관한 사

66) UCP 600, Article 8-d.

67) James E. Byrne and Lee H. Davis, "New Rules for Commercial Letters of Credit Under UCP 600", *UCC Law Journal*, *39 UCC L.J. 3 Art. 1*, Winter 2007. pp. 9-10.

항이 약정되어 있으며, 신용장확인에 대한 신용한도(credit line)를 설정하고 있으므로, 확인은행은 ① 발행은행의 지급능력에 대한 이상 여부, ② 발행은행의 소재국에 있어서 불가항력적인 사태가 발생하여 발행은행의 지급의무를 곤란하게 하는 위험성의 존재 여부, ③ 확인에 관한 약정유무, ④ 확인한도가 설정되어 있는 경우 한도 내 금액 여부, ⑤ 한도초과의 경우 임시허용의 여부, ⑥ 상환자금공탁조건부약정인 경우 공탁실행의 여부 등을 고려하여야 한다.

이상과 같은 조건을 검토한 후 확인은행에 의한 확인의 실행은 신용장상에 확인문언을 부기하거나 또는 별도의 확인통지서에 확인문언을 기재하여 수익자에게 통지한다.

Ⅳ. 확인은행의 의무

1. 확인은행의 인수·지급에 대한 의무

확인은행의 확약은 서류가 확인은행 자신 또는 다른 지정은행에 제시되고, 신용장 조건에 일치하는 제시에 대하여 인수·지급(honour)한다는 것이다. 인수·지급에 관한 구체적인 방법은 다음 중 어느 한 방법에 의하여 사용가능한 경우에 해당된다(UCP 600 제8조 a항).

(1) 확인은행에서 일람지급(sight payment), 연지급(deferred payment), 또는 인수(acceptance)하는 경우,

(2) 다른 지정은행에서 일람지급 및 그 지정은행이 지급하지 아니하는 경우,

(3) 다른 지정은행에서 연지급 및 그 지정은행이 연지급 확약을 부담하지 아니하거나 그 지정은행의 연지급 확약을 부담하였으나 만기일에 지급하지 아니하는 경우,

(4) 다른 지정은행에서 인수 및 그 지정은행 자신을 지급인으로 하여 발행된 환어음 인수를 하지 아니하는 경우 또는 그 지정은행이 자신을 지급인으로 하여 발행된 환어음을 인수한 후 만기일에 지급하지 아니하는 경우, 및

(5) 다른 지정은행에서 매입 및 그 지정은행이 매입하지 아니하는 경우이다.

만약 확인은행이 제시서류에 대한 불일치를 간과하여 이후 발행은행이 신용장조건과 불일치한 것으로 판단하여 인수·지급을 거절하게 되면 그 책임은 확인은행이 부담하게 된다. 즉 확인은행은 환어음발행인(drawer)이나 선의의소지인(bona fide holder)에게 책임을 돌릴 수 없고 서류를 적절하게 심사하지 못한 자신의 책임으로 귀속되는 것이다.

그러나 국내법에 따라 확인은행 측에 상환청구권이 허용되고 있을 경우에는 부당이득의 문제에 대한 입증 등을 통하여 별도로 해결하여야 할 것이다.

2. 확인은행의 매입에 대한 의무

또한 신용장이 확인은행에서 매입에 의하여 사용가능한 경우, 일치되는 제시가 확인은행 또는 모든 기타 지정은행에 제시되는 경우, 상환청구 없이 매입(negotiation)하여야 한다(UCP 600 제8조 b항).

확인신용장에 의하여 발행한 환어음을 매입한 경우 동 환어음발행인에 대하여 매입대금에 대한 상환청구를 할 수 없다.

또한 매입제한신용장(restricted credit)이 발행되는 경우에도 신용장 확인을 할 때 확인은행은 매입을 제한할 권리가 있다. 실제 확인신용장은 확인은행에 매입을 제한하는 것이 일반적이므로 수익자는 반드시 동 은행에 환어음매입을 의뢰하여야 한다.

3. 확인 수권·요청의 거절과 조건부확인

1) 확인 수권·요청의 거절

통지은행은 발행은행으로부터 신용장을 확인하도록 수권 또는 요청을 받았더라도, 동 은행과의 환거래계약관계나 기타 거래사항에 의하여 확인할 의사가 없는 경우에는 지체 없이 발행은행에 이 사실을 통고하여야 한다(UCP 600 제8조 d항). 그리고 발행은행이 확인의 요청 또는 수권에 별도의 지시가 없는 경우에는 수익자에게 확인을 추가하지 않은 미확인신용장(unconfirmed credit)을 통지할 수 있다. 확인을 할 용의가 없는 경우에는 반환지시나 어느 특정은행으로 송부요청이 있으면 이에 따르되, 그렇지 않으면 수익자에게 확인 없이 단순한 통지를 하면 된다.

2) 조건부확인

본래 신용장의 확인은 무조건 지급이나 인수 또는 매입에 대한 확인이라 하겠으나, 연지급조건의 거래나 회전신용장(revolving credit)과 같은 경우 신용장유효기일이 장기간이 되기 때문에 이러한 신용장에 대한 확인은 조건부로 하는 경우가 대부분이다. 예컨대 일정기간에 대해서나 또는 일정금액에 대해서만 확인하는 방법으로, 확인은행으로서 채무부담행위를 최소로 줄이기 위하여 조건부로 확인하는 것이다.

Ⅴ. 확인의 효력소멸

확인신용장에서 확인은행에 불일치서류가 제시되어 확인은행이 대금지급을 거절하였다면 이 제시에 대하여 확인약정은 더 이상 존재하지 않는다. 대급지급 거절시에 발행은행이 용인하는 것을 특별히 허용하지 않았다면 대금지급에 대하여 확인은행의 의무는 없어진다.

ICC 은행위원회는 불일치 서류가 신용장거래의 범위 내에서 승인조건부로 확인은행에 의하여 발행은행에 제시된 경우 이 조치는 신용장조건변경에 대한 요청으로서 효력이 있는 것으로 간주되어야 한다고 결정하였다. 그러나 확인은행은 서류가 승인된 경우, 지급을 이행할 책임을 부담하게 되며 발행은행이 승인조건부로 서류를 송부한 때에 반대의 의사표시를 하지 않는 한 신용장 유효기일이 발행은행이 회답하는데 충분한 기간 동안 연장된 것을 묵시적으로 동의한 것으로 간주한다.[68]

확인은행은 제시된 서류가 신용장조건과 일치되지 아니한 경우에는 수익자에게 자신의 확인의무가 더 이상 유효하지 않음을 통지할 수 있다. 왜냐하면 확인은행은 일치된 서류가 제시된 경우에만 지급의무가 있다는 점에서 확인하기 때문이다. 따라서 수익자에게 확인의 취소를 통지한 경우에는 서류가 수리되어도 확인의무가 없지만 수익자에게 이를 통지하지 않고 발행은행에 서류를 송부하여 불일치 서류가 수리된 경우에는 확인의무가 있는 것이다.[69]

Ⅵ. 결　론

신용장의 확인은 확인의 수권·요청에 따라 제3의 은행이 독자적으로 인수·지급 또는 매입을 확약하는 것이므로, 이는 반드시 취소불능신용장만이 대상이 된다.

확인은 제3의 은행에게 책임과 의무를 부과시키는 것이므로 확인은행은 환어음 발행인에 대하여 환어음거래에서 인정되는 상환청구권(소구권)을 행사하지 아니하고 환어음의 매입에 대하여 확약하는 것이다.

그러나 확인은행은 제시된 서류가 신용장조건과 불일치될 경우에는 수익자에게 자

---

68) ICC, Decisions (1995-1979) of the ICC Banking Commission on queries relating to Uniform Customs and Practice for Documentary Credits, ICC Publication No. 371, ICC Publishing S. A., 1980, R 14.

69) 강원진, 「UCP조항별 신용장분쟁사례」, 두남, 2013, 126면.

신의 확인의무가 더 이상 유효하지 않음을 통지할 수 있다. 왜냐하면 확인은행은 일치하는 제시의 경우에만 인수·지급 또는 매입 의무가 있기 때문이다.

따라서 수익자에게 확인의 취소를 통지한 경우에는 서류가 수리되어도 확인의무가 없으나, 수익자에게 이를 통지하지 않고 발행은행에 서류를 송부하여 하자가 수리된 경우에는 확인의무가 있는 것이다.

확인은행이 제시서류가 신용장조건과 일치되는 것으로 보아 지급 또는 인수 또는 매입을 행한 경우에는 발행은행의 최종적인 지급여부와 관계없이 국내법에서 별도로 상환청구권을 부여하지 않는 한 확인은행은 수익자에게 이미 매입한 대금에 대한 상환청구를 할 수 없다.

그러나 실무적으로 수익자는 신용장거래를 행함에 있어 거래은행과 사전에 수출환어음에 대한 인수·지급이 이루어지지 아니할 경우 동 은행에 대하여 환매채무 및 변제에 응하겠다는 내용의, 이른바 "은행거래약정서"와 같은 것 등을 거래은행에 제공하고 이의 실행을 위한 담보 등이 제공되고 있는 실정에 비추어 일반적으로 수출환어음의 인수·지급 거절이나 지연될 경우 은행은 이미 합의된 거래약정서를 근거로 상환청구하려고 할 것이다.

따라서 이와 같은 수익자에 대한 은행의 상환청구권 허용 여부에 대한 문제는 UCP의 취지 및 ICC 은행위원회의 의견 등과 국내법 및 은행관행과 상충될 가능성이 있으므로 수익자의 입장에서는 별도로 국제관행과 국내법의 적용문제 등에 대한 법률적인 검토와 이에 대한 적극적인 대응이 요구된다 할 것이다.

문제 2-07 화환신용장 조건변경의 효력에 대하여 논하시오.

답안 2-07

〈목차 구성〉

Ⅰ. 서 론
Ⅱ. 신용장 조건변경의 요건
1. 조건변경의 당사자
2. 수익자에 대한 조건변경의 통지
3. 발행은행에 대한 통지
Ⅲ. 신용장 조건변경의 효력
1. 조건변경의 효력 발생과 소멸
2. 조건변경에 대한 부분승낙
3. 조건변경에 대한 수익자의 침묵
4. 조건변경에 대한 수익자의 거절
5. 모호한 조건변경
Ⅳ. 신용장 조건변경에 따른 문제점
Ⅴ. 결 론

Ⅰ. 서 론

매매계약이나 신용장거래약정과 같은, 이른바 근거계약(underlying contract)에 기초하여 발행된 신용장은 보통 통지은행을 통하여 수익자에게 통지되지만 신용장 관계당사자의 사정에 따라 조건변경을 필요로 하는 경우가 많다. 그러나 취소불능신용장은 이미 발행된 신용장에 대해서 발행은행, 확인은행(있는 경우) 및 수익자 전원의 합의 없이는 조건변경이나 취소할 수 없다. 설령 매매당사자간에 무역결제수단으로 신용장 방식을 채택하기로 합의하더라도 이는 신용장발행시기, 결제기간 등 일반적인 조건에 한정되는 것이기 때문에 구체적으로 신용장상의 조건을 미리 합의하지 못하는 경우가 대부분이다. 따라서 실제 거래에서는 원신용장에 대한 조건변경의 필요성은 더욱 증대되게 되는 것이다.

신용장의 조건변경은 신용장 자체가 발행은행이 수익자에게 조건부 확약을 구성하기 때문에 특히 수익자가 필요로 하는 경우가 많다. 신용장 조건변경은 주로 신용장금액 및 수량, 선적기일, 유효기일, 양도문언의 삽입과 같은 신용장조건의 추가 및 분할선적과 관련된 것들이 대부분이다.

그렇다면 신용장의 조건변경에 대한 효력은 어느 시기에 발생 및 소멸되며, 조건변경에 대한 수익자의 부분적인 승낙이나 거절, 또는 침묵에 대한 효력은 어떠하며, 모호한 조건변경의 경우 이에 대한 해석은 어떻게 되는지 등의 문제가 제기된다.

이하에서는 먼저 신용장 조건변경의 요건과 통지에 대하여 고찰하고 위에서 제기된 문제들을 중심으로 분석·검토하여 신용장 조건변경의 효력에 대하여 파악해 보기로 한다.[70)]

Ⅱ. 신용장 조건변경의 요건

1. 조건변경의 당사자

<u>조건(condition)은 법률행위의 효력발생과 소멸을 장래의 불확정한 사실과 관련시킨 당사자의 약정이다.</u> 조건은 보통 법률행위의 효력발생을 조건성취시까지 정지시키는, 즉 정지조건(condition precedent)과 조건이 이미 성취되면 이미 생긴 법률행위의 효력이 소멸하는, 즉 해제조건(condition subsequent)으로 나누어진다. 신용장거래에서 매매당사자

70) 이 글은 강원진, “화환신용장조건변경의 효력”, 「국제상학」, 제11권 2호, 한국국제상학회, 1996, 125~140면에서 판례 등의 분석을 제외하고 간결하게 요약한 것이다.

간의 근거계약은 발행의뢰인(매수인)의 의무로 볼 때 수익자(매도인)의 물품인도 의무에 대한 정지조건이라고 할 수 있다. 그러나 이러한 해석은 당사자의 의사가 의심할 여지 없이 확정되는 때에만 고려될 수 있다고 할 것이다. 신용장상 서류문면에 관하여 기재된 조건은 장래에 서류 제시를 할 때 준수되어야 하는 조건으로 지급이행의 기준이 된다. 신용장의 조건변경(amendment of credit)이란 이미 발행된 신용장 조건을 다른 조건으로 바꾸고자 할 때 그 원신용장(original credit)의 내용을 수정하는 것을 말한다.

취소불능신용장은 일단 발행되면 발행은행, 확인은행(있는 경우), 수익자의 합의 없이는 결코 변경 또는 취소될 수 없다.[71] 따라서 신용장 조건변경이나 취소는 이와 같은 신용장 당사자 전원의 합의에 의해서만 가능하다. 그러나 발행은행의 지급확약과 직접 관련이 없는 중간은행(intermediary bank), 즉 통지은행, 지급, 인수, 매입은행은 신용장 조건변경 또는 취소의 관계 당사자에 포함되지 않는다. 이러한 규정은 1983년 제4차 신용장통일규칙(UCP 400)부터 반영되었다.

2. 수익자에 대한 조건변경의 통지

신용장 조건변경의 통지는 원신용장의 통지방법과 마찬가지로 우송에 의한 통지와 전송에 의한 통지방법이 있다. 발행은행과 통지은행간에 서명감이 교환되어 있다면 우송에 의한 통지는 신용장의 진정성(authenticity)을 파악하기가 용이하다. 그러나 정보통신산업의 발달로 오늘날 신용장발행 및 조건변경의 통지는 SWIFT 시스템에 의한 전송에 의한 방법을 많이 사용하고 있다.

3. 발행은행에 대한 통지

발행은행의 지시에 따라 수익자에게 신용장 통지를 담당하는 통지은행은 발행은행에 대해서 대리관계가 존재한다.[72] 미국법은 환거래은행 관계를 다른 합의가 없는 한 대리관계로 보고 있으며 대륙법에서는 도급계약의 성질을 가지는 사무처리계약이 존재하는 것으로 보고 있다.[73] 따라서 통지은행은 수익자에 대해서 조건변경사항을 통지하는 신용장의 외관상의 진정성을 확인하기 위한 상당한 주의(reasonable care)를 기울여야

71) UCP 600, Article 10-a; 신용장 조건변경이나 취소당사자 중에 발행의뢰인(applicant)이 제외된 이유는 신용장의 대외적 채무자는 신용장발행은행 자신이고 발행은행과 발행의뢰인의 관계는 신용장거래약정에 따라 근거계약 관계로 발행은행 속에 포함하는 것으로 간주되기 때문이다.

72) [1935] 79 F. 2d. 534, Oelbermann v. National City Bank of New York; [1984] 819 F. 2d. 384, Sound of Market Street v. Continental Bank International.

73) 독일 민법 제675조, 제631조.

하며, 지체 없이 신용장을 통지하여야 한다. 만일 불리한 조건변경서를 거절하기로 결정한 수익자는 통지은행을 통하여 자기의 거절의사를 신용장발행은행에게 신속하게 통지하는 것이 후일 야기될지 모르는 분쟁을 예방하는데 도움이 된다.

Ⅲ. 신용장 조건변경의 효력

1. 조건변경의 효력 발생과 소멸

신용장 조건변경의 효력 발생에 대하여 신용장통일규칙은 신용장발행은행은 그 자신이 조건변경서를 발행하는 시점부터 조건변경서에 대한 취소불능의무를 지며, 또한 확인은행은 자신의 확인을 변경에까지 부연할 수 있으며 그 변경을 통지한 시점부터 취소불능적인 의무를 진다라고 규정하고 있다.[74] 이 때 확인은행은 신용장 조건이 변경된 경우 동 조건변경서상에 확인문언을 추가할 수도 있고, 추가하지 않을 수도 있다.

국제상업회의소(ICC) 은행위원회는 신용장의 조건변경의 성립시기와 수익자의 행동에 대한 질의를 받고 "조건변경에 관한 수익자의 동의는 명시적인 수리 의사표시가 있어야 하고 수익자의 묵시적인 동의는 수리되는 것으로 간주하여서는 아니 된다"[75]는 견해를 밝혔다.

신용장통일규칙에 따른 거래관행도 수익자의 측면에서 보면 조건변경에 대한 동의는 그러한 동의에 대하여 명시적인 동의의 의사표시를 하거나 또는 지정은행에 조건변경 전 신용장과 일치하는 서류를 제시할 때 효력이 발생한다.[76] 조건변경된 신용장과 일치하는 서류의 제시는 은행관행에 의해 조건변경에 동의의 의사표시로 추정된다. 또한 수익자는 서류제시까지 조건변경에 대한 승인이나 거절 통지를 유보할 수 있다. 이 경우에는 신용장은 조건변경되지 않은 것으로 간주된다.

한편 확인은행의 입장에서 보면 조건변경에 대한 확인, 예컨대 유효기간의 연장과 같은 경우에는 확인기간을 연장하지 않고 수익자에게 통지할 수 있다. 이러한 경우에 조건변경 이전의 원신용장에 대한 확인은 유효하다. 따라서 발행은행이 확인의 추가를 위한 수권 또는 요청에서 별도로 명시하지 않는 한 통지은행은 그 확인을 추가함이 없이 신용장을 수익자에게 통지할 수 있다.[77]

---

74) UCP 600, Article 10-b.

75) ICC Documents, 470/371, 470/373, December 9, 1980.

76) UCP 600, Article 10-c.

77) UCP 600, Article 8-d.

신용장 조건변경에 대한 효력소멸 시기나 사유에 대한 구체적인 규정은 UCP나 UCC에도 없다. 그러나 신용장 거래관습을 고려하여 신용장 조건변경에 대한 효력소멸 사유는 다음과 같이 추정할 수 있다.

첫째, 조건변경된 신용장을 수익자를 포함한 신용장 관계당사자가 사용하였을 때 자동 소멸된다.

둘째, 조건변경을 포함한 신용장 유효기간이 만료될 때 소멸된다.

셋째, 신용장관계당사자가 조건변경사항을 포함하여 신용장 자체를 취소할 때 소멸된다. 이 경우에는 신용장 유효기간 만료 이전이라도 무방하다.

넷째, 수익자가 신용장 유효기간 또는 제시기간 이내에 신용장 조건변경에 일치하는 서류를 제시하지 못할 때 소멸된다.

다섯째, 조건변경이 발행은행의 귀책사유에 기인한 위법성(illegality)이 입증된 때 소멸된다.

2. 조건변경에 대한 부분승낙

신용장의 조건변경에 대하여 비록 신용장관계당사자 전원이 합의가 있다면 조건변경에 대한 부분승낙(partial acceptance of amendments)으로 인정할 것인가? 이에 대하여 현행 신용장통일규칙에서는 "조건변경의 부분승낙은 허용되지 아니하며 조건변경의 거절통고로 본다"고 규정하고 있다.[78] 이 취지는 비록 신용장관계당사자의 전원의 합의가 있을 경우 어떤 수익자는 두 개 이상의 조건이 포함된 하나의 조건변경서에서 일부분만 선별적으로 승낙할 수는 없는 것으로 보는 것이다. 그러나 신용장 조건이 연속해서 도착된 여러 개의 조건변경서 중에서 선별해서 승낙 또는 거절하는 것은 가능하다. 이처럼 연이어 내도되는 조건변경서 중에서 유리한 조건변경서는 승낙하고 불리한 것은 거절할 수 있는 선택권을 수익자가 갖게 된다.

3. 조건변경에 대한 수익자의 침묵

조건변경이 특정기한 내에 수익자에 의하여 거절되지 아니하는 한 유효하게 된다는 취지의 조건변경서상의 규정은 무시된다(UCP 600 제10조 f항). 이와 관련하여 "조건변경 기간 내에 요청대로 답을 하지 아니한 침묵의 당사자(silent partners)에게도 승인하는 것으로 간주될 수 있는가?"라는 질의에 대하여 ICC 은행위원회는 "조건변경에 대한 수익자의 동의는 명시적인 수리의 의사표시가 있어야 하고 수익자의 침묵이 동의는 수리

78) UCP 600, Article 10-c.

되는 것으로 간주되지 아니한다"는 의견을 제시한 바 있다.[79] 이처럼 신용장 조건변경에 대한 수익자의 침묵은 조건변경의 동의로 간주되지 않는다.

4. 조건변경에 대한 수익자의 거절

신용장통일규칙에서는 신용장 조건변경과 관련하여 거절권을 행사할 수 있는 기간에 대하여 규정하고 있지 않다. 신용장 조건변경에 대하여 동의의 요구를 받은 수익자가 이에 응하지 않았을 경우, 원신용장은 당초 조건대로 유효한 것으로 보고 있다. 이점에 관하여 ICC 은행위원회에서는 여러 국가의 은행에서 밝힌 통지은행이 원신용장 조건에 의한 의무의 처리가 유효하다는 의견이 정당한 견해라고 밝히고 그 이유로서 취소불능신용장의 조건변경 및 취소는 수익자가 그것을 승낙하였을 때에만 고려될 수 있기 때문이라고 하였다.[80]

따라서 원신용장과 조건변경된 신용장의 조건에 모두 일치하는 서류의 제시는 수익자가 조건변경을 승낙한 것으로 간주되며, 수익자가 조건변경에 대한 거절의 통지를 하지 않는 한 그 시점에서 신용장은 조건변경된 것으로 간주되는 것이다.

5. 모호한 조건변경

국제표준은행관행(ISBP)에서 "발행의뢰인은 신용장을 발행하거나 또는 변경하는 지시에서 모든 모호함의 위험을 부담하여야 한다. 발행은행은 자신이 발행하는 모든 신용장 또는 변경은 조건이 모호하거나 상충되지 않아야 한다"는 기준을 제시하고 있다.[81] 이는 조건변경에 대한 지시의 모호함에 따른 위험부담자를 원인제공자인 발행의뢰인으로 보고 있는 것이다.

그러나 "발행은행은 신용장의 구성요소 부분으로서, 근거계약의 사본, 견적송장 및 기타 유사한 것을 포함시키고자 하는 모든 시도를 제지하여야 한다"[82]라는 UCP 600 규정의 의미를 보면 불완전·불명확한 점이 있을 경우 이를 제지하지 못하고 그대로 신용장이 발행되었다면, 신용장은 발행은행의 확약이라는 관점에서, 그것은 발행은행이 신용장발행 의무를 해태한 것이기 때문에 발행은행의 책임이라고도 할 수 있을 것이다.

불명확한 조항은 그것을 작성한 자에게 불리하게 해석된다[83]고 하는 해석 원칙에

79) ICC Documents No. 470/371, 470/373, December 9, 1980.

80) ICC Documents 470/536, 470/Int. 233, 470/564, April 25, 1989.

81) ISBP 745, para. v.

82) UCP 600, Article 4-b.

83) Venizelos, S. A. v. Chase Manhattan Bank, [1970] 425 F. 2d 461; 이 밖에 같은 취지의 판례는 [5th

따라 발행은행의 지급은 최종적으로는 당연히 발행의뢰인이 보상해야 되지만, 발행은행측이 불리하게 된 결과를 신용장약정을 근거로 발행의뢰인에게 부담시키기 위한 합리적인 이유는 찾지 못하고 있다.

Ⅳ. 신용장 조건변경에 따른 문제점

원신용장의 발행은 그 내용을 수익자에게 통지하면 효력이 발생되는 일방적인 행위로 끝나지만, 신용장 조건변경이나 취소는 수익자의 승낙 또는 거절 통지를 행하여야 한다.

그러나 UCP 600에서는 수익자가 조건변경을 수리 또는 거절로 간주되는 기간설정 등 구체적 기준이 없다. 실무상 조건변경은 보통 통지은행을 통하여 수익자에게 통지되는데, 통지은행은 수익자에게 통지수수료를 받고 외관상의 진정성을 확인한 후 조건변경서를 교부함으로 통지의무를 사실상 끝내고 있다. 그렇다고 조건변경 통지를 할 때 반드시 변경된 신용장과 상응하여 수익자의 동의서를 받는다고는 할 수 없다.

UCP 600상에 "수익자는 조건변경에 대하여 승낙 또는 거절의 통지를 행하여야 한다"[84]라고 규정하고 있는 취지와, "수익자가 그러한 통고를 행하지 아니한 경우, 신용장 및 아직 승낙되지 아니한 조건변경에 일치하는 제시는 수익자가 그러한 조건변경에 대하여 승낙의 통고를 행하는 것으로 본다"[85]라는 규정을 볼 때, 수익자가 수출환어음(서류)매입시에 변경된 신용장 조건대로 제시하면 결국에는 조건변경에 대한 승낙으로 인정되어 신용장 조건은 변경되어진다는 것이다.

그렇다면 수익자에게 유리하다고 생각되는 조건변경에 대해서는 명시적 승낙통지를 수출서류 제시 때까지는 행하지 않아도 되고, 수익자에게 불리하다고 생각되는 조건변경에 대해서는 수출서류 제시 전에 명시적인 거절통지를 행하여야 유효하다는 취지로 해석할 수 있다. 이는 조건변경 여부가 정하여진 기간 등 구체적인 기준 없이 수익자에게 유리 또는 불리하냐에 따라 자의적인 판단에 맡기는 것은 객관성이 결여될 수도 있다.

Cir. 1980] 609 F. 2d 832, United States v. Sun Bank of Miami; [5th Cir. 1979] 593 F. 2d 598, East Girard Sav. Ass'n v. Citizens Nat'l Bank, 등을 참조.

84) UCP 600, Article 10-c.

85) *Ibid.*

Ⅴ. 결 론

신용장의 조건변경은 매매당사자간에 상세한 신용장발행과 관련된 조건을 계약체결시 합의하지 못하거나, 그후 당사자간의 사정변경에 기인하여 발생되게 된다. 이러한 신용장 조건변경은 발행은행, 확인은행(있는 경우), 수익자의 당사자 합의가 있어야만 가능하다. 환거래은행으로서 신용장의 통지를 담당하는 통지은행은 조건변경사항에 대하여 외관상의 진정성을 확인하기 위한 상당한 주의를 기울여야 한다. 앞에서 고찰한 신용장 조건변경의 효력을 요약하면 다음과 같다.

첫째, 조건변경의 효력발생은 UCP 600하의 발행은행의 입장에서 보면 조건변경서를 발행하는 시점에서 변경에 의한 취소불능적인 의무를 지며, 확인은행의 입장에서는 수익자에게 그 변경을 통지한 시점에서 취소불능적인 의무를 진다.

둘째, 동일한 변경통지에 포함된 변경을 부분 승낙하는 것은 허용되지 않고, 또한 아무런 효력도 갖지 못한다.

셋째, 조건변경 내용에 대한 수익자의 동의는 분명히 명시되어야 하며 조건변경에 대한 침묵은 조건변경의 동의로 보지 않는다.

넷째, 조건변경에 대한 수익자의 거절이 없으면 원신용장 조건은 유효하며 수익자가 거절통지를 하지 않는 한 신용장 조건에 일치되는 서류를 제시할 때 신용장은 조건변경된 것으로 간주한다.

다섯째, 모호한 조건변경의 결과로 발생하는 위험은 발행의뢰인이 부담한다.

문제 2-08 신용장거래에서 비서류적 조건(non-documentary conditions)의 해석과 적용에 대하여 논하시오.

답안 2-08

〈목차 구성〉

Ⅰ. 서 론
Ⅱ. 비서류적 조건의 이론적 고찰
  1. 비서류적 조건의 의의
  2. 비서류적 조건의 유형
Ⅲ. 비서류적 조건에 대한 규범과 사례의 검토
  1. 화환신용장통일규칙과 보증신용장통일규칙
  2. 유엔 협약과 미국 통일상법전
  3. ICC 은행위원회의 견해
  4. 법원의 판례
Ⅳ. 비서류적 조건의 해석상의 문제점과 적용방향
  1. 비서류적 조건의 해석상의 문제점
  2. 비서류적 조건의 적용방향
Ⅴ. 결 론

Ⅰ. 서 론

국제상거래에서 중요한 대금결제수단인 신용장은 근거계약과의 독립성 및 서류문면상의 추상성에 근거하여 대금지급여부를 판단하는 특성을 가지고 있다. 따라서 신용장거래에서 은행은 수익자가 제시한 서류가 신용장조건에 일치하는 경우 대금지급을 이행하게 된다.

신용장은 서류에 의한 거래이므로 신용장의 독립·추상성의 원칙과 완전·정확성의 원칙이 요구되고 있다. 이러한 원칙이 결여된 상태로 신용장이 발행될 경우 수익자가 신용장을 사용하는데 있어 혼란이 야기되고 제시된 서류에 대하여 발행은행의 신용장조건 해석 여하에 따라 지급불이행으로 인한 분쟁이 발생될 소지가 많다.

특히, 신용장 조건상에 수익자가 제시하여야할 서류를 구체적으로 명시하지 아니하고 단지 조건만을 명시하여 그 이행을 요구하는 비서류적 조건(non-documentary conditions)이 포함되는 경우가 있다.

이러한 비서류적 조건에 대하여 국제상업회의소(International Chamber of Commerce: ICC)의 화환신용장통일규칙(Uniform Customs and Practice for Documentary Credits: UCP 600) 및 보증신용장통일규칙(International Standby Practices: ISP98)에서는 이를 무시하도록 규정하고 있으며, 미국통일상법전(Uniform Commerccial Code: UCC)에서도 이와 유사한 규정을 두고 있다.

비서류적 조건의 해석과 적용에서 있어 신용장 관련 규범의 경우 비서류적 조건이 신용장 본질에 반한다는 이유로 인정하고 있지 않고 있으나, 실제 신용장거래에서는 비서류적 조건을 인정해야 한다는 주장이 제기되고 있고, 이와 관련된 분쟁에서 법원이 이를 인정하는 판례도 있어 이에 대한 문제가 야기되고 있다.

따라서 이하에서는 신용장거래에서 서류제시와 관련하여 비서류적 조건에 대한 신용장 관련 규범과 사례를 검토하여 비서류적 조건의 해석과 적용에 대한 문제점을 분석하고 적용방향을 제시하고자 한다.[86)]

---

86) 이 글은 강원진·김동윤, “신용장거래에서 비서류적 조건의 인정여부에 관한 사례검토”, 「무역상무연구」, 제33권, 한국무역상무학회, 2007, 3~28면에서 판례 등의 분석을 제외하고 간결하게 요약한 것이다.

Ⅱ. 비서류적 조건의 이론적 고찰

1. 비서류적 조건의 의의

신용장에서 비서류적 조건(non-documentary conditions)이란 제시되어야 할 서류를 지정하지 아니하고 조건만을 언급함으로써 은행이 서류를 심사함에 있어 서류가 아닌 사실문제에 대한 조사를 통하여 조건에 대한 이행여부가 확인되어야 하는 내용이 신용장상에 포함된 것을 말한다.[87] 예를 들면, "선적은 선령이 15년 이하인 선박에 의해 이루어져야 한다"라고 기재되어 있으나 이러한 사항을 표시할 서류가 명시되어 있지 않은 경우[88] 또는 신용장에는 물품이 독일산일 것을 명시하고 있으나 원산지증명서를 요구하지 않는 경우[89] 등은 대표적인 비서류적 조건이라고 볼 수 있다.

2. 비서류적 조건의 유형

1) 비서류적 조건의 적용을 인정하지 않는 경우

신용장거래에서 외관상 비서류적 조건이지만, 엄밀하게는 UCP 600 제14조 h항이 적용되지 않아 기재된 대로 효력을 가지는 조건,[90] 즉 비서류적 조건에 적용되지 않는 경우가 있다. ICC 은행위원회에 질의된 사례에서 "수에즈운하를 경유하여 몸바사로 항해하는 선박에 의한 선적" 조건이 명시되어 있는 경우,[91] 신용장에서 요구하고 있는 선화증권과 연계성(linkage)을 가지고 있으므로 비서류적 조건이 아니라는 해석을 하고 있다.[92] 이는 이 조항들이 특정서류와 연계성을 가지면 비서류적 조건으로 분류되지 않는다는 견해이다.[93] 비록 신용장에서 서류를 요구하지 않는다 하더라도 수익자에 의해 제

87) Katherine A. Barski, "A Comparison of Article 5 of The Uniform Commercial Code and The Uniform Customs and Practice for Documentary Credits", *Loyola Law Review*, Vol. 41 Loyola University, 1996, p. 746.

88) John F. Dolan, "Letter of Credit: A Comparison of UCP 500 and the U.S. Article 5", *Journal of Business Law*, November, 1999, p. 534.

89) Uniform Commercial Code Rev. Art. 5 Official Comment No.9.

90) 석광현, "신용장의 비서류적 조건의 유효성", 「무역상무연구」, 제22권, 한국무역상무학회, 2004. 2, 144면.

91) ICC Banking Commission Collected Opinions 1995-2001, ICC Publication No. 632, *ICC Publishing S.A.* 2002. R 212.

92) "선적은 선령이 15년 이상인 선박에 의하여 행해져서는 안 된다"라는 조건은 일반적인 선화증권에는 선박의 선령이 기재되지 않기 때문에 선화증권의 제시에 의하여 충족될 수 없다. 따라서 제시서류가 요구되지 않은 비서류적 조건에 해당한다.

93) Charles del Busto(ed), UCP 500&400 Compared, *ICC Publishing S.A.* 1993. 7, p. 42.

시된 서류와 관련하여 선적일자를 증명할 수 있는 서류로 인하여 지급을 행하는 것으로 이러한 조건은 서류적 조건이라 볼 수 있다.[94] 이와 관련하여 UCP 600에서는 신용장이 서류가 누구에 의하여 발행된 것임을 또는 서류의 자료내용을 규정하지 않고, 운송서류, 보험서류 또는 상업송장 이외의 서류제시를 요구하는 경우, 은행은 그 서류의 내용이 요구된 서류의 기능을 충족하는 것으로 보이고 그 밖에 제14조 d항과 일치하는 경우, 제시된 대로 서류를 수리한다[95]는 규정을 두고 있어 비록 비서류적 조건이지만 제시된 서류에 의하여 그 여부를 알 수 있는 경우 비서류적 조건의 적용에서 이를 배제하고 있다.

2) 비서류적 조건의 적용을 인정하는 경우

앞서 언급한 "선적은 선령이 15년 이하인 선박에 의해 이루어져야 한다"라고 기재되어 있으나 이러한 사항을 표시할 서류가 명시되어 있지 않은 경우와 같이 비서류적 조건이 적용된다.

또한 고려하여할 사항으로 모든 신용장거래에 포함되는 내용으로 신용장의 유효기일 또는 서류의 제시기한 등의 경우에도 비서류적 조건으로 해석하여야 하는 문제가 발생한다. 이와 같은 문제를 두 가지 견해로 나누어 볼 수 있다. 하나는 신용장의 유효기일 또는 서류의 제시기한 등은 이를 증명하는 서류제시가 없어도 그 자신의 기록 또는 통상의 영업으로부터 확인할 수 있는 사항으로 이를 증명할 서류제시가 필요하지 않다는 견해가 있다.[96] 다른 하나는 신용장의 유효기일 또는 서류의 제시기한은 "conditions"(미래에 불확실한 사건)이 아니라 "terms"(실행이 확실한 사건)에 해당된다는 견해이다. 후자의 경우 UCP 500 제13조 c항과 관련하여 신용장의 유효기일 또는 서류의 제시기한은 "terms"에 해당되어 적용되지 않는다는 것이다.[97]

Ⅲ. 비서류적 조건에 대한 규범과 사례의 검토

1. 화환신용장통일규칙과 보증신용장통일규칙

UCP 600 제14조 h항에서는 "신용장이 조건과의 일치성을 표시하기 위하여 서류를

94) John F. Dolan, "The Law of Letters of Credit Commercial and Standby Credit, revised", *Warren, Goham & Lamont*, 1996, p. 2-21.

95) UCP 600 Article 14-f.

96) UCC Rev. Art.5 Official Comment No.9; ISP 98 4.11.c.i.

97) Charles del Busto(ed), *op. cit*, p. 42

규정하지 아니하고 조건만을 포함하고 있는 경우, 은행은 그러한 조건을 명시되지 아니한 것으로 보고 이를 무시한다"고 규정하고 있다.

한편 보증신용장통일규칙(ISP98)에서도 비서류적 조건(Non-Documentary Terms or Conditions)이라는 조항을 설정하여 보증신용장에서 비서류적 조건에 관하여 명시한 경우, 그러한 조건은, 제시에 관하여 일치한 것으로 간주하거나 또는 보증신용장 발행, 조건변경 또는 종료된 것으로 간주해야 하는 발행인의 의무와 상관없이 무시되어져야 한다[98]고 규정하고 있다. 또한 보증신용장이 입증할 수 있는 서류의 제시를 요구하지 않았거나 그 이행여부가 발행인 자신의 기록 또는 발행인의 정상적인 영업활동에 의하여 발행인이 결정할 수 없는 경우에는 그 조건은 비서류적 조건이라고 하고,[99] 발행인 자신의 기록 또는 그 자신의 정상적 영업활동 범위 내 결정사항(서류 제시 또는 인도 시기 및 장소 등) 및 수익자의 계산 등에 대하여 상세히 규정하고 있다.[100]

2. 유엔 협약과 미국 통일상법전

유엔국제무역법위원회(United Nations Commission on International Trade Law; UNCITRAL)의 독립적 보증서와 보증신용장에 관한 유엔 협약(United Nations Convention on Independent Guarantee and Stand-by Letters of Credit; CIGSLC)에서는[101] "확약의 제조건을 해석함에 있어서 그리고 확약의 제조건이나 이 협약의 규정에 의하여 언급되지 아니한 문제를 해결함에 있어서는, 독립적 보증서 또는 보증신용장의 관습에서 일반적으로 인정된 국제적인 규칙과 관행에 대한 고려가 있어야 한다"라고 규정하고 있다.[102] 또한 "확약과 이 협약에 따른 자신의 의무를 이행함에 있어서는, 보증인/발행인은 신의성실로써 행동하여야 하고, 독립적 보증서 또는 보증신용장의 국제적인 관습에 관하여 일반적으로 인정된 표준을 적절히 고려하여 상당한 주의를 다하여야 한다"[103]는 규정과 함께 확약에 따른 지급청구는 언급된 형식에 따라 확약의 제조건에 일치하게 행하여져야 한다.[104] 그리고 보증인/발행인은 제14조 제1항에 언급된 행위의 표준에 따라 지급청구 및 모든 첨부서

---

98) ISP98 Rule 4.11(a).
99) ISP98 Rule 4.11(b).
100) ISP98 Rule 4.11(c)(d).
101) United Nations Commission on International Trade Law, U.N. GAOR, 50th Sess., Supp. No. 17, at 39-40, U.N. Doc. A/50/17(1995).
102) CIGSLC Article 13(2).
103) CIGSLC Article-14(1).
104) CIGSLC Article-15(1).

류를 심사하여야 한다[105]는 규정을 두고 있어 UCP 및 ISP98과 같이 비서류적 조건에 대하여 규정하고 있다. 또한 발행은행은 제시에 대하여 반드시 인수 또는 거절과 관련된 사항을 7은행영업일을 초과하지 않는 합리적인 기한 내에 거절통지의 이유를 신속한 수단을 이용하여 제공하여야 한다[106]고 규정하여 비서류적 조건의 적용과 서류심사기준에 있어 UCP 및 ISP98과 유사한 규정을 가지고 있다.[107] 이는 비서류적 조건에 있어 조건과 일치한 서류를 요구하여 국제관습을 지지하는 것으로 볼 수 있다.

한편 미국 통일상법전(UCC)에서는 "신용장을 구성하는 확약에 있어 비서류적 조건을 포함하고 있는 경우에는 발행인은 비서류적 조건을 무시하고, 그러한 조건이 명시되지 아니한 것으로 이를 취급하여야 한다"[108]라고 규정하여 신용장의 발행은행으로 하여금 사실에 대한 심사와 평가를 요구하는 지급에 영향을 미치는 모든 비서류적 조건을 무효화 시키고 있다.[109] 이는 비서류적 조건의 적용에 대하여 UCP와 같이 입법을 통하여 해결하려는 것으로 볼 수 있다. 이와 관련하여 공식주석에서 발행은행은 비서류적 조건을 무시하여야 하지만 발행은행이 비서류적 조건의 이행에 대하여 지급할 것을 발행의뢰인에게 약속한 경우에는 그러한 조건을 무시한데 따른 책임을 부담할 수 있다[110]라는 사항을 명시하여 사적자치의 원칙을 적용함으로서 비서류적 조건의 적용을 인정하고 있다.

UCC에서 사적자치의 원칙과 관련하여 공식주석에서 "신용장하에서 발행인의 책임은 서류를 검토하여 그 검토에 기초하여 대금을 결제할 것인가의 여부를 신속하게 결정하는 것이다. 비서류적 조건은 이러한 영역에 위치할 자리가 없으며 계약법과 계약관행에서 다루어지기에 더 적합한 것이다"[111]라 하여 비서류적 조건이 신용장방식의 거래에 적용되어 다루어지는 것이 아니라 매매계약으로 다루어져야 한다는 것이다.

3. ICC 은행위원회의 견해

ICC 은행위원회에 질의된 신용장거래에서 비서류적 조건의 적용에 대하여 UCP 500

105) CIGSLC Article-16(1).

106) United Nations Commission on International Trade Law, U.N. GAOR, 24h Sess., P28, at 7, U.N. Doc. A/CN.9/345(1991).

107) Richard F. Dole, Jr. "The Essence of a Letter of Credit under Revised U.C.C Article 5: Permissible and Impermissible Nondocumentary Conditions Affecting Honor", *Houston Law Review*, Vol. 35 Winter, 1998, p. 1103.

108) UCC 1995 §5-108(g).

109) Richard F. Dole, Jr. *op. cit*, pp. 1080~1081.

110) American Law Institute, UCC Revised Article 5 Letter of Credit, 1995, Official Comments 9.

111) Uniform Commercial Code Rev. Art. 5 Official Comment No. 9.

의 규정을 적용하여 비서류적 조건의 적용을 인정하고 있는 사례와 인정하고 있지 않은 사례로 구분하여 볼 수 있다.

1) 비서류적 조건의 적용을 인정하지 않은 사례

신용장상에 "수에즈운하를 경유하여 몸바사로 항해하는 선박에 의한 선적"(shipment by seafreight vessel to Mombasa Port via Suez.)이라는 비서류적 조건을 포함하고 있는 경우 이를 비서류적 조건의 적용을 인정하는지 여부에 대한 질의[112]에서 ICC 은행위원회는 그러한 조건이 신용장에 약정되어 있는 서류와 연계되어 있다면 비서류적 조건으로 간주하지 않는다고 하였다.[113] 이와 같이 비록 비서류적 조건이 신용장상에 기재되어 있으나 선화증권상에 기재되어 있는 정보를 통하여 조건의 이행 여부를 확인할 수 있으면 비서류적 조건에 해당하지 않는다는 것이다.

2) 비서류적 조건의 적용을 인정한 사례

"매입은행에 의해 발행된 신용장을 수령하는 하는 것으로 지급이 이행 된다"라는 조건이 비서류적 조건에 포함되는가 여부에 대한 질의[114]에서 ICC 은행위원회는 신용장 통일규칙 관련 규정[115]과 비서류적 조건이 포함되어 있는 경우 은행은 그러한 조건을 언급되지 아니한 것으로 간주하고 무시한다[116]는 견해를 밝혀 위와 같은 조건이 신용장상에 기재될 경우 비서류적 조건으로 간주된다.

4. 법원의 판례

신용장거래의 비서류적 조건에 대한 판례도 독립·추상성의 원칙이라는 신용장의 본질적 성격을 존중하는 입장에서 법원의 판단은 비서류적 조건의 적용을 인정하지 않는 것[117]과 당사자자치의 원칙을 적용함으로써 비서류적 조건의 적용을 인정하는 것[118]

112) Gary Collyer(ed), Opinion of the ICC Banking Commission 1995-1996, ICC Publishing S.A., 1997, pp. 35~36.

113) ICC Position Paper No. 3.

114) Gary Collyer(ed), Opinion of the ICC Banking Commission 1995-2004, ICC Publishing S.A., 2005, pp. 32-33.

115) UCP 600 Article 14-h.

116) UCP 500 Article-13(c).

117) Continental Grain Company v. *Merdien International Bank*, LTD, 894. F.Supp. 654(S.D.N.Y. 1995); Pringle-Associate Mortgage Corporation v. Southern National Bank of Hattiesburg, Mississippi, 571 F.2d 871(5th Cir 1978); 동화은행 파산관재인 대 제일은행의 사례, 서울고법 제 2001. 2. 13. 선고 2000나42474 판결; 한국외환은행 대 한국수출보험공사 사례, 대법원 2002. 5. 24. 선고 2000다 52202 판결.

118) *Wichita Eagle & Beacon Publishing Co. v. Pacific National Bank of San Franciso*, 493 F.2d 1285

으로 양분되고 있다.

Ⅳ. 비서류적 조건의 해석상의 문제점과 적용방향

1. 비서류적 조건의 해석상의 문제점

UCC 제5편은 신용장으로서의 성격을 유지하면서 신용장에 부가될 수 있는 비서류적 조건을 승인하고는 있지만 동 조항은 비서류적 조건이 발행인의 의무에 본질적인 경우에는 적용되지 않는 것으로 보고 있다.[119] 비서류적 조건이 발행인의 의무에 본질적이고 중요한 것이라면, 수익자가 근거계약을 이행하였는지 또는 발행의뢰인이 불이행하였는지를 발행인이 실제로 결정할 것을 요구하는 조건의 삽입은 신용장의 성질을 상실하는 원인으로 규정하고 UCC 제5편의 적용이 배제될 수 있다고 명시하고 있다.[120] 이와 같은 경우 신용장에 관한 법이 아닌 보증계약법을 적용하여 발행의뢰인이 그 법에 기초하여 항변을 가능하도록 하여 신용장거래를 저해하는 결과를 가져올 수 있다. 미국 은행의 대부분은 보증행위가 금지되어 있으므로 인하여 상황이 악화될 가능성이 존재한다.[121]

수익자가 신용장 조건을 충족하였는지 여부를 판단함에 있어 비서류적 조건을 고려하지 않고 관련 규정을 적용하여 배제하는 경우가 있다. 이는 각 당사자간에 비서류적 조건과 관련한 문제를 사전에 방지할 수 있고 국제규칙을 준수하도록 한다는 점이 있으나 관계당사자의 명시적 의사에 반하는 결과를 가지는 단점 또한 존재하게 된다.

경우에 따라 발행은행 또는 발행의뢰인이 비서류적 조건을 신용장에 기재함으로서 수익자가 그러한 조건을 이행하기 곤란한 점을 이용하여 면책을 주장하기 위해 악용할 가능성이 존재하고 있다.

2. 비서류적 조건의 적용방향

신용장거래에서 비서류적 조건을 합리적으로 해석하기 위해서는 다음과 같은 방안이 고려되어야 할 것이다.

(9th Cir. 1974); *Raiffeisen-Zentrlkasse Tirol Reg. Gen. v. First National Bank in Aspen*, 671 P.2d 1008, 36 UCC Rep.Serv. 254(1983); 대구은행 남일동지점 대 한빛은행 사례, 대법원 2000. 5. 30. 선고 98다47443 판결; 국민은행 대 스탠다드차타드은행 사례, 대법원 2000. 11. 24. 선고 2000다12983 판결.

119) UCC 5-102, Official Comment 6.

120) Richard F. Dole. Jr, *op. cit*, p. 1099.

121) Janis Penton Soshuk, *op. cit*, pp. 39~41.

첫째, 신용장에 명시된 어떠한 조건이 비서류적 조건 또는 서류적 조건에 해당하는가에 대한 정확한 판단이 이루어져야 할 것이다. 관련 규정에서 비서류적 조건을 무시하도록 규정하고 있는 것은 신용장거래의 본질적 특성인 독립·추상성에 위배되지 않도록 하는 것이라고 볼 수 있다. 만약 비서류적 조건인지 서류적 조건인지의 여부가 모호할 경우 사실관계의 확인에 있어서는 앞서 언급한 것과 같이 기타 서류와의 연계성을 가지고 있느냐 또는 향후 실행이 확실한 사건인지의 여부를 통하여 판단할 수 있을 것이다. 또한 이러한 판단 행위는 신용장의 독립·추상성의 원칙 및 완전·정확성의 원칙과 병행하여 이루어져야 할 것이다.

둘째, 신용장거래에서 당사자들은 비서류적 조건에 대한 내용의 삽입 또는 판단함에 있어서 독립·추상성의 원칙을 준수하여야 하며, 만약 법원은 신용장의 독립·추상성의 원칙이 적용배제 또는 제한되는 조건이 삽입되어 있는 경우, 당해 조건을 무효로 함으로써 신용장거래의 특성을 유지시키거나, 당사자자치 원칙에 입각하여 당해 조건의 적용을 인정 경우에는 신용장거래가 아닌 기타 다른 약정으로 구분하여 해석하여야 할 것이다.

셋째, 비서류적 조건의 해석에 있어 그 유효성이 인정될 경우, 거래에 참여하는 은행들이 실질적 계약관계나 특정사항의 이행여부를 직접 확인하여야 하는 문제점이 있다. 따라서 발행의뢰인 및 발행은행은 비서류적 조건에 대한 사항을 사전에 판단하여 비서류적 조건이 사용될 가능성을 배제함으로써 신용장의 안전성을 제고하여야 할 것이다.

Ⅴ. 결 론

신용장거래에 명시된 비서류적 조건은 은행에게 그 조건의 사실관계 및 이행여부를 확인하도록 함으로써 신용장의 본질적 특성인 독립·추상성의 원칙, 완전·정확성의 원칙에 위배되는 것과 신용장거래의 효율성을 저하시키는 문제점을 가지고 있다. 현재 신용장거래와 관련한 규정들은 비서류적 조건에 대하여 은행은 서류를 심사함에 있어 그러한 조건들을 무시하도록 하고 있다. 하지만 법원의 판례에서 비서류적 조건에 대하여 일부 그 유효성을 인정하는 경우를 살펴볼 수 있다.

이러한 비서류적 조건에 따른 분쟁의 소지를 없애기 위하여 신용장거래당사자에 대하여 유의점과 대응책을 제시하면 다음과 같다.

첫째, 신용장 발행에 있어서 발행은행 스스로 비서류적 조건이 포함되어 있는 신용장을 발행하지 않도록 하는 것이다. 신용장거래에서는 당사자가 어떠한 조건을 삽입할 것인가에 대하여 당사자자치원칙이 적용되고 있지만, 발행은행의 적극적인 개입으로 비서류적 조건이 포함된 신용장의 발행을 원천적으로 제거할 수 있기 때문이다.

둘째, 수익자는 비서류적 조건이 신용장에 포함되어 발행되지 않도록 발행의뢰인과 사전에 충분한 협의하여야 하며, 만약 이러한 조건이 포함된 신용장이 발행된 경우 당해 신용장에 대하여 조건을 변경하여 서류적 조건으로 변경하거나 비서류적 조건의 내용을 삭제할 것을 요구하여 사전에 분쟁을 예방할 수 있도록 하는 것이 바람직하다.

셋째, 현재 신용장 규범상에 ISP98을 제외하고는 비서류적 조건에 대한 상세한 규정이 없으므로 UCP 600에서도 보다 구체적인 해석기준이 마련되어야 할 것이다.

마지막으로 가장 현실적인 대안으로는 신용장발행의뢰시에 모든 서류(documents) 및 확인서(certificate) 등은 반드시 요구서류(documents required)란에 명시해야 하는 것이라고 생각한다.

문제 2-09 UCP 600 상의 불일치서류의 권리포기 요건과 적용에 대하여 논하시오.

답안 2-09

〈목차 구성〉

Ⅰ. 서　론

국제상업회의소 은행위원회는 UCP를 적용하면서 은행이 발견한 불일치는 최초의 서류제시에서 거절되는 비율이 60~70%를 점하고 있다고 밝힌 바 있다.[122] 이러한 거절은 무역거래에서 비용이 발생되는 분쟁 및 법정소송으로 이어져 신용장의 신뢰성을 떨어뜨리고 신용장 사용을 감소시키는 주요한 요인이 되었다.

신용장발행은행은 제시된 서류가 신용장 조건에 일치될 경우 지급 또는 인수를 행하여야 하지만 불일치될 경우 지급 또는 인수를 거절할 수 있다. 따라서 신용장발행은

122) ICC, Documentary credits know-how can now be tapped online, 2000(ICC, http://www.iccwbo.org/iccbhba/index.html).

행은 제시된 서류를 신중하게 검토하고 지급·인수 여부를 결정하여야 한다.

권리포기는 법적 권리의 임의적 행위이기 때문에 가치에 대한 어떤 것을 배제하기 위한 사람에 의해서 선택 또는 사람이 요구하거나 주장할 수 있는 일부 권리나 이익을 없애기 위한 선택을 내포한다.

이하에서는 UCP 600에 반영된 불일치서류, 권리포기 및 통지와 관련된 조항을 중심으로 검토하고자 한다.[123)]

Ⅱ. 제시서류의 일치성 판단과 불일치서류의 교섭

1. 제시서류의 일치성 판단을 위한 서류심사기준

제시서류의 일치성 판단을 위하여 UCP 600은 서류심사기준에 대하여 다음과 같이 내용이 새롭게 반영되고 있다.

첫째, 지정은행, 확인은행(있을 경우) 및 발행은행은 서류만을 근거로 서류가 문면상 일치하는 제시(complying presentation)를 구성하고 있는지 결정하기 위한 제시를 심사하여야 한다.[124)]

둘째, 서류심사기간은 제시가 일치하는 경우 제시기일과 관계없이 제시일 다음날로부터 최대 제5은행영업일을 갖는다.[125)]

셋째, 신용장 문맥을 읽을 때, 서류의 데이터, 서류의 자체 및 국제표준은행관행은 서류의 데이터 또는 신용장과 동일성을 요하지 않지만 서류, 모든 기타 규정된 서류 또는 신용장상의 데이터와 상충되어서는 아니 된다.[126)]

넷째, 서류는 신용장일자 이전에 일자가 부여될 수 있으나 서류제시일 보다 늦게 일자가 부여되어서는 아니 된다.[127)]

다섯째, 모든 약정된 서류상의 수익자 및 발행의뢰인이 주소는 각각의 주소가 동일국가 내라면 그 외의 다른 경우에는 수익자 및 발행의뢰인의 주소는 신용장에 명시된 것과 동일할 필요는 없으나, 신용장이 운송서류상에 수화인(consignee) 또는 착화통지처

123) 이 글은 강원진, "UCP 600 상의 불일치서류의 권리포기 요건과 적용에 관한 연구", 「무역학회지」, 제32권 제2호, 한국무역학회, 2007, 1~17면에서 판례 등의 분석을 제외하고 간결하게 요약한 것이다.

124) UCP 600, Article 14-a.

125) UCP 600, Article 14-b.

126) UCP 600, Article 14-d.

127) UCP 600, Article 14-i.

(notify party) 명세의 일부로 표기되도록 요구한 발행의뢰인의 주소 및 연락처 명세는 반드시 신용장에 명시된 것으로 기재되어야 한다.[128)]

여섯째, 운송서류가 본 규칙의 제19조, 제20조, 제21조, 제22조, 제23조 또는 제24조의 요건에 충족되는 경우 운송서류는 운송인, 선주, 선장 또는 용선자 이외의 모든 당사자에 의하여 발행될 수 있다.[129)]

UCP 600 제2조 정의조항에서 "일치하는 제시"(complying presentation)란 신용장 조건, 본 규칙의 적용규정 및 국제표준은행(ISBP)과의 일치하는 제시를 의미하는 것으로 새로이 규정하고 있다.[130)]

이에 부연하여 UCP 600은 일치하는 제시에 관하여 다음과 같이 새로운 규정을 설정하고 있다.[131)]

첫째, 발행은행이 제시가 일치하는 것으로 결정하는 경우 발행은행은 인수·지급(honour)하여야 한다.

둘째, 확인은행이 제시가 일치하는 것으로 결정하는 경우 확인은행은 인수·지급 또는 매입하여야 하고 발행은행으로 서류를 송부하여야 한다.

셋째, 지정은행이 제시가 일치하고 인수·지급 또는 매입하는 것으로 결정하는 경우 지정은행은 확인은행 또는 발행은행으로 서류를 송부하여야 한다.

이와 같이 일치하는 제시에 대하여 발행은행, 확인은행 또는 지정은행은 인수·지급 또는 매입을 행하여야 하는 의무를 부과하고 있다.

2. 불일치서류에 대한 교섭

UCP 600에서는 종전의 관행과 마찬가지로 "지정은행, 확인은행 또는 발행은행은 제시(presentation)가 일치하지 아니하는 것으로 결정하는 경우 인수·지급 또는 매입을 거절할 수 있다.[132)] 발행은행이 제시가 일치하지 아니한 것으로 결정하는 경우 발행은행은 독자적인 판단으로 발행의뢰인과 불일치에 관한 권리포기(waver of discrepancies)의 여부를 교섭할 수 있다. 그러나 이로 인하여 제14조 b항(제시일 다음날부터 제5은행영업일)에서 언급된 기간이 연장되지 아니한다"라고 규정하고 있다.[133)]

---

128) UCP 600, Article 14-j.

129) UCP 600, Article 14-l.

130) UCP 600, Article 2. Definitions of complying presentation.

131) UCP 600, Article 15.

132) UCP 600, Article 16-a.

133) UCP 600, Article 16-b.

신용장거래에서 제시서류에 대한 수리여부는 더 폭넓은 결정을 하여야 한다. 서류 제시일 다음날부터 제5은행영업일은 서류들을 수리하거나 거절할지에 대한 상업적 결정을 내리고 승낙을 판단하는 시간을 제공한다. 또한 그 결정은 거의 항상 불일치에 대한 철회 가능성에 관하여 신청인과의 협의를 수반한다.

Ⅲ. 불일치서류의 통지 및 권리포기의 요건

1. 불일치서류에 대한 통지의 요건

UCP 600에서 규정하고 있는 거절통지의 요건을 보면 다음과 같다.

거절통지 내용에는 "지정은행, 확인은행 또는 발행은행은 인수·지급또는 매입을 거절하는 경우 제시인(presenter)[134]에게 그러한 취지를 "한 번에 통지"(single notice)하여야 한다. 그 통지에는 다음 사항이 포함되어야 한다.

첫째, 인수·지급 또는 매입을 거절하고 있는 중(is refusing to honour or negotiate)[135]이라는 내용 또는

둘째, 은행이 인수·지급 또는 매입을 거절한다는 것에 관한 각각의 불일치[136] 내용 또는

셋째, ① 은행이 제시인으로부터 추가지시를 받을 때까지 서류를 보관하고 있다는 내용 또는

② 발행은행이 발행의뢰인으로부터 권리포기(waiver)를 수령하고 이를 승낙하는 동의를 하거나 또는 권리포기 승낙을 동의하기 이전에 제시인으로부터 추가지시를 수령할 때까지 서류를 보관하고 있다는 내용 또는

③ 은행이 서류를 반송 중 이라는 내용 또는

④ 은행이 제시인으로부터 종전에 수령한 지시에 따라 행동하고 있는 중이라는 내용을 반드시 명시하여야 한다.[137]

이와 같이 UCP 600에서는 상세한 거절통지 내용을 명시하고 있을 뿐만이 아니라

---

134) 제시인이라 함은 제시를 행하는 수익자, 은행 또는 기타 당사자를 말한다; UCP 600 Article 2.

135) UCP 500에서의 "refuse the documents"를 UCP 600에서는 "is refusing to honour or negotiate"로 대체하였다.

136) UCP 500에서의 "all discrepancy"를 UCP 600에서는 "each discrepancy"로 대체하여 표현을 보다 구체적으로 표현하였다; ICC, UCP 600 & UCP 500 Compared, Part Ⅱ. Detailed Comparison for Each Article, UCP 600, Article 16 Comment. 2006.

137) UCP 600, Article 16-c.

구체적인 절차요건을 규정하고 있다.

발행은행은 제시서류의 거절과 관련하여 일치하지 아니한 제시내용, 즉 불일치 내용을 한꺼번에 각기 모든 내용을 통지하여야 한다. 따라서 불일치에 대한 통지는 "두번"(second bite) 또는 환언하면 추가통지와 같은 여지를 두어서는 아니 된다.[138] 또한 서류의 거절통지 기간에 대하여 UCP 600에서는 "제16조 c항에 따른 통지는 전송 또는 그 이용이 불가능한 경우 기타 신속한 수단으로 제시일 다음날로부터 제5은행영업일 마감시간을 경과하지 아니한 범위 내에서 통지하여야 한다"[139]라고 규정하고 있다.

2. 불일치서류에 대한 발행의뢰인의 권리포기의 요건

UCP 600 제14조 b항에서는 발행은행에게 권리포기에 대한 선택권을 부여한다. 발행은행은 독자적인 판단(sole judgement)으로 발행의뢰인과 불일치에 관한 권리포기의 여부를 교섭(approach)할 수 있다. 이러한 권리포기로 인하여 제14조 b항에서 언급된 기간(최대 제5은행영업일)이 연장되지는 아니한다. 권리포기를 하는 발행은행 측에 요구조건이 없다는 점을 유념해야 하고 그렇게 하는 결정은 전적으로 은행의 재량이다.

발행은행이 거절통지를 유보하는 경우에는 통상 발행의뢰인이 불일치 사항에 대한 포기를 결정 및 이와 관련한 사항을 발행은행에 제공할 수 있는 동안의 기간이 포함되어 있다. 발행은행의 거절통지를 회피하기 위해서는 발행의뢰인은 불일치 사항에 대한 포기를 발행은행이 설정한 기간 내에 제공하여야 한다.[140]

발행의뢰인이 불일치서류에 대한 권리포기를 행한 경우, 발행은행은 반드시 불일치서류수리에 관한 동의 여부를 결정하여야 한다. 이 경우 발행은행이 서류수리에 대한 동의를 결정하게 되면, 서류에 불일치가 발견되더라도 수리하여야 한다.

한편 발행은행이 발행의뢰인의 불일치서류에 대한 권리포기를 받았지만 서류수리를 거절할 경우에는 반드시 UCP 600 제14조 c항과 d항의 규정에 따라 서류수리를 거절하고 거절통지를 제공하여야 한다.

이와 같이 불일치에 대한 권리포기의 요건을 정리하면 다음과 같다.

첫째, 제시서류가 불일치하여야 한다.

둘째, 발행은행의 독자적인 판단으로 발행의뢰인과 교섭한다.

---

138) E. P. Ellinger, "The UCP-500: Considering A New Revision", *2006 Annual Survey of letter of Credit law & Practice*, Institute of International Banking Law & Practice, Inc., 2006, p. 109.

139) UCP 600, Article 16-d.

140) ICC Commission on Banking Technique and Practice, *Discrepant Documents, Waiver and Notice*, ICC Document 470/952 rev. 2, April 9, 2002, p. 6.

셋째, 발행은행의 권리포기를 수령하였을 경우 발행의뢰인의 권리포기 수락 여부를 확인한다.

넷째, 은행이 권리포기를 인정하는 경우 인수·지급을 행한다.

다섯째, 은행이 권리포기를 불인정하는 경우 제시인에게 거절통지를 행한다.

여섯째, 거절통지는 제시일 다음날로부터 제5은행영업일 마감시간을 경과하지 아니한 범위 내이어야 한다

일곱째, 은행이 발행의뢰인의 권리포기를 수령하지 못하였으나 은행이 독자적으로 권리포기를 인정하는 경우 인수·지급을 행한다.

여덟째, 은행이 발행의뢰인의 권리포기를 수령하지 못한 경우 은행이 독자적으로 제시인에게 거절통지를 행한다.

이와 같이 제시서류가 신용장 조건과 불일치되었다 하더라도 불일치에 대한 통지을 적기에 하여야만 불일치서류에 대한 권리포기가 유효하다.

Ⅳ. 불일치서류 반송과 권리포기의 적용효과

1. 제시인에 대한 불일치서류의 반송

제시인에 대한 불일치서류의 반송에 관하여 UCP 600은 지정은행, 확인은행 또는 발행은행은 본 규칙 제16조 c항 iii-a)호 또는 iii-b)호에 의하여 요구된 통지를 행한 후 언제라도 제시인에게 서류를 반송할 수 있다.[141)]

이와 관련하여 ICC 은행위원회는 불일치서류를 거절할 경우 제시인의 처분을 기다리고 보관 중에 있는지 또는 반송 중에 있는지를 명시하고 제시인에게 반송하여야 한다는 견해를 밝힌 바가 있다.[142)]

한국의 대법원은 신용장 발행은행이 매입은행의 대금 지급청구를 거절할 경우 매입은행에 의하여 제시된 서류는 그 은행이 서류반환청구권을 포기하였다고 볼 특별한 사정이 없는 한 원칙적으로 서류제시인인 매입은행에게 반환되어야 한다(대법원 2000. 11. 24. 선고 2000다12983 판결 참조). 또한, 신용장통일규칙(현재의 UCP 600 제16조 f항)은 "발행은행 … 이 본조의 규정에 따른 조치를 취하지 않거나 서류제시인이 처분할 수 있도록 서류를 보관하거나 또는 서류를 반송하지 아니한 경우에는 발행은행은 … 위 매입

141) UCP 600, Article 16-e.

142) ICC Banking Commission, Collected Opinions(1995-2001), ICC Publication No. 632, 2002, R. 324.

은행에 대하여 더 이상 신용장 서류상의 하자를 이유로 신용장 대금의 지급을 거절할 수 없게 된다[143]고 판시하였다.

발행은행의 제시서류에 대한 인수 또는 지급 거절 이후의 서류의 반송기간에 관해 별도의 규정이 없으나 신의성실에 비추어 가급적 신속하게 제시된 모든 서류를 제시인에게 송부하여야 할 것이다.

2. 불일치서류에 대한 권리포기의 적용효과

UCP 600에서는 발행은행 또는 확인은행은 본 조항의 규정에 따라 행동하지 아니한 경우 은행은 서류가 일치하는 제시가 이루어지지 아니하였다는 클레임을 제기할 수 없다.[144] 발행은행이 인수·지급을 거절한 경우 또는 확인은행이 인수·지급 또는 매입을 거절한 경우 및 은행이 본 조항에 일치하는 취지의 통지를 행하였을 경우 그때 은행은 지급한 모든 상환금과 이자를 포함하여 반환 청구할 권리를 갖는다[145]라고 규정하고 있다.

이와 같이 권리포기의 효과는 발행은행 또는 확인은행은 거절통지 및 권리포기 절차에 따라 행동하여야 신용장의 거절통지 위반에 대한 책임을 면할 수 있다. 즉, 발행은행이 UCP 600에서 제공하고 있는 규정에 따라 각 단계별 서류심사, 권리포기 및 통지에 관하여 이행한다면 은행은 위험을 부담하지 아니할 수 있다는 의미로 귀결된다.

신용장거래에서 발행은행은 불일치서류에 대한 인수·지급에 기인된 손해에 대하여 발행의뢰인에게 책임을 부담시킨다. 서류의 불일치에 대한 발행의뢰인의 특별한 권리포기는 발행은행이 불일치서류에 대한 인수·지급에 대한 보상청구에 대한 발행의뢰인의 낮은 담보력 제공이 문제가 된다. 따라서 보상청구에 대한 담보력이 충분하여야 발행은행의 권리포기도 용이하다.[146]

불일치조건에 대한 발행의뢰인의 권리포기에 대하여 발행은행은 신용장의 독립성의 훼손을 어떻게 조화시킬 수 있는가 하는 문제를 담고 있다. 신용장발행은행은 발행의뢰인과의 약정, 즉 신용장거래약정을 원용하여 불일치서류에 관하여 발행은행과 발행의뢰인 사이에 합의결정을 허용하는 것은 정당화될 수는 없다. 서류에 대한 지급이나 거절에 대한 결정은 발행은행의 권리인 것이다. 발행의뢰인과 교섭은 발행의뢰인의 권

143) 대법원 2003. 10. 9. 선고 2002다2249 판결.

144) UCP 600, Article 16-f.

145) UCP 600, Article 16-g.

146) Richard F. DOLE, Jr., “Applicant Ad Hoc Waver of Discrepancies in the Documents Presented under Letters of Credit”, 2006 *Annual Survey of letter of Credit law & Practice*, Institute of International Banking Law & Practice, Inc., 2006, pp. 70~71.

리포기가 있으면 불일치서류의 거절을 결정하는 발행은행의 독자적인 판단으로 이루어지는 것이다. 이와 같이 서류가 신용장 조건에 불일치되는 경우에는 발행은행은 수익자에 대하여 그 서류의 수리를 거절할 수 있지만, 발행의뢰인과 교섭하여 발행의뢰인의 권리포기가 있다면 국제표준은행관행에 따라 발행은행의 자유로운 재량권을 행사할 수 있는 것이다.

V. 결 론

발행의뢰인이 불일치서류에 대한 권리포기를 행한 경우, 발행은행은 반드시 불일치서류수리에 관한 동의 여부를 결정하여야 한다. 이 경우 발행은행이 서류수리에 대한 동의를 결정하게 되면, 서류에 불일치가 발견되더라도 수리하여야 한다.

발행은행은 UCP 600의 규정에 따라 서류심사, 권리포기 및 통지에 관하여 절차별로 의무를 이행한다면 이에 따른 클레임은 해소될 것이다.

그러나 수익자는 불일치서류에 대한 유보부 매입이나 불일치서류를 치유하기 위한 시간을 가지려고 하기 때문에 신속히 서류를 제시하게 되고, 한편 발행의뢰인은 경우에 따라 발행은행과 협의하여 상업적 편의에 따라 대부분 신용장 조건과의 불일치를 용인하여 서류를 수령하려고 한다.

만약 발행은행이 일치하는 제시를 포기하고 수익자에게 불일치에 대하여 지급을 행하거나 재량권을 남용하게 된다면 신용장 채무의 독립성을 침해하게 될 것이다.

실제 신용장거래에서는 발행은행은 불일치서류에 대한 인수·지급에 기인된 손해에 대하여 발행의뢰인에게 책임을 부담시키려고 하기 때문에 보상청구에 대한 담보력이 충분하여야 권리포기도 용이하다. 따라서 발행은행의 권리포기에 대한 결정은 신용장발행의뢰인과의 신용정도 여하 또는 상업적 실익을 고려한 판단이 요구된다 할 것이다.

그러나 불일치에 대한 권리포기의 용인은 신용장의 독립성이라는 본질적 특성과 어떻게 조화를 이룰 것인가 하는 점이 해결되지 아니한 과제로 남는다.

문제 2-10 신용장거래에서의 원본서류와 사본서류의 수리요건에 대하여 설명하시오.

답안 2-10

〈목차 구성〉

Ⅰ. 서 론

원본서류에 대한 규정이 UCP 400에서 처음 도입한 이래, 원본서류의 인정 여부에 대한 분쟁이 증대되어 ICC 은행위원회 정책보고서에서는 1999년 7월 원본서류의 결정을 발표하게 되었다. 그 후 은행위원회의 의견 등을 반영하여 개정 UCP 600 제17조 및 국제표준은행관행(ISBP 745)이 제시되었다.

이하에서는 UCP 600 및 ISBP 745를 중심으로 서류제시와 관련하여 원본서류의 수리요건 및 사본서류의 수리요건에 대하여 살펴보고자 한다.

Ⅱ. 원본서류의 제시

신용장이 사본으로 서류제시를 허용하지 않는다면 각각 요구되는 서류는 적어도 원본 한 통이 제시되어야 한다(UCP 600 제17조 a항). 신용장이 서류제시 통수를 요구한 경우 다음과 같은 ISBP의 해석기준을 참조할 필요가 있다.[147)]

1) 제시되어야 할 원본의 통수는 최소한 신용장 또는 UCP 600에 의하여 요구되는 통수이어야 한다.

2) 운송서류 또는 보험서류가 몇 통의 원본이 발행되었는지가 표시된 경우 항공운송서류와 철도운송서류 및 도로운송서류상에 송화인용 원본 또는 선적인용 원본이라고 규정된 것을 제외하고 서류에 기재된 통수의 원본이 제시되어야 한다.

3) 신용장이 원본 운송서류의 전통보다 적은 통수(예를 들면, 선화증권 원본 3통 중의 2통) 제시를 요구하면서 나머지 원본 선화증권에 대해 어떠한 처분지시도 하지 아니한 경우, 제시는 3통 중의 3통 원본 선화증권이 포함될 수 있다.

147) ISBP 745, Para. A29.

예를 들면, 신용장이 다음과 같은 서류제시를 요구한 경우:

(1) "Invoice", "One Invoice", "Invoice in 1 Copy" or "Invoice-1 Copy"는 원본 송장 1통이 요구되는 것으로 간주된다.

(2) "Invoice in 4 copies" 또는 "Invoice in 4 fold"는 적어도 원본 송장 1통 및 나머지 통수의 사본 송장의 제시에 의하여 충족된다.

(3) "photocopy of Invoice" or "copy of Invoice"는 송장 사진 복사본 1통 또는 송장 사본 1통 또는 금지되지 아니하였을 경우, 원본 송장 1통의 제시에 의하여 충족된다.

(4) "photocopy of a signed Invoice"는 외관상 서명된 송장 원본의 사진 복사본 또는 사본 또는 금지되지 아니하였을 경우, 서명된 원본 송장의 제시에 의하여 충족된다.

Ⅲ. 원본서류의 수리요건

은행은 서류 자체에 원본이 아니라는 표시가 없는 한, 서류발행인의 원본서명, 표기, 스탬프, 또는 부전을 포함하고 있는 서류는 원본으로서 취급한다(UCP 600 제17조 b항). 이 조항은 신설조항이지만 ICC 은행위원회의 원본서류에 관한 결정문의 일부를 재진술하고 있으며,[148] 서류가 어떻게 원본으로 간주될 수 있는가를 기술하고 있다.[149]

또한 서류상에 별도의 표시가 없는 한 은행은 다음과 같은 서류를 원본으로 수리한다(UCP 600 제17조 c항).

(1) 서류발행인의 수기, 타자, 천공 또는 스탬프된 것

(2) 서류발행인의 원본용지상에 기재된 것

(3) 제시서류에 적용하지 아니하는 것으로 명시되지 않는 한, 원본이라고 기재된 것

원본서류는 신용장, 서류 자체 또는 UCP 600에 의하여 요구되는 경우 서명되어야 한다.[150]

---

148) James. E. Byrne, The Comparison of UCP 600 & UCP 500, Institute of International Banking Law & Practice Inc., 2007, p. 154.

149) Standard Chartered Bank, UCP 600-An analysis of Articles 14-18 and 28, NEWSLETTER Issue 4, May 2007, p. 3; 허재창, "UCP 600에서의 원본서류와 사본의 수리요건에 관한 연구", 「무역상무연구」, 제38권, 2008, 132면.

150) ISBP 745, Para. A31-a.

Ⅳ. 사본서류의 제시요건

신용장이 서류의 사본제시를 요구하는 경우, 원본 또는 사본의 제시는 허용된다(UCP 600 제17조 c항). 서류의 사본은 서명되거나 일자기재의 필요가 없다.[151]

신용장이 예를 들면, "송장의 사진 복사본－사진 복사본 대신에 원본서류는 수리되지 아니함" 또는 유사하게 명시하는 방법으로 원본서류의 제시를 금지하는 경우에는 송장의 사진 복사본 또는 사본이라고 표시된 송장만이 제시되어야 한다. 신용장이 운송서류 사본을 요구하고 그 서류 모든 원본에 대한 처분지시를 표시하는 경우, 제시는 그러한 서류의 원본이 포함되어서는 아니 된다.[152]

ICC 은행위원회 정책보고서 "UCP 500 제20조 b항의 원본서류에 대한 결정[The determination of an "Original" document in the context of UCP 500 sub-Article 20(b)][153]에서 원본이 아님을 명시하는 표현은 서류에 다른 서류의 사실상의 사본 또는 다른 서류가 유일한 원본이라는 표현은 그 서류가 원본이 아님을 명시하는 것이라 하고 있다. 다음 각 호의 경우에는 원본이 아닌 것으로 명시하는 것이다.

첫째, 팩스기계에 의하여 작성된 것으로 보이는 경우

둘째, 다른 서류의 복사에 의한 것으로 보이는 경우로 수기 표기에 의하여 완성되거나 고유한 서식용지로 보이는 것에 내용을 복사함으로써 서류가 완성되지 않은 경우

셋째, 서류상에 다른 서류의 진정한 사본 또는 다른 서류가 유일한 원본이라는 표현이 있는 경우

Ⅴ. 복본서류의 충족기준

신용장이 "부본"(in duplicate) "2부"(in two fold) 또는 "2통"(in two copies)과 같이 수통의 서류제시를 요구하는 경우, 이것은 적어도 원본 1통 및 사본으로 된 나머지 통수의 제시에 의하여 충족된다.

신용장의 요구서류 중 "Commercial Invoice in three copies"와 같이 명시되어 있을 경우, 상업송장은 원본 1통과 사본 2통이 제시되어도 충족되며,[154] 또는 원본 2통과 사

151) ISBP 745, Para. A31－b.

152) ISBP 745, Para. A30.

153) ICC Banking Commission Policy Statement, Document 470/871(Rev), "The Determination of an 'Original' document in the context of UCP 500 sub－Article 20(b)."

154) ICC Banking Commission Pub. No. 632, R 440.

본 1통 또는 원본 3통이 제시되어도 된다.

Ⅵ. 결 론

신용장통일규칙이 규정하는 원본서류의 판단에 대한 가장 중요한 기준은 "당사자가 과연 이 서류를 원본으로 작성하려는 의도에서 작성하였는가"가 되어야 한다.

따라서, 당사자가 원본으로 작성하였음이 명백한 서류는 ICC 은행위원회 정책보고서가 지적한 것과 같이 신용장통일규칙의 원본 서류에 관한 규정이 적용되지 아니하고, 바로 은행은 원본으로 취급할 수 있는 것이고, 이러한 당사자의 의사가 분명하지 아니한 경우 다시 위 통일규칙의 조항과 정책보고서의 각 기준에 따라 개별적으로 판단되어져야 한다는 것이다.[155)]

이와 같이 ICC 은행위원회의 의견 및 원본서류에 관한 결정에 대한 정책보고서 등을 기초로 개정 UCP 600 제17조 b항 및 ISBP 745의 원본과 사본에 대한 서류심사 기준은 향후 신용장 서류심사에서 오는 불확실성을 해소시키고 신용장거래시 분쟁예방에 기여할 것으로 기대된다.

문제 2-11 신용장거래에서 통신송달 및 번역에 따른 은행의 면책과 귀책에 대하여 설명하시오.

답안 2-11

〈목차 구성〉

Ⅰ. 서 론
Ⅱ. 서류의 인도 지연, 분실, 훼손 또는 오류에 대한 면책
Ⅲ. 지정은행과 발행은행, 확인은행 상호간 송달 중 은행의 귀책
Ⅳ. 전문용어의 번역 및 해석상의 오류에 대한 은행의 면책
Ⅴ. 결 론

Ⅰ. 서 론

신용장거래에서 결제서류의 송부는 보편적으로 우편을 이용하고 있다. 그러나 신용장발행이나 조건변경에 대한 통지는 최근의 정보통신산업의 발달에 힘입어 SWIFT 메시

155) 대법원 2002. 6. 28. 선고 2000다63691 판결; 채동헌, "신용장 거래에 있어 원본서류의 판단기준과 서류 심사에 대한 엄격일치의 원칙", 「저스티스」, 통권 제70호, 한국법학원, 2002, 321면.

지 등 전송방식이 보편화되고 있다. 통신이나 서류송달 과정에는 지연, 분실 또는 훼손되거나, 전문용어의 번역이나 해석상 오류를 범할 가능성이 많다. 그러나 은행은 UCP 600의 면책규정[156]을 내세워 이와 같은 책임을 결국 고객 앞으로 전가시키고 있다. 또한 은행들은 고객과 별도의 거래약정서에 의하여 은행면책을 더욱 보강시키고 있다.

비록 통신송달에 대한 은행의 면책규정을 신용장통일규칙에 규정하고 있다 하더라도 법의 일반원칙에 따라 고의 또는 과실에 의한 위법행위는 은행이 면책되지 않는다는 것이 통설로 인정되고 있으며 국제상업회의소(ICC) 은행위원회에서도 같은 취지의 견해를 제시하고 있다.

그렇다면 신용장거래를 행하는 과정에 통신송달 중 사고가 발생될 경우에 위험이 이전되는 시기는 언제이며 관계당사자 중 누구의 책임으로 귀속시킬 것인지가 문제시 된다.

따라서 이하에서는 신용장거래상의 통신송달에 대한 은행의 면책관행과 통신송달 중의 사고에 따른 은행의 책임과 귀책의 범위를 검토하고자 한다.[157]

Ⅱ. 서류의 인도 지연, 분실, 훼손 또는 오류에 대한 면책

은행은 모든 통신, 서신 또는 서류가 신용장에 명시된 요건에 따라 송달 또는 송부된 경우, 또는 은행이 신용장에 그러한 지시가 없으므로 인도서비스의 선택에 있어서 주도적 역할을 하였다 하더라도, 은행은 그러한 통신의 송달 또는 서신이나 서류의 인도 중 지연, 분실, 훼손 또는 기타 오류로 인하여 발생하는 결과에 대하여 아무런 의무 또는 책임을 부담하지 아니한다.[158]

신용장거래를 행하는 은행간에는 전송에 의한 통지방법으로 스위프트, 전신 또는 텔렉스 등을 이용하고 있다. 전송의 경우에는 통신의 지연, 전문의 훼손 또는 자구의 탈락, 지시와 다른 자구의 혼입 등의 사고가 발생할 수도 있다. 전송사고의 원인으로서는 전원, 단말기, 중계기기, 중앙전산기시스템 등의 고장이나 통신회로의 이상이나 장애가 있을 수 있다. 은행은 통신 송달 중에 이러한 사고가 발생하더라도 은행은 아무런 의무

156) UCP 600에서는 은행의 면책에 대한 규정으로 제34조 서류의 효력에 대한 면책, 제35조 송달 및 번역에 대한 면책, 제36조 불가항력, 제37조 피지시인의 행위에 대한 면책을 설정하고 있다.

157) 이 글의 일부는 강원진, “신용장거래에서의 통신 및 서류송달사고에 따른 위험의 이전”, 「부산상대논집」, 제67집, 부산대학교 상과대학, 1996, 69~89면을 UCP 600 규정에 부합되게 재정리한 것이다.

158) UCP 600, Article 35, 1st. Para.

나 책임을 부담하지 아니한다.

은행이 수익자의 의뢰에 의하여 신용장의 선적기일(shipping date) 또는 유효기일(expiry date)의 연장 등 조건변경 요청에 관한 전신을 발신한 경우, 송신 중의 지연 또는 오자, 탈자 등이 발생하여 조건변경을 하지 못하였다고 하더라도 은행은 수익자에 대하여 책임을 부담하지 아니한다.

일반적으로 매입은행이 매입한 서류를 발행은행 등으로 송달할 경우, 2편 분송(two consecutive lots)으로 송달기관을 통하여 발송을 위탁하기 때문에 서류 모두가 분실 또는 멸실하는 예는 많지 않다. 그러나 2편 분송이나 또는 1편 전송(one lot)에 의한 서류송달 중 사고에 발생한 경우, 손실에 대한 상환청구[159]는 당시의 서류발송의뢰에 따른 접수증 등 증빙을 제시하여 의뢰인의 귀책사유가 없음을 입증시켜야 할 것이다.

Ⅲ. 지정은행과 발행은행, 확인은행 상호간 송달 중 은행의 귀책

지정은행이 제시가 일치하는 것으로 결정하고 그 서류를 발행은행 또는 확인은행에 발송하는 경우, 서류가 지정은행과 발행은행 또는 확인은행간, 또는 확인은행과 발행은행간 송달 중에 분실된 경우라 하더라도, 지정은행이 인수·지급 또는 매입하였는지의 여부와 관계없이, 발행은행 또는 확인은행은 인수·지급 또는 매입하거나, 또는 그 지정은행에 상환하여야 한다.[160]

종전 규정에 없었던 내용이 UCP 600에서는 신용장 조건과 일치되는 서류가 지정은행과 발행은행 또는 확인은행 사이 또는 확인은행과 발행은행 사이에 송달 중에 분실되더라도 지급이행을 하여야 한다는 은행의 책임규정을 새로이 반영하였다. 이는 여타 은행면책 조항과 비교할 때 처음으로 은행의 귀책되는 경우를 단서로 설정하고 있는 점은 진일보한 노력으로 평가할 수 있다.

신용장거래의 특성상 또는 신용거래의 조장을 위하여 발행은행이나 중간은행인 통지은행 앞으로 이와 같은 책임을 모두 미룰 수는 없는 일이지만 은행의 고의나 과실에 의한 위법행위는 면책되지 않는 것이 통설로 인정되고 있다.[161] 이러한 취지는 ICC 은

159) "우편물의 손해가 발송인 또는 수취인의 잘못으로 인한 것이거나 해당 우편물의 성질, 결함 또는 불가항력으로 인하여 발생한 경우에는 그 손해를 배상하지 아니 한다"고 규정하고 있다; 한국 우편법 제39조.

160) UCP 600, Article 35, 2nd. Para.

161) H. C. Gutteridge and Maurice, Megrah, *The Law of Banker's Commercial Credits*, Europa Publication Ltd., London, 1984, p. 179.

행위원회에서도 "발행은행 또는 발행의뢰인이 통지은행을 선택하였던 간에 통지은행의 착오에 대하여 발행은행은 책임을 부담하지 않지만 이러한 면책은 발행은행의 태만(negligence)에 기인하는 경우에는 적용되는 것이 아니다"[162]라고 해석하고 있다.

또한 ICC 은행위원회는 "신용장에 별도의 명시가 없는 한 신용장이 지급·연지급·인수·매입제한 또는 자유매입 중 어느 것을 사용하느냐에 관계없이 신용장 조건과 일치하는 서류가 발행은행이 지정한 은행에 유효기간 내에 제시된 때에 수익자로부터 발행은행 앞으로 이전되는 것이다"[163]라고 하였다.

따라서 발행은행이 신용장 속에서 상환을 행하기 위하여 필요 불가결한 전제조건으로서 관련 환어음·서류를 발행은행에 도착·제시할 것을 명시하고 있지 않는 한 임의의 매입은행이 송달한 서류의 분실·불착 등에 수반하는 위험은 모두 발행은행이 지는 것이며,[164] 더 나아가서는 발행의뢰인이 져야 하는 것으로 보아야 한다.

Ⅳ. 전문용어의 번역 및 해석상의 오류에 대한 은행의 면책

은행은 전문용어의 번역 또는 해석상의 오류에 대하여 아무런 의무 또는 책임을 부담하지 아니하며 신용장의 용어를 번역함이 없이 송달할 수 있다[165]고 규정하고 있다.

은행은 신용장에 기재되어 있는 물품·서비스·이행의 명세, 품질, 규격 등을 설명하는 전문용어에 대하여 충분한 지식을 갖고 있지 못하기 때문에 이를 정확히 번역하거나 해석하기가 어려울 수 있다. 따라서 은행은 전문용어의 번역이나 해석상의 오류에 관하여 어떠한 의무나 책임을 부담하지 아니하며, 또한 신용장 조건을 번역하지 아니하고 송달할 권리를 갖는다.

통지은행 또는 제2통지은행이 자국어와 다른 언어의 신용장을 받을 경우, 신용장 및 신용장 번역본을 수익자에게 통지하기 전에 어떠한 의무나 확약 없이 신용장 조건을 번역하는 것을 고객에 대한 서비스로 행할 수 있다. 그러나 통지와 서류 등에 사용되고 있는 언어가 자국어가 아닌 경우라 할지라도 은행은 이를 번역할 의무는 없으며 원문 그대로 전달하여도 관계가 없다. 또한 코레스(correspondent)상의 과실에 대해서도 면책

162) ICC Documents 470/342, December 1, 1978; *ICC Decision*(1975-1979) *of ICC Banking Commission*, ICC Publishing S.A., 1980, p. 30.

163) ICC Documents 470/486, 470/495. Bis, October 28, 1986; ICC Documents 470/Int.219, 470/505, April 28, 1987.

164) H. C. Gutteridge, and Maurice, Megrah, *op. cit*., p. 195.

165) UCP 600, Article 35, 3rd. Para.

이 된다.[166] 따라서 번역하느냐 안 하느냐는 통지은행의 의향에 달려 있기 때문에 은행이 신용장의 용어를 번역하지 않고 송달할 권리를 갖는다고 규정한 것이다.

V. 결 론

UCP 등의 면책규정은 장기간 동안 은행의 면책이 광범위하고 지나칠 정도로 일관되게 유지하고 있어서 일반적으로 고객이나 법원들의 판결에서는 다소 부정적인 입장을 견지해 왔다.[167]

UCP 600을 볼 때 은행은 통신이나 서류의 송달 중에 발생되는 지연이나 분실, 훼손 또는 해석상의 오류에 대하여 책임을 부담하지 않는다고 은행면책규정을 설정하고 있다. 그러나 실제로 신용장당사자간에는 은행간, 은행과 고객간의 관계가 형성되기 때문에 통신송달사고의 발생시의 책임소재와 위험이전은 거래상황과 상관관계를 갖는다.

통신송달 중의 사고에 대한 책임은 은행면책규정이 있다 하더라도 은행의 고의나 과실이 입증될 경우에는 은행의 귀책이 될 수도 있다.

서류송달 중에 발생되는 지연이나 분실 가능성의 경우를 대비하여 서류를 1편 또는 2편 분송을 선택하는 발행은행의 요구가 지정은행에게 강조되고 있는 것은 바람직스럽다.[168]

신용장통일규칙상에 통신 및 서류송달사고에 대한 면책규정에 추가하여 1951년 제1차 개정 신용장통일규칙에 규정되었던 내용과 같이 "은행은 자기의 과실에 의한 경우는 면책되지 아니한다"라는 조항을 다시 설정하고 이 조항과 관련한 과실의 입증방법에 대해서도 규정하는 것이 은행에 대한 신뢰를 더하게 할 것이다.

---

166) Peter Ellinger and Dora Neo, *op. cit.*, p. 169.

167) 김종칠, "무역결제관련 제통일규칙상의 은행면책규정에 관한 비교연구", 「무역학회지」, 제31권 제2호 2006, 85면.

168) ICC Pub. 697, R 651.

문제 2-12 신용장양도의 요건과 신용장양도자의 권리에 대하여 논하시오.

답안 2-12

〈목차 구성〉

Ⅰ. 서 론

신용장의 양도(transfer)란 양도가능신용장(transferable credit)상의 권리의 전부 또는 일부를 최초의 수익자, 즉 제1수익자(first beneficiary)가 지시하는 자인 제2수익자(second beneficiary)에게 양도하는 것을 말한다. 양도가능신용장이란 "양도가능"(transferable)[169]이라고 특별히 명시하고 있는 신용장으로 이는 수익자(제1수익자)의 요청에 의하여 전부 또는 일부가 다른 수익자(제2수익자)에게 사용가능하게 할 수 있다.

양도은행(transferring bank)[170]은 자신의 명시적으로 동의한 범위 및 방법에 의한 경우에만 신용장을 양도할 의무를 부담한다. 신용장에 "양도가능"이라는 문언이 있다고 하여 은행이 양도의무를 부담하는 것이 아니며, 또한 양도은행으로 지정이 되었다고 하여도 양도에 응할 의무는 없는 것이다. 수익자도 마찬가지로 양도가능신용장을 수령하더라도 반드시 양도를 행하여야 할 의무는 없고 오직 자신의 선택에 따른다. 양도는 제1수익자가 단독으로 직접 제2수익자에게 양도하는 것은 인정되지 않으며, 반드시 특정은행을 통하여 양도수속을 취하여야 한다.

따라서 양도가능 신용장이 양도가능한지 여부는 신용장을 양도하기 위한 지정은행의 특권이다. 지정은행 또는 양도를 위하여 신용장에 의하여 특별히 수권된 은행이나 발행은행은 신용장을 양도하는 제1수익자의 요구에 일치하지 아니하는 선택을 할 수도

---

169) "transferable"이라는 단어 외의 동의어가 신용장에 명시되더라도 "양도가능"으로 인정되지 아니한다.

170) 양도은행(transferring bank)이란 신용장을 양도하는 지정은행 또는, 모든 은행에서 사용될 수 있는 신용장에서, 발행은행에 의하여 양도하도록 특별히 수권되어 신용장을 양도하는 은행을 말한다. 발행은행은 양도은행이 될 수 있다. 양도된 신용장(transferred credit)이란 양도은행이 제2수익자가 사용할 수 있도록 한 신용장을 말한다; UCP 600, Article 38-b.

있고, 또는 양도에 응하는 경우, 양도에 동의하는 조건을 명시할 수도 있는 것이다.

신용장양도에 대한 법리적 해석[171]에 대해서는 일치된 견해가 없다. 영미법상 신용장은 유통증권(negotiable instrument)으로 간주할 수 없기 때문에 양도성이 없는 것으로 보고 있으므로 배서라는 단순한 교부행위로 신용장의 급부청구권은 이전되지 않고 채권양도법에 의하여 적법한 절차를 통하여 양도가 가능하다고 한다.[172] 대륙법상 신용장의 양도는 채권양도로 취급되었기 때문에[173] 채무자의 승낙이 있어야만 제3자에게 양도할 수 있다. 따라서 적법한 절차에 의하여 제3자에게 채권을 이전시키고 양수인으로 하여금 채무자에게 신용장의 급부청구권을 행사할 수 있다고 한다.

이하에서는 신용장양도의 요건과 신용장양도자의 권리를 중심으로 살펴보고자 한다.

Ⅱ. 신용장양도의 요건

신용장을 양도하기 위해서는 다음과 같은 요건을 충족하여야 한다.

첫째, 발행은행에 의하여 신용장상에 "transferable"이란 문언이 명확하게 표시되어 있어야 한다.[174]

"transferable"이라는 단어 외의 동의어가 신용장에 명시되더라도 "양도가능"으로 인정되지 아니한다.

둘째, 별도의 합의가 없는 한 양도와 관련하여 부담한 모든 비용(수수료, 요금, 비용, 경비 등)은 제1수익자가 부담하여야 한다.

그러나 양도를 이행할 때 제1수익자와 제2수익자간의 합의에 의하여 제2수익자에게 양도비용을 전가시키고자 할 경우, 제2수익자가 양도비용을 부담한다는 취지를 양도의뢰서에 기재할 수 있다.

셋째, 양도된 신용장은 제2수익자의 요청에 의하여 어떠한 수익자에게도 양도될 수 없다.

---

171) H C. Gutteridge, and Maurice, Megrah, *The Law of Banker's Commercial Credits*, Europa Publications Ltd., London, 1984, pp. 167~168; 심영수, "신용장양도에 관한 연구", 중앙대학교 대학원 박사학위논문, 1987, 5~6면 및 31~32면; 伊澤孝平, 前揭書, 655~656面.

172) D. M. Day에 의하면 미국에서는 신용장양도의 법적 성질을 일반적으로 경개(novation)로 본다고 한다. 즉 발행은행과 제2수익자 사이에 새로운 계약이 성립되면 원수익자는 계약관계로부터 탈퇴한다고 한다; D.M. Day, *The law of International Trade*, London: Butterworths, 1981, p. 153; 유중원, 「신용장 - 법과 관습(상)」, 청림출판, 2007, 795면.

173) Johannes C.D. Zahn 저(강갑선 역), 무역결제론, 법문사, 1977, 114면; 유중원, 상게서, 796면.

174) UCP 600, Article 38-b.

분할선적(partial shipment)이 금지되어 있지 않는 경우에는 분할양도가 가능하다.

1회란 뜻은 제1수익자가 제2수익자를 다수로 하여 양도하는 것은 가능하되 양수자(transferee)가 이를 다시 제3자 앞으로 양도하는 재양도(retransfer)는 금지됨을 의미한다. 따라서 양도의 권리는 제1수익자만이 갖게 되는 것이다.

실제 제2수익자가 양도된 신용장을 특정한 자에게 양도하고자 할 경우, 제2수익자가 특정한 자에게 재양도할 수는 없다. 또한 제2수익자가 제1수익자(원수익자)에게 양도은행을 통하지 않고 직접 양도반환할 수도 없다. 이 경우에는 반드시 양도은행을 통하여 먼저 양도취소승인을 받은 후 다시 양도신청을 하여야 한다. 즉 제1수익자와 제2수익자간에 합의된 양도취소동의서(application for cancellation of transfer)와 원신용장 및 양도된 신용장을 제시하여 당초 양도 취급은행에서 양도취소승인을 받은 이후, 다시 제1수익자가 특정한 자를 제2수익자로 하여 양도신청을 할 수 있는 것이다.

넷째, 조건변경이 제2수익자에게 통지될 수 있는지 여부 및 어떤 조건하에 통지될 수 있는지를 표시하여야 한다.

다섯째, 양도된 신용장은 다음의 경우를 제외하고 확인(있는 경우)을 포함하여 신용장의 조건을 정확히 반영하여야 한다.

신용장의 금액, 단가, 유효기일, 제시를 위한 기간, 최종선적일자 또는 주어진 선적기간에 대해서는 이들 중 원신용장 보다 감액 또는 단축될 수 있다.

또한 보험부보비율[175]은 원신용장 또는 이 규칙에서 정한 부보금액에 충족가능 하도록 증가될 수 있다.

여섯째, 제1수익자의 명의는 신용장 발행의뢰인의 명의로 대체될 수 있다.

다만 원신용장에서 송장 이외의 모든 서류에 발행의뢰인 명의가 표시되도록 요구되는 경우에는 이 요구가 양도된 신용장에 반영되어야 한다.

175) 예컨대 원신용장금액이 CIF가격으로 US$100,000에 대한 부보비율을 110%로 한다면, 부보금액은 US$110,000이 된다. 그러나 신용장양도시 원신용장금액을 같은 가격조건으로 US$80,000로 한 경우, 후보금액은 US$88,000이 되기 때문에 수입상의 피보험이익 금액이 적게 된다. 따라서 원수익자는 신용장양도시 부보금액을 US$110,000까지 하기 위하여 부보비율을 “Invoice value plus 137.5%”까지 변경요청을 할 수 있다.

Ⅲ. 신용장양도자의 권리

1. 양도지시권

양도가능신용장에서 수익자의 권리는 양도지시권이지 양도권은 아니기 때문에 신용장양도는 환어음이나 선화증권처럼 배서만으로 양도의 효력이 발생하는 것이 아니고, 원수익자가 양도지시권을 행사하여 은행으로 하여금 양도의 수속을 완료시켜야만 양도가 성립되는 것이다.[176)]

전술한 바와 같이 신용장에 "transferable"이란 표시가 있어도 원수익자에게 신용장을 양도하지 않으면 안 될 의무가 부과되어 있는 것은 아니다. 따라서 원수익자는 양도의 필요가 없으면 스스로 신용장에 의거하여 지급, 인수 또는 매입을 받을 수 있다. 또한 은행은 오직 수익자와 발행의뢰인의 지시에 의해서 행동하기 때문에 은행으로 하여금 임의로 양도를 강요할 수 없다.

이와 관련하여 특히 "신용장 권리양도"(UCP 600 제39조)와 "신용장 대금양도"(assignment of proceeds)(UCP 600 제39조)와 구별하여야 한다. 전자는 신용장의 권리를 양도하는 것이지만, 후자는 신용장에 "transferable"이란 용어 명시와 관계없이 수익자가 자유롭게 제3자에게 대금을 양도할 수 있는 것으로 단순히 계약이행 후에 발생하는 이익만을 양도하는 것이다.

2. 양도방법의 선택권

신용장의 양도는 신용장의 금액을 한 사람 또는 여러 사람에게 양도하느냐에 따라 전액양도와 분할양도 방법이 있다. 원신용장의 조건에 따라 1회 또는 분할선적이 허용되는 신용장의 경우에는 수회에 분할하여 제2수익자에게 신용장양도의 권리를 갖는다. 전액양도(total transfer)는 원신용장상의 제1수익자가 받은 신용장금액을 제2수익자에게 전액을 양도하여 주는 방법이다.

원신용장 수익자로부터 양도·양수합의에 의거 신용장전액 양도의뢰를 받으면 양도은행은 원신용장 뒷면에 다음과 같이 양도사실을 기재하고 서명한다.

---

176) 신용장양도의 절차는 ① 양도가능신용장 수령 → ② 제1수익자와 제2수익자간 양도합의서 작성 → ③ 지정양도은행에 양도신청 → ④ 양도수수료 납부 → ⑤ 양도통지서 발급 및 교부 → ⑥ 양도내용통보(발행은행·지정은행·통지은행)의 순으로 이루어진다.

"This credit is totally transferred to ABC Co. Ltd.[177] for USD300,000[178] on May 20, 20××[179] by CDE Bank ××Branch."[180]

3. 송장 및 환어음의 대체권

제1수익자는 신용장에 규정된 금액을 초과하지 아니하는 금액에 대하여 제2수익자의 송장 및 환어음을 자신의 송장 및 환어음(있는 경우)으로 대체할 권리를 갖는다.[181] 또한 제1수익자는 대체를 하는 경우 자신의 송장과 제2수익자의 송장과의 차액에 대하여 환어음을 발행할 수 있다.

"송장 및 환어음의 대체권"(right for substitution of invoice and draft)이란 제1수익자가 신용장발행의뢰인의 명의를 자신의 명의로 대체한 후 신용장을 양도하면, 제2수익자는 송장 및 환어음을 양도된 신용장상의 발행의뢰인인 제1수익자(이 경우 환어음은 지정은행) 앞으로 작성하게 되므로, 제1수익자는 제2수익자가 작성한 송장 및 환어음을 회수하고 원신용장 조건에 따라 자신이 작성한 송장 및 환어음으로 대체할 수 있는 권리를 가지게 되는 것을 말한다. 보통 이와 같은 신용장 양도에서는 신용장의 단가나 금액을 낮추어 양도할 경우, 차액이 발생되는데, 이 차액에 대하여 제1수익자는 별도로 환어음을 발행할 수 있다. 이러한 관행은 국제간 중개무역을 할 경우 원수익자로 하여금 중개이익을 보장받을 수 있는 방법의 하나로 흔히 이용되고 있다.

4. 송장 및 환어음 대체 서류에 대한 양도은행의 제시권

UCP 600에서는 송장 및 환어음 대체 서류에 대한 양도은행이 발행은행에게 제시할 권리에 대하여 규정하고 있다(UCP 600 제38조 i항).

은행의 최초 요구시(on first demand) 제1수익자가 제2수익자의 송장 및 환어음과 대체하여 자신의 송장 및 환어음(있는 경우)을 제시하여야 함에도 불구하고 이를 행하지 못한 경우, 양도은행은 제1수익자에 대하여 이후 하등의 책임을 부담하지 아니하고, 제2수익자의 송장 및 환어음을 포함하여 신용장에 따라 제시된 서류를 발행은행에 제시할 권리를 갖는다. 이는 제1수익자가 자신의 송장 또는 환어음을 양도은행에 늦게 전달함으로써 야기되는 문제에 대하여 양도은행의 면책에 관한 내용이 반영된 것이다.

177) 제2수익자, 즉 양수자이다.

178) 양도금액.

179) 양도취급일자.

180) 양도은행.

181) UCP 600, Article 38-h.

또한 제1수익자가 제시한 송장의 불일치에 대하여 최초의 요구시 제1수익자가 이를 정정하지 못한 경우에도 양도은행은 더 이상의 책임 없이 제2수익자로부터 수령한 서류를 발행은행에 그대로 제시할 권리를 갖는다. 이는 제1수익자가 제시한 송장과 제2수익자가 제시한 내용의 불일치에 대한 양도은행의 업무처리기준으로 반영된 것이다.

5. 양도지에서의 인수·지급 또는 매입요구권

제1수익자는 자신의 양도요청으로 신용장이 양도된 장소에서 신용장의 유효기일을 포함한 기일까지 제2수익자에게 인수·지급 또는 매입이 이루어져야 한다는 것을 표시할 수 있다. 이 경우에 있어서도 차후에 자기가 작성한 송장과 환어음(제시되는 경우)을 제2수익자가 작성한 송장과 환어음(제시되는 경우)과 대체하고, 자기에게 귀속된 모든 차액을 청구할 권리를 침해받지 아니한다.[182)]

6. 양도은행 앞으로의 서류제시권

신용장이 양도가 이루어진 경우 제2수익자에 의한 또는 이를 대리하는 서류의 제시는 반드시 양도은행에게 행하여져야 한다. 이는 양도지에서 인수·지급 또는 매입 요구권과 밀접하게 연관되어 있으며, 제1수익자의 권리를 보호하기 위하여 양도가능신용장의 서류제시와 관련하여 UCP 600에서 새롭게 추가된 것이다(UCP 600 제38조 k항).

이 조항을 포함시킨 이유는 양도된 장소에 있는 지정은행이 발행은행 또는 다른 은행에 서류를 보내거나 그렇게 함으로써 제1수익자가 송장 및 환어음(있는 경우)을 대체하거나 차액에 대한 환어음 발행을 허용하지 않도록 함에 있다.

전액 양도가 이루어진 양도된 신용장 및 송장과 환어음(있는 경우)의 대체가 없는 경우, 양도된 신용장에 확인을 추가하지 아니한 양도은행은 통지은행에게 제2수익자의 서류가 발행은행으로 직접 송부되어지는 것으로 표시할 수도 있다.[183)]

Ⅳ. 양도된 신용장의 조건변경

1. 조건변경 통지허용 여부

제1수익자가 양도은행에 양도신청을 할 때 신용장 조건변경시 동 사실을 제2수익

182) UCP 600, Article 38-j.

183) ICC, *Commentary on UCP 600*, ICC Publication No. 680(이하 ICC Pub. 680이라 한다), 2007, p. 162.

자에게 통지허용 여부 및 통지조건을 명시하여야 하며, 양도된 신용장에도 통지조건이 있을 경우 이를 명시하도록 규정하고 있다.

신용장이 양도된 이후 원신용장 조건이 변경될 경우, 제1수익자는 제2수익자에게 동 내용이 바로 통지되는 것을 바라지 않을 수 있다. 이럴 경우 제1수익자는 양도은행에 조건변경 내용이 통지되지 않도록 양도신청시 요청할 수 있다.

그러나 통지를 허용할 경우에는, 예컨대 신용장 금액 및 신용장 유효기일에 대한 조건변경, 또는 제시서류의 요건에 대한 조건변경에 한정하여 통지하도록 하는 통지조건을 양도은행에 요청할 수 있다. 따라서 조건변경에 대한 통지 및 조건에 대한 제1수익자의 요청은 양도신청시에 반드시 명시되어야 하며, 양도은행이 이러한 요청에 동의할 경우에는 조건변경과 관련된 제1수익자의 요청조건이 양도된 신용장에 반영되어야 한다.

2. 양도된 신용장 조건변경의 효력

제1수익자가 둘 이상의 제2수익자에게 조건변경에 대하여 통지되는 것을 허용하는 경우, 조건변경에서 요구하는 바와 같이 다른 조건변경 통지 관련 신용장은 각각 별개의 신용장으로 취급된다.

조건변경이 모든 제2수익자가 승낙하게 되는 경우, 양도된 신용장도 조건변경된다. 조건변경을 거절한 일부의 제2수익자에 대하여 양도된 신용장은 조건변경 없이 존속한다.[184]이와 같이 둘 이상에게 양도되는 경우, 각각의 양도된 신용장은 제2수익자가 조건변경을 허용했는지 여부에 따라서 조건변경되거나 조건변경되지 않은 채로 존속한다.

또한 제1수익자에게 사용가능 하도록 남아있는 신용장의 일부는 조건변경에 관련된 신용장과 같이 분리된 신용장으로 취급되며, UCP 600 제10조의 규정에 따라 조건변경된다.[185]

Ⅴ. 결 론

UCP 600에서의 신용장 양도규정(통일규칙 제38조)에서는 양도은행과 양도된 신용장의 정의 및 발행은행도 양도은행이 될 수 있다는 내용을 신설하였다. 양도가능신용장은 1회에 한하여 양도될 수 있다는 표현을 삭제하고 제2수익자의 요청에 의하여 이후의 어

184) UCP 600, Article 38-f.

185) ICC Pub. 680, p. 161.

떠한 수익자에게도 양도될 수 없다는 표현으로 재정리하였다. 또한 양도가능신용장이 확인되었다면 양도된 신용장에도 확인되었음을 나타내는 문구를 추가하여야 하고, 최초의 요구시 불일치를 정정하지 못한 제1수익자의 결과를 강조하고, 또한 양도은행에 서류제시가 이루어지도록 새롭게 규정하고 있다.

이 밖에 양도비용의 부담, 분할양도와 재양도, 조건변경 내용 양도신용장에의 표시, 양도된 신용장의 조건변경의 효력, 양도조건의 제한, 송장 및 환어음의 대체권, 양도지에서 인수·지급 또는 매입 요구권 그리고 양도은행에의 서류제시권 등에 대하여 상세하게 규정하고 있다.

특히 양도된 신용장에서 제2수익자의 서류는 양도은행을 통해야 하는 것이 강조되고 있다. 서류가 양도은행을 통하여 송부되어 발행은행에게 제시되게 되면 제2수익자가 서류를 대체할 경우 그 기회를 갖게 된다.

양도된 신용장은 타국의 제2수익자를 수익자로 하여 발행되어질 수 있느냐의 여부는 신용장 양도규정에 이와 같은 명시가 특별히 없더라도 최근의 무역거래형태의 발전, 기업의 다국적화 및 글로벌 무역환경변화에 따라 국내 또는 국제간에 신용장양도를 인정한다는 취지로 받아들여지고 있다.

양도를 위한 모든 요청은 조건변경이 제2수익자에게 통지될 수 있는지 여부 및 어떤 조건하에 통지될 수 있는지를 표시하여야 한다. 양도된 신용장은 그러한 조건을 명확하게 표시하여야 한다. 양도은행이 이와 같은 양도를 이행할 때에는 그 변경에 관련한 제1수익자의 지시를 제2수익자에게 통지하여야 한다.

신용장양도는 원신용장의 조건과 동일하게 이루어져야 한다. 다만 신용장의 금액, 단가, 유효기일, 서류제시를 위한 기간의 단축, 선적기간 및 원신용장에서 요청된 부보금액을 담보하기 위하여 증가될 수도 있는 부보비율 충족에 대해서는 예외로 변경이 가능하다.

발행은행이 양도된 신용장에 있어서 모든 변경사항들을 허용하는, 이와 같은 신용장을 발행하고자 할 경우, 발행은행은 양도은행에게 양도실행시 양도된 신용장의 사본을 송부토록 하는 것이 바람직하다. 이는 제시된 서류가 양도된 신용장과 원신용장의 변경되지 않은 모든 조건과 일치하는지를 확인하기 위해서이다.

제 4 절 독립보증 및 보증신용장에 관한 유엔 협약과 ISP98

문제 2-13 독립적 보증서 및 보증신용장에 관한 유엔 협약에 대하여 설명하시오.

답안 2-13

〈목차 구성〉

Ⅰ. 서 론

보증신용장은 보통 은행인 발행인이 고객의 요청에 따라 신용장에 요구된 바와 같은 고객이 채무불이행을 입증하는 수익자의 제시에 근거하여 수익자에게 지급을 약정하는 것을 말한다. 국제매매계약이나 국제건설공사계약과 관련된 보증은 보증서에 기재된 문언에서 요구하는 서류만 제시되면 계약상 채무불이행이 실제로 존재하였는가에 관계없이 약정된 금액이 지급되는 특징을 가지고 있기 때문에 일반적 보증과 구별하여 독립적 보증으로 보고 있다.

보증신용장의 제1차적인 목적은 신용장 발행의뢰인의 채무나 지급불능에 대한 지급확약 이므로 보증신용장 발행인은, 상업신용장 발행인보다 더 많은 위험에 직면할 수 있다. 따라서 보증신용장은 신용장에 적용할 수 있는 규칙 대신에, 보증에 적용 가능한 규칙에 의하여 준거되고 당사자의 권리의무관계에 관하여 기본적이고 일반적인 규정의 필요성이 요구되어 왔다.

이와 같은 필요성에 따라 1995년 12월 11일 유엔 총회에서는 “독립적 보증서 및 보증신용장에 관한 유엔 협약”(이곳에서는 이하 협약 또는 유엔 협약이라 칭함)에 상정되어 채택되게 되었고 동 협약은 2000년 1월 1일부터 발효되고 있다. 이 협약에서는 부당한 청구에 대한 법적 기준을 설정하여 독립적 지급약정에 대한 기본적인 법적 원칙을 제공하였고 수익자의 부당한 지급청구에 대하여 발행은행의 지급유보 권리를 인정하여 발행은행을 보호할 수 있는 안전장치를 제공하고 있다.

이하에서는 은행보증서와 독립적 보증서 및 보증신용장의 본질을 고찰하고 협약의 구성, 특징 및 구성내용 등 동 협약을 개괄적으로 검토하고자 한다.186)

Ⅱ. 독립적 보증서와 보증신용장의 본질

1. 은행보증서와 독립적 보증서

1) 은행보증서

보증은 통상 주채무자가 채무를 변제하지 못할 경우에 그 채무를 주채무자를 대신하여 변제하기로 약속하는 것을 말한다. 국제거래에서 보증(guarantee)이라는 용어는, 특히 수출입계약, 차관계약 또는 건설공사계약 등과 관련하여 주채무자의 채무불이행시 그를 대신 이행할 2차적 책임을 지는 것을 내용으로 하는 "채권자와 보증인간의 계약"을 주로 의미한다. 일반적으로 보증채무는 부종성을 갖기 때문에 보증인은 주채무자의 항변으로 채권자에게 대항할 수 있다.

은행보증서(bank guarantee)는 주로 주채무자의 채무이행을 사전에 보장받기 위한 수단으로 이용되고 있다. 은행지급보증서의 발행은 불확실한 우발채무의 부담을 의미하므로 예기치 않은 손실을 초래하여 은행의 부실화를 가져올 수도 있으므로 각국은 은행의 보증한도에 대한 제한을 두고 있는 것이 일반적이다.

2) 독립적 보증서

보증은 보증서에 기재된 문언에서 요구하는 서류만 제시되면 매매계약이나 건설공사계약상 채무불이행이 실제로 존재하였는가에 관계없이 약정된 금액이 지급된다는 특징을 가지고 있다. 이러한 보증을 종래의 일반적 보증과 구별하여 독립적 보증(independent guarantee) 또는 요구불 보증(demand guarantee)이라고 한다. 독립적 보증은 일반적으로 국제적으로 신용 있는 은행들이 발행하고 있기 때문에 은행보증(bank guarantee)이라고 불리우고 있으나 오늘날에 와서는 은행 이외에도 보험회사나 기타 금융기관들이 보증을 발행한다.187)

---

186) 이 글은 강원진, "독립적 보증서와 보증신용장에 관한 유엔 협약의 고찰", 「부산상대논집」 제75집, 부산대학교 상과대학, 2004, 1~18면을 간결하게 정리한 것임.

187) 서헌제, 「국제거래법」, 법문사, 1996, 264면.

보증신용장은 수익자가 스스로 작성한 서류를 제출하면 기본계약상의 의무이행 여부에 관계없이 약정금액이 지급되며 발행의뢰인의 의무불이행이 주장되는 경우에 약정금액(보증금)이 지급되는 담보수단이라는 점에서, 소위 독립적 은행보증(independent bank guarantee) 또는 추상적 은행보증(first demand bank guarantee)과 매우 유사하다.[188)]

보증신용장에서 기본 계약상의 항변을 배제하는 것은 독립적 은행보증에서 일반보증채무의 보충성과 부종성을 배제시킴으로써 은행이 보증채무를 기본계약과 분리시키는 것과 마찬가지이고, 채권자 즉 수익자의 진술서만에 의해 은행이 채권자에게 약정금액을 지급하도록 함으로써 채무불이행에 따른 위험을 일단 채무자 즉 발행의뢰인에게 전가시키는 점에서 양자는 동일한 기능을 가진다고 하겠다. 다만 미국법상 은행이 보증을 하는 것은 은행의 권한 외로서 효력이 부인되므로 미국은행들은 보증신용장으로서 독립적 은행보증의 역할을 대체하고 있다.[189)]

2. 보증신용장과 은행지급보증서 및 상업신용장과의 비교

1) 보증신용장의 의의

보증신용장(stand-by letter of credit)이라는 용어는 미국에서 처음 사용되었다. 19세기 후반부터 20세기 후반까지, 미국의 은행들은 다른 별개의 채무에 대하여 지급보증을 하는 것이 허용되지 않았다. 보증장의 발행은 권한 외의 행위로 간주되었다. 이러한 금지상황을 회피하기 위해 미국의 은행들은 환어음의 인수와 신용장 발행과 같은 방법들을 그 수단으로 사용하게 되었다. 비록 이러한 과정의 기법들이 그들 고객의 잠재적인 채무의 보증이라는 목적을 제공한다 할지라도 이러한 방법들은 허용되어졌다. 보증의 사용이 더 이상 문제시되지 않는다고 생각하지만 미국의 은행들은 요즘도 여전히 신용장의 형태와 기법에 있어 은행의 독립보증이라는 말로 표현하기를 선호한다.[190)]

보증신용장은 보통 은행인 발행인이 고객의 요청에 따라 신용장에 요구된 바와 같은 고객이 채무불이행을 입증하는 수익자의 제시에 근거하여 수익자에게 지급을 약정하

---

188) Herbert A. Getz, Enjoining the International Standby Letter of Credit: The Iranian Letter of Credit Cases, 21 *Harvard International Law Journal*, winter, 1980, p. 197.

189) Norbert Horn and Clive M. Schmitthoff, "The Transnational Law of International Commercial Transactions(edited)", Vol. 2, p. 282; 송상현, "보증신용장의 독립성에 관한 소고", 「법학」, 제26권 2·3호, 서울대학교 법학연구소, 1985. 175면.

190) Robert J. Van Galen, Guarantees and letters of Credit: Avoiding Risks, 2001 Annual Survey of Letter of Credit Law and Practice, The Institute of International Banking Law & Practice, Inc. 2001, p. 152.

는 것을 말한다.[191)]

흔히 물품을 공급하기로 한 공급인 이나 건설공사 등을 도급받은 수급인은 목적물 인도나 공사완성과 같은 채무이행을 담보하고 계약해지의 경우에 미리 받은 계약금을 반환하는 것을 담보하기 위해서, 매수인이나 도급인을 수익자로 한 보증신용장을 발행하도록 하는 것이다. 한편 신용장발행은행은 수익자의 신용장 조건에 따른 지급청구에 의해 일정금액을 지급하면 발행의뢰인(수급인 등)에 대해 구상권을 행사할 수 있게 되는 바, 발행은행은 자신의 구상권을 확보하기 위해 발행의뢰인으로 하여금 다른 은행에 역담보(counter surety)로서의 보증신용장을 발행의뢰할 것을 요구한다.

2) 보증신용장과 은행지급보증서와의 차이

보증신용장은 상업신용장과 마찬가지로 지급확약에 대하여 1차적인 의무를 부담한다. 그러나 보증은 2차적인 의무, 즉 부종적인 의무를 부담하는 것이다. 은행지급보증서가 근거계약의 모든 조건들을 이행하는데 은행권리를 제외하든지 제외하지 아니하든 이는 각각의 개별 사건에서 의미하는 바에 따라 결정되어야 하는 것으로 당사자들은 주어진 상황에 따라 합리적으로 그러한 문구와 그들이 서로에게 합리적으로 기대할 수 있는 문구를 삽입할 수 있다.[192)]

그러나 보증신용장은 은행지급보증서와 다음과 같은 점에서 구분된다.[193)]

첫째, 보증신용장은 그 당사자의 권리·의무 및 형식 등에 있어서 신용장통일규칙의 적용을 받는데 비하여, 지급보증서의 경우에는 그러하지 못하다.

둘째, 보증신용장은 일정한 서류의 제시를 전제조건으로 은행의 지급의무가 발생하나, 지급보증서는 수익자의 지급청구가 있으면 즉시 은행의 지급의무가 발생되며, 그 이외에 다른 증명이나 조건을 필요로 하지 않는 것이 원칙이다.

셋째, 보증신용장은 어음이 발행되는 근거가 되며, 보증신용장 발행은행은 그러한 어음을 발행하는 자에 대하여 보증채무를 부담하게 되는 반면에, 지급보증서의 경우에는 어음의 발행과는 무관하다.

3) 보증신용장과 상업신용장과의 차이

보증신용장은 신용장 조건에 일치되는 일정한 서류의 제시에 따라 확약한 금액이

191) Brooke Wunnicke and Diane B. Wunnicke, *Standby Letters of Credit*, Wiley law Publications, 1989, p. 10.

192) Robert J. Van Galen, *op. cit.*, p. 153.

193) 문희철, "보증신용장의 법적 특성에 관한 연구", 「무역학회지」, 제14권, 한국무역학회, 1989, 300~301면.

지급된다는 점에서는 상업신용장과 유사하지만 양자 사이에는 다음과 같은 차이점이 있다.

첫째, 대금지급 근거가 상이하다. 보증신용장에 있어서는 발행의뢰인 측의 기본계약상의 의무불이행이 있는 경우에만 약정금액이 지급되는데 반하여, 상업신용장에 있어서는 신용장에 요구되는 운송서류 등의 제시 서류와 신용장 조건과 일치되는 조건으로 확약한 금액이 지급된다.

둘째, 제시되어야 할 서류가 상이하다. 즉 보증신용장에 있어서는 발행의뢰인의 기본계약상의 의무불이행을 주장하는 수익자의 진술을 기재한 서류만이 요구되는데 반하여, 상업신용장에 있어서는 상업송장, 운송서류, 보험서류(CIF, CIP 규칙의 경우) 등 신용장에 명시된 서류가 요구된다. 보증신용장에서 요구되는 서류는 오직 발행의뢰인의 의무불이행에 대한 수익자의 주장에 불과하기 때문에, 상업신용장과는 달리 보증신용장은 발행은행의 무조건적인 지급약속을 의미하고 따라서 발행의뢰인에게 보다 큰 위험을 부담하게 한다.[194)]

셋째, 채무의 발생시점이 상이하다. 즉 보증신용장에 있어서는 기본적인 계약관계가 성립함과 동시에 은행의 채무부담이 시작되지만, 화환신용장과 같은 상업신용장에 있어서는 수익자가 신용장에 요구된 서류를 제시하고 그 지급을 요청함으로써 은행의 채무가 발생된다. 이러한 점에서 화환신용장을 발행하는 은행은 불확정채무(contingent liability)를 부담한다고 할 수 있다.[195)]

그러므로 보증신용장의 제1차적인 목적은 신용장의 발행의뢰인의 채무나 지급불능에 대한 대답이 되어야 하고 대금상환이 관련되어 있는 한, 보증신용장의 발행인은 상업신용장의 발행인보다 더 많은 위험에 직면할 수 있다. 또한 보증신용장은 신용장에 적용할 수 있는 규칙 대신에, 보증에 적용 가능한 규칙에 의하여 준거되어야 할 것으로 보인다.[196)]

194) 송상현, 전게논문, 175면.

195) James J. White, *Banking Law*, St. Paul, Minn., west Publishing Co., 1976, p. 176; 문희철, 상게논문, 299면; John F. Dolan, The law of Letters of Credit Commercial and Standby Credits, Warren, Gorham & Lamont, 1996, 1-16 and 1-17.

196) Henry Harfield, "Guaranties, Standby Letters of Credit, and Ugly Ducklings", *Uniform Commercial Code Law Journal*, Volume 26, Number 3, Winter 1994, p. 202.

Ⅲ. 보증신용장에 관한 유엔 협약의 검토

1. 협약의 제정 및 발효

독립적 보증서 및 보증신용장에 관한 유엔 협약(United Nations Convention on Independent Guarantees and Stand-by Letters of Credit: CIGSLC)은 1988년 유엔 국제무역법위원회(UNCITRAL)가 협약의 준비작업에 착수하여 1995년 12월 11일 유엔 총회에 상정되어 채택되고 2000년 1월 1일부터 그 효력이 발생하게 되었다.[197]

2. 협약의 구성

독립적 보증서 및 보증신용장에 관한 유엔 협약은 총 7장 및 29조로 구성되어 있다. 즉 제1장 적용범위(Scope of Application), 제2장 해석(Interpretation), 제3장 확약의 형식과 내용(Form and Content of Undertaking), 제4장 권리, 의무 및 항변(Rights, Obligation and Defences), 제5장 잠정적 법원조치(Provisional Court Measures), 제6장 법의 충돌(Conflict of Laws), 제7장 최종조항(Final Clauses) 등이다.

3. 협약의 특징

독립적 보증서 및 보증신용장에 관한 유엔협약은 다음과 같은 특징을 가지고 있다.

첫째, 협약은 국제거래에서 논란의 대상이었던 독립적 보증서와 보증신용장에 관하여 민간기구가 아닌 유엔에 의하여 제정된 법규라는 점에서 큰 의의를 가진다. 실제로 협약과는 별도로 민간기구인 국제상업회의소에 의하여 보증신용장통일규칙(ISP98)이 제정되기도 하였으나, 1999년 6월 21일 ICC의 은행위원회는 협약이 ISP98과 같은 국제은행관행과는 다르다는 점을 강조하고, 협약이 당사자자치를 최대한 보장하고 부당한 청구에 대한 법적 기준을 설정하여 독립적 지급약정에 대한 기본적인 법적 원칙을 제공하였음을 높이 평가하였다.[198]

둘째, 협약은 국제거래에서 보증의 형태로 사용되는 모든 독립적 확약(undertaking)을 적용대상으로 하고 있다.

셋째, 협약은 수익자에 의한 부당한 지급청구에 대한 발행은행의 지급거절의 가능

197) Filip De Ly, "The United Nations Convention on Independent Guarantees and Stand-by Letters of Credit", *International Lawyer*, American Bar Association, Fall 1999, p. 833.

198) http://www.iccwbo.org/home/statements_rules/statements/1999/un_letters_of_credit_and_independent_guarentees_endorsement.asp.

성을 명시적으로 규정하고 있다. 실제로 보증신용장의 효용성에 의문을 제기할 정도의 주요한 문제점이었던 수익자에 의한 부당한 지급청구에 대하여 발행은행에게 지급을 보류할 권리를 인정하여 발행은행을 보호할 수 있는 안전장치를 제공하고 있다. 협약의 제정단계에서는 규정의 명확화를 위하여 수익자에 의한 사기와 권리의 남용이라는 직접적인 표현을 사용하여야 한다는 주장도 있었으나, 이러한 개념의 정의에 대하여 각국의 국내법이 불일치하여 오해의 가능성이 있다는 이유로 받아들여지지는 않았다.

넷째, 협약은 독립적 보증서 및 보증신용장의 거래에 실질적으로 필요한 당사자의 권리의무관계에 관하여 명확한 지침을 제공하지 못하고 있다. 협약은 당사자의 권리의무관계에 관하여 기본적이고 일반적인 규정만을 두고 상세한 내용은 국제적인 표준을 따른다고 규정하고 있다.

4. 협약의 주요내용

1) 적용범위

적용범위에서는 협약의 적용대상으로서의 요건을 규정하고 있다. 적용요건은 독립적 보증서 및 보증신용장의 확약에 대한 형태적 요건과 영업지에 대한 장소적 요건으로 구분할 수 있다.

첫째, 형태적 요건으로 협약에서 규정한 확약[199]의 내용에 부합하는 독립적 보증서 및 보증신용장이어야 하며, 협약의 적용을 받는 독립적 보증서 및 보증신용장은 독립성이 있어야 할 것을 규정하고 있다.[200] 따라서 독립성이 결여된 부종성의 또는 조건부의 보증(accessory or conditional guarantees)은 그 적용대상에서 배제된다.

둘째, 장소적 요건으로 발행은행의 영업지가 체약국 내에 있거나 국제사법에 따라 체약국의 법이 적용되는 경우이어야 하며,[201] 협약의 적용을 받는 독립적 보증서 및 보증신용장은 국제성을 가져야 한다.[202] 발행은행, 수익자, 발행의뢰인, 확인은행 중의 2인

199) 확약이라 함은 국제관습에 있어서 독립적 보증서 또는 보증신용장이라고 알려져 있는 것으로서, 어떠한 의무이행에 있어서의 불이행이 발생하거나, 기타 우발사고가 발생하거나, 또는 주채무자/발행의뢰인 또는 기타의 자에 의한 차입금액 또는 선지급금액 또는 어떠한 약정부채의 만기로 인하여 지급의무가 있음을 나타내거나 또는 추정될 수 있는 확약의 조건 및 모든 서류의 조건과 일치하게 단순한 청구시 또는 기타 서류를 첨부한 청구시에 수익자에게 일정한 금액 또는 확정가능한 금액을 지급한다는 은행이나 기타의 기관 또는 자("보증인/발행인")에 의한 독립적인 약속을 말한다; CIGSLC, Article 2(1).

200) CIGSLC, Article 3.

201) CIGSLC, Article 1(1).

202) CIGSLC, Article 4(1).

의 영업지가 서로 다른 국가에 있을 경우 국제성의 요건은 충족된다. 단, 영업지가 다수인 경우에는 당해 독립적 보증서 및 보증신용장과 가장 밀접한 관련을 가지는 장소를 영업지로 간주하며, 영업지가 없을 경우 거소를 기준으로 한다.[203)]

2) 약정의 형태와 내용

유엔 협약은 독립적 보증서 및 보증신용장에 따른 수익자의 지급청구권의 소멸사유를 다음과 같이 4가지로 규정하고 있다.[204)]

즉, 발행은행이 수익자로부터 책임면제에 대한 진술서를 수령한 경우, 수익자와 발행은행이 독립적 보증서 및 보증신용장의 종료에 합의한 경우, 독립적 보증서 및 보증신용장에 따른 대금이 지급된 경우(단 자동갱신, 신용장대금의 인상 또는 달리 독립적 보증서 및 보증신용장의 계속적인 사용을 명시하지 않은 경우) 및 유효기일이 만료되는 경우 지급청구권은 소멸한다.

독립적 보증서 및 보증신용장의 반환을 소멸요건으로 명시한 경우에는 그 반환이 이루어지지 않으면 지급청구권은 소멸되지 않으나 대금이 지급되거나 유효기일이 만료된 경우에는 반환에 관계없이 지급청구권은 소멸한다.[205)] 이러한 규정은 관련업계에서 이용되고 있는 관행과의 조화를 추구한 유엔 협약의 제정목적에 따라 관행을 반영한 것이라 할 수 있다.

또한 독립적 보증서 및 보증신용장의 만기에 관하여 독립적 보증서 및 보증신용장에 명시된 유효기일이 도래하는 경우, 특정 행위 또는 사건의 발생에 의한 종료를 명시하고 있다면 그 행위 또는 사건의 발생을 입증하는 서류가 제시되는 경우 또는 유효기일이나 종료에 관하여 아무런 언급이 없다면 독립적 보증서 및 보증신용장의 발행일로부터 6년이 경과하는 경우 독립적 보증서 및 보증신용장은 실효된다.[206)]

3) 권리, 의무 및 항변

유엔 협약에서는 발행은행의 지급의무에 대한 예외로서 서류가 진정하지 않거나 위조된 경우, 청구를 위하여 제시된 서류에서 주장된 기초에 의하여 지급이 정당하지 못한 경우 또는 약정의 형태와 목적에 의하여 판단할 때 청구가 상상할 수 없는 기초에 의한 경우에는 선의로 행동하는 발행은행은 수익자에 대한 지급을 보류할 권한을 가진

203) CIGSLC, Article 4(2).
204) CIGSLC, Article 11(1).
205) CIGSLC, Article 11(2).
206) CIGSLC, Article 12; 6년이라는 비교적 장기의 실효기간을 규정한 이유는 이행보증(performance bond)과 같이 장기간을 요하는 건설계약과 관련하여 사용되는 경우를 고려한 것으로 보인다.

다고 규정하고 있다.[207] 부당한 지급청구에 관하여 협약 작업부는 지급청구에 있어서의 사기 또는 남용이 명백하고 모든 사람에 의하여 인지될 수 있는 경우 발행은행 지급을 거절할 의무가 지워질 것이라고 합의한 바 있다.[208]

지급의무에 대한 예외로 상상할 수 없는 기초에 의한 청구에 해당하는 경우에 관하여 다음과 같이 규정하고 있다. ① 독립적 보증서 및 보증신용장에서 정한 우발적 사건이나 위험이 현실화되지 않은 경우, ② 발행의뢰인의 근거계약상의 채무가 법원 또는 중재판정부에 의하여 무효라고 선언된 경우, ③ 근거계약에 따른 채무가 이행된 경우, ④ 근거계약에 따른 채무의 이행이 수익자의 고의적 비행에 의하여 방해된 경우, ⑤ 역보증(counter-guarantee)[209]에 따른 청구에서 역보증이 관련된 독립적 보증서 및 보증신용장의 발행은행인 역보증의 수익자가 악의로 지급을 행한 경우이다.[210]

협약의 제정단계에서 규정의 명확화를 위하여 사기와 권리의 남용이라는 직접적인 표현을 사용하여야 한다는 주장도 있었으나, 이러한 개념의 정의에 대하여 각국의 국내법이 불일치하여 오히려 오해의 가능성이 있다는 이유로 받아들여지지 않았으며, 규정의 남용을 방지하기 위하여 근거계약의 이행이나 당사자간의 법적, 사실적 분쟁에는 적용될 수 없음을 분명히 하고 있다.[211] 본 규정은 독립적 보증서 및 보증신용장에 있어서 주요한 문제점이었던 사기와 권리의 남용에 대한 지급거절의 가능성을 공식적으로 인정하였다는 점에서 큰 의미를 가진다.

4) 잠정적 법원조치

수익자에 의한 청구가 지급의무의 예외에 해당하는 경우 법원은 발행의뢰인의 신청에 의하여 법원은 수익자에 대한 지급을 보류하거나 수익자에게 지급된 대금을 동결하는 잠정적 명령을 내릴 수 있다.[212] 법원은 잠정적 명령을 내리는 경우 그러한 명령

207) CIGSLC, Article 19(1).

208) U.N. Doc. A/CN.9/361, §§53, 88; 박석재, "독립적 보증서 및 스탠드바이 신용장에 관한 연구-1995年 유엔 협약을 중심으로-", 「무역상무연구」, 제11권, 1998, 381면

209) 역보증이라 함은 지시당사자에 의하여 다른 확약의 보증인/발행인에게 발행되고, 그 다른 확약하의 지급이 그 다른 확약을 발행하는 자로부터 또는 그에 의하여 청구되었음을 나타내거나 또는 추정될 수 있는 확약의 조건 및 모든 서류의 조건과 일치하게 단순한 청구시 또는 기타 서류를 첨부한 청구시에 지급한다는 것을 약정하고 있는 확약을 의미한다.

210) CIGSLC, Article 19(2).

211) UNCITRAL, *Report of the Working Group on International Contract Practices on the work of its fifteenth session*, A/CN.9/345, New York, 13-24 May 1991, paras. 39~48.

212) CIGSLC, Article 20(1).

을 요청한 자에게 적절한 담보를 제공할 것을 요구할 수 있다.[213]

한편 법원은 지급의무의 예외사유 및 범죄의 목적으로 독립적 보증서 및 보증신용장이 사용되는 경우 이외에는 지급에 대하여 어떠한 이의가 제기되더라도 잠정적 명령을 내릴 수 없다는 규정[214]을 추가하고 있는데, 이는 명령의 요건을 강화하여 명령의 허가를 제한함으로써 독립적 보증서 및 보증신용장 거래에 대한 법적 절차의 개입을 최소화시키기 위한 것으로 보인다.

5) 법의 충돌

준거법의 선정에 관하여 독립적 보증서 및 보증신용장에 명시된 법률 또는 발행은행과 수익자간에 달리 합의된 법률이 준거법이 되며,[215] 준거법에 대한 지정이 없는 경우에는 발행은행의 영업지가 있는 국가의 법률이 준거법이 된다고 규정하고 있다.[216] 이는 준거법 선정에 있어서 당사자 자치의 원칙을 채용한 것이나, 이는 발행은행과 수익자간의 법률관계에만 해당하는 것으로 독립적 보증서 및 보증신용장과 관련을 가지는 다른 자들은 이와는 다른 원칙에 의하여 준거법이 결정되어야 할 것이다.[217]

Ⅳ. 보증신용장거래에서의 시사점

협약을 검토한 결과 보증신용장 활용에 따른 시사점은 다음과 같다.

첫째, 국제거래에서 논란의 대상이었던 독립적 보증서와 보증신용장에 관하여 민간기구가 아닌 유엔에 의하여 제정된 법규라는 점에서 큰 의의를 가진다.

둘째, 협약은 국제거래에서 보증의 형태로 사용되는 모든 독립적 확약을 적용대상으로 하고 있으며 수익자에 의한 부당한 지급청구에 대하여 발행은행의 지급유보 권리를 인정하여 발행은행을 보호할 수 있는 안전장치를 제공하고 있어 보증신용장거래상의 위험을 줄일 수 있다.

---

213) CIGSLC, Article 20(2).

214) CIGSLC, Article 20(3).

215) CIGSLC, Article 21.

216) CIGSLC, Article 22.

217) "counter standby credit"과 같은 경우 이러한 준거법 선정은 문제가 될 수 있다. 즉, 동일한 은행이 수익자와 발행은행이 되는 연계된 거래에 대하여 상이한 국가의 법률이 준거법이 되는 좋지 않은 상황이 발생할 수 있다; Eric E. Bergsten, "A New Regime for International Independent Guarantees and Stand-by Letters of Credit; The UNCITRAL Draft Convention on Guaranty Letters", *The International Lawyer*, Vol. 27, 1993, p. 879.

셋째, 협약은 당사자의 권리의무관계에 관하여 기본적이고 일반적인 규정만을 두고 상세한 내용은 국제적인 표준을 따른다고 규정하여 독립적 보증서 및 보증신용장의 거래에 실질적으로 필요한 당사자의 권리의무관계에 관하여 명확한 지침을 제공하지 못하고 있다.

넷째, 형식적 요건으로 협약에서 규정한 확약의 내용에 부합하는 독립적 보증서 및 보증신용장이어야 하며, 협약의 적용을 받는 독립적 보증서 및 보증신용장은 독립성이 있어야 하며 독립성이 결여된 부종성의 또는 조건부의 보증은 그 적용대상에서 배제된다 할 것이다.

다섯째, 장소적 요건으로 발행은행의 영업지가 체약국 내에 있거나 국제사법에 따라 체약국의 법이 적용되는 경우이어야 하며, 협약의 적용을 받는 독립적 보증서 및 보증신용장은 국제성을 가져야 한다.

여섯째, 협약은 독립적 보증서 및 보증신용장에 따른 수익자의 지급청구권의 소멸사유에 관하여 발행은행이 수익자로부터 책임면제에 대한 진술서를 수령한 경우, 수익자와 발행은행이 독립적 보증서 및 보증신용장의 종료에 합의한 경우, 독립적 보증서 및 보증신용장에 따른 대금이 지급된 경우 및 유효기일이 만료되는 경우 지급청구권은 소멸한다.

일곱째, 독립적 보증서 및 보증신용장에 있어서 주요한 문제점이었던 사기와 권리의 남용에 대한 지급거절의 가능성을 공식적으로 인정하였다는 점에서 큰 의미를 가진다. 즉, 수익자에 의한 청구가 지급의무의 예외에 해당하는 경우 법원은 발행의뢰인의 신청에 의하여 법원은 수익자에 대한 지급을 보류하거나 수익자에게 지급된 대금을 동결하는 잠정적 명령을 내릴 수 있다.

여덟째, 준거법의 선택에 관하여 독립적 보증서 및 보증신용장에 명시된 법률 또는 발행은행과 수익자간에 달리 합의된 법률이 준거법이 되며, 준거법에 대한 지정이 없는 경우에는 발행은행의 영업지가 있는 국가의 법률이 준거법이 된다고 규정하고 있다. 이는 준거법 선정에 있어서 당사자자치의 원칙을 채용한 것이나, 이는 발행은행과 수익자간의 법률관계에만 해당하는 것으로 독립적 보증서 및 보증신용장과 관련을 가지는 다른 자들은 이와는 다른 원칙에 의하여 준거법이 결정되어야 할 것이다.

V. 결 론

2000년부터 발효된 독립적 보증서 및 보증신용장에 관한 유엔협약은 그동안 국제거래에서 논란의 대상이었던 독립적 보증서와 보증신용장에 관하여 유엔이 협약 형식으로 제정된 법규라는 점을 평가할 수 있다.

협약의 적용은 확약의 내용에 부합하는 독립적 보증서 및 보증신용장이어야 하며, 발행은행의 영업지가 체약국 내에 있거나 국제사법에 따라 체약국의 법이 적용되는 경우이어야 하고, 국제성을 가져야 한다.

협약은 수익자의 지급청구권은 발행은행이 수익자로부터 책임면제에 대한 진술서를 수령한 경우, 수익자와 발행은행이 독립적 보증서 및 보증신용장의 종료에 합의한 경우, 독립적 보증서 및 보증신용장에 따른 대금이 지급된 경우 및 유효기일이 만료되는 경우에 소멸되는 것으로 규정하고 있다.

특히 이 협약에서는 수익자에 의한 부당한 지급청구에 대하여 발행은행에게 지급을 유보할 권리를 인정하여 발행은행을 보호할 수 있는 안전장치를 제공하고 있다. 수익자에 의한 청구가 지급의무의 예외에 해당하는 경우 법원은 발행의뢰인의 신청에 의하여 법원은 수익자에 대한 지급을 유보하거나 수익자에게 지급된 대금을 동결하는 잠정적 명령을 내릴 수 있다. 따라서 본 규정은 독립적 보증서 및 보증신용장에 있어서 주요한 문제점이었던 사기와 권리의 남용에 대한 지급거절의 가능성을 공식적으로 인정하였다는 점에서 큰 의미를 가진다.

또한 준거법의 선택에 관하여 독립적 보증서 및 보증신용장에 명시된 법률 또는 발행은행과 수익자간에 달리 합의된 법률이 준거법이 되며 준거법에 대한 지정이 없는 경우에는 발행은행의 영업지가 있는 국가의 법률이 준거법이 된다고 규정하고 있어 준거법 선택은 당사자자치의 원칙을 인정하고 있다.

그러나 이 협약은 당사자의 권리의무관계에 관하여 기본적이고 일반적인 규정만을 두고 상세한 내용은 국제적인 표준을 따른다고 규정하고 있어, 독립적 보증서 및 보증신용장의 거래에 실질적으로 필요한 당사자의 권리의무관계에 관하여 명확한 지침을 제공하지 못하고 있다는 점이 보증신용장거래의 활용증대와 발전을 위한 향후의 보완과제가 될 것이다.

문제 2-14 ICC 보증신용장통일규칙(ISP98)에 반영된 주요내용과 적용에 대하여 논하시오.

답안 2-14

〈목차 구성〉

Ⅰ. 서 론

보증신용장 관행에 관한 이해 부족 및 신용장통일규칙(UCP)상에 보증신용장에 관한 주요한 내용들이 반영되어 있지 않다는 점 등에 근거하여 국제상업회의소(ICC) 내에서는 유엔 협약과는 별개의 보증신용장에 관한 규칙 제정의 필요성이 제기되어,[218] 국제은행법 및 관례 연구소(Institute of International Banking Law and Practice, Inc.)가 주축이 되어 유엔 협약과 국내법과의 조화를 목표로 초안 작업을 수행하였다.[219] 1997년 초안이 완성된 후 국제상업회의소(ICC)는 임시위원회를 구성하여 초안의 수정작업에 참여하였고, 1998년 "보증신용장통일규칙"(International Standby Practices; ISP98)[220]을 채택하여 1999년 1월 1일부로 발효되었다.

한편 유엔 국제무역법위원회(UCNCITRAL)는 ISP98에 대한 승인 요청을 받고 ISP98이 국제무역의 발전에 기여할 것이라고 강조하고 국제무역과 금융거래에서의 사용을 권고하였다.[221]

현재 ISP98은 보증신용장의 주요한 발행국가인 미국과 영국을 중심으로 사용이 점

218) James E. Byrne, *The Official Commentary on the International Standby Practices*, Institute of International Banking Law and Practice, Inc., 1998, Introduction xvi.

219) 보증신용장에 관한 규칙의 제정작업은 애초에 ICC 차원이 아닌 미국 내의 보증신용장 시장을 규율하기 위한 규칙 제정을 목표로 미국에 의하여 시작되었다. 이후 ISP98은 미국의 은행위원회(U.S. Council on International Banking; UNCIB)에 의하여 채택된 후 ICC의 승인을 받아 현재의 ISP98이 탄생되었다; Dr. Filip De Ly, "The UN Convention on Independent Guarantees and Stand-by Letters of Credit", *The International Lawyer*, Vol. 33, 1999, pp. 838.

220) ICC Publication No. 590(1998).

221) UNCITRAL, *Report of the United Nations Commission on International Trade Law on the work of its thirty-third session*, A/55/17, New York, 12 June-7 July 2000, pp. 102~103.

차 증가되고 있으며, 보증신용장이 ISP98에 근거하여 발행되고 상당한 지지를 받는 것으로 보고되고 있다.[222)]

이 글의 목적은 ISP98에 반영된 규정들의 주요내용들이 어떻게 적용되고 UCP 600의 규정들과 비교할 경우 이에 따르거나 또는 변경하여 적용되는지를 검토하기 위함이다.

Ⅱ. ISP98의 구성 및 특징

1. 구　　성

ISP98의 구성은 제1조 일반규정(General Provisions), 제2조 의무(Obligations), 제3조 제시(Presentation), 제4조 심사(Examination), 제5조 통지, 권리의 배제 및 서류의 처리(Notice, Preclusion, & Disposition of Documents), 제6조 양도, 대금양도 및 법률에 의한 양도(transfer, Assignment, & Transfer by Operation of Law), 제7조 취소(Cancellation), 제8조 대금상환의무(Reimbursement Obligations), 제9조 기간(Timing), 제10조 공동발행/지분의 참여(Syndication/Participation) 등 총 10개 규칙[223)]으로 대별하고 이를 다시 89조항으로 상세하게 세분화하여 규정하고 있다.

2. ISP98의 특징

ISP98의 주요한 특징으로는 ① 원본(original) 및 자동변경(automatic amendment)과 같은 주요 용어의 정의를 간결하게 하고, ② 의무(obligations)로부터 공동발행(syndication)까지 보증신용장 거래과정을 상세하게 담고 있으며, ③ 대부분의 상황에서 중립적 규칙을 수용하게 하고, ④ 매입 및 보증신용장 조건을 작성하는 시간과 비용을 줄일 수 있고, ⑤ 소송 및 예기치 못한 손실을 방지하며, ⑥ 보증신용장이 전자수단에 의한 문서제시를 포함할 수 있는 기본적 정의를 제공하여, ⑦ 급성장하는 금융수단의 사용을 위한 국제표준을 재정립하고자 하였다.[224)]

또한 ISP98은 보증신용장거래의 특수성과 기존의 거래관행 등을 감안하여 제정되

222) James E. Byrne, "Why the ISP should be used for Standbys", *Documentary Credit World*, Vol. 4, No. 1, January 2000, p. 25.

223) ISP98에서는 기존의 화환신용장통일규칙과는 달리 조문을 나타내는 용어로서 article이 아니라 rule이라는 표현을 사용하고 있다.

224) ICC, First Rule Introduced on Standby Letters of Credit, 1998. 10. 29; http://www.iccwbo.org/home/news_archives/1998/stories/first_rules_for_letters_of_credit.asp.

었기 때문에 보증신용장에 적합한 내용으로 구성되어 체계적이고 명확하다. 이는 UCP에 비하여 상당한 진보를 보이고 있으며, 특히 UCP와는 달리 당해 거래에 부적절한 규정을 명확하게 배제하고 있다.[225)]

한편 ISP98의 제정작업에 있어서 다수의 은행관계자가 참여하였기 때문에 미국 및 세계 은행업계의 지지가 기대되고 있나 보증신용장의 사용자인 발행의뢰인과 수익자 측은 제정 작업에 관여하지 않았기 때문에 ISP98은 모든 보증신용장 관계당사자의 완전한 합의하에 작성되었다고는 말할 수 없다. 또한 ISP98은 기존의 유사한 국제규칙과는 달리 지나칠 정도로 상세하게 규정하고 있다.

Ⅲ. ISP98의 주요 내용

1. 일반규정(총칙)

ISP98은 명칭이나 표현에 관계없이 국내외의 사용을 불문하고 준거문언이 명시된 모든 보증신용장에 적용된다(Rule 1.01). 즉, 보증신용장은 채무불이행을 담보하기 위하여 사용되는 것이 일반적이지만 ISP98에서는 채무불이행의 유무와 관계없이 금전의 지급을 목적으로 사용되는 직접지급 보증신용장(Direct Pay Standbys)도 그 적용범위에 포함시키고 있으며, 당사자간의 합의에 의하여 ISP98의 수정 및 적용제외가 가능함을 명시하고 있다.

또한 ISP98은 준거법과 상충되지 않는 범위 내에서 이를 보충하며, 동시에 준거하는 다른 규칙(UCP, URDG 및 기타의 규칙)이 있을 경우에는 우선적으로 적용된다(Rule 1.02). 예를 들어, ISP98과 UCP 모두에 준거하는 신용장이 발행되는 경우에는 그 신용장이 약정의 내용상 화환신용장이 아닌 보증신용장에 해당한다면 UCP와 상충되는 어떠한 조항에 대해서도 ISP98이 우선적으로 적용된다.[226)] 즉, 보증신용장에 있어서 ISP98과 UCP가 상충하는 경우에는 법원은 이러한 규정에 근거하여 ISP98을 우선 적용하여 양자간의 상충문제를 해결하여야 한다.[227)]

다음으로 해석원칙에 있어서 보증신용장의 완전성, 거래관행, 은행업무와의 일관성

---

225) John F. Dolan, “Analyzing Bank Drafted Standby Letter of Credit Rules, The International Standby Practice(ISP98)”, *Wayne Law Review*, Vol. 45, Winter 2000, pp. 1900~1901.

226) James E. Byrne, *The Official Commentary on the International Standby Practices*, Institute of International Banking Law and Practice, Inc., 1998, pp. 9~10.

227) John F. Dolan, *op. cit.*, p. 1887.

및 국제적 통일성 등을 고려하여 상관습(mercantile usage)으로서 해석되어야 함을 규정하고 있다(Rule 1.03). 또한 해석원칙과 관련하여 적용 가능한 표준관행을 고려하여 해석할 것을 추가적으로 규정하고 있다(Rule 1.11.a). 이는 "독립적 보증서 및 보증신용장에 관한 유엔 협약"(이곳에서는 이하 협약 또는 유엔 협약이라고 칭함)의 국제성, 적용에서의 통일성의 증진 및 보증신용장에 관한 국제관행에서의 신의성실의 준수를 고려하여 해석하여야 한다는 협약의 규정(Article 5)과 일맥상통하고 있다.[228]

또한 ISP98에서는 보증신용장의 발행에 있어서의 정당성(due issuance) 및 사기적이거나 권리남용에 따른 지급청구(fraudulent or abusive drawing)와 관련된 문제에 관해서는 규정하지 않음을 명시하고 있으며, 이에 대해서는 준거법에 따를 것을 규정하고 있다(Rule 1.05). 즉, 보증신용장의 발행에 있어서의 능력, 권한 또는 서명 등의 형식적 요건 및 수익자에 의한 사기, 권리남용 또는 유사한 사유로 인한 대금의 지급요구에 대한 항변 등에 관하여 배제함을 명시적으로 규정하고 있다.

2. 의　무

ISP98에서는 수익자에 대한 발행은행 및 확인은행의 지급확약에 관하여 발행은행은 수익자가 보증신용장 조건과 문면상 일치되는 제시를 하는 경우 대금을 지급하여야 함을 규정하고 있다. 특히, 보증신용장의 유형에 따라 일람출급, 인수, 연지급확약 및 매입방식으로 나누어 지급의 시기와 방식을 규정하고 있다(Rule 2.01).

또한 ISP98에서는 보증신용장의 조건변경과 관련하여 금액의 증감 또는 유효기일의 연장 등에 관하여 "자동변경"(automatic amendment)을 명시한 경우에는 통지나 동의 없이 변경이 가능함을 규정하고 있다(Rule 2.06.a).[229] 이는 UCP 및 유엔 협약에는 규정되어 있지 않은 독특한 규정으로 변경절차의 이행 없이 자동적으로 변경됨을 의미한다. 자동변경 이외의 변경에는 당사자의 동의가 필요하며, 그러한 변경의 효력발생시점은 동의시점이 되며, 변경에 대한 일부동의는 전체변경을 거절하는 것으로 규정하고 있는데(Rule 2.06.b.c.d) 이는 유엔 협약의 규정(Article 8(2), (3)) 및 UCP 600의 규정(Article 10-b)

228) 유엔 협약의 해석원칙은 국제물품매매에 관한 유엔 협약 및 해상물품운송에 관한 유엔 협약을 참고한 것이다; 김선국, "독립적 보증과 보증신용장에 관한 UN협약", 「비교사법」, 한국비교사법학회, 제4권 제4호, 1996, 105면.

229) ISP98에는 자동변경에 대한 명시규정이 없더라도 묵시적으로 동의 없이 자동변경이 허용되는 예외적인 경우를 규정하고 있다; ① 발행은행 또는 확인은행이 인수합병된 경우 그 명칭에 대한 변경(Rule 4.14), ② 지급 또는 연장에 대한 선택적 청구에서의 유효기일의 연장(Rule 3.09), ③ 제시최종일에 제시장소가 휴무인 경우 제시장소의 변경(Rule 3.14.b).

과 대체로 유사하다.

3. 제 시

서류제시에 있어서 보증신용장에서 요구하는 서류 중의 일부만이 제시된 경우에도 발행은행은 신용장 조건과의 일치성을 위한 심사를 요하는 제시를 구성한다고 규정하고 있다(Rule 3.02). 이는 일부의 서류가 결여되어 신용장 조건과 불일치되는 서류에 대하여 일치성을 심사하도록 요구하는 모순된 규정으로서 발행은행이 잔여의 서류가 제시될 때까지 서류를 심사하지 않거나 불일치를 통지하지 않을 경우 거절통지기간의 경과로 인하여 대금지급을 거절할 수 없게 되는 불합리한 결과를 야기할 수 있다(Rule 5.01 참조). 단, 수익자가 발행은행에 대하여 잔여서류를 제시할 때까지 서류를 보관하여 줄 것을 요청하고 발행은행이 이러한 요청을 받아들인 경우에는 발행은행은 서류심사와 통지에 관한 일체의 의무를 부담하지 않는다.[230]

서류제시장소에 관하여 보증신용장에서 지정된 장소에 제시하여야 하며, 지정장소가 명시되지 않은 경우 발행은행의 영업지가 제시장소가 되며, 확인신용장이 있을 경우 확인은행 또는 발행은행의 영업지가 제시장소가 된다(Rule 3.04). 이러한 규정은 이에 대하여 언급이 없는 UCP 600의 규정이나 달리 정하지 않는 한 서류제시장소는 발행지로 한다는 유엔 협약의 규정(Article 15)에 비하여 상당히 구체적이라 할 수 있다.

서류제시방식에 관하여 보증신용장에서 지정된 방식이 있을 경우 그에 따라야 한다. 따라서 전자적 제시를 지정하고 있는 경우 인증가능한 전자기록을 제시하여야 하며, 이러한 지정방식이 없을 경우 종이서류를 제시할 것을 규정하고 있다(Rule 3.06). 이러한 규정과 전자적 제시에 대한 정의규정(Rule 1.09.c) 등으로 유추하여 ISP98에서는 전자적 제시를 장려하고 있는 것으로 보인다.[231]

보증신용장에서 할부지급을 위한 일련의 제시를 정하고 있는 경우 서류제시의 가분성을 인정하여 한 번의 제시에 실패하더라도 이를 제시기간 이내에 재제시할 수 있으며, 이러한 제시의 실패는 다음 회의 제시에 영향을 미치지 않는 것으로 규정하고 있다(Rule 3.07). 이는 관행으로 인정되어 온 유효기일 내의 서류 보완권을 명시적으로 규정한 것이며, 하나의 할부분이 제시되지 않는 경우 당해 할부분뿐만 아니라 이후의 모든

230) James E. Byrne, *op. cit.*, pp. 93~94.

231) 보증신용장의 요구서류는 운송서류를 포함한 화환신용장의 요구서류에 비하여 간단하고 금전적 가치가 적은 서류이기 때문에 보증신용장은 화환신용장보다 전자적 제시가 용이하여 전자상거래 시대에 적합한 지급수단이라 할 수 있다; James G. Barnes & James E. Byrne, "E-Commerce and Letter of Credit Law and Practice", *The International Lawyer*, Vol. 35, 2001, p. 27.

할부분까지 무효가 된다는 UCP 600의 규정(Article 32)과는 큰 차이를 보이고 있다.

서류제시기간에 관하여 제시를 위한 최종일이 휴무일인 경우에는 그 다음 날로 연장된다고 규정하고 있으며(Rule 3.13), 이는 유엔 협약(Article 12(a))과 UCP 600(Article 29)에서도 유사한 규정을 두고 있다. 주목하여야 할 규정은 제시를 위한 최종일이 영업일임에도 불구하고 이유를 불문하고 제시장소가 폐쇄되어 적기에 제시를 행하지 못하는 경우 제시장소가 영업을 재개하는 날로부터 달력일자로 30일 이후로 서류제시기간이 자동 연장된다는 규정이다(Rule 3.14.a). 이는 불가항력으로 인한 일체의 사태에 대하여 은행의 면책을 규정하고 있는 UCP 600(Article 36)과 URDG(Article 13)와는 달리 발행은행의 책임을 강화하고 있다. 이는 발행의뢰인의 채무불이행이 있을 경우에만 수익자에 의한 청구가 이루어지므로 보증인으로서의 지위를 가지는 발행은행의 책임을 강화하여 결과적으로 수익자를 보호하는 효과를 가지게 된다. 또한 폐쇄에 대한 이유를 따지지 않음으로써 불가항력의 성립이나 해석에 대한 논란의 여지를 제거하였으며,[232] 30일의 기간은 영업일(business days)이 아니라 달력일자(calendar days)를 기준으로 한다.

또한 수익자가 보증신용장의 유효기일의 연장 또는 대금지급을 요구하는 경우, 즉 수익자가 발행은행에게 보증신용장의 유효기일을 연장할 것인지 아니면 대금을 지급할 것인지에 관한 선택을 요구하는 경우 이는 보증신용장에 따라 지급을 청구하는 제시로 인정된다고 규정하고 있다. 동시에 이러한 요구는 수익자가 요구된 일자까지의 보증신용장의 유효기일의 연장에 대한 조건변경에 동의한 것으로 간주됨을 규정하고 있다(Rule 3.09).

4. 서류심사

서류심사기준은 표준보증신용장관행(standard standby practice)에 따르는 것으로 규정(Rule 4.01)하고 있는데, 이는 UCP 600(Article 14)에 규정된 국제표준은행관행을 보증신용장의 관점에서 표현한 것이며, 유엔 협약에서도 적용 가능한 표준관행을 고려하여야 한다고 규정(Article 16(1))하여 동일한 취지를 나타내고 있다.

서류심사에 있어서 발행은행은 서류 상호간의 일치성을 심사하지 않으며 보증신용장과 서류간의 일치성만을 심사하면 된다(Rule 4.03). 이는 신용장과 상업송장간 명세의 일치성 요구 및 상업송장 이외의 서류와는 상충되지 않을 것을 요구하는 UCP(Article 14-e)에 비하여 서류수리요건이 완화된 것으로 볼 수 있다. 보증신용장의 경우 수익자에 의한 수출계약의 이행을 전제로 일관된 서류가 제시되는 화환신용장에 비하여 수익

232) James E. Byrne, *op. cit.*, p. 135.

자에 의한 이행과 발행의뢰인의 채무불이행이라는 다소 모순된 상황에서 청구가 이루어지므로 일치성이 결여된 상호 모순된 서류가 제시되는 경우가 있을 수 있다.[233]

또한 제시를 요하는 서류는 원칙적으로 수익자에 의하여(Rule 4.05) 보증신용장에 사용된 언어를 이용하여 작성되어야 하며(Rule 4.04), 서류의 발행일은 제시일보다 늦지 않은 일자로 작성되어야 한다(Rule 4.06). 수익자에 의하여 제시되는 서류는 원칙적으로 원본이어야 하나, 문면상 원본으로부터 복제되었다고 보이는 서류는 서류상의 서명 또는 인증이 원본의 것으로 확인되는 경우에는 원본으로 간주된다고 규정하고 있다(Rule 4.15).

5. 통지, 권리상실 및 서류의 처분

거절통지절차에 관하여 발행은행은 서류를 거절하기로 결정한 경우 전신 또는 그 이용이 불가능하다면 다른 신속한 수단으로(Rule 5.01.b) 서류의 제시자에게 거절통지를 하여야 하며(Rule 5.01.c), 거절통지에는 거절의 근거가 되는 모든 불일치사항을 기재하여야 한다(Rule 5.02).[234] 또한 거절통지를 적기에 행하지 못한 경우 불일치를 주장할 수 없게 되어 지급을 거절할 권리를 상실하게 된다(Rule 5.03). 거절통지절차는 절차적인 면에서 UCP 600의 규정(Article 16)과 유사하나 세부적인 면에서 차이가 있다. UCP 600과는 달리 거절통지에서 서류의 처분에 관하여 기재하지 않더라도 지급을 거절할 권리를 상실하지 않으며(Rule 5.07), 유효기일 이후에 행해진 제시에 대하여는 거절통지를 요하지 않는다(Rule 5.04).

거절통지기간에 관하여 서류의 제시일로부터 불합리하지 않은(not unreasonable) 기간 이내에 거절통지를 하여야 한다고 전제하고, 합리적인 기간의 해석과 관련하여 3영업일 이내에 행해진 거절통지는 불합리하지 않으며 7영업일 이후에 행해진 거절통지는 불합리하다고 규정하여(Rule 5.01.a) 최저 3일에서 최고 7일이라는 통지기간의 해석기준을 도입하고 있다. 이는 서류의 제시일의 다음날로부터 최대 5영업일을 가지는 UCP 600의 규정(Article 14-b)과는 다르다.

또한 서류의 불일치에 대하여 발행은행은 발행의뢰인과 권리포기에 관한 교섭을 행할 수 있음을 규정하고 있는데(Rule 5.05), 발행은행의 독자적인 판단에 따른 교섭권

233) Georges Affaki, "ISP, UCP or URDG: What are the optimal rules for your standby", *Documentary Credit World*, June 1999, p. 35.

234) 대부분의 보증신용장은 제시서류로 환어음과 채무불이행증명서(certificates of default) 등 두 가지 서류를 요구하고 있다.

행사만을 규정하고 있는 UCP 600(Article 16-b)과는 달리 제시자의 요청에 따른 발행의뢰인과의 교섭권 행사에 대해서도 규정하고 있다(Rule 5.06).

한편 발행은행에 대한 발행의뢰인의 이의통지에 관하여 발행은행이 지급을 행하고 발행의뢰인에게 서류를 송부한 상황에서 발행의뢰인이 불일치를 발견하였다면 상당한 기간 이내에 발행은행에 대하여 이의를 제기할 수 있도록 하고 있다(Rule 5.09). UCP 600에서 유사한 규정이 없는 이러한 규정은 이의제기에 대한 처리방법을 별도로 규정하지 않음으로써 실제로 그 효과에 대하여는 의문의 여지가 있으며, 발행의뢰인으로부터의 이의제기를 예방하기 위하여 서류심사시 발행의뢰인에게 서류의 일치성 및 지급의 여부를 문의하는 등 불필요한 시간과 비용의 낭비를 초래할 수 있는 바람직하지 못한 규정으로 생각된다.

6. 양도, 대금의 양도 및 법의 적용에 의한 양도

보증신용장의 양도에 관하여 "양도가능"(transferable)하다고 명시된 경우 전액양도에 한하여 2회 이상 횟수의 제한 없이 가능한 것으로 규정하고 있어(Rule 6.02), 분할양도와 전액양도 모두 가능하나 양도횟수는 1회로 제한하고 있는 UCP 600(Article 38-d)과는 차이를 보이고 있다.[235] 또한 양도은행의 동의를 필요로 하는 UCP 600(Article 38-a)과는 달리 양도요건으로 발행은행의 동의를 규정하고 있으며 유엔 협약에서도 동일한 규정(Article 9(2))을 두고 있다. 이는 양도의 발생을 예상하고 발행되는 양도가능신용장의 의미를 고려한다면 불필요한 규정으로 생각될 수도 있으나[236] 보증신용장거래에서는 별도의 양도은행 없이 발행은행이 양도를 행하는 경우가 대부분이라는 특수성을 반영하고 있다.

신용장대금의 양도에 관하여 준거법에 따르는 것으로 간략하게 규정한 UCP 600(Article 39)과는 달리 수익자에 의한 대금양도에 대한 통지에 추가하여 발행은행의 승인을 요하는 것으로 규정하고 있으며(Rule 6.07), 대금에 대한 청구권의 경합이 발생한 경우 그러한 경합이 해결될 때까지 대금지급이 일시적으로 중지될 수 있다(Rule 6.09).

법의 적용에 의한 양도와 관련하여 준거법에 따른 합법적인 승계인(successor)이 수익자의 권리를 승계 받아 자신의 명의로 지급을 청구할 수 있다고 규정하고 있다(Rule 6.12). 이에 대하여 UCP, URDG 및 유엔 협약에는 관련 규정이 없으며 미국 통일상법전

---

235) 금융 보증신용장(financial standby credit)의 경우 실무적으로 여러 회에 걸쳐서 양도가 행해지는 것이 일반적이다; 박석재, "스탠드바이 신용장 통일규칙(ISP98)의 주요 내용 및 효과에 관한 연구", 「국제상학」, 한국국제상학회, 제17권 제3호, 2002. 12, 98면, 각주 37.

236) Georges Affaki, *op. cit.*, p. 36.

에는 유사한 내용이 규정되어 있다.[237)]

7. 기 타

기간과 관련하여 특정행위를 위한 기간은 그러한 행위가 이루어져야 하는 장소에서 그 행위가 가능한 영업일의 다음 영업일이 기산일이 된다(Rule 9.03).

복수의 발행은행에 의하여 공동으로 보증신용장이 발행되고 서류가 제시되어야 하는 은행을 지정하지 않은 경우 수익자는 은행을 선택할 수 있으며 이러한 제시는 모든 발행은행을 구속한다고 규정하고 있다(Rule 10.01).[238)]

Ⅳ. ISP98의 적용상의 문제점

ISP98은 기존의 유사한 국제규칙과는 달리 지나칠 정도로 상세하게 규정하고 있다. UCP가 총 39조로 구성되어 있는 것과는 달리 ISP98은 총 10개 규칙 89조로 구성되어 있으며, 주요한 용어만을 선택적으로 정의하고 있는 UCP와는 달리 보증신용장거래와 관련된 거의 모든 용어의 해설까지 포함하고 있다. 특히 ISP98의 다수의 세부조항은 사실상 예측불가능하거나 특이한 표현법을 사용하여 규정되어 있다.[239)] 이러한 상세한 규정은 보증신용장에 관한 전문적인 국제규칙으로서 과거의 보증신용장 거래에서 제기되어 왔던 문제점들을 모두 해결하고자 하는 의도에서 비롯된 것이라 할 수 있으나, 규정의 상세함으로 인하여 발행은행, 수익자 또는 발행의뢰인을 포함한 모든 보증신용장 관계당사자가 ISP98을 연구하지 않고는 이 규칙에 준거한 보증신용장을 취급하는 것이 곤란하도록 만들 수 있어 오히려 거래당사자를 지나치게 구속하는 역효과를 가져올 수 있다.

ISP98의 4.09(c)는 신용장에 나타나는 Mirror Image Rule를 포함하는, 즉 완전일치의 증명서를 요구하고 있다. 신용장에서 인용된 문언과 일치하는 문언을 요구하는 신용장하에서 서류를 제출하는 수익자는 인쇄상의 오류, 철자, 마침표, 띄어쓰기 등을 포함하여 보증신용장에 나타난 것과 완전히 일치하는 단어, 숫자, 기호를 사용한 서류를 제시하여야 한다. Byrne은 이 조항이 신용장의 단어 띄어쓰기, 마침표와 수익자가 제시하는

237) 이는 ISP98이 미국의 주도하에 미국의 관행을 중심으로 제정되었음을 보여주는 일례라 할 수 있다; UCC 1995, Article 5, Section 5-113 참조.

238) 강원진, 「신용장론」, 제5판, 박영사, 2007, 408~417면.

239) John F. Dolan, *op. cit.*, p. 1873.

서류 사이에는 완전일치성을 요구한다고 주장한다. 그러나 Paul Turner는 신중한 변호사 또는 수익자를 곤란하게 할 수 있다는 점을 들어 이 조항을 비난했다. 이와 같은 Mirror Image Rule 요구는 비능률적이며 법원에 불공평하게 작용할 수 있다.[240]

신용장거래에서 서류심사기준이 ISBP(Pub.745)로 정착되고 있고, ISP98(Rule 4.01)에서도 표준보증신용장관행(standard standby practice)을 구현하고 있는 틀에서 보면 ISP98의 4.09(c)는 문제의 소지가 다소 있다고 할 수 있다.

V. 결 론

보증신용장과 관련된 규범은 ISP98외에도 UNCITRAL의 독립적 보증서 및 보증신용장에 관한 유엔 협약(United Nations Convention on Independent Guarantees and Stand-by Letters of Credit) 및 ICC의 청구불 보증에 관한 통일규칙(Uniform Rules for Demand Guarantees; URDG)이 있다. 그러나 이 협약이나 규칙은 국제상거래에 사용도가 상대적으로 빈약한 실정이다.

ISP98가 보증신용장 사용과 관련되어 제기되어 왔던 문제점들을 모두 해결하고자 하는 의욕에서 규칙의 구성내용이 다소 복잡한 점이나, ISP98의 4.09(c)의 완전일치 적용과 관련된 점 등을 제외하면 협약의 형태가 아닌 당사자자치에 의해 적용할 수 있는 통일규칙 제시는 진일보된 규범으로 평가될 수 있다.

ISP98은 국제무역법위원회(UCNCITRAL)가 ISP98에 대한 승인 요청에 대한 논의과정에서 일부 국가가 독립적 보증으로서의 보증신용장의 기능 등에 관하여 ISP98과 국내법이 상충될 가능성이 있다는 우려를 표명한 바가 있었으나 2000년 UNCITRAL에 의하여 추천된 이후 전세계적으로 그 사용이 증가하고 있어, 문제점 있는 조항들을 개정시에 반영한다면 보증신용장 거래당사자들에게 보증신용장을 위한 국제적인 표준으로서의 역할을 수행할 것으로 기대된다.

---

240) *Ibid.*, pp. 1890~1891.

Chapter 07

신용장방식에 의한 대금결제

제 1 절 수출환어음의 매입과 서류점검

문제 2-15 무역결제에서 환어음의 발행 및 법률관계에 대하여 설명하시오.

답안 2-15

〈목차 구성〉

Ⅰ. 서 론
Ⅱ. 환어음의 필요성
Ⅲ. 환어음 법제와 외국환어음의 준거법
1. 환어음법제의 통일화
2. 외국환어음의 준거법
Ⅳ. 환어음의 법률관계
1. 환어음의 당사자
2. 수출자와 매입은행과의 관계
3. 수출자와 추심은행과의 관계
4. 수출자와 수입자와의 관계
Ⅴ. 결 론

Ⅰ. 서 론

환어음(drafts; bill of exchange)이란 어음발행인(drawer)이 환어음지급인(drawee)인 제3자로 하여금 일정금액을 수취인(payee) 또는 그 지시인(orderer) 또는 소지인(bearer)에게 지급일에 일정장소에서 무조건 지급할 것을 위탁하는 요식유가증권(formal instrument)이자 유통증권(negotiable instrument)이다. 따라서 환어음은 발행인이 제3자인 지급인에 대하여 어음상의 정당한 권리자에게 어음지급을 위탁하는 의미에서 지급위탁증권[1]이라고 할 수 있다.

영국 환어음법(Bills of Exchange Act)에 의하면 환어음은 "British Island" 내에서 발행되고 지급될 수 있는 환어음을 내국환어음(inland bill)이라고 하고, 그 밖의 어음은 외국환어음(foreign bill)이라고 하고 있다.[2] 또한 미국 통일유통증권법(Uniform Negotiable Instruments Law, 1896)[3]과 미국 통일상법전(Uniform Commercial Code)[4]에서도 어음발행지와 지급지를 달리하는 어음을 외국환어음이라고 하고 있다.

무역결제에서는 물품매매와 관련하여 선화증권 등 서류(documents)를 첨부하여 환어음을 발행하면 화환어음(documentary bill of exchange)[5]이며, 서류가 수반되지 아니한 어음은 무화환어음(clean bill of exchange)[6]이라고 한다.

국제물품매매에서 수출자(신용장 수익자)는 물품을 인도하고 신용장에 일치하는 서류를 준비하고 환어음을 발행하여 환어음을 매입신청하게 된다. 무역결제의 유형 중에서 환어음이 요구되는 결제방식은 신용장방식과 D/P·D/A에 의한 추심방식이 이에 해당된다.[7] 환어음의 발행목적은 지급위탁에 있으며, 부수적으로 담보책임을 진다는 점[8]에서 약속어음[9]과 다르다.

이하에서는 환어음의 발행의 필요성과 준거법 및 법률관계를 중심으로 검토하고자 한다.[10]

---

1) 최기원, 「어음수표법」, 박영사, 1991, 630면; Bill of Exchange Act 1882, Article 3.
2) *Ibid.*, Article 4(1).
3) Uniform Negotiable Instruments Law, 1896, Article 129.
4) UCC, §3-501(3).
5) 무역거래에서는 환어음에 무역대금결제를 위하여 운송서류 등 담보서류가 첨부되기 때문에 화환어음이라고도 하나, 보통 환어음이라고 부르기 때문에 이하에서는 모두 환어음으로 통일하기로 한다.
6) 무담보어음이라고도 한다.
7) 신용장방식 중에서도 연지급신용장(deferred payment credit)과 같은 지급방식에서는 환어음을 요구하지 않는다.
8) 한국 어음법 제9조 제1항.
9) 약속어음은 발행인 자신이 일정금액의 지급을 약속하는 증권으로서 지급약속증권이며, 수표는 발행인이 제3자, 즉 은행에 대하여 지급을 위탁하는 증권이다.
10) 강원진, 「무역결제론」, 제3판, 박영사, 2015, 240~247면.

Ⅱ. 환어음의 필요성

기록에 의하면 15세기 영국에서 모직물의 무역거래에서 환어음이 사용된 것으로 나타나 15세기 이후 환어음이 무역거래에서의 지급수단으로 본격적으로 사용된 것으로 보인다.[11] 이후 환어음은 유통의 편이성과 상환청구의 용이성을 인정받아 무역거래를 포함한 상거래에서의 대금지급수단이나 은행으로부터 자금을 융통하는 금융수단으로 그 이용이 증가하여 왔다.

매입 및 인수신용장은 환어음부 신용장, 지급신용장은 무환어음부 신용장이다. 환어음은 무조건 지급을 위탁하는 것이고 발행에는 원인이 있어야 하나, 일단 발행이 되면 무인성인 것이 되며 유통성이 있다.

신용장거래에 있어서 환어음이 필요한 경우를 보면 다음과 같다.

첫째, 신용장의 매입이 제한되지 않는 경우, 동일 신용장으로 각각 다른 은행이 분할하여 매입하는 경우 매입의 경로나 사실을 알기 위하여 환어음의 발행이 필요하게 된다.

둘째, 매입은행이 매입대전을 상환받기 위해서 발행은행이 지정한 제3은행으로 대금을 청구하여야 하는 상환신용장(reimbursement credit)의 경우에는 환어음이 발행된다.

셋째, 매입신용장은 환어음의 발행을 요구하는 환어음부 신용장의 형태를 취하고 있기 때문에 환어음이 필요하다.

넷째, 기한부방식인 인수신용장(acceptance credit)에서는 환어음의 무인적인 성질을 이용하여 환어음 인수형태로 금융이 이루어지기 때문에 환어음이 필요하게 된다.

그러나 발행은행이 환거래은행에서 지급하도록 요구하는 일람지급신용장의 경우에는 지급이 사전 수권되는 형태이므로 환어음의 제시를 요구하지 아니한다.

---

11) Charles J. Reid Jr., "The Early History of the Law of Bills and Notes: A Study of the Origins of Anglo-American Commercial Law", *Business Lawyer*, May 1998, pp. 839~840.

표 2-2 환어음·약속어음·수표의 비교

구 분 \ 증권별	환어음	약속어음	수 표
1. 증권의 성격	지급위탁증권	지급약속증권	지급위탁증권
2. 수단	신용수단	지급수단	지급수단
3. 관계당사자	발행인·수취인·지급인(3인)	발행인·수취인(2인)	발행인·수취인[12)]·지급인(3인)
4. 발행 및 제시	채권자(수출자) → 채무자(지급인)	채무자 → 채권자	채무자 → 채권자
5. 발행통수	복본(set)	단본(sole)	복본(set)[13)]
6. 지급기일	일람출급, 기한부	기한부[14)]	일람출급
7. 인수제도	있음	없음	있음
8. 담보서류유무	있음	없음	없음
9. 한국법에서의 시효[15)]			
채권소멸	만기로부터 3년	좌동	제시기간경과 후 6월
대소지인소구권	거절증서일자 후 1년	좌동	–
대배서인소구권	어음환수일로부터 6월	좌동	–

Ⅲ. 환어음 법제와 외국환어음의 준거법

1. 환어음법제의 통일화

어음법과 수표법을 국제적으로 통일화하려는 노력의 결과 제네바(Geneva) 통일협약에 의하여 1930년에 통일어음법(Uniform Law for Bills of Exchange), 1931년에 통일수표법(Uniform Law for Promissory Notes)이 제네바에서 성립되었다.

대부분의 대륙법계 국가에서도 이 협약에 의한 법제를 토대로 하고 있다.[16)] 특히 영국은 상관습법과 판례법 등에 근거하여 이미 1882년에 환어음법(Bills of Exchange Act)이 제정되었고, 이 법을 참작하여 미국도 1896년 통일유통증권법(Uniform Negotiable

12) 수표는 어음의 경우와 달리 수취인의 표시가 반드시 있어야 하는 것은 아니다.

13) 수표의 복본발행은 국제간에 지급되는 경우만 해당된다; 한국 수표법 제48조.

14) 그러나 만기의 기재가 없는 때에는 일람출급의 약속어음으로 본다; 한국 어음법 제76조 제2항.

15) 한국 어음법 제70조 및 한국 수표법 제51조. 단, 수표의 경우 지급보증한 지급인에 대한 채권소멸 시효는 수표청구권제시기간 경과 후 1년이다.

16) 한국의 어음·수표법은 이 통일협약의 가입국은 아니지만, 이를 기초로 1962년 1월 20일 상법과 함께 제정되어 1963년 1월 1일부터 시행되었다.

Instrument Act)을 제정하여 1924년에 모든 주에서 채용하다가 1951년에 통일상법전(Uniform Commercial Code)의 제3편으로 통합되면서 통일증권법[17]에 의한 어음법·수표법은 폐지되고[18] 오늘에 이르고 있다.

그러나 국제상거래에 있어서 유통증권의 지급거래에 관하여 국제적으로 어음법이 통일되어야 한다는 여론에 따라 유엔무역법위원회(United Nations Commission on International Trade Law: UNCITRAL)는 1988년 12월 9일 제4차 UN총회에서 "국제환어음 및 약속어음에 관한 유엔 협약"(United Nations Convention on International Bills of Exchange and International Promissory Notes)을 국제협약으로 성립시켰다.[19] 이 협약을 환어음의 준거법으로 사용할 경우에는 "이 협약은 국제환어음(유엔무역법위원회협약)이라는 기재가 표제에 있고, 그 본문 중에 국제환어음이라는 문언을 포함하고 있는 국제환어음에 적용 한다"라고 명시하여야 한다.[20]

2. 외국환어음의 준거법

환어음, 약속어음 및 수표에 의하여 채무를 부담하는 자의 능력은 그의 본국법에 의한다. 다만, 그 국가의 법이 다른 국가의 법에 의하여야 하는 것을 정한 경우에는 그 다른 국가의 법에 의한다.[21] 예컨대 한국에서 환어음을 발행, 미국에서 배서(endorsement)하고 영국에서 인수(acceptance)한 경우에는 발행에 관하여는 한국 어음법이, 배서에 관하여는 미국 통일상법전이, 인수에 관하여는 영국 환어음법이 적용된다. 다만 이 원칙에 의하면 어음행위가 유효하지 아니한 경우에도 뒤의 어음행위를 한 나라에 속하는 법률에 의하면 그것이 유효한 때에는 그 뒤의 어음행위는 유효하다.[22]

---

17) 미국의 통일유통증권법이나 통일상법전에서는 유가증권법에 관하여 규정을 하고 있는 데 반해, 영국의 환어음법은 환어음과 수표, 그리고 약속어음에 관하여만 규정하여 사채권, 주권 기타의 양도가능증권에는 적용되지 않는다; Beutel's-Brannen, *Negotiable Instrument Law*, 7th ed., Cincinnati, 1948, p. 1; 최기원, 전게서, 90면.

18) 그러나 루이지애나주는 미국통일상법전 적용을 배제하는 주여서 통일유통증권법이 적용되고있다.

19) 이 협약은 10개 국가가 비준, 수락, 승인 또는 가입한 날로부터 12개월이 경과한 후 초일에 그 효력이 발생하도록 하고 있으나 아직 미 발효 중이다.

20) United Nations Convention on International Bills of Exchange and International Promissory Notes, 1988, Article 1(1); 만일 약속어음의 준거법적용의 경우에는 국제환어음 대신에 그 자리에 약속어음을 기재하면 된다. 그러나 협약 제1조 3항에는 "동 협약은 수표에는 적용되지 않는다"고 규정하고 있다. 그 이유에 대하여 UNCITRAL은 수표는 국제거래에 잘 이용되지 않고 각국의 은행제도가 다르다는 이유로 새로운 규율이 필요하지 않다는 의견이 지배적이었기 때문이다; 최기원, 전게서, 707면.

21) Bills of Exchange Act, 1882, Article 72; 한국 국제사법 제51조.

22) 한국 국제사법 제53조 제2항.

말하자면 미국에서 발행된 어음이 미국 통일상법전에 의하면 무효이더라도 그 어음이 한국에서 유통 배서된 경우에, 한국 어음법에 의하여 발행행위가 적법하다면 한국에서 행하여진 배서는 유효하다는 것이다.[23)]

이와 같은 어음의 준거법(lex causae)이 행위지법(lex loci actus)이 된다는 점에서 볼 때에 외국환어음을 취급하는 경우에는 다음과 같은 문제를 항상 고려하여야 한다.

첫째로 어음이 외화표시이고 또한 그 문언이 영문이라 하더라도 한국에서 이루어진 어음행위는 한국 어음법의 규정에 따르지 않으면 안 된다는 점이다.

둘째로 외국에서 발행된 어음 및 외국에 추심하는 어음의 배서·인수·지급 등의 효력은 당해 국가의 어음법의 규정에 의하여 유효 또는 무효가 결정되지 않으면 안 된다는 것이다.[24)]

무역대금결제와 관련하여 외국환어음의 사용은 은행의 "Bill of Exchange"라는 소정의 양식에 따라 발행하여 어음매입이나 추심의뢰[25)]하고 있다.

Ⅳ. 환어음의 법률관계

1. 환어음의 당사자

1) 발행인(drawer)

환어음을 발행하고 서명하는 자로 수출자나 채권자를 말한다. 환어음이 유효하게 발행되기 위해서는 발행인의 기명날인(signature)[26)]이 있어야한다.

2) 지급인(drawee)

환어음 금액을 일정한 시기에 지급하여 줄 것을 위탁받은 채무자로 신용장거래에서는 보통 신용장발행은행이나 발행은행이 지정한 은행이 되며, D/P·D/A거래에서는 수입자가 된다.

3) 수취인(payee)

환어음 금액을 지급받을 자로 보통은 환어음을 매입(negotiation)한 은행이 된다. 경우에 따라서는 발행은행이나 매입은행이 지정한 은행이 될 수도 있다.

---

23) 이효정, 「국제사법」, 경문사, 1983, 449면.
24) 임홍근, "외국환어음의 방식", 「중재」, 제180호, 1987, 14면.
25) 이 때는 "추심에 관한 통일규칙"(Uniform Rules for Collection, 1995 Revision)을 준거하여 처리한다.
26) Bills of Exchange Act, 1882, Article 3.

2. 수출자와 매입은행과의 관계

신용장방식 거래에서의 수출자(수익자)와 D/P·D/A 등 추심방식 거래에서의 수출자는 계약물품 인도 후 결제서류를 준비하고 환어음을 발행하여 지정은행 또는 수출자의 거래은행에 환어음 매입(Negotiation: NEGO) 또는 추심(collection)의뢰하게 된다.

여기에서 매입이란 일치하는 제시에 대한 환어음 및/또는 서류를 지정은행이 매입(purchase)하는 것을 말한다.[27] 매입은행은 곧 할인은행으로서의 역할을 하게 되는데, 이 때 환어음발행인과 환어음매입은행과의 관계는 수출거래약정서[28]에 명시된 내용에 따른 법률관계를 갖게 된다. 환어음 매입과 관련하여 환어음발행인, 즉 수익자가 발행하는 환어음은 수취인(payee)을 매입은행으로 하든가, 자기를 지시인으로 하여 환어음을 발행하여 매입은행에 배서하는 방법에 의한다. 이 때 매입은행은 환어음을 매입[29]하여 환어음발행인에게 지급하고, 매입은행은 어음지급인(drawee)에게 제시하여 대금을 충당한다. 만일 환어음 지급이나 인수가 거절되면 일반적으로 매입은행은 소구권[30]을 행사할 수 있다.

3. 수출자와 추심은행과의 관계

D/P·D/A 방식거래에서 수출자와 추심은행과의 관계는 위임관계로 D/P·D/A 방식에서의 추심지시서(Collection Instruction)의 내용에 따라 추심이 이루어진다.[31] 수출자는 수입자를 환어음 지급인으로 하여 추심위임 배서를 하고, 보통 선화증권 원본 이면에는 무기명배서(blank endorsement)를 하여 수출자의 거래은행, 즉 추심의뢰은행(remitting bank)을 통하여 추심은행에 송부하게 된다.

어음지급 서류인도조건(D/P)의 경우에는 수입자가 환어음금액을 지급하면 추심은행은 추심의뢰은행을 통하여 결과적으로 수출자에게 지급되지만,[32] 어음인수 서류인도

---

27) UCP 600, Article 2.

28) 한국의 경우는 여신거래기본약관을 기본으로 하여 수출환어음 매입의뢰시는 수출거래약정서에, 수입어음 결제시는 수입거래약정서에 기준하여 신용장거래에 의한 환어음매입 또는 D/P·D/A 방식에 의한 추심을 하고 있다.

29) 매입은행이 매입시에는 자금 부담기간, 즉 왕복 표준우편일수를 고려하여 징수하는 이른바 환가료(exchange commission)를 원금에서 공제하게 된다.

30) 환어음거래에서 소구를 상환청구라고도 하는데, 이는 환어음만기에 환어음금액지급이 없거나 만기 전에 지급가능성이 현저하게 감퇴되었을 때, 환어음소지인이 그 환어음의 작성이나 유통에 관여한 자, 즉 발행인·배서인 등에게 환어음 금액 기타비용의 변제를 구하는 것을 말한다.

31) 추심방식에서도 한국의 경우에는 수출거래약정서를 교부하고 있다.

32) 그러나 실무적으로는 수출자의 거래은행이 추심의뢰은행에 담보를 제공하고 추심 전에 환어음을 신용장방식처럼 매입하고 있기 때문에 추심의뢰은행은 수입자가 환어음지급기일에 지급을 완료하

조건(D/A)의 경우에는 지급인인 수입자가 환어음을 인수하고 만기일에 환어음 금액을 지급하였을 때 추심은행이 대금을 송금하여 줄 의무가 있다.

만일 환어음인수 후 만기일에 지급거절이 될 경우에는 환어음은 반환할 수 있지만 운송서류 등 추심서류는 사실상 반송할 수 없다. 그러나 추심은행은 추심결과에 대한 통지의무를 부담하게 된다.[33)]

4. 수출자와 수입자와의 관계

1) 매매당사자의 동시이행

D/P·D/A매매계약을 체결하는 경우에 매수인은 운송증권과 상환하지 않고서는 대금의 지급 또는 환어음의 인수를 거절할 수 있으며, 그 반대로 매도인도 대금지급이 없는 때에는 운송증권의 교부를 거절할 수 있다. 즉 환어음을 발행한 경우에도 동시이행의 항변권이 인정된다.

2) 매매대금 채무의 소멸시기

매도인에 대한 매수인의 매매대금 채무는 수출자, 즉 매도인이 환어음을 매입(할인)하여 그 대금을 사실상 확보하였더라도 소멸하지 않고 어음의 지급인이나 신용장발행은행이 어음의 소지인에게 지급한 때에 매도인에 대한 매매대금 채무가 소멸된다.[34)] 기한부환어음의 경우 환어음인수가 이루어진 것만으로는 대금채무소멸은 되지 않으며, 환어음인수인이 지급을 완료하여야만 대금채무가 소멸된다.

3) 물품에 대한 소유권

매매계약에서의 물품에 대한 소유권의 이전시기에 대해서는 매우 다양하다.[35)] 환어음부 매매인 경우에 물품의 소유권은 매수인이 환어음의 지급과 상환으로 운송증권을 취득할 때 매수인에게 이전된다.[36)] 그때까지 운송물의 소유권은 매입은행에 의한 운송증권의 취득이 동산질의 취득인 경우에는 매도인, 즉 수출자에게 있다. 또 운송증권의 수화인이 매수인(수입자)인 경우에는 은행은 매수인의 증권취득에 이르기까지의 단순한 전달기관에 불과한 것으로 보고 있다.[37)] 이 경우에도 매수인이 어음의 지급과 상환으로

였을 때 비로소 대금을 결제 받게 되는 셈이다.

33) URC 522, Article 26.

34) 최기원, 전게서, 205면.

35) 강원진, 「국제무역상무론」 제2판, 법문사, 2006, 173~178면.

36) 한국 민법 제188조 및 제190조.

37) 서돈각, 「상법강의(하)」, 법문사, 1981, 406면; 일부 동산질권설을 취하고 있다.

운송증권을 취득한 때에 매수인에게 소유권이 이전되며, 그때까지는 소유권이 매도인에게 유보된다.

V. 결 론

환어음은 무역결제시 신용장거래나 D/P·D/A거래, 포페이팅 거래의 경우에 이용되고 있다. 실제 환어음을 검토하여 보면 그 속에 발행인, 지급인, 수취인, 지급시기, 금액, 통화 등에 대한 정보가 담겨있다.

신용장거래에서 환어음이 발행되는 매입신용장 또는 인수신용장의 경우 발행자는 신용장 사용권자인 수익자이고 지급인은 발행은행 또는 인수은행이 된다. 수취인은 보통 매입은행이 된다. 환어음은 요식증권이므로 어음법에 명시된 법적 기재사항을 기재하고 발행인이 기명날인하여야 비로소 유효하게 된다. 이러한 환어음은 복본으로 발행되는 것이 일반적이다.

환어음이 일람출급인 경우 매입은 신용장과 일치하는 제시에 의하여 수익자에게 일람출급하는 것으로 이루어진다. 환어음이 기한부환어음인 경우 인수에 의하여 만기에 지급하게 된다.

신용장하에 지급인을 발행은행으로 하여 제시된 환어음이 지급거절된 경우 이전 배서인과 발행은행에 대하여 상환청구권을 행사할 수 있는 매입은행의 자격에 관한 의문점이 발생한다. 상환청구권 행사와 관련하여 명시적으로 부인되는 경우에 해당되지 않는다면 이런 위험들은 매입은행 대신에 최종적으로 수익자가 부담하게 될 것이다.

UCP 600은 환어음과 관련된 내용들은 일부 포함되고는 있으나, 독립적인 조항을 두어 상세하게 규정하고 있지는 않고 있기 때문에 환어음 심사기준에 대한 형식적 요건이 없는 것으로 생각할 수 있다. 그러나 ISBP가 제시되면서 환어음의 발행과 심사기준을 상세하게 마련하고 있는 것은 다행스러운 일이다.

문제 2-16 한국의 GANGNAM CO., LTD.는 수출물품을 지정장소에 인도완료하고 수출환어음을 작성하여 거래은행인 KOREA INTERNATIONAL BANK에 매입의뢰 하고자 한다. 다음 신용장 및 제1번권 환어음 서식을 이용하여 신용장금액 전액에 대한 수출환어음을 작성하여 보시오. (단, 환어음 번호는 임의 기재 사항, 매입일은 2015년 10월 26일, 서명자는 김민서 부장으로 하고 특정되지 아니한 사항은 임의로 하여 작성함)

(MT 700) ISSUE OF A DOCUMENTARY CREDIT

From: AMERICA INTERNATIONAL BANK, NEW YORK

To: KOREA INTERNATIONAL BANK, SEOUL, KOREA

:27 sequence of total: 1/1

:40A form of documentary credit: IRREVOCABLE

:20 documentary credit number: A50627

:31C date of issue: OCTOBER 5, 2015

:31D date and place of expiry: OCTOBER 30, 2015 KOREA

:50 applicant: NEW YORK INC. 333 COLUMBUS AVE NEW YORK, NY10023, U.S.A.

:59 beneficiary: GANGNAM CO., LTD. 200, GANGNAMDAE-RO, SEOCHO-GU, SEOUL 06743, KOREA

:32B currency code amount: USD100,000

:39A pct credit amount tolerance: 00/00

:41D available with by name, address: ANY BANK BY NEGOTIATION

:42C drafts at: SIGHT

:42A drawee: AMERICA INTERNATIONAL BANK, 334 COLUMBUS AVE NEW YORK, NY10023, U.S.A.

:43P partial shipment: ALLOWED

:43T transshipment: NOT ALLOWED

:44A loading on board/dispatch/taking in charge: BUSAN, KOREA

:44B for transportation to: NEW YORK, U.S.A.

:44C latest date of shipment: OCTOBER 20, 2015

BILL OF EXCHANGE

No. ___(1)___ DATE ___(2)___

FOR ___(3)___ PLACE ___(4)___

AT ___(5)___ SIGHT OF THIS FIRST BILL OF EXCHANGE(SECOND OF SAME TENOR AND DATE BEING UNPAID) PAY TO ___(6)___ OR ORDER OF ___(7)___

THE SUM OF ___(8)___

VALUE RECEIVED AND CHARGE THE SAME TO THE ACCOUNT OF ___(9)___

DRAWN UNDER ___(10)___

L/C No. ___(11)___ DATED ___(12)___

TO ___(13)___ ___(14)___

답안 2-16

BILL OF EXCHANGE

NO. 151015 DATE OCTOBER 26, 2015

FOR USD100,000 PLACE SEOUL, KOREA

AT xxx SIGHT OF THIS FIRST BILL OF EXCHANGE(SECOND OF THE SAME TENOR AND DATE BEING UNPAID) PAY TO KOREA INTERNATIONAL BANK OR ORDER

THE SUM OF U. S. DOLLARS ONE HUNDRED THOUSAND ONLY

VALUE RECEIVED AND CHARGE THE SAME TO ACCOUNT OF NEW YORK INC. 333 COLUMBUS AVE NEW YORK, NY10023, U.S.A.

DRAWN UNDER AMERICA INTERNATIONAL BANK, NEW YORK

L/C NO. A50627 DATED OCTOBER 5, 2015

TO AMERICA INTERNATIONAL BANK
334 COLUMBUS AVE NEW YORK
NY10023, U.S.A.

GANGNAM CO., LTD.
MinseoKim
Min-seo Kim
Manager

문제 2-17 신용장거래에서 ISBP 745에 기초하여 환어음의 심사기준에 대하여 설명하시오.

답안 2-17

〈목차 구성〉

Ⅰ. 서 론

신용장은 무역거래에서 가장 일반적인 결제수단으로 사용되고 있으며, 신용장에 의한 결제의 메커니즘에서의 핵심은 환어음(bill of exchange)의 이전에 따른 대금지급이라 할 수 있다.[38] 신용장거래는 물품매매를 위한 결제방식이지만 그 자체는 서류거래로서 물품이 아닌 서류에 의하여 대금지급 여부가 결정된다. 따라서 발행은행은 지급이행의 여부를 판단하기 위하여 수익자가 제시한 환어음 및 서류를 심사하게 된다. 특히, 환어음은 수출자의 매출채권을 회수하는 유통·유가증권으로서 환어음에 대한 은행의 심사기준은 지급여부와 직결된다. 따라서 은행은 환어음의 심사에 있어서 요식성에 따른 기재사항을 세심하게 검토하는 관행이 있다.

UCP 600에는 환어음에 관련된 일부 규정이 포함되어 있기는 하나 다른 서류와는 달리 환어음이란 표제의 구체적인 심사기준을 별도의 규정으로 설정하지 않고 있다. 특히 실무적으로 논란이 되고 있는 환어음의 만기일 산정에 관한 기준 등 환어음의 주요한 심사사항에 대해서 전혀 언급하고 있지 않다.

그러나 서류 제시에서 기본적인 서류, 즉 상업송장, 운송서류, 보험서류 외에 금융서류로서의 환어음, 원산지증명서 등에 대하여 2002년 10월 ICC에 의하여 국제표준은행

38) 엄밀한 의미에서 모든 신용장거래에서 환어음이 사용되는 것은 아니다. 유럽 및 남미지역에서 주로 사용되고 있는 지급신용장(payment credit)의 경우 일반적으로 환어음이 요구되지 않는데, UCP에서도 이러한 관행을 반영하여 제4차 개정에서 이전의 환어음 요구 문언을 삭제하여 환어음의 제시를 요건으로 하지 않음을 규정하고 있다. 또한 연지급신용장(deferred payment credit)의 경우에도 환어음이 사용되지 않고 환어음 대신에 연지급확약서를 이용하여 지급이 이루어지고 있다. 그러나 한국에서 사용되고 있는 신용장의 대다수를 차지하고 있는 매입신용장(negotiation credit) 및 인수신용장(acceptance credit)의 경우 통상적으로 환어음을 요구하고 있다.

관행(ISBP)[39]이 제정됨으로써 환어음의 심사기준을 구체적으로 제시하게 되었다.

이하에서는 ISBP에 규정된 환어음의 심사기준을 중심으로 UCP 600의 환어음 관련 조항과 비교하여 검토하고자 한다.[40]

Ⅱ. UCP 600의 환어음 관련규정 검토

전술한 바와 같이 UCP 600은 환어음에 대한 독립적인 명시규정을 두고 있지는 않고 있다. 그러나 환어음 관련 내용은 여러 조항 중에 환어음에 관련된 내용이 포함되어 있다. 이를 종합적으로 정리하면 다음과 같다.

첫째, UCP 600의 신용장의 사용가능성 관련 조항에서 "신용장은 발행의뢰인을 지급인으로 발행된 환어음에 의하여 사용가능하도록 발행되어서는 아니 된다"[41]고 하여 발행의뢰인은 환어음의 지급인이 될 수 없음을 명시하고 있다. 이러한 규정은 신용장거래당사자간에 존재하는 계약관계에 영향을 미칠 수 있는 상황을 방지하기 위한 것이다.[42]

둘째, UCP 600의 정의 조항에서 "신용장이 인수에 의하여 사용가능한 경우 수익자가 발행한 환어음을 인수하고 만기일에 지급하는 것 …"과 같은 표현을 볼 때[43] 수익자 이외의 자가 발행한 환어음에 대한 언급이 없으므로 수익자 이외의 자가 발행인이 될 수 없음은 명백하다. 따라서 환어음은 수익자에 의하여 발행(양도가능 신용장의 경우, 제2수익자도 포함)되어야 한다.

셋째, 신용장이 수량을 규정된 포장단위 또는 개별품목의 개수로 명시하지 아니하고 환어음발행 총액이 신용장금액을 초과하지 않는 범위 내에서 5%의 과부족이 허용된다.[44] 이러한 과부족은 신용장에서 수량을 포장단위 또는 개개품목의 수량으로 명기한 경우에는 적용되지 않는다. 이는 국제무역에서 상당한 부분을 차지하고 있는 살물(bulk cargo) 거래의 관행을 신용장거래시의 환어음발행 금액에도 고려한 것이다.

---

39) ICC, *International Standard Banking Practice for the Examination of Documents under Documentary Credits(ISBP)*, Publication No. 645, 2003.

40) 이 글은 강원진·이상훈, "신용장거래에서 ISBP의 환어음 심사기준에 관한 고찰", 「무역학회지」, 제3권 제3호, 2006, 177~198면에서 최근 관행에 부합되게 재정리한 것이다.

41) UCP 600, Article 6-c.

42) ICC, *ICC Banking Commission Collected Opinions 1995~2001*, ICC Publication No. 632, 2003, R. 205.

43) UCP 600, Article 2.

44) UCP 600, Article 30-b.

또한 신용장에서 분할선적이 허용하지 아니하는 경우에도 환어음은 신용장금액의 5%를 초과하지 아니하는 과부족은 허용된다.[45] 이는 신용장금액보다 적은 금액으로 환어음을 발행하는 "under-drawing"을 인정하는 것으로 이러한 예외는 신용장에 명시된 수량이 전부 선적되고 신용장에 명시된 단가가 감액되지 않을 것을 전제조건으로 하는 것이다.

넷째, 분할환어음발행(partial drawing)은 허용된다.[46] 이는 신용장에서 분할환어음발행을 금지하지 않는 한 원칙적으로 분할환어음발행을 허용한다는 의미로 볼 수 있다. 실무적으로 분할환어음발행이 이루어지는 경우로는 분할선적이 이루어진 경우 그러한 분할선적에 따라 분할환어음발행이 이루어질 수 있으며, 전술한 바와 같이 신용장금액이 차감되어 신용장이 양도된 경우 제2수익자가 발행한 환어음과 차액에 대하여 제1수익자가 발행한 환어음이 발행은행에 제시될 수 있다.

Ⅲ. ISBP 745의 환어음 심사기준의 분석

1. ISBP 745의 환어음 심사기준의 기본요건

ISBP 745는 환어음에 관하여 B1~B18항(paragraphs)에 이르는 총 18개 항의 심사기준을 설정하고 있으며, 환어음에 있어서의 기본요건, 환어음지급기일, 만기일, 은행영업일·은혜일·송금지연, 발행 및 서명, 금액, 배서, 정정 및 변경, 발행의뢰인을 지급인으로 한 환어음 등의 9개의 범주로 구분하여 심사기준을 제시하고 있다.

환어음이 요구되는 경우, 환어음은 신용장에 명시된 지급인으로 하여 발행되어야 한다. 또한 은행은 오직 B2~B17항에 규정된 범위 내에서 환어음을 심사하는 것이다.[47]

환어음은 지급신용장이 아닌 매입 또는 인수를 허용하는 신용장의 경우에 요구되고 있다. 지급인은 발행은행 또는 확인은행 또는 지정은행이 될 수 있으며 반드시 은행이어야 한다. 신용장에 의한 환어음 심사는 ISBP 745에 정한 범위 내에서 이루어지도록 해야 한다고 하는 환어음 심사기준에 대한 기본요건을 제시하고 있다.

2. 환어음지급기일의 산정

첫째, 환어음지급기일(tenor)은 신용장 조건과 일치하여야 한다.[48]

---

45) UCP 600, Article 30-c.
46) UCP 600, Article 31-a.
47) ISBP 745, Para. B1.
48) ISBP 745, Para. B2-a.

둘째, 신용장이 환어음의 만기일에 관하여 일람출급 또는 일람 후 정기출급 이외의 방법으로 발행되는 경우, 환어음의 자체 내에 있는 내용만으로 만기일을 확정할 수 있어야 한다.[49)]

예를 들면, 선화증권 일자 이후 60일을 지급기일로 하는 환어음을 요구한 경우 선화증권 일자가 4월 14일인 경우 환어음의 지급기일은 다음과 같은 방법 중의 하나로 환어음에 표시되어야 한다: ① 60 days after bill of lading date 14 May 20xx, 또는 ② 60 days after 14 May 20xx, 또는 ③ "60 days after bill of lading date" 및 환어음의 문면에 "bill of lading date 14 May 20xx"라고 함께 기재, 또는 ④ "60 days date" 선화증권 일자와 동일한 환어음 발행일 기재, ⑤ "13 July 20xx", 즉 이 날이 선화증권 일자 후 60일이 되는 날임.[50)]

셋째, 환어음지급기일이 예를 들면, 선화증권 일자 후 60일로 기재된 경우, 본선적재일자가 선화증권발행일자 보다 이전이거나 또는 이후라 하더라도 본선적재일이 선화증권 일자로 간주된다.[51)]

넷째, 환어음의 만기일과 관련하여 "from" 및 "after"라는 용어가 사용된 경우 이는 당해 일자를 제외하는 것으로 간주된다.[52)]

다섯째, 환어음의 지급기일이 선화증권의 일자를 통하여 확정되어야 하는 경우 지급기일의 구체적인 산정기준은 아래와 같다.[53)]

① 단일의 선화증권에 복수의 본선적재 부기(on board notation)가 있는 경우, 가장 빠른 일자의 본선적재 부기일이 선화증권 일자로 간주된다.[54)] 이는 단일의 선화증권에 환적이 이루어진 것(A선박 및 B선박)으로 나타나고, 둘 이상이 일자가 부여된 본선적재 부기가 나타나고 또한 각 선적이 허용된 지리적 구역 또는 범위 내의 항구에서 이루어진 것으로 표시되는 경우 복수의 운송수단에 의한 2개의 본선적재 부기일자 중 가장 빠른 적재일이 만기일의 산정기준에 사용되는 것을 의미한다.

② 단일의 선화증권에 표시된 동일한 선박에 의한 복수의 본선적재 부기가 있는

49) ISBP 745, Para. B2-b.

50) ISBP 745, Para. B2-b.

51) ISBP 745, Para. B2-c.

52) ISBP 745, Para. B2-d; 그러나 선적기간을 결정하기 위하여 사용된 경우 "from"은 언급된 일자를 포함하며, "after"는 언급된 일자를 제외한다(UCP 600, Article 3).

53) 이러한 지급기일의 산정기준은 선화증권 이외에 모든 운송서류에 동일하게 적용된다; ISBP 745, Para. B3.

54) ISBP 745, Para. B2-e-i.

경우, 가장 늦은 일자의 본선적재 부기일이 선화증권 일자로 간주된다.[55] 이는 선화증권상 물품의 일부가 5월 14일에 Dublin에서 A선박에 적재되고 나머지는 5월 16일 Rotterdam에서 동일한 선박에 적재될 경우 5월 16일을 기준일자로 한다는 의미이다.

③ 2조 이상의 선화증권이 제시되는 경우 제시된 선화증권의 일자 중에서 가장 늦은 선화증권 본선적재 일자가 환어음의 만기일의 산정에 사용된다.[56]

3. 환어음만기일의 결정

환어음이 실제의 일자를 사용하여 만기일(maturity date)을 기재하는 경우, 그 일자는 신용장 조건을 반영하여야 한다.[57] 예를 들면, 일람 후 60일 출급(at 60 days after sight)으로 발행된 환어음의 경우이다:

1) 일치하는 서류제시인 경우

지급은행, 즉 발행은행, 확인은행 또는 지정은행에 제시된 일자의 다음 날부터 60일이 되는 일자가 만기일이다.

2) 불일치한 서류제시인 경우

① 지급은행이 거절통지를 하지 않았다면, 그 은행에 제시된 일자의 다음 날부터 60일이 되는 일자가 만기일이다.

② 지급은행이 발행은행이고 또한 거절통지를 하였다면, 발행은행이 발행의뢰인의 권리포기를 수락한 일자의 다음 날부터 60일이 되는 일자가 만기일이다.

③ 지급은행이 발행은행이 아니고 또한 거절통지를 하였다면, 발행은행의 인수통지일의 다음 날부터 60일이 되는 일자가 만기일이다. 그러한 지급은행이 발행은행의 인수통지에 따라 행동하기를 거절한다면, 만기일에 인수·지급을 확약하는 것은 발행은행이다.

3) 지급은행은 제시인에게 만기일을 통지 또는 확인하여 주어야 한다.

4) 환어음지급기일 및 만기일의 산정방법은 환어음이 사용되지 않는 연지급신용장의 경우에도 동일하게 적용된다.[58]

---

55) ISBP 745, Para. B2-e-ii.

56) ISBP 745, Para. B2-e-iii.

57) ISBP 745, Para. B4.

58) ISBP 745, Para. B6.

4. 은행영업일, 은혜일, 송금지연

환어음의 지급기일이 지급장소에서의 은행영업일(banking days)이 아닌 경우 지급기일은 다음 첫 은행영업일까지 자동적으로 연장되지만, 은혜일(grace days)이나 송금소요기간 등은 지급기일에 추가하지 않는다.[59]

5. 발행 및 서명

① 환어음은 수익자에 의하여 발행되고 서명되어야 하며 발행일자가 표시되어야 한다.[60]

② 수익자 또는 제2수익자의 명칭이 변경되었고 이전의 명칭이 언급되어 있는 경우, 환어음은 "이전에(수익자 또는 제2수익자의 명칭)라고 알려진" 문구 또는 그와 유사한 취지의 문구를 표시한다면 새로운 실체의 명칭으로 발행될 수 있다.[61]

③ 신용장이 단지 은행의 SWIFT 주소를 기재하여 환어음지급인을 표시하는 경우, 환어음은 그것과 동일한 기재를 하거나 그 은행의 정식명칭을 표시할 수 있다.[62]

④ 신용장이 지정은행 또는 모든 은행에서 매입에 의하여 사용가능한 경우, 환어음은 지정은행 이외의 은행을 지급인으로 하여 발행되어야 한다.[63]

⑤ 신용장이 모든 은행에서 인수에 의하여 사용가능한 경우, 환어음은 그 환어음을 인수하는데 동의 및 지정에 따라 행동할 의사가 있는 은행을 지급인으로 하여 발행되어야 한다.[64]

6. 환어음의 금액에 관한 심사기준

환어음은 제시에서 청구하는 금액으로 발행되어야 한다. 환어음에 금액이 문자와 숫자로 표기된 경우 문자로 기재된 금액은 숫자로 기재된 금액을 반영하여야 하며, 환어음의 금액을 표시하는 통화는 신용장과 일치할 것을 규정하고 있다.[65] 통상적으로 환어음에는 금액의 변조를 방지하기 위하여 환어음 금액을 숫자나 문자 중의 하나의 방식

59) ISBP 745, Para. B7.
60) ISBP 745, Para. B8-a.
61) ISBP 745, Para. B8-b.
62) ISBP 745, Para. B9.
63) ISBP 745, Para. B10.
64) ISBP 745, Para. B11.
65) ISBP 745, Para. B14.

으로 기재하기 보다는 숫자와 문자를 병행하여 기재하고 있으므로 숫자로 표기된 금액과 문자로 표기된 금액은 일치하여야 한다. 다음으로 문자로 표기되는 금액은 숫자로 표기되는 금액이 상충하는 경우 문자로 표기되는 금액으로 심사되어야 한다.

7. 환어음의 배서에 관한 심사기준

필요한 경우, 환어음은 배서되어야 한다.[66] 과거에 ICC 은행위원회는 환어음의 배서의 필요성은 인정하면서도 환어음의 준거법 및 환어음의 발행형식에 따른 문제이므로 UCP에서 규정할 성질이 아니라는 입장을 지속적으로 표명하여 왔다.[67] 그러나 ISBP에서는 환어음의 배서에 따른 당사자간의 분쟁을 방지하기 위한 목적으로 기존의 입장을 번복하고 필요한 경우 배서가 행해져야 한다고 명시하고 있다.[68]

환어음의 배서와 관련하여 발행은행을 지급인으로 발행된 환어음에 매입은행이 배서하여야 하는가에 관한 질의에 대하여 ICC 은행위원회는 환어음의 배서는 UCP에서 다룰 성질의 것이 아니라고 전제한 후 매입은행의 환어음 배서는 매입은행이 환어음 발행자인 수익자에 대하여 소구권을 행사하기 위한 것이며 환어음이 매입은행 지시식으로 발행되었는지의 여부에 따라 달라질 수 있다고 하고 있다.[69] 즉, 환어음이 매입은행 지시식으로 발행되는 경우에는 환어음에 명시된 방식의 배서가 이루어져야 한다고 설명하여 이러한 경우 환어음에 매입은행이 배서하여야 한다는 취지를 밝히고 있다.[70] 또한 발행은행은 환어음의 최종적인 지급인으로서 추가적인 수취인이 없으므로 배서가 불필요하나 매입은행의 배서는 수취인의 정당성에 관한 문제로 발행은행을 보호하는 측면에서 매입은행의 배서는 필요하다고 하고 있다.[71]

8. 환어음의 정정 및 변경에 관한 심사기준

환어음상의 내용의 모든 정정은 수익자의 서명 또는 약식서명의 추가에 의하여 인

---

66) ISBP 745, Para. B15.

67) ICC, *Document 470/TA.410*, March 20, 2000; ICC Banking Commission Pub. No. 632, R.256.

68) 강원진, “2002 제정 ICC 국제표준은행관행과 신용장서류심사 사례의 비교연구”, 「국제상학」, 한국국제상학회, 제20권 제2호, 2005. 6, 153면.

69) 환어음은 발행형식에 따라 소지인식어음(bearer bill)과 지시식어음(order bill)으로 구분할 수 있으며, 지시식어음의 경우에는 환어음의 유통에 있어서 반드시 배서가 행하여져야 한다; William Hedley, *Bills of Exchange and Bankers' Documentary Credits*, Lloyd's of London Press Ltd., 1986, pp. 47~48.

70) ICC, *Document 470/TA.410*, March 20, 2000.

71) ICC, *Document 470/TA.452*, March 22, 2000.

증된 것으로 보여야 한다.[72] 또한 환어음에서 어떠한 내용정정도 불허하고자 하는 경우, 발행은행은 이를 적절히 명시하여야 한다.[73] 환어음의 경우 요식증권이므로 법정기재사항[74]과 같은 중요내용의 정정 및 변경은 환어음의 효력에 영향을 줄 수 있어 원칙적으로는 인정되지 않으나 단순한 기재상의 오류에 대해서는 정정이 가능하다.[75] 환어음의 발행인은 수익자가 되어야 하므로 수익자 이외의 자는 환어음을 정정 및 변경할 수 없으며 수익자만이 인증을 통하여 환어음을 정정 및 변경할 수 있다. 이러한 인증의 방식은 수익자의 기명과 서명 또는 약식서명과 함께 인증자의 명칭을 표시하여야 한다.[76]

9. 발행의뢰인을 지급인으로 발행된 환어음

신용장은 발행의뢰인을 지급인으로 발행하는 환어음에 의하여 사용가능하도록 발행되어서는 아니 된다. 그러나 신용장이 요구서류 중의 하나로 발행의뢰인을 지급인으로 하여 발행된 환어음의 제시를 요구하는 경우, 이는 오직 신용장에 명시된 범위 내에서, 그러한 명시가 없다면 제시된 대로 서류를 수리한다.[77]

환어음의 지급인에 관한 ISBP의 심사기준은 기존의 유권해석과는 상반되므로 주의하여야 한다. 확인은행을 환어음의 지급인으로 하도록 요구한 신용장에서 발행은행을 지급인으로 하는 환어음의 수리성에 관한 질의에 대하여 확인은행을 지급인으로 하는 환어음을 요구한 경우 환어음은 확인은행이 보관하므로 이는 수익자에게 지급할 금액에 대한 확인서로 간주되며 UCP나 신용장거래관행을 감안한다면 확인은행이 지급을 하였을 경우 발행은행 앞으로 결제를 요청할 권리가 있다. 따라서 신용장에서 지급인을 발행은행으로 하여 환어음을 발행한 경우 하자라고 명시하지 않았다면 발행은행은 대금지급의무가 있으므로, 확인은행은 지급인을 발행은행으로 한 환어음을 하자서류로 간주하여서는 안 된다고 하여 신용장에 명시된 당사자가 아닌 자를 지급인으로 하여 발행된

---

72) ISBP 745, Para. B16.

73) ISBP 745, Para. B17.

74) 한국의 경우 법률에 의하여 환어음에는 환어음의 표시, 무조건의 지급위탁문언, 지급인, 지급기일, 수취인, 지급지, 발행일, 발행지, 발행인의 서명 등의 사항은 필수적으로 기재되어야 한다; 어음법 제1조.

75) Daniel E. Murray, "The U.N. Convention on International Bills of Exchange and International Promissory with Some Comparisons with the Former and Revised Article Three of the UCC", *University of Miami Inter-American Law Review*, Winter 1993, pp. 204~205; Maurice Megrah & Frank R. Ryder, *Byles on Bills of Exchange*, 24th ed., Sweet & Maxwell, 1979, p. 33.

76) ISBP 745, Para. A7-b-ii.

77) ISBP 745, Para. B18.

모든 환어음이 하자서류가 아니라고 하고 있다.[78]

Ⅳ. ISBP 745의 환어음 심사기준 적용상의 문제점

ISBP 745에 규정된 환어음 심사기준에 대한 검토의 결과 실제의 신용장거래에 이를 적용함에 있어서 다음과 같은 문제점을 지적할 수 있다.

첫째, ISBP 745에서는 환어음의 만기일과 관련하여 사용된 “from” 및 “after”라는 용어의 해석에 있어서 당해일자를 제외하는 것으로 규정하고 있다.[79] 그러나 UCP 600에서는 선적기간과 관련하여 사용되는 경우라는 전제는 있으나 “from”을 당해 일자를 포함하는 것을 규정하고 있으며,[80] ICC 은행위원회의 유권해석에서도 환어음의 매입기간과 관련된 질의에서 “after”는 당해 일자를 제외하는 반면에 “from”은 당해 일자를 포함하는 것으로 널리 인식되고 있다고 하고 있어[81] ISBP와는 상반되는 입장을 취하고 있었다.[82] 따라서 향후 “from”의 해석에 있어서 ISBP의 해석기준을 적용하는 경우 동일한 용어가 선적기일과 관련된 것인지 환어음의 지급기일과 관련된 것인지에 따라 당해일자를 포함하거나 제외하는 등 상이하게 해석되는 불합리한 결과를 야기하여 해석상의 오해와 혼란을 가져올 수 있다. 이러한 문제점은 UCP 600의 관련규정을 ISBP의 해석기준과 동일하게 “from”이 당해 일자를 제외하는 것으로 개정한다면 해결될 수 있을 것이다.

둘째, ISBP 745에서는 발행의뢰인을 지급인으로 하는 환어음을 요구하는 신용장의 발행을 금지하고 있는데[83] 이는 UCP 600에서 이미 규정하고 있는 것으로[84] ISBP에서는 완전히 동일한 내용을 중복하여 규정하고 있다.

이러한 중복규정에 대하여 ICC는 강조를 위하여 의도적으로 반복하여 규정하고 있

---

78) ICC, *Document 470/TA.480*, December 1, 2000. 본 질의에서 ICC 은행위원회는 환어음의 지급인이 발행의뢰인인 경우에는 추가적인 서류로 간주하여 서류를 심사하지 않으나, 지급인을 확인은행이나 매입은행으로 하는 경우에는 환어음은 발행은행에는 제시되지 않으므로 발행은행은 심사하지 않으나 이러한 환어음은 추가적인 서류로 간주되지는 않으므로 매입은행은 서류의 확인의무를 부담한다고 추가설명하고 있다.

79) ISBP 745, B2-d.

80) UCP 600, Article 3.

81) ICC, Publication No. 632, 2003, R. 294.

82) 따라서 “from”의 해석에 관한 ICC 은행위원회의 기존의 유권해석은 명백히 잘못된 것으로 가치를 상실하게 될 것이다; Rene Müller, “Three bankers judge the document on standard banking practice”, *Documentary Credits Insight*. Vol. 9, No. 1, 2003, p. 14.

83) ISBP 745, B18-a.

84) UCP 600, Article 6-c.

다고 설명하고 있으나[85] ISBP는 UCP를 개정하는 것이 아니라 보완하기 위한 추록으로 UCP의 규정이 우선적으로 적용되어야 하므로 이러한 중복규정은 ISBP의 적용에 있어서 혼란을 야기할 수 있다. ISBP와 UCP와의 중복규정은 ISBP에 복잡성을 초래할 뿐이며 반복규정으로 인한 실익은 없을 것으로 생각된다.[86] 따라서 ISBP의 심사기준 중에서 UCP와 중복되는 규정을 삭제하여 ISBP를 단순화시키는 것이 ISBP에 대한 이해를 용이하게 하고 실질적 적용에 있어서의 편이성을 증대시키는 방안이 될 것이다.

셋째, 환어음의 배서에 관하여 ISBP에서는 필요한 경우 환어음에는 배서가 행해져야 한다고 규정하고 있다.[87] 지금까지 ICC 은행위원회는 환어음의 배서의 필요성은 인정하면서도 UCP에서 규정할 성질이 아니라는 입장을 지속적으로 표명하여 왔으나[88] 기존의 입장을 번복하고 배서의 기준을 설정하였다. 그러나 이러한 기준 적용에 있어서의 문제는 표현의 모호성에 있다. 즉, ISBP에서는 "필요하다면"(if necessary) 환어음에는 배서가 행해져야 한다고 하고 있으나 배서가 필요한 경우에 대해서는 어떠한 언급도 하지 않고 있어 실질적인 기준의 역할을 하기에는 무리가 있으며 오히려 환어음의 배서에 관한 분쟁을 야기하는 원인으로 작용할 가능성도 있다. 따라서 과거 ICC 은행위원회가 환어음이 매입은행 지시식으로 발행되는 경우에는 환어음에 명시된 방식의 배서가 이루어져야 한다는 견해를 밝힌 적이 있으므로[89] 이러한 유권해석을 기본으로 환어음의 배서에 관한 구체적인 기준을 설정하여 ISBP를 보완할 필요가 있다.

넷째, ISBP 745에서는 환어음의 정정 및 변경에 관하여 발행인이 인증한 정정 및 변경은 가능하다는 기준을 정하고 있고 발행은행도 신용장에 적절히 명시하도록 하고 있으나, 실제로 독일에서는 정정 또는 변경이 행해진 환어음이 제시되는 경우 은행은 그러한 환어음의 매입을 거절하는 것을 관행으로 하고 있으며,[90] 멕시코의 경우에는 법률에 의하여 환어음의 정정은 허용되지 않는다.[91]

85) ICC, ISBP, Publication No. 645, p. 8.

86) 박성철, "ICC/ISBP의 실무적용상의 한계에 관한 연구", 「통상정보연구」, 제5권 제2호, 한국통상정보학회, 2003. 12, 239면.

87) ISBP 51.

88) ICC Banking Commission Pub. No. 632, R.256.

89) ICC, *Document 470/TA.410*, March 20, 2000.

90) 예를 들어, 독일에서는 정정 또는 수정이 행해진 환어음이 제시되는 경우 은행은 환어음의 매입을 거절하는 것을 관행으로 하고 있다; Dr jur. Uwe Jahn, Bills of Exchange, ICC Publishing SA, 1990, p. 16.

91) 한국에서는 환어음의 정정 및 변경에 대한 인증에 관한 법률규정은 없으나 발행은행의 하자 제기 가능성을 고려하여 대부분의 은행은 정정 및 변경이 이루어진 환어음에 대하여 새로운 환어음으로 교체할 것을 수익자에게 요구하는 것이 실무관행으로 되어 있다; 우성구, "신용장부화환어음의 만기설정에 관한 연구", 「국제상학」, 제20권 제4호, 한국국제상학회, 2005. 12, 188면.

만약 ISBP의 권고에도 불구하고 이러한 국가에 소재하고 있는 발행은행이 이리한 취지를 명시하지 않고 신용장을 발행하여 수익자의 인증이 기재되어 있는 정정된 환어음이 제시되어 지급이 거절되는 경우 책임의 귀속 문제가 발생할 수 있다. 즉, 이러한 경우에 발행은행이 신용장 발행에 있어서의 부작위에 책임을 물을 수 있는가 아니면 수익자가 스스로 책임을 부담하여야 하는가의 문제가 발생할 수 있다. 그러나 ISBP의 심사기준에는 기준의 위반에 대한 처리지침은 전혀 언급이 되어 있지 않으므로 실제로 이러한 상황이 쟁점이 된 분쟁이 발생하는 경우 수입국의 국내법에 근거하여 수익자가 지급거절에 대한 책임을 부담하여 선의의 손실을 입게 될 가능성이 있다.

V. 결 론

ISBP 745의 환어음 심사기준은 UCP 600에서 구체적으로 반영되지 아니한 부분을 보충하는 역할로 제시된 것은 실무적으로 큰 가치가 있다고 평가할 수 있다. 특히 환어음에 있어서 실질적으로 중요한 문제인 만기일의 산정에 대하여 구체적인 지침을 제공하고 있어 그동안 심사기준의 미비로 인하여 환어음 관련 분쟁을 야기하는 주요한 원인으로 작용하였던 UCP 600의 미비한 규정이 보완될 수 있는 것으로 기대된다.

반면에 ISBP의 환어음 심사기준에는 실제의 신용장거래에 적용하는데 있어서의 몇 가지 문제점도 발견되고 있다. 첫째 "from"이라는 용어의 해석기준이 UCP 및 은행위원회의 유권해석과 상충되며, 둘째 발행의뢰인을 지급인으로 하는 환어음의 발행 금지는 UCP 500의 기존 규정과 완전히 중복되며, 셋째 환어음의 배서가 행해져야 하는 구체적인 기준을 제시하지 않고 있으며, 넷째 환어음의 정정 및 변경에 있어서 수익자가 선의의 손실을 입을 가능성이 있다는 점 등을 들 수 있다.

따라서 신용장거래당사자들은 환어음의 발행 및 심사에 있어서 이러한 문제점에 유의하여야 할 것이며, 향후 이러한 문제점들에 대하여 ICC 은행위원회가 ISBP 745 및 UCP 600에 보완시 참조할 필요가 있을 것이다.

특히 환어음과 관련하여 UCP 600에 별도의 조항으로 그 수리요건이 규정되지 않고 있기 때문에 환어음 관련 분쟁이 야기될 경우, UCP 600이 아닌 ISBP 745의 환어음 심사기준을 원용할 가능성이 있는 모순점이 있으므로 UCP 600상에 환어음의 수리요건을 새롭게 반영할 필요가 있다.

제 2 절 수입환어음의 결제와 서류인도

문제 2-18 수입화물선취보증서의 발행요건 및 보증도의 상관습에 대하여 설명하시오.

답안 2-18

〈목차 구성〉

Ⅰ. 서 론
Ⅱ. 수입화물선취보증서와 발행 요건
  1. 수입화물선취보증서의 의의
  2. 수입화물선취보증서의 발행 요건
  3. 수입화물선취보증서의 회수
Ⅲ. 수입화물선취보증서에 의한 보증도의 상관습
  1. 보증도의 의의
  2. 보증도의 상관습에 대한 한국 대법원 판례
Ⅳ. 수입화물선취보증서 발행의 효과
Ⅴ. 수입화물선취보증서의 사용에 따른 문제점
Ⅵ. 결 론

Ⅰ. 서 론

최근의 운송수단의 고속화로 인한 운송시간의 단축 및 특히 근거리 무역거래의 경우 운송물이 먼저 도착 되고 은행을 통하여 우편방식에 의한 결제서류 도착이 지연되는 경우 적기에 물품인도가 어렵게 되어 수입자가 선화증권원본 없이 보증도로 물품을 인도하고자 하는 관습으로 인하여 선화증권의 위기(the crisis of bill of lading)라는 말이 등장하고 있다.

수입자가 운송인으로부터 수입화물을 인도받기 위해서는 선화증권의 원본을 제시하여야 한다. 그러나 수업화물이 국내양륙지에 도착되었는데도 불구하고 관련서류가 도착되지 않아 화물인도가 불가능한 경우가 종종 발생한다. 이러한 경우는 우편의 지연이나 수익자의 서류제시의 지연 또는 지급, 인수 또는 매입은행의 업무지연으로 발생하며, 특히 수출지에서 수입지까지의 항해일수가 비교적 짧거나 항공운송의 경우에 빈번하다.

이로 인하여 수입자는 수입화물통관이 지연되어 물품수령이 늦어질 뿐만 아니라 창고료 등의 추가비용이 발생할 수도 있고, 도착화물에 손상을 가져오거나 심지어 판매의 적기를 상실할 수도 있다.

이와 같은 사정은 은행의 입장에서도 마찬가지이다. 왜냐하면 은행의 담보로 되어 있는 물품이 인도되지 않음으로써 수입자와 같은 입장에 있기 때문이다. 또한 운송인으로서도 화물의 양륙 및 인도가 순조롭지 못하여 불편한 점이 있을 수 있다.

따라서 수입자, 발행은행, 그리고 운송인은 이러한 불리한 점을 해결하기 위하여 선화증권원본이 발행은행에 도착하기 이전 수입화물을 미리 취득할 수 있는 수입화물선취보증서(Letter of Guarantee: L/G)에 의한 보증도의 상관습을 적용하게 되었다. 이러한 관습은 선화증권 소지인에게 물품을 인도하여야 한다는 원칙에 위배되는 것으로 그 불법성을 인정하는 법원의 판결들에 의하여 지지 받지는 못하고 있다.

이하에서는 수입화물선취보증서의 발행요건 및 보증도의 상관습을 중심으로 검토하고자 한다.

Ⅱ. 수입화물선취보증서와 발행 요건

1. 수입화물선취보증서의 의의

수입자와 신용장발행은행이 연대보증한 증서를 운송인 앞으로 선화증권의 원본 대신에 제출하여 수입화물을 인도받을 수 있는 방법으로, 이를 수입화물선취보증서(Letter of Guarantee: L/G)라고 한다. 선취보증은 발행은행을 보증인으로 하고 선화증권을 도착 즉시로 선박회사에 인도하겠다는 것과 이 보증도에 의하여 발생한 일체의 사고는 보증은행 및 수입자가 단독 또는 연대로 책임을 부담하겠다고 서약한 것이다.[92]

2. 수입화물선취보증서의 발행 요건

수입화물보증서는 다음과 같은 요건을 갖출 경우에 한하여 발행의뢰인(수입자)의 신청에 따라 신용장발행은행이 운송인 앞으로 발행하게 된다. 수입화물선취보증서 발행 여부는 발행은행의 의무사항이 아닌 재량행위이다.

첫째, 수입하는 화물(물품)이 수입지에 도착되어 있어야 한다.

고속 운송수단 이용이나 근거리 무역을 행할 경우 서류의 송달보다 화물이 수입지에 선 도착하는 경우, 화물의 보관비, 관리비 및 살물(bulk cargo)인 경우에는 창고료 등이 발생될 가능성이 많다.

---

92) 수입화물선취보증서가 선화증권에 의한 수입거래에서 수입화물의 선취를 위하여 발행되는 것인 반면 항공편에 의한 수입화물의 선취는 항공화물운송장(Air Waybill)에 대하여 수입화물선취신청서에 의거 화물인도지시서(delivery order)로써 L/G와 동일한 효과를 거둘 수 있다. 화물인도지시서의 취급 역시 L/G의 경우와 마찬가지로 수입자의 수입대금결제 또는 인수에 앞서 화물을 미리 인도하는 것이므로 L/G 발급에 준한 은행의 채권보존조치가 따르게 된다.

둘째, 신용장 등에서 요구하는 선화증권 원본 등 결제서류가 신용장발행은행에 이미 도착되지 않았어야 한다.

만약 선화증권 원본 외 결제서류가 발행은행에 도착되었다면 발행의뢰인(수입자)이 수입대금을 결제하고 선화증권 원본을 교부받아 운송인에게 제시하고 물품을 수령할 수 있기 때문에 이 경우에는 L/G 발행의 필요성도 없을 뿐더러 은행이 이 보증서를 발행할 수도 없는 것이다.

셋째, 수익자(수출자)로부터 선화증권 사본, 송장 사본 등 결제서류 사본이 발행의뢰인(수입자)에게 송달되어 수입자가 소지하고 있어야 한다.

이는 물품인도의 증거서류에 대한 정보로서 거래은행에 L/G를 발행 신청할 수 있는 근거가 되기 때문이다.

넷째, 신용장거래인 경우 발행의뢰인은 발행은행으로부터 상응하는 신용공여 한도를 받거나 또는 발행은행에게 채무이행에 따른 담보 등이 제공되어 있어야 한다.

왜냐하면 발행의뢰인과 발행은행이 연대보증형식으로 L/G를 운송인 앞으로 발행함에 따라 이후 매입은행을 통하여 정식으로 제시되는 수입환어음(서류)에 대한 결제금액에 대한 발행은행의 보증채무를 담보하여야 하기 때문이다.

다섯째, 발행의뢰인(수입자)이 거래은행, 즉 신용장발행은행에 상기의 요건을 구비하고 L/G 발행을 신청하고, 발행은행이 이를 승낙하였을 때 성립된다.

발행의뢰인(수입자)의 요청에 따라 L/G를 발행한 은행은 수입거래근거 및 담보제공 여부 등을 확인하여 L/G 발행수수료를 받고 책임자가 서명하여 L/G를 수입자에게 교부하게 된다.

보증은행이 "상기 계약의 이행을 보증하고 이것에 관한 일체의 책임을 인수한다"라는 보증문언을 기재하면 운송서류의 원본을 인도하는 것과 동일한 효과를 갖게 되는 것으로 보는 것이다. L/G는 원칙적으로 선화증권을 단위로 발행하여야 한다.

3. 수입화물선취보증서의 회수

L/G 발행 후 서류 원본이 해외은행으로부터 내도하면 L/G의 회수(redemption)를 위하여 선화증권의 원본에 다음과 같이 배서하고, L/G회수요청서(redemption of letter of guarantee)와 함께 선박회사에 배달증명으로 송달하여 L/G를 회수 받는다.

Ⅲ. 수입화물선취보증서에 의한 보증도의 상관습

1. 보증도의 의의

보증도(保證渡)는 유가증권인 선화증권(화물상환증, 창고증권)이 발급된 경우 운송인과 창고업자가 수화인이 수입화물의 인도를 청구하면서 수입신용장발행은행이 발급한 수입화물선취보증서를 받고 추후 선화증권 원본을 받을 약정하에 선화증권과 상환하지 않고 수입화물을 인도하는 것을 말한다. 환언하면, 수화인이 수입신용장발행은행이 발급한 수입화물선취보증서에 의하여 수입화물 인도가 일정한 인적·물적 보증하에 이루어질 때 보증도라고 한다.[93)]

L/G에 의한 보증도가 한국에서 사용된 배경에는 L/G를 이용할 경우 수입자는 수입화물 수령의 신속화에 따른 물류기간을 단축시키고 관련비용을 절감할 수 있으며, 운송인은 선박의 정박기간의 단축을 통하여 운송효율을 증대시키고 화물인도의 지연에 따른 부담에서 벗어날 수 있다는 현실적 이점이 크게 작용한 것이 사실이다.

2. 보증도의 상관습에 대한 한국 대법원 판례

법원이 L/G에 의하여 화물이 인도된 경우 운송인에게 선화증권 소지인에 대한 책임을 인정하면서[94)] 보증도의 위법성에 대한 논란이 계속적으로 제기되고 있으며, 수입자가 은행에 대금을 지급하지 않고 위조 L/G를 운송인에게 제시하고 화물을 편취하는 사례[95)]가 발생하면서 운송인이 L/G에 의한 화물인도를 기피하는 경향을 보이는 등 L/G의 사용에 따른 부작용도 발생하고 있다. 그러나 L/G에 의한 보증도를 대체할 수 있는 현실적인 대안이 제시되지 않고 있는 상황에서 여전히 실무적으로 L/G 거래가 빈번하게 이루어지고 있다.[96)]

그러나 보증도는 운송인에게 과중한 책임을 부여함으로서 운송인으로서는 이러한 보증도에 의한 화물인도를 회피하게 함으로서 국내 보증도에 의한 화물인도 관행의 실효성에 많은 문제점을 있음을 시사하고 있다.[97)]

---

93) 김용재, "수입화물선취보증서(L/G) 제도의 개선 방안에 관한 연구", 「무역학회지」, 제22권 1호, 한국무역학회, 1997, 313면.

94) 제일은행 대 천경해운 사건(대법원 1991. 4. 26. 선고 90다카8098 판결).

95) 중소기업은행 대 동남아해운 사건(대법원 1993. 10. 8. 선고 92다12674 판결).

96) 이상훈, "수입화물선취보증서제도의 개선을 위한 e-L/G의 활용에 관한 연구", 산업경제연구, 제19권 3호, 2006, 1135면.

97) 양의동, "해상수입화물 보증도의 국내관행에 관한 사례의 비교 연구", 「국제상학」, 제24권 3호, 한국국제상학회, 2009, 148면.

한국 대법원 판례에 의하면 "보증도의 상관습은 운송인 또는 운송취급인의 정당한 선하증권 소지인에 대한 책임을 면제함을 목적으로 하는 것이 아니고 오히려 보증도로 인하여 정당한 선하증권 소지인이 손해를 입게 되는 경우 운송인 또는 운송취급인이 그 손해를 배상하는 것을 전제로 하고 있는 것이므로, 운송인 또는 운송취급인이 보증도를 한다고 하여 선하증권과 상환함이 없이 운송물을 인도함으로써 선하증권 소지인의 운송물에 대한 권리를 침해하는 행위가 정당한 행위로 된다거나 운송취급인의 주의의무가 경감 또는 면제된다고 할 수 없고, 보증도로 인하여 선하증권의 정당한 소지인의 운송물에 대한 권리를 침해하였을 때에는 고의 또는 중대한 과실에 의한 불법행위의 책임을 진다"[98]고 판시하고 있다.

한국 상법에서는 "화물상환증을 작성한 경우에는 이와 상환하지 아니하면 운송물의 인도를 청구할 수 없다"[99]고 규정하고 있고, 또한 대법원 판례에서도 "해상운송인 또는 선박대리점이 선하증권과 상환하지 아니하고 운송물을 선하증권 소지인 아닌 자에게 인도하는 것은 그로 인한 손해의 배상을 전제로 하는 것이어서, 그 결과 선하증권 소지인에게 운송물을 인도하지 못하게 되어 운송물에 대한 그의 권리를 침해하였을 때에는 고의 또는 중대한 과실에 의한 불법행위가 성립된다"[100]라고 판시한 것을 보면 그 취지는 같다고 할 수 있다.

이와 같이 선화증권의 상환증권성(相換證券性)은 선화증권 선의의 소지인을 보호하기 위한 것으로서 운송인 등이 수입화물인도에 대하여 거절의무를 부과한 것으로 보면 보증도의 적법성은 인정할 수 없다는 점이다.[101]

이러한 판례에서와 같이 한국 법원은 L/G에 의한 보증도를 상관습으로 인정하고는 있으나, L/G에 의한 화물인도는 불법행위에 해당한다는 일관된 견해를 유지하고 있다.

Ⅳ. 수입화물선취보증서 발행의 효과

수입화물선취보증서의 발행내용은 선화증권 원본이 신용장발행은행[102]에 도착하면 즉시 선박회사에 원본 전통을 제출하겠다는 것과 운송비의 지급 기타 선화증권을 담보

98) 대법원 1992. 2. 25, 선고, 91다30026, 판결.
99) 한국 상법 제129조(화물상환증의 상환증권성).
100) 대법원 1999. 4. 23, 선고, 98다13211, 판결.
101) 김용재, 전게논문, 318~319면.
102) D/P·D/A 거래에서도 L/G가 이루어지고 있다. 이 경우는 추심의뢰은행으로부터 관련 상업서류를 송부하였다거나 혹은 장차 송부하겠다는 통지를 받았어야 하며, 수입자의 신용도가 고려된다.

로 제공됨에 따른 모든 손실을 보상하겠다는 것이다.

L/G는 원본서류가 이미 도착되어 있으면 발행할 수 없으며, 일단 발행이 되면 나중에 원본서류가 발행은행에 도착되어 만일 서류상의 하자가 있다 하더라도 지급거절 할 수 없다.

신용장발행의뢰인의 요청에 의하여 발행은행이 L/G 발행에 따른 해상운송인 앞으로의 보증채무는 선화증권 원본을 해상운송인 앞으로의 제시에 의하여 소멸된다. 해상운송인이 위조·변조된 서류를 모르고 운송물을 선화증권의 정당한 소지인이 아닌 자 앞으로 보증도의 상관습에 따라 인도하여 주었더라도 발행은행에 선화증권 원본이 도착할 경우에 선화증권 소지인인 발행은행은 수입화물에 대한 담보권을 행사할 수가 있으며, 신용장발행의뢰인이나 제3자의 위조·변조서류에 대해서는 면책이 된다.[103)]

V. 수입화물선취보증서의 사용에 따른 문제점

L/G에 의한 화물인도가 하나의 상관습으로서 실무적으로 일반화되어 있다 하더라도 향후 상법의 관련규정이 개정 또는 폐지되거나 또는 법원에서 L/G의 위법성에 대한 입장을 바꿔 L/G에 적법성이 부여되기 이전에는 국내에서 L/G는 법적인 관점에서 여전히 불법행위로 간주될 수밖에 없다. 또한 각종의 선화증권에 관한 국제규범에도 L/G에 의한 화물인도에 대한 언급이 전혀 없으며, 현재 사용되고 있는 선하증권의 약관에도 L/G에 대한 특약조항은 전혀 포함되어 있지 않다.

이러한 상황에서 운송인은 L/G에 의한 화물인도로 인한 책임을 면제받을 수 있는 어떠한 근거도 가지지 못하여 전적으로 책임을 부담할 수밖에 없으므로 선하증권 소지인으로부터 배상청구를 당하는 곤란한 상황이 발생되지 않기를 기대하면서 L/G에 대하여 화물을 인도할 수밖에 없는 딜레마적인 상황이 계속될 것이다.

따라서 법적 근거가 결여된 상황에서 사용되고 있는 L/G의 위법성은 L/G의 실무적 유용성을 저해하는 장애요인이 되고 있다.[104)]

Ⅵ. 결　　론

선화증권 원본 등 결제서류가 은행을 통한 송달보다 운송수단이 먼저 수입지에 도

103) 강원진, 「신용장론」 제5판, 박영사, 2007, 28면.
104) 이상훈, 전게논문, 1143~1144면.

착하였을 경우 신용장발행의뢰인(수입자)은 선화증권 원본 제시 대신 L/G에 의한 보증도의 상관습에 따라 도착된 운송물을 신속하게 수령하고자 할 것이다.

그러나 해상운송인은 운송종료 후 양륙항에서 운송물을 정당한 수화인(consignee)에게 인도할 의무를 진다. 여기서 정당한 수화인이란 운송계약에 지정된 운송물의 수화인 또는 선화증권이 발행된 경우에는 그 증권의 정당한 소지인이다. 해상운송인은 선화증권의 소지인이 그 증권과 상환으로 운송물의 인도를 청구하지 않으면 인도할 의무가 없다.

실제 무역업계에서는 선화증권보다 운송물이 먼저 도착하는 경우에는 보증도에 의해 선화증권과 상환하지 아니하고 운송물을 인도하게 된다. 이때 운송인은 은행 등이 발행한 수입화물선취보증서를 담보로 취득한다. 이러한 보증도는 근거리 무역의 경우 수입되는 물품에 널리 이용되기 때문에 한국에서는 상관습으로 확립되었다고 할 수 있다.

그러나 보증도의 상관습이 있다고 하여 이것이 선화증권 소지인에 대한 책임을 면제시키는 것이 아니라는 것이 한국 대법원 판결의 입장이다.[105)]

따라서 L/G 사용에 대한 보완책을 상법에 보완하거나 적법성이 부여되기 이전에는 여전히 문제점이 병행될 것임으로 전자선화증권 사용 등을 통하여 전자적 제시에 의한 신속한 선화증권 제시로 L/G 사용의 필요성을 불식시키는 노력이 필요할 것이다.

문제 2-19 수입화물대도의 유용성 및 유형에 대하여 설명하시오.

답안 2-19

〈목차 구성〉

Ⅰ. 서 론

수입화물대도(輸入貨物貸渡; Trust Receipt: T/R)란 신용장발행은행이 수입대금을 결제

105) 서헌재, 전게서, 288면.

하면서 담보로 취득한 수입화물에 대하여 소유권만 보유하고 수입자가 수입대금을 결제하기 이전에 수입화물을 통관하여 제조·가공·판매 등을 할 수 있도록 하기 위한 신용장발행은행 앞으로의 "수입화물의 신탁적 양도" 행위를 의미한다.

일람출급환어음 결제에서 서류가 발행은행에 도착하면 신용장발행의뢰인은 대금을 지급하여야 서류를 수령할 수 있지만 발행은행이 발행의뢰인 앞으로 금융을 제공하는 경우에는 결제대금을 동 금융으로 지급하고, 수입대금 결제에 충당한 대금은 발행의뢰인에 의하여 일정한 기간 후에 상환 받게 된다. 이와 같은 제도 아래에서는 소위 자동결제기능이 있으므로 수입화물을 담보로 취득하게 된다. 여기서 수입화물을 통상의 담보와 같이 취득을 하게 되면 발행의뢰인이 수입하는 본래의 목적을 달성할 수 없으므로 특별한 조치가 필요하다. 은행입장에서도 동 수입화물을 창고 등에 보관하고 있어도 창고료, 보험료 등의 비용만 발생하고 아무런 실익이 없다.

그러므로 T/R 제도하에서는 은행을 신탁공여자(entrustor)로 하고 발행의뢰인을 신탁수혜자(trustee)로 하는 신탁계약(trust contract)을 하게 된다. 이러한 신탁은 신용편의(credit facility)를 위한 담보취득의 방법을 뜻하는 한편 일람출급결제에서 일정기간 동안 지급을 유예하여 주는 T/R 편의를 의미하기도 한다.[106]

이하에서는 T/R의 법적 성격, 유용성 및 그 유형을 중심으로 검토해 보기로 한다.[107]

Ⅱ. 수입화물대도의 기원

T/R은 미국 통일대도법(Uniform Trust Receipt Act: UTRA)[108]에서 그 기원을 찾아 볼 수 있다. 미국에서 대도증권이란 권리증서 또는 물품을 점유하고 있는 질권자(pledgee)가 원소유자 또는 그 대리인으로부터 이를 수취하여 다시 원소유자 또는 제3자에게 인도하고자 할 때, 질권설정자(pledgor)가 권리증권, 물품 또는 그 판매대금을 질권자를 위하여 수탁·소지한다고 약정하는 증권으로 정의되고 있다.[109]

---

106) 따라서 T/R 제공은 수탁자(trustee), 즉 수입자의 신용이 좋아야 하고, 수탁자가 담보물건을 타대출의 담보로 제공하지 말아야 하며, 담보화물의 판매 또는 사용대금을 대금의 지급에 충당할 수 있어야 한다.

107) 강원진, 「신용장론」, 제5판, 박영사, 2007, 342~355면.

108) 미국 통일대도법은 통일주법에 관한 전국위원회의 Karl N. Llewelly 교수가 처음 기초하여 1934년 뉴욕주, 1935년 일리노이주, 인디아나주, 오리건주를 비롯하여 30여개 주에서 채택하였으며, 오늘날 미국 통일상법전 제9편에 의해서 보충되어 있다.

109) Boris, Kozolchyk, *Commercial Letter of Credit* in the Americas, New York, 1976, p. 156; Gutteridge & Megrah, op. cit., p. 215.

미국의 통일대도법에 따르면 T/R이란 그 동산질이 만약 물품이나 서류인 경우에는 이들을 매각 또는 교환하는 목적에, 그리고 물품을 제조 또는 가공하거나 적재·양륙·환적하거나 기타 예비거래를 위한 목적 등에 사용되는 것이다. 따라서 신용장발행의뢰인이 물품을 매각한 대금으로 발행은행에 보상하고자 할 경우에는 발행의뢰인은 자신이 질권자인 발행은행의 수탁자로서 물품과 권리증권을 점유하며, 발행은행의 계산하에 그를 대리하여 물품을 매각하고 그를 위하여 대금을 수탁·소지한다는 T/R을 교부하여야 한다. 발행은행의 입장에서는 수입자로부터 T/R을 받고 물품 또는 권리증서를 인도한다면, 발행은행이 직접 신용장의 담보물을 현금화하여야 할 어려움은 덜 수 있다. T/R은 오대호 주변의 곡물거래에서 최초로 사용되었다. 이것이 담보제도로서 중요성을 띠게 된 시기는 19세기 말엽 미국 동해안의 은행에서 이를 수입거래에 사용하게 되면서부터이다. 그 후 제1차 세계대전 후까지는 거의 원자재나 수입거래에 한하여 사용되었다.

T/R의 명칭에 대하여서는, 영국의 판례에서는 신탁증서(Letter of Trust)·저당증서(Letter of hypothecation)라는 명칭을 사용하고 있으나[110] 대륙법계에서는 이를 나타내는 직접적인 명칭은 찾아 볼 수 없고, 다만 신탁증서와 비교될 수 있는 위탁매매의 위탁자와 위탁매매인간의 위탁주선계약서가 있다. 일본과 한국에서는 이 제도를 도입하여 수입담보화물보관증 또는 수입화물대도증서라는 용어로 사용되고 있다.

Ⅲ. 수입화물대도의 법적 성격

T/R의 법률적 성격에 대해서는 학설이나 판례도 아직 확립되어 있지 않는 실정이지만, 그 법률적 효력에 있어서는 대체로 인정되고 있는 양도담보·기탁·대리설을 중심으로 살펴본다.[111]

발행은행이 상업신용장약정서에 의해 양도담보로서 보유하는 물품을 거래처에 기

110) H. C. Gutteridge, and Megrah, Maurice, *The Law of Banker's Commercial Credits*, Europa Publication Ltd., 1984, p. 214.

111) 그 외의 학설로는 ① 수탁자, 즉 발행의뢰인은 은행의 대리인으로서 화물을 매각 또는 화물을 처분하나 그 법적 효과는 소유자인 은행에 귀속된다는 대리관계설, ② 수탁자는 은행으로부터 화물을 매각할 목적으로 기탁을 받아 화물을 보관할 의무가 있으며 판매권한 이외에는 화물에 대하여 아무런 권리가 없다는 기탁설, ③ 수탁자는 은행이 질권자로서 점유하고 있을 수입화물을 이전받는 것이며 화물인도 후에도 질권관계가 존속된다는 질권존속설, ④ 은행이 자기 소유에 속하는 화물을 일정기간 후에 대금지급하는 것을 조건으로 하여 수탁자에게 매각하는 것으로 대금지급 전에는 은행이 화물의 소유권을 가지고 수탁자는 화물의 점유를 취득하게 된다는 조건부매매설 등이 있다.

탁보관을 의뢰하고 거래처에게 은행의 대리인으로서 물품의 처분을 위임하고 있는 것으로 간주한다는 학설[112]로서 T/R을 설명하는데 가장 유력한 학설로 인식되고 있다.

왜냐하면 보통 발행은행이 수입자로부터 차입하는 T/R에 의해서 결제서류에 기재된 수입물품은 발행은행의 소유에 속하는 것으로 하고, 만약 수입자가 약정기일에 대금을 은행에 상환하지 않거나 수입자의 신용상태에 불안을 느낄 경우에는 발행은행은 그 수입물품을 임의로 회수하여 은행의 자금에 충당할 수 있고, 물품이 매각된 후 수입자가 그 채무를 이행하지 않는 경우 은행은 다른 채권자보다 우선하여 그의 권리를 주장할 수 있기 때문이다.

신용을 공여하고 있는 은행의 입장에서 볼 때, 물품상에 질권을 가지고 있는데 불과한 경우에는 담보권을 행할 경우 그 물품을 자유로이 처분하지 못하고 복잡한 법정의 절차를 거쳐야 하므로 적기에 물품을 매각할 수 없고, 만약 수입자가 파산상태에 빠지는 경우에는 은행은 안전하게 담보권을 행사할 수 없기 때문에 양도담보로 보는 것이 타당할 것이다.[113]

이 설이 주장하는 바에 의하면, T/R에 의한 수입화물대도의 법률관계가 양도담보의 법률구성요건을 구비하고 있다는 사실이다. ① 담보되어야 할 채권이 존재하고 있고, ② 담보의 목적인 재산이 채권자에게 이전되고, ③ 채무자는 목적물을 사용함을 원칙으로 하고, ④ 양도담보권자의 제3자를 배척할 우선적 효력은 그 담보의 목적인 재산권 자체가 담보권자에게 귀속함으로써 달성된다는 것이다.

양도담보의 대외적 효력으로서 양도담보는 그 제3자에 대한 관계에 있어서는 권리는 무조건적인 이전으로서 취급된다. 따라서 양도담보권자인 은행으로부터 수입물품을 매입한 제3자는 선악의를 불문하고 완전하게 그 물품의 소유권을 취득한다.

그러나 T/R에 의하여 발생되는 법률효과 중 악의의 제3자에 대한 효과에 차이가 있다. 즉 물품이 T/R과 연계되어 있다는 사실을 인지하고 있는 악의의 제3자가 수입자로부터 물품을 유상으로 취득한 경우에는 소유권을 취득하지 못한다. 여기에서 양도담보의 법리가 T/R을 완전하게 설명하지 못하는 한계가 존재한다.

Ⅳ. 수입화물대도의 유용성

T/R을 통해서 수입자가 얻게 되는 이점을 요약하면 다음과 같다.

---

112) 吉原省三, 「銀行取引法諸問題」, 金屬財政事情硏究會, 1973, 224~225面.

113) 요하네스짜안 저, 강갑선 역, 「무역결제론」, 법문사, 1977, 299면.

(1) 수입물품의 결제자금이 여의치 않을 경우 T/R을 은행에 차입함으로써 은행으로부터 결제서류를 제공받게 됨으로써 물품이 운송 중일 경우는 물론이고 운송이 완료된 후에도 결제서류를 매각할 수 있어 수입자는 소기의 목적을 달성할 수 있다.

(2) 수입물품의 시세변동이 크거나 계절적인 물품의 경우 혹은 물품성격상 변질되기 쉬운 것은 무엇보다도 상기를 잘 맞추는 것이 중요하므로 T/R은 이 경우 훌륭한 역할을 수행해 낼 수 있다.

(3) 수입대금의 결제지연으로 보관료 등의 부대비용이 과중하게 소요될 수 있으므로 T/R을 이용함으로써 수입물품의 조속한 인도를 통해서 그 비용을 줄일 수 있다.

(4) 수입자는 수입물품매각을 통한 판매대금으로써 은행채무를 변제할 수 있다.

(5) 기계설비의 설치 및 이용을 위한 T/R의 경우에는 영업활동을 통한 수익으로써 분할상환이 가능하다.

(6) 수출용원자재수입을 위한 T/R의 경우에는 수출신용장의 매입대금으로 원자재 수입대금을 결제할 수 있다.

Ⅴ. 수입화물대도의 유형

1. 화물처분 및 용도에 따른 유형

물품처분에 따른 유형으로서 은행이 수입자에게 물품을 통관하여 제조·가공뿐만 아니라 매각까지도 허용하는 T/R과 단지 지정창고에의 입고만 허용하는 T/R로 분류할 수 있다.

1) 수입화물매각

수입물품의 양륙, 통관, 부보, 입고 및 매각을 위해서 T/R이 사용된다. 즉 은행이 자신의 명의로 수입물품을 창고에 보관하고 수입자가 물품의 매각을 할 때마다 은행에 그 대금을 지급하게 하고 물품의 인도를 받게 한다면, 은행은 자신의 이익을 안전하게 보호할 수 있지만 수입자 측은 매매거래상 많은 불편함을 느낄 것이다. 게다가 수입자는 그의 거래선에게 자신의 경제적 상황을 알리고 싶지 않는 경우도 있고, 물품이 육류·과일 등과 같이 장기간 보관이 어려운 것 혹은 가격변동이 심한 것은 창고에 기탁해서 천천히 시기를 기다려서 물품을 출고하는 방법은 적당하지 않다. 이러한 경우에 물품매각을 위해서 수입자에게 선화증권을 대도하는 방법이 이루어진다.

2) 화물입고

수입물품의 양륙, 통관, 부보 및 입고를 위한 목적으로 T/R이 사용된다. 수입자의 신용상태가 염려스럽고, 은행에게 무단으로 매각할 것을 허용하지 않는 것이다. 입고는 은행의 명의로 행하고, 물품을 매각할 경우에는 은행에게 통지하고 그 지시에 따라야 한다.[114] 이러한 방식의 T/R은 거래처의 신용력이 충분하지 않은 경우에 이용되지만, 이것으로는 거래처의 필요를 충족시킬 수 없고 은행의 사무절차도 복잡하기 때문에 실제 거래에서는 이 방식은 거의 이용되지 않고 있다.

3) 제 조

수입물품이 원자재나 원료인 경우 이를 다시 가공하여 다른 제품으로서 판매하기 위해서 수입자가 원자재나 원료의 인도를 받는 데에도 T/R이 이용될 수 있다. 이 경우에는 은행의 담보물과 그것을 가공해서 제조한 제품 내지 그 수익금 사이에 동일성을 확보하는 것은 어려운 문제이기 때문에 은행은 자신의 이익을 보호하기 위해서 T/R 차입에 의해서 처음 담보되어 있던 물품과 지정되어 있던 물품에 대신해서 동 가격의 다른 물품을 담보물로 하는 약정이 행해진다.

4) 설 비

상업차관으로 금융기관지급보증하에서 들여오는 기계설비류의 장기 또는 단기 연불수입을 하는 경우에도 T/R이 이용될 수 있다. 이 경우 운행은 T/R 신청시 양도담보증서·담보제공증서 등의 서류를 요구하게 되는데, 이는 수입물품에 대한 법률적 담보력을 더욱 강화하기 위한 수단으로 해석될 수 있을 것이다.

5) 항공화물

항공화물이 도착하고 있음에도 불구하고 항공화물운송장이 도착하지 않은 경우, 물품거래를 위해서 수입자가 차입하는 T/R이다. 항공화물운송장은 선화증권과 다르고, 유가증권은 아니고, 단순한 화물수령증에 지나지 않기 때문에 신용장발행은행은 통상 자기를 수화인으로서 물품에 대한 담보권을 유보한다. 그런 까닭으로 물품 도착에도 불구하고 서류가 도착하지 않은 경우에는 수입자는 별도 수출자로부터 송부를 받은 운송장 사본을 은행에 제출하여 물품의 대도를 의뢰한다. 이 경우 은행은 수입자가 은행의 대리인으로서 물품을 수취하는 것을 인정하는 위임장을 교부한다. 후일 결제서류가 도착하면 수입화물매각을 위한 T/R로 전환된다.

---

114) 來住哲二·中村 弘,「新輸出入取引ハンドブイック」, 同文館, 1988, 195面.

6) 담보차입증 겸 담보화물보관증

신용장이 이용되지 않는 일람출급 수입환어음으로 대도에 의해서 지급유예를 받는 경우에 이용된다. 이 경우 물품의 매각까지도 인정되고 있다. 신용장이 이용되는 경우에는 당초의 약정에 의해서 수입물품은 원래 수입여신의 담보로 되고 있지만, 신용장이 이용되지 않는 경우는 당해 물품의 소유는 수입자가 지급을 완료하기까지는 수출자에게 속해 있고 수입자 은행은 단순히 추심의 위임을 받고 있는데 지나지 않는다. 수입환어음의 결제에 의해서 물품이 수입자의 소유로 이전한 시점에서 다시 담보차입증에 의해서 담보로서 차입된다.

2. 환어음의 종류에 따른 유형

기한부환어음 거래에 따른 T/R로서 해외은행인수(overseas bank's acceptance) 또는 내국수입유잔스(domestic import usance)에 수반하는 T/R과 일람출급환어음 거래에 따른 T/R로서 수출용원자재 수입금융에 따른 T/R이 있다.

3. 금융내용에 따른 유형

원자재수입금융에 따른 T/R로서 수출진흥정책의 한 방법으로 수출용원자재를 수입하는 때에 금융의 혜택을 주는 경우의 T/R, 인수금융에 따른 T/R로서 해외은행인수(overseas bank’s acceptance) 또는 내국수입유잔스(domestic bank’s usance)에 따른 T/R, 할부지급방식의 수입에 따른 T/R로서 기한부거래나 착수금을 먼저 지급하고 잔액은 일정기간에 균등분할하여 상환하여야 하는 신용공여에 따른 T/R, 수입화물대도금융(T/R loan) “T/R facility”에 따른 T/R로서 일반수입에 있어서 소정의 기간 동안 T/R약정에 따라 신용을 공여하는 경우의 T/R, 외화대출에 따른 T/R로서 신용장발행은행이 조성한 외화자금 또는 국내외국은행의 국내지점이 외화자금으로 대출하는 경우의 T/R, 외국에 있는 금융기관 또는 회사 등이 공여하는 차관과 외국은행이 제공하는 “bank loan”에 따른 T/R 등이 있다.

Ⅵ. 결 론

신용장방식의 수입에서 기한부환어음이 발행된 경우 환어음만기일까지 수입자는 수입물품을 매각하여 발행은행에게 대금지급을 할 수 없다면 발행은행으로서는 경제적

부담을 강요당하는 입장에 처하여진다. 그리고 일람출급환어음이 발행된 경우에는 수입자가 환어음 금액을 결제하지 않으면 서류를 인도받을 수 없기 때문에 수입자의 입장에서 보면 기한부환어음인 경우와 같은 동등한 편익을 누릴 수 없게 되는데, 이 경우 T/R을 이용함으로 해서 은행과 수입자는 상호부조를 도모할 수 있다.

특히 은행의 입장으로서는 수입물품을 다만 환어음담보로서 소유할 뿐이며 궁극적으로는 환어음금액 및 이자, 제수수료 등을 받는 데 있다. 물품의 수입수속, 입고·매각 등에 대해서 가장 정통하고 있는 것은 수입자이지 은행은 아니다. 따라서 은행은 은행업무 이외의 업무에는 가능한 한 취급하지 않는 편이 바람직하다. 즉 은행으로서는 스스로 번거로운 입고사무·매각사무를 취급하는 것은 결코 바람직스러운 것이 될 수 없고, 따라서 이러한 사무는 그 전문가인 수입자에게 일임하는 것이 은행으로서 유리하다.

또한 수출물품에 필요한 매입자금을 조달하기 위해서 수출자는 자신이 국내 구매한 물품을 창고에 기탁하여 창고증권을 발급받아 이를 담보로 거래은행으로부터 대출을 받을 수 있다. T/R 이용에 의하여 은행이 가지고 있는 창고증권은 화물상환증으로 전환되고 물품이 운송수단에 적재되면 화물상환증을 교부받은 수출자는 선화증권의 교부를 받아 이를 은행에게 인도함으로써 은행으로부터 T/R을 되돌려 받을 수 있게 된다.

이 외에도 T/R은 내국수입유잔스 등 다양한 원자재, 주요 시설기재의 수입거래와 관련하여 금융수단으로서의 유용성은 크다고 할 수 있다.

제 3 절 무역결제서류

문제 2-20 신용장거래에서 상업송장의 요건과 심사기준에 대하여 설명하시오.

답안 2-20

〈목차 구성〉

Ⅰ. 서　론

신용장거래는 서류로 행하여지며 발행은행의 대금지급 여부는 제시서류에 의하여 결정된다. 이러한 요구서류들은 거래의 상황과 특성에 따라 달라질 수 있으나 운송서류, 보험서류 및 상업송장은 대부분의 신용장거래에서 공통적으로 요구되는 기본서류라 할 수 있다. 이 중에서 상업송장은 수출자가 계약에 일치되게 물품을 인도하였는지의 여부를 직접적으로 확인하는 기능으로 인하여 발행은행이 지급 여부를 결정하는 주요한 근거가 된다.

UCP 600에서는 상업송장의 수리요건을 규정하고 있으나[115] 상업송장의 중요성에 비하여 규정의 내용이 너무 간단하고 구체성이 결여되어 상업송장에 관한 은행의 수리요건으로서의 기능을 다하지 못하고 상업송장의 심사에 따른 분쟁을 야기하는 원인의 하나로 작용하고 있다.

이러한 문제점에 대한 해결방안으로 UCP 600의 규정을 기초로 ISBP[116]에 의한 서류심사기준을 추가로 검토하는 것이다.

이하에서는 UCP 600에 규정하고 있는 상업송장의 수리요건과 보완적으로 ISBP 745에 제시하고 있는 상업송장의 심사기준을 검토하고자 한다.

Ⅱ. 상업송장의 발행요건

상업송장(commercial invoice)이란 수출자(수익자)가 수입자(발행의뢰인) 앞으로 발행하여 물품에 대한 대금청구서, 물품의 명세서, 견적서로 사용되는 상용문서이다.

UCP 600에서는 상업송장의 발행요건에 대하여 상업송장은 수익자가 발행하고, 발행의뢰인 앞으로 작성되어야 하며, 신용장과 동일한 통화로 작성되어야 하고 서명을 필요로 하지 아니한다고 규정하고 있다.[117]

---

115) UCP 600, Article 18.

116) ICC, *International Standard Banking Practice for the Examination of Documents under Documentary Credits(ISBP)*, Publication No. 645, 2003; ISBP는 UCP 500을 개정하는 것이 아니라 실질적인 추록으로서 UCP 500을 보완하기 위한 의도로 제정되었다; ICC, ISBP, 2003, p. 3, Foreword. ISBP의 두 번째 버전은 ISBP 681(2007년), 세 번째 버전은 현행의 ISBP 745(2013년)이다.

117) UCP 600, Article 18-a.

1) 송장의 명칭

UCP 600에서는 상업송장이라는 명칭을 사용하고 있다. 그러나 ISBP 745에서는 송장의 명칭(title of invoice)[118]과 관련하여 유사한 명칭사용을 용인하고 있다.

ISBP에서는 추가적인 설명 없이 신용장이 송장(invoice)을 요구할 경우, 이것은 모든 형태의 송장(상업송장, 세관송장, 최종송장, 영사송장 등) 제시에 의하여 충족되며, 신용장이 상업송장의 제시를 요구하는 경우에도 송장이라는 명칭의 서류제시에 의하여 충족되고 비록 이와 같은 서류가 세금목적으로 발행되었다는 기재를 포함하더라도 마찬가지라고 하고 있다.[119] 그러나 가송장(provisional invoice), 견적송장(pro-forma invoice)[120] 또는 유사한 것으로 확인된 송장은 수리되지 않는다.[121]

이는 다른 송장의 경우 수출자의 계약이행사실을 입증하는 대금청구서의 기능을 수행하는 반면에 가송장이나 견적송장은 견적서의 기능을 수행하면서 선적 이전에 발행되기 때문에 수출자의 계약이행사실을 입증하는 서류로 간주하기 곤란하다는 점을 반영한 것으로 보인다.[122]

2) 송장의 발행인과 피발행인

UCP 600에서는 송장발행자는 수익자라는 것으로만 규정하고 있으나, ISBP 745에서는 송장은 수익자 또는 양도된 신용장의 경우에는 제2수익자가 발행한 것으로 보여야 한다[123]고 하여 양도가능신용장하에서 수익자가 양수자로 변경되는 경우를 고려하고 있다. 이는 일반적인 신용장의 경우에는 상업송장의 발행인은 수익자이지만 신용장양도가 이루어졌을 경우에는 양수자인 제2수익자 명의로 발행하여야 함을 추가하고 있는 것이다.

---

118) ISBP 745에서는 상업송장(commercial invoice)이 아닌 송장(invoices)이라는 일반적인 개념, 즉 넓은 의미로 표현(ISBP 745, Para. C1)하고 있는 반면에, UCP 600에서는 상업송장이라고 규정하고 있다(UCP 600, Article 18). 대부분의 신용장거래에서 수출자의 계약이행 여부를 확인하기 위하여 송장보다는 상업송장이라는 명칭의 서류를 요구하고 있으므로 여기에서는 송장과 상업송장을 동일한 의미로 혼용하고자 한다.

119) ISBP 745, Para. C1.

120) 견적송장은 매매계약의 성립 이전에 수출자가 수입자에게 화물의 수입가격을 계산하는 자료를 제공하거나 또는 수입자가 수입허가를 신청하는데 필요한 첨부서류로서 요구하게 되며 중동지역의 국가에서 많이 사용되고 있다.

121) ISBP 745, Para. C1-a.

122) 이러한 송장들은 매매계약이나 신용장의 내용을 확정하기 위한 예비적인 정보사항에 불과하다; 서정두, “수출거래에서 상업송장의 일치성의무에 관한 관습적 해석기준”, 「무역상무연구」 한국무역상무학회, 제25권, 2005, 110면.

123) ISBP 745, Para. C2-a.

또한 상업송장은 발행의뢰인 앞으로 발행되어야 한다. 상업송장에서는 수익자나 발행의뢰인의 주소가 반드시 포함되는 것을 요구하지는 않고 있다.[124] UCP 600 제2조는 "발행의뢰인"(applicant)의 의미를 "신용장이 발행되도록 요청하는 당사자"로 정의하고 있지만, 신용장에서 지정된 당사자로 제한하지는 않는다. 발행의뢰인을 매수인(buyer)으로 단정하면 아니 된다. 왜냐하면 발행의뢰인은 신용장에서 지정되지 않은 실체(은행과 같은)일 수도 있기 때문이다.

3) 송장의 통화

이 조항에서 "상업송장은 신용장과 동일한 통화로 작성되어야 한다"라는 것은 UCP 500 제37조에서 없던 것으로 UCP 600에서 추가된 요건이다. 이와 마찬가지로 ISBP 745[125]에서도 신용장에 보이는 통화와 동일한 통화를 표시하도록 하고 있다.

4) 송장의 서명 및 일자

UCP 600상에는 상업송장에 서명이 불필요하다는 것만을 규정하고 있으나, ISBP 745에서는 "송장은 서명되거나 일자기재를 필요로 하지 아니한다"[126]고 하여 서명만이 아니라 일자기재도 불필요하다는 점을 추가하고 있다.

이는 신용장에서 요구되지 않았다 하더라도 환어음, 운송서류 및 보험서류에는 서명뿐만 아니라 일자기재도 되어야 한다는 ISBP 745의 규정[127]과 비교하면 상업송장에 대해서는 상당히 이례적이라 할 수 있다. 이러한 서명과 일자 기재의 불필요성은 전통적인 종이서류가 아닌 전자적 방식으로 상업송장이 제시될 경우를 대비하기 위한 것으로 보인다.[128]

반면에 신용장에서 상업송장에 "photocopy of signed invoice"의 제시를 요구하는 경우에는 서명된 송장이 제시되어야 한다.[129] 그러나 수익자가 제시한 모든 서류의 서명이 동일할 필요는 없다. 예를 들면, 상업송장과 환어음의 서명이 상이한 경우 이러한 서명의 상이가 불일치에 해당하는지의 질의에 대하여 ICC 은행위원회는 UCP에는 수익자에 의하여 발행되는 모든 서류에 동일한 서명의 기재를 요하는 규정은 없다고 강조하고 서명의 상이는 하자가 아님을 분명히 하고 있다.[130] 이는 환어음은 기업의 회계담당부서

124) UCP 600, Article 14-j.
125) ISBP 745, Para. C6-c.
126) ISBP 745, Para. C10.
127) ISBP 745, Para. A11.
128) ICC, *Documentary Credits UCP 500 & 400 Compared*, ICC Publication No. 511, 1993, p. 100.
129) ISBP 745, Para. A29-d-iv.
130) ICC, *Document 470/TA.445*, April 5, 2000.

에서 작성하나 다른 서류들은 무역담당부서에서 작성하는 것이 일반적이므로 모든 서류의 서명이 동일하기는 어렵다는 현실적인 이유에 근거를 두고 있는 것으로 생각된다.[131]

Ⅲ. 상업송장의 금액

1. 신용장금액 초과발행 상업송장

UCP 600에서는 신용장금액을 초과하여 발행한 송장금액에 대하여 "지정에 따라 행동하는 지정은행, 확인은행(있는 경우) 또는 발행은행은 신용장에 의하여 허용된 금액을 초과한 금액으로 발행된 상업송장을 수리할 수 있으며, 그 은행의 결정은 문제의 은행이 신용장에 의하여 허용된 금액을 초과한 금액으로 인수·지급 또는 매입하지 아니하였을 경우 모든 당사자를 구속한다"[132]라고 규정하고 있다.

이는 화환신용장에 의해 허용된 금액을 초과한 금액으로 발행된 상업송장은 지정은행, 확인은행 또는 발행은행에 의하여 수리가능하다는 변화를 반영하고 있다. 다만 문제의 은행이 신용장에 의하여 허용된 금액을 초과한 금액으로 인수·지급 또는 매입하지 아니하여야 하며, 이때 그 은행의 수리결정은 모든 당사자를 구속한다는 점이다. UCP 500의 표현은 암묵적으로 서류의 거절을 장려한 것으로 여겨졌으나, 반면에 UCP 600에서는 수리될 수 있다는 점을 강조하고 있다.

이와 관련하여 ISBP 745에서는 송장금액은 신용장금액을 초과할 수 없다는 UCP 600의 원칙에 추가하여 "송장에는 선적이나 인도된 물품 또는 서비스 또는 이행의 금액, 신용장에 명시된 단가, 신용장에 보이는 통화와 동일한 통화 및 신용장에서 요구되는 모든 할인 또는 공제를 표시하여야 한다"[133]는 지침을 제시하고 있다.

2. 선지급 또는 할인 공제액 기재 상업송장

송장은 신용장에 명시되지 않은 선지급(advance payment)이나 할인(discount) 등에 따른 공제를 표시할 수 있다.[134] 예를 들면, 신용장에는 선지급에 관하여 명시되지 않았으나 송장에는 대금의 30%의 선지금의 공제액을 기재한 상업송장은 하자가 아니며,[135] 신

131) 강원진, "2002 제정 ICC 국제표준은행관행과 신용장서류심사 사례의 비교연구", 「국제상학」 한국국제상학회, 제20권 제2호, 2005, 157면.

132) UCP 600, Article 18-b.

133) ISBP 745, Para. C6.

134) ISBP 745, Para. C7.

135) ICC, Publication No. 632, R 292.

용장에는 할인에 관하여 별도로 명시되어 있지 않으나 물품을 전량 선적한 후 신용장 금액을 20% 할인하여 발행한 상업송장의 경우 할인에 따른 감액이 표시된 상업송장은 하자가 아니다.[136]

3. 송장에서의 무역거래조건 표시

무역거래조건(trade terms)[137]이 신용장에서 물품명세의 일부로 명시된 경우 송장은 무역거래규칙(trade rule)을 표시하여야 하고 무역거래조건의 출처(source)가 기재된 경우에는 동일한 출처가 송장에 표시되어야 한다. 예를 들면, 신용장에서 무역거래규칙이 "CIF Singapore Incoterms 2010"으로 표시된 경우, 송장에는 "CIF Singapore" 또는 "Singapore Incoterms"로 표시되어서는 아니 된다. 그러나 신용장에서 무역거래규칙이 "CIF Singapore" 또는 "CIF Singapore Incoterms"라고 표시된 경우, 송장에는 "CIF Singapore Incoterms 2010" 또는 그밖에 다른 개정본이 표시될 수 있다.[138] 예를 들면, 신용장에 "FOB Shanghai"라는 무역거래규칙이 기재되어 있으나 송장에 무역거래규칙 자체의 표기가 누락된 경우 이는 불일치에 해당된다.[139]

반면 신용장에 "FOB Shimonoseki"라고 기재되고 송장에는 "FOB Japan"이라고 기재된 경우, ICC 은행위원회는 송장과 함께 제시된 선화증권에 "Shimonoseki, Japan"으로 선적항이 기재되어 있으므로 송장의 표기는 하자에 해당하지 않는다고 하였다.[140] 또한 신용장에는 Incoterms 1990 당시 무역거래규칙을 "C&F"(현재의 "CFR")로 표기하였으나 송장에는 "FOB"와 운임(freight)으로 나누어 무역거래규칙을 다르게 표기한 경우 무역거래규칙의 실질적 내용을 고려하여 하자가 아니라고 하고 있다.[141]

---

136) 본 질의에 대하여 ICC 은행위원회는 UCP에는 감액(할인)금지 조항이 없다는 사실을 근거로 견해를 제시하였다; ICC, *Document 470/TA.455*, March 30, 2000; 강원진·이상훈, "신용장거래에서 ISBP의 상업송장 심사기준에 관한 고찰", 「국제상학」 제21권 제4호, 한국국제상학회, 2006, 135면.

137) ISBP 745에서는 무역거래조건(trade terms)이라고 칭하고 있으나, Incoterms® 2010 rule에서는 무역거래규칙(trade rule)이라 하고 있다. 거래규칙 사용 예에서도 "CIF 조건"이 아닌 "CIF 규칙"으로 통일되고 있다; Incoterms® 2010, Main features of the Incoterms® 2010 rule 이하 참조.

138) ISBP 745, Para. C8.

139) ICC, Publication No. 632, R 237.

140) 이는 ICC 은행위원회의 다수의견이며, 소수의견은 "FOB Japan"은 신용장에 명시된 지정선적항이 아니므로 하자에 해당한다고 주장하고 있다; ICC, Publication No. 632, R 236.

141) ICC, Publication No. 489, Case No. 259; C&F조건은 Incoterms 1990에 규정된 정형거래조건으로 Incoterms 2000부터 현재의 CFR에 해당하며 C&F조건은 FOB조건에 해상운임이 부가된 조건이므로 실질적으로 동일한 정형거래조건에 해당하는 것으로 볼 수 있다.

4. 5% 수량과부족으로 발행된 상업송장금액

UCP 600에는 언급이 없으나, ISBP 745에서는 신용장에 물품수량이 명시되지 않고 분할선적이 금지되지 않은 경우 5% 이내에서 신용장금액보다 적은 금액으로 발행된 송장은 수량전부를 선적한 것으로 간주되며 분할선적으로 간주되지 않는다.[142)]

예를 들면, 신용장금액이 미화 396,000 달러로 기재되어 있는 경우, 제시된 송장에는 미화 376,000 달러로 기재되어 있다 하더라도 이는 신용장금액의 5% 범위 이내의 부족된 금액에 해당하므로 송장의 수량과 단가가 신용장과 일치한다면 송장금액의 부족은 불일치로 간주되지 아니한다.[143)]

Ⅳ. 상업송장의 물품, 서비스 또는 이행의 명세

UCP 600에서는 "상업송장상의 물품, 서비스 또는 이행의 명세는 신용장에 보이는 것과 일치하여야 한다"[144)]라고 규정하여 UCP 500 제37조 c항의 "물품명세" 그 자체에 "서비스 또는 이행"(service or performance)의 명세를 추가하고 있다.

이 경우 "일치성"에 대한 심사기준은 ISBP 745에서 보다 구체적으로 다음과 같이 확립되고 있다.

첫째, 송장의 물품, 서비스 또는 이행의 명세는 반드시 신용장에 보이는 명세와 일치하여야 한다. 완전일치(mirror image)가 요구되지는 아니한다.

예를 들면, 물품의 세부사항은 송장 내의 많은 영역에 표시될 수 있으며, 이는 통합하여 읽을 경우, 신용장의 물품명세와 상응하는 물품명세를 의미한다.[145)]

또한 이와 관련된 사례에서 ICC 은행위원회는 상업송장의 물품명세란에는 신용장에 기재된 물품명세의 일부가 누락되어 있으나 이러한 누락사항이 화인란에 포함되어 있는 경우 신용장의 물품명세와 형식이나 배열이 다르더라도 모든 세부사항이 포함되어 있다면 일치하는 것으로 보고 있다.[146)]

둘째, 송장의 물품, 서비스 또는 이행의 명세는 실제로 선적된, 인도된 또는 제공된 것을 반영하여야 한다.

142) ISBP 745, Para. C14.
143) ICC, Publication No. 459, Cases 134.
144) UCP 600, Article 18-c.
145) ISBP 745, Para. C3.
146) ICC, Publication No. 632, R 471.

예를 들면, 신용장의 물품명세가 "트럭 10대 및 트랙터 5대" 선적요건을 표시하고, 단지 트럭 4대가 실제 선적된 경우, 신용장이 분할선적을 금지하고 있지 않는 한, 송장은 트럭 4대의 선적만을 표시할 수 있다. 실제 트럭 4대 선적을 표시하는 송장은 신용장에 명시된 물품명세, 즉 트럭 10대 및 트랙터 5대도 함께 포함할 수 있다.[147)]

셋째, 신용장의 물품 명세와 일치하는 물품, 서비스 또는 이행의 명세로 보이는 송장은 추가적인 정보가 물품, 서비스 또는 이행의 상이한 성질, 분류 또는 종류를 언급하지 않는다면 물품, 서비스 또는 이행의 명세에 관한 추가적인 정보 또한 표시할 수 있다.

예를 들면, 신용장이 "Suede Shoes"의 선적을 요구하는데 물품을 "Imitation Suede Shoes"라고 기재하거나, 신용장이 "Hydrautic Drilling Rig"를 요구하는데 송장이 "Second Hand Hydrautic Drilling Rig"라고 기재하는 경우, 이와 같은 명세는 물품의 성질, 분류 또는 종류를 변경하는 것을 의미한다.[148)]

넷째, 송장에 나타낸 물품의 총수량 및 총중량 또는 총용적은 기타 서류상에 나타나는 동일한 정보와 상충되어서는 아니 된다.[149)]

다섯째, 송장은 초과선적 또는 신용장에 요구하지 않은 물품, 서비스 또는 이행을 표시하지 않아야 한다. 이는 송장이 신용장에서 요구되는 물품, 서비스 또는 이행에 추가되는 수량 또는 견본 및 광고용품을 포함하고 있다면 무료라고 기재된 경우에도 적용된다.[150)]

V. 결　　론

서류심사에 의하여 대금의 지급 여부가 결정되는 신용장거래에 있어서 서류심사를 위한 명확한 심사기준의 설정은 신용장거래가 본격화된 이후 은행을 포함한 모든 신용장 관련업계의 지속적인 요구사항이었다. 이에 ICC는 1993년 UCP 제5차 개정에서 도입된 국제표준은행관행이라는 서류심사기준을 보다 구체화하여 2002년 ISBP라는 구체적이고 상세한 서류심사기준을 제정하여 공표하기에 이르렀고 그후 업데이트된 ISBP 681 및 현행 ISBP 745를 제시하였다.

UCP 600에서 상업송장의 수리요건은 매우 간결하게 규정하고 있어 송장관련 분쟁

---

147) ISBP 745, Para. C4.

148) ISBP 745, Para. C5.

149) ISBP 745, Para. C11.

150) ISBP 745, Para. C12.

을 야기하는 주요한 원인으로 작용하였다. 그러나 ISBP를 통하여 송장의 명칭, 당사자와 주소, 물품·서비스·이행의 명세, 금액, 수량, 서명 등의 기재내용과 제시통수 등에 관하여 체계적이고 구체적인 심사기준을 설정하고 있어 향후 상업송장에 관한 심사기준의 보다 명확하게 이루어질 것으로 기대된다.

그러나 신용장에서 모든 서류는 발행일로부터 특정기간 내에 제시할 것을 요구하는 것이 일반화된 상황에서 서류제시 기산일을 판단함에 있어 ISBP 745의 상업송장 심사기준 중 상업송장상의 일자기재가 불필요하다고 심사기준에 추가적으로 반영된 것은 UCP 600 및 실무관행과 부합되지 않는다는 점 또한 상업송장이 수익자가 제공하는 필수적인 중요서류임에도 불구하고 서명이 불필요하다는 점은 여타 필수제공 서류인 운송서류와 보험서류의 요건과 차별화하고 있는 기준에 대해서는 여전히 의문이 남는다. 따라서 향후 이러한 점에 대하여 UCP 및 ISBP의 보완시 반영할 필요가 있을 것이다.

문제 2-21 복합운송서류의 수리요건에 대하여 설명하시오.

답안 2-21

〈목차 구성〉

Ⅰ. 서 론
Ⅱ. 복합운송서류의 수리요건
1. UCP 600 제19조의 적용
2. 복합운송서류 발행인의 명칭 및 서명
3. 발송·수탁·선적일자 및 발행일자
4. 발송·수탁 또는 선적지 및 최종목적지
5. 원본제시 통수
6. 운송약관의 형식 및 조건
7. 용선계약 명시의 배제
Ⅲ. 환적과 환적명시서류의 수리
1. 환적의 정의
2. 환적명시 서류의 수리
Ⅳ. 결 론

Ⅰ. 서 론

오늘날 국제물품운송 방식은 컨테이너에 의한 복합운송이 중심을 이루고 있다. 이에 따라 신용장거래에서도 화주와 복합운송인간의 복합운송계약에 의해 발행된 복합운송서류의 사용도 증대되고 있다.

복합운송서류(multimodal transport document)란 복합운송인이 선박, 항공기, 철도 등 적어도 두 가지 이상의 다른 운송방식에 의하여 수탁지에서 물품수령 및 계약조건에 따라 물품을 인도한다는 약정을 증명하는 서류를 말한다. UCP 600 제19조는 "적어도 두 가지 다른 운송방식에 의한 운송을 포함하는 운송서류"를 복합운송서류라고 정의하고, 은행이 수리하는 복합운송서류의 요건 및 환적명시 서류에 대하여 규정하고 있다.

신용장거래에서 복합운송은 운송형태 또는 운송수단을 불문하고 운송서류가 신용장에 명시된 수령지, 수탁지, 발송지 및 적재지로부터 최종목적지까지 전 운송을 커버하는 단 하나의 서류를 취득하는 것에 관심을 두고 있다.

그러나 복합운송서류는 운송서류의 명칭사용을 특정하지 아니하고 있기 때문에 복합운송서류의 서류제시 및 심사에서 UCP 600 제20조에 규정하고 있는 선화증권 수리요건과 혼돈될 가능성이 있다.

따라서 이하에서는 실제 수탁지와 최종 목적지라는 운송경로, 둘 이상의 운송수단 사용이라는 운송방식이라는 점 등에 초점을 맞추어 UCP 600을 기초로 하고 ISBP 745를 보완적으로 하여 복합운송서류의 수리요건에 대해 검토하고자 한다.

Ⅱ. 복합운송서류의 수리요건

UCP 600 제19조 a항에서는 신용장이 복합운송서류의 제시를 요구한 경우 및 운송서류가 신용장에 언급된 수탁지 또는 항구, 공항 또는 적재지로부터 최종 목적지까지 선적을 커버하는 것으로 표시하는 경우에 운송서류의 명칭에 관계없이 은행이 수리하는 요건에 대하여 규정하고 있다.

복합운송서류의 명칭으로는 "Multimodal Transport Document", "Multimodal Transport Bill of Lading", "Combined Transport Bill of Lading", 또는 "Intermodal Transport Bill of Lading" 등과 같이 다양하게 실무적으로 사용되고 있으나 UCP 600에서는 이러한 운송서류의 명칭과 관계없이 은행이 수리하는 요건에 대하여 규정하고 있을 뿐이다. "Multimodal Transport Document"라는 용어는 "Combined Transport Document"라는 용어를 포함한다.[151] 따라서 신용장이 복합운송서류 제시를 요구할 경우에도 이와 같은 명칭이 사용될 필요는 없다.

1. UCP 600 제19조의 적용

운송서류 명칭이야 어떠하든, 신용장에서 적어도 두 가지 이상의 다른 운송방식을 사용하는 물품운송을 포함하는 운송서류를 제시하도록 요구하는 것은 UCP 600 제19조가 서류심사에 적용되는 것을 의미한다.

151) ISBP 745, Para. D2.

복합운송서류는 선적 또는 발송이 단지 한 가지 운송방식에 의하여 이행되어진 것으로 표시하여서는 아니 된다. 그러나 이용된 운송방식의 일부 또는 전부에 관하여 언급하지 아니할 수는 있다. 또한 복합운송서류는 용선계약에 대한 어떠한 표시도 포함되어서는 아니 된다.

신용장이 복합운송서류(multimodal or combined transport document) 이외의 운송서류 제시를 요구하고 신용장에 명시된 물품운송경로가 복수의 운송방식이 사용되는 것이 명백한 경우, 예를 들면, 내륙수령지(inland place of receipt) 또는 최종목적지(final destination)가 표시되거나 적재항란 또는 양륙항란이 항구가 아닌 실제 내륙의 어떠한 장소로 기재된 경우, UCP 600 제19조가 서류심사에 적용된다.[152)]

이와 같이 항구간 운송을 포함하는 단일운송방식의 선화증권은 UCP 제20조를 적용하는 점과 혼동하기 쉬운 점을 고려하여 신용장에서 운송서류 명칭과 관계없이 단일운송방식이 아닌 복합운송이 이루어지는 것이 명백할 경우에는 UCP 600 제19조가 적용된다는 점을 강조하고 있는 것이다.

2. 복합운송서류 발행인의 명칭 및 서명

복합운송서류의 발행인의 명칭(name) 및 서명(signature) 요건은 다음과 같다(UCP 600 제19조 a-i).

첫째, 운송인의 명칭을 표시하고 운송인에 의하여 서명되거나, 운송인의 지명대리인에 의하여 서명된 것이라야 한다.

둘째, 운송인의 명칭을 표시하고 선장에 의하여 서명되거나, 선장의 지명대리인에 의하여 서명된 것이라야 한다.

셋째, 운송인, 선장 또는 대리인의 서명은 그들 자신의 서명으로 확인되어야 한다.

넷째, 대리인의 서명은 운송인 또는 선장을 대리하여 서명한 것인지를 표시하여야 한다.

그러나 ISBP 745에 의하면 복합운송서류가 UCP 600 제19조의 요건을 충족시킨다면 운송인 선장(함장) 이외의 어떤 자에 의해서도 발행될 수 있다고 하고 있다.[153)] 따라서 복합운송서류의 발행인은 운송인, 선장을 포함하여 그 실체(entity)가 복합운송인, 운송주선인, 선주 등 누구든지 될 수 있다.

ICC의 운송위원회(Transport Commission)의 논의에는 UCP 600의 취지와 같이 선장의

---

152) ISBP 745, Para. D1.

153) ISBP 745, Para. D3-a.

대리인이 서명하는 경우, 선장의 명칭까지는 요구되지 않는 것으로 보고 있다.154)

신용장이 "Freight Forwarder's Multimodal Transport Document is acceptable" 또는 "House Multimodal Transport Document is acceptable" 또는 이와 유사한 효력을 가지는 문언을 표시하는 경우, 복합운송서류는 서명에 서명자의 자격 또는 운송인의 명칭을 표시할 필요 없이 그 발행실체(issuing entity)에 의하여 서명될 수 있다.155)

실제로 운송서류 발행자의 명칭은 "ABC Shipping Co., Ltd. As Carrier"와 같이 운송인의 자격(capacity)으로 발행되거나 "XYZ Ltd. As Agent for(or on behalf of) The Carrier, ABC Shipping Co., Ltd."와 같이 운송인을 대리하는 지명대리인 자격으로 발행될 수 있다.

3. 발송·수탁·선적일자 및 발행일자

운송서류에 신용장에 미리 인쇄된 문언 또는 물품이 발송된(despatched), 수탁된(taken in charge), 또는 본선 선적된(shipped on board) 일자를 표시하는 스탬프 또는 부기에 의하여 명시된 장소에서 물품이 발송되고, 수탁 또는 본선선적 되었음을 표시할 것을 요구하고 있다. 운송서류의 발행일자는 발송일, 수탁일 또는 본선 선적일을 표시하는 경우, 이 일자가 선적일로 간주된다(UCP 600 제19조 a-ii).

또한 "외관상 양호한 상태로 선적됨"(shipped in apparent good order), "본선 적재됨"(laden on board), "무사고 본선적재"(clean on board) 또는 "선적됨"(shipped) 또는 "본선적재"(on board)와 같은 단어를 원용한 기타의 구절은 "본선 선적됨"(shipped on board)과 동일한 효력을 가진다.156)

4. 발송·수탁 또는 선적지 및 최종목적지

운송서류가 추가적으로 다른 발송지, 수탁지 또는 선적지 또는 최종목적지를 명시하고 있는 경우나 그 운송서류가 선박, 적재항, 양륙항과 관련하여 "예정된"(intended) 또는 이와 유사한 제한의 표시를 포함하더라도, 신용장에 명시된 발송지, 수탁지 또는 선적지 및 최종목적지를 표시하고 있는 경우에도 수리될 수 있다(UCP 600 제19조 a-iii).

이는 운송인으로 하여금 화환신용장에 의해 예견되는 항해뿐만 아니라 물품의 전 항해를 커버하는 서류를 발행할 수 있도록 허용하는 것이다. 예를 들면, 유럽에서부터

---

154) ICC Pub. 680, p. 83.

155) ISBP 745, Para. D3.

156) ISBP 745, Para. D11.

홍콩까지의 선적을 커버하는 운송서류를 요구하는 화환신용장하에서 해상선박이 접근할 수 있는 도시가 아닌 스위스 베른(Bern, Switzerland)을 발송 또는 수탁지로, 마르세이유(Marseille)를 선적항으로, 홍콩(Hong Kong)을 양륙항으로 그리고 상하이(Shanghai)를 최종목적지로 명시된 운송서류는 수리될 수 있다.[157)]

신용장이 수령지, 발송지, 수탁지, 선적항 또는 출발공항에 관하여 해당 지리적 구역 또는 범위(예를 들면, "Any European Country") 또는 "Hamburg, Rotterdam, Antwerp Port"를 표시하는 경우, 복합운송서류는 그러한 지리적 구역 또는 범위(geographical area or range) 내에 있는 실제의 수령지, 발송지, 수탁지, 선적항 또는 출발공항을 표시하여야 한다. 복합운송서류는 지리적 구역을 표시할 필요가 없다.[158)]

5. 원본제시 통수

운송서류는 단일의 운송서류 원본이어야 하며 또는 2통 이상의 원본으로 발행된 경우에는, 원본 운송서류상에 표시된 전통(full set)이 제시되어야 한다(UCP 600 제19조 a-ⅳ). 운송서류에는 발행된 원본의 통수를 반드시 표시하여야 한다. 제1원본(First Original), 제2원본(Second Original), 제3원본(Third Original), 원본(Original), 부본(Duplicate), 3부본(Triplicate) 등 또는 유사한 표현이 표기된 운송서류는 모두 원본이다.[159)]

발행통수는 보통 운송서류의 앞면에 원본 선화증권 발행통수(Number of Original Bill of Lading) 기재란 또는 구절 중에 명시되어 있다. 예컨대, "3통"(Three), 또는 "2통"(Two)과 같이 복본으로 발행되고 있음을 나타내고 있다.

6. 운송약관의 형식 및 조건

운송조건(운송약관)을 포함하거나 또는 "약식"(short form) 또는 "배면백지식"(blank back) 운송서류와 같이 운송조건(운송약관)을 포함하는 다른 자료를 참조하도록 하는 형식의 운송서류는 수리되는 것으로 규정하고 있다. 은행은 운송조건(운송약관)의 내용은 심사하지 않는다(UCP 600 제19조 a-ⅴ).

"약식 또는 배면백지식 운송서류"란 보통 운송서류 원본의 뒷면에 운송조건(운송약관)이 표시되지 아니하고 동 조건이나 별도의 자료를 참조하도록 하는 것이다. 보통 운송서류 원본 뒷면에 운송조건(운송약관)이 표시되어 있으면 "정식"(long form) 운송서류

157) ICC Pub. 680, p. 83.
158) ISBP 745, Para. D10.
159) ISBP 745, Para. D15.

이다.

7. 용선계약 명시의 배제

운송서류는 용선계약에 따른다는 "어떠한 표시"(no indication)도 포함해서는 아니 된다고 규정하고 있다(UCP 600 제19조 a-ⅵ). "어떠한 표시"에 해당되는 운송서류는 "to be used with charter parties", "freight payable as per charter party" 또는 "charter party contract number ABC123"160)과 같은 문언이 포함되어 있는 것으로, 이는 용선계약에 따른다는 명시를 포함하고 있는 것이므로 은행은 이와 같은 운송서류에 대해서는 수리를 거절한다.

Ⅲ. 환적과 환적명시서류의 수리

1. 환적의 정의

두 가지 이상의 운송방식을 커버하는 운송서류를 요구하는 경우에 환적의 정의를 하고 있다. 환적(transshipment)이란 신용장에 명시된 발송지, 수탁지 또는 선적지로부터 최종목적지까지의 운송과정 중에 한 운송수단으로부터 양화 및 다른 운송수단으로 재적재하는 것을 말한다(UCP 600 제19조 b항). 여기에서 운송수단은 상이한 운송방식 여부를 불문한다.

2. 환적명시 서류의 수리

운송서류가 전 운송이 하나의 동일한 운송서류에 의하여 커버된다면, 즉 복합운송의 경우, 운송서류에는 물품이 환적될 것이라거나 또는 환적될 수 있다고 표시할 수 있다(UCP 600 제19조 c항). 또한 신용장이 환적을 금지하고 있는 경우에도, 환적이 행하여질 것이라거나 또는 행하여질 수 있다고 표시하는 운송서류는 수리될 수 있다.

실무적으로 복합운송의 경우에는 여타 운송방식에 비하여 환적이 이루어지는 경우가 많으므로 신용장에 환적배제 조항이나 환적금지조건을 설정하는 것은 신용장의 조건과 실제의 물품운송 과정에서 상충될 소지가 있으므로 환적을 허용하더라도 물품의 성질에 따라 적화보험에서 환적에 따른 멸실 또는 손상 위험에 대하여 담보되는 보상범위를 설정하는 것이 바람직할 것이다.

---

160) ICC Pub. 680, p. 84.

Ⅳ. 결 론

UCP 600 제19조의 적용 여부는 복합운송서류는 그 명칭사용과는 관계없이 오직 둘 이상의 상이한 운송수단에 의하여 복합운송계약에 의한 물품이 수령과 인도가 이루어지느냐에 의존하여야 한다. 신용장에 명시된 운송경로에서 복수의 운송방식 사용이 명백하고, 내륙수령지 또는 최종목적지가 표시되거나 선적항란 또는 양륙항란에 항구가 아닌 내륙의 어떠한 장소로 기재된 경우에 UCP 600 제19조가 서류심사에 적용된다.

물품이 발송, 수탁 또는 본선적재된 일자를 표시하는 스탬프 또는 부기에 의하여 물품이 신용장에 명시된 장소에서 발송, 수탁 또는 본선적재 되었음을 표시하고 있으면 수리되고, 비록 운송서류가 추가적으로 다른 발송지, 수탁지 또는 선적지 또는 최종목적지를 명시하는 경우 또는 선박, 적재항 또는 양륙항과 관련하여 "예정된" 또는 이와 유사한 제한의 표시를 포함하는 경우라 할지라도, 신용장에 명시된 발송지, 수탁지 또는 선적지 및 최종목적지를 표시하고 있는 것은 수리된다.

복합운송서류는 두 가지의 다른 운송형태를 증명하고 있기 때문에 환적이 필연적이다. 이런 상황을 고려할 경우 환적이 금지된 운송서류 제시를 신용장에 요구하는 것은 올바르지 않다.

따라서 신용장 사용자는 UCP 600 제19조 규정 및 이를 보완하고 있는 ISBP 745를 면밀히 검토하여 복합운송서류의 제시 및 심사에 적용하여야 할 것이다.

문제 2-22 해상선화증권의 수리요건에 대하여 설명하시오.

답안 2-22

〈목차 구성〉

Ⅰ. 서 론
Ⅱ. 해상선화증권의 수리요건
1. UCP 600 제20조의 적용
2. 선화증권 발행인의 명칭 및 서명
3. 선적일자 및 발행일자
4. 적재항 및 양륙항
5. 원본제시 통수
6. 운송약관의 형식 및 조건
7. 용선계약 명시의 배제
Ⅲ. 환적과 환적명시 서류의 수리
1. 환적의 정의
2. 환적명시 서류의 수리
3. 환적권리 유보조항 무시
Ⅳ. 결 론

Ⅰ. 서 론

국제매매에서 해상운송은 선박을 이용한 항구간의 운송으로 전통적으로 인코텀즈의 FOB 계약이나 CIF 계약에서 매도인이 제공하는 운송서류로서 해상선화증권이 사용되어 왔다. 복합운송서류와 마찬가지로 해상선화증권도 그 활용도가 매우 크다고 할 수 있다.

해상선화증권의 수리요건을 규정하고 있는 UCP 600 제20조는 신용장이 한 항구에서 다른 항구까지의 해상운송을 커버하는 선화증권 제시를 요구할 경우에 적용된다. UCP 500에서의 "해상/해양 선화증권"(marine/ocean bill of lading)이라는 운송서류의 조항을 UCP 600에서는 선화증권(bill of lading)이라는 조항으로 단순화 하였으나 기능상으로는 별 차이가 없다.

그러나 UCP 600 제20조에 규정되고 있는 선화증권 조항은 운송서류의 명칭사용을 특정하지 아니하고 있기 때문에 운송서류 제시 및 심사에서 UCP 600 제19조의 복합운송서류 및 여타 운송서류의 수리요건과 혼돈될 가능성이 있다.

따라서 이하에서는 항구간 운송방식이라는 점 등에 초점을 맞추어 UCP 600을 기초로 하고 ISBP 745를 보완적으로 하여 해상선화증권의 수리요건에 대하여 검토하고자 한다.

Ⅱ. 해상선화증권의 수리요건

신용장이 요구 서류의 명칭으로 해상선화증권(marine bill of lading), 해양선화증권(ocean bill of lading), 항구간 선화증권(port-to-port bill of lading) 또는 이와 유사한 효력을 가지는 문언을 사용하더라도 선화증권은 그러한 명칭일 필요가 없다.[161)]

1. UCP 600 제20조의 적용

운송서류 명칭이야 어떠하든, 신용장에서 오직 항구간 선적(port-to-port shipment)을 포함하는 운송서류를 제시하도록 요구하는 것은, 즉 수령지 또는 수탁지 또는 최종목적지에 대하여 아무런 언급이 없는 신용장은 UCP 600 제20조가 서류심사에 적용되는 것을 의미한다. 그러나 선화증권은 용선계약에 대한 어떠한 표시도 포함되어서는 아니된다.[162)]

161) ISBP 745, Para. E2.

162) ISBP 745, Para. E1.

이와 같이 신용장에서 항구간 운송을 포함하는 단일운송방식의 경우에는 해상(해양)선화증권이 요구되는 선화증권이기 때문에 운송서류의 명칭과 관계없이 당연히 UCP 600 제20조를 서류심사에 적용하여야 하는 것이다.

2. 선화증권 발행인의 명칭 및 서명

선화증권 발행인의 명칭(name) 및 서명(signature) 요건은 다음과 같다(UCP 600 제20조 a-i).

첫째, 운송인의 명칭을 표시하고 운송인에 의하여 서명되거나, 운송인의 지명대리인에 의하여 서명된 것이라야 한다.

둘째, 운송인의 명칭을 표시하고 선장에 의하여 서명되거나, 선장의 지명대리인에 의하여 서명된 것이라야 한다.

셋째, 운송인, 선장 또는 대리인의 서명은 그들 자신의 서명으로 확인되어야 한다.

넷째, 대리인의 서명은 운송인 또는 선장을 대리하여 서명한 것인지를 표시하여야 한다.

그러나 ISBP 745에 의하면 선화증권이 UCP 600 제20조의 요건을 충족시킨다면 운송인 선장(함장) 이외의 어떤 자에 의해서도 발행될 수 있다고 하고 있다.[163] 따라서 선화증권의 발행인은 운송인, 선장(함장)을 포함하여 그 실체(entity)가 운송주선인, 선주 등 누구든지 될 수 있다.

운송업계는 운송서류가 발행될 때 대리인이 선박의 선장 이름을 알지 못하는 것이 일반적이라고 지적하였다. UCP 600 제19조와 같이 선장의 대리인이 서명하는 경우, 선장의 명칭까지는 요구되지 않는 것으로 보고 있다.[164]

신용장이 "Freight Forwarder's Bill of Lading is acceptable" 또는 "House Bill of Lading is acceptable" 또는 이와 유사한 효력을 가지는 문언을 표시하는 경우, 선화증권은 서명에 서명자의 자격 또는 운송인의 명칭을 표시할 필요 없이 그 발행실체(issuing entity)에 의하여 서명될 수 있다.[165]

그러나 선화증권은 UCP 600 제20조 a-i에 규정된 형식으로 서명되어야 하고, 운송인의 명칭이 표시되고, 그 운송인은 운송인으로 확인되어야 한다. 운송인의 기명지점(named branch of the carrier)에 의하여 서명된 경우 서명은 운송인에 의해 행하여진 것으

163) ISBP 745, Para. E3-a.
164) ICC Pub. 680, p. 83. and p. 90.
165) ISBP 745, Para. E3-b.

로 간주된다.

대리인이 운송인을 위하여(또는 대리하여) 선화증권에 서명한 경우, 대리인은 명칭이 표시되고, 추가적으로 "agent for(name), the carrier" 또는 "agent on behalf of(name), the carrier" 또는 이와 유사한 효력을 가지는 문언으로써 서명하고 있음을 표시하여야 한다. 당해서류의 어느 곳에서 운송인이 "운송인"인 것으로 확인되어지는 경우, 지명대리인은 다시 운송인의 명칭을 기재함이 없이 예를 들면, "agent for(or on behalf of) the carrier" 로서 서명할 수 있다. 선장(함장)이 선화증권에 서명하는 경우, 선장(함장)의 서명은 "선장"("함장")의 것으로 확인되어져야 한다. 선장의 명칭은 기재될 필요가 없다.

대리인이 선장(함장)을 대리하여 선화증권에 서명하는 경우, 대리인은 명칭이 표시되고, 추가적으로 "agent for the master(or captain)" 또는 "agent on behalf of the master (or captain)" 또는 이와 유사한 효력을 가지는 문언으로써 서명하고 있음을 표시하여야 한다. 선장(함장)의 명칭은 기재될 필요가 없다.[166]

실제로 운송서류 발행자의 명칭은 "ABC Shipping Co., Ltd. As Carrier"와 같이 운송인의 자격(capacity)으로 발행되거나 "XYZ Ltd. As Agent for(or on behalf of) The Carrier, ABC Shipping Co., Ltd."와 같이 운송인을 대리하는 지명대리인 자격으로 발행될 수 있다.

3. 선적일자 및 발행일자

신용장에 미리 인쇄된 문언 또는 물품이 본선 선적된(shipped on board) 일자를 표시하는 본선적재 부기에 의하여 물품이 신용장에 명시된 적재항에서 기명선박에 본선선적 되었음을 표시할 것을 요구하고 있다(UCP 600 제20조 a-ii). 선화증권의 발행일자는 선화증권이 선적일을 표시하는 본선적재 부기를 포함하지 아니하는 경우 선적일로 간주된다. 선화증권에 본선적재 부기가 된 경우, 본선적재 부기일자는 선화증권의 발행일 이전이든 이후이든 불문하고 선적일로 간주된다.

신용장에서 항구간 운송을 증명하는 선화증권을 요구하는 경우, 선화증권에 수령지가 선적항과 동일한 것으로 표시되고 사전운송수단에 대한 언급이 없는 경우에는 선화증권에 "본선적재됨"(shipped on board)이라는 미리 인쇄된 문언이 있으면 발행일이 선적일로 간주되고, 더 이상의 본선적재 부기가 필요 없다. 한편 선화증권에 "선적을 위하여 수령됨"(received for shipment)이라는 미리 인쇄된 문언이 있으면 본선적재 부기일자가 요구되고 그 일자가 선적일로 간주된다.

166) ISBP 745, Para. E5.

또한 선화증권에 수령지가 선적항과 다른 것으로 표시되고, 사전운송수단(means of pre-carriage)에 대한 표시가 있는 경우 선화증권에는 적재선박명과 신용장에 명시된 선적항을 표시하는 일자가 기재된 본선적재 부기가 있어야 한다. 수령지 기재여부와 상관없이 사전운송수단에 대한 표시가 있는 경우에도 이와 같은 본선적재부기가 있어야 한다.[167]

또한 선화증권에서 "외관상 양호한 상태로 선적됨"(shipped in apparent good order), "본선적재됨"(laden on board), "무사고 본선적재"(clean on board) 또는 "선적됨"(shipped) 또는 "본선적재"(on board)와 같은 단어를 원용한 기타의 구절은 "본선선적됨"(shipped on board)과 동일한 효력을 가진다.[168]

선화증권이 선박명과 관련하여 "예정된 선박"(intended vessel) 또는 이와 유사한 제한의 표시를 포함하고 있는 경우, 선적일 및 실제 선박명을 표시하는 본선적재 부기가 요구된다. 따라서 선화증권의 선박명란에 "intended vessel"이라고 기재되었을 경우 별도로 본선적재 부기를 하여야 한다.

4. 적재항 및 양륙항

선화증권은 신용장에 명시된 것처럼 선적은 적재항으로부터 양륙항까지 유효하다는 것을 명시하도록 표시되어야 한다. 선화증권이 신용장에 명시된 적재항을 적재항으로서 명시하지 않는다면 신용장에 명시된 대로 적재항, 선적일 및 선박명을 표시하는 본선적재 부기를 하여야 한다. 선화증권이 적재항과 관련하여 "예정된" 또는 유사한 제한의 표시를 포함하는 경우에도 같은 기준이 적용된다. 또한 이 규정은 본선선적 또는 선적 사실이 미리 인쇄된 문언의 선화증권에도 적용된다(UCP 600 제20조 a-iii).

한편, ISBP 745에서는 적재항과 관련하여 "신용장에서 요구된 바와 같이, 기명 적재항은 선화증권 내의 적재항란에 나타나야 한다. 그러나 물품이 수령 또는 이와 유사한 용어로 기재된 항구에서 기명된 선박에 본선적재 되었음을 증명하는 본선적재 부기가 있는 한, "수령지" 또는 유사한 용어의 표제의 란에 명시될 수 있다"[169]라고 하고 있다.

또한 선화증권의 양륙항에는 기명 양륙항이 나타나야 한다.[170] 양륙항이 위치한 국가도 함께 명시한 경우에 국가명은 기재될 필요가 없다. 그러나 신용장이 양륙항을 일정한 지리적 구역 또는 범위(예를 들면, "Any European Port")를 표시하는 경우, 선화증권

---

167) ISBP 745, Para. E6.

168) ISBP 745, Para. E7.

169) ISBP 745, Para. E6-e.

170) ISBP 745, Para. E8-a.

은 그와 같은 지리적 구역 또는 범위 내에 있는 실제의 양륙항이 표시되어야 한다. 선화증권에는 그러한 지리적 구역을 표시할 필요가 없다.[171]

5. 원본제시 통수

선화증권은 단일의 선화증권 원본이어야 하며 또는 2통 이상의 원본으로 발행된 경우에는, 원본 선화증권상에 표시된 전통(full set)이 제시되어야 한다(UCP 600 제20조 a-iv).

선화증권에는 발행된 원본의 통수를 표시하여야 한다. 제1원본(First Original), 제2원본(Second Original), 제3원본(Third Original), 원본(Original), 부본(Duplicate), 3부본(Triplicate) 등 또는 유사한 표현이 표기된 선화증권은 모두 원본이다.[172]

발행통수는 보통 운송서류의 앞면에 원본 선화증권 발행통수(Number of Original Bill of Lading) 기재란 또는 구절 중에 명시되어 있다. 예컨대, "3통"(Three), 또는 "2통"(Two)과 같이 복본으로 발행되고 있음을 나타내고 있다.

6. 운송약관의 형식 및 조건

운송조건(운송약관)을 포함하거나 또는 "약식"(short form) 또는 "배면백지식"(blank back) 선화증권과 같이 운송조건(운송약관)을 포함하는 다른 자료를 참조하도록 하는 형식의 선화증권은 수리되는 것으로 규정하고 있다(UCP 600 제20조 a-v). 은행은 운송조건(운송약관)의 내용은 심사하지 않는다.

"약식 또는 배면백지식 선화증권"이란 보통 선화증권 원본의 뒷면에 운송조건(운송약관)이 표시되지 아니하고 동 조건이나 별도의 자료를 참조하도록 하는 것이다. 보통 선화증권 원본 뒷면에 운송조건(운송약관)이 표시되어 있으면 "정식"(long form) 운송서류이다.

7. 용선계약 명시의 배제

선화증권은 용선계약에 따른다는 "어떠한 표시"(no indication)도 포함해서는 아니 된다고 규정하고 있다(UCP 600 제20조 a-vi). "어떠한 표시"에 해당되는 선화증권은 "to be used with charter parties", "freight payable as per charter party" 또는 "charter party contract number ABC123"[173]과 같은 문언이 포함되어 있는 것으로, 이는 용선계약에 따

171) ISBP 745, Para. E10.
172) ISBP 745, Para. E11.
173) ICC Pub. 680, p. 84.

른다는 명시를 포함하고 있는 것이므로 은행은 이와 같은 선화증권에 대해서는 수리를 거절한다.

Ⅲ. 환적과 환적명시 서류의 수리

1. 환적의 정의

해상운송을 커버하는 선화증권을 요구하는 경우에 환적의 정의를 제공하고 있다. 환적(transhipment)이란 신용장에 명시된 적재항으로부터 양륙항까지의 운송과정 중에 한 선박으로부터 양화 및 다른 선박으로 재적재하는 것을 말한다(UCP 600 제20조 b항). 선화증권이 두 항구 사이에 양화 및 재적재가 표시되지 아니할 경우 이는 신용장과 UCP 600 제20조 b항 및 c항에서 말하는 환적이 아니다.[174]

2. 환적명시 서류의 수리

선화증권이 전 운송이 하나의 동일한 선화증권에 의하여 커버된다면, 선화증권에는 물품이 환적될 것이라거나 또는 환적될 수 있다고 표시할 수 있다(UCP 600 제20조 c항). 또한 신용장이 환적을 금지하고 있는 경우에도, 환적이 행하여질 것이라거나 또는 행하여질 수 있다고 표시하는 선화증권은 수리될 수 있다. 또한 물품이 컨테이너, 트레일러 또는 래쉬(LASH)선에 선적되었다는 것이 선화증권에 의하여 증명된 경우 환적이 종종 발생하는 선박업계의 관행을 인정하여 이와 같은 환적표시 선화증권도 수리될 수 있다.

그러나 항구간 운송을 중심으로 하는 해상운송의 경우에는 신용장발행의뢰인이 물품의 안전을 위하여 특별히 환적금지를 요청하는 경우도 있다. 이와 같이 환적명시 선화증권을 배제시키기 위해서는 신용장에 환적명시 서류의 수리 관련 조항의 적용 배제 및 SWIFT 메시지 형식의 신용장 MT700의 환적 관련 란에, 즉 " : 43T transhipment: NOT ALLOWED"와 같이 환적금지 조건을 명시하여야 한다.

3. 환적권리 유보조항 무시

운송인이 환적할 권리를 유보한다고 명시하고 있는 선화증권의 조항은 무시된다(UCP 600 제20조 d항). 이와 같이 운송서류의 운송조건(운송약관)에 운송인이 상황에 따라 환적할 권리를 가진다는 언급이 있다 하더라도 은행은 이를 무시하고, 이와 같은 운송

---

174) ISBP 745, Para. E17.

서류는 수리될 수 있다.

Ⅳ. 결 론

UCP 600 제20조 선화증권 규정은 국제물품매매에서의 전통적인 항구간 운송서류인 해상선화증권의 기본적 수리요건을 규정하고 있고, ISBP 745에서 선화증권의 심사기준을 상세하게 보완하고 있다.

선화증권의 명칭요건에서 "however named"라 하여 선화증권은 운송서류의 명칭 사용과는 관계가 없지만, 용선계약 선화증권이라는 명칭이 사용되어서는 아니 됨을 우선 지적하고자 한다.

ISBP 745 제E3-a항에서 선화증권이 UCP 600 제20조의 요건을 충족시킨다면 운송인, 선장(함장) 이외의 자가 발행할 수 있다는 규정은 신용장거래에 기본이 되는 준거규정인 UCP 600상에 선화증권 발행인의 요건을 운송인, 선장 또는 이들의 지명대리인을 특정하여 규정하고 있음에 비추어 볼 때, 발행인은 이들 주체(entity)로서도 실무 관행상 충분할 터인데 심지어 운송인, 선장(함장) 이외의 자가 발행할 수 있다는 ISBP 745의 기준 제시는 해석상의 모호성과 상충되는 빌미를 제공하고 있다 할 것이다.

또한 해상선화증권에서 수령지가 선적항과 다른 것으로 표시되는 경우 운송인이나 그 대리인이 선적항과 다른 수령장소 또는 수탁을 포함하고 있을 때의 수리여부 판단기준에 대하여 실무자가 이해하는 데는 아직까지도 명확하지는 않다.

왜냐하면 물품이 신용장에 명시된 적재항에서 지정선박에 본선선적 되었음을 표시하고 있는 것으로 규정하고 있는 것처럼 여기에서 강조되어지는 것은 서류의 심사자는 선화증권이 신용장에 명시된 적재항에서 지정선박에 본선적재와 관련된 표시(사전인쇄문언 또는 별도 부기) 그리고 수령장소 또는 수탁 및 적재항 사이에 물품에 대한 어떠한 사전운송(pre-carriage)이 없다는 명시로서 결정될 수 있기 때문이다.

따라서 신용장 사용자는 UCP 600 제19조 규정 및 이를 보완하고 있는 ISBP 745를 면밀히 검토하여 복합운송서류의 제시 및 심사에 적용하여야 할 것이다.

문제 2-23 보험서류의 수리요건 및 담보요건에 대하여 설명하시오.

답안 2-23

〈목차 구성〉

Ⅰ. 서 론

국제매매에서 매매당사자간 거래규칙에 대한 약정이 인코텀즈 규칙 CIF 또는 CIP를 사용하는 것으로 되어 있을 경우, 매도인은 보험자에게 적화보험을 부보하고 매수인에게 보험서류를 제공하여야 한다.

신용장거래에서 신용장에서 보험증권(insurance policy), 포괄예정보험에 의한 보험증명서(insurance certificate) 또는 통지서(declaration)와 같은 보험서류(insurance document)[175]의 제시를 요구하는 것은 UCP 600 제28조가 서류심사에 적용하여야 하는 것을 의미한다.

UCP 600에서는 기존의 보험서류발행 및 서명권자가 "보험회사, 보험업자, 대리인"에서 "대리행위자"(proxy)[176]를 새롭게 추가하고 있으며, 보험서류에도 담보구간을 반드시 표시하도록 하고 있다.

은행이 수리하는 보험서류의 요건에서는 보험서류의 발행인 및 서명, 원본 전통 제시, 보험승낙서 수리거절, 보험서류의 일자, 보험서류의 담보요건과 범위 및 소손해면책조건 보험서류의 수리 등에 대하여 규정하고 있으므로 이에 대한 검토가 요구된다.

이하에서는 이와 같은 보험서류의 요건을 담보요건과 함께 살펴보기로 한다.

175) 보험서류란 보통 보험증권(insurance policy), 보험증명서(insurance certificate) 및 통지서(declaration)를 총칭하는 것이다. 보험증권은 확정보험(definite insurance)에 근거하여 발행되는 증권이며, 보험증명서 또는 보험확정통지서는 포괄예정보험(open cover)에 근거하여 발행되는 부보증명서이다. 신용장에서는 보험증권이나 보험증명서 중 어느 한 가지를 제시하도록 하고 있는 것이 일반적이다; 강원진, 「무역결제론」, 제3판, 박영사, 2015, 222면.

176) 이 조에서 "proxy"란 보험회사(insurance company) 또는 보험업자(underwriter)의 업무를 위임받은 대리행위자를 말한다.

Ⅱ. 보험서류의 수리요건

1. 보험서류의 발행인 및 서명

보험증권, 포괄예정보험(open cover)에 의한 보험증명서 또는 통지서(declaration)와 같은 보험서류는 보험회사, 보험업자(underwriter) 또는 그들의 대리인이나 대리행위자(proxies)에 의하여 발행되고 서명된 것이라야 한다. 만일 대리인 또는 대리행위자가 서명하는 경우에는 어느 보험회사 또는 어느 보험업자를 "위하여 또는 대리하여"(for or on behalf of) 서명하였는지에 대하여 그 자격을 반드시 표시하여야 한다.[177] 그러나 발행인이 보험자로 확인되어지는 경우, 보험서류는 발행인이 보험회사 또는 보험업자라고 표시할 필요가 없다.[178]

보험서류가 보험회사 또는 보험업자 또는 그 대리인 또는 대리행위자에 의하여 서명되는 한, 보험중개인(broker)의 용지상에 발행될 수 있다. 보험중개인은 기명 보험회사 또는 기명 보험업자의 대리인 또는 대리행위자로서 보험서류에 서명할 수 있다.[179]

보험중개인은 UCP 600에서 보험서류를 서명할 수 있는 수권된 자로 칭하고 있지 않기 때문에 대부분의 은행이 중개인의 서명한 보험서류를 거절한다. ICC 은행위원회는 "한 개인이 보험회사의 종업원이고 "중개인"이라는 직함을 가질 경우 그는 보험회사를 위하여 또는 대리하여 서명하여야 하는 것으로, 보험서류가 별도로 신용장 및 UCP 600 제28조에 일치하는지의 여부는 보험서류의 작성방법 여하에 달려 있다"[180]는 견해를 밝히고 보험중개인 발행 보험서류의 요건을 ISBP 745에서 반영시키고 있다.

또한 보험서류가 발행인, 피보험자 또는 기명 실체에 의하여 부서(countersignature)를 요구하는 경우, 보험서류는 반드시 부서되어야 한다.[181] 둘 이상의 보험자에 의하여 담보가 제공되는 것으로 표시하는 보험서류는 모든 보험자를 대리하는 단일의 대리인 또는 대리행위자에 의하여 서명되거나 또는 모든 공동보험자(co-insurers)를 대리하는 보험자에 의하여 서명될 수 있다.[182]

---

177) UCP 600, Article 28-a.

178) ISBP 745, Para. K2-b.

179) ISBP 745, Para. K3.

180) Gary Collyer and Ron Katz, *ICC Banking Commission OPINIONS 2009-2011*, ICC Publication No. 732, 2012(이하 ICC Pub. 732라 칭한다), R 765.

181) ISBP 745, Para. K5.

182) ISBP 745, Para. K7-a.

2. 보험서류 원본제시 및 피보험자와 배서

보험서류가 2통 이상의 원본으로 발행된 것으로 표시하는 경우 반드시 모든 원본이 제시되어야 한다.183) 또한 보험서류는 신용장에서 요구하는 형식으로 발행되고 필요한 경우, 배서하는 실체나 보험금청구권자의 배서가 있어야 한다. 신용장은 보험서류가 "to bearer" 또는 "to order"로 발행되도록 요구하여서는 아니 된다. 신용장은 피보험자의 명칭이 표시되어야 한다.184)

3. 보험승낙서 수리거절

보험승낙서(cover note)는 수리되지 않는다.185) 보험승낙서는 보험중개인이 보험계약자에 대하여 보험계약 존재의 증거로서 교부하는 것으로, 부보각서라고도 한다. 이는 보험료의 수취증을 겸한 보험의 예약 각서에 불과하고 보험약관이 제시되지 않으므로 보험증권이나 보험증명서와 같은 보험서류로 대신할 수는 없다.

4. 보험증권으로의 대체 제시

신용장이 포괄예정보험에 의한 보험증명서 또는 통지서를 요구할 경우, 보험증권 제시로도 수리가능하다.186)

그러나 신용장에서 보험증권을 요구할 경우, 포괄예정보험에 의한 보험증명서 또는 통지서의 제시로는 수리할 수 없다. 왜냐하면 포괄예정보험에 의한 보험증명서 또는 통지서는 보험계약의 증거이지만, 보험금청구의 경우에 보험증권과 포괄예정보험에 의한 보험증명서 또는 통지서간에 보험담보에 차이가 발생한다면, 보험증권상의 보험담보가 우선되는 것으로 이해되기 때문이다.187)

5. 보험서류의 일자

보험서류에서 담보가 선적일보다 늦지 않은 일자로부터 유효하다고 보이지 아니하는 한, 보험서류의 일자는 선적일보다 늦어서는 아니 된다.188) 이는 곧 보험서류의 담보

---

183) UCP 600, Article 28-b.
184) ISBP 745, Para. K20-a.
185) UCP 600, Article 28-c.
186) UCP 600, Article 28-d.
187) ICC Pub. 680, p. 131.
188) UCP 600, Article 28-e.

시기로 보험부보(담보)일자는 곧 보험서류의 발행일자가 된다. 보험서류의 일자는 본선 적재(loading on board)를 나타내는 선화증권(bill of lading)의 경우에는 적재일, 발송(dispatching)을 나타내는 항공화물운송장과 같은 운송서류일 때는 발송일, 수탁(taking in charge)을 나타내는 복합운송서류의 경우에는 그 수탁일과 각각 최소한 같거나 그 이전이어야 한다. 이와 같은 일자 이후 보험에 부보하게 되면 보험사고발생시 원칙적으로는 보상을 받지 못한다.[189)]

그러나 본문의 약관 중에 "소급약관"(lost or not lost clause)이 있는 경우에는 부보일자가 선적일자보다 늦더라도 부보효력이 선적일자로부터 발효한다는 조항이므로 관계가 없다. 또한 "창고간 약관"(warehouse to warehouse clause)이 있는 보험증권의 경우에는 화물이 창고에서 적재될 때부터 담보된다는 것을 표시하고 있는 것이므로 부보일자가 선적일자보다 늦어도 무방하다.

신용장거래에서는 특별히 선적일자보다 부보일자가 늦어도 된다는 명시가 없다면, 보험서류의 일자는 선적일자보다 늦어서는 아니 된다.

협회적화약관(Institute Cargo Clause)[190)]의 "운송약관"(Transit Clause)은 일명 "창고간 약관"(Warehouse to Warehouse Clause)이라고 하며, 해상적화보험에 있어서의 보험자의 담보책임의 시기 및 종기, 즉 담보기간을 규정한 약관이다.

Ⅲ. 보험서류의 담보요건

1. 담보금액 및 표시통화

보험서류에는 보험담보금액을 표시하여야 하고 신용장과 동일한 통화이어야 한다.[191)]

---

189) 강원진, 「신용장론」, 제5판, 박영사, 2007, 301면.

190) 신협회적화약관(Institute Cargo Clauses: ICC)은 런던보험자협회(Institute of London Underwriters)와 로이즈보험자협회(Lloyd's Underwriters Association)가 합동으로 기존 약관을 새롭게 재정비하여 1982년부터 ICC(A), ICC(B), ICC(C)약관 체계로 사용되어 왔다. 이 약관은 20여 년간 사용하여 오면서 그동안 테러행위(terrorism) 등 새로운 위험이 등장하고, 운송 및 보험 환경의 변화 등에 부응하기 위하여 런던국제언더라이팅협회(International Underwriting Association of London: IUA)는 로이즈보험시장협회(Lloyd's Market Association: LMA)와 합동적화위원회를 구성하여 1982년 ICC를 다시 개정하여 2009년 1월 1일부터 신약관을 사용할 수 있도록 하였다. 2009년 신약관에서는 A, B, C 약관의 체계는 같지만 약관의 재구성, 모호한 표현의 명확화 및 "underwriter"라는 용어가 "insurer"로 바뀌게 되었다. 2009년 신협회적화약관은 ICC(A), ICC(B), ICC(C)의 기본약관과, 협회전쟁약관(적화) 및 협회동맹파업약관과 같은 부대약관으로 구성되어 있다.

191) UCP 600, Article 28-f-i.

이는 신용장과 다른 통화로 부보된 경우 보험사고가 발생하였을 때 신용장발행의뢰인 또는 신용장발행은행에 환시세 변동에 따른 손해가 발생될 가능성이 있으므로 이를 회피하기 위한 것이다.

2. 최소담보금액

보험담보가 물품가액 또는 송장가액 등의 비율이어야 한다는 신용장상의 요건은 요구되는 최소담보금액으로 본다. 요구된 보험담보에 관하여 신용장에 아무런 표시가 없는 경우, 보험담보금액은 최소한 물품의 CIF 또는 CIP 가격의 110% 이어야 한다. 만약 CIF 또는 CIP 가격이 결정될 수 없는 경우, 보험담보금액은 인수·지급 또는 매입 요청금액 또는 송장표시 물품의 총 가액 중 더 큰 금액으로 산정되어야 한다.[192] 보험담보범위의 최대 백분율에 대한 제한은 없다.[193] 또한 보험담보범위가 소수점 세 자리 이상으로 계산되어야 하는 요건은 없다.[194] 실제 통화의 최소단위의 일부를 지급하는 것은 가능하지 않을 수 있으므로 국제표준은행관행은 소수점 둘째 자리를 계산하도록 하는 것이다.[195]

3. 담보구간

보험서류는 적어도 위험이 신용장에서 명시된 바와 같이 수탁지 또는 선적지와 양륙지 또는 최종목적지간에 위험을 담보하고 있음을 표시하여야 한다.[196] 예를 들면, London Heathrow 공항에서 Singapore Changi 공항까지의 발송이 행하여지는 보험서류를 요구할 경우, 보험담보범위가 Liverpool에서 개시되어, London Heathrow 공항을 통과하여, 물품이 Singapore Changi 공항에 도착할 때까지 담보하는 것으로 하여 제시된 보험서류는 수리될 수 있는 것이다.[197]

4. 담보종류 및 부가위험 명시

신용장은 요구되는 보험담보 약관(조건)의 종류를 명시하여야 하고 부보되어야 하는 부가위험(additional risks)도 명시하도록 요구하고 있다.[198]

---

192) UCP 600, Article 28-f-ii.
193) ISBP 745, Para. K12.
194) ISBP 745, Para. K13.
195) ICC Pub. 732, R 768.
196) UCP 600, Article 28-f-iii.
197) ICC Pub. 680, p. 132.
198) UCP 600, Article 28-g.

적화보험에서 사용되는 주요 약관을 보면 다음과 같다.

- 전위험(All Risks)을 포괄하여 담보하는 ICC(A) 약관
- 특정위험만을 담보하는 ICC(B) 약관
- 소수의 특정위험만을 담보하는 ICC(C) 약관
- 항공선적을 위하여 "전위험"을 담보하는(우편에 의한 발송은 제외) ICC(Air) 약관

여기에서 ICC(Air)는 오직 항공선적만을 담보한다는 사실에 유의할 필요가 있다. 항공선적이 이루어지는 경우, ICC(A)를 담보하는 보험서류를 요구하는 것은 옳지 않다.

어떠한 물품, 예를 들면, 석탄, 냉동식품, 목재, 설탕 등을 담보하기 위하여 특별히 고안된 다른 약관들이 존재하며, 이러한 약관들은 신용장에서 명시적으로 요구되어야 한다. 그리고 신용장이 "통상적 위험"(usual risks) 또는 "관습적 위험"(customary risks)과 같이 부정확한 모든 용어들을 사용하면 아니 된다. 신용장에 이런 용어들이 사용되었다면, 은행은 담보되지 아니한 모든 위험과 관계없이 제시된 대로 보험서류를 수리하게 된다.[199]

실무적으로 보험담보 약관은 물품의 종류와 성질을 고려하여 협회적화약관의 ICC(A), ICC(B) 또는 ICC(C) 중에서 어느 약관으로 부보할 것이며, 과연 동 약관으로 위험이 담보되는지를 검토하여야 한다. 무조건 ICC(A)에 W/SRCC(War/Strikes, Riots and Civil Commotions: 전쟁/파업, 폭동, 소요 위험)를 부보할 것이 아니라, 물품 또는 성질에 따라 ICC(C)에 적절한 부가위험을 선택하면서 W/SRCC를 부보하더라도 경제적인 보험료로 위험을 담보할 수도 있다.[200]

5. 전위험 담보 보험서류의 수리

신용장이 "전위험"(all risks)에 대한 보험을 요구하는 경우, 보험서류에 전위험을 기재하고 있을 지의 여부에 관계없이 전위험의 표기 또는 조항을 포함하고 있는 보험서류가 제시된 경우, 제외되어야 한다고 명시된 모든 위험에 관계없이 수리된다.[201]

또한 ICC(A)로 담보하고 있음을 표시한 보험서류는 전위험 조항 또는 부기를 요구하는 신용장조건을 충족하는 것으로 본다.[202]

---

199) *Ibid.*; ICC Pub. 680, p. 133.

200) 신용장의 요구서류에서 보험서류 조건의 예는 일반적으로 다음과 같다; "Marine Insurance Policy or Certificate in duplicate, endorsed in blank for 110% of invoice value, stipulating that claims are payable in the currency of the draft and also indicating a claim settling agent in U.S.A. covering Institute Cargo Clauses(C) including W/SRCC".

201) UCP 600, Article 28-h.

202) ISBP 745, Para. K18.

6. 제외조항 참조 보험서류의 수리

보험서류는 모든 제외조항(exclusion clause)의 참조를 포함할 수 있다고[203] 명시되더라도 수리가능하다. 이 규정은 현재 보험서류에 나타나는 수많은 제외조항 때문에 포함되었다. 예를 들면, 최근 테러행위(terrorism)와 같은 제외조항이 보험서류에 명시하는 것과 관련이 있다. UCP 600 초안그룹(drafting group)은 당시 보험업계에서는 이런 조항들은 업계의 표준제외조항으로 간주되어 조항 목록을 작성하였으나, 이 목록은 UCP 600에서 목록을 변경할 수가 없었기 때문에, UCP 600에서 제외조항 참조가 포함된 보험서류 수리가능성이 반영된 것이다.[204] ISBP 745에서도 보험서류는 신용장에서 요구되는 위험을 담보하여야 하며, 비록 신용장이 담보위험에 관하여 명시되어 있더라도 보험서류에는 면책조항이 기재될 수 있다는 것을 반영하고 있다.[205]

7. 소손해면책조건 보험서류의 수리

보험서류는 담보가 소손해면책률(franchise) 또는 초과공제면책률(excess deductible franchise)을 조건으로 한다는 것을 표시할 수 있다.[206] 소손해면책이란 보험자가 적은 금액의 손해(소손해)에 대하여 담보하지 아니하는 것을 말한다. 소손해면책률(franchise)의 종류에는 공제면책률(deductible franchise)과 비공제면책률(non-deductible franchise)이 있다.

공제면책률은 일정비율을 초과하면 면책률 부분을 공제하고 나머지 초과부분만을 보상하는 것으로, 이를 초과공제면책률이라고도 한다. 예를 들면, 3% 품목인 경우 5%의 손해가 발생하였을 때 5%-3%=2%만 보상하는 것을 말한다.

한편 비공제면책률은 면책비율 이상의 손해가 발생하면 면책비율을 공제하지 아니하고 발생된 손해 전부를 보상하는 것으로 예를 들면, 3% 품목인 경우 5%의 손해가 발생하였을 때 5% 전부를 보상하는 것을 말한다.

신용장이 "백분율에 관계없이"(irrespective of percentage: IOP) 보험담보를 요구하는 경우, 보험서류는 보험담보가 소손해면책률 또는 초과공제면책률을 조건으로 기재된 조항이 포함되어서는 아니 된다.[207] 따라서 면책비율의 적용을 받지 않으려면 신용장발행

203) UCP 600, Article 28-i.

204) ICC Pub. 680, p. 133.

205) ISBP 745, K17.

206) UCP 600, Article 28-j.

207) ISBP 745, Para. K14.

의뢰인은 신용장상에 예를 들면, “Claims recoverable hereunder shall be payable irrespective of percentage”라는 조건을 보험서류에 명시하도록 요청할 필요가 있다.

Ⅳ. 결 론

SWIFT 메시지 형식을 이용하는 신용장거래에서의 보험서류는 근거거래가 CIF나 CIP 계약에 기초하여 요구된다. 즉 “:46A document required”란에 보통 담보금액은 송장금액의 110%, 보험금청구는 환어음 통화에 의하여 보험금지급지 및 담보범위를 명시하고 원본(보통 2통)에 배서가된 해상보험증권 또는 증명서(marine insurance policy or certificate)를 요구하고 있다.

은행이 수리하는 보험서류의 요건은 보험서류의 발행인으로는 보험회사, 보험업자 또는 그들의 대리인이나 대리행위자에 의하여 발행되고 서명된 것이라야 한다. 보험담보금액은 최소한 물품의 CIF 또는 CIP 가격의 110%이어야 하나 그 이상은 제한이 없다.

담보범위와 관련하여 보험서류가 전위험(all risks: A/R) 조항으로 담보될 것을 요구하는 경우라도 ICC(A)로 담보하고 있음을 표시하여도 무방하다.

은행은 보험서류 심사시 담보시기 및 담보구간이 신용장 요건과 일치되는지를 면밀하게 검토하여야 한다. 보험서류는 적어도 위험이 신용장에서 명시된 바와 같이 수탁지 또는 선적지와 양륙지 또는 최종목적지간에 위험을 담보하고 있음을 표시하여야 하며, 보험서류는 “창고간 약관” 등 담보가 선적일보다 늦지 않은 일자로부터 유효하다고 보이지 아니하는 한, 보험서류의 일자는 선적일보다 늦어서는 아니 된다. 보험서류의 보험부보(담보)일자는 곧 보험서류의 발행일자가 된다는 점에 특별히 유의하여야 한다.

따라서 신용장거래에서의 보험서류는 UCP 600의 제28조에 규정된 요건 및 이를 보완하고 있는 ISBP 745를 면밀히 검토하여 적용하여야 할 것이다.

제 4 절 <<< 국제표준은행관행(ISBP 745)

문제 2-24 서류의 일치성 판단과 서류심사를 위한 국제표준은행관행에 대하여 설명하시오.

답안 2-24

〈목차 구성〉

Ⅰ. 서 론

신용장거래에서 발행은행의 확약은 신용장조건에 일치되는 서류제시에 따라 지급이행 하겠다는 의미이다. 전통적으로 신용장에 의한 서류심사는 판례에 의하여 형성된 엄밀(엄격)일치의 원칙과 상당일치의 원칙으로 양분된 법률원칙을 바탕으로 적용되어 왔다. 엄밀일치의 원칙적용 판결이 다수이기는 하지만 상거래의 원활화를 기하기 위하여 엄밀일치의 원칙을 완화하는 시도로 상당일치의 원칙을 인정한 판결들도 있어 법원 판결 역시 일관되지 못하고 있는 실정이다.

이에 대한 문제를 은행 내에서 해결할 수 있는 대안으로 ICC 은행위원회가 1993년 UCP 500에서부터 서류심사기준을 국제표준은행관행(ISBP)에 의하도록 규정하고 UCP 600 이후 2013년 업데이트된 "ISBP 745"가 제시되고 있다. ISBP의 결과 일치성에 대한 분쟁은 감소되고 있는 실정이다.

이하에서는 신용장조건과 서류의 일치성 판단 및 서류심사기준으로서의 국제표준은행관행에 대하여 검토해 보기로 한다.

Ⅱ. 서류의 일치성 판단에 대한 논쟁

신용장은 발행은행이 일치하는 제시에 따라 인수·지급하는 것이므로 제시서류의 일치성 여부에 대한 판단이 은행이 서류를 심사하고 수리 여부를 결정하는 데 있어 신용장거래당사자간에 문제시 된다.

신용장거래시 은행이 서류를 심사하고 수리여부를 결정하는 데 있어 논란대상이 될 수 있는 것은 제시된 서류에 대하여 은행이 어떤 기준에 의하여 어느 정도의 주의를 기울여 검토해야 될 것인가 하는 점이다. 은행의 서류수리원칙에 관해서는 전통적으로 법원의 판례에 의하여 형성된 법률원칙으로 엄밀(엄격)일치의 원칙(doctrine of strict compliance)과 상당일치의 원칙(doctrine of substantial compliance)이 양분되어 왔다.

엄밀일치의 원칙이란 은행은 신용장의 조건에 엄밀히 일치하지 않는 서류를 거절할 수 있는 권리를 가지고 있다는 법률원칙이다. 다시 말하면 은행은 제시된 서류가 신용장 조건의 문언에 합치된 것으로 판명된 서류에 한하여 지급이행할 수 있다는 원칙을 말한다.[208] 국제상거래상의 지급도구인 신용장은 그 형식적인 엄밀일치성을 생명으로 하기 때문에 서류는 신용장조건에 엄밀하게 일치하여야 하는 것을 기본으로 삼고 있다.[209]

서류수리와 관련된 신용장거래분쟁에서 많은 판례들은 신용장조건과 엄밀일치의 원칙적용 또는 상당일치의 원칙적용에 있어서 대립되고 있는 실정이다.[210] 대부분의 법정은 엄밀일치의 원칙적용을 지지하여 왔다.

상업송장 상에 표시되는 물품의 명세는 신용장상에 요구된 물품의 명세와 반드시 일치하여야 한다(규칙 제18조)는 의미에서 볼 때 본질적으로는 엄밀일치의 원칙이 적용됨을 시사하고 있다. 그러나 상업송장 이외의 모든 서류상의 물품명세는 신용장내용과 모순이 되지 않는 범위 내에서 기술할 수 있다는 점에 주목할 만하다.

엄밀일치의 원칙은 서류를 심사하는 자의 태도에 따라 은행은 방어적인 입장에서 행동하게 된다. 엄밀일치의 원칙 적용은 채무불이행을 원하는 은행의 안전한 피난처가 되어서는 안 된다. 오히려 이 원칙은 신용장발행은행으로 하여금 신용장조건 범위 내에서 주관적 판단을 허용하고, 신의성실에 의한 엄밀일치서류에 대한 지급을 통하여 발행의뢰인으로부터 상환청구권을 갖게 되어 발행은행 자신을 보호하게 된다고 보아야 할 것이다.[211]

그러나 서류가 신용장조건과 문언대로 엄밀하게 합치되어야 한다고 하여 문구 하

208) Clive M. Schmitthoff, *Export Trade*, 10th ed., Stevens & Sons, 2000, pp. 172~174.

209) Kurkela, Matti, *Letters of Credit under International Trade Law*, Oceana Publications, Inc., 1950, p. 298; E. P. Ellinger, Documentary Letter of Credit, University of Singapore Press, 1970, p. 279.

210) Stanly F. Farra and Henry, Landau, "Letters of Credit", *The Business Lawyer*, Vol. 40, May 1985, p. 1177.

211) Robert M. Rosenblith, "Letter-of-credit Practice: Revisiting Ongoing Problems", *Uniform Commercial Code Law Journal*, Vol. 24, No. 2, Fall 1991, pp. 121~122.

나도 틀리지 않게 완전히 일치하여야 한다는 뜻은 아니다. 이에 대하여 한국 법원의 판결사례에서도 문구에 약간의 차이가 있더라도 은행이 상당한 주의(reasonable care)를 기울이면 그 차이가 경미한 것으로서 문언의 의미에 차이를 가져오는 것이 아니고, 또 신용장조건을 전혀 해하는 것이 아님을 문언상 알아차릴 수 있는 경우에는 신용장조건과 합치하는 것으로 보아야 할 것이라고 하고 있다.[212)]

엄밀일치의 원칙과 상당일치의 원칙적용에 관련된 판례를 찾아보면 상당일치보다는 엄밀일치의 원칙을 적용하는 쪽이 다수의 견해이다.[213)]

이와 같은 신용장조건과 제시서류의 일치성 판단기준은 법원의 판례에서도 일관성이 없고 신용장통일규칙에서도 구체적인 지침이 마련되지 아니하여 신용장거래당사자에게 종종 혼란스러운 문제가 되어 왔다.

Ⅲ. 국제표준은행관행

1. 국제표준은행관행의 도입

신용장 서류심사를 위한 국제표준은행관행(International Standard Banking Practice for the Examination of Documents under Documentary Credits: ISBP)은 UCP 500 제13조에서 최초로 반영된 개념이다. 즉 동 조에서는 "규정된 서류의 문면상 신용장의 제조건과의 일치성은 본 규칙에 반영되어 있는 국제표준은행관행에 따라 결정된다"고 규정하여 모호하고 매우 추상적인 조항이었다. UCP 500이나 현재의 UCP 600 상에는 ISBP의 구체적 정의는 없다.

ICC 은행위원회는 은행위원회의 의견 및 결정자료 등을 통하여 국제표준은행관행을 검토하여 왔다. 그 결과 2002년 10월 30일 로마 총회에서 승인된 "ISBP, ICC Publication No. 645"라는 UCP 500의 실제적인 추록인 신용장 서류심사를 위한 국제표준은행관행을 200항에 걸쳐 구체적인 표준을 제시하였다. 그 후 2007년 UCP 600으로 개정되면서 "ISBP 681"로 업데이트 하고 2013년 4월 다시 "ISBP 745"로 업데이트 하여 명칭을 "UCP 600하의 서류심사를 위한 국제표준은행관행"(International Standard Banking Practice for the Examination of Documents under UCP 600)으로 하면서 제시되는 일반적인

212) 한국 대법원 제1부, 1985. 5. 28. 판결, 84다카696, 697 판결문 참조.

213) Robert M. Rosenblith, "Current Development in Letters of Credit Law", *Uniform Commercial Law Journal*, Vol. 21, Fall 1988, p. 175; John F. Dolan, *The Law of Letters of credit*, 2nd ed., Warren, Gorham & Lamont, Inc., 1991, Sec. 6-4.

서류들에 대한 심사기준을 제시하고 있다.

2. 국제표준은행관행의 구성내용

"ISBP 745"에서는 기존의 "ISBP 681"에서 규정되었던 185개 항을 각 항목별 체계를 A부터 Q까지 배열하여 298개 항으로 확대하였다.

"ISBP 745"에서 새롭게 반영된 주요내용은 ISBP의 적용범위를 비롯하여 비유통해상화물장, 포장명세서, 중량명세서, 수익자증명서와 분석, 검사, 위생, 검역, 수량, 품질 및 기타 증명서와 같은 서류들의 심사기준이다.

특히 적용범위에서 "ISBP는 UCP 600과 관련하여 해석되어야 하며 단독으로 해석되어서는 아니 된다"[214]고 규정하고 있다. ISBP는 신용장통일규칙이 아니고 다만 UCP 600의 추록으로 UCP를 보충하는 역할을 하기 때문에 반드시 UCP 600과 병행하여 해석할 것을 강조하고 있다.

"ISBP 745"의 구성내용은 다음과 같다.

적용범위(i~vii)
일반원칙(A1~41)
환어음과 만기일 계산(B1~18)
송장(C1~15)
적어도 두 가지 다른 운송방식을 표시하는 운송서류(D1~32)
선화증권(E1~28)
비유통해상화물운송장(F1~25)
용선계약선화증권(G1~27)
항공운송서류(H1~27)
도로, 철도 또는 내수로 운송서류(J1~20)
보험서류 및 담보범위(K1~23)
원산지증명서(L1~8)
포장명세서(M1~6)
중량명세서(N1~6)
수익자증명서(P1~4)
분석, 검사, 위생, 검역, 수량, 품질 및 기타증명서(Q1~11)

214) ISBP 645, Para. i.

Ⅳ. 결　　론

신용장과 제시서류의 일치성 논쟁은 현재까지도 꾸준히 이어지고 있다. 서류심사 기준으로서의 국제표준은행관행은 판례에 의하여 형성된 상당일치원칙을 지지하는 규정으로 볼 수 있는지 아니면 엄밀일치원칙 적용으로 볼 수 있는지 모호함은 여전하다.

신용장 서류심사는 지정은행, 확인은행 및 발행은행은 서류가 문면상 일치하는 제시를 구성하는지 여부를 결정하기 위하여 서류만을 기초로 하여 제시를 심사하여야 한다. 여기에서 일치하는 제시란 신용장조건, 본 규칙의 적용가능한 규정 및 국제표준은행관행에 따른 제시를 의미한다. 서류심사기간은 제시가 일치하는 경우 제시기일과 관계없이 제시일 다음날로부터 최대 제5은행영업일을 갖는다.

신용장 문맥을 읽을 때, 서류의 데이터, 서류의 자체 및 국제표준은행관행은 서류의 데이터 또는 신용장과 동일성을 요하지 않지만 서류의 데이터, 모든 기타 규정된 서류 또는 신용장과 상충되어서는 아니 된다.

국제표준은행관행은 UCP와 ICC 은행위원회의 의견 및 결정과 서로 일치된다. ISBP는 UCP 600 중에 반영된 관행들이 어떻게 서류취급자들에게 적용되는가를 설명하고 있다. 물론, 일부 국가의 법은 여기에 언급된 것과 다른 관행을 강요할 수 있음을 인식하여야 한다.

그러나 어떠한 단일의 간행물도 모든 조건 또는 화환신용장과 관련하여 사용되어지는 서류 또는 UCP 해석 및 그것이 반영하는 표준관행을 기대할 수는 없다. UCP 조항의 적용가능성을 수정하거나 영향을 주는 어떠한 조건은 국제표준은행관행에 영향을 미칠 수 있다는 점에 유의할 필요가 있다.

이와 같이 국제표준은행관행의 도입은 신용장발행은행의 입장에서는 서류상 본질적인 중요한 하자사항이 아님에도 불구하고 자구 하나하나의 엄밀일치만을 고집하여 서류상의 하자만을 지적하고, 지급거절 또는 지급유보상태임을 먼저 통지하는 바람직하지 못한 관행을 예방할 수 있음은 물론 사소한 시비를 모두 법정의 판결로 해결하려는 시도를 감소시킬 수 있을 것이다.[215)]

215) 강원진, “신용장서류심사를 위한 ICC 국제표준은행관행의 일반원칙에 관한 고찰”, 「국제상학」 제18권 제3호, 한국국제상학회, 2003, 145-146면.

제 5 절 <<< 은행간 대금상환통일규칙(URR 725)

문제 2-25 은행간 대금상환과 관련하여 UCP 600과 URR 725의 적용관계 및 대금상환 관계 은행의 의무 및 책임에 대하여 설명하시오.

답안 2-25

〈목차 구성〉

Ⅰ. 서 론

신용장발행은행이 제3의 은행을 지정하여 동 은행 앞으로 대금상환을 청구하도록 할 경우 이와 같은 제3의 은행을 상환은행(reimbursing bank)이라 하고 이러한 대금상환 방식을 은행간 대금상환(bank-to-bank reimbursement)이라 한다. 발행은행의 대금상환에 있어 상환은행이 개입되는 은행간 대금상환방식은 다른 방식에 비하여 많은 이점을 가지고 있다. 즉 국제무역량의 증대에 따른 대금상환업무를 신속하고 또 효율적으로 처리하기 위해 국제금리 또는 환율동향 등을 고려하여 자금을 효율적으로 운용함으로써 은행의 수익성 제고 및 환율변동에 수반하는 환차손위험 회피를 위한 환포지션의 조정도 필요하기 때문에 상환은행 이용에 대한 유용성이 커지고 있는 실정이다.

상환은행은 신용장거래에서의 당사자는 아니지만 발행은행의 지급담당자로서 거래의 편의를 제공하게 되며,[216] 필요에 따라서는 신용장상의 결제통화 여하에 관계없이 상환은행이 개입할 수 있다.

UCP 600 제13조에서는 은행간 상환약정 규정을 설정하여 상환신용장을 발행할 경우, 상환은 은행간 대금상환에 관한 국제상업회의소 규칙에 준거함을 명시하도록 하고

216) Dan Taylor, *ICC Guide to Bank-to-Bank Reimbursements under Documentary Credits: A Practical Guide to Daily Operations*, ICC Publishing S. A., 1997, p. 8.

있다. 이 경우 "화환신용장에 따른 은행간 대금상환통일규칙"(Uniform Rules for Bank to Bank Reimbursements under Documentary Credits: URR 725)에 준거하여 상환신용장을 발행할 경우 은행간 대금상환에 관한 준거규정을 반드시 포함할 것을 규정하여 동 규칙에 따른 상환업무처리를 하여야 한다.

이와 관련하여 우선적으로 UCP 600 제13조와 URR 725의 준거와 적용에 대한 해석을 명확히 하고 대금상환과 관계되는 발행은행, 상환은행 및 상환청구은행의 의무 및 책임에 대한 이해가 선행되어야 한다.

따라서 이하에서는 화환신용장거래에서 은행간 대금상환과 관련하여 UCP 600의 규정과 URR 725의 적용관계 및 대금상환 관계은행의 의무 및 책임을 중심으로 검토하고자 한다.

Ⅱ. UCP 600에서의 은행간 상환약정

1. 신용장에 URR 725 준거문언이 명시된 경우

1) UCP 600과의 관계

UCP 600 제13조 a항은 신용장이 지정은행(청구은행)이 다른 당사자(상환은행) 앞으로 상환청구 받는 것으로 명시하고 있는 경우, 즉 상환신용장을 발행할 경우에는 "상환은 은행간 대금상환에 관한 ICC 규칙에 따른다"(Reimbursement is subject to the ICC rules for bank-to-bank reimbursements)고 명시하도록 하고 있다. 따라서 URR 725에 준거하여 상환신용장을 발행할 경우 은행간 대금상환에 관한 준거규정을 반드시 포함할 것을 규정하여 동 규칙에 따른 상환업무처리를 하여야 한다.

신용장상에 준거법으로 UCP 600이 적용된다고 해서 자동적으로 URR 725가 적용되는 것은 아니다. UCP 600에 준거되는 신용장에 URR 725가 보완적으로 적용되기 위해서는 상환수권서상에 URR 725의 준거문언을 삽입할 것과 신용장상에도 URR 725의 준거문언 삽입이 요구된다.

이와 관련하여 URR 725 제1조에서는 발행은행은 대금상환청구가 "URR 725"에 준거한다는 취지를 화환신용장상에 명시할 책임을 부담하며, UCP 600과 URR 725가 상충하는 경우, UCP 600이 URR 725에 우선하는 취지로 규정되고 있다.[217)]

217) 강원진, 「무역결제론」, 제3판, 박영사, 2015, 192~193면.

2. 신용장에 URR 725 준거문언이 불명시된 경우

신용장이 상환이 URR 725를 따른다고 명시하고 있지 아니한 경우 UCP 600 제13조가 적용된다. 이 조 b항에서는 청구은행이 상환확약(reimbursement undertaking)[218]을 충족하는 경우 대금상환을 받을 수 있는지에 대한 적용요건을 다음과 같이 반영하고 있다.

1) 유효기일 내 상환수권서 제공

발행은행은 상환이 신용장에서 명시된 사용가능성에 따라 상환수권서(reimbursement authorization)를 상환은행에 제공하여야 하며 상환수권서는 유효기일에 영향을 받지 않아야 한다고 하고 있다. 이는 상환확약 이외의 경우, 유효기간이 요구된다면 많은 양의 대금상환청구가 상환수권서의 유효기간 때문에 지급되지 않을 가능성이 있을 수 있기 때문이다. 즉 서류 매입이 유효기간에 또는 그것에 가까운 시점에서 행해진 경우에는 대금상환청구는 유효기간이 경과할 때까지 상환은행에 도래하지 않아 지급되지 않을 수도 있는 것이다.

2) 청구은행의 신용장조건 일치증명서 불필요

청구은행은 상환은행에게 신용장조건과의 일치증명서(certificate of compliance)를 제공하도록 요구되어서 아니 된다고 명시하고 있다. 왜냐하면 상환은행에게는 청구은행으로부터 서류가 송부되지 않기 때문에 신용장조건의 일치여부를 확인하기가 어렵고, 또한 이러한 일치증명서는 화환신용장거래에서 지정은행과 발행은행간의 문제이고 은행간 대금상환의 일부가 아니기 때문이다.

3) 발행은행의 경비 및 이자손실 부담

상환은행이 최초의 청구시 신용장조건에 따라 이루어지지 아니한 경우, 발행은행은 이에 따른 청구은행의 모든 경비와 이자손실의 책임을 부담하여야 함을 강조하고 있다.

4) 발행은행의 상환은행수수료 부담

상환은행의 수수료는 발행은행이 부담하는 것이 원칙이지만 수익자의 부담으로 할 경우, 발행은행은 신용장 및 상환수권서상에 표시할 책임이 있고, 이 경우 상환수수료는

---

218) 상환확약(reimbursement undertaking)이란 발행은행의 수권 또는 요청에 따라 상환은행이 상환수권서에 지정된 청구은행 앞으로 발행하는 것으로, 상환확약의 조건에 충족되는 경우, 청구은행의 상환청구를 인수·지급하겠다는 독립된 취소불능의 확약을 의미한다; URR 725, Article 2-g.

대금상환이 이루어질 때 청구은행에 지급할 금액으로부터 공제된다. 그러나 상환 자체가 이루어지지 아니한 경우에는 발행은행이 상환수수료를 부담한다.[219]

3. 발행은행의 상환이행 의무

발행은행은 상환이 상환은행에 의하여 이루어지지 아니하는 경우 상환을 행하여야 할 자신의 의무로부터 면제되지 않는다(UCP 600 제13조 c항). 이는 곧 발행은행은 상환은행에 의해 최초의 청구시에 상환이 이루어지지 않는다 하더라도, 상환을 행하여야 할 의무를 부담한다는 의미이다. 이 규정은 은행간에 적용되는 것으로 신용장에서 대금상환은행, 즉 결제은행으로 지정되었다 하더라도 이와 같은 수권 받은 은행이 상환을 이행하지 않을 경우에도 발행은행은 상환의무에 대한 책임이 있는 것을 반영한 것이다.

Ⅲ. URR 725의 적용

국제상업회의소 은행위원회는 1995년 제정된 "화환신용장에 따른 은행간 대금상환 통일규칙"(Uniform Rules for Bank to Bank Reimbursements under Documentary Credits: URR), 즉 "URR 525를 1996년 7월 1일부터 적용할 수 있도록 하여 왔으나 개정된 UCP 600에 부응하기 위하여 이를 다시 2008년 4월 15~16일 "URR 525"를 업데이트한 "URR 725"를 승인하고, 2008년 10월 1일부터 발효되도록 하여 상환신용장을 발행할 경우에 적용할 수 있도록 하였다.

타 은행의 지시에 따라 지급이행을 행한 은행은 대금상환을 청구할 수 있다. 대금지급을 지시한 발행은행(issuing bank)은 자신이 지정한 은행에 대하여 대금상환의무를 부담하고, 지급지시에 따라 지급이행을 행한 은행, 즉 청구은행(claiming bank)은 발행은행에 대한 상환청구권이 형성된다.

화환신용장에 따른 은행간 대금상환에 관한 통일규칙(URR 725)은 그 상환수권서(reimbursement authorization)의 내용에 상환수권서가 이 규칙에 따른다고 분명히 명시되어 있을 경우 모든 은행간 대금상환에 적용된다. 이 규칙은 상환수권서에 달리 명시적으로 규정되지 않는 한 모든 관계당사자를 구속한다. 따라서 발행은행은 화환신용장에 대금상환청구가 이 규칙의 적용을 받는다는 것을 명시할 책임이 있다. 이 규칙의 적용을 받는 은행간 대금상환에 있어, 상환은행은 발행은행의 지시 및 수권에 의하여 업무를 수행한다. 이 규칙은 화환신용장통일규칙 및 관례의 규정에 우선하거나 변경하

219) 강원진, 「UCP조항별 신용장분쟁사례」, 두남, 2013, 171~172면.

려는 것이 아니다.[220)]

이와 관련하여 URR 725에서는 URR 725가 상환수권서의 본문에 삽입되어 있는 경우 모든 은행간 대금상환에 적용된다는 규정을 두고 있다.[221)] 따라서 발행은행이 발행하는 상환수권서상에 대금상환은 URR 725에 따라서 행해진다는 취지가 다음 예와 같이 명시된 경우에 한해서 은행간 대금상환에 적용될 수 있다.[222)]

"Reimbursement Authorisation is subject to the Uniform Rules for Bank-to-Bank Reimbursements under Documentary Credits, ICC Publication No. 725."

Ⅳ. 은행간 대금상환 관계은행의 의무 및 책임

1. 은행간 대금상환 관계은행

은행간 대금상환에 관계되는 은행은 발행은행(issuing bank), 상환은행(reimbursing bank) 및 청구은행(claiming bank)이 있다. 여기에서 발행은행은 신용장 및 상환수권서를 발행한 은행을 말하며[223)] 상환은행은 발행은행이 발행한 상환수권에 따라서 대금상환을 하도록 지시 및/또는 수권된 은행을 말하고[224)] 청구은행은 신용장에 따라서 지급, 연지급확약, 환어음의 인수 또는 매입을 하고, 상환은행에게 상환청구하는 은행을 말한다. 청구은행은 지급, 연지급확약, 환어음의 인수·지급 또는 매입을 하는 은행을 대신하여 상환은행에게 상환청구를 하도록 권한을 부여받은 은행을 포함한다.[225)]

일반적으로, 대금상환은 두 은행간 거래에서 이루어진다. 발행은행이 청구은행에 대해 상환하는 방법[226)]은 예컨대, 청구은행에 개설된 발행은행의 예치계정에서 차기(debit)하는 방법,[227)] 발행은행이 지정은행의 계정에 송금하는 방법,[228)] 그리고 발행은행

---

220) URR 725, Article 1.

221) *Ibid.*

222) 강원진, 전게서, 191~192면.

223) URR 725, Article 2-a.

224) URR 725, Article 2-b.

225) URR 725, Article 2-e.

226) E. P. Ellinger, "Legal Position of Reimbursing Bank", *Journal of International Banking Law and Regulation*, 22(10), 2007, p. 508.

227) 신용장에 "to reimburse yourselves, debit our account with your good selves"라는 지시가 있는 경우이다. 이때 청구은행은 대금을 수익자에게 지급함과 동시에, 상환을 위하여 자행에 개설되어 있는 발행은행의 계정에서 차기한다. 이 방식은 주로 청구은행 소재국의 통화로 된 신용장에서 이용되고 있다.

이 지정한 제3의 은행에 청구은행이 상환청구하는 방법이 있다.

2. 발행은행의 의무 및 책임

발행은행이 상환청구은행에 대하여 상환은행을 지정하게 되면 상환청구은행은 발행은행의 지시를 준수하여야 한다. 따라서 상환청구은행은 일차적으로 상환은행에 대하여 대금상환청구를 제시할 필요가 있다. 그러나 상환은행과 발행은행간에 체결되는 환거래약정 또는 상환약정은 양은행간의 내부거래에 불과하므로 신용장거래에는 아무런 영향을 미치지 못한다. 상환청구은행이 상환은행을 통하지 아니하고 발행은행 앞으로 직접 대금상환을 청구하는 경우 발행은행은 이에 응하여야 한다.[229]

URR 725에 규정되고 있는 발행은행의 의무 및 책임은 다음과 같다.

(1) 발행은행은 이 규칙에서 요구되는 정보를 상환수권서와 신용장에 명시할 책임이 있으며, 이 조항을 준수하지 아니하여 발생하는 모든 결과에 대해서도 책임이 있다(URR 725 제5조).

(2) 발행은행은 상환은행에게 진정성을 확인할 수 있는 전신으로 상환수권 또는 상환조건변경을 통지하여야 한다(URR 725 제6조 a항).

(3) 발행은행은 상환수권서 또는 상환조건변경서를 대신하거나 첨부되어지는 신용장사본을 상환은행에게 보내서는 아니 된다. 만일 이러한 사본이 상환은행에 접수되면 이는 무시된다(URR 725 제6조 b항 i호).

(4) 발행은행은 상환은행이 명시적으로 합의하지 않은 경우, 한 통의 전신 또는 서신 속에 복수의 상환수권서를 상환은행에 보내서는 아니 된다(URR 725 제6조 b항 ii호).

(5) 발행은행은 상환수권서에 신용장의 제조건과 일치한다는 증명서를 요구해서는 아니 된다(URR 725 제6조 c항).

(6) 발행은행은 상환은행을 지급인으로 한 일람출급환어음의 발행을 요구하여서는 아니 된다(URR 725 제6조 e항 iii호).

(7) 상환청구 선통지에 대한 지시사항은 신용장에 반드시 명시되어야 하며 상환수권서에 포함되어서는 아니 된다. 또한 계좌차기 선통지에 대한 지시사항은 신용장에 반드시 명시되어야 한다(URR 725 제6조 f항).

---

228) 신용장에 "to reimbursement, we shall remit the proceeds according to the negotiating bank's instruction"의 지시가 있는 경우이다. 이때 청구은행은 일반적으로 발행은행에 청구은행의 계정이 개설되어 있으면 이 계정에 입금하게 되어 있다.

229) 이천수, "URR 725와 UCP 600 하에서 은행간 대금상환의 적용에 관한 연구", 「관세학회지」, 제11권 제1호, 2010, 264면.

(8) 모든 상환수권서에 기재하여야 할 내용이 모두 반영되어야 한다(URR 725 제6조 d~e항).

(9) 발행은행은 외국의 법률 및 관습에 의해 부과되는 모든 의무와 책임에 구속되며 이에 대하여 상환은행에게 보상하여야 한다(URR 725 제13조).

(10) 발행은행은 상환은행의 비용을 부담한다(URR 725 제16조 a항).

3. 상환은행의 의무 및 책임

상환은행은 발행은행의 지시에 따라 대금상환을 이행할 의무가 있다. 이와 같은 발행은행의 지시를 상환수권이라고 한다.[230] 상환수권은 본질적으로 청구은행(claiming bank)에 대하여 어떠한 권리도 부여하지 않는다. 거래과정 동안 상환은행은 발행은행의 대리인(issuing bank's agent)의 지위를 갖는다.[231]

그러나 URR 725는 환어음의 인수와 유사한 "상환확약"(reimbursement undertaking)[232]을 발행함으로써 상환은행으로 하여금 청구은행에 대한 권리를 부여하고 있다. 상환확약은 청구은행의 동의 없이 변경되거나 취소될 수 없다(URR 725 제9조 i항 i.호).

URR 725에 규정되고 있는 발행은행의 의무 및 책임은 다음과 같다.

(1) 상환은행은 상환수권서에 신용장의 조건에 관한 모든 참조사항이 포함되어 있다 하더라도 신용장의 조건과는 무관하며 또한 구속되지 아니한다(URR 725 제3조).

(2) 상환은행은 자신의 상환확약 조건에 규정되지 않았다면 상환청구에 대한 인수·지급 의무가 없다(URR 725 제4조).

(3) 상환은행은 상환수권서나 상환조건변경서에 따라 행동할 용의가 없는 경우에는 이를 지체 없이 발행은행에게 통고하여야 한다(URR 725 제6조 g항).

(4) 상환은행은 상환청구에 대한 상환거절 또는 상환지연에서 비롯되는 결과에 대하여 책임을 지지 아니한다(URR 725 제6조 h항).

(5) 상환은행에게 상환확약을 발행하라는 수권 또는 요청은 취소불능 상환수권이며

---

230) 상환수권은 상환청구은행에게 대금상환을 하도록 또는 발행은행의 요청이 있는 경우에는 상환은행을 지급인으로 발행된 기한부환어음을 인수 및 지급하도록 발행은행이 상환은행에게 발행하는, 신용장과는 독립된 지시 및/또는 수권을 의미한다; URR 725, Article 2-c.

231) E. P. Ellinger, *op. cit.*, p. 508.

232) 상환확약은 첫째, 발행은행으로부터 수권 또는 요청에 근거하여 상환은행에 의하여 발행되는 것이다. 둘째, 상환수권서에 지정된 상환청구은행 앞으로 발행되는 것이다. 셋째, 상환확약상에 정해져 있는 조건이 충족될 것을 조건으로 하여 상환청구은행의 대금상환청구에 응하는 것을 확약하는 것이다. 넷째, 상환은행에 의한 독립된 취소불능의 확약을 구성하는 것이다; URR 제2(g)조; 강원진, 「신용장론」, 제5판, 박영사, 2007, 269~270면.

상환확약에 대하여 기재하여야 할 내용이 모두 반영되어야 한다(URR 725 제9조 b항).

(6) 상환은행은 상환청구를 처리하는 데 있어 상환청구의 접수 다음날로부터 3은행영업일을 초과하지 않는 범위 내에서 상당한 시간을 갖는다(URR 725 제11조 a항 i호). 또한 상환은행이 상환하지 않기로 결정한 경우 지체 없이 그러한 취지를 통고하여야 한다(URR 725 제11조 a항 ii호)

(7) 상환은행은 상환청구은행의 자금결제일 소급요청을 처리하지 아니한다(URR 725 제11조 b항).

(8) 상환청구는 사전에 결정된 일자의 10은행영업일 전에 제시하여서는 아니 된다. 만일 청구가 10은행영업일 전에 제시된다면, 상환은행은 동 청구를 무시할 수 있다. 상환은행이 상환청구를 무시할 것을 선택하였다면 청구은행에게 그러한 취지를 전신 또는 다른 신속한 수단으로 지체 없이 전달하여야 한다(URR 725 제11조 c항 ii호).

(9) 상환은행은 유보 또는 보상장부로 지급, 인수 또는 매입이 이루어졌다는 것을 명시한 상환청구에 대해 인수·지급한 경우 아무런 의무 및 책임을 지지 아니하고 그러한 명시를 무시한다(URR 725 제11조 e항).

(10) 상환은행은 통신송달 및 불가항력에 관한 아무런 의무 또는 책임을 지지 아니한다(URR 725 제14조 및 제15조).

4. 상환청구은행의 의무 및 책임

청구은행은 지급은행에 대한 아무런 권리도 가지지 않은 수표의 수취인과 유사한 지위에 있다. 상환은행이 발행은행의 지시를 이행하지 아니한 경우라 하더라도, 상환은행이 청구은행에 대한 지급의무를 위반하는 것은 아니다. 위임의 위반 행위는 상환은행의 고객, 즉 발행은행에 의해 야기된다. 청구은행은 당해 약정의 당사자가 아니다. 그럼에도 불구하고, 청구은행은 특정한 구제책을 가지고 있을 수 있다.[233)]

청구은행은 일반적으로 인수가능하지 않은 환어음의 지급인과 유사한 지위에 있다. 예컨대 영국법에 따르면, 청구은행은 지급 또는 인수의 의무가 없다.[234)] 청구은행은 소유권, 담보와 관련하여 상환은행에게 환어음을 발행할 권리를 가진다.

URR 725에 규정되고 있는 상환청구은행의 의무 및 책임은 다음과 같다.

(1) 상환청구은행의 상환청구(reimbursement claim)는 전신 또는 원본서신 형식으로 해야 한다. 상환청구가 전신으로 될 경우, 우편확인서가 송부되어서는 아니 된다. 우편

233) E. P. Ellinger, *op. cit.*, p. 508.
234) *Ibid.*, p. 511.

확인서가 송부되는 경우, 상환청구은행은 중복상환에서 비롯되는 모든 결과에 대해 책임이 있다(URR 725 제10조 a항 i호).

(2) 상환청구은행이 발행은행에 지급, 연지급, 인수 또는 매입의 통지서 사본을 송부하여서는 아니 된다(URR 725 제10조 a항 iv호).

(3) 기한부환어음이 상환은행을 지급인으로 발행되는 경우, 상환청구은행은 처리를 위해 그 환어음을 상환청구서와 함께 상환은행에 송부하여야 하고 기재하여야 할 내용이 모두 반영되어야 한다(URR 725 제10조 b항).

(4) 상환청구서에는 URR 725 제10조 상환청구의 기준에서의 기재하여야 할 내용이 모두 반영되어야 한다(URR 725 제10조 a항 및 b항).

V. 결　　론

은행간 대금상환과 관련하여 UCP 600 제13조와 URR 725가 상호 유사하게 공유하고 있는 조항은 일부분에 그치고 있다. 특히 UCP 600만으로써 화환신용장하에 따른 은행간 대금상환을 규율한다는 것 자체가 불가능에 가깝다. 따라서 신용장거래당사자들이 은행간 대금상환을 행하고자 하는 경우에는 URR 725를 적극적으로 활용할 필요성이 있다.

상환수권서는 취소 가능한 것이므로 상환확약을 통하여 거래의 안정성을 제고시켜야 한다. 상환수권서에 청구제시를 위한 유효기간 또는 최종일을 부가하지 않아야 하며 상환수권서상에 유효기간이 설정된다면, 상환청구은행의 대금상환청구 중 지급되지 않을 가능성이 높기 때문에 상환은행이 상환확약을 발행하는 경우를 제외하고 상환수권서에는 청구제시를 위한 유효기간 또는 최종일을 부가하지 않도록 하여야 한다.

발행은행은 상환은행의 대금상환 불이행 또는 지연과 관련되어 발생되는 각종의 비용과 이자부담 그리고 상환은행의 경비를 부담하여야 한다. 다만 예외적인 경우로서 상환은행의 경비와 관련하여 이를 수익자의 부담으로 하는 경우에는 신용장 및 상환수권서상에 이를 명시할 필요가 있다.[235)]

상환청구의 처리와 관련하여 유보부 또는 보상장부(under reserve or against an indemnity) 조건으로 지급, 인수 또는 매입이 이루어졌다는 것을 명시한 상환청구에 대해 인수·지급한 경우, 아무런 의무 및 책임을 지지 아니하고 그러한 명시를 무시한다는 규

---

235) 이천수, 전게논문, 265면; 강원진·이천수, "은행간 대금상환과 관련된 발행은행의 의무 및 책임에 대한 몇 가지 문제점", 「국제상학」, 제13권 제3호, 한국국제상학회, 1998, 395~396면.

정(URR 725 제11조 e항)의 적용은 대금상환에 대한 확실성을 보장하는데 기여할 수는 있을 것이다. 그러나 수익자가 신용장과 불일치하는 서류를 발행은행에 제시하는 과정에 상환은행을 통하여 대금상환이 선이행되었을 경우, 최종적으로 발행은행은 대금반환청구권 행사에 어려움을 겪게 되는 문제가 있다.

Chapter 08

무신용장방식에 의한 대금결제

제 1 절 D/P·D/A에 의한 결제와 추심통일규칙(URC 522)

문제 2-26 D/A 거래당사자의 법률관계 및 D/A 환어음 매입과 인수관행에 대하여 논하시오.

답안 2-26

〈목차 구성〉

Ⅰ. 서　　론

무역결제에서 화환추심(documentary collection)에 의한 결제는 D/P와 D/A 방식이 있다. 이 중 D/P 방식은 거의 사용되지 않고 대부분이 어음인수서류인도(Documents against

Acceptance: D/A) 방식이 사용되고 있다.

신용장거래방식과는 달리 D/A거래방식은 은행의 대금지급확약 기능이 없기 때문에 특히 매도인 입장에서는 결제상의 위험이 따른다. 그러나 D/A거래방식은 기업의 국제화에 따라 해외현지법인이나 해외지점과의 거래증대 및 기타 해외 거래처와의 신용거래증대에 기인하여 점차 증가하고 있다. 이는 D/A거래의 경제적 유용성에 기인하는 것으로, 이를테면 결제기간이 기한부이기 때문에 매수인으로서는 약정된 기간만큼 대금결제를 유예 받을 수 있고, 신용장거래에 비하여 수수료가 절감되고, 신용장발행에 따른 담보제공능력의 한계를 극복할 수 있고, 본 지점간 또는 자회사간의 무역결제방식으로 이용하는데 융통성이 많기 때문이다.

D/A거래의 준거규정으로는 당사자자치원칙에 따라 이른바 1995년 개정 "추심에 관한 통일규칙"(Uniform Rules for Collections: URC 522)이 적용되고 있다.

오늘날 D/A거래는 계속적으로 증가되고 있으나 이에 대한 결제관행에 대한 검토와 이해는 신용장방식에 비하여 부족한 실정이다.

이하에서는 D/A의 법적 성질, 당사자의 법률관계, D/A 환어음 매입 및 인수관행과 결제상의 문제점에 대하여 검토하고자 한다.[1]

Ⅱ. D/A의 법적 성질과 추심에 관한 통일규칙

1. 환어음의 준거법과 D/A의 법적 성질

1) 환어음의 준거법

환어음, 약속어음 및 수표에 의하여 채무를 부담하는 자의 능력은 그의 본국법에 의한다. 다만, 그 국가의 법이 다른 국가의 법에 의하여야 하는 것을 정한 경우에는 그 다른 국가의 법에 의한다.[2] 예컨대 한국에서 환어음을 발행, 미국에서 배서(endorsement)하고 영국에서 인수(acceptance)한 경우에는 발행에 관하여는 한국 어음법이, 배서에 관하여는 미국 통일상법전이, 인수에 관하여는 영국 환어음법이 적용된다. 다만 이 원칙에 의하면 어음행위가 유효하지 아니한 경우에도 뒤의 어음행위를 한 나라에 속하는 법률에 의하여 유효한 때에는 그 뒤의 어음행위는 유효하다.[3]

1) 이 글은 강원진, "한국수출기업의 D/A거래관행의 문제점", 「무역학회지」, 제22권 2호, 한국무역학회, 1997, 215-236면에 게재된 자료 중에서 실태조사자료 등을 제외하고 간결하게 재정리한 것이다.

2) Bills of Exchange Act, 1882, Article 72; 한국 국제사법 제51조.

3) 한국 국제사법 제53조 제2항.

말하자면 미국에서 발행된 어음이 미국 통일상법전에 의하면 무효이더라도 그 어음이 한국에서 유통, 배서된 경우에, 한국 어음법에 의하여 발행행위가 적법하다면 한국에서 행하여진 배서는 유효하다는 것이다.[4)]

이와 같은 어음의 준거법(lex causae)이 행위지법(lex loci actus)이 된다는 점에서 볼 때에 외국환어음을 취급하는 경우에는 다음과 같은 문제를 항상 고려하여야 한다.

첫째로 어음이 외화표시이고 또한 그 문언이 영문이라 하더라도 한국에서 이루어진 어음행위는 한국 어음법의 규정에 따르지 않으면 안 된다.

둘째로 외국에서 발행된 어음 및 외국에 추심하는 어음의 배서·인수·지급 등의 효력은 당해 국가의 어음법의 규정에 의하여 유효 또는 무효가 결정되지 않으면 안 된다.[5)]

무역대금결제와 관련하여 외국환어음의 사용은 은행의 "Bill of Exchange"라는 소정의 양식에 따라 발행하여 환어음매입이나 추심의뢰하고 있다.

2) 어음법상 D/A의 성질

환어음(drafts; bill of exchange)이란 환어음발행인(drawer)이 환어음지급인(drawee)인 제3자로 하여금 일정금액을 수취인(payee) 또는 그 지시인(orderer) 또는 소지인(bearer)에게 지급일에 일정장소에서 무조건 지급할 것을 위탁하는 요식유가증권이며 유통증권(negotiable instrument)이다. 따라서 환어음은 발행인이 제3자인 지급인에 대하여 환어음상의 정당한 권리자에게 환어음지급을 위탁하는 의미에서 지급위탁증권이라고 할 수 있다.[6)] 국제상거래시 수출자가 대금을 지급받기 위해서는 물품을 인도하고 서류를 준비하여 보통 환어음을 발행하게 된다. 그러나 추심통일규칙에 의하면 환어음과 같은 금융서류가 첨부되지 아니한 송장, 운송서류와 같은 상업서류만의 추심도 있다.[7)]

D/A 환어음은 환어음지급인이 환어음을 인수(acceptance)하였을 때에 부속서류를 인도하는 것이다. 다시 말하면 수출자가 일람 후 정기 또는 확정일출급조건의 환어음을 발행하고 추심은행은 지급인에게 제시하여 그 제시된 환어음을 일람지급함이 없이 인수를 받음으로써 서류를 인도하고 만기일에 대금지급을 받는 거래방식이다. 인수라는 것은 환어음 지급인이 환어음금액에 대한 지급채무를 부담할 것을 목적으로 행하는 어음행위이다. 이 행위에 의하여 환어음의 주된 채무자가 확정되며 수출물품을 화체한 서류제공으로 채무금액의 확정을 동시 이행하는 것이다.

---

4) 이효정, 「국제사법」, 경문사, 1983, 449면.

5) 임홍근, "외국환어음의 방식", 「중재」, 제180호, 1987, 14면.

6) Bills of Exchange Act(BEA) 1882, Article 3.

7) Uniform Rules for Collections, ICC Publication No. 522(URC 522) 1995, Article 2-b.

환어음 발행인은 일정한 기일 전에는 인수를 위한 환어음의 제시를 금지하는 뜻을 기재할 수 있다. 또한 일람 후 정기출급의 환어음은 그 일자로부터 1년 이내에 인수를 위하여 이를 제시하여야 한다. 발행인은 이 제시기간을 단축 또는 연장할 수 있으며, 배서인은 동기간을 단축할 수 있도록 규정하고 있다.[8)]

추심이 장래 확정일출급조건의 환어음을 포함하는 경우, 추심지시서(collection instruction)상에는 상업서류가 지급인에게 인수인도(Documents against Acceptance: D/A) 또는 지급인도(Documents against Payment: D/P) 중 어느 조건으로 인도되어야 하는지를 명시하여야 한다. 그러한 명시가 없는 경우 상업서류는 지급과 상환으로만 인도되어야 한다.[9)]

실제로 추심의뢰인과 은행들은 인수인도와 지급인도가 무엇을 의미하는지를 정확하게 알고 있어야 함에도 불구하고 추심을 접수하는 은행들은 서류인도에 관한 지시가 분명하고 명료하게 기재되지 않거나, D/A·D/P조건이 서류의 인도에 미치는 영향을 완전히 이해하고 있지 아니하는 이유로 인하여 어려움에 직면하고 있다.

2. D/A거래와 추심에 관한 통일규칙

추심과 관련된 업무의 취급은 상관습으로 정착된 신용장거래와는 달리 각국의 관습이나 은행관행에 따라 많은 차이가 있기 때문에 원활한 국제결제에 장애요인이 되어 왔다. 추심취급의 준거법으로 사용되고 있는, 이른바 추심에 관한 통일규칙은 1956년 국제상업회의소에서 최초로 "상업어음추심에 관한 통일규칙"(Uniform Rules for the Collection of Commercial Paper)이라는 명칭으로 제정되었다. 그 후 1967년에 제1차 개정, 1978년에 통일규칙의 명칭도 금융서류 및 상업서류를 포함하는 "추심에 관한 통일규칙"(Uniform Rules for Collections: URC 322)으로 개칭 및 개정되었고 1995년 제3차 개정 "추심에 관한 통일규칙"(URC 522)이 1996년 1월 1일부터 적용하게 되면서 현재에 이르고 있다.

추심에 관한 통일규칙은 "본 규칙의 준거문언이 추심지시서(collection instruction)에 삽입된 경우, 모든 추심에 적용되며, 별도의 명시적 합의가 없거나 또는 국가, 주 또는 지방의 법률 및 규칙의 규정에 위배되지 아니하는 한 모든 관계당사자를 구속 한다"라고 그 적용범위를 규정하고 있다. 한국의 경우에는 1968년 5월 15일 단체채택(collective adherence)의 방법으로 이 규칙을 채택하였다. 그러나 이는 국내법이나 강행규정으로 추심당사자에게 모두 적용된다는 의미는 아니다. 각국의 은행연합회나 관련단체의 채택이

8) 한국 어음법 제22조~제23조; United Nations Convention on International Bills of Exchange and International Promissory Notes(UN Convention) 1988, Article 50~51.

9) UCR 522, Article 7-b.

어떠한 법적 성격을 갖느냐에 대한 의문의 여지는 있다. 아직까지도 추심에 관한 통일규칙의 인지도는 낮은 편이다.

Ⅲ. D/A거래당사자의 법률관계

1. 환어음발행인과 매입은행(추심의뢰은행)

D/A거래에서의 매도인은 계약물품을 인도한 후 서류를 준비하고 환어음을 발행하여 추심의뢰은행을 통하여 추심(collection)을 의뢰한다. 실무상으로는 D/A 환어음이라 하더라도 매도인은 추심의뢰은행(remitting bank)을 통하여 추심 전 매입(negotiation)시키고 매도인의 거래은행인 추심의뢰은행(매입은행)이 서류를 추심의뢰하고 있다.

환어음발행인과 추심의뢰은행과의 법률관계는 은행여신거래기본약관이 적용됨을 승인하고 신용장 방식을 포함하여 무신용장방식에 의한 화환어음 또는 서류의 매입이나 화환어음 또는 서류대금의 추심에 대한 모든 거래에 적용되는 이른바 "수출거래약정서"에 의하여 성립된다.

한국의 경우 수출거래약정서상에는 수출환어음 및 서류의 진정성, 보증서 등의 제출, 담보, 적용환율, 비용부담, 환거래은행 및 서류 송달방법의 선정, 서류의 인도, 수출화물의 운임·보관료·보험료 및 보전에 관한 비용, 지급 등의 연기, 참가인수, 거절증서, 환매채무, 수출화물처분대금의 변제충당, 보험금, 수출환어음 등의 반환, 서류제출, 적용기간 등에 대하여 규정하고 이 약정에 없는 사항에 대하여 따로 정함이 없는 한 국제상업회의소의 "신용장통일규칙", "추심에 관한 통일규칙" 및 거래은행의 관련규정이 정하는 바에 따라 처리함에 동의한다는 약정으로 구성되어 있다.

D/A 환어음을 매입하는 은행은 곧 할인은행으로서의 역할을 수행한다. 수출환어음에 의한 환어음할인은 국내거래에서의 어음할인과 그 성격 면에서 다소 상이하다. 실무에서는 수출환어음매입이라고 하여 매도인의 D/A 환어음을 매입하여 어음금액을 추심은행을 통하여 지급인 앞으로 추심하는 기간의 표준우편일수와 환어음 만기일까지의 자금부담기간을 고려하여 매입은행이 징수하는 이른바 환가료(exchange commission)를 할인(discount)하여 환어음발행인에게 지급하고 추심의뢰은행, 즉 매입은행(할인은행)은 환어음지급인으로부터 대금을 충당 받는다.

따라서 D/A 환어음을 매입한 은행은 만일 환어음인수가 거절되거나 만기일에 지급거절이 되면 환어음발행인 앞으로 소구권(상환청구권)을 행사할 수 있으며 또한 매입은행은 매도인과의 계약상 이행보조자로서의 지급청구권을 갖는다. 여기에서 환어음발행인에 대한 상환청구권은 매입은행이 환어음매입을 함으로써 발생된 채권이고, 부속물품에 대한 피담보채권이다. 이는 환어음발행인의 인적 담보를 보충하기 위한 것이다.[10)]

환어음발행인에 대한 상환청구권 유무는 그 나라의 어음법에 의해 결정된다. 한국의 경우에는 상환청구가능 또는 상환청구불능에 관계없이 상환청구권을 인정하고 있으나,[11)] 영미법에서는 환어음상에 "without recourse"의 표시가 있는 것은 원칙적으로 상환청구권을 인정하지 않는 것으로 하고 있다. 국제상업회의소에서도 "without recourse"의 문언이 기재되어 있는 환어음은 매입하지 말 것을 권고하고 있다.[12)] 또한 D/A 환어음이 지급인에 의해 지급 또는 인수가 거절된 경우에는 매입은행은 채권의 전부변제를 받을 때까지 목적물의 전부를 유보하고, 기일까지 변제가 없을 때에는 질권자로서 물품에 의하여 우선 변제를 받을 수 있다.

2. 추심의뢰은행과 추심은행

매도인으로부터 추심의뢰를 받은 추심의뢰은행과 추심은행간에도 사무처리 계약관계가 성립된다. 따라서 추심은행은 매도인에 대하여는 추심의뢰은행의 이행보조자가 된다. 추심의뢰은행은 추심은행을 조심스럽게 선택할 책임만을 지며, 매도인이 그 은행에게 제2은행의 선택을 위임한 경우에도 그 한계 내에서만 책임을 진다. 그러나 매도인과 추심은행간에는 직접적인 계약관계가 없다.[13)]

추심을 위하여 송부되는 모든 서류에는 추심이 "UCR 522"에 의함을 명시하고 완전하고 정확한 지시가 기재된 추심지시서가 첨부되어야 한다. 은행은 이러한 추심지시서에 기재된 지시 및 본 규칙에 따라서만 업무를 수행하여야 하며, 추심지시서에 수권이 없는 한 은행은 추심을 의뢰한 당사자로부터의 어떠한 지시도 무시한다. 추심은행은 불완전하고 부정확한 주소가 제공된 결과로 발행하는 어떠한 지연에 대해서도 의무 및 책임을 지지 아니한다.[14)] 또한 별도의 합의가 없는 경우, 추심은행은 오직 추심의뢰은행 앞으로 추심금액에 대한 지급을 행하여야 한다.[15)] 이는 돈세탁(money laundering)을 방지시키고자 하는 것이다. 추심은행이 달리 행동할 것에 동의하지 아니하는 한, 정상적인

10) 河崎正信, 「D/P, D/A手形の性質」, 外國爲替貿易硏究會, 1997, 54-55面.
11) 한국 어음법 제9조.
12) ICC Document 470/371, 470/373, December 9, 1980.
13) 요하네스짜안 저, 강갑선 역, 「무역결제론」, 법문사, 1997, 257면.
14) URC 522, Article 4.
15) URC 522, Article 16.

경로로 추심금액은 오직 추심의뢰인에게 송금될 수 있다는 사실에 주목하여야 한다.

추심은행은 은행이 추심 또는 관련 지시서를 취급하지 아니하기로 결정한 경우, 이를 송부한 당사자에게 신속히 통지할 의무를 규정하고 있다. 그러나 별도의 합의가 있는 경우에는 추심의뢰은행은 추심의뢰은행 이외의 당사자에게 추심대금을 지급하도록 추심은행과 사전 동의를 취득하였을 경우에는 예외가 된다.

3. 추심은행과 환어음지급인

추심은행은 매입은행의 위임을 받아서 그 선관의무 범위에서 D/A 환어음의 제시 및 인수의 청구를 행하는 것이다. 추심은행은 환어음의 조건대로 인수 또는 지급을 행한 때에 부속서류를 인도한다. 이 행위는 두 가지의 의미가 있다. 하나는 매입은행으로부터의 환거래계약에 따라서 환어음상의 위임 추심을 이행한 것이고, 다른 하나는 매매계약상의 수출자의 의무, 즉 환어음부속서류의 인도를 수출자 → 매입은행(추심의뢰은행) → 추심은행 앞으로 위임에 의하여 실행한 것이다.

추심은행이 매입은행으로부터의 지시를 일탈하여 담보화물의 대도나 화물의 거래보증을 행한다면, 추심은행이 스스로의 책임에 있어서 대도나 거래보증의 여신을 한 것을 의미하기 때문에, 만약 기일에 지급되지 않는 경우는 매입은행으로부터의 손해배상의 청구에 응하여야 한다. 추심은행은 매입은행으로부터 특히 지시된 이외의 중요한 사항을 이행하는 경우, 매입은행에 문의하여야 하지만, 중요하지 않은 경우는 추심통일규칙에 의해서 처리한다.

본래 FOB나 CIF 매매계약상에서 수출자는 지정화물의 선적과 화환어음의 매매계약을 행하고 그 채무를 완료하고 있음에도 불구하고 수입자만이 그 채무를 해태하고 있는 상황이 많다. 국내로의 수입의 경우에서도 신용장거래에서는 그 기일은 엄격하게 지켜지고 있지만, D/A 환어음에 의한 수입의 경우 그 기일 안에 미결제나 미인수한 상태로 남기 쉬운 것이다. 그 가운데에는 표준결제기간에서 인정되고 있는 지급기한을 초과해 버리는 경우도 있다.

또한 지급인에게 제시를 행하는 추심은행인 제시은행(presenting bank)은 환어음의 인수의 형식이 외관상 완전하고 정확한지를 확인하여야 할 책임이 있다. 그러나 제시은행은 어떠한 서명의 진정성(genuineness)이나 인수의 서명을 한 어떠한 서명인의 권한에 대하여 책임을 지지 아니한다.[16] 제시은행은 추심지시서를 송부한 은행에게 지급거절 또는 인수거절의 통지를 지체 없이 송부하여야 하며, 이러한 통지를 행한 후 60일 이내

16) URC 522, Article 22.

에 서류취급에 대한 지시를 받지 못한 경우에 서류는 제시은행 측에 더 이상의 책임 없이 추심지시서를 송부한 은행으로 반송할 수 있다.[17)]

4. 환어음발행인과 환어음지급인

환어음발행인과 어음지급인과의 관계는 매도인과 매수인의 관계라고 할 수 있다. 매도인에 대한 매수인의 매매대금 채무는 매도인이 환어음을 매입(할인)하여 그 대금을 사실상 확보하였더라도 소멸하지 않고 환어음지급인이 환어음의 소지인에게 지급한 때에 매도인에 대한 매매대금채무가 소멸한다. D/A 환어음이라 하더라도 환어음인수가 이루어진 것만으로는 대금채무는 소멸되지 않고 환어음지급인이 지급을 완료하여야 한다. 이처럼 매수인이 환어음인수에 의하여 운송서류를 포함한 상업서류를 수령하였다 하더라도 만기일에 지급하지 아니하면 매매계약상의 매수인의 채무는 남아있게 되는 것이다.

환어음에 의한 결제방식으로 매매계약을 체결할 경우에 매수인은 운송증권과 상환함이 없이는 대금지급 또는 환어음인수를 거절할 수 있으며, 그 반대로 매도인도 대금지급이 없는 경우에는 운송증권의 교부를 거절할 수 있다. 이처럼 환어음을 발행한 경우에 동시이행의 항변권이 인정된다.

한편 매매계약상 물품에 대한 소유권의 이전시기에 대해서는 법제에 따라 다양하다. 또한 당사자간에 특약에 의하여 매매계약과 동시에 소유권의 이전을 결정하는 것은 자유이다.

그러나 환어음부 매매인 경우에 물품에 대한 소유권은 매수인이 환어음의 지급과 상환으로 운송증권을 취득할 때 매수인에게 이전된다.[18)] 그때까지 운송물의 소유권은 매입은행에 의한 운송증권의 취득이 동산질의 취득인 경우에는 매도인에게 있다. 또한 운송증권의 수화인(consignee)이 매수인인 경우에는 은행은 매수인의 증권취득에 이르기까지의 단순한 전달기관에 불과한 것으로 본다.[19)] 따라서 이 경우에도 매수인이 운송증권을 취득한 때에 매수인에게 소유권이 이전되며, 그때까지는 소유권이 매도인에게 유보된다 할 것이다.

---

17) URC 522, Article 26-c-3.

18) 한국 민법 제188조, 제190조.

19) 서돈각, 「상법강의(하)」, 법문사, 1981, 406면.

Ⅳ. D/A 환어음 매입과 인수관행

1. D/A 환어음 매입관행

화환신용장방식에 의한 서류매입은 신용장의 조건과 제시서류의 일치성 판단에 의하여 지급여부가 결정되지만, D/A 방식에 의한 환어음 매입은 매매당사자가 작성한 매매계약서에 근거하여 제시된 환어음과 서류에 의하여 지급여부가 결정된다. 그렇지만 D/A거래에서는 은행은 어떠한 추심이나 추심지시서를 당연히 취급하여야 할 의무는 부담하지 아니한다.[20] 추심을 위하여 송부되는 모든 서류에는 추심이 "추심에 관한 통일규칙 간행물 번호 522에 의함"을 명기하고 완전하고 정확한 지시가 기재된 추심지시서(collection instruction)가 첨부되어야 하며 은행은 이러한 추심지시서에 기재된 지시 및 본 규칙에 따라서만 업무를 수행하여야 한다.[21]

D/A거래에 의한 환어음은 보통 매도인에 의하여 수취인을 매입은행(추심의뢰은행)으로 하든지, 또는 자기 지시환어음으로 하여 지급인을 매수인 앞으로 발행된다. 매입은행은 환어음금액에서 만기까지의 이자 및 기타 비용을 공제한 금액을 매도인에게 지급하고 환어음상의 권리자가 된다. 또한 매입은행은 환어음을 매수인에게 제시하여 지급받으면 할인의 대가의 회수에 충당하고, 만일 인수 거절되면 매도인인 환어음발행인에게 소구권을 행사할 수 있다.

2. D/A 환어음 인수관행

인수(acceptance)는 제시된 환어음을 지급하겠다는 취지를 지급인의 서명으로 하는 약속이다.[22] 지급인이 환어음금액에 대한 지급의무를 부담하도록 하기 위하여는 지급인에 의한 별도의 어음행위가 있어야 한다. 이와 같은 어음행위를 인수하고 한다. 따라서 지급인은 인수에 의하여 어음채무자가 되며 환어음은 인수가 있음으로써 비로소 주채무자가 확정되어 인수인에 대한 어음청구권을 갖는다.

인수는 지급인의 단순한 서명이 어음의 표면에 행하여진 때 이를 인수로 보고 있다.[23] 그러나 이면에 행하여진 단순한 서명은 백지식 배서와 혼동할 염려가 있기 때문에 이를 인수로 인정하지 않는 것이 일반적이다. 그러나 국제환어음 및 약속어음에 관

---

20) URC 522, Article 1-b.

21) URC 522, Article 4-a.

22) UCC §3-410(1).

23) UCC §3-410(1); UN Convention 1988, Article 41(1)(b); 한국 어음법 제25조 제1항.

한 유엔 협약에 의하면 인수의 기재는 어음의 표면 또는 이면에 할 수 있다고 규정하고 있다.[24] 또한 어음의 인수는 무조건이어야 하며, 어음의 다른 기재사항을 변경하여 인수한때는 인수를 거절한 것으로 간주한다.[25]

한편 일람 후 정기출급환어음에 인수일자의 기재가 없는 경우 한국법은 소지인이 거절증서에 의하여 그 기재가 없었음을 증명하여야 발행인 및 배서인에 대하여 소구권을 행사할 수 있는 반면, 미국 통일상법전이나 국제환어음 및 약속어음에 관한 유엔 협약은 소지인이 선의로 일자를 보충할 수 있도록 규정하고 있다.[26]

추심지시서에 서류가 기한부환어음의 인수와 상환으로 인도되도록 명시하는 경우에는 서류는 기한부환어음의 인수가 행하여진 때에만 인도될 수 있다. 일단 서류가 인수된 환어음과 상환으로 인도되면, 추심은행 또는 제시은행은 그렇게 인도된 서류에 관하여 더 이상의 의무나 책임을 지지 아니한다. 그 이유는 추심의뢰은행의 지시를 이행함으로써 그들의 의무를 완수하였기 때문이다.

이처럼 D/A거래에서는 추심지시서에 따라 환어음인수를 실행하게 된다. 추심과 관련하여 특히 검토되어야 할 사항은 다음과 같다.

추심통일규칙의 적용을 받는지 여부에 대한 준거문언 유무, 추심서류의 인도조건이 D/A라고 분명히 명시되었는지의 여부, 추심수수료·이자 등의 부담자와 계산근거 등이 추심지시서상에 명시되었는지의 여부, 지급방법 및 지급통지의 형식, 예비지급인(case-of-need)[27]에 관한 사항, 인수거절의 경우에 대한 지시 등이다. 또한 D/A거래를 위한 추심지시서에는 지급인이 행위를 취해야 하는 정확한 기한을 기재하여야 한다.

추심서류는 수권된 경우를 제외하고는 접수한 원형 그대로 지급인에게 제시(presentation)되어야 한다. 또한 추심의뢰인의 지시를 이행하기 위하여 추심의뢰은행은 추심의뢰인이 지정한 은행을 추심은행으로 이용할 수 있다. 서류와 추심지시서는 추심의뢰은행이 추심은행으로 직접 송부하거나 다른 중개은행을 통하여 송부될 수도 있다. 만일 추심의뢰은행이 특정 제시은행을 지정하지 아니한 경우에 추심은행은 자신이 선택한 제시은행을 이용할 수 있다.[28] 제시은행은 서류가 일람출급 이외의 지급조건으로 인수를 요할 경우에는 지체 없이 인수를 위한 제시를, 지급을 요할 시에는 당해 만기일에 지급을 위한 제시를 하여야 한다.

---

24) UN Convention 1988, Article 41(2); 한국 어음법 제26조 제2항.

25) 한국 어음법 제26조 제2항.

26) UCC §3-410(3); UN Convention 1988, Article 42(3); 한국 어음법 제25조 제2항.

27) 인수거절 또는 지급거절시에 추심의뢰인의 대리인으로 행동하는 자를 말한다.

28) URC 522, Article 5.

3. 거절증서

거절증서(protest)란 환어음의 인수 또는 지급이 거절된 장소에서 작성된 서면으로서 그 곳의 법률에 의하여 거절의 증명에 관하여 권한이 있는 자가 일자를 기재하고 서명한 거절을 증명하는 증서를 말한다.[29)]

추심통일규칙에 의하면 "추심지시서에는 인수거절 또는 지급거절의 경우에 있어서의 거절증서(또는 이에 갈음하는 기타 법적 절차)에 관한 특정한 지시를 명기하여야 하며, 이러한 특정한 지시가 없는 경우 추심에 관하여는 은행은 지급거절 또는 인수거절에 대하여 서류의 거절증서를 작성하여야 할 의무를 지지 아니한다. 이러한 거절증서 또는 기타 법적 절차와 관련하여 은행에게 발생하는 모든 수수료 또는 비용은 추심지시서를 송부한 당사자의 부담으로 한다"라고 규정하고 있다.[30)] 따라서 거절증서는 추심지시서에 그 작성이 지시되어 있는 경우에만 작성하면 되는 것이며 이와 같은 지시가 없으면 추심에 관여하는 은행은 거절증서를 작성할 의무를 지지 아니한다.

인수거절증서를 작성하기 위하여는 환어음소지인인 추심은행은 지급인에게 인수를 위한 환어음의 제시를 하여야 하며, 환어음제시기간은 일람 후 정기출급어음일 때 환어음발행일로부터 1년 내에 인수를 위한 제시를 하여야 한다.[31)] 그러나 어음법상으로는 환어음제시기간을 최장 1년으로 하고 있으나, D/A거래에 있어서는 추심은행이 추심지시를 받게 되면 별도의 지시가 없는 한 지체 없이 인수를 위한 제시를 하여야 하기 때문에 추심은행이 추심서류를 접수하게 되면 수입자, 즉 지급인에게 인수를 위한 제시로 갈음하고 있다.

환어음소구권행사를 하기 위한 거절증서의 작성에 대하여 한국 어음법에서는 반드시 공정증서에 의하도록 하고 있으나 유엔 협약에서는 별도의 명시적 지시가 없을 경우에는 어음상에 또는 그에 부착된 부전(slip)에 작성할 수 있도록 하고 있고,[32)] 영국 환어음법에서는 환어음상 기재에 의하여 거절증서를 작성하도록 규정하고 있다.[33)]

---

29) UN Convention 1988, Article 60(1).

30) URC 522, Article 24.

31) 한국 어음법 제23조 제1항.

32) UN Convention 1988, Article 60(2).

33) BEA 1882, §51(2).

V. D/A 환어음 결제상의 문제점

1. 매입은행의 담보권

D/A 환어음을 매입한 은행은 환어음지급인에 대하여 지급기일에 있어서의 지급청구권과 지급인의 인수거절에 따른 환어음발행인에게 상환청구권을 갖는다. 지급청구권은 환어음매입은행이 매도인의 계약상의 이행보조자로서의 청구권이다. 또한 상환청구권은 매입은행이 환어음매입을 함으로써 생겨난 채권이고, 부속물품에 대한 피담보채권으로 발행인의 인적 담보를 보충하기 위한 것이다.[34)]

D/A거래는 매매당사자간의 신뢰를 바탕으로 하기 때문에 선화증권의 수화인(consignee)은 환어음지급인, 즉 매수인으로 기재하여 기명식으로 발행되는 것이 보통이다. 이와 같이 수화인을 환어음지급인으로 한 기명식 선화증권에 의한 물품청구권은 환어음발행인이나 또는 매입은행에게는 없다. 그것은 오직 수화인인 환어음지급인에게만 있게 된다. 즉 매도인이 선화증권을 인도하면 소유권은 매수인에게 이전되는 것으로 볼 수 있다.

은행이 이와 같은 선화증권을 첨부한 D/A 환어음을 매입한 때에는 환어음지급인에 대해서 이 증권을 유치하여 인수를 간접적으로 강제하는데 지나지 않는다. 이와 같은 환어음이 지급되지 못하였을 때는 은행은 목적지에서 법적 판결을 얻지 않으면 물품에 대한 청구권을 취득할 수 없다. 환어음발행인에 대해서는 이 청구권을 유보함으로써 상환을 청구하게 된다.[35)]

매수인 기명식의 선화증권을 취득한 경우, 보통 매수인은 운송인으로부터 선화증권상에 기재된 수화인으로 확인되면 환어음대금 결제 여부와는 관계없이 물품을 쉽게 인도 받을 수 있다. 무역거래에서는 매도인이 선적과 동시에 선적통지에 의해 상업송장이나 운송서류 사본을 매수인에게 우송하여 주기 때문에 물품인도는 더욱 용이하다 할 것이다. 원래 이와 같은 유형의 선화증권은 위탁판매나 무환수출, 대금선지급의 거래에 사용되어야 하는 것이지만 그러나 D/A 환어음을 매입은행(추심의뢰은행)이 추심 전 매입하였을 경우 매입은행의 담보권에 대한 문제가 발생한다.

매수인 지시식 선화증권인 경우에도 선화증권을 매도인이 소유하고 있는가 또는

34) 河崎正信, 前揭書, 58-59面; 매입은행의 담보권의 성질은 동산질권을 설정한 것으로 볼 것인가 또는 양도담보로 볼 것인가 또는 유치권에 의한 담보로 볼 것인가 하는 문제에 대하여는 양도담보로 보는 것이 통설이다.

35) 河崎正信, 上揭書, 57面.

매수인에게 인도하였는가에 따라 그 소유권 이전시기가 달라진다. 매수인 지시식 선화증권이 아직 매도인 손에 있다면 물품대금의 담보로써 선화증권을 유보하고 있는 것이 확실하므로 매수인이 물품대금을 지급할 때까지는 소유권이 이전되지 않는다. 왜냐하면 선화증권의 점유가 곧 담보권을 유보하는 역할을 하기 때문이다.[36)]

이에 반하여 매수인 지시식 선화증권을 대금지급받기도 전에 매수인에게 임의로 인도하였을 경우 매도인은 담보권유보의 의사가 없는 것으로 해석되어 물품선적시에 소유권도 이전하는 것으로 본다.

특히 항공화물운송장(Air Waybill)은 수화인을 매수인으로 기재하여 기명식으로 발행하는 경우 물품이 최종적으로 매수인에게 송달되게 되면 D/A 환어음의 물품에 대한 담보권의 유보가 사실상 불가능하게 되는 것도 문제시된다.

2. D/A거래의 준거법 적용에 따른 문제

D/A거래는 매매당사자간의 D/A계약서에 근거하여 계약이 이행된다. 특히 물품인도에 따른 대금지급은 신용장방식과 같은 여타 방식에 비하여 매도인에게 결제상의 불안과 위험이 따른다. D/A거래상 은행은 환어음대금에 대한 지급확약은 하지 않았지만 실제 D/A거래에서도 거래당사자로 개입하고 있다. D/A거래라 하더라도 추심의뢰은행이 환어음발행인인 매도인에게 여신행위의 일환으로 할인하여 추심 전 매입이 이루어지고 있는 것은 신용장방식과 다름이 없다.

D/A 방식에 의한 매입은행(추심의뢰은행) 앞으로의 환어음 매입요구나 또는 추심의뢰는 환어음발행인인 매도인의 D/A계약서 제시와 이 계약서상의 환어음 및 서류 제시에 의하여 이루어진다. 추심통일규칙은 본 규칙의 준거문언이 추심지시서의 본문에 삽입된 경우에 적용되고 당사자간에 별도의 합의가 있거나 국가, 주 또는 지방의 법률 또는 규칙의 규정에 위배되는 경우에는 추심통일규칙이 적용되지 아니하는 것으로 규정하고 있다.

그러나 실제 D/A계약서상에는 추심과 관련된 준거법 적용에 대하여 정하고 있지 않은 것이 오늘날 대부분의 한국 수출기업의 D/A거래관행이라고 할 수 있다. 신용장거래는 신용장거래당사자가 신용장거래의 준거는 신용장통일규칙에 의한다고 신용장 상에 명시될 경우에 신용장의 해석과 지급이행은 신용장통일규칙이 적용된다. 그러나 D/A 거래에서 매매당사자간에 계약서상에 아무런 합의가 없이 추심업무를 수행하는 것은 추

36) David M. Sassoon and H. Orren Merren, *CIF and FOB Contracts*, 3rd, Stevens & Sons, 1984, pp. 131~132.

심통일규칙의 적용범위의 취지를 고려하여 볼 때 또 다른 문제점이 야기될 수 있다. 왜냐하면 당해 국가, 주 또는 지방의 법률 또는 규칙의 규정에 위배되는 경우에는 추심통일규칙이 적용되지 않을 수도 있기 때문이다.

Ⅵ. 결 론

D/A 방식에 의한 결제는 매도인의 입장에서 볼 때 결제상의 위험이 크지만 매매당사자간의 신용거래 증대, 절차상의 편리성, 경제성 등으로 해마다 그 이용이 증대되고 있다. D/A거래에서의 매도인은 계약물품을 인도한 후 상업서류 및 금융서류(환어음)를 준비하여 추심을 의뢰하고 있다. 이때 매도인, 즉 환어음발행인과 추심의뢰은행과의 법률관계는 수출거래약정서에 의하여 추심처리를 위한 위임관계를 형성한다.

따라서 D/A 환어음을 매입한 은행은 환어음인수가 거절되거나 만기일에 지급거절이 되면 자국의 어음법에 따라 환어음발행인 앞으로 소구권을 행사할 수 있고, 추심은행도 매입은행의 위임을 받아 그 선관의무 범위내에서 D/A 환어음의 제시 및 인수의 청구를 행할 수 있다. 즉 추심은행은 추심의뢰은행과 환거래약정(correspondent agreement)에 따라 위임 추심을 이행하게 되는 것이다.

특히 D/A 방식의 거래를 행하기 위한 계약체결시 대금추심에 대한 준거법, 즉 "추심에 관한 통일규칙"(URC 522)이 적용됨을 약정하고 있지 못할 경우, D/A거래에서의 추심업무취급은 별도의 명시적인 합의가 있거나 국가, 지방의 법률이나 규칙의 규정에 위배될 경우에는 추심통일규칙이 배제될 수도 있는 문제점이 있으므로 "URC 522" 적용에 대한 준거규정을 매매계약시에 반드시 명시하여야 한다.

또한 D/A 거래에서 선화증권의 수화인(consignee)을 기명식으로 발행하여 동 환어음을 추심 전 매입하였을 경우에는 매입은행의 담보권 확보상에 문제가 발생될 수 있으므로 선화증권의 수화인을 지시식으로 발행하도록 하여 추심은행의 배서에 의하여 어음인수 및 서류인도가 되도록 하고 만일의 경우에 운송증권상의 물품에 대한 권리를 확보하도록 하여야 한다.

문제 2-27 추심에 관한 통일규칙(URC 522)의 특징 및 주요내용에 대하여 설명하시오.

답안 2-27

〈목차 구성〉

Ⅰ. 서 론

국제상거래에서 무역대금결제에 따른 무신용장거래인 추심결제방식은 기업의 국제화와 거래절차상의 편리성 등으로 근래에 들어 그 이용이 점차 증대되고 있다. 최근의 정보, 통신 등 과학기술의 발달은 국제무역거래관행에도 많은 변화를 가져오고 있으며 이에 따른 국제상거래법규도 현행의 무역관행에 부합될 수 있도록 개편이 이루어지고 있다. 추심취급의 준거법으로 사용되고 있는, 현재의 "추심에 관한 통일규칙"(Uniform Rules for Collections: URC 522)은 1956년 국제상업회의소에서 제정된 이후 그동안 1967년, 1978년에 각각 개정되어 사용되어 오다가 1995년에 개정, 1996년 1월 1일부터 시행되어 새로이 적용하게 된 것이다.[37)]

URC 522에서는 추심절차상의 문제, 과학기술의 발전에 따른 무역관행과 무역거래 법규상의 변화를 검토, 수용하는데 주목적이 있다. 특히 URC 522에서 주목할 사항은 그동안 추심 또는 추심과 관련된 지시의 불명확성으로 혼란이 야기되어 오던 문제점을 해소시키기 위하여 추심지시서(Collection Instruction)라는 새로운 개념을 도입하여 추심 취급상의 구체적인 기준을 마련한 것은 매우 고무적이라고 할 수 있다.

이하에서는 추심에 관한 통일규칙의 특징 및 추심통일규칙의 주요내용을 중심으로 검토하고자 한다.[38)]

---

37) 한국의 경우는 1968년 5월 15일 일괄채택하였다.

38) 이 글은 강원진, "1995년 개정 추심에 관한 통일규칙의 고찰", 「국제상학」, 제10권, 한국국제상학회, 1994, 109~124면을 재정리한 것이다.

Ⅱ. 추심에 관한 통일규칙의 구속력과 주요특징

URC 522의 주목적은 현재의 무역거래관행에 부응할 수 있도록 추심절차와 기술, 국제상거래법규의 변화 등을 검토, 국제상업회의소의 각종 간행물과 특히 화환신용장통일규칙(UCP)과의 조화를 기함은 물론 현행 추심에 관한 통일규칙 적용상의 문제점을 해결하기 위하여 추심에 관한 통일규칙을 보다 구체화하고 명확히 하고자 함에 있다.

URC 522의 구속력은 본 규칙의 준거문언이 제4조에 언급된 추심지시서의 본문에 삽입된 경우 제2조에 정의된 모든 추심에 적용되며, 별도의 명시적인 합의가 없거나 또는 국가, 주 또는 지방의 법률 및/또는 규칙의 규정에 위배되지 아니하는 한 모든 관계당사자를 구속한다.[39] 은행이 어떠한 이유로 접수된 추심 또는 어떠한 관련 지시서를 취급하지 않을 것을 결정한 경우에는 추심 또는 그 지시서를 송부한 당사자[40]에게 전신 또는 그것이 가능하지 않은 경우, 다른 신속한 수단으로 지체 없이 통지하여야 한다.[41]

URC 522의 주요특징은 추심의 형식 및 구성내용을 대폭 보완하여 추심지시서(collection instruction)에 관련된 사항을 구체적으로 규정하고 서류작성에 대한 지시조항과 서류의 효력 및 불가항력에 관한 면책조항을 별도 설정하였으며 제시(presentation)와 관련하여 일자용어에 대한 해석기준을 마련하여 신용장통일규칙과의 조화를 이루게 하였고, 추심관행에 부합되게 기존 조항의 내용을 수정·보완하였다. 추심업무와 관련하여 은행 측에 통지의무를 강화하여 보다 적극적으로 추심업무를 수행하도록 하였으며 추심관련 각 조항을 통합, 재배치하여 통일규칙을 이해하는데 용이하도록 하였다.

1995년 추심에 관한 통일규칙은 A. 총칙 및 정의(1-3조), B. 추심의 형식 및 구성(4조), C. 제시의 형식(5-8조), D. 의무 및 책임(9-15조), E. 지급, F. 이자, 수수료 및 비용(20-21조), G. 기타 규정(22-26조)과 같이 7장, 26조로 구성하고 있다.[42]

---

39) URC 522, Article 1-a.

40) D/P·D/A거래의 당사자에는 의뢰인(principal)·추심의뢰은행(remitting bank)·추심은행(collecting bank) 및 제시은행(presenting bank)이 있다(제3조 a항). 첫째, 의뢰인(principal)은 거래은행에 추심을 의뢰하는 수출자를 말하며, "seller," "exporter," "drawer," "consignor" 또는 "customer"를 의미한다. 둘째, 추심의뢰은행(remitting bank)은 의뢰인으로부터 추심을 의뢰받은 수출국의 은행을 말한다. 셋째, 추심은행(collecting bank)은 추심의뢰은행 이외의 추심과정에 참여하는 은행을 말한다. 넷째, 제시은행(presenting bank)은 지급인에게 제시를 하는 수입국의 추심은행을 말한다. 다섯째, 지급인(drawee)은 추심지시서(collection instruction)에 따라 제시를 받아야 할 자, 즉 수입자를 말하며, "buyer," "importer," "consignee"를 의미한다.

41) *Ibid.*, Article 1-c.

42) 추심통일규칙(URC 522)의 원문, 번역 및 해설 내용은 강원진(감수), 「1995년 개정 ICC 추심에 관한 통일규칙」, 대한상공회의소, 1995를 참조 바람.

Ⅲ. 추심에 관한 통일규칙의 주요내용 검토

1. 총칙 및 정의

(1) 추심에 관한 통일규칙은 본 규칙의 준거문언이 추심지시서(collection instruction)의 본문에 삽입된 경우에 한하여 적용될 수 있음을 명문화하였다(제1조 a항).

추심에 관한 통일규칙의 적용범위를 보다 명확히 하기 위하여 추심지시서상에 "The Uniform Rules for Collections, 1995 Revision, ICC Publication No. 522"에 따른다는, 이른바 준거규정(applicable provision)이 삽입된 경우로 한다는 직접적인 표현을 사용하였다. 따라서 별도의 명시적 합의가 없거나, 또는 국가, 주 또는 지방의 법률 및/또는 규칙의 규정에 위배되지 아니하는 한 모든 관계당사자를 구속한다. 즉 추심과 관련하여 거래당사자간에 특정 법제나 관행을 적용하기로 명시적으로 합의 하였다면 그것이 최우선으로 적용되며 국가, 주, 지방의 법률이나 규칙이 추심에 관한 통일규칙과 상반되는 경우에는 이들 법률이나 규칙이 추심에 관한 통일규칙보다 우선 적용되며 그러하지 않다면 추심에 관한 통일규칙이 적용된다.

(2) 은행은 추심 또는 추심과 관련된 지시서가 접수되었다고 해서 은행 측에 의무가 자동적으로 부과되는 것은 아니다(제1조 b항).

이는 은행 측에 추심과 관련된 지시서 접수에 따른 자동적 의무가 부과되는지 여부에 대한 오해의 소지를 배제시키기 위한 규정이다.

추심(collection)이라 함은 은행의 위임을 받아 금융서류·상업서류를 ① 지급 및/또는 인수를 받거나, 또는 ② 서류를 지급인도 및/또는 인수인도하거나, 또는 ③ 기타의 조건으로 서류를 인도하기 위하여 취급함을 의미한다.[43] 서류(document)라 함은 금융서류 및/또는 상업서류를 의미하며, 금융서류(financial documents)란 환어음(bill of exchange), 약속어음(promissory notes), 수표(cheques) 또는 기타 금전을 받기 위하여 사용되는 기타 이와 유사한 증서(similar instruments)를 의미한다.[44]

또한 추심에 관한 통일규칙을 적용하는 데 있어서 무화환추심(clean collection)이란 상업서류가 첨부되지 아니한 금융서류의 추심을 말하고, 화환추심(documentary collection)이란 상업서류가 첨부된 금융서류의 추심, 금융서류가 첨부되지 아니한 상업서류의 추심을 말한다.[45]

---

43) *Ibid*, Article 2-a.

44) URC 522, Article 2-b.

45) URC 522, Article 2-d.

(3) 추심을 접수한 은행이 추심 또는 관련 지시서를 취급하지 않기로 하거나 불가능 할 경우에는 이를 송부한 당사자에게 전신 등 신속한 수단으로 통지하도록 하여 추심접수은행에 의무를 부과하였다(제1조 c항).

추심을 접수한 은행이 추심 또는 어떤 지시를 취급할 수 없을 경우에는 이를 송부한 자에게 통지하여야 할 의무를 추심은행에 부과시키고 있다. 따라서 일단 은행이 추심을 취급할 수 없거나 지시를 이행할 수 없음을 통지한다면 은행은 자신의 판단에 따라 추가적인 조치없이 그 서류를 반송할 수 있다.

(4) 금융서류(financial documents)에서 지급영수증(payment receipts)을 삭제하여 기타 금전의 지급을 받기위해 사용되는 기타 유사한 증서 속에 포함시키고 상업서류(commercial documents)중 선적서류(shipping documents)를 운송서류(transport documents)라는 표현으로 바꾸었다(제2조 b항).

서류라 함은 금융서류와 상업서류를 의미하는데 금융서류 중에 지급영수증이라는 용어는 그 범위가 모호할 수 있으므로 기타 금전의 지급을 받기위하여 사용되는 기타 이와 유사한 증서로 표현하여 상황에 따라 다양한 금융서류의 종류를 포괄할 수 있도록 하였다.

또한 선적서류를 운송서류로 바꾼 이유는 현행 신용장통일규칙(UCP 500)상의 용어와 조화를 기하기 위한 것이다.

2. 추심의 형식 및 구성

추심을 위하여 송부되는 모든 서류에는 URC 522의 적용을 받고 있음을 명시하고 추심지시서(collention instruction)가 첨부되도록 하였다. 추심지시서에는 추심의뢰은행, 추심의뢰인, 환어음지급인, 제시은행(있는 경우)의 명세 및 추심 금액, 통화, 동봉서류목록과 통수, 지급 및 또는 인도조건, 기타 조건, 추심수수료, 추심이자, 지급방법과 지급통지형식, 지급·인수거절 및 불일치의 경우에 대한 지시, 환어음지급장소의 주소 등 추심과 관련된 정보자료가 포함하도록 하여 추심지시서라는 새로운 개념을 도입, 추심취급과 관련하여 상세한 기준을 새로이 마련하였다(제4조).

추심의 형식 및 구성(Form and Structure of Collections)에 해당하는 추심지시서는 URC 522에서 신설된 조항이다.

3. 제시의 형식

(1) 제시(presentation)란 제시은행이 지시받은 대로 서류를 지급인이 취득할 수 있도

록 하는 절차라고 하여 제시의 정의를 새로이 설정하였다(제5조 a항).

(2) 제시와 관련하여 추심지시서에는 지급인이 행위를 취해야 하는 정확한 기한을 기재하도록 하였다. 만일 이와 관련하여 “first”, “prompt”, “immediate” 또는 이와 유사한 표현은 사용되어서는 아니 되며, 이러한 용어가 사용된 경우에는 이를 무시하도록 하였다(제5조 b항). 이 조항은 신용장통일규칙 제46조 b항에서 원용한 것이다. 따라서 지급인이 인수 및 지급하는 것은 물론 지급인이 행하도록 요구되는 기간이나 조치에 사용되는 용어는 명확하게 기재하여야 한다.

(3) 추심의뢰은행이 특정 제시은행을 지정하지 아니한 경우에 추심은행은 자신이 선택한 제시은행을 이용할 수 있도록 하였다(제5조 f항).

이 조항은 추심의뢰인으로부터 구체적인 지시가 없는 경우에 추심의뢰은행과 추심은행에게 가능한 한 많은 재량권을 주도록 한 것이다.

(4) 추심에는 상업서류가 지급과 상환으로 인도되어야 한다는 지시와 함께 장래의 확정일출급조건의 환어음을 포함시켜서는 아니 되도록 하였다(제7조 a항).

서류인도에 관한 지시가 분명하게 기재되어 있지 않거나, D/A, D/P조건이 서류인도에 미치는 영향을 완전히 이해하지 못하여 추심을 접수하는 은행들이 어려움을 겪게 될 경우를 고려한 규정이다.

(5) 만일 추심이 장래 확정일출급조건의 환어음을 포함하고 추심지시서에 상업서류를 지급과 상환으로 인도되어야 한다고 명시된 경우에는 서류를 오직 지급인도 되고, 추심은행은 서류인도지연으로 기인한 결과에 대하여 책임을 지지 아니한다고 하였다(제7조 c항).

(6) 추심의뢰은행이 추심은행 또는 지급인에게 추심에 포함되어 있지 않은 서류를 작성할 것을 지시하는 경우에 서류의 형식과 문구는 추심의뢰은행에 의해 제공되어야 하며 그러하지 않은 경우에 추심은행은 그러한 서류의 형식과 문구에 대하여 의무나 책임을 지지 아니하도록 하였다(제8조).

추심의뢰인/추심의뢰은행은 서류가 환어음 지급인(drawee) 또는 어떤 후속 매수인(subsequent buyer)으로부터 환어음, 약속어음, 수입화물대도증서, 약속증서, 또는 기타 서류와 같이 추심에 포함되어 있지 않은 서류와 상환으로 인도할 것을 요구할 수도 있다. 이 경우 이러한 서류의 형식과 내용에 대하여는 추심은행이 면책되는 것으로 하였다.

4. 의무 및 책임

(1) 물품은 당해은행의 사전 동의 없이 어느 은행의 주소로 직접 우송되거나 은행

에 탁송되는 것을 금지하고 있던 규정에 추가하여 은행의 지시인에게도 탁송되어서는 아니 된다고 하였다(제10조 a항).

은행은 서류로 거래하는 것이며 물품이나 어떠한 근거계약으로 거래하지 아니한다는 서류거래의 원칙은 추심방식거래에서도 잘 확립되어 있다. 은행은 운송인이나 창고관리인으로 볼 수 없으며 이러한 기능을 담당하는 것은 국내법으로 금지시키는 국가도 있다. 따라서 이 규정은 기본적인 원칙으로 은행의 사전 동의 없이 물품을 은행에게 우송 또는 탁송되어서는 아니 된다는 전제에서 시작되는 것이다.

(2) 물품을 보전하기 위하여 은행에게 발생한 모든 수수료 또는 비용은 추심의뢰인이 부담으로 한다는 내용을 추심을 송부한 당사자의 부담으로 한다고 바꾸었다(제10조 d항).

(3) 물품이 당해 은행의 사전동의 없이 추심은행 또는 추심은행의 지시인에게 탁송되고 지급인이 지급, 인수 또는 기타조건으로 추심을 인수하고, 추심은행이 물품인도를 주선하는 경우에는, 추심의뢰은행이 추심은행에게 그렇게 하도록 수권하는 것으로 간주하며 이 경우 추심의뢰은행은 추심은행에게 발생한 모든 손해와 비용을 보상하도록 하였다(제10조 e항).

은행은 물품을 보호하기 위하여 어떠한 조치를 취하는 경우에 그러한 임무를 위탁받은 제3자의 작위 및 부작위에 대하여 어떠한 책임도 지지 아니한다. 만일 추심은행이 이러한 조치를 취하는 경우 이는 자동적으로 추심의뢰은행의 수권으로 간주한다. 또한 물품의 인도를 주선하는 은행의 위험은 추심되는 금액보다 클 수도 있고 다른 당사자가 물품을 잘못 인도하였다고 주장할 수도 있기 때문에 이 경우는 추심의뢰은행의 손해와 비용으로 보상하도록 한 것이다.

(4) 은행은 자신이 전달한 지시가 이행되지 않거나, 타 은행선택을 주도한 경우에도 아무런 의무 또는 책임을 지지 아니한다는 내용을 추가하였다(제11조 b항).

추심과 관련하여 지시하는 당사자는 1차적 의무를 부담한다. 이와 같은 지시가 이행되지 않더라도 은행은 책임이 없다고 하는, 즉 지시받은 당사자의 행위에 대한 면책사항을 신설한 것이다.

(5) 은행은 접수된 서류가 추심지시서에 기재된 것과 다른 서류에 대하여 지체 없이 전신 또는 다른 신속한 수단으로 추심지시서를 송부한 당사자에게 통지하여야 하며, 만일 서류가 외관상 추심지시서상에는 기재되었으나 실제 없는 경우에는 추심의뢰은행은 추심은행에게 서류종류와 통수에 대하여 다툴 수 없도록 하였다(제12조 a. b항).

추심의뢰인/추심의뢰은행은 추심지시서에 각각의 서류와 그러한 서류의 통수를 열거하여야 한다. 만일 그렇게 하지 아니할 경우에는 추심은행이 접수한 서류의 종류와 통수에 대하여 항변할 수 없다. 한편 추심은행은 접수한 서류가 추심지시서상에 열거된 것과 일치하는지를 확인하고, 일치하지 않는 경우에는 추심의뢰은행에게 반드시 통지할 의무를 진다.

(6) 신용장통일규칙(UCP 600) 제34조의 내용을 원용하여 서류 자체에 대한 면책, 서류에 의해 기재되어 있는 물품의 상태에 대한 면책, 서류의 작성 및 발행자에 대한 면책 등 서류의 효력에 대한 면책조항을 신설하였다(제13조).

(7) 은행이 행하는 통보, 서신 또는 서류의 송달 중 지연에 추가하여 은행은 접수된 지시내용의 명확성을 기하기 위해 발생되는 모든 지연에 대해서도 면책된다는 내용을 추가하였다(제14조).

(8) 은행은 천재, 폭동, 소요, 반란, 전쟁 또는 은행이 통제할 수 없는 원인에 의하거나, 동맹파업, 직장폐쇄로 인한 은행업무중단으로 발생하는 결과에 대하여 의무나 책임을 지지 아니한다는, 이른바 불가항력에 따른 면책조항을 신설하였다(제15조).

5. 지 급

(1) 별도 합의가 없는 경우, 추심은행은 오직 추심의뢰은행 앞으로 추심금액에 대한 지급을 행하도록 하였다(제16조).

이 조항의 목적은 돈세탁(money laundering)을 방지시키고자 함에 있다. 추심은행이 달리 행동할 것에 동의하지 아니하는 한, 정상적인 경로로 추심금액은 오직 추심의뢰인에게 송금될 수 있다는 사실에 주목하여야 한다. 추심은행은 은행이 추심 또는 관련 지시서를 취급하지 아니하기로 결정한 경우, 이들 송부당사자에게 신속히 통지할 의무에 대하여 규정(제1조 c항)한 사항과 관련하여 추심의뢰은행 이외의 당사자를 위하여 대금지급지시에 응할 수 없음을 추심의뢰은행에게 별도로 통지할 필요는 없다. 그러나 별도 합의가 있는 경우, 즉 추심의뢰은행은 추심의뢰은행 이외의 당사자에게 추심대금을 지급하도록 추심은행과 사전 동의를 취득하였을 경우에는 예외가 된다.

(2) 제시은행은 별도의 지시가 없는 경우 전액 지급받은 후에만 지급인에게 서류를 인도하며, 제시은행은 서류인도의 지연으로 야기되는 결과에 대한 책임을 지지 아니하는 내용이 추가되었다(제19조 b항).

추심지시서 그 자체나 후속지시에서 특별히 수권된 경우에는 지급인에게 분할지급을 허용할 수도 있다. 그러나 별도의 지시가 없는 한 전액을 지급받은 후에만 서류를 인도한다. 더욱 중요한 것은 제시은행은 그 기간 중의 지연에서 비롯되는 어떠한 결과에 대해서도 책임을 지지 아니한다는 점이다.

6. 이자, 수수료 및 비용

(1) 이자가 추심되어야 하는 경우 추심지시서에는 이자율, 이자지급기간 외에 계산근거를 명시하도록 하였다(제20조 b항).

(2) 추심지시서상에 이자가 포기될 수 없음을 명시하였고 지급인이 이자지급을 거절하면 제시은행은 지급인에게 서류를 인도하지 아니할 수 있음을 명확히 하였다(제20조 c항).

이 조항은 이자가 포기될 수 없는 경우라면, 이자문제가 해결될 때까지 지급인에게 서류가 인도되지 아니한다는 것을 명확히 하고 있다.

(3) 추심지시서상에 수수료(charges) 또는 비용(expenses)은 포기될 수 없음을 명시한 경우, 지급인이 이를 지급하지 아니하면 제시은행은 지급인에게 서류를 인도하지 아니하며, 수수료 또는 비용지급거절의 경우에 제시은행은 추심지시서를 송부한 은행에게 전신 또는 기타 신속한 수단으로 동 사실을 통지하도록 하였다(제21조 b항).

(4) 은행이 어떤 지시이행을 위한 경비를 충당하고자 할 경우 추심지시서를 송부한 당사자에게 수수료 또는 비용의 선 지급을 요구할 권리가 있으며, 또한 그 지급을 받을 때까지 지시이행을 중지할 권리를 갖는다는 규정을 신설하였다(제21조 d항).

추심결제방식에서 수수료와 비용은 언제나 분쟁대상이 되어왔기 때문에 이에 관한 규칙을 세부항으로 설정하게 되었다. 만일 수수료와 비용이 포기될 수 없는 경우, 추심은행은 이에 관한 분쟁이 해결될 때까지는 서류를 인도하지 아니하며, 그 결과 서류인도상의 어떠한 지연에 대해서도 책임을 지지 아니한다.

7. 기타 규정

(1) 추심의뢰은행은 추심은행에게 지급통지, 인수통지 및 지급거절 또는 인수거절 통지에 관련하여 그 통지방법을 지시할 의무가 있으며, 그러한 지시가 없는 경우에는 추심은행 자신이 선택한 방법으로 추심지시서를 송부한 은행의 부담으로 통지한다고 하여 통지방법에 대하여 보다 명확히 하였다(제26조 b항).

(2) 제시은행은 지급거절 또는 인수거절을 통지한 후 90일 이내에 그러한 지시를 받지 못한 경우 더 이상의 책임 없이 추심지시서를 송부한 은행으로 서류를 반송할 권리를 갖는다는 규정 중에서 기한 90일을 60일로 단축하였다(제26조 c항 iii호).

제시은행은 추심지시된 서류가 지급거절 또는 인수거절된 경우에는 지체 없이 추심지시서를 송부한 은행에게 통지하여야 한다. 따라서 추심의뢰은행도 이와 같은 통지를 받은 후 서류의 반송 또는 유보요청 등을 즉시 행하여야 할 것이다. 만일 제시은행은 거절통지 후 60일 이내에 추심의뢰은행으로부터 이와 같은 지시를 받지 못한 경우 제시은행에 더 이상의 책임 없이 추심지시서를 송부한 은행에게 서류를 반송할 수 있다. 통지 기한을 90일에서 60일로 30일 단축한 것은 추심거래를 보다 신속히 처리하고자 함에 있다.

Ⅳ. 결론 및 시사점

무역기업의 국제화와 무역규모의 증대에 따라 매수인의 담보력의 한계성 및 편리성에 기인하여 무신용장방식인 어음인수서류인도조건(D/A)과 어음지급서류인도조건(D/P)과 같은 화환추심(documentary collection) 및 상업서류가 첨부되지 아니한 무화환추심(clean collection)의 사용이 증가하고 있다.

URC 522의 주된 목적은 현재의 무역거래관행에 부응할 수 있도록 추심절차와 기술, 국제상거래법규 등의 변화를 검토하여 URC 522에 수용하는 것이었다.

특히 URC 522에서의 시사점은 다음과 같다.

첫째, 추심을 위하여 송부되는 모든 서류에는 URC 522가 적용됨을 명시하고 추심지시서(collection instruction)를 첨부시키도록 하여 그 자체의 지시에 의해서만 추심취급이 이루어지도록 하고 있다. 이는 종전의 추상적인 추심요구서에 비하여 이번의 추심지시서는 추심의 형식 및 구성에 관한 보다 구체적이고 새로운 개념의 기준이라고 할 수 있어 추심취급상의 새로운 토대를 마련하였다 할 것이다. 따라서 URC 522라는 준거문언을 매매당사자는 계약을 체결할 때 그들의 매매계약서상에 명시하고, 또한 추심의뢰인/추심의뢰은행 역시 추심지시서상에 명시하여 사용하여야 한다.

둘째, 은행의 면책조항에 대하여 지시받은 당사자의 행위에 대한 면책, 접수된 서류에 대한 면책, 서류의 유효성에 대한 면책, 송달 및 번역중의 지연·멸실에 대한 면책, 불가항력에 대한 면책을 세분하여 규정하고, 제시(presentation)와 관련하여 일자에 관련된 용어의 해석기준을 마련한 것은 화환신용장통일규칙과의 조화를 이루기 위한 것으로 볼 수 있다.

셋째, 추심금액은 오직 추심의뢰은행에게 송금하도록 한 것은 D/A, D/P거래 및 무화환추심과 관련하여 돈세탁방지를 위한 장치를 새로이 마련한 것으로서 외국환거래와 관련하여 국제무역거래질서를 바르게 유지하자는 의미로 받아들일 수 있다.

넷째, 서류의 지급거절 또는 인수거절 등 추심 또는 관련지시서를 취급하지 않기로 결정할 경우에는 이를 송부한 당사자에게 신속한 수단으로 지체 없이 통지하도록 은행의 의무를 강화시킨 것 등은 은행으로 하여금 무신용장방식에 의한 추심업무도 보다 적극적으로 행하도록 하게 하는 취지로 볼 수 있다.

제 2 절 송금환에 의한 결제와 매매당사자의 이해관계

문제 2-28 송금환방식에 의한 결제수단을 들고 매매당사자간의 이해관계에 대하여 설명하시오.

답안 2-28

〈목차 구성〉

Ⅰ. 서 론

송금환(remittance)이란 외국환에 의한 결제방법 중의 하나로 국내의 송금인이 외국의 수취인이나 채권자에게 자금을 송금할 목적으로 당방은행에 송금대금을 원화 또는 외화로 지급하고, 외국에 있는 수취인이나 채권자에게 송금하여 줄 것을 청구하는 외국환으로 이에는 당발송금환과 타발송금환으로 구분할 수 있다. 송금환은 지급지시방법에 따라 전신송금환(Telegraphic Transfer: T/T)·우편송금환(Mail Transfer: M/T) 및 송금수표(Demand Draft: D/D)가 있다.[46]

일반적으로 송금환방식에 의한 거래는 물품선적 전에 외화·수표 등 대외지급수단

46) 이와 같은 송금환을 단순송금방식이라 한다.

에 의하여 미리 대금을 영수하고, 일정기일 내에 상응하는 물품을 선적하는 거래로 수출자의 입장에서는 매우 유리한 조건이라고 할 수 있다.

이하에서는 전신송금환, 우편송금환, 송금수표 및 동시지급 방식을 중심으로 매매당사자간의 이해관계에 대하여 검토하고자 한다.

Ⅱ. 송금환의 종류

1. 전신송금환

전신송금환(Telegraphic Transfer: T/T)이란 고객의 의뢰에 의하여 외국환은행이 자행의 해외지점 또는 환거래은행에 대해 일정의 금액을 수취인에게 지급해 줄 것을 전신으로 지시하는 방식의 외국환을 말한다.

전신송금환의 지급방법은 지급은행이 수취인의 지급청구에 의해서 지급하는 청구지급(pay on application: P/A) 방법과 수취인으로부터 청구가 없어도 지급은행으로부터 수취인에게 통지하여 지급하는 통지지급(advice and pay: A/P) 방법의 두 가지가 있다. 전신송금환은 거액을 송금할 경우나 지급을 요하는 송금 등에 많이 이용되고 있다.

전신송금환에 의한 결제에 있어서 전신은 지급지시서(payment order) 역할을 하게 되므로 전신지급지시서 취급시에 기재사항이나 전신내용의 진정성을 잘 파악하는 등 세심한 주의가 필요하다. 또한 전신송금환은 송금방향에 따라 당발 전신송금환과 타발 전신송금환으로 구분할 수 있다.

전신송금환을 이용할 때 수출자의 입장에서는 신속하게 대금을 수취할 수 있으며 또한 가장 유리한 환율[47]을 적용받게 되고, 가창 확실한 결제방법이 되지만 수입자는 전신료부담이 증가하게 된다.

2. 우편송금환

우편송금환(Mai1 Transfer: M/T)이란 송금의뢰를 받은 은행이 송금수표를 의뢰인에게 교부하는 대신에 일정금액을 수취인에게 지급하여 줄 것을 지급은행 앞으로 지시하는 지급지시서(payment order)를 작성하여 이것을 지급은행에 직접 우편으로 지시하는 방식의 외국환을 말한다.

47) 한국의 외국환은행에서는 대고객전신환매입률(Telegraphic Transfer Buying Rate: TT/B)을 적용하여 매입하게 된다.

전신송금환은 지급지시를 전신으로 하는데 비하여 우편으로 하는 점이 근본적인 차이점이다. 우편송금환의 지급방법도 청구지급방법과 통지지급방법의 두 가지가 있고, 환의 방향에 따라 당발 우편송금환과 타발 우편송금환으로 구분할 수 있다.

우편송금환은 시간상 신속을 요하지 않는 송금 및 소액의 송금에 이용된다.

3. 송금수표

송금수표(Demand Draft: D/D)[48]란 본래의 의미로는 일람출급송금환[49]을 말한다. 송금수표는 송금의뢰를 받은 은행이 해외본·지점 또는 환거래은행을 지급은행으로 하는 송금수표를 발행하여 송금인에게 주면 송금인은 수취인에게 수표를 보내고, 수취인은 수표를 받아서 지급은행에 제시하면 지급은행은 송금은행에서 미리 보내 온 수표발행통지서[50]와 대조하고 수취인에게 지급하는 방법의 외국환을 말한다.

송금수표는 지급은행 앞으로 직접 송부되어 오는 것이 아니고 송금인이 직접 수취인에게 보내면 지급지의 수취인에 의하여 제시되게 된다. 송금수표는 보통 은행이 발행한 은행수표(Banker's Check: B/C)를 많이 사용하고 있다.

그러나 수표는 일반회사 또는 개인 자격으로 발행한 개인수표(Personal Check: P/C)도 사용되는 경우가 있다. 개인수표는 발행자의 신용에 따라 지급거절 되는 경우가 많으므로 무역결제수단으로 사용하는 것은 수출자의 입장에서 볼 때 결제상의 위험이 따를 수도 있다.

따라서 무역대금 결제를 송금수표에 의할 때에는 개인수표보다는 은행수표를 이용하는 것이 안전하다. 송금수표를 수출자가 수입자로부터 직접 받고 보통은 수출자의 거래은행에서 추심 전 매입을 하였다 하더라도 지급은행(paying bank)에 제시되어 지급이 이행되어야 결제가 완성된다는 점을 유의하여야 한다.

Ⅲ. 동시지급방식에 의한 결제

물품의 인도와 동시 또는 서류와 상환으로 무역대금을 결제하는 동시지급방식에는 현품인도지급(Cash on Delivery: COD)과 서류상환지급(Cash against Documents: CAD) 방식

48) 보통 송금환이라고도 한다.

49) 수표가 나오기 전에는 "송금어음"이라고 하여 은행간에 송금방법으로 어음을 사용한 적이 있으나, 오늘날에는 사용하기 편리한 송금수표가 보편화되었다.

50) 은행에 따라 환거래계약에 의해서 일정액 이하에 대하여는 수표발행통지서를 보내주지 않는 경우도 있다.

이 있다.[51)]

1. 현품인도지급방식

현품인도지급방식(Cash on Delivery: COD)은 수출자가 물품을 선적하고 결제서류를 수출자의 해외지점이나 대리인 또는 거래은행에 송부하고, 물품이 목적지에 도착하면 수입자가 직접 물품의 수량, 품질 등을 검사한 후 물품과 상환하여 대금지급하는 거래방식으로서 국내의 일반 판매점매매에서 볼 수 있는 방식이다.

이 방식의 수출은 주로 보석 등 귀금속류와 물품가격이 고가이며, 동일물품일지라도 물품의 색상, 가공방법, 순도 등에 따라서 가격의 차이가 많이 발생하는 물품매매의 경우 활용되는 것으로 수입자가 대금결제 전에 물품을 충분히 검토한 후 수입여부를 결정할 수 있는 장점이 있다.

현품인도지급방식의 거래는 일반적으로 수입지에 수출자의 해외지점 등 대리인이 있어서 수출자가 송부하는 서류를 수령하고, 수입자의 물품검사시 입회하여 검사완료 후 대금결제와 함께 현품을 인도하는 방식을 취하고 있으나 거래외국환은행 등을 활용하여 거래가 이루어질 수도 있다.

수출자는 물품을 선적한 후 서류 등을 거래은행을 통하여 수입자거래은행에 송부하면 수입자는 도착된 물품을 대금결제 전에 사전검사한 후 거래은행에서 대금결제와 함께 서류를 수령하여 물품통관 절차를 취할 수 있다.

특히 이 경우 수출자는 서류작성시 수화인(consignee)을 수입자의 거래은행으로 하고, 통지처(notify party)를 수입자로 하여 수입자가 대금을 지급하지 않고는 운송인으로부터 물품을 인수받지 못하도록 함으로써 대금미회수의 위험을 방지하고, 대금결제가 되지 않는 경우 물품이 반송될 수 있도록 하여야 한다.

2. 서류상환지급방식

서류상환지급방식(Cash against Document: CAD)은 수출자가 물품인도의 증거인 선화증권을 포함하여 상업송장, 포장명세서 등의 서류를 수입자에게 직접 또는 수입자의 대리점이나 거래은행에 제시하여 서류와 상환으로 대금을 지급받는 방식으로서 COD방식과 비교할 때 서류를 수령하는 입장에서는 반대되는 방식이다.

이 방식에 의한 수출은 원칙적으로 수출국에 수입자를 대신하여 대금을 결제해 줄 대리인이나 은행이 있을 경우 가능하다. 그러나 이 거래방식도 거래은행을 통하여 서류

51) 대금교환도조건이라고 한다.

등을 수입자의 거래은행에 보낸 뒤 수입자의 거래은행에서 서류와 상환하여 대금을 결제하는 방법으로 이루어질 수도 있다.

COD와 CAD방식이 본래의 형태를 벗어나 외국환은행을 통하여 이루어질 경우는 그 구분이 불명확하나 실질적으로는 거래의 대상이 되는 객체가 현품이면 COD로 보고, 서류이면 CAD로 보면 될 것이다. 또한 CAD방식이 외국환은행을 통하여 이루어지면, 형식적으로는 D/P방식에 의한 거래와 거의 다름이 없다.

이 경우 특히 주의하여야 할 사항은 수입자가 거래은행으로부터 서류를 고의로 찾아가지 않을 경우 수출자는 대금회수가 지연될 수 있으므로 수출자는 계약 전에 수출자의 신용상태를 충분히 확인한 후 거래를 하여야 할 것이며, 특별한 경우가 아니면 수입자의 지점이나 대리인이 국내에 있어서 대금회수에 문제가 없는 경우에 거래를 하는 것이 가장 바람직하다.

Ⅳ. 매매당사자간의 이해관계 분석

1. 대금결제의 안전성

수출자의 입장에서 송금환에 의한 대금결제는 선적 전에 사전결제가 이루어진다면 여타 결제방식 보다 결제상의 안전성을 확보할 수 있다. 전신송금환(T/T)은 송금은행과 지급은행간 예치환거래약정(depositary correspondent agreement)이 체결되므로 송금은행의 예치계정(depositary account)을 이용하여 지급지시에 따른 결제가 전신수신 즉시 이루어질 수 있기 때문에 가장 신속하고 안전성이 크다고 할 수 있다.

그 다음으로 우편송금환(M/T)은 우편일수 만큼 늦게 수취인에게 도착되지만 안전성이 있는 송금환이다.

그러나 송금수표(D/D)는 공신력 있는 은행이 발행한 수표가 아닐 경우나 발행인이 개인인 개인수표(P/C)는 수출자가 미리 받더라도 추심에 의하여 지급은행에 제시하여 지급여부가 사후에 이루어지므로 안전하다고 볼 수는 없다.

2. 자금운용상의 이해관계

송금방식은 계약물품 선적 전에 송금이 이루어지는 것을 전제로 할 경우 매수인의 입장에서는 물품대금 지급을 위한 자금을 미리 확보하고 있어야 하므로 자금운영 측면에서는 불리하다.

그 반대로 매도인의 입장에서는 선적 전에 대금을 선지급 받기 때문에 결제상의 위험을 해소할 수 있고 선지급 되는 자금을 운용할 수 있어 매우 유리하다.

3. 수출자의 송금환 매입에 다른 환율적용

수출자가 전신송금환의 의하여 결제가 이루어질 경우에는 환율적용은 전신환매입율을 적용하게 되므로 매우 유리하다. 또한 우편송금환의 경우에도 수출자의 거래은행에서 지급이 이루어질 경우에는 수출자가 매입하는 환율적용은 전신환매입율을 적용하게 되므로 유리하다.

그러나 송금수표에 의한 매입은 왕복표준 우편일수 기간의 이자(환가료)가 전신환매입율에서 공제된 환율(일람출급환어음 매입률)이 적용됨으로 전신환매입율보다 불리하다.

4. 수출자의 대금결제시기

송금환에 의한 결제는 보통 물품선적 전에 이루어진다면 사전 송금방식이라 하고 그 이후라면 사후 송금방식이라고 한다.

송금방식의 결제시기는 단순히 모두가 선적 전에 이루어진다고 단정할 수는 없다. 왜냐하면 매매계약시 송금환의 종류를 선택하고 물품 선적 전, 즉 계약체결 후 x일 이내에 송금환이 수출자에게 교부되는 지를 약정하여야만 대금결제시기가 확정될 수 있는 것이다.

그러나 결제시기에 대한 약정을 하지 아니하고 막연히 T/T, M/T, D/D(B/C) 등의 송금환에 의하는 것으로 약정되었을 경우 선적 후에 송금환이 교부될 수 있으므로 매매당사자간의 이해관계가 상충될 수 있다.

5. 동시지급방식의 이해관계

현품인도지급(COD) 방식에서는 수입지에서 현품인도와 대금지급이 동시이행 되기 때문에 수입자에게는 위험부담이 없어 결제상 매우 유리하나, 수출자는 수입지에서 물품인도에 따른 제비용과 위험을 부담하게 되고 대금결제가 동시에 이루어지지 못할 경우 매우 불확실한 입장에 처할 수 있다.

한편 서류상환지급(CAD) 방식에서는 수출지에서 결제서류와 대금지급이 동시이행 되기 때문에 수출자에게는 위험부담이 없고 안전성이 있으며 결제상 매우 유리하나, 수입자는 대금지급과 동시에 수출지에서 서류를 수령하더라도 서류와 물품이 일치되는

지는 확인할 수 없고 대금이 송금방식에서와 같이 선지급되는 효과와 같다고 할 수 있다.

Ⅴ. 결 론

송금환방식에 의한 결제는 결제상의 위험부담 면에서 보면 일단 수출자에게는 유리한 결제방법이다. 그러나 매매계약에서 송금환의 종류 및 송금환 교부시기를 선적 전 특정기간 내로 약정되지 않으면 송금방식의 유용성은 의미가 없게 된다.

매매계약에서 대금결제조건을 송금방식에 의하는 것으로 약정하는 경우 자금운용 측면이나 결제시기 면에서 보면 수출자는 전략적으로 전신송금환(T/T)에 의한 결제가 유리하고, 수입자는 전략적으로 은행수표(B/C) 방식이 유리할 수 있다.

특히 물품 또는 결제서류와 동시상환으로 결제가 이루어지는 동시결제방식은 서류상환지급(CAD) 방식이 수출자에게는 매우 안전성이 있고 유리하지만 상대적으로 매수인에게는 위험하고 제약요건이 있다고 할 수 있다.

제 3 절 국제팩토링에 의한 결제와 국제팩토링에 관한 UNIDROIT 협약

문제 2-29 국제팩토링의 기능과 결제상의 유용성 및 국제팩토링에 관한 UNIDROIT 협약에 대하여 설명하시오.

답안 2-29

〈목차 구성〉

Ⅰ. 서 론

팩토링(factoring)이란 판매자(client)가 구매자(customer)에게 물품이나 서비스를 제공함에 따라 발생하는 외상매출채권보전(account receivable)과 관련 팩토링회사(factor)[52]가 판매자를 대신하여 구매자에 관한 신용조사 및 신용위험의 인수(지급보증), 매출채권의 기업관리 및 대금회수, 금융의 제공 기타 회계처리 등의 업무를 대행하는 금융서비스이다.

국제팩토링(international factoring)은 무신용장방식의 신용조건부 무역거래와 관련하여 팩토링회사가 신용조사 및 신용위험인수, 금융제공, 대금회수기타 업무처리대행 동의 서비스를 제공하는 것을 말한다.

오늘날 무역거래는 구매자의 요구에 따라 소액·소량주문에 따른 신용장발행의 회피, 그리고 구미 여러 나라 수입자들의 상거래관행에 따른 신용구매요구 등에 기인하여 외상수출은 증가추세에 있다.

그러나 외상거래, 특히 D/A거래는 대금회수에 대한 확실한 보장이 없기 때문에 외화채권의 부실화가 우려되고 있고, 중소기업의 경우에는 신용이 좋은 수입자에게 수출하면서도 은행의 여신한도에 제한을 받게 되어 자금회전에 어려움을 겪고 있는 경우가 많다.

국제팩토링은 이러한 문제에 대하여 편리하게 대응할 수 있다. 이하에서는 국제팩토링의 기능과 유용성을 중심으로 서술하기로 한다.

Ⅱ. 국제팩토링의 기능

국제팩토링의 주요한 기능 세 가지는 ① 신용위험의 인수, ② 전도금융의 제공, ③ 회계업무의 대행이다.

수입팩터는 수출팩터와의 약정에 따라 수입자에 대한 신용조사 및 신용위험을 인수하고, 수출채권의 양수 및 송금 등 대금회수를 보장한다.

수출팩터는 수출자와의 약정에 따라 수출채권을 관리하고 전도금융을 제공함으로써 효율적인 운전자금을 조달하도록 하고 있다. 또한 수출입팩터는 회계업무를 대행함으로써 수출채권과 관련한 회계장부를 정리하여준다.

52) factor란 대리인에 속하는 자로 이는 매매당사자 사이에서 물품매각대금 수령권과 금전채권담보를 위한 유치권을 갖는다. 일반대리인과는 달리 매도인은 물품을 매수인에게 매도하지 않고 factor에게 판매위탁과 대금회수를 위한 대금채권을 양도하고, factor에 의해 채권자로서 매수인에게 대금을 회수하게 된다.

Ⅲ. 국제팩토링의 유용성

1. 수출자와 수입자의 이점

수출자의 이점은 다음과 같다.

첫째, 수출대금의 회수를 수출팩터가 보증하기 때문에 신용거래에 따른 위험부담이 없다.

둘째, 위험부담이 없는 수입자에게 유리한 무신용거래를 할 수 있어 대외경쟁력 강화는 물론 신시장 개척이 용이하다.

셋째, 신용장 및 추심방식에 비하여 실무절차가 간편하다.

넷째, 대금회수 및 수출채권의 기일관리 등 제반 회계업무의 부담에서 벗어나 생산 및 판매에만 전념함으로써 원가절감과 생산성 증대를 실현할 수 있다.

다섯째, 전세계에 걸친 팩토링 기구의 회원사망을 통해 신속·정확한 해외시장정보를 얻을 수 있으며, 팩토링 기구의 회원사인 수출팩터와 거래함으로써 국제시장에서의 지명도가 높아진다.

여섯째, 필요시 즉각적인 전도금융의 수혜로 효율적인 자금조달이 가능하며, 경영상담 및 다양한 서비스를 제공받을 수 있다.

한편 수입자의 이점은 다음과 같다.

첫째, 수입팩터가 지급보증을 함으로써 세계 각국으로부터의 신용구매가 가능하다.

둘째, 수입보증금예치에 따른 자금 부담이 없어진다.

셋째, 신용장발행에 따르는 수수료 등 비용부담이 없다.

넷째, 수입결제자금의 부족시 금융수혜가 가능하다.

다섯째, 수입팩터가 신용한도설정으로 계속적인 신용구매가 가능하다.

여섯째, 수입팩터로부터 만기일관리 등 회계관리 서비스를 제공받을 수 있다.

2. 타결제방식과의 비교

무역대금결제방식으로 사용되는 일반적인 신용장방식과 D/P·D/A방식 및 송금환방식을 국제팩토링방식과 비교하면 다음 표와 같다.

표 2-3 결제방식별 수출거래의 비교

내용 \ 결제방식	신용장	D/P·D/A	송 금 환	국제팩토링
거래의 근거	신용장	매매계약서	송금환	매매계약서
결제시제공서류	환어음발행, 무역결제 서류 제공	환어음발행, 무역결제 서류 제공	무역결제서류만 제공	무역결제서류만 제공
대금지급확약	신용장발행은행	없음	은행, 개인	팩터
대금결제시기	일람출급, 기한부	일람출급, 기한부	일람출급	일람출급, 기한부
대금회수위험	안전	불안	안전	안전
자금회전	용이	담보력에 따름	용이	용이
수출대금회수	수출환어음매입	수출환어음매입	선수금	전도금융
준거규정	UCP 600	URC 522	없 음	UNIDROIT 협약 1988

표 2-4 결제방식별 수입거래의 비교

내 용 \ 결제방식	신용장	D/P·D/A	송 금 환	국제팩토링
거래의 근거	신용장	매매계약서	송금환	매매계약서
수입자자금부담	가중	없음	가중	없음
수입자비용부담	가중	없음	가중	없음
대금지급	은행	수입자	은행, 수입자	팩터
결제자금융통	무역금융	무역금융	필요 없음	가능
준거규정	UCP 600	URC 522	없 음	UNIDROIT 협약 1988

Ⅳ. 국제팩토링의 조직

국제팩토링 서비스를 위하여53) 각국의 팩토링회사가 그룹을 형성하고, 그룹 내의 회원사에게 자국소재채무자(수입자)의 신용위험을 인수하고, 채권회수를 대행하게 하는 조직을 형성하게 되었다.

첫째, IFG(International Factors Group)로 이는 미국의 First National Bank of Boston과 영국의 Lloyds 은행이 중심이 되어 1963년 설립하여 본부는 벨기에 브랏셀에 두고 있다.

53) 사법통일국제협회(International Institute for the Unification of Private Law: UNIDRDIT)에서는 1988년 캐나다에서 "국제팩토링에 관한 UNIDRDIT협약"을 채택하고, 거래당사자간에 준거법으로 삼을 수 있는 국제팩토링에 대한 협약을 마련하였다.

회원사는 1개국 1개사의 원칙을 고수하는 폐쇄형의 형태로 운영되고 있다.

둘째, FCI(Factors Chain International)로 이는 유럽의 상업금융회사 및 팩토링회사가 중심이 되어 1964년 설립한 회원 상호간의 순수한 조직이다. 본부는 네덜란드 암스테르담에 두고 개방형의 형태로 운영되고 있다.

셋째, Heller Group으로 미국의 유력한 상업금융회사인 Walter E. Heuler Overseas Corp.[54]에 의하여 1964년 설립되어 미국의 시카고에 본부를 두고 있으며, 폐쇄형의 형태로 운영되고 있다.

Ⅴ. 국제팩토링에 관한 UNIDROIT 협약

국제팩토링 거래에 관한 준거는 1988년 6월에 제정한 "FCI국제팩토링관례에 관한 규약"과 보통거래약관인 "국제팩토링거래약정서"가 주로 이용되고 있다. 한편 팩토링의 본질적인 요소인 채권양도나 채권의 담보화에 관한 법규 및 개념에 있어서 대륙법과 영미법의 차이가 있어 이것이 국제팩토링거래의 발전에 장애요인이 되어왔다.

사법통일을 위한 로마법위원회(UNIDROIT)는 국제팩토링에 관한 세계적인 통일규칙 작성의 필요성을 인식하고 1975년부터 연구에 착수하여 1988년 5월 캐나다 오타와에서 "국제팩토링에 관한 UNIDROIT협약"(UNIDROIT Convention on International Factoring)을 채택하였다.

이 국제팩토링협약에서는 팩토링거래에 관여하는 세 당사자, 즉 수출자, 팩터, 채무자간의 권리와 의무관계의 전반적인 사항을 규율하고 있는데, 다만 채권의 이중양도문제와 수출자의 채권이 압류될 경우 발생될 우선권에 관한 문제 등 제3자와의 관계에 대하여는 수출자와 수입자간의 매매계약에서 정하는 준거법에 위임하고 있다.[55]

이 협약에 의하면 국제팩토링계약이란 공급자와 채무자와의 상품매매계약으로부터 발생하는 수출대금채권을 팩터에게 양도할 것을 약속하고, 이에 대하여 팩터는 일정한 금융서비스의 제공을 약속함과 동시에 채권의 양도통지를 하기로 합의하는 계약이라고 규정하고 있다.[56]

---

54) 1984년에 일본의 후지은행이 매수하였다.

55) 서헌제, 「통상문제와 법」, 율곡출판사, 1994, 598면.

56) UNIDROIT Convention on International Factoring 1988, Article1(2).

Ⅵ. 결　　론

국제팩토링방식에 의하여 무역대금을 결제하기 위하여는 수출자의 소재지와 수입자의 소재지에 각각 수출팩터와 수입팩터가 있어야 가능하다.

국가에 따라서 팩토링회사가 주요 도시나 지역에서 팩토링 서비스를 제공하는 경우도 있으나, 아직까지는 대도시에 한정하여 팩토링 서비스를 제한적으로 받을 수 있다. 그렇기 때문에 매매당사자는 오히려 보다 편리한 다른 결제방식을 선택하려고 할 것이다.

바로 이와 같은 점이 국제팩토링방식에 의한 결제의 한계점이라 할 수 있다.

제 4 절 포페이팅에 의한 결제와 포페이팅통일규칙(URF 800)

문제 2-30 포페이팅거래의 특징과 유용성 및 포페이팅통일규칙(URF 800)에 대하여 설명하시오.

답안 2-30

〈목차 구성〉

Ⅰ. 서　　론

포페이팅(forfaiting)이란 현금을 대가로 채권을 포기 또는 양도한다는 불어의 "àforfait"에서 유래된 용어로, 물품 또는 서비스 무역거래에서 수출환어음, 약속어음과 같은 일련의 신용수단을 상환청구권 없이(without recourse), 즉 무소구 조건으로 고정이자율로 할

인/매입하는 수출무역금융의 한 형태를 말한다.[57)]

포페이팅의 경우 이를 취급하는 금융기관, 즉 포페이터(forfaiter)가 이러한 소구권[58)]을 포기하는 조건부로 채권을 수출자로부터 매입하므로 배서인, 즉 수출자는 소구당할 염려가 없으며 최종소지인이 모든 손실을 부담한다. 바로 이 점에서 포페이팅은 수출환어음매입(negotiation)과 크게 다르다. 즉 은행의 수출환어음매입은 일반적으로 소구조건(with recourse)이어서 수입자인, 신용장발행의뢰인이 만기에 대금지급을 이행하지 않거나 지급지연이 발생하면 모든 손실에 대하여 매입은행은 수출자에게 소구권을 행사하게 됨으로 인하여 자금부담가중으로 인한 경영상의 어려움을 당할 가능성이 크다. 이와 같이 포페이팅은 소구권을 포기한다는 점과, 고정금리로 할인한다는 두 가지 점에서 보통의 무역금융기법과 차이가 있다.

이하에서는 포페이팅거래의 특징과 유용성 및 포페이팅 사용에 다른 준거규정인 포페이팅통일규칙(URF 800)에 대하여 서술하고자 한다.[59)]

Ⅱ. 포페이팅의 특징

포페이팅은 다음과 같은 특징을 가지고 있다.

① 수출자가 제시하는 환어음 또는 약속어음을 매입하는 포페이터(forfaiter)는 공급자신용임으로 어음을 매도한 수출자 또는 어음배서인에 대하여 소구권이 없다.

② 포페이터가 수입자의 신뢰성을 인정하지 못하는 어음의 경우에는 은행지급 보증이나 “aval”, 즉 어음상의 지급보증을 요구하게 된다.

③ 어음을 할인하여 매입할 경우 고정금리가 적용된다.[60)]

④ 환어음 또는 약속어음이 거래대상이므로 거래절차가 간편하며 신속한 처리가 가능하다.

⑤ 연지급기간은 통상 1개월~10년, 건당 거래금액은 미화10만~2억, 거래통화는 모든 주요통화가 가능하다.

---

57) http://www.british-americanforfaiting.com/forfaiting/users_guide.html.

58) 소구(遡求; Recourse)란 약속어음 또는 환어음 발행인(또는 인수인)이 만기에 지급을 이행하지 않을 경우에 어음의 최종소지인은 어음의 배서인에게 어음금액의 대지급을 요구하는 것을 말하며, 이러한 권리를 행사하는 것을 소구권이라고 한다.

59) 강원진, 「무역결제론」, 제3판, 박영사, 2015, 427~435면.

60) 포페이팅 거래시 적용되는 기준 이자율은 기준금리인 런던은행간금리(Libor)에 국가별 위험도(country risk) 또는 신용장발행은행 위험에 대한 가산금리(spread)를 더한 수준에서 결정된다.

⑥ 포페이팅은 신용장 거래의 인수(acceptance)와 유사하나 인수에 비해 기간이 장기이다. 대상어음은 1~7년의 자본재 수출에 따른 연지급 수출어음이 대부분이다. 또한 포페이터의 채권만기선정은 해당거래의 위험과 시장조건에 따라 결정된다.61)

Ⅲ. 포페이팅의 유용성

1. 정치적 상업적 위험제거

포페이팅은 정치적, 상업적 위험을 제거할 수 있다. 이자율변동 또는 환율변동으로부터 보호될 수 있고, 수입신용장 발행은행의 신용 위험(지급불능 사태)을 피할 수 있으며, 어음매입 이후 수출자에게 무소구 됨으로 결제상의 위험을 회피할 수 있다.

2. 경쟁업체에 대한 비교우위 확보가능

수출자로 하여금 수입자에게 장기 신용을 제공해 줄 수 있도록 함으로써 금융상의 비교우위 확보가 가능하다. 또한 신시장 개척을 위한 신속한 현금 확보가 가능하다. 선적 후 필요한 서류 제출시 신속한 현금 확보를 통하여 수출자의 재무구조를 개선시킬 수 있으며 자금회전의 원활로 매출과 이익이 증대될 수 있다.

3. 절차의 신속성과 서류의 간결성

포페이팅 가능성 여부에 대해 수출자에게 신속히 통보되고 제시 서류가 간편하다.

4. 대금결제상의 고의적인 클레임 예방가능

수입자와 신용장발행은행이 공모하여 고의적인 클레임 제기시나 기타 구실을 내걸어 대금지급지연 문제를 피할 수 있다.

5. 경제성

연지급기간 동안의 금리를 수출자 및 수입자가 사전에 확정할 수 있고, 수입국 및 신용장 발행은행의 신용도가 좋을 경우 매입 수수료 절감효과도 있다. 또한 수출금액의 100%까지 매입함으로 수출계약 금액 전부에 대한 금융효과가 있다. 또한 기한부 신용장(Usance L/C)에 의한 환어음 매입의 경우에는 수출자에게 매입은행으로부터 보통 담보가

61) http://www.mofe.go.kr/korweb_upload/bbs/news4fpb/fp_Forfait.hwp.

요구되지만, 포페이팅을 이용할 경우에는 추심 전 매입에 따른 담보가 필요 없다.62)

표 2-5 신용장, D/P·D/A 및 포페이팅 거래의 비교

구 분	신용장	D/P·D/A	포페이팅
은행의 지급확약 여부	있음	없음	없음
은행의 개입여부	개입함	개입함	개입함
환어음 추심전 매입시 담보제공	필요함	필요함	불필요함
거래에 따른 부대비용	많음	적음	많음
대금결제기간	일람출급, 기한부(주로 단기)	일람출급, 기한부(주로 단기)	기한부(단기 또는 중장기)
환어음 발행시 지급인	은행	수입자	포페이터
매매당사자간의 유리성	매도인, 매수인 모두 유리	매수인 유리	매도인 유리
거래상의 융통성	없음	많음	많음
결제수단의 안전성	매도인, 매수인 안전	매도인 불안, 매수인 안전	매도인 안전, 매수인 불안
채권양식	환어음	환어음	환어음, 약속어음
어음할인·매입시 소구권	소구권 있음	소구권 있음	소구권 없음
거래시 준거규정	UCP 600	URC 522	URF 800

Ⅳ. 포페이팅거래의 당사자와 거래절차

1. 포페이팅거래의 당사자

포페이팅의 당사자는 수출자, 수입자, 포페이터, 그리고 보증은행이 있다.

첫째, 수출자는 채권자로서 환어음의 경우 환어음을 발행하는 자가 되며 포페이팅 금융의 수혜자가 된다.

둘째, 수입자는 채무자이며 환어음의 인수자가 된다.

셋째, 포페이터는 연지급환어음을 할인 매입하는 금융기관을 말하는데, 주로 수출자의 은행으로서 채권을 수출자로부터 매입한다.

넷째, 보증은행은 보통 수입자의 은행으로서 관련 채권에 대해 보증한다. 별도의

---

62) Ian Guild & Rhodri Harris, *forfaiting*, Woodhead-Faulkner and Euromoney Publications, 1985, pp. 13-20; http://www.globalfinanceonline.com/trade-finance-forfaiting-guide.html.

보증서를 발급하거나 환어음면에 보증하는 형식을 취한다.

2. 포페이팅의 일반적인 거래절차

포페이팅의 일반적인 거래절차는 다음과 같다.

① 수출자는 포페이팅 방식에 의한 결제를 고려할 경우 수출계약 체결 전에 우선 포페이터와 협의하여 포페이팅 가능 여부 및 할인 조건에 따른 비용을 고려하여 수출계약금액을 검토한다.

② 수출자는 수입자와 포페이팅 방식의 무역계약을 체결한다.

③ 수입자는 자기 거래은행에게 기한부 신용장 발행을 지시한다.

3a. 수입자의 은행, 즉 발행은행은 신용장을 발행한다.

3b. 수출자의 은행은 수출자에게 신용장발행을 통지한다.

④ 수출자는 수입자에게 계약물품을 인도한다.

⑤ 수출자는 자기 거래은행에게 환어음인수를 위한 관련 서류를 제시한다.

5a. 수출자의 은행은 발행은행에게 서류를 송부한다.

5b. 수출자는 어음할인을 위하여 포페이터가 요구한 서류를 포페이터에게 제시한다.

⑥ 포페이터와 수입자의 거래은행, 즉 발행은행은 양도승낙(acknowledgment of assignment)을 한다.

⑦ 포페이터는 수출자의 은행에게 어음할인을 한다.

7a. 수출자의 은행은 어음할인된 금액을 수출자에게 지급한다.

⑧ 수입자의 은행, 즉 발행은행은 환어음만기일에 포페이터에게 대금을 지급한다.

8a. 수입자는 발행은행에게 환어음만기일에 대금을 지급한다.

그림 8-1 포페이팅의 일반적인 거래절차

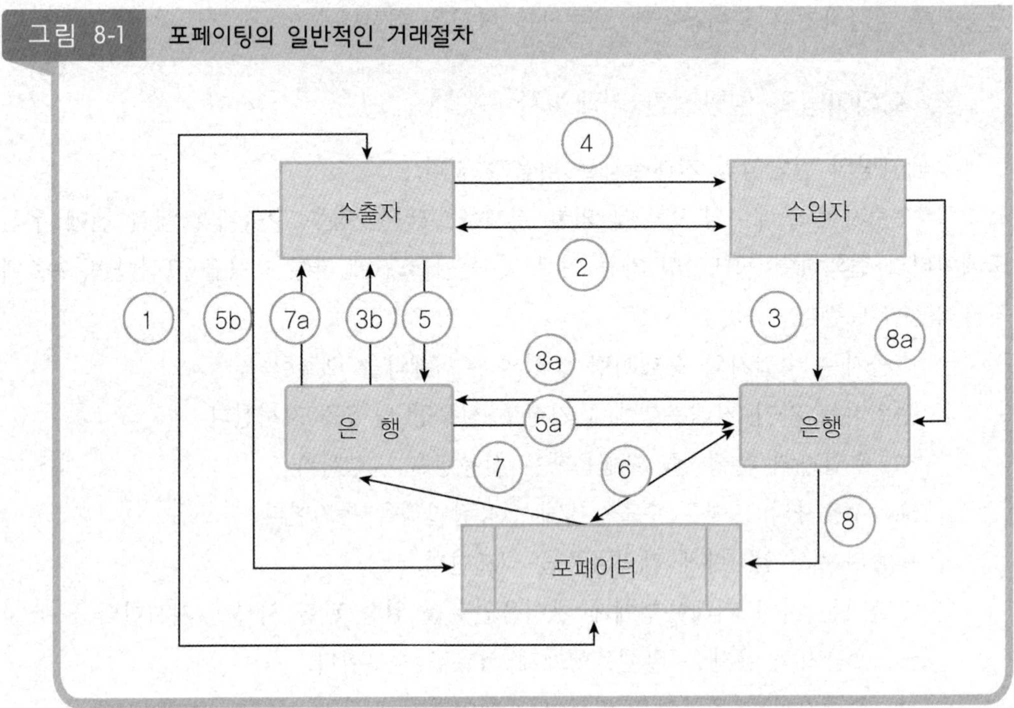

자료: http://www.globalfinanceonline.com/trade-finance-forfaiting-guide.html

V. 포페이팅 통일규칙

1. URF 800의 제정[63)]

포페이팅은 1950년대 중반에 Credit Suisse가 포페이팅에 참여하면서 스위스를 중심으로 본격적으로 생성하기 시작하였다. 1965년에 Credit Suisse가 포페이팅 전문기관인 Finanz AG, Zurich를 설립하였으며, 1970년대에는 런던시장에도 전파되어 여기에도 포페이팅 시장이 형성되었다. 런던에는 Midland Aval과 London Forfaiting 등의 포페이팅 전문회사가 설립되어 오히려 런던이 포페이팅의 중심지가 되었다. 포페이팅 시장은 연지급어음 할인시장이라고도 부른다.[64)]

ICC 포페이팅통일규칙(ICC Uniform Rules for Forfaiting: URF 800)은 국제무역업계에 금융제공을 촉진하는 방법에 대하여 설명하고 있다. 이 통일규칙은 어떠한 위험을 제거

63) http://store.iccwbo.org/icc-uniform-rules-for-forfaiting-urf-800(visited March 1, 2015).

64) 한국수출보험공사(현 한국무역보험공사), http://www.tts.or.kr/TradeData/word_12.htm.

하고 현금 흐름을 개선하며 거래를 상당히 신속하고 간소화시킬 수 있다. 국제상업회의소(International Chamber of Commerce: ICC)와 국제포페이팅협회(International Forfaiting Association: IFA)는 사상 최초로 URF 800을 업계에 제공하기 위해 협력하여 왔다.

2013년 1월 1일부터 발효된 ICC의 URF는 현재 은행, 사용자 및 전 세계 포페이팅업계의 모든 회원들 사이에서 폭 넓은 의견을 반영하는 일련의 표준규칙을 제공하고 있다. 국제규칙 및 표준의 사용은 오해를 방지하고 전 세계에 최선의 관행으로 조화 및 분쟁해결을 용이하게 하는데 도움을 주게 된다. 이 버전에 포함된 명확한 정의와 실제적인 표준약정서들은 현 규칙을 보다 잘 이해하고 효율적으로 적용하는 데 도움을 주게 될 것이다.

ICC의 URF 800은 논란이 많은 문제를 커버하고 다음과 같은 복잡한 문제들을 명확하게 할 것이다:

- 1차 시장(primary market)에서의 포페이팅약정서(forfaiting agreements) 및 거래조건
- 2차 시장(secondary market)에서의 포페이팅확인서(forfaiting confirmations) 및 거래조건
- 지급 및 유보부 지급(payments under reserve)
- 의무(liabilities)
- 기타 사항

2. URF 800의 주요 구성내용

URF는 모두 14개 조항으로 구성되어 있다. 다만 통일규칙의 조항은 아니지만, 규칙 말미에 다음과 같은 부속서류(annexes), 즉 포페이팅기본약정서(Master Forfaiting Agreement), 포페이팅약정서(Forfaiting Agreement), SWIFT 형식의 포페이팅약정서(Forfaiting Agreement in SWIFT format) 및 포페이팅확인서(Forfaiting Confirmation)를 예시하고 있다. 이는 오직 URF 사용자들의 편의를 위하여 사용할 수 있도록 참고용으로 제시하고 있는 표준약정서들이다.[65)]

제1조 URF의 적용(application of URF)

제2조 용어정의(definitions)

제3조 해석(interpretations)

제4조 상환청구불능(without recourse)

제5조 1차시장에서의 포페이팅약정(forfaiting agreements in the primary market)

---

65) http://store.iccwbo.org/Content/uploaded/pdf/ICC-Uniform-Rules-for-Forfaiting-URF-800.pdf((visited March 1, 2015).

제6조 1차시장에서의 거래조건(conditions in the primary market)

제7조 1차시장에서의 적합한 서류(satisfactory documents in the primary market)

제8조 2차시장에서의 포페이팅확인서(forfaiting confirmations in the secondary market)

제9조 2차시장에서의 거래조건(conditions in the secondary market)

제10조 2차시장에서의 적합한 서류(satisfactory documents in the secondary market)

제11조 지급(payment)

제12조 유보부 지급(payment under reserve)

제13조 당사자의 의무(liabilities of the parties)

제14조 통지(notices)

부속서(annexes)

포페이팅통일규칙(URF)은 당사자가 그들의 약정서상에 이 규칙이 적용됨을 명시적으로 표시하는 경우에 한하여 포페이팅거래(forfaiting transaction)에 적용하는 규칙이다. 이 규칙은 약정에 의하여 변경 또는 배제되는 것을 제외하고 모든 당사자를 구속한다.[66]

UCP 600이 신용장거래에 적용되는 기준과 마찬가지로 URF 800도 포페이팅거래에 적용되는 임의규범이므로 당사자자치원칙에 따라 약정서에 이를 준거로 할 경우에 한하여 적용되는 것이다.

포페이팅거래란 포페이팅통일규칙에 기초하여 상환청구불능(without recourse) 조건으로 매도인이 지급청구권을 매도하고 매수인이 매입하는 것을 의미하는 것으로[67] 이는 1차시장에서의 포페이팅거래와 2차시장에서의 포페이팅거래를 통칭하는 개념이다. 1차시장에서 포페이팅거래는 포페이팅약정(forfaiting agreement)에 의하여 발생하고, 2차시장에서는 포페이팅확인서(forfaiting confirmation)에 의하여 발생 한다.[68] 여기에서 1차시장(primary market)이란 1차포페이터(primary forfaiter)가 원매도인으로부터 지급청구권을 매입하는 시장을 의미하며, 2차시장(secondary market)이란 매수인이 1차포페이터 또는 다른 매도인으로부터 지급청구권을 매입하는 시장을 의미한다. 또한 1차포페이터란 원매도인으로부터 지급청구권을 최초로 매입하는 당사자를 의미한다.[69]

---

66) URF 800, Article 1.

67) URF 800, Article 2.

68) 허해관, “2012년 제정 ICC 포페이팅통일규칙(URF)에 관한 소고”, 「무역상무연구」, 제58권, 2013. 5, 158면.

69) URF 800, Article 2; 대한상공회의소, 「포페이팅통일규칙(URF 800)공식번역 및 실무가이드」, 2013, 32~34면.

Ⅵ. 결 론

스위스의 금융기관이 지급보증을 제공한 것을 시초로 발달된 포페이팅 결제방식은 수출자가 대금회수의 불안으로 인해 새로운 시장을 개척하는데 어려움을 해결하고 수출대금을 성공적으로 회수할 수 있는 이점을 가진 수출자 위주의 무역금융이다.

포페이팅은 무소구 조건일지라도 이후에 물품대금을 지급할 수 있는 신용도가 높고 위험이 적은 나라에 한하여 제공되고 있어 보편성은 없다. 무역매매에서 통화는 자유롭게 약정할 수 있으나 포페이팅 거래에 있어 일반적으로 미국 달러, 유로화 등이 환어음통화로 주로 이용된다. 수출자는 포페이팅 사용을 하기 위해 수입국의 신인도 및 위험도를 측정하게 되고 수입국의 위험도가 높거나 비용의 수지가 맞지 않는 경우에는 포페이팅 거래를 할 수 없다는 한계성이 있다.

그러나 무역결제수단으로 포페이팅을 사용 증대에 따라 2012년 ICC가 포페이팅통일규칙(URF 800)을 제정하여 포페이팅거래의 준거규정으로 제시된 것은 시의성이 있으며 향후 포페이팅거래의 신뢰성을 증대시키게 될 것이다.

제 2 편 무역대금결제(추록)

| 기출문제 |

01. 신용장의 독립 · 추상성 (1996 관세사, 10점)

02. 지난 1980년만 해도 우리나라 전체 수출통관액 중에 신용장에 의한 거래가 약 80%의 비중을 차지했으나 1990년도에 들어와 그 비중이 60%이하로 감소되고 있다. 이처럼 신용장에 의한 수출비중이 감소되는 요인을 설명하시오. (1997 관세사, 10점)

03. D/A contract and D/P contract (1997 관세사, 10점)

04. U.C.P 500에서 규정한 서류점검(Examination of Document)의 소요시간 (1997 관세사, 10점)

05. Bank's reasonable time to examine the documents(UCP 500규정)에 관하여 설명하시오. (1998 관세사, 10점)

06. FOB계약에 있어서 화환신용장을 이용한 대금결제의 본질적인 문제점을 논하시오. (1998 관세사, 50점)

07. Open Account 결제방식의 효용에 관하여 설명하시오. (1999 관세사, 10점)

08. 신용장개설은행의 서류심사기준과 불일치서류의 처리에 관하여 설명하시오. (1999 관세사, 10점)

09. "Stale B/L Acceptable"의 의미를 설명하고, 이 조항으로 인해 수입자에게 미칠 수 있는 불이익의 예와 그 이유를 설명하시오. (2000 관세사, 10점)

10. 화환신용장거래에서 운송서류의 종류와 그 수리요건과 수리거절요건에 대하여 논하시오.(UCP 500에 근거) (2000 관세사, 50점)

11. 신용장거래시 당사자(발행은행, 발행의뢰인, 수익자)의 파산시 각 당사자의 이해관계를 설명하시오. (2001 관세사, 10점)

12. CIF계약과 화환어음결제방식의 결합이 합리적인 계약이행수단이 되는지를 화환어음의 역할을 중심으

로 논하시오. (2001 관세사, 50점)

13. 선하증권(B/L)상 Description of Goods란에 부지약관을 삽입하는 이유를 운송인 입장에서 제시하고 UCP500상의 해석기준을 설명하시오. (2002 관세사, 10점)

14. 항공화물운송장(AWB)이 신용장에서 요구된 경우 개설은행의 위험은 무엇이며 이에 대한 개설은행의 대응방안을 설명하시오. (2002 관세사, 10점)

15. 수입자가 수출자로부터 화공약품을 수입하면서 "Trans shipment not allowed" 조건으로 계약을 체결한데 비해 "Transshipment allowed"한 경우 수입자의 계약물품의 수입효과가 어떻게 달라지는지, 그리고 "Transshipment not allowed" 조건이 어떠한 운송구간에 적용되는지 설명하시오. (2003 관세사, 10점)

16. 수출자와 수입자는 그간 무역거래를 수행해 오면서 당해 대금을 T/T에 의한 송금방식으로 결제(지급)해 왔으나, 이번에 대금지급(결제) 수단을 D/P방식으로 변경하기로 합의하였다. 이렇게 대금결제(지급)수단이 변경될 경우 수출자가 수출대금을 회수하고 수입자가 물품을 인도 받을 때 수반되는 위험부담이 각각에 어떻게 달라지는지 비교 설명하시오. (2003 관세사, 10점)

17. 면책 비율조항과 면책 비율 부적용(Irrespective of percentage)의 개념을 설명하고, 이들 조항이 보험서류에 포함되어 있는 경우 UCP와 ISBP에 근거한 수리요건을 설명하시오. (2004 관세사, 10점)

18. 신용장 거래에서 L/G 조건으로 계약물품을 인수할 경우 화물인수절차에 대하여 설명하시오. 만약 인수한 물품이 품질 불량임이 개설의뢰인에 의해서 발견되었을 뿐 아니라 추후 제시 받은 선적서류가 신용장 조건과 불일치함을 알게 되었을 경우 개설의뢰인이 개설은행에 대하여 지급거절을 할 수 있는가를 UCP 500의 내용 및 L/G 관련 실무적 관행을 근거로 설명하시오. (2004 관세사, 50점)

19. 무신용장결제방법인 추심결제방식의 유리한 점을 수출업자와 수입업자의 입장에서 약술하고 추심결제방식의 한계성에 대하여 설명하시오. (2005 관세사, 10점)

20. 보세창고도거래(Bonded Warehouse Transaction, BWT)란 무엇이며, 당해거래방식에서 발급되는 선하증권이 화환신용장 거래방식에서 무리 없이 수리될 수 있는 근거와 요건들은 무엇인지 설명하시오. (2006 관세사, 10점)

21. 신용장양도와 관련된 제반조건(정의, 전제조건, 양도의 종류 및 양도원칙 등)과 관련당사자들의 지위를 설명하시오. (2006 관세사, 10점)

22. 국제팩토링과 포페이팅의 개념과 기능을 비교하여 설명하시오. (2008 관세사, 10점)

23. 비유통성 해상화물운송장에 대해 선하증권과 비교한 특징, UCP600에서 규정한 해상화물운송장의 운송인 서명인요건에 대하여 설명하시오. (2008 관세사, 10점)

24. 인수신용장의 의의 및 사용되는 경우를 설명하고 기한부매입신용장과 비교하시오. (2009 관세사, 10점)

25. 선적기일, 서류제시기일, 신용장유효기일의 상관관계를 설명하고 서류심사기간에 대해 UCP 500과

UCP 600을 비교하여 설명하시오. (2009 관세사, 10점)

26. Stale B/L의 BWT거래에서 사용방법과 신용장에서 사용방법에 대하여 설명하시오. (2010 관세사, 10점)

27. 지시식선하증권과 D/P의 결합에 대해서 서술하고 CFR에 대해서 서술하시오. 그리고 앞의 3가지의 결합에 대한 장점을 매수인과 매도인의 관점에서 각각 서술하시오. (2010 관세사, 50점)

28. 국제결제방식에 있어서 팩토링 결제 방식과 신용장 결제방식의 구조를 설명하고 각각의 결제방식에 있어서 은행의 역할을 비교하여 설명하시오. (2011 관세사, 10점)

29. 신용장에서 요구하는 아래 B/L의 밑줄친 부분의 의미를 각각 설명하시오.

   ① Full set of clean on board ocean bill of lading (dated ② not later than January 30, 2012) made out ③ to order and ④ blank endorsed and marked ⑤ 'freight prepaid' and ⑥ notify 'applicant'. (2012 관세사, 10점)

30. 선적의 정의와 선적시기의 결정방법을 설명하고, UCP 600상에서 운송서류별 선적일자의 해석기준을 설명하시오. (2012 관세사, 50점)

31. 사전송금결제방식에 대하여 설명하시오. (2013 관세사, 10점)

32. 화환추심결제에서 D/P at sight, D/P usance, D/A 조건을 비교 설명하고, 매도인과 매수인 입장에서 이들 3가지 조건에 대한 한계성을 각각 제시한 후, 매도인의 신용위험(credit risks)을 줄일 수 있는 방안을 논하시오. (2014 관세사, 50점)

33. 신용장통일규칙(UCP600) 제2조에 규정된 '지급이행(Honour)'의 의미를 적용 가능한 신용장과 연계하여 설명하시오. (2015 관세사, 10점)

| 연구문제 |

01. 비은행(non-bank)이라는 발행실체에 대한 아무런 언급 없이 기업이 발행한 신용장을 은행이 통지하는 것은 인정될 수 있는 관행인지를 설명하고 신용장 통지시 UCP 준거문언이 없는 경우 UCP가 적용될 수 있는지에 대하여 설명하시오.
02. 연지급확약이란 무엇이며 연지급신용장의 만기 전에 대가지급이 이루어진 경우 재매입약정의 적용되는지 여부에 대하여 설명하시오.
03. 신용장에 부가된 비서류적 특수조건의 효력에 대하여 설명하시오.
04. 신용장거래에서 발행은행이 불일치서류에 대한 권리포기(waiver)의 교섭권에 대하여 설명하고 불일치 사항에 대한 최초통지 및 후속통지의 효력에 대하여 설명하시오.
05. 신용장조건과 불일치된 서류에 대한 발행은행의 제시서류 반환의무 및 불일치사항에 대한 통지위반의 효과에 대하여 설명하시오.
06. 신용장과 상업송장상의 물품, 서비스 또는 이행의 명세에 대한 일치성 판단기준을 UCP 600, ISBP 745, UCC 및 한국 대법원의 판례를 비교하여 설명하시오.
07. 비유통해상화물운송장(non-negotiable sea waybill)과 항공화물운송장(air waybill)에 대한 UCP 600상의 수리성과 ISBP 745상의 심사기준에 대하여 설명하시오.
08. Charter Party Bill of Lading에 대한 UCP 600상의 수리성과 ISBP 745상의 심사기준에 대하여 설명하시오.
09. 해상선화증권의 발행방식과 배서방식에 대하여 설명하시오.
10. UCP 600에 규정하고 있는 은행의 면책조항을 설명하고, 특히 UCP 600에서 새로이 반영된 내용은 무엇인지에 대하여 설명하시오.
11. 양도가능신용장에서 양도된 신용장의 조건변경의 통지 및 조건변경의 효력에 대하여 설명하시오.
12. 신용장양도와 신용장대금의 양도를 비교하여 설명하시오.
13. D/P 및 D/A거래의 강점과 약점을 매매당사자의 입장에서 비교하여 설명하시오.
14. D/P 및 D/A거래상의 당사자를 들어 설명하고 거래당사자의 의무 및 책임에 대하여 설명하시오.
15. D/P 및 D/A거래상 환어음 소구권(상환청구권)과 관련하여 거절증서 작성의 필요성 및 작성요건에 대하여 설명하시오.
16. 국제팩토링에 관한 UNIDROIT 협약의 성립 및 적용범위에 대하여 설명하시오.

17. Forfaiting 거래의 당사자 및 거래절차에 대하여 설명하시오.

18. 포페이팅 통일규칙(URF 800)의 제정 및 주요 구성내용에 대하여 설명하시오.

19. 신용장, D/P · D/A 및 포페이팅 거래의 특성과 유용성을 매매당사자의 입장에서 비교하여 설명하시오.

20. "ISBP 745"의 적용범위 및 일반원칙에 대하여 설명하시오.

21. "ISBP 745"에서 Beneficiary's Certificate의 심사기준에 대하여 설명하시오.

| 참고문헌 |

1. 한국문헌

강원진, "1995년 개정 추심에 관한 통일규칙의 고찰", 「국제상학」, 제10권, 한국국제상학회, 1994.

______, "국제상업회의소의 UCP 600 완성초안에서 제시된 주요내용의 검토", 「국제상학」, 제21권 제2호, 한국국제상학회, 2006.

______, "독립적 보증서와 보증신용장에 관한 유엔 협약의 고찰", 「부산상대논집」, 제75집, 부산대학교 상과대학, 2004.

______, 「무역결제론」, 제3판, 박영사, 2015.

______, "미국 통일상법전의 신용장규정과 신용장통일규칙 적용상의 주요 쟁점", 「무역상무연구」, 제12권 제1호, 한국무역상무학회, 1998.

______, "신용장거래에서 Fraud Rule의 적용 요건에 관한 고찰", 「국제상학」, 제25권 제3호, 한국국제상학회, 2010.

______, "신용장거래에서의 통신 및 서류송달사고에 따른 위험의 이전", 「부산상대논집」, 제67집, 부산대학교 상과대학, 1996.

______, "신용장서류심사를 위한 ICC국제표준은행관행의 일반원칙에 관한 고찰", 「국제상학」, 제18권 제3호, 한국국제상학회, 2003.

______, "신용장 조건과 상업송장 기재내용과의 일치성 논쟁에 관한 연구", 「국제상학」, 제14권 제1호, 한국국제상학회, 1999. 5.

______, "신용장조건과 서류심사의 기준 검토", 「무역상무연구」, 제13권, 한국무역상무학회, 2000.

______, 「신용장론」, 제5판, 박영사, 2007.

______, "한국수출기업의 D/A거래관행의 문제점", 「무역학회지」, 제22권 2호, 한국무역학회, 1997.

______, "화환신용장 조건변경의 효력", 「국제상학」, 제11권 2호, 한국국제상학회, 1966.

______, "2002 제정 ICC 국제표준은행관행과 신용장서류심사 사례의 비교연구", 「국제상학」, 제20권 제호, 한국국제상학회, 2005.

______, "UCP 600 상의 불일치서류의 권리포기 요건과 적용에 관한 연구", 「무역학회지」, 제32권 제2호, 한국무역학회, 2007.

______, 「UCP조항별 신용장분쟁사례」, 두남, 2013.

______, 김동윤, "신용장거래에서 비서류적 조건의 인정여부에 관한 사례검토", 「무역상무연구」, 제33권, 한국무역상무학회, 2007

______, 이상훈, "신용장거래당사자의 의무불이행에 대한 고찰", 「국제상학」, 제14권 3호, 한국국제상학회, 1999.

______, 이상훈, "보증신용장거래에서 지급금지명령의 적용에 관한 분쟁 사례연구", 「중재연구」, 제14권 제1호, 한국중재학회, 2004.

______, 이천수, "은행간 대금상환과 관련된 발행은행의 의무 및 책임에 대한 몇 가지 문제점", 「국제상학」, 제13권 제3호, 한국국제상학회, 1998.

김동건, "화환어음의 법률관계", 「상사법론집」, 법문사, 1986.

김선국, "독립적 보증과 보증신용장에 관한 UN협약", 「비교사법」, 한국비교사법학회, 제4권 제4호, 1996.

김용일, 「2015 4월 외국환거래법 사례와 해설」, 다비앤존, 2015.

김용재, "수입화물선취보증서(L/G) 제도의 개선 방안에 관한 연구", 「무역학회지」, 제22권 1호, 한국무역학회, 1997.

김종칠, "무역결제관련 제통일규칙상의 은행면책규정에 관한 비교연구", 「무역학회지」, 제31권 제2호, 2006.

______, "신용장양도에서 관계당사자의 법리에 관한 연구", 「국제상학」, 제28권 제3호, 한국국제상학회, 2013.

노동환, "신용장거래에서 기한부화환어음의 매입과 인수의 비교연구", 「한국경상논총」, 제20권 2호, 한국경상학회, 2002.

대한상공회의소, 강원진(감수), 「1995년 개정 ICC추심에 관한 통일규칙」, 1995.

______, 「포페이팅통일규칙(URF 800)공식번역 및 실무가이드」, 2013.

문희철, "보증신용장의 법적 특성에 관한 연구," 「무역학회지」, 제14권, 한국무역학회, 1989.

박석재, "독립적 보증서 및 스탠드바이 신용장에 관한 연구－1995年 유엔 협약을 중심으로－", 「무역상무연구」, 제11권, 1998.

______, "스탠드바이 신용장 통일규칙(ISP98)의 주요 내용 및 효과에 관한 연구", 「국제상학」, 한국국제상학회, 제17권 제3호, 2002.

______, "스탠드바이(Standby)신용장의 활용상의 문제점에 관한 연구", 성균관대학교 박사학위논문, 1996.

______, "UCP 600에서 통지은행의 의무 및 책임에 관한 연구", 「무역상무연구」, 제47권, 2010.

박성철, "ICC/ISBP의 실무적용상의 한계에 관한 연구", 「통상정보연구」, 제5권 제2호, 한국통상정보학회, 2003.

박세운, "ISBP745에서의 서류심사기준에 관한 연구－원산지증명서, 수익자증명서, 검사증명서－", 「국제상학」, 제29권 제1호, 한국국제상학회, 2014.

______, "UCP 600 해상운송서류 규정의 주요 개정사항에 관한 연구", 무역상무연구 제35권 한국무역상무학회, 2007.

박훤일, "국제거래에서의 보증과 유사보증", 「국제거래법연구」 제8집, 국제거래법학회, 1999.

배정한, “미국 UCC상 신용장발행은행의 부당한 지급불이행의 책임에 관한 연구”, 「무역상무연구」 제22권, 한국무역상무학회, 2004.

송상현, “보증신용장의 독립성에 관한 소고”, 「법학」, 제26권 2·3호, 서울대학교 법학연구소, 1985.

서돈각, 「상법강의(하)」, 법문사, 1981.

서정두, “ISBP(신용상 국제표준은행관습)의 주요내용과 적용상의 문제점에 관한 연구”, 「무역상무연구」, 제20권, 한국무역상무학회, 2003.

서철원, 「미국비즈니스법」, 법원사, 2000.

서헌제, 「국제거래법」, 법문사, 1996.

석광현, “국제신용장거래와 사기의 원칙에 관한 소고－한국법상의 법리를 중심으로－”, 「법학논총」, 제21집, 한양대, 2004.

______, “신용장의 비서류적 조건의 유효성”, 「무역상무연구」, 제22권, 한국무역상무학회, 2004.

안강현, “신용장 사기의 성립요건에 대한 재검토, 오하이오 대법원의 미드－아메리카 타이어 사건을 중심으로－”, 「국제거래법연구」, 제14집 1호, 국제거래법학회, 2005.

양의동, “해상수입화물 보증도(保證渡)의 국내관행에 관한 사례의 비교연구”, 「국제상학」, 제24권 제3호, 한국국제상학회, 2009.

요하네스짜안 저, 강갑선(역), 「무역결제론」, 법문사, 1977.

우성구, “신용장부화환어음의 만기산정에 관한 연구”, 「국제상학」, 제20권 제4호, 한국국제상학회, 2005.

유중원, 「신용장－법과 관습(상)(하)」, 청림출판, 2007.

______, “신용장통일규칙 제14조에 관한 연구”, 「중재」, 제290호, 대한상사중재원, 1998.

______, “연지급신용장에 대한 재검토”, 「저스티스」, 통권 97호, 2007.

이대우, “신용장의 서류심사상 Fraud Rule 적용사례”, 「국제상학」, 제17권 제3호, 한국국제상학회, 2002.

이상훈, “수입화물선취보증서제도의 개선을 위한 e－L/G의 활용에 관한 연구”, 「산업경제연구」, 제19권 3호, 2006.

이천수, “URR 725와 UCP 600 하에서 은행간 대금상환의 적용에 관한 연구”, 「관세학회지」, 제11권 제1호, 2010.

임홍근, “외국환어음의 방식”, 「중재」, 제180호, 1987.

정찬형, “신용장거래에 있어서 Fraud Rule”, 「고려법학」, 제49권, 고려대학교 법학연구원, 2007.

______, 「영미어음·수표법」, 고려대학교출판부, 2001.

채동헌, “제6차 개정 신용장통일규칙 (UCP 600)에 따른 법률관계”, 「월간금융」, 1－2월호, 전국은행연합회, 2007.

한재필, “신용장 및 독립보증의 독립추상성 원칙 예외에 관한 고찰”, 「중재연구」, 제19권 제3호,

한국중재학회, 2009.
허재창, "UCP 600에서의 원본서류와 사본의 수리요건에 관한 연구", 「무역상무연구」, 제38권, 2008.
허해관, "2012년 제정 ICC 포페이팅통일규칙(URF)에 관한 소고", 「무역상무연구」, 제58권, 한국무역상무학회, 2013.

2. 일본문헌

橋本喜一, "荷爲替信用狀における提供證券の審査に關する諸問題(二)", 「民商法雜誌」 第103卷 第3号, 1990.
伊澤孝平, 「商業信用狀論」, 有斐閣, 1986.
小峯 登, 「1974年 信用狀統一規則(上卷)」, 外國爲替貿易研究會, 1974.
河崎正信, 「D/P, D/A手形の性質」, 外國爲替貿易研究會, 1980.

3. 구미문헌

Adodo Ebenezer, "Non-Documentary Requirements in Letters of Credit Transactions: What is the Bank's Obligation Today", *Journal of Business Law*, Sweet & Maxwell Limited, February 2008.
American Law Institute, *UCC Revised Article 5 Letters of Credit*, Official Comment 1995.
Barski Katherine A., "A Comparison of Article 5 of The Uniform Commercial Codeand The Uniform Customs and Practice for Documentary Credits", *Loyola Law Review*, Vol. 41 Loyola University, 1996.
Bennett, Haward N., "Strict Compliance under U.C.P. 500", *Lloyd's Maritime and Commercial Law Quarterly*, LLP Ltd., 1997.
Byrne James E., "The Comparison of UCP 600 & UCP 500", Institute of International Banking Law & Practice Inc., 2007.
______, *The Official Commentary on the International Standby Practices*, Institute of International Banking Law and Practice, Inc., 1998.
______, "UCC Survey: Letter of Credit", *Brooklyn Law Review*, Vol. 43, 1988.
______, "Why the ISP should be used for Standbys", *Documentary Credit World*, Vol. 4, No.1, January 2000.
Byrne James E. and Davis Lee H., "New Rules for Commercial Letter of Credit under UCP 600", *UCC Law Journal*, Vol. 39, Winter 2007.
Barnes, James G. & Byrne, James E., "Letters of Credit: 1998 Cases", *The Business Lawyer*, Vol. 54, 1995.

Barnes James G.and Byrne James E., "Revision of U.C.C. Article 5", *The Business Lawyer*, 1995.

Buckley Ross P., "The 1993 Revision of the Uniform Customs and Practice for Documentary Credits", *George Washington Journal of International & Economics*, Vol. 28, 1995.

Burkley, Ross P. & Xiang, Gao, "The Development of the Fraud Rule in Letter of Credit Law: The Journey so far and the Road ahead", *Journal of International Economic Law*, Vol. 23, Winter 2002.

Collyer Gary(ed), *Opinion of the ICC Banking Commission 1995-2004*, ICC Publishing S. A., 2005.

Corne Charmian Wang, "Rethinking the Law of Letters of Credit", Law School, University of Sydney, December 2003.

Dolan John F., "Letter-of-Credit Disputes between the Issuer and its Customer: Theissuer's Rights under the Misnamed Bifurcated Standard", *Banking Law Journal* Vol. 150, No. 5. 1988.

______, "Tethering the Fraud Inquiry in Letter of Credit Law", *Banking & Finance Law Review*, Vol. 21, June 2006.

______, *The Law of Letters of Credit*, Wallen, Gorham & Lamont, 1996.

Dole Richard F. Jr., "The Effect of UCP 600 upon U.C.C. Article 5 with Respect to Negotiation Credits and the Immunity of Negotiating Banks from Letter-of-Credit Fraud", 54 Wayne L. Rev. 735, 2008.

Ellinger E. P., "Legal Position of Reimbursing Bank", *Journal of International Banking Law and Regulation*, 22(10), 2007.

______, "The Doctrine of Strict Compliance: its Development and Current Construction", Lex Marcatoria, London 2000. re-printed in *Annual Survey of Letter of Credit Law and Practice*, 2001.

Ellinger Peter and Neo Dora, *The Law and Practice of Documentary Letters of Credit*, Oxford and Portland, Oregon, 2010.

Finkelstein Herman N., *Legal Aspects of Commercia1 Letters of Credit*, Columbia University Press, New York, 1930, p. 180.

Gao, Xiang, "The Fraud Rule in the Law of Letters of Credit: A Comparative Study", *Kluwer Law International*, 2002.

Harfield Henry, Bank Credits and Acceptance, The Ronald Company, New York, 1974.

Harvard University, "Fraud in the Transaction: Enjoining Letters of Credit During the Iranian Revolution", *Harvard Law Review*, Vol. 93, No. 5, March 1980.

ICC, Case Studies on Documentary Credit under UCP 500, ICC Publication No. 535.

______, Case Studies on Documentary Credits, problems, queries, answers, ICC Publishing S. A.

1989,

______, *Commentary on UCP 600 Article-by-Article Analysis by the UCP 600 Drafting Group*, ICC Publication No. 680, ICC Services, 2007.

______, *ICC Banking Commission Collected Opinions 1995-2001*, ICC Publication No. 632, 2002.

______, *ICC Banking Commission Unpublished Opinions 1995-2004*, ICC Publication No. 660, 2005.

______, *International Standard Banking Practice for the Examination of Documents under Documentary Credits*(ISBP), ICC Pub No. 645, 2003.

Finkelstein, Herman N., *Legal Aspects of Commercial Letters of Credit*, Columbia University Press, 1930.

Graham George P., "International Commercial Letters of Credit and Choice of Law: So Whose Law Should Apply Anyway?", *The Wayne Law Review*, Vol. 47, Spring, 2001.

Gutteridge, H. C. & Megrah, Maurice., *The Law of Bankers' Commercial Credits*, 7th ed., Europa Publication Limited, 1984.

Harfield, Henry, Bank Credits and Acceptance, The Ronald Company, New York, 1974.

Kozolchyk Boris, "Strict Compliance and the Resonable Document Checker", B*rooklyn Law Review*, Vol. 55, Spring 1990.

______, "Legal Aspects of Letters of Credit and Related Secured Transactions", *Lawyer of the America Journal of Int'l Law*, 1979.

Krimm, John J., "U. C. C.-Letters of Credit and Fraud in the Transaction", *Tulane Law Review*, Vol. 60, 1986.

Lee Ricky J, "Strict Compliance and the Fraud Exception: Balancing the Interests of Mercantile Traders in the Modern Law of Documentary Credits", 5 *Macquarie J. Bus. L. 137*, 2008.

Ly Filip De, "The UN Convention on Independent Guarantees and Stand-by Letters of Credit", *The International Lawyer*, Vol. 33, 1999.

Monteiro Felicity and Harle Wilson, "Documentary Credits: the Autonomy Principleand the Fraud Exception-A Comparative analysis of common law approachesand suggestions for New Zealand-", *Auckland University Law Review*, Vol. 13, 2007.

Murray, Daniel E., "Letters of Credit and Forged and Altered Documents: Some Deterrent Suggestions", *Commercial Law Journal*, Vol. 98, No.1, Spring 1993.

Neo Dora S. S., "A Nullity Exception in Letter of Credit Transactions?", *Singapore Journal of Legal Studies*, Vol. 46, July 2004.

Pifer Tom, "The ICC Publication of International Standard Banking Practice(ISBP) and the Probable

Effect on United States Letter of Credit Law", *12 Tex. Wesleyan L. Rev. 631*, Spring 2006.

Rosenblith, Robert M., "Current Development in Letters of Credit Law", *Uniform Commercial Law Journal*, Vol. 21, 1988.

Sigrist, P., *Stand-by Letters of Credit and Fraud*, The University of British Columbia, 1990.

Stern Michael, "The Independence Rule in Stand by Letters of Credit", *The University of Chicago Law Review*, Vol. 52, No. 1, Winter 1985.

Symons Edward L., "Letter of Credit: Fraud, Good Faith and The Basis for Injunctive Relief", *Tulane Law Review*, Vol. 54, 1980.

Taylor Dan, *ICC Guide to Bank-to-Bank Reimbursements under Documentary Credits: A Practical Guide to Daily Operations*, ICC Publishing S. A., 1997.

Tiberg Hugo, "Legal Qualities of Transport Documents", *23 Tul. Mar. L.J.1*, 1998-1999.

Wunnicke Brooke & Wunnicke Diane B., *Standby Letters of Credit*, John Wiley & Sons, Inc. 1989.

4. 국제결제규범

International Standard Banking Practice(ISBP 745), 2013.

ICC, International Standby Practices; ISP98, ICC Publication No. 590, ICC Publishing S. A., 1998.

ICC, Supplement to the Uniform Customs and Practice for Documentary Credits for Electronic Presentation("eUCP"), 2007.

ICC, Uniform Customs and Practice for Documentary Credits(UCP 600), 2007.

ICC, Uniform Rules for Bank-to-Bank Reimbursements under Documentary Credits(URR725), 2008.

ICC, Uniform Rules for Bank Payment Obligations(BPO 751), 2013.

ICC, Uniform Rules for Collections(URC 522), 1995.

ICC, Uniform Rules for Demand Guarantees(URDG 758), 2010.

ICC, Uniform Rules for Forfaiting(URF 800), 2013.

U.K., Bills of Exchange of Act, 1882.

UNCITRAL Model Law on International Credit Transfers, 1992.

UNCITRAL, United Nations Convention on Independent Guarantees and Stand-by Letters of Credit, 1995.

UNCITRAL, United Nations Convention on International Bills of Exchange and International Promissory Notes, 1988.

UNIDROIT Convention on International Factoring, Ottawa, 28 May 1988.

Uniform Commercial Code Article 5: Letters of Credit, 1952, 1995.

[UCP 600]

화환신용장통일규칙 및 관례(2007 개정)[70)]

Uniform Customs and Practice for Documentary Credits (2007 Revision)

[제 1 조] 신용장통일규칙(UCP 600)의 적용

2007년 개정 국제상업회의소 간행물 제600호의 화환신용장통일규칙 및 관례(UCP)는 신용장의 본문에 이 규칙에 따른다고 명시적으로 표시하고 있는 경우 모든 화환신용장("신용장")(적용가능한 범위 내에서 모든 보증신용장을 포함하여)에 적용되는 규칙이다. 이 규칙은 신용장에 분명히 수정되거나 또는 배제되지 아니하는 한 모든 관계당사자를 구속한다.

[제 2 조] 정 의

이 규칙을 위하여

통지은행이란 발행은행의 요청으로 신용장을 통지하는 은행을 말한다.

발행의뢰인이란 신용장이 발행되도록 요청하는 당사자를 말한다.

은행영업일이란 이 규칙에 따라 업무가 이행되어 지는 장소에서 은행이 정규적으로 영업을 하는 일자를 말한다.

수익자란 신용장이 발행되어 수혜를 받는 당사자를 말한다.

일치하는 제시란 신용장조건, 이 규칙의 적용 가능한 규정 및 국제표준은행관행에 따른 제시를 말한다.

확인이란 발행은행의 확약에 추가하여 일치하는 제시를 인수·지급 또는 매입하겠다는 확인은행의 분명한 확약을 말한다.

확인은행이란 발행은행의 수권 또는 요청에 따라 신용장에 확인을 추가하는 은행을 말한다.

신용장이란 그 명칭이나 기술에 관계없이 일치하는 제시를 인수·지급하기 위한 발행은행의 취소불능적인 그리고 분명한 확약을 구성하는 모든 약정을 말한다.

인수·지급이란 다음을 말한다.

a. 신용장이 일람지급에 의하여 사용가능한 경우 일람지급하는 것.
b. 신용장이 연지급에 의하여 사용가능한 경우 연지급을 확약하고 만기일에 지급하는 것.
c. 신용장이 인수에 의하여 사용가능한 경우 수익자가 발행한 환어음("어음")을 인수하고 만기일에 지급하는 것.

발행은행이란 발행의뢰인의 요청에 따라 또는 자기 자신을 위하여 신용장을 발행하는 은행을 말한다.

매입이란 상환이 지정은행에게 행해져야 하는 은행영업일 또는 그 이전 수익자에게 대금을 선지급 또는 선지급하기로 동의함으로써 일치하는 제시에 대한 환어음(지정 은행이 아닌 은행을 지급인으로 하여 발행된) 및/또는 서류를 지정은행이 매입하는 것을 말한다.

지정은행이란 신용장이 사용가능한 은행 또는 모든 은행에서 사용가능한 신용장의 경우 모든 은행을 말한다.

제시란 발행은행 또는 지정은행에게 신용장에 의한 서류인도 또는 그와 같이 인도된 서류를 말한다.

---

70) 강원진, 「무역결제론」, 제3판, 박영사, 2015, 322~365면.

제시인이란 제시를 하는 수익자, 은행 또는 기타 당사자를 말한다.

[제3조] 해 석

이 규칙을 위하여:

적용 가능한 경우, 단수형의 단어는 복수형을 포함하고, 복수형에는 단수형을 포함한다. 신용장은 비록 취소불능이라는 표시가 없다 하더라도 취소불능이다.

서류는, 수기, 모사 서명, 천공 서명, 스템프, 상징 또는 모든 기타의 기계적 또는 전자적 인증방법에 의하여 서명될 수 있다.

공인, 사증, 증명 또는 유사한 서류의 요건은 그러한 요건을 충족하는 것으로 보이는 서류상의 모든 서명, 표지, 스템프 또는 부전에 의하여 충족된다.

다른 국가에 있는 어떠한 은행의 지점은 독립된 은행으로 본다.

서류의 발행인을 설명하기 위하여 사용되는 "일류의(first class)," "저명한(well known)," "자격 있는(qualified)," "독립적인(independent)," "공인된(official)," "유능한(competent)," 또는 "국내의(local)"와 같은 용어는 서류발행을 위한 수익자 이외의 모든 발행인에게 허용한다.

서류에 사용되는 것으로 요구되지 아니하는 한, "신속히(prompt)", "즉시(immediately)" 또는 "가능한 빨리(as soon as possible)"와 같은 단어는 무시된다.

"~에 또는 ~경에" 또는 이와 유사한 표현은 어떠한 일이 명시된 일자 이전 역일(calendar days) 5일부터 명시된 일자 이후 역일 5일까지의 기간 동안에 발행되도록 약정하는 것으로 해석되며 초일 및 종료일이 포함되는 것으로 한다.

선적기간을 결정하기 위하여 사용된 경우 "to", "until", "till", "from", "between"이라는 단어는 언급된 일자 및 일자들을 포함하며, "before" 및 "after"라는 단어는 언급된 일자를 제외한다.

만기일을 결정하기 위하여 사용된 경우 "from" 및 "after"라는 단어는 언급된 일자를 제외한다.

어느 개월의 "전반" 및 "후반"이라는 용어는 모든 일자를 포함하여 당월의 1일부터 15일까지, 그리고 16일부터 말일까지로 각각 해석된다.

어느 개월의 "상순", "중순" 및 "하순"이라는 용어는 양쪽 일자를 포함하여 당월의 1일부터 10일까지, 11일부터 20일까지, 그리고 21일부터 말일까지로 각각 해석된다.

[제4조] 신용장과 계약

a. 신용장은 그 성질상 그것이 근거가 되는 매매계약 또는 기타 계약과는 별개의 거래이다. 은행은 그러한 계약에 관한 어떠한 참조사항이 신용장에 포함되어 있다 하더라도 그러한 계약과는 아무런 관계가 없으며 또한 구속되지 아니한다. 따라서 신용장에 의하여 인수·지급, 매입하거나 또는 모든 기타 의무를 이행한다는 은행의 확약은 발행 의뢰인이 발행은행 또는 수익자와의 관계로부터 야기되는 클레임 또는 항변에 지배받지 아니하는 조건으로 한다. 수익자는 어떠한 경우에도 은행 상호간 또는 발행의뢰인과 발행은행간에 존재하는 계약관계를 원용할 수 없다.

b. 발행은행은 신용장의 구성요소 부분으로서, 근거계약의 사본, 견적송장 및 기타 유사한 것을 포함시키고자 하는 모든 시도를 제지하여야 한다.

[제5조] 서류와 물품, 서비스 또는 이행

은행은 서류로 거래하는 것이지, 그 서류와 관련될 수 있는 물품, 서비스 또는 이행으로 거래하는 것이 아니다.

[제 6 조] 사용가능성, 유효기일 및 제시장소

a. 신용장은 그 신용장이 사용가능한 은행 또는 그 신용장이 모든 은행에서 사용가능한지 여부를 명기하여야 한다. 지정은행에서 사용가능한 신용장은 발행은행에서도 사용가능하다.

b. 신용장은 그것이 일람지급, 연지급, 인수 또는 매입 중 어느 유형으로 사용가능한지를 명시하여야 한다.

c. 신용장은 발행의뢰인을 지급인으로 발행된 환어음에 의하여 사용가능하도록 발행되어서는 아니 된다.

d. i. 신용장은 제시를 위한 유효기일을 명기하여야 한다. 인수·지급 또는 매입을 위하여 명기된 유효기일은 제시를 위한 유효기일로 본다.

ii. 신용장이 사용가능한 은행의 장소는 제시장소이다. 모든 은행에서 사용가능한 신용장의 제시장소는 모든 은행의 장소가 된다. 발행은행 이외의 제시장소는 발행은행의 장소에 추가한 것이다.

e. 29조 a항에서 규정된 경우를 제외하고, 수익자에 의한 제시 또는 수익자를 대리하는 제시는 유효기일 또는 그 이전에 행하여져야 한다.

[제 7 조] 발행은행의 확약

a. 규정된 서류가 지정은행 또는 발행은행에 제시되고, 그 서류가 일치하는 제시를 구성하는 한, 신용장이 다음 중 어느 것에 의하여 사용가능한 경우, 발행은행은 인수·지급하여야 한다:

i. 발행은행에서 일람지급, 연지급 또는 인수하는 경우;

ii. 지정은행에서 일람지급 및 그 지정은행이 지급하지 아니하는 경우;

iii. 지정은행에서 연지급 및 지정은행이 연지급확약을 부담하지 아니하는 경우 또는, 지정은행의 연지급확약을 부담하였지만 만기일에 지급하지 아니하는 경우;

iv. 지정은행에서 인수 및 그 지정은행이 자신을 지급인으로 하여 발행된 환어음을 인수하지 아니하는 경우 또는, 지정은행이 자신을 지급인으로 하여 발행된 환어음을 인수하였지만 만기일에 지급하지 아니하는 경우;

v. 지정은행에서 매입 및 지정은행이 매입을 하지 아니하는 경우.

b. 발행은행은 신용장을 발행하는 시점부터 취소불능적으로 인수·지급 의무를 부담한다.

c. 발행은행은 일치하는 제시를 인수·지급 또는 매입한 지정은행 및 서류를 발행은행에 발송한 지정은행에게 상환할 것을 확약한다. 인수 또는 연지급 가능한 신용장에서 일치하는 제시금액에 대한 상환은 지정은행이 만기일 전에 선지급 또는 매입하였는지의 여부와 관계없이 만기일에 지급기일이 된다. 지정은행에 상환할 발행은행의 확약은 수익자에 대한 발행은행의 확약과 독립적이다.

[제 8 조] 확인은행의 확약

a. 규정된 서류가 확인은행 또는 모든 기타 지정은행에 제시되고, 그 서류가 일치하는 제시를 구성하는 한, 확인은행은:

i. 신용장이 다음 중의 어느 것에 의하여 사용가능한 경우, 인수·지급하여야 한다:

a) 확인은행에서 일람지급, 연지급 또는 인수하는 경우;

b) 다른 지정은행에서 일람지급 및 그 지정은행이 지급하지 아니하는 경우;

c) 다른 지정은행에서 연지급 및 지정

은행이 연지급확약을 부담하지 아니하는 경우 또는, 지정은행의 연지급확약을 부담하였지만 만기일에 지급하지 아니하는 경우;

d) 다른 지정은행에서 인수 및 그 지정은행이 자신을 지급인으로 하여 발행된 환어음을 인수하지 아니하는 경우 또는, 지정은행이 자신을 지급인으로 하여 발행된 환어음을 인수하였지만 만기일에 지급하지 아니하는 경우;

e) 다른 지정은행에서 매입 및 지정은행이 매입하지 아니하는 경우.

ii. 신용장이 확인은행에서 매입에 의하여 사용가능한 경우, 상환청구 없이, 매입하여야 한다.

b. 확인은행은 신용장에 자신의 확인을 추가하는 시점부터 취소불능적으로 인수·지급 또는 매입 의무를 부담한다.

c. 확인은행은 일치하는 제시를 인수·지급 또는 매입한 지정은행 및 서류를 확인은행에 발송한 다른 지정은행에게 상환할 것을 확약한다. 인수 또는 연지급 가능한 신용장에서 일치하는 제시금액에 대한 상환은 다른 지정은행이 만기일 전에 선지급 또는 매입하였는지의 여부와 관계없이 만기일에 지급기일이 된다. 다른 지정은행에 상환할 확인은행의 확약은 수익자에 대한 발행은행의 확약과 독립적이다.

d. 어떤 은행이 발행은행에 의하여 신용장을 확인하도록 수권 또는 요청받았으나 이를 행할 준비가 되어 있지 않을 경우, 그 은행은 지체 없이 발행은행에게 반드시 통고하여야 하며 그리고 확인 없이 신용장을 통지할 수 있다.

[제 9 조] 신용장 및 조건변경의 통지

a. 신용장 및 모든 조건변경은 통지은행을 통하여 수익자에게 통지될 수 있다. 확인은행이 아닌 통지은행은 인수·지급 또는 매입하기 위하여 아무런 확약 없이 신용장 및 모든 조건변경을 통지한다.

b. 신용장 또는 조건변경을 통지함으로써, 통지은행은 신용장 또는 조건변경의 외관상 진정성에 관하여 자체적으로 충족하였다는 것과 그 통지가 수령된 신용장 또는 조건변경의 조건을 정확하게 반영하고 있다는 것을 표명하는 것이다.

c. 통지은행은 수익자에게 신용장 및 모든 조건변경을 통지하기 위하여 다른 은행("제2통지은행")의 서비스를 이용할 수 있다. 신용장 또는 조건변경을 통지함으로써 제2통지은행은 자신이 수령한 통지의 외관상 진정성에 관하여 자체적으로 충족하였다는 것과 그 통지가 수령된 신용장 또는 조건변경의 조건을 정확하게 반영하고 있다는 것을 표명하는 것이다.

d. 신용장을 통지하기 위하여 통지은행 또는 제2통지은행의 서비스를 이용하는 은행은 이에 대한 모든 조건변경을 통지하기 위하여 동일한 은행을 이용하여야 한다.

e. 은행이 신용장 또는 조건변경 통지를 요구받았으나 그렇게 하지 아니하기로 결정한 경우, 은행은 신용장, 조건변경 또는 통지를 송부하여 온 은행에게 지체 없이 이를 통고하여야 한다.

f. 은행이 신용장 또는 조건변경 통지를 요구받았으나 신용장, 조건변경 또는 통지의 외관상 진정성에 관하여 자체적으로 충족할 수 없는 경우, 그 은행은 그 지시를 송부하여온 은행에게 이를 지체 없이 통고하여야 한다. 그럼에도 불구하고 통지은행 또는 제

2통지은행이 그 신용장 또는 조건변경을 통지하기로 결정한 경우, 그 은행은 수익자 또는 제2통지은행에게 신용장, 조건변경 또는 통지의 외관상 진정성에 관하여 자체적으로 충족할 수 없다는 것을 통고하여야 한다.

[제10조] 조건변경

a. 제38조에 의하여 별도로 규정된 경우를 제외하고, 신용장은 발행은행, 확인은행(있는 경우) 및 수익자의 합의 없이는 변경 또는 취소될 수 없다.
b. 발행은행은 그 자신이 조건변경서를 발행하는 시점부터 그 조건변경서에 의하여 취소불능적인 의무를 부담한다. 확인은행은 그 자신의 확인을 조건변경에까지 부연할 수 있으며 그 변경을 통지한 시점부터 취소불능적인 의무를 부담한다. 그러나, 확인은행은 그 자신의 확인을 부연함이 없이 조건변경 통지를 선택할 수 있으며, 또한 이러한 경우에는 발행은행에게 지체 없이 통고하고 그 자신의 통지서로 수익자에게 통고하여야 한다.
c. 원신용장(또는 이미 승낙된 조건변경을 포함하고 있는 신용장)의 조건은 수익자가 조건변경에 대한 그 자신의 승낙을 그러한 조건변경을 통지해 온 은행에게 통보할 때까지는 수익자를 위하여 계속 효력을 갖는다. 수익자는 조건변경에 대하여 승낙 또는 거절의 통고를 행하여야 한다. 수익자가 그러한 통고를 행하지 아니한 경우, 신용장 및 아직 승낙되지 아니한 조건변경에 일치하는 제시는 수익자가 그러한 조건변경에 대하여 승낙의 통고를 행하는 것으로 본다. 그 순간부터 신용장은 조건변경된다.
d. 조건변경을 통지하는 은행은 조건변경을 송부하여 온 은행에게 승낙 또는 거절의 모든 통고를 통지하여야 한다.
e. 조건변경의 부분승낙은 허용되지 아니하며 조건변경의 거절통고로 본다.
f. 조건변경이 특정기한 내에 수익자에 의하여 거절되지 아니하는 한 유효하게 된다는 취지의 조건변경서상의 규정은 무시된다.

[제11조] 전송과 예비통지신용장 및 조건변경

a. 신용장 또는 조건변경의 인증된 전송은 유효한 신용장 또는 조건변경으로 보며, 이후의 모든 우편확인서는 무시된다.
전송이 "상세한 사항은 추후 통지함"(또는 이와 유사한 효력을 가지는 문언)이라고 명시하고 있거나 또는 우편확인서를 유효한 신용장 또는 조건변경으로 한다는 것을 명시한 경우, 그 전송은 유효한 신용장 또는 조건변경으로 보지 아니한다. 발행은행은 그때 전송과 모순되지 아니한 조건으로 지체 없이 유효한 신용장 또는 조건변경을 발행하여야 한다.
b. 신용장의 발행 또는 조건변경의 예비통지는 발행은행이 유효한 신용장 또는 조건변경을 발행할 준비가 되어 있는 경우에만 송부되어야 한다. 예비통지를 송부하는 발행은행은 지체 없이 예비통지와 모순되지 아니한 조건으로 유효한 신용장 또는 조건변경을 발행할 것을 취소불능적으로 약속한다.

[제12조] 지　　정

a. 지정은행이 확인은행이 아닌 한, 인수·지급 또는 매입하기 위한 수권은 지정은행이 명시적으로 합의하고 이를 수익자에게 통보하는 경우를 제외하고, 지정은행에게 인수·지급 또는 매입에 관한 어떠한 의무도

부과되지 아니한다.

b. 환어음을 인수 또는 연지급확약 부담은행을 지정함으로써, 발행은행은 지정은행이 인수한 환어음 또는 부담한 연지급확약을 선지급 또는 구매하기 위하여 그 지정은행에게 권한을 부여한다.

c. 확인은행이 아닌 지정은행이 서류의 수령 또는 심사 및 발송은 인수·지급 또는 매입할 의무를 그 지정은행에게 부담시키는 것은 아니며, 인수·지급 또는 매입을 구성하지 아니한다.

[제13조] 은행간 상환약정

a. 신용장이 지정은행("청구은행")이 다른 당사자("상환은행") 앞으로 상환청구 받는 것으로 명시하고 있는 경우, 그 신용장은 상환이 신용장의 발행일에 유효한 은행간 대금상환에 관한 국제상업회의소 규칙에 따르는지를 명시하여야 한다.

b. 신용장이 상환이 은행간 대금상환에 관한 국제상업회의소 규칙에 따른다고 명시하고 있지 아니한 경우, 다음의 것이 적용된다:

i. 발행은행은 신용장에 명시된 사용가능성에 따르는 상환수권을 상환은행에 반드시 제공하여야 한다. 상환수권은 유효기일에 영향을 받지 아니하여야 한다.

ii. 청구은행은 상환은행에게 신용장의 조건과의 일치증명서를 제공하도록 요구되어서는 아니 된다.

iii. 상환이 최초의 청구시에 신용장의 조건에 따라 상환은행에 의하여 상환 받지 못한 경우, 발행은행은 발생된 모든 경비와 함께 이자손실의 책임을 부담하여야 한다.

iv. 상환은행의 수수료는 발행은행의 부담으로 한다. 그러나 그 수수료가 수익자의 부담으로 하고자 하는 경우, 발행은행은 이를 신용장 및 상환수권서 상에 표시할 책임이 있다.

iv. 상환은행의 수수료가 수익자의 부담으로 하는 경우, 그 수수료가 상환이 이루어질 때 청구은행에 주어야 할 금액으로부터 공제되어야 한다. 상환이 이루어지지 아니한 경우, 상환은행의 수수료는 발행은행의 의무로 남는다.

c. 발행은행은 상환이 최초의 청구시에 상환은행에 의하여 이루어지지 아니하는 경우 상환을 행하여야 할 자신의 의무로부터 면제되지 아니한다.

[제14조] 서류심사의 기준

a. 지정에 따라 행동하는 지정은행, 확인은행(있는 경우) 및 발행은행은 서류가 문면상 일치하는 제시를 구성하는지 여부를 결정하기 위하여 서류만을 기초로 하여 제시를 심사하여야 한다.

b. 지정에 따라 행동하는 지정은행, 확인은행(있는 경우) 및 발행은행은 제시가 일치하는지 여부를 결정하기 위하여 제시일의 다음날부터 최대 제5은행영업일을 각각 가진다. 이 기간은 제시를 위한 모든 유효기일 또는 최종일의 제시일 또는 그 이후의 발생에 의하여 단축되거나 또는 별도로 영향을 받지 아니한다.

c. 제19조, 제20조, 제21조, 제22조, 제23조, 제24조 또는 제25조에 따른 하나 또는 그 이상의 운송서류의 원본을 포함하는 제시는 이 규칙에 기술된 대로 선적일 이후 21일 보다 늦지 않게 수익자에 의하여 또는 수익자를 대리하여 행하여져야 한다. 그러나 어떠한 경우에도, 신용장의 유효기일보다 늦지 않아야 한다.

d. 신용장 문맥을 읽을 때, 서류의 데이터, 서류의 자체 및 국제표준은행관행은 서류의 데이터 또는 신용장과 동일성을 요하지 않지만 서류의 데이터, 모든 기타 규정된 서류 또는 신용장과 상충되어서는 아니 된다.

e. 상업송장 이외의 서류에서, 물품, 서비스 또는 이행의 명세는(명시된 경우) 신용장상의 명세와 상충되지 아니하는 일반용어로 기재될 수 있다.

f. 신용장이 서류가 누구에 의하여 발행된 것임을 또는 서류의 자료내용을 명시하지 않고, 운송서류, 보험서류 또는 상업송장 이외의 서류제시를 요구하는 경우, 은행은 그 서류의 내용이 요구된 서류의 기능을 충족하는 것으로 보이고 그 밖에 제14조 d항과 일치하는 경우, 제시된 대로 서류를 수리한다.

g. 신용장에 의하여 요구되지는 아니하였으나 제시된 서류는 무시되며 제시인에게 반송될 수 있다.

h. 신용장이 조건과의 일치성을 표시하기 위하여 서류를 규정하지 아니하고 조건만을 포함하고 있는 경우, 은행은 그러한 조건을 명시되지 아니한 것으로 보고 이를 무시한다.

i. 서류는 신용장의 발행일자보다 이전의 일자가 기재될 수 있으나, 그 서류의 제시일보다 늦은 일자가 기재되어서는 아니 된다.

j. 수익자 및 발행의뢰인의 주소가 모든 규정된 서류상에 보이는 경우 이들 주소는, 신용장 또는 규정된 모든 기타 서류에 명시된 것과 동일할 필요는 없으나, 신용장에 언급된 각각의 주소와 동일한 국가 내에 있어야 한다. 수익자 및 발행의뢰인의 주소의 일부로서 명시된 연락처 명세(모사전송, 전화, 전자우편 등)는 무시된다. 그러나, 발행의뢰인의 주소 및 연락처 명세가 제19조, 제20조, 제21조, 제22조, 제23조, 제24조 또는 제25조에 따라 운송서류상의 수화인 또는 착화통지처 명세의 일부로서 보이는 경우, 이러한 주소 및 연락처명세는 신용장에 명시된 것과 같아야 한다.

k. 모든 서류상에 표시된 물품의 송화인 또는 탁송인은 신용장의 수익자일 필요는 없다.

l. 운송서류가 본 규칙의 제19조, 제20조, 제21조, 제22조, 제23조 또는 제24조의 요건에 충족되는 경우, 운송서류는 운송인, 선주, 선장 또는 용선자 이외의 모든 당사자에 의하여 발행될 수 있다.

[제15조] 일치하는 제시

a. 발행은행이 제시가 일치한다고 결정하는 경우, 발행은행은 인수·지급하여야 한다.

b. 확인은행이 제시가 일치한다고 결정하는 경우, 확인은행은 인수·지급 또는 매입하고 발행은행에게 서류를 발송하여야 한다.

c. 지정은행이 제시가 일치한다고 결정하고 인수·지급 또는 매입하는 경우, 지정은행은 확인은행 또는 발행은행에게 서류를 발송하여야 한다.

[제16조] 불일치서류, 권리포기 및 통지

a. 지정에 따라 행동하는 지정은행, 확인은행(있는 경우) 또는 발행은행은 제시가 일치하지 아니한 것으로 결정하는 경우, 인수·지급 또는 매입을 거절할 수 있다.

b. 발행은행은 제시가 일치하지 아니한 것으로 결정하는 경우, 발행은행은 독자적인 판단으로 발행의뢰인과 불일치에 관한 권리포기의 여부를 교섭할 수 있다. 그러나 이로 인하여 제14조 b항에서 언급된 기간이 연장되지 아니한다.

c. 지정에 따라 행동하는 지정은행, 확인은행

(있는 경우) 또는 발행은행은 인수·지급 또는 매입을 거절하기로 결정한 경우, 제시인에게 그러한 취지를 한 번에 통지하여야 한다.

그 통지는 다음 내용을 명시하여야 한다:

i. 은행이 인수·지급 또는 매입을 거절하고 있는 중; 및

ii. 은행이 인수·지급 또는 매입을 거절한다는 것에 관한 각각의 불일치사항; 및

iii. a) 은행이 제시인으로부터 추가지시를 받을 때까지 서류를 보관하고 있다는 것; 또는

b) 발행은행이 발행의뢰인으로부터 권리포기를 수령 및 권리포기를 승낙하는 동의 및 또는 권리포기 승낙을 동의하기 이전 제시인으로부터 추가지시를 수령할 때까지 서류를 보관하고 있다는 것; 또는

c) 은행이 서류를 반송 중 이라는 것; 또는

d) 은행이 제시인으로부터 이전에 수령한 지시에 따라 행동하고 있는 중이라는 것.

d. 제16조 c항에서 요구되는 통지는 전기통신으로 또는 그 이용이 불가능한 경우 기타 신속한 수단으로 제시일의 다음날로부터 제5은행영업일의 마감시간을 경과하지 아니하는 범위 내에서 반드시 행하여져야 한다.

e. 지정에 따라 행동하는 지정은행, 확인은행(있는 경우) 또는 발행은행은, 제16조 c항 iii호(a) 또는 (b)에 의하여 요구된 통지를 행한 후에, 언제라도 제시인에게 서류를 반송할 수 있다.

f. 발행은행 또는 확인은행은 본 조항의 규정에 따라 행동하지 아니한 경우, 은행은 서류가 일치하는 제시가 이루어지지 아니하였다는 클레임을 제기할 수 없다.

g. 발행은행이 인수·지급을 거절한 경우 또는 확인은행이 인수·지급 또는 매입을 거절한 경우 및 은행이 이 조항에 일치하는 취지의 통지를 행하였을 경우, 은행은 이미 지급한 모든 상환금에 이자를 포함하여 반환청구할 권리를 갖는다.

[제17조] 원본서류 및 사본

a. 적어도 신용장에 규정된 각 서류의 1통의 원본은 반드시 제시되어야 한다.

b. 은행은 서류 그 자체가 원본이 아니라고 표시하고 있지 아니하는 한, 명백히 서류발행 인의 원본서명, 표기, 스탬프, 또는 부전을 기재하고 있는 서류를 원본으로서 취급한다.

c. 서류가 별도로 표시하지 아니하는 한, 서류가 다음과 같은 경우, 은행은 서류를 원본으로서 수리한다:

i. 서류발행인에 의하여 수기, 타자, 천공 또는 스탬프된 것으로 보이는 것; 또는

ii. 서류발행인의 원본용지상에 기재된 것으로 보이는 것; 또는

iii. 제시된 서류에 적용되지 아니하는 것으로 보이지 아니하는 한, 원본이라는 명시가 있는 것.

d. 신용장이 서류의 사본의 제시를 요구하는 경우, 원본 또는 사본의 제시는 허용된다.

e. 신용장이 "2통(in duplicate)", "2부(in two fold)" 또는 "2통(in two copies)"과 같은 용어를 사용함으로써 수통의 서류제시를 요구하는 경우, 이것은 서류 자체에 별도의 표시가 있는 경우를 제외하고, 적어도 원본 1통 및 사본으로 된 나머지 통수의 제시에 의하여 충족된다.

[제18조] 상업송장

a. 상업송장은:

i. 수익자에 의하여 발행된 것으로 보여야 하며(제38조에 규정된 경우는 제외함);

ii. 발행의뢰인 앞으로 작성되어야 하며(제38조 g항에 규정된 경우는 제외함);

iii. 신용장과 동일한 통화로 작성되어야 하며; 그리고

iv. 서명을 필요로 하지 아니한다.

b. 지정에 따라 행동하는 지정은행, 확인은행(있는 경우) 또는 발행은행은 신용장에 의하여 허용된 금액을 초과한 금액으로 발행된 상업송장을 수리할 수 있으며, 문제의 은행이 신용장에 의하여 허용된 금액을 초과한 금액으로 인수·지급 또는 매입하지 아니하는 조건으로 그 은행의 결정은 모든 당사자를 구속한다.

c. 상업송장상의 물품, 서비스 또는 이행의 명세는 신용장에 보이는 것과 일치하여야 한다.

[제19조] 적어도 두 가지 다른 운송방식을 표시하는 운송서류

a. 적어도 두 가지의 다른 운송방식을 표시하는 운송서류(복합운송서류)는 그 명칭에 관계없이 다음과 같이 보여야 한다:

i. 운송인의 명칭을 표시하고 다음의 자에 의하여 서명된 것:

- 운송인 또는 운송인을 위한 또는 운송인을 대리하는 지명대리인, 또는 선장 또는 선장을 위한 또는 선장을 대리하는 지명대리인.
- 운송인, 선장 또는 대리인의 모든 서명은 운송인, 선장 또는 대리인의 서명으로 확인되어야 한다.

대리인의 모든 서명은 대리인이 운송인을 위하여 또는 운송인을 대리하여 또는 선장을 위하여 또는 선장을 대리하여 서명한 것인지를 표시하여야 한다.

ii. 다음에 의하여 물품이 신용장에 명시된 장소에서 발송, 수탁 또는 본선적재 되었음을 표시하고 있는 것:

- 미리 인쇄된 문언, 또는
- 물품이 발송, 수탁 또는 본선적재된 일자를 표시하는 스탬프 또는 부기.

운송서류의 발행일은 발송일, 수탁일 또는 본선적재일 및 선적일로 본다. 그러나, 운송서류가 스탬프 또는 부기에 의하여 발송일, 수탁일 또는 본선적재일을 표시하는 경우, 이 일자를 선적일로 본다.

iii. 비록 다음의 경우라 할지라도, 신용장에 명시된 발송지, 수탁지 또는 선적지 및 최종목적지를 표시하고 있는 것:

a) 운송서류가 추가적으로 다른 발송지, 수탁지 또는 선적지 또는 최종목적지를 명시하는 경우, 또는

b) 운송서류가 선박, 적재항 또는 양륙항과 관련하여 "예정된" 또는 이와 유사한 제한의 표시를 포함하는 경우.

iv. 단일의 운송서류 원본 또는 2통 이상의 원본으로 발행된 경우에는, 운송서류상에 표시된 대로 전통인 것.

v. 운송조건을 포함하거나 또는 운송조건을 포함하는 다른 자료를 참조하고 있는 것(약식/배면백지식 운송서류). 운송의 조건의 내용은 심사되지 아니한다.

vi. 용선계약에 따른다는 어떠한 표시도 포함하지 아니한 것.

b. 이 조를 위하여, 환적이라 함은 신용장에 명시된 발송지, 수탁지 또는 선적지로부터 최종목적지까지의 운송과정 중에 한 운송

수단으로부터 양화 및 다른 운송수단으로 재적재하는 것을 말한다.

c. i. 운송서류는 전운송이 하나의 동일한 운송서류에 의하여 커버된다면 물품이 환적될 것이라거나 또는 환적될 수 있다고 표시할 수 있다.

ii. 신용장이 환적을 금지하고 있는 경우에도, 환적이 행하여 질 것이라거나 또는 행하여 질 수 있다고 표시하는 운송서류는 수리될 수 있다.

[제20조] 선화증권

a. 선화증권은 그 명칭에 관계없이 다음과 같이 보여야 한다:

a. i. 운송인의 명칭을 표시하고 다음의 자에 의하여 서명된 것:

- 운송인 또는 운송인을 위한 또는 운송인을 대리하는 지명대리인, 또는
- 선장 또는 선장을 위한 또는 선장을 대리하는 지명대리인.

운송인, 선장 또는 대리인의 모든 서명은 운송인, 선장 또는 대리인의 서명으로 확인되어야 한다.

대리인의 모든 서명은 대리인이 운송인을 위하여 또는 운송인을 대리하여 또는 선장을 위하여 또는 선장을 대리하여 서명한 것인지를 표시하여야 한다.

ii. 다음에 의하여 물품이 신용장에 명시된 적재항에서 지정선박에 본선적재되었음을 표시하고 있는 것:

- 미리 인쇄된 문언, 또는
- 물품이 본선적재된 일자를 표시하는 본선적재 부기.

선화증권의 발행일은 선화증권이 선적일을 표시하는 본선적재 부기를 포함하지 아니하는 경우 선적일로 본다. 선화증권에 본선적재 부기가 된 경우, 본선적재 부기가 된 경우 본선적재 부기에 표시한 일자를 선적일로 본다.

선화증권이 선박명과 관련하여 "예정된 선박" 또는 이와 유사한 제한의 표시를 포함하고 있는 경우, 선적일 및 실제 선박명을 표시하고 있는 본선적재 부기가 요구된다.

iii. 신용장에 명시된 적재항으로부터 양륙항까지의 선적을 표시하고 있는 것.

선화증권이 적재항으로서 신용장에 명시된 적재항을 표시하지 아니한 경우, 또는 적재항과 관련하여 "예정된" 또는 이와 유사한 제한의 표시를 포함하는 경우에는, 신용장에 명시된 대로 적재항, 선적일 및 선박명을 표시하는 본선적재 부기가 요구된다. 이 규정은 비록 지정된 선박에의 본선적재 또는 선적이 선화증권상에 미리 인쇄된 문언에 의하여 표시된 경우일지라도 적용된다.

iv. 단일의 선화증권 원본 또는 2통 이상의 원본으로 발행된 경우에는, 선화증권상에 표시된 대로 전통인 것.

v. 운송조건을 포함하거나 또는 운송조건을 포함하는 다른 자료를 참조하고 있는 것(약식/배면백지식 선화증권).

운송조건의 내용은 심사되지 아니한다.

vi. 용선계약에 따른다는 어떠한 표시도 포함하지 아니한 것.

b. 이 조를 위하여, 환적이라 함은 신용장에 명시된 적재항으로부터 양륙항까지의 운송과정 중에 한 선박으로부터 양화 및 다른 선박으로 재적재하는 것을 말한다.

c. i. 선화증권은 전운송이 하나의 동일한 선화증권에 의하여 커버된다면 물품이 환적 될 것이라거나 또는 환적될 수 있다

고 표시할 수 있다.

ii. 신용장이 환적을 금지하는 경우에도, 물품이 컨테이너, 트레일러 또는 래쉬 바지에 선적되었다는 것이 선화증권에 의하여 증명된 경우, 환적이 행하여질 것이라거나 또는 행하여질 수 있다고 표시하는 선화증권은 수리될 수 있다.

d. 운송인이 환적할 권리를 유보한다고 명시하고 있는 선화증권의 조항은 무시된다.

[제21조] 비유통 해상화물운송장

a. 비유통 해상화물운송장은 그 명칭에 관계없이 다음과 같이 보여야 한다:

i. 운송인의 명칭을 표시하고 다음의 자에 의하여 서명된 것:

- 운송인 또는 운송인을 위한 또는 운송인을 대리하는 지명대리인, 또는
- 선장 또는 선장을 위한 또는 선장을 대리하는 지명대리인.

운송인, 선장 또는 대리인의 모든 서명은 운송인, 선장 또는 대리인의 서명으로 확인되어야 한다.

대리인의 모든 서명은 대리인이 운송인을 위하여 또는 운송인을 대리하여 또는 선장을 위하여 또는 선장을 대리하여 서명한 것인지를 표시하여야 한다.

ii. 다음에 의하여, 물품이 신용장에 명시된 적재항에서 지정선박에 본선선적 되었음을 표시하고 있는 것:

- 미리 인쇄된 문언, 또는
- 물품이 본선적재 된 일자를 표시하는 본선적재 부기.

비유통 해상화물운송장의 발행일은 선적일로 본다. 비유통성 해상화물운송장이 선적일을 표시하는 본선적재 부기를 포함하지 아니하는 경우 선적일로 본다. 해상화물운송장에 본선적재 부기가 된 경우 본선적재 부기에 표시된 일자는 선적일로 본다.

비유통 해상화물운송장이 선박명과 관련하여 "예정된 선박" 또는 이와 유사한 제한의 표시를 포함하고 있는 경우, 선적일 및 실제 선박명을 표시하고 있는 본선적재 부기가 요구된다.

iii. 신용장에 명시된 적재항으로부터 양륙항까지의 선적을 표시하고 있는 것.

비유통 해상화물운송장이 적재항으로서 신용장에 명시된 적재항을 표시하지 아니한 경우, 또는 적재항과 관련하여 "예정된" 또는 이와 유사한 제한의 표시를 포함하는 경우에는, 신용장에 명시된 대로 적재항, 선적일 및 선박명을 표시하는 본선적재 부기가 요구된다. 이 규정은 비록 지정된 선박에의 본선적재 또는 선적이 비유통 해상화물운송장에 미리 인쇄된 문언에 의하여 표시된 경우일지라도 적용된다.

iv. 단일의 비유통 해상화물운송장 원본 또는, 2통 이상의 원본으로 발행된 경우에는, 비유통 해상화물운송장상에 표시된 대로 전통인 것.

v. 운송조건을 포함하거나 또는 운송조건을 포함하는 다른 자료를 참조하고 있는 것.(약식/배면백지식 비유통 해상화물운송장). 운송조건의 내용은 심사되지 아니한다.

vi. 용선계약에 따른다는 어떠한 표시도 포함하지 아니한 것.

b. 이 조를 위하여, 환적이라 함은 신용장에 명시된 적재항으로부터 양륙항까지의 운송과정 중에 한 선박으로부터 양화 및 다른 선박으로 재적재하는 것을 말한다.

c. i. 비유통 해상화물운송장은 전운송이 하나의 동일한 비유통 해상화물운송장에 의하여 커버된다면 물품이 환적될 것이라거나 또는 환적될 수 있다고 표시할 수 있다.

ii. 신용장이 환적을 금지하는 경우에도, 물품이 컨테이너, 트레일러 또는 래쉬 바지에 선적되었다는 것이 비유통 해상화물운송장에 의하여 증명된 경우, 환적이 행하여질 것이라거나 또는 행하여질 수 있다고 표시하는 비유통 해상화물운송장은 수리될 수 있다.

d. 운송인이 환적할 권리를 유보한다고 명시하고 있는 비유통 해상화물운송장의 조항은 무시된다.

[제22조] 용선계약 선화증권

a. 용선계약에 따른다는 표시를 포함하고 있는 선화증권(용선계약선화증권)은 그 명칭에 관계없이 다음과 같이 보여야 한다:

i. 다음의 자에 의하여 서명된 것:

- 선장 또는 선장을 위한 또는 선장을 대리하는 지명대리인, 또는
- 선주 또는 선주를 위한 또는 선주를 대리하는 지명대리인, 또는
- 용선자 또는 용선자를 위한 또는 용선자를 대리하는 지명대리인.

선장, 선주, 용선자 또는 대리인의 모든 서명은 선장, 선주, 용선자 또는 대리인의 서명으로 확인되어야 한다.

대리인의 모든 서명은 대리인이 선장, 선주 또는 용선자를 위하여 또는 대리하여 서명한 것인지를 표시하여야 한다.

선주 또는 용선자를 위한 또는 대리하여 서명하는 대리인은 선주 또는 용선자의 명칭을 표시하여야 한다.

ii. 다음에 의하여, 물품이 신용장에 명시된 적재항에서 지정선박에 본선선적되었음을 표시하고 있는 것:

- 미리 인쇄된 문언, 또는
- 물품이 본선적재된 일자를 표시하는 본선적재 부기

용선계약선화증권이 선적일을 표시하는 본선적재 부기를 포함하지 아니하는 경우 용선계약선화증권의 발행일은 선적일로 본다. 용선계약 선화증권에 본선적재 부기가 된 경우에는 본선적재 부기상에 명시된 일자는 선적일로 본다.

iii. 신용장에 명시된 적재항으로부터 양륙항까지 선적을 표시하고 있는 것.

양륙항은 신용장에 명시된 대로 항구의 구역 또는 지리적 지역으로도 표시될 수 있다.

iv. 단일의 용선계약선화증권 원본 또는 2통 이상의 원본으로 발행된 경우에는, 용선계약선화증권상에 표시된 대로 전통인 것.

b. 은행은 비록 신용장의 조건이 용선계약서 제시를 요구하더라도 용선계약서를 심사하지 아니한다.

[제23조] 항공운송서류

a. 항공운송서류는 그 명칭에 관계없이 다음과 같이 보여야 한다:

a. i. 운송인의 명칭을 표시하고 다음의 자에 의하여 서명된 것:

- 운송인, 또는
- 운송인을 위한 또는 운송인을 대리하는 지명대리인.

운송인 또는 대리인의 모든 서명은 운송인 또는 대리인의 서명으로 확인되어야 한다.

대리인의 모든 서명은 대리인이 운송인을 위하여 또는 운송인을 대리하여 서명한 것인지를 표시하여야 한다.

ii. 물품이 운송을 위하여 인수되었음을 표시하고 있는 것.

iii. 발행일을 표시하고 있는 것.

이 일자는 항공운송서류가 실제 선적일에 관한 특정표기를 포함하지 아니한 경우 표기에 명시된 일자는 선적일로 본다.

운항번호와 일자와 관련하여 항공운송서류상에 보이는 모든 기타 정보는 선적일을 결정하는데 고려되지 아니한다.

iv. 신용장에 명시된 출발공항과 목적공항을 표시하고 있는 것.

v. 비록 신용장이 원본 전통을 규정하고 있는 경우라도, 탁송인 또는 송화인용 원본인 것.

vi. 운송조건을 포함하거나 또는 운송조건을 포함하는 다른 자료를 참조하고 있는 것.

운송 조건의 내용은 심사되지 아니한다.

b. 이 조를 위하여, 환적이라 함은 신용장에 명시된 출발공항으로부터 목적공항까지의 운송과정 중에 한 항공기로부터 양화 및 다른 항공기로 재적재하는 것을 말한다.

c. i. 항공운송서류는 전운송이 하나의 동일한 운송서류에 의하여 커버된다면 물품이 환적될 것이라거나 또는 환적될 수 있다고 표시할 수 있다.

ii. 신용장이 환적을 금지하고 있는 경우에도, 환적이 행하여질 것이라거나 또는 행하여질 수 있다고 표시하는 운송서류는 수리될 수 있다.

[제24조] 도로, 철도 또는 내수로 운송서류

a. 도로, 철도 또는 내수로 운송서류는 그 명칭에 관계없이 다음과 같이 보여야 한다:

i. 운송인의 명칭을 표시하고 있는 것 그리고:

- 운송인 또는 운송인을 위한 또는 운송인을 대리하는 지명대리인에 의하여 서명된 것, 또는
- 운송인 또는 운송인을 위한 또는 운송인을 대리하는 지명대리인에 의하여 행하여진 서명, 스탬프 또는 부기에 의하여 물품의 수령을 표시하고 있는 것.

물품수령에 관한 운송인 또는 대리인에 의한 모든 서명, 스탬프 또는 부기는 운송인 또는 대리인의 것이라는 것을 확인하고 있어야 한다.

물품의 수령에 관한 대리인에 의한 모든 서명, 스탬프 또는 표기는 그 대리인이, 운송인을 위하여 또는 운송인을 대리하여 서명 또는 행동한 것을 표시하여야 한다. 철도운송서류가 운송인을 확인하지 아니한 경우, 철도회사의 모든 서명 또는 스탬프는 운송인에 의하여 서명되어 있는 서류의 증거로서 수리된다.

ii. 신용장에 명시된 장소에서 선적일 또는 물품이 선적, 발송 또는 운송을 위하여 수령된 일자를 표시한 것.

운송서류가 일자 표시된 수령스탬프, 수령일 또는 선적일의 표시가 포함하고 있지 아니하는 한, 운송서류의 발행일은 선적일로 본다.

iii. 신용장에 명시된 선적지 및 목적지를 표시하고 있는 것.

b. i. 도로운송서류는 탁송인 또는 송화인용 원본인 것으로 보여야 하거나 또는 그 서류가 누구를 위하여 작성되었는지에 대한 표시가 없어야 한다.

ii. "부본"이라고 표시된 철도운송서류는 원본으로서 수리된다.

iii. 철도 또는 내수로 운송서류는 원본이라는 표시 여부에 관계없이 원본으로서 수리된다.

c. 발행된 원본 통수에 관하여 운송서류상에 표시가 없는 경우, 제시된 통수는 전통을 구성하는 것으로 본다.

d. 이 조를 위하여, 환적이라 함은 신용장에 명시된 선적, 발송 또는 운송지로부터 목적지까지의 동일한 운송방식 내에서 한 운송수단으로부터 양화 및 다른 운송수단으로 재적재하는 것을 말한다.

e. i. 도로, 철도 또는 내수로 운송서류는 전 운송이 하나의 동일한 운송서류에 의하여 커버된다면 물품이 환적될 것이라거나 또는 환적될 수 있다고 표시할 수 있다.

ii. 신용장이 환적을 금지하고 있는 경우에도, 환적이 행하여질 것이라거나 또는 행하여 질 수 있다고 표시하는 도로, 철도 또는 내수로 운송서류는 수리될 수 있다.

[제25조] 특사수령증, 우편수령증 또는 우송증명서

a. 운송물품의 수령을 증명하는 특사수령증은 그 명칭에 관계없이 다음과 같이 보여야 한다:

i. 특사업자의 명칭을 표시하고, 신용장에 물품이 선적되어야 한다고 명시하고 있는 장소에서 지정된 특사업자에 의하여 스탬프 또는 서명된 것; 그리고

ii. 접수일 또는 수령일 또는 이러한 취지의 문언을 표시하고 있는 것. 이 일자는 선적일로 본다.

b. 특사배달료가 지급 또는 선지급되어야 한다는 요건은 특사배달료가 수화인 이외의 당사자의 부담임을 증명하는 특사업자에 의하여 발행된 운송서류에 의하여 충족될 수 있다.

c. 운송물품의 수령을 증명하는 우편수령증 또는 우송증명서는 그 명칭에 관계없이 신용장에서 물품이 선적되어야 한다고 명시하고 있는 장소에서 스탬프 또는 서명되고 일자가 기재되는 것으로 보여야 한다. 이 일자는 선적일로 본다.

[제26조] "갑판적", "송화인의 적재 및 계수", "송화인의 내용물 신고" 및 운임에 대한 추가 비용

a. 운송서류는 물품이 갑판에 적재되거나 또는 될 것이라고 표시하여서는 아니 된다. 물품이 갑판에 적재될 수도 있음을 명시하고 있는 운송서류상의 조항은 수리될 수 있다.

b. "송화인의 적재 및 계수" 및 "송화인의 내용물 신고에 따름"과 같은 조항이 있는 운송서류는 수리될 수 있다.

c. 운송서류는 스탬프 또는 다른 방법으로 운임에 추가된 비용에 대한 참조사항을 나타낼 수 있다.

[제27조] 무사고 운송서류

은행은 무사고 운송서류만을 수리한다. 무사고 운송서류는 물품 또는 포장의 하자상태를 명시적으로 표시하는 조항 또는 부기가 없는 운송서류를 말한다. 신용장이 운송서류가 "무사고본선적재"이어야 한다는 요건을 포함하는 경우일지라도, "무사고"라는 단어는 운송서류상에 보일 필요가 없다.

[제28조] 보험서류 및 담보범위

a. 보험증권, 포괄예정보험에 의한 보험증명

서 또는 통지서와 같은 보험서류는 보험회사, 보험업자 또는 그들의 대리인 또는 그들의 대리행위자에 의하여 발행되고 서명된 것으로 보여야 한다. 대리인 또는 대리행위자에 의한 모든 서명은 그 대리인 또는 대리행위자가 보험회사 또는 보험업자를 위하여 또는 그들을 대리하여 서명하였는지 여부를 표시하여야 한다.

b. 보험서류가 2통 이상의 원본으로 발행되었다고 표시하는 경우, 모든 원본은 제시되어 야 한다.

c. 보험승낙서는 수리되지 아니한다.

d. 보험증권은 포괄예정보험에 의한 보험증명서 또는 통지서를 대신하여 수리가능하다.

e. 보험서류에서 담보가 선적일보다 늦지 않은 일자로부터 유효하다고 보이지 아니하는 한, 보험서류의 일자는 선적일보다 늦어서는 아니 된다.

f. i. 보험서류는 보험담보의 금액을 표시하여야 하고 신용장과 동일한 통화이어야 한다.

ii. 보험담보가 물품가액 또는 송장가액 등의 비율이어야 한다는 신용장상의 요건은 요구되는 최소담보금액으로 본다.

요구된 보험담보에 관하여 신용장에 아무런 표시가 없는 경우, 보험담보금액은 최소한 물품의 CIF 또는 CIP 가격의 110%이어야 한다.

서류로부터 CIF 또는 CIP 가격이 결정될 수 없는 경우, 보험담보금액은 인수·지급 또는 매입이 요청되는 금액 또는 송장에 표시된 물품의 총 가액 중 더 큰 금액을 기초로 하여 산정되어야 한다.

iii. 보험서류는 적어도 위험이 신용장에 명시된 바와 같이 수탁지 또는 선적지와 양륙지 또는 최종목적지간에 담보하고 있음을 표시하여야 한다.

g. 신용장은 요구되는 보험의 종류를 명시하여야 하고, 부보되어야 하는 부가위험이 (있는 경우)도 명시하여야 한다. 신용장이 “통상적 위험” 또는 “관습적 위험”과 같은 부정확한 용어를 사용하는 경우, 보험서류는 부보되지 아니한 모든 위험과 관계없이 수리된다.

h. 신용장이 “전위험”에 대한 보험을 요구하는 경우, “전위험”이라는 표제를 기재하고 있는지의 여부와 관계없이 “전위험”의 표기 또는 조항을 포함하고 있는 보험서류가 제시된 경우, 그 보험서류는 제외되어야 한다고 명시된 모든 위험에 관계없이 수리된다.

i. 보험서류는 모든 제외조항의 참조를 포함할 수 있다.

j. 보험서류는 담보가 소손해면책률 또는 초과(공제)면책률을 조건으로 한다는 것을 표시할 수 있다.

[제29조] 유효기일 또는 제시를 위한 최종일의 연장

a. 신용장의 유효기일 또는 제시를 위한 최종일이 제36조에 언급된 사유 외의 이유로 제시를 받아야 하는 은행이 영업을 하지 아니하는 날인 경우, 유효기일 또는 제시를 위한 최종일은 경우에 따라 그 다음 첫 은행영업일까지 연장된다.

b. 제시가 그 다음 첫 은행영업일에 이루어지는 경우, 지정은행은 발행은행 또는 확인은행에게 제시가 제29조 a항에 따라 연장된 기간 내에 이루어졌음을 표지서류상에 설명과 함께 제공하여야 한다.

c. 선적을 위한 최종일은 제29조 a항의 결과로서 연장되지 아니한다.

[제30조] 신용장금액, 수량 및 단가의 과부족 허용

a. 신용장에 명시된 신용장의 금액 또는 수량 또는 단가와 관련하여 사용된 "약" 또는 "대략"이라는 단어는 이에 언급된 금액, 수량 또는 단가의 10%를 초과하지 아니하는 과부족을 허용하는 것으로 해석된다.

b. 신용장이 수량을 규정된 포장단위 또는 개별 품목의 개수로 명시하지 아니하고 어음발행 총액이 신용장금액을 초과하지 아니하는 경우, 물품수량은 5%를 초과하지 아니하는 범위 내에서 과부족이 허용된다.

c. 물품의 수량이 신용장에 명시된 경우 전량 선적되고 단가는 신용장에 명시된 경우 감액되지 아니한 때, 또는 제30조 b항이 적용될 수 없을 때에는, 분할선적이 허용되지 아니하는 경우에도, 신용장금액의 5%를 초과하지 아니하는 과부족은 허용된다. 이 과부족은 신용장이 특정 과부족을 규정하거나 또는 제30조 a항에 언급된 표현을 사용하는 경우에는 적용되지 아니한다.

[제31조] 분할어음발행 또는 선적

a. 분할어음발행 또는 분할선적은 허용된다.

b. 동일한 운송수단으로 개시되고 동일한 운송구간을 위한 선적을 증명하는 2세트 이상의 운송서류를 구성하는 제시는, 운송서류가 동일한 목적지를 표시하고 있는 한 서류가 상이한 선적일 또는 상이한 적재항, 수탁지 또는 발송지를 표시하더라도 분할선적으로 보지 아니한다. 그 제시가 2세트 이상의 운송서류를 구성하는 경우에는, 운송서류의 어느 한 세트에 증명된 대로 최종선적일은 선적일로 본다. 동일한 운송방식에서 둘 이상의 운송수단상의 선적을 증명하는 하나 또는 2세트 이상의 운송서류를 구성하는 제시는 그 운송수단이 동일한 일자에 동일한 목적지를 향하여 출발하는 경우에도 분할선적으로 본다.

c. 둘 이상의 특사수령증, 우편수령증 또는 우송증명서로 구성하는 제시는 그 특사수령증, 우편수령증 또는 우송증명서가 동일한 장소 및 일자 그리고 동일한 목적지를 위하여 동일한 특사업자 또는 우편서비스에 의하여 스탬프 또는 서명된 것으로 보이는 경우에는 분할선적으로 보지 아니한다.

[제32조] 할부어음발행 또는 선적

신용장에서 일정기간 내에 할부에 의한 어음발행 또는 선적이 규정되어 있는 경우 어떠한 할부분이 할부분을 위하여 허용된 기간 내에 어음발행 또는 선적되지 아니하였다면, 그 신용장은 해당 할부분과 이후의 모든 할부분에 대하여 효력을 상실한다.

[제33조] 제시시간

은행은 자신의 은행영업시간 외의 제시를 수리할 의무가 없다.

[제34조] 서류효력에 대한 면책

은행은 모든 서류의 형식, 충분성, 정확성, 진정성, 위조 또는 법적 효력에 대하여, 또는 서류상에 규정되거나 또는 이에 부기된 일반조건 또는 특별조건에 대하여 어떠한 의무 또는 책임을 부담하지 아니하며; 또한 은행은 모든 서류에 표시되어 있는 물품의 명세, 서비스 또는 기타 이행의 명세, 수량, 중량, 품질, 상태, 포장, 인도, 가치 또는 존재에 대하여, 또는 물품의 송화인, 운송인, 운송주선인, 수화인 또는 보험자, 또는 기타 당사자의 성실성 또는 작위 또는 부작위, 지급능력, 이행 또는 신용상태에 대하여 아무런 의무 또는 책임을 부담하지 아니한다.

[제35조] 송달 및 번역에 대한 면책

은행은 모든 통신, 서신 또는 서류가 신용장에 명시된 요건에 따라 송달 또는 송부된 경우, 또는 은행이 신용장에 그러한 지시가 없으므로 인도서비스의 선택에 있어서 주도적 역할을 하였다 하더라도, 은행은 그러한 통신의 송달 또는 서신이나 서류의 인도 중 지연, 분실, 훼손 또는 기타 오류로 인하여 발생하는 결과에 대하여 아무런 의무 또는 책임을 부담하지 아니한다. 지정은행이 제시가 일치하는 것으로 결정하고 그 서류를 발행은행 또는 확인은행에 발송하는 경우, 서류가 지정은행과 발행은행 또는 확인은행간, 또는 확인은행과 발행은행간 송달 중에 분실된 경우라 하더라도, 지정은행이 인수·지급 또는 매입하였는지의 여부에 관계없이, 발행은행 또는 확인은행은 인수·지급 또는 매입하거나, 또는 그 지정은행에 상환하여야 한다. 은행은 전문용어의 번역 또는 해석상의 오류에 대하여 아무런 의무 또는 책임을 부담하지 아니하며 신용장의 용어를 번역함이 없이 송달할 수 있다.

[제36조] 불가항력

은행은 천재, 폭동, 소요, 반란, 전쟁, 테러행위에 의하거나 또는 동맹파업 또는 직장폐쇄에 의하거나 또는 기타 은행이 통제할 수 없는 원인에 의한 은행업무가 중단됨으로 인하여 발생하는 결과에 대하여 아무런 의무 또는 책임을 부담하지 아니한다.

은행은 업무가 재개되어도 업무중단 동안에 유효기일이 경과된 신용장에 의한 인수·지급 또는 매입을 행하지 아니한다.

[제37조] 피지시인의 행위에 대한 면책

a. 발행의뢰인의 지시를 이행하기 위하여 다른 은행의 서비스를 이용하는 은행은 발행의뢰인의 비용과 위험으로 이를 이행한다.

b. 발행은행 또는 통지은행이 다른 은행의 선택에 있어서 주도적 역할을 하였다 하더라도, 그 은행이 다른 은행에게 전달한 지시가 이행되지 아니하는 경우, 발행은행 또는 통지은행은 아무런 의무 또는 책임을 부담하지 아니한다.

c. 다른 은행에게 서비스를 이행하도록 지시하는 은행은 그 지시와 관련하여 다른 은행이 부담한 모든 수수료, 요금, 비용 또는 경비("비용")에 대하여 부담하는 의무를 진다. 신용장에 비용이 수익자의 부담이라고 명시하고 있고 그 비용이 대금으로부터 징수 또는 공제될 수 없는 경우, 발행은행은 비용지급에 대하여 부담하는 의무를 진다. 신용장 또는 조건변경은 수익자에 대한 통지가 통지은행 또는 제2통지은행이 자신의 비용을 수령하는 조건으로 한다고 규정하여서는 아니 된다.

d. 발행의뢰인은 외국의 법률 및 관행에 의하여 부과되는 모든 의무와 책임에 구속되며 이에 대하여 은행에게 보상할 책임이 있다.

[제38조] 양도가능신용장

a. 은행은 동 은행이 명시적으로 동의한 범위 및 방법에 의한 경우를 제외하고 신용장을 양도할 의무를 부담하지 아니한다.

b. 이 조항을 위하여:

양도가능신용장이라 함은 "양도가능"이라고 특별히 명시하고 있는 신용장을 말한다. 양도가능신용장은 수익자("제1수익자")의 요청에 의하여 전부 또는 일부가 다른 수익자("제2수익자")에게 사용가능하게 할 수 있다. 양도은행이라 함은 신용장을 양도하는 지정은행 또는, 모든 은행에서 사용될 수 있는 신용장에서, 발행은행에 의하여 양도하도록 특별히 수권되어 신용장을 양도하는 은행을 말한다. 발행은행은 양도은행이 될 수 있다. 양도된 신용장이라 함은 양도은행이 제2수익자가 사용할 수 있도록 한 신용장을 말한다.

c. 양도를 이행할 때에 별도의 합의가 없는 한, 양도와 관련하여 부담한 모든 비용(수수료, 요금, 비용, 경비 등)은 제1수익자가 지급하여야 한다.

d. 분할어음발행 또는 분할선적이 허용되는 경우 신용장은 2인 이상의 제2수익자에게 분할양도 될 수 있다. 양도된 신용장은 제2수익자의 요청에 의하여 이후의 어떠한 수익자에게도 양도될 수 없다. 제1수익자는 이후의 수익자로 보지 아니한다.

e. 양도를 위한 모든 요청은 조건변경이 제2수익자에게 통지될 수 있는지 여부 및 어떤 조건 하에 통지될 수 있는지를 표시하여야 한다. 양도된 신용장은 그러한 조건을 명확하게 표시하여야 한다.

f. 신용장이 2인 이상의 제2수익자에게 양도된 경우, 1인 또는 2인 이상의 제2수익자가 조건변경을 거절한다하더라도 양도된 신용장이 조건변경 되어지는 기타 모든 제2수익자에 의한 승낙이 무효화되지는 아니한다. 조건변경을 거절한 제2수익자에 대하여는, 양도된 신용장은 조건변경 없이 존속한다.

g. 양도된 신용장은 다음의 경우를 제외하고 확인(있는 경우)을 포함하여 신용장의 조건을 정확히 반영하여야 한다:

- 신용장의 금액,
- 신용장에 명시된 단가,
- 유효기일,
- 제시를 위한 기간, 또는
- 최종선적일 또는 주어진 선적기간,

이들 중의 일부 또는 전부는 감액되거나 또는 단축될 수 있다.

보험부보가 이행되어야 하는 비율은 신용장 또는 이 규칙에서 규정된 부보금액을 충족시킬 수 있도록 증가될 수 있다.

제1수익자의 명의는 신용장의 발행의뢰인의 명의로 대체될 수 있다.

발행의뢰인의 명의가 송장 이외의 모든 서류에 표시되도록 신용장에 의하여 특별히 요구되는 경우, 그러한 요건은 양도된 신용장에 반영되어야 한다.

h. 제1수익자는 신용장에 규정된 금액을 초과하지 아니하는 금액에 대하여 제2수익자의 송장 및 환어음을 자신의 송장 및 환어음(있는 경우)으로 대체할 권리를 가지고 있으며, 그러한 대체를 하는 경우, 제1수익자는 자신의 송장과 제2수익자의 송장과의 차액에 대하여 신용장에 따라 어음을 발행할 수 있다.

i. 제1수익자가 그 자신의 송장 및 환어음(있는 경우)을 제공하여야 하지만 최초의 요구시에 이를 행하지 못한 경우, 또는 제1수익자가 제시한 송장이 제2수익자가 제시한 서류에는 없었던 불일치를 발생시키고 제1수익자가 최초의 요구시에 이를 정정하지 못한 경우, 양도은행은 제1수익자에 대하여 더 이상의 책임 없이 제2수익자로부터 수령한 서류를 발행은행에게 제시할 권리를 가진다.

j. 제1수익자는 자신의 양도요청으로 신용장이 양도된 장소에서 신용장의 유효기일을 포함한 기일까지 제2수익자에게 인수·지급 또는 매입이 이루어져야 한다는 것을 표시할 수 있다. 이는 제38조 h항에 따른 제1수익자의 권리를 침해하지 아니한다.

k. 제2수익자에 의한 또는 대리하는 서류의

제시는 양도은행에 행하여야 한다.

[제39조] 대금의 양도

신용장이 양도가능한 것으로 명시되어 있지 아니하다는 사실은 적용 가능한 법률의 규정에 따라 그러한 신용장에 의하여 수권되거나 또는 될 수 있는 대금을 양도하는 수익자의 권리에 영향을 미치지 아니한다. 이 조는 단지 대금의 양도에 관련이 있으며 신용장에 따라 이행할 권리의 양도에 관한 것은 아니다.

PART

03

[논술문제와 답안] 국제물품운송

Chapter 09

해상운송

제 1 절 해상운송계약

문제 3-01 해상운송계약에서 용선운송계약의 유형 및 항해용선계약시 적·양화비(하역비) 부담조건과 정박기간에 대하여 설명하시오.

답안 3-01

〈목차 구성〉

Ⅰ. 서　　론	4. 선체용선계약
Ⅱ. 용선운송계약의 유형	Ⅲ. 항해용선계약에서의 주요 조건
1. 용선운송계약의 의의	1. 적·양화비(하역비) 부담조건
2. 정기용선계약	2. 정박기간의 표시
3. 항해용선계약	Ⅳ. 결　　론

Ⅰ. 서　　론

매매물품을 해상운송하기 위해서는 적당한 선박회사의 선복(船腹; ship's space)을 미리 예약(booking)하여 두어야 한다. 화물의 성질에 알맞은 선복을 확보하기 위하여 선박회사와 운송계약을 잘 체결해 두는 것은 무역계약의 이행에서 중요한 일이다.

선복을 확보하기 위해서는 화물의 성질, 수량, 포장상태 또는 운송형태를 감안하여 개품운송계약이나 용선운송계약을 체결하여야 한다.

용선운송은 부정기선(tramper)에 의한다. 부정기선 운송의 특징은 운송수요가 급증하는 화물과 운임부담력이 약한 대량의 살물(撒物; bulk cargo), 즉 광석, 곡물, 원당, 원면, 원목, 비료 등을 주운송 대상으로 하며, 운임도 정기선이 공정운임률과 개품운송계약에 따라 결정되는 것과는 달리 그 당시의 수요와 공급에 의하여 결정되고 용선계약(charter party)에 의하는 것이 보통이다.

이하에서는 용선운송계약의 유형 및 용선계약 중 가장 많이 사용되는 항해용선계약을 중심으로 주요한 조건인 적·양화비(하역비) 부담조건과 정박기간에 대하여 검토하고자 한다.[1)]

Ⅱ. 용선운송계약의 유형

1. 용선운송계약의 의의

용선운송계약(contract of carriage by charter party)이란 화주가 선박회사로부터 선복의 전부 또는 일부를 빌려 물품을 운송할 경우에 체결하는 계약을 말한다. 용선운송계약에 의하여 운송되는 물품은 주로 1회의 적화가 다량의 석탄, 광석, 원목, 곡물과 같은 살물(bulk cargo)이며 부정기선을 이용하는 것이 일반적이다.

용선운송계약은 전부용선과 일부용선으로 구분된다. 전부용선(whole charter)이란 용선계약시에 선복의 전부를 빌리는 것으로 정기용선과 항해용선 및 선체용선으로 구별된다. 한편 일부용선(partial charter)이란 용선계약시에 선복의 일부만을 빌리는 경우 체결되는 용선계약을 말한다. 용선운송 계약시에는 개품운송계약과는 달리 표준화된 용선계약서(charter party: C/P)에 의하여 정식으로 운송계약을 체결하고 있다.

2. 정기용선계약

정기용선계약(time charter)이란 선박을 일정 기간을 정하여 용선하는 것으로 기간용선계약이라고도 하는데, 선주는 선박에 부속용구 및 항해에 필요한 장비를 갖추고 선장 및 선원을 승선시킨 상태에서 선박의 내항성(seaworthiness)을 유지하여 용선주에게 임대하여 주는 계약을 말한다.

선주는 용선기간 중에 선박의 선원비·선용품비·수리비·검사비 등의 직접비(direct

1) 강원진, 「무역실무」, 제3판, 박영사, 2008, 333~336면.

cost)와 선박의 감가상각비·금리·보험료 등의 간접비(indirect cost)를 부담하여야 하며, 용선주는 정기용선료(time charter hire) 외에 항만사용료·연료비·적양화비·운반비를 부담하여야 한다. 정기용선주는 자기의 화물을 운송하는 경우도 있으나 용선된 선박으로 타인의 화물을 운송하여 얻은 운임에서 용선비와 전술한 제비용을 공제한 차액을 취하는 용선주도 있다.

3. 항해용선계약

항해용선계약(voyage charter; trip charter)이란 어느 항구에서 어느 항구까지의 일항차 또는 수개항차에 걸쳐 물품운송을 의뢰하는 화주(용선주; charterer)와 선박회사 사이에 체결한 용선계약을 말한다.[2)]

항해용선계약에서의 운임은 "화물의 톤당 얼마"로 표시되는 경우가 일반적이다. 그러나 항해용선계약의 변형으로 운임은 "한 항해에 얼마"로 포괄운임을 내는 선복용선계약(lump sum charter)[3)]과 "1일 얼마"로 용선요율을 정하는 일부용선계약(daily charter)이 있다.

항해용선계약에서 대표적인 표준서식은 "GENCON"(uniform general charter)[4)]으로 발틱국제해운동맹(The Baltic and International Maritime Conference: BIMCO)의 전신인 발틱백해동맹(The Baltic and White Sea Conference)이 1922년에 제정하고 영국해운회의소에 의해 채택한 것으로 1976년에 개정되어 현재 널리 사용되고 있다.[5)]

4. 선체용선계약

선체용선계약(bareboat charter; demise charter)이란 선주가 내항성(seaworthiness)이 있는 선체용선선박 운송업을 영위하는 선사에 용선하는 것으로 용선주가 선박 이외의 선원·장비·소모품 및 운항에 관한 모든 감독·관리에 대한 책임을 부담한다. 선박을 소유

2) 일반적으로 해운업계에서 용선이라 하면 선박회사가 다른 선주로부터 용선하는 경우를 말하며 선박회사가 자기소유 선박을 일단 외국에 판매하였다가 그 외국적 선박을 재용선하는 경우를 특히 "charter back"이라고 한다.

3) 이 경우에 지급되는 운임을 선복운임(lump sum freight)이라고 한다.

4) "GENCON"은 Code Name임.

5) 석탄운송용으로는 1921년 발틱백해동맹이 제정 영국석탄운송협회 및 스칸디나비아 석탄 수입협회가 승인한 "BALCON"(Balcon Charter Party), 목재운송용으로는 1914년 발틱백해동맹이 채택하고 영국해운회의소가 공인한 "BENACON"(Chamber of Shipping British North American-Atlantic Wood C/P, 1914), 곡물운송용으로는 1914년 영국해운회의소 공인서식인 "GENTROCON"(Chamber of Shipping River Plate Charter Party, 1914) 및 1973년 미국의 선박중개대리점협회의 "NORGRAIN"(North American Grain Charter Party, 1973), 원유운송용으로는 1984년 미국 선박중개대리점협회의 "ASBA II"(Tanker Voyage Charter Party)가 있다.

하고 있는 선주는 임대인이 되고 선박으로 해상운송업을 영위하는 선주는 임차인이 되는 것이다.

따라서 선체용선은 임대차용선(demise charter)이라고도 한다. 선주는 용선주로부터 매월 또는 상호합의한 시기에 선체용선료(bareboat charter hire)를 받는다. 또한 한국의 운송업자가 외국선박을 선체용선하여 한국의 선원과 장비 등을 갖추어 다시 외국에 재용선(sub-charter)하여 외화를 획득하기도 한다.

Ⅲ. 항해용선계약에서의 주요 조건

항해용선계약서에는 일반적으로 계약당사자의 명칭, 선박의 명세, 물품명세, 적재 및 양륙항, 운임률 및 운임지급조건, 적·양화비(하역비) 부담조건, 정박기간의 표시, 조출료, 선화증권의 발행, 대리점, 중개료, 유치권, 공동해손 조항, 위약금 조항, 면책조항, 취소조항 등이 약정된다.

이 중에서 특히 중요한 적·양화비(하역비) 부담조건 및 정박기간의 표시방법을 보면 다음과 같다.

1. 적·양화비(하역비) 부담조건

항해용선계약에서 적·양화비의 부담조건으로 "선내인부임"(stevedorage)을 선주와 화주 중에 누가 부담할 것인가에 대하여 다음 중 어느 한 가지를 선택하여 명확하게 약정하여야 한다.

(1) Berth Terms(Liner Terms) 선적 및 양화시 선내인부임은 모두 선주가 부담하는 조건이다. 이 조건은 오늘날 특히 정기선에 의한 운송의 경우에도 많이 이용되고 있다.

(2) F.I.O.(Free In and Out) "Berth Terms"와 반대로 선적 및 양화시 선내인부임은 모두 화주가 부담하는 조건이다. 이는 용선운송의 경우에 많이 이용된다.

(3) F.I.(Free In): 선적시의 선내인부임은 화주가 부담하고 양화시는 선주가 부담하는 조건이다.

(4) F.O.(Free Out) F.I.와 반대로 선적시의 선내인부임은 선주가 부담하고 양화시는 화주가 부담하는 조건이다.

(5) F.I.O.S.T.(Free In, Free Out, Stowed, Trimmed) 선적·양륙·본선 내의 적부·선창 내 "화물정리비"(trimming charge)는 모두 화주가 부담하는 조건이다. 즉 F.I.O.조건에 "Stowage" 및 "Trimming Charge"가 추가되는 것이다.

2. 정박기간의 표시

정박기간(laydays; laytime)이란 화주가 용선한 선박에 계약물품을 적재 또는 양륙하기 위하여 그 선박을 선적항 또는 양륙항에 정박할 수 있는 기간을 말한다. 그러나 화주가 약정한 기일 내에 양화를 끝내지 못하면 초과된 정박기간에 대하여 체선료(demurrage)를 지급하여야 하며 만일 약정기일 이전에 양화가 완료되면 선주가 화주에게 조출료(dispatch money)[6]를 지급하여야 한다.

정박기간을 약정하는 방법으로는 다음과 같은 것이 있다.

(1) 관습적 조속한 적·양화(customary quick dispatch: C.Q.D.)

이는 관습적 방법 및 능력에 따라 가능한 한 빨리 적·양화(하역)하는 조건을 말한다. 이 경우 불가항력에 의한 적·양화 불능은 정박기간에서 공제되지만 일요일, 공휴일 및 야간 적·양화를 약정된 적·양화일에 포함시키느냐 여부는 특약이 없는 한 그 항구의 관습에 따른다.

(2) 연속 적·양화일(Running Laydays)

적·양화(하역)개시일로부터 종료시까지의 경과일수를 계산하는 방법이다. 따라서 우천, 파업 및 기타 불가항력 등 어떠한 원인에도 관계없이 적·양화개시 이후 종료시까지의 일수를 모두 정박기간에 계산하는 방법이다.

일요일이나 공휴일에 대해서도 이것을 제외한다는 특약이 없는 한 정박기간에 포함한다. "1일 몇 톤" 등과 같이 1일에 책임적·양화수량을 표시하는 것이 일반적이다.

(3) 호천 적·양화일(Weather Working Days: W.W.D.)

적·양화(하역) 가능한 좋은 일기상태의 날만 정박기간에 산입하는 것으로 현재 가장 많이 사용하고 있는 조건이다. 적·양화 가능한 상태여부는 화물의 종류에 따라 차이가 있으므로 선장과 화주가 그때마다 협의하여 결정하는 것으로 한다.

일요일과 공휴일 처리방법에 대해서는 "Sunday and holidays excepted"(SHEX)라고 부기되면 일요일이나 공휴일에 작업하였어도 정박기간으로 계산하지 않고, "Sunday and holiday excepted unless used"라고 부기 되면 일요일·공휴일 적·양화시에는 정박기간에 산입된다. "unless used"에 있어서도 시간수만 계산하느냐 1일로 계산할 것인가 하는 문제가 발생하므로 실제 작업시간만 산입하고자 할 때에는 "unless used, but only time actually used to count"라고 약정하여야 한다.

---

6) 조출료는 일반적으로 체선료의 1/2이다.

정박기간의 기산시점은 적·양화준비완료통지서(notice of readiness: N/R)가 통지된 후 일정시간이 경과되면 개시되지만 당해항구의 관습에 따른다.

또한 적·양화가 완료되면 정박일수를 기재한 정박일 계산서(laydays statement)를 작성하여 선장 및 화주가 서명한다. 만일 약정된 대로 적·양화가 이행되지 않았다면 체선료나 조출료를 부담하게 된다.

Ⅳ. 결 론

해상운송에서 보통 개품운송계약을 체결할 경우에는 선화증권이 발행되고, 항해용선계약을 체결할 경우에는 용선계약서(charter party)가 발행된다. 항해용선계약은 용선계약 중 가장 많이 사용되는 계약으로 표준용선계약서를 사용한다.

항해용선은 본선 선복(ship's space)의 사용을 전제로 계약하는 것으로 화물의 적재량을 기준으로 운임은 메트릭톤(M/T)당 얼마로 정해지는 일종의 운임선적계약이다.

이와 같은 항해용선계약서에는 특히 운임률 및 운임지급조건, 적·양화비(하역비) 부담조건, 정박기간의 표시, 조출료, 유치권, 공동해손 조항, 위약금 조항, 면책조항 및 항만사정과 화물의 특성 등에 대한 전문적 지식이 요구되므로 선사는 ship broker를 화주는 cargo broker에게 의뢰하여 항해용선계약을 체결하고 있으므로 이에 대한 사전 검토가 필요하다.

제 2 절 해운동맹과 해상운임

문제 3-02 해운동맹의 운영과 해운동맹의 대화주 구속수단에 대하여 설명하시오.

답안 3-02

〈목차 구성〉

Ⅰ. 서 론
Ⅱ. 해운동맹의 종류
Ⅲ. 해운동맹의 운영
Ⅳ. 해운동맹의 대화주 구속수단
1. 계약운임제
2. 운임연환급제
3. 성실환급제
Ⅴ. 결 론

Ⅰ. 서 론

해운동맹(shipping conference; shipping ring)이란 특정 항로에 정기선을 취항시키는 선박회사 상호간에 독립성을 유지하면서 과당경쟁을 피하고 상호이익을 증진시키기 위하여 운임, 적취량, 배선 등 운송조건에 대하여 협정하고 이행하려는 국제적인 해운 카르텔(cartel)을 말한다. 해운동맹이 운임에 비중을 두었을 경우에는 운임동맹이라고 한다.

그러나 해운동맹의 경우 불공정거래행위와 연관성이 높기 때문에 2000년대 들어 급속히 쇠퇴하고 있는 실정이다. 예를 들어, EU의 경우 2008년 10월 해운동맹의 공동운임 설정과 선복량 조절행위를 금지하여 사실상 해운동맹을 폐지하였고, 2015년 4월 이후에는 가격(운임)변경 기능이 없는 전략적 제휴도 폐지할 예정이다. 이러한 EU의 조치는 세계 각국에 큰 영향을 미치고 있으며, 향후 전 세계적으로 해운동맹이나 정기선사간 전략적 제휴는 대폭 감소할 것으로 보인다.

그러나 해운동맹이 해운산업과 국제상거래에 끼친 영향은 실로 크고 국제성이 있으므로 해운동맹의 존재는 인정되고 있다. 이하에서는 해운동맹의 운영과 대화주 구속수단에 대한 내용을 살펴보고자 한다.7)

Ⅱ. 해운동맹의 종류

해운동맹은 내부규칙에 따라 선주는 누구나 신규로 가입할 수 있고 탈퇴도 자유로운 미국식의 개방적 동맹(open conference)이 있다. 미국은 미국을 출입항하는 어느 선사라도 일정 수준의 서비스능력만 갖추면 동맹가입의 자유보장, 자유경쟁원칙을 주장하고 있어 동맹에 대한 부정적 태도를 취하고 있다.

한편 동맹규칙준수의 신뢰도, 선주의 능력 등 까다로운 조건과 회원의 이익을 해한다고 판단되는 경우에는 가입을 인정하지 않는 등 가입과 탈퇴가 까다롭고 엄격한 영국식의 폐쇄적 동맹(closed conference)이 있다.

대표적인 동맹은 극동/유럽 간의 구주운임동맹(Far East Freight Conference: FEFC)이다. 그러나 1984년 6월에 발효된 미국 신해운법(Shipping Act)의 영향으로 서비스 향상의 노력, 공동운항촉진 등의 영향과 정기선부문에 참여한 아시아 개도국 및 동구권의 맹외선사(outsider)들의 대항, 컨테이너 복합운송의 발전에 따른 시장잠식, 무역환경변화에 따른 대응의 한계성 등 해운동맹은 현실적으로 어려움을 안고 있다.

7) 강원진, 전게서, 337~339면.

해운동맹은 1875년 영국과 캘커타 해운동맹(United Kingdom/Calcutta Shipping Conference)이 세계 최초로 결성되어 영국을 중심으로 발전하게 되었고, 현재에 와서는 극동/구주 항로, 극동/미태평양 항로, 극동/미대서양 및 걸프 항로, 극동/호주 항로 등 여러 개의 동맹항로가 있다.

Ⅲ. 해운동맹의 운영

해운동맹은 동맹선사(member liner) 상호간에는 상호이익도모를 위한 협정과 맹외선사에 대항은 물론 화주를 구속 내지 유인시키기 위하여 여러 가지 운영방법을 사용하고 있다.

동맹선사간에는 대내적으로 최저운임수준 및 공표운임표에 대한 운임협정(rate agreement), 항해선박수의 제한, 배선, 화물의 적취량 등에 대한 할당·제한 등의 항해협정(sailing agreement), 순운임수입에 대한 배분을 조정 등의 공동계산(pooling agreement), 동맹선보다 운임이 낮은 맹외선의 축출을 위해 일정기간의 대항선(fighting ship) 투입 등 맹외선에 대한 대책, 공동운항(joint service), 통합경영 등 동맹선사간 상호이익 도모를 위한 협정을 맺고 있다.

Ⅳ. 해운동맹의 대화주 구속수단

동맹선사 상호간은 동맹내부의 경쟁을 막기 위한 수단인데 비하여, 동맹외의 선주에 대항하고 계약 화주를 동맹에 구속시키기 위한 대외적 구속수단, 즉 대화주 구속수단이다.

1. 계약운임제(contract rate system)

계약운임제란 화주가 동맹선에 선적할 것을 계약하면 운임률이 낮은 계약운임률(contract rate)을 적용하는 특혜를 주어 화주를 유인하는 제도를 말하며 동맹선주와 화주는 자유계약에 의한다. 이 제도하에서는 동맹의 공표운임(tariff rate)에 계약운임률과 비계약운임률(non-contract rate)의 차를 약 10%~15%선으로 설정하게 된다. 따라서 계약운임제는 이중운임제도(dual rate system)[8]라고도 할 수 있다.

8) 또한 삼중운임제(triple rate system)란 동맹의 운임률이 계약률, 비계약률 이외에 특별계약률이 추가되어 3가지 운임률을 동시에 적용요소로 하는 것으로 화주가 동맹선을 이용하면 계약운임률에다 약 2~3%의 추가할인을 해준다. 일명 "three decker system"이라고도 한다.

2. 운임연환급제(deferred rebate system)

일정기간 동맹선에 선적한 화주에 대하여 계속해서 동맹선에만 선적할 것을 조건으로 하여 그로부터 받은 운임의 일부를 환급해 주는 제도이다.[9] 이 제도를 적용받기 위해서는 화주가 일정기간을 동맹선에 선적해야 하는데 이를 계산기간(account period)이라 하고, 그 후 일정기간 동맹선에 선적해야 하는 것을 거치기간(deferred period)이라고 한다. 이 거치기간이 경과되어야 일정률의 운임을 환급받을 수 있다. 이 제도는 화주를 구속하는 수단 중 가장 가혹한 수단이라고 할 수 있다.

3. 성실환급제(fidelity rebate system)

일정기간 동안 자기의 화물 모두를 동맹선에만 선적한 화주에 대하여 동맹선사가 받은 운임의 일정비율을 통상 4개월이 지나면 환불하는 제도이다. 이 제도는 운임연환불제와는 달리 거치기간이 없다.

V. 결 론

해운동맹은 대내적으로 운임협정, 배선협정, 공동계산 등의 방법을 채택하여 대항선 투입 및 대외적으로 화주들을 구속시키기 위해 계약운임제, 운임연환불제, 성실환급제 등을 이용하고 있다.

해운동맹은 회원사간 운임의 협의에 따른 운임 안정, 해운동맹이 조직되어 있는 항로에서는 정기운항의 유지, 운항서비스의 개선 등의 긍정적 효과가 있다.

그러나 선사간에는 안정된 이익보장 및 배선의 합리화로 선주에게 유리한 점이 많지만 화주의 입장에서는 동맹의 독점성에 다른 초과이윤 획득, 구속에 따른 타선사 이용의 어려움, 독점성 남용 등의 부정적 효과가 있다.

최근에는 전통적인 단일요율제도가 붕괴되고 계약조건에 따라 상이하며, 동맹 내에서도 회원사별로 개별운임협상을 하는 형태로 변하고 있어 전통적인 해운동맹 형태는 사라지고 있다.[10] 이는 1984년 미국의 신해운법이 발효되면서 이중운임제도의 폐지 등의 영향에 기인되고 있으나 1993년부터 현재의 유럽연합(EU)이 단일시장이 되면서 해운동맹에 관한 문제는 거론하지 않기로 함에 따라 이들 지역을 중심으로 해운동맹의 관행은 유지될 수 있을 것으로 보인다.

9) 운임거치환불제라고도 한다.

10) 방희석, 「현대해상운송론」, 박영사, 1994, 112면.

문제 3-03 정기선운임에 기초하여 해상운임의 구성요소 및 운임의 산정기준에 대하여 설명하시오.

답안 3-03

〈목차 구성〉

Ⅰ. 서 론

해상운임은 정기선운임 또는 부정기선운임에 따라 구성내용이 다르지만 부정기선운임 자체도 해운시장의 자유거래에서 결정되는 것이 일반적이고 정기항로 운임이나 장기계약 운임에 영향을 받아 결정하게 된다.

일반적으로 운임은 항해거리, 항만사정, 화물의 성격, 보험조건, 왕복항로의 적취율, 타선사와의 경쟁요인 및 정책적 요인 등이 영향을 미치게 된다. 정기선운임은 일반적으로 기본운임, 할증료 및 수수료로 구성되고 있다.

이하에서는 정기선운임을 중심으로 하여 해상운임의 구성요소 및 운임의 산정기준에 대하여 검토하기로 한다.[11]

Ⅱ. 해상운임의 구성요소

1. 기본운임

기본운임(basic freight)은 화물의 중량(weight), 용적(measurement), 가격(price) 등을 기준으로 하여 산정된다. 여기에는 품목에 관계없이 중량 또는 용적을 기준으로 하여 일정하게 부과하는 품목별 무차별운임(freight all kinds: FAK rate),[12] 품목별운임(commodity freight), 최저운임(minimum freight), 소화물운임(parcel freight) 등으로 나눌 수 있다.

11) 강원진, 전게서, 339~342면.

12) 컨테이너 화물운송에서는 "20 foot container당 얼마"처럼 운임을 품목구분 없이 부과하는 FAK rate가 보편화되어 적용되고 있다.

2. 할 증 료

할증료(surcharge)는 정기항로의 운임을 일단 공표하게 되면 운임을 긴급히 인상해야 할 사정이 있을 때 수시 변경하는 것이 용이하지 않으므로 이에 대처하기 위한 것이다. 할증료의 종류로는 통화할증료(currency adjustment factor: CAF), 유가할증료(bunker adjustment factor: BAF), 중량할증료(heavy lift surcharge), 장척할증료(bulky or lengthy cargo surcharge), 체선할증료(congestion surcharge), 운하할증료(canal surcharge) 등이 있다.

3. 수 수 료

수수료(charge)는 기본운임 및 할증료 이외에 해당하는 부대비용을 말한다. 수수료에 해당되는 것으로는 양륙항 선택으로 본선출항시까지 화물의 양륙항을 지정하지 못하거나 수개의 항구를 선택하였을 때 항구 수 등에 비례하여 부과되는 양륙항선택료(optional charge), 또한 양륙지변경수수료(diversion charge), 선내인부임(stevedorage), 환적비(transshipment charge), 컨테이너화물적입비(container stuffing charge),[13] 부두사용료(wharfage), 반송운임(back freight)이 있고 초과정박일수에 대하여 용선주가 선주에게 지급하는 일종의 벌과금(penalty)으로는 체선료(demurrage)가 있다.

Ⅲ. 해상운임의 산정기준

해상운임의 산정기준은 화물의 성질과 종류에 따라 용적, 중량, 가격 등을 기준으로 하고 있다. 그러나 일반화물의 경우 대부분은 용적기준으로 산정하고 있으며 컨테이너화물은 "컨테이너 1대당 얼마"와 같이 컨테이너당 운임률(box rate)을 적용하기도 한다.

1. 용적기준

의류, 전자제품 등 일반화물은 주로 용적톤(measurement ton)을 운임률로 적용하며 $1M^3$(Cubic Meter: CBM)를 1용적톤으로 한다.[14] 목재의 경우에는 1,000BM(Board Measure)[15]을 1용적톤으로 하고 있다. 이와 같이 용적운임이 적용되는 화물을 용적화물(measurement cargo)이라고 한다.

---

13) CFS charge라고도 한다.

14) 그러나 영국, 일본 등에서는 "40 cubic feet"를 1용적톤으로 한다.

15) 1BM = 1" × 12" × 12" = 2.54cm × 30.48cm × 30.48cm = $2{,}360cm^3$

2. 중량기준

보통 철강·금속제품이나 기계류 등은 중량(weight)을 기준으로 하여 운임을 산정한다.[16] 무역거래에서는 일반적으로 1,000kg을 1톤으로 하는 중량톤(metric ton: M/T)을 많이 사용하고 있다. 영국톤(long ton: L/T), 미국톤(short ton: S/T)은 용선계약에 따른 일부품목을 제외하고 별로 사용하지 않는다.[17] 이와 같이 중량을 기준으로 할 때의 화물을 중량화물(weight cargo)이라고 한다. 항공운송이 이루어지는 항공화물은 일반적으로 중량기준을 기준으로 하고 품목에 다라 할증료가 가산될 수 있다.

운임산정기준에서 중량톤과 용적톤 구별이 모호하거나 경합될 때에는 운임톤(revenue ton: R/T)을 적용하는데, 용적과 중량으로 계산된 운임 중 더 많은 쪽으로 운임을 부과한다.

3. 가격기준

보석 등 귀금속이나 고가품은 보관 및 취급상 특별한 주의가 요구되고 보상시에도 문제가 되기 때문에 물품의 송장(invoice)가격에 의하여 종가운임률(ad valorem rates)이 적용된다.

4. 컨테이너박스 기준

컨테이너박스 기준에 의한 운임은 "컨테이너 1대당 얼마"와 같이 산정하는 것을 말한다. 이에는 물품 종류에 관계없이 적용하는 "품목별 무차별운임"(freight all kinds: FAK Rate), 물품을 몇 가지 등급으로 분류 적용하는 "등급별 박스운임"(class box rate), 품목별로 분류 적용하는 "품목별 박스운임"(commodity box rate: CBR) 등으로 분류할 수 있다.

Ⅳ. 해상운임의 부담자와 지급시기

해상운임의 부담자는 화주이다. 그러나 화주도 수출자 및 수입자의 소재지 또는 입장에 따라 달라질 수 있다. 무역거래에서 해상운송에 이용되는 FOB 규칙으로 매매계약을 체결하고 운송계약을 체결하였다면 "운임후지급"(freight collect)으로 선화증권(bill of lading: B/L)상에 표시되기 때문에 운임부담자는 매수인, 즉 수입자가 되고 CIF 규칙에서

---

16) 중국연안에서는 15 picu1s(2,0001bs)을 1중량톤으로 한다.

17) M/T=2,204lbs, L/T=2,240lbs, S/T=2,000lbs.

는 "운임선지급"(freight prepaid)이라고 표시되어 운임부담자는 매도인, 즉 수출자가 된다.

"운임후지급"일 경우에는 수입자는 화물양륙지에서 선박회사로부터 화물도착통지서(arrival notice: A/N)를 받고 은행으로부터 인도받은 선화증권을 가지고 수입지 선박회사 또는 대리점에게 당일환율을 적용하여 운임을 지급한 후 화물인도지시서(delivery order: D/O)를 발급받는다.

반대로 "운임선지급"일 경우에는 수출자는 선적지에서 선박회사 또는 대리점에게 선화증권(bill of lading) 발급일자의 환율[18]을 적용하여 운임을 지급한 후 선화증권을 교부받는다.

V. 결　론

정기선운임은 기본적으로 운임원가를 비롯하여 화물별 운임부담능력, 화물관련비용, 그리고 산사의 적정이윤 등의 요인들을 고려하여 결정된다. 정기선운임은 불특정 다수의 화주의 수요에 응하기 위하여 운임동맹에 기초를 두어 운임의 안정성을 확보하기 위한 공표운임률(tariff rate)을 설정하기도 한다.

선적 및 양화시 비용은 모두 선주가 부담하는 "Berth Terms(Liner Terms)"과 같은 조건은 오늘날 특히 정기선에 의한 운송의 경우에도 많이 이용되고 있다.

화물에 대한 기본 운임수준은 여러 가지 요인에 따라 달라진다. 즉 항해거리, 항만사정, 화물의 성격, 보험조건, 왕복항로의 적취율, 타선사의 경쟁적 요인 및 정책적 요인들이다.

무역거래에서는 해상운송의 경우 섬유, 전자제품 등 경량품 등의 일반 건화물은 용적기준으로 하여 해당시 할증료를 가산하여 운임이 산정되고, 항공화물은 중량을 기준으로 해당시 할증료를 가산하여 운임이 산정되는 것이 보편화되었다.

18) 당일의 전신환매도율(telegraphic transfer selling rate)을 적용한다.

제 3 절 헤이그 규칙, 헤이그 비스비 규칙, 함부르크 규칙 및 로테르담 규칙

문제 3-04 헤이그규칙, 헤이그 비스비 규칙, 함부르크규칙, 로테르담규칙 및 한국 상법에 규정된 해상운송인의 책임에 대하여 설명하시오.

답안 3-04

〈목차 구성〉

Ⅰ. 서 론

최초의 선화증권은 운송인이 화물을 수취했다는 영수증에 불과하였다. 1855년에 제정된 영국의 선화증권법(Bill of Lading Act)은 처음으로 배서에 의한 선화증권의 양도로 물품에 대한 소유권이 이전됨을 규정하고 선화증권상에 명시된 운송계약상의 권리가 소유권의 이전으로 양수인에게 이전되게 되었다.

그 후 미국의 하터법이 생겨나고 1924년에 국제적으로 통용되는 통일조약인 "선화증권에 관한 통일규칙을 위한 국제협약"(헤이그 규칙)이 채택되었다. 이후 1968년 헤이그 비스비규칙, 1978년 함부르크규칙, 2008년 로테르담규칙과 같은 해상운송 관련 선화증권약관의 국제적 통일을 기하기 위한 협약이 체결되었다.

여기에서는 헤이그규칙과 헤이그-비스비규칙, 함부르크규칙 및 로테르담 규칙에 규정된 해상운송인의 책임 등을 중심으로 살펴보기로 한다.

Ⅱ. 헤이그규칙과 헤이그-비스비규칙

해상운송에 있어서 선주 측에 유리한 면책약관에 일대 쐐기를 박은 1893년 2월 미국의 하터법(Harter Act)[19]이 제정·발표된 결과 화주국들도 면책약관 제한입법을 성립시

19) 하터법은 선주의 면책사항을 대폭 규제하는 법안으로 미국 Ohio주 출신 Michael Harter 의원이 제

키게 되었고 선주 측의 면책사항들이 공공의 이익에 위배된다는 법정시비가 선주와 화주 간에 빈번히 발생하게 되었다.

이러한 분쟁을 해결하고 해상운송에 관한 국제적 통일규칙을 마련하기 위하여 국제법협회(International Law Association: ILA)와 국제해사위원회(International Maritime Committee: IMC)가 주관이 되어 1921년 네덜란드의 수도 헤이그에서 "Hague Rule 1921"을 창안하였고 선화증권의 이면약관에 삽입하도록 권장하였다.[20)]

그러나 이 규칙은 형식과 용어 등에 결함이 많은데다 선주 측의 심한 반발을 사게 되어 국제해양법협회(International Maritime Law Association)에 의하여 수정되어 1924년 8월 25일 벨기에의 수도 브랏셀에서 열린 외교회의에서 "선화증권에 관한 통일규칙을 위한 국제협약"(International Convention for the Unification of Certain Rules of Law Relation to Bills of Lading)이 채택되었다. 이 협약 자체가 "Hague Rule"을 모체로 하였기 때문에 헤이그규칙으로 부르게 되었다.

헤이그규칙은 선화증권상 운송인의 면책제한을 중심으로 운송인의 기본적 의무로 내항(감항)능력(seaworthiness)에 대한 주의와 운송물의 취급·보관에 대한 주의에 대하여 정당한 노력(due diligence)을 다했다는 증거가 있어야 선주 측이 면책될 수 있도록 하였다.

하터법에 근거를 둔 헤이그규칙은 운송인의 면책범위를 제한시키는 국제적인 최초의 협약이라는 데 그 의의가 있다. 그러나 헤이그규칙은 40여 년이 지나는 동안 해상운송여건의 변화로 국제해사위원회에서 개정문제가 제기되어 1968년 2월 23일 브랏셀에서 채택되었다. 이것이 "선화증권협약 개정의정서"(Protocol to Amend the International Convention for the Unification of Certain Rules of Law Relating to Bills of Lading)인 헤이그-비스비규칙(Hague-Visby Rules)[21)]이다.

헤이그-비스비규칙에서는 체약국에서 발행된 선화증권의 적용범위가 확장되어 지상약관(至上約款; paramount clause)[22)]이 포함되고 있는 경우에는 선박운송인, 송화인, 수

출하고 대통령이 서명한 것으로 상업상의 과실, 즉 화물의 선적, 적부, 보관, 인도에 관한 선주의 책임을 면제하는 특약과 내항능력 유지를 위하여 적절한 주의(due diligence)를 다할 의무를 경감·면제하는 특약을 무효로 하였고 항해 또는 선박자체의 취급에 대한 선장이나 선원의 과실, 즉 항해상의 과실에 대하여는 면책을 인정하는 등 상업상의 과실에 대한 면책약관금지를 강행법적으로 확립하였다는 데 의의가 있다.

20) 채택여부는 당사자의 자치에 맡겨지는 임의규칙이었다.

21) 개정작업소위원회의 회의를 스톡홀름 총회에서 개최할 때 스웨덴 수도 스톡홀름에서 가까운 섬에 있는 "비스비항"의 이름을 따서 명명하였다.

22) 어떤 사항에 대해 이 규정이 불충분하거나 애매모호할 때보다 구체적이고 상세한 규정에 준거하게 되는데, 그 준거규정이 이 규정에 우선 적용하는 상위규정임을 명시하는 약관이다. 따라서 헤

화인 등 일체의 이해관계인의 국적을 묻지 않고 조약이 적용된다고 하고 있고, 운송인의 책임도 개정 전에는 헤이그규칙의 1짐짝 단위에 100스털링파운드인 것을 10,000포앙카레프랑(Poincare Franc)[23]과 운송물의 총중량 1kg당 30포앙카레프랑 가운데 많은 금액을 운송인의 책임으로 하여 운송인의 책임제한금액의 인상과 중량제를 병용한 바 있다. 헤이그 비스비규칙에서는 화물손해배상액 산정기준의 명확화, 컨테이너조항 및 책임제한 저해사유에 관한 규정 신설, 그리고 운송인의 사용인 또는 대리인의 책임 및 항변 관련 규정도 신설되었다.

그러나 헤이그 비스비규칙이 채택된 후 십여 년이 지나면서 국제금융체제가 바뀌었다. 따라서 1967년 9월 새로운 국제결제수단으로 국제통화기금(IMF)에 의해 특별인출권(Special Drawing Rights: SDR)이 창출되어 포앙카레프랑을 SDR로 대체하기 위하여 1979년 헤이그-비스비규칙 개정의정서[24]가 국제해사위원회의 발의에 의해 브랏셀에서 채택되고 1984년 6월 14일부터 발효되게 되었다.

따라서 현재 헤이그 비스비규칙에서는 선적 전에 화물의 가액을 신고하여 그것이 선화증권에 기록되지 않은 화물에 대하여 운송인은 포장당 666.67SDR과 총중량에 대하여 1kg당 2SDR 가운데 많은 금액을 책임한도액으로 하여 운송인의 책임한도를 현실에 부응할 수 있도록 개정하였다.

Ⅲ. 함부르크규칙

종래의 선화증권통일협약을 중심으로 해상운송인의 책임에 대한 법체계는 선진 해운국을 중심으로 한 것이며 화주국인 개발도상국의 사정을 무시한 것이라고 UNCTAD에서 제기되어 유엔 국제무역법위원회(United Nations Commission on International Trade Law: UNCITRAL)가 통일협약의 개정작업을 시작하였다. 1978년 함부르크에서 개최된 유엔 외교회의에서 "유엔 해상물품운송협약"(United Nations Convention on the Carriage on Goods by Sea, 1978)을 채택하고 개최지의 이름을 따서 함부르크규칙(Hamburg Rules)이라고 부르게 되었다.

이그-비스비규칙이 선적국에서 입법화되었으면 동 규칙이 모든 해상운송에 최우선 적용된다.

23) 프랑스 수상이었던 포앙카레의 성을 따서 붙인 명칭으로 당시 프랑스 법적 통화 1포앙카레프랑은 순도 90%의 금 65.5mg을 말한다.

24) Protocol Amending the International Convention for the Unification of Certain Rules of Law Relating to Bills of Lading(August 25, 1924, as Amended by the Protocol of February 23, 1968), Brussels, December 21, 1979.

이 협약은 제30조의 규정에 따라 20개국이 비준하여 가입서를 기탁한 후 1년이 경과하여야 발효되도록 하고, 체약국에 관한 한 이 협약의 발효와 동시에 기존의 헤이그규칙은 폐기하도록 되어 있다. 현재 이 협약은 비준국이 20개국에 달하여 1992년 11월부터 발효되고 있다.[25] 함부르크규칙은 헤이그규칙에서 순수한 해상운송구간만 커버하던 것을 컨네이너운송과 관련하여 해상운송에 인접한 육상운송까지 포함시키고 있다.[26]

함부르크규칙은 그 적용범위가 확대되어 운송인의 책임원칙도 헤이그규칙과 마찬가지로 과실책임주의원칙을 채용하고 보상금액의 현실화, 항해과실책임의 폐지, 화재면책, 면책카탈로그의 폐지, 지연손해에 대한 운송인의 책임을 명문화하고, 운송인의 책임한도의 인상, 운송인의 책임기간 및 구간의 확대 및 파손화물보상장(letter of indemnity)에 관한 규정을 신설하였다.

운송인의 책임한도로는 중량방식과 포장단위 방식을 병용하여 포장 또는 선적단위당 835SDR(또는 12,500금프랑)[27]과, 중량 1kg당 2.5SDR(또는 37.5금프랑)로 하여 계산한 총액 중 많은 쪽으로 하고 지연손해에 대한 운송인의 책임은 지연화물운임의 2.5배를 한도액으로 하되 운송계약하에서 지급되는 운송총액을 초과할 수 없도록 하고 있다.[28]

이처럼 함부르크규칙은 운송인의 책임을 크게 강화함으로써 상대적로는 화주에게 유리한 변혁을 가져온 획기적인 조약이라고 할 수 있다.

Ⅳ. 로테르담규칙

2008년 12월 유엔총회에서 "해상에 의한 국제물품운송계약에 관한 유엔 협약"(United Nations Convention on Contracts for the International Carriage of Goods Wholly or Partly by Sea, 2008)을 채택하였다. 이 협약은 2009년 9월 로테르담에서 서명되어 "로테르담 규칙"(Rotterdam Rules)이라고 부르고 있다.

이 규칙은 국제해상구간을 포함하는 문전운송(door-to-door carriage) 계약하에서 화주, 운송인 그리고 수화인을 규율하는 통일화되고 현대화된 법제를 마련하는데 의의

25) 한국은 헤이그-비스비규칙에 찬성은 하였으나 서명은 하지 않았다. 헤이그규칙의 기본원칙은 상법에도 채용하고 선화증권의 약관에도 동 취지를 따르고 있다. 함부르크규칙 역시 한국은 비준하지 않았다.

26) 헤이그규칙이 운송인의 책임구간이 "from tackle to tackle"이라면 함부르크규칙은 "from port to port"로 확대된 셈이다.

27) 금프랑은 IMF 회원국이 아닌 경우 SDR을 적용하지 않는 국가에 해당된다.

28) United National Convention on the Carriage of Goods by Sea, 1978, Article 6, Limits of Liability.

가 있다. 이 규칙은 국제해상물품운송과 관련한 기존의 협약 특히 헤이그규칙, 헤이그－비스비규칙 그리고 함부르크규칙을 기초로 컨테이너에 의한 화물운송의 증가, 단일계약(single contract)하에서의 문전운송의 요청, 전자운송서류의 발전, 해상운송기술의 변화 및 상업적 발전 등이 반영된 법적 기반을 제공하고 있다.

로테르담규칙의 특징을 보면 다음과 같다.

첫째, 컨테이너 복합운송이 보편화에 따라 국제해상운송의 경우 당사자간의 운송계약에 따라 해상구간이 포함된 복합운송의 경우에도 적용될 수 있도록 하고 있다.

둘째, 전자상거래환경에 부응하기 위하여 전자운송기록, 즉 전자선화증권의 경우에도 전통적인 종이 선화증권과 기능적 동등성을 인정하고 있다.

셋째, 운송인의 책임부담구간은 물품수령 후 물품인도시까지 운송인의 관리 하에 있는 기간 동안 확대되어 해륙과 연계되는 연계복합운송의 경우에도 적용 가능성을 열어두고 있다.

넷째, 운송인의 과실책임에 대한 입증은 청구인 또는 수화인이 하도록 하고 있다.

다섯째, 대량화물운송계약(volume contract)에서 예외적으로 계약자유의 원칙이 적용될 수 있도록 하고 있다.[29)]

한편 로테르담규칙에서는 운송인의 배상책임 한도가 기존 규칙보다 상당히 높아졌다.

운송인은 운송중인 화물이 멸실·손상된 경우 화주에게 화물 포장단위 당 875SDR이나 중량 당 3SDR 가운데 높은 금액으로 배상해야 하고[30)] 운송계약의 당사자가 합의한 기간 내에 운송물을 인도하지 않는 지연으로 인한 경제적 손실에 대한 책임은 지연된 운송물에 대하여 지급될 운임의 2.5배에 해당하는 금액으로 제한하도록 하고 있다.

이상에서 살펴본 헤이그규칙과 헤이그－비스비규칙, 함부르크규칙 및 로테르담 규칙에 대한해상운송인의 책임을 요약하여 보면 다음의 [표 3－1]과 같다.[31)]

표 3－1 해상운송인의 책임에 관한 국제규칙의 비교

구 분		헤이그규칙	헤이그 비스비규칙	함부르크규칙	로테르담규칙
적용범위	적용 가능한 해상물품 운송계약	선화증권발행, 정기선운송계약	좌동	선적항, 양륙항이 다른 운송계약, 정기선 운송계약	수령지, 인도지가 다른 운송계약, 정기선 운송계약

29) 강원진, 「최신 국제상무론」, 두남, 2014, 328~333면.

30) 한국 상법 제797조에서 규정하고 있는 운송인의 배상책임한도도 로테르담규칙과 일치시키고 있다.

31) 유병욱, "로테르담규칙에서 운송인의 책임에 관한 연구", 「국제상학」, 제24권 제4호, 2009, 116면.

	적용대상 당사자		운송인, 선박, 선주, 송화인과 그 대리인	좌동(운송인 이행보조자 추가)	선박, 선주, 운송인, 실제 운송인, 송화인, 수화인, 기타 이해관계자	선박, 선주, 운송인, 이행당사자, 해상운송 이행자, 송화인, 수화인, 기타 이해관계자
	운송목적물		재산, 화물, 상품(생동물, 갑판적 화물 제외)	좌동	생동물 포함, 관습적 갑판적 화물 포함	화물에 대한 제한규정 없음
운송인 책임기간(구간)			적재시부터 양화시까지(tackle to tackle)	좌동	선적항에서 수령시부터 양륙항에서 인도시까지 (port to port)	수령시부터 인도시까지 (door to door)
운송인 책임원칙	책임원칙		과실책임원칙	좌동	과실추정책임원칙	과실책임원칙
	손해유형		멸실, 손상	좌동	멸실, 손상, 지연	좌동
	손해발생원인	항해과실	면책	좌동	운송인의 과실추정	과실책임
		상업과실	과실책임	좌동	운송인의 과실추정	과실책임
		화재위험	사실상 면책	좌동	사실상 면책 (화주가 거증책임)	면책
		원자력위험	규정 없음	일체의 국제협약적용	운송인면책	운송인면책
		면책리스트위험	면책	좌동	면책리스트 삭제, 운송인의 과실추정	면책
	예외규정		–	–	–	대량계약 특별예외
	책임한도		포장/단위당 100파운드	포장 단위당 10,000프랑(666.67SDR), Kg당 30프랑(2SDR)	포장 단위당 835SDR, Kg당 2.5SDR	포장 단위당 875SDR, Kg당 3SDR
이행보조자 책임	운송인의 책임제한 이익 공유 여부		규정 없음 (히말라야약관 추가)	운송인 이익의 공유 및 항변권	좌동	좌동
운송인 및 이행보조자 책임제한이익의 부정			규정 없음	고의	고의, 중과실	고의
손해의 통지			인도시 또는 3일 이내	좌동	인도익일 또는 15일 이내 (지연손해 60일 이내)	인도장소에서 또는 7영업일 이내 (지연손해 21일 이내)
			1년	좌동	2년	좌동

V. 한국 상법

해상운송인은 자기나 선원 그 밖의 선박사용인이 발항 당시에 감항(내항)능력주의 의무를 해태하지 아니하였음을 증명하지 아니하면 운송물의 멸실·훼손·연착으로 인한 손해를 송하인에게 배상할 책임이 있고(상법 제794조), 자기나 선원 그 밖의 선박사용인이 운송물의 수령·선적·적부·운송·보관·양륙·인도에 관하여 주의를 해태하지 아니하였음을 증명하지 아니하면 운송물의 멸실·훼손·연착으로 인한 손해를 적하이해관계인에게 배상할 책임이 있다(상법 제795조 1항).

그러나 해상운송인은 선장·해원·도선사 그 밖의 선박사용인의 항해 또는 선박의 관리에 관한 행위나 화재로 인한 운송물의 손해에 대해서는 배상책임을 부담하지 않되, 해상운송인의 고의나 과실로 인한 화재의 경우에는 그러하지 아니하다(상법 제795조 2항). 또한 해상운송인은 일정한 사실이 있었다는 것과 운송물의 손해가 그 사실로 인하여 보통 생길 수 있는 것임을 증명한 때에도 손해배상책임을 면하지만, 송화인 등이 해상운송인의 감항능력주의의무나 운송물에 관한 주의의무의 위반을 증명한 때에는 그러하지 아니하다(상법 제796조).

한편 개품운송계약에서 해상운송인은 감항능력주의의무를 비롯한 각종 의무를 부담하고 그 위반에 대해서 손해배상책임을 지지만, 손해배상책임은 일정한 금액을 한도로 제한된다. 그리고 항해과실 등과 같은 일정한 사유가 있을 때에는 해상운송인의 손해배상책임이 면제된다.[32)]

한국 상법은 헤이그-비스비 규칙 제4조 제5항에 따라 해상운송인의 손해배상책임을 포장당 666.67SDR과 중량 1kg당 2SDR의 금액 중 큰 금액을 한도로 제한할 수 있도록 규정하고 있다.[33)]

그런데 한국 상법과 로테르담규칙과의 차이점을 정리하면 다음의 표와 같다.

여기에서 수정이종책임체계(modified network liability system)란 단일책임체계와 이종책임체계를 절충한 제도이다. 운송물의 멸실 또는 훼손이 복합운송의 어느 특정구간에서 발생하고 그 구간에 관한 국제협약 또는 국내강행법이 동 협약의 적용에 의하여 산출되는 한도보다 높은 배상책임한도를 규정하는 경우에는 그 협약이나 국내법에 따르고, 그렇지 아니한 경우에는 동 협약의 책임한도를 적용한다는 책임체계이다.[34)]

---

32) 정준우, "개품운송계약에서 해상운송인의 손해배상책임 감면에 관한 비판적 검토", 「법학연구」, 제16집 제1호, 인하대학교 법학연구소, 2013, 382면.

33) 상게논문, 398면.

34) 정완용 외, "물류산업 선진화를 위한 복합운송법 제정방안", 법무부, 2009, 66면.

표 3-2 한국 상법과 로테르담규칙과의 비교

내 용	한국 상법	로테르담규칙
책임체제	이종책임체계	수정이종책임체계
손해불명의 경우	운송길이가 긴 구간에 적용되는 법	해상운송협약인 본 협약이 적용됨
독립계약자의 처리	상법의 적용범위 외/보호되지 않음	협약의 적용범위 내/보호됨
육상운송법/협약	한국에는 책임제한제도 없음	유럽국가(독일 등)에는 책임제한제도 있음

자료: 정완용 외, "물류산업 선진화를 위한 복합운송법 제정방안", 법무부, 2009, 42면.

Ⅵ. 결 론

해상운송에 관한 국제협약의 가장 중요한 내용은 운송 중 물품이 멸실 또는 손상된 경우, 운송인이 어떠한 책임을 분담하는가 하는 운송인의 책임범위에 관한 것이다. 헤이그규칙과 헤이그-비스비규칙, 함부르크규칙 및 로테르담규칙 등의 국제협약은 선화증권을 사용하는 개품운송을 주로 규율하며, 송화인과 운송인이 개별적으로 계약을 체결하고, 벌크화물, 또는 대량화물에 주로 사용되는 용선계약에 대해서는 적용되지 않는다.[35)]

헤이그규칙 및 헤이그 비스비규칙은 다수국의 비준 또는 가입하여 해상운송의 준거법으로 채택하고 있으며, 한국 상법도 이 규칙의 중요한 원칙을 받아들이고 있다. 이 규칙은 국제해사위원회(CMI)가 제정했으며, 주로 선사의 이익을 대변하고 있다는 평가를 받고 있다.

함부르크규칙은 당시 제3세계 국가의 이익을 대변하던 UNCTAD에서 제정한 국제협약으로, 개발도상국이나 화주의 이익을 많이 반영한 것이 특징이나 선화증권(B/L) 등에 거의 반영되지 않아 주요 해운국의 외면 등으로 국제규범으로서의 기능이 약화된 상태이다.

그러나 로테르담규칙은 헤이그 비스비규칙에 비해 적용범위가 확대되어 선화증권의 발행을 요건으로 하지 않고 운송물이 체약국을 출항하는 경우뿐만 아니라 입항하는 국가가 체약국인 경우에도 적용되고 해상운송을 포함한 복합운송에도 적용된다. 내항(감항)능력 주의의무에 있어서는 지속적 의무를 규정하고 있으며 내항능력 주의의무 위반에 대한 입증책임이 화주에게 있음을 규정하고 있다. 이러한 의무위반으로 인한 운송

35) 이기수·신창섭, 「국제거래법」, 제6판, 세창출판사, 2015, 241면.

물의 멸실·손상 그리고 인도지연에 대해 운송인은 과실주의에 입각하여 책임을 지게 된다. 또한 운송인의 배상책임 한도(포장단위 당 875SDR이나 중량 당 3SDR 가운데 높은 금액)가 기존 규칙보다 크게 높아졌다.

로테르담규칙은 헤이그 비스비규칙과 같이 면책카탈로그를 제공하여 운송인의 면책을 부여하고 있다. 로테르담규칙의 면책카탈로그는 헤이그 비스비규칙의 그것과 비교할 때 항해과실면책을 삭제한 것과 화재면책에 있어 해상구간에 한정하고 있다는 것을 제외하고는 거의 동일하다.

그런데 이러한 배상한도액에 대해서는 여전히 너무 저액이라는 비판이 제기되고 있다. 해상운송인의 경제력이 향상되고 보험제도를 통하여 위험분산이 가능하므로 송화인에 대한 해상운송인의 배상한도액을 인상하는 것이 바람직하다.

Chapter 10

국제복합운송

제 1 절 컨테이너화물의 유통경로 및 운송형태

문제 3-05 컨테이너화물의 유통경로 및 운송형태에 대하여 설명하시오.

답안 3-05

〈목차 구성〉

Ⅰ. 서 론

컨테이너(container)란 물적유통부문에서의 포장·운송·적재 및 양화·보관 등 육로·해로·공로상의 모든 과정에서 경제성, 신속성 및 안전성을 최대한 충족시키고 화물의 운송 도중 이적 없이 일관운송을 실현시키는 운송용기를 말한다.

화물의 컨테이너화에 의한 운송은 항만에서의 불필요한 비용을 줄일 수 있고, 선박회항시간을 단축할 수 있으며, 운송화물의 단위당 비용을 줄일 수 있고, 선복이윤을 증대시킬 수 있다.

또한 컨테이너운송은 일관운송체제를 갖추어 다른 운송방법보다 신속성·경제성 및 안정성을 도모할 수 있다.

따라서 오늘날 무역거래에서의 물품의 주운송은 컨테이너화에 의하여 이루어지므로 이에 대한 효율성과 경제성을 검토할 필요가 있다.

이하에서는 컨테이너화물의 유통경로 및 컨테이너화물의 운송형태를 중심으로 검토하고자 한다.

Ⅱ. 컨테이너화물의 유통경로

1. 수출화물

물품을 컨테이너로 운송하고자 할 경우에는 우선 수출자인 송화인(shipper)은 컨테이너화물 선복예약서(booking note)를 컨테이너 야적장(container yard: CY)의 운영자(operator) 등 관련 부서에 송부한다. 운송인의 지시에 따라 CY operator는 약정된 시간과 장소에 빈 컨테이너(empty container)를 대출하고 화주로부터 기기수도증(equipment receipt: E/R)을 교환한다.

단일 송화인만으로 1대의 컨테이너 속에 송화인의 생산공장 등에서 채워진 컨테이너 만재화물(full container load: FCL)은 CY로 입고시키고 컨테이너 내 적치표(container load plan: CLP)도 CY operator에게 전달한다.

한편 컨테이너 1대에 미달되는 소량화물(less than container load: LCL)은 컨테이너 화물조작장(container freight station: CFS)[1]으로 반입하여 다른 송화인의 화물들과 함께 혼재(consolidation)하고 CFS operator가 CLP를 작성하여 CY operator에게 인도한다.

수출신고(export declaration: E/D)수리가 된 FCL화물에 대해서는 CY에서 부두수령증(dock receipt: D/R)을 화주에게 교부하고 운송회사의 선적지시서(shipping order: S/O)에 의하여 본선적재작업을 한다.

만일 내륙컨테이너기지(inland container depot: ICD)[2]가 있는 국가에서는 송화인의 화

---

1) CFS란 컨테이너화물을 수출시에는 적입(vanning)하거나 수입시에는 해체(devanning)하는 컨테이너 화물조작장을 말한다.

2) 컨테이너화물을 효율적으로 운송하기 위하여 내륙지점에서 컨테이너의 보관, 수리, 집결지로서의

물을 컨테이너 터미널(container terminal: CT)로 직접 반입하지 않고 ICD로 집결·경유하여 철도[3]나 도로를 통하여 컨테이너 터미널로 입고되는 경우가 일반적이다. CY로 반입된 화물에 대하여 운송인은 D/R을 참조, 선화증권(Bill of Lading: B/L)을 발행하여 송화인에게 교부하고 목적항까지 운송한다.

2. 수입화물

수입항에 도착한 선박은 적화목록(manifest: M/F)을 도착지 운송인 또는 대리인에게 인도하고 운송인은 수입자인 수화인에게 화물도착통지(arrival notice: A/N)와 함께 화물인도지시(delivery order: D/O)를 한다.

운송인은 화물용역회사와 협조하여 도착화물을 양화(unloading)하고 컨테이너 터미널로 옮긴다. FCL화물의 경우에는 CY에서 수화인의 요구에 따라 수화인 창고까지 내륙운송(inland transportation)을 하고 수입통관 후 수화인의 원본선화증권(original bill of lading) 제시에 의하여 운송인은 화물을 수화인에게 인도한다.

한편 도착물품이 LCL화물의 경우에는 CFS에서 화주별로 해체(devanning)작업을 완료하고 수입통관 후 수화인의 원본선화증권 제시에 의하여 운송인은 화물을 수화인에게 인도한다.

Ⅲ. 컨테이너화물의 운송형태

컨테이너화물운송에서 해상운송구간이 있는 전형적인 경우 수출지의 송화인(shipper)과 수입지의 수화인(receiver) 관계에서의 운송형태는 다음과 같이 4가지 운송형태로 구분할 수 있다.

1. CY/CY(FCL/FCL; Door to Door)

수출자, 즉 송화인의 생산공장이나 창고에서 컨테이너에 물품이 적재되어 수입자, 즉 수화인의 창고까지 컨테이너 만재화물을 그대로 일관운송하는 형태이다.

이 경우는 단일의 송화인, 단일의 수화인 관계로 이는 컨테이너운송의 3대 요소인

역할을 수행한다. ICD 내에 CFS가 없는 곳도 있다.

3) 철도차대 위에 컨테이너만을 적재한 상태를 COFC(Container on Flat Car)라 하고 철도차대 위에 컨테이너를 적재한 트레일러를 그대로 싣는 방법을 TOFC(Trailer on Flat Car)라 하며 이를 Piggy-back이라 한다. ICD에서 컨테이너 터미널로 운송할 경우에는 보통 Unit Train, 즉 선사 또는 기타 운송인이 전세 계약한 열차를 이용하게 된다.

신속성·경제성·안전성을 충족시키고 "문전에서 문전으로"(door to door)의 서비스로 컨테이너화물운송의 장점을 최대로 이용한 운송방법이라 할 수 있다.

2. CY/CFS(FCL/LCL; Door to Pier)

송화인의 생산공장이나 창고에서 1대의 컨테이너에 만재화물(FCL)상태로 적재되어 목적항에서 여러 명의 수화인에게 전달하기 위하여 CFS에서 해체(devanning)하여 인도하는 운송형태이다. 이 경우는 단일의 송화인, 다수의 수화인 관계의 운송방법이다.

그림 3-1 컨테이너화물의 유통경로

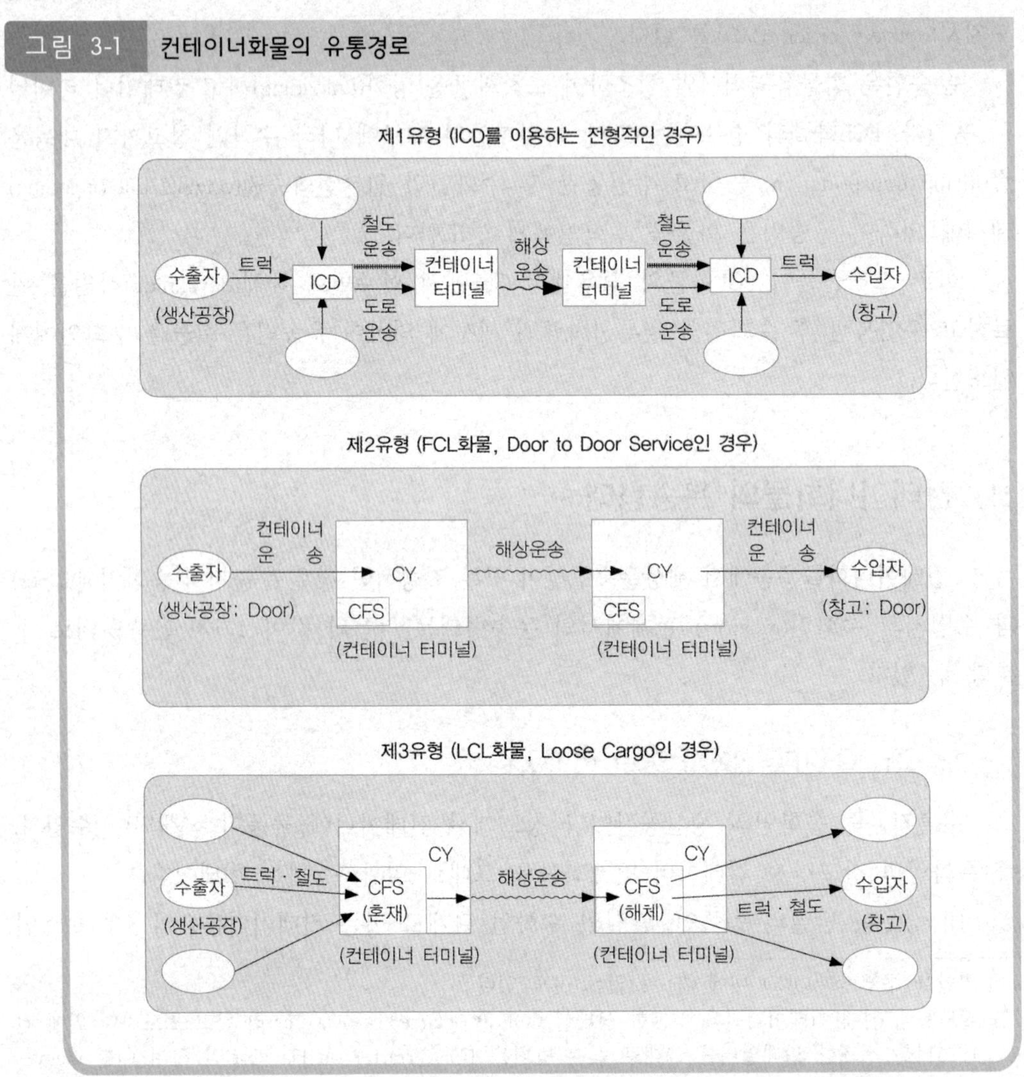

출처: 강원진, 「국제무역상무론」, 법문사, 1993, 406면; 강원진, 「최신국제상무론」, 두남, 2014, 339면.

3. CFS/CY(LCL/FCL; Pier to Door)

선적항에 있는 운송인의 지정 CFS에서 다수의 송화인의 화물을 혼재(consolidation)하여 목적지의 단일의 수화인의 창고, 즉 문전까지 운송하는 형태이다. 이 경우는 다수의 송화인, 단일의 수화인 관계의 운송방법이다.

4. CFS/CFS(LCL/LCL; Pier to Pier)

선적항 CFS에서 다수의 송화인의 화물, 즉 컨테이너 1대에 미달되는 소량화물(LCL)을 혼재하여 목적항에서 다수의 수화인에게 분류하기 위하여 CFS에서 화물을 해체(devanning)하여 인도하는 형태이다. 이 경우는 다수의 송화인, 다수의 수화인의 관계로 컨테이너화물운송의 장점을 제대로 살리지 못하는 운송방법이라고 할 수 있다.

Ⅳ. 결　　론

컨테이너화물의 유통은 컨테이너 만재화물(FCL)인 경우에는 지정장소가 매도인(송화인)의 구내(premises)에서 매도인은 매수인에 의하여 제공된 운송수단상에 적재하여 인도하고 그 화물은 컨테이너 터미널의 CY로 입고시킨 후 운송수단에 적재작업을 행한다. 한편 운송인은 이를 목적지의 컨테이터 터미널의 CY를 통하여 매수인의 지정장소까지 일관운송을 행하여 전달하게 된다.

그러나 컨테이너 1대에 미달되는 소량화물(LCL)인 경우에는 매도인이 컨테이너 터미널의 CFS로 반입하여 매수인의 임의처분 장소에서 인도하고 동일 행선지의 다른 송화인의 화물들과 함께 혼재한 후 CY로 이동하여 운송수단에 적재작업을 행한다. 한편 운송인은 이를 목적지의 컨테이터 터미널의 CFS에서 화주별로 해체작업을 완료하고 매수인이 수령할 수 있도록 한다.

이 경우 컨테이너화물운송의 장점을 최대로 이용한 운송방법은 “CY/CY(FCL/FCL; Door to Door)”이지만, 이와는 반대로 컨테이너화물운송의 장점을 제대로 살리지 못하는 운송방법은 “CFS/CFS(LCL/LCL; Pier to Pier)”이다.

따라서 매매당사자는 매매계약시 컨테이너 만재화물(FCL) 단위로 물품인도가 이루어 질 수 있도록 선적(인도)수량을 약정하는 것이 컨테이너화물운송의 효율성과 경제성을 확보할 수 있는 방안이 되는 것이다.

제 2 절 복합운송인의 책임체계

문제 3-06 복합운송인의 책임체계에 대하여 설명하시오.

답안 3-06

〈목차 구성〉

Ⅰ. 서 론

국제운송협약에서의 논점은 운송인의 책임문제에 있다. 복합운송인의 책임원칙에는 선량한 관리자로서의 주의의무를 태만하여 야기되는, 즉 과실에 의해 물품에 손해가 발생한 경우에만 복합운송인이 책임을 부담하는 과실책임(liability for negligence), 운송인이나 사용인의 과실을 요건으로 하지 않고 복합운송인이 책임을 부담하는 무과실책임(liability without negligence) 그리고 과실의 유무를 불문하고 운송인은 결과에 대하여 책임을 지며 면책을 인정하지 아니하는 엄격책임(strict liability)이 있다.

복합운송의 경우에는 복합운송을 구성하는 여러 구간의 책임과 복합운송인의 책임을 동일하게 할 것인가 아니면 구간별로 할 것인가가 논란대상이 되고 있다. 여러 가지 운송방식의 결합으로 이루어지는 복합운송인의 책임체계를 보면하나는 운송인의 각 구간 이종책임체계(network liability system)이고, 다른 하나는 전구간 단일책임체계(uniform liability system) 그리고 이 두 가지를 절충한 형태로 절충식 책임체계(flexible liability system)가 있다.

이하에서는 이와 같은 복합운송인의 책임체계에 대하여 검토하기로 한다.

Ⅱ. 이종책임체계(network liability system)

이 제도하에서 복합운송인의 책임은 운송물의 멸실 또는 손상이 생긴 운송구간, 즉 손해발생구간을 아는 경우(known damage)와 이를 알 수 없는 경우(concealed damage)로 나누어 각각 다른 책임체계를 적용하는 방법이다.

전자의 손해발생구간을 아는 경우에는 운송인의 책임은 운송물의 멸실 또는 손상이 생긴 운송구간에 적용될 국제협약 또는 강행적인 국내법에 따라서 결정된다. 즉 해상구간에는 헤이그 비스비규칙이, 그리고 항공구간에는 와르소 협약이 적용되는 것을 말한다. 이 원칙의 기본이념은 기존 운송법상의 책임제도와 최대한도의 조화를 이룬다는 점이다.

즉 해상, 육상, 항공 등의 운송구간 또는 운송방식에 따라서 각각 고유한 법원칙이 성립되어 적용되고 있는데, 이들 법원칙을 존중하는 것이 실제에 있어서 무리가 없고, 복합운송의 이용도 원활하게 된다는 것이다.

한편 후자의 손해발생구간을 알 수 없는 경우와 또는 아는 경우라 하더라도 그 구간에 적용할 조약이나 강행법규가 없는 경우에는 그 손해가 해상구간에서 발생된 것으로 추정하여 헤이그 비스비규칙을 적용하거나 별도로 정하여진 일반원칙을 적용하게 된다.

일찍이 각종 국제단체에서 마련하였던 복합운송협약의 시안 중에도 이 이종책임체계에 따른 안[4]이 대부분이며, "복합운송증권에 관한 UNCTAD/ICC 규칙"과 그리고 FIATA, BIMCO 등에서 공표한 복합운송증권이나 실제 유력한 운송인들의 운송증권들도 운송인의 책임은 이종책임체계에 따르고 있다.

Ⅲ. 단일책임체계(uniform liability system)

이 제도하에서 복합운송인은 물품의 멸실이나 손상 등 손해가 발생한 운송구간이나 운송방식의 여하를 묻지 않고, 즉 발생장소가 밝혀진 경우나, 밝혀지지 않은 경우나 항상 동일한 책임원칙이 적용되는 방법을 말한다.

즉 복합운송인은 책임원칙, 항변의 조건(terms of defence)이나 책임의 한계에 있어서 단일방식운송(unimodal transport)의 운송인의 경우와는 전혀 다른 독자적인 책임체계에 따른다는 것이다.[5]

단일책임체계에서는 화주와 복합운송인 사이의 책임원칙 적용 여하에 따라 복합운송인이 화주에게 배상하는 금액이 하청운송인으로부터 변제받는 금액보다 많은 경우도 있을 수 있다. 왜냐하면 복합운송인과 하청운송인 사이의 책임원칙에 대해서는 단일책

4) 예컨대, 1969년의 Tokyo Rules 및 1970년의 TCM 협약안 등이다.

5) UNCTAD, Document, TD/BAC. 15/29, Sep. 1977, p. 4.

임체계가 적용될 수 없기 때문에 복합운송인은 이를 위하여 책임보험을 부보하게 된다.

이 제도는 간명하기 때문에 당사자들 사이에서 분쟁을 줄일 수 있는 것으로 평가되고 있다. 즉 송화인 등 운송인으로서는 손해발생의 장소나 시기 등을 고려할 필요가 없으므로 불필요한 소송을 제거할 수 있다.

그러나 이 제도는 복합운송인으로서 여전히 실제운송인에게 보상청구를 하여야 하는 문제가 남아 있고, 오히려 절차가 복잡하여 비용이 증가한다는 반론이 있다. 단일책임체계는 무엇보다도 복합운송에서 책임수준의 통일을 기함으로써 각 운송방식별로 이미 확립되어 있는 책임수준의 통일을 깨뜨린다는 비난을 면하기 어렵다. 예컨대, 동종동량의 화물이 동일한 선박에 적재되어 같은 구간의 운송이 이루어지는 경우에 복합운송계약에 의한 경우와 해상운송계약에 의한 경우의 책임내용이 달라지기 때문이다. 또 합리적인 단일의 책임수준을 정한다는 것도 용이한 일이 아니다.

유엔 국제물품운송 협약은 원칙적으로 단일책임체계를 채용하고 있다.

Ⅳ. 절충식 책임체계(flexible liability system)

이 제도는 "network system"과 "uniform system"을 절충한 것으로, 복합운송인의 책임체계가 일률적인 책임원칙을 따르고 책임의 정도와 한계는 손상이 발생한 구간의 규칙에 따르는 것이다. 이 제도하에서는 책임의 한계가 기본책임하의 한계를 초과했을 때만 적용될 것인지 여부가 문제시된다.

일반적으로 선진국은 "network system"을, 개도국과 일부선진국은 "uniform system"을 선호하고 있으나 유엔에서는 절충식 책임체계를 선호하고 있다.[6)]

Ⅴ. 결 론

복합운송의 책임체계에서 이종책임체계나 단일책임체계에 대한 논란은 계속되고 있다. 이는 복합운송방식의 특성에서 기인되는 문제로 운송인의 책임을 어떠한 방식으로 정할 것인가 하는 논의 때문이다.

실무적·상업적인 견지에서는 오히려 이종책임체계가 현실적인 것으로 환영을 받고 있으며, 단일책임체계는 다분히 이상주의적인 것으로 경원시되고 있다. 또한 오늘날 사용되고 있는 컨테이너 선화증권 내지 복합운송증권상의 책임은 대부분 이종책임체계에

6) 강원진, 「최신 국제상무론」, 두남, 2014, 357~361면.

따르고 있다.

이종책임체계가 환영을 받는 주된 이유는 이 제도가 복합운송을 구성하는 각 운송방식에 이용되어 왔던 기존의 운송질서에 대한 수정을 최소한에 그치고 급격한 변화를 피하여 복합운송의 원활한 진전을 도모시킨 점 때문이라고 할 수 있다.

그러나 선진국들 일부가 이종책임체계를 선호하고 개도국과 일부선진국들 단일책임체계를 선호하고 있지만 이종책임원칙을 원칙으로 하고 기준법의 불비나 특정법 적용상의 어려움이 발생할 경우 유엔이 선호하는 절충식 책임체계의 활용이 가장 이상적일 수 있을 것이다.

제 3 절 유엔 국제복합운송 협약 및 복합운송증권에 관한 UNCTAD/ICC 규칙

문제 3-07 유엔 국제복합운송 협약 및 복합운송증권에 관한 UNCTAD/ICC 규칙에서의 운송인의 책임에 대하여 설명하시오.

답안 3-07

〈목차 구성〉

Ⅰ. 서　　론
Ⅱ. TCM 협약안
Ⅲ. 유엔 국제복합운송 협약
Ⅳ. 복합운송증권에 관한 UNCTAD/ICC 규칙
Ⅴ. 결　　론

Ⅰ. 서　　론

컨테이너 복합운송의 발달은 전통적인 노동집약적 재래선 운송에서 자본집약적인 기계화된 운송방식으로 변화하게 되고, 자본력이 우세한 선진국을 중심으로 복합운송의 지배가 가속화되었다.

이에 대응하여 개발도상국들의 이익을 대변하는 UNCTAD를 중심으로 복합운송인의 책임을 강화하는 국제협약을 추진한 결과 "유엔 국제복합운송 협약"이 채택되었다.

한편 민간단체인 국제상업회의소(ICC)는 UNCTAD와 합동작업으로 "복합운송증권에 관한 UNCTAD/ICC 규칙"을 제정하여 운송실무에 적용할 수 있도록 하고 과실책임주의를 바탕으로 복합운송인의 책임체계에서 이종책임체계(network liability system)를 채택하게 되었다.

이하에서는 유엔 국제복합운송 협약 및 복합운송증권에 관한 UNCTAD/ICC 규칙에 기초하여 복합운송인의 책임에 대하여 검토하고자 한다.

Ⅱ. TCM 협약안

1948년에 ICC는 복합운송과 관련하여 규제의 필요성에 대하여 거론하였다. 이어서 사법통일을 위한 국제협회(International Institute for the Unification of Private Law: UNIDROIT)는 1965년에 국제복합운송 협약 초안(Project de Convention Sur le Contrat de Transport International Combine de Marchandises)을 발표하였고, 1969년에 국제해사위원회(Committee Maritime International: CMI)가 "Tokyo Rules"을 발표하였다.

유엔 산하의 유럽경제위원회(Economic Commission for Europe: ECE)의 내륙운송위원회(Inland Transport Committee)는 두 개의 조약안의 내용을 통일하기 위하여 회의를 소집하여 1970년 1월에 복합운송협약 초안(Rome Draft)을 확정하였다. 이 복합운송협약 초안을 심의한 정부간 해사협의기구(Inter-Governmental Maritime Consultative Organization: IMCO)는 모든 이해관계자들이 이용할 수 있는 협약안을 작성해야 한다는 결론에 도달하였다. 따라서 정부간 해사협의기구와 유럽경제위원회의 합동위원회는 복합운송협약 초안을 수정하여 1971년 11월 TCM 협약안(Project de Convention Sur le Contrat de Transport International Combine de Marchandises)을 발표하기에 이르렀다. 그러나 TCM 협약안은 1972년 11월과 12월에 제네바에서 개최된 유엔과 정부간 해사협의기구가 공동으로 주최하는 국제컨테이너운송회의(United Nations/IMCO Conference on International Container Traffic)에서 채택되지 않았다.

TCM 협약안이 채택되지 않은 주요 이유는 다음과 같다.

첫째, 복합운송협약 초안은 해상운송업계와 육상운송업계의 의견은 반영되었으나, 항공업계가 그들의 의견이 반영되지 않았다는 이유로 협약채택에 반발하였기 때문이다. 항공업계는 TCM 협약안이 와르소(바르샤바) 협약과 근본적으로 상충된다는 의견을 갖고 있었다.

둘째, 미국을 포함한 많은 국가들이 TCM 협약안이 장차 복합운송에 미칠 경제적 측면에서 충분한 연구가 이루어져야 한다고 주장하였다. 따라서 TCM 협약안에서 복합운송에 관한 새로운 법률체계를 도입하게 되었다. 즉 복합운송인이 복합운송증권을 발행하여 전운송구간에 대해서 책임을 부담하고자 한 것이다.

Ⅲ. 유엔 국제복합운송 협약

1972년 TCM 협약안이 유엔과 정부간 해사협의기구가 공동 주최하는 국제컨테이너 운송회의에서 정식 복합운송협약으로 채택되지 못함으로써 UNCTAD에 정부간 준비그룹(Inter-Governmental Preparatory Group: IPG)을 조직하게 하여 새로운 협약안 작성을 요청하게 되었다. 이에 따라 1973년 68개국 정부가 참여하는 정부간 준비그룹이 이 작업에 착수하여 6차례의 회의를 거친 끝에 1979년 3월에 협약 초안을 작성하였다. 이어서 이 협약을 채택하기 위한 전권대표자회의가 1976년 11월 12일부터 30일까지 제네바에서 개최되었으나 채택되지 못하고, 1980년 5월 8일부터 24일까지의 제2차 회의에서 채택되었다. 이 협약이 복합운송에 관한 규제 및 적용을 위해서는 30개국의 비준이 있은 후 12개월 후에 발효될 수 있도록 하고 있는데 아직까지는 비준국 수가 미달된 실정이다.

이 협약에서는 절충식 책임체계(flexible liability system) 채택하고 과실책임주의를 원칙으로 하지만 면책사유에 대한 열거는 없다. 또한 복합운송증권은 유통증권이 아닌 비유통증권으로도 발행가능하고 복합운송인은 증권에 기재된 수화인에게만 화물을 인도하도록 하였다.

배상금액 및 책임한도는 1package 또는 1unit당 920SDR 또는 1kg당 2.75SDR 중 높은 금액을 적용하도록 하고 있다.

Ⅳ. 복합운송증권에 관한 UNCTAD/ICC 규칙

ICC는 당초 복합운송증권에 관한 통일규칙을 준비하기 시작하여 1973년에 복합운송통일규칙(ICC Uniform Rules for a Combined Transport Document, Publication No. 273)을 발표하였다. 그러나 이 규칙은 인도지연에 관한 운송인의 책임을 규정하고 있어 많은 국가들이 이 규칙의 채택을 거부하여 1975년에 인도지연에 대한 운송인의 책임조항을 삭제한 수정안(ICC Publication No. 298)이 발표되었다.

1980년의 유엔 국제물품복합운송 협약의 발효를 앞두고, UNCTAD의 해운위원회는 UNCTAD사무국이 상거래 당사자 및 국제기구와 긴밀히 협조하여 헤이그규칙과 헤이그-비스비규칙은 물론 FBL이나 ICC 통일규칙과 같은 기존의 증권을 바탕으로 하여, 복합운송증권에 관한 규정을 다시 마련할 것을 지시한 바 있다.

그 결과 UNCTAD사무국은 UNCTAD/ICC 합동작업반을 통하여 상거래 당사자들과 접촉을 계속하여 새로운 규칙을 마련하여 1991년 11월 파리의 ICC 이사회에서 "복합운송에 관한 UNCTAD/ICC 규칙"(UNCTAD/ICC Rules for Multimodal Transport Documents)을 채택하였다.

이 규칙은 국제해사위원회(CMI)의 "Tokyo Rules"와 UNIDROIT의 노력에 의하여 성안된 TCM안으로 호칭되는 협약초안을 바탕으로 한 것으로 세계적으로 널리 호응을 받았다. 특히 이는 국제운송주선인협회(FIATA)의 복합운송증권과 발트·백해해운동맹/국제선주협회(BIMCO/INSA)의 COMBIDOC와 같이 널리 사용되고 있는 많은 표준운송증권에 사용되고 있다.

또한 이 규칙은 서면이나 구두 또는 기타의 방법으로 "복합운송증권에 관한 UNCTAD/ICC 규칙"이라는 준거를 운송계약에 채택한 경우에 적용된다. 이 경우 단일의 또는 복수의 운송수단을 사용하는 단일운송계약인지 또는 복합운송계약인지 여부와는 관계가 없으며, 또한 증권이 발행되었는지 여부와도 관계가 없다. 이 규칙하에서 화물에 관한 복합운송인의 책임은 화물을 인수한 시점에서 이를 인도하는 시점까지의 기간에 걸쳐 부담하며 또한 이종책임체계(network system) 및 과실책임원칙을 채택하고 있다.

이 규칙에서는 선장, 선원, 도선사, 운송인의 항해, 선박의 관리에 관한 행위, 태만, 또는 과실에 기인하거나, 또는 운송인의 고의 또는 과실로 인하여 발생한 것이 아닌 화재로 발생한 멸실, 손상 또는 인도의 지연에 대하여 책임을 부담하지 아니한다.

복합운송인의 배상금액 및 책임한도는 복합운송증권에 기재한 경우를 제외하고 매 포장당 666.67SDR 또는 총중량에 대한 매 kg당 2SDR 중 많은 금액을 초과하지 아니하는 범위의 금액이다. 다만 해상 또는 내수로 운송을 포함하지 아니할 경우에는 총중량에 대한 매 kg당 8.33SDR을 초과하지 아니하는 금액으로 제한한다.[7)]

표 3-3 유엔 국제물품복합운송 협약과 복합운송증권에 관한 UNCTAD/ICC 규칙

항목 \ 규칙	유엔 국제물품복합운송 협약(1980)	복합운송증권에 관한 UNCTAD/ICC 규칙(1991)
적용범위	복합운송인이 화물을 수령하는 지점(적출국) 및 복합운송인에 의하여 화물이 인도되는 지역(목적국) 또는 연결되어 있는 경우 자국이 이 조약의 체약국이 아니더라도 상대국이 체약국이면 반대의 경우도 이 조약이 적용됨	서면이나 구두 또는 기타의 방법으로 "복합운송계약에 관한 UNCTAD/ICC 규칙"을 명시적으로 운송계약에 합의된 경우에 적용. 단일운송계약 또는 복합운송계약과는 상관없으며, 또한 증권이 발생되었는지의 여부와도 상관없음

7) 강원진, 상게서, 355~356면 및 360면.

책임체계	절충식책임체계	이종책임체계
책임원칙	과실책임원칙(다만 운송인의 가중책임이 있음)	좌동
면책사유	과실책임주의에 따르고, 면책사유의 열거는 없음. 위험물품에 대해서는 특별규정이 있음	선장, 선원, 도선사, 운송인의 사용인의 항해, 선박의 관리에 관한 행위, 대만 또는 과실, 운송인의 고의 또는 과실로 인하여 발생한 것이 아닌 화재로 발생한 물품의 멸실, 손상
손해통지 기 간	1 package 또는 1 unit당 920SDR 또는 1kg 당 2.75SDR 중 높은 쪽을 초과하지 않는 금액 container, paller로 운송되는 경우의 포장수 등을 세는 방법은 Hague-Visby Rules와 Hamburg Rules과 동일함	증권에 기재한 경우를 제외하고 매 포장당 666.67SDR 또는 총중량에 대한 매 kg당 2SDR 중 많은 금액을 초과 않는 범위 금액. 단 해상 또는 내수로 운송을 포함 않을 시는 총중량에 대한 매 kg당 8.33SDR을 초과 않는 금액
손해통지 기 간	화물의 인도일의 다음 영업일까지 손해가 외부로부터 인정되지 않는 경우에는 인도 후 6일 이내, 연착에 대해서는 인도된 일의 다음날로부터 60일 이내에 통지하지 않으면 운송인은 책임을 부담하지 않음	물품이 수화인에게 인도 후 6일 이내
소송제기 제 한	2년의 소송제기 기한을 정하고 동시에 소송제기 기한을 서면에 의한 운송인의 선언 및 당사자의 합의에 의하여 연장될 수 있음	물품이 수화인에게 인도 후 6일 이내
책임제한 불 인 정 사 유	멸실·손상 또는 인도지연을 발생시키는 의도를 인식하면서 행한 운송인의 작위 또는 부작위로 이들 손해가 발생한 것이 증명되었을 때 운송인은 이 조약에 규정된 책임 제한의 이익을 가지는 권리를 상실함	운송인의 고의 또는 고의에 준하는 중대한 과실에 의하여 멸실, 손상, 지연이 발생한 경우 운송인은 이 규칙에 규정된 책임제한의 이익을 가지는 권리를 상실함

V. 결 론

유엔 국제복합운송 협약은 운송인의 책임을 강화시킨 함부르크규칙을 기초로 이루어 졌다. 그러나 이 협약은 함부르크규칙과 마찬가지로 해운선진국들로부터 외면을 당하고 있고 협약이 제정된 지 35년이 지나고 있지만 효력이 발생되지 못하고 있다.

복합운송증권에 관한 UNCTAD/ICC 규칙에서 복합운송인의 책임은 복합운송인이 물품을 자기 관리 하에 둔 때로부터 물품인도시점까지 부담하고 운송구간을 커버하는 단일운송증권을 발행할 수 있도록 하고 있다.

그러나 이 규칙에서는 복합운송계약의 관습적인 내용 일부에 국한하고 있어 이 규칙을 토대로 복합운송계약을 체결하고자 하는 복합운송인(MTO)은 필요에 따라 적부의 재량(optional stowage), 운송경로, 운임과 비용, 유치권(liens), 쌍방과실충돌, 공동해손, 재판관할과 중재 및 준거법 등의 문제에 관해 별도의 조항을 추가하여야 할 것이다. 이는 어디까지나 이 규칙과 상충되지 않는 범위 내에서 가능한 것이다.

Chapter 11

항공, 철도 및 도로운송

제1절 국제항공운송 규칙의 통일에 관한 협약(몬트리올 협약)

문제 3-08 1999년 몬트리올 협약상 국제항공화물 운송인의 책임 및 한국 상법에 규정된 항공화물 운송인의 책임에 대하여 설명하시오.

답안 3-08

〈목차 구성〉

Ⅰ. 서 론

1929년 바르샤바 협약(Warsaw Convention)에서 비롯된 "국제항공운송 규칙의 통일에 관한 협약", 즉 "몬트리올 협약"(Montreal Convention)이 채택되어 2003년 11월 4일 발효되었다.[1] 몬트리올 협약은 체약국 간의 여객, 수화물 및 화물의 국제운송에 적용되고 있다.

항공화물운송은 항공운송인과 송화인 사이에 운송계약을 체결함으로써 이루어지며, 이러한 항공화물운송계약은 항공화물운송장(Air Waybill)이 교부된다. 몬트리올 협약에도 항공화물운송장의 작성 및 교부의무를 정하고 있다.

이 협약에서 항공운송인은 화물의 파괴, 멸실 또는 손상으로 인하여 입은 손해에 대하여 그 손해의 원인이 되었던 사실이 항공운송 중에 발생되었다는 것을 유일한 조건으로 하여 책임을 부담한다. 또한 화물의 항공 운송 중 연착으로 인한 손해에 대하여 책임을 부담하되, 다만 손해를 피하기 위해 합리적으로 요구되는 모든 조치를 다했다는 사실 또는 그러한 조치를 취할 수 없었다는 사실을 증명한 경우에는 책임을 부담하지 않는다. 한국의 경우에도 2011년 개정 상법에서도 몬트리올 협약 내용을 대부분 그대로 반영하고 있다.

이하에서는 몬트리올 협약의 적용범위, 주요내용, 항공운송인의 책임 및 손해배상 청구에 대하여 검토하고 한국 상법에 반영하고 있는 항공화물운송인의 책임에 대하여 검토하고자 한다.

Ⅱ. 바르샤바 체제로서의 몬트리올 협약

국제항공운송 규칙의 통일에 관한 협약으로서 최초 "바르샤바 협약"(Warsaw Convention)이 1929년 12월 12일에 채택되었으며,[2] 이 협약은 여객, 수화물 및 화물의 손해에 대한 항공운송인의 책임원칙을 정하고 있다. 그 후 바르샤바 협약을 개정하는 헤이그의정서(Hague Protocol)가 1955년 9월 28일 채택되었다.[3]

바르샤바 협약이 채택된 이후 그동안 바르샤바 협약을 현대화하고 최신화하기 위한 진척의 부진으로 항공운송인들과 정부들에게 커다란 불만이 야기되어 왔으며, 마침내 1999년 5월에 바르샤바 협약을 최신화하기 위한 회의가 캐나다 몬트리올에서 국제민간항공기구(ICAO)에 의해 소집되어 동년 5월 28일 신 바르샤바 협약, 즉 몬트리올 협약(Montreal Convention)[4]이 채택 서명되었고, 2003년 11월 4일 발효되었다.

---

1) 한국은 2007년 9월 20일 가입하여 2007년 12월 29일 발효되었다.

2) 한국의 경우 1929년에 제정된 바르샤바 조약에는 가입하지 않았으나 1955년 헤이그 의정서에 가입함으로써 1955년 헤이그 의정서에 의해 수정된 바르샤바 협약에 가입한 효력을 가지게 되었다; 서울고등법원 1998. 8. 27. 선고, 96나37321 판결; 주강원, "상법상 항공운송인의 책임의 제한에 관한 연구", 「홍익법학」, 제14권 제1호, 홍익대 법과대학, 2013, 769면.

3) 한국은 1967년 10월 11일 가입하였다.

새로이 채택된 1999년 “국제항공운송 규칙의 통일에 관한 협약”(The Convention for the Unification of Certain Rules For International Carriage by Air), 즉 몬트리올 협약은 본질적으로 1929년 바르샤바 협약, 1955년 헤이그 의정서(Hague Protocol), 1966년 과달라하라 협약(Guadalajara Convention), 1966년 몬트리올 협정(Montreal Agreement), 1971년 과테말라 의정서(Guatemala City Protocol), 1975년 몬트리올 추가의정서 제1, 2, 3, 4(Montreal Additional Protocols No. 1, 2, 3, 4) 및 1996년 국제항공운송협회 항공사 간 협정(IATA Intercarrier Agreement) 등을 통합한 것이다.[5)]

Ⅲ. 몬트리올 협약의 적용범위와 주요내용

1. 적용범위

1) 국제운송

몬트리올 협약은 항공기에 의하여 유상으로 운송되는 사람, 수화물 또는 화물의 모든 국제운송에 적용되며 또한 항공운송기업에 의하여 무상으로 행하여지는 운송에도 꼭 같이 적용된다(MC 제1조 1항).

2) 실제운송인의 책임

몬트리올 협약 제5장 제39조에서 제48조까지 운송의 일부를 계약운송인 이외의 자에 의한 항공운송, 즉 실제운송인이 행한 경우에도 계약운송인이 계약한 운송 전체에 대하여 책임을 지며 이 협약의 규정에 따르는 것으로 한다.

3) 국가가 이행하는 운송에 적용

몬트리올협약은 국가 또는 공공법인이 하는 운송에 대하여 적용한다(MC 제2조 1항).

---

4) The Convention for the Unification of Certain Rules For International Carriage by Air, 1999.

5) 국제항공운송에 관한 1929년 바르샤바 협약(1933. 2. 13 발효)을 비롯하여 이를 개정 보완하고 있는 1955년 헤이그 의정서(1963. 8. 1 발효), 1961년 과달라하라 협약(1964. 5. 1 발효), 1966년 몬트리올 협정(1966. 5. 16 발효), 1971년 과테말라 의정서(미발효), 1975년 몬트리올 추가의정서(추가의정서 제1: 1966. 2. 15 발효, 추가의정서 제2: 1996. 2. 15 발효, 추가의정서 제3: 미발효, 추가의정서 제4: 1998. 6. 14 발효), 1996년 국제항공운송협회 항공사 간 협정(1996. 5 발효) 및 1999년 몬트리올 협약(2003. 11. 4 발효)을 총칭하여 바르샤바 체제(Warsaw System)라고 한다; 이강빈, “몬트리올 협약상 국제항공화물운송에 관한 연구”, 「무역상무연구」, 제49권, 한국무역상무학회, 2011, 286~287면.

4) 우편물 운송에 비적용

우편물 운송에 대해서는 운송인의 책임은 운송인과 우정당국 사이의 관계에 대해 적용하는 규칙에 따라 관계하는 우정당국에 대해 지는 것에 한하며, 우편물 운송에 대해서는 적용하지 않는다(제2조 2~3항).[6)]

2. 몬트리올 협약의 주요내용

몬트리올 협약은 그 이전의 조약이 취하였던 대부분의 원칙을 그대로 유지하면서도 손해배상한도액을 철폐한 것이라든지 새로운 관할권을 인정하는 등 상당히 개혁적인 요소를 다수 포함하고 있는데[7)] 그 주요 내용을 보면 다음과 같다.

① 여객의 사상(死傷)에 대한 배상액 10만 SDR까지는 항공사에 대한 엄격책임(strict liability)을 부과하고 있다.

② 10만 SDR을 초과하는 손해에 관해서는 항공운송인이 자신의 과실이 없음을 입증하여야만 면책되는 과실추정책임주의(presumptive liability)를 채택하여 이른바 이원적 책임체계(two-tier liability system)를 채택하였다.

③ 화물에 가하여진 손해에 대하여는 고의적인 악행(wilful misconduct)이 인정되는 경우에도 책임제한을 적용하였다.

④ 여객의 운송지연시의 책임한도액을 설정하였다(여객 당 4,150SDR).

⑤ 위탁수화물과 휴대수화물의 구분 없이 수화물에 대한 배상책임한도액을 여객 당 1,000SDR로 규정하였다.

⑥ 여객운송과 관련하여 제5관할권을 인정하였다.[8)]

⑦ 선급금 지급제도를 도입하였다.

⑧ 물가변동률을 감안한 책임한도액 자동조정 장치를 확립하였다.

⑨ 강제보험의 근거를 마련하였다.[9)]

---

6) 현덕규, "몬트리올협약에 의한 국제항공운송계약의 규율", 법률신문 2007. 10. 25. 제3597호.

7) Robert F. Hedrick, "The New Intercarrier Agreement on Passenger Liability: Is It a Wrong Step in the Right Direction?", 21 Annals Air & Space L. 135, at 150-52 (1996).

8) 몬트리올 협약은 여객의 사망이나 부상의 경우, 손해배상을 청구 소는 "여객의 주소지 또는 영구거주지"라는 기존의 4개의 관할권에서 추가하여 제5관할권(fifth jurisdiction)을 인정하고 있다; MC 제33조 제2항,

9) 최준선, "국제항공운송에 관한 1999년 Montreal Convention에 대한 一考", 「저스티스」, 통권 제78호, 201~202면.

Ⅳ. 항공운송인의 책임 및 손해배상청구

1. 항공운송인의 책임

1) 책임원인

운송인은 화물의 파괴(destruction), 멸실(loss) 또는 손상(damage)으로 입은 손해에 대하여 그 손해의 원인이 항공운송 중에 발생되었다는 것을 유일한 조건으로 하여 책임을 부담하게 됨을 규정하고 있다(MC 제18조). 또한 운송인은 화물의 항공운송 중 연착(delay)으로 인한 손해에 대하여 책임을 부담하게 됨을 규정하고 있다(MC 제19조).

2) 면책사유

운송의 전 기간 중의 사고에 대하여 운송인의 엄격책임(무과실책임)제도를 도입하고 있다. 그러나 운송인은 화물의 파괴, 멸실 또는 손상이 ① 화물의 고유한 흠결, 품질 또는 하자, ③ 운송인, 고용인 또는 대리인 이외의 자가 행한 화물의 결함이 있는 포장, ③ 전쟁 또는 무력 분쟁, ④ 화물의 입국, 출국 또는 통과에 관련되어 행한 공공기관의 행위 등의 하나 또는 둘 이상의 사유로 기인되어 발생하였다는 것이 입증되는 때에는 책임을 지지 아니한다(MC 제18조).

또한 운송인은 자신, 그 고용인 및 대리인이 손해를 피하기 위해 합리적으로 요구되는 모든 조치들을 취했다는 사실 또는 그러한 조치들을 취할 수 없었다는 사실을 증명하는 경우에는 연착으로 발생한 손해에 대해 책임을 지지 아니한다(MC 제19조).

2) 화물의 손해 및 책임기간

운송인은 "항공운송" 중의 화물의 손해에 대하여 책임을 진다. 여기서 항공운송이라 함은 화물이 운송인의 관리 하에 있는 기간을 포함하되, 항공운송의 기간에는 공항 외부에서 행한 육상운송, 해상운송 또는 내륙수로의 운송에는 미치지 않는다. 그러나 항공운송에 포함되는 기간을 화물이 운송인의 관리 하에 있는 기간으로 정의하고 있다(MC 제18조).

3) 책임제한

화물의 파괴, 멸실, 손상 또는 연착된 경우에 운송인의 책임은 1Kg당 17SDR로 제한된다, 다만, 송화인이 포장화물을 운송인에게 인도할 때에 목적지에서 인도시에 이익을 특별히 신고하여 필요에 따라 추가요금을 지급하였을 경우에는 그러하지 아니하다. 이 경우에 운송인은 신고가액이 목적지에서 인도 시에 송하인의 실제이익보다 크다는 것을 증명하지 못하는 한 신고가액을 초과하지 않는 가액을 지급할 책임을 진다(MC 제22조 3항).

4) 책임면제

손해배상을 청구하는 자 또는 그로부터 권한을 위임받은 자의 부주의 또는 불법한 작위 또는 부작위가 손해를 일으켰거나 또는 기여되었다는 것을 운송인이 증명하는 경우에 운송인은 그러한 부주의 또는 불법한 작위 또는 부작위가 손해를 일으켰거나 기여한 정도에 따라 손해배상 청구권자에 대한 그의 책임의 전부 또는 일부가 면제되어야 한다(MC 제20조).

5) 순차운송인의 책임

순차운송의 경우 화물손해에 관하여는 송화인이 최초의 운송인에 대하여 소송을 제기할 권리를 가지고 있으며, 인도를 받을 권리를 가지고 있는 수화인은 최후의 운송인에 대하여 소송을 제기할 권리를 가지고 있다. 이러한 운송인들은 송화인 또는 수화인에 대하여 연대적 및 개별적으로 책임을 부담한다(MC 제36조).

6) 실제운송인의 책임

몬트리올 협약 제5장 제39조에서 제48조까지 1961년 과달라하라 협약의 규정들의 대부분을 수용하고 있다. 이 조항들은 운송의 일부를 송하인과 계약을 하지 않은 실제운송인이 행한 경우에도 계약운송인이 계약한 운송 전체에 대해 책임지는 것임을 인정하고 있다.

실제운송인은 운송계약의 당사자가 아니므로 원칙적으로 송화인 또는 수화인에 대하여 계약상의 책임을 지지 아니하고 각국의 국내법에 따라 불법행위 책임만을 부담한다. 그러나 몬트리올 협약은 이러한 실제운송인은 자기가 실행한 운송구간에서 생긴 손해에 관하여 동 협약에 따라 손해를 배상할 책임을 진다고 규정하고 있다.[10)]

2. 운송인에 대한 손해배상청구

1) 손해배상청구의 근거

화물의 운송에 있어서 손해에 관한 소송은 이 협약, 계약, 불법행위 또는 기타 어떠한 사항에 근거하는지 그 명의 여하를 불문하고, 소를 제기할 권리를 가지는 자와 그들 각각의 권리에 관한 문제를 침해함이 없이, 이 협약에 규정되어 있는 조건 및 책임한도

10) 이강빈, 전게논문, 299~309면.

에 따라서만 제기될 수 있다(MC 제29조).

2) 고용인 및 대리인에 대한 손해배상청구

화물운송의 경우 운송인의 고용인 또는 대리인은 그들의 고의나 무모하게 그리고 손해가 발생할 것을 인식하면서 행한 작위 또는 부작위로 인하여 손해가 발생하였음이 증명된 경우에도 협약상 운송인의 책임제한을 원용할 수 있다(MC 제30조).[11]

V. 한국 상법상 항공화물운송인의 책임

1. 책임 구분

한국 상법(상법이라 칭함)은 몬트리올 협약의 내용을 대부분 충실히 반영하고 있다. 상법은 항공운송인의 책임을 항공여객운송과 항공화물(물건)운송으로 나누어 각각의 책임 원인과 책임의 제한에 대해 규정하고 있는데, 항공여객운송의 절(상법 제904조부터 제912조)에서는 여객의 사망 또는 신체의 상해로 인한 손해 및 위탁 또는 휴대수화물의 손해에 대한 배상책임을 규정하고 있고, 화물운송의 절(상법 제913조부터 제920조)은 운송물의 멸실, 손상(훼손) 또는 연착을 손해배상의 원인으로 규정하고 각 배상책임에 대하여 정하고 있다.[12]

2. 항공화물운송인의 책임

항공화물운송의 경우 운송물의 멸실 또는 손상으로 인한 손해가 항공운송 중에 발생한 경우(운송인이 운송물을 관리하고 있는 기간을 포함)에 책임을 지나(상법 제913조), 다만 운송인이 운송물의 고유한 결함, 특수한 성질 또는 숨은 하자 등으로 멸실 또는 손상이

---

11) 상게논문, 310~311.

12) 신설된 항공운송편의 주요 내용은 운송인과 항공기 운항자의 책임감면(상법 제898조), 비계약적 청구에 대한 책임제한 규정의 적용(상법 제899조), 운송인의 책임 및 채권의 소멸(상법 제902조, 제919조), 운송인의 여객 손해에 대한 책임 및 책임한도액의 신설(상법 제904조, 제905조, 제907조), 선급금의 지급의무(상법 제906조), 수화물의 멸실, 손상, 연착에 대한 운송인의 책임 및 책임한도액(상법제908조 내지 제910조), 운송물 손해에 대한 운송인의 책임 및 책임한도액(상법 제913조 내지 제915조), 운송증서(상법 제921조 내지 제929조), 지상 제3자에 대한 손해배상책임(상법 제935조 내지 제935조) 등이다. 이러한 항공운송편의 내용은 위에서 열거한 몬트리올 협약 등의 내용이 대부분 반영된 것으로서, 이 중 제2장(상법 제899조부터 제929조)은 몬트리올 협약의 내용을, 상법 제900조의 실제운송인에 대한 청구의 부분은 과달라하라 협약의 내용을 수용한 것이고, 지상 제3자에 대한 손해배상책임은 로마 협약 및 이에 대한 1978년 개정의정서의 내용이 반영된 것이다; 주강원, 전게논문, 766~767면.

발생하였음을 증명한 경우에는 그 책임을 면하고(상법 제913조 제1항), 연착의 경우 운송물의 연착으로 인한 손해에 대한 책임을 지나 다만 운송인이 자신과 그 사용인 및 대리인이 손해를 방지하기 위하여 합리적으로 요구되는 모든 조치를 하였다는 것 또는 그 조치를 하는 것이 불가능하였다는 것을 증명한 경우에는 면책된다(상법 제914조). 손해배상책임의 한도액 역시 몬트리올 협약의 내용을 그대로 수용하여 규정하였다.

3. 항공화물운송인의 책임제한

화물운송의 경우 1Kg당 17SDR이 한도가 되나 송화인과의 운송계약상 그 출발지, 도착지 및 중간 착륙지가 대한민국 영토 내에 있는 운송의 경우에는 손해가 발생한 해당 운송물의 1Kg당 15SDR이 한도가 된다(상법 제915조).

단, 여객과 수화물, 운송물의 연착의 경우 운송인이 자신과 그 사용인 및 대리인이 손해를 방지하기 위하여 합리적으로 요구되는 모든 조치를 하였다는 것 또는 그 조치를 하는 것이 불가능하였다는 것을 증명한 경우에는 그 책임을 면한다(상법 제907조 제1항, 제909조, 제914조).[13)]

4. 운송증서로서의 항공화물운송장

또한 상법에는 운송증서인 항공화물운송장의 발행 조항(상법 제923조)을 신설하여 송화인은 운송인의 청구를 받아 항공화물운송장 3부를 작성하여[14)] 운송인에게 교부하도록 하고 있다. 또한 전자적 제시에 부응할 수 있도록 운송인은 화물운송정보를 전자적 형태로 저장하거나 그 밖의 다른 방식으로 보존함으로써 항공화물운송장의 교부에 대체할 수 있도록 하였다(제924조 제1항).

2개 이상의 운송물이 있는 경우에는 운송인은 송화인에 대하여 각 운송물마다 항공화물운송장의 교부를 청구할 수 있으며(상법 제925조 제1항), 항공운송증서 기재의 효력과 관련하여 항공화물운송장 또는 화물수령증이 교부된 경우 그 운송증서에 적힌 대로 운송계약이 체결된 것으로 추정한다는 규정을 두고 있다(제929조 제1항). 이들 규정들은 몬트리올 협약 내용을 그대로 반영하고 있다.

---

13) 상게논문, 768~769면.

14) 항공화물운송장 중 제1원본에는 "운송인용"이라고 적고 송화인이 기명날인 또는 서명하여야 하고, 제2원본에는 "수화인용"이라고 적고 송화인과 운송인이 기명날인 또는 서명하여야 하며, 제3원본에는 "송화인용"이라고 적고 운송인이 기명날인 또는 서명하여야 한다; 한국 상법 제923조 3항.

Ⅵ. 결 론

1999년 몬트리올 협약은 바르샤바 협약 및 관련 협약문서들을 현대화하고 통합하였으며, 와르소 체제를 개혁하는 최신의 협약으로서 국제항공운송인의 책임에 관한 통일된 국제사법의 탄생이란 점에서 의미가 있다. 그러나 몬트리올 협약은 항공화물운송인의 책임제도와 관련하여 다음과 같은 문제점이 있다.

첫째, 운송인의 책임한도액 문제이다, 몬트리올 협약상 화물의 책임한도는 1929년 바르샤바 협약 수준으로 여전히 1Kg당 17SDR에 머물고 있으며, 한도액은 더 이상 개정되지 않았다. 특히 ICAO 사무국 작업반원들이 표현한 바와 같이 화물의 송화인들은 여객들보다도 항공운송인들과 더욱 동등한 상업적인 관계에 있음에도 불구하고 운송인의 책임은 지극히 낮게 책정되어 있다.

둘째, 운송인의 책임기간 문제이다. 몬트리올 협약 제19조는 화물운송에 대한 책임기간에 관하여 전혀 언급이 없다. 특히 이 조항은 연착의 경우에 고려되어야 할 상황들에 관하여 또는 연착의 기간에 대하여 아무런 언급을 하고 있지 않다. 따라서 연착의 정의를 추가하는 것이 유용할 것이다.

셋째, 항공보험의 문제이다. 몬트리올 협약은 협약상 운송인의 책임을 담보하기 위하여 적정한 보험을 운송인이 유지할 의무를 규정하고 있는데, 항공보험의 확대는 궁극적으로 그 부담이 고객에게 떠넘겨질 것이다.

그러나 한국 상법에서 운송인의 책임에 있어 몬트리올 협약의 내용을 대부분 반영하여 국제 운송과 국내운송의 규율에 조화를 기한 것은 다행한 일이다.

제 2 절 국제철도운송 협약(CIM)과 국제도로운송 협약(CMR)

문제 3-09 국제철도운송 협약(CIM)과 국제도로운송 협약(CMR)에서 운송인의 책임에 대하여 설명하시오.

답안 3-09

〈목차 구성〉

Ⅰ. 서 론

국제육상운송은 철도운송과 도로운송으로 구분할 수 있다. 국제철도운송(international carriage by rail)이란 철도차량에 의하여 어느 항만시설국으로부터 다른 내륙지역국, 반대로 내륙지역국으로부터 항만시설국으로 국제물품을 운송하거나 또는 대륙구간의 물품의 국제운송을 의미한다.

한편 국제도로운송(international carriage by road)이란 한 나라에서 다른 나라의 특정 장소로 국제도로운송 협약에 따라 물품을 육로로 운송하는 것을 말한다. 국제도로운송은 고속도로나 일반 간선도로 등 각종 공로망의 확충과 운반차량[15]의 대형화 등으로 오늘날의 다양한 운송요구에 부응하고 있다.

이하에서는 국제철도운송과 국제도로운송의 장단점을 살펴보고 육상운송과 관련된 규범인 국제철도운송 협약 및 국제도로운송 협약에서의 운송인의 책임에 대하여 검토하기로 한다.

15) 도로운송시에는 일반차량에 컨테이너화물을 운송하기 위하여 ① tractor에 견인되는 연결차량인 semi-trailer(일명 컨테이너 chassis), ② 2량을 견인할 수 있는 double bottom trailer combination, ③ 두 방면향의 화물을 트렉터나 트레일러에 분할 적재하고 도중 분리·연결하기에 편리한 full trailer combination 등이 많이 이용되고 있다.

Ⅱ. 철도운송과 도로운송의 장단점

철도운송의 장점으로는 “ton-km”당 낮은 연료비, 장거리 운송비 단위당 낮은 비용, 연중무휴의 서비스 가능, 높은 안전도 등으로 저가품 운송에 편리한 운송방법이다.

한편 단점으로는 투자규모가 크고, 단거리 운송시 속도가 늦고, 터미널 설비에 따른 투자비용이 많고, 환적비용이 많이 들며 “door to door” 서비스 가능성이 적은 것 등을 들 수 있다.

도로운송의 장점은 최초 투자액의 규모가 작고, 출발과 도착시간 등 운송능력에 있어서 융통성이 많고, 단거리 운송시 빠른 속도와, 터미널 비용이 비교적 적게 들며, “door to door” 서비스가 용이하며, 이용하기에 매우 편리한 점 등을 들 수 있다.

한편 단점으로는 살물(bulk cargo)과 같은 중량화물 운송시 이용도가 낮고, 장거리 운송시 비용이 많이 들고, 기후, 운송차량의 고장으로 운송중단 발생가능성이 높으며 에너지 효율성이 낮은 점 등을 들 수 있다.

Ⅲ. 국제철도운송 협약상 운송인의 책임

국제철도운송 협약(Convention Internationale concernant le Transport de Marchandise par Chemin de Fer: CIM)[16]은 1970년에 제정 1975년 1월 1일부터 발효되어 유럽제국들은 이들 국제협약에 의하여 법제화 단계에 이르렀다. 그리고 현재 동 협약은 1985년 5월 1일자로 발효된 COTIF(The Convention Concerning International Carriage by Rail)에 편입되었다. 국제철도화물운송의 준거법으로는 CIM이 적용되고 있다. CIM에서 인정하는 운송서류는 철도화물수탁서(Railway Consignment Note)[17]이다.

이 협약은 철도운송계약의 체결, 속도, 철도구간, 운임지급 등 이행에 관한 사항, 운송인의 책임, 타당사자와의 관계, 재판관할권 등에 대하여 규정하고 있다.

CIM에 의한 철도운송인의 책임한도액은 운송인이 고의적인 악행(wilful misconduct)이나 중대한 과실(gross negligence)의 경우를 제외하고는 kg당 17SDR의 한도로 손해배상책임을 부담하는 무과실책임주의에 근거하고 무과실에 대한 거증책임은 운송인에게 있다.

그러나 중대한 과실에 의한 손해발생시는 운송인의 책임한도액이 보통의 경우보다

---

16) 영어로는 International Convention Concerning the Carriage of Goods by Rail 1970(CIM)으로 표기하고 있다.

17) 권리증권은 아니다.

2배가 된다. 또한 운송인에 대한 소송제기 기간도 사기(fraud)나 고의적인 악행의 경우는 2년이지만 보통의 경우는 1년으로 되어 있다. 또한 인도의 지연에 대하여 운송기간 종료일로부터 21일 이내에 이의 제기가 있어야 한다.

Ⅳ. 국제도로운송 협약상 운송인의 책임

국제도로운송 협약(Convention relative au contrat de Transport International de Marchandise par Route: CMR)은 1956년에 제네바에서 서명 제정된 협약으로 1978년 7월 5일 제네바 CMR 의정서로 변경되었다. 이 협약은 1961년 7월 2일부터 발효되어 국제도로운송을 위하여 양당사자 중 어느 한 당사자가 이 협약의 당사자인 경우에 이 협약이 적용되고 있다.[18)]

CMR은 운송경로의 일부가 해상운송이 포함되어 있는 경우라 할지라도 선상에서 육로차량(road vehicle)으로부터 물품이 적출되지 않을 때에는 모든 운송구간은 국제도로운송으로 간주된다.[19)] 국제도로운송에 관련된 운송서류는 도로화물수탁서(Road Consignment Note; Road Waybill)[20)]가 사용된다.

CMR에서 도로운송인은 운송 중의 멸실, 손상과 지연에 대하여 책임을 부담한다.[21)] 그러나 그 사유가 청구인의 불법행위 또는 과실, 청구인의 지시사항, 물품 고유의 성질, 운송인이 피할 수 없는 환경이나 결과에 의해 발생하였을 경우에는 면책으로 규정하고 있다.[22)]

운송인의 전손 및 분손에 대한 배상책임한도는 운송인이 운송물품을 인수장소와 시점에서의 물품가격에 따라 산정되나, 현재 총 중량 1Kg 당 8.33SDR로 한정하고 있다.

멸실, 손상에 대해서는 수취일 후 7일 이내에 통지하여야 하며,[23)] 도착지연에 대한 통지는 운송물이 수화인의 처분할 수 있는 상태에 있은 때로부터 21일 이내에 있어야 한다.[24)]

---

18) 예외 조항에 따라 영국과 아일랜드 공화국 사이에는 이 조약이 적용되지 않는다.
19) CMR Convention Article 1~2.
20) Road Consignment Note는 운송인이 화물을 수령한 추정적 증거(prima facie evidence)이지만 권리증권이 아니다.
21) CMR Convention Article 17-1.
22) CMR Convention Article 17-2.
23) CMR Convention Article 30(1~2).
24) CMR Convention Article 30(3).

표 3-4 국제운송 관련 협약의 멸실 손상 및 지연조항 비교

관련 협약	멸실 손상 지연책임	멸실 손상 통지기한	지연 이의 제기기한	소송 제기기한
국제도로운송협약(CMR)	1 KG당8.33SDR 지연손해는 운임을 초과하지 않는 범위 이내	수취일 후 7일 이내	21일 이내	1년 이내
국제철도운송협약(CIM)	1 KG당 17SDR 지연은 운송요금의 2배 이내	수취일 후 14일 이내	21일 이내	1년 이내

자료: 권오, "국제운송 관련 규칙의 멸실 손상 및 지연 손해 조항에 관한 연구", 「관세학회지」, 제13권 3호, 한국관세학회, 2012, 302면.

V. 결 론

철도운송은 컨테이너를 화차에 적재하는 COFC(Container On Flat Car) 방식과 piggy back과 같은 TOFC(Trailer On Flat Car) 방식을 이용할 경우 장거리 대량운송에서 보편화되고 경제성과 효율성을 추구할 수 있다.

철도운송은 지형적으로 인접된 국가가 많은 유럽국가들 사이에서 자주 이용되고 있으며, 이 경우 철도운송의 준거법으로 CIM 협약이 적용되고 있다. 또한 유럽제국의 국제도로운송은 CMR 협약의 규제를 받도록 되어 있다.

UCP 600에서는 철도운송의 경우 철도화물수탁서를 도로운송의 경우 도로화물수탁서와 같은 운송서류의 수리규정을 두고 있다.

한국 상법은 해상 운송인에 관한 규정은 비교적 잘 정비되어 있으나 철도운송이나 도로운송 등에 대하여서는 명확하고 구체적인 규정이 반영되지 않고 있다. 따라서 한국도 철도 및 도로운송 관련 법률을 국제적으로 통용되고 있는 CIM 및 CMR 협약과 조화될 수 있도록 상법에 반영할 필요가 있다.

제3편 국제물품운송(추록)

| 기출문제 |

01. 용선운송계약의 의의와 종류 (1996 관세사, 10점)

02. Bill of Lading의 기능 (1997 관세사, 10점)

03. 하역비 부담에 대한 분류를 열거해 기술하시오. (1998 관세사, 10점)

04. B/L의 기능에 관하여 설명하시오. (1998 관세사, 10점)

05. Full sets of clean on board ocean bill of lading made out to the order of Daehan Bank에서 요구하는 B/L의 종류를 설명하시오. (1999 관세사, 10점)

06. 복합운송인의 책임원칙 중 Uniform Liability system에 대하여 설명하시오. (1999 관세사, 10점)

07. 해상운송인의 책임원칙과 면책사유 및 보험자의 담보위험과의 관계를 논하시오. (1999 관세사, 50점)

08. FOB 조건하에서의 수입시 CFS/CY 운송을 비교설명하고, 화물의 흐름에 대하여 설명하시오. (2000 관세사, 10점)

09. 수입화물선취보증서의 필요성과 이를 취급하는 운송인의 책임에 관하여 논하시오. (2000 관세사, 10점)

10. Third party B/L acceptable이라는 조항의 의미와 이를 삽입하는 경우의 예 및 이유를 설명하시오. (2001 관세사, 10점)

11. 화주입장에서의 복합운송 장점을 단일운송과 비교해 설명하시오. (2002 관세사, 10점)

12. 무역거래에서 사용되는 선하증권의 기능을 설명하고, 최근 근거리 무역(예: 한국과 중국 간의 무역거래)에서 제기되고 있는 문제점 및 이에 대한 대안으로 사용되고 있는 방법들을 논하시오. (2003 관세사, 50점)

13. 선하증권의 위기(B/L crisis)의 발생원인과 그 해결을 위한 방법으로 L/G인도의 편법적 사용과 해상

화물 운송장의 활용방안을 설명하시오. (2004 관세사, 10점)

14. 수입화물 선취 보증서(L/G) 취급시 운송인의 책임에 대하여 설명하시오. (2004 관세사, 10점)
15. 해상화물의 선적절차 중 컨테이너화물의 선적절차를 운송계약의 체결과 선적으로 구분하여 설명하시오. (2005 관세사, 10점)
16. 해상운송의 책임원칙(항해과실과 상사과실를 위주로), 책임기간, 손해범위를 중심으로 해상운송인의 법적책임 문제를 헤이그-비스비규칙, 함부르크규칙, 영국해상물품운송법(1971) 및 우리나라의 상법의 관점에서 비교 설명하시오. (2006 관세사, 50점)
17. Surrender B/L 또는 Surrendered B/L 의의, 기능 및 이용절차를 설명하시오. (2007 관세사, 10점)
18. 운송 주선업자를 이용한 LCL컨테이너 화물의 집하 및 운송형태에 대해 설명하고 이 경우 운송주선업자와 송하인 및 선사간의 선하증권 발행형태에 대해 설명하시오. (2007 관세사, 10점)
19. 바르샤바협약상 항공운송인의 책임원칙, 책임한도, 손해배상 및 제소기간 등을 헤이그-비스비 규칙에서의 해상운송인의 그것과 비교 설명하시오. (2008 관세사, 50점)
20. M/R의 비고란에 수량부족인 경우, L/I를 견질로 CLEAN B/L을 발행한다. 이 때 M/R, L/I, B/L간 상호관계에 대하여 설명하고 L/I의 법률적 효과에 대하여 설명하시오. (2009 관세사, 10점)
21. FIATA FBL (International Federation of Freight Forwarder Association multimodal transport B/L ; 복합운송선하증권)과 UNCIMTG(United Nations Convention on International Multimodal Transport of Goods; 유엔국제복합운송협약)에 규정된 운송인의 책임원칙과 책임 한도액을 비교하여 설명하시오. (2011 관세사, 10점)
22. 몬트리올 협약(Montreal Convention)상 운송인의 책임원칙과 운송인의 면책사유, 운송인의 책임한도(단, 화물의 경우만)에 대하여 설명하시오. (2014 관세사, 10점)
23. 부정기선의 용선계약시, 이용하는 하역비부담조건들에 대하여 설명하시오.(2014 관세사, 10점)

| 연구문제 |

01. 정기선운송과 부정기선운송을 비교하여 설명하시오.

02. 개품운송계약과 용선운송계약을 비교하여 설명하시오.

03. 항해용선계약에서 정박기간의 산정에 대하여 설명하시오.

04. 헤이그비스비규칙, 함부르크규칙, 로테르담규칙 및 한국 상법에 규정된 해상운송인의 책임을 적용범위, 책임기간(구간), 책임원칙, 책임한도, 제소기간을 중심으로 비교하여 설명하시오.

05. 로테르담규칙상 전자운송기록의 유통성과 한국 상법상 전자선화증권의 발행 및 유통방법에 대하여 설명하시오.

06. 컨테이너운송에 관련된 국제조약중 컨테이너통관조약(CCC)과 국제도로운송 통관조약(TIR)을 비교하여 설명하시오.

07. 선화증권의 기능 및 법적성질에 대하여 설명하시오.

08. 선화증권의 채권적 효력과 물권적 효력을 비교하여 설명하시오.

09. Surrender Bill of Lading 사용상의 유용성과 문제점에 대하여 설명하시오.

10. House Air Waybill과 Master Air Waybill을 비교하여 설명하시오.

11. "On Board Bill of Lading", "Shipped Bill of Lading" 및 "Received for Shipment Bill of Lading"을 비교하여 설명하시오.

12. 몬트리올협약상 항공화물에 대한 항공운송인의 책임을 한국 상법과 비교하여 설명하시오.

| 참고문헌 |

1. 한국문헌

강원진, 「무역실무」, 제3판, 박영사, 2008.

강원진·이양기, 「최신 국제상거래론」, 박영사, 2014.

강원진, 「최신 국제상무론」, 두남, 2013.

강원진·조상현, "무역거래에서 전자선화증권의 활용에 관한 고찰", 「통상정보연구」, 제7권 제4호, 한국통상정보학회, 2005.

권기훈, "해상운송물 인도 방법의 문제점과 대안-권리포기 선하증권의 폐지와 대안을 중심으로-", 「법학연구」 제17집 제2호, 인하대학교 법학연구소, 2014.

권 오, "국제운송 관련 규칙의 멸실·손상 및 지연 손해 조항에 관한 연구", 관세학회지 제13권 제3호, 한국관세학회, 2012.

방희석, 「현대해상운송론」, 박영사, 1994.

백종실, "로테르담규칙에서 해상운송인의 책임에 관한 연구", 「국제상학」, 제26권 제4호, 한국국제상학회, 2011.

송옥렬, "해상운송에 관한 로테르담 규칙의 쟁점 및 전망", 「통상법률」, 통권 제88호, 법무부, 2009.

송채헌, "우리나라 철도운송인의 책임체계에 관한 연구", 물류학회지, 제21권 제1호, 한국물류학회, 2011.

양영환·서정두, 「국제무역법규」(제4판), 삼영사, 2003.

양재훈·김재학·나정호, "우리나라의 전자선화증권 활성화를 위한 법적 과제", 「국제상학」, 제22권 제3호, 한국국제상학회, 2007.

오원석, 「국제운송론」, 박영사, 1989.

유병욱, "로테르담규칙에서 운송인의 책임에 관한 연구", 「국제상학」, 제24권 제4호, 한국국제상학회, 2009.

이강빈, "몬트리올 협약상 국제항공화물운송에 관한 연구-항공화물운송장과 항공운송인의 책임을 중심으로-", 「무역상무연구」, 제49권, 한국무역상무학회, 2011.

이기수·신창섭, 「국제거래법」, 제6판, 세창출판사, 2015.

이상훈, "화물선취보증서제도의 개선을 위한 E-I/G의 활용에 관한 연구", 「산업경제연구」 제19권 제3호, 한국산업경제학회, 2006.

이양기·이우영, "로테르담규칙상대량화물정기운송계약의 도입에 관한 비판적 고찰", 「관세학회지」, 제13권 제1호, 한국관세학회, 2012.

이창숙·강원진, " 신용장거래에서 전자기록의 심사에 따른 문제점에 관한 고찰: e-Nego 시스템과 전자선화증권을 중심으로", 「통상정보연구」, 제12권 제2호, 한국통상정보학회, 2010.

이충배·정용균, "전자선하증권의 글로벌 운영 모델을 위한 개선방향과 과제", 「통상정보연구」, 제9권 제3호, 한국통상정보학회, 2007. 9, pp. 161-180.

임석민, 「국제운송론」, 제3판, 류천서원, 1992.

정완용 외, "물류산업 선진화를 위한 복합운송법 제정방안", 법무부, 2009.

정준우, "복합운송에 관한 2011년 상법개정안의 비판적 검토", 「법학연구」 제14집 제2호, 인하대학교 법학연구소, 2011.

조현숙, "로테르담 규칙에서 해상운송인의 책임에 대한 비교연구", 무역학회지, 제35권 제1호, 2010.

최병권, "로테르담규칙상 운송인의 책임에 관한 연구", 「해양비즈니스」, 제20호, 한국해양비즈니스학회, 2011.

최종현, 「신해상법론」, 제2판, 박영사, 2014.

최준선, 「국제항공운송법론」, 삼영사, 1987.

______, "국제항공운송에 관한 1999년 Montreal Convention에 대한 一考", 「저스티스」, 통권 제78호, 2004.

______, 「보험법·해상법·항공운송법」, 삼영사, 2012.

한국무역협회, 「수출입절차해설」, 제13판, 1990.

한국선주협회, 「로테르담 규칙(Rotterdam Rules) 제정과 발효, 협약의 주요내용 해설, 우리나라 대책」, 2009. 8.

현덕규, "몬트리올협약에 의한 국제항공운송계약의 규율", 「법률신문」 제3597호, 2007. 10. 25.

2. 구미문헌

Bes, J., *Chartering and Shipping Terms*, 7th ed., Barke & Howard, 1970.

Bergami Roberto , "The Rotterdam Rules and Negotiable Electronic Transport Documents in Letter of Credit Business", *Practice of International Trade School of Economics and Finance Centre for International Corporate Governance Research*, Victoria University, 2012.

CMI Uniform Rules for Sea Waybill, 1990.

Hardy Ivamy, E. R., *Payne and Ivamy's Carriage of Goods by Sea*, Butterworths, 1979.

Jarper Ridley, *The Law of the Carriage of Goods by Land, sea, air* Shaw & Sons Ltd., 1982.

Karan Hakan, "Any Need for a New International Instrument on the Carriage of Goods by Sea: The Rotterdam Rules?", Journal of Maritime Law & Commerce, Vol. 42, No. 3, July, 2011.

Kozolchyk, Boris, "Evolution and Present State of the Ocean Bill of Lading from a Banking Law Perspective", *Journal of Maritime Law and Commerce*, 23(2), 1992.

Paul Tood, *Modern Bills of Lading*, Collins, 1986.

UNCTAD, Multimodal Transport and Containerization, United Nations, 1984.

Debattista Charles, *Sale of Goods Carried by Sea*, Butterworths, 1990.

3. 국제물품운송규범

CMI Rules for Electronic Bills of Lading 1990.

CMI Uniform Rules for Sea Waybills 1990.

Convention for the Unification of Certain Rules for International Carriage by Air- Montreal (Montreal Convention), 1999.

Convention on the Contract for the International Carriage of Goods by Road (CMR), 1956.

Convention Supplementary to the Warsaw Convention for the Unification of Certain Rules Relating to International Carriage by Air Performed by a Person other than the Contracting Carrier (Guadalajara Convention), 1961.

International Convention concerning the Carriage of Goods by Rail (CIM), 1970.

International Convention for the Unification of Certain Rules of Law relating to Bills of Lading (Hague Rules), Brussels, 25 August 1924.

The Hague Rules as Amended by the Brussels Protocol(Hague-Visby Rules), 1968.

UNCTAD/ICC Rules for Multimodal Transport Document 1991.

United Nations Convention on Carriage of Goods by Sea 1978.

United Nations Convention on Contracts for the International Carriage of Goods Wholly or Partly by Sea (Rotterdam Rules), New York, 2008.

United Nations Convention on International Multimodal Transport of Goods 1980.

United Nations Convention on the Carriage of Goods by Sea (Hamburg Rules), Hamburg, 30 March 1978.

United Nations Convention on the Contract for the International Carriage of Goods by Road (CMR), Geneva, 19 May 1956.

Convention for the Unification of Certain Rules Relating to International Carriage by Air (Warsaw Convention), Warsaw on 12 October 1929.

PART 04

적화보험과 무역보험

[논술문제와 답안]

Chapter 12

해상적화보험과 무역보험

제1절 해상보험의 기본원리

문제 4-01 해상보험의 당사자와 해상보험의 기본원칙과 담보(warranty)에 대하여 설명하시오.

답안 4-01

〈목차 구성〉

Ⅰ. 서 론

해상보험(marine insurance)이란 해상위험에 의해 발생하는 손해를 보상할 것을 목적으로 하는 보험으로서 손해보험의 일종이다. 영국의 해상보험법(Marine Insurance Act 1906: MIA) 제1조에서는 "해상보험계약은 보험자가 피보험자에 대하여 그 계약에 의해 합의된 방법과 범위 내에서 해상손해, 즉 해상사업에 수반되는 손해를 보상할 것을 확약하는 계약"[1]이라고 정의하고 있다. 여기서 해상보험과 해상보험계약은 그 제도와 운영적인 측면에서 볼 때 동일한 것으로 보아도 무방할 것이다.

해상보험은 보험자(assurer)가 물품의 해상운송 중에 발생하는 위험을 인수하고 이들 위험에 기인한 손해가 발생하였을 경우 피보험자(assured)에게 그 손해액을 보상할 것을 계약하고 그 반대급부로서 보험계약자(policy holder)로부터 보험료(insurance premium)를 지급받게 된다.

무역거래에서 해상화물운송은 많은 위험이 수반되어 해상적화보험에 의한 위험관리를 통하여 보호를 받지 않고서는 원활한 국제상거래를 영위할 수 없다. 해상보험은 보험당사자간에 목적물에 대하여 보호를 받기 위해서는 보험계약의 기본원칙을 고려하여야 한다.

이하에서는 해상보험의 당사자와 해상보험의 기본원칙과 담보에 대하여 살펴보고자 한다.

Ⅱ. 해상보험의 당사자

해상보험에서의 당사자는 다음과 같이 ① 보험자, ② 보험계약자, ③ 피보험자로 구분된다.

1. 보 험 자

보험자(insurer; assurer)란 보험계약의 당사자로서 보험사고가 발생한 경우에 보험금을 지급할 의무를 부담하는 자로 보험계약을 인수(underwriting)하는 주체를 말한다. 즉 보험회사(insurance company), 보험인수업자(underwriter) 또는 그들의 대리인(their agents) 또는 그들의 대리행위자(their proxies)가 있다.[2] 한국의 경우 보험자는 주식회사 또는 상호회사이어야 한다. 미국은 개인보험회사를 불인정하지만 영국은 로이즈(Lloyd's)와 같이 개인도 보험업자가 될 수 있다. 보험자는 보험사업의 사회성 내지 공공성 등의 특성에 따라 그 자격이 제한되는 경우가 많다.

---

1) The Marine Insurance Act 1906, Marine insurance defined 1.

2) UCP 600에서는 보험서류를 발행할 수 있는 보험자에 대하여 규정하고 있다; UCP 600, Article 28-a.

2. 보험계약자

보험계약자(policy holder)란 보험자와 보험계약을 체결하는 자를 말한다. 보험계약자는 보험자, 즉 보험회사와 보험계약을 체결하고 보험료(insurance premium)를 납입하는 자로 보험자에 대하여 고지의무, 위험의 변경·증가의 통지의무를 부담하게 된다.

3. 피보험자

피보험자(assured; insured)란 피보험이익(insurable interest)을 갖는 자, 즉 손해의 보상을 받을 권리가 있는 자를 말한다.

해상적화보험에서 보험계약자와 피보험자는 동일인이 될 수도 있고 타인이 될 수도 있다. FOB 규칙이나 CFR 규칙에서는 매수인이 보험계약자이면서 자신을 피보험자로 하여 보험에 부보한다. 이 경우에는 보험계약자와 피보험자가 동일하다. 따라서 보험료 납입자와 보험금 수취권자는 동일인이 되는 것이다.

반면 CIF 규칙이나 CIP 규칙하에서는 매도인 자신을 우선 피보험자로 하여 보험계약을 체결하고 매도인이 보험료를 납입하지만 교부받은 보험증권에 배서(endorsement)하여 매수인에게 양도하는 형식을 취하여 결국 보험금 수취권은 매수인에게 귀속되기 때문에 보험계약자와 피보험자는 동일인이 아니다.

이와 같은 기본적인 세 당사자 외에도 보험대리인(insurance agent)과 보험중개인(insurance broker)이 있다. 보험대리인이란 보험회사를 위하여 보험계약의 체결을 대리하거나 중개하는 것을 영업으로 하는 독립된 상인을 말한다.

또한 보험중개인이란 독립적으로 보험자와 보험계약자 사이의 보험계약의 체결을 중개하는 것을 영업으로 하는 자를 말한다. 보험중개인은 보험가입을 원하는 사람을 위해 보험자와 접촉해서 자신의 고객인 보험가입 희망자에게 필요한 보험을 알선한다.

Ⅲ. 해상보험의 기본원칙

해상보험은 그 목적물에 대하여 보호를 받기 위해서는 다음과 같은 기본원칙에 따라 보험계약을 체결하여야 한다. 여기에서는 그 기본적 원칙으로 ① 최대선의의 원칙, ② 손해보상의 원칙, ③ 근인주의, ④ 담보의무에 대하여 살펴보기로 한다.

1. 최대선의의 원칙

보험계약자는 보험자에게 보험청약을 할 경우 자기가 신고하는 모든 사항에 대하여 최대선의(utmost good faith)에 의거하여 고지(告知; disclosure)하여야 한다.

해상보험계약이 최대선의의 계약이 되기 위하여 한국의 상법도 보험계약자에게 고지의무를 부담시키고 있는데, 보험계약체결 당시에 중요한 사실을 고지하지 아니하면 계약이 해지되고(상법 제651조), 통지의무 즉 계약체결 후 보험목적물의 위험이 변경 또는 증가되면 보험자에게 통지하여야 하며 통지하지 아니하면 보험자는 계약을 해지할 수 있다고 규정하고 있다(상법 제652조).

영국 해상보험법(Marine Insurance Act 1906)에서도 "해상보험계약은 최대선의에 의한 계약이며 당사자의 일방이 최대선의를 준수하지 않을 경우에는 상대방은 그 계약을 취소할 수 있다"고 규정하고 있다.[3] 따라서 당사자는 상대방이 보험계약에 대하여 올바른 결론을 내릴 수 있도록 도와줄 의무를 부담하고 있다고 할 수 있다.

2. 손해보상의 원칙

보험계약은 보험자가 우연한 사고의 발생에 따른 손해를 보상하는 점에서 사행계약(射倖契約; aleatory contract)이지만 보험에 의하여 이득을 얻지 못한다는 원칙이 적용된다.[4] 해상보험계약은 보험자가 피보험자에 대한 해상손해, 즉 항해사업에 부수하는 손해만을 보상하는 것을 약속하는 계약으로 해상손해 이외의 손해는 보상하지 않는다.[5]

이처럼 보상은 해상보험계약에서의 손해발생시 손해금액을 한도로 지급되어야 하는 원칙을 손해보상의 원칙(principle of indemnity)이라고 한다. 이러한 원칙하에서 해상보험계약은 기평가보험증권(valued policy)으로 발행되지만 손해보상계약으로 손해금액을 한도로 보상받게 되며, 손해보상계약인 해상보험은 피보험이익(insurable interest)을 회복하는 데 그 목적이 있다. 또한 보험자는 대위(代位)의 원리(doctrine of subrogation)[6]에 의

3) MIA 1906, Article 17.

4) 피보험자가 그 사고발생 전의 경제상태보다 좋은 상태를 취한다고 하면 보험에 의하여 부정청구 등 또 다른 사고가 발생하여 공서양속에 반하게 될 수 있다.

5) 손해보험 중에도 화재보험, 자동차보험 등 재산보험계약은 재해발생시점의 실제 현금가치로 보상되는 미평가보험증권(unvalued policy)으로 발행되지만 해상보험계약은 기평가보험증권(valued policy)으로 발행된다. 기평가증권으로 발행되는 이유는 적화나 선박은 시간적으로 항상 이동하고 있어 장소·시간에 따라 보험가액을 측정하기가 곤란한 경우가 많기 때문이다.

6) "대위한다"(subrogate)라는 말은 제3자가 타인의 법률상의 지위에 대신하여 그가 가진 권리를 취득하거나 행사한다는 것을 의미한다.

해서 책임 있는 제3자로부터 피보험자에게 지급한 금액 이상을 보상받을 권리가 없다.

3. 근인주의

근인주의(doctrine of proximate cause)의 본질은 "근인을 보고 원인을 보지 말라"(causa proxima non remota spectatur)는 원칙에 의거 손해보상여부를 결정한다는 이론으로 여러 조건 중에서 손해발생에 직접적 효력을 갖는 것이 무엇인가를 판단해야 한다는 것이다.

손해에 대하여 보험자가 보상을 받기 위해서는 그 손해와 담보위험 사이에 인과관계가 성립되어야 하는데, MIA에서도 "보험자는 피보험위험에 근인으로 일어나는 모든 손해에 대하여 보상책임을 부담한다"고 규정하고 있다.7)

해상보험의 손해보상여부를 결정함에 있어서 손해의 원인에도 직접원인, 간접원인, 위험결과의 손해 등 그 종류가 많고 연쇄적으로 발생하여 손해가 발생한 경우 보험자는 이 손해가 과연 담보위험에 의하여 발생한 손해인지 여부를 판단한다는 것은 어려운 일이다.

초기의 근인원칙에서는 시간적으로 손해가 발생한 시각에 가까운 원인이 담보위험이면 보상하는 것으로 시간적 측면을 중요시 하였지만, 오늘날에는 실질적으로 손해를 유발시킨 중요한 원인이 무엇인가를 규명하려 함으로써 지배력과 효과면에서 비중이 큰 효과적 근인(causa proxima in efficiency)을 판단기준으로 해석하고 있다.8)

Ⅳ. 담 보

1. 담보와 담보의무

담보(warranty)는 영미 계약법에 특유한 개념으로 사용되는 분야에 따라 그 의미나 효과가 다르다. 영국 해상보험법(MIA)에서는 담보의 성질(nature of warranty)에 대하여 "담보란 확약담보(promissory warranty)를 의미한다. 확약담보는 특정한 일이 행하여지거나 행하여지지 아니할 것을 피보험자가 약속하는 담보, 또는 어떠한 조건이 충족될 것을 피보험자가 약속하는 담보, 또는 피보험자가 특정한 사실 상태의 존재를 긍정하거나 또는 부정하는 담보"로 정의된다.9) 이러한 담보제도는 한국 상법에 없는 독특한 제도이다.

---

7) MIA 1906, Article 55(1).

8) 근인주의에는 최후조건설, 최유력조건설, 상당인과관계설 등의 학설이 있다.

9) MIA 1906, Article 33(1).

보험에서의 담보란 일반적인 담보의 개념과는 다른 의미를 갖고 있다. 담보는 특정 조건의 준수를 보증하는 보험계약자에 의한 약속이다. 즉 담보는 피보험자가 지켜야 할 약속으로서 피보험자가 담보를 위반할 경우에는 보험계약을 무효화할 권리를 보험자가 갖는다.

해상보험에서는 담보란 말은 두 가지로 사용되고 있다. 그 하나의 뜻은 전술한 바와 같이 피보험자의 약속에 대한 담보로 보험자는 이 약속위반에 대하여 면책되는 것이고 다른 하나의 뜻은 보험자의 담보책임 내용을 제한하거나 제외한다는 것이다. 즉 "Warranted free from … "과 같이 적화보험약관에 사용하는 것이다.

보험자는 피보험자로 하여금 일정한 사항을 준수할 것을 보험증권에 명시하도록 하는 경우가 있는데, 이때 피보험자가 보험자에 대해서 일정한 사항을 준수하기로 보험증권상에 약속함으로써 발생하는 의무를 담보의무라고 한다.

2. 담보의 종류

담보에는 명시담보(express warranties)와 묵시담보(implied warranties)가 있다.

명시담보란 담보의 내용이 보험증권에 기재되거나 담보내용을 증권에 첨부하는 것으로 이에는 피보험목적물이 특정일 또는 기간 동안 언제라도 안전해야 한다는 안전담보(warranty of good safety), 보험기간 중 본선상에는 선박이나 적화가 중립국의 재산으로 증명할 수 있어야 한다는 중립담보(warranty of neutrality), 선박보험에 추가하여 선비를 부보할 때 선비의 보험금액을 선박보험금액의 일정비율(25%) 이상을 넘지 못하도록 한다는 내용의 선비담보(disbursement warranty), 선박이 운항을 할 수 없는 지역을 명시하고 있는 항해담보(institute warranty)가 있다.

한편 묵시담보란 보험증권에 명시되어 있으나 피보험자가 묵시적으로 제약을 받아야 하는 담보, 즉 법적으로 계약서에 포함되어 있다고 간주하는 것을 의미한다. MIA에서 규정하고 있는 묵시담보에는 항해개시시에 있어서 선박의 내항성(감항성)담보(耐航性擔保; warranty of seaworthiness)[10]와 항해의 내용에 있어서 적법성담보(warranty of legality)[11]가 있다.

내항성(감항성)담보란 선박이 항해를 개시할 때에 해당 항해를 완수할 수 있을 정도로, 즉 항해에 적합하도록 내항성이 있어야 한다는 것이다. 적화보험증권의 경우에는 화주는 선박의 내항성 유무를 알 수 없으므로 화주에게 선박의 내항성을 요구하는 것은

10) MIA 1906, Article 39.
11) MIA 1906, Article 40.

무리이기 때문에 협회적화약관(Institute Cargo Clauses: ICC)에 동 취지를 규정하고 있다.[12)]

적법성담보란 피보험자가 지배할 수 없는 경우를 제외하고는 모든 해상보험은 그 내용이 합법적이어야 한다는 것이다.[13)]

3. 담보의무위반의 효과

담보의무는 그 보험에서 인수한 위험의 발생과 관련하여 그 의무의 내용의 중요성과 상관없이 엄격히 충족되거나 준수되어야 하는 조건이다.[14)] 따라서 이 조건이 엄격히 충족되거나 준수되지 않으면 담보의무의 위반이 되며, 담보의무의 위반이 있으면 보험증권에 달리 정하고 있지 않는 한, 보험자는 담보의무위반의 순간부터 보상책임을 면한다. 담보위반이 있는 경우에는, 피보험자는 손해발생 전에 그 위반이 교정되어 담보가 충족되었다고 하는 항변을 할 수 없다.[15)]

Ⅴ. 결 론

해상보험은 보험의 목적물에 따라 여러 가지로 나눌 수 있지만,[16)] 무역거래에서는 적화보험(積貨保險; cargo insurance)이 중심이 된다. 물품을 대상으로 하는 무역거래에서는 적화물에 대하여 보험에 부보함으로써 해상위험으로부터 발생하는 손해를 줄이고 무역거래의 원활을 도모할 수 있다.

무역거래에서의 경쟁력 제고는 물론 무역기업의 효율적 경영을 위하여 최근 들어 운송물품의 위험관리(risk management)에 대한 논의가 활발해지고 있다.

무역거래에서의 적화보험은 원거리의 운송과 장시간을 요하는 운송기간, 포장상태, 물품의 종류·성질 등 보험에 영향을 미치는 요인이 많기 때문에 해상적화보험 목적물에 대하여 보호를 받기 위해서는 보험당사자인, 보험자와 보험계약자 및 피보험자간에 보험의 기본원칙인 최대선의의 원칙, 손해보상의 원칙, 근인주의, 담보 등에 대한 이해를 통하여 적절한 보험조건을 선택하고 보험계약을 체결하여야 한다.

---

12) 신협회적화약관 제5조.

13) 강원진, 「무역실무」, 제3판, 박영사, 2008, 389~392면.

14) MIA 1906, Article 33(3).

15) MIA 1906, Article 34(2).

16) 예컨대 적화보험, 선박보험 이외에도 운임보험(freight insurance), 희망이익보험(expected profit insurance), 배상책임보험(liability insurance) 등 여러 종류가 있다.

문제 4-02 해상보험계약에서 고지의무의 대상과 고지의무의 위반 및 효과에 대하여 설명하시오.

답안 4-02

〈목차 구성〉

Ⅰ. 서 론

고지의무(duty of disclosure)란 보험계약자나 피보험자가 보험 계약체결 당시에 보험자에 대하여 중요한 사항을 고지하고 중요사항에 대한 부실고지를 하지 아니할 의무를 말한다.[17] 영국 해상보험법(Marine Insurance Act: MIA) 제17조에 의하면 "해상보험계약은 최대선의(utmost good faith)에 의한 계약이며, 또한 당사자 일방이 최대선의를 준수하지 아니한 경우 상대방은 그 계약을 해제(avoid)할 수 있다"고 규정하고 있다.

특히 적화보험에서는 보험목적물에 대한 위험사정을 보험자가 미리 알기는 사실상 어렵다. 따라서 피보험이익에 노출되는 위험사정을 잘 알고 있는 자는 보험자가 아닌 피보험자나 보험계약자이므로 보험계약성립 전에 자신이 알고 있는 일체의 중요한 사항(material circumstance)을 보험자에게 고지하여야 한다. 보험계약이 피보험자의 대리인에 의하여 체결되는 경우에도 그 대리인이 고지의무를 부담한다.[18] 최대선의 의무에서 고지의무는 곧 보험계약을 체결함에 있어 계약당사자간에 형평의 원칙이 성립되는 것이다.

그러나 보험계약을 체결할 당시 중요한 사항을 고지해야할 당사자가 고의나 중대한 과실로 인하여 중요한 사항을 고지하지 않거나 부실고지를 한 경우 계약해제사유가 될 수 있으므로 피보험자의 고지의무는 보험계약의 효력에 중요한 영향을 미친다.

이하에서는 해상보험계약상 고지의무의 대상과 고지불필요 사항, 고지시기 및 방법 그리고 고지의무위반의 요건과 효과에 대하여 MIA와 한국 상법을 중심으로 살펴보고자 한다.

---

17) 최준선, 「보험법·해상법·항공운송법」, 삼영사, 2012, 81면.

18) MIA 1906, Art. 19.

Ⅱ. 고지의무의 대상과 고지불필요 사항

1. 고지의무의 대상

1) MIA

MIA에 의하면 피보험자는 자신이 알고 있는 일체의 "중요한 사항"(material circum-stance)을 계약성립 전에 보험자에게 고지하여야 하며, 또한 피보험자는 통상의 업무상 당연히 알아야 할 일체의 사항을 알고 있는 것으로 본다고 규정하고 있다(제18조 1항). 여기서 말하는 중요한 사항에 대하여 "'신중한 보험자'(prudent insurer)가 보험료를 산정하거나 또는 위험인수의 여부를 결정하는데 있어서 그의 판단에 영향을 미치는 모든 사항은 중요한 사항이다"라고 하고 있다(제18조 2항).

신중한 보험자의 판단에 영향을 미치는 사항에 대하여 영국 귀족원(House of Lords)은 신중한 보험자의 결정에 실제적으로 영향을 미치지 아니하더라도 신중한 보험자가 위험의 인수여부 또는 보험료를 결정함에 있어서 알고자하는 사항을 말한다는 입장을 채택하여 오래된 논쟁에 결론을 내렸다.[19] 따라서 MIA상 피보험자가 고지하여야 할 중요한 사항의 범위는 상당히 넓다고 할 수 있다.

2) 한국 상법

한국 상법은 보험자가 서면으로 질문한 사항은 중요한 사항으로 추정한다(제651조의2)고 규정하고 있으나 어떠한 사항이 구체적으로 중요한 사항이며 그 판단은 누구를 기준으로 할 것인가 하는 점에 관하여는 명시적으로 규정하고 있지 않다.

중요한 사항의 판단을 누구를 기준으로 하여야 할 것인가 하는 점에 대하여 한국의 학설은 대체적으로 객관적인 보험자를 기준으로 하여야 한다고 설명하고 있다. 이처럼 한국 상법의 해석상으로도 중요한 사항인지의 판단을 피보험자(또는 보험계약자) 또는 당해 보험자를 기준으로 하지 아니하고 객관적인 보험자를 기준으로 하는 점에서 신중한 보험자를 기준으로 하고 있는 영국법의 입장과 대동소이한 것으로 생각된다.[20]

2. 고지불필요 사항

MIA 제18조 3항에 의하면 다음과 같은 사항은 문의(inquiry)가 없는 한 이를 고지할

---

19) Pan Atlantic Insurance Co., Ltd. v. Pine Top Insurance Co., Ltd., [1994] 2 Lloyd's Rep. pp. 427~468; 최종현, 「신해상법론」, 제2판, 박영사, 2014, 627~628면.

20) 상게서, 628면.

의무가 없다고 규정하고 있다:

① 위험을 감소시키는 일체의 사항

② 보험자가 알고 있거나 또는 알고 있는 것으로 추정되는 일체의 사항. 보험자는 일반적으로 널리 알려진 사항이나 상식에 속하는 사항 및 보험자가 통상의 업무상 당연히 알고 있어야 할 사항에 대하여는 이를 알고 있는 것으로 추정한다.

③ 보험자가 통지받을 권리를 포기한 일체의 사항

④ 명시 또는 묵시담보(express or implied warranty)가 있기 때문에 고지할 필요가 없는 일체의 사항

고지되지 아니한 특정의 사항이 중요한 것인지의 여부는 각 경우에 있어서 사실의 문제(question of fact)로 보고 있다(제18조 4항).

Ⅲ. 고지시기 및 방법

MIA 제18조는 보험계약이 체결되기 이전에 자신이 알고 있는 중요한 사실을 알려야 함을 명확히 규정하고 있다. 한국 상법에서 고지의 시기는 보험계약 당시(상법 제651조)라고 규정하고 있다. 즉, 고지의무는 보험계약의 청약시에 종결되는 것이 아니라, 계약 성립의 최종단계인 보험자의 승낙 직전까지 이행하면 된다. 그러므로 보험계약을 청약할 때에는 고지의무를 다하지 아니하였어도 계약성립시까지 발생, 변경된 사항이 있으면 이를 고지하여야 하고 이미 한 고지를 정정할 수도 있다.

따라서 고지의무는 보험자에 대하여 보험계약의 성립 이전에 이행하여야 하는 것이고, 계약의 조건으로 부과된 것이 아니므로, 고지의 유무나 고지의무의 위반여부는 보험계약 성립 이후에 발생한 사실은 고지할 사항에 해당하지 않고 통지의무의 대상이 된다.

고지의 방법은 법률상 특별한 제한이 없다. 즉 서면이나 구두, 명시적 또는 묵시적이든 상관없으며, 고지의무자 자신뿐만 아니라 그 대리인 또는 이행보조자에 의해서도 할 수 있다. 일반적인 고지방법은 청약서와 함께 질문표에 따라 서면고지 하도록 하고 있다.[21)]

21) 김선철·이길남, “우리 상법(보험편)과 영국 해상보험법의 고지의무 법리에 관한 비교 연구”, 「통상정보연구」, 제11권 1호, 한국통상정보학회, 2009, 321~322면.

Ⅳ. 고지의무위반의 요건과 효과

1. 고지의무위반의 요건

피보험자는 보험계약을 체결할 당시에 자기가 알고 있는 모든 중요한 사항을 최대 선의의 원칙에 따라서 고지해야 하며 그리고 이러한 고지는 진실되게 표시되어야 한다. 만약 중요한 사항을 고지하지 않거나 허위로 표시하게 되면, 불고지(non-disclosure) 또는 부실고지(misrepresentation)로서 피보험자는 고지의무를 위반한 결과가 된다.[22)]

MIA상으로는 단순히 중요한 사항의 불고지 또는 부실고지라는 객관적 요건만 있으면 고지의무위반이 성립된다(제18조). 그러나 한국 상법상 보험계약당시에 보험계약자 또는 피보험자가 고의 또는 중대한 과실이라는 주관적 요건이 필요하다(상법 제651조).

2. 고지의무위반의 효과

1) MIA

MIA상 피보험자가 고지의무를 위반한 경우에는 보험자는 보험계약을 해제할 수 있다(제18조 1항). 보험계약이 무효이든지 또는 보험자에 의하여 보험개시의 시로부터 해제되는 경우에는, 피보험자 측에 사기 또는 위법이 없었을 때에 한하여 보험자가 이미 지급받은 보험료는 환급해줄 의무를 부담하게 된다. 그러나 위험이 분할불가능하고 위험이 일단 개시된 경우에는 보험료는 환급되지 않는다.[23)]

2) 한국 상법

한편 한국 상법 제651조에서는 "보험계약 당시에 보험계약자 또는 피보험자가 고의 또는 중대한 과실로 인하여 중요한 사항을 고지하지 아니하거나 부실의 고지를 한 때에는 보험자는 그 사실을 안 날로부터 1월 내에, 계약을 체결한 날로부터 3년 내에 한하여 계약을 해지할 수 있다. 그러나 보험자가 계약당시에 그 사실을 알았거나 중대한 과실로 인하여 알지 못한 때에는 그러하지 아니하다"라고 규정하여 보험자에게 고지의무위반으로 인한 계약해지권을 부여하고 있다.

원칙적으로 한국 상법상으로는 보험자가 계약을 해지하더라도 그 해지에는 소급효

---

22) 피보험자가 중요한 사항을 고의적으로 알리지 않는 경우를 은폐(concealment)라 하고 실수로 일리지 않을 때를 불고지라 한다. 고지는 진실 되게 표시되어야 한다; R. H. Brown, Marine Insurance-principles & Basic Practice, 6th ed., London Witherby, 1998, p. 89; 구종순, 「해상보험」, 제4판, 박영사, 2010, 111면.

23) MIA 1906, Art. 84(3)(a).

가 없기 때문에 보험자는 보험계약을 해지하는 시점이 속하는 보험료기간까지에 대한 보험료 청구권을 갖는다. 다만 한국 상법상으로도 보험금지급의무에 관하여는 예외적으로 위 비소급원칙을 수정하여 보험자가 보험사고가 발생한 후에 보험계약을 해지한 때에도 보험자에게는 보험금지급의무가 없으며 이미 지급한 보험금의 반환을 청구할 수 있도록 하고 있으므로(상법 제655조) 이 점에서는 MIA와 한국 상법의 입장이 동일하다.

3. 고지의무위반과 보험사고 및 보험계약체결 사이의 인과관계

한국 상법은 고지의무위반과 보험사고의 발생 사이에 인과관계가 존재하지 않는 경우에는 비소급효원칙에 대한 예외를 규정한 상법 제655조 본문이 적용되지 않도록 규정하고 있다(상법 제655조 단서).

따라서 보험자가 보험사고 발생 후 보험계약을 해지하는 경우에 고지의무위반과 보험사고의 발생사이에 인과관계가 없으면 다시 해지의 비소급효원칙으로 돌아가 보험자는 보험금지급의무를 부담하게 된다. 이에 반해 MIA상으로는 고지의무위반과 보험사고의 발생사이에 아무런 인과관계가 존재하지 않더라도 보험자는 보험계약을 해제하고 보험금지급책임을 면할 수 있다.[24]

4. 입증책임

MIA상 입증책임은 고지의무 위반으로 인하여 보험계약의 취소를 주장하는 의무위반 상대방이 입증책임을 부담한다는 점에서는 한국 상법과 일치하나 입증 내용면에서 약간의 차이가 있다. 즉, MIA에서 고지의무자의 고지의무위반[25]을 이유로 보험계약을 취소하고자 하는 상대방이 중요한 사실을 불고지한 사실을 입증할 뿐만 아니라 그러한 사실의 불고지가 자기의 계약체결에 관한 결정에 영향을 미쳤음을 입증해야 한다.[26]

한국 법상의 입증책임은 대법원판례에 의하면 보험자가 다른 보험계약의 존재 여부에 관한 고지의무위반을 이유로 보험계약을 해지하려면 보험계약자 또는 피보험자가

24) 최종현, 전게서 629면.

25) MIA에서 고지위반과 담보위반을 비교하면 다음과 같다; 구종순, 전게서, 118면.

구 분	고지위반	담보위반
위반내역	중요한 사항	어떠한 사항
결과	보험계약의 해제	보험계약의 해지
효력	전보험계약의 무효	해지시점 이후의 보험계약 무효
보험료	전부 반환	일부 반환

26) 김선철·이길남, 전게논문, 323면.

다른 보험계약의 존재를 알고 있는 외에 그것이 고지를 요하는 중요한 사항에 해당한다는 사실을 알고도, 또는 중대한 과실로 알지 못하여 고지의무를 다하지 아니한 사실을 입증하여야 한다고 판시하고 있다.[27)]

표 4-1 영국 해상보험법과 한국 상법상의 고지의무위반에 대한 비교[28)]

항 목	MIA	한국 상법
고지의무위반의 성립요건	객관적 요건	주관적 요건
중요한 사항 입증책임 시기	보험계약체결 이전	보험계약 당시
입증책임	의무위반 상대방, 내용면에서 차이	보험자
고지의무위반과 보험사고 사이의 인과관계	인과관계 존재하지 않아도 보험자 면책	인과관계 존재해야 보험자 면책
고지의무위반과 보험계약체결사이 인과관계	인과관계 필요함	인과관계 요구하지 않음
고지의무 위반효과	계약해제권, 손해배상청구권 없음	계약해지권, 손해배상청구권 없음
보험자의 계약해제(해지)권·취소권 관련 제소기간	구체적으로 기간이 정해져 있지 않음	고지의무위반 사실 안 날로부터 1월, 보험계약 체결일로부터 3년 경과시 소멸
해제(해지)권 포기	있음	있음
보험자의 고의와 중과실	해제권 제한	해지권 제한

Ⅴ. 결 론

해상보험계약은 최대선의에 의한 계약으로 만약 보험계약 당사자의 어느 일방이 최대선의를 준수하지 아니한 경우 상대방은 보험계약을 해제할 수 있다고 MIA에서 규정하고 있다. 이와 같이 피보험자가 고지의무를 위반한 경우에는 보험자에게 보험계약을 해제권을 부여하고 있다. 신중한 보험자가 보험료를 결정하는데 또는 위험을 인수할 것인가 아닌가를 결정하는데 영향을 미치는 "중요한 사항"을 계약성립 전 피보험자나 보험계약자는 보험자에게 고지하여야 한다. 그런데 어떤 사항이 중요한가 아닌가를 사

27) 대법원 2004. 6. 11. 선고 2003다18494 판결.
28) 김선철·이길남, 전게논문 328면에서 일부용어 수정.

실의 문제로 규정하고 있어 중요한 사항의 결정 여부를 판단하기는 용이하지 않다.

보험계약자의 고지의무위반으로 보험자에게 해제권이 발생하기 위해서는, 주관적 요건으로서 고지의무자인 보험계약자와 피보험자에게 고지 또는 중대한 과실이 있어야 하고, 객관적 요건으로서 중요한 사항에 대한 불고지 또는 부실고지가 있어야 한다. 이에 대한 입증책임은 1차적으로 고지의무위반을 주장하는 보험자 측에 있다.

고지의무위반 요건으로 영국법상으로는 이러한 주관적 요건이 필요하지 않고 단순히 중요한 사항의 불고지 또는 부실고지라는 객관적 요건만 있으면 고지의무위반이 성립되지만 한국 상법상으로는 피보험자 또는 보험계약자의 고의 또는 중대한 과실이라는 주관적 요건이 필요하다.

고지의무위반이 있는 경우에 MIA상으로는 보험자에게 계약해제권이 부여되나 한국 상법상으로는 보험자에게 계약해지권이 부여된다. 계약해지는 장래에 대하여 발생하므로 소급효과가 없으나, 계약해제는 보험계약이 처음부터 무효가 되므로 소급효과가 있다. 그러나 한국 상법은 고지의무 위반 시 보험자에게 계약해지권을 부여하면서도, 보험금 지급에 관해서는 해지의 비소급 효력의 원칙을 수정하여 보험사고가 발생한 후에 보험계약을 해지한 때에는 보험자는 보험금을 지급할 책임이 없고, 이미 지급한 보험금의 반환도 청구할 수 있다고 규정하고 있어 이 점에 관해서는 MIA와 한국 상법의 입장이 동일하다.

MIA상으로는 고지의무위반과 보험사고의 발생 사이에 아무런 인과관계가 없어도 보험자는 보험계약을 해제하고 보험금 지급책임을 면할 수 있다. 그러나 한국 상법상으로 보험자가 보험사고 발생 후 보험계약을 해지하는 경우, 피보험자가 고지의무위반과 보험사고의 발생 간에 인과관계가 없다는 것을 증명한 때에는 다시 해지의 비소급 효력의 원칙이 적용되어 보험자는 보험금 지급의무를 부담한다. 한국 상법상으로는 고지의무위반과 당해 보험자의 계약체결 사이에 인과관계가 요구되지 아니한다.

이와 같이 고지의무에 관한 MIA와 한국 상법의 입장은 상이하다. 적화보험증권이 발행되는 보험계약의 경우에는 영국법이 적용되는 것이 일반적이 될 것이나 보험자와 피보험자간에 여타 범위에서 분쟁발생시 어느 법이 적용되어야 하는가가 문제시 될 수 있다.

해상보험 실무에서도 MIA에 기초를 두고 여러 유형의 협회적화약관이 사용되고 있다. 보험계약에서 최대선의의무의 원칙에 따라 고지의무를 부과하고 또한 고지의무위반에 해당되는지 여부에 따른 해석과 적용상에 있어 국제성과 상거래관행에 부응하는 한국 상법상의 입법도 지속적으로 보완해야할 필요가 있다.

문제 4-03 피보험이익의 요건과 종류에 대하여 설명하시오.

답안 4-03

〈목차 구성〉

Ⅰ. 서 론

피보험이익(insurable interest)이란 보험의 목적물에 대하여 특정인이 갖게 되는 이해관계(interest)를 말한다. 초기단계에서는 보험의 대상으로 물체 자체가 보험의 목적물이었으나 경제제도가 복잡해지고 보험제도가 활발해지면서 보험계약의 대상을 화물이나 선박과 같은 물체 자체가 아니라 이와 같은 보험목적물에 대하여 특정인이 갖는 이해관계로 이해되고 있다.

MIA에서도 "해상사업에 이해관계가 있는 자는 모두 피보험이익을 가진다"[29]라고 규정하고 있으며 "보험재산의 안전이나 도착으로 인하여 이익을 취득할 수 있고, 피보험재산의 멸실이나 손상 및 지연으로 인하여 불이익을 갖고, 또 피보험재산에 관하여 책임을 부담하는 입장에 서게 되는 사람은 특히 항해 사업에 이해관계를 갖는다"[30]고 피보험이익을 정의하고 있다.

따라서 화물의 소유자나, 화물을 보관하고 있는 창고업자, 화물운송업자, 재보험계약을 체결할 경우의 보험자, 포장업자는 모두 피보험이익을 갖는 이해관계자라고 할 수 있다.

이하에서는 보험계약이 법적효력 발생을 위한 피보험이익의 요건 및 종류에 대하여 살펴보고자 한다.

29) MIA 1906, Article 5(1).
30) MIA 1906, Article 5(2).

Ⅱ. 피보험이익의 요건

보험계약이 법적 효력을 발생하기 위하여 피보험이익은 반드시 ① 적법성, ② 경제성, ③ 확정성의 요건을 갖추어야 한다.

1. 적 법 성

피보험이익은 법적으로 인정된 것이어야 하며 적법한 것이어야 한다. 불법, 공서양속에 위배되는 목적물 이를테면 밀수품, 마약, 절도품, 탈세와 도박 등에 관련되거나 음란도서나 음반 등은 피보험이익이 될 수 없다.

2. 경 제 성

피보험이익이 될 수 있는 것은 경제적 이익이라야 하며 감정적, 도덕적 이익은 비경제적 이익, 즉 금전으로 평가할 수 없는 것이기 때문에 피보험이익이 될 수 없다.

한국 상법 제668조에서도 "보험계약은 금전으로 산정할 수 있는 이익에 한하여 보험계약의 목적으로 할 수 있다"고 규정하고 있으므로 이는 곧 피보험이익의 경제성을 의미하고 있다.

3. 확 정 성

피보험이익은 보험사고가 발생할 때까지는 보험계약의 요소로서 확정하거나 확정할 수 있는 것이어야 한다. 그렇게 되기 위해서는 다른 이익과 명확하게 식별할 수 있는 것이어야 한다. 이익은 현재 확정되어 있지 않더라도 장래에 있어서 확정될 것이 확실한 것은 보험의 대상이 될 수 있다. 예컨대 CIF가격에 희망이익을 추가하여 부보하는 것도 이러한 의미에서 가능한 것이다.

Ⅲ. 피보험이익의 존재하여야 할 시기

보험계약자는 보험계약체결시에 보험목적에 대하여 이해관계를 가질 필요는 없으나, 손해발생시에는 반드시 이에 대하여 이해관계를 가지고 있어야 한다.

다만 보험의 목적이 "멸실 여부를 불문함"(lost or not lost)이라는 조건으로 보험에 부보된 경우에는, 피보험자는 손해발생 이후까지 피보험이익을 취득하지 아니하였더라

도 손해를 보험자로부터 회수할 수 있다.31)

피보험이익이 손해발생시에 피보험이익을 갖지 아니한 경우에는, 피보험자는 손해발생의 사실을 알게된 후 어떠한 행위 또는 선택에 의하여도 피보험이익을 취득할 수 없다.32)

Ⅳ. 피보험이익의 종류

해상보험에서의 피보험이익은 별도 규정이 없는 한, 모든 합법적인 항해사업은 피보험이익이 될 수 있는데 주 내용은 다음과 같다.

1. 선박(marine hull)

선박이라 함은 상행위 기타 영리를 목적으로 하는 항해에 사용되는 선박을 의미한다. 또한 선박의 구성요소는 선체, 기관, 속구, 연료, 식료, 기타 소모품 등 피보험자의 소유에 속하고, 선박을 사용하기 위하여 선박 내에 존재하는 모든 물건을 포함한다.

선박보험증권은 일반적으로 기평가증권(valued policy)으로 발행되는데, 만약 계약당사자가 사전에 보험가액을 결정하지 않았을 경우33)에 영국해상보험법 제16(1)조에서는 선박의 보험가액은 위험개시시의 선박의 가액이라고 규정하고 있다.

2. 해상적화(marine cargo)

적화란 상품의 성질을 가지는 화물을 의미하며, 사유물이나 선내에서 소비하기 위한 식료품 및 소모품은 포함하지 않는다. 적화보험의 보험가액은 선적한 때와 장소의 가액과 선적 및 보험에 관련된 비용을 말한다. 또한 영국해상보험법 제16(3)조에서는 원가에 선적비용과 보험비용을 가산한 선적한 때와 장소에 있어서의 가액이라고 규정하고 있다.

그러나 사실상 원가와 선적 및 보험비용, 희망이익 등의 계산이 번잡하므로 실무상 송장가격(CIF)에 10%의 희망이익을 부보하는 것이 관례로 되고 있다.

31) MIA 1906, Article 6(1).

32) MIA 1906, Article 6(2).

33) 미평가보험이라고 한다. 미평가보험의 경우 보험가액은 보험자의 책임이 개시되는 때를 기준으로 하여 산정한다. 일반보험에서는 미평가보험이 원칙이다. 미평가보험의 경우 보험사고 발생시기의 초과보험 또는 일부보험의 문제가 생긴다(MIA 1906, Art. 16). 이에 반하여 기평가보험은 보험계약 체결시에 미리 보험가액을 약정하여 둔 보험을 말한다. 해상보험은 거의 전부 기평가보험으로 부보 된다[MIA 1906, Art. 27(3)].

3. 운임(freight)

운임이란 화물의 해상운송에 대한 보수이며 그 종류는 선지급 운임(prepaid freight)과 후지급 운임(collective freight)이 있고 선지급 운임은 화주의 피보험이익이고 후지급 운임의 경우는 해상사고로 인하여 운송의 의무를 완수하지 못하면 운임을 받을 수 없으므로 선주의 피보험이익이다. 오늘날의 운임제도는 선지급 운임이 일반적이고 선화증권(B/L)에는 운송을 하지 못한 경우에도 선지급 운임을 반환하지 않는다는 조항이 삽입되어 있으므로 선주가 운임을 상실당하는 경우는 없다. 운임의 보험가액은 운임에 보험비용을 가산한 금액이다.[34)]

4. 선비(disbursement)

협의의 선비는 피보험항해를 위한 의장비용, 즉 연료, 윤활유, 식료 등을 의미하고, 광의의 선비는 의장비용은 물론이고 선원에 대한 전도급여(前渡給與)와 보험료 등이 포함된다. 영국법상의 선비는 광의의 뜻이다. 선비의 보험가액은 계약상 별도의 약정이 없는 한 보험자의 책임이 개시되는 때의 각 항목에 의해 결정된다.[35)]

5. 희망이익(expected profit)

희망이익이란 적화의 도착으로 얻을 수 있는 이익을 말한다.[36)] 희망이익의 보험가액은 장래에 기대되는 미확정이익이므로 사실상 산출하기가 어려운 일이지만 통상 CIF 송장가액의 10%가 희망이익으로 보는 것이 오늘날의 국제상거래의 관습이다.

6. 희망보수(expected commission)

화물의 안전한 도착에 의하여 취득할 수 있는 중개인의 수수료, 수탁자의 구전, 기타 보수를 총칭하며, 이것의 보험가액은 당사자의 협정에 의해 정하여 진다.

7. 모험대차채권(bottomry)

모험대차채권이란 선장이 선박의 수선비, 구조비, 기타 항해를 계속하는 데 필요한 비용을 지출하기 위해서 선박, 운임 및 적화를 저당 또는 입질(入質)로 하여 그 저당물 또는 화물이 목적지에 도착할 것을 조건으로 변제하는 금전소비대차의 일종이며, 선박

34) MIA 1906, Article 16(4).

35) MIA 1906, Article 16(4).

36) 한국 상법 제698조.

이 항해를 무사히 끝내면 반환하고 도중에 손실을 당하면 채무가 면제된다는 점에서 일반적인 의미의 소비대차와 다르다.

그러므로 모험대차의 채권자는 담보물인 선박의 안전한 도착에 대하여 피보험이익을 가지며 선박의 멸실에 대하여 손실을 입게 되므로 보험의 목적물이 된다. 이 경우 보험가액은 담보권자가 담보물에 관하여 가지는 채권금액이다.[37]

Ⅴ. 결 론

피보험이익은 피보험자가 보험의 목적에 관하여 일정한 사고가 발생함으로써 경제상의 손해를 입을 우려가 있는 경우, 그 목적에 대하여 피보험자가 갖는 이해관계이다.

그러므로 해상보험에 있어서 해상보험의 목적인 선박 또는 적화에 관하여 해상위험의 불발생에 의해 이익을 받거나 또는 해상위험이 발생으로 손해를 입게 되는 이해관계를 가진 자는 그 선박 또는 그 화물에 대하여 피보험이익을 갖는다고 할 수 있다.

피보험이익은 보험계약체결시에 존재하지 않아도 좋으나, 손해발생시에는 반드시 존재하여야 한다.

다만 이 경우 보험의 목적인 선박 또는 화물에 대하여 반드시 하나의 피보험이익이 존재하는 것은 아니라는 것이다. 따라서 피보험이익은 일률적으로 정의하기 어려운 개념이다.

제 2 절 해상위험과 해상손해

문제 4-04 해상손해에서 현실전손과 추정전손 및 분손에 대하여 설명하시오.

답안 4-04

〈목차 구성〉

37) 강원진, 전게서, 393~397면.

Ⅰ. 서 론

해상손해(marine loss)란 항해사업(marine adventure)에 관련된 적화·선박 기타의 보험 목적물이 해상위험(marine risks)[38]으로 인하여 피보험이익의 전부 또는 일부가 멸실 또는 손상되어 피보험자가 입게 되는 재산상의 불이익이나 경제상의 부담을 말한다.

해상손해는 보험계약에 약정한 피보험이익에 한정되며 또한 그 보험사고와 인과관계가 있는 손해에 한정된다. 해상보험에 있어서의 손해는 보험목적물의 멸실 또는 손상뿐만이 아니라 책임 또는 비용도 포함되는데, 일반적으로 물적 손해, 비용손해 및 배상책임손해로 대별할 수 있다.

이 중에서 물적 손해(physical loss)는 특정인이 특정물에 대한 이해관계, 즉 소유·취득·담보·사용·수익 등을 통한 재산상·금전상의 손해를 말하며, 비용손해는 물품의 멸실이나 파손과는 관계가 없고 보험사고의 발생으로 부득이 손해 경감이나 방지를 위해 지출된 비용을 뜻한다. 물적 손해는 직접손해, 비용손해는 간접손해의 성질을 갖는다고 할 수 있다.

보험계약 자체가 보험목적물에 대한 손해를 보상하기로 하는 계약이므로 위험이 발생된 경우 보험자의 보상책임을 결정에 있어 손해를 산정하여야 한다.

이하에서는 물적 손해인 전손(total loss)과 분손(partial loss)으로 구분하여 현실전손과 추정전손 및 분손을 중심으로 서술하고자 한다.

Ⅱ. 전 손

전손(total loss)이란 보험목적물이 실질적으로 전부가 멸실하였거나 위부(委付; abandonment)에 의하여 전손으로 간주되는 손실을 말한다. 전손은 성격에 따라 현실전손과 추정전손으로 구분된다.

38) 해상위험(maritime perils; marine risks)이란 항해에 기인하고 항해에 부수하여 발생하는 사고를 말한다. 영국 해상보험법(MIA)에서는 "해상위험이란 항해에 기인 또는 부수하는 위험, 즉 해상고유의 위험, 화재, 전쟁위험, 해적, 표도(漂盜), 포획, 나포, 공후(工候) 및 국민의 억지 또는 억압, 투화, 선원의 악행과 그리고 상기의 여러 위험과 동종의 위험 또는 보험증권에 기재되는 기타의 모든 위험을 말한다"라고 정의하고 있다; MIA 1906, Article 3(2)(c).

1. 현실전손(actual total loss: ATL)

1) MIA상 현실전손의 성립

영국 해상보험법(MIA)에 의하면 "보험의 목적물이 파괴되거나 또는 부보된 종류의 물건으로서 존재할 수 없을 정도로 심한 손상을 받을 경우, 또는 피보험자가 보험의 목적물을 박탈당하여 회복할 수 없는 경우에는 현실전손(actual total loss)이 존재한다"고 규정하고 있다.[39)]

이와 같이 MIA에서는 ① 보험목적물의 파괴, ② 보험목적물 성질의 심한 손상, ③ 보험목적물의 회복전망 없는 박탈인 경우 현실전손이 될 수 있다.[40)]

2) 현실전손의 대표적인 예

목적물의 현실전손의 예는 ① 선박의 현실전손으로 인한 화물의 전손, ② 안전을 위한 화물의 투화(jettison), ③ 제3자에게 화물의 매각 또는 인도, ④ 구조 또는 인양 가능성이 없는 선박의 침몰(sinking) 또는 좌초(stranding), ⑤ 선박의 행방불명(missing ship)[41)] 등이 대표적이다.

2. 추정전손(constructive total loss: CTL)

1) MIA상 추정전손의 성립

영국 해상보험법에서는 "보험증권에 명시의 특약이 있는 경우를 제외하고 보험의 목적물의 현실전손이 불가피한 것으로 보이거나 또는 현실전손을 면하기 위하여 비용이 발생할 경우 보험목적물의 가액을 초과하는 비용이 소요되므로 합리적으로 위부하였을 경우에는 추정전손(constructive total loss)이 성립된다"고 규정하고 있다.[42)]

2) 추정전손의 성립될 수 있는 예

추정전손으로 인정되는 예는 ① 선박 또는 화물의 점유상실로 회복가능성이 없을 경우, ② 선박수리비용이 수선된 선박의 가액 초과예상의 경우, ③ 화물의 수선비용 및 운송비용 합계액이 도착시 화물가액 초과예상의 경우 등이다.

---

39) MIA 1906, Article 57(1).

40) 현실전손의 경우에는 위부(abandonment)의 통지를 할 필요가 없다; MIA 1906, Article 57(2).

41) MIA 1906, Article 58; 항해 중의 선박이 행방불명되고 상당한 기간의 경과 후까지 그 소식을 모를 경우에는 현실전손으로 추정할 수 있다.

42) MIA 1906, Article 60(1).

추정전손은 현실적으로 전멸한 것은 아니지만 현실전손이라고 보는 것이 불가피하다고 인정되거나 손해의 정도가 심하여 그 목적물의 용도에 사용할 수 없거나, 수리비가 수리 후 보험목적물이 갖는 시가보다 클 경우에는 추정전손으로 처리할 수 있다.[43]

3) 추정전손의 효과

영국 해상보험법은 추정전손에 대한 효과로 "추정전손이 있는 경우 피보험자는 손해를 ① 분손으로 처리할 수도 있고, ② 보험목적을 보험자에게 위부하여 그 손해를 현실전손에 준하여 처리할 수도 있다"고 규정하고 있다.[44]

피보험자가 추정전손을 현실전손으로 하고 그에 따라 보험금액 전액을 보상받을 수 있는데, 이 경우에는 위부의 통지를 하여야 한다.

4) 보험위부와 대위

(1) 위부의 의의

추정전손으로 처리되기 위해서는 위부(委付; abandonment) 행위가 따라야 한다. 위부란 추정전손의 사유로 전손에 대한 보험금을 청구하기 위하여 피보험자가 보험목적물에 대하여 갖는 일체의 권리, 즉 잔존화물의 소유권 및 제3자에 대한 구상권을 보험자에게 양도하는 것을 말한다.

(2) 위부의 통지 및 승낙

피보험자가 보험자에게 보험목적을 위부하기 위해서는 위부의 통지를 하여야 한다.[45] 위부의 통지는 서면이나 구두로 할 수 있으며 위부의 원인이 생긴 이후에 상당한 기간 내에 행해져야 한다. 위부의 통지가 승낙된 경우에는 위부는 철회할 수 없다.[46]

5) 대　　위

대위(代位; subrogation)란 보험자가 피보험자에게 보험금을 지급할 경우 피보험목적물에 대한 일체의 권리와 손해발생에 과실이 있는 제3자에게 대한 구상권 등을 승계하

---

43) 한국 상법 제710조에서 보험위부의 원인으로는 ① 피보험자가 보험사고로 인하여 자기의 선박 또는 적화의 점유를 상실하여 이를 회복할 가능성이 없거나 회복하기 위한 비용이 회복하였을 때의 가액을 초과하리라고 예상될 경우, ② 선박이 보험사고로 인하여 심하게 훼손되어 이를 수선하기 위한 비용이 수선하였을 때의 가액을 초과하리라고 예상될 경우, ③ 적화가 보험사고로 인하여 심하게 훼손되어서 이를 수선하기 위한 비용과 그 적화를 목적지까지 운송하기 위한 비용과의 합계액이 도착하는 때의 적화의 가액을 초과하리라고 예상될 경우라고 규정하고 있다.

44) MIA 1906, Article 61.

45) MIA 1906, Article 62(1).

46) MIA 1906, Article 62(6).

게 되는 것을 말한다.[47] 이에는 잔존물 대위와 구상권 대위가 있다.

6) 위부와 대위의 비교

위부는 전손의 경우에만 적용되지만 대위는 전손과 분손에 모두 적용된다. 대위는 전손의 경우라도 보험자가 지급한 보험금에 해당되는 이익만큼을 자동으로 수취할 수 있으나 위부는 전적으로 모든 이익과 채무를 보험자가 승계 받으며 보험자의 재량에 따라 위부를 인수할 수도 있고 거부할 수도 있다. 보험자가 위부를 수락할 경우는 대위와 위부는 구별할 수 없으나 수락하지 않으면 구분이 확실하다.

Ⅲ. 분 손

분손(partial loss)은 손해발생원인에 따라 피보험자가 단독으로 부담하여야 하는 단독해손과 이해관계인이 모두 공평하게 부담하는 공동해손이 있다.

1. 단독해손(particular average: P/A)

단독해손이란 피보험이익의 일부가 멸실 또는 손상된 손해 중에서 공동해손(general average)을 제외한 손해를 말한다.[48] 적화의 단독해손은 주로 질적인 훼손상태, 양적인 수량부족 등으로 나타나고 선박의 단독해손은 수선비, 선원의 급여, 연료 및 저장품 등이며, 운임의 단독해손은 화물의 일부가 멸실 손상을 입어 운임의 일부를 받지 못하거나 불필요하게 지급하게 되는 경우를 말한다.

2. 공동해손(general average: G/A)

공동해손이란 보험목적물이 공동의 안전을 위하여 희생되었을 때 이해관계자(the interest concerned)가 공동으로 그 손해액을 분담하는 손해를 말한다.

공동해손이 성립되기 위한 요건에 대하여 영국 해상보험법은 "공동항해사업의 수행과정에서 위험에 놓인 재산을 보호할 목적으로 고의로 또는 합리적으로 특별한 희생(extraordinary sacrifice)을 행하거나 또는 특별한 비용을 지출한 경우에는 공동해손행위가 존재한다"고 규정하고 있다.[49] 이는 곧 위험이 현실적으로 증가하고 공동의 안전을 위하여 인위적으로 합리적인 희생 및 비용의 발생에 기인하였을 때 공동해손이 성립되는

47) MIA 1906, Article 79(1).
48) MIA 1906, Article 64(1).
49) MIA 1906, Article 64(2).

것으로 간주할 수 있다.

1) 공동해손보상에 관한 원칙

공동해손의 처리를 위한 상거래 분쟁에 대처하기 위하여 1864년 요크(York)회의를 기초로 수차의 수정보완을 거쳐 국제적 통일규칙의 필요성에 부응하도록 "요크-앤트워프규칙"(York Antwerp Rules: YAR), 즉 "공동해손 정산에 관한 국제규칙"을 제정하게 되면서 공동해손에 관한 YAR을 적용하는 것이 일반화되고 있다. 공동해손의 보상에 관한 원칙으로는 공동안전주의(common safety theory)와 공동이익주의(common benefit theory) 및 절충주의가 있다.

공동안전주의는 공동해손의 목적을 선박 및 적화의 공동안전 확보에 두고 공동해손의 범위는 현실적으로 공동위험을 회피한 시점으로부터 공동해손행위가 끝난 시점으로 한정하기 때문에 공동해손으로 인정되는 범위가 매우 좁다고 볼 수 있다. 이는 영국법이 채택하고 있다.

공동이익주의는 적화 및 선박의 공동이익을 확보하는 데 있으며 공동위험에 대한 구조행위에 한정시키지 않고 안전한 상태에 있게 되어도 다시 항해를 계속하여 최종목적지까지 도착하는 손해 및 비용도 공동해손에 포함되기 때문에 공동해손의 적용범위가 넓다. 이는 대륙법과 미국법이 채택하고 있다.

절충주의는 공동안전주의와 공동이익주의를 절충하는 것으로 YAR은 절충주의를 채택하고 있다.[50)]

2) 공동해손의 구성

(1) 공동해손희생손해(general average sacrifice)

적화의 희생손해로는 ① 투화(jettison), ② 투화행위로 인한 해수침손, ③ 선박화재 소화작업 중 물이나 약품에 의한 손해, ④ 임의좌초에 의한 손해, ⑤ 피난항에서의 적·양화작업 중 발생손해, ⑥ 선박의 중량을 경감하기 위해 발생한 손해 등이 있다. 또한 선박의 공동해손, 희생손해, 운임의 희생손해가 있다.

(2) 공동해손비용손해(general average expenditure)

공동해손행위시에 비용손해로는 ① 구조비, ② 피난항 비용, ③ 대체비용, ④ 자금조달비용, ⑤ 정산비용 등이 있다.

---

50) YAR에서는 문자규정은 공동안전주의, 숫자규정은 공동이익주의의 성격을 띠고 있다.

(3) **공동해손분담금**(general average contribution)

공동해손분담금은 공동해손행위에 의해 구조된 모든 재산의 항해종료시에 공동해손에 의해 이익을 얻는 이해관계자가 그 손해액을 공평하게 분담하는 금액이다. 공동해손이 발생하면 공동해손정산인(general average adjuster)에 의해 공동해손정산서(statement of general average)가 작성되어 분담액이 결정되는데, YAR에서는 공동해손정산의 편의를 위하여 적화의 공동해손분담가액을 CIF가격으로 하고 있다.

Ⅳ. 결 론

보험계약에 따라 위험이 발생된 경우 보험자의 보상책임을 결정하기 위하여 손해를 산정함에 있어서는 보험목적물을 전손 또는 분손으로 처리할 것인가를 결정하여야 한다.

전손이 있는 경우 발생한 손해는 보험가액이 전부이므로 보험자가 지급하여야 할 보상금액은 보험금액 전액이다. 분손의 경우 선박보험과 적화보험에 따라 다르다.

추정전손이 있는 경우 피보험자는 그 손해를 분손으로 처리할 수도 있고, 또한 현실전손의 경우에 준하여 처리할 수도 있다. 다만, 현실전손의 경우에 준하여 처리하기 위해서는 원칙적으로 보험계약의 목적을 보험자에게 위부하지 않으면 안 된다.

제 3 절 신협회적화약관(ICC)과 보상범위

문제 4-05 2009년 신협회적화약관의 보상범위 중 담보위험과 면책위험에 대하여 설명하시오.

답안 4-05

〈목차 구성〉

Ⅰ. 서 론

해상보험에서는 1779년 Lloyd's에서 사용하기로 채택된 "Lloyd's S. G. Policy Form"이 200여 년 동안 사용되어 왔으나, 그간 동 증권양식은 중세의 고문으로 되어 있어 이해하기 어렵고 현실에 맞지 않는 점이 많았으므로 1912년 기술 및 약관위원회(Technical & Clauses Committee)에서 "Lloyd's S. G. Policy Form"에 첨부하여 사용하기 위한 통일된 특별약관을 제정하게 되었는 바 이것이 곧 협회적화약관(Institute Cargo Clause)이다.

1912년부터 비롯되어 1982년까지 사용되었던 구 협회적화약관(Institute Cargo Clause: ICC)인 ① 단독해손부담보조건(Free from Particular Average: FPA), ② 분손담보조건(With Average: WA), ③ 전위험담보조건(All Risks: A/R)이 1982년부터 신협회적화약관인 ICC (A), (B), (C)로 변경하였다.

따라서 종전에 약관의 명칭만을 보고 담보위험을 판단하던 문제점을 해소시켰으며, 그 이외에도 ICC(B)와 ICC(C)의 담보 차이의 확대, 소손해 면책비율조항의 삭제, 육상운송시의 담보조항을 명시하였다. 이 약관은 20여 년간 사용되어 오면서 그동안 테러행위(terrorism) 등의 새로운 위험이 등장하고 운송 및 보험 환경의 변화 등에 부응하기 위하여 런던국제보험업자협회(International Underwriting Association of London: IUA)는 로이즈보험시장협회(Lloyd's Market Association: LMA)와 합동적화위원회를 구성하여 1982년 ICC를 또다시 개정하여 2009년 1월 1일부터 신약관을 사용할 수 있도록 하였다.

2009년 신약관에서는 면책조항의 적용범위의 축소, 담보기간의 운송조항에서 보험기간확장, 테러행위의 위험에 대한 정의, 약관의 용어 중 "underwriters" 대신 "insurers", "servants" 대신에 "employees"와 같이 현대적 의미의 용어로 대체하였다.

이하에서는 2009년 신협회적화약관의 보상범위 중 담보위험과 면책위험을 중심으로 살펴보고자 한다.[51)]

Ⅱ. 적화약관별 담보위험과 면책위험

신협회적화약관상에서는 ICC(A), ICC(B), ICC(C)조건으로 구분하고 보험자가 담보위험과 면책위험을 오늘날의 무역관행에 알맞도록 이해하기 쉽게 규정하고 있다.

51) 강원진, 「최신 국제상무론」, 두남, 2014, 392~398면.

1. 신협회약관의 구성내용

2009년 신협회약관의 구성내용은 다음의 [표 4-2]와 같다.

표 4-2 2009 신협회적화약관의 내용구성

구 분	조 항	약관내용
담보위험 (Risk Covered)	1 2 3	위험약관(Risks Clause) 공동해손약관(General Average Clause) 쌍방과실충돌약관(Both to Blame Clause)
면책조항 (Exclusion)	4 5 6 7	약관명칭 삭제
보험기간 (Duration)	8 9 10	운송약관(Transit Clause) 운송계약종료약관(Termination of Contract of Carriage Clause) 항해변경약관(Change of Voyage Clause)
보험금청구 (Claims)	11 12 13 14	피보험이익약관(Insurable Interest Clause) 계반비용약관(Forwarding Charges Clause) 추정전손약관(Constructive Total Loss Clause) 증액약관(Increased Value Clause)
보험이익 (Benefit of Insurance)	15	약관명칭 삭제
손해경감 (Minimising Losses)	16 17	피보험자의무약관(Duty of Assured Clause) 포기약관(Waiver Clause)

2. ICC(C)에서의 담보위험과 면책위험

1) 담보위험

"C Clause"에서는 약관에 규정된 면책위험을 제외하고는 다음에 열거된 위험으로 인한 보험의 목적의 멸실·손상을 담보한다.

① 다음의 사유에 상당인과관계가 있는 보험의 목적의 멸실 및 손상

㉮ 화재 또는 폭발

㉯ 본선 또는 부선의 좌초, 교사, 침몰, 전복

㉰ 육상운송용구의 전복 또는 탈선

㉱ 본선, 부선 또는 운송용구와 물 이외의 다른 물체와의 충돌 또는 접촉

㉮ 피난항에서의 화물의 적·양화

② 다음의 사유로 생긴 보험의 목적의 멸실 및 손상

㉮ 공동해손희생손해

㉯ 투화

2) 면책위험

한편, "C Clause"하에서의 면책위험은 다음에 열거하는 일반면책위험 외에 선박 또는 부선, 기타 운송용구의 불내항 또는 부적합으로 인한 위험의 목적의 멸실·손상 그리고 전쟁 및 공동파업위험이 있다. 일반면책위험은 다음과 같다.

㉮ 피보험자의 고의의 비행에 귀속하는 멸실·손상 또는 비용

㉯ 피보험목적의 통상의 누손, 통상의 중량·용량의 부족 또는 자연소모

㉰ 피보험목적의 포장 또는 준비의 불완전 또는 부적합으로부터 야기된 멸실, 손상 또는 비용(여기서의 포장이라 함은 컨테이너 혹은 지게자동차에 적재하는 것을 포함한다. 다만 이러한 적재가 이 보험의 개시 전에 행하여지거나 또는 피보험자 혹은 그 사용인에 의하여 행하여지는 경우에 한한다)

㉱ 피보험목적의 고유의 하자 또는 성질을 근인으로 하는 멸실, 손상 또는 비용

㉲ 지연이 피보험위험으로 생긴 경우라도 그 지연을 근인으로 하여 생긴 멸실, 손상 또는 비용

㉳ 본선의 소유자, 관리자, 용선자 또는 운항자의 지급능력 또는 금전상의 채무불이행으로 생기는 멸실, 손상 또는 비용

㉴ 피보험목적 또는 그 일부에 또는 어떤 자의 불법행위에 의한 의도적인 손상 또는 파괴

㉵ 원자, 핵분열, 핵음합 또는 이와 비슷한 핵무기 등의 전쟁무기를 사용함으로써 일어나는 멸실, 손상 또는 비용

3. ICC(B)에서의 담보위험과 면책위험

1) 담보위험

"B Clause"에서는 "C Clause"에서 담보하는 위험에 추가하여 다음의 위험을 담보한다.

① 지진, 화산의 분화, 낙뢰와 상당인과관계가 있는 보험의 목적의 멸실, 손상

② 갑판유실로 생긴 보험의 목적의 멸실, 손상

③ 본선, 부선, 선창 부창(艀艙), 운송용구, 컨테이너, 지게자동차 또는 보관장소에 해수, 호수, 강물의 침입으로 생긴 보험의 목적의 멸실, 손상

④ 본선, 부선으로의 선적 또는 양화작업 중 바닥에 떨어지거나 갑판에 추락한 포장단위당 전손

2) 면책위험

"B Clause"에서의 면책위험은 "C Clause"와 동일하다.

4. ICC(A)에서의 담보위험과 면책위험

"A Clause"는 "B Clause"와 "C Clause"가 담보위험을 구체적으로 열거하고 있는데 반하여 포괄책임주의를 채택하고 있다. 따라서 "A Clause"는 약관에 규정한 면책위험을 제외하고 보험의 목적에 발생한 멸실 및 손상의 일체의 위험을 담보한다.

"A Clause"에서의 면책위험도 "B Clause"와 "C Clause"의 면책위험과 동일하나, 다만 일반 면책위험 중 피보험목적 또는 그 일부에 대한 어떤 자의 불법행위에 의한 의도적인 손상 또는 파괴를 "A Clause"에서는 면책으로 하지 않고 있는 점이 다르다.

Ⅲ. 각 약관별 담보위험과 면책위험의 비교

1. 담보위험

약관조항	담보위험	A	B	C	비 고
제1조	① 화산·폭발	○	○	○	좌기의 사유에 상당인과관계가 있는 멸실·손상
	② 선박·부선의 좌초·교사·침몰·전복	○	○	○	
	③ 육상운송용구의 전복·탈선	○	○	○	
	④ 선박·부선·운송용구의 타물과의 충돌·접촉	○	○	○	
	⑤ 조난항에서의 화물의 양화	○	○	○	
	⑥ 지진·분화·낙뢰	○	○	×	
	⑦ 공동해손희생	○	○	○	좌기의 사유로 인한 멸실·손상
	⑧ 투화	○	○	○	
	⑨ 갑판유실	○	○	×	
	⑩ 해수·조수·하천수의 운송용구·컨테이너·지게자동차·보관장소에 침수	○	○	×	
	⑪ 적재·양륙 중에 수몰·낙하에 의한 짐꾸림 1개당의 전손	○	○	×	
	⑫ 상기 이외의 일체의 위험	○	×	×	
제2조	⑬ 공동해손조항	○	○	○	
제3조	⑭ 쌍방과실충돌조항	○	○	○	

주: ○표(보험자가 담보), ×표(보험자가 부담보).

2. 면책위험

약관조항	면책위험	A	B	C
제4조	① 피보험자의 고의적인 불법행위	×	×	×
	② 통상의 누손, 중량·용적의 통상의 감소, 자연소모	×	×	×
	③ 포장 또는 포장준비의 불완전·부적합	×	×	×
	④ 물품고유의 하자·성질	×	×	×
	⑤ 지연	×	×	×
	⑥ 선박소유자·관리자·용선자 또는 운항자의 지급불능 또는 채무불이행	×	×	×
	⑦ 어떤 자의 불법행위에 의한 의도적인 손상 또는 파괴	○	×	×
	⑧ 원자핵무기에 의한 손해	×	×	×
제5조	⑨ 피보험자 또는 그 사용인이 인지하는 선박의 내항성 결여 부적합	×	×	×
제6조	⑩ 전쟁위험	×	×	×
제7조	⑪ 동맹파업	×	×	×

주: ○표(보험자가 담보), ×표(보험자가 면책)

Ⅳ. 결 론

현재 무역거래에서는 대부분 신협회적화약관인 ICC(A), (B), (C)로 적화보험을 부보하고 있다. 매매계약에서 CIF 규칙 또는 CIP 규칙으로 가격(인도)조건을 약정할 경우 매도인은 적화보험을 부보하고 보험서류를 매수인에게 제공하여야 한다. 그러나 매매계약상의 의무는 아니더라도 그 외의 규칙을 사용하는 경우에는 자기 자신을 위하여 적화보험은 부보하여야 한다.

적화보험을 부보하는데 있어 매매당사자는 협회적화약관의 운송약관에 규정된 담보책임 개시시점과 종료시점을 면밀히 검토하여 약정된 물품의 인도(선적)시기 이전에 보험을 부보하여야 한다. 특별한 약정이 없는 한 담보범위는 Incoterms® 2010 규칙에 규정된 바와 같이 계약(송장)금액에 110%를 최소로 하여 ICC(C) 약관으로 부보하면 되는 것이다.

그러나 실제 무역업계에서의 적화보험 계약관행은 품목 구분 없이 대부분 ICC(A)로 하고 W/SRCC와 같은 부가위험을 커버하도록 하고 있는 실정이다. 이는 보험자의 협회적화약관상의 담보위험과 면책위험에 대한 이해부족에서 기인하는 것이다.

따라서 매매당사자는 적화물의 성질 및 협회적화약관상의 담보위험과 면책위험을 검토하여 적은 보험료로도 부가담보조건의 활용을 통하여 경제성과 적시성에 부합되는 보험계약을 체결하도록 하여야 한다.

문제 4-06 2009년 신협회약관의 보험기간과 관련하여 운송약관에 기초한 보험자의 담보책임 개시와 종료에 대하여 설명하시오.

답안 4-06

〈목차 구성〉

Ⅰ. 서 론

1779년 Lloyd's에서 사용하기로 채택된 "Lloyd's S. G. Policy Form"에 따른 보험증권에서는 보험기간을 항구간 운송에 따라 화물이 본선에 적재되고 양륙항에 도착될 때까지로 하였다. 현재의 협회약관에서는 운송약관(Transit Clause)이라고 칭하고 있다.

운송약관은 일명 "창고간 약관"(Warehouse to Warehouse Clause)이라고 하며, 해상적화보험에 있어서의 보험자의 책임의 개시 및 종료, 즉 담보기간을 규정한 약관이다.52)

현대의 상거래 실무상으로는 화물이 선적을 개시하기 위해 운송개시 시점부터 적재작업, 해상운송, 적·양화작업, 보세창고 입고, 최종창고에 입고될 때까지의 위험이 담보되어야 할 필요성이 있다.

이하에서는 2009년 신협회약관의 보험기간(duration)과 관련하여 운송약관에 기초한 보험자의 담보책임 개시와 종료 시점에 대하여 검토하기로 한다.53)

Ⅱ. 보험자의 담보책임 개시

해상적화보험에 있어서는 운송약관에 따라 보험자의 담보책임은 "운송개시를 위하여 운송차량 또는 운송용구에 적재할 목적으로 보험계약에 명시된 장소의 창고 또는 보관 장소에서 보험목적물이 최초로 이동하게 된 때에 개시되고, 통상의 운송과정 중에

52) ICC Transit Clause 8.
53) 강원진, 전게서, 399~400면.

계속된다."[54] 그러므로 창고에서 운송용구까지 화물을 적재하는 동안이나 실제로 운송이 개시되기 이전의 기간 중에는 담보책임이 개시되지 않고 통상의 운송과정에만 담보효력이 발생된다. 통상의 운송과정은 관습적인 운송방법으로 목적지까지 가장 가깝고 적법한 운송항로로 운항하는 것을 말한다.

그러나 컨테이너에 화물을 적부하기 위해 컨테이너 터미널로 운송을 개시하는 경우는 해상운송의 일부로 간주된다.

Ⅲ. 보험자의 담보책임 종료

운송약관에 의하면 보험자의 담보책임 종료는 아래와 같이 네 가지로 구분하여 그 중에서 가장 먼저 도래하는 사유가 발생하면 그 때에 보험자의 담보책임이 종료되는 것으로 하고 있다.

첫째, 화물이 보험계약에 명시된 목적지의 최종창고 또는 보관 장소에서 운송차량 또는 기타 용구로부터 양화 완료된 때에 종료된다.[55]

둘째, 보험계약에 명시된 목적지를 불문하고 통상의 운송과정에 있어서의 보관 이외의 보관을 하거나 할당 또는 분배를 위하여 보관할 장소에서 운송차량 또는 기타 용구로부터 양화 완료된 때에 종료된다.[56]

이 경우 피보험자가 화물이 양화된 후 목적지에 도착되기 전에 할당이나 분배를 위하여 선택한 장소를 최종목적지로 간주하게 되는 것이다.

셋째, 피보험자 또는 그 사용인이 통상의 운송과정이 아닌 보관을 목적으로 운송차량, 기타 용구 또는 컨테이너를 사용하고자 선택한 때에 종료된다.[57]

넷째, 본선으로부터 양화 완료 후 60일이 경과된 때에 종료된다.[58]

여기에서 60일의 기산은 부보화물전량이 양화 완료된 날을 기준으로 한다. 다만, 한국에서는 수입화물의 경우에는 화물을 통관하기 위하여 창고 기타 보관 장소에 인도한 후 30일로 제한하고 있다.

또한 보험목적물이 최종 양륙항에서 외항선으로부터 양륙 후, 보험이 종료되기 이전에 부보된 목적지 이외의 장소로 운송되는 경우 운송약관의 보험종료 규정에 따라 담

54) ICC Transit Clause 8.1.
55) ICC Transit Clause 8.1.1.
56) ICC Transit Clause 8.1.2.
57) ICC Transit Clause 8.1.3.
58) ICC Transit Clause 8.1.4.

보책임이 계속되나 보험목적물이 목적지로 운송개시를 위하여 최초로 움직인 때에 종료된다.

Ⅳ. 이로 등 종기확장담보

운송약관에서는 피보험자가 지배할 수 없는 사정으로 인한 지연(delay), 일체의 이로(離路; deviation),[59] 강제양화(forced discharge), 재선적(reshipment), 환적(transshipment) 및 운송계약상 운송인의 자유재량권의 행사로 인하여 위험변경사유가 발생하였을 때에는 보험자의 담보책임이 유효하게 계속된다.[60]

이러한 위험변경은 보험계약을 체결할 당시에 보험료 산출의 기초가 되는 사항이므로 원칙적으로는 보험자가 면책되어야 한다는 위험변경의 원칙이 적용되어야 하겠지만, 피보험자가 지배할 수 없는 사정으로 인한 경우에까지 이를 강행하는 것은 불합리하므로 이를 구제하기 위하여 확장담보하려는 취지를 밝힌 것이다. 한편, 위험개시 후에 목적항이 변경되었을 경우에는 이러한 사항을 보험자에게 통지하여 계속담보를 받아야 한다.

Ⅴ. 결　　론

해상적화보험에서 보험자의 담보책임은 보험기간에 대한 운송약관에 따른다. 보험은 운송개시를 위하여 운송차량 또는 운송용구에 적재할 목적으로 보험계약에 명시된 장소의 창고 또는 보관 장소에서 보험목적물이 최초로 이동하게 된 때에 개시된다.

따라서 Incoterms® 2010 규칙에 규정된 바와 같이 CIP 매매계약에서 보험부보는 최초의 운송인에게 물품인도하기 이전에, CIF 매매계약에서 보험부보는 선적항 본선 적재 이전에 이루어져야 한다. 그 외의 매매계약에서는 최초로 물품이동 개시 전에 부보하여야 한다.

보험자의 담보책임 종료는 양화완료와 관련된 네 가지 경우에서 가장 먼저 도래하는 경우가 된다.

---

59) 이로(항로의 변경)은 통상의 항로를 정당한 사유 없이 임의로 이탈하는 것을 의미한다. 선박이 적법한 이유 없이 보험증권에 정하여진 항해로부터 이로한 경우에는, 보험자는 이로시부터 책임을 지지 않는다; MIA 1906, 46(1).

60) ICC Transit Clause 8.3.

적화보험을 부보와 관련하여 매매당사자는 협회적화약관의 운송약관에 규정된 담보책임 개시시점과 종료시점을 면밀히 검토하여 약정된 물품의 인도이전 또는 본선적재 이전에 보험계약을 체결하여야 할 것이다.

제 4 절 적화보험계약의 체결

문제 4-07 ICC(C) 또는 ICC(B)약관으로 적화보험계약을 체결할 경우 검토되어야 할 부가위험 담보조건의 예를 들고 설명하여 보시오.

답안 4-07

〈목차 구성〉

Ⅰ. 서　　론

협회적화약관인 ICC(C) 또는 ICC(B)로 적화보험계약을 체결할 경우에는 보험목적물이 완전하게 담보되는지 여부를 고려하여야 한다. 또한 위험이 ICC(C) 또는 ICC(B)로는 담보되지 아니하여 특수위험이나 면책위험을 담보 받고자 할 경우에는 보험자와 합의하여 추가보험료를 납부하고 부가조건을 담보하도록 하여야 한다.[61]

따라서 실무적으로 적화보험은 물품의 종류와 성질을 고려하여 협회적화약관의 ICC(A), ICC(B) 또는 ICC(C) 중에서 어느 약관으로 부보할 것이며, 과연 동 약관으로 위험이 담보되는지를 우선적으로 검토하는 것이 중요하다. 그러나 무조건 ICC(A)에 W/SRCC (War/Strikes, Riots and Civil Commotions: 전쟁/파업, 폭동, 소요 위험)를 부보할 것이 아니라,

61) 그러나 ICC(A)조건으로 부보하더라도 W/SRCC는 담보되지 아니한다.

물품 또는 성질에 따라 ICC(C)에 적절한 부가위험을 선택하면서 W/SRCC를 부보하더라도 경제적인 보험료로 위험을 담보할 수도 있다.

이하에서는 ICC(C) 또는 ICC(B) 약관으로 적화보험계약을 체결할 경우에 사용할 수 있는 부가위험 담보조건의 예를 들어 설명하고자 한다.

Ⅱ. 부가위험 담보조건

1. 도난, 발화, 불착(Theft, Pilferage and Non-Delivery: TPND)

"theft"와 "pilferage"는 물건을 몰래 훔치는 것을 말하는데, "theft"는 포장 째로 훔치는 것이고 "pilferage"는 포장내용물의 일부를 빼내는 것을 의미한다. 한편 불착(non-delivery)은 포장단위의 화물이 송두리째 목적지에 도착하지 않은 것을 말한다.

2. 빗물 및 담수에 의한 손해(Rain &/or Fresh Water Damage: RFWD)

"rain"이 "fresh water"와 나란히 표기된 경우에는 "fresh water"는 "rain"을 제외한 모든 담수이지만 "fresh water"만 있는 경우 담수는 빗물을 포함한다. 이 손해는 바닷물 이외의 민물에 젖어 발생한 손해로서, 적·양화작업 중 비나 눈이 와서 젖거나 선박의 음료수가 선창에 침투하여 화물에 손해가 발생한 경우를 말한다.

섬유제품이나 잡화 등을 운송하는 경우에 보통 이 위험을 추가로 담보하게 되는데, 이 위험을 추가담보하지 않더라도 선박 등이나 또는 보관장소에 호수나 강물이 유입되어 발생한 손해는 보험자가 보상한다.

3. 유류 및 타물과의 접촉(Contact with Oil &/or Other Cargo: COOC)

선박의 연료유 등에 의해 화물이 입게 되는 유손(oil damage), 적재된 타화물에 직접 접촉함으로써 피보험화물에 흠이 생기거나 파손 또는 오손되는 등의 위험이다.

4. 갑판유실(Washing Over Board: WOB)

일반적으로 화물은 가장 안전한 적부장소로서 선창(hold)에 적재되지만 목재, 차량 등 특수한 화물은 갑판에 적재되어 운송되는 경우가 많다.[62] 그리고 갑판적재화물(on deck cargo; deck-loaded cargo)은 선창 내 적재화물에 비하여 위험의 정도가 훨씬 크기

62) 보통 투화, 갑판유실(Jettison, Washing Over Board: JWOB)조건으로 추가담보하고 있다.

때문에 ICC(C)조건으로 인수하는 것이 원칙이다. 그런데 앞에서 살펴본 바와 같이 ICC(C)조건에서는 보험자가 갑판유실을 담보하지 않는 반면, 갑판적재화물에는 대부분 갑판유실위험이 따르므로 이를 담보 받기 위하여 특약할 필요가 있다.

한편 화물이 갑판적 됨을 알고서 창내적(艙內積)으로 보험을 청약하는 것은 부실고지로서 계약자체가 무효가 되지만, 화주가 선창 내에 적재될 것을 전제로 하여 운송계약을 체결하였으나 운송계약상 운송인에게 부여된 재량권의 행사나 운송인이 계약을 위반하고 갑판적으로 한 경우가 있다. 이러한 경우에는 ICC 제8(3)조에 의해 계속 담보되지만, 보험자의 입장에서는 자기의 책임이 증가하는 것이 된다.

갑판적은 특수한 위험성을 지닌 것으로 생각하고 있으며, 따라서 보험의 인수조건, 요율도 창내적과 갑판적은 다르다. 그런데 화물의 종류, 성질 여하에 따라서는 창내적으로 정한 인수조건을 그대로 갑판적에 적용하여 인수하는 것이 기술적으로도 매우 곤란한 경우가 많다.

그러므로 ICC 제8(3)조에 의해 계속 담보하는 한편, 보험자로서는 그 인수조건에 대하여 어떠한 제한조치가 필요하게 된다. 이러한 필요에서 작성된 약관이 갑판적약관(on deck clause)이다. 이 약관에 따르면 화물이 갑판에 적재되어 운송되는 경우에는 갑판적분에 대한 보험조건은 증권에서 정한 조건에 관계없이 보험의 시기로부터 "ICC(C), including washing over board"조건으로 변경됨을 규정하고 있다.

5. 갈고리에 의한 손해(Hook & Hole)

적·양화작업 중 갈고리를 사용함으로써 생기는 손해로서, 직물이나 잡화 등을 마대 등으로 포장한 경우에는 이 위험을 추가 담보할 필요가 있다.

6. 파손(Breakage)

도자기나 유리제품 등 깨어지기 쉬운 화물의 경우는 보통, 담보위험 이외의 사유로 인한 파손을 보상받기 위해 특약하게 되는데, 이 파손에는 통상의 손해나 성질손해와 같은 필연적 손해도 포함되므로 보험자는 excess 조항에 의해 협정한 면책비율을 초과하는 손해만을 보상하는 것이 보통이다.

7. 누손, 부족손(Leakage &/or Shortage)

용기의 틈 사이나 파손된 부분에서 화물이 누출하여 누손이나 내용물의 부족을 초래하는 위험으로서 주로 액체화물이나 분말류의 화물, 개스 등의 운송에서 이 위험을 추가하여 부보하여야 한다. 그런데 이 위험도 파손의 경우와 마찬가지로 excess 조항을 삽입하는 것이 보통이다.

8. 습기와 가열에 의한 손해(Sweat &/or Heating: SH)

"sweat"는 선창 내와 선 외의 기온 차에 의해 선창의 천정 또는 내벽에 응결한 수분이 떨어지거나 또는 그러한 수분에 접촉함으로써 화물이 젖게 되거나 화물 자체가 수분을 발산함으로써 젖게 되는 등의 위험이다. 한편 "heating"은 항해 중에 기온, 습도 등의 변화에 따라 쪄지는 위험을 말한다. 보통 곡물이나 피혁 등에 이러한 손해가 일어나기 쉽다.

9. 곡손(Denting &/or Bending)

"denting"은 우구러지는 것이고, "bending"은 구부러지는 것으로서 보통 기계류에 생기기 쉽다. 그런데 기계류는 부분적인 파손 또는 곡손으로 인하여 사용이 불가능하게 되거나 중대한 손해가 될 염려가 있으므로 "협회기계수선약관"(Institute Replacement Clause)을 삽입하여 보험자는 손해부분의 수선비 또는 교체비 및 그 부대비용을 보상한도로 하는 것이 보통이다.

10. 오염(Contamination)

액체화약품이나 유류 등이 해수 또는 담수 등의 혼입으로 입게 되는 품질저하의 위험이다.

11. 자연발화(Spontaneous Combustion)

석탄, 성냥, 양모, 화약 등은 항해 중 화물 자체의 화학적 변화에 의해 자연발화하는 경우가 있다. 자연발화는 화물 고유의 하자 또는 성질에 의한 것이므로 원래 보험자가 부담하는 것은 아니다. 그러나 자연발화는 전혀 우연성이 없는 사고는 아니며 또 화재원인의 확인이 곤란한 경우도 있으므로 특약에 의해 담보된다. 다만 특약을 하지 않은 경우에도 타화물의 자연발화로 인하여 피보험화물이 입은 손해나 선박이 충돌하고 그 결과로서 석탄 등이 발화한 경우에는 보험자가 이를 보상할 책임이 있다.

12. 곰팡이(Mould & Mildew)

곡물이나 연초, 섬유제품 등이 습도의 증가에 따라 곰팡이가 생김으로써 손해를 입은 경우가 있다. 이 손해도 화물의 고유의 하자 또는 성질에 의한 것으로 보험자는 원칙적으로 면책되지만 특약에 의해 담보 받을 수 있다.

13. 녹(Rust)

금속화물 등에 습기로 인하여 생기는 녹의 위험은 특약에 의하여 담보된다.

14. 쥐 및 벌레에 의한 손해(Rats & Vermin)

곡물이나 목재 등이 운송 중 쥐나 벌레로 인하여 손해를 입는 위험이다. 이러한 위험은 보통 담보되는 것이 아니므로 특약에 의한 추가담보를 필요로 한다.

한편 ICC(A), (B) 및 (C)의 어떠한 조건으로 부보하더라도 전쟁위험과 동맹파업위험은 면책되므로 이들 위험을 담보 받기 위해서는 특약을 필요로 한다.

Ⅲ. 특수화물에 관한 특별약관

특수화물에 대한 특별약관은 많이 있지만 그중 주요한 것을 들면 다음과 같다.

① 원산지손해약관(Country Damage Clause)

② 냉동화물약관(Refrigerated Cargo Clause)

③ 라벨약관(Label Clause)

④ 가축약관(Livestock Clause): 동물의 수송중의 사망위험을 담보하나 수태에 의한 사망은 제외한다.

⑤ 고무약관(Rubber Clause): 고무무역과 관련하여 사용하고 분손담보약관으로 절도, 발화, 포장물 전체의 불착, 폭발위험, 갈고리 손상, 타화물에 기인한 손상 등을 담보한다.

⑥ 원당약관(Raw Sugar Clause): 원당무역과 관련하여 사용하고 분손담보약관으로 절도, 발화, 불착위험, 폭발위험과 타물 또는 유류에 기인한 손해도 담보한다.

⑦ 살적유약관(Bulk Oil Clause): 유류에 적용되는 것으로 해상운송 중 발생 가능한 전위험을 담보하나 항해의 지연으로 질 저하에 의한 시장성 상실, 핵 위험, 통상적인 누손에 의한 감량 등의 위험은 보험자가 담보하지 않는다.[63]

63) 강원진, 「무역실무」, 제3판, 박영사, 2008, 414~417면.

Ⅳ. 결 론

적화보험에서 사용되는 협회적화약관은 전위험(All Risks)을 포괄하여 담보하는 ICC(A) 약관, 특정위험만을 담보하는 ICC(B) 약관, 소수의 특정위험만을 담보하는 ICC(C) 약관이 있고, 항공운송을 위하여 "전위험"을 담보하는(우편에 의한 발송은 제외) ICC(Air) 약관이 있다. ICC(Air)는 오직 항공선적만을 담보한다는 사실에 유의할 필요가 있다.

부가위험 중에 특히 중요한 것으로는 도난·발화·불착 위험(Theft, Pilferage & Non-Delivery: TPND), 우·담수 위험(Rain and/or Fresh Water Damage: RFWD), 파손위험(Breakage), 누손·부족 위험(Leakage/Shortage), 오염 위험(Contamination), 갈고리 위험(Hook & Hole), 곡손 위험(Denting & Bending), 유류 및 타화물과의 접촉 위험(Contact with Oil and/or Other Cargo: COOC) 등이 있다.

실무적으로 보험담보 약관은 화물의 종류와 성질을 잘 고려하면 ICC(C)에 적절한 부가위험을 선택하면서 W/SRCC를 부보하더라도 경제적인 보험료로 위험을 담보할 수도 있으므로, 매매계약에서 보험조건 약정시 및 보험자와 보험계약자와 보험자간 보험계약을 체결할 경우에 이에 대한 면밀한 검토가 요구된다.

문제 4-08 적화보험계약을 위하여 보험조건의 선택 및 보험료의 산출방법에 대하여 설명하시오.

답안 4-08

〈목차 구성〉

Ⅰ. 서 론

해상적화보험계약도 일반계약과 마찬가지로 그 법적으로는 불요식의 낙성계약이기 때문에 청약(offer)과 승낙(acceptance)에 의하여 보험계약이 성립된다. CIF 또는 CIP 규칙에서는 매매당사자간 약정한 보험조건에 따라 수출자인 매도인이 보험계약자가 되어 보험자와 보험계약을 체결하지만 FCA, FAS, FOB, CFR, CPT 규칙의 경우에는 매수인이 자기 자신을 위하여 적화보험을 부보하여야 하기 때문에 매수인이 보험계약자이면서 피보험자로서 보험자와 보험계약을 체결한다.

적화보험은 보험계약에 명시된 장소의 창고나 보관 장소를 떠나기 전에 부보하여야 한다.[64] 특히 수입과 관련된 적화보험은 국외의 수출자의 출고시기 또는 선적시를 모르기 때문에 선적 전에 미리 보험부보 정보를 수입자에게 미리 통지하는 조건으로 약정하여야 한다.

이하에서는 적화보험계약을 위하여 보험조건의 선택 및 적화보험료의 산출에 대하여 살펴보고자 한다.

Ⅱ. 적화보험조건의 선택방법

적합한 보험조건을 선택하고자 하면 우선 부보하고자 하는 화물의 성질, 포장상태, 운송용구, 운송방법, 운송지역, 선적항과 양륙항의 화물취급시설 등 화물손해에 영향을 미칠 수 있는 각종 요인들을 검토한 후 가장 이상적인 보험조건을 결정하도록 하여야 한다.

가장 이상적인 보험조건이라 해서 보험자의 보상범위가 가장 큰 "ICC(A) including W/SRCC"만을 의미하는 것이 아니다. 물론 보험료에 관한 문제를 고려하지 않는다면 상기조건이 가장 이상적인 조건이지만 보험료가 전체 매매가격에서 큰 비중을 차지하게 된다면 매매가격은 불가피하게 인상되지 않으면 안 되므로 가장 저렴한 보험료를 부담하고 가장 적절한 보험조건을 선택하는 것이 바람직하다. 따라서 적화보험을 청약하는 무역업자들은 위험관리면에서 적절한 보험조건을 선택할 수 있도록 해야 한다.

다음은 한국의 수입자가 Staple Fibre을 미국의수출자로부터 "CFR Busan Incoterms® 2010"조건으로 수입할 경우 수입자 자신을 위하여 경제적으로 위험관리를 할 수 있는 보험조건의 선택방법을 예시하고 검토한 것이다.

적화물의 명세: 100 Carton boxes of Staple Fibre
"CFR Busan Incoterms® 2010" 가격: US$10,000
적재항 및 목적항: From New York, U.S.A. to Busan, Korea

---

64) 신협회적화약관의 운송약관에서 정하고 있는 보험자의 담보가 개시되는 시기를 항상 염두에 두고 적시에 적화보험계약을 체결하여야 한다.

1. 위험의 발견

이 화물 "Staple Fibre"는 인조섬유의 일종이므로 화물자체의 성질로 보아 파손이나 누손·부족손(Leakage/Shortage), "Sweat & Heating Damage" 그리고 "Denting & Bending"의 위험은 거의 우려되지 않는다. 따라서 과거의 손실경험으로 볼 때 손해발생 빈도와 손실강도가 큰 위험부터 나열하면 다음과 같다.

① 적재선박의 침몰, 좌초, 대화재, 충돌(S.S.B.C)

② 타화물 및 유류접촉손(Contact with Oil and/or Other Cargoes: COOC)

③ 도난·발화·불착손(Theft, Pilferage and Non-Delivery: TPND)

④ 우·담수손(Rain and/or Fresh Water Damage: RFWD)

⑤ 해수침손(Sea Water Damage)

⑥ 오염손(Contamination)

2. 위험의 측정

적재선박의 침몰, 좌초, 대화재, 충돌로 인한 화물의 손해는 ICC(C)조건으로 보상될 수 있으나 상기 ②에서부터 ⑥까지의 위험은 ICC(C)조건만으로는 보상되지 않는다. 따라서 ②에서 ⑥까지의 위험 중 가장 빈번하게 발생하거나 가장 우려되는 위험을 선택하여 이를 추가로 담보할 수 있는 부가조건을 결정하여야 한다.

이 경우 ICC(A)조건을 선택하면 실질적으로 위험을 발견하거나 분석, 평가할 필요가 없지만 과중한 보험료를 피하기 위해서라면 기본조건에 추가해야 할 부가조건의 적용에 대한 검토가 있어야 할 것이다.

3. 보험조건의 선택

상기의 위험 중에서 두꺼운 종이상자(carton box)에 포장된 화물 "Staple Fibre"는 화물의 성질이나 포장방법으로 보아 유류접촉손이나 도난·불착손이 크게 우려되므로 "ICC(C) including COOC"나 "ICC(C) including COOC and TPND"로 결정할 수 있다. 또한 해수침손과 유류접촉손을 담보 받고자 할 때는 보험조건을 "ICC(B) including COOC"로 결정하는 것이 바람직하다.

Ⅲ. CIF 매매계약에서 적화보험료의 산출

1. 적화보험요율의 적용원칙

현재 국내에서 사용하고 있는 해상적화보험요율은 보험개발원에서 산정한 요율을 협정요율로 사용하고 있으며, 그 종류는 다음과 같다.

1) 기본 요율

기본 요율은 신협회적화약관(New Institute Cargo Clause) 및 기타 특별약관에 적용되는 요율로써 해상운송의 경우에는 항구간(port to port), 항공운송의 경우는 공항간(airport to airport) 요율을 말한다.

2) 통상 요율

할인·할증을 적용하기 전의 화물별 담보조건 요율(부가위험 요율, 확장담보조건 요율, 적용 특칙상의 요율 등 포함)을 말한다.

3) 확장담보조건 요율

기본 요율이 항구간 또는 항공간 요율로 산정되어 있어 신협회적화약관의 운송약관에 따른 화물의 전운송구간, 즉 해상운송에 연결되는 선적항 또는 양화항의 행정구역을 벗어나는 육상운송구간에서의 위험을 담보 받기 위하여는 확장담보조건에 따른 보험료를 지급하여야 한다. 이러한 확장담보조건 요율에는 내륙운송연장담보(Inland Transit Extension: ITE) 요율과 내륙장치연장담보(Inland Storage Extension: ISE) 요율이 있다.

4) 부가위험 요율

ICC(B)나 ICC(C)를 기본담보조건으로 하는 경우에는 당해 위험약관에 열거되어 있는 위험만을 담보하므로 피보험목적물의 특성, 항해구간 등에 따라 특히 발생 가능성이 높은 위험에 대비하여 추가담보가 요구된다. 이러한 위험을 가리켜 부가위험이라 하며 추가보험료를 부담하는 조건으로 부가위험을 담보 받을 수 있다.

부가위험 중 특히 중요한 것으로는 도난·발화·불착위험(Theft, Pilferage & Non-Delivery: TPND), 우·담수손위험(Rain and/or Fresh Water Damage: RFWD), 파손위험(Breakage), 누손·부족손위험(Leakage/Shortage), 오염위험(Contamination), 갈고리위험(Hook & Hole), 곡손위험(Denting & Bending), 유류 및 타화물과의 접촉위험(Contact with Oil and/or Other Cargo: COOC) 등이 있다.

5) 화물별 특수위험에 대한 요율

ICC(A)일지라도 품목의 특성을 고려하여 ICC(B)나 ICC(C)에서 담보하는 위험을 초과하는 부가위험을 제외할 수 있으며, 이를 담보할 경우에는 해당 품목별 적용특칙에 따라 별도의 추가보험요율을 부담하여야 하는 점에 유의하여야 한다. 예컨대 유리, 요업제품 및 정밀기계류에서의 파손위험, 고체화공품에서의 포장의 파손으로 인한 부족손위험, 이사화물에서의 파손위험 등이 이에 해당한다.

2. 적화보험료의 산출

해상적화보험에서의 보험료율을 결정하는 기본요소로는 ① 적재선박,[65] ② 항로 및 지역 등 운송구간, ③ 화물의 성질, 상태, 포장형태, ④ 손해율,[66] ⑤ 보험조건과 부가위험조건, 특수보험조건 등이 있다.

해상적화보험의 보험료는 보험금액(CIF가격×110%)에 보험료율(premium rate)을 곱하여 산출한다.

예를 들면, CIF금액이 US$100,000이고 계약상 송장금액(invoice value)에 대하여 110%를 ICC(B)약관(보험료율 0.2%)으로 부보할 경우에 보험료는 (US$100,000×1.1)×0.2%=US$220과 같이 산출할 수 있다.[67]

Ⅳ. 결　　론

적화보험계약을 위하여 보험조건을 선택할 경우에는 화물의 성질 등을 검토한 후 담보범위를 검토하여야 한다. 적화보험조건의 선택은 멸실 또는 손상의 위험의 검토, 위험의 측정 및 부가위험의 검토 및 보험조건 선택과 같은 순서로 행한다.

ICC(A) 일지라도 품목의 특성을 고려하여 ICC(B)나 ICC(C)에서 담보하는 위험을 초과하는 부가위험을 제외할 수 있으며, 이를 담보할 경우에는 해당 품목별 적용 특칙에 따라 별도의 추가보험 요율을 부담하여야 하는 점에 유의하여야 한다.

---

65) 협회선급약관(Institute Classification Clause)에 규정되어 있는 표준규격선, 즉 선령 15년 이하의 선박으로 국제공인 주요 선급협회로부터 선급부여 받은 강철제의 동력선이어야 한다. 적재선박이 표준규격(approved vessel) 이외의 선박은 소정의 할증보험료(additional premium: AP)를 지급하여야 한다.

66) 손해율(loss rate)이란 보험회사가 1회계연도 등 일정기간에 영수한 보험료에 대한 동일기간 중의 지급보험금의 비율을 말한다.

67) 강원진, 전게서, 418~422면.

실무적으로 보험담보 약관은 화물의 종류와 성질을 잘 고려하면 ICC(C)에 적절한 부가위험을 선택하면서 W/SRCC를 부보하더라도 경제적인 보험료로 위험을 담보할 수도 있으므로, 매매계약에서 보험조건 약정시 및 보험자와 보험계약자와 보험자간 보험계약을 체결할 경우에 이에 대한 면밀한 검토가 요구된다.

CIF 매매계약에서 적화보험료의 산출은 기본 요율, 부가위험 요율, 확장담보조건 요율 등을 종합하여 산출하고, 보험담보금액은 최소한 물품의 CIF 또는 CIP 가격의 110%이어야 한다. 서류로부터 CIF 또는 CIP 가격이 결정될 수 없는 경우, 보험담보금액은 신용장에서 인수·지급 또는 매입이 요청되는 금액 또는 송장에 표시된 물품의 총가액 중 더 큰 금액을 기초로 하여 산정되어야 한다(UCP 600 제28조 f항 ii호).

제 5 절 무역보험에서의 단기수출보험

문제 4-09 무역보험에서 단기수출보험의 부보와 보험자의 면책사항에 대하여 설명하시오.

답안 4-09

〈목차 구성〉

Ⅰ. 서 론

무역거래에서는 계약물품을 목적까지 운송하는 과정에 발생하는 위험을 담보하기 위하여 적화보험을 이용하고 있지만 수입국의 정치·경제적 환경변화에 따른 수출불능이나 수출대금회수불능 등 대금결제상 발생하는 위험에 대해서는 무역보험이 이용되고 있다.[68]

따라서 무역보험은 수출국에서 무역과 해외투자를 촉진시키기 위한 목적으로 이루

68) 무역보험은 ① 수출거래상의 불안제거기능, ② 신용수단의 공여기능, ③ 수출진흥정책수단의 기능, ④ 해외 수입자에 대한 신용조사기능, ⑤ 국내 수입자 및 금융기관의 수입손실 보상기능이 있다.

어지는 정책적인 보험제도로 물품의 멸실·손상의 위험 및 손해를 대상으로 하는 해상적화보험과는 그 대상과 성격이 다르다.

무역보험은 수출보험과 수입보험으로 구분되며 특별법에 의하여 설립된 한국무역보험공사(K-sure)[69]가 보험자가 되어 보상한다.

한국 무역보험법에서는 "이 법은 무역이나 그 밖의 대외거래와 관련하여 발생하는 위험을 담보하기 위한 무역보험제도를 효율적으로 운영함으로써 무역과 해외투자를 촉진하여 국가경쟁력을 강화하고 국민경제의 발전에 이바지함을 목적으로 한다"고 규정하고 있다.[70]

무역보험은 보험사업의 목적을 효율적으로 운영하기 위하여 정부예산이 정하는 바에 따라 무역보험기금을 설치하여 운영하고 있으며 기금의 결산상 손실이 발생한 때에는 우선적으로 적립금에 의해 보전하고 그 적립금이 부족할 경우에는 정부가 보전하도록 하여 궁극적으로 국가의 담보력을 근거로 운영하고 있다. 따라서 무역보험에서 수출보험의 보험자는 정부가 되고 보험사고 발생시 보험금지급의 궁극적 책임도 정부가 부담하게 된다.

이하에서는 무역보험 종목 중에서 단기수출보험에 기초하여 보험부보, 이용절차 및 면책사항 등을 중심으로 검토하고자 한다.

Ⅱ. 단기수출보험과 보험부보

1. 단기수출보험의 의의

단기수출보험(선적후-일반수출거래 등)이란 수출자가 수출대금 결제기간 2년 이하의 수출계약을 체결하고 수출물품 선적 후, 수입자(L/C거래의 경우 발행은행)로부터 수출대금을 받을 수 없게 된 때에 입게 되는 손실을 보상하는 제도를 말한다.

단기수출보험은 다양한 종류의 무역보험 중에서도 가장 많이 활용되는 전형적인 형태의 무역보험종목으로, 수출자가 수출거래로부터 발생하는 대금미회수위험을 담보하기 위한 제도이다. 이 보험은 건전한 수출발전을 도모하는 정책적인 목적으로 수출기업

69) 한국의 무역보험은 처음에 정부의 수출지원정책의 일환으로 수출보험법에 의거 도입된 제도이다. 1969년 2월부터 업무를 개시한 이래 그간 대한재보험공사와 한국수출입은행에서 정부를 대행하여 수출보험업무를 수행해 오다가 1992년 7월 7일자로 한국수출보험공사가 공식 발족되면서 전담 체제로 운영하여 왔으며 2010년 7월 한국무역보험공사(K-sure)로 재출범하였다.

70) 한국 무역보험법 제1조.

이 보다 안심하고 수출계약을 체결할 수 있게 하며, 특히 대량의 수출거래를 지속적으로 하는 수출기업에 있어서 대금미회수위험에 대한 관리 장치로서 중요한 역할을 수행하고 있다.

담보위험은 신용위험으로 수입기업(또는 신용장발행은행)의 지급불능, 지급지체, 수입화물에 대한 인수거절 등이며 비상위험으로 전쟁위험, 송금위험, 환거래 제한 등이다.

가입대상 거래는 일반수출, 위탁가공무역, 중계무역 및 수출자가 해외지사(현지법인 포함)에 물품을 수출하고, 동 해외지사가 당해 물품을 현지 또는 제3국에 재판매하는 거래이다.

2. 단기수출보험의 부보 및 이용절차

한국무역보험공사(K-sure)는 수입자 신용도, 결제경험 등을 심사하여 수입자별 인수한도 및 보상한도 책정하고 운영방식은 수출자와 특정 수입자와의 거래에 대하여 개별적으로 위험을 평가하여 무역보험에 부보하는 개별보험 방식 및 사전에 보험계약자(수출자)와 보험자(K-sure)가 포괄보험 특약을 체결함으로써, 특정물품 또는 결제조건 등 미리 대상 수출거래의 범위를 정하여 일괄적으로 수출보험에 부보하는 포괄보험 방식이 있다.

단기수출보험의 보험가액은 수출대금이며, 부보율은 일반수출, 위탁가공무역의 경우 중소기업은 100%, 중견기업 97.5%, 대기업 95%, 중계무역의 경우 95% 이내로 국별 인수방침에 따라 달라질 수 있다. 보험금액은 “보험가액×부보율”을 지급보험금은 “손실액×부보율”과 같은 산식으로 산정된다. 또한 보험료는 보험금액에 수입자 신용등급(신용장거래인 경우 신용장 발행은행 소재 국가등급), 결제조건 및 결제기간에 따라 결정된다.

단기수출보험의 이용절차는 “① K-sure에 보험가입 상담 → ② 신용조사 → ③ 한도신청(보험청약) → ④ 한도책정 → ⑤ 보험증권 발급 → ⑥ 물품선적후 10영업일 이내 사이버영업점을 통해 수출통지(보험관계 성립) → ⑦ 보험료 납부 → ⑧ 결제통지(수출자 → 공사)”의 과정을 거쳐야 된다.

따라서 수출자가 K-sure를 통하여 수출보험을 이용하고자 할 경우 충분한 시간을 가지고 미리 준비하여야 한다.

Ⅲ. 보험자의 면책사항

단기수출보험은 수출자보험으로서 약관의 면책사항에 해당하거나 수출계약 이행과정에서 귀책이 있는 경우 보상받을 수 없다. 약관은 수출자가 보상받지 못하는 경우에 대해 상세히 규정하고 있으므로(http://www.ksure.or.kr) 수출자는 동 약관의 내용을 검토하여 수출보험에 가입하고도 보상받지 못하는 일이 없도록 주의하여야 한다.

특히 보험자의 면책 사유로는 ① 연속수출로 인한 손실,[71] ② 보험계약자의 대리인이나 피사용인의 고의 또는 과실로 인하여 발생한 손실, ③ 물품의 멸실, 훼손 또는 기타 물품에 대해 발생한 손실, ④ 보험계약자가 법령을 위반하여 취득한 채권에 대해 발생한 손실, ⑤ 수출거래가 신용장방식 수출거래에서 신용장조건으로 명시된 서류가 당해 신용장조건과 일치 하더라도 그와 별도로 신용장발행은행의 대금지급책임이 면제 또는 경감될 수 있는 내용을 포함하고 있는 경우, 무신용장방식 수출거래에서 수출계약등에 의하여 수출계약 상대방의 대금지급책임을 면제 또는 경감한다는 내용을 약정하고 있는 거래의 경우이다.

또한 ⑥ 보험계약자가 약관상 K-sure에 알려야 할 고지의무를 위배함으로써 발생한 손실, ⑦ 인수한도를 책정 받고 수출을 하였으나 수출통지를 하지 않은 경우, ⑧ 보험료를 납부하지 않은 경우, ⑨ 기타 조사에 협조할 의무 등 약관상 수출자의 의무사항을 위배함으로써 발생한 손실 등의 경우이다.

Ⅳ. 결 론

단기수출보험은 물품의 멸실·손상의 위험 및 손해를 대상으로 하는 해상적화보험과는 달리, 수출자가 수출대금을 받을 수 없게 된 때에 입게 되는 손실을 한국무역보험공사가 보험자로서 보상하는 정책적인 보험제도이다.

단기수출보험은 수출대금 결제기간이 2년 이하인 경우 수출물품 선적 후, 수입자로부터 수출대금 회수불능에 따른 손실을 보상하는 무역보험종목 중의 하나이다. 단기수출보험은 수출선적 후 무조건 보험을 부보할 수 있는 것이 아니고 사전에 한국무역보험공사(K-sure)로부터 상대방(수입자)의 신용조사 후 인수한도 책정 및 물품선적 후에 보험관계가 성립된다. 따라서 수출자가 수출보험을 이용하고자 할 경우에는 사전에 충분한 시간을 가지고 K-sure와 상의하여 준비하여야 한다.

보험계약자인 수출자가 귀책사유가 없이 수출대금회수 불능의 경우를 제외하고 물

71) 수출자가 동일한 수입자에게 계속적으로 수출하는 경우, 이전 선적건의 수출대금이 결제일로부터 30일이 경과한 날까지 결제가 되지 않은 상태에서 추가적으로 수출한 거래에서 발생한 손실에 대해서는 보험금을 지급하지 아니한다.

품의 멸실·손상, 보험계약자의 법령 위반에 기인한 손실, 신용장 또는 수출계약에 의해 대금 지급책임면제 내용을 포함하고 있는 경우에는 보험금을 받을 수 없다. 또한 보험계약자의 귀책사유가 있는 경우에도 보험자가 면책된다는 점에 유의하여야 한다.

제 4 편 적화보험과 무역보험(추록)

| 기출문제 |

01. 수출어음보험 (1996 관세사, 10점)

02. 추정전손의 의의와 구체적인 경우 및 보험금액 전액 청구시 어떤 과정(행위)를 하여야 하는 가를 설명하시오. (1998 관세사, 10점)

03. 우리나라 수출보험의 담보위험에 대하여 설명하시오. (1999 관세사, 10점)

04. 신협회약관(ICC) 운송조항(약관8조)의 도입과정과 보험자 책임의 시기와 종기를 설명하시오. (2002 관세사, 10점)

05. 예정보험의 의의와 그 유형을 설명하시오. (2003 관세사, 10점)

06. 보험가액이 10,000원인 화물을 A보험업자에게 6,000원으로 부보한 후 B보험업자에게 5,000으로 부보하였을 때 우리나라 상법 및 MIA의 경우 각각 총 보험금 수령액을 비교하시오.(단, 소숫점 이하 무시함). (2005 관세사, 10점)

07. 선하증권(B/L)이면에 쌍방과실충돌약관(Both to blame collision)이 삽입된 이유를 설명하시오. 그리고 협회적하약관(Institute Cargo Clause)에서도 동일한 명칭의 쌍방과실충돌약관이 삽입된 이유를 설명하시오. (2006 관세사, 10점)

08. 수출보험의 한 종류인 환변동 보험의 의의와 종류에 대해 설명하시오. (2007 관세사, 10점)

09. 해상적하보험에서 피보험자의 손해방지의무 및 위부의 개념을 설명하고 이를 활용하여 현행의 협회적하약관의 포기약관을 설명하시오. (2007 관세사, 10점)

10. 영국해상보험법상 묵시담보에 대하여 설명하시오. (2008 관세사, 10점)

11. ICC상 보험의 시기와 종기 및 Incoterms 상 FOB조건에서의 적하보험의 시기와 종기를 비교하여 설명하시오. (2009 관세사, 10점)

12. 2009 ICC(A) 협회전쟁약관과 협회동맹파업약관을 담보하지 않는 사유에 대하여 설명하시오. (2010 관세사, 10점)

13. MIA상 담보의 정의와 종류 담보위반의 효과와 담보위반의 허용에 대하여 설명하시오. (2012 관세사, 10점)

14. 영국해상보험법(MIA)상 미평가보험증권(unvalued policy)과 선명미상보험증권(floating policy by ship or ships)에 대하여 설명하시오. (2014 관세사, 10점)

15. 해상보험에서 적용되는 위부(Abandonment)와 대위(Subrogation)의 개념과 차이점을 설명하시오. (2015 관세사, 10점)

| 연구문제 |

01. 해상보험계약에서 고지의무의 대상은 무엇이며 MIA와 한국 상법상 고지의무 위반에 대한 보험자의 권리에 대하여 설명하시오.

02. MIA에 기초하여 명시담보와 묵시담보를 비교하여 설명하시오.

03. 보험가액을 산정함에 있어 기평가보험과 미평가보험을 비교하여 설명하시오.

04. 보험가액과 보험금액과의 관계에 대하여 설명하시오.

05. 해상보험에서 이로와 항해변경을 비교하여 설명하시오.

06. 해상위험변경의 원인과 효과에 대하여 설명하시오.

07. 보험목적물에 대한 대위의 요건과 효과에 대하여 설명하시오.

08. 공동해손이란 무엇이며 공동해손의 성립요건에 대하여 설명하시오.

09. 배상책임손해에서 쌍방과실충돌약관에 대하여 설명하시오.

10. 해상보험증권의 유형을 보험계약방식, 보험기간, 보험가액으로 구분하여 설명하시오.

11. 한국 서울소재 수출자 A는 어떤 물품을 미국 뉴욕소재 수입자 B와 CIF New York Incoterms® 2010으로 매매계약을 체결하였다. A는 보험자와 보험계약을 체결하고 Amount Insured란에 USD110,000(USD100,000x110%)로 부보 된 Marine Cargo Insurance Policy를 교부받았다. (1) 이 물품에 대한 보험요율이 0.6%인 경우 A가 보험자에게 지급해야할 보험료는 얼마인가? (2) B가 현지에서 정상적으로 판매할 수 있었던 금액이 USD200,000이었으나 운송 중 물품이 손상되어 목적지에서 매수인이 모두 USD40,000에 판매될 경우 보험자가 B에게 지급하여야 할 보험금은 얼마인가?

12. MIA 및 한국 상법상 보험기간의 시기 및 종기에 대하여 설명하시오.

13. 협회적화약관(2009년)상 적화보험에 대한 보험자의 담보책임 개시 및 종료에 대하여 Incoterms® 2010 규칙의 CIF 계약과 CIP 계약의 경우를 비교하여 설명하시오.

14. 무역보험에서 수입보험의 의의, 적용대상 거래 및 담보하는 위험에 대하여 설명하시오.

| 참고문헌 |

1. 한국문헌

강원진, 「무역실무」, 제3판, 박영사, 2008.

______, 「무역실무 문답식 해설」, 두남, 2011.

강원진·이양기, 「최신 국제상거래론」, 박영사, 2014.

강원진, 「최신 국제상무론」, 두남, 2013.

권 오, "협회적하약관 2009(A)의 개정내용에 관한 연구", 「관세학회지」, 제10권 4호, 한국관세학회, 2009.

구종순, 「해상보험」, 제4판, 박영사, 2010.

김선철·이길남, "우리 상법(보험편)과 영국 해상보험법의 고지의무 법리에 관한 비교 연구", 「통상 정보연구」, 제11권 1호, 한국통상정보학회, 2009.

박문서·이제홍, 협회적하약관(ICC) 담보위험의 면책위험과 수출보험 적용에 관한 연구, 수출보험학회지 제8권 제2호, 한국수출보험학회, 2007.

박성호, 2009년 개정협회적하약관의 운송조항에 관한 연구, 「한국해법학회지」, 제32권 제1호, 한국해법학회, 2010.

서돈각·정완용, 「상법강의(하권)」, 법문사, 1996.

손주찬, 「상법(하)」, 박영사, 2005.

신건훈, "영국 해상보험법에서 최대선의원칙의 문제점에 관한 고찰", 「무역상무연구」, 제14권, 한국무역상무학회, 2000.

신건훈·이병문, "2009년 협회적하약관의 면책조항 상 주요 개정내용에 관한 연구", 「무역상무연구」, 제57권, 한국무역상무학회, 2013.

이은섭, 「해상보험론」, 신영사, 1992.

이정원, "보험자의 고지의무에 대한 소고", 「법학연구」, 제52권 제2호(통권 68호), 부산대법학연구소, 2011.

최종현, 「신해상법론」, 제2판, 박영사, 2014.

최준선, 「보험법·해상법·항공운송법」, 삼영사, 2012.

2. 구미문헌

Arnould, *The Law of Marine Insurance and Average*, 16th. ed., Sweet & Maxwell, 1997.

lvamy, E. R. Hardy, *M arine Insurance (4th ed.)*, LondonButterworths, 1985.

Marsden Susanna H., "The Institute Cargo Clauses (A) 2009: Recontextualized", *Eur. Ins. L. Rev.*

Vol. 33, 2013.

Schmitthoff Clive M., Export Trade, 10th ed., Stevens & Sons, 2000.

Turner, Harold A., *The Principles of Marine Insurance*, Stone & Cox Publications Ltd., 1979.

3. 적화보험규범

Institute Cargo Clauses (A)(B)(C) 1982, 2009.

Institute Cargo Clauses (Air) 2009.

Marine Insurance Act 1906.

The York-Antwerp Rules 1974.

PART 05

[논술문제와 답안] 전자무역

Chapter 13 전자무역거래

Chapter 13

전자무역거래

제 1 절 전자무역계약과 국제계약에서 전자통신의 사용에 관한 유엔 협약(CUEC)

문제 5-01 국제계약에서 전자통신의 사용에 관한 유엔 협약의 적용범위를 CISG와 비교하여 설명하시오.

답안 5-01

〈목차 구성〉

Ⅰ. 서　　론
Ⅱ. 전자협약의 제정목적 및 주요 구성내용
　1. 제정목적
　2. 주요 구성내용
Ⅲ. 전자협약의 적용범위
　1. 실체적·지리적 적용범위
　2. CISG와의 비교
Ⅳ. 국제사법과의 관계 및 민사적·상사적 성격
　1. 국제사법과의 관계
　2. 민사적·상사적 성격
　3. CISG와의 비교
Ⅴ. 배제요건
　1. 전자협약에서의 배제요건
　2. CISG와의 비교
Ⅵ. 결　　론

Ⅰ. 서　　론

유엔 국제무역법위원회(United Nations Commission on International Trade Law:

UNCITRAL)는 1980년 제정한 "국제물품매매계약에 관한 유엔 협약"(United Nations Convention on Contracts for the International Sale of Goods: CISG) 외에 국제상거래에서 전자적 통신수단의 사용을 통한 계약체결 관행을 고려하여 2005년 11월 23일 제60차 유엔 총회에서 "국제계약에서 전자통신의 사용에 관한 유엔 협약"(United Nations Convention on the Use of Electronic Communications in International Contracts: 이하 CUEC 또는 전자협약이라 한다)을 채택하였다.[1] 이 전자협약은 기존의 통일매매법인 CISG를 근간으로 하여 제정되었기 때문에 협약의 구성 체계와 적용상의 유사함이 존재한다.

이하에서는 전자협약의 제정목적을 살펴보고 전자협약의 적용범위를 실체적·지리적 적용범위, 국제사법과의 관계, 민사적·상사적 성격 그리고 배제요건 등을 CISG와 비교하여 검토하고자 한다.[2]

Ⅱ. 전자협약의 제정목적 및 주요 구성내용

1. 제정목적

전자협약 제정의 근본적 목적[3]은 전자통신의 사용을 통하여 상업 활동의 효율성을 증대시키고 원격지 당사자 및 시장에 새로운 접근기회를 부여함으로써 국제무역 및 경제발전을 증진시키고자 함에 있다.

아울러 국제계약에서 전자통신 사용의 법적 가치에 관하여 불확실성으로부터 야기되는 문제점과 장애를 제거하여 국제계약의 법적 확실성과 상업적 예측가능성을 높이고자 하였다.

또한 거래당사자가 기술적 중립성과 기능적 동등성의 원칙을 고려하여 적절한 매체와 기술을 선택할 당사자 자치를 존중하고 상이한 법률, 사회 및 경제 제도를 가진 국가가 용인할 수 있는 방식으로 전자통신의 사용의 법적 장애 제거 및 일반적 해결책을 제공하고자 하였다.

1) UNCITRAL, "Resolution adopted by the General Assembly", "60/21. United Nations Convention on the Use of Electronic Communications in International Contracts", Sixtieth session, Agenda item 79, A/RES/60/21.

2) 이 글은 강원진·김동윤, "국제계약에서 전자통신의 사용에 관한 유엔협약의 적용범위에 관한 고찰", 「국제상학」 제22권 제3호, 한국국제상학회, 2007, 255~275면의 것을 재정리한 것이다.

3) CUEC 2005, Preamble.

2. 주요 구성내용

국제계약에서 전자통신의 사용에 관한 유엔 협약은 총 4장 25조로 구성되어 있으며 그 주요 내용은 다음과 같다.

제1장 적용범위(sphere of application)

적용범위, 적용배제 및 당사자 자치에 관련된 사항

제2장 총칙(general provisions)

용어의 정의, 해석, 당사자의 소재지 및 정보요건

제3장 국제계약에서 전자통신의 사용(use of electronic communications in international contracts)

전자통신의 법적 승인, 형식요건, 전자통신의 송신과 수신의 시기 및 장소, 청약의 유인, 계약성립을 위한 자동화 메시지 시스템의 사용, 계약조건의 사용가능성 및 전자통신의오류

제4장 최종규정(final provisions)

수탁자, 서명, 비준, 수락 또는 승인, 지역경제통합기구의 참여, 자국영역내의 효력, 적용범위에 관한 선언, 다른 국제협약 하에서 교환되는 통신, 선언의 절차 및 효과, 유보, 효력발생 및 폐기

따라서 종이기반 하에서의 CISG는 서문 외에 총 4편 101조로 구성하여 국제물품매매계약과 관련된 구체적인 협약 내용 전반을 오프라인 환경에 부응하여 제시하고 있는 데 비하여, 전자통신 하에서의 CUEC는 전자통신의 사용을 수반하는 국제무역거래, 즉 전자무역계약을 위하여 온라인 환경에서 부응할 수 있는 통일된 협약을 간결하지만 처음으로 제공하고 있다는 데 의의를 둘 수 있다.

Ⅲ. 전자협약의 적용범위

1. 실체적·지리적 적용범위

이 협약의 제1조에서는 적용범위에 대하여 다음과 같이 규정하고 있다.[4]

첫째, 본 협약은 자신들의 영업소가 상이한 국가에 있는 당사자들 간의 계약의 성

4) CUEC 2005, Article 1.

립 또는 이행과 관련한 전자통신의 사용에 적용한다.

둘째, 당사자들이 상이한 나라에 자신들의 영업소를 가지고 있다는 사실은 계약을 통해서나 당사자들 간의 거래를 통해 또는 계약체결 시 또는 그 이전에 언제든지 당사자들에 의해 고지된 정보를 통하여 나타나지 아니한 때는 무시되어야 한다.

셋째, 당사자의 국적과 당사자 또는 계약의 민사적 또는 상사적 성격은 본 협약의 적용을 결정하는데 고려되지 아니한다.

1) 실체적 적용범위

전자협약의 실체적 적용범위에 관한 요소는 양당사자의 영업소 소재국이 협약국인가의 여부, 계약의 성격, 계약의 형태, 거래대상 등에 관한 문제로 오프라인 거래와 온라인 거래에서 차이가 있으나, 전자계약(electronic contracting)은 계약체결방식에서 전자적 통신수단을 사용하는데 관한 문제이지 계약의 대상이 전자적 목적물을 전제로 한 것이 아니라는 측면에서 CISG 보다 포괄적이라고 할 수 있다.[5]

전자협약의 주된 목적은 상이한 국가에 위치하고 있는 당사자 간에 체결된 계약의 성립 또는 이행에 대한 전자통신[6]의 사용에 관하여 발생할 수 있는 법적 장애 또는 불확실성 제거에 있으므로, 전자적 수단에 의하여 체결된 계약의 성립에 관련한 실체법적 문제점 또는 권리와 의무에 대해서 다루지 아니하고 있다.

전자상거래의 특성상 기술적이며 실체법상의 문제점들 간의 엄격한 분리는 항상 실행가능하거나 바람직하지 않다는 것이 작업반 내의 우세한 견해였으므로,[7] 실체법적인 문제가 보는 관점에 따라서 절차적인 문제가 될 수 있기 때문이다.[8]

전자협약은 당사자 간의 계약의 성립 또는 이행에 관련된 전자통신의 교환에 적용된다. 전자협약은 또한 계약이 체결되지 아니하고 계약의 교섭조차도 이루어지지 않은 경우에 사용된 전자통신에 적용한다는 것을 의미한다.[9] 청약의 유인을 다루는 제11조[10]

---

5) 오원석, "국제전자계약준비초안의 적용범위에 관한 비교 연구", 「통상정보연구」, 제Ⅳ권 제2호, 한국통상정보학회, 2002, 4면.

6) "전자통신"이라 함은 당사자들이 데이터 메시지 수단을 통하여 행하고 있는 모든 통신을 의미 한다; CUEC 2005, Article 4(b).

7) UNCITRAL, op. cit., A/CN.9/608/Add.1, para. 11; *ibid.*, A/CN.9/527, para. 81.

8) 오세창, "유엔 전자계약 예비초안의 적용범위와 총칙규정의 심의내용에 관한 연구", 「국제상학」, 제18권 제4호, 한국국제상학회, 2003, 11면.

9) UNCITRAL, op. cit., A.CN.9/608/Add.1, para. 12.

10) 일인 이상의 특정 당사자들 앞으로 이루어지지 아니하고 정보 시스템을 사용하는 당사자들에게 일반적으로 접속할 수 있는 것으로서 이러한 정보시스템을 통해 주문신청을 위한 대화신청을 이용하는 제의를 포함하여 하나 이상의 전자통신을 통해 이루어지는 계약을 체결하려는 제의는 청

가 그와 같은 경우이다. 그러나 작업반은 전자자금이체의 경우와 같이 물품의 수령통지, 이행태만에 대한 손해배상청구통지 또는 종료통지와 같은 계약 또는 이행에 관한 통지에서 발생하는 다양한 권리의 행사를 위하여 사용되는 데이터 메시지로서, 계약 성립에 한정되지 않는 데이터 메시지의 실질적인 사용임을 지적하였다.[11] 이러한 사실은 2002년에 개최된 제39차 작업반 회의에서 적용범위와 관련한 다양한 문제를 놓고 여러 의견을 수렴한 후 협약초안의 실질적인 적용범위는 상사적 거래에서 전자통신의 사용을 허용하도록 제정하는데 합의된 것이다.

전자협약은 당사자들 간에 존재하거나 또는 예상된 계약 관계에 초점을 맞추고 있다. 작업반은 "존재하거나 예상된 계약과 관련하여"라는 문구는 너무 광범위하고, 존재하거나 예상된 계약에 통신이 계약에 "관계"를 가질 때마다, 초안협약의 조항은 당사자와 제3자 간의 통신교환 또는 통지에 적용될 것이라고 제안할 수 있다는 견해를 표명하였다.

전자협약의 문맥상에서, "계약"이라는 단어가 해당계약을 참조하기 위해 법 또는 당사자에 의해 사용되었는지의 여부와 관계없이, 전자협약으로부터 명시적이거나 묵시적으로 배제되지 않는 양당사자들 간에 법적으로 구속하는 합의의 모든 형식을 적용하기 위하여 광범위하게 양해되어져야 할 것이다.[12]

실체적 적용범위의 주된 요소인 "당사자" 및 "영업소"와 관련하여, "당사자"라는 단어는 자연인(natural person)과 법인(legal entities) 양자 모두를 포함하며, 국내법 하에서 당사자의 본질 및 자격에 관계없이 국제계약에 적용한다. 그리고 제1조에서 언급하는 "영업소"는 본 협약이 적용하기로 의도한 무역 관련 계약의 성질의 일반적인 의미를 규정한 것이다.[13]

2) 지리적 적용범위

전자협약의 지리적 적용범위에 관한 요소는 주로 계약당사자의 영업소가 서로 다른 국가에 위치하는지의 여부에 관한 문제로, 이것은 국경개념이 명료한 오프라인 계약과 그렇지 못한 온라인 계약간에 상당한 차이가 있다. 그리고 가장 특이한 점은 CISG의 협약국 요건, 즉 양당사자의 영업소가 소재하는 국가가 협약국이어야 한다는 요건을 요

약의 유인으로 간주한다. 다만 이러한 제의가 승낙의 경우에 구속된다는 제의를 한 당사자의 의사를 분명히 표시하고 있는 경우에는 그러하지 아니하다.

11) UNCITRAL, op. cit., A/CN.9/509, para. 35.

12) UNCITRAL, op. cit., A/CN.9/608/Add.1, para. 14.

13) UNCITRAL, op. cit., A/CN.9/608/Add.1, paras. 15-16.

구하지 않는다는 것이다.[14)]

(1) 국 제 성

전자협약의 적용범위는 CISG의 적용범위를 본질적으로 반영한 것으로 제39차 작업반 회의에서 국내법과 상충되지 않도록 하기 위하여 국제계약과 관련된 국제거래에 지리적 적용범위를 한정하고 있다.[15)] 국제계약에 관련된 당사자 간의 거래에 협약국의 국내법을 적용하는 것은 당사국 모두가 전자협약의 협약국이 아니라고 하더라도 상이한 국가에 영업소를 가진 당사자들 간에 교환된 전자적 메시지에 적용[16)]되는 취지를 명시하고 있다.

CISG와 전자협약은 상이한 국가에 자신의 영업소를 가지고 있는 당사자 간의 거래 또는 계약체결과 관련하여 국제적인 거래에만 적용된다. 따라서 양 협약은 당사자의 영업소가 상이한 국가에 위치하여야 하는 국제성(internationality)을 전제로 하고 있다. 그러나 전자협약은 적용범위에 대한 CISG의 협약국 요건을 제외하여 비협약국에 대하여 협약을 적용함에 있어 어떠한 의무를 부과하지 않으며, 비협약국의 국제사법규칙이 협약국의 법을 준거법으로 지정한 경우에 협약의 규정을 적용할 수 있음을 알 수 있다.

(2) 당사자 영업소의 위치의 적용

당사자 영업소의 위치와 관련하여 제6조는 다음과 같이 규정하고 있다.[17)]

첫째, 이 협약을 적용하는 데 있어서, 당사자의 영업소는 그 영업소 표시를 한 당사자가 그 장소에 영업소를 가지고 있지 않음을 다른 당사자가 반증하지 아니한 경우 당사자가 표시한 장소에 있는 것으로 추정된다.

둘째, 한 당사자가 영업소를 표시하지 아니하고 또한 둘 이상의 영업소를 가지고 있는 경우, 이 협약을 적용하는 데 있어서, 영업소는 계약체결 이전 또는 당시 당사자들이 알았거나 또는 예기하였던 상황을 고려하여 관련 계약과 가장 밀접한 관계를 갖는 곳을 그 영업소로 한다.

셋째, 자연인이 영업소를 가지고 있지 아니한 경우에는 그가 상주하는 장소를 영업소로 본다.

넷째, 어떠한 장소가 단순히 다음과 같은 이유만으로 영업소가 되지 아니한다:

---

14) 오원석, "국제전자계약준비초안의 적용범위에 관한 비교 연구", 「통상정보연구」, 제Ⅳ권 제2호, 한국통상정보학회, 2002, 4면.

15) UNCITRAL, op. cit,, A/CN.9/509, para. 31; UNCITRAL, op.cit., A/CN.9/528, para. 33.

16) UNCITRAL, op. cit., A/CN.9/571, para. 19.

17) CUEC 2005, Article 6.

(a) 계약성립과 관련하여 당사자에 의하여 사용된 정보시스템을 지원하는 장비 또는 기술이 소재하는 장소; 또는

(b) 정보시스템이 다른 당사자에 의해 접근될 수 있는 장소.

다섯째, 당사자가 특정 국가와 연결된 도메인 이름이나 전자우편 주소를 사용한다는 사실만으로는 그의 영업소가 그 국가에 존재되는 것으로 추정되지 아니한다.

전자협약은 상이한 국가 내에 영업소를 가진 당사자 간의 계약성립 또는 이행에 관련한 전자통신의 사용에 적용된다(전자협약 제1조 1항). 전자협약의 근본적인 목적은 전자적 환경 하에서 통일법 제정을 통한 법적 명확성과 예측가능성을 제고하여 거래의 원활화를 도모하고자 하는 것이다. 이러한 법적 명확성과 예측가능성의 지표가 되는 준거법이나 재판관할권의 선택에 있어서 영업소와 같은 계약체결지가 중요한 역할을 한다고 할 수 있다.

2. CISG와의 비교

CUEC에서 당사자가 복수의 영업소를 가진 경우 당해계약과 밀접한 관계를 가지는 영업소에 계약의 중심을 두며, 당사자가 영업소를 제시하지 않은 경우 상시적인 거소를 영업소로 간주하는 것은 CISG의 제10조(영업소의 정의)상의 영업소에 대한 결정 원칙과 동일하다.

CUEC에서 장비와 기술의 소재장소는 이동가능성과 특정 법인체의 활동이 특정 장소에 관계없이 정보시스템을 사용하여 이루어지는 경우와 같이 당사자의 의사표시를 충분히 제공하지 못할 수 있으므로 완전한 영업소의 요소를 가지고 있지 못한다. 이러한 정보시스템의 기반 하에서 활동하는 가상기업(virtual company)의 영업소는 전통적인 방식으로 영업소를 규정할 경우 합리적이지 못할 것이다.[18)]

CUEC와 CISG는 협약이 상이한 국가에 영업소를 가진 당사자 간의 계약의 성립 또는 이행을 위하여 적용하기 위한 국제성을 가지고 있다. 전자협약은 CISG의 협약국 요건을 제외하고 있으므로 거래의 당사자들이 반드시 협약국 내에 자신의 영업소를 두어야 할 필요가 없다.

또한 CISG는 오프라인 환경에서 적용되는 것이지만 전자협약은 온라인과 오프라인 거래에 모두 적용된다고 할 수 있다.

18) 오세창, “국제 전자계약에 관한 유엔 예비협약초안의 제정현황과 과제”, 「국제상학」, 제19권 제3호, 한국국제상학회, 2004, 80면.

Ⅳ. 국제사법과의 관계 및 민사적·상사적 성격

1. 국제사법과의 관계

국제사법과의 관계는 협약국의 국내법이 당사자들 간의 거래에 적용 가능한 법인 경우에 이 협약을 적용한다는 것이 UNCITRAL을 통하여 양해되어진 것으로서, 당사자들이 준거법을 유효하게 선택하지 못한 경우, 일방 당사국의 법을 적용할 것인가에 대한 여부는 협약국 법정의 국제사법의 원칙에 의하여 결정된다.[19)]

전자협약은 계약상의 관계에 적용 가능한 국제사법의 원칙을 포함하고 본 협약에 비준이나 동의하지 않는 국가에 대해서 어떠한 의무도 부여하지 않음을 명시하고 있다. 비협약국의 법원은 전자협약이 협약국의 법률체계의 부분으로 적용되는 경우, 협약국의 법이 적용가능하다고 자국의 국제사법 원칙이 나타내는 경우에 협약의 조항을 적용할 것이다. 외국법의 적용은 모든 국제사법체계의 일반적인 결과이며 대부분의 국가들에 의해 전통적으로 용인되어져 왔다. 전자협약 하에서 이루어지는 협약국의 적용 선언(전자협약 제19조 1항)은 전자협약 선언의 절차(전자협약 제21조)에 준하여 선언되어질 때 유효한 선언이 된다.

2. 민사적·상사적 성격

전자협약의 민사적·상사적 성격에 관하여, CISG과 마찬가지로 협약의 적용가능성은 당사자들의 국적이나 민사적(civil) 또는 상사적(commercial) 성격이 고려되지 아니한다고 명시하고 있다.[20)] 따라서, 협약의 범위를 결정하는 목적은 당사자가 상인이거나 계약법의 일반적인 규정과 다른 상사적 계약에 대해 특별규칙을 적용하는 특정한 법체계가 아닌가의 여부는 문제되지 아니한다.

전자협약에서 당사자 또는 거래 및 일원론적인(monistic) 법체계의 민사적 및 상사적 성격을 구분하거나 구별하지 않는 것은, 이른바 이원론적인(dualistic) 법체계 간에 발생하는 충돌을 예방하기 위한 것이다.[21)] 환언하면, 민사적 또는 상사적 성격을 고려하지 않는 이유는 국제거래가 전형적으로 상사적인 거래라고 인식하고 있으며 그러한 구별에 익숙해 있는 사람들의 오해를 방지하기 위한 것이라 할 수 있다.[22)]

---

19) UNCITRAL, op. cit., A/60/17, para. 20.

20) CUEC 2005, Article 1(3).

21) UNCITRAL, op. cit., A/CN.9/608/Add.1, para. 25.

22) Comments on Article 1 by John O. Honnold [U.S.] in the 3rd ed.(1999) of the most frequently

전자협약을 적용하는 당사자의 국적은 무관하다. 따라서 전자협약은 협약국의 법이 계약에 적용 가능한 법인 것과 마찬가지로, 협약국 및 비협약국 내에 당사자의 영업소를 둔 비협약국 국민들에게도 적용된다. 특정한 상황 하에서, 이를테면 일방의 당사자가 상이한 국가에 영업소 또는 상시적인 거소를 두고 있으며 이러한 사실을 기타 당사자들이 주지하고 있기 때문에, 동일한 협약국의 두 국민 간의 계약은 전자협약에 의하여 적용될 수 있다.[23)]

이러한 경우는 일방의 당사자가 협약 당사국 내에 복수의 영업소를 둔 경우, 적용 가능한 영업소를 결정할 때 계약의 이행과 밀접한 관련이 있는 영업소는 계약의 체결 또는 이전에 언제든지 당사자들에게 알려져 있거나 또는 당사자들에 의해 예기되어진 상황을 고려하여야 한다.[24)] 예컨대, 당사자의 기업이 복수의 영업소 또는 국적을 둔 경우에는 그 당사자의 소재지 또는 국적을 확정하기 위한 규정을 요구하지 아니함을 명시하고 있다. 따라서 협약국 내에 복수의 영업소를 둔 당사자의 경우에는 당사자의 국적과 영업소에 상관없이 매매계약과의 관련성을 바탕으로 고려되어져야 할 것이다.

3. CISG와의 비교

국제사법과의 관계 및 민사적·상사적 성격은 협약의 적용범위에 속한다. 전자협약에서 명시하고 있는 국제사법과의 관계는 양 협약이 국제성을 지니고 있으므로 유사하다. CISG는 당사자의 영업소가 모두 협약국 내에 소재할 경우에 직접적용하며, 비협약국의 국제사법 원칙이 협약국의 국내법을 실체법으로 규정하고 있는 경우에 간접적으로 적용한다. 그러나 전자협약은 CISG의 협약국 요건을 제외하고 있으며, 제19조 1항의 규정에 따라 적용 가능하다.

모든 국제거래가 전형적으로 상사적인 거래로 인정되어 오고 있으며 거래당사자들 간의 혼동을 방지하기 위하여 양 협약은 민사적·상사적 성격을 고려하지 아니한다.

---

cited text on the CISG: Uniform Law for International Sales., Article 1: Internationality; Relation to Contracting State., §48 C. Other Problems of Applicability; (1) Nationality; Civil or Commercial Character., http://cisgw3.law.pace.edu/cisg/biblio/ho1.html#b16.

23) UNCITRAL, op. cit., A/CN.9/608/Add.1, para. 26.

24) CISG 1980, Article 10(a).

Ⅴ. 배제요건

1. 전자협약에서의 배제요건

전자협약의 제2조 배제요건은 다음과 같이 규정하고 있다.25)

첫째, 이 협약은 다음에 관련한 전자통신에는 적용되지 아니한다:

(a) 개인용, 가족용 또는 가사용의 목적으로 체결된 계약

(b) (i) 등록된 거래소에서의 거래, (ii) 외국환거래, (iii) 은행간 지급시스템, 은행간 지급약정 또는 결제정산소 및 증권 또는 기타 금융자산 또는 금융증권에 관련된 결제시스템, (iv) 매매, 대부 또는 점유에 관련된 담보권의 이전 또는 증권 또는 기타 금융자산 또는 중개자를 통하여 보유한 증권에 대한 환매조건부 약정

둘째, 이 협약은 환어음, 약속어음, 양도증서, 선화증권, 창고증권 또는 기타 소지인이나 수익자에게 물품인도 또는 금전지급을 청구하는 권리를 부여하는 모든 양도성 서류 또는 증권에는 적용되지 아니한다.

1) 개인용, 가족용 또는 가사용 목적의 계약

전자협약을 적용함에 있어 배제되는 사항에 관하여, 전자협약의 배제요건은 CISG 하에서 배제요건과 유사한 점을 가지고 있다고 할 수 있다. 따라서 전자협약의 적용은 CISG 제2조(a)항과 같이 "개인용, 가족용 또는 가사용 목적"을 위하여 체결된 계약에 적용되지 아니한다.26)

CISG 제2조(a)호의 규정에는 "다만 매도인이 계약의 체결 시 또는 그 이전에 언제라도, 물품이 그러한 사용을 위하여 구매되었다는 것을 알지 못하였거나 알았어야 하지도 않았다는 경우에는 그러하지 아니하다"27)라는 단서규정이 존재한다. 그러한 자격은 법적확실성을 촉진하기 위하여 의도되어졌다. 법적확실성이 없이, CISG의 적용가능성은 물품을 구매한 매수인에 대한 목적을 확인하기 위한 매도인의 능력에 대하여 전적으로 의존할 것이다. 다시 말해서, 구입목적이 명확하지 않은 경우에는 개인용인지 영업용인가의 여부에 대해 그러한 목적을 위하여 구매하였다는 입증책임(burden of proof)을 매수인이 가지며, 매도인 자신은 매수인의 구매목적을 알지 못하거나 또한 알 수도 없다는

25) CUEC 2005, Article 2.

26) UN Convention on the Use of Electronic Communications in the International Contracts, Article 2.1.(a).

27) CISG 1980, Article 1.(1).(a).

것을 입증해야 할 것이다.[28]

전자협약에서는 CISG 제2조(a)항의 단서규정이 인터넷과 같이 CISG의 준비시기에 이용할 수 없었던 개방형 통신 시스템(open communication system)에 의한 접근의 용이함을 제공함으로써, 외국에 설립된 매도인으로부터 물품을 구매하는 소비자의 존재 가능성이 매우 증가되었기 때문에 문제가 될 수 있으므로[29] 단서규정을 삭제하였다. 그 이유는 증대된 전자상거래에서 실질적으로 CISG의 단서조항을 반영하기가 어렵기 때문이다.

2) 특정금융거래

전자협약의 제2조 1항(b)호 상에 열거된 다수의 특정금융거래는 적용범위에서 배제된다.[30] 현존하는 특정금융서비스시장은 초안협약 제2조(c)호 하에서 일반배제항목에 포함될 수 있다고 한 작업반 회의에서와 같이, 금융서비스분야는 초안협약에서 금융서비스분야의 포함에서 파생될 수 있는 실익은 없다고 지적하였다. 따라서 대금지급 시스템, 양도가능 서류, 파생상품, 스왑거래, 환매협정(repos), 외환, 담보 및 채권시장과 은행의 일반적인 자본조달 활동 및 대출활동과 같은 특정금융거래는 전자계약에 수립된 관행과 상충되지 않게 하기 위하여 확립된 규정에 현존하는 금융서비스시장의 적용범위에서 배제된다.[31]

3) 유통증권, 권리증권 및 유사서류

UNCITRAL은 제2조 2항이 지참인 또는 수익자에게 물품의 인도 또는 대금지급의 총액을 청구할 권리를 가지는 일반적인 모든 권리증권 및 유통증권의 공인되지 않은 복본발행의 잠재적인 결과로 인하여 유통증권 및 유사한 서류의 적용을 배제하며, 유통증권의 특이성(singularity)이나 원본성(originality)을 보증하기 위한 제도의 개발이 필요하다고 하였다. 유통증권 및 유사서류에 의해 제기되는 문제들에 관하여 UNCITRAL은 아직까지도 완전히 개발되지도 않았고 검증되지도 않은 법적, 기술적 그리고 비즈니스적 해결책들의 조합을 요구하고 있다는 견해를 가지고 있다.[32] 다시 말해서, 2항 상의 배제는 소유권 이전의 특성을 지니고 있는 유통증권의 원본성을 보증하여 오용을 방지하기 위한 것이라 할 수 있으며, 원본성의 보증을 통한 법적확실성의 제고와 거래의 원활화를

---

28) 오원석(역), 「UN통일매매법」, John. O. Honnold 저, 삼영사, 2004, 87면.
29) UNCITRAL, op. cit., A/CN./527, para. 87.
30) CUEC 2005, Article 2.1(b).
31) UNCITRAL, op.cit., A.CN.9/527, para. 95; UNCITRAL, op.cit., A.CN.9/528, para. 61; UNCITRAL, op. cit., A.CN.9/548, para. 109; UNCITRAL, op. cit., A.CN.9/571, para. 61.
32) UNCITRAL, op. cit., A/CN.9/571, para. 136; UNCITRAL, op. cit., A/60/17, para. 27.

위한 것이라고 볼 수 있다.

4) 개별적인 배제

UNCITRAL은 광범위한 배제항목의 채택이 전자통신의 사용으로부터 그러한 거래의 당사자를 보호하기 위한 이유는 없다고 보는 국가들에 대하여 조차 그러한 배제를 부과하는 효력을 가질 것이고,[33] 그러한 결과가 과학기술의 진화에 대한 법의 채택을 방해할 수 있다고 보았다.[34] 하지만 협약국들은 전자통신이 제19조 하에서의 선언에 의해 개별적인 배제요소의 선택권을 여전히 가지고 있는 경우에 특히 권한을 부여받을 수 없는 전자통신임을 고려하였다.

초안조항 제2조(b), (c), (d) 및 (e)호 상에 명시되어 있는 바와 같이, 각 조항의 항목들은 일반적으로 국제무역의 일반적인 대상이 아니며, 국내외거래에 대한 구분이 모호하여 전자협약을 적용하는 목적에 합치되지 아니하며, 거래에 대한 이중법체계를 야기할 가능성이 있으므로 배제된다고 할 수 있다.

2. CISG와의 비교

전자협약과 CISG는 개인용, 가족용 또는 가사용으로서 거래의 목적상 소비자의 거래를 배제됨을 명시하고 있다. 전자협약은 CISG에서 규정하고 있는 바와 같이 계약체결 시점 전후에 매도인이 개인용도의 목적으로 매수인이 물품을 구매한 사실을 알지 못한 경우에는 제외되는 단서조항을 삭제하여 절대적인 적용제외를 규정하고 있다. 또한 (b)호에서 (f)호까지 규정의 물품매매와 기타항목에 관한 규정을 삭제하였다. 그리고 전자협약은 CISG의 제2조(d)호 상의 규정내용들에 대해 제2항을 신설하여 물품인도 또는 대금지급의 권리를 부여하는 권리증권과 유통증권 등의 서류에 대한 배제를 보다 넓게 규정하고 있다. 전자협약은 특정금융거래 분야는 거래의 특성상 국제무역의 대상이 되지 아니함으로 배제된다.

Ⅵ. 결 론

전자협약은 CISG을 기반으로 하여 제정됨에 따라 협약의 적용에 관한 유사점이 상당부분 있는 반면에 상충점 또한 존재한다. 전자협약에서는 CISG와 같이 적용의 국제성

33) UNCITRAL, op. cit., A/CN.9/571, para. 63.

34) *Ibid.*, para. 65.

을 명시하고 있으나 협약국과의 관계에 대해서 명시하지 않고 있다. CISG는 양당사자가 협약국일 경우 협약의 자동적인 적용과 일방 당사의 국제사법원칙이 협약국의 국내법을 실체법으로 지정하고 있는 경우 선택적으로 적용을 명시하고 있으나, 전자협약의 제1조상에는 협약국과의 관계성에 대해 언급하지 않고 있으므로 준거법 채택에 있어서 CISG의 실체법 관점으로 이관하는 과정에서 체제의 이중성 야기의 문제점이 존재할 수 있다.

전자협약의 적용에 있어, 본 협약과 CISG 모두 개인용, 가족용 또는 가사용 목적을 위하여 구매하거나 체결된 계약, 즉 소비자계약의 배제요건은 서로 동일함을 인정하고 있다. 그 이외에도 오프라인 거래를 기반으로 하는 CISG는 물품매매에 적용됨으로써 주된 배제요건이 물품인 것에 반하여, 전자협약은 특정금융서비스거래, 양도가능 서류, 권리증권 및 유사서류 등의 배제됨을 규정하고 있다. 즉, 특정금융서비스거래는 전자계약의 수립된 관행과 상충되지 않게 하기 위하여 배제되며 양도가능 서류, 권리증권 및 유사서류의 경우 권리이전을 목적으로 하는 서류가 공인되지 않은 복본발행의 잠재적인 결과로 인하여 배제된다.

전자협약은 변화되고 있는 국제전자상거래 환경 하에서 확립된 규범임으로 국제거래당사자는 CISG를 비롯한 기타 규범과의 상호연계성에 대한 검토를 통하여 실무에 적용하여야 할 것이다.

제 2 절 운송서류의 전자화와 전자선화증권의 권리이전

문제 5-02 운송서류의 전자화에 대한 기반조성과 전자선화증권의 권리이전을 위한 SeaDocs, 전자선화증권에 관한 CMI 규칙 및 볼레로(Bolero) 시스템에 대하여 설명하시오.

답안 5-02

〈목차 구성〉

Ⅰ. 서 론
Ⅱ. 전자무역문서와 전자선화증권의 기반조성
Ⅲ. 운송서류의 전자화와 권리이전
1. 선화증권의 기능
2. 종이선화증권의 전자선화증권화를 위한 몇 가지 시스템 검토
Ⅳ. 시스템의 평가
Ⅳ. 결 론

Ⅰ. 서 론

무역거래는 전통적으로 종이문서 형식의 일치증명서류 및 인도의 증거서류 제시에 의하여 행하여져 왔다. 그러나 최근의 정보통신기술의 발전과 전자상거래의 확산으로 문서의 전자화와 표준화를 통하여 무서류거래가 실현되는 전자무역거래(electronic trade transactions)[35] 시대가 도래하게 되었다.

무역거래의 전자화는 무역계약의 체결과 대금결제의 전자화뿐만 아니라 무역서류의 전자화에 이르기까지 다양한 가능성을 보여주고 있다. 종이문서를 전자문서로 전환함에 있어 고려되어야 하는 것은 그 기능과 역할을 전자문서에 얼마나 반영시킬 수 있는가 하는 점이다.

특히 종이문서 가운데 전자문서로 전환함에 있어 유통성이 보장되는 선화증권에 그 초점을 맞출 수 있다. 오늘날 무역거래에서는 종이문서를 전자기록(electronic record)[36]으로 대체가능하도록 하고 이에 따른 제도적 기반들이 마련되고 있다.

그러나 전자무역거래를 위한 전자운송기록 또는 전자선화증권의 실무계의 활용도는 기대에 미흡하여 전자적 제시에 의한 결제 등 전자거래의 활성화가 이루어지지 못하고 있는 실정이다.

이하에서는 전자무역거래 수행에서 핵심요소인 운송서류의 전자화와 전자선화증권의 권리이전과 관련하여 씨독스(SeaDocs), 전자선화증권에 관한 CMI 규칙 및 볼레로(Bolero) 시스템을 중심으로 검토하고자 한다.

Ⅱ. 전자무역문서와 전자선화증권의 기반조성

전자무역 구현을 위한 신속한 업무처리와 비용을 절감하고자 하는 노력은 1968년 미국에서 운송업계를 중심으로 시작되었다. 무역업무자동화는 1970년 스웨덴에서 논의된 이래 1980년대에 들어와 미국을 비롯하여 유럽연합, 일본, 싱가포르 등에서 전 산업에 걸쳐 폭넓게 이용되기에 이르렀다.

전자무역문서를 이용한 무서류거래의 실현을 위하여 유엔은 1987년 3월 전자문서

35) 전자무역이란 무역의 일부 또는 전부가 전자무역문서에 의하여 처리되는 거래를 말한다; 한국 전자무역촉진에 관한 법률 제2조.

36) 전자기록이란 전자적 수단에 의하여 작성, 생성, 송신, 통신, 수신 또는 저장된 기록을 말한다; Uniform Electronic Transactions Act(UETA) 1997, Section 2(7); 전자기록은 문서 데이터베이스(문서 프로파일), 내용(문서 자체) 그리고 기록메타 데이터(문맥과 이력) 등으로 구성되어 있다.

교환방식(Electronic Data Interchange: EDI) 국제표준인 이른바 "유엔 행정·상업·운송에 관한 전자문서교환방식"(United Nations Electronic Data Interchange for Administration, Commerce and Transport: UN/EDIFACT)을 제정하였다.

또한 유엔은 1996년 국제무역법위원회 전자상거래에 관한 표준법(UNCITRAL Model Law onElectronic Commerce)을 제정하여 "정보는 오직 데이터 메시지 형태로 되어 있다는 이유만으로 그 법적 효력, 유효성 또는 강제성이 부인되지 아니한다"[37]고 규정하여 데이터 메시지와 종이문서는 차별하여서는 아니 된다는 기본원칙을 구체화하였다.

이 법에서는 운송서류(transport documents)에 관한 규정을 두어 "물품운송계약에 관한 행위[38]에 규정된 행위가 서면작성 또는 서류를 사용하여 행하여질 것을 요구하는 경우에, 그 행위가 하나 이상의 데이터 메시지에 의하여 행하여진 때에는 그 요건을 충족하는 것으로 본다"[39]라고 규정하고, "법규칙이 서류상으로 작성된 또는 서류에 의하여 증명되는 물품운송계약에 강제적으로 적용될 수 있는 경우에, 하나 이상의 데이터 메시지에 의하여 증명되는 물품운송계약에 대하여, 그 계약이 서류에 의하는 대신 하나 이상의 데이터 메시지에 의하여 증명되는 사실을 이유로, 이 규칙의 적용이 배제되어서는 아니 된다"[40]라고 규정하고 있다.

한편 1999년 9월 Bolero International Limited에서는 볼레로 규약집(Bolero Rulebook)을 공표하여 전자선화증권 유통성 보장에 대한 가이드라인을 제시하였고, 2000년 ICC가 제6차 개정 Incoterms 2000을 통하여 매도인과 매수인의 의무에 관한 조항(A8)에서 인도의 증거, 운송서류는 이에 상응한 전자문서교환(EDI) 통신문으로 대체될 수 있다고 규정하였다.

기존의 폐쇄적인 시스템 환경에서의 전자문서교환은 개방적인 시스템환경으로의 전환 필요성을 모색하면서 전자무역거래 유엔 무역절차간소화 및 전자거래센터(United Nations Centre for Trade Facilitation and Electronic Business: UN/CEFACT)와 XML[41] 민간 컨소시

37) UNCITRAL Model Law on Electronic Commerce 1996, Article 5.

38) *Ibid.*, Article 16.

39) *Ibid.*, Article 17-(1).

40) *Ibid.*, Article 17-(6).

41) XML(Extensible Markup Language)이라 함은 1996년 W3C(World Wide Web Consortium)에서 제안된 웹상에서 구조화된 문서나 데이터를 효율적으로 처리하도록 설계된 표준화된 데이타 형식이다. HTML(Hypertext Markup Language) 문서의 표현 형식을 위해 이미 정의된 태그들을 사용하던 것과는 달리, XML은 사용자가 태그를 정의하여 문서의 구조를 표현하기 때문에, XML 형식의 문서는 그 안에 구조를 포함하므로 일반적으로 구조화된 비즈니스 문서와 XML을 서로 변경하는 일이 용이하다.

엄인 구조화된 정보표준촉진기구(Organization for the Advancement of Structured Information Standards: OASIS)를 중심으로 세계 유수의 기업과 단체들이 ebXML(electronic business Extensible Markup Language)[42]이라는 전자상거래 국제표준을 2001년 5월 제정·발표하였다. ebXML 표준은 비즈니스프로세스 및 문서전송, 등록, 거래약정 등 기업간 전자상거래를 위한 세부 표준규격들로 구성되어 있다.

ICC는 2002년 4월 "전자적제시를 위한 UCP의 추록"(eUCP)을 제정하여 eUCP 전자신용장에의 전자기록 제시에 대한 제도적 기반을 구축하였고, 2005년 11월 유엔 국제무역법위원회 "국제계약에서 전자통신의 사용에 관한 유엔 협약"(United Nations Convention on the Use of Electronic Communications in International Contracts 2005) 채택을 통하여 전자무역계약 관련 전자통신의 사용의 법적 장애 제거 및 해결책을 제공하게 되었다.

2007년 8월 한국 상법(제862조 전자선하증권)에서도 전자선화증권과 관련하여 "운송인은 제852조 또는 제855조의 선하증권을 발행하는 대신에 송하인 또는 용선자의 동의를 받아 법무부장관이 지정하는 등록기관에 등록을 하는 방식으로 전자선하증권을 발행할 수 있다. 이 경우 전자선하증권은 제852조 및 제855조의 선하증권과 동일한 법적 효력을 갖는다"라고 입법화하여 동법 및 시행령 등에 일련의 선화증권 발행과 법적효력, 양도, 배서·교부, 등록기관에 대하여 규정하고 있다.

2008년 12월 유엔 국제무역법위원회에 의하여 "해상에 의한 국제물품운송계약에 관한 유엔 협약"(United Nations Convention on Contracts for International Carriage of Goods Wholly or Partly by Sea, 2008)(약칭, "로테르담규칙")[43]을 채택하였다. 로테르담 규칙에서는 전자상거래환경에 부응할 수 있도록 전자운송기록, 전자선화증권 관련된 규정을 상세하게 규정하여[44] 전통적인 선하증권과 기능적 동등성을 인정하고 있다.

---

42) ebXML(electronic business Extensible Markup Language)이라 함은 인터넷을 통한 비즈니스를 위한 XML기반의 국제표준으로, UN/CEFACT와 OASIS가 주축이 되어 지원한다. ebXML의 추진 방향은 W3C(World Wide Web Consortium)의 XML 기술명세서를 기반으로 하며, 거래 기업간의 어플리케이션 내에서 상호 운용할 수 있도록 하는 것이다. ebXML에는 비즈니스 프로세스, 메시지 전달 방법, 기업의 공용 등록소/저장소 등에 관련된 표준을 포함한다.

43) 2009년 9월 로테르담에서 서명되어 "로테르담규칙"(Rotterdam Rules)이라고 부르고 있다.

44) 제1장(일반규정) 제1조 전자통신(electronic communication), 전자운송기록(electronic transport record) 등의 정의, 제3조 당사자들간 교환되는 종이통신문은 전자통신문으로 대체가능, 제3장(전자운송기록), 제8조 전자운송기록의 이용과 효력, 제9조 전자운송기록의 이용을 위한 절차, 제10조 양도가능 운송서류와 전자운송기록의 대체발행, 제8장(운송서류와 전자운송기록), 제35조 운송서류와 전자운송기록의 발행, 제36조 계약내용, 제38조 서명, 제41조 계약내용의 증거력, 제9장(물품의 인도), 제45조 비유통운송서류 또는 비유통전자운송기록에 발행될 때 인도, 제47조 유통가능 운송서류 또는 유통가능전자운송기록이 발행될 때 인도, 제10장(통제자의 권리), 제50조 처분권의 행사와

또한 2010년 ICC가 제7차 개정한 Incoterms® 2010에서는 종전 관행을 보완하여 매도인과 매수인의 의무 관련 조항(A1)에서 모든 서류는 이에 상응한 전자기록(electronic record) 또는 절차도 인정되는 것으로 규정하고 있다.[45]

Ⅲ. 운송서류의 전자화와 권리이전

1. 선화증권의 기능

가장 보편적인 운송서류 중의 하나는 선화증권이다. 전형적으로 선화증권은 다음과 같은 세 가지 기능을 가지고 있다.[46]

첫째, 운송인에 의한 "선적물품의 수령증"(evidence of receipt for shipment)

둘째, 운송인과 송화인 사이의 "운송계약의 증거"(evidence of a contract of carriage)

셋째, 근거화물의 소유권 이전을 가능하게 하는 "권리증권"(document of title)이다.

선적물품수령증은 선화증권에 기재된 물품을 명시된 조건에 따라 "본선 상"에 적재하였다는 것을 나타내거나 운송인이 선적하기 위하여 자기의 관리하에 운송물을 수령하였음을 확인하는 증거증권이다.

운송계약의 증거로 선화증권은 운송계약의 일부를 구성하는 다른 중요한 정보(선박명, 적재항·양륙항, 발행일, 운임정보 등)와 사전에 인쇄된 조항과 조건을 모두 포함한다. 선화증권은 다른 당사자에게 양도될 경우 선화증권의 이후 소지인은 선화증권의 조건과 조항에 따라야 한다. 선화증권은 통상적으로 물품운송계약이 체결된 이후 발행되기 때문에 운송계약 자체라기보다는 운송계약의 증거서류로 보는 것이 타당하다.

선화증권은 화물에 대하여 기재할 뿐만 아니라, 선화증권은 권리증권으로서 소지인에게 물품에 대한 소유권을 부여하고, 소지인에게 목적항에서 물품의 인도를 요구할 수 있는 독점적인 권리를 부여하며 선화증권이 이전될 경우 물품의 소유권이 이전되는 효과를 발휘한다. 전통적으로, 선화증권의 양도는 종이선화증권의 물리적인 배서(endorsement)

범위, 제51조 통제자(controlling party)의 확인과 처분권의 이전, 제11장(권리의 이전), 제57조 유통가능 운송서류 또는 유통가능전자운송기록이 발행될 때 권리의 이전, 제58조 소지인의 권리; 이 각주의 로테르담규칙 전자상거래 관련규정은 조현숙, "로테르담 규칙의 전자운송기록에 관한 규정의 내용과 실무적용상의 문제점", 「e-비즈니스연구」, 제10권 제3호, 한국e-비즈니스학회, 2009, 156면의 〈표 1〉을 인용한 것이다.

45) 강원진, 「최신 국제상무론」, 두남, 2014, 495~496면.

46) Peter Ellinger and Dora Neo, *The Law and Practice of Documentary Letters of Credit*, Hart Publishing Ltd., 2010, p. 250.

또는 교부(delivery)에 의하여 이루어진다.

전통적인 서류는 정보전달의 기능(informative function), 문서에 의한 입증의 기능(evidential function), 권리에 대한 상징적 기능(symbolic function)을 가지고 있다.[47] 그러나 전자문서를 포함한 전자기록들은 신속성·정확성·편리성·경제성 면에서 우월하지만, 입증이나 권리이전 등에 대한 상징적 기능 및 실무적용상의 법적인 문제와 해결과제들이 존재한다.

2. 종이선화증권의 전자선화증권화를 위한 몇 가지 시스템 검토

종이 선화증권으로부터 전자시스템으로의 전환을 시도한 씨독스(SeaDocs), 전자선화증권에 관한 CMI 규칙, 볼레로(Bolero)의 시스템을 보기로 한다.[48]

1) SeaDocs

전자선화증권으로 이행의 첫 번째 시스템은 씨독스(SeaDocs)[49]이다. 이 시스템은 원본선화증권을 저장하는 중앙등록기관(central registry)을 이용한다. 씨독스는 전통적인 종이문서와 완전한 전자시스템 사이의 절충안으로써 고안되었다. 등록기관은 체이스맨하탄은행에 의해 관리되고, 이 등록기관을 통해서 거래당사자들이 선화증권을 유통한다. 이러한 유통은 송화인이 씨독스등록회사(SeaDocs Registry Ltd.: SRL)에 양수인의 성명을 통지하고 운송인은 양수인을 신소지인으로 등록하고 이 사실을 양수인에게 확인하는 형식이다.

씨독스는 원본선화증권을 받은 후에 은행이 텔렉스(telex)에 의해 사용자들과 유통하기 때문에 완전히 자동화된 시스템은 아니다. 씨독스는 실질적인 시행기간을 거치지 못했지만 이는 법적인 비효율성 때문이 아니라, 실행 특성상의 문제 때문에 실패하였다.

씨독스의 실패요인은 불명확한 책임부담의 한계, 추가비용 부담문제, 중앙등록기관의 정보 집중 및 유출에 관한 우려 등을 들 수 있다.[50] 씨독스의 실패는 폐쇄적인 등록

47) Ian Walden and Nigel Savage, "The Legal Problems of Paperless Transactions", *The Journal of Business Law*, Stevens & Sons Ltd., March 1989, p. 103.

48) Marek Dubovec, "The Problems and Possibilities for Using Electronic Bills of Lading as Collateral", *Arizona Journal of International and Comparative Law*, Vol. 23, University of Arizona, 2006, pp. 450~454.

49) SeaDocs(Seaborne Trade Documentation System)프로젝트는 1986년 유조선 운송업자의 협회인 인터탱코(International Association of Independent Tanker Owners: INTERTANKO)와 미국의 체이스맨하탄은행에 의하여 씨독스주식회사(SeaDocs Limited)가 설립되면서 시작되었다.

50) ① 무역업자들은 중앙등록소에 자신의 거래를 저장하기를 꺼려한다. 이는 세관이나 여타의 경쟁업자들에 의한 감시를 받기 쉬우며, ② 화물의 최종 구매자가 등록소로부터 선화증권을 받기를 거부

시스템을 운영하는 등록기관에 독점력을 부여하는 실수를 범하고 말았다는 것을 증명한다. 등록기관은 장래 구매자와 채권자로 하여금 선화증권 유통을 저해하는 장해물을 쉽게 발견토록 하기 위하여 어느 누구에게나 개방될 필요성이 있다.

2) 전자선화증권에 관한 CMI 규칙

1990년 국제해사위원회(Commitě Maritime International: CMI)는 전자선화증권에 관한 CMI 규칙(CMI Rules for Electronic Bills of Lading)을 채택하였다.[51]

이 CMI 규칙은 강행법이 아니며, 당사자들이 계약상 그들의 업무를 이행하는 데에 규칙을 적용한다고 동의해야 한다. 씨독스와 달리 CMI 구조는 모든 상인에게 국제적으로 통용된다. 비록, 운송인, 선주, 구매자가 클럽의 회원일 필요가 없을지라도, 그들은 서로에게 메시지를 전송하는 기술이 필요하다.

CMI 규칙은 선화증권을 대체하는 "개인키"(Private Keys)[52] 시스템을 개조하였다. 개인키는 CMI 규칙의 제2조에서 "당사자들이 전송의 완전과 진정성을 보증하기 위해 동의하는 문자 혹은 숫자의 조합으로써, 기술적으로 적절한 형식"이라고 정의하고 있다. 그러나 지금까지 개인키가 관련 법률 하에서 선화증권의 법적인 대체재로서 자격이 있는지 여부는 의심스럽다. 개인키의 소지인은 새로운 위임자를 대리하게 하거나 위임자를 명할 권리를 가진 유일한 당사자이다.

CMI 규칙 하에서, 개인키는 서류 선화증권과 달리 각각의 최종 소지인에게 유일하며, 오직 운송인이 선화증권을 발행할 권리가 있기 때문에 이전이 불가능하다. 그러므로 운송인은 선화증권이 이전될 때마다 유통과정에 포함되어 화물 이전권을 가진 최종 소지인의 신원을 통지받는다. 전자선화증권이 일단 유통되면, 운송인이 최종 수화인의 신원을 통지받는 것은 그에게 인도책임을 지는 것이기 때문에 중요하다.

CMI 규칙에 의한 시스템에서는 운송인에게 양도메시지를 전송하고 운송인은 그 내용을 양수인에게 통지하고 이를 수락하면 새로운 개인키를 교부하고 신소지인으로 등록

하고, ③ 은행은 그들 경쟁 은행사 중 하나가 등록기관과 독점적인 접근을 취한다는데 불편함을 느끼고, ④ 참여자의 책임이 입증되지 않았기 때문에, 등록기관의 보험이 상대적으로 비싸고 ⑤ 결과적으로, 최초 운송인과 별개로, 계약권의 이전과 선화증권의 이전권에 대한 어떠한 규정도 정립되어 있지 않기 때문이다.

51) Jan Ramberg, *Guide to Incoterms*, ICC Publication S.A., 1990, p. 9.

52) 공개키(Public Key)/개인키(Private Key) 암호화 방식: 공개키와 개인키가 1개의 짝을 이루게 되어 있다. 암호화키와 복호화키가 서로 같은 대칭키 암호화 방식이 거래 당사자에게 비밀키를 전달하는 과정에서 유출될 수 있다는 문제점과 전달받은 암호화환 메시지가 자신이 바라던 거래업자에게 송부했는지 여부를 알 수 없다는 것, 그리고 거래 상대방이 거래메시지 송부와 내용을 부인할 수 있다는 문제점을 해결한 방식으로 암호화키와 복호화키가 서로 다른 암호화 방식이다.

함으로써 양도가 이루어 진다.

CMI 규칙은 무역시장에서 아직은 잘 알려지지 않은 것으로 판명되었다. 씨독스와 유사하게 유통가능한 전자선화증권을 발행하는 데에 대한 고유한 문제를 해결하지 못했다.[53)]

3) Bolero

1998년 4월 볼레로(Bill of Lading Electronic Registration Organization: Bolero)가 선화증권 전자등록기구로[54)] 설립되었다. 전자선화증권의 유통성을 보장하기 위하여 소지인등록기구, 이른바 신뢰성 있는 제3자(Trusted Third Party: TTP)인 등록기관(Registration Authority: R/A)을 통하여 전자선화증권의 유통성을 보장하는 것이다. 볼레로는 두 개의 별도 조직에 의하여 구성되었다. 그 하나는 스위프트(SWIFT)와 화물배상책임보험조합(Through Transport Mutual Insurance Association Ltd.: TT Club)과의 합작투자사인 볼레로인터내셔널사(Bolero International Ltd.)[55)]이고, 다른 하나는 볼레로 예비실험(bolero pilot test)결과 탄생된 모든 볼레로넷(bolero.net)의 사용자들로 구성된 볼레로협회(Bolero Association Ltd.)이다.[56)]

모든 사용자는 메시징, 권리등록, 인증 책임과 의무와 같은 볼레로 서비스를 취급하는 볼레로인터내셔널사와 운영서비스계약을 체결하고 볼레로협회와 협회서비스계약을 체결한다. 이러한 약정에 의한 분쟁발생시 영국법정에 사법권이 주어지며 영국법에 따른다. 사용자들과 볼레로협회 사이의 그 약정은 볼레로 규약집(Bolero Rulebook)[57)]과 운영절차를 따르게 된다. 볼레로넷은 사용자가 전자적 수단에 의하여 거래를 이행할 수 있게 하는 핵심메시지플랫폼(Core Messaging Platform)[58)]과 메시지파이프를 제

53) CMI 규칙이 광범위한 사용을 이끌어내지 못한 이유는 다음과 같다; ① 서류를 통해 이전하는 책임과 계약상 권리에 관한 규정을 만들지 못했다. ② 만약 물품통제 및 이전할 수 있는 권리를 획득한 소지인이 계약상 의무를 이행하지 못한 경우, 어떤 일이 발생할지 명확하지 않다. ③ 물품에 있어 소유권 이전에 대한 규정이 없다. ④ 통합시스템 구축이 실패하였다. ⑤ 암호가 숨겨져 있지 않기 때문에 보안유지가 어렵다.

54) UNCTAD, *Electronic Commerce Development*, 2000, p. 45.

55) 이는 볼레로넷(bolero.net) 서비스 운영에 대한 운영책임을 부담한다.

56) Robin Burnett, "International Carriage of Goods-Electronic Bills of Lading", *Law of International Business Transactions*, 2nd editions, 2001, Ch. 2., pp. 87-92.

57) 볼레로 규약집은 총 3편과 부록으로 구성되고 있다. 제1편에는 정의 및 해석, 제2편에는 일반규정(범위 및 적용, 메시지, 불법, 지정과 종료의 절차, 잡칙), 제3편에는 볼레로 권리등록(볼레로 선화증권의 생성, 참조에 의한 삽입, 볼레로 선화증권상의 권리, 소유권의 이전, 운송계약의 변경, 물품의 인도, 종이서류로의 전환, 볼레로 선화증권에 대한 당사자의 능력, 운송서류, 소유권과 매매계약, 화환신용장 그리고 부록에는 미국법 조항이 있다.

58) bolero.net의 핵심기반으로 사용자간, 사용자와 부가가치 서비스간 모든 통상적인 기능에 대한 책임을 부담한다. 국제 무역에 있어서 모든 메시지의 송수신 및 그 승인과 그에 관한 감시 및 추적 서비스를 제공하며, 그 정보를 권리등록소에 송신·저장한다. 즉 웹(web)을 통하여 전자서류가 안

공한다.[59]

볼레로 시스템에서는 소지인이 지시식 당사자나 지참인 소지인을 지정하고 백지배서하여 이를 상대방이 수락하면 권리가 이전되고 권리등록소에 기록되는 절차를 거치게 된다.

볼레로는 전자문서가 eUCP와 SWIFT 표준에 완전히 부합한다고 주장하였다. 볼레로는 전자선화증권과 관련한 책임의 부여와 이전을 허용하는, 권리등록소(Title Registry)를 운영하였다. 이는 종이 선화증권의 모든 기능을 수행하는 유통성 전자선화증권을 사용할 수 있는 유일한 시스템으로 설계되어 권리등록소에 보관된 일련의 데이터기록과 전자메세지에 의해 복제되었다.

정보기술의 발달로 인해 전자무역거래를 위하여 종이문서와 동일한 법적효과를 갖는 전자선화증권을 발행할 필요가 있다. 만일 전자선화증권에 완전한 법적 효과를 부여하는 법률이 적용되게 되면, 볼레로선화증권에서 권리를 양도하기 위해 사용되는 볼레로 양도(attornment) 및 경개(novation)[60] 원칙은 불필요할지 모른다.

볼레로보안 중앙데이터베이스(Bolero's secure central database), 권리등록소가 유통 가능한 선화증권에 포함된 권리와 의무를 양도하는 것이 법률상 정당화되는지 여부는 의문스럽다.

권리등록소는 각 시점에 권리증권을 가지고 있는 사람의 입증과 증거의 기록을 보유한다. BBL의 양도는 서류 없이 이루어지므로, 종이선화증권의 양도를 규정하는 국내 또는 국제 법규 어느 것에도 적용되지 않는다. BBL은 권리증권이 아니다. 왜냐하면 종이문서가 아니며, 대부분의 국내 법 규정은 오직 물리적으로 작성된 서류에 "권리증권"의 성격을 부여하기 때문이다.

볼레로는 금융산업으로부터 호응을 얻지 못했기 때문에, 이 시스템 역시 성공적인 것은 아니었다. BBL의 유통성과 볼레로 권리등록소의 특성상의 의문점은 권리증권의 담보기능과 관련하여 증폭되었다. 신용장발행은행은 물품과 직접 연계되게 제공하지 아니한 서류를 수리하지 않을 것이다. 대부분의 법정은 기록이 제3자에 의해 감시될 수 있도록 하기 위하여 담보권이 공적인 등록소 혹은 파일링시스템에 공표될 것을 요구한다.

볼레로 시스템은 폐쇄적이며, 현존하는 개인소유권등록소(personal property registries)와 제휴를 맺지 않았다. 결과적으로 볼레로거래를 지원하는 은행들은 볼레로 채권자 또

전하게 교환될 수 있도록 하는 시스템이다.

59) 강원진, 전게서, 503~504면.

60) 이 경우 운송인과 송화인 사이에 체결된 계약은 소멸하고, 운송인과 볼레로 선화증권의 새로운 소지인 사이에 새로운 계약이 성립된다. 따라서 경개는 새로운 당사자가 운송인 또는 선화증권의 소지인을 대신하며, 대리인과 운송인 사이에 새로운 계약이 성립되었음을 암시한다.

는 양수인을 위협하는 국내 채권자, 양수인에 대항하여 자신들의 권리와 우선권의 지위에 대해 보장할 수 없을 것으로 보인다.

Ⅳ. 시스템의 평가

첫째, 전자선화증권의 도입과 운영에 있어서 SeaDocs 시스템은 전자선화증권 운용시스템을 이용할 수 없는 경우에 대비하여 종이선화증권 시스템으로 전환을 고려하고 있는 것은 여타 시스템과 상이성을 보여주고 있다.

둘째, 대부분 권리등록시스템을 채용하고 있다. 이는 CMI 시스템의 실패요인을 반영한 결과로 볼 수 있다.

셋째, 운송인과 은행 관련 기관의 개입을 허용하고 있다는 점이다.

넷째, 키관리 시스템에 대한 시각의 변화가 있었다는 점이다. SeaDocs시스템과 같이 최초도입시에는 키의 양도를 허용하는 경우도 있었지만 이후에 나온 시스템에서는 키의 양도를 불허하고 있다.

다섯째, 기존의 등록기관은 크게 CMI 시스템의 운송인등록기관과 SeaDocs 및 Bolero 시스템의 중앙등록기관으로 구분되어 왔으나 한국 상법상에서 정하고 있는 등록기관은 중앙등록기관으로서의 역할을 수행하고 있다.[61]

등록기관의 유형에 따라 장단점이 존재하지만 지금까지 시도된 도입모델의 사례를 통해서 운송인등록방식보다는 중앙등록방식에 의한 전자선화증권의 이용이 시스템 도입에 따른 비용이나 유지·관리 부분 등에 있어서 더 안정적이라는 것이 입증되었다.

한국 상법의 경우 종이선화증권의 교부자를 등록기관으로 하고 있기 때문에 종이선화증권의 기재내용과 관련하여 운송인과 등록기관 간의 다툼이 발생할 가능성이 있고 결국에는 선화증권 소지인이 선화증권 기재내용과 관련하여 소송을 누구를 상대로 제기하여야 하는 문제도 발생하게 된다.[62]

전자선화증권 등록기관의 유형별 기능을 시스템별로 비교하면 [표 5-1]과 같다.

---

61) 최석범, "전자선화증권의 제도적 모델 사례분석과 시사점", 「전자무역연구」, 제10권 1호, 2012, 중앙대전자무역연구소, 2012, 107면.

62) 최한별·최석범, "한국 전자선화증권 등록기관 지정제도에 관한 연구", 「통상정보연구」 제16권 1호, 한국통상정보학회, 2014년, 236~237면.

표 5-1 전자선화증권 등록기관의 유형별 기능비교

구 분	키방식의 유형과 양도가능 여부	등록시스템의 유형	유통성 절차
SeaDocs	PIN/Test Key 양도가능	중앙등록기관 – 운송인의 자회사(SRL)	송화인이 SRL에 양수인의 성명을 통지하고 운송인은 양수인을 신소지인으로 등록하고 이 사실을 양수인에게 확인
CMI	개인키 양도불가	운송인등록기관	운송인에게 양도메시지를 전송하고 운송인은 그 내용을 양수인에게 통지하고 이를 수락하면 새로운 개인키를 교부하고 신소지인으로 등록함으로써 양도가 이루어짐
Bolero	공개키/개인키 방식에 근거한 Digital Signature, 양도불가	중앙등록기관 – TT Club과 SWFT가 공동출자한 볼레로인터내셔날사	소지인이 지시식 당사자나 지참인 소지인을 지정하고 백지배서하여 이를 상대방이 수락하면 권리가 이전되고 권리등록소에 기록되는 절차를 거침
한국 상법 모델	공개키/개인키 방식에 근거한 디지털서명, 양도불가	중앙등록기관, 제3자(KTNET)	등록기관에 양도신청 전자문서를 송신하고 이를 등록기관이 전자등록부에 기재한 후 양수인에게 송신함으로써 전자선화증권의 양도가 이루어짐

자료: 최석범, "전자선화증권의 제도적 모델 사례분석과 시사점", 「전자무역연구」, 제10권 1호, 2012, 중앙대전자무역연구소, 2012, 104면; 최한별·최석범, "한국 전자선화증권 등록기관 지정제도에 관한 연구", 「통상정보연구」 제16권 1호, 한국통상정보학회, 2014년, 211면.

Ⅳ. 결 론

최근의 인터넷 등 개방형의 네트워크 기반은 새로운 정보인프라를 구축하여 국내에서의 전자상거래는 발전하고 있으나 기업간의 글로벌 전자무역거래는 아직까지 신뢰기반이 조성되지 아니하여 활성화되지 못하고 있다.

이와 같은 이유는 계약체결의 전자화, 물품인도의 증거서류 전자화에 따른 선화증권의 권리이전 방식의 변화, 대금결제의 전자결제시스템화 등 전자무역거래를 구현하기 위한 총체적인 변화에 대한 법적 제도적인 환경과 기술 및 신뢰성이 이에 부응시키지 못하고 있기 때문이다.

특히 볼레로 시스템은 CMI 규칙에서 화주와 선사 간에 풀어보고자 하는 전자선화증권의 유통성 문제의 접근방식과는 달리 선화증권의 등록, 보관, 권리이전에 대한 운영은 중립적인 제3자인 등록기관 등에 의하도록 하고 있어 그 신뢰성 및 안전성이 확보될 수 있는 것으로 평가되었다. 그러나 볼레로 전자선화증권은 전송상의 보안성, 컴퓨터 해킹, 서비스 제공자와 관계당사자간의 책임 관계, 준거법 등에 대한 과제와 문제점을 내포하고 있다.

특히 볼레로 시스템의 운용상 볼레로 규약집에 나타난 준거법에 관련된 조항은 계약에서 사적자치를 인정하고 있는 대부분의 국제무역거래관습에 반하고 있어, 볼레로 사용자들에게 혼란을 야기시킬 뿐만이 아니라 특정국가의 준거법 및 사법관할로 제한하는 것은 볼레로 서비스가 글로벌 서비스를 지향하는 점에서 모순적인 태도를 취한다고 할 수 있다.

이는 사용자에게 부담으로 작용할 수 있고, 볼레로 서비스를 이용하려는 기업의 입장에서는 매매계약 이외에 별도로 볼레로 이용과 관련한 법적지식을 숙지하고 있어야 한다는 번거로움이 있다.

전자무역거래와 함께 전자선화증권의 이용은 일차적으로 매매계약에 기초를 두게 되는 것이며, 필수적으로 제공되어야 하는 운송서류의 종류와 형식에 따른 관련시스템의 선택은 거래당사자간의 약정에 달려 있다. 따라서 독단적이지 않고 불편부당한 입장에서 공동운용시스템을 표방한 기술적인 문제 해결 및 국제상관습의 특성을 고려한 새로운 법과 제도적인 보완이 지속적으로 이루어져야 할 것이다.

제 3 절 국제전자결제시스템과 전자적 제시를 위한 UCP 600의 추록(eUCP)

문제 5-03 전자무역결제를 위한 국제전자결제시스템의 활용가능성과 해결과제에 대하여 설명하시오.

답안 5-03

〈목차 구성〉

Ⅰ. 서 론

무역대금결제는 전통적으로 신용장 방식, 송금 방식, 추심 방식 및 청산결제 방식을 주로 사용하여 왔다. 최근의 정보통신기술의 발달과 전자상거래의 확산에 따라 무역거래도 전자적으로 이루어지는, 이른바 전자무역시대가 도래하게 되었다. 현재 온라인상에서의 대금결제는 신용카드(Credit Card)를 주로 사용하고 있으나 이는 기업과 소비자간(B2C)의 거래에 사용되고 있어, 기업간(B2B)의 대량거래에서는 적합하지 못하다. 또한 전자화폐(Electronic Cash)나 전자수표(Electronic Check)도 일부국가나 특정지역을 중심으로 B2C간의 결제에 사용되고 있다.

전자자금이체(Electronic Fund Transfer) 방식은 미국과 같이 법제 등 인프라가 구축이 되어 있는 국가에서는 활용되고 있지만 국제 B2B간의 전자무역거래를 위한 국제전자결제시스템으로서 활용가능성이 크지만 아직까지 정착되지 못하고 있다.

전자무역거래를 위한 현재의 국제전자결제시스템은 eUCP를 준거로 하는 전자신용장(Electronic Letter of Credit)이라고 할 수 있다.

그러나 존재하는 전자결제시스템의 보안 및 안정성 그리고 연동성 등을 위하여 필요로 하는 기술과 제도적인 인프라들은 국제거래당사자들에게 새로운 전자결제수단에 대한 확신을 명확하게 제시하고 있지 못하고 있는 실정에 있다. 실제로 B2C간 결제시스템은 선진국을 중심으로 다양한 솔루션을 개발하여 전자결제를 행하고 있으나, 국제 B2B간 전자무역을 위한 국제결제시스템을 취급하는 은행은 여전히 전통적인 네트워크와 분리하여 소유권을 문제를 취급하였고, 종이문서를 이용하는 매매당사자나 은행은 전통적인 관행이 경제체제에 뿌리 깊게 박혀있다.

이하에서는 전자무역거래를 원활히 수행하기 위한 전자결제시스템의 중요한 선결요건들을 분석 검토하고 국제전자결제수단으로의 활용가능성을 모색함과 동시에 향후 해결하여야 할 과제를 제시하고자 한다.[63]

---

63) 이 글은 강원진, "전자무역거래 활성화를 위한 전자결제시스템의 요건과 과제", 「국제상학」, 제17권 3호, 2002에서 일부분을 재정리한 것이다.

Ⅱ. 전자무역과 전자결제시스템

1. 전자무역거래와 전자결제시스템의 의의

전자무역이란 무역의 일부 또는 전부가 전자무역문서로 처리되는 거래를 말하며,[64] 전자결제란 물품이나 서비스의 대가를 전자적 수단을 통하여 지급 및 결제하는 것을 말한다. 일반적으로 지급(payment)은 경제주체간 채권 및 채무 관계에서 지급을 행하는 행위를 의미하고 결제(settlement)는 대금지급의 과정(process of making payment)을 의미한다.[65] 예를 들면 결제는 비현금 지급수단의 이용에 따른 지급인과 수취인 간의 자금이체와 같은 행위라고 할 수 있다. 그러나 최근 지급수단 및 결제가 전자화됨으로 인하여 지급과 결제를 엄격히 구분하기가 어렵기 때문에 이를 포괄하여 결제시스템이라는 용어를 사용하고 있다.

전자결제시스템(Electronic Payment Systems)은 전자결제수단, 운영네트워크, 그리고 이와 관련된 모든 제도적 장치를 총칭하는 개념이라고 할 수 있다. 따라서 일반적인 결제과정에는 지급수단(payment instruments), 참가기관(participants), 그리고 은행간 결제시스템(interbank settlement systems)이 관련되게 된다.

2. 전자결제시스템의 특성

전자결제시스템은 가치이전을 신속하게 그리고 효율적으로 행하여 거래당사자들의 추가비용 및 위험을 최소화시킴으로써 상거래를 증진시킨다. 결제시스템은 우선적으로 신뢰성을 가져야 한다. 새로운 전자결제시스템 기술은 단지 혁신적인 모습만 드러내어서는 안 되며, 이러한 기본적인 조건을 만족시키기 위하여 지속적인 노력을 하여야 한다. 전자결제 시스템의 특성은 유동성(liquidity), 최종성(finality), 거래위험(transaction risk)과 시스템위험(systemic risk)을 들 수 있다.[66]

3. 전자결제시스템의 유형

전자결제시스템의 유형으로는 신용카드, 직불카드(Debit Card), 전자화폐, 전자수표,

---

64) 한국 전자무역촉진에 관한 법률, 제2조.

65) Ronald A. Anderson & Walter A. Kumpf, *Business Law*, 6th ed., South-Western Publishing Co., 1961, pp. 628-629.

66) Jane Kaufman Winn, "Clash of the Titans: Regulating the Competition between and Emerging Electronic Payment Systems", *Berkely Technology Law Journal*, Vol. 14, Spring 1999, pp. 698-682.

전자자금이체 및 eUCP에 의한 전자신용장 등을 들 수 있다. 그러나 이와 같은 전자결제 시스템 중에서 신용카드, 직불카드, 전자화폐 및 전자수표는 기업과 소비자간 또는 소비자간 거래의 소액결제에 주로 활용되고 있다.

전자자금이체는 자금이체가 전자적으로 이루어지는 것이다. 일반적으로 직불예치(Direct Deposit)시스템, 자동입출금기(Automated Teller Machine: ATM), 판매점(Point of Sale: POS)직불거래 및 신용카드 거래를 포함하기 때문에 전자적 수단, 계좌 및 금융기관의 정의에 따라 전자자금이체에 포함되는 거래의 범위가 달라질 수 있다.

그러나 무역결제수단은 전통적으로 종이기반하의 화환신용장을 이용하여 왔으므로 보편적인 국제전자결제시스템은 eUCP에 의한 전자신용장이 될 것으로 보인다. 현재 대부분의 신용장은 신용장 발행과 통지는 스위프트 사용지침서(SWIFT Hand Book)의 메시지 형식에 따른 스위프트 시스템으로 은행 간에는 전자신용장이 사용되고 발행의뢰인의 신용장 발행신청 또는 수익자에 대한 신용장 통지 등은 종이 문서를 출력하여 사용되고 있다.

따라서 스위프트는 은행 간의 금융테이터 전산망이어서 일반적으로 대고객과 직접 연결되지 아니하는 폐쇄적인 네트워크임으로 인하여 스위프트 시스템에 의한 전송신용장은 현 단계에서 완전한 전자신용장으로 볼 수 있느냐 여부에 대한 논란이 있을 수 있으나 최근의 연구 등에서 전자신용장이라는 용어의 사용 예[67]와 2002년 4월 1일부터 적용되고 있는 eUCP 관행 및 새로운 네트워크의 개발 등을 고려할 때 이는 긍정적이라고 할 수 있다.

Ⅲ. 제공되고 있는 국제전자결제시스템의 활용상 한계점

1. 전자자금이체시스템

국제간 전자무역거래시 전자결제시스템을 이용한 거래는 시작단계에 불과한 실정이다. 국제전자무역거래에서는 중개인(intermediary)이 개입되는 전자자금이채 시스템 보다 은행 간에는 소액결제시에 전신환(T/T) 송금방식을 이용하고 있다.

또한 전자화폐나 전자수표도 일부국가나 특정지역을 중심으로 B2C간의 전자결제에

67) Emmanuel T. Laryea, "Payment for Paperless Trade: Are There Viable Alternatives to the Documentary Credit?", *Law and Policy in International Business*, Vol.33, No.3, Fall 2001, p. 41; James G. Barnes, James E. Byrne, "E-Commerce and Letter of Credits Law andPractice", International Lawyer, Vol.35, No. 23, 2001, p. 12.

사용되고 있고 전자자금이체(Electronic Fund Transfer) 방식도 미국과 같이 기반 구축이 되어 있는 특정국가에서는 자국 내의 전자자금이체에 활용되고 있으나 B2B간 전자무역거래는 아직까지 미미한 실정에 있다.

새로운 결제시스템으로서의 전자자금이체는 전통적인 환어음 등의 금융서류와 운송서류 등의 상업서류에 대한 추심이체(debit transfer)방식과는 달리 원지급지시인(originator)의 지급지시에 따라 중개은행(intermediary bank)을 통하여 지급은행이 수익자에게 대금을 전자적으로 이체하는 것이다. 1992년 유엔 국제무역법위원회(UNCITRAL)는 국제간의 전자자금이채와 관련하여 국제지급이체에 관한 표준법을 마련하였다. 이는 협약의 형식은 아니다. 특히 지급이체(credit transfer)라는 용어를 사용한 것은 추심이체를 제외하여 지급이체만을 반영하고 있는 것으로 볼 수 있다. 이와 같이 표준법을 국제간의 지급이체에만 적용하기로 한 것은 국내지급이체와 국제지급이체에서 발생하는 법률문제가 차이가 있고, 나아가 국내의 지급이체에 관한 각국의 해결책이 동일하지 않기 때문이다.

전자자금이체는 지급이체의 핵심기관인 중개은행으로서의 기능을 수행하지 못하면 실행이 어렵다. 전자자금이체는 기본적으로 전자적 환경에서의 비대면 거래의 특성상 자금이체 효력발생시기, 지급위탁 철회상의 문제, 무권한 거래와 손실위험부담 문제, 착오에 의한 지급지시, 중복지급지시, 중개 금융기관 또는 네트워크 운영자의 책임문제가 상존하는 문제점이 있다.

2. 전자신용장

현재 국제간의 신용장 발행 및 통지는 스위프트 시스템을 이용하는 것이 보편화되었다. 한국은 1992년부터 스위프트 시스템을 이용하여 대부분의 외국환은행들은 전송방식에 의한 신용장 통지를 행하고 있다. 그러나 스위프트 시스템에 의한 전송방식의 신용장은 은행 간의 통신네트워크로서의 기능을 수행하고 있기 때문에 신용장의 발행과 통지는 은행 간에 스위프트 시스템에 의하여 전자식으로 이루어지고 있으나 신용장발행은행과 신용장발행의뢰인 또는 통지은행과 수익자 또는 매입은행과 수익자간의 신용장거래는 전송신용장을 물리적인 종이문서로 출력하여 이루어지고 있는 실정이다.

따라서 신용장거래는 거래의 일부는 전통적인 종이문서에 의하여, 거래의 일부는 전자문서에 의하여 전자식으로 이루어진다. 따라서 신용장에 의한 전자결제를 활성화하고 현재의 종이문서 기반에서의 신용장거래가 전자적 제시에 의하여 명실상부한 전자신용장으로 발전하기 위해서는 기존의 스위프트 시스템 네트워크를 금융기관 외의 이해당사자간에게도 확대 운용할 수 있어야 한다. 이와 같이 전자신용장은 발행과 통지 전자문서 및 전자기록의 제시, 대금결제가 모두 전자적으로 이루어져야 하는 과제를 해결하여야 한다.

또한 전자신용장은 안전성(security),[68] 유동성(liquidity), 그리고 청구의 용이성(Proximity for Claims) 등 장점이 있으나[69] 스위프트 시스템의 이용을 위해서는 스위프트 참가 금융기관들은 가입비를 이용자의 자격별로 지급하여야 한다. 그밖에 전자신용장 발행시의 발행수수료, 전송료, 통지시의 통지수수료, 매입(negotiation)시의 환가료, 전송료 부담 등 고비용 문제가 있다.[70]

한편 전자신용장의 사용은 신용장하에서의 서류의 전자적 제시가 유통성 선화증권과 같은 독특한 형태의 권리증권의 경우에는 커다란 도전이 되고 있을 뿐 아니라[71] 또한 전자적 제시와 관련하여 eUCP 상의 전자기록 제시와 관련된 통지방법, 은행의 수신확인 문제, 전자기록의 인증방법, 제시되는 문서 형식(format)과 수신 오류에 따른 문제 등이 있다할 것이다.

Ⅳ. 신뢰성 있는 국제전자결제시스템의 정착과 해결 과제

1. 스위프트 네트워크의 연동적 운영시스템 구축

스위프트(SWIFT)는 결제, 재무, 담보 및 무역에서 시장기반 뿐만 아니라 은행의 브로커 및 투자경영자에게 메시지서비스를 제공하고 있으며 이와 같은 서비스는 고객들에게 비용을 감소시키고 자동화를 개선하고 위험을 관리하는데 도움을 주고 있다.

오늘날 신용장 등 대부분이 스위프트 시스템에 의하여 일정한 메시지 형태에 근거하여 발행 및 통지되고 있다. 그러나 스위프트 시스템은 은행간 금융데이터의 통신시스템으로 신용장거래에 참여하는 발행의뢰인이나 수익자 또는 운송인이나 보험자 또는 제3자간에는 연결 시스템이 구축되어 있지 않다.

이 시스템은 기존의 폐쇄적인 시스템 하의 전자결제 환경이 거래 또는 관련 이해당사자간 보다 개방된 시스템 하에서 연동적인 접속과 운영지원을 통하여 종합적인 네트워크가 구축되는 것이 필요하다 할 것이다.

---

68) 전자신용장도 사기의 경우에 안전성이 있다고 단정할 수는 없다.

69) Emmanuel T. Laryea, *op. cit.*, p. 15.

70) 이들 수수료는 종이기반하의 화환신용장거래시에도 발생된다.

71) James E. Byrne, "Overview of Letter of Credit Law & Practice in 2000", Institute of International Banking Law & Practice, Inc., 2000, p. 6.

2. 전자선화증권의 권리이전 문제 등 기존 무역거래관행과의 조화

종이기반 하에서 발행된 선화증권은 유통증권이기 때문에 배서 또는 교부에 의하여 증권이 표창하고 있는 물품에 대한 권리를 이전할 수 있고 물품에 대한 권리가 누구에게 있는지를 판단할 수 있다. 기존 및 현재의 국제물품운송계약에서 대부분의 운송서류는 지시식으로 발행되고 있어 권리이전에 문제가 없으나 전자무역거래 시대의 선화증권은 기명식으로 발행되어 비유통증권이 될 가능성에 대한 우려가 있다. 운송 중 전매가 빈번히 발생하는 살물(bulk cargo) 거래에서는 특히 그러하다 할 것이다.

이와 관련한 선화증권의 전자화를 위하여 1990년 전자선화증권에 관한 CMI 통일규칙에 규정하고 있는 바와 같이 전자선화증권의 소지인과 그 이후 소지인간에서 행해지는 운송품상의 권리이전은 중앙등록기관으로서의 기능을 운송인에게 담당시켜 운송인이 개인비밀키(private key)를 이용하여[72] 전자선화증권의 정보관리를 행함으로써 이루어지도록 하였다.

그러나 볼레로(Bolero)는 전자선화증권에 관한 CMI 규칙을 토대로 신뢰성 있는 제3자(TTP)인 서비스 제공자 시스템을 통하여 선화증권의 등록, 보관, 이전의 관리를 운송인과 이해관계를 가지고 있지 않는 중립기관인 중앙등록기관(Central Registry)에게 위탁하게 하여 등록기관(Registration Authority)과 인증기관(Certification Authority)이 개입된 이른바, 볼레로 전자선화증권(Bolero Electronic Bill of lading)을 탄생시켰다. 이는 기존의 종이기반 선화증권의 유통성을 TTP인 선화증권전자등록기구를 통하여 유통성을 확보하고자 한 것이다.

선화증권에 화체된 권리를 이전시키는 기능의 전자화는 선화증권의 전자화에 지장을 초래하고 있는 주원인이라 할 수 있다. 즉 선화증권에 구현되어 있는 권리가 선화증권의 양도에 의하여 양수인에게 정확하게 이전하는 것이 유통성의 가장 중요한 본질이라 할 수 있다. 이 기능을 전자화하기 위해서는 데이터의 원본성, 보안 그리고 데이터 메시지의 증거능력이 시스템에서 확보되어야 한다.

3. eUCP 전자신용장의 활용

신용장의 전자화를 위하여 국제상업회의소 은행위원회가 중심이 되어 전자적 제시를 위한 화환신용장통일규칙 및 관례의 추록인 "eUCP"를 제정하여 2002년 4월 1일부터 적용되고 있다. eUCP의 제정은 지금까지 종이문서를 기반으로 하는 신용장거래가 전자

72) CMI Rules for Electronic Bills of Lading 1990, Rules 7, 8 and 9.

무역거래에 부응할 수 있도록 전자적 제시를 통하여 무역대금결제가 전자적으로 이루어지는 획기적인 전기가 마련되게 되었다 할 것이다.

eUCP는 전자기록 제시와 관련된 통지방법의 구체화 및 수익자의 통지의무와 병행하여 은행의 수신확인 의무에 대한 규정의 보완 필요성, 전자기록의 인증방법의 구체화, 은행의 불능에 해당되는 내용 및 범위의 설정 필요, 문서 형식(format)의 약정, 전자기록의 특수성을 고려한 통지 및 재제시에 대한 은행 의무 등에 관하여 보완하여야 할 필요성이 있다. 또한 수입업자와 발행은행간의 약정, 발행은행과 수출자의 국가에 소재한 지정은행간의 약정, 지정은행과 수익자간의 약정이 전자적으로 이루어질 수 있어야 한다.

4. 국제전자결제 관련 국내외 법제의 제정 및 보완

전자무역거래에서도 특별히 전자환어음을 요구하지 아니하는 경우를 제외하고 전자결제와 관련하여 전통적인 화환결제의 관행을 반영한 전자환어음에 대한 검토의 필요성이 있다. 특히 전자환어음의 발행, 권리이전(배서 및 양도)에 관한 규정, 전자수출환어음 매입과 관련하여 전자신용장 발행은행 또는 지급은행에서의 지급거절로 인한 수익자를 상대로 한 매입은행의 소구권 행사방법에 대한 문제도 고려하여야 한다.

1988년 유엔 국제무역법위원회에서 제정한 국제 환어음 및 약속어음에 관한 유엔협약(United Nations Convention on International Bills of Exchange and International Promissory Notes)도 전자결제기반에 부응할 수 있도록 전자환어음 전자약속어음 관련 법제의 검토와 개정이 요망된다. 한국 상법의 어음법 등 관련 법제도 전자상거래 시대에 대비한 전자환어음에 대한 법적기반 구축이 요구된다.

한편 전자선화증권의 전자적 발행 및 권리이전과 관련된 소지인 전자등록과 관련된 문제, 전자보험증권 또는 전자증명서의 피보험 이익에 대한 양도 등을 고려한 상법의 해상편도 전자무역거래시대에 부응할 수 있는 법적 보완이 필요하다.

Ⅴ. 결 론

전자자금이체와 같은 전자결제수단은 특정국이나 은행 간에 이용되고 있으나, 상관습을 달리하는 국제상거래 당사자간에 신뢰성을 가지고 선택할 수 있는 보편적인 국제전자결제시스템은 아직까지 정착되지 못하고 있다. 전자신용장은 국제 B2B간 전자무역거래에 가장 활용성이 높은 결제시스템이지만 네트워크 등 제도적 인프라의 진전 속도가 더디게 진행되고 있다. 따라서 이와 같은 전자결제시스템이 국제전자결제시스템으로서 위상을 갖기 위해서는 다음과 같은 요건과 과제들이 해결되어야 한다.

첫째, 전자결제시스템에 대한 정보보안기술 및 국제적으로 공인된 인증시스템의 구축과 공인인증기관의 지속적인 저변확대가 이루어져야 한다.

둘째, 전자결제시스템은 경제성과 효율성이 제고되어야 한다. 따라서 기존의 종이기반하의 결제시스템에 비하여 초기 투자와 비용이 증대될 수 있으나 장기적으로는 업무처리비용이 경제적이고 효율성이 증대될 수 있는 결제시스템을 정착시켜야 한다.

셋째, 모든 결제서류가 전자문서로 대체되어야 한다. 상업송장, 전자선화증권 등 무역결제서류의 전자화에 따른 ebXML문서의 보급, 볼레로 전자선화증권의 등록 및 국제공인인증기관의 구축과 확산을 통하여 유통성이 보장되는 전자선화증권의 구현을 신속히 실현하여야 한다.

넷째, 현재의 스위프트 시스템의 네트워크를 스위프트넷(SWIFTNet)에 의하여 시스템망을 모든 거래당사자간에 연동시켜 안정성 있게 운영되도록 하여야 한다.

다섯째, 국제 B2B 전자결제시스템으로 eUCP 전자신용장을 정착시켜야 한다.

여섯째, 전자결제와 관련된 국내외의 법적 제도적인 인프라를 구축하여야 한다. 예를 들면 국제결제시스템에 관련하여 산재되어 있는 유엔의 국제전자결제에 관한 협약 등 통일법의 제정을 통하여 통합적 지침을 제공하는 것이 필요하고 국제상업회의소는 eUCP를 발전시킨 전자신용장의 통일을 보완하는 노력이 필요하다.

문제 5-04 전자적 제시를 위한 UCP의 추록(eUCP)의 특징과 적용범위, UCP 600과의 관계 및 주요내용에 대하여 설명하시오.

답안 5-04

〈목차 구성〉

Ⅰ. 서 론

국제상업회의소(ICC) 은행위원회에서는 전자무역에 관심이 모아져 UCP와 종이신용장에 상응하는 전자적 자료처리에 있어 가교역할의 필요성을 확인하였다. ICC 은행위원회는 UCP의 "추록"(supplement)으로 적절한 규칙을 마련하기 위하여 UCP, 전자무역, 법적 문제 그리고 운송 관련 산업계의 전문가로 구성된 작업반에 의하여 "전자적 제시를 위한 화환신용장통일규칙 및 관례의 추록", 즉 "eUCP"를 제정하여 2002년 4월 1일부터 적용될 수 있도록 하였다.

그러나 UCP 500 적용 당시에 제정된 eUCP는 2007년 7월 1일부터 새로 적용되는 UCP 600에 부응하기 위하여 UCP 600의 추록으로서 기술적인 약간의 용어를 수정하여 "전자적 제시를 위한 UCP의 추록 버전 1.1"(Supplement to the Uniform Customs and Practice for Documentary Credits for Electronic Presentation(eUCP) Version 1.1)을 제시하였다.

eUCP는 전자무역거래의 발전에 따른 종이문서의 전자적 제시를 통하여 eUCP에 준거하는 전자신용장 시대를 열고자 하는 제도적 기반을 조성하는 의도가 있다.

따라서 전자무역거래를 수행하는 데 있어 전자기록의 전자적 제시는 필연적이다. 이하에서는 eUCP의 특징과 적용범위, UCP 600과의 관계 및 주요내용에 대하여 살펴보고자 한다.

Ⅱ. eUCP의 특징

전자무역거래에서 대금결제와 관련하여 전자적 제시를 위한 현행 UCP의 추록, 즉 eUCP의 특징을 살펴보면 다음과 같다.

(1) eUCP는 UCP의 개정이 아니다. 따라서 UCP는 앞으로도 종이신용장을 기반으로 하는 규정을 계속적으로 제공하게 된다. 또한 eUCP도 UCP와 함께 사용하면서 신용장거래상의 종이문서에 상응하는 전자적 제시를 위하여 필요한 규정들을 계속적으로 제공하게 된다는 점이다.

(2) eUCP는 전자적 제시에 적용할 수 있는 용어의 정의 조항을 두고 있다. 즉 현행 UCP의 용어를 전자적 제시에 적용할 수 있도록 정의하고, UCP와 eUCP가 함께 사용될 수 있는 필요한 규정들을 제공하고 있다.

(3) eUCP는 완전히 전자적으로 제시하거나 또는 종이문서와 전자적 제시를 혼용할 수 있도록 하고 있다. 비록 관행이 발전되고 있다 하더라도 전적으로 전자적 제시만을 제공하는 것은 현재로서는 비현실적이며, 더욱이 완전한 전자적 제시로의 변화를 촉진시킬 수도 없을 것임을 지적하고 있다.

(4) eUCP는 신용장의 전자적 발행 또는 전자적 통지와 관련하여 아무것도 제시하

고 있지 않다. 그 이유는 현 시장관행과 UCP가 오랫동안 신용장의 발행 또는 통지를 전자적으로 행할 수 있도록 허용하여 왔기 때문이다. 이러한 점에서, eUCP의 사용자들은 UCP의 여러 조항이 종이문서에 상응한 전자적 제시에 의하여 아무런 영향을 받지 않으며 또한 eUCP를 적용하기 위한 어떠한 변화도 요구하지 않고 있음을 인식하여야 한다. 따라서 UCP와 eUCP를 함께 해석하면, 이들은 이와 같은 관행을 충분히 수용하고 있다는 사실을 확인할 수 있다는 점이다.

(5) eUCP는 기술이 발전됨에 따라 개정되어야 할 것임을 지적하고 있다. 그러한 이유로 eUCP는 필요시 개정 또는 후속 버전이 나올 수 있도록 버전번호를 부여하여 제정 당시에는 버전은 1.0으로 하였으나 UCP 600 제정과 함께 버전을 1.1로 하였다.

(6) eUCP는 특정기술 및 개발되고 있는 전자상거래시스템과 독립적으로 초안되고 또한 특정기술이나 전자적 제시를 촉진시키기 위하여 필요한 시스템을 제시하거나 정의하고 있지 않고 있다는 점이다. 이러한 기술들은 계속적으로 개발되고 있으므로 eUCP는 사용될 기술이나 시스템에 대하여 당사자들이 자유롭게 합의할 수 있도록 하고 있다. 또한 eUCP는 전자통신문의 전송에 사용될 형식(예를 들어, 전자우편이나 다양한 문서처리 프로그램 중 하나)을 명시하지 않고 있다. 이 또한 당사자들이 결정하여야 할 문제로 보고 있다.

(7) eUCP의 모든 조항[73]은 특별히 전자적 제시와 관련된 경우를 제외하고는, UCP의 조항과 일치한다.

(8) UCP의 조항과 eUCP 조항 간의 혼란을 피하기 위하여 eUCP의 각 조 번호 앞에는 "e"가 표기되어 있다.

(9) 신용장이 전자문서 또는 종이와 전자문서의 혼용을 허용하도록 하기 위하거나 또는 당사자들이 eUCP를 적용하기를 원할 경우, eUCP를 명시적으로 삽입하여야 한다는 점이다. 그러나 UCP와 eUCP 모두를 삽입할 필요는 없는 것으로 하고 있다.[74]

---

73) eUCP 버전 1.1은 ① eUCP의 적용범위(제e1조), ② UCP에 대한 eUCP의 관계(제e2조), ③ 용어의 정의(제e3조), ④ 형식(제e4조), ⑤ 제시(제e5조), ⑥ 심사(제e6조), ⑦ 거절통지(제e7조), ⑧ 원본 및 사본(제e8조), ⑨ 발행일자(제e9조), ⑩ 운송(제e10조), ⑪ 제시 이후 전자기록의 변형(제e11조), ⑫ eUCP하의 전자기록 제시의무에 대한 추가적인 면책(제e12조)에 관하여 총 12개의 조항으로 구성하고 있다.

74) ICC, *Supplement to UCP 500 for Electronic Presentation*: *eUCP*, ICC Publication 500/2-500/3, 2002, pp. 53-55; 강원진, eUCP와 ICC 신용장거래 해석에 관한 설명회 자료, 대한상공회의소·ICC한국위원회, 2002. 4. 8, pp. 3-7.

Ⅲ. eUCP의 적용범위

eUCP의 적용범위(Scope of the eUCP)에 관해서는 다음과 같이 규정하고 있다.

첫째, "전자적 제시(electronic presentation)를 위한 화환신용장통일규칙 및 관례의 추록(eUCP)은 전자기록 자체(만)의 또는 종이문서와 결합된 제시에 적용할 목적으로 화환신용장통일규칙 및 관례(UCP)를 보충한다"[75]라고 하여 eUCP의 목적과 역할을 명시하고 있다.

전자적 제시라고 한 것은 지금까지 UCP에 의한 제시는 전통적인 거래에서 주로 사용하여 오던 방식을 종이문서의 제시로 보고, 전자상거래 시대의 전자무역거래에서는 전자적 제시의 방식이라는 점을 고려하여 제시방법에 대한 용어를 차별화하고 있다. eUCP에서는 전자적(electronic)에 대한 용어를 정의하고 있지 않으나 미국의 통일전자거래법(Uniform Electronic Transactions Act: UETA)에 의하면 "전자적이라 함은 전기적, 디지털, 자기적, 무선의, 광학적, 전자기적 또는 이와 유사한 능력을 가지는 기술과 관련되는 것을 의미하는 것"[76]으로 규정하고 있어 여기에서도 같은 의미로 볼 수 있다. eUCP는 완전히 온라인상에서의 전자적 거래뿐만 아니라 전통적인 종이문서에 기반을 둔 거래와 혼합하여 적용할 수 있으며 UCP를 보충하는 것을 목적으로 하고 있다.

둘째, "eUCP는 신용장이 eUCP에 따른다는 명시가 있는 경우 UCP의 추록(supplement)으로 적용한다"[77]고 하여 신용장 본문에 eUCP를 적용한다는 문언, 즉 "… Subject to the Supplement to Uniform Customs and Practice for Electronic Presentation(eUCP) Version 1.1"과 같은 명시가 있어야 적용된다. 신용장통일규칙은 강행법규가 아니고 임의 규칙이기 때문에 법적 구속력을 갖기 위해서는 신용장 본문에 준거문언을 삽입하여야 당사자를 구속하게 된다.[78] 이는 UCP의 적용범위와 같은 취지이다.

셋째, "이 버전은 1.1이다. 신용장은 적용하는 eUCP 버전을 반드시 명시하여야 한다. 신용장이 버전을 명시하지 아니할 경우, 신용장이 발행된 일자에 시행되는 버전에 따르고 또는 수익자가 승낙한 조건변경이 eUCP에 따르도록 되어 있을 경우, 조건변경일자에 시행되는 버전에 따른다"[79]라고 규정하여 eUCP를 적용하는 신용장은 그 본문에

---

75) eUCP Article e1-a.

76) Uniform Electronic Transactions Act 2001, Section 2-(5).

77) eUCP Article e1-b.

78) H. C. Gutteridge, Maurice Megrah, *The Law of Banker's Commercial Credits*, 7th. ed., Europa Publications Limited, London, 1984, p. 6.

79) eUCP Article e1-c.

eUCP를 적용한다는 문언과 함께 적용 버전, 즉 "eUCP Version 1.1"과 같은 명시가 있어야 한다. 이와 같이 eUCP에 적용되는 버전은 특정할 경우와 특정하지 아니한 경우를 구분하여 신용장 발행과 조건변경시의 적용 버전에 관하여 규정하고 있다.

Ⅳ. UCP와 eUCP의 관계

eUCP는 UCP를 대체하는 것이 아니다. 즉 eUCP는 오직 UCP의 추록으로 UCP 500과 eUCP를 함께 보완하여 사용하도록 하고 있다.

첫째, "eUCP를 준거로 하는 신용장(eUCP 신용장)은 화환신용장통일규칙 및 관례(UCP)의 원용을 명시하지 아니하더라도 또한 화환신용장통일규칙 및 관례를 적용한다"[80]고 규정하고 있다. 따라서 eUCP에 준거하는 것으로 명시된 신용장의 경우, UCP의 준거문언이 명시되지 아니하여도 UCP를 적용할 수 있다.[81]

둘째, "eUCP가 적용되는 경우, 그 조항은 UCP의 적용과 다른 결과를 발생시키는 범위 내에서 우선한다"[82]고 규정하여 eUCP와 UCP 적용상 상충이 될 경우에는 eUCP를 우선 적용하는 것으로 하고 있다.

셋째, "eUCP 신용장이 수익자가 종이문서(paper documents) 또는 전자기록(electronic records)의 제시 및 종이문서 제시만을 선택하는 것을 허용할 경우, UCP는 그와 같은 제시에 독자적으로 적용된다. 오직 종이문서가 eUCP 신용장 하에서 허용될 경우, UCP는 독자적으로 적용된다"[83]고 하여 eUCP는 완전한 전자적 제시 또는 종이문서 제시와 전자문서 제시의 혼합된 형태로 적용할 수 있으나 이 경우 UCP는 독자적으로 적용됨을 규정하고 있다.

Ⅴ. 주요내용

1. 형식 및 제시

eUCP 신용장에서는 전자기록 제시의 형식(format)에 대하여 "eUCP 신용장은 전자기록이 제시되는 형식을 반드시 명시하여야 한다. 만일 전자기록의 형식이 그와 같이

80) eUCP Article e2-a.

81) Gary Collyer, *More Queries and Responses on UCP 500*, ICC Publishing S.A., 1999, R.248.

82) eUCP Article e2-b.

83) eUCP Article e2-c.

명시되지 아니하였다면, 그것은 어떠한 형식으로도 제시되어 질 수 있다"[84]고 규정하고 있다.

한편 eUCP에서는 신용장에서 제시(presentation)와 관련된 제시장소, 제시방법, 수익자의 통지의무, 동일성 확인, 전자기록의 수신 및 인증에 관하여 비교적 상세히 규정하고 있다.

첫째, "eUCP 신용장이 제시를 허용함에 있어: (1) 전자기록은 전자기록의 제시장소(place for presentation)를 반드시 명시하여야 한다. (2) 전자기록(electronic records)만이 아니라 종이문서(paper documents)도 반드시 종이문서의 제시장소를 또한 명시하여야 한다"[85]라고 규정하고 있다. UCP 600에서는 자유매입신용장의 경우 서류제시의 장소를 명시할 필요가 없으나, eUCP 신용장에서는 전자기록만이 아닌 종이문서도 반드시 제시장소를 명시하여야 하므로 신용장의 유형에 관계없이 제시장소를 명시하여야 하는 것으로 볼 수 있다. 신용장의 유효기일에 관해서는 UCP 600 신용장이나 eUCP 신용장도 같이 취급된다.

둘째, "전자기록은 독립적으로 제시될 수 있으나 동시에 제시될 필요는 없다"[86]고 규정하여 지금까지 종이문서를 기반으로 하는 신용장거래 관행은 수익자가 서류를 일괄 준비하여 매입은행에 제시하여 수출환어음(서류)을 매입하였으나 eUCP 신용장 하에서는 수익자가 은행에 직접 제시하는 전자기록이나 종이문서와는 별도로 운송인이나 보험자 또는 신뢰성 있는 제3자(Trusted Third Party: TTP)가 매입은행 등으로 제시할 수 있는 특수성을 고려하고 있다.

셋째, "eUCP 신용장이 하나의 또는 그 이상의 전자기록의 제시를 허용하는 경우, 수익자(beneficiary)는 제시가 완성될 때 제시가 표명되어진 은행에게 통지를 행할 책임이 있다. 완료통지는 전자기록 또는 종이문서로서 이루어져야 하며 관련되는 eUCP 신용장과의 동일성을 반드시 확인하여야 한다. 제시는 수익자의 통지가 수신되지 아니한 경우 이루어지지 아니한 것으로 간주된다"[87]고 규정하여 전자기록의 제시시의 수익자의 통지의무를 강조하고있다.

넷째, "eUCP 신용장 하에서 전자기록의 제시 및 종이문서의 제시는 제시되어지는 eUCP 신용장과의 동일성을 반드시 확인하여야 하며, 이와 같은 동일성 확인을 하지 아

84) eUCP Article e4.
85) eUCP Article e5-a.
86) eUCP Article e5-b.
87) eUCP Article e51-c.

니한 제시는 수신되지 아니한 것으로 취급된다"[88]고 규정하여 신용장 번호, 전자기록의 내용, 서류제시의 형식 등 신용장과 제시되는 전자기록상의 동일성을 확인하도록 하고 있다.

다섯째, "경우에 따라, 제시가 이루어지는 은행이 영업을 하고 있으나 그 시스템이 약정된 유효기일 및/또는 제시를 위하여 선적일자 이후 제시를 행하여야 할 최종일에 전송된 전자기록을 수신할 수 없는 경우, 은행은 폐점된 것으로 간주되며 제시를 위한 기일 및/또는 유효기일은 그와 같은 은행이 전자기록을 수신할 수 있는 다음 첫 은행영업일까지 연장된다.

여섯째, "인증될 수 없는 전자기록은 제시가 완료되지 아니한 것으로 간주한다"[89] 고 규정하고 있다. 그러나 전자기록의 인증방법에 대해서는 구체적인 규정이 없다. 전자적 제시에 있어서 인증은 종이문서와 달리 전자적 제시자 또는 송신자의 신원을 확인하는 것으로 일반적으로 폐쇄형 네트워크에서는 사용자 이름(user name)과 패스워드(password)를 이용하지만, 개방형 네트워크에서는 사전에 사용자의 데이터베이스가 없으므로 제3자를 개입시킴으로서 본인의 진정성을 확인(certification)하여야 한다.

2. 심사 및 거절통지

전자기록의 심사(examination)에 관해서는 외부시스템 연결을 포함하거나 또는 참조하여 이루어질 때 전자기록의 진정성, 거절과 관련된 발행은행과 확인은행의 불능과 관련된 규정을 두고 있다.

첫째, "전자기록이 외부의 시스템에 하이퍼링크(hyperlink)[90]를 포함하거나 또는 전자기록이 외부시스템을 참조하여 심사되어질 수 있다는 것을 명시하는 경우 하이퍼링크에 있는 전자기록 또는 관련시스템은 심사가 이루어진 전자기록으로 간주된다. 심사시점에 요구된 전자기록에 대하여 지시된 시스템으로의 접근실패는 불일치(discrepancy)를 구성한다"[91]고 하여 전자기록이 은행 자체의 시스템과 직접 통신되거나 은행 자체에 저장된 자료 등을 참조하여 심사되지 아니하더라도 접근될 수 있는 외부시스템의 하이퍼링크를 포함하거나 외부시스템을 참조하더라도 심사가 이루어진 전자기록으로 간주됨

88) eUCP Article e5-d.

89) eUCP Article e5-f.

90) 하이퍼링크(hyperlink)란 하이퍼 텍스트 문서 또는 다른 형태의 문서내의 요소 사이의 연결을 말한다. 링크란 웹에서 지정된 글자 또는 그림 등을 마우스 커서로 눌러 웹제작자가 지정해 놓은 특정한 페이지 또는 특정 주소, 특정파일 등으로 이동하도록 하게 하는 수단이다.

91) eUCP Article e6-a.

을 규정하고 있다.

둘째, "지정에 따른 지정은행(Nominated Bank)의 전자기록의 발송은 전자기록에 대한 외관상의 진정성(authenticity)을 점검하였다는 것을 의미한다"[92]고 규정하고 있다. 예로 지급은행이나 매입제한은행과 같은 지정은행은 수익자나 운송인 등 제3자가 제시한 전자기록을 1차적으로 점검하였기 때문에 점검된 것으로 인정하지만, 지정은행으로부터 제시받은 전자기록이 불일치를 구성할 경우, 발행은행이 최종적인 지급·인수·매입과는 별개의 사안이 될 것이다.

셋째, "eUCP 신용장에 의하여 요구되는 형식의 전자기록 또는 아무런 형식이 요구되지 아니한 경우 제시된 형식에서 전자기록을 심사함에 있어 발행은행(Issuing Bank), 확인은행(Confirming Bank)(있을 경우)의 불능(inability)은 거절을 위한 근거가 되지 아니한다"[93]고 규정하고 있다. 이 조항에서는 불능의 내용이나 범위를 설정하고 있지 않다. 이는 발행은행에서 eUCP 신용장을 발행할 경우 전자기록의 형식을 지정하여 발행할 것을 강조하고 있는 것으로 추정할 수 있으며 그러하지 아니함으로 기인되는 발행은행이나 확인은행의 불능은 전자기록의 거절을 위한 사유가 되지 않음을 규정하고 있다 할 것이다.

한편, 거절통지(notice of refusal)는 서류심사기간 개시 시기와 거절통지에 관하여 규정하고 있다.

첫째, "(1) 서류심사를 위한 기간은 수익자의 완료통지가 수신된 은행영업일(banking day)의 다음날 은행영업일에 개시된다. (2) 서류의 제시 또는 완료통지를 위한 기간이 연장된 경우, 서류심사 기간은 제시가 이루어지거나 완료통지를 수신한 은행의 다음 첫 은행영업일에 개시된다"[94]고 하여 서류심사의 기간 개시시기를 분명하게 규정하고 있다. 그러나 신용장발행 통지, 기간연장 통지를 수신한 이후 다음날 첫 은행영업일에 심사기간 개시는 이루어지나 발행은행이나 확인은행의 경우 서류를 심사하여 수리하거나 거절을 통지하기 위하여 UCP 600의 서류심사기간[95]과 같이 서류수령 다음날부터 제5은행영업일의 범위에서 상당한 기간을 향유할 수 있는지 여부에 관해서는 명확한 규정을 두지 않고 있다. 그러나 서류심사기간은 UCP 600에 준거하여 해석하여야 할 것이다.

둘째, "발행은행, 확인은행(있을 경우), 또는 그들을 대신하여 행동하는 지정은행이

92) eUCP Article e6-b.
93) eUCP Article e6-c.
94) eUCP Article e7-a.
95) UCP 600, Article 14.

전자기록을 포함하는 제시에 대한 거절통지(notice of refusal)를 행한 경우 또한 거절통지가 전자기록의 처분을 위하여 발신된 거절통지일자로부터 30일(曆日; calendar days)이내 발신된 거절통지의 당사자로부터 지시를 수신하지 아니한 경우, 은행은 이전에 제시인에게 반송하지 아니한 모든 종이문서를 반송할 수 있으며 아무런 책임 없이 적절하다고 간주된 방법으로 전자기록을 처분할 수 있다"[96]고 하여 거절통지와 함께 종이문서의 반송 및 전자기록의 처분방법에 관하여 규정하고 있다.

3. 전자기록의 원본과 사본의 충족과 발행일자

전자기록의 원본과 사본(originals and copies)에 대하여 eUCP는 "어떠한 전자기록의 하나 또는 그 이상의 원본과 사본의 제시를 위한 UCP 또는 eUCP 신용장의 모든 요구는 하나의 전자기록 제시에 의하여 충족되어진다"[97]고 규정하고 있다.

한편, 발행일자(date of issuance)에 관하여 eUCP는 "전자기록이 특정한 발행일자를 포함하지 아니하는 경우, 그것이 발행인에 의하여 송신[98]이 완료된 것으로 보이는 일자는 발행일자로 간주된다. 수신일자[99]는 다른 어떠한 일자가 분명하지 않을 경우 송신된 일자로 간주된다"[100]고 하여 전자기록상에 발행일자에 관하여 특별한 명시가 있으면 당해 일자가, 명시가 없으면 송신일자가 발행일로 간주하며 수신일자는 불명확할 경우 송신일자로 간주한다고 하여 전자기록의 발행일자를 분명히 규정하고 있다.

또한 "운송(transport)을 명시하고 있는 전자기록이 선적(shipment) 또는 발송(dispatch) 일자를 명시하고 있지 아니할 경우, 전자기록의 발행일자는 선적 또는 발송 일자로 간주된다. 그러나 전자기록이 선적 또는 발송 일자를 명시하는 부기(notation)가 포함된 경우, 부기 일자는 선적 또는 발송일자로 간주된다. 부가적인 일자 내용을 보여주는 표기

96) eUCP Article e7-b.

97) eUCP Article e8.

98) 데이터메시지의 송신은 작성자와 수신자 사이에 다른 합의가 없는 한, 데이터메시지가 정보시스템에 입력 되어 작성자 또는 그를 대리하여 데이터메시지를 전송하는 자의 지배를 벗어난 때에 발생한다; UNCITRAL Model Law on Electronic Commerce 1996, Article 15-(1).

99) 데이터메시지의 수신시기는 작성자와 수신자 사이의 다른 합의가 없는 한, 다음에 의하여 결정된다. (a) 수신자가 데이터메시지를 수신할 목적으로 정보시스템을 지정한 경우에, 수신은 (i) 데이터메시지가 지정된 정보시스템에 입력된 때, 또는 (ii) 데이터메시지가 지정된 정보시스템이 아닌 수신자의 정보시스템으로 전송된 경우에는 데이터메시지가 수신자에 의하여 검색된 때에 발생한다. (b) 수신자가 정보시스템을 지정하지 아니한 경우에, 수신은 데이터메시지가 수신자의 정보시스템에 입력된 때에 발생한다; UNCITRAL Model Law on Electronic Commerce 1996, Article 15-(2).

100) eUCP Article e9.

는 독립적으로 서명 또는 별도로 인증을 요하지 아니한다"[101]고 규정하고 있다. 전자적으로 발행되는 전자선화증권(전자운송서류)의 발행일자는 선적 또는 발송 일자로 단순화시키고 있다.

4. 제시 이후 전자기록의 변형과 전자기록 제시 의무에 대한 추가적인 면책

전자기록은 바이러스의 감염이나 기타 전산처리상에 제시 이후 전자기록의 변형(corruption of an electronic record after presentation)이 될 가능성이 있다. 이에 대하여 eUCP는 다음과 같이 규정하고 있다.

첫째, "발행은행, 확인은행, 또는 다른 지정은행이 수신한 전자기록이 변형된 것으로 보이는 경우, 은행은 제시자에게 통지할 수 있으며 또한 그 전자기록의 재제시를 요구할 수 있다"[102]라고 규정하여 발행 또는 확인은행 또는 지정은행의 변형된 전자기록에 대한 통지 및 재제시 요구 가능성에 관하여 규정하고 있다.

둘째, "은행이 전자기록 재제시를 요구하는 경우 (1) 심사기간은 정지되며 제시자가 전자기록을 재제시할 때 재개된다. 그리고 (2) 지정은행은 확인은행이 아닌 경우, 발행은행 및 어떠한 확인은행에게 재제시 요청에 대한 통지를 반드시 행하여야 하며 또한 정지에 관한 통지를 하여야 한다. 그러나 (3) 동일한 전자기록이 30일(역일; calendar days) 이내에 재제시되지 아니한 경우, 은행은 전자기록이 제시되지 아니한 것으로 취급한다; 그리고 (4) 어떠한 최종기간(deadlines)도 연장되지 아니한다"[103]라고 규정하고 있다. 그러나 여기에서 전자기록의 재제시는 eUCP 하의 신용장 유효기일 내에서 이루어져야 할 것이다.

은행은 수신된 전자기록에 대하여 추가적인 면책(additional disclaimer)을 인정하고 있다. 즉 "전자기록의 외관상 진정성(authenticity)을 점검함으로써 은행은 수신, 인증, 및 전자기록의 확인(identification)을 위하여 상업적으로 인정할 수 있는 자료처리의 사용에 의하여 수신된 전자기록을 제외하고 송신자의 신원, 정보의 출처, 또는 전자기록이 외관상 정보의 완전성과 무변조성에 대하여 아무런 의무를 부담하지 아니한다"[104]고 하여 UCP 600의 서류의 효력에 관한 면책[105] 및 송달 및 번역에 관한 면책[106] 규정에 추가

101) eUCP Article e10.
102) eUCP Article e11-a.
103) eUCP Article e11-b.
104) eUCP Article e12.
105) UCP 600, Article 34.
106) UCP 600, Article 35.

하여 수신된 전자기록의 송신자의 신원, 정보의 출처 및 외관상의 문자에 대하여 면책됨을 규정하고 있다.

Ⅵ. 결 론

국제무역 거래에서 신용장은 계속적으로 중요한 역할을 수행한다. UCP 600은 전자무역거래와 관련된 전자적 제시관행에 대한 변화된 접근법을 제공하지는 않는다.

eUCP는 전자기록의 전자적 제시를 위한 가치 있고 중요한 제도적 기반이다. eUCP를 준거로 하는 전자신용장은 서류의 불일치 비율을 감소시키고 효율성을 향상시킬 것이다. 문제는 eUCP를 활용하고 적용함에 따른 문제와 관련한 부분이다.

eUCP가 제시된지 10여년이 지났지만 새로운 UCP 600에 부응하여 수정 또는 보완된 것이 사실상 없었다. 외견상 ICC는 원문을 개정하기 위한 많은 노력과 시간에 충실하지 않았다는 점이며 지금까지 eUCP 적용이 부진한 것을 스스로 인정하는 것이다.

eUCP에 준거하는 신용장거래를 고려할 경우, 모든 당사자는 전자기록의 제시와 관련한 중요한 법적 문제와 이행을 위한 적절한 시스템을 고려해야 한다. 특히 수익자가 전자적으로 은행에 직접 정보를 전송할 경우, 고객과 서비스 제공업자간의 모든 합의사항을 고려하고 평가해야 할 것이다. 뿐만 아니라 자료에 대한 접근, 자료의 처리, 제시된 자료의 검토를 목적으로 하는 외부 당사자의 접근이나 안전성과 관련된 약정내용도 고려해야만 한다.

ICC는 앞으로 전자기록의 제시환경 및 법적 장애 요인들을 고려하여 보다 충실한 eUCP 버전을 업데이트 하여야 한다. 또한 매매당사자는 전자무역거래에서 전자적 제시의 활용을 위하여 전자기록의 내용, 형식, 제시 및 심사 등을 고려한 기본계약이 체결되도록 해야 할 것이다.

문제 5-05 전자적 제시를 위한 UCP의 추록(eUCP)의 활용 및 적용상의 문제점에 대하여 설명하시오.

답안 5-05

〈목차 구성〉

Ⅰ. 서 론
Ⅱ. eUCP에 반영된 전자적 제시의 적용요건
1. 전자적 제시를 위한 전자기록의 형식
2. 전자적 제시장소

Ⅰ. 서 론

전자결제 기반구축의 일환으로 ICC 은행위원회는 2002년 UCP에 기초하여 "전자적 제시를 위한 화환신용장통일규칙 및 관례의 추록", 즉 "eUCP"를 제정하였다. UCP 500 적용 당시에 제정된 eUCP는 2007년 7월 1일부터 적용되는 새로운 UCP 600에 부응하기 위하여 그 추록으로서 기술적인 약간의 용어만을 업데이트(update) 하였다.[107)]

eUCP가 제정된 지 수년이 경과되었으나 신용장거래관행은 발행의뢰인, 수익자, 운송인, 보험자 및 신뢰성 있는 제3자(Trusted Third Party: TTP)간 신용장거래의 전자화에 따른 수용여건 조성의 미비로 인하여 전자적 제시보다는 대부분이 종이문서 제시에 의한 전통적인 관행이 이어져 왔다. eUCP 신용장에 다른 전자기록의 제시를 통하여 전자무역거래를 보다 진전시켜야 하지만 그러하지 못하고 있는 실정으로 그 요인을 종합적으로 검토할 필요성이 있다 할 것이다.

따라서 이하에서는 eUCP가 제정된 지 수년이 경과되고 있으나 전자적 제시 환경으로 정착되고 있지 못하고 있는 문제점을 검토하고 나아가 전자적 제시 활성화를 통한 eUCP 전자신용장 관행의 정착과제를 모색하고자 한다.[108)]

---

107) ICC 은행위원회의는 종전의 "전자적 제시를 위한 UCP 500의 추록 버전 1.0"(Supplement to UCP 500 for Electronic Presentation Version 1.0) 대신 "전자적 제시를 위한 UCP[1)]의 추록 버전 1.1"(Supplement to the Uniform Customs and Practice for Documentary Credits for Electronic Presentation(eUCP) Version 1.1)로 그 명칭을 변경하였으나 12개 조항의 내용은 버전 1.0의 내용과 같다.

108) 이 글은 강원진, "eUCP 제정 이후 전자적 제시 적용상의 문제점에 관한 연구", 「국제상학」 제23권 제2호, 한국국제상학회, 2008, 47~67면을 요약하여 정리한 것이다.

Ⅱ. eUCP에 반영된 전자적 제시의 적용요건

1. 전자적 제시를 위한 전자기록의 형식

전자상거래에서의 전자기록(electronic record)은 데이터(data), 즉 자료의 구성단위 측면에서 볼 때 메시지(messages), 파일(files) 및 문서(documents)[109]와 같이 다양하게 호칭된다.[110] 전자기록에 대하여 eUCP에서는 전자적 수단에 의하여 작성(created), 생성(generated), 송신(sent), 통신(communicated), 수신(received), 또는 저장된(stored) 자료라고 정의되고 있다.[111] eUCP 및 국제상업회의소 보증신용장 통일규칙(ISP98)[112]에서는 전자기록의 요건으로 전자기록은 인증될(authenticated) 수 있어야 하며 신용장 거래조건과의 일치성에 대하여 심사할(examined for compliance) 수 있어야 한다고 규정하고 있다.[113]

eUCP에서 형식이란 전자기록이 표시되거나 또는 그것이 참조하는 자료구성을 의미한다고 정의되고 있다.[114] 여기에서 형식은 데이터의 저장이나 전송 시의 구성 방법 특히 자료를 파일로 저장할 때 그 파일의 구조를 말한다.

무역거래에서 전자기록의 제시되는 표준전자문서를 제공하기 위하여 볼레로넷(bolero.net)은 "boleroXML" 솔루션을 통하여 eUCP에 기초한 제시형식을 제시한 바 있고[115] 그 시스템을 통하여 eUCP와의 조화를 시도하고 있다.[116] 그러나 eUCP에서 사용되는 인증 방법은 기술 중립성(technology neutral)[117]을 표방하여 어떠한 특정 기술을 승인하지 아니하고 특정 형식을 요구하지 않는다. 이는 당사자들이 결정하도록 하기 위함이다. 형식은 수익자 또는 다른 원당사자가 만들어 내거나 최소한 지정은행에 의해 선

109) 여기에서는 전자문서(electronic documents)를 말하며 종이문서(paper document)와 구별된다.

110) James E. Byrne and Dan Taylor, *ICC Guide to the eUCP*, ICC Publication No. 639, ICC Publishing S. A., 2002, p. 61.

111) eUCP Article e3-b-i.

112) ISP981.09(c).

113) eUCP Article e3-b-i.

114) eUCP Article e3-b-iii.

115) 선화증권전자등록기구(Bill of Lading Electronic Registry Organization: Bolero)의 운영 주체인 볼레로넷은 eUCP의 전자적 제시와 관련하여 문서의 형태와 형식(Document Type and Format) 항목에서 "구조화된 BoleroXML 버전"을 이용하여 제시하고 있는 상업송장형식과 "비구조화된 기타 전자적 형식"에서 등록증(Certificate of Registry) 형식의 예를 시현하였다; bolero.net, eUCP XML Guide, 2002, p. 5.

116) Sergey Zaytsev, Bolero and eUCP, Role of Secured Informational Systems in International Commercial Transactions, http://serg.us/paper/bolero.doc.

117) James E. Byrne and Dan Taylor, op. cit., p. 63.

택되어져야 하지만 발행은행과 발행의뢰인이 읽을 수 있어야 한다.

2. 전자적 제시장소

eUCP에서는 신용장이 제시를 허용하는 것과 관련하여 제시장소의 요건으로 eUCP 신용장이 제시를 허용함에 있어 전자기록은 전자기록의 제시장소(place for presentation)를 반드시 명시하여야 하며 전자기록(electronic records)만이 아니라 종이문서(paper documents)도 반드시 종이문서의 제시장소를 또한 명시하여야 한다고 규정하고 있다.[118]

전자기록과 종이문서의 구체적 제시장소는 구별된다. 전자적 제시와 관련하여 eUCP에서는 전자기록의 제시장소는 전자주소(electronic address)이다.[119] 그러나 종이문서의 제시장소는 발행은행 또는 지정은행의 영업장소, 즉 실제주소가 된다. 제시장소와 관련하여 UCP 600에서는 신용장은 제시를 위한 유효기일을 명기하여야 하며 인수·지급 또는 매입을 위하여 명기된 유효기일은 제시를 위한 유효기일로 간주하며 신용장이 사용가능한 은행의 장소는 제시장소이며 발행은행 이외의 제시장소는 발행은행의 장소에 추가한 것이라고 규정하고 있다.[120]

따라서 eUCP 신용장에서는 신용장의 유형에 관계없이 제시장소를 반드시 명시하여야 한다.

3. 전자적 제시방법과 완료통지

전자기록의 제시방법은 종이문서 서류제시와 같이 동일한 제시인이 요구된 모든 서류를 동시에 제시하는 경우와 같이 전자적 제시에서도 동일한 제시인이 일괄 준비하여 요구되는 전자기록을 동시에 제시할 수도 있다. 그러나 전자적 제시의 특성상 시간적 또는 효율성에 비추어 은행은 전자기록을 작성한 제3자에 의하여 직접 수신되는 것을 선호할 수도 있다.[121] eUCP에서는 전자기록은 독립적으로 제시될 수 있으나 동시에 제시될 필요는 없다고 규정하고 있다.[122] 이와 같이 eUCP 신용장 하에서 수익자가 은행에 직접 제시하는 전자기록이나 종이문서와는 별도로 전자선화증권은 운송인(carrier)이, 전자보험증권은 보험자(insurer)가 또는 기타 특정된 전자기록은 신뢰성 있는 제3자(Trusted Third Party: TTP)가 직접 지정은행 등으로 제시할 수 있는 특수성을 고려하고 있

118) eUCP Article e5-a.
119) eUCP Article e3-a-iii.
120) UCP 600, Article 6-d.
121) James E. Byrne and Dan Taylor, *op. cit.*, p. 89.
122) eUCP Article e5-b.

다. 그러나 전자기록의 독립적인 제시를 허용하는 eUCP 조항은 신용장 하의 종이문서에는 적용되지 않는다.

한편, 완료통지(notice of completeness)와 관련하여 James E. Byrne 교수는 eUCP 제5조 c항은 UCP와 상당히 다르며, UCP와 관례로부터 가장 결정적인 변경일 것이라고 하였다.[123] 완료통지는 수익자가 지정된 은행에게 제시가 완성될 때 통지를 이행하는 것으로 eUCP 신용장 하에서 완료통지의 책임은 수익자에게 있다. 이는 수익자로 하여금 서류의 내용과 신용장 조건과의 상위점을 식별하도록 유인하여 서류하자에 대한 치유의 기회를 우선적으로 부여하고자 하는 의도로 볼 수 있다.[124]

따라서 비록 eUCP가 완료통지의 형식을 규정하지 않았으나 수익자는 신용장 하에 제시가 현재 완료되고 제시된 문서의 목록, 제시 형식, 일자 및 전자기록에 관한 모든 관련 명세의 제시를 이행하였다는 완료통지를 분명하게 하여야 할 것이다.

4. 전자기록의 동일성 확인과 인증

eUCP 신용장 하에서는 전자기록의 제시 및 종이문서의 제시는 제시되어지는 eUCP 신용장과의 동일성을 반드시 확인하여야 하며, 이와 같은 동일성 확인을 하지 아니한 제시는 수신되지 아니한 것으로 취급된다고 규정하고 있다.[125] 동일성 확인 여부는 신용장 번호, 전자기록의 내용, 서류제시의 형식 등 신용장과 제시되는 전자기록과의 동일한지를 확인하는 것이다. 만약 은행이 문서 또는 전자기록을 신용장과 연계할 수 없을 경우 수신되지 아니한 것으로 간주된다. 그러나 이는 오직 정보목적을 위한 것이며 UCP 600의 불일치서류, 권리포기 및 통지[126]에 규정된 거절통지를 구성하지는 않는다.

한편 eUCP에서는 전자기록의 인증[127]의 정의나 인증방법에 대하여 구체적인 지침이 없다. 그러나 전자적 제시에 있어서 인증은 종이문서와 달리 전자적 제시자 또는 송

---

123) IFSA, Documentary Credit World(DCW), April 2002, p. 5.

124) 김기선, “eUCP의 본질적 함의와 조항해석적용의 괴리조정: 법해석학적 접근”, 「무역상무연구」 제18권, 한국무역상무학회, 2002, 79면.

125) eUCP Article e5-d.

126) UCP 600, Article 16.

127) 한국 전자서명법(제2조 6)에서 “인증이라 함은 전자서명생성정보가 가입자에게 유일하게 속한다는 사실을 확인하고 이를 증명하는 행위를 말한다”라고 정의되고 있고, 미국 통일컴퓨터정보거래법(Uniform Computer Information Transactions Act: UCITA Section 102-(6))에서는 “인증이라 함은 기록에 서명할 의향으로 그러한 기록을 언급하거나, 첨부하거나, 내용에 포함시키거나 또는 논리적으로 결합되어 있는 전자적 상징, 음성, 통신 또는 과정을 이행하거나 채택하는 것을 의미한다”고 정의되고 있다.

신자의 신원을 확인하는 것으로 일반적으로 폐쇄형 네트워크에서는 사용자 이름(user name)과 패스워드(password)를 이용하지만, 개방형 네트워크에서는 사전에 사용자의 데이터베이스가 없으므로 제3자, 즉 인증기관(certificate authority)을 개입시킴으로서 본인의 진정성을 확인(certification)하게 된다.

5. 전자기록의 심사 및 거절통지

전자기록의 심사(examination)와 관련하여 eUCP에서는 전자기록이 외부의 시스템에 하이퍼링크(hyperlink)를 포함하거나 또는 전자기록이 외부시스템을 참조하여 심사되어질 수 있다는 것을 명시하는 경우 하이퍼링크에 있는 전자기록 또는 관련시스템은 심사가 이루어진 전자기록으로 간주되고 지시된 시스템으로의 접근실패는 불일치(discrepancy)를 구성하는 것으로 규정하고 있다.[128)]

이와 같이 eUCP의 전자적 제시에서 외부자원(external sources)의 이용은 종이문서 제시체계로부터의 현저한 진전이라고 할 수 있다. 그러나 UCP 600에서는 "...수익자는 어떠한 경우에도 은행 상호간 또는 발행의뢰인과 발행은행 간에 존재하는 계약관계를 원용할 수 없다. 발행은행은 신용장의 구성요소 부분으로서, 근거계약의 사본, 견적송장 및 기타 유사한 것을 포함시키고자 하는 모든 시도를 제지하여야 한다"라고 규정하여[129)] 근거계약의 내용 등 외부자원의 이용은 신용장 독립성과 위배됨을 강조하고 있다.

eUCP 신용장은 전자기록이 제시되는 형식(format)을 반드시 명시하도록 하고 있으나[130)] 접근가능한 형식이 명시되지 아니한 경우에는 제시된 형식에서 전자기록을 심사함에 있어 은행의 불능(inability)은 전자기록의 거절을 위한 근거가 되지 아니한다고 규정하고 있다.[131)] 이 조항은 신용장에 요구되어지는 형식에 대하여 사전에 충분히 고려되어야 하는 점을 강조하고 있다 할 것이다.

한편, 거절통지(notice of refusal)와 관련하여 eUCP에서는 서류심사를 위한 기간은 수익자의 완료통지가 수신된 은행영업일(banking day)의 다음날 은행영업일에 개시되며 서류의 제시 또는 완료통지를 위한 기간이 연장된 경우, 서류심사 기간은 제시가 이루어지거나 완료통지를 수신한 은행의 다음 첫 은행영업일에 개시된다고 하여[132)] 서류심사의 기간 개시시기를 분명하게 규정하고 있다. eUCP에서는 서류심사기간에 대하여 별

128) eUCP Article e6-a.
129) UCP 600, Article 4-a~b.
130) eUCP Article e4.
131) eUCP Article e6-c.
132) eUCP Article e7-a.

도의 규정이 없으나 UCP 600의 서류심사기간에서와 같이 서류제시의 다음날부터 최대 제5은행영업일을 가지는 규정을[133] 준용하여야 할 것이다.

또한 전자기록의 처분을 위하여 거절통지일자로부터 30일 이내 발신된 거절통지의 당사자로부터 지시를 수신하지 아니한 경우, 은행은 이전에 제시인에게 반송하지 아니한 모든 종이문서의 반송 및 적절한 방법으로 전자기록을 처분할 수 있다.[134]

Ⅲ. 전자적 제시 활용 및 적용상의 문제점

1. 전자적 제시를 위한 당사자의 수용능력

전자적 제시를 위하여 전자문서를 이용하기로 하였을 때 제일 먼저 고려하여야 할 주요 사항으로 신용장 발행 전 신용장거래에 참여하는 당사자의 능력 및 거래당사자간의 합의여부이다.

능력은 전자문서의 발행, 송신, 수신 과정을 포함하는 시스템 여건, 제시나 인증에 참여하는 매매당사자를 포함한 거래당사자들의 능력 및 전자문서를 발행하는 운송인, 보험증권을 발행하는 보험자와 같은 발행인의 수용능력이 요구된다.[135]

eUCP 신용장 거래는 당사자간의 약정에 기초하여 전자적 제시가 이루어져야 하지만 eUCP 신용장거래에 참여하는 당사자들이 전자적 제시와 관련하여 국제간에 시스템을 운용하고 감독할 능력이 있으며 또한 이러한 기능을 원활하게 수행할 수 있는지 여부에 대한 당사자들의 수용능력에는 다소 의문의 여지가 있다.

2. 전자적 제시에 대한 당사자간의 사전약정의 부재

거래당사자간의 합의는 보다 근원적으로는 발행의뢰인(매수인)과 수익자(매도인)간에 매매계약시 대금지급수단을 eUCP 신용장을 활용하기로 매매계약을 체결하는 것이다. 계약조건은 제시되는 전자기록(전자문서)의 내용, 자료의 형식 및 인증 방법 등을 고려한 전자적 제시방법에 의한 결제가 이루어지는 것으로 합의되어야 한다.

또한 전형적인 화환신용장 거래에서와 같이 신용장거래당사자간, 즉 (1) 발행의뢰인과 발행은행간의 약정, (2) 발행은행과 지정은행간의 약정, (3) 수익자와 지정은행(매

---

133) UCP 600, Article 14-b.

134) eUCP Article e7-b.

135) ABN-AMRO, eUCP: Answers to Frequently Asked Questions 9; https://www.maxtrad.com/pdf/articles/eucp_faqs_ abnamro.pdf.

입은행)간의 독립된 거래로서의 약정을 통하여[136] 종이기반에 의한 신용장거래가 이루어진 것처럼 eUCP 전자신용장거래에서도 전자적으로 신용장의 발행, 통지, 제시, 매입 및 지급이행과 관련된 의무에 대하여 신용장거래당사자간 미리 약정하여야 한다.

이와 같이 매매당사자간 또는 은행 및 신뢰성 있는 당사자간에 전자적 제시를 위한 eUCP 신용장거래를 위한 근거계약의 부재는 eUCP에 의한 전자신용장을 원천적으로 활용할 수 없는 문제가 된다.

3. 전자기록 형식의 인식 불능에 따른 결제의 지연

전자적 제시를 위해서는 eUCP의 준거문언과 적용버전, 제시되는 전자기록, 즉 전자결제를 위한 제시문서의 종류, 문서 형식(format) 등을 약정하고, 전자적 제시에 따른 당사자간의 통지의무 등을 준수하여야 한다. 그러나 현재의 종이문서를 모두 합의된 전자기록의 형식으로 인터넷상에서 거래당사자간 구현할 경우 국제매매당사자간의 약정, 신뢰성 있는 제3자와의 약정 등의 합의가 선행되어야 하지만 이를 소홀히 하고 있는 문제점이 있다.

또한 하이퍼링크에 의한 제시 등 인식불능으로 인한 전자기록에의 접근실패는 전자기록의 심사에 대한 기술적, 안전성 문제로 인하여 결제가 지연되게 되고 신용장 유효기일이 경과될 가능성도 있어 eUCP 신용장 사용을 회피할 가능성이 있다.

4. 하이퍼링크에 의한 심사시의 신용장 독립성원칙의 훼손가능성

eUCP 신용장 하에서 은행은 전자기록을 심사하기 위하여 명시된 외부자원에 접근할 수 있기 때문에, 수익자는 그 위치와 필요한 접근 코드 또는 키에 대한 정확한 정보를 제공하여야 한다. 심사시점에 요구된 전자기록에 대하여 지시된 시스템으로의 접근실패는 불일치를 구성한다. 접근실패는 운영을 위한 외부시스템의 접근실패 또는 은행이 요구된 자료에 접근을 허용하는 운영시스템의 거절에서 야기된다.[137] eUCP는 부적절하게 제공하는 키가 불일치를 구성한다는 것을 구체적으로 언급하지 아니하고 있다. 이러한 실패의 주장은 신중히 고려되어져야 하는 불일치로써 입증문제가 쟁점이 될 수 있다.

---

136) In re Graham Square, Inc., 126 F.3d 823, 33 U.C.C. Rep. Serv. 2d.(CBC) 883, 1997 FED App. 289P(6th Cir. 1997).

137) James E. Byrne and Dan Taylor, *op. cit.*, 104; 이와 같은 실패는 은행지체시스템의 불능에 기인한 것이 아니어야 한다.

5. 서류심사를 위한 완료통지 및 심사불능

eUCP 신용장에 의하여 요구되는 형식의 전자기록 또는 아무런 형식이 요구되지 아니한 경우 제시된 형식에서 전자기록을 심사함에 있어 발행은행(Issuing Bank), 확인은행(Confirming Bank)(있을 경우)의 불능(inability)은 거절을 위한 근거가 되지 아니하는 것으로 규정하고 있다.138)

eUCP 신용장에서 요구하는 서류제시가 모두 이루어졌다는 수익자의 완료통지는 직접 제시하지 아니한 전자기록 등을 모두 확인하여 완료통지 하여야 하는 번잡성과 착오가능성으로 인하여 적기에 결제 받지 못할 가능성이 내재되어 있다. 따라서 전자기록의 심사기준은 종이기반 신용장거래에서와 같이 매우 중요한 영역이지만 eUCP에서는 새로운 환경에서의 구체적인 심사기준이 마련되지 아니한 문제가 있다.

6. 전자상거래법과 신용장관행과의 조화문제

신용장은 전통적으로 종이문서에 의하여 UCP를 준거로 발전되어 왔고 거래당사자들은 종이문서 제시에 익숙하여져 있다. 따라서 신용장거래 당사자들은 eUCP 신용장에서 전자적 제시에 의한 무서류거래가 과연 가장 적절한 결제방법인가라는 의문이 제기될 수 있다.

특히 전자상거래에서는 기술적 또는 법적으로 안정성과 신뢰성이 제공되어야 한다. eUCP는 법은 아니지만 UCP 600와는 다르게 전자서명이나 인증의 안전성 확보 영역과 같이 전자상거래법과 많은 연관성을 가지고 있다. eUCP는 UCP에 의한 종이기반 서류의 제시와 같이 병행 개발되었지만 이와 같은 요구조건들은 eUCP 신용장 사용자들에게 전자상거래법, 국제관행 및 국내법과의 조화에 따른 갭을 어떻게 메우고 신용장의 이해당사자들을 얼마나 만족시킬 수 있는지 여부가 의문시 된다.

Ⅳ. 전자적 제시 활성화를 통한 eUCP 신용장 관행의 정착과제

첫째, 현재의 스위프트 시스템의 네트워크를 금융기관 외에 무역업자, 운송인, 보험자, 검사기관, 전자기록 또는 전자문서 발급기관, 인증기관 등 신뢰성 있는 제3자에게 확대하여 일관된 전자적 전송시스템을 구축하여 전자적 제시 및 심사 관련 프로세스를 수용할 수 있는 능력을 갖추어야 한다.

138) eUCP Article e6-c.

둘째, eUCP 신용장에 의한 결제와 관련하여 거래당사자간의 근거계약(근거거래약정)을 체결하여야 한다. 전자무역거래에서 전자적 제시에 의한 eUCP 신용장을 이용할 경우 우선적으로 매매당사자는 매매계약시에 대금결제 방식을 eUCP 신용장 방식으로 약정하고 eUCP의 적용 버전(version), 전자적 제시에 대한 전자문서 및 전자기록의 종류, 형식(format), 인증 그리고 당사자간의 통지의무 등에 관하여 약정하여야 한다.

셋째, eUCP 신용장 하에서 전자적 제시와 관련하여 전자기록의 인증 및 디지털서명의 요건을 일치시키기 위한 일환으로 상환약정(reimbursement agreement)을 보다 안전하게 하기 위한 재검토가 필요하다. 전자적 제시 환경에서는 새롭게 생성되는 위험을 예방하는 것이 중요시된다. 이를 위하여 은행들은 전자기록의 제시에 관련된 위험 및 사기(fraud)에 대비하여야 한다.

넷째, 자동화된 일치성 점검을 수행하기 위하여 모든 서류에 요구되는 발전된 표준들이 지속적으로 개발되어야 한다. 이러한 표준들은 거래의 모든 당사자에 의하여 합의되어지고 이용되어져야 한다. 각각의 표준화 및 계획들을 허용하기 위하여 존재하는 기술 및 표준들을 발전시켜야 한다. 또한 종이문서 방식을 전자문서로 대체하기 위한 시스템구축 비용과 멤버쉽 및 거래처리비용 문제의 검토, 시스템 보안 및 법률적 측면에서의 안전성, 안정적이고 범용적인 문서형식의 개발이 필요하다.

Ⅴ. 결 론

eUCP가 제정된 지 여러 해가 경과되고 있으나 아직까지 eUCP 신용장이 정착되지 못하고 있는 실정이다. 전자적 제시를 통한 eUCP 신용장의 활용 증대를 위하여 eUCP를 적용상에 발생되는 문제점들을 검토한 다음과 같이 요약할 수 있다.

첫째, 전자적 제시와 관련하여 eUCP 신용장거래에 참여하는 은행의 eUCP 프로세스에 대한 준비 및 고객에 대한 안내 등 적극적 노력이 미흡하고 운송인, 보험자, 검사기관, 인증기관 상호간 또한 국제간에 시스템 연계 운용 등 수용능력상의 한계가 있다.

둘째, 매매당사자간의 eUCP 신용장 거래 약정 또한 은행 및 신뢰성 있는 당사자간에 eUCP 신용장거래를 위한 근거계약(underlying contract)의 부재로 인하여 eUCP 신용장을 원천적으로 이용할 수 없는 문제가 있다.

셋째, 전자기록의 형식 및 하이퍼링크(hyperlink)에 의한 전자적 제시에 있어 인식불능으로 인하여 결제가 지연되고 나중에는 신용장 유효기일이 경과될 가능성이 있어 eUCP 신용장 사용을 기피할 가능성이 있다.

넷째, 신용장의 전자기록에 대한 일치성을 점검하기 위하여 하이퍼링크에 의한 외부자원을 통한 전자적 제시에 대한 일치성 여부 심사가 신용장의 독립성 원칙을 훼손할 가능성이 있다.

다섯째, 전자기록의 인증을 위하여 국제적인 표준 및 상호연동 및 호환성을 확보하는 국제상호간 공인인증체계가 미성숙되어 있다.

여섯째, 제시된 형식에서 전자기록을 심사함에 있어 은행의 불능(inability)은 거절을 위한 근거가 되지 아니하는 것으로 규정하고 있으나 불능의 내용이나 범위를 설정하고 있지 않다.

일곱째, eUCP에 의한 수익자의 완료통지의 번잡성과 오류가능성으로 인하여 적기에 결제 받지 못할 가능성이 내재되어 있다.

따라서 위와 같은 문제점 검토 결과 전자적 제시 활성화를 통한 eUCP 신용장 관행의 정착과제는 eUCP 신용장거래에 참여하는 모든 당사자의 수용능력구비, 발행은행과 지정은행 및 발행의뢰인 또는 수익자 등과의 근거거래 약정체결, 전자기록 인증의 안전성 확보, 범용적인 전자기록 또는 문서형식의 개발, 전자기록의 국제간 상호인증시스템 구축에 의한 저변확대 및 전자상거래법과 신용장 관행과의 조화 등을 고려한 보다 실제적인 eUCP 규정 보완이 요구된다.

제 5 편 전자무역(추록)

| 기출문제 |

01. UCP와 eUCP의 관계를 설명하시오. (2002 관세사, 10점)

02. 운송을 증명하는 서류가 전자기록(Electronic Record)의 형태로 제시되는 eUCP 신용장거래에서 당해 전자기록 운송증권의 전통(Full Set)의 요건 및 발급일과 선적일의 판단기준에 대하여 eUCP규정을 토대로 설명하시오. (2006 관세사, 10점)

| 연구문제 |

01. “국제계약에서 전자통신의 사용에 관한 유엔 협약”의 적용범위 및 적용배제에 대하여 설명하시오.

02. “국제계약에서 전자통신의 사용에 관한 유엔 협약”에서 전자통신의 송신과 수신의 시기 및 장소에 대하여 설명하시오.

03. Bolero Electronic Bill of Lading의 유통성 모델을 설명하고 전자적 제시를 위한 전자운송서류(기록) 사용 활성화를 위한 대책에 대하여 설명하시오.

04. eUCP에 따른 전자기록의 형식, 제시, 심사 및 거절통지에 대하여 설명하시오.

05. eUCP에서 규정하고 있는 전자기록(electronic record)의 의미는 무엇이며 eUCP 신용장의 전자기록의 원본 및 사본의 충족요건 및 운송을 명시하는 전자기록의 요건에 대하여 설명하시오.

06. eUCP 신용장에 따른 전자기록 제시 이후 전자기록 변형에 따른 재제시 가능성 및 효과에 대하여 설명하시오.

07. “국제지급이체에 관한 표준법(Model Law)”의 적용범위 및 거래당사자의 의무에 대하여 설명하시오.

| 참고문헌 |

1. 한국문헌

강원진, 「전자결제시스템」, 삼영사, 2000.

______, 「최신 국제상무론」, 두남, 2013.

______, "국제전자결제를 위한 SWIFT 전송신용장의 활용과 과제", 「무역학회지」, 제62권 제3호, 한국무역학회, 2001.

______, "전자무역거래 활성화를 위한 전자결제시스템의 요건과 과제", 「국제상학」 제17권 제3호, 한국국제상학회, 2002.

______, "전자적제시를 위한 UCP500의 추록(eUCP)에 관한 고찰", 「국제상학」 제17권 1호, 한국국제상학회, 2002.

______, "eUCP 제정 이후 전자적 제시 적용상의 문제점에 관한 연구", 「국제상학」 제23권 제2호, 한국국제상학회, 2008.

강원진·이양기, 「최신 국제상거래론」, 박영사, 2014.

강원진·김동윤, "국제계약에서 전자통신의 사용에 관한 유엔협약의 적용범위에 관한 고찰", 「국제상학」, 제22권 제3호, 한국국제상학회, 2007.

김기선, "eUCP의 본질적 함의와 조항해석적용의 괴리조정: 법해석학적 접근", 「무역상무연구」, 제18권, 한국무역상무학회, 2002.

김시홍, "국제 B2B 결제·인증 네트워크 확산과 은행권의 대응과제", 「조사연구자료」 2002-3-02, 금융결제원 2002.

손진화, 「전자금융거래법」, 제2판, 법문사, 2008.

오세창, "국제 전자계약에 관한 유엔 예비협약초안의 제정현황과 과제", 「국제상학」, 제19권 제3호, 한국국제상학회, 2004.

______, "유엔 전자계약 예비초안의 적용범위와 총칙규정의 심의내용에 관한 연구", 「국제상학」, 제18권 제4호, 한국국제상학회, 2003

______, "전자계약 예비협약초안에 대한 개정방향의 문제점과 대안", 「국제상학」 제18권 제2호, 한국국제상학회, 2003. 6.

오원석, "국제전자계약준비초안의 적용범위에 관한 비교 연구", 「통상정보연구」 제4권 제2호, 한국통상정보학회, 2002.

오원석, 안병수, "Identrus를 통한 전자식 무역결제의 활성화에 관한 연구", 「무역상무연구」 제19권, 한국무역상무학회, 2003.

이창숙·강원진, "신용장거래에서 전자기록의 심사에 따른 문제점에 관한 고찰: e-Nego 시스템과 전자선화증권을 중심으로", 「통상정보연구」, 제12권 제2호, 한국통상정보학회, 2010.

정경영, 「전자금융거래와 법」, 박영사, 2007.

정완용, 「전자상거래법」, 법영사, 2002.

최명국, "전자선화증권에 관한 CMI 규칙의 재조명", 「무역상무연구」, 제54권, 한국무역상무학회, 2012.

최석범, "글로벌전자무역시대에서의 전자신용장의 본질과 문제점에 관한 연구", 「무역학회지」, 제25권 제4호, 한국무역학회, 2000.

_____, "전자선화증권의 제도적 모델 사례분석과 시사점", 「전자무역연구」, 제10권 1호, 중앙대 전자무역연구소, 2012

최한별·최석범, "한국 전자선화증권 등록기관 지정제도에 관한 연구", 「통상정보연구」 제16권 1호, 한국통상정보학회, 2014년

2. 구미문헌

Barnes James G. and Byrne James E., "E-Commerce and Letter of Credit Law and Practice", *Symposium on Borderless Electronic Commerce*, American Bar Association, 2001.

Boss Amelia H. and Winn Jane Kaufman, "The Emerging Law of Electronic Commerce", *Business Lawyer*, Vol. No. 52, August 1997.

Bolero.net, *eUCP XML Guide*, 2002.

Bolero Rulebook, First Edition, September, 1999.

Burnett Robin, "Bolero and Bolero Electronic Bill of Lading", *Law of International Business Transactions*, Federation Press, 1999.

Burnett Robin "International Carriage of Goods-Electronic Bills of Lading", *Law of International Business Transactions*, 2nd editions, 2001.

Byrne James E., "The Four Stages in the Electrification of Letters of Credit", Vol. 3, Issue 2 *Geo. Mason J. Int'l Com. L.*, George Mason University, Spring 2012.

Byrne James and Taylor Dan, *ICC Guide to the eUCP*, ICC Publication No.639, ICC Publishing S. A., 2002.

Cronican William Patrick, "Electronic Letters of Credit and the Need for Default Rules", *45 McGeorge L. Rev.* 383, University of the Pacific, McGeorge School of Law, 2013.

Dubovec Marek, "The Problems and Possibilities for Using Electronic Bills of Ladingas Collateral", *Arizona Journal of International and Comparative Law*, Vol. 23, University of Arizona, 2006,

Fletcher Clyde, "The Bankers' Role in Electronic Trade Documentation-Are Bankers Doing

Enough? A Trader's Perspective", Documentary Credit World, Vol. 7, No. 4, April 2003.

Gillette Clayton P., *Negotiable Instruments and Payment Systems*, Emanuel Publishing Corporation, 1997.

ICC, *General Usage for International Digitally Ensured Commerce*: GUIGE, 1997.

ICC, *Supplement to UCP 500 for Electronic Presentation*: *eUCP*, ICC Publication No. 500/2-500/3, 2002

Emmanuel T. Laryea, "Payment for Paperless Trade: Are There Viable Alternatives to the Documentary Credit?", *Law and Policy in International Business*, Vol. 33, No. 3, Fall 2001.

Kozolchyk Boris, "The Paperless Letter of Credit and Related Documents of Title", *Law and Contemporary Problem*, Vol. 55, No. 3, Duke University Summer 1992.

Lacoursiere Marc, "Designing an Electronic Documentary Credit for Small and Medium-Size Enterprises", *Banking & Finance Law Review*, Vol. 18, 2002-2003.

Laryea Emmanuel T., "Paperless Shipping Documents: An Australian Perspective", *Tulane Maritime Law Journal*, Vol. 25, Winter 2000.

Mann Ronald J., *Payment Systems and Other Financial Transactions*, Aspen law Business, Aspen Publishers, Inc., 1999.

Martin Charles H., "The UNCITRAL Electronic Contracts Convention: Will It Be Used or Avoided?", *Pace International Law Review*, Paper 229, 2005.

O'Mahony Donal, Peirce Michael and Tewari Hitesh, *Electronic Payment Systems*, Artech House, Inc., 1997.

Polanski Paul Przemyslaw, "International electronic contracting in the newest UN Convention", *Journal of International Commercial Law and Technology Vol.2*, Warsaw University, 2007.

Rosenblith Robert M., "Current Development in Letters of Credit Law", *Uniform Commercial Law Journal*, Vol. 21, Fall, 1988.

Slowther, Valerie, "The importance of the new ICC Rules for Electronic Trade and Settlement", *Documentary Credits Insight*, Vol. 5 No. 1, Winter 1999.

UNCITRAL, *Explanatory Note by the UNCITRAL Secretariat on the Model Law on International Credit Transfers*, 1994.

UNCITRAL, *ICC Guide to Electronic Contracting, United Nations*, A/CN.9/WG.IV/WP.113, August 2004.

Walden Ianand Savage Nigel, "The Legal Problems of paperless Transactions", *The Journal of*

Business Law, Stevens & Sons Ltd., March 1989.

Whitaker R. David, "Electronic Documentary Credits", Business Lawyer, August, 1991.

Winn Jane Kaufman, "Clash of the Titans: Regulating the Competition between and Emerging Electronic Payment Systems", *Berkely Technology Law Journal*, Vo. 14, Spring 1999.

Worthy John and Morrison Charles, "Entering the Digital Age with the eUCP", *Trade and Forfaiting Review*, April 2002.

3. 전자무역규범

CMI Rules for Electronic Bills of Lading, 1990.

ICC, Supplement to UCP 500 for Electronic Presentation: eUCP, ICC Publication No. 500/2-500/3, 2002.

ICC, Supplement to the Uniform Customs and Practice for Documentary Credits for Electronic Presentation ("eUCP") Version 1.1, 2007.

UNCITRAL Model Law on Electronic Commerce, 1996.

UNCITRAL Model Law on Electronic Signatures, 2001.

UNCITRAL Model Law on International Credit Transfers, 1992.

United Nations Convention on the Use of Electronic Communications in International Contracts, 2005.

PART 06

무역거래분쟁의 해결

[논술문제와 답안]

Chapter 14 무역거래분쟁과 상사중재

Chapter 14

무역거래분쟁과 상사중재

제1절 무역거래분쟁의 해결방법

문제 6-01 무역거래 분쟁의 해결방법에 대하여 설명하시오.

답안 6-01

〈목차 구성〉

Ⅰ. 서　론

전통적으로 사법(私法)상의 분쟁은 대부분 법원의 판결에 의존하여 왔다. 그러나 국내외의 크고 작은 상거래분쟁들은 법원의 소송제도만으로 해결하는 데는 한계가 있다. 따라서 선진국에서는 이미 오래 전부터 상거래상의 분쟁을 보다 편리하고 경제적으로 신속하게 해결할 수 있는 중재제도를 발전시켜 왔다.

한국은 1966년 3월 16일 중재법이 제정되었고 1966년 3월 22일 대한상사중재원이 설립되어 독립된 상설중재기관으로서 국내외 무역거래분쟁을 해결하고 있다.

무역거래분쟁을 해결하기 위하여 선택할 수 있는 방법에는 일반적으로 클레임포기(waiver of claim)나 단순경고(warning)에 의한 일방적 결정, 쌍방의 협의나 교섭을 통한 타협, 제3자를 개입에 의한 소송외 분쟁해결(alternative dispute resolution: ADR)[1]이나 소송(litigation)에 의한방법이 있다.

무역거래분쟁의 해결은 일방이 클레임 제기를 포기하거나 당사자간 타협으로 원만하게 해결하는 것이 바람직하지만, 만일 당사자간 주장이 첨예하게 대립되게 되면 알선, 조정 및 중재에 의한 ADR을 이용하거나 심지어는 소송에 의해 분쟁을 해결해야 하는 경우도 있다.

이하에서는 무역거래분쟁을 제3자 개입에 의하여 해결할 경우, 가장 이상적인 소송외적 분쟁해결 방법인 타협, 알선, 조정, 중재와 또는 소송에 의한 분쟁해결 방법에 대하여 살펴보고자 한다.

Ⅱ. 무역거래 분쟁의 해결방법

1. 타협에 의한 해결

타협(compromise), 즉 화해는 당사자가 사적 분쟁을 자주적으로 해결하는 전형적인 방법이다. 이는 분쟁을 제3자 개입 없이 우의적으로 당사자간에 해결할 수 있는 가장 간편하고 경제적인 방법이다.

화해에는 재판외 화해와 재판상 화해가 있다. 전자는 당사자간의 교섭에 의하여 법원 외에서 이루어지며 민법상의 화해계약으로 법원이 관여하지 않음으로 당사자간의 순수한 자주적 분쟁해결방법이라 할 수 있으며, 상거래분쟁의 화해는 대부분 여기에 해당된다. 이러한 화해계약은 집행력이 없으므로 당사자가 이를 이행하지 않을 경우, 이행을 소송으로 청구하게 된다. 후자는 법원의 중개에 의하여 이루어지는 사법적 해결방법으로 이러한 소송상의 화해는 소송 중에 있는 소송물인 권리관계의 주장을 양당사자가 상호 양보하여 소송을 종료시키기로 하는 합의로서 화해가 성립하면 그 해결내용은 조서에 기재되어 확정판결과 동일한 효력을 가지게 된다.

1) 대체분쟁해결방법이라고도 한다.

2. 알선에 의한 해결

알선(mediation)은 공정한 제3자가 분쟁당사자의 일방 또는 쌍방의 의뢰에 의하여 개입하여 분쟁을 원만하게 해결하여 주는 것이다. 분쟁해결을 위해서는 당사자와 이해관계가 없는 중립적인 제3자가 개입하여 조언과 타협권유를 통하여 합의를 유도하는 것이다. 알선은 분쟁해결안을 제시하는데 있어서 당사자 자신의 방안 제시에 비중을 두며 당사자간의 의견 차이를 줄이는데 중점을 두고 있다.

알선은 분쟁당사자간의 자발적인 합의를 통하여 해결되도록 하기 때문에 법률적인 구속력은 없으나 당사자간의 비밀을 보장하고 거래관계를 지속시킬 수 있는 장점이 있으며, 알선에 임하는 제3자적 기관(예컨대, 한국의 대한상사중재원)이 당사자에게 중립적이면서 신뢰성 등의 영향력으로 성공하는 경우가 많다. 이와 같이 알선은 조정과 매우 유사하나 구조면에서 조정보다 비형식적 성격을 가지며, 알선은 특별한 절차 없이도 가능하며 제3자가 분쟁당사자간에 개입하면서도 경제적으로 분쟁을 해결할 수 있는 방법이라고 할 수 있다.

3. 조정에 의한 해결

조정(conciliation)은 분쟁의 양당사자가 공정한 제3자를 조정인으로 선정하고 조정인이 제시하는 구체적 해결안(조정안)에 합의함으로써 분쟁을 해결하는 방법이다. 조정은 양당사자의 합의에 의하여 이용가능하고 조정인이 조정안을 제시한다는 점에서 일방당사자의 의사만으로 신청가능하고 양당사자가 합의에 이르도록 협조하는 알선과는 구별된다.

오늘날 조정은 대부분 국가기관이 제도적으로 행하는 경우가 많으며, 조정인에 의하여 제시된 조정안에 대해 당사자에게 수락의무가 없으므로 일방이 조정안에 대하여 불만을 표시하면 실패하게 되므로 불완전한 해결방법이라 할 수 있다.

조정제도의 장점은 간단한 절차와 적은 비용으로 분쟁관계인의 합의에 의하여 원만하게 분쟁을 해결하는데 있으며, 한국의 경우 당사자간에 합의된 내용을 조서에 기재함으로써 조정이 성립하며 재판상 화해와 동일한 효력을 가진다.

표 6-1 ADR의 상호비교

구 분	화해(타협)	알 선	조 정	중 재
법적 구속력	없거나 있음	없 음	없거나 있음	있 음
해결자	당사자	중재원 직원	조정판사 조정위원(조정인)	중재인
결정형태	타협안	주장 사실 또는 입장 교환	조정권고안	중재판정
절 차	당사자 결정	중재원 내규	조정규칙	중재규칙

4. 중재 또는 소송에 의한 해결

중재(arbitration)란 당사자 간의 합의로 사법상의 분쟁을 법원의 판결에 의하지 아니하고 중재인의 판정에 의하여 해결하는 방법을 말한다. 이는 양당사자가 공정한 제3자를 중재인으로 선임하여 그 중재인의 판정에 복종함으로써 분쟁을 최종적으로 해결하는 방법이다. 따라서 중재의 근거는 분쟁당사자가 분쟁의 해결을 독립된 중재인에게 부탁할 것에 동의하는 것이다.

중재는 조정과 같이 제3자가 분쟁당사자간에 개입하는 것이나 조정의 경우 제3자의 판단인 조정안의 수락여부를 당사자의 자유의지에 맡기고 있는데 비하여 중재의 경우 제3자의 판단인 중재판정을 당사자가 거부할 수 없고 그 결과에 구속된다는 점에서 조정과는 다르다. 중재는 강제성이 있다는 점에서 소송과 유사하며 중재판정이라 하기도 한다. 중재제도는 국내상거래분쟁, 무역거래분쟁 및 여타 상거래분쟁의 해결방법으로 유용성이 크기 때문에 국내외적으로 널리 이용되고 있다.

한편 소송(litigation)은 국가기관인 법원의 판결에 의하여 분쟁을 강제적으로 해결하는 방법이다. 이는 법에 의하여 정의를 실현하려는 목적을 가지고 분쟁을 해결하려는 제도로서 민사소송 방법에 의한다. 민사소송은 분쟁의 일반당사자인 원고가 관할권 있는 법원에 소송을 제기함으로써 시작된다. 민사소송은 분쟁의 해결안에 대한 거부의 자유가 최종적 단계에 당사자에게 인정되는 화해나 조정과는 다르다. 민사소송상의 화해가 이루어지면 법원은 작성된 화해조서를 당사자에게 송달하여 주게 되는데, 이는 확정판결문과 동일한 효력이 있다.

일반적으로 민사소송은 절차의 엄격성과 판사와 변호사 등에 의한 소송수행이라는 경직성 등이 있으며 소송당사자간에 분쟁이 해결되더라도 이후의 거래관계가 단절하게 되는 경우가 많고 하급심의 판결에 불복하여 최고심의 판결을 구하게 될 경우 그에 따른 비용과 시간이 많이 필요하다. 특히 국제상거래에서는 상대방이 법역을 달리하기 때문에 일반적으로 재판권이 상대국에 미치지 못하거나 강제집행이 어렵다는 한계가 있다.[2)]

Ⅲ. 결　론

무역거래에서는 거래당사자간에 클레임이 일어나지 않도록 예방을 하는 것이 최선의 방법이라 할 수 있겠으나 종종 경미한 하자나 구실을 핑계로 가격인하 등을 요구하는 마켓클레임(market claim)을 제기하는 사례도 있다. 이러한 점에서 클레임은 Schmitthoff가 "무역거래에 있어서 질병"(disease in trade)이라고 지적한 바와 같이 무역거래자는 크고 작은 무역거래분쟁에 대비하여야 한다.

만일 무역거래에서 분쟁이 야기되어 분쟁을 해결하기 위한 방법은 타협, 알선, 조정, 중재 또는 소송에 의한 방법이 있으나 타협에 의하여 해결하는 것이 시간과 비용을 줄일 수 있고 향후의 거래관계 유지에도 도움이 될 것이다.

그러나 타협이 이루어지지 못할 경우에는 소송이 아닌 소송외 분쟁해결(ADR) 방법에 의하여 해결하는 것이 신속하고 보다 경제적이면서 효율적으로 분쟁을 해결하는 방법이라고 할 수 있다. 특히 거래당사자는 계약서상에 무역거래에 따라 발생하는 분쟁의 해결방법은 중재에 의한다는 중재합의가 필요하다.

제 2 절 상사중재제도의 유용성

문제 6-02 상사중재의 대상과 상사중재제도의 유용성에 대하여 설명하시오.

답안 6-02

〈목차 구성〉

Ⅰ. 서　론	Ⅲ. 상사중재제도의 유용성
Ⅱ. 상사중재의 대상	Ⅳ. 결　론

2) 강원진, 「최신 국제상무론」, 두남, 2014, 527~529면.

Ⅰ. 서　론

중재(arbitration)란 사법(私法)상의 분쟁을 법원의 판결에 의하지 아니하고, 당사자간의 합의로 사인(私人)인 제3자, 즉 중재인(arbitrator)에게 부탁(refer)하여 구속력이 있는 판정(award)을 구함으로써 최종적인 해결을 기하는 방법을 말한다.

한국의 중재법은 "이 법은 중재에 의하여 사법상의 분쟁을 적정·공평·신속하게 해결함을 목적으로 한다"[3]고 규정하고 있다. 상사중재(commercial arbitration)란 상행위로 인하여 발생되는 법률관계에 관한 중재를 말하며, 상거래 당사자들이 사법상의 분쟁을 쌍방의 합의에 의하여 법원에 소송을 제기하는 대신에 중재인에게 그 해결을 부탁하는 방법이다.

상사중재는 분쟁을 최종적으로 심판한다는 점에서는 법원의 재판과 맥을 같이 하지만 당사자자치원칙에 입각하여 분쟁의 해결을 제3자, 즉 중재인에게 맡기고 그 결정에 복종한다는 당사자간의 합의가 있어야 한다는 점에서 소송과 차이가 있다.

상사중재의 대상은 단순히 물품매매에만 국한하지 않고 상행위 전반에서 발생되는 것을 대상으로 한다. 이하에서는 상사중재 대상이 되는 상행위를 검토하고 상사중재를 이용하여 국제무역거래분쟁을 해결할 경우 그 유용성에 다하여 살펴보고자 한다.

Ⅱ. 상사중재의 대상

상사중재(commercial arbitration)는 상행위로 인하여 발생되는 법률관계에 관한 중재임으로 다음과 같은 상행위는 대하여 상사중재의 대상이 된다. 한국 상법 제46조는(기본적 상행위)에 대하여 "영업으로 하는 다음의 행위를 상행위라 한다. 그러나 오로지 임금을 받을 목적으로 물건을 제조하거나 노무에 종사하는 자의 행위는 그러하지 아니하다"라고 규정하고 있다.

(1) 동산, 부동산, 유가증권 기타의 재산의 매매
(2) 동산, 부동산, 유가증권 기타의 재산의 임대차
(3) 제조, 가공 또는 수선에 관한 행위
(4) 전기, 전파, 가스 또는 물의 공급에 관한 행위
(5) 작업 또는 노무의 도급의 인수
(6) 출판, 인쇄 또는 촬영에 관한 행위

3) 한국 중재법 제1조.

(7) 광고, 통신 또는 정보에 관한 행위
(8) 수신·여신·환 기타의 금융거래
(9) 공중(公衆)이 이용하는 시설에 의한 거래
(10) 상행위의 대리의 인수
(11) 중개에 관한 행위
(12) 위탁매매 기타의 주선에 관한 행위
(13) 운송의 인수
(14) 임치의 인수
(15) 신탁의 인수
(16) 상호부금 기타 이와 유사한 행위
(17) 보험
(18) 광물 또는 토석의 채취에 관한 행위
(19) 기계, 시설, 그 밖의 재산의 금융리스에 관한 행위
(20) 상호·상표 등의 사용허락에 의한 영업에 관한 행위
(21) 영업상 채권의 매입·회수 등에 관한 행위
(22) 신용카드, 전자화폐 등을 이용한 지급결제 업무의 인수

그러나 당사자가 자유로이 처분할 수 없는 형사사건, 소송사건, 가사심판사건 및 강제집행사건 등의 법률관계에 관해서는 상사중재 대상이 되지 않는다.

Ⅲ. 상사중재제도의 유용성

상사중재는 소송과 비교하여 볼 때 다음과 같은 특성과 유용성이 있다.[4)]

(1) **중재합의의 자율성**

중재는 분쟁의 당사자가 법원의 판결에 의존하지 아니하고, 그들의 자유의사에 의한 중재합의에 따라 자신이 선임하는 사인인 판정자(중재인)에게 분쟁을 해결할 것을 신청함으로써 양당사자가 판정의 결과에 복종하기로 하는 자주적인 분쟁해결 방법이다.

(2) **단 심 제**

중재판정은 분쟁당사자간에 있어서는 법원의 확정판결과 동일한 효력이 있다. “확

4) 한주섭 외, 「국제상사중재론」, 동성사, 1990, 30~32면에서 일부 수정.

정판결과 동일한 효력"이란 불복신청을 할 수 없어 당사자에게 최종적 판단으로 구속력을 갖는다는 의미이다. 따라서 판정에 불만이 있어도 재판처럼 2심 또는 3심 등 항소절차가 없다.

(3) 신속성

보통 소송은 3심제이므로 패소한 당사자가 상소수단을 남용하여 절차를 지연시킬 위험이 있는데 반하여, 중재는 단심제이므로 분쟁이 신속히 종결된다. 특히 중재판정은 중재계약에서 약정된 기간 내에 또는 중재심리가 종료된 날로부터 30일 이내에 하도록 규정됨으로써 분쟁해결의 신속성이 강조되고 있다.

(4) 저렴한 비용

소송의 경우에는 위탁 변호사 수, 최고 법원까지의 소송기간 등에 따라 비용이 많이 소요되나, 중재의 경우에는 분쟁을 신속하게 해결함으로써 중재비용은 상대적으로 적다. 특히 상설중재기관의 경우에는 책정된 중재요금표가 공표되어 있어 개괄적인 예상 비용을 추정할수 있다.

(5) 중재인의 전문성

국제상거래는 상거래관습에 지배를 받는 경우가 많으므로 법적인 문제만이 아닌 사실상의 문제에 대하여 정통한 중재인을 참여시킴으로서 중재는 상업적 특수성이 고려된 합리적인 해결을 기할 수 있다.

(6) 심리절차의 비공개

소송에 있어서는 재판절차나 판결문이 각각 공개되기 때문에 사업의 내용과 경영상의 기밀이 외부에 누설될 위험이 있으나 중재에 있어서의 심리절차는 비공개를 원칙으로 하는 것이므로, 특히 국제상사분쟁의 경우에 있어서 거래의 기밀이 대외적으로 누출되는 폐단을 방지할 수 있으므로 대외신용의 계속적인 유지가 보장된다.

(7) 평화적 분위기

소송은 제소(complaint)와 소환(summons)의 수단에 의하여 다소 위압적인 분위기 속에서 진행될 수 있으나 중재는 당사자와 평등한 위치에서 상하 격식 없이 심리를 진행한다. 증인선서를 요구하지 아니하며 상호교섭과 평화로운 분위기 속에서 진행된다.

(8) 충분한 변론기회의 부여

중재는 단심제로 운영하기 때문에 일단 내려진 중재판정은 변경될 수 없다. 따라서 분쟁당사자는 중재인에게 충분한 변론기회와 변론시간 그리고 증인 또는 증거물 제출기회를 요구할 수 있다.

(9) 심리의 비공개

중재심리는 당사자간의 분쟁발생 책임소재에 대한 공격·방어과정에서 실체적 진실을 파악하는 데 있다. 따라서 당사자가 허락하지 않는 한 사건과 무관한 제3자의 심리과정 참여를 허용하지 않으며 그 절차도 공개하지 아니한다.

(10) 중재판정효력의 국제성

재판은 국가공권력의 발동이므로 원칙적으로 국경을 초월하여 그 효력을 미칠 수 없으나, 중재판정은 민간인의 자주적인 분쟁해결방법이기 때문에 국가의 주권문제와는 관계없이 국제적으로 그 효력을 미칠 수 있다. 중재판정은 국제적으로는 "외국중재판정의 승인 및 집행에 관한 유엔 협약"(United Nations Convention on the Recognition and Enforcement of Foreign Arbitral Awards: 약칭 'New York협약)에 의하여 국제적 효력을 인정받고 있다. 이 협약에 따라 한국에서 내려진 중재판정이 외국에서도 승인·집행되며, 반대로 외국에서 내려진 중재판정 역시 한국에서도 승인되고 집행이 보장된다.

표 6-2 중재와 소송의 비교

구 분	중 재	소 송
대 상	개인(기업)간의 상사분쟁	민사·상사·형사·행정·선거·비송사건 등 모든 분쟁
요 건	반드시 당사자간의 합의가 필요함	당사자의 행위능력이 필요함
구속력	법원의 판결과 동일한 효력(구속력을 가짐)	법적 구속력
공개여부	비밀준수(당사자 및 기업의 비밀유지)	공개가 원칙임(헌법 제27조 3항)
경제성	단심제이므로 비용이 저렴함	복잡한 소송절차(3심제에 의한 과중한 비용부담 불가피)
신속성	단심제에 의한 신속판정 가능 (평균 4~6개월 소요)	3심제에 의한 항소·상소 가능 (평균 2~3년 소요) 소액사건심판제도 있음
심판자의 자격요건	당해 분쟁의 전문가가 중재인으로 활동 (중재인의 자유심증으로 판정 – 유연성)	반드시 법관이 판결 (법조문제에 충실 – 경직성)
변론기회	충분한 변론기회 보장 (미보장시 중재판정 취소사유가 됨)	사실 및 증거에 따른 판결 (당사자의 변론기회 상대적으로 불충분)
당사자간의 관계	우호적인 관계 유지 가능	적대적 관계가 되기 쉬움(감정대립)
강제집행	불이행시 관할법원의 집행판결을 통한 강제집행	법원의 판결에 의한 강제집행
국제성	국제적 집행가능(뉴욕협약 준수)	국제적 집행에 많은 어려움 있음

자료: 대한상사중재원.

Ⅳ. 결 론

상사중재는 소송외 분쟁해결방법 중 가장 중요한 분쟁해결방법이다. 국내외 상거래에서 상사중재제도를 활용하는 이유는 상사중재 대상이 물품매매에 한정되지 않고 운송, 보험, 중개, 신용카드·전자화폐 등을 이용한 지급결제 업무의 인수 등과 같은, 이른바 상행위 전반을 대상으로 하고, 소송에 따른 절차상의 시간과 비용 등의 경제성을 고려할 때 상사중재의 유용성이 더 크기 때문이다.

특히 중재를 선호하는 실질적인 이유는 뉴욕협약과 같이 외국에서 중재판정의 집행을 보장하는 협약이 존재하고 있다는 점이다.

무역거래분쟁을 중재에 의하여 해결하고자 할 경우에는 계약시에 중재합의(중재계약)가 있어야 한다. 이는 분쟁해결시 법원에 의해 재판받을 권리를 포기하고 제3자인 중재인의 판정에 따르는 것을 기본으로 하는 분쟁해결방법에 대한 약정이기 때문이다.

특히 무역거래에서 중재계약을 체결할 때는 중재지, 중재기관 및 적용할 준거법 등을 명확히 명시하는 것이 중요하다.

제 3 절 외국중재판정의 승인과 집행에 관한 유엔 협약(뉴욕 협약)

문제 6-03 외국중재판정의 승인과 집행에 관한 유엔 협약(뉴욕 협약)의 적용범위, 승인과 집행의 요건 및 효력에 대하여 설명하시오.

답안 6-03

〈목차 구성〉

Ⅰ. 서 론

뉴욕 협약(New York Convention)이란 "외국중재판정의 승인과 집행에 관한 유엔 협약"(The United Nations Convention on the Recognition and Enforcement of Foreign Arbitral Awards)을 약칭하는 것으로 1958년 6월 10일 뉴욕에서 채택되었다고 하여 이렇게 부르게 되었다.[5)]

뉴욕 협약은 각국의 중재법제가 상이하고 외국중재판정에 대해 집행력이 확보되는 중재판정의 범위를 확대시키고 중재판정승인 및 집행에 관한 요건을 간명하게 함으로써 국제무역발전에 이바지하려는 목적으로 국제상업회의소는 국제중재판정의 집행에 관한 초안을 작성하여 유엔 경제사회이사회(The United Nations Economic and Social Council)에서 검토하도록 하였다. 동 이사회에서 여러 의견을 참조하여 1958년 5월 20일부터 6월 10일 사이에 뉴욕의 유엔본부에서 정식으로 뉴욕 협약을 채택·성립하게 되었다. 이 결과 각 체약국에서는 외국중재판정의 승인 및 집행을 보장받을 수 있게 되었다.

한국은 1973년 2월 8일 42번째 국가로 이 협약에 가입하여 동년 5월 9일부터 그 효력이 발효됨에 따라 대한상사중재원에서 내려진 중재판정도 협약체약국간에서는 그 승인 및 집행을 보장받게 되었다. 또한 이 협약 가입시에 뉴욕 협약 제1조 제3항 규정의 유보조항에 따라 한국법상 상사분쟁에 한하여 이 협약을 적용할 것과 외국중재판정에 대하여서는 외국이 이 협약의 체약국인 경우에 한해서 이 협약을 적용할 것임을 각각 유보 선언하였다.

이하에서는 뉴욕 협약의 적용범위, 승인과 집행의 요건 및 효력에 대하여 설명하고자 한다.

Ⅱ. 뉴욕 협약의 적용범위

뉴욕 협약에서는 "이 협약은 중재판정의 승인 및 집행의 요구를 받는 국가 이외의 국가의 영토 내에서 내려진 판정으로서, 자연인 또는 법인간의 분쟁으로부터 발생하는 중재판정의 승인 및 집행에 적용한다. 이 협약은 또한 그 승인 및 집행의 요구를 받는 국가에서 내국판정이라고 인정되지 아니하는 중재판정에도 적용된다"[6)]고 규정하고 있다.

이는 뉴욕 협약의 적용을 받는 외국중재판정의 범위를 정함에 있어 "중재판정이 내려진 영역을 기준으로 삼을 것을 원칙"으로 하되, 그 승인 및 집행을 요구받는 국가에서

---

5) ICC Brochure No. 174; 이 협약은 "중재조항에 관한 제네바 의정서"(Protocol on Arbitration Clauses, open at Geneva on September 24, 1923)와 "외국중재판정의 집행에 관한 제네바협약"(Convention on the Execution of Foreign Arbitral Awards, Signed at Geneva on September 26, 1927)을 대신하는 것으로 뉴욕협약 가입국간에는 제네바협약의 효력은 상실되고 뉴욕협약을 적용하게 된다.

6) 뉴욕 협약 제1조 제1항.

"내국판정이라고 인정되지 아니하는 중재판정"에 대하여는 뉴욕 협약을 적용할 수 있는 여지를 마련하였다. 따라서 중재판정이 비록 국내에서 성립되었다고 할지라도 뉴욕 협약을 적용할 수 있음을 인정하는 것이다.

또한 뉴욕 협약의 심의 당시 영미법계 국가 및 독립국가연합 등은 판정이 내려진 곳에 따라 외국중재판정을 정할 것을 주장하고 대륙법계 국가대표들은 준거법에 의하여 이를 정할 것을 주장하여 서로 대립되던 중 모두 외국중재판정에 포함시키는 쪽으로 타협이 이루어진 결과로 뉴욕 협약은 그 적용되는 범위가 상당히 확대되었다.

Ⅲ. 외국중재판정의 승인과 집행의 요건

1. 승인과 집행의 의의

승인(recognition)이란 특정한 법률관계 또는 사항에 대하여 공적인 권위 또는 권한(authority)에 의하여 그 존부(存否) 또는 정부(正否)를 확인(confirm)·비준(ratify) 또는 시인(acknowledge)하는 행위를 의미한다.[7] 따라서 뉴욕 협약에서 말하는 외국중재판정의 승인 또는 중재합의의 승인이란 "동 협약의 체약국에 의한 승인"을 지칭하고 있는 것이다.

또한 집행(enforcement)이란 사법(私法)상의 청구권을 국가권력의 행사에 의하여 만족시킬 것을 목적으로 하는 법률상의 절차를 말한다. 일반적으로 일단 중재판정이 내려지면 이행의 의무가 있는 자는 상대방으로부터의 최고(催告; demand)가 없더라도 능동적·자발적으로 그 이행의 의무를 완수하여야 하는 것이나 만약에 그러한 "자발적인 변제가 이루어질 가망이 없는 경우"에는 부득이 법원에 의한 어떤 형태의 강제집행의 방법에 의존할 수밖에 없게 된다.

2. 승인과 집행의 요건

외국중재판정의 승인과 집행을 받기 위하여 승인 및 집행신청인에게 부과되는 적극적 요건은 중재판정문과 중재합의서만 제출하면 되고 그 순간부터 승인과 집행을 거부할 수 있는 제규정에 관한 거증책임은 그 상대방에게 있는 것이다.

중재계약이 법원에 의해 집행되기 위한 요건은 다음과 같다.[8]

① 중재계약이 뉴욕협약의 적용범위 내에 들어가야 한다.

---

7) Black's Law Dictionary, 1979, p. 1143.

8) 뉴욕 협약 제2조 및 제5조.

② 분쟁이 일정한 법률관계에 관련하여 발생하되 동 분쟁은 중재계약의 범위 내에 있어야 한다.

③ 중재계약의 서면성 요건이 구비되어야 한다.

④ 중재계약이 무효, 실효 또는 이행불능이 되지 않아야 한다.

⑤ 외국판정의 승인이나 집행이 그 국가의 공공의 질서에 반하지 않아야 한다.

Ⅲ. 외국중재판정의 승인과 집행의 효력

한국은 뉴욕 협약에 가입하고 있기 때문에 뉴욕 협약의 가입국에서 내려진 외국중재판정은 헌법의 정신에 따라 체결 공포된 조약과 일반적으로 승인된 국제법규는 국내법과 같은 효력을 갖게 되므로 중재판정의 효력[9] 또한 체약국간에는 외국중재판정의 효력이 승인되고 그 집행도 보장받게 된다.

한편 뉴욕 협약 비가입국에서 내려진 외국중재판정의 경우에는 이 협약이 적용되지 않기 때문에, 외국판결의 경우에 준하여, 그 승인 및 집행을 결정해야 할 것이다. 외국중재판정의 승인과 집행의 청구인은 중재합의서와 중재판정문을 집행국의 해당법원에 제출하면 입증책임이 면제된다.[10]

그러나 중재판정의 승인과 집행은 당사자가 다음과 같은 증거를 제출할 때는 거부될 수도 있다.[11]

① 당사자가 무능력자이거나 중재합의가 무효인 경우

② 당사자가 중재인의 선정이나 중재절차에 관하여 적절한 통고를 받지 아니하였거나 기타 사유에 응할 수 없었던 경우

③ 판정이 중재부탁사항에 규정되어 있지 아니하거나 그 범위를 벗어나는 사항의 경우

---

9) 중재판정은 당사자간에 있어서는 법원의 확정판결과 동일한 효력을 가진다(한국 중재법 제35조). 중재판정에 대한 불복은 법원에 제기하는 중재판정 취소의 소에 의하여만 할 수 있다(한국 중재법 제36조 제1항). 그러나 다음과 같은 경우에는 중재판정 취소의 소를 제기할 수 있다(한국 중재법 제36조 제2항); ① 중재합의의 당사자가 그 준거법에 의하여 중재합의 당시 무능력자이거나 중재합의가 무효인 사실, ② 중재인의 선정 또는 중재절차에 관하여 적절한 통지를 받지 못하였거나, 변론을 할 수 없었던 사실, ③ 중재판정이 중재합의의 대상이 아닌 분쟁을 다룬 사실, ④ 중재판정부의 구성 또는 중재절차가 당사자간의 합의에 따르지 아니하거나 이 법에 따르지 아니하였다는 사실의 경우이다.

10) 뉴욕 협약 제4조.

11) 뉴욕 협약 제5조.

④ 중재기관의 구성이나 중재절차가 당사자간의 합의와 일치하지 아니하거나, 합의가 없거나, 중재를 행하는 국가의 법령에 합의하지 않는 경우

⑤ 분쟁의 대상인 사항이 그 국가의 법률하에서는 중재에 의한 해결을 할 수 없는 경우

⑥ 판정의 승인이나 집행이 그 국가의 공공의 질서에 반하는 경우.

외국중재판정의 승인과 집행의 절차는 집행판결을 구하는 소송제기에 의하여 개시되고 집행판결을 받음으로써 그 승인 및 집행이 가능하게 된다. 또한 중재계약에 관한 준거법, 중재절차에 대한 준거법의 선정은 당사자자치 의사를 우선적으로 적용한다.

Ⅳ. 결 론

뉴욕 협약의 기본정신은 원칙적으로 단심제인 중재제도에서 중재판정이 불리하게 내려진 당사자가 그 판정내용을 이행하지 아니하는 경우에 강제집행이 용이하게 실현될 수 있도록 하기 위해 가입국들로 하여금 국내법을 통해 중재판정의 집행을 거부할 수 없도록 규제하는 데 있다.

뉴욕 협약의 핵심내용은 특히 외국에서 내려진 중재판정의 승인과 집행에 관한 것이다. 과거의 제네바 협약과 비교하여 볼 때 뉴욕 협약의 가장 큰 특징이자 장점은 외국중재판정의 승인과 집행의 요건들을 모두 승인과 집행의 거부사유로 규정하고 있다는 점이다. 따라서 중재판정의 승인과 집행청구를 거부할 수 있는 조건을 보다 제한하고 있어 중재판정 패자에 의한 집행지연의 여지를 봉쇄하고 있다.

이는 중재판정의 승인과 집행을 구하는 당사자가 주장 및 입증책임을 지는 적극적 요건을 그 상대방, 즉 중재판정 패자가 주장 및 입증책임을 지는 소극적 요건으로 전환시킨 것이다.[12)]

뉴욕 협약에 따라 각국은 중재판정을 승인하고 그 판정에 원용될 영토의 절차규칙에 따라서 집행해야 된다.[13)] 따라서 외국중재판정의 집행은 국내중재판정의 집행절차와 동일하게 집행판결을 받아 집행하는 것이다.

12) 김상호, "한국에서의 외국중재판정의 승인과 집행", 「중재연구」, 제7권, 제3호, 한국중재학회, 2007, 25면.

13) 뉴욕 협약 제3조.

제 4 절 국제상업회의소 중재규칙

문제 6-04 국제상업회의소(ICC) 중재규칙에 반영된 긴급중재인(emergency arbitrator)의 임시적 처분제도에 대하여 설명하시오.

답안 6-04

〈목차 구성〉

Ⅰ. 서 론

응급 상황에서는 신속하고 효과적인 조치가 필요하다. 이는 국제상거래분쟁 해결의 경우에도 마찬가지다. 국내중재[14]와는 달리 국제중재절차상 중재판정부를 구성하는 데에는 몇 주 또는 몇 달이 걸릴 수도 있다.

국적이 다양한 국제중재의 경우 외국 법원에 보전처분을 구하는 것이 실무상 용이하지 않을뿐더러 비용이나, 외국 법원에 대한 접근의 어려움, 분쟁 사안의 공개 등으로 인하여 구제받기가 어려운 것이 현실이다.[15]

국제상거래분쟁을 보다 신속하게 효율적으로 해결하기 위하여 외국의 주요 중재기관들은 긴급중재인(emergency arbitrator)에 의한 임시적 처분(provisional measure) 제도를 앞 다투어 도입하고 있다.

긴급중재인이란 판정부 구성 전에 임시적 처분에 관한 심리만을 담당하는 일시적

14) 중재법 제10조에서는 중재합의와 법원의 보전처분에 대하여 "중재합의의 당사자는 중재절차의 개시 전 또는 진행 중에 법원에 보전처분(保全處分)을 신청할 수 있다"고 규정하고는 있으나 이는 국내중재의 경우에는 용이하나 국제중재의 경우에는 어려울 수 있다.

15) 정교화, "긴급중재인(Emergency Arbitrator) 제도의 현황 및 도입의 필요성", 「중재」, 제342권, 대한상사중재원, 2014, 21면.

중재인을 말한다. 2006년에 미국 중재협회(AAA/ICDR)가 이 제도를 전면 도입한 이래, 2010년에 스톡홀름 상업회의소 중재원(SCC)과 싱가포르 중재센터(SIAC)가, 2012년에는 국제상업회의소(ICC) 중재법원과 스위스 상업회의소가 이를 도입하였다.16)

특히 ICC 중재법원은 국제적으로 가장 널리 사용되는 중재기관이다. 이 기관의 중재규칙은 1922년 제정된 이후 수차의 개정이 있었고 1998년 개정된 것을 2012년 다시 개정하여17) 이 버전이 같은 해 1월 1일부터 발효되었다. 이 규칙개정에서 신설된 긴급중재인 제도는 한국을 비롯하여 많은 ICC 회원국들에게 관심이 집중되고 있다.

이하에서는 2012년 ICC 중재규칙에 반영된 긴급중재인 제도의 내용과 긴급중재인의 결정 형태 및 임시적 처분의 집행력을 중심으로 살펴보도록 한다.

Ⅱ. 긴급중재인제도의 적용범위

긴급중재인제도에 대한 규정은 중재규칙 제29조 및 부칙 V의 긴급중재인규칙(Emergency Arbitrator Rules)18)에 반영되고 있다. 긴급중재인에 대한 중재규칙상의 중재합의는 2012년 1월 1일 이후에 이루어진 것이어야 한다. 그러나 긴급중재인의 규정은 다음의 경우에는 적용되지 않는다:19)

a) 규정에 따라 중재합의가 규칙이 발효된 날 이전에 이루어진 경우;

b) 당사자가 긴급중재인 규정의 배제에 합의하는 경우; 또는

c) 당사자가 보전적, 임시적 또는 유사한 처분(conservatory, interim or similar measure)을 부여하는 다른 중재 전 절차(pre-arbitral procedure)에 합의하는 경우이다.

---

16) 2013년에는 홍콩중재센터(HKIAC)도 이를 도입하였고 일본중재협회(JCAA)도 2014년 2월부터 이 제도를 도입하였으며 런던중재법원(LCIA)도 2014년 3월 이 제도를 포함한 중재규칙 개정안을 공개하는 등 최근 들어 많은 주요 중재기관들이 이를 도입하는 추세이다; 윤병철, “긴급중재인의 임시적 처분제도에 대하여”, 법률신문, 2014. 6. 23.

17) 주요 개정 목표 및 내용으로는, 효율성 제고를 위해 사건관리 회의(case management conference) 조기 개최를 의무화하였다는 점, 명확성 제고를 위해 비밀유지 명령(confidentiality order)에 관한 규정을 신설하였다는 점, 투명성 제고를 위하여 심리 종결시 중재판정 예정일을 고지하도록 하였다는 점, 최근의 실무상 요구를 반영하여 임시적 처분을 위한 긴급중재인 제도를 신설하고 다수당사자, 다수의 계약 및 중재절차의 병합에 관한 상세한 규정을 두었다는 점 등을 들 수 있다; 김갑유, “국제상업회의소(ICC) 중재규칙 주요 개정내용”, 법률신문, 2011. 11. 03.

18) ICC Rules of Arbitration 2012, APPENDIX V: EMERGENCY ARBITRATOR RULES(Articles 1 to 8) (이하 EAR로 약칭한다).

19) ICC Rules of Arbitration 2012, Article 29(6).

Ⅲ. 긴급중재인의 신청, 선임 및 기피

1. 신 청

ICC 중재규칙 제29조에 근거하여 긴급중재인의 이용을 원하는 당사자는 신청서(application)[20]를 ICC 사무국에 제출하여야 한다.[21] 신청서는 각 당사자에 1부씩 긴급중재인에 1부, 사무국에 1부를 제공하기에 충분한 부수를 제출하도록 하고 있다.[22]

사무국이 신청서를 수령한 날로부터 10일 이내에 신청인으로부터 본안의 중재신청서를 수령하지 못한 경우에는 긴급중재인이 더 긴 기간이 필요하다고 판단하지 않는 한 ICC 중재법원의 의장은 긴급중재인 심리절차를 종료하는 것으로 규정하고 있다.[23]

긴급중재인 절차의 신청서는 중재신청서 접수 전에도 제출할 수는 있으나 반드시 중재판정부 구성 전까지는 제출되어야 한다. 중재판정부가 구성된 후에는 중재판정부가 긴급중재인의 모든 권한을 넘겨받게 된다.[24]

2. 선임 및 기피

ICC 사무국이 당사자로부터 긴급중재인 신청서를 수리했을 경우 ICC 중재법원의 의장은 가능한 한 단기간, 보통 사무국이 신청서를 수령 후 2일 이내에 긴급중재인을 선임(appointment)하도록 하고 있다.[25] 그러나 사건기록이 중재판정부에 제출된 후에 있어서는 긴급중재인이 선임되는 것은 아니다.[26] 따라서 그 이전에 선임된 긴급중재인이 허용되는 기한 내에 명령을 내릴 권한을 갖게 되는 것이다.

긴급중재인의 선임 후 사무국은 당사자에게 그 취지를 통지하고 긴급중재인에게

---

20) 신청서에는 다음의 정보를 기재하여야 한다; a) 각 당사자의 정식 명칭, 주소 및 기타 연락처, b) 신청자를 대리하는 자의 정식 명칭, 주소 및 기타 연락처, c) 신청에 이른 상황 및 중재에 회부된 분쟁의 원인에 대한 설명, d) 요청 긴급처분에 대한 설명, e) 신청자가 중재판정부의 구성을 기다리지 않고 긴급 임시처분 또는 다른 보전조치의 필요사유, f) 중재합의, g) 중재지, 적용되는 법규 또는 중재언어에 관한 합의, h) 중재신청 비용납부증명, i) 기타 중재회부 증빙서 등이다; EAR, Article 1(3).

21) EAR, Article 1(1).

22) EAR, Article 1(2).

23) EAR, Article 1(6).

24) 김갑유, 「중재실무강의」, 박영사, 2012, 276면; 김영주, "국제상업회의소(ICC) 중재규칙의 2012년 개정내용에 관한 검토", 「무역상무연구」, 제55권, 한국무역상무학회, 2012, 143면.

25) EAR, Article 2(1).

26) EAR, Article 2(2).

사건기록을 송부하여야 한다. 이후 당사자로부터 통신 모든 문서가 직접 긴급중재인 앞으로 제출되고 상대방 및 사무국에는 그 사본을 송부하여야 하며 또한 긴급중재인이 당사자에게 보내는 서신의 사본을 사무국에 제출하도록 하고 있다.[27]

모든 긴급중재인은 공정하여야 하며 중재에 참여 당사자로부터 독립된 자임을 요하고,[28] 긴급중재인은 신청의 원인이 된 분쟁관련 중재에 있어서 중재인으로 행동하여서는 아니 된다.[29]

긴급중재인의 기피(challenge)는 기피하는 당사자가 긴급중재인의 선임의 통지를 받은 후 3일 이내 또는 해당 당사자가 기피의 근거가 되는 사실 및 상황을 알게 된 날로부터 3일 이내에 기피신청을 하여야 한다.[30] 기피는 사무국이 긴급중재인과 상대방에게 적당한 같은 기간 내에 서면으로 의견을 제출할 기회를 주어야 하며, 이에 대해서는 중재법원이 결정한다.[31]

Ⅳ. 긴급중재인에 의한 신속한 심리 절차

긴급중재인은 긴급중재인 심리(proceedings)를 위한 절차일정표(procedural time-table)를 가능한 한 단기간 이내(보통 긴급 중재인에게 사건기록이 송부된 후 2일 이내)에 결정한다.[32]

긴급중재인은 신청내용 및 긴급성을 고려하여 적절한 것으로 사료되는 방법으로 심리를 수행한다. 긴급중재인은 공정하고 공평하게 행동하여야 하며 어떤 당사자에게도 주장을 설명하기 위한 적절한 기회를 보장하여야 한다.[33]

Ⅴ. 긴급중재인의 결정 형태 및 구속력

1. 긴급중재인의 명령

긴급중재인의 결정이 명령(order)의 형태를 가질 것인지, 아니면 중간 또는 임시 중

27) EAR, Article 2(3).
28) EAR, Article 2(4).
29) EAR, Article 2(6).
30) EAR, Article 3(1).
31) EAR, Article 3(2).
32) EAR, Article 5(1).
33) EAR, Article 5(2).

재판정(award)의 형태로도 가능한지 여부는 긴급중재인 결정의 집행력과도 관계가 있고, 긴급중재인을 중재법상 중재판정부에 해당한다고 볼 수 있는지 여부와도 관련이 있다. SIAC, HKIAC, LCIA 개정규칙은 긴급중재인이 판정과 명령 중 결정 형태를 선택할 수 있도록 정하고 있고, ICC 중재규칙에서는 명령(order)으로만 결정하도록 정하고 있다.[34]

긴급중재인은 원칙적으로 기록송부 이후 15일 이내에 이러한 긴급처분 명령을 내려야 한다. 불가피한 사정이 있는 경우에는 긴급중재인의 청구 또는 ICC 중재법원 의장의 재량에 의해 이 기한을 연장할 수 있다.[35]

2. 구 속 력

긴급중재인의 명령은 다음의 경우에는 당사자에 대한 구속력이 없다:[36]

a) 중재법원의 의장에 의해 긴급중재인 심리가 종료된 경우, b) 중재법원이 긴급중재인의 기피를 인정한 경우, c) 중재판정부가 최종 판정을 내린 경우 및 d) 최종 판정 전에 모든 청구가 철회 또는 중재가 종료된 경우이다.

긴급중재인은 긴급중재인이 적절한 담보의 제공요구를 포함하여 적절하다고 생각되는 조건으로, 명령을 내릴 수 있다.[37] 사건기록을 중재판정부에 제출하기 전에 이루어진 합당한 요청에 따라 긴급중재인은 명령을 변경, 종료 또는 취소할 수 있다.[38]

Ⅵ. 긴급중재인 심리비용

긴급중재인의 심리절차의 비용에 대하여 신청인은 ICC 관리비용으로 미화10,000달러 및 긴급중재인의 보수 및 비용으로 미화30,000달러, 총 미화40,000달러의 금액을 지급해야 한다. 신청의 통지는 사무국이 미화40,000달러의 금액을 수령할 때까지 행하여지지 않는다.[39]

ICC 중재법원의 의장은 긴급중재인 심리 중에 언제라도 특히 사안의 성격 및 업무의 성격과 양을 고려하여 긴급중재인의 보수 또는 ICC의 관리비용의 증액을 결정할 수 있다. 이 경우에도 신청서를 제출한 당사자가 사무국이 정한 기한 내에 증액비용을 지

34) ICC Rules of Arbitration 2012, Article 29(2); 정교화, 전게논문, 26면.
35) EAR, Article 6(4).
36) EAR, Article 6(6).
37) EAR, Article 6(7).
38) EAR, Article 6(8).
39) EAR, Article 7(1).

급하지 않으면 신청은 철회한 것으로 간주된다.[40]

긴급중재인의 명령에서는 긴급중재인 심리비용을 정하여 당사자가 비용을 어떠한 비율로 부담하여야 하는지를 결정해야 하며,[41] 긴급중재인 심리가 실시되지 않은 경우 또는 명령을 발하기 전에 다른 방법으로 종료한 경우에도 미화5,000달러는 환급되지 않는 것으로 하고 있다.[42] 이는 절차 중 발생된 최소관리비용의 성격으로 볼 수 있다.

Ⅶ. 긴급중재인 결정의 집행력 문제

싱가포르나 홍콩과 같이 중재법 등 관련 법을 개정하여 긴급중재인의 명령 또는 판정도 중재판정부의 판정으로 간주하여 법원에 의하여 집행 가능하도록 입법적 해결을 한 법제도 있으나 그와 같이 명문으로 집행력 문제를 해결하지 않고 있는 국가의 경우 긴급중재인의 결정이 실효성을 가질 수 있는지 의문이 있을 수 있다.[43] 이와 같은 집행력에 대한 의문은 중재의 사전절차 개념인 긴급중재인의 결정을 과연 중재인에 의한 판정으로 볼 수 있는지 여부에서 시작된다. 즉, 국제중재의 실효성을 담보해 온 "외국중재판정의 승인 및 집행에 관한 뉴욕 협약" 체제하에서는 긴급중재인의 임시처분은 최종적으로 구속력 있는 판정(제5조)에 해당되지 않고, 임시처분의 집행력을 명시적으로 규정한 2006년 UNCITRAL 모델법(표준법)에 의하더라도 제17H조 제1항에 의하면 중재판정부(arbitral tribunal)가 발부한 임시적 처분(interim measure)만이 집행력을 갖는다고 규정하고 있다.[44]

한국의 경우에도 중재법의 개정 없이는 긴급중재인의 판정 또는 명령에 직접적인 집행력을 인정하기는 어려워 보인다. 다만 SIAC의 사례에서 보듯이 당사자들이 긴급중재인의 결정을 어떤 이유에서든 자발적으로 이행하는 경우가 많기 때문에 법원에서의 집행력이 없다는 이유만으로 긴급중재인 제도의 실익이 없다고 보기는 어렵다. 집행력 문제는 긴급중재인 제도의 도입 후에 중재법의 개정논의를 통하여 해결할 수 있을 것으

---

40) EAR, Article 7(2).

41) EAR, Article 7(3).

42) EAR, Article 7(5).

43) 일본의 경우 2014년 JCAA 중재규칙의 개정으로 긴급중재인 제도를 명시적으로 도입하였으나 그에 수반하여 중재법은 개정되지 아니하여 긴급중재인의 임시처분의 경우 법원에 의한 집행력은 인정되지 않는 것으로 보인다.

44) Revised UNCITRAL Model Law on International Commercial Arbitration 2006, Article 17 H. Recognition and enforcement.

로 생각된다.[45)]

Ⅷ. 결　　론

국제상거래분쟁에서 어느 일방이 중재판정부의 구성을 기다릴 수 없는 긴급한 임시적 또는 보존적 조치를 요구할 경우, 2012년 개정 ICC 중재규칙은 이러한 문제를 다룰 수 있는 긴급중재인을 선임할 수 있는 기회를 제공하고 있다.

ICC 긴급중재인 절차는 2012년 1월 1일 이후 체결된 중재합의에만 적용될 수 있으며, 당사자들은 긴급중재인을 배제하거나 그러한 임시적 조치 대신에 다른 절차로 대체할 수도 있다. 긴급중재인에 의해 내려진 명령에 의해 당사자들을 구속하지만, 중재판정부를 구속하지는 않는다. 중재판정부가 구성되면 긴급중재인의 명령을 변경, 종료 또는 취소시킬 수 있다.

또한 긴급중재인 절차는 당사자가 임시적 조치를 해당국 법원에 신청하는 것을 방해하지 않는다. 이처럼 긴급중재인 제도는 중재판정부 구성 전에 법원에 의한 보전처분을 받기 어려운 상황에서 분쟁의 최종 판단을 받기까지 분쟁 초기에 당사자들의 권리관계를 유지, 보전할 수 있는 유용한 대안이 될 수 있다.

한편 긴급중재인의 임시적 처분에 당사자가 응하지 않을 경우 법원에 의한 집행이 보장되지 않아 그 실효성이 문제가 될 수 있다는 점과 긴급중재인의 제3자에 대한 임시적 처분은 강제력이나 구속력이 없다는 점에서 한계를 가진다.

그러나 긴급중재인 제도가 국제중재의 실효성을 높일 것으로 기대되는 긍정적인 측면을 고려할 때 한국의 국제중재규칙에도 긴급중재인에 의한 임시적 처분제도를 도입할 필요성이 있을 것이다.

---

45) 정교화, 전게논문, 28~29면.

제 6 편 무역거래분쟁의 해결(추록)

| 기출문제 |

01. 상사중재의 장단점과 상사중재절차를 상술하시오. (1997 관세사, 50점)

02. 외국중재판정의 승인 및 집행에 관한 UN 협약의 적용범위와 승인 및 집행의 거부사유를 설명하시오. (2001 관세사, 10점)

03. 클레임의 해결방안을 당사자 간 해결방법과 제3자 개입해결방법으로 구분하여 설명하시오.(2003 관세사, 10점)

04. 무역거래에서 발생하는 분쟁을 해결하는데 사용되고 있는 ADR의 장점과 여기에 해당하는 3가지 방법을 비교 설명하시오. (2007 관세사, 10점)

05. 뉴욕협약에 따른 중재판정의 승인과 집행의 거부사유에 대하여 설명하시오. (2013 관세사, 10점)

| 연구문제 |

01. 국제상거래 분쟁해결방법에서 알선, 조정 및 중재를 비교하여 설명하시오.

02. 상사중재에서 임시적 처분의 종류와 내용에 대하여 설명하시오.

03. 상사중재판정에서 중재판정의 효력과 구속력 없는 중재판정에 대하여 설명하시오.

04. 뉴욕협약의 승인거부사유에 대하여 설명하시오.

05. 국제상사중재와 관련하여 유엔 및 국제상업회의소에서 제정된 규범들의 특징을 비교하여 설명하시오.

06. ICC 중재규칙에 반영된 중재사건관리(Case Managements of the Arbitration)에 대하여 설명하시오.

| 참고문헌 |

1. 한국문헌

강원진, 「무역실무」, 제3판, 박영사, 2008.

강원진 · 이양기, 「최신 국제상거래론」, 박영사, 2014.

강원진, 「최신 국제상무론」, 두남, 2013, 2014.

강이수, 「무역클레임」, 삼영사, 1995.

김갑유, 「중재실무강의」, 박영사, 2012.

______, "국제상업회의(ICC) 중재규칙 주요 개정내용", 법률신문 2011. 11. 3, 법률신문사, 2011.

김상호, "한국에서의 외국중재판정의 승인과 집행", 「중재연구」, 제7권, 제3호, 한국중재학회, 2007.

김영주, "국제상업회의소(ICC) 중재규칙의 2012년 개정내용에 관한 검토", 「무역상무연구」, 제55권, 한국무역상무학회, 2012.

김태훈 · 차경자, "대한상사중재원(KCAB) 중재규칙의 최근 개정내용에 관한 고찰", 「중재연구」, 제22권 제1호, 한국중재학회, 2012.

대한상사중재원, 「외국중재법규집」, 제1집, 2005.

목영준, 「상사중재법」, 박영사, 2011.

석광현, 「국제상사중재법연구」, 제1권, 박영사, 2007.

안건형, "ICC 중재에서 중재법원의 역할이 KCAB 국제중재규칙에 주는 시사점", 「무역상무연구」, 제39권, 한국무역상무학회, 2008.

오원석, "ICC 중재규칙의 위탁조건(Terms of Reference)에 관한 연구", 「무역상무연구」, 제31권 제3호, 한국무역상무학회, 2006.

______, "ICC중재에서 중재비용의 결정과 할당에 관한 연구", 「무역상무연구」, 제33권, 한국무역상무학회, 2007.

정교화, "긴급중재인(Emergency Arbitrator) 제도의 현황 및 도입의 필요성", 「중재」, 제342권, 대한상사중재원, 2014.

홍성규, 「국제상사중재」, 두남, 2002.

2. 구미문헌

Ashford, Peter, "Rule Changes Affecting the International Arbitration Community", *American Review of International Arbitration*, Vol. 22, 2011.

Beechey, John, "ICC Arbitration Rules 2011 - Changes & Challenges", ICC Austria Conference, October, 2011.

Born, Gary B., *International Commercial Arbitration*, 3rd Edition, Kluwer Law International, 2009.

Drahozal Christopher R., "Private Ordering and International Commercial Arbitration", *Penn State Law Review*, Vol. 113, No. 4, 2009.

Ergan Arzu Ongur, "The New [2012] Arbitration Rules Of International Chamber Of Commerce", *Ankara Bar Review*, 2011/2.

ICC Rules for Documentary Instruments Dispute Resolution Expertise(DOCDEX), 1997.

3. 국제상사중재규범

ICC, Arbitration Rules, 2012.

ICC, Mediation Rules, 2014.

ICC Rules of Conciliation and Arbitration, 1988.

International Centre for Settlement of Investment Disputes(ICSID), Convention on the Settlement of Investment Disputes Between States and Nationals of Other States, Washington 1965.

UNICITRAL Arbitration Rules, 1976.

UNCITRAL Conciliation Rules, 1980.

UNICITRAL Model Law on International Commercial Arbitration, 1985.

UNCITRAL Model Law on International Commercial Arbitration(1985), with amendments as adopted in 2006.

UNCITRAL Model Law on International Commercial Conciliation, 2002.

United Nations Convention on the Recognition and Enforcement of Foreign Arbitral Awards, 1985.

부 록

1. 대외무역법 및 외국환거래법 기출문제 및 연구문제
2. 관세사 자격시험 무역실무 기출문제(1996년~2015년)

1. 대외무역법 및 외국환거래법 기출문제 및 연구문제

| 대외무역법 기출문제 |

01. 내국신용장과 구매확인서의 차이를 수출물품 조달자와 공급자의 입장에서 설명하시오. (2004 관세사, 10점)

02. 중계무역의 정의 및 의의 그리고 수출실적의 범위와 어떤 경우에 수출입인정의 대상이 되는지에 대하여 설명하시오. 또한 한국을 중계국으로 하는 경우 최초 수출자를 노출시키지 않기 위한 중계상의 선적서류들(상업송장, 환어음, 포장명세서, B/L, C/O)의 처리 방법에 대하여 설명하시오. (2004 관세사, 10점)

03. 전자무역업무에 있어서 내국신용장업무와 구매승인서업무 중 제조(공급)업자가 물품을 공급하고 대금지급을 받을 때까지의 업무절차를 설명하고, 내국신용장업무와 구매승인서업무의 차이점과 유사점을 비교 설명하시오. (2005 관세사, 10점)

04. 우리나라 수입물품의 원산지판정기준에 대하여 설명하시오. (2006 관세사, 10점)

05. 전략물자수입목적확인서의 의의, 필요성, 신청 등에 대해 설명하시오. (2010 관세사, 10점)

06. "A그룹이 소 500마리와 트럭 100대를 판문점을 통해 북한측에 무상으로 넘겨 주었다"라는 기사에 대해 대외 무역법상 거래관계를 설명하시오. (2011 관세사, 10점)

07. 대외무역법상 외화획득의 범위와 이행기간에 대하여 설명하시오. (2012 관세사, 10점)

08. 대외무역법령상에 나타난 원산지 판정 절차 및 이의제기에 대하여 설명하시오. (2013 관세사, 10점)

09. 대외무역법에 의하면, 수출자와 선적 전 검사기관 간에 분쟁이 발생할 경우에는 그 해결을 위하여 필요한 조정(調整)을 할 수 있도록 규정하고 있다. 이 경우 ① 선적 전 검사가 무역장벽으로 간주되는 경우, ② 조정안의 작성(제시 시기와 기재내용 포함), ③ 조정안의 통지, ④ 조정이 종료되는 경우를 대외무역법령에 의하여 설명하시오. (2014 관세사, 10점)

10. 대외무역법령상 특정거래 형태의 수출입의 종류와 내용을 설명하시오. (2015 관세사, 10점)

| 외국환거래법 기출문제 |

01. 외국환 평형기금의 재원의 조성, 운용방법 등에 대해 설명하시오. (2010 관세사, 10점)

02. 채권회수 명령에 대한 외국환거래법의 법적 근거와 회수대상 채권범위 그리고 회수기한에 대해 설명하시오. (2011 관세사, 10점)

03. 외국환거래법상 외국환은행의 역외계정의 설치, 운영에 관한 조항에 대하여 설명하시오. (2012 관세사, 10점)

04. 외국환거래법령에 규정된 지급수단의 개념과 대외지급수단에 대하여 설명하시오. (2013 관세사, 10점)

05. 외국환거래규정상 비금융기관의 해외지사 설치신고 시, 설치신고를 하는 각각의 경우에 따른 신고자 또는 신고기관을 서술하시오. (2014 관세사, 10점)

06. 외국환거래법령상 '외국환거래의 정지 등'을 다루고 있는 규정을 조치의 대상, 관련 사항의 고시, 적용기간, 적용의 제한 등으로 나누어서 설명하시오. (2015 관세사, 10점)

| 대외무역법 연구문제 |[1)]

Ⅰ. 대외무역법의 개요

01. 대외무역법의 목적과 성격에 대하여 설명하시오.

02. 무역업과 무역대리업을 비교하여 설명하시오.

03. 대외무역법상 (1) 무역, (2) 무역거래자, (3) 물품, (4) 용역, (5) 전자적 형태의 무체물의 의미는 무엇인가?

04. 무역에 관한 제한 등 특별조치의 대상과 이를 위한 조사 및 벌칙에 대하여 설명하시오.

Ⅱ. 수출입거래

01. 대외무역법상 수출과 수입의 의미는 무엇인가?

02. 수출입실적의 인정범위, 인정금액, 인정시점 및 실적확인·증명발급 기관에 대하여 설명하시오.

03. 수출입공고와 통합공고를 비교하여 설명하시오.

04. 수출입공고상의 품목을 분류하고 수출요령과 수입요령 표시의 예를 들어 설명하시오.

Ⅲ. 수출입승인과 요건확인

01. 수출입승인 대상물품, 수출입승인기관 및 수출입승인 유효기간에 대하여 설명하시오.

02. 수출입승인사항의 변경승인대상, 변경승인 요건 및 확인사항에 대하여 설명하시오.

03. 수출승인 및 수입승인의 면제대상 물품에 대하여 설명하시오.

04. 수출입요건확인이란 무엇이며 수출입요건확인 대상품목, 면제 대상품목 및 수출입면제요건에 대하여 설명하시오.

Ⅳ. 특정거래형태의 수출입

01. 대외무역법상 특정거래형태란 무엇이며 특정거래형태의 인정대상 및 제외대상에 대하여 설명하시오.

02. 위탁판매 수출입이란 무엇이며 이 거래와 관련하여 사용할 수 있는 BWT 방식거래의 장단점 및 유의점에 대하여 설명하시오.

---

1) 이에 대한 연구는 법규서를 이용할 수도 있으나 수시 개정되는 문제를 고려하여 온라인상으로 실시간 "법제처 국가법령정보센터"(www.law.go.kr)를 이용할 경우 최신의 법령정보를 다양한 방법(3단 법령검색 등)으로 쉽게 검색가능하고 내용파악이 용이하다.

03. 다음의 특정거래형태를 설명하시오. (1) 위탁가공무역과 수탁가공무역, (2) 임대수출과 임차수입, (3) 연계무역, (4) 중계무역과 중개무역 및 스위치무역, (5) 외국인수 수입과 외국인도 수출, (6) 무환수출입

04. 특정거래형태의 수출입신고대상 거래, 인정기관 및 인정유효기간에 대하여 설명하시오.

Ⅴ. 외화획득용원료·기재의 수입과 국내구매

01. 외화획득의 범위, 외화획득 이행의무 및 이행기간에 대하여 설명하시오.

02. 외화획득용원료·기재의 목적 외 사용승인 대상, 면제대상 및 사용목적변경승인에 대하여 설명하시오.

03. 외화획득용원료·기재의 양수도 승인대상과 승인면제 대상 및 위반에 따른 벌칙에 대하여 설명하시오.

04. 외화획득용원료·기재의 수입에 대한 사후관리 대상 및 면제대상에 대하여 설명하시오.

05. 외화획득용원료의 범위 및 수입승인기관에 대하여 설명하시오.

06. 구매확인서란 무엇이며 구매확인서의 용도, 발급, 수출실적인정금액을 설명하고 외화획득용원료 및 물품 국내구매와 관련된 내국신용장과 비교하여 설명하시오.

07. 외화획득용원료의 사후관리대상, 면제대상, 사후관리기관 및 자율관리기업 선정요건에 대하여 설명하시오.

08. 외화획득이행신고와 공급이행신고에 대하여 설명하시오.

09. 외화획득용원료의 사용목적 변경승인과 양도승인에 대하여 설명하시오.

10. 자율소요량계산제도란 무엇이며 기준소요량과 단위자율소요량, 기준소요량 책정방법에 대하여 설명하시오.

11. 외화획득용제품의 범위, 승인기관 및 사후관리에 대하여 설명하시오.

12. 외화획득용제품의 용도외 사용금지 및 제재에 대하여 설명하시오.

Ⅵ. 전략물자의 수출입과 플랜트 수출

01. 전략물자의 의의, 전략물자의 수출허가, 상황허가 및 위반에 따른 벌칙에 대하여 설명하시오.

02. 전략물자의 판정과 판정의 유효기간에 대하여 설명하시오.

03. 전략물자의 중개허가 및 면제, 허가기준과 중개위반에 따른 벌칙에 대하여 설명하시오.

04. 전략물자 수출과 관련하여 자율준수 무역거래자의 지정과 취소에 대하여 설명하시오.

05. 전략물자의 수출입의 제한 대상과 위반에 따른 벌칙에 대하여 설명하시오.

06. 플랜트수출 승인대상 및 수출승인 위반에 따른 벌칙에 대하여 설명하시오.

Ⅶ. 물품의 원산지제도

01. 수출입물품의 원산지표시 대상물품과 원산지표시 면제대상물품에 대하여 설명하시오.
02. 수출물품의 원산지표시 방법과 수입물품의 원산지표시 방법의 일반원칙에 대하여 설명하시오.
03. 수입물품의 원산지표시 방법의 일반원칙에 대한 예외표시 방법에 대하여 설명하시오.
04. 수입물품 원산지표시 방법의 확인, 검사, 위반행위 금지 및 벌칙에 대하여 설명하시오.
05. 수입물품의 원산지판정기준에 대하여 설명하시오.
06. 수입원료를 사용한 국내생산물품의 원산지판정기준에 대하여 설명하시오.
07. 원산지확인 대상물품에 대하여 설명하시오.
08. 수출물품의 원산지증명서 발급신청, 발급기준 및 유효기간에 대하여 설명하시오.

Ⅷ. 수출입의 질서유지와 행정벌

01. 특정국 물품에 대한 특별수입 수량제한조치와 잠정특별수입 수량제한조치에 대하여 설명하시오.
02. 선적전 검사제도와 관련 분쟁해결을 위한 분쟁조정절차에 대하여 설명하시오.
03. 무역거래자에 대한 조정명령기준 및 조정명령 위반에 따른 벌칙에 대하여 설명하시오.
04. 대외무역법에 규정하고 있는 행정벌에 대하여 설명하시오.

| 외국환거래법 연구문제 | [2)]

Ⅰ. 외국환거래법 총칙

01. 외국환거래법의 목적 및 특징에 대하여 설명하시오.

02. 외국환거래법의 적용대상을 주체(인적 대상)와 객체(물적 대상)로 구별하여 설명하시오.

03. 환율의 표시방법, 환율의 종류 및 산출방법에 대하여 설명하시오.

04. 외국환거래법령에서 규정하고 있는 외국환거래의 정지에 대하여 설명하시오.

05. 외환시장의 안정과 외국환거래의 건전화를 위한 채권의 회수명령과 관련하여 회수대상채권의 범위 및 회수기한에 대하여 설명하시오.

Ⅱ. 외국환업무의 취급기관

01. 외국환업무 취급기관의 외국환업무 취급범위에 대하여 설명하시오.

02. 외국환은행의 외국환 매매업무에 대하여 설명하시오.

03. 외국환업무의 처리 중 보증, 외국환포지션, 역외계정설치 및 파생상품거래에 대하여 설명하시오.

04. 외국환거래법에서 신고등의 의미는 무엇이며 외국환업무 거래별로 그 관리기관 또는 취급기관을 구분하여 보시오.

05. 환전영업자 및 외국환중개회사의 등록 또는 인가요건에 대하여 설명하시오.

06. 외국환업무 건전성 규제 및 외환건전성 부담금에 대하여 설명하시오.

07. 외국환평형기금의 운용·관리 및 채권발행에 대하여 설명하시오.

Ⅲ. 지급과 수령

01. 외국환거래법령상 지급 또는 수령방법의 신고에 대하여 설명하시오.

02. 외국환거래규정상 해외여행자의 의미와 해외여행경비의 지급에 대하여 설명하시오.

03. 해외이주비 및 재외동포 국내재산반출에 대하여 설명하시오.

---

2) 이에 대한 연구는 법규서를 이용할 수도 있으나 수시 개정되는 문제를 고려하여 온라인상으로 실시간 "법제처 국가법령정보센터"(www.law.go.kr)를 이용할 경우 최신의 법령정보를 다양한 방법(3단 법령검색 등)으로 쉽게 검색가능하고 내용파악이 용이하다.

Ⅳ. 지급 등의 방법

01. 외국환거래규정상 상계 및 상호계산을 비교하여 설명하시오.

02. 거주자가 수출입대금 지급시 신고대상과 대응수출입 이행보고에 대하여 설명하시오.

03. 거래당사자 외의 제3자지급이란 무엇이며 이 경우 신고예외사항에 대하여 설명하시오.

04. 외국환은행을 통하지 아니하는 지급 등의 신고 예외와 신고대상에 대하여 설명하시오.

05. 지급수단 등의 수출입을 설명하고 이 수출입에서 신고를 요하지 아니하는 경우와 관할 세관장 신고대상에 대하여 설명하시오.

Ⅴ. 자본거래

01. 자본거래란 무엇이며 자본거래 신고등의 예외에 대하여 설명하시오.

02. 외국환은행이 거주자 또는 비거주자를 위하여 개설할 수 있는 예금 및 신탁계정의 종류와 계정에의 예치 및 처분에 대하여 설명하시오.

03. 채무보증계약이란 무엇이며 이 계약의 신고예외 및 신고대상에 대하여 설명하시오.

04. 파생상품거래에서 신고예외와 신고대상에 대하여 설명하시오.

05. 현지금융이란 무엇이며 현지금융의 신고예외와 신고대상에 대하여 설명하시오.

Ⅵ. 해외직접투자 및 부동산 취득

01. 해외직접투자의 수단과 신고등에 대하여 설명하시오.

02. 역외금융회사 등에 대한 직접투자에 대하여 설명하시오.

03. 해외지사란 무엇이며, 한국내 기업의 해외지사 설치자격, 영업기금(또는 경비)의 지급 및 사후관리에 대하여 설명하시오.

04. 거주자의 외국부동산 취득과 관련한 신고예외, 신고 및 사후관리에 대하여 설명하시오.

Ⅶ. 보칙 및 벌칙

01. 외국환거래법상 관세청장 및 한국은행총재에 대하여 권한의 위임 및 위탁하는 업무내용에 대하여 설명하시오.

02. 외국환거래법위반에 따른 행정벌로 벌금 대상과 과태료 부과 대상으로 구분하여 설명하시오.

2. 관세사 자격시험 무역실무 기출문제(1996년~2015년)

| 무역실무 1996년 기출문제 |

1. INCOTERMS 1990의 이론적 배경, 개정 동기 및 형태를 약술하시오. (50점)

2. 다음을 간단히 설명하시오.
   (1) "We offer you firm subject to our final confirmation"이란 offer에 대하여 "We accepted your offer"라고 회신할 때 계약이 성립되었습니까? (10점)
   (2) "100,000M/T of California wheat 10% more or less"라는 수량문구를 설명 (10점)
   (3) 신용장의 독립 · 추상성 (10점)
   (4) 용선운송계약의 의의와 종류 (10점)
   (5) 수출어음보험 (10점)

| 무역실무 1997년 기출문제 |

1. 상사중재의 장단점과 상사중재절차를 상술하시오. (50점)

2. 다음을 약술하시오.
   1) Delivered Duty Paid(DDP) (10점)
   2) UCP 500에서 규정한 서류점검(Examination of Documents)의 소요시간 (10점)
   3) D/A contract and D/P contract (10점)
   4) Bill of Lading의 기능 (10점)
   5) 지난 1980년만 해도 우리나라 전체 수출통관액 중에 신용장에 의한 거래가 약 80%의 비중을 차지했으나 1990년도에 들어와 그 비중이 60%이하로 감소되고 있다. 이처럼 신용장에 의한 수출비중이 감소되는 요인을 설명하시오. (10점)

| 무역실무 1998년 기출문제 |

1. FOB계약에 있어서 화환신용장을 이용한 대금결제의 본질적인 문제점을 논하시오. (50점)

2. 다음을 설명하시오.
   1) 무역계약상의 품질결정방법 (10점)
   2) Bank's reasonable time to examine the documents(UCP 500규정)에 관하여 설명하시오. (10점)
   3) B/L의 기능에 관하여 설명하시오. (10점)
   4) 추정전손의 의의와 구체적인 경우 및 보험금액 전액 청구시 어떤 과정(행위)을 하여야 하는 가를 설명하시오. (10점)
   5) 하역비 부담에 대한 분류를 열거해 기술하시오. (10점)

| 무역실무 1999년 기출문제 |

1. 해상운송인의 책임원칙과 면책사유 및 보험자의 담보위험과의 관계를 논하시오. (50점)

2. 신용장개설은행의 서류심사기준과 불일치서류의 처리에 관하여 설명하시오. (10점)

3. Open Account 결제방식의 효용에 관하여 설명하시오. (10점)

4. 복합운송인의 책임원칙 중 Uniform Liability system에 대하여 설명하시오. (10점)

5. Full sets of clean on board ocean bill of lading made out to the order of Daehan Bank에서 요구하는 B/L의 종류를 설명하시오. (10점)

6. 우리나라 수출보험의 담보위험에 대하여 설명하시오. (10점)

| 무역실무 2000년 기출문제 |

1. 화환신용장거래에서 운송서류의 종류와 그 수리요건과 수리거절요건에 대하여 논하시오.(UCP 500에 근거) (50점)

2. "Stale B/L Acceptable"의 의미를 설명하고, 이 조항으로 인해 수입자에게 미칠 수 있는 불이익의 예와 그 이유를 설명하시오. (10점)

3. 비엔나 협약과 Incoterms 2000상에서 규정한 국제물품매매상의 위험이전의 원칙을 비교설명 하시오. (10점)

4. Force Majeure와 Frustration의 근본적인 차이점을 설명하고 Force Majeure Clause에 포함하여야 할 내용에 대하여 서술하시오. (10점)

5. 수입화물선취보증서의 필요성과 이를 취급하는 운송인의 책임에 관하여 논하시오. (10점)

6. FOB 조건하에서의 수입시 CFS/CY 운송을 비교설명하고, 화물의 흐름에 대하여 설명하시오. (10점)

| 무역실무 2001년 기출문제 |

1. CIF계약과 화환어음결제방식의 결합이 합리적인 계약이행수단이 되는지를 화환어음의 역할을 중심으로 논하시오. (50점)

다음을 간단히 설명하시오.

2. Third party B/L acceptable이라는 조항의 의미와 이를 삽입하는 경우의 예 및 이유를 설명하시오. (10점)

3. 신용장거래시 당사자(발행은행, 발행의뢰인, 수익자)의 파산시 각 당사자의 이해관계를 설명하시오. (10점)

4. 승낙의 의의와 효력발생시기 및 승낙의 철회에 대하여 우리나라 민법, 영미법, 비엔나협약의 규정을 비교하여 설명하시오. (10점)

5. 외국중재판정의 승인 및 집행에 관한 UN 협약의 적용범위와 승인 및 집행의 거부사유를 설명하시오. (10점)

6. 한국의 수출상이 미국의 수입상과 "CIP Chicago"라는 조건으로 "Door to door service"방식으로 거래를 하고자 한다. 이 경우 가장 적합한 운송형태, 매도인이 매수인에게 제공하여야 할 가장 적합한 제공서류 및 적하보험의 담보시기에 관하여 각각 설명하시오. (10점)

| 무역실무 2002년 기출문제 |

1. Incoterms 2000에서 C Terms와 D Terms의 본질적 차이를 선적지 계약과 도착지 계약 특성을 중심으로 논하시오. (50점)

다음을 간단히 설명하시오.

2. 항공화물운송장(AWB)이 신용장에서 요구된 경우 개설은행의 위험은 무엇이며 이에 대한 개설은행의 대응방안을 설명하시오. (10점)

3. 신협회약관(ICC) 운송조항(약관 8조)의 도입과정과 보험자 책임의 시기와 종기를 설명하시오. (10점)

4. 선하증권(B/L)상 Description of Goods란에 부지약관을 삽입하는 이유를 운송인 입장에서 제시하고 UCP 500상의 해석기준을 설명하시오. (10점)

5. 화주입장에서의 복합운송 장점을 단일운송과 비교해 설명하시오. (10점)

6. UCP와 eUCP의 관계를 설명하시오. (10점)

| 무역실무 2003년 기출문제 |

1. 무역거래에서 사용되는 선하증권의 기능을 설명하고, 최근 근거리 무역(예: 한국과 중국 간의 무역거래)에서 제기되고 있는 문제점 및 이에 대한 대안으로 사용되고 있는 방법들을 논하시오. (50점)

다음을 간단히 설명하시오.

2. 수출자와 수입자는 그간 무역거래를 수행해 오면서 당해 대금을 T/T에 의한 송금방식으로 결제(지급)해 왔으나, 이번에 대금지급(결제) 수단을 D/P방식으로 변경하기로 합의하였다. 이렇게 대금결제(지급)수단이 변경될 경우 수출자가 수출대금을 회수하고 수입자가 물품을 인도 받을 때 수반되는 위험부담이 각각에 어떻게 달라지는지 비교 설명하시오. (10점)

3. Incoterms 2000상의 CIF조건에는 보험자의 자격, 보험금액부보, 통화 및 담보의 범위 등 수출자의 부보조건을 각각 “평판이 좋은 보험자”, 약정된 계약대금의 10%가산한 금액(즉, 110%), 협회적화약관, 또는 이와 유사한 약관의 최소 담보조건으로 규정하고 있다. 이러한 조건들이 수입자에게 초래하는 보험클레임의 효과에 대하여 설명하시오. (10점)

4. 수입자가 수출자로부터 화공약품을 수입하면서 "Trans shipment not allowed" 조건으로 계약을 체결한데 비해 "Transshipment allowed"한 경우 수입자의 계약물품의 수입효과가 어떻게 달라지는지, 그리고 "Transshipment not allowed" 조건이 어떠한 운송구간에 적용되는지 설명하시오. (10점)

5. 예정보험의 의의와 그 유형을 설명하시오. (10점)

6. 클레임의 해결방안을 당사자 간 해결방법과 제3자 개입해결방법으로 구분하여 설명하시오. (10점)

| 무역실무 2004년 기출문제 |

1. 신용장 거래에서 L/G 조건으로 계약물품을 인수할 경우 화물인수절차에 대하여 설명하시오. 만약 인수한 물품이 품질 불량임이 개설의뢰인에 의해서 발견되었을 뿐 아니라 추후 제시 받은 선적서류가 신용장 조건과 불일치함을 알게 되었을 경우 개설의뢰인이 개설은행에 대하여 지급거절을 할 수 있는가를 UCP 500의 내용 및 L/G 관련 실무적 관행을 근거로 설명하시오. (50점)

다음을 간단히 설명하시오.

2. 중계무역의 정의 및 의의 그리고 수출실적의 범위와 어떤 경우에 수출입인정의 대상이 되는지에 대하여 설명하시오. 또한 한국을 중계국으로 하는 경우 최초 수출자를 노출시키지 않기 위한 중계상의 선적서류들(상업송장, 환어음, 포장명세서, B/L, C/O)의 처리 방법에 대하여 설명하시오. (10점)

3. 수입화물선취보증서(L/G) 취급시 운송인의 책임에 대하여 설명하시오. (10점)

4. 내국신용장과 구매확인서의 차이를 수출물품 조달자와 공급자의 입장에서 설명하시오. (10점)

5. 면책 비율조항과 면책 비율 부적용(Irrespective of percentage)의 개념을 설명하고, 이들 조항이 보험서류에 포함되어 있는 경우 UCP와 ISBP에 근거한 수리요건을 설명하시오. (10점)

6. 선하증권의 위기(B/L crisis)의 발생원인과 그 해결을 위한 방법으로 L/G인도의 편법적 사용과 해상화물운송장의 활용방안을 설명하시오. (10점)

| 무역실무 2005년 기출문제 |

1. 2005년 3월 1일부터 국제물품매매계약에 관한 유엔협약(약칭 CISG)이 적용되고 있다. CISG의 적용 범위를 설명하고, 국내법(민법과 상법)과의 차이점에 대하여 논하시오. (50점)

다음을 간단히 설명하시오.

1. 일반적인 계약의 법적성질(4가지)을 기준으로 청약의 경우와 청약의 유인이 있는 경우에 있어서 무역 계약의 성립을 예를 들어 도출하고 비엔나협약, 한국법 및 미국법의 경우 승낙의 법적 유효성문제 (대화자간, 격지자간)를 각각 비교 설명하시오. (10점)

2. 전자무역업무에 있어서 내국신용장업무와 구매승인서업무 중 제조(공급)업자가 물품을 공급하고 대금 지급을 받을 때까지의 업무절차를 설명하고, 내국신용장업무와 구매승인서업무의 차이점과 유사점을 비교 설명하시오. (10점)

3. 보험가액이 10,000원인 화물을 A보험업자에게 6,000원으로 부보한 후 B보험업자에게 5,000으로 부보하였을 때 우리나라 상법 및 MIA의 경우 각각 총 보험금 수령액을 비교하시오.(단, 소숫점 이하 무시함) (10점)

4. 해상화물의 선적절차 중 컨테이너화물의 선적절차를 운송계약의 체결과 선적으로 구분하여 설명하시오. (10점)

5. 무신용장결제방법인 추심결제방식의 유리한 점을 수출업자와 수입업자의 입장에서 약술하고 추심결제 방식의 한계성에 대하여 설명하시오. (10점)

| 무역실무 2006년 기출문제 |

1. 해상운송의 책임원칙(항해과실과 상사과실를 위주로), 책임기간, 손해범위를 중심으로 해상운송인의 법적책임 문제를 헤이그-비스비규칙, 함부르크규칙, 영국해상물품운송법(1971) 및 우리나라의 상법의 관점에서 비교 설명하시오. (50점)

다음을 간단히 설명하시오.

1. 운송을 증명하는 서류가 전자기록(Electronic Record)의 형태로 제시되는 eUCP 신용장거래에서 당해 전자기록 운송증권의 전통(Full Set)의 요건 및 발급일과 선적일의 판단기준에 대하여 eUCP규정을 토대로 설명하시오. (10점)

2. 신용장양도와 관련된 제반조건(정의, 전제조건, 양도의 종류 및 양도원칙 등)과 관련당사자들의 지위를 설명하시오. (10점)

3. 선하증권(B/L)이면에 쌍방과실충돌약관(Both to blame collision)이 삽입된 이유를 설명하시오. 그리고 협회적하약관(Institute Cargo Clause)에서도 동일한 명칭의 쌍방과실충돌약관이 삽입된 이유를 설명하시오. (10점)

4. 우리나라 수입물품의 원산지판정기준에 대하여 설명하시오. (10점)

5. 보세창고도거래(Bonded Warehouse Transaction, BWT)란 무엇이며, 당해거래방식에서 발급되는 선하증권이 화환신용장 거래방식에서 무리 없이 수리될 수 있는 근거와 요건들은 무엇인지 설명하시오. (10점)

| 무역실무 2007년 기출문제 |

1. 국제물품매매계약에 관한 UN협약(CISG)상 계약에 적합한 물품을 인도해야 하는 매도인의 물품적합의무(의의, 내용, 기준시기, 위반효과 등)에 대해 설명하시오. (50점)

2. 무역거래에서 발생하는 분쟁을 해결하는데 사용되고 있는 ADR의 장점과 여기에 해당하는 3가지 방법을 비교 설명하시오. (10점)

3. 운송 주선업자를 이용한 LCL컨테이너 화물의 집하 및 운송형태에 대해 설명하고 이 경우 운송주선업자와 송하인 및 선사간의 선하증권 발행형태에 대해 설명하시오. (10점)

4. 해상적하보험에서 피보험자의 손해방지의무 및 위부의 개념을 설명하고 이를 활용하여 현행의 협회적하약관의 포기약관을 설명하시오. (10점)

5. 수출보험의 한 종류인 환변동 보험의 의의와 종류에 대해 설명하시오. (10점)

6. Surrender B/L 또는 Surrendered B/L 의의, 기능 및 이용절차를 설명하시오. (10점)

| 무역실무 2008년 기출문제 |

1. 바르샤바협약상 항공운송인의 책임원칙, 책임한도, 손해배상 및 제소기간 등을 헤이그-비스비 규칙에서의 해상운송인의 그것과 비교 설명하시오. (50점)

2. CISG상 매수인의 대금지급관련 대금지급시기, 장소에 대해 설명하시오. (10점)

3. FOB 인천공항, FOB 코리아, FOB 컨테이너 운송 등의 문제점과 해결방안에 대해 설명하시오. (10점)

4. 비유통성 해상화물운송장에 대해 선하증권과 비교한 특징, UCP 600에서 규정한 해상화물운송장의 운송인 서명인요건에 대하여 설명하시오. (10점)

5. 영국해상보험법상 묵시담보에 대하여 설명하시오. (10점)

6. 국제팩토링과 포페이팅의 개념과 기능을 비교하여 설명하시오. (10점)

| 무역실무 2009년 기출문제 |

1. CISG에서 규정하고 있는 구제방안의 특징과 매도인의 의무위반에 대한 매수인의 구제권, 매수인의 의무위반에 대한 매도인의 구제권에 대하여 설명하시오. 또한 공통규정인 손해배상 청구권에 있어서 손해배상의 원칙, 계약해제시 손해액의 산정방법, 손해방지경감의무에 대하여 설명하시오. (50점)

2. 선적기일, 서류제시기일, 신용장유효기일의 상관관계를 설명하고 서류심사기간에 대해 UCP 500과 UCP600을 비교하여 설명하시오. (10점)

3. M/R의 비고란에 수량부족인 경우, L/I를 견질로 CLEAN B/L을 발행한다. 이때 M/R, L/I, B/L간 상호관계에 대하여 설명하고 L/I의 법률적 효과에 대하여 설명하시오. (10점)

4. Incoterms의 거래조건 중 목적항 본선상에서 인도가 이루어질 수 있는 거래조건의 위험과 비용의 분기점과 소유권이전에 대하여 설명하시오. (10점)

5. ICC상 보험의 시기와 종기 및 Incoterms 상 FOB조건에서의 적하보험의 시기와 종기를 비교하여 설명하시오. (10점)

6. 인수신용장의 의의 및 사용되는 경우를 설명하고 기한부매입신용장과 비교하시오. (10점)

| 무역실무 2010년 기출문제 |

1. 지시식선하증권과 D/P의 결합에 대해서 서술하고 CFR에 대해서 서술하시오. 그리고 앞의 3가지의 결합에 대한 장점을 매수인과 매도인의 관점에서 각각 서술하시오. (50점)

2. CISG상 운송 중 전매물품의 위험의 이전에 대하여 설명하시오. (10점)

3. Stale B/L의 BWT거래에서 사용방법과 신용장에서 사용방법에 대하여 설명하시오. (10점)

4. 2009 ICC(A) 협회전쟁약관과 협회동맹파업약관을 담보하지 않는 사유에 대하여 설명하시오. (10점)

5. 전략물자수입목적확인서의 의의, 필요성, 발급신청, 발급에 대하여 설명하시오. (10점)

6. 외국환평형기금의 재원의 조성, 운용방법에 대하여 설명하시오. (10점)

| 무역실무 2011년 기출문제 |

1. Incoterms 2010의 개정 이유와 주요 특징에 대하여 설명하시오. (50점)

2. 무역계약에 있어서 청약(Offer)과 청약의 유인(Invitation of offer)에 대한 각각의 개념과 양자를 구분할 수 있는 기준을 설명하시오. (10점)

3. 국제결제방식에 있어서 팩토링 결제방식과 신용장 결제방식의 구조를 설명하고 각각의 결제방식에 있어서 은행의 역할을 비교하여 설명하시오. (10점)

4. FIATA FBL(International Federation of Freight Forwarder Association multimodal transport B/L; 복합운송선하증권)과 UNCIMTG(United Nations Convention on International Multimodal Transport of Goods; 유엔국제복합운송협약)에 규정된 운송인의 책임원칙과 책임한도액을 비교하여 설명하시오. (10점)

5. 채권회수명령에 대한 외국환거래법의 법적근거와 회수대상 채권범위 그리고 회수기한에 대해 설명하시오. (10점)

6. "A그룹이 소 500마리와 트럭 100대를 판문점을 통해 북한 측에 무상으로 넘겨주었다"라는 기사에 대해 대외무역법상 거래관계를 설명하시오. (10점)

| 무역실무 2012년 기출문제 |

1. 선적의 정의와 선적시기의 결정방법을 설명하고, UCP 600상에서 운송서류별 선적일자의 해석기준을 설명하시오. (50점)

2. Incoterms 2010 DAT, DAP 규칙의 개념을 각각 설명한 후 두 규칙의 차이점을 설명하시오. (10점)

3. 신용장에서 요구하는 아래 B/L의 밑줄친 부분의 의미를 각각 설명하시오. (10점)

   ① Full set of clean on board ocean bill of lading (dated ② not later than January 30, 2012) made out ③ to order and ④ blank endorsed and marked ⑤ 'freight prepaid' and ⑥ notify 'applicant'.

4. MIA상 담보의 정의와 종류, 담보위반의 효과와 담보위반의 허용에 대하여 설명하시오. (10점)

5. 대외무역법상 외화획득의 범위와 이행기간에 대하여 설명하시오. (10점)

6. 외국환거래법상 외국환은행의 역외계정의 설치, 운영에 관한 조항에 대하여 설명하시오. (10점)

| 무역실무 2013년 기출문제 |

1. Incoterms® 2010의 CIF규칙을 설명하고, 동 규칙으로 매매계약체결시 소유권 이전과 관련된 문제점과 대응방안에 대하여 논하시오. (50점)

3. 대외무역법령상에 나타난 원산지 판정 절차 및 이의제기에 대하여 설명하시오. (10점)

2. 외국환거래법령에 규정된 지급수단의 개념과 대외지급수단에 대하여 설명하시오. (10점)

4. Incoterms® 2010의 E, F, C, D Terms별로 통관의무 및 통관관련비용 부담의 당사자를 설명하시오. (10점)

5. 뉴욕협약에 따른 중재판정의 승인과 집행의 거부사유에 대하여 설명하시오. (10점)

6. 사전송금결제방식에 대하여 설명하시오. (10점)

| 무역실무 2014년 기출문제 |

1. 화환추심결제에서 D/P at sight, D/P usance, D/A 조건을 비교 설명하고, 매도인과 매수인 입장에서 이들 3가지 조건에 대한 한계성을 각각 제시한 후, 매도인의 신용위험(credit risks)을 줄일 수 있는 방안을 논하시오. (50점)

2. 대외무역법에 의하면, 수출자와 선적 전 검사기관 간에 분쟁이 발생할 경우에는 그 해결을 위하여 필요한 조정(調整)을 할 수 있도록 규정하고 있다. 이 경우 ① 선적 전 검사가 무역장벽으로 간주되는 경우, ② 조정안의 작성(제시 시기와 기재내용 포함), ③ 조정안의 통지, ④ 조정이 종료되는 경우를 대외무역법령에 의하여 설명하시오. (10점)

3. 외국환거래규정상 비금융기관의 해외지사 설치신고 시, 설치신고를 하는 각각의 경우에 따른 신고자 또는 신고기관을 서술하시오. (10점)

4. 부정기선의 용선계약 시, 이용하는 하역비부담조건들에 대하여 설명하시오. (10점)

5. 영국해상보험법(MIA)상 미평가보험증권(unvalued policy)과 선명미상보험증권(floating policy by ship or ships)에 대하여 설명하시오. (10점)

6. 몬트리올 협약(Montreal Convention)상 운송인의 책임원칙과 운송인의 면책사유, 운송인의 책임한도(단, 화물의 경우만)에 대하여 설명하시오. (10점)

| 무역실무 2015년 기출문제 |

1. 국제물품매매계약에서 비엔나협약(CISG)과 Incoterms® 2010의 위험의 이전에 관한 규정을 각각 설명하고, 양 규정의 유사점과 차이점을 논하시오. (50점)

2. 외국환거래법령상 '외국환거래의 정지 등'을 다루고 있는 규정을 조치의 대상, 관련 사항의 고시, 적용기간, 적용의 제한 등으로 나누어서 설명하시오. (10점)

3. 해상보험에서 적용되는 위부(Abandonment)와 대위(Subrogation)의 개념과 차이점을 설명하시오. (10점)

4. 신용장통일규칙(UCP600) 제2조에 규정된 '지급이행(Honour)'의 의미를 적용 가능한 신용장과 연계하여 설명하시오. (10점)

5. 대외무역법령상 특정거래 형태의 수출입의 종류와 내용을 설명하시오. (10점)

6. 무역계약의 수량조건 중 과부족용인조항(M/L Clause)의 개념과 그에 대한 신용장통일규칙(UCP600) 상의 해석기준을 설명하시오. (10점)

국문색인

ㅇ

ㅊ

ㅋ

ㅌ

영문색인

D

E

F

저자 약력

강원진(姜元辰)

부산대학교 상과대학 무역학과 졸업
연세대 경제학 석사, 중앙대 경영학 박사(국제상학 전공)
부산대학교 무역학부 조교수, 부교수, 교수
미국 University of Washington, School of Law 객원교수
부산대학교 국제전문대학원 원장
대한상사중재원 중재인
한국국제상학회 회장
한국무역학회 부회장
한국무역상무학회 및 국제e-비즈니스학회 부회장
한국무역학회 및 한국국제상학회 논문심사위원장
국가공무원고시 출제위원
관세사자격시험(무역실무) 출제위원
대한상공회의소 무역영어검정시험(무역실무) 출제위원
대기업 무역부 및 외국환은행에서 다년간 실무경험
정부 수출입절차 간소화작업위원
현, 부산대학교 무역학부 명예교수

[주요 저서 및 논문]
무역실무(박영사)
무역계약론(박영사)
국제상무론(법문사)
신용장론(박영사)
무역영어(박영사)
무역결제론(박영사)
전자결제시스템(삼영사)
최신 국제상무론(두남)
무역영어연습(박영사)
국제상거래론-공저(삼영사)
강원진 교수의 무역실무 문답식 해설(두남)
국제비즈니스영어-공저(박영사)
신용장 분쟁사례(두남)
최신 국제상거래론-공저(박영사)
관세사 무역실무 논술연습(박영사)

학술지 게재 논문 “신용장거래에서 Fraud Rule의 적용 요건에 관한 고찰”, 「국제상학」, 제25권 제3호, 한국국제상학회, 2010 등 84편.

* 저자 홈페이지 http://wonjin.net

관세사 무역실무 논술연습

- 논술형 문제 및 답안작성 사례 -

초판인쇄 2015년 8월 20일
초판발행 2015년 8월 30일

지은이 강원진
펴낸이 안종만

편 집 김선민·한두희
기획/마케팅 최준규
표지디자인 김문정
제 작 우인도·고철민

펴낸곳 (주) 박영사
서울특별시 종로구 새문안로3길 36, 1601
등록 1959. 3. 11. 제300-1959-1호(倫)
전 화 02)733-6771
f a x 02)736-4818
e-mail pys@pybook.co.kr
homepage www.pybook.co.kr
ISBN 979-11-303-0215-7 93320

정 가 43,000원